古文字詁林編纂委員會編纂

古文字詁林

修訂本

第六册

上海教育出版社

第一版出版工作人員

責任編輯　韓煥昌
封面設計　郭偉星
版式設計　侯雪康　俞　弘
特約審校　俞　良
資　　料　劉　君
校　　對　王　瑩　劉順菊　蔡鑫龍
出版統籌　王爲松　談德生
出版指導　陳　和
印刷監製　周鎔鋼
總 監 製　包南麟

修訂本出版工作人員

責任編輯　徐川山　毛　浩
封面設計　陸　弦
責任校對　馬　蕾　魯　妤　陳　萍　何懿璐
　　　　　丁志洋　方文琳　任換迎　宋海云
印刷監製　葉　剛
技術支持　楊鉷應

封面題簽　王元化

上海市古籍整理出版規劃重點項目

古文字詁林學術顧問

以姓氏筆劃爲序

朱德熙　李學勤　胡厚宣　馬承源

張政烺　裘錫圭　戴家祥　顧廷龍

古文字詁林編纂委員會

主編　李圃

副主編　汪壽明

編委　以姓氏筆劃爲序，有*號者爲常務編委

*王元鹿　王文耀　*王世偉　王鐵　史舒薇　吳平

吳振武　*李圃　李露蕾　何峭　*汪壽明　徐時儀

*徐莉莉　*傅傑　華學誠　董琨　*詹鄞鑫　*臧克和

*劉志基　*鄭明

資料工作人員

張春華

張友榮

袁根娣

凌玉泰

目録

第六冊檢字表

部首表

部首檢字表

【邑部】

字	頁
鄨	二八五
邵	二八六
郹	二八九
鄐	二九〇
鄇	二九〇
邲	二九〇
郤	二九一
[illegible]	二九一
[illegible]	二九一
[illegible]	二九二
鄈	二九二
邢	二九二
鄔	二九三
祁	二九三
鄴	二九九

字	頁
[illegible]	二九九
邯	三〇〇
鄲	三〇一
郇	三〇一
鄃	三〇二
鄗	三〇二
鄡	三〇四
鄚	三〇四
郅	三〇四
[illegible]	三〇五
鄦	三〇五
邟	三〇九
郾	三一〇
郟	三一〇
郪	三一一

字	頁
鄎	三一一
郋	三一二
[illegible]	三一二
[illegible]	三一二
鄧	三一二
鄾	三一三
[illegible]	三一四
鄛	三一四
[illegible]	三一四
[illegible]	三一四
[illegible]	三一五
[illegible]	三一五
郢	三一五
鄢	三一六
鄳	三一六

字	頁
鄿	三一七
鄂	三一七
邔	三一七
[illegible]	三一八
郥	三二〇
鄘	三二一
[illegible]	三二三
[illegible]	三二三
[illegible]	三二三
[illegible]	三二三
[illegible]	三二三
[illegible]	三二三
鄨	三二四
[illegible]	三二四
那	三二四

鄐	䣝	郴	郝	鄮	鄞	邟	邴	䣜	邩	邸	鄒	鄫	郜	鄆
三一四	三一五	三一六	三一八	三一八	三一九	三一九	三一九	三一九	三二〇	三二〇	三二〇	三二〇	三二〇	三二一

邛	鄶	祁	郔	郠	鄅	鄝	郐	郣	郰	郕	鄃	酄	郎	邳
三二二	三二六	三二七	三二八	三二八	三二八	三二八	三二九	三四〇	三四一	三四一	三四二	三四三	三四三	三四四

鄣	邗	鄬	郿	郯	郚	酅	鄑	邪	邦	郗	郭	郳	郣	鄲
三四四	三四五	三四六	三四六	三四六	三四七	三四七	三四八	三四九	三五〇	三五〇	三五一	三五二	三五四	三五四

郇	郂	截	鄦	邱	娜	耶	邔	鄶	郝	鄾	郶	郱	鄺	炢
三五四	三五五	三五五	三五六	三五六	三五六	三五六	三五六	三五六	三五六	三五七	三五七	三五七	三五八	三五八

鄝 三五八
鄬 三五八
邨 三五八
⿰舍阝 三五八
⿰盍阝 三五九
⿰乾阝 三五九
鄙 三五九
⿰山阝 三五九
⿰亭阝 三五九
⿰豙阝 三五九
⿰冊阝 三六〇
郙 三六〇
酈 三六一
⿰𠷎阝 三六二
邑 三六三

【𨛜部】

𨛜 三六四
鄉 三六五
巷 三七〇

【日部】

日 三七一
旻 三七七
時 三七八
早 三八一
昒 三八一
昧 三八二
暏 三八三
晢 三八三
昭 三八四
晤 三八五
的 三八五
晄 三八六
曠 三八七
旭 三八七
晉 三八八
暘 三九三
啓 三九四
晹 三九五
昫 三九六
晛 三九六
晏 三九七
暜 三九七
景 三九七
晧 三九八
暤 三九八
曄 三九八
暉 三九九
旰 三九九
暆 四〇一
晷 四〇一
昃 四〇二
晚 四〇五
昏 四〇六
⿱䜌日 四一一
晻 四一一
暗 四一一
晦 四一一
⿱習日 四一三
曀 四一三
旱 四一三

⿱日己 四一四
⿱日弗 四一五
⿱日鄉 四一五
曩 四一五
昨 四一五
暇 四一六
暫 四一六
昪 四一六
昌 四一七
⿰日隹 四二二
昄 四二二
昱 四二二
⿱日炎 四二五
暍 四二六
暑 四二七

⿱日雝 四二七
㬎 四二七
⿱日㬎 四二九
曬 四三〇
暵 四三〇
晞 四三〇
昔 四三一
暱 四三四
暬 四三五
⿱不日 四三五
昆 四三五
晐 四三七
普 四三七
曉 四三八
昕 四三八

曈 四三八
曨 四三八
昈 四三九
昉 四三九
晙 四三九
晟 四三九
⿰礻日 四三九
暈 四四〇
晬 四四一
映 四四一
曙 四四一
昳 四四一
曇 四四一
曆 四四一
昂 四四二

昇 四四二

【旦部】

旦 四四二
暨 四四五

【倝部】

倝 四四六
⿰亶人 四四七
朝 四四八

【㫃部】

㫃 四五三
旇 四五四
旗 四五五
旆 四五六
旌 四五六
旟 四五七

字頭	楷定	頁碼
穆	穆	六〇五
私	私	六〇七
穙	穙	六〇八
稷	稷	六〇八
齋	齋	六一〇
秫	秫	六一〇
穄	穄	六一二
稻	稻	六一二
稌	稌	六一四
稬	稬	六一五
稴	稴	六一五
秔	秔	六一五
秏	秏	六一六
穬	穬	六一六
秜	秜	六一六
稗	稗	六一八
移	移	六一九
穎	穎	六一九
𥝩	𥝩	六一九
采	采	六二〇
䄪	䄪	六二三
穟	穟	六二三
𥟂	𥟂	六二四
𥡡	𥡡	六二四
秒	秒	六二四
穖	穖	六二四
秠	秠	六二五
秨	秨	六二五
穮	穮	六二五
案	案	六二五
秄	秄	六二六
穧	穧	六二六
穫	穫	六二七
穦	穦	六二七
積	積	六二七
秩	秩	六二八
稞	稞	六二八
稛	稛	六二八
秳	秳	六二九
秅	秅	六二九
稃	稃	六二九
䆅	䆅	六二九
穅	穅	六三〇
䅘	䅘	六三三
稭	稭	六三三
稈	稈	六三三
稾	稿	六三四
秕	秕	六三四
稍	稍	六三四
䅚	䅚	六三四
穰	穰	六三六
秧	秧	六三六
䅭	䅭	六三七
𥡗	𥡗	六三七
秊	年	六三七
穀	穀	六四六
稔	稔	六四七
租	租	六四七
稅	稅	六四八
䆃	䆃	六四八

[禾荒]　六四九
穌　六四九
稍　六五一
秋　六五一
秦　六五六
稱　六五九
科　六六一
程　六六一
稯　六六二
秭　六六二
秅　六六三
䄷　六六四
稘　六六四
穩　六六四
稕　六六四

【秝部】

秝　六六四
兼　六六七

【黍部】

黍　六六八
䵎　六七六
[黍卑]　六七七
黏　六七七
黏　六七七
䵑　六七七
黎　六七八
[黍畐]　六八〇

【香部】

香　六八〇
馨　六八二
馥　六八二

【米部】

米　六八二
粱　六八五
[米焦]　六八七
粲　六八七
糲　六八九
精　六八九
粺　六九〇
粗　六九〇
粊　六九〇
糱　六九〇
粒　六九一
[米睪]　六九一
糂　六九二
糪　六九二
糜　六九二
[米覃]　六九三
[米卷]　六九三
[竹米匊]　六九三
糟　六九三
糒　六九四
糗　六九五
[臼米]　六九六
[米舀]　六九六
糧　六九六
粈　六九七
[米翟]　六九八
[米蔑]　六九八
粹　六九八

筆劃檢字表

【二劃】

马 马 五四〇

【三劃】

才 才 三〇

之 㞢 四九

乇 乇 一〇三

口 口 一二九

夕 夕 五一八

宀 宀 七三八

【四劃】

帀 帀 六八

𣎵 𣎵 八一

𣎳 𣎳 八六

丰 丰 九九

日 日 三七一

月 月 四九三

毌 毌 五三六

𢎘 𢎘 五五〇

片 片 五七二

禾 禾 五九二

凶 凶 七一三

朩 朩 七二〇

㞢 之 四九

【五劃】

帀 帀 六八

出 出 七四

𣎵 𣎵 八一

𣎳 𣎳 八六

生 生 九五

丰 丰 九九

朩 朩 一〇九

図 図 一一三

囚 囚 一一四

邩 邩 三五六

旦 旦 四四二

夗 夗 五二四

外 外 五二六

禾 禾 五九二

瓜 瓜 七三五

宂 宂 八〇四

宄 宄 八五三

穴 穴 八六七

【六劃】

叒 叒 三九

出 出 七四

回 回 一三三

因 因 一四六

吅 吅 二七七

字	隸定	頁
邙	邙	二八一
邦	邦	二八五
邵	邵	三一七
邛	邛	三二二
邗	邗	三四五
⿰山阝	⿰山邑	三五九
⿱口亏	⿱口邑	三六三
早	早	三八一
旭	旭	三八七
⿱日乚	⿱日乚	四一四
㫃	㫃	四五二
有	有	五〇四
多	多	五三一
束	束	五六七
⿱亠口丂	克	五八六

字	隸定	頁
秀	秀	五九六
私	私	六〇七
年	秊	六三七
米	米	六八二
臼	臼	七〇四
兒	兒	七一五
赤	赤	七二九
宅	宅	七五八
向	向	七六九
宇	宇	七七三
安	安	七八五
守	守	八一七
宊	宊	八四四
呂	呂	八八二
穵	穵	八九九

【七劃】

字	隸定	頁
生	生	六五
孛	孛	八五
束	束	一一六
囩	囩	一三一
困	困	一四一
困	困	一五八
囮	囮	一六二
貝	貝	一六七
邑	邑	二三五
邦	邦	二四六
郊	郊	二六六
邠	邠	二六七
邢	邢	二九二
祁	祁	二九三

字	隸定	頁
邦	邦	二九九
祁	祁	三〇九
邡	邡	三一三
那	那	三一四
郝	郝	三一九
⿰少阝	⿰少邑	三三〇
祁	祁	三三七
邪	邪	三四九
郏	郏	三五〇
耶	耶	三五六
邩	邩	三五八
⿰世阝	⿰世邑	三五八
⿱口亏	⿱口亏	三六三
的	的	三八五
旰	旰	三九九

敖	敖	八〇
索	索	八二
南	南	八七
甡	甡	一〇二
乑	乑	一〇五
圓	圓	一一三
圃	圃	一四五
囹	囹	一五三
圄	圄	一五三
圂	圂	一六〇
員	員	一六四
貨	貨	一七一
財	財	一七一
貢	貢	一七八
貣	貣	一八三

貤	貤	一九〇
郡	郡	二五一
郛	郛	二六二
郙	郙	二六三
郝	郝	二七三
唈	叩	二七七
郖	郖	二八〇
岜	邛	二八一
郗	郗	二八二
邦	邦	二八五
郤	郤	二九一
郟	郟	三一〇
郢	郢	三一五
邵	邵	三一七
郜	郜	三三〇

邛	邛	三三三
郠	郠	三三八
郐	郐	三三九
邗	邗	三四五
部	部	三四七
郣	郣	三五四
郲	郲	三五六
岜	邮	三五九
郍	郍	三六〇
郙	郙	三六〇
時	時	三七八
晁	晁	三八六
晉	晉	三八八
晏	晏	三九七
昴	昴	四一五

昪	昪	四一六
晐	晐	四三七
晟	晟	四三九
映	昳	四四一
昂	昂	四四二
軓	軓	四四六
旆	旆	四五六
旂	旂	四五八
旃	旃	四六〇
旄	旄	四七〇
旅	旅	四七二
冥	冥	四八二
朔	朔	四九七
朏	朏	四九八
朗	朗	五〇一

朓 五〇一
圅 五四三
東 五五〇
栗 五五六
秫 六一〇
秜 六一六
移 六一九
秠 六二五
秨 六二五
案 六二五
秩 六二八
秧 六三六
租 六四七
秦 六五六
䄷 六六四

秝 六六四
兼 六六七
粗 六九七
氣 六九九
粉 七〇〇
粔 七〇二
舀 七〇九
枝 七三〇
瓞 七三六
㼌 七三七
家 七四二
宧 七七一
宸 七七三
寏 七七五
㝗 七八〇

宴 七九五
容 八〇二
宭 八一一
宰 八一三
宵 八二六
客 八三五
害 八四五
宮 八七三
躬 八八六
寍 八八七
窔 八九一
寠 八九四
窊 八九七
窌 九〇〇
窋 九〇三

窈 九一〇
[illegible] 九一三

【十一劃】

梵 三〇
師 七〇
索 八二
產 一〇〇
狌 一〇二
華 一〇七
巢 一一三
㝵 一一四
桼 一一四
枼 一一九
國 一三七
圈 一四二

圀	囸	一四二
貨	貨	一七二
責	賷	二一三
販	販	二一八
貪	貪	二二三
貶	貶	二二四
貧	貧	二二四
都	都	二五二
郵	郵	二六二
邠	邠	二六七
扈	扈	二七〇
部	部	二七九
邦	邦	二九九
邔	邔	三〇九
鄞	鄞	三一一

郫	郫	三二二
邡	邡	三二三
郴	郴	三二六
𨚗	𨚗	三三〇
祁	祁	三三七
郰	郰	三四一
鄃	鄃	三四二
鄰	鄰	三四六
邪	邪	三四九
邞	邞	三五〇
郭	郭	三五一
郳	郳	三五二
耶	耶	三五六
鄌	鄌	三五七
邩	邩	三五八

䢺	䢺	三五八
鄬	鄬	三五八
晢	晢	三八三
晤	晤	三八五
晛	晛	三九六
晧	晧	三九八
晚	晚	四〇五
晦	晦	四一一
暴	暴	四二五
晞	晞	四三〇
晐	晐	四三七
晙	曖	四三九
旈	旈	四五六
旌	旌	四五六
旃	旃	四六〇

旋	旋	四六九
旋	旋	四六九
旄	旄	四七〇
族	族	四七八
冥	冥	四八二
參	曑	四八九
晨	曟	四九一
朙	明	五〇八
萌	萌	五一二
絰	絰	五三五
貫	貫	五三八
稀	稀	六〇三
稌	稌	六一四
移	移	六一九
案	案	六二五

秳 秳 六二九
稃 稃 六二九
稈 稈 六三三
𥝩 𥝩 六三四
稅 稅 六四八
程 程 六六一
黍 黍 六六八
粗 粗 六九〇
桼 桼 六九〇
粒 粒 六九一
桊 桊 六九三
粕 粕 七〇二
舂 舂 七〇五
麻 麻 七二七
枝 枝 七三〇

㕡 㕡 七三六
𠩤 𠩤 七三六
瓡 瓡 七三八
宬 宬 七八〇
宥 宥 八二〇
宿 宿 八二七
寁 寁 八三五
寄 寄 八四〇
寓 寓 八四一
寀 寀 八七三
室 室 八九一
窔 窔 八九一
窋 窋 九〇三
窒 窒 九〇四
窕 窕 九〇七

窅 窅 九〇九
窔 窔 九〇九

【十二劃】

棽 棽 二五
棼 棼 二九
森 森 二九
𠦪 𠦪 八二
隆 隆 一〇一
𤝟 𤝟 一〇二
粤 粤 一〇六
椒 椒 一一〇
桼 桼 一一四
圓 圓 一三一
圍 圍 一五六
賁 賁 一七七

賀 賀 一七八
貸 貸 一八二
販 販 一八六
貯 貯 一九三
貳 貳 二〇〇
貰 貰 二〇八
貿 貿 二一一
費 費 二二二
買 買 二一八
貶 貶 二二六
貴 貴 二二九
貺 貺 二三三
貼 貼 二三四
貽 貽 二三四
邦 邦 二四六

字	頁
邸	二六一
⿰埶阝	二六四
郊	二六六
⿰龍阝	二六九
郥	二七三
邮	二七八
鄆	二八二
邶	二八四
邵	二八六
⿰鬼阝	二九〇
邲	二九〇
⿰𥿺阝	二九二
祁	二九三
邯	三〇〇
鄃	三〇二

字	頁
⿰契阝	三〇五
郾	三一〇
郹	三一三
⿰号阝	三一四
⿰野阝	三一五
鄂	三一七
⿰皀阝	三二四
邿	三二九
邴	三二九
⿰亞阝	三三一
⿰函阝	三三八
⿰巫阝	三四四
郇	三五四
鄬	三五八
鄉	三六五

字	頁
時	三七八
暏	三八三
晵	三九四
暘	三九五
景	三九七
⿱日各	四〇一
晚	四〇五
晻	四一一
晦	四一一
暀	四二二
暑	四二七
昔	四三一
普	四三七
晟	四三九
晬	四四一

字	頁
朝	四四八
旄	四五四
游	四六五
晶	四八四
期	五〇二
盟	五一五
東	五五〇
栗	五五八
棗	五七〇
棘	五七一
鼎	五七七
稙	六〇〇
稠	六〇二
稀	六〇三
稌	六一四

稗 稗 六一八
⿰禾來 ⿰禾來 六一九
稛 稛 六二八
稞 稞 六二八
稃 稃 六二九
稈 稈 六三三
⿰禾肙 ⿰禾肙 六三四
槷 棃 六三四
稔 稔 六四七
租 租 六四七
稅 稅 六四八
稍 稍 六五一
⿱𡗗禾 秦 六五六
程 程 六六一
兼 兼 六六七

黍 黍 六六八
臬 臬 六九六
舀 舀 七〇七
枲 枲 七二二
㪔 㪔 七二四
奧 麻 七七一
寫 寫 七七九
室 室 七八二
宣 宣 七八四
寏 寏 七九五
富 富 七九八
宵 宵 八二六
寑 寑 八三〇
害 害 八三五
寓 寓 八四一

寒 寒 八四四
⿱宀抉 寢 八九四
窒 窒 八九九
窌 窌 九〇〇
窖 窖 九〇〇
窘 窘 九〇六

【十三劃】

楚 楚 一九
楙 楙 二五
[illegible] 八二
𠌶 𠌶 一〇六
桼 桼 一一九
圓 圓 一三三
壼 壼 一四〇
園 園 一四四

賄 賄 一七一
資 資 一七四
賂 賂 一八四
貿 貿 二一一
責 責 二一三
賈 賈 二一五
買 買 二一八
賃 賃 二二五
賕 賕 二二五
貲 貲 二二七
郊 郊 二六一
郘 郘 二七六
邽 邽 二七九
郿 郿 二八〇
鄍 鄍 二八九

字頭	隸定	頁碼
鄐	記	二九〇
鄜	虘	二九一
邢	邢	二九二
鄥	烏	二九三
郇	郇	三〇一
鄗	高	三〇二
鄭	鄭	三〇四
郅	郅	三〇四
郎	郎	三一一
郎	郎	三一一
鄍	冥	三一三
邾	邾	三一八
鄖	員	三二〇
騶	騶	三二三
邸	邸	三三〇
鄧	鄧	三三〇
郷	郷	三三八
鄉	鄉	三三八
耶	耶	三四一
郈	郈	三四六
戴	戴	三五五
邱	邱	三五六
娜	娜	三五六
邪	邪	三五六
郄	郄	三五九
晢	晢	三八三
暘	暘	三九三
暉	暉	三九九
暆	暆	四〇一
暗	暗	四一一
暇	暇	四一六
暍	暍	四二六
暈	暈	四四〇
旇	旇	四六三
旋	旋	四六九
期	期	五〇二
夢	夢	五二四
募	募	五三一
虜	虜	五三九
栗	栗	五五六
福	福	五七四
牒	牒	五七四
牑	牑	五七五
牏	牏	五七六
稼	稼	五九八
稙	稙	六〇〇
稑	稑	六〇一
稠	稠	六〇二
稬	稬	六一五
稗	稗	六一八
稴	稴	六一九
穑	穑	六二四
稧	稧	六二四
稛	稛	六二八
稞	稞	六二八
稭	稭	六三三
稍	稍	六三四
稔	稔	六四七
稍	稍	六五一
稱	稱	六五九

字	楷書	頁
稯	稯	六六二
稘	稘	六六四
稕	稕	六六四
粱	粱	六八五
粲	粲	六八七
寏	奥	七七一
宧	宧	七八〇
寍	寍	七八二
索	索	八五三
寘	寘	八七一
躳	躳	八八六
窠	窠	八九六
窞	窞	八九九
窡	窡	九〇三
窣	窣	九〇六

【十四劃】

字	楷書	頁
㪔	㪔	八〇
積	積	一〇九
巢	巢	一一三
團	團	一三一
圖	圖	一三四
園	園	一四四
貤	貤	一六六
資	資	一七四
賑	賑	一七五
貶	貶	一八六
賓	賓	二〇一
賒	賒	二〇七
賁	賁	二〇八
賕	賕	二三五

字	楷書	頁
賏	賏	二三三
郡	郡	二五一
鄙	鄙	二五八
郛	郛	二六二
鄠	鄠	二七〇
鄰	鄰	二七二
郝	郝	二七三
鄜	鄜	二七八
䣆	䣆	二七八
郖	郖	二八〇
鄈	鄈	二八一
郗	郗	二八二
鄨	鄨	二八五
郤	郤	二九一
鄡	鄡	三〇四

字	楷書	頁
郲	郲	三二〇
鄛	鄛	三二四
鄭	鄭	三二四
郹	郹	三二五
郢	郢	三二五
鄢	鄢	三二六
鄘	鄘	三三一
鄞	鄞	三三九
䣜	䣜	三三九
郶	郶	三三〇
郐	郐	三三九
鄣	鄣	三四四
郚	郚	三四七
郪	郪	三五〇
郄	郄	三五五

字	頁
⿰壴戈	三五五
⿰虖邑	三五八
⿰翏邑	三五八
⿰倝邑	三五九
⿰?邑	三六〇
⿰甫邑	三六〇
𨛜	三六四
⿰日皋	三九八
暗	四一一
⿱皆日	四二二
㬎	四二七
曬	四三四
普	四三七
晙	四三九
曆	四四一

字	頁
暨	四四五
旗	四五五
旖	四六五
游	四六五
朗	五〇一
⿱亡月	五一二
夢	五二四
夤	五二五
夥	五三五
⿱丷冡	五三六
齊	五五九
鼒	五八四
鼏	五八四
種	六〇〇
稑	六〇一

字	頁
稺	六〇一
稹	六〇二
穊	六〇二
稷	六〇八
稻	六一二
稬	六一五
⿰禾耑	六二四
⿰禾曷	六二四
稭	六三三
稿	六三四
⿰禾旁	六三七
⿰禾皇	六三七
⿰禾荒	六四九
稱	六五九
稯	六六二

字	頁
黎	六七八
精	六八九
粺	六九〇
粹	六九八
⿰米卷	七〇一
粻	七〇二
舂	七〇五
宊	七七五
㝩	七八〇
察	七九六
實	八〇一
寬	八三四
寡	八三六
寠	八四三
⿱宀索	八五三

郍　二六三
郪　二六四
鄆　二八二
鄉　二九〇
鄰　二九九
郯　三〇五
郾　三一〇
鄈　三一一
鄍　三一二
鄢　三一六
鄮　三一六
䣑　三二六
鄓　三三八
鄒　三四六
郶　三五九

睹　三八三
晉　三八八
曄　三九八
曨　四一三
鼂　四一五
暑　四一七
㬎　四二七
曉　四三八
曈　四三八
曇　四四一
曆　四四一
暨　四四五
穢　五〇七
𠑹　五二五
種　六〇〇

穋　六〇五
穄　六一二
稴　六一五
穎　六一九
穖　六二四
積　六二七
穅　六三〇
𥢔　六四九
穌　六四九
黏　六七七
黏　六七七
䵒　六七七
香　六八〇
精　六八九
糒　六九四

糗　六九五
粲　七〇一
糖　七〇三
毇　七〇三
緜　七三六
瓢　七三八
寡　八三六
寂　八五六
寰　八七二
營　八八〇
窯　八八七
𡪏　八九七
窬　九〇一
寫　九〇一
寬　九〇二

窱 窱 九一〇

【十七劃】

隆 隆 一〇一
穡 穡 一三三
穃 穃 一三三
麭 麭 一一六
棗 棗 一三三
棗 棗 一二七
圈 圈 一四二
𧷤 𧷤 一八〇
賸 賸 一八四
贅 贅 二〇八
購 購 二二六
賽 寶 二三四
賻 賻 二三五

鄏 鄏 二八〇
郹 郹 二八九
䣓 䣓 二九〇
䣙 䣙 二九一
郾 郾 二九二
鄔 鄔 二九三
鄗 鄗 三〇二
𨞺 𨞺 三一二
鄖 鄖 三一〇
鄙 鄙 三一二
𨞭 𨞭 三一二
鄭 鄭 三一三
䣉 䣉 三一三
郴 那 三一四
鄒 鄒 三一八

郞 郎 三四三
䢺 邦 三五七
暱 暱 四三四
曙 曙 四四一
𣶒 朝 四四八
旚 旚 四六五
旛 旛 四七一
曐 星 四八六
曑 參 四八九
朦 朦 五〇三
穜 穜 五九九
穟 穟 六二三
穖 穖 六二四
積 積 六二七
穭 穭 六二九

䆃 䆃 六四八
穌 穌 六四九
黏 黏 六七七
黏 黏 六七七
糜 糜 六九二
糟 糟 六九三
糒 糒 六九四
糈 糈 六九六
糉 糉 七〇一
粲 粲 七〇一
靡 靡 七二八
𢧐 𢧐 七三四
寡 寡 八〇四
竅 竅 八六一
營 營 八八〇

【十八劃】

【十九劃】

【二十劃】

鄳 鄳 三一六
酃 酃 三一五
⿰賏阝 ⿰賏阝 三一八
⿰䜌阝 ⿰䜌阝 三三〇
鄶 鄶 三三六
酄 酄 三四三
⿰嬰阝 ⿰嬰阝 三五七
鄝 鄝 三五八
朁 朁 三九七
㬥 㬥 四二九
旟 旟 四五七
疊 疊 四九二
⿰禾壽 ⿰禾壽 五九八
穮 穮 六二五
⿰禾韋 稕 六六四

麱 麱 六七七
稫 稫 六八〇
馨 馨 六八二
⿰米翟 ⿰米翟 六九八
穖 穖 六九八
⿰米卷 ⿰米卷 七〇一
⿱後林 ⿱後林 七二八
⿱僉林 ⿱僉林 七二九
播 播 七三五
寶 寶 八〇五
寵 寵 八一九
竈 竈 八八九
⿱宀賣 ⿱宀賣 八九五
邃 邃 九〇九
竁 竁 九一〇

【二十一劃】

麓 麓 二六
⿰車咢 ⿰車咢 一〇七
⿱髟桼 ⿱髟桼 一一六
贊 贊 一七九
齎 齎 一八〇
賸 賸 一八四
贅 贅 二〇八
賣 賣 二二七
鄰 鄰 二五七
酆 酆 二七四
鄧 鄧 三一二
鄉 鄉 三一四
⿰埶阝 ⿰埶阝 三一九
⿰義阝 ⿰義阝 三四六

⿰嚚阝 ⿰嚚阝 三四七
[illegible] 三五六
[illegible] 三五九
鄉 鄉 三六五
曩 曩 四一五
曨 曨 四三八
旞 旞 四五九
霸 霸 四九九
朧 朧 五〇四
⿰束柬 ⿰束柬 五五一
穰 穰 六〇八
穮 穮 六二五
稫 稫 六八〇
穖 穖 六九八
鐆 鐆 七三三

【二十五劃】

【二十六劃】

【二十七劃】

【二十八劃】

【二十九劃】

【三十二劃】

甲二七二 甲四三六 甲八一六 甲一九二九 乙一八 乙二四四 乙四七八 乙一一九二
乙六〇一一 在東人 東人即東夷 鐵一四二·二 前一·四八·四 前一·四九·一 前六·六三·六
前七·四〇·二 前八·五·五 燕四〇三 後二·四·一 菁四·一 佚六一 佚一九六
佚九〇〇 粹九〇七 東土受年 續一·五二·五 續一·五二·六 續一·五三·一 明藏七三二
掇一·三七四 京津四三四五 鄴三下·三八·四 拾一一·一八 前六·五七·八 前六·四六·五
戩二六·二 前六·二六·一 前六·三二·四 前六·五七·七 珠六一二 粹一二九四 燕八
八 鄴三下·四二·八 柏一一 面東母 見合文一五 【甲骨文編】

甲431 816 1929 乙478 2093 2220 2948 3212 3287 4548 4692
5225 5242 5451 6011 6120 6397 6401 6708 6748 7135 7161
8503 8832 珠186 319 326 612 零1 佚61 196 507 647
900 956 續1·52·4 1·52·5 1·52·6 1·53·1 1·53·2 2·18·8 2·
29·7 3·29·6 掇374 徵2·28 8·17 8·18 8·19 8·20 京1·33·2 3·
13·3 3·14·1 古2·6 2·7 誠356 東方S·11 3001 六清45 外293 續存379
442 542 812 外61 450 摭續53 121 133 162 粹77 249
907 957 980 1061 1172 1252 1311 新685 4345 4373 4614

【續甲骨文編】

東　子壬父辛爵　保卣　明公尊　小臣遽簋　效卣　臣卿鼎　臣卿簋　𪑫鼎　競卣

同簋　𢍰鼎　五祀衛鼎　克鐘　宴簋　𢦚鐘　散盤　格伯簋　篙平鐘　東周左師

壺　𠭯東尊　【金文編】

3·60　東古棱之圖里人亳　3·299　東蒦圖　3·301　東蒦圖雝　3·441　東酷里公孫　3·435　東酷里

孟喜　3·436　東酷里鄟奭　3·295　東蒦圖里王晉　3·798　東□□　3·114　繇衝東匋里怸　3·117　繇

衝東匋里戎　3·120　繇衝東匋里夜　7·5　東武市　5·384　瓦書「四年周天子使卿大夫……」共一百十八字　5·361

東武東閒居貲不更余　秦1482　東園□　5·367　東武羅　6·196　獨字　【古陶文字徵】

〔二二〕　〔五三〕　〔六八〕　〔二三〕　〔二六〕　〔七八〕　〔十〕　〔五八〕　〔五三〕　【先秦貨幣文編】

布方　東周　晉高　布空小　東周　豫洛　仝上　圓　東周　展啚版肆壹12　圜　東周　仝上11　仝上

典上編二五二頁　【古幣文編】

132　156　202　216　225　【包山楚簡文字編】

東　日乙一六九　一百零一例　日甲一一八背　二例　封七九　【睡虎地秦簡文字編】

—䣄又㝬(甲4—32)　【長沙子彈庫帛書文字編】

0150 3957 3960 3962 3959 3992 3994 3995 3742 0362 0169

0310 0314 3991 【古璽文編】

東安平印 東牟丞印 東光采空丞 東鄉 東郡守丞 張東海 東門去病 東郭光印

魏東 【漢印文字徵】

袁安碑遷東海陰平長 禪國山碑 出東門鄂 祀三公山碑 東就衡山 天璽紀功碑 東海夏矦□ 東安漢里禺石

【石刻篆文編】

東 【汗簡】

古孝經 汗簡 【古文四聲韻】

◉許慎 動也。从木。官溥說。从日在木中。凡東之屬皆从東。得紅切。【説文解字卷六】

◉孫詒讓 「未于□羊三豕三」，百四十二之二。「」即「東」字。詳《釋地篇》。「禾于東」與「禾于方」文義同，葢迎氣東方之祭，用少牢三未詳其義。

「或」，百十九之三。「我今大□人且尹令」，四十八之三。「□亥卜□馬从又似弜字□馬」，百四之一。「」葢即「東」字，下耑省一直畫與「南」同，詳後。未詳其義。「東」或即東國，疑就殷都以東言之。下二羌字未詳。「且東」猶云徂東，《詩·小雅·車攻》：「駕言徂東。」且·徂通，詳前。亦言往東國也。【栔文舉例卷上】

◉羅振玉 知即東者。其文曰。其自來雨。又有曰。其自南來雨。以是知之矣。【增訂殷虛書契考釋卷中】

◉林義光 古作克鐘。中不从日。古日作⊙不作⊖。⊖象圍束之形。與○同意。故黄古作師奎父鼎。或作趞曹鼎。彝器人負束形。鼎文作。爵文作。敦文作。製字古作毛公鼎或作師兑敦。餗字古作妣戊器或作龔尊彝辛。速字古或作叔家父匡。用速先嗣諸兄。是東與束同字。東東韻。束遇韻。雙聲對轉。東聲之涑亦轉入東韻。四方之名。西南北皆借字。則東方亦不當獨製字也。【文源卷六】

◉高田忠周　說文。□。動也。从木。官溥說。从日在木中。朱駿聲云。淮南天文訓。東方木也。按日所出也。从日在木中。會意。木。叒木榑桑也。離騷。折叒木以拂日。廣雅。東君日也。楚辭九歌有東君篇。日在木中為東。日在木上為杲。日在木下為杳。此說至當。但龜文日字又有作⊖曰者。故凡下篆皆作□。即便結冓耳。書堯典。平秩東作。詩大雅。東有啓明。史記歷書。日起於東。月起於西。皆本義之少轉耳。【古籀篇八十七】

◉丁山　許君言。□。動也。官溥說。從日在木中。此就殷周以來習用東方之義以附會字形也。東卜辭作□殷契卷二第五葉。亦作□殷契卷六第廿六葉□殷契卷六第卅六葉諸形。□可以謂日在木中。□從⊗。□從⊖。木中皆不得謂為從日。友人徐中舒先生曰。東。古橐字。埤蒼曰。無底曰橐。有底曰囊。史記索隱引。倉頡篇曰。囊橐之無底者也。實物囊中。括其兩耑。□形象之。鼎文重字作□象人負囊形。橐以貯物。物後世謂之東西。東西者。囊之轉音也。山按其說甚是。毛公鼎有□字。散氏盤有□字。諸家竝釋為橐。橐許君謂從橐省。實則所從之□即囊字。易爻所謂括囊者也。囊中無物。束其兩耑。故亦謂之束。暨實以物。則形拓大。□者。囊之拓大者也。故名曰橐。橐與東為雙聲。故古文借之為東方。春秋繁露。東方者木。廣雅釋天。東君。日也。此又附會以五行矣。【說文闕義】

◉徐復　說文。東。動也。从木。官溥說。从日在木中。得紅切。小徐本無从木二句。大徐本有此二句。必有所受之。文源。按古作□。中不从日。⊖象韋束之形。與○同意。故□或作□。是東與束同字也。東束雙聲。對轉。東聲之竦。亦轉入東韻。四方之名。西南北皆借字。則東方亦不當獨制字也。季剛師曰。从木。⊖表樹有年輪。漸次發動。故樹腹亦漸壯也。則大徐本之从木。未為無目也。小徐不知。遂刪去之。誤矣。【小學折中記　金陵大學文學院季刊二卷一期】

◉唐蘭　許君說此四字，唯北字差近，其東西南三字，依許君之說，皆有專字，且似制字之初，即與方向有關。今以古文字考之，非也。

丁山作說文闕義箋，⊘其說甚是。毛公鼎有□字，散氏盤有□字，諸家並釋為橐，橐許君謂從橐省，實則所從之□，即囊字，易所謂括囊者也。囊中無物，束其兩端，故亦謂之束；暨實以物，則形拓大，□者囊之拓大者也，故名曰橐。橐與東為雙聲，故古文借之為東方。——二十八葉

蘭按徐丁二君於東字推翻說文從木從日之說，厥功甚偉。其釋重字亦甚碻。然謂東為古橐字，猶為未達一間也。余謂金文偏旁，東束二字每通用，東即束之異文，說文束字從口木，亦誤。橐字本當從束缶聲，金文所從作□者象包束之形，作□者文之偶變，其作□□□□諸形，或更為□□等形見金文者，皆象包束後更施以約縛耳。束與東為一字者，東字古當讀為透

母字，聲轉而為東也。説文以陳為從𨸏從木申聲，又有古文作𨻰，然金文以至六國匋鉨，並作𨺅，𨼃，陳諸形，固從東，不從申也。説文又以陳為從攴陳聲，然以金文觀之，則陳字實晚出，即𨺅之省也。蓋説文既不能釋陳為從𨸏東聲，又因無敕字而不能釋𨺅為從𨸏敕聲，故委曲説之耳。今謂𨺅實從𨸏敕聲，敕即敕字，則此難題迎刃而解矣。此束東一字之佳證也。

如於語源方面作冒險之推測，則東西南北四字，似與日光有關。東西者，日所出入，日出而動，日入而栖息，故東動聲近，西與栖息亦聲近也。【釋四方之名　考古學社社刊第四期】

◉孫海波　□，从木从⊗，闕，經典皆訓動，東動同聲孳乳字也。又浸假以為東方字。【甲骨金文研究】

◉馬叙倫　鈕樹玉曰。繫傳韻無善官溥説。王筠曰。從木重複。當删。官溥説句似當在從日在木中之下。林義光曰。中不從日。□象圍束之形。與○同意。故黄字師奎父鼎作□。趙曹鼎作□。彝器人負束形鼎文作□。爵文作□。敦文作□。毛公鼎□字師兑敦作□。餗字妣戊器作□。龔尊作□。叔家父匡作□。是東束同字。東束東遇雙聲對轉也。四方之名西南北皆借字。則東方亦不當獨制字也。徐中舒曰。東本橐字。史記索隱引埤蒼曰。無底曰橐。有底曰囊。實物囊中。括其兩端。□形象之。鼎文重字作□。象人負囊形。倫按林徐二説皆是也。橐音透紐。東音審紐。古讀審歸透。東音端紐。端透同為舌尖前音。是於音皆可通也。卜辭。其自東來雨。東字作□。曶鼎。用匹馬束絲。束字作□。召伯虎敢束帛字作□。是又可從金甲文證其形也。象形。唐寫本切韻殘卷一東引作春方也動也。從日。又云。日在水中。倫謂春為東譌。水為木譌。説解蓋本作東方也。動也。從木。從日。官溥説從日在木中。東方也及官溥説以上八字蓋字林文。字見急就篇。散盤作□。宗周鐘作□。【説文解字六書疏證卷十一】

◉陳夢家　卜辭言東母西母大約指日月之神。祭義。「祭日於東。祭月於西。」中略殷人的帝或上帝。或指昊天。東母西母可能是日月之神。而天帝的配偶。【殷墟卜辭綜述】

◉饒宗頤　卜辭云：「壬申卜，貞：出于東母西母，若。」（續編上二八・五）「貞：于東母，出叵……」（林一・二二・二）「……尞于東母，豕三犬三。」（鐵一四二・二）卜辭東母西母，殆東西方之女神，楚辭九歌史記封禪書有「東君」，乃日神，山海經穆天子傳有西王母，或自此演化。

□東殆東之繁形，如殷之作㲋（臣辰盉），福之作褔矣。佚周書作雒解「俾康叔字于殷，俾中旄父字于東」，以「殷」與「東」對舉而言。東即洛誥康誥之東土，毛班彝云：「三年静東或（國）。」詩之破斧東山言周公東征，均稱東土為「東」，小雅大東以「東人之子」與「西人之子」對言，傳謂：「東人，譚人也；西人，京師之人也。」蓋「東」為東土之汎稱，今由卜辭，知此稱謂不自周初，殷

時已有之。【殷代貞卜人物通考】

◉高鴻縉　東近人徐中舒丁山均以為橐之初文。是也。埤倉。有底曰囊。無底曰橐。字原象兩端無底以繩束之之形。後世借為東西之東。久叚不歸。乃另造橐字。許氏引官溥説从日在木中。不可據。日在木中。晨固可謂東。晚則必將謂西也。東西南北。方向之名。皆是借字。【中國字例二篇】

◉李孝定　契文金文日作。若。而東字从諸形。均非日字。足證許説之誣。徐丁二氏謂東即橐字。東橐雙聲。遂叚橐為方名之東。其説塙不可易。卜辭東均用為東西字。金文作散盤。舀鼎。克鐘王命明公簋。公違簋。宗周鐘。辟東簋。東周左師壺。均與契文同。【甲骨文字集釋第六】

◉白玉峥　籀廎先生釋東。見方國篇。羅振玉氏曰：「知即東者，其文曰『其自東來雨』，又有曰『其自南來雨』。以是知之矣。」考釋中十三頁。徐中舒氏曰：「東，古橐字。埤蒼曰：『無底曰橐，有底曰囊。』史記索隱引。倉頡篇曰：『囊、橐之無底者也。』實物囊中，括其兩端，，象形之。鼎文重字作，象人負橐形；橐以貯物。物，後世謂之東西；東西者，橐之轉音也。」東字説丁山引。丁山氏曰：「徐説甚是。毛公鼎有字，散氏盤有字，諸家並釋為橐。橐，許君謂从橐省，實則，所从之即囊字。易爻所謂：「括囊」者也。囊中無物，束其兩端，故亦謂之束。既實以物，則形拓大，者，囊之拓大也；故名曰囊。囊與東為雙聲，故古文借之為東。」見説文闕義箋。【中國文字第三十四册】

◉張日昇　古文字東不从日。許書非是。徐中舒丁山謂東即橐。象形。塙不可易。唐蘭謂東即束之異文。其説可商。東束兩字同源。而各有所指。束為束縛。東橐兩耑。作。或橫衺交束作。東象橐形。其橫直為編織紋。父乙尊作。後省為一横一直。契文有作。與束形近。然終非一字。東叚作方名。而初誼反晦。【金文詁林卷六】

◉張懋鎔　秦建明　東字，甲骨文、金文中常見，有、、諸形。《説文》曰：「東，从日在木中。」「从日在木中」固然可解為日東升于林中，然又何嘗不可解為日西墜于林中呢？況且、二形也與「从日在木中」並不相干，許説謬矣。故近世學者認識到：東字，與西、南、北諸字一樣，雖用指方向，但字形本身並不顯示方位，僅僅借音而已。殷在《文字源流淺説·釋例篇》中認為「在周金文的、、、等字形中則應是象鳥類的胴體形」，如是鳥類的胴體，焉能生殖于土田之中？再説，象植于土中，抽枝長葉的形象；、、、諸形象在陽光下生長的形態，字从口乃从日的省文（見于省吾《甲骨文字釋林·釋量》），絲毫没有鳥類胴體的痕迹。另外甲骨文中有（前二·十八·四）（前七·十二·一）（前五·十八·四）（後上·十三·四）諸形，均象殖于土中，生長出塊莖狀東西。在這裏，或作形，由曹字甲骨文或作（前二·五·五），重字旻成侯鐘作□可為證。甲骨文中更有一形作□，維妙維肖地畫出東在陽光下生根結實的形象，這是否定「東象是鳥類的胴體形」的佳證。

由上述分析可知，東作為植物性食物，實際上就是農作物，泛指糧食。□、□、□（見《說文古籀補》40頁）均是用勺在鼎內勺飯狀，因為「飯」這一概念很難形象地表示出來，它或是稻米，或是麥面，或是芋頭之類的食物，或為顆粒狀，或為粉狀，也可能是塊狀的。所以只有采取泛指的辦法來表示「飯」這一概念。但如果用衆多的點來表示，則易與水的表示法相混，故用綑紮的糧食口袋——「東」來表示。如此，則「東」在形體上似「囊」「束」，近世學者或解為囊形、束形，確有根據，但僅停留于此，則遠遠不能解決問題。康殷認為：「囊橐也非煮于鍋中、植于土田之物，況且也遠不似囊形的。囊形古文作□，□見橐，非常明顯，所以不確」（《文字源流淺說》279頁）。這種看法，未免機械。丁山認為「毛公鼎有□字，散氏盤有□字，諸家並釋為橐，許君謂从橐省。實則所从之□即囊字。」丁說甚確。試从形體上比較□與□，後者只不過增添了經緯的編織紋。尤其是東字諸形之一的□形（□父乙尊），經緯之交織非常明顯。由繁縟的□形或省為□、□諸形，而省與不省者，都表明這豎橫交叉的正是編織紋。如果不是編織紋，為何忽兒添一橫線，忽兒又減一豎線，忽兒又以×紋以示意（《金文編》附録有□、□、□、□、□諸形）？而另一方面，顯示囊袋的編織紋（如東）還是不顯示囊袋的編織紋（如橐），與囊袋的本質（總之都是囊袋）並不產生決定性的影響，而這正是囊、東同源的基點。从□（前一·四五·三）、□（戩二一·十四）、□諸形可以看出□、□互相替代。再說囊、東又為雙聲，都是二者同源的有力證據。至于東與束則常常相互替代，如量字，或作□、□形，或作□、□形；餗字或作□形，或作□形。且東、束又是雙聲對轉，說明束與東也屬同源字。總之，東、囊、束三字同源，後雖分化，但仍留下痕跡，使我們看到三者之間既有聯系又有區別，不能籠統地在它們之間劃等號，認為東就是囊字、束字；也不能將它們截然分開，認為它們毫不相干，从而影響我們對三者本源的探索。所以我們說，「東」是裝着食糧的囊袋，作為糧食的象徵物，「東」又何嘗不可以煮于鍋中，植于土田呢？【釋東及與東有關之字　人文雜志一九八一年第六期】

◉林清源　276.東戈（邱集8126，嚴集7303）本戈內末銘文一字，作「□」形，劉心源釋為「□」（奇觚室6·2），鄒安（周金6·55·2）、劉體智（小校10·9·2）從之。只金文未見「□」字，然猶存於「虢」字偏旁，作「□」（毛公鼎）、「□」（秦公簋），與戈銘結體迥殊，知非一字。此銘方濬益隸定為「東」，謂即陳字之省，復謂此當係田齊所作器（綴遺30·24）。戈銘此字碻當釋「東」，如甲骨文作「□」（京津43·2）、「□」（鄴三下42·8），陶文作「□」（周72·8）、「□」（周57·6），又如陳□戈（例100）陳字所从即作此體。惟方氏以此為陳字省文則有可商，東字古音東部端母，陳字真部澄母，聲韻俱遠，金文東字作「□」（保卣），陳字作「□」（陳逆簋），截然分用，方位詞

之「東」無二可作田齊之「陳」解者，文獻所見亦然，是以本戈之國屬猶待徵考也。【東戈 兩周青銅句兵銘文彙考】

●楊樹達 □，動也，从木。官溥說：从日在木中。得紅切。六上東部。按：日為主名，木為處名。【文字形義學】

●丁 驌 歷代識己酉戍命彝：

「己酉戍鈴隮組于召□□□九律□賞貝一朋□用□丁宗彝在九月隹王十祀劦日五隹來□」

□，東也。宰椃彝「東間」之東正如是寫（殷曆譜下三十七頁）。契東方之東作□。字亦作□，□，□。

「甲申卜穷貞勿于□□告」（南南二・五六），此「東方」二字也。「……其令東會……」（林二・二五・六略）亦如是作。

……迄自東……（卜四〇三）與（京二二二），「東」字前者作□，後者作□。又甲三一〇三，陳一三三同辭。又皆作□。

陳，陣也，本作敶，殆即契之□字。正人方辭時有在某地餗，乃在某地陳師也。如：

「戊寅卜在韋餗㠯人亡戋異其□。」（人二一四一）

余舊作「木杏東」（中國文字）中引南明七二六「壬子其東司魚？茲用。」遺二〇二「癸酉卜其東三示」。前二「東」為東字。故前一辭當讀為「壬子其東后魚？茲用。」又曰林二・二五・六之「東」為人名亦誤，當並正之。遺二〇二之辭東字意義未明，如此則東為□之異文之說，不成立矣。【東薇堂讀契記二 中國文字新十二期】

●徐中舒 象橐中實物以繩約括兩端之形，為橐之初文。甲骨文金文俱借為東方之東，後世更作橐以為囊橐之專字。《說文》：「東，動也。从木。官溥說，从日在木中。」乃據後起之字形為說，不確。【甲骨文字典卷六】

●戴家祥 丁山曰：許君言「□，動也。」官溥說：「從日在木中。」此就殷周以來習用東方之義以附會字形也。東，卜辭作□殷契卷二第五葉，亦作□殷契卷六第廿六葉、□殷契卷六第卅六葉諸形。□可以謂日在木中，□從⊗，□從目，木中皆不得謂為從日。友人徐中舒先生曰：「東古橐字。」埤蒼曰：「無底曰橐，有底曰囊。」史記索隱引。倉頡篇曰：「囊橐之無底者也。」實物囊中括其兩耑，□形象之。鼎文重字作□，象人負囊形。橐以貯物，物後世謂之東西。東西者囊之轉音也。山按其說甚是。毛公鼎有□字。散氏盤有□字。諸家竝釋為橐。橐，許君謂從橐省。實則所从之□，即囊字。易爻所謂括囊者也。囊中無物束其兩耑，故亦謂之束。暨實以物，則形拓大。□者囊之拓大者也，故名曰橐。橐與東為雙聲，故古文借之為東方。春秋繁露「東方者木。」廣雅釋天「東君日也」，此又附會以五行矣。說文闕義二八葉至二九葉。【金文大字典卷中】

㯥 後一・一五・一五 【甲骨文編】

㯥 後上15・15 卜566 【續甲骨文編】

㯥㯥 㯥 天㯥父癸爵 【金文編】

◉許　慎　㯥二東。曹从此。闕。【説文解字卷六】

◉羅振玉　卜辭㯥為國名。又有𣍘。㯥與𣍘殆一字也。【增訂殷虛書契考釋卷中】

◉陳邦懷　説文解字。㯥。二東。𣍘從此。闕。段注謂義與音皆闕也。邦懷案。玉篇。㯥。昨遭切。此字在卜辭為地名。今不可考矣。【殷虛書契考釋小箋】

◉高田忠周　説文㯥从二東。𣍘字从之。闕。此字宜刪。𣍘下曰。獄之兩曹在廷東。从㯥治事者。从曰。不得其理。葢論辯治事。曹官所司。故字以曰為形義。謂兩曹。當从二曰。兩曹並在廷東。从一東義已足焉。依許説字當作𣍘。故古尒文曹字作𨚗。漢器銘亦有作𣍘者。曹元从東。不从㯥。説又見曹下。要㯥亦與屾㶣一例耳。【古籀篇八十七】

◉陳邦福　㯥當釋曹漕之媘。説文曰部云。𣍘。獄兩曹也。从㯥在廷東也。从曰治事者也。會意。卜辭㯥蓋地名。詩邶風擊鼓云。土國城漕。毛傳。漕。衛邑也。泉水云。思須與漕。毛傳。須漕。衛邑也。鄘風載馳云。言至于漕。毛傳。漕。衛東邑。左閔公二年傳云。立戴公以盧于曹。杜注。衛下邑。又通典。滑州白馬縣。衛國曹邑。又案説文米部云。糟。酒滓也。籀文作𣍘。大徐本。是籀文有媘𣍘作㯥者。【殷契辨疑】

◉丁　山　曰部。𣍘。獄兩曹也。從㯥。在庭東也。從曰。治事者也。據段注本。吴穎芳曰。㯥乃治事之所。在庭東。故從東。兩曹。故從二東。王紹蘭曰。兩曹謂東西曹。而曹從二東。不及西。舉東亦該西。故云兩曹。魏志毛玠傳。玠嘗為曹掾。時人憚之。咸欲省東曹。乃共白曰。舊西曹為上。東曹為次。太祖知其情。曰。今日出于東。月盛于東。何以省東曹。以是知從二東之㯥。蓋取日出于東月盛于東之義。段注訂補語。山按。曹之從㯥。不自曹魏始也。米部。糟。酒滓也。從米。𣍘聲。𤅩籀文。從酉。以𤅩例𣍘。戴侗疑𣍘即嘈字。從曰。㯥聲者是也。卜辭嘗云。壬寅卜在𣍘貞王𢓊于□。亾𡿧。殷契卷二第五葉。曹字正從口。又云。貞猶伐㯥其戋。後編上十五葉。曹又不從口。此𣍘諧㯥聲之證也。𣍘諧㯥聲。而㯥從二東。俞樾謂㯥猶𩺰即魚也。灥即泉也。乃東籀體緐重之故。兒笘録。考之卜辭。㯥或假為𣍘字。且𣍘東聲韻俱遠。則東㯥之别與玉玨木林之例同。林非籀文木。玨非籀文玉。𣝣自不得謂為東之籀文。

東本橐字。重之為𣝣。曰二橐。雖然古之以二紀數。不盡言二也。玉二曰玨。錢二曰兩。鳥二曰雙。方言。飛鳥曰雙。廣雅。雙。二也。雙生曰孿。玄應音義引字林。二人相對曰偶。釋名釋親屬。夫妻相偶曰匹。白虎通。匹。偶也。與其妻為偶。事二曰再。廣雅。再。二也。再亦謂之重。史記索隱。重。再也。徐灝曰。楚辭招魂。分曹竝進。王逸注。曹。偶也。史記扁鵲倉公傳。曹偶可人。索隱曰。曹偶猶等輩也。此當是曹之本義。山則謂曹之本義為嘈。曹偶之義正合𣝣字。詩公劉。氏造其曹。周語。民所曹好。鮮其不濟也。民所曹惡。鮮其不廢也。毛傳韋注竝訓曹為羣。斯又𣝣偶義之引申。自造字原則言之。𣝣之本義為曹偶。其形從二東也。殆無可疑。而今本𣝣訓二東。不辭已甚。吳王諸君專就曹獄立論。迂謬之尤矣。【說文闕義箋】

◉商承祚　吳穎芳曰：「𣝣乃治事之所，在庭東，故从東。兩𣍘故从二東。」卜辭之𣝣為地名。【甲骨文字研究下編】

◉郭沫若　說文「𣝣，二東，𣍘从此，闕。」案說文言闕，乃後彔書者所注語。謂原書此處有闕文。非許君闕疑之意。唯文適闕，遂無由得其音義。今見於卜辭者乃國名，又由獻之地望以推之，則𣝣或即𣍘省。疑衛之曹邑（今河南滑縣白馬城）即其故地。

𣍘即曹，案當是衛之曹邑，左傳閔二年「立戴公以廬于曹」者是也。詩作漕，邶風擊鼓「土國城漕」，又泉水「思須與漕」，衛風載馳「言至于曹」，毛傳云「衛東邑」。今河南滑縣南白馬城即其地。【卜辭通纂】

◉馬叙倫　徐鍇曰。說文舊本無音。今字書从曹。云闕者。無聞焉爾。鈕樹玉曰。玉篇。昨遭切。說文曰。二東也。曹從此。嚴可均曰。𣍘從此闕皆校語。叅。二余也。从。二入也。[illegible]。二卩也。屾。二山也。豩。二豕也。沝。二水也。䲆。二魚也。此但少一也字。必無所闕，通釋云。舊本無音。知所闕者反切。嚴章福曰。說解有闕文。非闕反切也。俞樾曰。𣍘字以在廷東。故從𣝣。是𣝣即東也。籀文多重複之體。如敗之為贁。牆之為牆。皆是也。陸從𨸏𡋣聲。𡋣聲即左聲。籀體繁重。故重作𡋣。陸之從二左。正與𣍘之竝二東不異。許書不收𡋣字。何必收𣝣字。然則𣝣字可刪。而東部更無他字。亦可不立。倫按玉篇引作二東也。此與叅二余也屾二山也同例。此東之茂文。汗簡引演說文𣍘字作𣝣。明𣝣聲也。𣍘從𣝣得聲。東東一字。東聲矦類。曹聲幽類。幽矦音近聲同。東矦對轉。故𣍘得東聲。餘見𣍘下。甲文作[illegible]。東𣝣一字。則東可入木部。或為東之重文。東部可刪也。【說文解字六書疏證卷十一】

◉馬叙倫　父乙爵舊作子東東父乙爵。

[illegible]　吳式芬曰。許印林說。此銘舊列五字。蓋東東兩讀也。然說文本有𣝣字。或即作𣝣。列四字亦可。倫按[illegible]字殘

缺。此與舊釋子壬父辛爵之同意。亦與舊釋子車爵之同意。此從兩手各持一槖耳。説文㯥字從此出。【讀金器刻詞卷中】

◉高鴻縉　説文。㯥。二東。曹从此。闕。段云。謂義與音皆闕也。

甲文見後上一五。金文取曹字偏旁。字應从二橐。从二橐故有兩造意。音義與曹同。【中國字例四篇】

◉李孝定　説文。「㯥。二東。曹从此。闕。」段氏説文注「二東」下云。「謂其形也」是也。「曹从此」下云。「謂曹以會意也」則沿許書之誤也。許書曹下説解。乃舉漢制以説字。已非其朔。即如其言曹在廷東則字从一東會意足矣。何必从㯥乎。曹字从㯥。實以之為聲。丁陳諸氏謂㯥讀昨遭切。謂是曹省。亦昨遭切也。是也。从曰則會意也。段氏謂曹从㯥會意。非。卜辭㯥為地名。金文作㯥。天㯥父癸爵。【甲骨文字集釋第六】

河六二二　前二・八・一　前二・一六三　粹七二六　粹九四六　京津五五五六　鄴三下・四六・一五　林白　庫一六七二　林方　東藏八七　明三七六　在黄林餗　京都三九八　京都一九三〇　京都二三〇八　【甲骨文編】

録621　六東87　粹726　【續甲骨文編】

林　林卣　林　䚄鬲　尹姞鼎　㦤簋　同簋　九年衛鼎　卓林父簋　螸壺　湯弔盤　【金文編】

3・102　蒦衢吞匋里林　【古陶文字徵】

一五六：二一　委質類參盟人名　【侯馬盟書字表】

林　編二四　秦四　【睡虎地秦簡文字編】

林 横野大将軍莫府卒史張林印 林 林慮左尉 林 楊林 【漢印文字徵】

林 開母廟石闕 少室石闕 五官掾陰林 林 石經宣公 晉荀林父及楚子戰于邲 【石刻篆文編】

林 林 【汗簡】

◉許　慎 林平土有叢木曰林。从二木。凡林之屬皆从林。力尋切。 【說文解字卷六】

◉徐同柏 （周虢叔大林鐘）⿱林南。古林字。積古𢀛一器文同。伊氏一器作⿱林南。又叔氏寶林鐘二器。積古𢀛彝器款識作叔丁鐘。氏字微蝕。佀丁字。此據另一器。㶣作⿱林南。兮中大林鐘林作⿰⿱林南金。⿱林南即林字。从金又為林鐘字。又兮中大夾鐘夾作⿰南金。南古屋廡字。从八。為夾室字。與廡字同義。此為夾鐘字。故又从金。楚公太蔟鐘蔟作⿰南殳。股古奏字。古文奏作𢍜。象朕理形。从月與从𢍜同義。上从南者。南為屋廡象。蓋覆冒之意。淮南子天文。太蔟者。蔟而未出也。蔟有覆冒義。知从南為太蔟字。是鐘所見大小二器文竝同。惟⿰支略異。積古𢀛彝器款識⿰南殳字失橅月旁。合觀數文。知南象屋廡形。南即南之變。南南南又南之變。古屋廡之廡與繁𣝗之𣝗同字。書鴻範。庶草繁廡。說文引作庶草繁𣝗。𣝗字本从林。此林字更从𣝗。益見繁𣝗之義。 【從古堂款識學卷六】

◉高田忠周 按銘意。王以睽邑里改賜大。睽奉王命。敢不㐭惜。好意遇大也。一器作䕚。䕚。即林。並用為㐭也。又按。此篆从攴。林聲。說文所無。因謂此鈙字異文。說文鈙。持也。从攴。金聲。讀若琴。朱氏駿聲云。字亦作钕作捦。蓋說文捡襟同字。禁从林聲。林金固當通用也。故鈙為鈙。或云古文攴手通用。棥即掭字。方言。掭。殺也。晉魏河内之北謂掭曰殘。楚謂之貪。集韻音廩。然說文依方言字作惏。从心不从手。且掭即襟省。與鈙自別。但襟惏當通用。鈙惏亦通用不妨矣。下文皆同。然則林或體从㐭聲。㐭林古音同部。故棥即鈙。亦从䕚聲耳。 【古籀篇六十】

◉高田忠周 二木相並。平林之象也。詩車舝。依彼平林。周禮地官序官。林衡。每大林麓。注竹木生平地曰林。此本義也。 【古籀篇八十六】

◉商承祚 林金文同。湯叔尊又作林。 【甲骨文字研究下編】

◉吴闓生 䕚即林字。各器有⿱林南 ⿱林南 ⿰南金 ⿰南金諸形。南南皆象鐘懸之形。加禾。則从稟得聲。仍當讀林音。 【吉金文録卷二】

◉馬叙倫 鈕樹玉曰。廣韻引叢作藂。翟云升曰。爾雅釋詁疏引平土作平地。于鬯曰。林但從二木而已。未見平土之義。許以平土叢木解林。鄭以竹木生平地曰林注周禮之林衡。皆承詩車舝依彼平林毛傳而誤。傳曰。平林。林木之在平地者。此言詩言平林。故解為林木之在平地者。若但曰林。則何必於平地乎。淮南說山訓高注。木叢生曰林。不必言山亦不必言平地矣。倫按平地有叢木曰林。此蓋字林文或校語。字見急就篇。餘詳森下。同敢作[glyph]湯叔尊作[glyph]。甲文作[glyph]。【説文解字六書疏證卷十一】

◉楊樹達　[glyph]字下所从字不識，上从[glyph]，為古文亩字。按此字鐘文屢見，而形各不同。𪊨鐘云：「乍朕文考釐伯龢薔鐘。」虢叔旅鐘云：「用乍朕皇考惠叔大薔龢鐘。」士父鐘云：「乍朕皇考叔氏寶薔鐘。」井人妄鐘云：「肆妄乍龢父大薔鐘。」兮仲鐘五器，第三器云：「兮仲乍大薔鐘。」此據攈古録金文。下同。以上凡五器，字皆从林从亩作薔。克鐘云：「用作朕皇且考伯寶𪒠鐘。」字作𪒠。兮仲鐘第四器作𨭐，字从金从亩，第一器作𨭅，字从金从稟。吴生鐘云：「用乍△公大[glyph]鐘。」[glyph]字筆劃不全，左上从古文亩，則無可疑。自來釋者或釋林，或釋鎛，或釋龢。紛歧不一。近代孫君仲容精於古文，箸古籀餘論，跋此鐘據周禮小胥「王宮縣，諸侯軒縣」及周書大匡篇「樂不牆合」之文，謂薔字當讀為牆。牆為宮縣軒縣之通稱。又謂特鐘編鐘同縣於虡，故並謂之牆，其説甚辨。顧余有疑者：鄭司農注小胥云：「宮縣，四面縣；軒縣，去其一面……四面象宮室四面有牆，故謂之宮縣；軒縣三面，其形曲，故春秋傳曰：請曲縣繁纓以朝，諸侯之禮也。故曰：惟器與名不可以假人。」按據司農注，宮縣四面有牆，知周書云牆合者，乃據天子之禮為言，蓋牆非四面則不得云合也。故盧文弨釋周書以宮縣釋牆合，與司農注正相符，是也。由此言之，軒縣三面，或云曲縣，曲古文作[glyph]，正象四方缺一之形。既是三面，即不得云牆，以宮室無築牆三方之理也。而孫君乃云牆為宮縣軒縣之通稱，豈可信也！孫君又云「周書所云，乃文王在程時侯國制」，亦為强説。果如孫説，楚公鐘尚可以諸侯為説，其他如𪊨，如虢叔旅，如兮仲，如士父，如井人妄，如吴生，如克，豈皆諸侯，而可以諸侯軒縣為解乎？至云特鐘編鐘同縣于虡，故並謂之牆，尤為臆説，不足憑信矣。然則諸文究當釋為何字乎？考𪊨鐘云「龢薔鐘」，虢叔旅鐘云「大薔龢鐘」，薔與龢並言，釋龢之誤顯然，孫君已加糾駁矣。釋鎛者，乃由誤認古文亩之[glyph]為甫字，其謬亦不待辨。由余觀之，不獨从林之薔當從舊説釋林，即𢉖𨭐𨭅𪒠諸文亦當釋林。必知然者，𢉖𨭐𨭅𪒠皆從亩得聲，亩與林古韻同屬覃部，聲亦相同，二字同音，故可為釋。此從聲音言之知其當爾者一也。國語周語曰：「景王鑄無射而為之大林。」觀虢叔旅士父井人妄及兮仲之第三器稱大薔，楚公稱大𢉖，吴生稱大𪒠，兮仲第一器稱大𨭅，第四器稱大𨭐，皆即大林也，此從古書文證言之知其當爾者二也。蓋大林之鑄造，乃一時風尚使然，故周景王鑄之，楚公鑄之，魯季武子鑄之，見左傳襄公十九年。而虢叔旅士父兮仲井人妄吴生輩亦皆鑄之。名雖一事，流傳既廣，制作亦衆，即刑制不必盡同。孫君乃云：「大林自是極大特縣之鐘，今虢叔編鐘亦有大薔之語，則義不相應。」此刻舟求劍之論也。又云：「大林鐘雖見國語，金文或从亩，或从稟，既不皆从林，又云龢薔寶薔鐘，亦不皆云大林。」不悟大林省稱曰林，有何不可？抑孫君深解古音，於林亩古音無異？無容不知，乃於此默不一言，竟云字不皆从林，何其蔽也！夫林从二木，義為森林，亩象倉形？義為倉亩，國語作林，金文作嗇，皆非鐘名本字？必求本字，鏞鏄殆為近之。今以林為釋者，第以古書證古器，非謂正字當作林也。孫君蓋以釋者紛歧，統觀各器，欲求一貫之釋文，然嗇[illegible][illegible][illegible][illegible]諸字形體雖異，音固一貫也。孫君不據顯然一貫之聲音求稽合於古書，而求之於形體，遂多為偶肊之論，殊可惜也！大般嗇字，孫君初釋遴，此文改釋嗇。按以釋遴為是，遴與林亩雙聲也。【楚公鐘跋　積微居金文説】

◉李孝定　[illegible]前・二・八・一、[illegible]前・二・十六・三、[illegible]録・六二一、[illegible]六・東・八七、[illegible]粹・七二六，絜文亦从二木。字在卜辭為地名。辭云「乙未卜在林□王步亡[illegible]」前・二・八・一，是也。或為方國之名。辭「庚寅卜在□餗貞王𢓊林方亡[illegible]」前・二・十六・三，是也。金文作[illegible]卓林父簋。[illegible]同簋。[illegible]林觚鬲。[illegible]穆公鼎。[illegible]林卣。【甲骨文字集釋第六】

◉裘錫圭　故安道侯奴林《初文》釋此字為「杜」，與字形不合；又把「杜」字與下面的「取」字連起來講，也缺乏根據。古書裏只有「杜撰」、「杜造」，并無「杜取」之說。而且「杜撰」一語的起源雖有種種不同說法，但其出現肯定大大晚于漢代，怎麽能引來說明西漢簡文中的「杜」字呢？我們釋此字為「林」，也可能不確，不過可以肯定這是「捐之姊子故安道侯奴」的名字。【關于新出甘露二年御史書　考古與文物一九八一年第一期】

◉戴家祥　毛詩邶風擊鼓「于以求之，于林之下」，毛傳「山木曰林。」小雅車舝「依彼平林，有集維鷮」，毛傳「平林，在平地者也。」是林在山在平地。本無定處，須視其所處而異，許君但依車舝為説，未免以偏概全。林从二木，造字之本意言其木木連屬成片，極言其數之多，在六書為會意，故引伸之為衆多貌。白虎通五行篇「林者，衆也。萬物成熟種屬衆多也。」楚辭九章「露申辛夷，死林薄兮」，王逸注「叢木曰林。」廣雅釋詁三「林，衆也，聚也。」金文或作人名，或作地名，亦有用作衆多貌者。唐韻「力尋切」來母侵部。【金文大字典下】

森

甲263　969　1179　1460　1585　1893　2345　2858　2858　3069　乙76

404　952　1937　2181　2373　2592　2689　3418　3449　4534　4761

5112　5272　5351　5644　6386　6857　7171　7233　8509　8518　9067

佚1　83　續1・33・5　4・9・4　5・31・3　徵1・45　8・31　天103　録877

六束32　續存1041　粹51　212　744　813　1315　【續甲骨文編】

無　孳乳為橆　般甗　井侯簋　毛伯嚨父簋　無憂卣　盂鼎　盂簋　𢦏簋　伯康簋　静簋　𠷎鼎　南宫乎鐘　魚顛匕　善夫克鼎　姬鼎　井人妄鐘　都公鼎　史頌簋　頌簋　弔上匜　虢季氏簋　㒼弔多父盤　曾伯陭壺　仲師父鼎　虢季子白盤　虢文公鼎　麓伯簋　兮吉父簋　封仲簋　秦公簋　曾伯霥匜　邾公華鐘　𥙊仲鬲　伊簋　師寰簋　仲辛父簋　蔡姞簋　沙其簋　毛公厝鼎　不嬰簋　陳侯匜　陳公子甗　陳子匜　陳公孫𤔲父鈚　厚氏圃　齊弔姬盤　㠱伯匜　㠱伯盨　隓子鬲　沇兒鐘　齊侯鼎　戈弔鼎　邾弔鐘　毛弔盤　子璋鐘　寡兒鼎　郤王子旃鐘　褱鼎　邳伯罍　王孫壽甗　吴王孫無土鼎　曾侯乙鐘　樂子敬䝙匜　庚兒鼎　𥙊伯𦤶盤　王子申盞盂　曾姬無卹壺　曼龏父盨　鄀公白韭簋　長子𩃕臣匿　郳子宿車鼎　猶鐘　番君鬲　孳乳為無無㠱簋　喬君鉦　鄦叀鼎　鄦㚖鼎　鄦伯彪戈　【金文編】

古陶 27　【古陶文字徵】

來無　賈無恙　無妻昌印　萬歲無極　上官無且　【漢印文字徵】

◉許　慎　𣞤豐也。从林𣞤。或說規模字。从大卌。數之積也。林者木之多也。卌與庶同意。商書曰。庶草繁無。文甫切。【説文解字卷六】

◉阮　元　(無專鼎)無字當讀為鄦。古鄦字每省邑。　【積古齋鐘鼎彝器款識卷四】

●林義光　𠔻為規模之模。無所考。古作□克彝。作□鄭大內史匜。从大。轉注。卌象物之多。即多之變。从廿猶从口也。見芇字條。林象木之多。或省作□叔家父匡。作□無𣪕鼎。又疑□別為一字。訓為大。爾雅。幠大也。釋詁。以此為本字。□从林□聲。為緐蕪之蕪。【文源卷六】

●高田忠周　朱駿聲云。按从林从大从卌。會意。或說。𠔻規模字。則以𠔻為聲也。書洪範今本。庶草蕃廡。以廡為之。今隸作無。借為有𣞤字。此說為是。但說文亡部。𣞤訓亡也。从亡無聲。奇字作无。此𣞤非古字。凡金文。無字極多。而未見一字从亡者。且先秦刻石詛楚文。及李迹會稽刻石。皆作𣞤。與古相合。其他秦璽秦瓦及漢初之文。亦絕無从亡𣞤字。即知𣞤為漢代俗字。然古唯有亡𣞤二字。而書家欲字畫茂美。多借𣞤為亡。凡下載諸文皆是也。然古器。自有用正字者又見亡下者可證矣。故今亡部。刪除𣞤字。若夫奇字無字。今本周易。正如此作。而諸家未有確說。余亦無攷。唯竊謂。卜辭亡有作□者。或無譌出于此歟。【古籀篇八十六】

●馬叙倫　鈕樹玉曰。此說解疑後人增損。當是從林從大卌。卌。數之積也。林者。木之多也。𣞤與庶同意。或說規模字。王筠曰。無字之說全不可解。既以𠔻為模字。又以大卌為兩字。是未定之論也。非大部有𠔻十部有卌而挩也。疑𣞤字當隸大部。從大。𣞤聲。𣞤即某之古文。某音今入厚部。毛詩氓篇謀媒與蚩絲期丘淇為韻。其聲與無相近也。周𣪕尊銘□字正如我說。高田忠周曰。甲文作□。即舞字。郭沫若曰。古無字作□。或作□。乃舞之初文。象人手持二鞭而舞。不從林。王襄曰。華石斧云。□象人執牛尾以舞之形。為舞之初文。倫按金文𣞤字。虢季子白盤作□。虢文公鼎作□。秦公𣪕作□。為一類。湯叔上匜作□。頌𣪕作□。仲師父鼎作□。為一類。毛公鼎作□。陳侯簠作□。陳公子甗作□。不𡢁𣪕作□。為一類。盂鼎作□。善克夫鼎作□。㫚鼎作□。鄀公鈚作□。史頌𣪕作□。魚匕作□。為一類。戈湯叔鼎作□。湯叔尊作□。為一類。齊侯鼎作□。沇兒鐘作□。為一類。寏兒鼎作□。為一類。伊𣪕作□。為一類。襄鼎作□。王子申盞盂作□。為一類。袒仲鬲作□。為一類。猶鐘作□。為一類。鄦昊鼎作□。為一類。亞形父丁卣作□。無㠱𣪕作□。為一類。曼龏父簋作□。為一類。周公彝作□。為一類。王宜人甗作□。為一類。無叀鼎作□□。為一類。約而別之。不過兩類而已。其一從𠔻從林。而其𠔻字則從夫或則從大。大夫固一字也。此類蓋從林𠔻聲。𠔻者。有無之無本字。而為□之譌體。加利物尼亞一帶印第安人表示否或無之圖語為□。即張兩手以示無所持也。此土古俗亦然。而其文則作□。亦從大而張其兩手也。後廢其字。以篆文簡易。形掍於大故也。甲文有□。高田忠周釋𦋐。是也。蓋從网。□聲。□即𠔻也。金文公無鼎之□亦此字。師奎父鼎之奎。孫詒讓據㝨鼎之瑬。謂即璑字。禮經瓦大即瓦甒。以證㙨為璑之省。其說致碻。蓋㙨從王𣞤聲。而瑬則從王焚聲。焚即𣚨也。本從㽞而省變同於大耳。然則𣚨實從林㽞聲。為茂之轉注字。亦棥之轉注字也。其一從大從𣞤。象人兩手持𣞤，𣞤為犛牛之尾。呂氏春秋所謂執牛尾以舞者也。此舞之初文。而武之異文。此為文舞而武為凱旋之舞也。弭仲簠受無疆福之無作𣞤。魯公鐘萬世無疆之無作𣞤。實皆舞字而借為無。以從無得聲也。今之舞字則從𣚨得聲矣。字見急就篇。【說文解字六書疏證卷十一】

◉高鴻縉　字倚大畫其兩手執羽旄而舞之形。由文大生意。故託以寄舞蹈之意。動詞。周時通叚以代亡。久而成習乃加䢅為意符。作𣞤。秦人又另加舛為意符作舞。變為舞。至䍿則晚周齊魯之形聲字。从羽亾聲。【中國字例二篇】

◉李孝定　契文象人舞形。孫海波曰。「無卜辭以為舞字。象人或舞之形。」文編六卷三葉上。此實舞之古文。非卜辭以為舞字也。說詳前五卷舞字條下。許君說此殊支離。蓋昧其初形。不得其解。故望文說之耳。許君以為規模字之㽞。即無之譌變。郭沫若以此證𣞤為母。說見四卷㽞下。非是。卜辭「無」𣞤均用其本義。多紀舞雩之事。金文無字多見。均假為有無字。作𣞤盂鼎𣞤虢季子白盤𣞤舀鼎𣞤周公簋𣞤毛伯𠸫父簋𣞤般甗𣞤無憂卣𣞤虢文公鼎𣞤仲師父鼎𣞤弔上匜𣞤沇兒鐘𣞤子璋鐘𣞤陳矦簠。本亦象人執羽若帗之屬起舞之形。其上譌變為㽞而下則譌變成林。許君遂不得其解矣。【甲骨文字集釋第六】

◉張日昇　甲骨文作𣞤。金文作𣞤。象人有所執而舞之形。乃舞之本字。周禮舞師有兵舞。帗舞。羽皇舞。舞既不同所持亦異。卜辭乃用其朔誼。如「貞無允从雨其雨」。甲骨文字集釋頁一九二八引。至彝器則叚為有無之無。許說全非。乂孳乳為𣞤。地名。【金文詁林卷六】

鬱

鬱封六六　鬱封七一【睡虎地秦簡文字編】

鬱張鬱【漢印文字徵】

鬱鬱　王存乂切韻【汗簡】

鬱王存乂切韻【古文四聲韻】

◉許　慎　鬱木叢生者。从林。鬱省聲。迂弗切。【説文解字卷六】

◉馬叙倫　鈕樹玉曰。韻會脱生字。沈濤曰。九經字樣作木叢生也。文選甘泉賦注引亦作木叢生也。是古本不作者字。倫按經籍鬱字率為他字云叚借。朱駿聲舉之詳矣。詩秦風。鬱彼北林。似用本義。然以鬱形容北林。則當為林之蒐茂皃。今説解疑有譌捝。如今訓。則為林之轉注字。而音聲並遠。且本書。鬱。今鬱林郡也。此雖是校語。然可證古鬱林字止作鬱。今史漢皆作鬱。自是後人易之。倫謂鬱為鬱林二字合文。鬱本是譌文。見鬱字下。而從之得聲者。亦僅此字。亦可疑也。文選注引倉頡。佛鬱。不安皃。字亦見急就篇。則其字自古有之。豈秦得鬱林。因制此字。或漢之里師妄並鬱林為鬱而加此字邪。抑急就倉頡故書本竝作鬱。傳寫易之邪。【説文解字六書疏證卷十一】

◉于省吾　周初器叔卣的「賞叔𣡦鬯」，𣡦字作[illegible]；小子生尊的「易金、𣡦鬯」，𣡦字作[illegible]（此器見西清古鑑八・四三。𣡦字誤摹作[illegible]，鬯字誤摹作首）；孟載父壺的「孟載父作𣡦壺」，𣡦字作[illegible]。陳夢家謂：「集韻鬱的古體作欝，字彙補引作欝。雖係很晚的字書，卻保存古形。此兩書的鬱字省鬯从司，都和金文極相近似而稍有譌誤。」（西周銅器斷代三）按陳説是對的。但是，集韻和字彙補二書的鬱字作欝不作欝，這是陳氏的誤寫。又在集韻之前，汗簡引王存乂切韻已有欝字，陳氏失檢。不僅如此，陳氏還不知道甲骨文已有𣡦字。第一期甲骨文的「貞，令𡉚𣡦」（林二・一八・一七，即前六・五三・五。又前六・五三・四，文同而稍殘），𣡦字作[illegible]，與叔卣「𣡦鬯」之𣡦形同。前引小子生尊和孟載父壺的𣡦字下部多出二小横，這和春秋時弓鎛的戒字作[illegible]，以及西周金文尸（夷）字到了晚周作𡰥（詳釋人尸仁𡰥夷），其例正同。至于鬱字，汗簡引王存乂切韻和集韻入迄均作欝，其譌大為缶，譌[illegible]為司，均由形近所致。

甲骨文的𣡦字从林从夸，夸字作[illegible]，上从大下从[illegible]，[illegible]即伏之本字（詳釋勹鳥匍）。由此可見，𣡦字从夸，下象一人俯伏于地，上象人正立踐踏其脊背。其从林，當是在野外林中。這和甲骨文㑯和秜所从之尼作[illegible]，象一人坐在另一人的脊背上（詳釋尼），都是階級社會人蹂躪人的具體表現。但是被蹂躪者肢體的折磨，心情的抑鬱，是不言而喻的。𣡦乃鬱的本字。古代典籍訓鬱為塞為怨為困鬱為鬱結為鬱鬱不樂，習見迭出，都是鬱字的引伸義。甲骨文祭祀用鬯者習見，但不用𣡦鬯。周代金文有𣡦鬯，典籍皆作鬱鬯，而説文以鬱為本字，訓鬱為木叢生，殊誤。鬱鬯是舂搗鬱金香草，煮其汁以調和鬯酒，氣味濃鬱，統治階級用以誘神乞福（詳孫詒讓周禮正義鬱人）。

總之，鬱之初文本作𣡦。𣡦字的本義，是階級社會人踐踏人極其殘酷的具體事例。甲骨文的「令𡉚𣡦」兩見，文辭簡畧，義訓待考。本文由于𣡦字的構形，甲骨文和叔卣完全相同，和小子生尊孟載父壺大同小異。但是，甲骨文的𣡦字為舊所不識，故

解釋之，並對陳説加以補正。【釋㚇　甲骨文字釋林】

◉唐　蘭　㚇字从林从夸，即奇字，象騎在人背上，後來騎馬的騎，就是由此發展的。【論周昭王時代的青銅器銘刻　古文字研究第二輯】

◉李孝定　此字陳氏釋鬱，似有可商，集韻、字彙補作鬱，未知何據，即謂必有所本，亦與此字不類，此字上不从缶，下不从司，舍从「林」从「大」可辨外，第一文之下似从「人」，第二文下半所从不可識。第一辭銘云「商叔㚇鬯白金𨾊牛」，與矢尊「明公錫亢師鬯金小牛」、「錫令鬯金小牛」之語法相類，辭蓋單言鬯，與它辭鬱鬯連言者異，㚇疑當與叔字連文為人名。鬱鬯連文，見於經傳，而未見於金銘，陳氏此釋，似未安也。【金文詁林讀後記卷六】

◉黃錫全　鬱出王存乂切韻，此字金文叔卣作，孟載父壺作。陳夢家先生認為「《集韻》鬱的古體作鬱，《字彙補》引作鬱，雖系很晚的字書，卻保存古形。此兩書的鬱字省鬯从司，都和金文極相近似而稍有譌誤」(《西周銅器斷代三》)。思泊師在肯定陳説的基礎上，指出陳引《集韻》、《字彙補》誤鬱為鬱，早於二書的《汗簡》已有鬱字，並釋甲骨文的㚇為鬱，後來譌大為缶，譌為司，遂變成鬱，㚇乃鬱的本字。甲骨文祭祀用鬯習見，但不用㚇鬯，周代金文有㚇鬯，典籍皆作鬱鬯。《説文》以鬱為本字。訓鬱為「木叢生」，殊誤(詳釋林)。【汗簡注釋卷四】

楚　楚

粹一三一五　地名　粹一五四七　粹八四二　粹七三　或从艸【甲骨文編】

粹73　粹842　新4491　粹1315　1547【續甲骨文編】

楚　𣎴盤　用楚保眔弔𣎴　弭弔簋　用楚弭伯　毛公𢉩鼎　𣪘小大楚賦書多方作胥賦　益公鐘　益公為楚氏龢鐘

楚簋　楚季盤　季楚簋　楚嬴匜　郐王義楚耑　郐王義楚盤　王孫真鐘　國名芊姓子爵成王封熊繹于荆蠻春秋時稱王後為秦所滅　楚公鐘　楚公豙戈　令簋　隹王于伐楚伯　𢦏馭簋　伐楚荆　𤔲盤　廣𢿱楚荆　晉公𥂴　宗婦楚邦　蔡侯𤔲鐘　輔右楚王　楚屈弔沱戈　禽章作曾侯乙鎛　𦓤篙鐘　𢍰羌鐘　𡩜𢼸

楚京 楚王酓肯鼎 酓忎鼎 中子化盤 中子化用保楚王 楚王孫漁戈 楚王酓章戈 曾侯乙鐘

从木 酓肯鼎 酓肯盤 从邑 𣪘兒鐘 【金文編】

3·341 楚章衢蘆里[illegible] 3·358 楚章衢丙里[illegible] 3·359 楚章衢丙里曾 5·361 楚章衢丙里[illegible] 3·362 楚章衢武里昔 3·364 楚章衢關里[illegible] 3·366 楚章衢關里臧 3·370 楚章衢關里旦 3·371 楚章衢關里癸 3·372 楚章衢關里艸 3·343 楚章衢蘆里[illegible] 3·355 楚章衢丙里□艸 3·1166 獨字 3·1167 同上

【古陶文字徵】

197 232 242 【包山楚簡文字編】

楚 日乙二四三 二例 日甲六五 八例 【睡虎地秦簡文字編】

0642 【古璽文編】

楚巷丞 趙楚之印 張楚 楚長子 期楚 周楚人 楚光之印 【漢印文字徵】

袁安碑捧楚郡大守 石經僖公 楚殺其大夫得臣 汗簡引石經同 詛楚文 㠯底楚王熊相之多辠克劑楚師

【石刻篆文編】

楚見石經 【汗簡】

石經 【古文四聲韻】

◉許 慎 楚叢木。一名荆也。从林。疋聲。創舉切。【説文解字卷六】

◉郭沫若 有禽彝此彝現存東武王氏商盉堂。見東方雜誌第二十七卷第二號，王維樸東武王氏商盉堂金石叢話。者，有周公與禽之名，亦有

「王伐楚侯」字様。案與令器明公尊等亦同時之器也。其銘云：

禽彝
王伐棽侯，周公
某（謀）禽祝。禽又（有）
臤（臧）祝。王錫金百寽。
禽用作𡨦（寶）彝。

棽字徐同柏釋楚；吳大澂釋無，讀為許。案此當以釋楚為是，字從林去聲，與楚之從林疋聲同意。古無字作□或作□，此二無字前為盂鼎文，後見作册般甗。案甗文即是用為舞字。文曰「王圍（嘗）夷方無（舞）敄，咸。王賞作册般貝」云云，意謂王行嘗祭之時，夷方人以矛為舞，既畢，王賞貝也。關於金文無字，容庚金文編（卷六，四葉）收有三十六種異文，可參照。乃舞之初字，象人手持二鞭而舞，並不從林。【令彝令毁與其它諸器物之綜合研究　殷周青銅器銘文研究】

◉郭沫若　棽即楚之異文，从林去聲。舊多釋無，説為無許，不知古無字並不从林也。【禽毁　兩周金文辭大系考釋】

◉郭沫若　第一三一五片「甲申卜舞楚亯。……易……」「舞楚」當是舞胥，周禮春官凡司樂舞之職，其下皆有胥。又大胥、小胥之職亦司舞事。楚與胥同从疋聲，例可通。毛公鼎「埶小大楚賦」，孫詒讓王國維均謂楚與胥通。尚書大傳引書多方語「越惟有胥賦小大多正」，「困學紀聞」引，今書賦作伯。胥賦即楚賦，與此可為互證。

第七三片𣌭殆楚字之異，疑即楚丘。在河南滑縣者。【殷契粹編考釋】

◉馬叙倫　王筠曰。名當作曰。蓋此乃兩義也。一曰荆者。與艸部荆楚木也轉注。倫按諸書用楚字者。率為荆楚。或則他字之假借。惟詩楚楚者茨。楚楚為形詞。徐鍇引謝朓詩。平楚正蒼然。詩意以平楚代平林。諧音調也。倫謂楚為林之轉注字。林𦍌木。見𦍌字下。𦍌讀若浞。浞得聲於足。足疋一字。故林轉注為楚。然叢木非本訓。且疑叢木下或從皃字。若然。則為森之轉注字。聲同魚類也。一名當作一曰。古書借楚為荆耳。見荆字下。此校者記異本。或字林列異訓也。字見急就篇。毛公鼎作[illegible]。楚公鐘作[illegible]。中子化盤作[illegible]。【説文解字六書疏證卷十一】

◉斯維至　截毁云。錫汝織玄衣赤巿䜌旂楚走馬。案楚走馬當是二職。楚即周禮府史胥徒若干人之胥。楚胥並从疋得聲。故楚胥相通。周禮鄭注。胥。民給傜役者。胥讀如諝。謂其有才知。為什長此其為賤職可知。故此銘以與車服同錫也。郭沫若謂即毛公鼎大小楚賦之楚。亦即周禮小司徒以比追胥之胥。考釋一五零頁。則殊疏謬。余案。周禮小司徒之職文為以起軍旅。以作田役。以比追胥。以令貢賦四句排行。以軍旅等例之。胥決非職官也。又案。郭氏乃據孫詒讓之説。孫云尚書大傳云。古者十税一。多於十税一。謂之大桀小桀。少於十税一謂之大貉小貉。王者十一而税而頌聲作矣。故書曰越惟有胥賦小大多正。今書多方胥賦作胥伯。文義並異。依伏傳則胥賦之賦為賦税。胥疑讀為糈。説文米部云。糈糧也。小大胥賦與書云胥賦。又云。小大多正文義相類。……或云。胥當讀為周禮小司徒以比追胥之胥。胥賦為軍旅起徒役追胥之事。籀高述林七・四。案孫兩説。一讀楚賦為胥賦。一讀為周禮小司徒以比追胥之胥。郭從後説。以胥為職官。其實孫氏原意均不作職官解。則郭氏誤解孫氏文意矣。至毛公鼎埶小大楚賦。在余愚見。無甯以孫之前説為是。謂小大賦税當以常法制之也。【兩周金文所見職官考　中國文化研究匯刊第七卷】

◉楊樹達　孫詒讓云：「昭十三年左傳：貢之無藝。杜注云：藝，法制。楚與胥通，楚胥並从疋得聲。困學紀聞卷二引尚書大傳云：古者十税一，多于十税一，謂之大桀小桀，少于十税一，謂之大貉小貉，王者十一而税而頌聲作矣。故書曰。越惟有胥賦小大多正。今書多方胥賦作胥伯，文義並異。依伏傳則胥賦為賦税，胥疑當讀為糈。説文米部云：糈，糧也。埶小大胥賦，謂小大賦税當以常法制之也。」述林七之五。王國維云。「書多方：越惟有胥伯小大多政，爾罔不克臬，尚書大傳作越惟有胥賦小大多政。楚與胥皆疋聲，楚賦即胥賦矣。埶臬聲相近。」考釋拾壹。樹達按：孫王説楚賦即書之胥賦，是矣。然楚賦何義，王君未能質言，孫君从伏生之説，認胥賦為賦税，尤非是。余謂胥賦小大多政皆指臣工言之。詩大雅緜云：「予曰有疏附，予曰有先後，予曰有奔走，予曰有御侮。」疏附，先後，奔走，御侮，皆目文王之臣為言。金文之楚賦，多方之胥賦，即詩文之疏附也。銘文之小大楚賦，即書文之胥賦小大多政，銘文之埶，即多方克臬之臬也。埶小大楚賦，猶言治大小臣工矣。爾雅釋詁：「正，長也。」多政之政與正同。【毛公鼎跋　積微居金文説】

◉楊樹達　粹編一三一五片云：「甲申，卜，舞楚，亯？」郭沫若云：舞楚當是舞胥，周禮春官凡司樂舞之職，其下皆有胥。又大胥、小胥之職亦司舞事。楚與胥同从疋聲，例可通。毛公鼎「埶小大楚賦」，孫詒讓王國維均謂楚與胥通。尚書大傳引書多方語：「越惟有胥賦小大多正。」困學紀聞引，今書賦作伯。胥賦即楚賦，與此可為互證。考釋一七一。樹達按：舞楚疑謂舞楚地之舞。

【楚　卜辭求義】

●陳夢家　古音「楚」「足」「疋」相同，惟「足」為入聲，「楚」從林，足(疋)聲。武丁之殸京於武文作殸亯，而京即丘。所以楚亯可能是楚京，楚丘。【殷墟卜辭綜述】

●郭沫若　「用楚」楚字假為胥，毛公鼎「小大楚賦」，孫詒讓釋為「小大胥賦」。楚與胥同從疋聲，故可通。㦸毀銘云「錫汝……楚、走馬」，所謂「楚」亦既是胥，與此器同。【弭叔簋及訇簋考釋　文物一九六〇年第二期】

●李孝定　説文「楚叢木。一名荊也。从林疋聲。」此从足。古文足疋同字。或从艸。古文屮艸芔茻木林森𣛧諸字偏旁中每得通也。郭釋此為楚。是也。又。从孫王之説讀楚為胥説亦可从。辭云「嶽于南單。嶽于三門。嶽于楚。」粹・七三。「叀楚鳳風大吉。」粹・八四二。「無舞于[字形]其雨。郭釋誤。合本辭之「雨」與前辭之無為一字。于楚有雨。□于盂□有雨。」粹・一五四七。此均地名也。「甲申卜舞楚亯。」粹・一三一五。此楚字。則郭讀為胥者也。金文楚字多見。作[字形]毛公鼎[字形]楚公鐘[字形]季楚簋[字形]郐王義楚耑[字形]䟽馭簋[字形]楚王鼎从木[字形]。余義鐘从邑。【甲骨文字集釋第六】

●夏　渌　十一，釋𨞰

[字形]《𨞰公逆鎛》：「唯八月甲申，𨞰公逆自作夜雨雷鎛，氒格曰[字形]栢家□[字形][字形]公逆其萬年又壽□[字形]此身，孫子其永寶。」宋代政和三年出土于湖北嘉魚，故目為楚器，定名為《楚公逆鎛》，郭沫若《兩周金文辭大系》承其説，釋「𨞰」為「楚」，王光鎬同志疑之，提出「𨞰」為古「郴」字，今試申其説：一，𨞰，从口从林，與楚字不類，口在古文字結構中可以代表方形的域邑，[字形]之上部作□即代人所居之邑，所以口與邑作義符互通，故[字形]，即梺、郴。《説文》：「郴，桂陽縣，從邑林聲。」二，楚子、楚王没有叫熊逆的，是否有過稱「公」的行為，也值得懷疑。三，从銘文形體看，與楚器上的楚字風格迥異(雝，金文或作[字形]，邑省作○)。《郴公逆鎛》在嘉魚出土，可能是鐘鎛作為一件戰利品，落到楚人手中的，也有可能嘉魚即郴公故土所在，受到楚國的侵伐壓迫，逐步南遷，終于在今之郴州定居下來。

疑「郴」亦古方國，周原甲骨有此字，殷虚卜辭有「林方」：庚寅卜在澫餗貞：王[字形]林方亡災？(前2・16・4)陳夢家以為林方在淮水以南，即今鳳陽一帶，也是楚國力量到達的地方。從那裏帶回「兵銅」，也有可能。【楚古文字新釋　楚史論叢初集】

●周名煇　[字形]或从無口。口。邑之省也。王伐鄦侯毀吴氏定為鄦字。今考定為楚字。名煇案，吴氏定[字形]為鄦字者。葢承阮伯元識文之誤。然阮氏知此器作者為禽。題曰禽彝。固甚合理。而吴氏或題曰伐鄦彝。見本卷第一字下。或題曰王伐鄦侯毀。前後不一。使人目盲。吳子馨云，彝作[glyph]、鼎作[glyph]，將其所从之吿。序正之作[glyph]。則為楚字甚明矣。羅振玉亦釋楚。見集古遺文。王伐楚侯。即夨𣪘之王伐楚伯也。其説甚是。楚字从林从足。此文作[glyph]。从林从去。足去義同。[glyph]為去字古文。見余所箸説文古文餘義追記條中。【新定説文古籀考卷上】

◉楊善群　在征伐虎方的同時，周公于攝政二年的九月，曾移師討伐在今河南省淅川縣境的楚國。《令簋》記：「惟王于伐楚伯，才(在)炎。惟九月既死霸丁丑，作册夨令尊俎于王姜，姜賞令貝十朋，臣十家，鬲百人。」《禽簋》亦曰：「王伐⿱林去(楚)侯，「⿱林去」字从林去聲，「楚」字从林疋聲，去、疋古韻同在魚部。故郭沫若《大系》認為此字「乃楚之異文」，甚是。有些學者釋此字為「蓋」，借為「奄」，比較牽强。周公某(謀)禽祝。」這裏的「楚伯」、「楚侯」，都是沿用商代舊有對楚的爵稱。【周公東征時間和路綫的考察　中國史研究一九八八年第三期】

◉朱歧祥　589.[glyph][glyph][glyph]从林正聲，即楚字，金文亦作[glyph]，篆文誤从疋。《説文》：「叢木。一名荆也。从林，疋聲。」卜辭為殷祭祀地名。字从林、从𣎵、从木均可通用。

《粹154》于[glyph]，又(侑)雨。

《粹73》☐嶽于[glyph]。

即言於楚地祭祀嶽神。

《粹1315》甲申卜，舞[glyph]，亯。

即於楚地舉行舞祭以求雨。郭沫若《粹考》頁一七一从孫詒讓釋楚為胥，誤。【殷墟甲骨文字通釋稿】

◉徐中舒　從林從[glyph]足，與《説文》篆文略同。《説文》：「楚，叢木，一名荆也。从林，疋聲。」古足疋一字，故從足與從疋同。甲骨文楚或又從[glyph]，從[glyph]木，與從林同。【甲骨文字典卷六】

◉黄錫全　今本「楚」字作[glyph]，舊均釋讀為楚，是正確的。可是近來有人提出懷疑，這是一種誤解。此字原來本應作[glyph]，是今本脱去下部止，衹要比較一下類似寫法的楚字就清楚了。如[glyph][glyph](楚公豪鐘)、[glyph](楚公豪戈)、[glyph](令𣪘)等。這種現象，如同此鎛之「鎛」字，本應作[glyph]，而今本作[glyph]，顯然今本右旁脱去上部[glyph]。孫詒讓考證楚公逆即楚公熊鄂，是正確的。逆，鄂古音同屬疑母鐸部，古可相通，如孫氏所舉逆即遻、鳶即鶚、蛢即鰐等。【湖北出土商周文字輯證】

◉戴家祥　唐韻楚讀「創舉切」。穿母魚部。疋讀所葅切。審母魚部。韻同聲異。足讀「即玉切」。精母侯部。【金文大字典下】

◉許　慎　棽木枝條棽儷皃。从林。今聲。丑林切。【説文解字卷六】

◉馬叙倫　鈕樹玉曰。玉篇引無木字。文選東都賦引作大枝條。蓋譌脱。漢書王莽傳蕭該音義引字林。棽。支條棽儷也。蓋譌。段玉裁曰。皃當依集韻類篇作也。朱駿聲曰。劉歆七略。雨蓋棽儷。棽麗即棽儷。雙聲連語。倫按八篇儷下曰。棽儷也。則棽儷為古語。然如蕭引。則此字林訓。字或出字林。棽從今得聲。從今得聲之念入泥紐。吟入疑紐。泥疑同為邊音。棽古讀或如吟或為念。林音來紐。古讀歸泥。而林今又聲同侵類。則為林之轉注字。亦或梀桼之同邊音轉注字。【説文解字六書疏證卷十二】

[glyph] 楙　鄭楙弔壺　[glyph] 孳乳為懋勉也　瘨簋　王對瘨懋錫佩　[glyph] [glyph] 瘨鐘　【金文編】

[glyph] 開母廟石闕　芬茲楙于圃疇　【石刻篆文編】

◉許　慎　楙木盛也。从林。矛聲。莫候切。【説文解字卷六】

◉潘祖蔭　周孟伯説。楚从林。中作[glyph]。據宣和博古圖季娟鼎。楚字從林。中作[glyph]。與此形近。宜同之也。

張孝達説。弟二字灼然是楙字無疑。其字兩旁从兩木。中作矛。[glyph]桉矛字本作[glyph]形。此上象其鋒。鄭注尚書所謂三鋒矛。下象其英。楙。地名。楙叔以地為氏者也。楙即左傳之樊。漢書之壄王。後漢以後之野王也。左隱十一年。王與鄭人溫原絺樊隰郕欑茅云云。杜注樊一名陽樊。野王縣西南有陽城。是樊為鄭地。又在野王境内之證也。漢書地理志河内郡楙王。注。莽曰平壄。補。後漢郡國志即書作野王。後承用不改。是野王本作壄王之證也。漢書壄王。其字从林从矛。莽改之平壄亦同。並不从予。是壄王當讀楙。不當讀野之證也。蓋此地名本是楙字。或著土作壄。經師展轉傳寫。或誤離為兩字。書作楙王。後又譌為壄王。隸書野或作墅。因壄墅相近。遂混為一。又別造从予之壄。而从矛之壄廢矣。而名楙之地之本名没矣。淺人必疑。班書之壄謂矛是予之誤也。許氏説文謂壄古文野。从里省。从林。此説殊顛倒。蓋亦有小篆有從古文省變之理。無古文預知後世書作野而就其里字省去其田之説。此明是唐人妄增臆説。知非許君言也。楙即左傳之樊。楙乃木瓜之正名。古人名地。多以物産草木。如荆楊名州。薊杞名國之比。其地恰在野王。本字必當作楙。方得致誤之由。當是經師别本小有省變。如鬱字。漢碑省作欝也。世人習見楙字。因以樊讀之。亦如禮記史記之鄂即左傳漢書注之邘也。本作楙。或作壄。其書為樊。得其旁。而誤其中。書為墅王者。似其下而失其上。然左傳固自有野王。宣十七年。晉人執晏弱於野王。杜注。謂即河内之野王。按其地既與温原相近。則杜注不誤。左氏本文當仍作壄。經生習聞當時郡縣名偁。因以野王讀之耳。春秋既已名野王。何以又名樊。顯是一地誤兩。若左氏元作野王。何緣莽改名。班撰志時。尚存壄字乎。此又可以史證經者也。至楙叔賓父其人。生出本末。則不能知矣。【鄭楙叔賓父壺　攈古樓彝器款識】

◉方濬益（鄭楙叔賓父壺）張孝達尚書謂此楙叔以地為氏者。楙即左傳之樊。漢書之壄王。後漢以後之野王也。説至辯博。載攈古慶款識彝器文。楙中多从个。象矛形。此从[glyph]。兼象其柄。乃矜之古文。【綴遺齋彝器款識考釋卷十三】

◉劉心源　楙从[glyph]。即秝古文。从木之字多从禾。如休从[glyph]是也。【奇觚室吉金文述卷四】

◉王　襄　古楙字，許説木盛也，从林矛聲。[glyph]即古矛字。【簠室殷契類纂正編卷六】

◉馬叙倫　沈濤曰。文選西征賦赭白馬賦注引。盛也。倫按也當作皃。林為叢木。而音在來紐。楙音明紐。林聲侵類。楙聲幽類。幽侵對轉。然則楙為林之轉注字。或林為名詞。而楙森棽麓為形詞。音即演於林與。爾雅釋木釋文引字林。亡到反。鄭楙叔壺作[glyph]。【説文解字六書疏證卷十一】

◉李孝定　[glyph]字是楙字不誤，張孝達氏以為即左傳之樊，漢書之壄王，後漢以後之野王，其説甚辯，然亦未敢必信，蓋就字形言，楙之與樊、野，沿譌之跡不顯，以地望言，楙雖在鄭，亦不能證其必為樊若野王，以備一説可耳。【金文詁林讀後記卷六】

◉柯昌濟　今楙一詞為卜辭習見，余釋為今夏之假文，以此名詞與卜辭之今春，今秋部詞相同可證。至楙字之假為夏字，或以字義相近而通假，説文。「楙，木盛也。」夏季為草木茂盛之時，故假為夏字。此為契文之以字義相近通假之例。【殷契卜辭綜類例證考釋　古文字研究第十六輯】

麓 [glyph]

[glyph] 粹六六四　[glyph] 前二・二三・一　或从录聲與説文古文同　[glyph] 前二・二八・三　[glyph] 後一・一一・九　[glyph] 後一・一五・七　[glyph] 鄴初下・四〇・七　[glyph] 京津五三〇一　[glyph] 乙八六八八　牛距骨刻辭或从[glyph]　白麓　[glyph] 佚四二六　[glyph] 佚五一八　[glyph] 拾六・一〇　[glyph] 師友二・二〇七　[glyph] 京津四四七八　[glyph] 甲五九八　录用為麓重見录下　[glyph] 林二・四一・九　北麓見合文一六　【甲骨文編】

甲357 粹664 續3·22·3 鄴40·7 續存2283 外434 新4478【續甲骨文編】

麓 說文古文从彔 麓伯簋【金文編】

麓 麓出王存乂切韻【汗簡】

古尚書 王存乂切韻 崔希裕纂古【古文四聲韻】

◉許 慎 麓守山林吏也。从林。鹿聲。一曰林屬於山為麓。春秋傳曰。沙麓崩。盧谷切。𥳇古文从录。【說文解字卷六】

◉薛尚功 季娟鼎

正月王在成周
王徙于楚麓命

麓。說文以為山林吏。又曰林屬於山為麓。則徙于楚麓者。謂其山之林麓。蓋如書言大麓之類。【歷代鐘鼎彝器款識法帖卷十】

◉劉心源 即說文麓之古文作𥳇者。【奇觚室吉金文述卷十六】

◉羅振玉 說文解字麓古文从彔作𥳇。此从。乃古文彔字。古金文皆如此。卜辭禁字。又或从二林。【增訂殷虛書契考釋中】

◉王 襄 古麓字。【簠室殷契類纂正編第六】

◉葉玉森 即禁。乃麓之古文。北禁地名。龜甲獸骨文字卷二第四葉之。疑北禁合文。彔為禁省。【鐵雲藏龜拾遺考釋】

◉高田忠周 說文。麓。守山林吏也。从林鹿聲。一曰。林屬於山為麓。春秋傳曰。沙麓崩。古文作𥳇。蓋亦录聲也。要許氏後義為本訓。前義為轉用也。虞書。納于大麓。詩。瞻彼旱麓。禮記王制。林麓川澤。此皆字之本義正用者也。【古籀篇八十六】

◉鄧爾雅　彔，説文「刻木彔彔也。」（按粵語謂一枝為一彔，當即此彔字。）疑非朔誼。麓，古文作禁，殷卜辭同。按禁，從林從彔，「彔」疑象鹿首正面，如牛羊之例。彔，金文作□，卜辭作□、□；又禁，從彔，作□、□、□，皆似鹿首也。此新獲卜辭有□字，象鹿首側面，疑即禁之别搆。説文「麓，守山林吏也。」此增從攴旁，守之義耳。【跋董作賓新獲卜辭寫本　中山大學語言歷史研究所週刊七集七十五期】

◉商承祚　□□□□　説文麓。「守山林吏也，从林鹿聲。一曰『林屬于山為麓。』□古文从彔。」象以器具治山林形，此與説文之古文為初體，麓為後起，乃會意字。金文作□（麓伯毁）。【甲骨文字研究下編】

◉商承祚　□甲骨文作□□□。金文禁伯毁作□。皆从彔。□象器形。以器具治山林吏之職司也。此為初字。易屯。「即鹿無虞。惟入於林中。」左昭二十年傳。「山林之木。衡鹿守之。」魏受禪表。「書陳納於大鹿。」則又叚鹿為之。【説文中之古文考】

◉馬叙倫　沈濤曰。御覽五十七引作林屬於山曰麓。一曰麓者。守山林吏也。是古本以林屬於山為正解。守山林吏為一解。蓋麓本林屬於山之名。因而守山林之吏即名麓。玉篇引山林下有之字。倫按蕭該漢書音義引字林。林麓。守山澤吏。則此為字林訓。又有捝譌。麓。從林。鹿聲。自無守山林或守山澤吏義。是亦不見屬於山之義。林麓音同來紐。蓋轉注字。麓即棽儷之儷本字。麗為鹿之轉注字。則麗聲猶鹿聲矣。字或出字林。

□　徐鍇曰。彔聲。李杲曰。書契作□。麓伯敨作□。倫按甲文或作□。麓禁雙聲轉注字。古文下捝麓字。從彔校者加之。【説文解字六書疏證卷十一】

◉李孝定　栔文多與許書古文同。然亦有从鹿得聲者。知古文不盡从彔也。甲編三五七片。影本漫隱。倘果如屈氏所摹。則當隸定作歡。别是一字。而金氏續文編。則收此作麓。辭云。□歡阬。阬為地名。屈氏謂歡為狩獵之義。其説蓋是。粹六六四・一文則塙為从林鹿聲之麓。與小篆同。金文作□。麓伯簋。【甲骨文字集釋第六】

◉黄錫全　□麓出王存乂切韻　甲骨文麓作□（甲357）、□（粹664），从鹿，也作□（前2・23・1）、□（後1・11・9），从彔。《説文》麓字古文作□。麓伯毁作□，疑□乃□形譌誤。【汗簡注釋卷五】

棼 [seal form]

◉許　慎　[seal form]複屋棟也。从林。分聲。符分切。【說文解字卷六】

◉馬叙倫　沈濤曰。後漢書班固傳注引。棼。複屋之棟。一引。棼。棟也。文選西京賦注引作屋棟也。倫按複屋棟也。當作屋複棟也。此今字義。從林不得有屋複棟義。朱駿聲以為從林者。從二木也。複屋故從二木。此曲說也。林之從二木。非僅二木也。故義如叢木。而或作森。從三木。倫謂經籍訓棼為屋複棟者。借為欂耳。欂棼聲皆真類也。此從林。義生於林。蓋是狀詞。今失其義或為楙森之轉注字。棼音奉紐。古讀歸竝。楙音明紐。同為雙脣音。棼從分得聲。分音非紐。森音微紐。同為脣齒音也。【說文解字六書疏證卷十一】

◉傅熹年　縱架：從古籍中考查，它應該就是「棼」。⊘《說文》林部棼字：「棼，複屋棟也。」「複屋棟」指上下兩層重複的「屋棟」。《說文》竹部笮字也稱笮「在瓦下棼上」。這裏要説一下，前人有誤把「複屋」兩字連讀，誤解棼為「複屋」之棟，用在室内。其實「棟」之稱「屋棟」，猶「櫨」之稱「屋櫨」、「枅」之稱「屋枅」、「梠」之稱「屋梠」一樣，在《說文》中是常見的寫法，所以屋字應屬後讀。棼不僅用在室内承天花，還能用在外檐。《三國志·吴書·太史慈傳》稱：「賊於屯裏緣樓上行詈，以手執樓棼。(太史)慈引弓射之，矢貫手著棼。」就是棼用在城樓外檐的證明。从周原遺址的柱網推測，這時已使用了棼，並有一定的規律：當用在兩坡屋頂房屋時，幾個縱架平行排列(如鳳雛甲組前堂)；當用在四阿屋頂房屋時，縱架沿房屋四周成圈布置。【陝西扶風召陳西周建筑遺址初探　文物一九八一年第三期】

森 [seal form]

[glyph] 後二·三·二　[glyph] 金四七二　【甲骨文編】

[glyph] 後下3·2　【續甲骨文編】

◉許　慎　[seal form]木多皃。从林。从木。讀若曾參之參。所今切。【說文解字卷六】

◉馬叙倫　嚴可均曰。一切經音義十一及十二及十三及廿引作多木長皃也。十八引作木長皃也。按文選文賦注引字林。多木長皃。玉篇廣韻長木皃。明此有脱誤。嚴章福曰。論語。立則見其參於前也。蓋即此森字。丁福保曰。慧琳音義卅五五十二引作多木長見。二十四引作木多長皃。倫按林森實一字耳。森字當從三木。林義光說。若從林上加木。則仍見多木而不能見其長也。若謂多木之中有一木獨長。故曰多木長皃。於義仍不顯。且木多長多木長詞皆不順。然則多木與長皃是二訓。長皃乃槮字義也。如今本作木多皃。凡言皃者所以狀物。林從二木。已見非一。今多一木。以此為狀。無以諭之。且艸木兩部。狀詞頗多。皆屬形聲。或此從木林聲。七篇。罧。從网。林聲。音與此同。可校證也。然狀木之長。木部既有槮矣。與此音同。則森自與林為一字。甲文麓或作□。從四木。明不限以三或二矣。讀若曾參之參者。劉秀生曰。森當從三木。本音蓋即如參。論語。立則見其參於前也。皇疏。參猶森也。後漢書馬援傳。森槮柞樸。注。槮與森同。是其證。倫謂森林參聲同侵類。故森得讀如參。此字或出字林。甲文作□。【說文解字六書疏證卷十一】

◉李孝定 絜文从三木與小篆同。後下一辭僅殘餘「牢森」二字。其義不詳。【甲骨文字集釋第六】

梵

◉徐鉉 梵出自西域釋書。未詳意義。扶泛切。【說文解字卷六新附】

才

甲二一二四 才用為在 甲二九〇八反 乙七一九一反 鐵一六〇・三 前一・九・七 前七・一八・三 前七・一九・二 後二・三五一 菁三・一 佚二〇〇 佚六一二 燕五八三背 燕六七二 京津一五六三 京津一五六九 寧滬一・四 粹九三五 粹一一九六 佚四一九 寧滬一・三四六 前一・四一・一 後一・一〇・九 後一・一〇・一〇 林一・二三・一六 甲八八九 粹五一一 鄴初下・三三・八 京津三三三二 前一・四二・一 前二・二二・一 後一・三二・一一 甲三四六 甲二四〇一 佚五一八背 燕四二四 戩一一・一 【甲骨文編】

甲26 214 224 657 771 2121 2401 2908 2908 3588 3590 3941 乙575 807 1906 3154 3171 3290 4445 5804 6011 6263 6400 6434 6750 6882 7191 7233 7680 7746 7811 7818 8013

8072 8821 8896 珠163 172 211 217 263 502 631 748 758 948 1228 1387 零7 佚137 200 395 401 518 792 807 900 915 943 987 992 993 續1·22·2 1·23·5 1·25·9 2·28·4 3·146 3·19·2 3·19·3 4·29·3 5·11·6 5·24·1 掇259 446 徵2·1 2·3 2·4 2·5 2·9 2·23 2·27 2·28 3·39 3·47 3·115 3·117 3·150 4·8 4·35 4·76 8·96 8·115 9·52 10·70 11·2 京1·22·2 3·2·2 4·7·4 4·4·1 凡3·2 30·4 古2·8 録580 摭續19 粹911 1557 新3036 【續甲骨文編】

才 父戊爵 孳乳為在 旂鼎 辰在乙卯 子蘷觥 丙申角 御尊 宰峀簋 免卣 齇簋 小臣逋簋 隣沚簋 矢方彝 矢簋 盂鼎 師遽簋 椃伯簋 遹簋 趞卣 曶鼎 君夫簋 善夫克鼎 克鐘 默鐘 默簋 咢侯鼎 師嫠簋 休盤 大簋 頌鼎 史頌簋 散盤 毛公層鼎 秦公簋 害鼎 伯晨鼎 寏弔簋 儔匜 秦公鎛 豐尊 才偯父鼎 曾侯乙鐘 曾姬無卹壺 中山王嚳鼎 戕人在彷 中山王嚳壺 務在得賢 【金文編】

鄒滕2·50 巨才 6·225 獨字 6·183 才木 5·384 瓦書「四年周天子使卿大夫……」共一百十八字 【古陶文字徵】

才 秦三〇 四例 通在 曾—都邑 秦三〇 封二一 【睡虎地秦簡文字編】

讀為在 不見月—曰☐☐(丙5:2—3) 【長沙子彈庫帛書文字編】

3222 3199 【古璽文編】

天璽紀功碑 才仁中平 石經君奭 在大甲 才在一字在字重文 無逸 酗于酒德才今本作哉 【石刻篆文編】

才 才 【汗簡】

汗簡 華嶽碑 古孝經 【古文四聲韻】

◉許　慎　艸木之初也。从丨上貫一。將生枝葉。一。地也。凡才之屬皆从才。昨哉切。【說文解字卷六】

◉馬　昂　。古才字。通材財。此識曰才。如貨作化例。蓋古文多通用。其各從各義。而益以偏旁者。多後起之字也。【貨布文字考卷一】

◉吳大澂　。古文以為在字。師虎敦从此。。頌鼎王在周康邵宮。。師遽敦王在周客新宮。小篆哉裁皆从得聲。【說文古籀補卷六】

◉徐同柏　在有祭義。尚書大傳。祭者。薦也。薦之為言在也。在者在其道也。【從古堂款識學卷六】

◉劉心源　即才。讀為在。在原从才也。【奇觚室吉金文述卷二】

◉孫詒讓　「☐下有「三」字是記數，不屬本文。服或乎正酉」，五之(一三七)四。「置率☐☐☐」，百六十之三。「貝大𠂤服乎𠂤正酉☐」，百六十八之三。「」當為「才」之異文。《說文·才部》：「才，艸木之初也。从丨，上貫一，將生枝葉也。一，地也。」金文戲彝作中，與此正同。此亦叚「才」為「在」，「才或」即在國也。又云：「庚☐卜貝徃我。」七十六之二。「」又似「才」字反書，實一字也。【增訂契文舉例卷下】

◉羅振玉　說文解字：「在，存也。从土，才聲。」古金文作，與此同。【增訂殷墟書契考釋卷中】

◉林義光　古作盂鼎。从一。一地也。艸木初生形。象種。【文源卷六】

◉王　襄　古才字與在通。在字重文。【簠室殷契類纂正編卷六】

◉丁佛言　古文在从才。盂鼎作𡉈𡉈。其作十者。在之省也。【説文古籀補補卷六】

◉高田忠周　説文。才。艸木之初也。从丨上貫一。將生枝葉。一地也。然此以讀若進之。丨。為字形義。▪以象在于地中而未上見之意。即指事也。才是初生之象。物之正純也。【古籀篇七十七】

◉何大定　才金文作十（克鼎）十（毛公鼎）。甲文才作中。則為从屮从一。一者地也。本為初始之意。是才可皈併于屮部。正如屮之从屮也。然則才之不應立為部首也明矣。【説文解字部首刪正　中山大學語言歷史研究所周刊第五册】

◉商承祚　中十中此即方纔之初字。後世以裁纔當之。金文皆作十與此皆借為在。【甲骨文字研究下編】

◉吴其昌「在」者。卜辭金文。並作十十十十諸形。甚者作十（大盂鼎），最初本義，畫地交午，作十字形，其名為「物」，以表位次，而人履其上也。故其形作「十」，而其義為在矣。且金文「在」多作十，於「十」形中心，微着小點，明「在」者，乃在此也：于六書之例，為指事矣。何以證之？儀禮鄉射禮云：「及物，揖。左足履物，合足而俟。」又云：「自右物之後，立於物間。」大射禮亦多類似之文；此「物」，果何物耶？按大射禮曰：「工人士與梓人。升……兩楹之間，疏數容弓，若丹，若墨，度尺而午。……卒畫……司宮埽所畫『物』。……」鄭玄注曰：「一縱一横曰午，謂畫『物』也。」賈疏云：「午，十字。」是此「物」，乃丹墨所塗之「十」形，有人而履於此「十」形之上，斯在矣；故即以此「十」形為「在」字矣。【殷虚書契解詁】

◉明義士　中金文作十盂鼎，作十毛公鼎，與甲骨皆為在字。甲骨文之中，乃自𢦏字所衍出，災有水巛，兵戈及火災。予意上古水巛最多。𢦏字之聲音，乃自水巛而得；𢦏字之形，則由水巛形況所構成者也。近二十年來，予居洹水之濱，屢見當大水猛漲時，河岸兩旁大樹，因岸土被水浸成泥，樹根不固，樹乃倒於河中。根掛岸上，枝浸水中，兩岸樹木多如是。又自上流浮來梁木，壅塞於倒樹之間，河水被塞，横流成災。予幼居坎拿大時，亦時有此災，名曰logjam。樹木壅塞於河身，水因之而漲，水横流而成災。後壅塞之木，被水衝開時，水勢必猛，下流亦因之成災。甲骨文𢦏字，巛象河身，中象河中被壅塞樹木構成之形。中字乃省河身，而只留中形，假為聲耳。中加之兵器十上，而為兵災字，後加火而為火災字，加土而為訓存之在。甲骨文在不从土作，只假中音耳。【柏根氏舊藏甲骨文字考釋】

◉郭沫若　第一五五七片「□申子（卜）貞鳳□才𢦏我。」⊘才字倒刻讀為𢦏。【殷契粹編考釋】

◉馬叙倫　鈕樹玉曰。繫傳及韻會玉篇引艸作草。俗。繫傳袪妄篇無上字葉字。桂馥曰。集韻引作艸木之初生也。五經文字同。倫按一篇。中。艸木初生也。與此訓同。倫謂中本象艸形。艸下曰。百卉也。當作百芔之總名也。中艸芔實一字。則中當訓百卉之總名。今訓艸木初生也者。本屯字説解也。屯與才一字。金甲文才字每作十。或作中。從中。欲冒地而出。

形固同矣。屯下曰。象艸木之初生。則義又同也。屯音知紐。春從屯得聲。音入穿紐三等。蚰部蠢之古文作䖒。音亦穿三。從才得聲之𢦏。音入清紐。清穿同為次清破裂摩擦音。蓋才音從紐。古讀歸定。而古讀知入端。端定同為舌尖前破裂音。故屯音變為才。及定裂而為從。才屯之音於是遠矣。緇從甾得聲。甾從巛得聲。巛甲文作□。或作□。從巜或從川才聲。周禮媒氏。純帛無過五兩。注。純。緇字也。古緇以才為聲。禮記玉藻注。古緇字或作糸旁才。論語泰伯。麻冕禮也。今也純。孔安國改緇為純。此其證也。徐鍇謂上一初生岐枝也。下一地也。五經文字亦曰。從一上貫二。則篆本作□。與魏石經隸書同。此篆亦譌。說解亦非許文。趞卣作□。秦公敢作□。宰甫敢作□。【說文解字六書疏證卷十一】

◉于省吾　父戊爵有□字。金文編入於坿彔。按□即才字。栔文才字作□亦作□。中畫通貫與否一也。盂鼎才字作□。子𤔲觥作□。御尊作□。才偰父鼎作□。虛廓與填實同。均其證也。【釋才　雙劍誃古文雜釋】

◉楊樹達　後編下卷四三葉之九云：「八日辛亥，允戈伐二千六百五十六人，才□。」郭沫若云：才讀為在，凡殷周古文大率假才為在。通纂一之九下。樹達按：此明所在之地。

寧滬一卷二二八片云：「其兄祝才母？弜？」樹達按：才讀為在，在與于同義，兄才母即祝于母也。粹編一二一八片云：「貞歲才大乙」，即歲于大乙也。又三三〇片云：「兄才父丁，升」，謂祝於父丁也。三三五片云：「其𠦪才父甲」，謂𠦪于父甲也。詩云：「魚在于藻」，又云：「魚在在藻」，在在藻即在于藻也。【才　卜辭求義】

◉李平心　卜辭□或作□□□□等形，各家舊釋春、屯、秋等字，莫衷一是。于省吾先生曾舉證力說此字與春屯不類，我以為他的批評是正確的，但他以前釋□為秋，也可商。

甲骨文𢦏字有三種不同書法，即□、□、□，□字从才得聲，□字从之得聲，于省吾、楊樹達二先生所說均是。依此類推，□當从□得聲。而卜辭□與□所从之□正與此字相同。楊樹達先生說：「□屮之字音殆非如『才』不可矣」，是對的。但□□究相當于何字，依然没有着落。我以為就形聲義三方面考索，屮□即屮字。「說文」：「屮艸木初生也，象丨出形，有枝莖也，古文或以為艸字，讀若徹。」章太炎「文始」云：「屮本義與才同，才者艸木之初也。」屮與才古當同音。屮疑即柴的本字，象小木散材。柴屬脂部，而柴从此聲，此茲古通，柴的象形字屮最初當在之部，說文：「叀，專小謹也，从幺省，屮財見也，屮亦聲」。亦可證屮有才音，才在之部。㞢字即由屮小變而成。

不論如何，□□屮古必與𢦏茲二字同音，按聲義來說，當假為茲(卜辭別有茲字)。今□今□當讀今茲，來□當讀來茲。今茲一詞見于「詩經」、「左傳」、「孟子」、「呂氏春秋」、「史記」、「漢書」、「後漢書」等書，不煩舉例。注家多一律訓茲為年不確。在某些地方，今茲確應解為今年，但在另一些地方，今茲訓今年就不合。例如「小雅」「正月」：「今茲之正，胡然厲矣？」茲鄭箋就訓此而不訓年。我以為茲訓為年是後起之義，最初當訓時，時本从之得聲，與茲同音。今茲即現時，與見在現在併一聲之轉。含有今屮(假為茲)的卜辭，都是貞問現在或目前是否來寇或應否興兵。如：「丁巳卜，今𣎵方其大出，四月？」(「後」上二九・十)即在四月占問大彭目前是否大舉入侵。「丙戌卜，今𣎵方其大出？五月」(「前」一・四六・四)，即在五月占問大彭目前是否大舉入侵。「辛已卜，穷貞今𣎵王从望乘伐土，受㞢又？十二月」(「粹」一一〇五)，即在十二月占問目前王命望乘伐土方，是否為上天所護佑。餘類推。至於那些包含有今屮而不繫月的卜辭，也是占問當前諸事之休咎，毫無可疑。

來屮假為來茲，意即方來，特別是指不久的將來。「廣雅」「釋言」：「茲今也」，來茲即來今。「漢書」杜業上書：「深思往事，以戒來今」，「圓覺經」：「無起無滅，無去來今」，來今來茲即方來的現在。「文選」「古詩十九首」：「為樂當及時，何能待來茲」。李善引「吕氏春秋」「任地」：「今茲美禾，來茲美麥」高誘注，訓茲為年。其實「任地」與「古詩」的來茲都應解為將來，周濟訓後期，至確。南北朝隋唐人詩文中用的來茲，大多數是指未來，很少作來年解，這倒合于古義。卜辭「貞來𡆥(假為茲)王其叙丁」，即卜問最近幾日內應否對某丁行叙祭。【甲骨文及金文考釋　華東師大學報一九五六年第四期】

◉饒宗頤　卜辭云：己丑卜，穷貞：今𣎵商稈。貞：今𣎵不稈。甲二一二二

按今𣎵即今茲，左僖十六年傳：「今茲，魯多大喪。」與此略同。又襄二十八年：「今茲，宋鄭其饑乎？」吕覽任地：「今茲美禾，來茲美麥。」高誘注：「茲，年也。」【殷代貞卜人物通考】

◉高鴻縉　才為才始之本字。从種子下才生根。上才生芽之形。而以一表地之通象。故才為指事字。副詞。商周借為介系詞。在此在彼之在。形仍為才。周始加土旁為意符。(言種子之芽才出土。根才入土也。)作𡉈。隸變作在。楷變作在。本意仍為才始。副詞。盂鼎才為在。𡉈為及。秦漢借才為才能。人才之才。而在只用為介系詞。乃沿周人之習。以同音通叚之故。叚初為才始之才。(其實初字乃裁字之本字。从刀从衣。會意。動詞。及初代才。乃另造裁字。初裁古今字也。)其後初由才始意。引申而為昔者(仍為副詞)。用意範圍畧廣。乃復以同音之故。叚纔為才始之才。其實纔之本意。非才始剛才。説文纔。帛雀頭色也。一曰微黑色。如紺。纔。淺也。讀若讒。从糸毚聲。嘗攷文字之源流。因通叚字行而本字廢。而通叚字之本意亦廢者多矣。於此才字可見一斑。【中國字例三篇】

◉高鴻縉　十字為剛才之才之初文。言種子在地下剛才生根。出地上剛才生芽也。指事。後借用為介詞在此在彼之在。周初乃加土(即地也)為意符作𡉈。以還剛才之才之原。在。漢以後專用為介詞。但金文用在者甚少也【頌器考釋】

◉李孝定　契文才字變體頗多。然以作為正象。在地下初出地上之形。許云艸木之初。謂象艸木之初生也。字在卜辭均假為在。金文作盂鼎旂鼎克鐘善夫克鼎趠卣子楚觥毛公鼎頌鼎丙申角史頌簋秦公簋才倎父鼎曾姬無卹壺。除後二器外。餘所見尚多。均作實筆。卜辭亦有作實筆者。然以作空筆者為多。此為契文金文習見之差異也。【甲骨文字集釋第六】

◉白玉崢　甲骨文字之，約有、、三類基本結體，作者，多見于前期及文武丁之時，則多見于晚期，但為數極少；而則散見于各期，頗乏時間之特性。【契文舉例校讀　中國文字八卷三十四册】

◉徐中舒　甲骨文才之示地平面以下，—貫穿其中，示艸木初生從地平面以下冒出。卜辭皆用為「在」而不用其本義。【甲骨文字典卷六】

◉吴　匡　《説文》：「才，艸木之初也。从丨上貫一，將生枝葉。一，地也。」徐鍇云：「上一，初生歧枝也。下一，地也。」所説皆不確。艸木初生，屯字，與才無涉。許君因屯才二字聲近形似而誤。

按屯字字形之演變如

（師望鼎）

（蔡侯殘鼎春字偏旁）

才字字形之演變如

至此兩形相似矣。

才之部字，凡蒸之齒舌音合口入文微（疑古皆侵部字）。如

栽——蠢

蠢字古文从𢦏馬叙倫即疑栽為哉之譌

緇（紂）——純

經傳互易互注

在——存

如《左傳》昭十二年「將何以在」，朱彬《經傳攷證》云：「在，存也。」

在、存兩字皆从才聲，其實一字。是才屯聲近也。

按器物兵刃之有長柲者，竪立不易。柲下輒有鐏、鐓之設置。《曲禮》「進矛者其前鐏，進戈戟者其前鐓」，鄭注：「鋭底曰鐏，取其鐏也。平底曰鐓，取其鐓也。」鐓原取義於敦，高厚安定也。《釋名·釋兵》云：「矛下頭曰鐏，鐏入地也。」朱駿聲云：「鐏者，鑽也，鑽所以穿也。」

例如：戈字[glyph]（𠱠戈盤）[glyph]（戈父戊盉）[glyph]（家戈父庚卣），其下頭皆為鐓；

[glyph]（亻戈爵），其下頭則為鐏。

獸字[glyph]（獸爵），單下亦為鐏。

古金文屢見庚字[glyph][glyph]，柲下亦鐏，鐏下復承隄（丙）。

才字甲文作 [glyph] [glyph]

金文作 [glyph] [glyph] [glyph]

才即鐏也。按鐏、栫、荐聲韻全同，鐏者才之後起形聲字也。

鐏所以入土，臿地，立竿，故甲金文才字無不訓立、尻、止、處，其後增土作在義同。金文復有[glyph]字，左偏旁或釋土，或釋立。立或土皆後增偏旁，其義仍為才。

尊、夋、雋三字古音近或同，蹲踆一字。儁（雋）俊一字，鐫鋑亦一字。《釋名釋用器》「鐫，鐏也，有所鐏入也」。《說文繫傳》「鑯，鑯器也，一曰鐫也」。又曰「鐫，讀若瀸」。鑯即今之尖字。《廣雅釋詁》四「鑯，鋭也」。故鐏、鐫、鋑、俱以尖鋭稱。黄侃《說文箋識》亦謂鑯、鋑、㦸同文。於器物稱鋭利，於人畜稱鋭敏，穎捷。人之鋭敏者曰俊，馬之敏捷者曰駿。穆天子傳「名獸狻猊野

馬走五百里」，獸之敏捷者曰狻猊。「水擊三千里，搏扶搖而上九萬里」者，鵬，即鳳，即駿鸃。狻猊，駿蟻，皆俊乂也。說文「俊，材過千人也」，「駿，馬之良材也。」才字初為鐏為鋑，由鋑而俊，因有才俊、才華、才能。

鐏、鐫、鋑、鐵、鋟古聲同，才為鐏，古蓋亦鹽韻字，鋟、鐵與漸聲同，故才借為暫，方才，剛才，哉生魄即由此。

士，《說文》云：事也。數始於一，終至十。从一从十。孔子曰：「推一合十為士。」自來曲為說解者，頗不乏人，然終皮傅。惟近人吳檢齋(承仕)之說近是，吳云：

《說文》：「士，事也。」士：古以稱男子，事：為耕作也。知事為耕作者。《釋名釋言語》「事，傳也。傳立也。青徐人言之曰傳。」《禮記郊特牲》云：「信事人也。」注：「事，猶立也。」《漢書蒯通傳》曰「不敢事辦於公之腹者」，李奇注曰：「東方人以物臿地中為事。」事字又作菑，《考工記輪人》云：「察其菑爪不齵。」先鄭注云「菑讀如雜厠之厠，謂建輻也。泰山平原所樹立物為菑，聲如截，博立梟棊亦為菑。……」蓋耕作始於立苗，所謂插物地中也。士事菑古音並同，男字从力田，依形得義。士則以聲得義也。

士、事聲韻全同，傳事菑訓立訓插亦是。然吳氏未深究事傳菑訓立訓插之由，臆以士為力田者，為農夫則非。事傳菑訓立訓插者假為才也。士即才字，士者鋭敏之人，即才智之人也。俊士即俊才。英士即英才，鋭士即雋才。士卿即才卿。《詩經·魯頌·駉》「思馬斯才」，與《大雅思齊》「譽髦斯士」，才士無別，以前者言馬故稱才耳。

中山王鼎兩㞢字，徐中舒釋士，是。卜辭未見士字。才字析為才士兩字不知起於何時，然字形之衍變亦復可稽也。

▽——十——中——[illegible]——[illegible]——士(臣辰卣士字)

𢦏字之衍變亦同此。

𢦏(引弔趩父卣)——𢦏(鄂君啓車節載字偏旁)——𢦏(鄂君啓舟節載字偏旁)

才聲與士聲之別猶如：

(之)		(咍)
侍	——	待
怡	——	迨
而	——	耐
思	——	䚡
哉	——	載
梓	——	宰

若即作在

《爾雅・釋詁》存、在、士皆訓察。按察从祭聲，祭皆韻字。之部陰聲一等咍韻，二等皆韻，三等之韻，存在士之訓察，音假耳。【釋才・士　金祥恒教授逝世周年紀念論文集】

◉戴家祥　甲骨文作，李孝定謂象在地下初出地上之形。金文作，高鴻縉謂从種子下才生根，上方生芽之形，而以一表地之通象。才象植物初生之形，會意為方才之才。金文借為存在之在。【金文大字典上】

叒　說文籀文作从口隸變作若　與从艸右之若混而為一矣　亞若癸匜　亞若癸鼎　我鼎　父己爵

盂鼎　王若曰　趞簋　𦬁伯簋　師嫠簋　克鼎　師克盨　从口　毛公𪔂鼎

彔伯簋　揚簋　師虎簋　師寰簋　𦫳乳為諾　𪒠鼎　復令曰諾　爾雅釋詁若善也釋言若順也

申鼎　子孫是若與詩烝民天子是若同義　中山王譽鼎　雖有死罪及參殜亡不若　義如赦　中山王譽兆域圖　死亡若

【金文編】

叒若　若字是音　【汗簡】

汗簡　【古文四聲韻】

◉許　慎　日初出東方湯谷。所登榑桑。叒木也。象形。凡叒之屬皆从叒。而灼切。籀文。【說文解字卷六】

◉吳大澂　。華之茂者。枝葉緐生。春字从此。後人以若為芔。非。盂鼎。

。語辭。从口芔聲。小篆作諾。从言。後人所加。曶鼎。【說文古籀補卷六】

◉劉心源　今即篆形相類者。橆入㠯資取證。如

㠯上篆迹略同。說文。叒日出東方湯谷。所登榑桑。叒木也。象形。籒文作𤕌。汗簡邑作𨙸。此从㇆从𤕌即鄀也。古刻有鄀。說文邑部無。蓋併於此。古刻作𠂹孟鼎王若曰𦵏。鄀公𣪘偏旁皆从三𠂹。象若木枝葉形。此从𡆧𠂹。亦三屮也。其省作𠂹𠂹者。仍是三𠂹。作𦵏者。乃从𡆧𠂹。亦是三屮。即𦵏。或釋母。非。古亦用若。故叒木作若木也。若字當入口部。云从口叒聲。說文入艸部。作𦯂。云从艸右。誤。將三𠂹分割矣。此銘叒姓癸名。當是若鄀婼三字之省。世本居篇。若水。允姓國。昌意降居為侯氏。姓篇。鄀。允姓國。秦入之。婼。姬姓之國。黃帝之子昌意降居若水。為諸侯。此其後也。張澍云。水經若水出蜀郡。旄牛徼外。東南至故關為若水。注。九州要記。嶲之臺登有雙諸川。鸜武山黑水之間。若水出其下。即黃帝子昌意降居於此。又案。杜預㠯昌意所封在鄀。鄀乃襄州樂鄉。非是。南郡之鄀。允姓。為秦所入者。世本㠯若水為允姓。誤。又云。晉志。鄀。南郡鄀縣鄀子國。春秋會盟圖。㠯鄀為若水。蓋不知婼鄀若之有分也。然則此叒亦未可凡斷矣。【奇觚室吉金文述卷一】

◉孫詒讓　又有云「𦯞」、「不𦯞」者，如云：「告人乙𦯞」、六之二。「庚申卜□貝亞父不𦯞」、卅七之一。「戊貝其多亞𦯞」、五十一之三。「貝鼄甲□之羌戊𦯞」、五十二之四。「丙申卜戋貝帝弗𦯞」、六十一之四(六二)。「丙申立固曰冓𦯞」、七十七之一。「庚辰卜永貝𦯞」、九十之四。「日庚□□𦯞□」、百四之二。「日丁卯曰□𦯞□□」、百十之四。「乙丑□貝壴□𦯞」、百十三之三。「己子卜貝𦯞」、百廿五之三。「己亥□□貝□□𦯞」、百四十六之一。「貝不𦯞」、百五十八之三。「辛未卜永貝𦯞」、百八十一之三。「□貝立□邑帝𦯞」、二百卅之三。「貝酒于□𦯞」、二百廿八之三。「貝㐱正昌方(一一)弗𦯞不我其受」又云「□酉卜亩立正昌方(一一)𦯞□

□又」、二百四十四之二。「戊申卜戋貝□壴立茁𦯊」、二百四十一之四。「戊申卜𣪊貝攴𦯊」，二百六十三之三。「𦯊」字皆作「𦯊」〔六三〕。攷《説文・叒部》：「叒，日初出東方湯谷，所登榑桑，叒木也。象形。」即此字。金文皆借為若曰之若，如毛公鼎、盂鼎作𦯊〔六四〕，並與此同。「𦯊」、「若」古通。《爾雅・釋詁》：「若，善也。」《釋言》：「若，順也。」卜以吉為順，故通云若也。

又有作「𦯊」者，如云：「□□止𦯊」、九十五之四。「㐱氏不□𦯊于隹」，二百六十一之四。此即「叒」之別體，金文亦借為若。散氏盤作𦯊、若母鐸作𦯊，並與此略同。此字文中止兩見，似亦與𦯊同義〔六五〕。【契文舉例卷上】

◉李孝定　孫釋此為叒。極塙。具説亦是。惟謂金文皆借此為「若曰」之若。則小誤。蓋金文之𦯊。即叒字。非若字也。且「若曰」之若。亦借字。非叚叒為若也。【甲骨文字集釋第六】

◉羅振玉　説文解字。「若擇菜也。从艸右。右手也。」又「諾。譍也。从言若聲。」案卜辭諸若字象人舉手而跽足。乃象諸時巽順之狀。古諾與若為一字。故若字訓為順。古金文若字。與此略同。擇菜之誼。非其朔矣。【增訂殷墟書契考釋卷中】

◉王國維　𦯊。殷虚卜辭若字作𦯊殷虛書契卷三弟二十七葉。作𦯊同上卷四弟十一葉。古金文作𦯊盂鼎。或加口作𦯊曶鼎。此篆文之叒。即古𦯊字之訛變。籀文之𦯊。又古𦯊字之訛變。離騷。折若木以拂日。乃借唯諾字為之。許君以若木之若為正字。又以為桑字从此。皆失之。艸部。若擇菜也。从艸右。右手也。一曰杜若。香艸。此又是一字。羅參事謂若與諾一字。象人舉手跽足巽順之狀。故若訓順。余案。羅説是也。【史籀篇疏證】

◉林義光　古作𦯊師嫠敦。象枝葉之形。離騷折若木以佛日。以若為之。【文源卷一】

◉丁佛言　𦯊。若義為順。象人席坐。兩手理髮之形。取其順也。【説文古籀補補卷一】

◉葉玉森　契文若字。並象一人跽而理髮。使順形。易「有字永若」。荀注。「若順也。」卜辭之若。均含順意。許君右手擇菜之説。非朔誼。【説契】

◉高田忠周　銘曰。則俾復命曰𦯊。阮氏元釋為若字。萃編即諾字。至吴氏大澂古籀補。殊云从口芓聲。小篆作諾从言。後人所加。蓋過前人。説文叒即𦯊字小篆。叒下出籀文作𦯊。𦯊即𦯊之譌文。籀文借諾為叒。諾元从𦯊聲故也。若夫訓擇菜若字。从艸从右。與𦯊字全別。漢人不悟古文。誤認𦯊為若。悉改經傳𦯊字為若。甚為疏漏矣。但若𦯊音通不妨耳。又按。經傳凡若字。訓順義。訓如義。訓猶義者。固雖謂叚借字。或是諾字之轉義。説文。諾譍也。从言若聲。禮記投壺疏。諾承順之辭也。曰諾。意無不順無不如也。易離卦。出涕沱𦯊。疏是語辭也。釋文𦯊古文若皆如此。當證古語辭字訓順義訓如義者皆作𦯊為正。然則𦯊諾同字。亦猶合詥同詷咸諴之例矣。【古籀篇五十二】

◉高田忠周　說文。叒日初出東方湯谷。所登榑桑。叒木也。象形。籀文作𠮲。今審此篆形。當是又叒木之形。若作叒此从三又也。豈此得為木形乎。不如作若為近。其籀文从𠬪。𠬪疑𠬪之譌。𠬪即右字也。然則𠮲果何字。曰。𠮲即古文諸字。與艸部之若別。諸叒古通用也。【古籀篇八十三】

◉郭沫若　辭云「若茲不雨。帝隹茲邑寵。」乃求晴之卜也。「若」為虛擬之詞。此列僅見。【卜辭通纂】

◉胡吉宣　叒不象木形，籀文从口从卩，尤與木無涉。蓋古自有叒𦬸若文三：一為木名，二為擇菜，三為人跽形，各自為義，本不相溷，後以木葉形與草形及人手髮之形相似，寫傳譌淆，于是古文之形晦誼矣。茲為分別釋之，木名之叒即桑字，桑叒一聲之轉，中國發明蠶桑之業最早，桑者所貴，故製字特象其形，甲骨卜文作桑，省之為叒，譌變即為叒，桑貴在葉，故字特顯木葉之形，叒桑蓋本一字也。𦬸从又从草，金文散氏盤有此字，為地名（即都之叚借見下），疑為擇之古文，以手擇草為食也，（擇為捕捉之捉字。从睪與𡨄同）。草部若訓擇菜（菜下云草之可食者），即此字義。古音擇若同魚部，𦬸又譌分為芼，說又云，草覆蔓，从草聲，毛引詩左右芼之，而詩傳訓芼為擇，知芼之从毛乃手之形譌，篆手毛二形極相似，聲隨形變，說文則義亦隨之俱變矣（鄭康成說芼或从手作托，以形譌之後从草从毛於形義不相合而改之也）。又見部覒，擇也，覒之从毛亦當為手形之譌，从見者，蓋必見之采而後可選擇也，故字从見从手會意，𦬸與芼覒殆亦本一字也。若象女子跽而舉兩手之狀，知為女者，三體石經若之古文作𡜁，雖結體稍異，而字从女則甚明。古文女本作女，與若不過有斂手舉手之別，若即今訓之順之若字，亦即說文女部之婼字。婼下云不順也，不字衍，其上體象女首有長髮，妻字古文亦如此，跽則屈服順从，與巽同意，故皆訓為順，舉兩手者，示不敢抗也。加口為𠮲，即應諾之諾字，亦即叒下所列之籀文𠮲字也。應諾必巽順，故从其義。金文有鄀公鼎𨛰字作𧊒，从䖵，鄀地殆多蛇蟲居之歟。䖵部蠚，螫也，从虫，若省聲，即籀文之从虫作者，邑部無鄀字，世本居篇，若水允姓國，昌意降居為侯氏，若即蠚之叚借。

綜上所說叒桑為一字，木名，象形，二變分為叒桑二字；𦬸芼覒為一字，即古擇字，形譌演化為若芼覒等字；若為訓順之象形古文，孳乳為諾蠚等字。【說叒　中山大學文史研究所月刊二卷三、四合期】

◉强運開　若毛公鼎王若曰叚為若。容庚云。說文。日初出東方湯谷所登榑桑。叒木也。象形。篆作叒則形不象矣。運開按。籀文作𠮲从口。是即若之變體矣。故若𠮲古多通用也。若盂鼎𦬸散氏盤叒字如此。上下互易。亦筆跡小變之例也。

【說文古籀三補卷六】

◉馬叙倫　戴侗曰。若象木而三其枝。譌為三叉。鈕樹玉曰。繫傳闕暘字。榑字作木。無叒字。沈濤曰。玉篇引無初字。王筠曰。繫傳作暘谷。朱筠本暘字空白。顧本榑下衍木字。叒字不足象形。石鼓文有□字。蓋叒本作□。象木寘孛形。師寰敢器蓋若字皆作□。漢人猶多作□。是以八分桑字作桒。集韻類篇。桑。古作桒。並足徵也。徐灝曰。叒即桑之省體。喬雲棟曰。本書。暘。日出也。榑桑神木日所出也。淮南子。日出於湯谷。浴於咸池。拂於扶桑。是謂神明。登於扶桑。爰始將行。是謂朏明。南史夷貊傳。扶桑在大漢國東二萬餘里。其上多扶桑木。扶桑葉似桐。初生如筍。國人食之。實如李而赤。績其皮以為衣。亦以為錦。章炳麟依其說。指其地為今墨西哥。非也。蓋今之墨西哥不產叒木。且日登其地時。中土方子夜。不能朏明也。據姚天民師云。叒木神木者。謂其木為敬神之木也。即俗所謂檀香。今美領檀香山即扶桑地也。此說是也。檀香山去中土萬餘里。與淮南子時則訓所載萬二千里之說相近。且其地當黃道。日登其地而指午。止中土朏明之時。產檀香。據其地歸國者云。檀香葉似桑。又似桐。文作叒。似其葉。故曰。象形。桑從叒。從木。叒亦聲。叒桑為雙聲。古通假。故曰。榑桑。叒木也。東方暘谷。當今墨西哥灣一帶地。墨西哥在美洲開化最早。近年屢現碑碣。文類中國古文。墨西哥灣一帶地指午時。正中土交於陽氣上升之時。故曰。日出於暘谷。倫按叒木也三字當在日初出上。叒為隸書復舉字。木也其本訓。日初出以下十一字。蓋呂忱或校者加之。彼以叒音如若。不悟其為桑之初文。因以淮南說羼之。毛公鼎王若曰字作□。[illegible]伯敢作□。盂鼎作□。固可推見其初文象桑木拳曲之形。以師寰敢若字石鼓文若字及甲文作□考之。則叒自由□而譌也。知非檀香木者。此木不產中土。何由象形造字。

□。嚴章福曰。疑校者所加。王筠曰。當依石鼓文箬字作□。即若字也。從口。□聲。籀文以若為□。假借也。倫按此與□異字。王說是也。籀文下捝叒字。【說文解字六書疏證卷十二】

◉高鴻縉　甲文若作□。葉洪漁玉森曰。象一人跽而理髮使順形。是也。其作□者應是諾之初字。从口□聲。後世叚□以代□。而□字廢。而□（隸定為若）亦失其本意。乃另造諾字。（从言與从口同。但既从口復从言。出於後世之累加。遂亦忘其贅矣。）以補其缺。【毛公鼎集釋】

◉高鴻縉　葉玉森釋甲文□字曰。此象人跪而理髮使順形。易。有孚永若。荀注。若順也。故以寄順意。動詞。後人多用為狀詞。後有□字。即允諾之初字。从口□聲。用字者每以□代□。日久而□字廢。而若亦冒有順意。並又借用為假若之若。連詞。遂失允諾本意。乃又加言旁為意符作諾。說文誤出叒字。唐人竟又以古若字之音附之。非也。叒為桑字之偏旁。不為字。擇菜之字。應為□。說文。叏滑也。詩云。叏兮達兮。从又中。一曰取也。土刀切徐灝曰。此當从別義。訓為取。今按。从又（手）取中（艸）擇菜之義甚明。今俗猶言在田中取菜曰挑菜。挑即叏也。至詩叏達。乃通以代佻達。輕脫滑泰之義也。杜若香艸。乃兩字連語。與若之本意不可掍。[illegible]另見會意篇。隸楷當補芠字。作挑者俗字。許蓋不以中為艸之初文。又誤以[illegible]為[illegible]。故有[illegible]。擇菜之說。【中國字例二篇】

◉馬叙倫 [illegible]舊釋亞形中若。倫謂[illegible]為[illegible]之異文。從[illegible]戴甶。即僕字也。說文之僕。從人。菐聲。乃菐之後起字。菐則史僕壺[illegible]字之[illegible]。譌甶為小耳。蓋辛為辠人。古代以被俘於異族之人為辠人。而使事賤役。故從辛戴甶。即以表執役。後更增[illegible]。復後增人。於形益繁而義不增。唯亞尊之[illegible]。亞卣之[illegible]。增酉及箕。於義為增。蓋明僕之所事。兼言煮灑埽且侍酒或造酒也。甲文[illegible]。從辛從[illegible]從[illegible]從[illegible]。即說文之丮字。[illegible]則土之異文。公伐郐鐘有[illegible]。從臣。臣為被征服而受縶者。春秋傳所謂男為人臣也。【讀金器刻詞卷上】

◉李孝定 契文上出諸形。舊均釋「若」。收入一卷艸部。今按。以字形言。當以釋叒為是。惟卜辭此字字義。與許書若叒兩字說解均不相類。又經籍中叒若兩字。亦多混淆。大抵訓「順」之字。當以「叒」為本字。而用「若」則為假借。至用為語詞者。則「叒」「若」並為叚借也。席世昌讀說文記云。「按諸經『若』字。皆當作『叒』。或从籀文作『𦱤』。易『出涕沱𦱤』。釋文云。『古文若字。皆如此。』是德明所見本當多作𦱤字也。古文傳寫。誤叒作[illegible]。後人竟改从[illegible]部若字矣。」其說極是。惟謂「古文傳寫。誤叒作[illegible]。後人竟改从[illegible]部若字」。則不知叒亦[illegible]之譌變。席氏不見真古文。故其說猶覺未達一間也。蓋[illegible]字本象一人跽而舉手理髮使順之形。葉說是也。其最初之引申義即為「順」。卜辭多用此義。至用為語詞。則叚借字也。[illegible]或作[illegible]。細案孫氏文編若下所收作[illegible]諸文。原拓影本。其下多斷損。然前·四·四一·六·片一文作[illegible]。其下完整。尚有餘地。知[illegible]可省作[illegible]。而他辭之作[illegible]者。可能亦為省文也。篆變當作[illegible]。側書之則作[illegible]矣。古籍中訓順之若。均叒之譌字。至語詞之若。則與叒同為叚借也。王筠說文釋例云。叒字不足象形。石鼓文有[illegible]字。蓋[illegible]本作[illegible]師寰敦器蓋若字皆作[illegible]。象木芔字形。若字蓋亦作[illegible]。即[illegible]之重文加口者。如杏字之象根形。是以說文之叒木。它書作若木。並非同音叚借也。即其籀文[illegible]。亦當作[illegible]。是以玉篇叒下有籀文𦱤。若下亦有籀文𦱤。足知叒若之為一字。而𦱤作[illegible]之非誣。而叒作[illegible]之非皮傅也。蓋漢人猶多作[illegible]。是以八分桑字作桒。隸辨引二文無作桑者。集韻類篇。桑古作𣘻。並足徵也。[illegible]變為卉者。猶艸變卄。茻變卉。曲者直之也。若又字變為十者。則[illegible]變廿之外無有也。說文收若於艸部。从艸右聲。亦似誤。虫部蠚下云。「若省聲。」或當作[illegible]聲。」其說由[illegible]變[illegible]。字形衍變之故。甚是。[illegible]即契文之[illegible]也。惟謂叒若一字。則非。玉篇。叒若二字之下。並有籀文。且形體極近者。蓋緣經籍中假若為叒訓順者既久。且語詞之字復叒若並行。顧君不察。遂以同一籀文分屬二字之下。雖一作𦱤若之籀文。一作𦱤叒之籀文。其形小異而實為一字可知。然顧君於叒若二文。猶分隸二部。與許書同。固不認為一字

桑

也。王氏之誤在叒。以為叒木之本字。故附會為説。不知叒木本屬神話。本無其物。何緣象形。王氏未見甲骨文。但本許書為説。其誤固不足異也。叒篆既譌變作。許君復以桑字隸之。叒部。徐灝段注箋。遂謂叒字讀而灼切者。乃緣若木而改讀。叒桑本為一字。叒之本音當讀息郎切。是又昧於𣜩形近致譌之故。且惑於許書叒下「榑桑叒木」一語。而致有此誤説也。綜之。叒若二字。經籍中展轉叚借淆亂已久。令徵之栔文當以叒篆隸云収部。而改篆形作。解云「以手理髮使順也。象形。」乃合。桑字則當改隸木部。解云「蠶所食葉木。象形。」今仍許書之舊。收此作叒。至艸部許訓擇菜之若。與此形義迥殊。實截然二字也。金文叒作亞若叒匜桑父已鼎亞叒父已爵朿伯簋毛公鼎盂鼎克鼎師嫠簋遣鼎。【甲骨文字集釋第六】

◉張日昇　葉玉森謂字象一人跽而理髮使順形。葉説是也。爾雅釋言。「若。順也」。是叒之本誼。許訓叒木失之。叒或从口。隸變作若。與艸部訓擇菜之若形同。而義殊。【金文詁林卷六】

◉楊樹達　叒　戴侗曰:「象木而三其枝，譌為三又，鐘鼎文作，籀文乃之譌。若从艸右，則又自籀而譌也」。按:叒是譌文，故不入複體象形。【文字形義學】

◉徐中舒　《説文》訓叒為榑桑，當為後起義。至説叒象榑桑之形則非是。金文叒或從口作彔伯簋、昌鼎，為《説文》籀文所本，亦為經籍常用之若字所本。【甲骨文字典卷六】

前一·六·六　地名　前四·四一·四　後一·一·一　續三·三一·九【甲骨文編】

前1·6·6【續甲骨文編】

5·384　瓦書「四年周天子使卿大夫……」共一百十八字　5·384　同上【古陶文字徵】

桑　法七　五例　日乙六七【睡虎地秦簡文字編】

山桑侯相　桑肩私印　張桑印　桑山跗印　桑吳人【漢印文字徵】

並崔希裕纂古【古文四聲韻】

◉許　慎　桑蠶所食葉木。从叒木。息郎切。【說文解字卷六】

◉羅振玉　[甲骨文] [甲骨文] [甲骨文]象桑形。許書作桑。从叒。殆由[甲骨文]而譌。漢人印章。桑姓皆篆作[篆文]。今隸桑或作桒。尚存古文遺意。【增訂殷虚書契考釋卷中】

◉李孝定　羅振玉釋上出前三形作桑。其說甚是。字非从叒面灼切也。說見前叒字條。後三形金氏續文編六卷八葉上收以為說文所無字。次桑字後。桉絜文喪字从吅若㗊。桑聲。說見前二卷喪字下。其所从聲符之桑。多與上出後三形相同。知此亦桑之異體也。卜辭桑為地名。珠一〇四二稱「子桑」。則為人名。【甲骨文字集釋第六】

◉商承祚　[甲骨文] [甲骨文] [甲骨文] 叒。與桑為一字。一畫其根，一其省也。金文作[金文]，而用為若。後誤其形為𦱋，許訓作「擇菜」，非也。金文亦有从口作者，乃借諾字為之。說文叒之籀文亦即其變。【甲骨文字研究下編】

◉孫海波　[甲骨文]前一・六・六　[甲骨文]四・四一・四　說文云：「蠶所食葉木，从叒木。」按象桑木阿挪之形。【甲骨金文研究】

◉馬叙倫　翟云升曰。當入木部。倫按桑為叒之後起字。音讀息郎切者。叒聲魚類。桑聲陽類。魚陽對轉也。從桑得聲之褱音在心紐。而從褱得聲之穰音入娘紐。古讀若音在泥紐。娘亦歸泥也。說解或本以聲訓。或作木也。今捝。存校語耳。從叒木當依鍇本作從木叒聲。字見急就篇。當以桑入木部。而叒為重文。叒部可刪也。【說文解字六書疏證卷十二】

◉聞一多　卜辭有[甲骨文]字，舊釋桑，甚塙。隸書葉蓋從此出。有又加口者，自二口以至五口不等，大都加口愈多者，其木形詭變亦愈甚。通校諸形，括為四類，各示一例如下方：

[甲骨文]前六・五三・七　[甲骨文]前四・四七・一　[甲骨文]前二・三五・六　[甲骨文]後下三五・一

此等諸家皆釋噩，今案亦桑字也，隸定當作噐。卜辭中所見此字，除一部分因上下文多損缺，義難探究者，自餘用法，計有五種。凡此釋噩，或不成文義，或義似可通而了無左證，皮之，若釋桑，則無不詞怡理順矣。

一曰桑，桑木也。

二曰桑，桑林也。

三曰桑，桑田，地名。

四曰桑，動詞，採桑也。

五曰桑讀為喪，動詞，喪亡也。

卜辭時代桑喪一字，金文始分為二。

□毛公鼎　□桓子孟姜壺　□喪史賓缾　□余井鉦　□量侯毁　□旂鼎　□井人妄鐘

此金文喪字，從□桑從亡，乃桑之孳乳字。喪字從□而讀與桑同，古禮復以桑象徵喪事，此亦卜辭眾口叢聚木間之文即桑字之佳證。

卜辭從桑之字有　□前二・九・二　□前六・一三・四

甲骨文編俱入附録。案左半即□之省。字從桑從女，當釋嫊。原辭簡略，摹本亦漶漫難識，未能探其義蘊也。

金文味爽字作□免毁

金文編二釋噩，云从日从𡖊。郭書作曐云从日喪省聲，考釋八九案隸定作噩可也，字實從日從桑，當釋㮑。集韻「眼㮑，暴𦵔也，」別一義。【釋桑　中國文字第四十九期】

◉于省吾　甲骨文桑字凡二百餘見。其異構甚繁，兹略舉其形，以見梗概。其从二口者作□、□、□等形，其从三口者作□、□等形，其从四口者作□、□、□、□等形，其从五口六口者作□或□形。羅振玉云：「許書無噩字而有咢，注譁訟也，从吅屰聲。集韻咢或从噩。以是例之，知噩即許書之咢矣。噩字見于周官。以卜辭諸文考之，知从王者乃由□傳寫而譌。傳世古器有噩侯鼎、噩侯敦，鼎文噩字作□，敦文作□。又古金文中喪字从噩从亡，量侯敦喪作□，从□，齊侯壺作□作□，从□，均與卜辭同。文考鼎作□，从□，則與噩侯鼎文合。喪為可驚咢之事，故从噩亡。據此知卜辭諸字與噩侯兩器之文，確為噩字。噩侯史記殷本紀作鄂侯。」（增考中七五）葉玉森釋喿，謂：「喪字从喿。」（集釋二・三七）按羅氏與葉氏之説並誤。

甲骨文桑字常見，作□形，均以為方國名或地名。或謂甲骨文□字从桑，是也。但不知其何以从口？按桑字本从桑聲，其从兩口者為初文，其从數口者乃隨時滋多所致。其所从之兩口是代表器形（詳釋𡥆），乃採桑時所用之器。由于商代已有絲織品，故以桑為採桑之本字，其以桑為喪亡之喪者乃借字。周代金文盂鼎「古（故）桑（喪）𠂤」之桑作□。免毁「昧□」之□作□，應讀為爽。以其就時間為言，故从日。又桑字見旂作父戊鼎（商器）、毛公鼎、量侯毁，从桑亡聲，已變為形聲字。説文喪字作□，並謂：「喪，亡也，从哭亡聲。」按許氏謂从亡聲是也，但以从桑為从哭，則殊為妄誕。自來文字學家沿譌襲謬，不知其非。因此可知，不以古文字為依據，無以窮造字之原，不僅喪字為然。

甲骨文桑字用法有三：一，用為人名，如「壺子曰桑」（庫一五〇六）。此例罕見。二，用為地名者最為習見。甲骨文中桑與盂每並舉，故知其地望與盂相近。三，用為喪亡之喪，比如：「其桑衆」、「不桑衆」、「其桑衆人」、「不桑人」，此例常見。以上是指征伐之喪衆人與否言之。又甲骨文稱：「丁未卜，王貞，□不隹桑羊，甾若。」（前八・一一・四）甾應讀之訓此。言此貞之順利也。

它辭亦作「之若」(庫一五五三)。桒羊即喪羊，當指放牧為言。易大壯六五之「喪羊于易」，可與卜辭互證。又甲骨文稱：「允桒𠂤」(粹一二五三)與盂鼎之「古桒𠂤」詞例相仿。要之，甲骨文以桒為採桑之桑之本字，既用為人名或地名，亦假借為喪亡之喪。

【釋桑　甲骨文字釋林】

◉温少峰　袁庭棟　甲文中有桑字，作[古文字]，或作[古文字]。字象桑樹分枝多而低(即後世農書所稱之「地桑」)，或加品，表示高干之桑上有采桑之筐，因為桑如喬木，人采桑需帶筐上樹。在卜辭中，桑字多用為地名，或借為「喪」。其用為桑之本義者，有以下卜辭：

(78)　辛巳卜，殼貞：乎(呼)雀𦎫桑？(《合》二四九)

《説文》：「𦎫，孰也，从亯羊，讀若純。」陳邦懷先生謂：「𦎫旬聲近，《詩・大雅・江漢》：『王命召虎，來旬來宣』。鄭箋：『旬當作營……王命召虎，汝勤勞于經營四方』。故卜辭之𦎫讀為純，而其義為營」(見《殷代社會史料徵存・𦎫大邑》)。此辭之「𦎫桑」讀為「營桑」，即營造桑林之事。

桑之繁體作「[古文字]」，从桑从又，象以手采摘桑葉之形。卜辭云：(79)癸亥……王眉……氏(氏)[古文字](桑)？(《存》二・四八九)

此辭記「氏桑」，即致送采摘之桑葉以供養蠶之事。【殷墟卜辭研究——科學技術篇】

◉周名煇　[古文字][古文字]同格伯毁錢獻之以為菜字　丁氏定為菜字。今考定為桑字。

名煇案，字从[古文字]。象手爪。[古文字]即篆文[古文字]。亦即今文叒。説文自部陸。从自叒聲。即其字矣。由其字从爪从[古文字]。皆象手形。故余以[古文字]即[古文字]字矣。説文叒部云，[古文字]日初出東方湯谷，所登榑桑叒若木也。象形。古金文如毛公鼎銘，字作[古文字]。盂鼎銘字作[古文字]。羅振玉所謂象人舉手跽足巽順之狀。其説甚當。[古文字]象手形。故艸部若許君訓為擇菜。器从手有採擇之意。艸部若字與𦱹字。蓋誤析為二者也。菜為採之譌。詳見説文拾瀋。故桑字从叒木。由採桑飼蠶。其俗甚舊。循俗制字。見桑木為人擇採。故謂之若木。遂以从叒从木之桑字。為其木名之專文。此其意之可知者也。

殷墟卜辭若字作[古文字]書契前編卷四第十一葉作[古文字]同上卷七第三十八葉，其文从[古文字]从[古文字]从[古文字]。葉玉森謂並象一人跽而理髮使順形之説非也。[古文字]亦即桑字省文。緣蠶桑採折既勤。根萌婆娑。人採或跽其下。而擇採之。故作此形。古金文亦同。曶鼎等器銘。字作[古文字]从口。與説文若字从叒字。籀文作[古文字]从口者。則桑間答對之聲。如國風有桑中篇。後世採桑歌詞。其遺俗未泯者。諾即其孳乳字矣。然何以證[古文字]字从[古文字]、即桑字也。尋殷虚卜辭。萅作[古文字]鐵雲藏龜弟一百五十一葉作[古文字]同上弟二百四十九葉作[古文字]戩壽堂所藏殷虚文字弟十三葉。董作賓據于䜌之説。而推證其為从叒从日之字。謂古代農桑。耕織並重。蠶桑事業。早已盛行于商代。故特備此最有用之桑木。為春日樹木之代表。因以造為春字。其説固已允矣。是若為採桑之字。桑

[glyph]

為被採之木。已昭昭然可見矣。至格伯毁銘云、殷[glyph]𢽾紉絶雩谷杜木。偶原谷旅游桑者。雩谷與偶谷對文。皆山谷名。旅桑與杜木對文。皆樹木名也。封疆樹木之制。見于周禮及散氏盤銘文者。正讀疏文詳之。倘以為菜字。則不但與字形不合。與古制文法。悉相乖盭矣。【新定説文古籀考卷中】

◉徐中舒 [glyph]一期合二四九 [glyph]三期前四・四一・四 [glyph]五期續三・三一・九

甲骨文象桑木之形。《説文》篆文從[glyph]乃由[glyph]形而譌。漢印皆篆[glyph]或[glyph]與甲骨文略同。【甲骨文字典卷六】

◉戴家祥 [glyph]一器 [glyph]二蓋 [glyph]二器 [glyph]四 [glyph]五 格伯毁 還谷旅桑涉東門

劉心源釋菜。吴闓生釋采。郭沫若和周名煇釋桑。按。字从爪从[glyph]。甲骨文桑作[glyph]。篆書作[glyph][glyph]即桑之異體。古代農桑耕織並重。蠶桑事業早已盛行於商代。加爪旁表示採摘之意。如説文[glyph]字釋作「擇菜也。」金文作[glyph]是其證也。故[glyph]字象採摘桑葉之形。含有採摘和桑樹兩種相成的含義。从銘文看。「[glyph]𢽾紉絶雩谷杜木偶原谷旅游桑」。雩谷與偶谷對文。皆山谷名。旅桑與杜木對文。杜木為木名。旅桑亦應為木名。故知[glyph]字在此應釋作桑。【金文大字典中】

[glyph]甲一七〇 [glyph]甲一八〇 [glyph]甲三一一三 [glyph]甲三一四二 [glyph]乙五七〇 [glyph]鐵一六・一 [glyph]鐵一一五・三 [glyph]鐵一二三・二 [glyph]前一・五三・一 [glyph]前四・三四・七 [glyph]前七・一四・三 [glyph]前七・一九・一 [glyph]前七・三三 [glyph]前七・三三・二 [glyph]後二・五・三 [glyph]佚三三 [glyph]佚三八六 [glyph]燕二 [glyph]京津四一二 [glyph]京津四一三 [glyph]明藏五七 [glyph]明藏二三二 [glyph]京津四六〇〇 [glyph]京津四六〇八 [glyph]佚一〇三 [glyph]佚二一七 [glyph]後・二・三・一〇 [glyph]後二・三六・一 [glyph]林二・一六・二一 [glyph]戩四五・五 [glyph]燕七二四 [glyph]存一七八一 [glyph]存一七八二 [glyph]前四五・七 之日見合文二六【甲骨文編】

[glyph]甲1347 [glyph]1613 [glyph]3113 [glyph]乙760 [glyph]1091 [glyph]1941 [glyph]6396 [glyph]6666 [glyph]6743 [glyph]7076 [glyph]7122 [glyph]7231 [glyph]7290 [glyph]7348 [glyph]7767 [glyph]7795 [glyph]7799 [glyph]7818 [glyph]7940 [glyph]8818 [glyph]珠147

560 765 1142 福33 佚98 103 佚110 續46・2 徵1・47 佚257 386

524 589 839 990 續1・38・1 徵2・40 續4・6・1 4・15・3 4・21・4 5・3・3

5・19・4 5・23・8 徵1・90 10・32 12・63 京2・31・3 3・19・5 3・26・2

凡23・1 録68 593 599 610 627 天76 97 龜卜90 92 六中167

六清89 外238 六清143 續存1162 1507 1781 1782 外66 135 書1・5・H

摭續135 141 粹142 335 496 542 697 1043 1062 1195 1197

新3957 【續甲骨文編】

之 縣妃簋 散盤 君夫簋 盠駒尊 善夫克鼎 毛公厝鼎 曾伯霥匿

取它人鼎 戈弔鼎 鄀䀠簋 秦公簋 王仲嬀匿 王婦匜 取膚盤 取膚匜

邾公釛鐘 邾公華鐘 無子匿 沇兒鐘 寡兒鼎 哀成弔鼎 郤王義楚耑 義楚耑 者旨𨟻盤

𩐈鎛 齊侯盤 國差𦉜 夆弔匜 欒書缶 趙孟壺 邵王簋 無伯彪戈 褭鼎

庚兒鼎 邵鐘 番君召鼎 申鼎 趞亥鼎 無㚖鼎 沖子鼎 夜君鼎 蔡侯䌦

匿 蔡侯䌦缶 蔡侯䌦戈 酓章作曾侯乙鎛 曾侯乙鐘 曾子匿 陳子匜 曾姬無

卹壺 姑□句鑃 陳猷釜 者沪鐘 須忈生鼎 差君壺 智君子鑑 左關鉌 上官登

中山王嚳鼎 中山王嚳壺 蛮壺 秦王鐘 王命傳賃節 鄂君啟舟節 𨛭竝果戈

禽志鼎　鑄客鼎　中山王譽兆域圖　大腐鎬　鑄客鼎　君夫人鼎　繇瀵劍　王子午鼎
吉日壬午劍　子之弄鳥尊　蔡侯産劍　楚王孫漁戈　蔡公子果戈　子可戈　吳季子之子劍
王子孜戈　宋公欒戈　曾孫無嬰鼎　其次句鑃　蔡侯龖簋　敓戈　子賏戈　蔡戈　蔡公子
從劍　从口　蔡公子加戈　从戈　蔡公子義工簠　从蚰　王子匜　倒書　右盤【金文編】

3·616　丘齊辛里之　3·60　東古棱之鄙里人亳　3·691　莭墨之亓市工　3·615　丘齊辛里之　3·612
丘齊辛里之　3·685　跎公氏之禽器　3·829　公之廩□　3·618　丘齊辛里之　3·816　虔興之□　4·
131　左都司馬之鉨　3·5　陳向立事歲之王釜　3·456　匋里人臧之豆　9·46　陽征之鉨　3·827　季宗之
3·699　里之王㕓　5·384　瓦書「四年周天子使卿大夫……」共一百十八字　5·384　同上　5·384　同上
5·395　秦詔版殘存「壹兼疑者皆明壹之」八字　9·31　南□之市　1·43　之　5·398　秦詔版「廿六年皇帝盡并兼
天下諸侯……」共四十字　6·144　獨字【古陶文字徵】

〔三九〕　〔二三〕　〔三一〕　〔二〕　〔四〕　〔一九〕　〔一九〕　〔三六〕　〔一九〕
〔三六〕　〔一九〕　〔二〕　〔二〕【先秦貨幣文編】

刀大莭𡢂之㕣化　鄂天　刀大齊之㕣化　魯掖　刀大齊之㕣化　魯掖　刀大安昜之㕣化　魯海　刀大節𦧴之㕣化
仝上　刀大齊之㕣化　魯海　刀大莭𡢂之㕣化　魯濟　刀大齊之㕣化　典八七二　仝上　典八七五　仝上　典
八八〇　刀大莭𡢂之㕣化　典九八一　刀大　仝上　典一〇一〇　刀大安昜之㕣化　典一〇三四　仝上　典一〇四六

仝上 典一〇五一 刀大節䣄之厺化 亞六・一七 【古幣文編】

一：一 一千五百二十二例 宗盟類女嘉之 旱書之言 從嘉之盟 定宮平時之命 某某之子孫明亟覡之 委質類出入于某某之所 復入之于晉邦之地 永亟覡之 既質之後 皇君之所君其覡之 內室類盟質之言 詛咒類無衄之韓子所 一：六 三十九例 三：一 四例 一五六：四 【侯馬盟書字表】

18 145 197 【包山楚簡文字編】

之 秦二三 二百四十二例 秦六四 二百七十二例 為一一 二十八例 效四九 十六例 法一四一 【睡虎地秦簡文字編】

是遊月閏—勿行(甲3—22)、隹邦所☐宎—行(甲5—24)、吕☐四淺—尚(甲5—34)、隹悳匿—戢(甲6—13)、虁—吕帥降(甲6—20)、是月吕𦬁曆為—正(甲6—30)、敬—哉(甲9—33)、神則各—(甲10—12)、神則惠—(甲10—20)、下民—䛀(甲11—1)、敬—毋戈(甲11—4)、帝牆繇吕𦭝遊(？)—行(甲11—33)、是於乃取虘☐□子—子(乙2—5)、玫㪘—青木赤木黃木白木墨木之精(乙5—23)、玫㪘之青木赤木黃木白木墨木—精(乙5—34)、非九天—大峗(乙6—24)、帝夋乃為冐"—行(乙7—3) 【長沙子彈庫帛書文字編】

0024 0023 0151 0140 0027 0026 0128 0129 0207 0202 0201

0200 0320 0206 0199 0181 0020 0221 0203 0210 0145 0197

0205 0142 0185 0138 0135 0136 0141 0131 0100 0095 0007

0025 0137 0163 0166 0204 0146 0198 0208 0214 0209

0227 0223 0226 0217 0219 0230 0216 0222 0168 0139 4244

4245 1065 3184 4831 4833 4829 4827 4820 4838 4711 0281

0065 0132 0130 【古璽文編】

柜長之印 王博之印 杜嵩之印信 夏奉之印 王勝之 萬滿之 魏賢之印 【漢印文字徵】

少室石闕領 孫大壽碑領 孔君墓碣領 詔權 皆明壹之 祀三公山碑 承饑衰之後 譙敏碑領 趙寬碑領 鄭固碑領 孔子廟碑領 三公山碑領陽識 石經僖公 不卒戍刺之 孔宙碑領 張表碑領陽識 石碣 鑾車 射之𤟵= 禪國山碑 植生之倫 蘇君神道闕 魏元丕碑領 開母廟石闕 水歷載而保之

汧殹 𣶏之𤞞= 【石刻篆文編】

之 竝出王存乂切韻 之 【汗簡】

汗簡 竝古孝經 竝王存乂切韻 竝籀韻 比干墓銘 【古文四聲韻】

◉許、慎 㞢出也。象艸過屮。枝莖益大。有所之。一者。地也。凡之之屬皆从之。止而切。【説文解字卷六】

◉孫詒讓 凡云之者亦甚多，其誼當為適。爾雅釋詁：「適、之，往也。」⊘蓋謂卜適其廟而祭，猶儀禮特牲饋食禮：「命筮曰，孝孫某筮來日某諏此某事，適其皇祖某子尚饗。」是也。【契文舉例卷上】

◉羅振玉 卜辭从止。从一。人所之也。爾雅釋詁。之。往也。當為之之初誼。【增訂殷虚書契考釋卷中】

◉林義光 象上出形。古作單伯鐘。作叔家父匡。作合伯冏匜。作篖鼎。【文源卷三】

◉高田忠周 説文。㞢出也。象艸過屮。枝莖漸大。有所之也。一者地也。然則如此篆者。當謂正形也。之字轉義。爾雅釋詁之往也。小爾雅廣詁。之適也。假借為是。詩桃夭。之子于歸。爾雅釋訓。之子者。是子也。又為諸字。詩伐檀。置之河之側兮。漢書地理志作諸。又助語之辭。爾雅釋詁。之言閒也。朱駿聲説。又按之字古元有二。至小篆混不分。其一上文是也。字實从中小變。又一从止。止足也。一者指處也。足出其上。所以進行也。然之字凡訓往也者。以从止之㞢為正。从中之㞢為借字也。㞢㞢分別。㞢㞢亦當分別。說文止下曰。下基也。象艸木出有址。故以止為足。此解甚缺明晢。其謂下基。㞢之从止是也。象艸木出有址。㞢之从中是也。此自有古傳。㞢㞢分別。後混不分。可察可知矣。【古籒篇八十一】

◉胡光煒 㞢象人足。於今文為止。其見於古經傳者。如詩草蟲曰「亦既見止」「亦既覯止」。毛傳曰「止。辭也。」在卜辭則以㞢為代詞。其用當於爾雅之子獨言是子也。之子古經傳皆以之為代詞。之於說文為㞢。求之卜辭則有㞢。與㞢形近。然考卜辭用「㞢」之例。或以為「又」。如「[illegible]人十㞢六人」菁六。即俘人十又六人也。或以為「有」。如「[illegible]㞢[illegible]」菁一。即允有來嬉也。或以為「告」之省。如[illegible]㞢于[illegible][illegible]前・十。即貞告于且丁也。其用與㞢絕異。殷虛卜辭二千九十八片文曰「㞢于㞢」。足證「㞢」「㞢」之非一字矣。凡言㞢者其誼皆為是。「王[illegible]日[illegible][illegible]三[illegible]㞢日[illegible][illegible]」前・七九。㞢日允雨。猶言是日允雨。「㞢[illegible][illegible]」青八。㞢月允雨與㞢日允雨語例正同。「十[illegible][illegible][illegible]㞢[illegible][illegible]」菁五。㞢[illegible][illegible]者。猶言是月[illegible]也。與㞢日允雨㞢月允雨例同。葉玉森釋㞢月為正月。非。【甲骨文例卷下】

◉郭沫若 㞢字羅釋之，然卜辭多假為又，如「俘人十㞢五人」或「十㞢六人」菁五者即十又五人，十又六人。如「㞢[illegible]其㞢來嬉」，原例至多菁華中最多見。羅釋為「之求其之來嬉」定按羅釋見增考下卜辭釋文中者實即「有祟其有來嬉」。又如鐵雲藏龜有一例云「□申卜貞蜀㞢[illegible]旬㞢二日□未蜀允[illegible]」，藏・五・三。此曰申日卜而於未日應者，故所謂「旬之二日」王國維如是讀見釋旬實即「旬又二日」。又卜辭習見之「受㞢又」亦當讀為「受有祐」，此乃卜辭語。如「伐土方受㞢又」「伐[illegible]方受㞢又」之例屢見不鮮，別有「王受[illegible]」之成語中畧，當讀為「王受有祐」，又作重文，金文重文之例均如是作。【釋作 甲骨文研究】

◉葉玉森 孫詒讓氏釋㞢[illegible]為之謂。凡云之者。其誼當為適。爾雅釋詁。適。之。往也。蓋謂卜適其廟而祭。猶儀禮特牲饋食禮。命筮曰。孝孫某筮來日某諏此事。適其皇祖某子。尚饗。是也。契文舉例上十七葉。胡光煒氏曰。㞢與說文㞢形近。卜辭用㞢之例。或以為又。如「俘人十㞢六人。」殷虛書契菁華。後省言菁華。即俘人十又六人也。或以為有。如「允㞢來妲」。菁華即允有來佷也。或以為告之省。如「貞㞢于祖丁。」同卷第十二葉。即告于祖丁也。說文古文考。森按卜辭云。㞢于屢見。或作㞢。如「□□貞其賓㞢于高妣寅。」同卷第三十三葉。或作[illegible]。如「庚辰[illegible]于母庚。」同卷第二十九葉之四。或作[illegible]。如「[illegible]于母庚一牛。」後上第二十七葉。告字則作[illegible][illegible]。其上从牛。或省作[illegible]。無作㞢[illegible]者。又卜辭一辭中有之告二字竝見者。如「□□卜賓翼庚子㞢[illegible]麥。」「庚子卜賓翼辛丑㞢[illegible]麥。」卷四第四十葉。「既㞢王亥[illegible]。」新獲卜辭寫本第二百五版。後省言寫本。書契菁華中亦有數辭竝告字一見。之字數見。似㞢非告省。仍應从孫氏説訓適較安。至他辭有云之牛之豕之犬之豼牝之牡之匚之俘者。則之用為獻。【殷墟書契前編集釋卷一】

◉商承祚　卜辭㞢或讀為及。【殷契佚存】

◉吴其昌　「㞢」者,孫、羅、王並釋「之」。⊘按孫氏以特牲饋食禮之「適其」解卜辭之「㞢于」,其意是也;但僅得一端而未得全體也。郭沫若非之,⊘按郭氏論㞢之通「又」,甚是甚碻;然亦僅得一端而未得全體也。今綜合萬餘片甲骨,悉索其㞢字,駢臚而通觀之,始知「㞢」之一字,其賦形有五。

其賦形之五種:「㞢」又作「㞢」,人所習知,例不備舉。字又作「㞢」(見前編卷八頁六片一),例證詳下。「㞢」「㞢」又通,「㞢于高□□」,「㞢于高妣丙」(並前編卷三頁三三片三),即「㞢于高妣庚」(燕京片二八七),「㞢于高妣己」(林氏卷二頁二片九),其明證也。「㞢」「㞢」又通,「㞢月」(菁華片三)⊘又作「㞢月」(續六·二〇·五),其明證也。知「㞢」「㞢」之實為一字,則回視説文「㞢,出也。象屮通丨枝莖漸益大有所之也。一者,地也」之訓,知許君實曾見其古之字而非嚮壁虛造矣。【殷墟書契解詁】

◉明義士　㞢舊釋之,與㞢同字。按卜辭之㞢與㞢,分析頗清,並非一字。如殷虛卜辭第二〇九八片「㞢于㞢」,後編卷下第三十三葉八片「己亥卜𡆥,貞㞢眔㞢。十二月」,戩壽堂殷虛文字第十二葉二片「貞王伐𢀛方受㞢又」,「貞王㞢曰于㞢㞢」,㞢㞢同在一片,其非同字可知矣。【柏根氏舊藏甲骨文字考釋】

◉强運開　㞢説文。㞢出也。象屮過屮。枝莖漸益大。有所之也。一者地也。是出為㞢之本義。段云。引申之義為往。釋詁曰。之往是也。按之有訓為此者。如之人也。之德也。之條〻。之刀〻。左傳。鄭人醢之三人也。召南。毛傳曰。之事祭事也。周南。之子。嫁子也。此等之字皆訓為是。此言君子之求。亦當作是訓。之字見於金文者。多與鼓文同。惟散盤作㞢。楚曾侯鐘作㞢。亦僅筆迹小變。並非異文。足徵㞢本古文無疑。【石鼓釋文】

◉唐　蘭　「之七月」者。之猶是也。古書恆曰「之子」。卜辭則以記時。如曰之日之夕及之某月是也。亦以兹為之。後編下一辭云「㞢未卜貞丝夕又大雨丝祁夕雨」。同片云「于之夕又大雨」十八·十三。是之兹通用之證。【天壤閣甲骨文存考釋】

◉金祖同　辭云「王𠷎曰吉隹翌辛其雨止夕允雨」珠·一四七。「止夕」獨言是夕也。【殷契遺珠釋文】

◉馬叙倫　鈕樹玉曰。繫傳及韻會引艸作草。凡繫傳玉篇韻會艸多作草。後不悉録。嚴章福曰。象艸過中。當作象艸過一。屯者一在上。礙於地。是為未出土之艸。㞢者一在下。出於地。為已出土之艸。一即地也。倫按象艸過中當作象中過一。

此傳寫者譌也。然象中以下十五字蓋吕忱或校語。許當止作從中從一。此會意也。饒炯以為此是玆長本字。而此訓出也。出屯一字。屯音知紐。出音穿紐三等。同為舌面前音。之音照紐三等。與出為同舌面前破裂摩擦音。與屯亦同舌面前音。古讀知照同歸於端。蓋結構同而字形異。實一字也。耑屯亦一字。而長之初文為[glyph]。實與耑同形。長音澄紐。亦舌面前音。蓋音皆自艸而演也。知中艸一字。中音徹紐。亦舌面前音。艸音清紐。是由出而轉。穿三與清同為次清破裂摩擦音也。又日出為早。音在精紐。照三與精同為清破裂摩擦音。而精清同為舌尖前破裂摩擦音。以此互證相明。其語原可悉。而耑屯出之長五字之音均與艸相嬗演也。疑耑屯出之長五字。本系一文而異形。以方言而歧其所指。義以遂殊。字見急就篇。秦公敢作[glyph]。散盤作[glyph]。曾子簠作[glyph]。簷鼎作[glyph]。甲文作[glyph][glyph]。【說文解字六書疏證卷十二】

◉胡厚宣　「㞢」者，早期卜辭中最普遍之祭名。孫詒讓釋「之」，謂凡云「之」者，其誼當為「適」，蓋卜適其廟而祭也。羅振玉王國維說並同。葉玉森則謂「之」用為「獻」。今案卜辭「之」字作[glyph][glyph]，與㞢形迥別，諸說皆非也。胡光煒又釋為告之省，然卜辭「告」字作[glyph][glyph][glyph]，絶無作「㞢」者，且「㞢」「告」多同見一版，形亦迥殊，胡說亦未可信。吴其昌謂「㞢」之賦形有五，亦誤合㞢與[glyph][glyph]為一；又謂「㞢」之涵義有六，其實亦僅「有」「又」及「祭」之三義而已。但「㞢」究為何字，終不可確知。惟其字除「有」「又」二義之外，在早期卜辭中為一極普遍之祭名，則毫無可疑。或謂「㞢」既有「有」「又」之義，其用為祭名者，即當叚為「侑」，然卜辭自有叚為「侑」之祭名「又」，似不應「㞢」與「又」時同而形殊，皆叚為「侑」之一字也。【卜辭下乙說　國立北京大學四十週年紀念論文集乙編上】

◉胡厚宣　㞢為武丁時常見之祭名。以其又每用為「有來自東」(後下三七·二)「五十有六」(前四·八一)「禽有犬」(前六·二四·五)之「有」，推之或當為侑之借字。【厦門大學所藏甲骨文字釋文　甲骨學商史論叢】

◉楊樹達　之字篆作㞢，說文六篇下之部云：「㞢，出也，象艸過中，枝莖益大，有所之。一者，地也。」按之字龜甲文作[glyph]或作[glyph]，从足形背一。據形求義，之當以訓往為本義，許君所說非也。按一者地也，謂人今所在之地也。足背今所在之地而他向，故為往也。爾雅釋詁云「之，往也」，論語憲問篇云「之三子告」，又陽貨篇云「子之武城」，孟子滕文公上篇云「滕文公將之楚」，皆用之往本義也。

正字甲文作[glyph]，作[glyph]，余定為徵延字之初文，前撰釋正韋篇已言之矣。說文載正字古文作𤴓，从一，从足，篆文作正，从一，从止。古文从足，與从止同。其字同从一，一亦謂地，與甲文之从口象國邑者相同。由甲文之[glyph][glyph]為足趾向口，知古篆之𤴓正亦為以[glyph]與止向一也。𤴓正與之字同从一形而意不同者，㞢所从之一為所欲去之地，𤴓正所从之一為所欲往之地，故或在止字之上，或在止字之下，形同而位不同，故義不同也。

韋字甲文作[glyph]，作[glyph]，象足趾離國邑他向之形，為違離字之初文，余前亦言之矣。甲文[glyph]从止背一他去，與甲文韋字之構造立意正同。異者：口為象形，一為指事耳。然二字之構造雖同，而義訓之所指仍異，以違離就故地為言，而之往就新地立義也。之與止古音近，足趾謂之止，足他向謂之之，文字之孳乳，由名而動，由實而虛也。【釋之　積微居小學述林】

◉楊樹達　前編二卷八葉之二云：「庚寅，卜，才紤貞，王田，㞢來亡巛？」羅振玉云：說文解字：「㞢，艸木妄生也。从之在土上。」又，「往，之也。从彳，㞢聲。」古文作[辶㞢]。卜辭从止从土，知㞢為往來之本字，許訓㞢為艸木妄生，而別以往為往來字，非也。考釋中六四。王國維云：卜辭往來之往皆作[glyph]，从止，王聲。說文字形既譌，遂生異訓，實則往之本字當如此作。戩釋二二下。

天壤七一片云：「貞：之七月王入？」唐蘭云：之七月者，之猶是也。古書恆曰之子，卜辭則以記時；如曰：之日，之夕，及之某月，是也。考釋五五下。前編二卷一葉之二云：「辛未，卜，㞢貞：王于之七月入于商。」葉玉森謂之為地名。集釋二之一下。

樹達按：之，此也。同卷二葉之一云：「貞，今六月王入于商。」之七月猶言今七月也。葉說非。【㞢　卜辭求義】

◉陳夢家　之是「止」下加「一」，凡此皆同于西周金文。卜辭的「之」，由粹一四一、三三五兩例知其所指是人物與地方。【殷墟卜辭綜述】

◉饒宗頤　「㞢」王國維讀為詩「以妥以侑」之「侑」，卜辭習見。「㞢」之用法，除作語助詞之「有」及「又」與福祐外，「㞢」之為「侑」。蓋有二義：一對鬼神言，祭祀之事也；一對生人言，酬酢之事也。兩者之間，宜加釐別。爾雅釋詁：「酬、酢、侑，報也。」說文侑為姷之或體，云：讀若祐。易繫辭云：「可與祐神。」詩雝：「既右烈考。」以右為之。左右之右，本作「又」。故契文㞢神之「㞢」間亦作「又」，實當讀為右或祐也。爾雅侑訓報。卜辭祀于先公先王輒曰㞢于某，則「㞢」亦可訓報。魯語上：「上甲微能帥契者也，商人報焉。」孔叢子論書篇：「書曰惟高宗報上甲微。」是報當即侑也。至于生人之酬酢，如云：「貞：帚好㞢(侑)𡆥，于多妣介」，(遺珠七)「……妥氏，㞢取。……妥弗其氏，㞢取。」(屯乙二九〇三)妥為子妥，取為子取。辭意謂子妥侑子取。周禮「膳夫以樂侑食」注：「猶勸也。」凡燕饗之禮，已飲食而後勸之曰侑。聘禮云：「若不親食，使大夫各以其爵朝服致之，以侑幣致饗。」公食大夫禮：「宰夫束帛以侑。」是也。

祭名「㞢」㞢為侑。亦通「右」。周禮「以享右祭祀」，鄭注：「右讀為侑，侑勸尸食而拜。」詩彤弓毛傳：「右，勸也。」㞢乃勸尸之事，楚茨「以享以祀，以妥以侑」，即妥尸侑尸也。【殷代貞卜人物通考】

◉高鴻縉　羅振玉曰。按卜辭亦从止。从一。人所之也。爾雅釋詁。之。往也。當為之之初誼。

按羅說是也。从止从一。一為出發綫通象。止為足。有行走意。自出發綫而行走故其意為往也。指事字。動詞。周秦間又造適字。說文。適之也。从辵。啻聲。適宋魯語。施隻切故之與適實古今字。而後世分化為二。【中國字例三篇】

◉屈萬里　卜辭「之日雨」甲編二〇一。詩蓼莪：「欲報之德。」箋云：「之，猶是也。」之日，猶言是日，此日也。【殷墟文字甲編考釋】

◉陳邦懷　相邦義之造。此之字當訓所。之造即所造。之造二字在春秋戰國兵器中凡十三見。皆訓所造。之造二字。前人多不解其意義。阮元以衛公孫呂戈文有之告(造)戈。因說。余所見戈有曰。羊子之艁(造)戈。郲大□□之艁(造)戈。然則之造戈之文。古人屢用之矣。阮氏說之造戈之文古人屢用之。而未說明其意義。是不憭之造之之字訓所也。至于經籍中之字用作所者。亦不鮮見。【金文叢考三則相邦義戟　文物一九六四年第二期】

◉李孝定　契文作。羅說是也。惟羅氏並㞢亦釋為之則大誤。胡先生辨之極是。惟胡先生謂㞢為告省。亦小有未安。卜辭言「㞢于祖某」者。字當讀為侑。叚有為侑也。言之日之夕猶言是日是夕也。字象人足在地上之形。有所之也。孫氏文編及金氏續文編並收作㞢者為之。蓋沿孫詒讓孫說見舉例上十七葉羅振玉兩氏之誤也。說詳七卷有字條下。又孫氏文編六卷之下並收作形者。按乃生字。說見下生字條下。孫說誤。金文之作沇兒鐘邾公華鐘齊鎛齊侯盤秦公簋者沪鐘姑口句鑃褱鼎邵鐘戈弔鼎毛公鼎王婦匜陳子匜散盤盥客鼎同上曾孫無㠱鼎自餘所見尚多。大抵从止从一與契文小篆並同。小篆从即之小譌。許云「象艸過中枝莖益大」說非。孫氏文編六卷五葉之字條下收㞢三形並作「之」。非也。乃生字。見下「生」字條。㞢乃有契文通作之異構。見七卷有字條。戩十二・二、辭云「貞王㞢曰于㞢」。㞢連文。可證其非一字。【甲骨文字集釋第六】

◉金祥恒　甲骨文㞢字，孫詒讓釋為之，其誼當為適。羅振玉王國維从之。胡小石亦釋為之。以卜辭用㞢之例，或以為又。郭沫若考釋為又，惟以卜辭例「受㞢又」，當讀為「受有祐」，又與有古通。東世徵釋為侑。有與侑古亦通用。李孝定先生甲骨文字集釋入於第七部，釋為有。並云「契文有無字，多假『又』為之，亦恆假『㞢』為『有』。或又以『㞢』為『又』。」各家之說，於誼則是，於形尚可商討，至於音讀更無論矣。茲就卜辭文例，考其音讀，釋其字誼於後：

㞢字之結構不詳，其本誼亦無從知之。但以卜辭文例言之，㞢有二誼：一為有無之有，如卜辭：

癸亥卜，貞：今夕其㞢囚(禍)？

癸亥卜，貞：今夕亡囚？　粹一三九二

貞：其虫𡆥(害)？ 粹一二六〇

貞：雨不足辰(耨)，亡𡆥(害)？ 珠四五四

癸未卜，貞：酒彡日自上甲至於多毓衣，亡它自畎。在四月，隹王二祀。 前三・二七・七

貞：虫疾自，不隹虫它？

貞：虫疾自，隹虫它？ 乙六三八五

粹1392

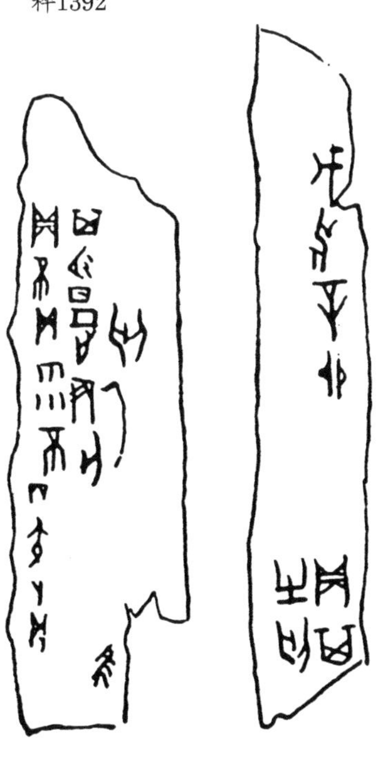

珠454 粹1260

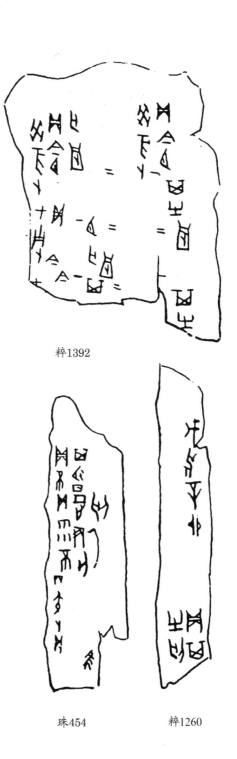

「虫囚」與「亡囚」，「虫𡆥」與「亡𡆥」，「虫它」與「亡它」對文，蓋虫為有之證。⊘「又子」與「虫子」，「又大雨」與「虫大雨」，「虫希」與「又希」，「牢虫一牛」與「牢又一牛」，「虫史」與「又史」，「十又三」與「十虫五」，「又于伊尹」與「虫于咸戊」，「虫足」與「又足」，「又𠃌伐」與「虫𠃌伐」，「又歲」與「虫歲」之「虫」與「又」互用，又，說文云：「手也，象形。三指者，手之列多略不過三也。」卜辭假又為有。古書經籍亦然。如易經繫辭上「又以尚賢也」，經典釋文「又，鄭本作有」。敦煌本虞書大禹謨「朕宅帝位，卅𠂇三載」，「湰湰𠂇眾」，「昚蠢兹𠂇苗」，夏書五子歌「畋于又彔之表」，「又窮后羿」，「皇祖又訔」，胤征「嗟予「又眾」，「聖又謩訔」，「臣人克又常憲」，其𠂇即說文又，今本尚書皆作有。尚書泰誓「惟十有三年」，太甲「惟三祀十有二月」，金文趞曹鼎「隹十又五月」，南宮中鼎「隹十又三月」，蓋古又有通用之證。⊘虫為祭名，或作又。董師彥堂曰：「又在卜辭通作祐亦作侑，侑蓋祭祀時勸食之

樂，詩楚茨『以妥以侑』，傳『侑，勸也』。」殷曆譜祀譜。周禮天官膳夫「以樂侑食」蓋其義。孫海波甲骨文編釋為姷，説文解字姷之或从字作侑，其實一也。

至於㞢之音讀，與又、有同。甲骨卜辭常見之成語「受又」、「受冬」與「受㞢又」。⊘又，羅振玉釋為祐云：「王氏國維曰：説文解字差籀文从〓，作𢀩，此作𠂇，以差例之，乃左右之右字，其説甚確。文曰，王受又，即許書之祐，彼為後起字矣。卜辭中左右之右，福祐之祐，有亡之有，皆同字。」考釋中。甲骨卜辭又或作𠂇。⊘「又〓」，王國維云：「説文解字左部『差，貳也，左不相值也。从左𠂇。𢀩籀文差，从二』。案𢀩作𢀩，則籀文左當作𠂇。殷虚卜辭有𠂇字，其文曰『王受𠂇』。羅氏曰『又〓殆即又字，他文多作受又。又即右，猶言受福矣』。今據此左右作𠂇𠂇，確是右字，𠂇又〓殆左右之初字也。又古文从又之字後此多从寸作𠂇，蓋从𠂇省。師寰敢有左字與篆文同。」董師彥堂云：

受又一詞，在卜辭中習用最久，可以説五期中每期皆有。又亦作𠂇，為後世右佑祐之初文。詩，周頌「維天右之」，偽書太甲「皇天眷佑有商」，易大有「自天祐之」。諸右字，皆有受天神佑助之義。卜辭「受又」即詩箋所謂「神享其德而助之」了。……一至四期，皆作又，即以右手為佑助之意。晚期加小二字于下，作又〓，即右字了。後世加口，加示，皆所以補足佑助之義。「受又」與「馭釐」皆吉祥語。甲骨文斷代研究例四〇八頁。

郭沫若釋為「有祐」云：

「又〓」重文，當讀為「有祐」，「受有祐」或「弗受有祐」乃卜辭恆語。王國維説「又〓」為古右字，非是。卜辭通纂第一二八片考釋。又「又〓」乃有重文，讀為「有祐」。它辭多作「㞢又」。侯家莊龜甲第一版則竟作「又又」。粹編第二六五片考釋。

郭氏之説，信而有徵。又〓為又又之重文。猶金文習見之「玟〓 珷〓」，石鼓文遬軍鼓「君子員〓 邋〓 員斿」。「麀鹿速〓」等，至今書寫尚以〓表示重文而不改，其習由來已久。小屯甲編第三九一三片⊘為第三期貞人，「王受又又」一書「王受又〓」。⊘郭氏之説，確不可逐。「受又〓」或「受又又」，卜辭又作「受㞢又」⊘蓋「㞢」與「又」通用。卜辭「受㞢又」亦作「受侯又」⊘蓋「受侯又」即「受㞢又」之成語。則侯即㞢，假侯為㞢，其音讀與侯同。猶卜辭「亡囚禍」之作「亡火」。

總之甲骨文之「㞢」，讀若侯，其誼一為有，一為侑。【甲骨文㞢字音義考 中國文字第二十四册】

◉白玉峥 辭云：「翌丁卯㞢于且乙」，勘諸卜辭侑祭之通則，凡廟號「乙」者，于乙日祭之。本殘版之辭，則以丁日祭廟號之乙者，乖於通則。其為變倒歟？殆習契者之所為耶？【契文舉例校讀 中國文字第三十四册】

◉張秉權 㞢，是之字，在這裏是指示代詞，之夕即是夕，是指癸亥之夕。

㞢，是有字，在這裏作為有無之有解，但在卜辭中又有作為祭名的侑，和作為再又之又講的。因為這個字祇見于早期及文武丁時的卜辭中，有着時代性的，所以我把它楷定為㞢。【殷虚文字丙編考釋】

◉張日昇　甲骨文从止。从一。羅振玉謂初誼為往。高鴻縉謂一為出發線通象。說並是。至古文字作□。所从一與之所从者同。為界線之象。惟前者表示終線。後起表示起點。【金文詁林卷六】

◉王獻唐　金璋所藏甲骨文存，內一片有字作□，其同文一片作□（六七三），亦見焙鼎作□，□鬲作□，⊘與卜辭筆畫有繁簡，統為一字，皆象火把植立，上作燭光射出火焰者也。⊘所以知為火把者，金文白梚毀皇作□，杜伯盨、叔角父毀作□，所从均為此字，⊘至皇字本訓，當如後出煌字。⊘皇从王聲（金文或作土，乃㞢之變，仍王字），从□會意，其為火把亦甚明。⊘皇从□會意，□為火把，本字仍當讀燭，音轉之部，即說文㞢字，亦即今之之字也。⊘綜合比證，知之字古形，最初作□，省作□□，演變為□為㞢，先字固从之，皇字亦从之，契金所見之□□諸形，皆古之字也，皆火把也，與草無涉也。

卜辭復有習見之字，作㞢，亦作□。⊘中直有伸有縮，絕非偶然，兩體屢見卜辭，實所从出之火形，初時一象三焰，一象二焰耳。⊘求其本形，一為□，一為□，皆火也。火而下作柄跋植地，與上說至字，義例相同。彼為燭，則此亦為燭矣。⊘㞢之同音同用，其用為往，至意者，音讀如今抵達之抵。用為此意者。此从止聲，古紐仍與燭同。用為以、有、又、祐者，四字今屬泥紐，仍皆舌頭音。若是㞢字各種用法，其字不特皆與同部，且皆通讀矣。之象燭形，音出於燭。㞢字亦象燭形，作□復象燭形，音又通燭，讀與之同，其本義亦必為燭矣。音義既與之合，字形復與之類，乃同字異體矣。【古文字所見之火燭】

◉施勇雲　㞢字與《王冲偽簋》銘文，漢碑隸書的之字作㞢，形同義合，當隸定㞢字為之字。之字，甲骨文作㞢，《殷虚卜辭》二三四八：「不雨于丁㞢文，允雨」。㞢、㞢兩體，形異而義同。㞢字之義同史書，《左傳・隱公四年》：「將修先君之怨于鄭」；《戰國策・趙策》：「室人主之子，則必不善戰哉！」句中之字作為陪从連詞，專門連接中心語，可以作現在的「的」字用。【江寧陶吳出土銅戈銘文試釋　考古論文選第一期】

◉黃錫全　我們知道，「㞢」字大都出現在武丁時期即第一期卜辭中。這個字在武丁以後即已逐漸消失，而先後以其同音字「又」所代替。至西周金文中才出現了从手持肉的「有」字。綜觀全部甲骨卜辭，「㞢」字的形體大致可分下列幾種：

（一）□甲2902　□佚383　□佚392　□甲209　□甲182

（二）□乙1444　□乙777　□鐵189・3　□乙6665反　□菁5・1

（三）□前4・4・2　□前1・30・3　□乙3290　□乙4887　□乙1916

(四) □前7·40·2 □甲3 □鐵117·2 □甲2809 □甲140

上舉「㞢」字的基本形體就是人們熟知的牛頭象形字。商代的牛首鼎文，殷虛出土的牛頭形飾與現實生活中的牛頭一樣作

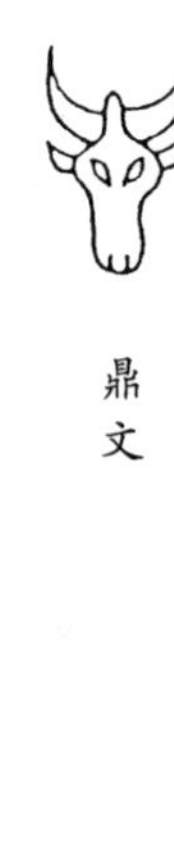

鼎文

鼎文

就是上舉二、三種形體的原始圖形。

上舉第一種形體的「□」字，⊘「□」表示牛頭的上下端。牛頭上端作「□」形，卜辭中有「卯黃牛」、「幽牛」的「牛」字作「□」形，「□」無疑是「牛」字，以「天」字有作「□」(甲三六九〇)、「□」(前二·二七·八)等形例之，所从的「口」、「一」均為指示，表示人的頂部。説文：「天，顛也。」、「顛，頂也。」那麽，「□」字所从的「口」，「□」字所从的「一」猶如「□」字所从的「口」，「□」字所从的「一」，應是指牛的頂部。⊘這種形體只是出現在𠂤組卜辭中，而𠂤組卜辭中有些文字的構形是比較特別的。

第二種形體大都屬于賓組卜辭，⊘斜劃與直劃互作卜辭習見，如「屯」字作「□」也作「□」，「羊」字作「□」也作「□」。

第三種形體是因牛的頂部不太突出的緣故，加之正視牛頭的角度不同所造成。牛首鼎文及安陽出土的很多牛頭形飾都呈「□」形，這種形體在卜辭中並不少見。

第四種形體已脱離象形文字的基本形態而變為直線條了，這種形體較之上列幾種形體為晚，而且成為比較通行的形體。

這裏應該指出的是，文字產生的早期階段或圖形文字階段是以牛頭表示整頭牛的。如前所舉商代的牛頭形鼎文，後來演變作「□」形，以表示牛角，牛頭上下部的線條勾劃出一幅牛頭形字。⊘早期的「牛」字下端作斜劃不出頭，後來才變成直劃，下端出頭。甲骨文中「牛」字的演變序列應該是：

□→□→□→□

「㞢」與「牛」字在形體上是略有區別，但透過區別的表面現象我們可以看出這兩個字實際存在的不可分割的聯系，下列的兩種現象是能夠説明一定問題的。

同形 㞢 □前4·4·2 □前1·30·3 □乙1916 □乙2487 □乙4887 □乙2236 □簠2·32

牛 □乙2103 □珠1106 □善2411 □存447 □甲365 □粹39 □簠3·14

省形 㞢 □乙766 □乙4057 □存632 □乙8684 □乙9085 □鐵97·2

牢 牢 都2979 牢 珠1106 牢 佚212 牢 都2324 牢 存1769 牢 都3240

「㞢」字省形作屮，亦屬事實，乙四〇五七「甲午卜㱿貞翌□未屮于祖乙」，乙七六六「丙戌卜屮于父丁叀𢀛」，以同例語「㞢于祖乙」（佚一五四）、「㞢歲于父丁」（合二五六）例之，「屮」無疑是「㞢」字的省形。

還有一重要現象值得注意，即在一組卜辭中，每有當「㞢」字上部表示牛角的部分作彎筆「∪」時，牛字變作直筆「凵」；而當「㞢」字上部作直筆「凵」時，牛字又作彎筆「∪」。這種現象恰好説明了它們之間的同一關係。例：

𠂤組大字	㞢	㞢	㞢	㞢	𠂤組小字	㞢	㞢	㞢	㞢
	牛	牛乙9093	牛乙8660	牛乙412		牛	牛甲3045	牛佚599	牛甲248
賓組	㞢	㞢	㞢	㞢	午組	㞢	㞢	㞢	㞢
	牛	牛乙2103	牛乙5227	牛乙2171		牛	牛乙5328	牛乙7261	牛乙4925

又如从「牛」的「告」字作告，也有从「㞢」作告（甲一五八一）、告（甲三三八二）的，這説明从牛从㞢無别。

那麼，為什麼同屬牛頭象形的字要在形體上有所區别呢？這是因為：隨着社會的不斷發展，文字的不斷演進和引伸，本來同屬一個形體的字，為了表達幾種意思，往往在形體上稍加區别。如「人」與「尸」（夷）字，同為人之側視形，為了表明兩種意思，有時便在形體上稍加區别，即以「亻」表示「人」，以「𠃎」表示「尸」（夷）。「白」與「百」字，為了表明兩種意思，「白」作白，而「百」便作百或百，形體上加以區别。又如「戌」與「王」字，同屬斧鉞象形字，只是為了表明兩種意思，在形體上加以區别，即以戌表示「戌」，而以「戌」字上半部竪直之形的「王」表示「王」。「牛」與「㞢」字也與上述人與尸、白與百、戌與王字一樣，為了表明兩種意思，便在形體上稍加區别，即以牛或牛、牛表示牲畜「牛」，而以㞢或㞢、㞢表示特定含義的「㞢」。

在某個獨體字上稍變其形賦予它以新的含義，但仍因原來的獨體字以為音符而其讀音相同或略有轉變，這在古文字中是不乏其例的。如前所舉人與尸（夷）、戌與王、白與百等等。我們知道，「㞢」與「又」字在卜辭文例中是可以通用互作的。⊘「㞢」、「又」、「有」三字音同字通，與「牛」字音近可通。「又」、「有」屬喻母三等字，「牛」屬疑母字。疑母字與喻母三等字可以相通，⊘「牛」與「又」、「有」古韻又同屬「之」部。所以，从聲韻上講，「牛」與「又」、「有」讀音可通，與「㞢」字讀音亦通應是没有多大疑問的。

从文字的發展變化看，最初表示有無之「有」的正字應是牛頭象形的「㞢」字，「又」「有」屬「㞢」字的同音假借字。【甲骨文「㞢」字試探　古文字研究第六輯】

◉李孝定　朱駿聲氏謂之字古原有二字，一从屮，一从止，訓艸過屮者當从屮，訓往者當从止，其説似是而非，朱氏以作𡳿者為从屮，實則𡳿之小譌耳。之字从止在地上，當以訓往為本義，許君見小篆之字从屮，以為从屮，又熟知之往之訓，遂附會為艸過中有所之，屮木將安所之乎？朱氏欲糾許君之誤，遂有从屮从止之説，實未達一間耳。【金文詁林讀後記卷六】

◉考古所「𡳿」：或作㞢，同又，在此卜辭中為有。此字早期，如武丁、祖庚、祖甲時期多作㞢；晚期如康丁、武乙、文丁時期則作又。【小屯南地甲骨】

◉何金松　字形絶大多數作㞢，少數作𡳿，是個象形字。

將甲骨文㞢字對稱二曲畫略略分開，便成了石鼓文、篆文「之」字的形體。馬王堆漢墓帛書《老子》甲本中寫作之。與篆文比較，中間一豎畫相同，左邊一曲畫向右寫成一斜直畫，右邊一曲畫向左寫成了一斜直畫，并與原横畫相連，原横畫寫成了一斜畫。武威醫簡作之，豎畫和左斜畫變成了兩點。再將左邊一點向右延長與右邊一斜畫相連，便成了楷書。《玉篇・之部》：「㞢」，「之」的古文。《集韻・之韻》：「㞢，隸作之。」舊字典早有明説。

㞢是「之」字，其音讀為端母之部，擬為[ta]。

聯系字形和《説文》對字形的解説，這個「㞢」是草木生長出來，一天天長大。因此「之」的本義是「滋」。段玉裁《説文解字注》解釋「枝莖盖大」云：「莖漸大，枝亦漸大。」徐灝《説文解字注箋》曰：「之之言滋也，艸木滋長也。」是正確的。

甲骨文有𡳿字，或反向，習見。羅振玉《增訂殷虚書契考釋》釋為「之」，曰：「按卜辭从止、从一，人之所之也。《爾雅・釋詁》：『之，往也。』當為『之』之初誼。」諸家从之，向無異議。《漢語大字典》襲用其説，當作「之」的字形收列，并將「往」作為本義。它不是「之」字，而是「止」字。上表示足掌，一横表示地，足掌站在地上，表示「止」。所止之處在足下，最近，故卜辭用作近指代詞，相當于「此」，是「這」字的源頭。【釋㞢　中南民族學院學報一九九〇年第三期】

◉戴家祥　唐宋人釋「之」為芝之初文，頗有卓見。觀卜辭金文。象一芝三秀形皆自相似。九歌山鬼「采山秀兮山間」，王逸注「三秀」謂芝草也。爾雅釋草「菌芝」，今本爾雅「菌」誤「茵」。依藝文類聚九十八改。郭璞注「芝，一歲三華，曰瑞草。」是㞢之形聲義昭然若揭。許慎誤分芝、之為二，芝訓瑞草，之字訓出。二徐以降，直至羅振玉高鴻縉字例三篇十五葉引楊樹達積微居小學金石論叢六十一葉諸家，無不陷在動詞、指物詞、語助詞假借義中，委曲求全，其迷誤不諭，豈不悖哉。金文之皆非本義，用作動詞、代詞、助詞等。

【金文大字典上】

◉徐中舒　𡳿　𡳿　從𣥂止在一上，𣥂為人足，一為地，象人足於地上有所往也。故《爾雅・釋詁》：「之，往也。」當為其初義，

㞢 㞢

《說文》:「之，出也。象艸過屮，枝莖益大有所之。一者，地也。」《說文》説形不確。【甲骨文字典卷六】

甲一九〇 㞢用為往 甲五三九 甲二〇四八 乙五三五〇 乙五四四四 乙五四四八 佚三三三 佚五三七 粹三九 粹五〇八A 珠七五七 掇一·四一八 鐵五七·二 鐵一八一·三 前一·四六·五 前三·三三·二 前四·一七·三 前四·五〇·八 前七·六·三 後一·二二·五 後二·四一·一 菁三·一 林一·二九·一 林一·二九·一二 林一·二九·一三 京津三八一四 佚二八二 佚一一五 佚六八〇 甲二〇六六 甲二七一八 後一·二七·四 後一·三一·一六 戩八·一五 戩三八·四 甲三一七 燕五一 燕三八七 京津五二八四 龜卜一〇 前二·八·七 前二·二二·一 前二·三五·一 後一·二二·二 林二·一八·一五 福九【甲骨文編】

甲190 327 799 808 1283 2491 2994 3164 3510 3775 3918 乙540 785 1083 1394 1535 1607 2271 2288 2910 4374 4516 4517 4538 4858 5823 6112 6396 6400 6666 6710 6738 6966 7043 7425 7622 7750 7767 7826 8000 8425 8810 8815 珠19 107 117 280 341 403 404 413 493 613 737 902 1114 1124 1433 佚4 19 56 165 273 288 345 382 434

547　558　864　971　987　988　990　995　997　續1·29·1　1·30·2
3·4·4　3·15·6　3·23·7　3·25·1　3·26·3　3·46·5　5·8·4　5·28·11
6·15·5　徵1·81　4·73　7·2　10·7　10·8　10·11　10·12　10·13
10·14　10·15　10·20　10·21　10·22　10·43　10·44　10·45　10·46　10·
51　10·52　10·70　10·88　10·90　京2·4·1　2·20·4　2·21·4　2·31·3
凡18·4　古2·8　録130　367　688　735　鄴40·1　天56　61　72　73
76　78　龜卜7　10　13　21　六清13　外308　六束147　續存186　226　601
603　777　摭續140　161　170　205　粹262　315　682　776　855
930　932　1033　1043　1135　1169　【續甲骨文編】

㞷　說文艸木妄生也从之在土上讀若皇　闢卣　㞷号　讀為皇考　陳逆簠　㞷祖　讀為皇祖　蚉壺　悳行盛㞷　義如旺　【金文編】

圓　㞷坪　典上編二五五頁　侯馬盟書作㞷用作往字　【古幣文編】

92　【包山楚簡文字編】

0368　2868　2970　3011　2436　1396　1735　鄂君啟節㞷字作㞷與璽文相似，往字重見。　【古璽文編】

𡉉 㞷户光切【汗簡】

◉許　慎　㞷艸木妄生也。从之在土上。讀若皇。徐鍇曰。妄生謂非所宜生。傳曰。門上生莠。从之在土上。土上益高。非所宜也。户光切。【説文解字卷六】

◉羅振玉　卜辭從止從土。知㞷為往來之本字。許訓㞷為艸木妄生而别以徃為往來字。非也。【增訂殷虚書契考釋卷中】

◉高田忠周　今審篆形，上作之，與他文从之者，自有别矣。又下从土，即壬省文。説文「㞷，艸木妄生也，从之在土上，讀若皇。」小徐本又有古文作㞷，正从壬，此與往來之往古文从之土作㞷相似不同。但後人兩字相亂不分，又遂制往徃字，以易㞷字，所以孳乳益多也。之為進出向上之意，从土上之，艸木妄生，會意自顯；从壬，直上之意也。若夫㞷字，从土上止，止辵彳皆進行之意也。【古籀篇八十一】

◉顧　實　金文作㞷陳逆敦㞷陳逆簠，則㞷亦从之壬聲。王作土者省形也。金文有省有不省，龜甲文作㞷㞷㞷㞷㞷㞷㞷㞷㞷殷契類纂，之之皆即出字，亦从出，王聲。特王字省否不如金文名顯。且變形益多詭異眩人耳。㞷从出者，出隸作之，之適也。㞷即天下所歸往之往本字。凡皇㞷皆當為王之後起字，皇益以顯著君德，㞷則為天下所歸往而造之專字也。【釋王皇㞷　國學輯林第一期】

◉葉玉森　㞷前·四·十七·三从止在土上，當是地之初文。【殷契鉤沉】

◉明義士　㞷　説文解字六下二一一出部第二字「㞷艸木妄生也。从之在土上。讀若皇」。又二下三四彳部七字「徃之也。从彳，㞷聲。𢓸古文从辵」。按㞷訓艸木妄生，為之土之誤識，蓋出即之，土即土也。訓之之徃，本與㞷同字，从彳从辵，乃後世所增。按㞷从止止象足履地形，王聲。周易坤「君子有攸往」，即與此同義。【栢根氏舊藏甲骨文字考釋】

◉楊樹達　殷虚書契前編卷弍廿肆之弍云：「己酉，卜，貞：王迖召，㞷來亡巛？」羅振玉云：「㞷字卜辭从止从土，知㞷為往來之本字。許訓㞷為艸木妄生，而别以往為往來字，非也。」樹達按羅説是也。往為㞷之後起加旁字，乃據㞷之初義往來義而有之，非甲文，此字終古沈淪不可知矣。【㞷往　積微居小學述林】

◉馬叙倫　莊有可曰。㞷即古文封。王筠曰。從之在土上。是望文為義也。小徐本有古文㞷字。則㞷乃從古文省耳。從壬之字。説文多誤。毀有古文毀。則亦是從壬省。今隸土部。是從土為義矣。王煦曰。從之從土乃古文封字。不應同文錯見。依六書當從之省。王聲。庶字非重出。且與許讀不乖。林義光曰。汪伯彝汪字偏傍作㞷。象艸上出形。二象地。俗字以旺為之。倫按戴侗孔廣居況祥麟皆謂從之王聲。倫按此説長也。甲文王字有作𠙻者。實之為𠙻。㞷之所從。即其形也。之

帀

已從一。一為地之初文。自不必更從土矣。況讀若皇。皇亦從王得聲也。王為火行而上之義。故艸長為㞷。日上為暀。語原同也。艸木妄生猶莊子言怒生矣。然許止訓妄也。此蓋呂忱或校者加之。㞷實茲長之長本字。

記曰重一。而實無重文。鍇本有𡉉字。說解曰。古文。段玉裁錢坫鈕樹玉王筠皆據增。段玉裁并據辵部古文往迋從此為證。然鈕則以玉篇引說文無古文。且迋字亦止見鍇本。證許本無此字。倫謂重文許所本無。然今本許書實與字林和合之本。字林固有古籀。則鍇本既有。鉉不得無。況記有重一二字可證邪。嚴章福謂重一為校者所加。固無碻證也。李杲據古匋往字作□。謂所從之□與此近似。尋㞷音匣紐。巠從𡈼得聲。音入見紐。莖從巠得聲。音入匣紐。是則㞷得轉注為莖。然倫疑是譌體。【說文解字六書疏證卷十二】

◉王慎行　武丁卜辭中有□字，或省作□、□、□諸形；卜辭中另有□字，从止从王，與上揭□字形體迥異，但羅振玉認為當是一字，均釋為「往」，其後研契諸家多从之。

胡厚宣先生則認為：「□字从止从立，與往字从止从王者不同。止有向前之義，立與位同，象人本來安居其位，因受逼迫而出走，其義當為逃亡，字疑即《說文》㞷之古文𡉉。㞷即□，𡉉即□，兩字本來不同，自从許氏混而為一，以一為篆文，一為古文，後世難以分辨，𡉉字遂亦成了㞷字，即是往來之往的古文。」又謂：「卜辭亦有亡字，但皆用為有無之無，絕無用作逃亡之義者，凡是逃亡之字，皆作歨。」今案胡氏釋□為㞷之古文𡉉，訓為逃亡之義，均不誤；但說解字形似嫌迂曲。甲骨文□字，應隸定作歨，其構形本意與《說文·之部》㞷之古文「𡉉」有相通之處：□字下部所从之「立」，象正面人形立于地上；而「𡉉」字下从「壬」，壬字甲骨文作□後2·38·1、□誠377、□後2·6·1，象側面人形立于土上。古文字偏旁从□側面人形與从□正面人形每無別，屬于義近偏旁通用，而人立地上與人立土上意義相同，故古文字从立與从壬義近可通用。清人朱駿聲亦云「壬字从人立土上會意，挺立也，與立同誼」，即其佳證。是知《說文·之部》「𡉉」字當是卜辭中義為逃亡之「歨」字。【卜辭所見羌人的反壓迫斗爭　考古與文物一九九二年第三期】

□ 甲七五二　□ 後二·三〇·八　□ 鄴三下·四三·一一　□ 掇一·四三六　□ 掇二·一二八　【甲骨文編】

□ 後下30·8　【續甲骨文編】

𠂤 師寰簋 𠂤 孳乳為師 鐘伯鼎 大師 𠂤 蔡大師鼎 𠂤 國差𦉜 攻師 𠂤 鄂君啟舟節 𠂤 鄂君啟車節 𠂤 𠂤 𠂤 𠂤 鄦志鼎【金文編】

𠂤 香録6·2 陳坤帀鉢【古陶文字徵】

𠂤 12 𠂤 52 𠂤 55 𠂤 146 𠂤 228 𠂤 247【包山楚簡文字編】

𠂤 帀 日甲一四九背 通師 雨—以辛未死【睡虎地秦簡文字編】

𠂤 讀為師 可𠂤出—𣪊邑(丙2:1—6)、不可出—(丙6:1—6)、水—不𨑳(丙6:1—8)【長沙子彈庫帛書文字編】

𠂤 3206 𠂤 0019 𠂤 0148 𠂤 0154 𠂤 0153 𠂤 0152 𠂤 0156 𠂤 0159 𠂤 0158 帀、璽文假為師字,蔡大師鼎、國差𦉜帀字與璽文同,師字重見。【古璽文編】

𠂤 帀 𠂤 帀【汗簡】

𠂤 唐韻 𠂤 𠂤 竝崔希裕纂古 𠂤 汗簡【古文四聲韻】

◉許 慎 𠂤周也。从反之而帀也。凡帀之屬皆从帀。周盛說。子荅切。【説文解字卷六】

◉劉心源 帀。師省。【奇觚室吉金文述卷四】

◉林義光 説文云。𠂤匊也。从反㞢而帀也。按反之無周匝之義。古作𠂤仲師父鼎師字偏旁。作𠂤善尊彝師字偏旁。匝者集也。象羣集之形。𠂤三面各集於一也。【文源卷三】

◉郭沫若 𠂤即帀字。師之省文。【楚王鼎 兩周金文辭大系考釋】

◉孫海波 後編卷下弟三十葉八版「辛亥□貞𠂤□尤」,𠂤即帀字。説文「帀,周也,从反之而帀也」,往而反之,意為回帀,𠂤四帀,衆意也,故師从帀从𠂤。金文師寰𣪘作𠂤,蔡大師鼎作𠂤,鐘伯鼎作𠂤,孳乳以為師字。卜辭文義殘泐過甚,未知其誼。與金文同不。【卜辭文字小記 考古學社社刊第四期】

師　師

◉馬叙倫　段玉裁曰。周盛者。亦博采通人之一也。桂馥曰。周當作匊。本書。匊。匝也。徧也。倫按匊也者。匌字説解也。八篇。匊。帀也。徧也。匌。帀也。匌從合得聲。合帀聲同談類。故經記借帀為匌。帀為反之。其義亦當與之反。然無可證明。或據旦字頌敢作。頌壺作。而楊敢則作。則帀或為之県文。音在精紐。而之音照紐三等。同為清破裂摩擦音。方言異耳。師寰敢。令女率齊。以為師。師音審紐三等。與之為同舌面前音。亦可證也。小子敢師字作。蓋從子得聲。子之聲同之類。又可證矣。【説文解字六書疏證卷十二】

◉李孝定　帀訓匊，其形不可解，反「之」固無由見義，林義光氏謂三面合集於一，亦無匊帀之象。金文皆以為「師」字，實乃簡字，帀師聲韻懸隔，不能謂之借字也。金文師字作，从帀，𠂤聲，師所次必匊帀守之，故从帀，𠂤師聲韻並近，故以𠂤為聲，許君謂師字从帀从𠂤，𠂤四帀，衆意也，其説失之牽傅。盂鼎以𠂤為師，是真借字，其銘意謂殷之諸侯百辟，率肆於酒，其下緊接：「故喪𠂤」，此以殷致亡之道為戒，郭沫若以下二「已」字屬上𠂤字讀為「故喪純祀」，似未是，此借𠂤為師耳。此一師字，在金文中三易其體，作𠂤者借字，作師者後起本字，作帀者簡字也。師寰簋銘：「今余肇命汝率齊帀」，下言征淮夷，亦以為師字，本書似以帀字讀之，則不可解矣，以帀為師者，大抵較晚之器，六國文字多簡率也。【金文詁林讀後記卷六】

◉戴家祥　金文或作，上加一横，乃列國器之繁文。説文六篇：「帀，周也，从反㞢而帀也。」金文或讀作師，師，二千五百人為師。从帀从𠂤，𠂤，四帀，衆意也。按帀訓周，周即四邊，故四帀與𠂤同義，𠂤和帀皆含衆意，為近義字，故表示衆人之義的師字既可省帀作𠂤，也可省𠂤作帀。【金文大字典中】

◉戴家祥　高景成曰：廣韻迊同帀。按説文六篇：「帀，周也。从反之而帀也。」師字从帀从𠂤，金文作，與偏旁形似。禮記檀弓上「四者皆周」，鄭玄注「周，帀也。」釋文「帀，本作迊。」帀之為迊，猶周之加旁作週也，廣雅釋詁「帀，徧也。」唐韻「子荅切」，精母葉部。方濬益釋伻。綴遺齋彝器疑識卷十三子㜏徝子壺。恐誤。【金文大字典下】

鐵四・三　卜辭用𠂤為師重見𠂤下　【甲骨文編】

𠂤之重文　【續甲骨文編】

師　不从帀　盂鼎　𠂤字重見　令鼎　矢方彝　傳卣　師遽方彝　師遽簋　師旂鼎　⿱宀男鼎

周㝥鼎 遇甗 諫簋 豆閉簋 師奎父鼎 師𩰫鼎 師𧽊甗 師湯父鼎 仲枏父簋

師酉簋 師嫠簋 師望鼎 師兌簋 師趛鼎 師趛盨 師咢父鼎 師袁簋 師高簋

師寏父簋 牧師父簋 鄭大師甗 散盤 師害簋 大師人鼎 㝬弔多父盤 弔多父簋

弭伯簋 孫弔師父壺 仲師父鼎 仲枏父簋 弔㪟父匜 大簋 師隻卣 師寏父盤

𥂴壺 【金文編】

文字 8·35 師李五 齊魯 亥年師公君老 【古陶文字徵】

師 雜一七 二例 秦一一一 二例 【睡虎地秦簡文字編】

大師軍壘壁前和門丞 北地牧師騎丞 師譚私印 江師成印 徒師小翁 師奴之印 右師赤

師過 馬師龔印 服師定國 【漢印文字徵】

5487 0150 0149 【古璽文編】

石碣而師 石經僖公 晉人執衛侯歸之于京師說文古文作 汗簡引石經作 引尚書作 僖公 公子遂衛師伐邾

【石刻篆文編】

師 師見石經 師出義雲章 【汗簡】

古孝經又石經 道德經 古尚書 義雲章 竝籀韻 【古文四聲韻】

◉許慎 師二千五百人為師。从帀。从𠂤。𠂤。四帀。眾意也。疎夷切。 古文師。【說文解字卷六】

◉劉心源 師从 。繁文也。或釋歸。非。【奇觚室吉金文述卷八】

◉吳大澂　𠂤當即師字之省文。【愙齋集古録第四册】

◉孫詒讓　《周禮》卜官屬春官宗伯，其長為大卜，下大夫二人、卜師上士四人、卜人中士八人、下士十有六人，又有龜人中士二人、菙氏下士二人、占人下士八人，皆卜官也。龜文出于殷世，其時官制不知與周同否，文中亦罕涉官職，唯有云：「乙卯卜𠂤𢆶史」，百八十三之四，兩見。「卜𠂤」疑當讀為「卜師」，「𠂤」即「師」之省。金文盂鼎喪師字亦作𠂤可證。「卜𠂤𢆶史」者謂卜師詔其史以卜事。《周禮》大卜有史二人亦兼屬卜師也。八十八之四又云「立𦃁史」不知何義。詳《釋月日篇》。【契文舉例卷上】

◉孫詒讓　「□卜貝立𠂤戈」，四之三。「癸丑□𣪘貝𠂤日之」，十二之三。〔一〇〇〕「之□𠂤介□□」，卅八之四。「貝𠂤乎𠂤好𡈼禾」，四十五之一。「乙酉卜𣪘貝立□𠂤□」，五十一之二。〔一〇一〕「貝令庸侯𠂤」，百之四。「□𠂤于我」，百七之一。「□貝大𠂤服才或乎𠂤正酉」，百六十八之三。「戊申貝㕘𠂤氏牛弗其佀」，百七十八之三。〔一〇二〕「戊申卜令正父𡈼雀戊𠂤」，二百廿六之一。「貝乎𠂤氏陵于」。二百四十九之一。《説文·𠂤部》：「𠂤，小𨸏也。象形。」此疑叚「𠂤」為「師」。金文盂鼎喪師字作𠂤，可證。【契文舉例卷下】

◉羅振玉　𠂤即古文師字。金文與此同。許君訓小𨸏非。詳十三部官字。【增訂殷虚書契考釋卷中】

◉强運開　𠂤帀説文。二千五百人為師。从帀。从𠂤。𠂤四帀。衆意也。𡱀古文師。運開按。愙敢作𠂤帀。散氏盤作𠂤帀。均與鼓文同。可證師亦古文也。此篆天乙閣本已泐。今據安氏十鼓齋藏北宋拓弟一本橅拓如上。【石鼓釋文】

◉馬叙倫　説文。師。二千五百人為師。從帀。從𠂤。四帀衆意也。二千五百人為師。周禮夏官序官文。此吕忱字林文。四帀衆意亦非許文。從帀從𠂤不能會意。説文帀周也者乃匌字義。帀從反之。㞢為艸出地上。則反㞢為帀。疑為艸根在地下盤札之義。今杭縣正謂艸根在地下堅不易拔曰扎住了。𠂤𠂤一字。則師當為艸根堅結於𠂤之義。然無其證。故嚴可均以為𠂤亦聲。其實從帀𠂤聲。知者。師字金文率與説文同。惟商方鼎作𠂤帀。古鉨亦有如此作者。從市朝之市。兮甲盤𩀴字。吳大澂釋師。然似從朿。金文體多譌别。𣏟或市之變體。盂鼎白𣎳父敢及甲文皆以𠂤為師。𩁹子鐘。𩁹子𧝊𠂤。王國維謂𧝊𠂤即將師。是也。師寰敢鍾伯鼎𠂤帀字。昔人釋師。則與帀同。是師為帀之轉注字。疑古音帀在照二。字從反之。音與之近。故轉審二為師。然亦疑從市𠂤聲。𠂤𠂤一字。𠂤音奉紐。市音禪紐。同為次濁摩擦音。蓋市之轉注字。市從𠃊之聲。而形與帀似。故譌為帀。古之市必以人口所聚多寡為準。猶今之所謂市也。故周禮有司市。二千五百人為師。蓋古設市之準。後以為軍旅之數。【讀金器刻辭卷中】

◉馬叙倫　鈕樹玉曰。韻會引作從𠂤從帀會意。嚴可均曰。𠂤亦聲。嚴章福曰。從𠂤當作𠂤聲。王筠曰。二千五百人為師夏官序官文。字林同。倫按二千五百人為師非本義。亦非本訓。𠂤四帀衆意也亦校語。或並字林文也。金文毛公鼎作□。大敔作□。石鼓文作□。皆從帀。惟商方鼎作□。甲文亦有□字。古鉨作□□□。則為三體。然□似□之變譌。□為帀之異文。兮甲盤□字。吳大澂釋師。羅振玉釋為師次於某之次。字似從市之轉注字得聲。市從𡳿之聲。□從𡳿巫聲。巫音禪紐。之音照紐三等。同為舌面前音。然則為師之轉注字。而師將從𠂤得義矣。𠂤𠂤一字。為阪之初文。既無衆意。亦不能得二千五百人為師之義也。盂鼎白楙父殷及卜辭皆以𠂤為師。䣄子鐘。䣄子盨𠂤。王國維謂盨𠂤即將師。則又當得聲於𠂤。乃可以𠂤為師。然師寰敔鍾伯鼎蔡太師鼎□字昔人釋師。是也。則與帀同。然帀之本義不可知。若為之之県文。亦不得二千五百人為師之義。倫謂師當如商方鼎及甲文作□為正。從市。𠂤聲。𠂤𠂤一字。𠂤音奉紐。市音禪紐。同為次濁摩擦音。是師為市之轉注字。古之市必以人口所聚多寡為準。今所謂鎮。即古之市。市音照三。鎮音知紐。古讀皆歸於耑。故方言借鎮為市。今都會以外。皆以鎮為市所。而鎮固人口校衆之邨落也。故周禮有司市。二千五百人為師。蓋即古設市之準。後以此為軍旅之數。書雒誥。和恒四方居民師。又曰。至於雒師。師皆謂市也。天子之都曰京師。謂大市也。此與金文作□者。或為變譌。或從県之。市省也。當入市部。字見急就篇。

□ 蔡惠堂曰。齊侯鎛鐘有□乃此□之正形。□從□。橫書之為□。累之則成□矣。李杲曰。石經作□。仍是從𠂤從帀。□更由□而譌。倫按齊侯鎛。師于菑浬。師字作□。此上似□之譌。鎛文似以辥為師。辥從𡲬得聲。𡲬屵一字。屵。從厂。屮聲。此當如石經作□。蓋從帀。𡲬聲。或為□之變譌。【説文解字六書疏證卷十二】

◉屈萬里 𠂤，古師字。盂鼎：「雩殷正百辟，率肆于酉酒，古故喪𠂤」。克鐘：「至于京𠂤」。並以𠂤為師，是其的證。師者，衆也。或指恆人，或謂軍旅。易師卦六三爻辭：「長子帥師」，謂軍旅也。尚書帝典：「震驚朕師」，謂恆人也。然則「今夕𠂤亡踬」或「今夕𠂤不踬」者，乃卜王及其臣衆包括軍旅於茲夕是否有警也。「兹邑亡踬」，或「叉邑今夕弗踬」者，卜其邑之是否有警也。

【𠂤不踬解 歷史語言研究所集刊第十三本】

◉嚴一萍 □金文師作□。國差𦉜工師之師作□，乃省文。庇陽戈作□，司寇矛作□，蔡大師鼎作□，禽肯鼎作□，與繒書全同。【楚繒書新考 中國文字第二十六册】

◉李學勤 我們把「京𠂤」讀為「京師」，應略作解釋。有些學者堅持「𠂤」不是「師」而是《説文》訓為「小阜」的「𠂤堆」字，這是沿襲了許書的誤説。殷墟甲骨「阜」字作□，另有□字，可釋為「𠂤堆」，而與「師」字有關的「𠂤」則作□，并不是一個字。許慎將兩者混為一談，實際上是湮没了後一種「𠂤」的音讀。後一種「𠂤」應是「師」的本字，而「師」是在「𠂤」旁加上「帀」作為聲符。【論

多友鼎的時代及意義　人文雜志一九八六年第六期】

◉李學勤　我們認為可能原來有兩個「𠂤」字，一為古「堆」字，一為古「師」字，後來在文字演變中逐漸混淆，許慎也未能分清。《說文》訓小阜的字，篆文與「阜」字近似，均屬象形，故段注云：「象小于阜，故『阜』三成，『𠂤』二成。」孫詒讓在《名原》中說明，這兩個字是豎過來寫的「山」、「丘」二字，是很對的。至于「追」、「師」、「官」等字所从，則是古「師」字的這個字，字形和「阜」字以及豎過來的「山」、「丘」有所不同。試比較甲骨文、金文的「阜」和這個字，便可看出其間差別。

《說文》混二者為一，和對「追」字的理解有關。許氏說「追」是形聲字，因而認為其所从的即訓小阜的字。同樣的，他說「逐」也是形聲字，从「豕」省聲，這也是不對的。羅振玉有見于此，他講甲骨文「追」字時說：

《說文解字》「追」从「辵」，「𠂤」聲，此省「彳」。「𠂤」即「師」字，𠂤行以追之也。

這樣「追」便是個會意字。楊樹達進一步論述了這一問題。他有一篇《釋追逐》，說明「追」、「逐」皆為會意字，在甲骨文中兩者用法劃然不紊。「追」所从為「師」，義為人衆，「逐」所从為「豕」，推廣之為獸，故「追」字用于人，「逐」字用于獸。由此可知，訓小阜的「𠂤」和「追」字本無關聯，僅是偶爾音同。

西周金文中，凡作師衆、師旅解的「師」都作「𠂤」；凡作師長解的「師」都作「師」，王慎行同志文章已經談過了。【論西周金文的六師、八師　李學勤集】

◉姚孝遂　甲骨文的「𠂤」字从「𠂤」、从「一」。「一」的作用就在於伙「𠂤」能區别於「𠂤」。「一」並不表示任何具體事物，僅僅作為一種區别形式而存在。「𠂤」即後世的「師」字。軍旅謂之「𠂤」，軍旅的行動則謂之「𠂤」。【說一　第二屆國際中國文字學研討會論文集】

出

鐵三五・三　鐵二〇一・四　前七・二八・三　後一・二九・四　菁四・一　林一・七・二　燕六〇　甲四五二　粹一八　珠七三七　簠帝四　燕六〇　庫一七一三　鐵二〇二・四　鐵一二一・四　鐵一五一・二　鐵一六〇・一　鐵一八四・三　前七・四三・二　燕五五　甲二五八　甲五五六　甲二二九九　乙九〇九一反　京津一〇七三　京津一二〇一　粹五九八　前三・二一・二

前四・五・七　前四・九五　鐵二三六・一　前五・一一・一　林一・二三・一六　截五・八　燕一二六

珠七一四　明藏五七　明藏二〇八　續一・四四・五　鄴初下・三五・一　珠七一五　粹一〇〇貞

人名　京津四三七七　後一・二九・一〇　或从口　鐵六二・二　鐵一四・二　或从彳　拾一四・五

甲四五二　粹三六六　存一二八五　佚八一六　甲二四一　或从行　【甲骨文編】

甲131　156　452　556　586　2299　2679　2814　2951　乙6273　6878

7576　7683　7767　7771　8819　8936　8946　9023　9091　珠172

173　175　179　193　202　393　403　486　491　589　683　714

737　908　902　957　1136　1139　1193　1213　1370　1379　1393

福3　零6　佚57　66　86　132　322　374　382　399　513　534

558　598　729　760　921　996　997　續1・1・5　1・40・2　1・44・5

2・9・8　3・2・2　3・3・1　3・6・5　3・7・7　3・10・2　3・28・6　3・34・1

3・34・5　3・35・6　3・36・4　4・9・3　4・46・5　5・25・8　6・20・5　掇37　174

425　535　徵1・38　3・4　4・4　4・41　9・17　9・18　9・19　9・20

9・23　9・40　10・6　10・12　10・13　10・20　10・26　10・28　10・30

10・69　11・61　11・70　11・94　11・111　京2・16・4　4・21・4　凡17・3　17・4

18・2 録24 25 61 68 110 152 362 379 425 434 476
526 527 556 609 610 622 637 645 663 687 705 731
732 826 848 鄴35・1 新3596 鄴39・2 45・16 天57 73 74 102
誠99 344 379 480 499 六中126 248 250 251 252 253
255 257 259 六清71 外296 六清73 162 六清164 外398 六清167 外362 六清168
外394 六清172 外368 六清181 外273 六束12 64 142 續存504 506 791
1490 1498 1516 1620 1709 書1・5・F 1・5・H 1・6・B 摭續121 粹17
366 503 597 708 933 1009 1052 1055 1138 1142 1152
1183 1300 1430 新1229 3207 4377 古2・6 2・7 【續甲骨文編】

出 象足之出于凵也說文云象屮木益滋上出達也非 啟卣 宅簋 伯矩鼎 敎卣 弔趞父卣 師
曌鼎 永盂 頌鼎 頌簋 頌壺 善夫山鼎 克鼎 兮甲盤 魚顛匕 鄂君啟
舟節 拍敦蓋 永枼毋出 與陳侯午敦永枼毋忘同義 【金文編】

5・384 瓦書「四年周天子使卿大夫……」共一百十八字 9・62 内出 鄒滕2・49 文字9・65 獨字 文字9・
99 同上 【古陶文字徵】

一五六：一九 二十五例 委質詛咒類出入于某某之所 一五六：二四 六例 三：二一 【侯馬盟書字表】

201 212 228 234 【包山楚簡文字編】

㞢 雜五 二十五例 通頤 腦角—皆血出 封五七 日乙四五 十七例 效六〇 七十八例 日乙四二 二十三例

日甲九二 二例 【睡虎地秦簡文字編】

—自黃泉(甲7—7)、—內(?)[空]同(甲7—15)、—自☐霆(乙1—7)、可吕—帀籔邑(丙2:1—5)、欿—睹(丙5:目2)、不可—帀(丙6:1—5) 【長沙子彈庫帛書文字編】

4912 吉語璽「出入大吉」，出字如此。【古璽文編】

公孫出客 利出 出入長利 出入日利 大出入幸 利出入 【漢印文字徵】

禪國山碑 出東門鄂 石碣田車 ☐出各亞 石經僖公 衛元咺出奔晉 君𦣞 其祟出于不祥 【石刻篆文編】

出裴光遠集綴 出 【汗簡】

竝古老子 汗簡 【古文四聲韻】

◉許 慎 進也。象艸木益滋上出達也。凡出之屬皆从出。尺律切。【說文解字卷六】

◉孫詒讓 「出」字亦皆从ㄓ，如「出貝」字皆作「」，詳《釋貞篇》。〔六〕又云：「余☐☐亥入☐千☐夂」，百卅二之四。「☐卜立余雀辛☐入」，二百二之一。是也。攷《說文·出部》作，云：「進也，象艸木益茲上出達也。」金文則毛公鼎作，伯矩鼎作，石鼓文亦作，皆从止。〔七〕與許說不同。此文从ㄓ，亦即从止，與金文、石鼓符合，足徵商、周古文皆同从止。許說恐非倉、史之本恉也。【栔文舉例卷下】

◉孫詒讓 金文毛公鼎作，石鼓文作，皆从止。龜甲文則作，中亦从止。明古出字取足行出入之義，不象艸木上出形，

蓋亦秦篆之變易，而許君沿襲之也。【名原卷下】

◉羅振玉 毛公鼎作□。與此同。吴中丞曰。出字从止。止。足也。□象納屨形。古禮入則解屨。出則納屨。【增訂殷虛書契考釋卷中】

◉林義光 古作□毛公鼎。作□拍彝。形與草木不類。象足跡自隱處出行之形。【文源卷六】

◉郭沫若 □字，羅云「未詳」。案即出字，新獲卜辭寫本第二三八片有此字作□。又三八一片有□字。董作賓釋出，以卜辭步或作⿴行步，武或作⿴行武，歬(前)或作⿴行歬，卸(御)或作⿴行卸，麀(逐)或作⿴行麀例之，確無可易。作⿰彳出乃從行省。卜辭出字有作□者即此所從之右旁也。【令彝令殷與其它諸器物之綜合研究　殷周青銅器銘文研究】

◉郭沫若 兩⿰彳出字均係出之緐文。古出字本作□，象足納履之形，卜辭或作□，亦或作□，从行。本銘作□乃从行省。「公令⿰彳出同卿事寮」者，周公命明公出京與卿事寮相會。「⿰彳出令舍三事令」者，明公遣矢令宣布王命於百官也。或解兩⿰彳出字為人名，非是。【令彝　兩周金文辭大系考釋】

◉明義士 □从□止从凵□，凵象坎形，从止象足自坎出也。金文毛公鼎作□，石鼓作□，猶从止从□，小篆並未失形，許君誤□為屮，於□無說，乃以□□識為獨體象形字耳。【柏根氏舊藏甲骨文字考釋】

◉强運開 □說文。進也。象艸木益茲上出達也。段注云。本謂艸木。引申為凡生長之偁。凡言外出為内入之反。按金文中出字多作□。吴愙齋云。古出字从止。止足也。□象納屨形。古禮入則解屨。出則納屨。其說甚精。【石鼓釋文】

◉馬叙倫 王筠曰。朱鈔繫傳作□。案宋刻大徐本從出之字有作□者。有作□者。李陽冰作□。蓋此字為指事。不必某形為是。特作□者為多。以多為正耳。出字義本指人。故部中無一字涉于艸木者。與生部進也不同。或曰。進也當作達也。翟云升曰。六書故引無達字。俞樾曰。訓出為進。乃引申義而非本義。出者。茁之古文。艸部。茁。艸初生出地皃。從艸。出聲。出既象艸木上出之形。則不必又從艸作茁矣。禮記月令。句者畢出。止作出字。因為出入之義所專。乃製從艸之茁耳。吴大澂曰。金文出字作□。從止。止。足也。□象納屨形。古禮入則解屨。出則納屨。孫詒讓曰。毛公鼎出字作□。石鼓文作□。甲文作□。中亦從止。明古出字從足。行出入之義。不象艸木上出形。説文作□。蓋亦秦篆之變易而許沿襲之也。倫按本部所屬無一從出得義之字。而皆從出得聲。是王説為無據矣。如吴説。則別有從止從初文屨之作□者。為出入本字。然與歬字甲文作□者無殊。且出入字不易自作。故借室之初文作□者為入。室所以入處者也。以艸木出地之出入字。意亦猶是。實皆亦書之假借也。或曰。甲文有□。即入字。出字甲文作□□□□諸形。乃從□從反宀。□

非県其𠆢也。明足由𠆢出於𠆢外耳。蓋當作□。県之乃為□也。倫謂如俞先生説。當從中。□象艸木益滋出達形。指事。然□字圖畫之為□。止見為艸。不見其為玆達形也。出實艸之異文。艸之最省為中。中茂其枝葉為艸為出為卉為茻。亦為□。艸音由出轉變。中讀若徹。出音穿紐三等。徹與穿之同為舌面前音。古讀竝歸於透。艸音清紐。清與穿三則同為次清破裂摩擦音也。毛公鼎之□。石鼓之□。以為□或體亦可也。若甲文之□□□□。為出入之出本字。説解蓋作達也。以聲訓。吕忱或校者加象艸木益滋上出達也。轉删象形二字。今作進也者。進字或為轉寫之譌。或吕忱列異訓。傳寫捝本訓耳。字見急就篇。【説文解字六書疏證卷十二】

◉楊樹達　□出甲文作□，从人足在坎内向外出之形，是也。許説誤□象人足。物形。□象坎，處形。【文字形義學】

◉饒宗頤　𡴘即出字繁形，益彳旁，此如及之作彶，屯乙五一二三备之作徭屯乙九七七也。金文如小臣逋毁、辰盉等器，俱有「𢓊」字，與「出」同用。契文間又益「行」作衠者，則如彴之作衎，步之作衜，是并其例。【殷代貞卜人物通考】

◉湯餘惠　晚周官璽有

南門□鉩(0168，見圖版壹2)

我們曾在《楚璽兩考》一文中根據文字的風格結體，指出為戰國楚物，以往均把第三個字釋「之」，其實應是「出」字。此字所从的□乃□形省變，信陽楚簡紫字寫成□(215簡)可證，更要緊的是古文之字下方一律作横劃，而出字下方一律作曲劃，幾乎無一例外。商周古文出字多作□、□等形，正像足出坎陷的樣子；晚周省變，拍敦蓋作□，魚鼎匕作□，跟璽文正是同一體式。「南門出鉩」有可能是楚官府頒發的已納市賦者運貨出城的憑證(詳《楚璽兩考·「南門出鉩」考》)。其性質和鄂君啓節「見其金節則勿政(徵)」、「不見其金節則政(徵)」，享有憑節免税特權大概不能相提併論。

《璽》0267還著録一鈕方形白文官璽，右方三字漫漶不可辨識，从左方「之出鉩」三字的字體風格看，顯然也是楚人手迹，其中之字作□，出字作□，形體迥别，對前文「南門出鉩」的考證，無疑是文字上的有力旁證，由于出字過去没能釋出，所以這鈕印一直没能引起應有的重視，現在看來，它有可能和「南門出鉩」屬于同類性質的東西。【略論戰國文字形體研究中的幾個問題　古文字研究第十五期】

敖

石經文公　公孫敖如京師汗簡引石經同篆文非是　文公　公孫敖會晉侯于戚　【石刻篆文編】

◉許　慎　游也。从出。从放。五牢切。【説文解字卷六】

◉馬叙倫　鈕樹玉曰。韻會引作從出放。放部有敖。出遊也。與五經文字引合。出部不當重。疑後人增。倫按出屮一字。明敖從出得聲也。見放部敖字下矣。此重出。【説文解字六書疏證卷十二】

賣

◉許　慎　出物貨也。从出。从買。莫邂切。【説文解字卷六】

◉楊樹達　賣字中从目，乃説文訓衙之賣字，其形與今隸買賣之賣相近。然買賣之賣从出从買，買字从网从貝，今隸於从网之字皆書作罒，於是買作買，賣作賣，而賣乃與此銘之賣字混淆無别矣。銘文賣字作贖字用，余疑即贖之初文也。説文云，賣，衙也。贖，貿也。衙訓行且賣，貿訓易財，義相近。加貝旁於賣為贖，於形為複也。銘文以賣為贖，乃得知其為初文。【㫚鼎再跋　積微居金文説】

◉馬叙倫　鈕樹玉曰。廣韻引作出物也。當非脱。玉篇注亦同。韻會作買聲。宋保曰。九經字樣亦云。從出。從買聲。可知説文舊有聲字。又⿰目賣⿰氵賣二字與賣同部。皆從買聲。是其證也。翟云升曰。匡謬正俗七引作貸也。乃貫字訓。蓋譌。徐灝曰。買賣本是一字。後以其聲異而從出以别之。書傳買賣二字往往互用。如周官賈師。凡國之賣價。鄭注。故書賣為買。萍氏。幾酒。鄭注。苛察詁買過多。釋文。買。一本作賣。是也。通鑑晉紀十。楊雄敵遣養子販易於楊州。私賣良人子一人。亦以賣為買。可見本非二義。如糶糴亦為一字。丁福保曰。慧琳音義十四及卅六引作出物也。從出。買聲。此作出貨物也即出物也貨也二義。倫按莊子。出物而貨之。明此當如丁説矣。本作出物而貨之也。傳寫各有删削也。古書言出物而貨之者字皆作賣。或借鬻字為之。鬻與羋同音。故楚羋熊作鬻熊也。羋買貿古音同在明紐。而𧶠從𡿺得聲。𡿺音亦明紐。實轉注字。𧶠賣形近。故𧶠誤為賣。亦或從出得聲。為買之轉注字。出聲而音入明紐者。正與敖聉竝從出得聲音入疑紐同。明疑皆邊音也。若然。當立買部而屬之。然亦如徐説。乃俗字。然字見急就篇。急就皆倉頡中正字。倉頡固有俗字也。亦或倉頡本作賣。傳寫者易之。則此字出字林。【説文解字六書疏證卷十二】

◉晁福林　第一，「賣」字何解？郭沫若、楊樹達等釋為贖字；見《兩周金文辭大系考釋》98頁，《積微居金文説》58頁。劉心源據《説文》説𧶠讀若育，「為鬻貨本字」。見《奇觚室吉金文述》卷二。按此二説都可通，可是若釋賣為贖，却不可解為贖回之意。《説文》：「贖，貿也。」「貿，易財也。」賣的本義是交易，贖回乃後起之義。《曶鼎》銘文所載訴訟結果是曶勝訟，「受茲五夫」。此處既言「受」，而不言「賣」，可見此「五夫」原不曾為曶所有，這段話開頭說「賣汝五夫」，也證明了這一點。在這場交易中，曶是買主，當無疑義。所以，「賣汝五夫」的賣字，不管是釋作贖，或是通作鬻，都應當是買的意思。銘文所云「賣茲五夫」的賣，亦是買意；只是井叔判決詞里的「才王人乃賣」的賣為交易鬻售之意，這是賣的本義。賣字對于買主曶來言，「賣汝五夫」、「賣茲五夫」，則解為買，這可說是對賣的本義的引申或限定。總之，「賣汝五夫」就是商定从限那里買五名奴隸的意思。【「匹馬束絲」新釋——讀曶鼎銘文札記　中華文史論叢一九八二年第三輯】

糶　糶他弔切出義雲章　【汗簡】

◉許　慎　糶出穀也。从出。从糶。糶亦聲。他弔切。【說文解字卷六】

◉馬叙倫　字蓋出字林。餘見五篇糴下七篇糶下。王筠本繫傳篆與此同。【說文解字六書疏證卷十二】

◉許　慎　⿰臬出槷⿰臬出。不安也。从出。臬聲。易曰。槷⿰臬出。徐鍇曰。物不安則出不在也。五結切。【說文解字卷六】

◉馬叙倫　段玉裁曰。槷當作槷。易曰。上六。于䖆卼。釋文。䖆。說文作劓。卼。說文作⿰臬出。九五。劓刖。荀王作䖆軏。鄭云。劓則當為倪仉。許作槷⿰臬出。當是孟易。尚書。邦之抓隉。槷與隉䖆劓倪同。⿰臬出與抓軏卼仉同。抓軏卼仉皆兀聲。以說文梼杌作檮柮例之。則⿰臬出當從臬出聲。倫按段謂出聲是也。不安也者。蓋隉字義。十四篇。隉。危也。班固說。不安也。⿰臬出隉音同。故易借⿰臬出為隉。周禮牧人。凡外祭毀事用尨。可也。注。故書毀為甈。亦臬㞷聲通之證。出聲而讀入疑紐。與敖音五牢切聉讀若孽同矣。此臬之轉注字。與臬同音。當立臬部而屬之。或曰。從出。臬聲。義與槸同。彼以木言。此以屮言耳。字或出字林。【說文解字六書疏證卷十二】

𣎵　集𣎵　【漢印文字徵】

◉許　慎　𣎵艸木盛𣎵𣎵然。象形。八聲。凡𣎵之屬皆从𣎵。讀若輩。普活切。【說文解字卷六】

◉馬叙倫　鈕樹玉曰。玉篇引無盛字。韻會引作艸木盛皃。徐灝曰。中之為形。已箸本字。此後中八聲。依許例不當有象形二字。倫按説解捝本訓。艸木盛皃蓋呂忱文。𣎳為莑茂等之轉注字。象形無兼聲者。校者改從屮為象形耳。讀若輩者。劉秀生曰。八聲在邦紐。輩從非聲。亦在邦紐。故𣎳得讀若輩。證詳三篇𡔘下。倫謂讀若輩例當在八聲下。古鉨作𣎳。亦或𣎳是市字也。【説文解字六書疏證卷十二】

◉許　慎　艸木𣎵孛之皃。从𣎳。畀聲。于貴切。【説文解字卷六】

◉馬叙倫　畀音封紐。𣎵從畀得聲。則𣎳之轉注字也。字蓋出字林。故訓艸木𣎵孛之皃。【説文解字六書疏證卷十二】

𣎵　索

5·253　左索【古陶文字徵】

索　封六五　十三例　秦一六七　七例【睡虎地秦簡文字編】

3898【古璽文編】

索尼　索長年　楊卪索　索宮印信【漢印文字徵】

索【汗簡】

義雲章　王惟恭黄庭經【古文四聲韻】

◉許　慎　艸有莖葉。可作繩索。从𣎳糸。杜林説。𣎳亦朱木字。蘇各切。【説文解字卷六】

◉林義光　古作。象兩手繒索形。不从𣎳。【文源卷六】

◉高田忠周　索字古文，元从糸，从廾，兩手以作繩之意也。又經傳多借索為索。周禮方相氏「以索室敺疫」。注「廋也」。考工栗氏「時又思索」，釋文「求也」之類是也。【古籀篇七十二】

◉葉玉森　華學涑氏釋褋。類纂。商承祚氏亦疑為褋。謂魯矦角作與此畧近。商氏待問編。森桉。禮郊特牲。索祭祝於祊。注。索。求神也。卜辭之異體作等形。後二形尤與索肖似。應釋索。殆殷代求神之祭。殷契鉤沈。【殷虛書契前編集釋卷一】

◉葉玉森 陳邦福氏曰。乃索之繁文。旁从刀。有刈艸為繩之誼。與說文索字下艸有莖葉可以作繩之誼亦合。然卜辭索剢各有專誼。索為祭名。剢則地名。考左昭公五年傳云。子太叔勞諸索氏。杜注。河南成皋縣東有大索城。【殷契辨疑八葉。】森桉。金文妣乙爵之疑即此字之省。

◉于省吾 續一・十・五。于大甲。于亦于□。祊三牢。金三七五。己亥貞。其己亥貞。其于且乙。粹五零零。□子酌。明義士墨本有辭云。于且乙。即索字。其从又或収或數點與否一也。說文。索艸有莖葉可作繩索。从宋糸。按許說非是。索本象繩索形。其上端或上下端岐出者。象束端之餘。金文索諆角。索从索作象左右手持索形。栔文左右手在下。與在側一也。前一・二・四・三。貞。奠于丘。隸定應作剢。後上一四・三。王其田。乃晚期卜辭。為地名。亦即剢字。金文格伯𣪘。剢字作。舊釋約。非是。禮記郊特牲。索祭祝于祊。不知神之所在。於彼乎。於此乎。或諸遠人乎。祭于祊。尚曰求諸遠者與。注。索求神也。祭統。詔祝于室。而出于祊。此交神明之道也。注。出于祊謂索祭也。周禮大司徒。十有一曰索鬼神。黨正。國索鬼神而祭祀。凡此均索祭之可徵諸載籍者。【釋索 雙劍誃殷契駢枝三編】

◉馬叙倫 鈕樹玉曰。繫傳葉作華。譌。韻會作從宋糸聲。王筠曰。杜林說宋亦朱木字乃部首之別說。當在讀若輩下。挩誤於此。然杜林此說乃據市二字隸皆作市。謂二字通用。不可從也。朱駿聲曰。此字當入分枲莖之宋部。或入糸部。徐灝曰。艸者。菅蔽麻枲之原也。索當從宋從糸。宋。分枲莖皮也。麻皮可作繩索。故從宋。若從則非其義矣。此以字形相涉而誤。周雲青曰。唐寫本玉篇索注引說文。草木有莖葉可為繩索也。倫按宋為艸皃。形容詞也。繩以枲皮為之。宋是名詞。字合從宋。蓋二字篆文相同。而麻枲之宋讀若髕。音亦滂紐。故相混也。索音心紐。似從糸得聲。糸絲一字。絲音心紐也。當依鍇本作從宋糸聲。然宋從八得聲。八音封紐。而分亦從八得聲。音入非紐。或從糸宋聲也。非心二紐同為次清摩擦音。聲轉耳。古鉩作。從艸。艸音清紐。清心同為舌尖前音。亦得通轉也。艸有莖葉可作繩索蓋字林文或校語。杜林說當在部首下。宋市皆脣音亦可通假也。然是校語。玄應一切經音義引倉頡。盡也。又亦傷也。字亦見急就篇。【說文解字六書疏證卷十二】

◉商承祚 索，此簡作，稱縡縛。第一八簡「組楷」，第二三簡「四㲻」，第二六簡「聚與組之紘」，諸索與此近，金文已有此字，索諆爵作，或以素作偏旁的，如師克盨之以素作。【信陽長臺關一號楚墓竹簡第二組遺策考釋 戰國楚竹簡匯編】

◉李孝定　于氏釋此為索是也。其說亦祊二字之義尤塙不可易。惟謂字或从収象兩手持索之形。似以解為象兩手糾合繩索之形尤為切適也。字在卜辭為祭名。于氏引索祭之義說之亦是。丁佛言古籀補補收古鉨文索字作□。解云。「索艸有莖葉可作繩索。故从艸从糸。」桉鉨文亦从収从糸。與契文同。非从艸也。【甲骨文字集釋第六】

◉徐中舒　𦃃從索，廾以持之，從口，象索環繞形，仍當讀為索。索，繩索，古用以丈量土田疆界。【西周牆盤銘文箋釋　考古學報一九七八年第二期】

◉郭克煜等　出土器物中，銅卣和銅爵的銘文第一個字，分別作□或□，我們認為應為「索」字。《說文》索字作□，解為「草有莖葉，可作繩索」。銘文「索」字與《說文》所不同者，前者从刀，後者則从□，□乃兩手形訛變。《詩經・七月》：「晝爾于茅，宵爾索綯。」上句言白天取茅，下句言晚間用之搓繩。取茅當用刀，故从刀。搓繩需用手，故从手。所从之□，則象頭部用細繩纏束的繩索形。□、□實為一字兩體。

《左傳》定公四年載，周初實行分封，成王封伯禽為魯侯時，曾賜以殷民六族：條氏、徐氏、蕭氏、索氏、長勺氏、尾勺氏。我們認為，此次出土器物的作者，應即是殷民六族中索氏的成員。【索氏器的發現及其重要意義　文物一九九〇年第七期】

◉郝本性　□30號、□31號，為索字，馬王堆帛書《老子》甲本卷後古佚書二〇七行有索字作□。《隸辨》5・39載王純碑陰鉅鹿索宣文，顧藹吉釋索，均可為證。【新鄭出土戰國銅兵器部分銘文　古文字研究第十九輯】

◉戴家祥　□字从刀，从□，前人缺釋，以字形審之，□當釋索。說文六篇「□，艸有莖葉可作繩索，从□、糸。杜林說宋亦朱木字。」按豳風七月「晝爾于茅，宵爾索綯。」鄭箋「女當晝日往取茅歸，夜作絞索以待時用。」小爾雅廣器「大者謂之索，小者謂之繩。」此即說文之所訓也。同聲通假讀為搜索摸索，思索及索取。說文七篇「⿱宀索，入屋搜索也。从宀，索聲。」⿱宀索為索之加旁字。更旁作⿰扌索，揚雄大玄云「三以⿰扌索取。」注云：「三三而索之以成數」，⿰扌索亦同索。易繫辭上「探賾索隱」，孔穎達正義「索，求也。」廣雅釋詁二「索，取也。」集韻入聲十九鐸「⿰扌索，摸也。」古字以手表義者，亦或更旁从刀。集韻下平九麻劃找同字，十陽掠剠同字，以是而知⿰索刂即⿰扌索之更旁字，亦即索之表義加旁。集韻⿰扌索讀「昔各切」心母魚部，唐韻索讀「蘇各切」不但同部，而且同母。爵銘⿰索刂為氏族名，左傳定公四年殷民六族有「條氏，徐氏、蕭氏、索氏、長勺氏、尾勺氏」，⿰索刂，殆索氏之遺族歟！【金文大字典上】

□□172【包山楚簡文字編】

商承祚釋孛　隹—悳匿(甲7—4)、又重文　是胃—戢(甲2—29)【長沙子彈庫帛書文字編】

◉許　慎　□𡿧也。从宋。人色也。从子。論語曰。色孛如也。蒲妹切。【説文解字卷六】

◉林義光　□孛音敗人色不當从子。孛疑為悖之本字。亂也。又違也。逆也。皆子之常態。故从子。【文源卷十一】

◉馬叙倫　段玉裁曰。説解當作從宋從子。人色也故從子。嚴可均曰。小徐本如也下有是此二字。詳審語意。恐論語以下乃校者所加。倫按篆當作□。説解當作從宋。□聲。□孛聲同脂類。故音蒲妹切也。此猶存當從□才聲。而今篆亦從子作存也。校者不悟。乃有人色也故從了之説。然甲文甲子字皆作兇。辰巳字皆作子。則子巳一字。子□亦一字。則從子作亦可也。但子為聲不兼義也。孛為宋之同雙脣音轉注字。子巳一字。巳音邪紐。𡿧音喻紐三等。邪與喻三同為次濁摩擦音。孛𡿧又聲同脂類。亦轉注字。【説文解字六書疏證卷十二】

◉張亞初　《金文編》四七八頁第三行有三個字，作□□□，容庚先生列之于孝字條下，大概以為這是孝字的簡化寫法。以上三字均屬西周晚期至春秋時期的銘文。晚期銘文省變的例子很多，但孝亨之孝，沒有一個是省變成這樣的。

其實此字早就見之于商代的甲骨文。《甲骨文編》三五七頁有□字，也列在孝字條下。甲骨文中的□與金文中的□，顯然是一個字，字形與孝字不同，把它們混同于孝字，是不妥當的。

此字从偏旁分析看，上部从□即丰，下部从子，這是从子丰聲之字。《説文》孛字作□，字形與之相近而稍訛。《古孝經》中較好地保存了此字古形。其字作□《古文四聲韻》四·一六悖，為孛之本字。顯然，甲骨文金文之□、□，和上述之孛，字形完全一致，應為孛字無疑。

孛字从丰，丰古音讀如蓬，蓬與孛為雙聲字。《左傳》莊公十一年傳「其興也悖」，注云「悖，盛貌……一作勃，同」。孛為悖、勃之本字。《説文》引《論語》「色孛如也」，今均作勃如，可證悖、勃都是从孛字分化出來的。孛字从丰从子，丰為聲符，子為意符，幼兒生長發育日新月異，故寓有蓬勃興盛之意。《説文》「丰，草盛丰丰也」，丰也含有茂盛意。孛字以丰作聲符，聲中見義。

□是孛字。那麼，它是怎樣演變成《説文》那樣的形體的？其演變情況大體是這樣：

□——□——□——□——□——　孛第三、四種形體為古鉢文，見《説文古籀補》六·一六·九郭字偏旁。

甲骨文之孛為地名見《金璋》七二八等。大𤔲馬簠銘文為「大𤔲馬孛朮自作食簠《冠斝》上二七。孛朮之孛也為國族氏名，可能與

甲骨文之孛地有關。【甲骨文金文零釋　古文字研究第六輯】

◉李　零　孛，舊多誤釋為季，商承祚釋為孛，近朱德熙、裘錫圭《平山中山王墓銅器銘文的初步研究》《文物》1979年一期提出新的看法，認為釋季釋孛都不對，此字應據《正始石經》殺字的寫法釋為殺，但《正始石經》殺字下半並不從子，釋殺于文義亦不甚安妥，這裏我們仍取商説為釋。其字從𣎵從子，所從𣎵，我以為即金文迹字即迹，舊多釋迹所從，與桒只是繁簡二體，《説文》釋為「艸木盛𣎵𣎵然，象形。」其實就是孛或勃的本字，這裏假借為悖。【長沙子彈庫戰國楚帛書研究】

𣎵鄭𣎵　𣎵王𣎵　𣎵王𣎵　𣎵徐𣎵之印　𣎵孫𣎵印　𣎵中黄𣎵印　𣎵中𣎵唯印　𣎵桃𣎵　【漢印文字徵】

◉許　慎　𣎵止也。从𣎵。盛而一横止之也。即里切。【説文解字卷六】

◉林義光　古作𣎵曶鼎秭字偏旁。不从一。則非止義可知。丰訓草盛。此與丰形近。當為䔦之古文。草多貌也。【文源卷四】

◉馬叙倫　王筠曰。朱文藻鈔小徐本作𣎵。從一之從作以。此以誤从。因誤從也。廣韻字作𣎵。止也。從市一横止之。出文字音義。蓋因便引之。不應説文闕此字也。章敦彝曰。從木。一聲。林義光曰。曶鼎秭字偏傍作𣎵。不從一。則非止義可知。當為䔦之古文。倫按𣎵為艸盛。是形容詞也。故㚔孛皆從之得義。𣎵從𣎵而一識之。乃訓為止。義適相反。可決其不然。蓋止也者。霽字之義。霽訓雨止。從雨。齊聲。濟亦從齊得聲。而沛水通以濟字為之。易。喪其齊斧。應劭曰。齊。利也。段玉裁謂字當作𨥂。𨥂沛正從𣎵得聲也。𣎵從𣎵當亦受義於𣎵。而為艸盛長之義。今失其訓。或本作艸盛皃。从𣎵。一聲。傳寫捝譌後校者改之也。易夬。其行次且。鄭本作趀。本書。趀。讀若資。趀訓倉卒。即造次必于是之次。則林説可從。然本書無從一得聲之字。亦不得以一指事。證之曶鼎秭字所從之𣎵作𣎵。𣎵蓋𣎵之變。𣎵𣎵聲同脂類。豈𣎵為𣎵之譌耶。木部。柹。從木。𣎵聲。後漢書楊由傳。風吹則胏。借胏為柹。顔之推家訓。詩毛傳。湝湝。柹貌也。史記假借為肝胏字。肝胏當作肝肺。肉部。肺。從肉。𣎵聲。唐本木部殘卷。柹。音胏。今胏篆從𣎵皆可證。然則實無𣎵字。本書從𣎵之字皆當作𣎵。而今篆皆譌從𣎵矣。或曰。辵部有迷有迹。則𣎵𣎵本有二字也。倫謂迷迹本一義。因音聲轉變。而後人不知𣎵𣎵亦一字之變譌。徑造迹字耳。字蓋出字林。文字音義本之。古匋作𣎵。【説文解字六書疏證卷十二】

◉于省吾　甲骨文𣎵字屢見，商承祚同志釋作彔（佚考六五八）。按甲骨文彔字作彔或彔，從無作𣎵者。又甲骨文師字習見，作師、師、師、師等形，金文作師或師。羅振玉釋師為師，並謂：「从自朿聲，師所止也。後世假次為之，此其初字矣。」（增考中一三)按羅説非是。甲骨文朿字作[glyph]，詳釋朿。周器曶鼎秭字从𠂔作[glyph]，也與朿字判然有别。甲骨文的[glyph]與[glyph]應隸定作𠂔或師，讀作次。𠂔與次同屬齒音，又為疊韻，故通用。易夬九四的「其行次且」，釋文：「次，説文及鄭作趑。」儀禮既夕禮的「設牀第」，鄭注：「古文第作茨。」是从𠂔从次字通之證。石鼓文的「麀鹿趚=」，趚字从𠂔作[glyph]，并非朿字，而舊均誤釋為趚，第一期甲骨文的「貞，朿于咸𠂔〇貞，弓朿于咸𠂔」(綴合二〇〇)，𠂔作[glyph]，即師字的初文，應讀作次，指巫咸被祭的神主位次言之。第四期卜辭的「𢦔于大甲師珏，三牛〇𢦔于大甲師珏，一牛」(鄴三下四二·六)，師也應讀次，指大甲的神主位次言之。

第五期甲骨文的「王田于𠂔」(金五七七)，以𠂔為地名。又第五期甲骨文言王「在某師」某為地名者習見，例如：「在𩵋師」，「在齊師」，「在𣀈師」，「在淮師」，「在𦮃泉師」等，無須備列。又商器宰甫簋的「在𢓊師」，小子射鼎的「在𠒇師」，周器𠧪鼎的「王在寒師」。師字均應讀為次。穆天子傳的「五里而次」，郭注「次，止也」。廣雅釋詁四「次，舍也」。次之訓止或舍係典籍常詁。因此可知，甲骨文言王在某師，均指王之外出臨時駐于某地言之，金文同。

總之，𠂔與朿字的構形迥别，師从𠂔，不从朿。師為𠂔的孳乳字，次為後起的借字。【釋𠂔師　甲骨文字釋林】

◎徐中舒　典籍皆假次為止、舍之義，惟止、舍亦非𠂔、師之本義。甲骨文𠂤本象臀尻形，引申而有止、舍之義(參見本部𠂤字説解。)卜辭或假𠂔為𠂤，或因𠂤之讀音不顯，以𠂔為聲符，遂成形聲字師。【甲骨文字典卷十四】

鐵一四·一　鐵八八·三　鐵二六六·二　南室　鐵一一五·三　鐵一二一·一　鐵一七二·三　鐵二四〇·一　前一·一三·四　前一·一三·三　前一·一三·六　前一·一四·一　前四·四四·四　前八·九·一　甲六二三　甲九九六　甲二三〇三　甲二九〇二　甲二九〇七　乙五四五〇反　乙五六八九　佚四一三　佚四六八　燕五　福一九　後一·二三·四　後一·三一·六　後二·三·一六　京津四二八　京津五二九　京津五三〇　柏一八　掇二·一五八　粹七二　乙六八七　南庚見合文七　前一·四五·四　南壬見合文七　【甲骨文編】

甲622　623　703　753　840　903　996　1017　1180　1928　2123

2303　2902　2934　3375　3542　3919　N151　1074　1968　2023　2833

3428　4272　4511　4733　5208　5225　5329　5794　5870　6478　6546

6580　6670　6697　6733　7008　7030　7483　7713　7815　8676　9067

珠1　33　150　273　365　566　567　577　683　842　860　福19

佚374　412　461　468　666　678　續1·22·8　1·22·10　1·23·1　1·

28·5　1·33·6　1·35·3　1·38·3　1·53·3　1·53·5　2·6·3　2·19·3　4·

31·4　5·15·9　掇397　459　徵2·36　2·37　2·39　4·35　8·22　10·121

京1·26·2　六中177　六清97　續存66　156　205　366　1967　外8　61

摭續58　133　粹73　801　809　904　907　1177　1286　新520　530

609　745　1104　4269　【續甲骨文編】

南　盂鼎　弔𩰫鼎　㝬馭簋　啟卣　啟尊　𡚬尊　競卣　𤔲盤　五祀衛鼎

妣䵼母簋　咢侯鼎　無㠱簋　仲南父壺　㝬鐘　無叀鼎　鬲攸比鼎　虢仲盨

散盤　南宮乎鐘　柳鼎　禹鼎　翏生盨　翏生盨二　善夫山鼎　射南匿　兮

甲盤　吳王姬鼎　洹子孟姜壺　南疆鉦　【金文編】

3·27 昌櫅陲鬬南左里敀亳區 3·126 蒦圆南里䙴 3·128 蒦圆南里隻 2·131 蒦圆南里 3·136 蒦圆南里 3·139 蒦圆南里 3·141 蒦圆南里 3·142 蒦圆南里 3·143 蒦圆南里人䶂 3·147 蒦圆南里人繒 3·155 蒦圆南里人敖 3·156 蒦圆南里人 3·158 蒦圆南里人 3·160 蒦圆南里人紺 3·167 蒦圆南里匋者☒ 3·476 左南𩫖衢辛匋里䙴 3·477 同上 3·480 左南𩫖衢□□里佑 3·508 王卒陲南左里敀亳豆 3·671 圆南北左里蒦 3·482 左南𩫖衢辛匋里或 秦1251 洴南 9·31 南□之市

6·1 南☒ 説文古文南作 【古陶文字徵】

〔六八〕 〔七四〕 〔二〇〕 【先秦貨幣文編】

布空大 豫孟 布空大 小匕工南 豫洛 布空大 少匕肖南 歷博 仝上 魯博 仝上 亞二·一一八

布空大 小ヨ肖南 亞二·一一八 仝上 亞二·一一九 【古幣文編】

96 153 【包山楚簡文字編】

南 封二一 八十六例 日甲一三八背 二例 日乙一九九 七例 日甲一四〇背 二例 【睡虎地秦簡文字編】

0168 2563 魏三字石經堯典南字同此。【古璽文編】

日南尉丞 南鄉右尉 雲南令印 南鄉 濟南太守章 南延之印 南成之印 南郭族印

公南强 南錯之 【漢印文字徵】

袁安碑 徵捧河南尹 郛休碑額 四時嘉至磬 石經堯典 宅南交 【石刻篆文編】

南 南見說文【汗簡】

南古孝經　南古尚書　南　南並籀韻　南南嶽碑【古文四聲韻】

◉許　慎　南艸木至南方。有枝任也。从𣎵。羊聲。那含切。南古文。【說文解字卷六】

◉方濬益　(南姬鬲)以無㠱敢王征南夷南作南證之。亦南字。說文。南。艸木至南方有枝任也。从𣎵。羊聲。按南字與庚字形近。南為艸木有枝任故上从𣎵。庚主西方。為艸木有實庚庚下垂。故上从干。以象形見義。【綴遺齋彝器款識考釋卷二七】

◉孫詒讓　「貝南」、百十之二。「貝其自南之𣪘」、百十五之三。「□子自南雨」、百七十二之三。「南來」、二百卅三之四，同版又有一「南」字。又二百六十六之二、二百六十八之一並有「南」字，上下文漫闕不可讀。〔一七九〕「南」疑即「南」字，與南庚「南」字作「南」、百廿一之一作「南」二百四十之一。并詳《釋鬼神篇》同。〔一八〇〕《說文·𣎵部》：「南，从𣎵，羊聲。古文作南。」金文盂鼎作南南二形。〔一八一〕此上从屮與彼同，下从羊闕直畫，申或作申，多省作申。與此相似，詳《釋月日篇》。諸文並同，不知何義。《詩·周南》：「南有樛木」，《毛傳》云「南，南土也」，《鄭箋》云「謂荆揚之域」。此南或即南土與。〔一八二〕【契文舉例卷上】

◉林義光　古作南散氏器。作南南亞彝癸。當為㷓之古文。木柔弱也。屮象形。南㷓古同音。【文源卷四】

◉羅振玉　說文解字。南古文作南。與此不合。古金文中有作南求古精舍金石圖父戊爵。南西清續鑑卷二周青鼎。原誤釋青。南南姬鬲。諸形。與此畧同。【增訂殷虛書契考釋卷中】

◉郭沫若　骨文南字據類編有十七種異文，均係象形文，無一从𣎵，亦無一有羊聲之痕迹。金文南字可得十二種，南盂鼎南同上南𣪘駒敦南兮甲盤南無㠱敦南同上南鬲攸比鼎南散盤南競卣南宗周鐘南同上南余冉鉦。此雖有數字類似有从羊得聲之痕迹，然亦無一從𣎵作，許謂「艸木至南方有枝任」者本从𣎵字義出，謂「艸木盛𣎵之然」，今知南之古文既不从𣎵，則南之本義自當別為一事矣。南於卜辭除用為東南之南及南庚之南而外別有異義，如「㞢于祖辛八南　九南于祖辛」林一·十二·十七「一羊一南」後·上·五·一。確係獻於祖廟之器物。由字之形形象而言，余以為殆鐘鎛之類之樂器。請叙述其證據如左：其一，卜辭有从南方之字為㱿，其數多至不可勝數，然多用於卜貞二字之間，其義不可識，僅有一例見於辭間，「甲戌卜㱿貞我勿𣪊茲邑㱿己𡆥」，義亦不明。然其字形則優有可說，字作㱿㱿乃象一手持槌以擊南，與殸鼓二字同意。殸作殸殸諸形，鼓作鼓若鼓，即象持槌以擊鼓，知㱿與殸鼓必係同類字。又声即殸形，壴即鼓形，則知㱿南同字，而南與殸鼓亦必為同類。其二，詩小雅鼓鐘四章「鼓鍾欽欽，鼓瑟鼓琴，鍾磬同音，以雅以南，以籥不僭」。毛傳以南為南夷之樂，籥為籥舞，於雅無説。鄭箋以雅為萬舞，餘同毛傳。按雅為萬舞之説實不經見，且邶風簡兮之萬舞而執籥秉翟，則萬舞與籥舞特後人强為之分耳。余以為雅籥實均係樂器之名。周禮春官「笙師掌教龡竽笙塤籥舂牘應雅」，後鄭謂「籥如篴三空」，按此説有異見，第二龢字注。先鄭謂「雅狀如漆筩而弇口，大二圍，長五尺六寸，以羊韋鞔之，有兩紐疏畫」，雅籥為樂器則南自當為樂器。禮記文王世子「小樂正學干，大胥贊之。籥師學戈，籥師丞贊之。胥鼓南」，南既言鼓，則亦顯係樂器之名。而鄭注復以南夷之樂釋之，舉詩「以雅以南以籥不僭」為證，是不特以疑證疑，乃至以疑證信矣。要之，南當為樂器，特其名失傳，故毛鄭均未得其正解。其三，國語周語景王二十三年「王將鑄無射而為之大林」，單穆公諫之，謂鑄大鍾以鮮其繼，後又言王不聽卒鑄大鍾，是則大林即是大鍾。古人之鍾亦可謂之林，林與南一聲之轉也。其四⊘[glyph]䈄[glyph]等字實當讀林聲。以聲類求之，當即古之鈴字。其字亦正象鈴形，特古人之鈴與鐘為同義語，大鐘亦謂之大林者，乃大鈴也。南則又[glyph]之形音之略變耳。南如木為鐘鎛之象形則何以孳乳為南方之南，余揆其意蓋因古人陳鐘鎛於最南。大射儀禮記云：「笙磬西面，其南笙鐘，其南鑮同鎛，皆南陳，……頌磬東面，其南頌鐘，其南鑮，皆南陳。」鐘鎛皆南陳，故其字孳乳為東南之南，此義之孳乳在殷代已然。然文化漸進，則同文異義之字不免發生混淆，故[glyph]南二字遂不得不稍變其形，而亩字入後復增益而為䈄為鏞，更變而為鈴，則形聲俱變，其段為倉廩字用者則譌變而為亩，鈴亩南三字遂迥不可復合，其實乃同源之異流也。知此可知卜辭之「八南」「九南」或「一羊一南」，實即八鈴九鈴或一羊一鈴。小雅之「以雅以南」，文王世子之「胥鼓南」，實即「以雅以鈴」或「胥鼓鈴」也。又詩之周南召南大雅小雅，揆其初當亦以樂器之名孳乳為曲調之名，猶今人言大鼓、花鼓、魚琴、簡板、梆子、灘簧之類耳，詩序謂「南言化自北而南」，乃望文生訓之臆説。【釋南　甲骨文字研究】

◉吴其昌　云「㞢于且乙，牢：㞢一牛，㞢南」者，此「且乙」非「中宗且乙」，乃「武且乙」之省稱；已疏前節。「武乙」又得稱「武且乙」及「且乙」，猶「小乙」之又得稱「小且乙」續・一・一五・八及「且乙」後・一・三・五也。「南」者，此文云「牢：㞢一牛，㞢南。」㞢，有也。詳前疏。是即云：「牢：有牛，有南。」則「南」明為「牢」中之一物，而與「牛」為同類矣。此云「㞢牛，㞢南」，他卜辭云「一羊，一南。」後・一・五・一正為相同之文法，則「南」之與「牛」「羊」等類，證愈厚矣。他卜辭又有以「南」與「鹿」相等類者，如云：「丙申□貞，[glyph]動字。擒獲之義，阱陷之義。南鹿。」前・六・四三・五。是也。與「牛」「羊」「鹿」相等類，是「南」亦為牲牷明甚。牲牷，故亦可以卯殺之；卜辭云：「卯三南，□[glyph]。當為以大賁羊之形。」後・二・四一・五。可瞼也。卯殺牲牷，故可以祭亯，或與「牛」同「牢」，或與「羊」共薦。詳上或專以「南」饗，卜辭云：「㞢于且辛，八南。九南于且辛。」林・一・一二・一七。「……九南。」佚・四六一。可瞼也。此「南」字在殷代之别一晦義，至今日而始彰著也。昔人未瞭此晦義，故雖王先生亦困于「一羊，一南」之不得其解而强補為「南庚」。至郭沫若氏始糾正之云：「余謂『一南』與『一羊』為對文，同是獻于祖之物。」纂釋・四八。是也。然郭氏亦始終未詳稽卜辭而通覈之，故又誤以「南」為鐘鎛之物，釋八南九南于且辛云：「南，當是獻于祖廟之物，乃鐘鎛之類，說詳甲研釋南。」纂釋・三七。按：「南」是否又有別一義為鐘鎛之類，此乃又一問題；吾人亦承認其有，故詩云：「以雅以南」，明「南」之亦為樂也。但殷代根本無鐘鎛。鐘鎛，乃像田器之錢鎛二相合而成。詩云：「庤乃錢鎛。」鎛[glyph]形二鎛相合，則成[glyph]形，為鐘鎛之「鎛」也。蓋經農稼生產發達至相當程度以後，始知摹倣錢鎛工作時偶然觸石鏗爾激越之美聲，而鑄為二鎛對合之狀，故亦即以「鎛」名之也。殷代大氏尚滯在狃漁牧畜生產時期，錢鎛或寡，其不能有鐘鎛明甚。殷非農稼時代，郭氏及世人之所公認。傳世銅器近萬件，曾見有殷鐘殷鎛否耶？今鐘最早者，始見于周昭王之宗周鐘是周初尚無鐘也。鐘鎛之發達，直至東周之世始然班班可考也。故在上列卜辭一類之「南」，斷不能訓以鐘鎛。且「南」字實从「中」从「丹」，有作[glyph]者，前・三・三五・七・續・二・六・三等。種種變狀，在卜辭中，實亦不像鐘鎛之形。若以鐘、鎛訓「南」，則豈得與「羊」同為對文！郭氏語。豈得與「牛」同名為「牢」！豈得與「鹿」同時阱獲！又豈得云「卯三鐘鎛」乎！其不可通，匪可以口舌爭矣。【殷虛書契解詁　武漢大學文哲季刊四卷二期】

◉陳獨秀　南　甲文作[glyph]、[glyph]、[glyph]諸形，金文作[glyph]、[glyph]、[glyph]諸形，篆文作[glyph]；皆象行帳，如蒙古包，近世行軍之帳篷尚肖此形，中央豎木為柱，內有二橫梁。說文：「湳，西河美稷保東北水。」在內蒙古鄂爾多斯旗。水經注云：羌人因湳水為姓。按吾族由西北南下，正經過此地，此地水艸素盛，攜行帳者多集于此，故水以南名，亦以為姓，不獨羌人，漢人亦有南姓。帳門向南，遂以為南北字。殷人雖已有城郭，而畜牧猶盛，攜行帳逐水艸之事當仍有之，故製此字。南人、南樂字，又皆南北義之引伸。【小學識字教本】

◉明義士　□申卜𣪘貞于[glyph]庚御[glyph]。

[glyph]从[glyph]，象鼓類樂器形，从[glyph]，象虡飾，所以懸也。𣪘字从之。又磬字之[glyph]，[glyph]即磬形，[glyph]亦虡飾。南也，磬也，均為虛懸之樂器，以物擊之，以詩「以雅以南」，禮記文王世子「胥鼓南」證之，知南當為樂器也。許訓未確。

南庚　史紀殷本紀「祖丁崩，立沃甲之子南庚」。【柏根氏舊藏甲骨文字考釋】

◉商承祚　[glyph]甲骨文作[glyph]。金文盂鼎作[glyph]。㝬鼎作[glyph]。無㠱毁作[glyph]。汗簡引作[glyph]當為[glyph]之譌。【說文中之古文考】

◉唐　蘭　南字卜辭作[glyph]等形，郭沫若以為「殆鐘鎛一類之樂器」。蘭按以声之為聲，豈之為鼓例之，[glyph]衍為

□，誠可目為樂器。然以為鐘鎛一類則非是。郭氏以大薔之鐘為證，然南與亩固截然二事也。□字，孫詒讓氏釋㱿，王國維氏釋𣪊，學者多從王氏，今按當從孫氏為是。□或為□，變而為□，即説文殼字，猶□變為□□變為□矣。㱿象以殳繫壴，其聲壴然，以聲化象意字例之，當從殳壴聲，然則□即壴字也。壴字本義，今不可詳，以意度之，當是㲉之本字，以瓦作腔殼之形，故叩之而壳然也。卜辭□字，除用為南方義外，常用為祭物，如：九□，八□，五□，四□之類，郭沫若謂以鐘鎛類之樂器為祭，然卜辭又有「一羊一□」(後編上五葉)「卯一牛屮□」(前編七卷一葉)等辭，以牲與□並祭，謂為樂器，未免突兀。余謂此類卜辭中之□字，實即壴字，當讀為㲉，九壴，八壴，即九㲉，八㲉，而以㲉侑牛羊，亦於事為順也。然則南方之字，本段壴為之，無本字也。從壴聲之字，多轉讀入厚候等韻，左傳「楚人謂乳㲉」，尤其顯證。㲉南聲近，故變為今音之南。後世見南方之南，形聲俱變，遂以為別有專字矣。【釋四方之名　考古學社社刊第四期】

◉馬叙倫　段玉裁曰。説解屮木上挩任也二字。此與東動也一例。郭沫若曰。南字金甲文中無從朩者。南殆鍾鎛之類之樂器。甲文有□字。從殳與磬鼓同。乃象一手持槌以擊南。詩小雅鼓鐘。以雅以南。周禮春官笙人。掌教龡竽笙塤籥舂牘應雅。先鄭謂雅如漆筩而弇口。大二圍。長五尺六寸。以羊韋鞔之。有兩紐疏畫。雅為樂器。南亦當然。禮記文王世子。胥鼓南。南既言鼓。則顯為樂器之名。國語周語。景王二十三年。王將鑄無射。而為之大林。單穆公諫曰。大鐘以鮮其繼。是則大林即大鐘。林與南一聲之轉。大林金文作□字。從林聲。以聲類求之。當即鈴字。其字亦正象鈴形。倫按郭説南為樂器。殆無可疑。蓋四方之偁皆無本字。東西北既皆各有本義。南亦當然也。金文之□。蓋從亩林聲。亩之轉注字。非鈴字也。且今所謂鈴。有舌自擊。搖之使自擊耳。本書。鈴。令丁也。令丁也者。象其舌相擊之聲。㫃部。旂旗有衆鈴以令衆也。安於旂上者。亦似今馬頭所繫之鈴。且師寰敢有□。毛公鼎作□。則大林非鈴也。唯楚王頵編鐘文曰。楚王頵自作鈴鐘。蓋鈴薔音同來紐。自通用也。⊘南字散盤作□。盂鼎作□□。鬲攸比鼎作□。無㠱鼎作□。𤞷馭鼎作□。宗周鐘作□□。余冄鐘作□。兮甲盤作□。甲文作□□□□□□□□。雖象形原始之文不可見。若金甲文固與楚公鐘形似矣。南自象形。當自為部。説解本作任也。以聲訓。白虎通禮樂。南之為言任也。屮木九字字林文或校語。

□　王筠曰。汗簡引作□。倫按古文經傳如此作。金甲文中不見。散盤作□。齊矦壺作□。此蓋其譌變。古文下挩南字。【説文解字六書疏證卷十二】

◉田倩君　南字之初造，始於何時？南為器物初作何用塗？何以轉為方位「南方」之名者？此三問題乃解南字之主要癥結，抑亦極難求得圓滿答案。試看甲骨文字初期如新五二一〇，南□方曰夾。南已為武丁時常用之字。推思其製作時代當在殷商之前，余贊同唐氏說南為瓦製之樂器。其初，恐非專為作樂器而造，余以為始為容器盛酒漿，或盛黍稷之用，後發見其音「㲉然」。始作為樂器。至於轉用為方位「南方」之名者乃是由於聲音而來。試看太陽東升西没，唯經過南方是一日之中最為暖和之時，且南(ㄋㄢ)暖(ㄋㄨㄢ)二字雙聲疊韻，故此二字可以通假。漢書律曆志曰「太陽者南方。」白虎通曰：「火在南方，陽在上。」太陽在南方而暖，暖，南音聲均同，是南轉為南方之緣因也。【釋南 中國文字第八期】

◉張日昇 郭沫若謂南本象鐘鎛之形。唐蘭非之。謂南本即青。乃瓦製之樂器。唐說是也。甲骨文作□。从屮从□。屮象其飾。猶壴磬之从屮也。□象盛器。有蓋。唐氏謂□象瓦器而倒置。口在下。恐未必是。樂器本原於飲食之器。故壴亦从豆。青㲉為方名而字體則譌為金文之□。許謂从𣎵羊聲全非。【金文詁林卷六】

◉丁 驌 辭二四「在□」當是在「南冋」之南字，惟契文「在南」二字相連。可能係出偶然，並非一字也。又此南字亦不甚合標準，契文作□，與前六・六五・六及後上二三・四之南字形最近，字在辭中當指地望如南室、南鄙，非樂器之名也，李釋从蘖以此字為老，其所舉藏七六・三前七・三五・二或之文或是老字。但他文釋老可商。【屯乙八八九六版解釋 中國文字第三十八冊】

◉李孝定 南字甲骨文作□，與小篆「青」字極近，唐蘭氏釋甲文之□為㲉，卜辭記用牲恆言幾青，青則動物幼子之通稱，後世文字豕之幼者為㝅，鳥之幼者為㲉，哺乳曰㝅，猶存古誼；青為動物之初生者，故卜辭或言「新青」也。【金文詁林讀後記卷六】

◉連劭名 □ 此字也僅見于歷組一類卜辭，寫法奇特，看下一版卜辭：

癸丑卜：帝東！

癸丑卜：帝□？ 《京津》4349

从這块卜骨占問的內容看，此字當為「南」字體。賓組中的南字寫作□，與歷組一類中的寫法頗有區別。

「□」字又見于下列一版卜辭，也是表示方位，故知確為南字。

庚辰卜：紳人其東鄉？

庚辰卜：又邑人□？

庚辰卜：又邑人其□？

其北鄉？

其北鄉？

㞢 㞢

其東鄉？ 《鄴》3下·45·7

紳、邑二字皆不識。該版可能是在卜問進行某事時，各種人所站立的方位。【甲骨文考釋 考古與文物一九八八年第四期】

甲二〇〇 甲三八〇 生用為姓叀多生饗多生猶言多姓 甲九一五 甲二四〇二 甲三〇六六 庚寅卜今生一月方其亦㞢告 陳夢家説生月指來月今生一月即二月 甲九五四 今生十一月 甲二〇九 今生四月 乙三三八二 帝其于生一月令雷 乙七二八八 生一月 乙七二八九反 乙七三九六 不其生 拾一·一〇 桒生于妣庚妣丙在祖乙宗 後二·一八·一三 生月 後一·二六·六 其桒生于祖丁母妣己 戩二三·一〇 粹三九六 其桒生于妣庚妣丙牡羊白豕 粹三九八 其獲生鹿 粹九五一 粹一·一三一 佚七六 桒生 佚九三八 粹六五八 生月 見合文二六 【甲骨文編】

甲200 380 2402 3066 乙324 1709 2360 4872 5405 5900 6809 6819 7068 7289 7371 7396 7742 8755 珠30 524 佚938 續2·15·2 3·14·1 6·20·5 掇311 436 徵1·36 8·111 10·60 京2·13·2 3·5·1 録887 天71 誠443 龜卜76 六中2 續存800 1065 外46 141 144 粹396 398 400 432 461 粹508 前1·46·5 粹951 1191 新1590 1949 2916 【續甲骨文編】

生 王生女觥 害鼎 既生霸 作册魖卣 作册大鼎 豐尊 衛簋 牆盤 君姑鼎

師遽簋　莿簋　𥄳中壺　通簋　五年師旋簋　師奎父鼎　師害簋　趞曹鼎　師嫠簋　大簋　單伯鐘　鄭虢仲簋　此簋　琱生鬲　番生簋　翏生盨　武生鼎　卣弗生　甗　須盉生鼎　鈴鎛　床生鼎　中山王嚳壺　生簋　孳乳為姓　方彝　百姓　書汨作九共槀飫序別生分類傳生姓也　臣辰卣　臣辰盉　弔妃簋　史頌簋　頌簋　兮甲盤　孳乳為性　蔡姞簋　彌毕性即詩俾爾彌爾性【金文編】

4·143　獨字　5·357　蘇生【古陶文字徵】

〔五〇〕〔二八〕〔三六〕〔三六〕〔二二〕〔三五〕〔三六〕〔六七〕〔六七〕〔六七〕〔六七〕【先秦貨幣文編】

刀大齊厺化背十生　魯長　刀大齊厺化背十生　典九二四　仝上　典九二五　刀尖　亞五·三二頁　刀大齊厺化背十生　亞六·七頁【古幣文編】

九二：一〇　宗盟類參盟人名□生【侯馬盟書字表】

211　222　246　263【包山楚簡文字編】

生　日乙一二〇　一百六十四例　通牲　它—　日甲二五　通眚　或—於目　日甲一四三　法九二　七十三例　日乙二三九【睡虎地秦簡文字編】

是—子四〼(乙2—11)、胃"夋—(乙5—2)又讀為牲　……叏畜—分〼□(丙3:2—3)【長沙子彈庫帛書文字編】

4554 4551 4556 4698 4575 5163 5162 5160 5153 5158 5156

5165 5157 5159 3423 4098 3692 3452 3949 3954 3952 3951

3950 3947 3688 2311 2713 2793 4577 5181 【古璽文編】

長生安樂單祭尊之印　長生左吏　筥生　長生大富　魚𠂤生印　大日生　陳生印　李生　【漢印文字徵】

開母廟石闕　靈支梃生　孔宙碑陰額　【石刻篆文編】

生　生竝義雲章　生　【汗簡】

古孝經　汗簡　古老子　竝同上　竝義雲章　同上　【古文四聲韻】

◉許慎　生進也。象艸木生出土上。凡生之屬皆从生。所庚切。【說文解字卷六】

◉馬昂

又背文一字曰生。按說文曰。生。象艸木上出達也。从屮。从土。此識曰生。與作中土等字同意。【貨布文字考卷一】

◉劉心源　詩俾爾彌尒性傳。彌。終也。生即性。周禮大司徒辨五土之物生注。杜子春讀生為性。是也。【奇觚室吉金文述卷五】

◉孫海波　說文云：「進也，象屮木生出土上。」孳乳為姓，女所生也。書汨作九共稾飫序：「別生分類。」傳：「生，姓也。」兮甲盤「諸侯百生」，叔妃𣪘「用侃喜百生朋友」。百生即百姓也。【甲骨金文研究】

◉郭沫若　第三九六片生字作與金文作册大鼎「既生霸」之生字同。𡉚生者當是求生育之事。【殷契粹編考釋】

◉馬叙倫　生字於六書為從屮在土上。會意。然則與之之從屮在一上無別。且之訓出也。出訓進也。此亦訓進也。之音照紐三等。生音審紐二等。古讀照歸端審歸透。同為舌尖前破裂音。是形聲義竝無異也。且生死字。死以倒人指事。而生不易得主義之部分也。金文生字師害𣪘作。單伯編鐘大𣪘兮甲盤史頌𣪘叔弋𣪘竝同。床生鼎作。齊鎛作。蓋・者而曳長之。明出於地者。即屮之生也。屮未出也。不知其生也。出於地則生矣。猶人出於母體為生也。生即性命之性初文。周禮大司徒。辨五地之物生。注。杜子春讀生為性。吕氏春秋知分。以全生也。注。生。性也。國語周語。懋正其德而厚其性。王念孫曰。性之言生也。說解象屮木出土上非許文。字見急就篇。【說文解字六書疏證卷十二】

◉高鴻縉　字原象(古屮字)生地上。地有山川陵谷。概以一表之者。表其通象也。為文字。一為地之通象。故為指事字。動詞。周人於下復加一點。旋又變為一横。於是下一横變為土字。仍是出土上。土即地也。故為生長之生。【中國字例三篇】

◉黄錫全　生　頗疑此為「姓」字譌誤，原當與詛楚文類似。夏韻庚韻録作。姓、生古通。【汗簡注釋卷三】

◉劉　恆　「百姓」實源于上古時期的「多生」，在殷墟卜辭中可見「多子」與「多生」的對貞：

叀多子囗。

叀多生乡(飨)。(新獲197)

他辭有：

于多子乡(飨)。

叀王乡，受又(祐)。(粹486)

丁酉卜，王族爰多子族立于召。(南明224)

關于「多子」與「多生」的對貞，無獨有偶，古書亦以「多子」、「百姓」相提并論。《逸周書・商誓》記王曰：「爾多子其人自敬助，天永休于我西土；爾百姓其亦有安處。」這是周武王對殷商貴族所講的話。其在西周金文則「宗子」與「百生」相并提，善鼎：「余其用各我宗子雩(義同「與」)百生。」凡此表明「多生」、「百姓」、「百生」與「多子」或「宗子」大約屬于同一個階層。从上引卜辭可見王在飨飲時，有時命多子參加；王族與多子族亦常在一起活動，多子的身份顯然是貴族。卜辭或殷代金文中習見的「子某」、「子」應釋為爵名，正是由許多子爵貴族的家族構成了「多子族」，而「多子」即這些家族的族長。由于「子某」多系殷王的親族得封，而別為一族，可判知「多子」系殷朝的同姓貴族。「多生」雖亦屬于貴族，却是異姓貴族。古人得姓的來源不同，統治者往往對貴族因其所在之地而賜姓，所謂「天子建德，因生而賜姓，胙之土而命之氏」。賜姓的同時封之以土地，并命以氏名，使之在當地進行統治。所以，「多生」亦讀「多姓」，亦即各個得到賜姓貴族的稱謂，他們無疑即異姓貴族。卜辭有：

……大……多生射。（合集24142）

☑☑卜，翌辛☑歲，叀多生射。（合集24143）

此處射字的用法，則如《粹》130考釋于省吾先生眉批：「射謂射牲。晉九・二：『其射二牢』，《周禮・射人》：『祭祀則贊射牲』。」此言殷王舉行祭祀（歲祭）時，由多姓貴族射牲。這兩條史料也説明多生身份較高。

過去學者一般認為「多生」即經典之「百姓」。廣義的百姓典籍訓為百官，自是達詁，然狹義的百姓，原即多生，从卜辭知屬于異姓貴族無疑。殷代統治者重視血緣關係可能由來已久，當時已知同姓、異姓之區別。古書上訓百姓為百官者，如《書・堯典》：「平章百姓，百姓昭明」，偽孔傳：「百姓，百官。」鄭注：「百姓，群臣之父子兄弟。」此義實从狹義中來。【試説「多生」、「百生」與「婚媾」　陝西歷史博物館館刊第一期】

前二・一〇・六　後一・二・一六　方國名丰方　甲二九〇二　南丰方　明藏六三三　後一・一八・二三　丰方　簠文八四四　丰方　佚四二六　人名宰丰　佚五一八背　乙八六八八　宰丰　【甲骨文編】

丰　康侯名今尚書作封　康侯丰鼎　【金文編】

秦下表　65　【古陶文字徵】

刀弧背　冀滄　【古幣文編】

二〇〇：四五　宗盟類參盟人名　【侯馬盟書字表】

產 產

5210 5209 與康侯丰鼎丰字相近。【古璽文編】

◉許　慎　丯艸盛丯丯也。从生。上下達也。敷容切。【說文解字卷六】

◉林義光　古作康侯尊彝。象草盛形。下象其根蟠結。或作克緧彝邦字偏旁。作召伯虎敦奉字偏旁。【文源卷四】

◉馬叙倫　鈕樹玉曰。廣韻引作草盛丰也。玉篇。草盛也。韻會注云。說文本作丯。草盛丰丰也。今文省作丰。說文通部無此例。嚴可均曰。韻會二冬引篆體作丯。以丰為今文。蓋小徐原本如此。然部首作生。必丯為正篆。丯為重文。轉寫誤倒。校者遂删丯體。倫按唐寫本切韻殘卷三鍾丰下曰。說文作此草木盛丰。從生而上下違。違乃達譌。本書六篇自木部後半部以下多誤。鍇本尤甚。昔人止知木部有誤。而不知木部以下各部亦有誤也。此亦其可徵者也。艸盛之義。其字甚多。如芃莑茂茸蕃葆諸文。音尤與丰近。彼皆以形聲方法冓造成之。蓋形容詞每然。此獨從生上下達。而為艸盛丰丰。上達可見。下達何由見乎。王筠以為上盛者下必根深。此以意度。顯曲成之耳。或謂以豐字從丯。散盤封字作。甲文有字。漢瓦有丯字。證知此篆當作丯或丯。從艸或從屮。象艸葉丰茂。指事。非從生上下達也。木盛為朩。艸盛為丰。同為脣齒音。語原同也。倫謂屮木皆象形之文。以圖畫作之為為。仍是屮木二字。不見其茂盛也。屮音微紐。丰音敷紐。古讀歸滂。滂微同為次清破裂音。木音明紐。朩音微紐。明微同為邊音。則丰朩本為屮木二字之異文。以同音借為莑楙諸文。後乃誤别為二字耳。未字甲文用為十二支字。竟作。又有即妹字。尤可證也。艸盛丰丰也亦非本訓。蓋說解皆非許文。或字出字林。依形當入屮部。為屮之重文。【說文解字六書疏證卷十二】

◉李孝定　丯字象艸木生土上枝葉繁茂之形，封字从此，封字許訓爵諸侯之土，乃引申義，「封」實象以手植艸木之形，古者爵諸侯以土田，必為之正疆界，國之大者以山河為疆域，小者或植樹立石以别之，故謂之封疆，許訓爵諸侯之土者以此也。封邦義相同，邦者，所封之地也。封對義相近，封有顯示義，封疆所以顯示經界，故金文恆語「對揚」，亦或作「封揚」也。【金文詁林讀後記卷六】

產　哀成弔鼎　　　蔡侯產劍　【金文編】

九二：一六　六例　宗盟委質内室類參盟人名　【侯馬盟書字表】

[seal] 187【包山楚簡文字編】

[seal] 産 法一七七 六例 [seal] 為三五【睡虎地秦簡文字編】

[seal] 相産 [seal] 高産 [seal] 王産印【漢印文字徵】

[seal] 泰山刻石 者産得宜【石刻篆文編】

[seal] 華嶽碑【古文四聲韻】

◉許 慎 [seal]生也。从生。彦省聲。所簡切。【説文解字卷六】

◉郭沫若 㪙，殆産之異，从初彦省聲。産者生之初也，故从初。【陳貺𣪘 兩周金文辭大系考釋】

◉馬叙倫 生産音同審紐二等。轉注字也。字見急就篇。【説文解字六書疏證卷十二】

◉郭沫若 [seal]即産之異文。番生𣪘銘有「朱𤔔弘靳」一語，毛公鼎銘作「朱䌛弘靳」。説文䌛之古文作[seal]，即是䌛字。𤔔與䌛，至少其音必相同。[seal]之結構與䌛同例，其音亦必同于䌛。䌛與産，古音同在元部，[seal]从四甾，𤔔聲，甾乃古圃字，則此奇文乃田産之産字。【由壽縣蔡器論到蔡墓的年代 考古學報一九五六年第一期】

◉蔡運章 「[seal]」，《金文編》所無，其从产从生，當是産字。《侯馬盟書》九二・一六産字的構形與此相近，可以為證。《説文・生部》「産，生也。」《孟子・滕文公上》：「陳良，楚産也。」趙岐注：「陳良生于楚。」可見「産」謂生長的意思。【甲骨金文與古史研究】

◉戴家祥 産从生，象植物生長形，當指地方出産。【金文大字典中】

[seal] 張隆 [seal] 張隆私印 [seal] 王隆 [seal] 楊隆私印 [seal] 史隆私印 [seal] 李隆私印【漢印文字徵】

[seal] 隆【汗簡】

[seal] 碧落文 [seal] 王存乂切韻【古文四聲韻】

◉許　慎　隆豐大也。从生。降聲。徐鍇曰。生而不已。益高大也。力中切。【說文解字卷六】

◉林義光　古作隆丕隆矛。从土降聲。王莽量長壽隆崇。隆作隆。則篆亦不从生。【文源卷十一】

◉丁佛言　隆丕隆矛。从降从土。土有豐大義。桂未谷許印林釋隆。是。原書釋降。姚華曰。古籀文多形近相通。説文癃籀作痒。隆或即是降。隆師兌敨。丁麟年柯昌泗俱以為隆字。案从日从土。有豐大高大義。【説文古籀補補卷六】

◉馬叙倫　翟云升曰。許冲上説文在安帝建光元年。以前上諱。説文竝載。惟隆字不言上諱。者。缺也。若西漢諸帝之諱。竟不一及。則無説以處此。桂馥曰。殤帝二歲殤。未成人。故不諱。王筠曰。書成於和帝永元十二年以前。故不云上諱。林義光曰。丕隆矛作隆。从土。降聲。王莽量長壽隆崇字亦作隆。則篆亦不從生。當訓高也。倫按以本部屬字衡之。林説可從。當入土部。豐大也當作豐也大也。字或出字林。【説文解字六書疏證卷十二】

甤 甤

◉許　慎　甤艸木實甤甤也。从生。豨省聲。讀若綏。儒隹切。【説文解字卷六】

◉馬叙倫　鈕樹玉曰。繫傳作從希省聲。豨字讀若綏。蓋傳寫誤。韻會引作從生豕聲。豕字讀若豨。徐鍇曰。甤豕生相近。王筠曰。鍇本作豕聲。豨字讀若綏。豨字二字蓋校者疑豕非聲。故旁注之。而大徐遂以為正文。又疑其不詞。乃改此四字為豨省聲。而小徐固止解豕字。不解豨字也。桂馥曰。一切經音義十六引從生從豕聲。張行孚曰。甤。古文。蕤。今文。劉秀生曰。豕聲在没部。綏從妥聲。依段玉裁補。在歌部。歌没旁對轉。故甤從豕聲得讀若綏。周禮天官夏采。以乘車建綏。復于四郊。注。玄謂當作緌。字之誤也。士冠禮及玉藻冠緌之字。故書亦多作緌者。今禮家言作蕤。禮記玉藻。緇布冠。繢緌。注。緌或作蕤。明堂位。夏后氏之綏。喪大記。皆戴綏。注竝云。綏當為緌。讀如冠蕤之蕤。襍記。以其綏復。注。綏當為緌。讀如蕤賓之蕤。荀子儒效。綏綏兮。注。綏或為葳蕤之蕤。竝其證。倫按艸木實甤甤也。是謂艸木實𠂹之狀。然不當從生。謂艸木之茂耶。則張説是。然亦不當從生。經記無用此字者。無可證其本義也。且生豕雙聲。亦得為豕之轉注字。從豕。生聲。字蓋出字林。【説文解字六書疏證卷十二】

甡 甡

◉許　慎　甡衆生並立之皃。从二生。詩曰。甡甡其鹿。所臻切。【説文解字卷六】

◉馬叙倫　甡與生雙聲。蓋即生之茂體。與㚘屾諸文同例。當為生之重文。衆生竝立之貌不可通。必校語也。字或出字林。【説文解字六書疏證卷十二】

布方乇昜通于宅　宅字另見晉祁　仝上　仝上　仝上　仝上　布方乇昜　晉洪　布方乇昜　晉襄

布方乇昜　晉洪　布方乇昜　晉原　布方乇昜　晉原　仝上　仝上　布方乇昜　晉祁　仝上

仝上　仝上　仝上　仝上　仝上　布方乇陽　凡宅陽布不作昜而乇昜布多不作陽此布乇陽例甚少　亞四・一一

【古幣文編】

乇竹革切　【汗簡】

汗簡　【古文四聲韻】

◉許　慎　乇艸葉也。从垂穗上貫一。下有根。象形。凡乇之屬皆从乇。陟格切。【説文解字卷六】

◉林義光　不類艸葉形。本義當為草木根成貫地上達。一地也。易解卦。百果草木皆甲宅。鄭注。皮曰甲。根曰宅。乇即甲宅之宅本字。【文源卷六】

◉馬叙倫　承培元曰。汪依鉉作從垂穗上貫一。莊有可曰。乇。古擇字。一。地也。直者象榦。上垂者象欲落葉也。倫按訓為艸葉。説為象形。然形上絶無艸葉之象。且艸葉獨為造專字耶。木葉可象形造字。艸葉不可作也。莊謂古擇字。尋艸部。蘀。艸木皮葉落陊地為蘀。倫謂此今杭縣謂物下垂曰拖下來之拖本字。義為艸葉垂落。故此説解曰。艸葉垂也。今垂字傳寫誤乙於從字下。而從下轉捝中字。許當本作垂也。從中象形。穗上貫一下有根者。校語又有捝字也。篆本作。譌變成乇。論語里仁。擇不處仁。古本擇作宅。此擇乇聲同魚類相通之證。蘀為乇之轉注字。【説文解字六書疏證卷十二】

◉于省吾　甲骨文字也作，舊釋為力。字舊釋為㕣，以為「㕣即𠭞之省」；字舊釋為祒，以為「祒當是𠭞之異體」。按舊釋均誤。甲骨文力字作，劦𠭞男妨等字从之，絶無从者。與分明是兩個字。或所从之，乃乇之初文。甲骨文宅字習見，其从乇均作或。又甲骨文亳字所从之乇，與宅字从乇形同（後來亳字則變作从或）。晚周貨幣庑陽之庑从乇作者常見，猶存初形。然則或之為乇字的初文，昭然若揭。又春秋時器晉邦盦的宅字从乇作，中劃彎環，乃説文乇字作的先導。説文：「乇，艸葉也，从垂穗，上貫一，下有根，象形字。」按許説臆測無據，自來説文學家皆曲加附會，無可憑信。乇字的造字本義，只有存以待考。

甲骨文的乇字孳乳為舌、祏,均應讀為矺。史記李斯列傳「十公主矺死于杜」,索隱:「矺音宅,與磔同,古今字異耳。磔謂裂其支體而殺之。」按宅从乇聲,乇與磔音同,唐韻并「陟格切」。章炳麟文始謂乇「在刑為磔,辜也」。周禮大宗伯的「以疈辜祭四方百物」,鄭注:「故書疈為罷。」鄭司農注:「罷辜,披磔牲以祭。」爾雅釋天的「祭風曰磔」,李巡注:「祭風以牲頭蹏及皮破之以祭,故曰磔。」按乇舌祏均讀為矺,典籍通作磔,是就割裂祭牲的肢體言之。今擇録甲骨文有關乇舌祏的貞卜列之于下:

一、乇㲋小母,用(乙八七一四)。

二、帝乇朿門〇帝乇朿門(乙八八九六)。

三、甲午卜,乇于父丁犬百羊百,卯十牛(京津四〇六六)。

四、丁卯卜,于來辛子酌乇(甲七二六)。

五、祭大乙,其舌且乙二牢(京都一七八五)。

六、☐貞,毓且乙舌物(勿與牛二字合文)。四月〇貞弜勿(續一·一六·二)。

七、甲兑卜,旅貞,翌乙丑舌,叀白牡(後下五·七)。

八、癸亥貞,酌彡于小乙,其告,舌于父丁一牛〇癸亥貞,酌彡于小乙,其舌(鄴三下四二·五)。

九、苜(莫)舌十人又五,王受又(京都一八八七)。

十、癸丑卜,其又亳土,叀祏(甲一六四〇)。

十一、叀小乙祏,用(寧滬一·一九五)。

十二、☐祭父☐祏二牢,王受又(甲一五九六)。

十三、☐☐卜,劦日且甲,祏羌☐(京津四〇四六)。

十四、貞,康且宗祏,王受又(續存下八七六)。

以上所列十四條,乇舌祏三字均應讀作磔,是就祭祀支解牲體言之。第一條的乇㲋小母,是說割裂㲋體以祭小母。甲骨文的「其用小母㲋」(乙八八六五),也是用㲋以祭小母。第二條的帝乇朿門為省語。帝即禘祭。乇謂磔牲。朿門是說舉行禘祭時燔燎割裂之牲體于宗廟之門。第十條是祭祀亳社用磔牲。此外各條也均言磔牲以祭,第九條的莫(暮)舌十人又五,第十三條的祏羌,則是割裂人牲的肢體。而且,第十三條劦日之劦作巛,與祏並見,更足以證明劦與祏的截然不同。

在上述之外,甲骨文的「气酌彡矺,自上甲衣至于多毓」(鄴初四〇·一〇)和「王宏矺,自上甲至于多毓,衣。」(林一·二七·四)

此類貞卜屢見。秅字作𢼸,从不乇聲,也應讀為磔。因為王𡧊秅與它辭的王𡧊戠和王𡧊伐辭例相同,都指殺牲言之。【釋乇、舌、𦧇　甲骨文字釋林】

◉徐中舒　甲骨文𠂇舊釋力,按力字作𠃋,與𠂇形體有別,于省吾釋乇(甲骨文字釋林釋乇舌𦧇),至確。然于氏於字形無説。今按晉邦盦宅所從乇作乇,與甲骨文𠂇略同,《説文》篆文譌作乇,而釆字古文作乇,所從之乇與乇字篆文形略同,亦當是乇字。《説文·釆部》:「釆,辨别也。象獸指爪分別也。」然釆實非象形字,自釆之古文觀之,乃從乇從八之會意字,八,別也,象物之分別形,而乇乃所以分別之器。蓋古刀字作𠘧,為表示其刃部功能,或省作丿,復加指示符號一遂作𠂇,此與𠂇或省作𠂇例同。又有作𠂇、𠂇等形者,皆𠂇之孳乳字,用例與𠂇全同,今皆併為一字。【甲骨文字典卷六】

乙627　640　710　1100　1320　1911　2491　2626　3251　5247　5394

5415　6703　6732　6777　6830　6966　7750　8406　8462　8463　8749

珠1　18　610　佚465　京2·24·3　續存66　1356　【續甲骨文編】

◉許　慎　𠂹艸木華葉𠂹。象形。凡𠂹之屬皆从𠂹。是為切。𢆉古文。【説文解字卷六】

◉葉玉森　𠂹孫詒讓氏釋共。契文舉例上卅六。柯昌濟氏釋舞。象人以手舞形。卜辭舞疾疑即許疾。金文作無可證。補釋。森按。予釋𠂹。與𠂹𠂹同字。揅契枝譚及拾遺考釋七葉。【殷虛書契前編集釋卷五】

◉馬叙倫　莊有可曰。此古穗字。王筠曰。篆當作𠂹。徐灝曰。𠂹古音讀若它。垂之言墮也。其義為下垂。倫按或謂説解當作木葉𠂹。篆當作𠂹。今省變耳。倫謂𠂹乇一字。乇音知紐。𠂹音禪紐。同為舌面音也。蓋方音轉耳。篆當作𠂹。説解當作垂也。從中。象形。今文有校語。并有譌挩。𠂹墮語原同。

𢆉嚴可均曰。𠂹象𠂹形。古文或省乇作𠂹。或反文作𠂹。我字取𠂹聲。妥古婑字。取𠂹聲。正反皆象𠂹形。皆𠂹字也。王筠曰。朱筠本作𢆉。倫按乇𠂹一字。言部。諉。誺也。纍也。廣雅作諉託。此其證。故古文經記以乇之轉注字作玏者為𠂹。玏從乇。從古文為省聲。為音喻紐三等。𠂹音禪紐。同為次濁摩擦音也。然亦疑𠂹為𠂹之譌變。玏即乇𠂹二字之合文。古文下挩𠂹字。【説文解字六書疏證卷十二】

◉李孝定　字从𠂹从土。於小篆當於土部之垂。象華木生土上而華葉下𠂹之形。去土存𠂹。亦足以見意。𠂹垂古衹是一字。是以經傳皆以垂為下𠂹字。乃用本字之或體。非叚借也。【甲骨文字集釋卷六】

◉商承祚　吴天璽紀功碑：「敷垂億載」。《說文》𠂹：「艸木華葉垂，象形」；垂：「遠邊也。從土𠂹聲。」二字形義有別。經典相承用邊垂之垂為下垂之垂，𠂹廢而不用。《詩·都人士》「垂帶而厲」，《後漢書·鄧禹傳》「垂功名於竹帛」是也。然亦有用本字者，《左傳》成公十三年「虔劉我邊垂」，《漢書·谷永傳》「方今四垂晏然」，《荀子·臣道》「邊境之臣處則疆垂不喪」是也。後人又以《說文》訓「危也」之陲代垂。【石刻篆文編字說　古文字研究第五輯】

𠌶　𠌶

□華　命簋　□不𣄰方鼎　□𨘋盂　□邾公華鐘　□　□克鼎　□華季盨　□仲義父鼎　□仲姞鬲　□華母壺　【金文編】

□𠌶火於切【汗簡】

◉許　慎　𠌶艸木華也。从𠂹。亏聲。凡𠌶之屬皆从𠌶。況于切。荂𠌶或从艸。从夸。【說文解字卷六】

◉林義光　古作□邾公華鐘。象一蒂五瓣之形。于聲。或作□克刱彝(象萼足)。【文源卷一】

◉高田忠周　說文。荂。𠌶或从艸从夸。夸从亏聲。與𠌶同聲。即知荂蕚同字。而蕚荂均皆𠌶字異文。𠌶字轉義為榮也。後人以荂蕚為轉義專字。實誤。鐘鼎古文有𠌶無荂蕚也。又如經傳有華無𠌶。華或作蕐。為蕚字隸變。蓋皆漢人隸改所為。固不足為據耳。今合為一。故删蕚部。說文跨誇二字。其古文固作⿰足𠌶⿰言𠌶。詩皇皇者華。禮記月令鞠有黃華。皆𠌶字本義。【說文古籀篇八十三】

◉馬叙倫　翟云升曰。集韻引華下有葉字。衍。倫按草木之花。非不可圖。如今教示童子。任畫一花。即足瞭然。亦如艸木各有多種。今艸木之篆。但取其一為象耳。即令不以象形之法冓造。則必從艸木為義。何事而取於𠂹。觀克鼎作□。邾公鐘作□。石鼓作□。悟知□□□即𠌶之初文。非從木葉𠂹之𠂹。從木而花於其枝。指事。爾雅釋草所謂木謂之華也。夫艸亦有花而獨取乎木者。蓋有原始華字。但畫一花。猶葉字初文作□。後以疑於羽翼之翼初文作□者而造葉字。花則以疑於星之初文作□或□及晶品諸文。因增木以為別。其象形文本作□變省作□□□。或作□。轉寫誤成□□。

韡 䪏

又譌為𠂹耳。或以𠂹疑於𠂹。因增于聲。則為轉注字。于音喻紐三等。華𠌶一字。華音匣紐。同為次濁摩擦音也。亦以聲同魚類轉注為葩。急就篇有華無𠌶。疑本作𠌶。傳寫者易之。指事。仲義父簋作𠂹。仲姞鬲作𠂹。

𠂹段玉裁曰。夸聲。倫按為艸而造者也。夸聲亦魚類。轉注字。【說文解字六書疏證卷十二】

◉强運開 𠂹薛趙楊俱作華。潘云。薛作華音夫。張德容云。說文。𠌶。艸木𠌶也。从𠂹亏聲。蕚。榮也。从艸从𠌶。二字說解不同。不必以𠌶為華。運開按。鼓文是𠌶非蕚。張說是也。攼龠公𠌶鐘作𠂹。克鼎作𠂹𠂹。仲義父鼎作𠂹。仲姞鬲𠂹。俱與鼓文近似。可以為證。【石鼓釋文】

䪏 韡于鬼切見石經 【汗簡】

䪏 石經 【古文四聲韻】

◉許　慎 韡盛也。从𠌶。韋聲。詩曰。萼不韡韡。于鬼切。【說文解字卷六】

◉馬叙倫 韡蓋𠌶之轉注字。𠌶從于得聲。于韡音同喻紐三等也。引經校者加之。本書無萼。今詩作鄂。韻會引作咢。蓋以錯本作咢。乃據今詩加邑旁。字或出字林。【說文解字六書疏證卷十二】

𠂹 3·11 華門陳棱𠂹左里攴亳區　𠂹 3·6 華門陳棱𠂹左里攴亳豆　𠂹 3·47 陳華句莫廩☐亳釜　𠂹 6·184 華鼺 【古陶文字徵】

𠂹 華 編三四 【睡虎地秦簡文字編】

𠂹 0394　𠂹 0910 與華母壺華字相近。　𠂹 2169　𠂹 1325　𠂹 3973　𠂹 2265 【古璽文編】

𠂹 華安世印　𠂹 華勳　𠂹 華赦印　𠂹 華奴　𠂹 華尊　𠂹 華徐之印　𠂹 華少翁　𠂹 華奴　𠂹 華嵩次　𠂹 華大　𠂹 華義信印　𠂹 華唐已　𠂹 華廣　𠂹 華杜唯印　𠂹 華翁仲　𠂹 華宮印　𠂹 華長卿 【漢印文字徵】

□石碣乍邍亞箬其𠌶【石刻篆文編】

□華見莊子 □華王存乂切韻 □華户瓜切。篆从艸此依古以屮為艸之説作之 □華户化切【汗簡】

□古老子 □同上 □古莊子 □王存乂切韻 □華嶽碑 □汗簡 □雲臺碑 □同上 □崔希裕纂古

□ □並籀韻 □籀韻【古文四聲韻】

◉許　慎　□榮也。从艸从𠌶。凡華之屬皆从華。户瓜切。【説文解字卷六】

◉吳大澂　金車蕐𦆶較。□古蕐字。較。車輢上曲銅也。爾雅槃謂之罿。此云蕐𦆶較。當係覆較之𦆶。猶車𨍭也。【毛公鼎釋文】

◉吳大澂　□从𠌶。从艸。古華字。【愙齋集古録第十一册】

◉葉玉森　□金文拜作□頌鼎□師遽方尊□吳尊□誄田鼎。吳大澂氏謂从又从華。手拔華曰拜。引詩甘棠勿翦勿拜箋拜之言拔為證。字説。卜辭□之異體作□。與金文旁從並合。疑即華字。惟文不多見。辭亦難通。終未敢斷定。【殷虚書契前編集釋卷一】

◉陳獨秀　華　古匋器文作□，命簋作□，均象全枝之花，非如許氏之説□訓艸木華，从𠂹，亐聲；□訓榮，从艸从𠌶。二字音義并同，隸作華，反近於古文。北魏以後始作花。【小學識字教本】

◉馬叙倫　説文疑曰。𠌶字艸木𠌶也。則加艸立部又何説。説文為後人所亂者大抵如此。蓋强據爾雅而立此部。王筠曰。爾雅。木謂之華。艸謂之榮。知為一字。惟以𠌶。況于切。用古音。蕐。户瓜切。用六朝音。是以誤分為二字。許君本文必曰𠌶聲也。徐灝曰。𠌶華相承增艸頭。爾雅釋艸。華。荂也。華。荂。榮也。許以𠌶荂為一字。而爾雅別之者。蓋故訓有通釋其義。亦有但明其聲。如初哉首基皆訓始。義各不同。卬吾余台皆訓我。則祇聲別。是其例也。𠌶華亦一字。而説文別之者。以所屬之字相從各異也。倫按華與𠌶自為一字。蓋後起者也。李富孫據爾雅釋艸華荂也華荂榮也。疑華荂也為𠌶字。華荂榮也為蕐字。未嘗無理。然則華荂榮也當作蕐榮也。始合。今爾雅言華荂也者。以異體相釋。即以後起之轉注字。釋初文之後起字。而華荂榮也者。又以榮釋華荂。榮借為英。以假借字釋本字。更足明其為一字。夫華之初文。止象華形。不別艸木。別以艸木。皆後作也。如今篆為從艸𠌶聲。【説文解字六書疏證卷十二】

皣

◉許　慎　皣艸木白華也。从華。从白。筠輒切。【説文解字卷六】

◉馬叙倫　沈濤曰。文選西都賦注引作艸木白華皃。是古本不作也。倫按七篇。皅。艸華之白也。與此訓艸木白華也皆以從白望文生義。其實皣即葩之轉注字。從華。白聲。亦華之轉注字。聲皆魚類也。説解當曰。華也。或曰。從白。華聲。與皣一字。字蓋出字林。【説文解字六書疏證卷十二】

禾

禾工兮切【汗簡】

刀弧背　冀滄　布空大　豫伊　刀弧背　冀滄　布空大　豫伊【古幣文編】

◉許　慎　禾木之曲頭止不能上也。凡禾之屬皆从禾。古兮切。【説文解字卷六】

◉馬叙倫　惠棟曰。俗作礙。玉篇一音五溉切。徐灝曰。五溉切是。其音古兮切者。因稽字從禾而誤耳。倫按禾從木而丿阻其末不能上。故義為畱止。今説解中奪其義。饒炯謂當云。畱止也。象木曲頭不能上形。於六書為指事。然倫有疑者。金甲文及經記均不見禾字。稽畱為稽之引申義。木之曲頭止不能上亦偶然之事。本部所屬僅積𥝩二字。訓釋既不明顯。復有別義。而積字又有二聲之嫌。稽字實不從禾。本書別無從禾得義與聲之字。則是本無此字也。甲文禾字有作……者。明與此同。禾音匣紐。此當五溉切。則在疑紐。同為舌根次濁音。或音轉之後。後人不明其為禾之異文。望文而生此訓耳。【説文解字六書疏證卷十二】

積

◉許　慎　積多小意而止也。从禾。从支。只聲。一曰。木也。職雉切。【説文解字卷六】

◉馬叙倫　鈕樹玉曰。集韻引作一曰木枝曲。玉篇引爾雅有枳首蛇。又曲支果。今作枳。倫按此部説解多誤。於禾下奪訓義之文。可以知之。此説義亦不可解。諸家皆望文曲説耳。從二字得聲之字。本書亦僅有竊𥧸二字。其音仍讀一字之音。且竊字倫已證其為從穴糲聲。𥧸亦可明其本有𥝌聲之𥢔次聲之䕊兩字。詳竊𥧸二字下。此字如鍇本作從禾只支聲。似以只支二字為聲。倫謂積得聲於只。一則可證於迟之從只得聲而訓曲行也。再則可證於枳枸木之從只從句得聲。而詩南山正義謂枸木多枝而曲也。枳枸正與積𥝩同。然則積字或亦本枝枳兩字。一正一重也。積為枝枳二字之誤并。猶碧為珀佰二字之誤并勸為𠡠勸兩字之誤并矣。只支音同照紐三等。聲同支類。枝枳蓋轉注字。字當從禾。今杭縣謂人臂不能申者曰枝手皃。又

椈

謂曲臂曰白起來。音如翎。則枝椈乃禾之不申者也。一曰木也者。謂木名也。枳字義。字蓋出字林。【說文解字六書疏證卷十二】

◉許 慎 積椈也。从禾。从又。句聲。又者。从丑省。一曰。木名。徐鍇曰。丑者。束縛也。積椈不伸之意。俱羽切。【說文解字卷六】

◉阮 元 （周師淮父卣蓋）穆從師淮父戍于古阜。錢獻之吳侃叔並云穆字當釋為椈。說文椈。積椈也。從禾從又。句聲。又者從丑省。元謂經傳人名無此椈字。文選宋玉風賦。枳句來巢。枳句曲木。當是積椈二字省文。知經傳椈字皆省作句矣。【積古齋鐘鼎款識卷十二】

◉馬叙倫 嚴可均曰。又者從丑省。當是校語。小徐木名下有闕字。蓋有闕文。王筠曰。名當作也。闕者。校者所記也。宋文蔚曰。一曰木名者。陳壽祺以為即詩南山南山有枸之枸。是也。詩正義引宋玉賦。枳枸來巢。以證毛傳。正義謂枸木多枝而曲。倫按此從禾攸聲。急就篇。沽酒釀醪稽極程。王應麟謂稽極即積椈。極從亟得聲。亟從攸得聲。敂攸為異文。毛公鼎晉鼎亟字皆作。則極自可借為椈。然以急就文義言。則稽借為計。猶會計作會稽也。則極非椈義矣。金文𥞤卣字從禾。丮聲。孫詒讓謂從丮與從攴同。倫謂從丮與從又同。則𥞤椈一字也。椈踽皆受聲于句。句受於丩。其語原也。一曰木名者。宋先生說是也。【說文解字六書疏證卷十二】

稽

稽 為五二例 編五二【睡虎地秦簡文字編】

會稽守印 會稽太守章【漢印文字徵】

天璽紀功碑 中郎將會稽陳治 魏殘石【石刻篆文編】

稽。竝王庶子碑。 稽。見尚書。 稽。 稽。見尚書。上聲讀之。 稽。出尚書。【汗簡】

竝古尚書 汗簡 王存乂切韻 竝王存乂切韻 古尚書【古文四

聲韻】

◉許　慎　□留止也。从禾。从尤。旨聲。凡稽之屬皆从稽。古兮切。【説文解字卷六】

◉章太炎　吴語攤鐸拱稽解。唐尚書云。稽。棨戟也。章炳麟案。説文。稽。留止也。從禾從尤。旨聲。禾。木之曲頭止不能上也。積。積秵。多小意而止也。從禾從支。只聲。秵。積秵也。從禾。從又。句聲。又者。從丑省。積稽秵皆受義於曲頭之禾。稽積宜本一字。只旨同聲。左氏襄十一傳。樂旨君子。即樂只君子。可徵也。廣韻積秵皆訓曲枝果。段先生曰。積秵或作枳椇。或作枳枸。或作枳句。或作枝枸。皆詰詘不得伸意。明堂位。段以椇。注椇之言枳椇也。謂曲橈之也。莊子山木篇云。騰蝯得柘棘枳枸之間。宋玉風賦曰。枳句來巢。空穴來風。陸璣詩疏作句曲來巢。謂樹枝屈曲處。鳥用為巢。淮南書。龍夭矯。燕枝枸。亦屈曲盤旋之意。此上引段説。尋説文引賈侍中説。稽穖穡三字。皆木名。此則稽。即莊子所謂枳枸。唐韻所謂曲枝果矣。故稽為木屈曲者。説文。戟、有枝兵也。從戈幹省。釋名。戟。格也。傍有枝格也。方言凡戟而無刃。其曲者謂之鉤釨鏝。胡引伸之。則毛詩傳曰。拮据。戟挶也。説文。挶戟持也。据戟挶也。皆取曲義。此戟為兵典而有枝者。積形從支義。則訓曲。是故戟亦偁積。其作稽者。由説文以後言之。則曰。稽積聲義皆通可也。其在周時。稽積本一字。復有佗證。説文。戞、戟也。從戈百。戈、平頭戟也。戈為平頭。即明戟非平頭。其從百者。取義於禾之曲頭可知也。釋名以枝格訓戟。有枝格則可遮迾以禦妄人。是即稽訓留止之義。古訓既佚。獨賴唐氏存之。【説稽　雅言第八期】

◉林義光　説文云。□留止也。从禾从尤。旨聲。按尤者從手中引物之象。見尤字條。稽之義猶手持物。有引之者不令取。故从尤从禾。【文源卷十】

◉葉玉森　卜辭屢見王□曰吉之文。□或作□□□□。王國維氏謂與卟為一字。王襄氏疑即書金縢啟。見書啟。然卜辭固有啟字。予疑即書洪範明用稽疑之稽。汗簡引古文尚書作□。與□形尤近。許書引作卟。【殷虚書契前編集釋卷一】

◉瞿潤緡　卟或釋為洪範「稽疑」之稽。説文引作「卟，卜以問疑也。」按卜辭「王卟曰」以下似非疑問之辭，最明顯者如「王卟曰吉」四〇二背之類，自與洪範之稽説文之卟不同，考其辭與盤庚上「卜稽曰其如台」之句法相似，乃繇詞而非命詞也。稽考也，視兆考定吉凶也，是卟即稽字而非説文之卟矣。【殷虚卜辭考釋】

◉馬叙倫　稽部三文。賈逵皆以為木名。然則字宜從木矣。倫疑穖稽穡當作檥楷橧。楷。從□。楷省聲。畱止也當作畱也止也。玄應一切經音義引字林。稽。畱也止也。則此二訓皆吕忱文。許當止以聲訓。其義當為□也。或獨足立也。此篆從尤者。□之譌。方言。踔。蹇也。齊楚晉曰踔。踔即穖之異文。可證也。□者。□也。曲脛也。□者一足不能走。故引申有留義止義。𥡴訓𥡴䅰而止。則以雙聲相附會。亦語原同也。稽從楷省得聲者。見紐雙聲。莊子大宗師之狐不偕。韓非說疑作狐不稽。王弼本老子。亦稽或也。河上本作亦楷式也。此稽從楷得聲之證也。後人不明尤為尢譌。而以其聲義皆與禾近。故改木為禾。亦或從尢稽省聲。禾字甲文有作𥝌者。可證也。玄應引三倉。稽首。頓首也。字亦見急就篇。李仁甫本作皆。尢音影紐。稽音見紐。同為清破裂音。蓋轉注字。【說文解字六書疏證卷十二】

◉裘錫圭　地灣所出221・20號簡,《居》8854釋作:

所取晉落㡿谷完☐

此簡圖版,第一、第六、第七三字皆不清。第五字顯然是「㕥」。第三字實作「稽」,馬王堆帛書和臨沂銀雀山漢簡「稽」字寫法多與此相似。如馬王堆《老子》甲本德經「稽式」之「稽」作𥡴(《馬王堆漢墓帛書》第一輯),除「禾」旁尚未訛變為「禾」以外(《說文》「稽」字從「禾」),與上引簡文全同。所以「晉落㡿」實是「稽落㕥」的誤釋。

《後漢書・竇憲傳》:「與北單于戰於稽落山,大破之。」此山在居延之北今蒙古境内。㕥置一般以所在地命名,上引簡文的「稽落」肯定是地名,但是很少有可能指在今蒙古境内的稽落山。此簡不出於居延都尉轄區而出於偏南的肩水都尉轄區,更減少了這種可能性。河西四郡本是匈奴故地,因此有不少匈奴遺留下來的地名。簡文的稽落大概就是這樣的一個地名。稽落有南北兩個,就跟祁連山有南北兩個一樣,並不奇怪。【漢簡零拾　文史第十二輯】

穛 穛

◉許　慎　穛特止也。从稽省。卓聲。徐鍇曰。特止。卓立也。竹角切。【說文解字卷六】

◉馬叙倫　段玉裁曰。論語。如有所立卓爾。當用此字。倫按從尢。焯聲。方言。焯蹇也。焯即穛之異文。莊子秋水。吾以一足趻踔而行。踔亦穛之異文。二篇。逴。一曰。蹇也。蹇者。跛也。跛即尢也。則古書或借逴為穛耳。穛音知紐。稽音見紐。同為清破裂音。是轉注字也。特止也當作一足也止也。此字蓋出字林。【說文解字六書疏證卷十二】

𥡴 𥡴

◉許　慎　𥡴𥡴䅰而止也。从稽省。咎聲。讀若皓。賈侍中說。稽穛𥡴三字皆木名。古老切。【說文解字卷六】

◉馬叙倫　鈕樹玉曰。張本玉篇引䅰作䟝。說文無䟝。徐灝曰。篆下複舉𥡴字。蓋以雙聲為訓。倫按從尢楷聲。楷𥡴雙聲轉注字。此與踻字音義皆近。蓋轉注字。玉篇引䅰作䟝。蓋本作踻也。䟝為局譌。𥡴䅰而止也。非許文。讀若皓者。見本部楷字下。賈傳中說稽穛𥡴皆木名者。必賈經說中說。其字皆從木不從禾。故賈以為木名也。此疑出許氏字指。或吕忱加之。

巢 巢

則此字亦出字林矣。【說文解字六書疏證卷十二】

巢 3·779 巢丘【古陶文字徵】

巢 巢農印 巢 張巢【漢印文字徵】

巢 巢【汗簡】

巢 汗簡【古文四聲韻】

◉許　慎　巢鳥在木上曰巢。在穴曰窠。从木。象形。凡巢之屬皆从巢。鉏交切。【說文解字卷六】

◉馬叙倫　徐鍇曰。臼。巢形也。巛。三鳥也。鈕樹玉曰。玉篇引無在穴曰窠四字。倫按巢字畫之為巢。然非初文。有囟字可證。囟即此上之巛臼。但止一鳥耳。然囟亦非初文。蓋初文止作巢。象形。篆變為囟。則疑於囟。又變為臼。則疑於臼。乃增乚為囟。囟為方位之義所據。又增木為巢。人宿為俩。而鳥宿為西。西宿音同心紐。語原同也。巢音從紐。心從同為舌尖前音。聲轉耳。鳥在十字校語。本訓捝矣。【說文解字六書疏證卷十二】

◉繆文遠　周甲有「征巢」(H十一：一一〇)之文。

「伐巢」的巢，究竟在何處呢？如果我們不是膠執地一定要指為安徽巢縣，答案還是不難找到的。《左傳哀公十一年》云：「衛大叔疾出奔宋，……衛莊公復之，使處巢。」此巢在衛國境內，屬商的王畿。文王在「戡黎」之後，兵力已越過太行山，「入紂境內」(鄭玄《尚書注》)，繼續擴大戰果，「征巢」自然是順理成章的事。

周初銅器《班𣪕》的銘文云：「王命毛伯更□城公服，甹王位，作四方亟(極)秉緐、蜀、巢命。」蜀、巢連言，知其相去當不會太遠。【周原甲骨所見諸方國考略　四川大學學報叢刊第十輯】

◉湖北省文物考古研究所　北京大學中文系　〔七五〕八八號、八九號二殘簡似可拼接，中間無缺字而略有空白，但斷口不是十分密合。「王孫巢」之「巢」原文作巢。一一九號簡有「王孫喿」，與「王孫巢」當是一人。「巢」、「喿」音近，此字字形又與「巢」相近，故釋作「巢」。【一號墓竹簡考釋　望山楚簡】

㝵

◉許　慎　叟傾覆也。从寸。臼覆之。寸。人手也。从巢省。杜林説以為貶損之貶。方斂切。【説文解字卷六】

◉馬叙倫　鈕樹玉曰。類篇作㝵。下引説文。嚴可均曰。據説解則篆舊當作叟。此脱一畫。漢書司馬相如傳。而適用以㝵君自損也。王筠曰。此字篆解皆有誤。徐灝曰。此篆隸變為叟。與俗書老叟字無别。故後人改從寸作㝵。因竝改許説耳。倫按説解誠有誤。傾覆也當作傾也覆也。臼覆之寸人手也明是校者所加。篆則未譌。然字在巢部。當先言從巢省。而從巢從又。雖可附會探巢而覆覆之意。然字從。即金文之。則父聲也。父聲故音方斂切。周禮哲蔟氏。掌覆夭鳥之巢。疑覆以同脣音借為叟。叟即貶損本字。然倫仍有疑者。字止從巢之初文。父聲。不見傾覆之義。七篇。覂。覆也。而覆為覆之異文。本非傾義。則覆也者。蓋叟音如貶。故借為覂。傾也者。或亦非其本義。字或從父臼聲。巢西一字。西音心紐。心非同為次清摩擦音。故叟音入非紐。父為據之轉注字。而與燮一字，燮或作燮。實為甲文字之譌變。金文燮卣作從又。燹聲。為燮之轉注字。頗疑叟或之省譌。燮音穌協切。燮音穌俠切。燮亦燮燮之異文。而音皆心紐。聲皆談類。叟音非紐。而聲亦談類。其為譌字明矣。貶聲侵類而乏字古文經傳中作金。從乏得聲。而泛聲在談類。則叟自可讀若貶損之貶。杜林九字亦校語。【説文解字六書疏證卷十二】

桼

圜　桼垣一釿　展啚版肆壹7　仝上　典二五一頁　圜　桼睘一釿　典二五一頁　圜　桼垣一釿　典二五一頁　仝上　仝上　亞六・二七　圜　桼垣一釿　亞・六・二七　仝上　【古幣文編】

桼　日甲六八　通漆　—器　【睡虎地秦簡文字編】

天璽紀功碑　桼月己酉借桼為七七字重文　【石刻篆文編】

桼　【汗簡】

◉許　慎　桼木汁。可以髹物。象形。桼如水滴而下。凡桼之屬皆从桼。親吉切。【説文解字卷六】

◉馬叙倫　鈕樹玉曰。廣韻五質引髹物下有從木二字。下下有也字。段玉裁曰。鍇本作象木形誤。王筠曰。石鼓文作。四點是桼。小篆加兩點。故不曰從水而曰如水也。倫按從木象形。故廣韻引有從木二字。鍇本作象木形。各有捝而鍇本更譌。

然倫謂桼從木水聲。甲文水字有作⺀者。此八八其省也。桼為木汁。故即得聲於水。校者以水聲不近。故改為象形。而更增桼如水滴而下。此水字即承説解中水字而來也。水音審紐。故桼之轉注字為䰍。音入曉紐。同為次清摩擦音也。由審轉心而入清。故今音親吉切。急就篇作漆。蓋傳寫以通俗增水旁。【説文解字六書疏證卷十二】

◉張 頷 桼言之始自有紀

「展品」的釋文把「桼言」二字釋為「朱雀」是錯誤的。「桼言」二字除了《金石索》中馮云鵬釋為「桼言」外,《巖窟藏鏡》(卷二中,32)也著録有文辭相近的銅鏡一個,其文為「桼言之始自有紀,湅治同(銅)錫去其宰(滓),辟除不陽(羊、祥)宜古(賈)市」。又「桼言之紀從竟(鏡)始,長保二親和孫子,闢去不羊(祥)宜賈市,壽如金石西王母,從今以往樂乃始」(卷二中,31)。又「桼言紀富始,江河入四海,壽如王喬赤松子」(卷二中,30)。其「桼言」之「桼」,有的作「桼」,有的作「朱」,有的作「来」,有的作「来」。《巖窟藏鏡》的釋文為「來言」,並説「來言不知何意」。《七修類稿》朱善旂釋為「乘言」,《金石索》釋為「桼言」,雖没有説明「桼言」的意思,但從字形來説,無疑是正確的。在漢印中「漆園司馬」「漆」字作「□」,「趙漆之印」作「□」(均見《漢印文字徵》),右旁所從之字與鏡銘「桼」字相同。《金石索》根據漢印「桼疊」認為「桼言」是人名,這也是正確的。「漆」為古姓,「漆」、「桼」二字古通用。⊘所謂「桼言之始自有紀」、「桼言之紀從鏡始」、「桼言之紀鏡先始」,都是説「桼言」氏造鏡是有相當歷史的,是祖傳的技藝,年代久遠了。由此可見「展品」釋文為「朱雀」二字,無論從字形、詞義,都是講不通的。【鏡銘釋文正誤 張頷學術文集】

◉何琳儀 《璽彙》〇三二四著録一方晉系官璽,其文為:

□坴(丘)亩(廩)𠜾(箭)

首字應釋「桼」。「桼」字見曾伯霥匿銘「霥」字偏旁,作「□」形,象漆木兩側漆汁溢出狀。這類漆汁外向的「桼」,亦見秦三年上郡戈、秦高奴權等。還有一類漆汁内向的「桼」,如晉系圜幣面文「□垣」(《古錢》二五一)即「漆垣」。璽文「□」與幣文「□」的漆汁方向一致,非一字莫屬。至于璽文「木」作「禾」形,古文字中屢見不鮮。而璽文從「木」之「休」或作「□」(《璽文》六·四),從「木」之「枱」或作「□」(《璽文》六·二),更是確鑿的佐證。另外,齊系文字「桼」的漆汁亦内向,但有所省簡,作「□」(《璽彙》〇一五七)、「□」(《補補》六·一)等形。【古璽雜識續 古文字研究第十九輯】

䰍

䰍 效四六 三例 雜二〇 二例 秦一〇四 二例 日乙六七 通漆 壬辰一 【睡虎地秦簡文字編】

◉許 慎 䰍桼也。从桼。髟聲。許由切。【説文解字卷六】

◉馬叙倫 王筠曰。桼也者。用静詞為動詞也。今人呼其汁為桼。以桼桼物。亦呼為桼也。倫按此今俗言油漆之油。亦甆器釉澤之釉本字也。漢書趙皇后傳。殿上髤漆。字省作髤。䰍亦今言甆器之甆也。甆字本書無之。字亦作瓷。始見西京襍記引鄒陽賦。襍記或言葛洪作。或言吴均作。然所引賦不必亦偽造也。吕忱字林亦箸瓷字。縹瓷之偁。已見晉賦。縹為青白色。正今所謂青白釉矣。今見漢匋器上有釉。則許書不箸釉字者。䰍即其字也。不録瓷字者。䰍亦即甆字也。知者。周禮巾車。髤飾。注。故書髤為軟。杜子春曰。軟讀桼垸之桼。軟字今譌作軟。章炳麟謂軟為桼音之旁轉孳乳字。其實假字耳。軟從次得聲。次桼音同清紐。故或謂桼為軟。後漢書郡國志。蘭陵次室亭。地道記曰。故魯次室邑。列女傳有漆室之女。瓷亦次聲。則知古以瓦器之釉猶木器上之䰍。故即以䰍名瓦器上之澤者。後乃造甆字。近後作釉。則俗字矣。字見急就篇。桼從水得聲。水音審紐。䰍音曉紐。同為次清摩擦音。轉注字也。【説文解字六書疏證卷十二】

⿰桼包

◉許 慎 ⿰桼包桼垸已。復桼之。从桼。包聲。匹皃切。【説文解字卷六】

◉馬叙倫 玉篇步交切。此今言包漿字。然實䰍之轉注字。⿰桼包從包得聲。包音封紐。讀脣齒音入非紐。非曉同為次清摩擦音也。桼垸已復桼之非本義。此字蓋出字林。【説文解字六書疏證卷十二】

束

甲四三〇 甲二二八九 乙一一二一 乙三五九四 京都七五一 乙九〇〇四 後二·三五·九 林二·二五·六 簠帝四一 前二·二五·六 京津二六七九 珠四〇二 續三·三二·四 安二·一二 【甲骨文編】

甲2830 珠193 佚293 續3·32·4 粹780 845 新3857 續存455 甲2830 佚879 粹1538 1539 外219 續存1466 新222 243 粹1556 甲2103 乙813

[古文字形] 2573 [古文字形] 2737 [古文字形] 7961 [古文字形] 佚658 [古文字形] 續6·13·7 [古文字形] 六清115 外229 [古文字形] 續存1223 【續甲骨文編】

[古文字形] 束 束父辛鼎 [古文字形] 南簋 帛束 [古文字形] 大簋 帛束 [古文字形] 不嬰簋 弓一矢束 詩泮水束矢其搜傳五十矢為一束 [古文字形] 盂卣 鬯束

[古文字形] 曶鼎 束絲 [古文字形] 守宮盤 絲束 [古文字形] 召伯簋 二帛束 [古文字形] 敾簋 弓矢束 [古文字形] 束中子父簋 【金文編】

[古文字形] 167 【包山楚簡文字編】

[古文字形] 束 秦八 二例 【睡虎地秦簡文字編】

[古文字形] 束 [古文字形] 束出義雲章 【汗簡】

[古文字形] 汗簡 【古文四聲韻】

◉許 慎 [古文字形]縛也。从口木。凡束之屬皆从束。書玉切。【説文解字卷六】

◉劉心源 束舊釋龜。案不娸敨。錫女弓一矢[古文字形]。召伯虎敨攈古録三之二。報寢氏帛[古文字形]。文義竝非龜字。蓋象横衺交束形。是束字也。【奇觚室吉金文述卷二】

◉羅振玉 此字不嬰敨作[古文字形],象束矢形。許君不知為象束矢,而云束從口木,以為會意字誤矣。曶鼎「匹馬[古文字形]絲」之[古文字形]以此例之亦束字也。【雪堂金石文字跋尾】

◉余永梁 [古文字形]書契後編下二十八葉。此亦束字。殷虚古文餗字从束作[古文字形][古文字形]可證。卜辭文曰「辛未卜束貞今月亡囚。」所謂束帛之事矣。【殷虚文字續考 國學論叢一卷四期】

◉馬叙倫 束與東一字。束為橐之初文。象形。非從口木也。毛公鼎散槃橐字作[古文字形]。從[古文字形]即束也。象裹物之器。而兩耑束之。[古文字形]父乙尊[古文字形]字。蓋亦束字。彌象囊橐裹束之形矣。急就篇。縛購。顔師古本購作東。依義是購字。傳寫者誤易之。不嬰敨作[古文字形]。曶鼎作[古文字形]。召伯虎敨作[古文字形]。甲文作[古文字形]。【説文解字六書疏證卷十二】

◉高鴻縉 字就古形觀之,乃橐形之動詞,謂橐必束也,故為託形寄意,不從口木。【中國字例二篇】

◉丁 驌 束即柴字。「壬子其束司魚兹用」(南明七二六)、「癸酉卜其束三示」(遺二〇二),皆祭祀之義。字亦是木字加口,成束薪之狀。猶杏字構造之加口於木下之例。口之部位,雖有上下,義則一也。故木、束、杏、[古文字形]等字,形異而實為一字。

東作人名用，只見於林二・二五・六，一辭而已。【説木杏東 中國文字第三十三册】

◉張日昇 金文作及，前者象束橐兩耑之形，後者象橫衺交縛之形，與東字形近。東象橐形，東束同源義別。【金文詁林卷六】

◉朱歧祥 象束系形，隸作束。《説文》：「縛也。」卜辭用為外族名，與殷西長地同辭。後淪為殷邊附庸。【殷墟甲骨文字通釋稿】

柬

柬 王來奠新邑鼎 命瓜君壺 柬〓 署〓 王子午鼎作闌〓 獸〓 【金文編】

柬亦簡字。出王庶子碑。【汗簡】

◉許 慎 分別簡之也。从束。从八。八。分別也。古限切。【説文解字卷六】

◉林義光 古作盂鼎諫字偏旁。从二點。不从八。柬束也。與束義同音異。柬本義為束。故與柬同音之字如簡編之簡。諫靜之諫。欄楯之欄。弩盛之籣。並有約束義。柬从束。注二點以別於束。亦省作束。盂鼎諫或作。【文源卷六】

◉于省吾 柬〓，王孫鐘作闌〓。柬闌簡閑古並通。彼訓為廣大，此訓為平易。《周書》《謚法》：「平易不疵曰簡。」【厚子壺 雙劍誃吉金文選】

◉馬叙倫 鈕樹玉曰。韻會八上無從字。廣韻引亦無。沈濤曰。廣韻二十六産引。八。分也。無別字。蓋古本如是。八或訓分。或訓別。分亦訓別。不必再言別矣。翟云升曰。韻會引無簡字。鈕樹玉曰元板有簡字。林義光曰。柬與束義同音異。柬本義為束。故與柬同音之字。如簡編之簡。諫靜之諫。欄楯之欄。弩盛之籣。皆有約束義。柬從束注二點。以別於束。亦省作束。盂鼎諫或作。倫按盂鼎之即諫字。非諫也。柬束雖皆舌音。然注二點以別於束。此二點為非字邪。則於六書為指事。當指於束所發生之事象。是柬束義不得同。如口中注一為甘。刀邊注一為刃。而甘與口義異。刃與刀義亦殊也。若二點為成字。則如説解以為分別之八。於六書為會意。從八從束。當會分解所束之義。亦可謂之解囊也。而柬字自古無此義也。倫謂柬本不從束。而束可作。則形疑於柬。故許誤以柬入束部。分別簡之也者。蓋許作簡也。以聲訓。呂忱增此以釋之也。從束。從八。校者不得其義。而謬為此解。或非許文也。八分別也校語。從柬之字有𨋍。訓擊小鼓引樂聲也。從申。柬聲。然申為電之初文。無鼓義亦無擊義。而𨋍讀若引。鍇本。音在喻紐四等。申音審紐。皆次清摩擦音。是𨋍從柬

棄

申聲也。言部諫謥轉注。謥音審紐可證。𨋮實束之轉注字。束乃象小鼓有耳自擊者。周禮。小師注曰。鼗如鼓而小。持其柄搖之。旁耳還自擊。今樂器中有之。而杭縣昔時有山東人負布而賣者。持鼓搖之以召人。其形為。搖之則兩耳自擊鼓。正如小師注所說。杭縣又有所謂搖糖鼓者。賣糖者搖之以召人。其形如父乙爵之。倫謂父乙蓋小師之屬。而此為其職徽。以銘於金者。然則以象鼓與其飾。而八象兩耳。束其鼗之初文乎。儀禮大射儀注。鼗如鼓而小。有柄。賓至。搖之以奏樂。是鼗與𨋮同義。𨋮字詩周頌有瞽作田。古書田陳通假。如陳駢作田駢。田單作陳單也。陳之古文作。從自。申聲。陳音澄紐。田音定紐。皆濁破裂音。而從束得聲之字。唯諫音在見紐。餘均來紐。古讀來歸泥。田音定紐。而從田得聲之男。音亦泥紐。故束之轉注字作𨋮。亦或𨋮從束田聲。田譌為申。猶暘字今作暢也。禮記緇衣。周田觀文王之德注。古文周田觀文王之德為割申勸寧王之德。即田申形近相譌之證。小師鼗𨋮並出。則或𨋮更小於束。爵文之為𨋮形也。其音則受於束。以此益明束鼗為一物矣。象形。當自為部而𨋮屬之。【說文解字六書疏證卷十二】

◉戴家祥　剌字从刀从束，字書所無。按說文六篇束部「束，分別簡之也。从束从八，八，分別也。」唐韻八讀「博拔切」，幫母祭部。在我國古漢語中以脣音幫母為聲者，每每兼有卷舌音來母在焉。⊘从是而知束字，从束从八，八，亦聲，乃會意兼形聲字。闌从束聲，讀「洛干切」，來母元部，祭元陰陽對轉。金文以剌為烈，剌从束聲，烈从𠛱聲，聲與韻都可迎刃而解矣。【金文大字典上】

◉許　慎　棄小束也。从束。幵聲。讀若繭。古典切。【說文解字卷六】

◉馬叙倫　束為橐之初文。象中可貯物。而頭有系以束之。故即借為束縛之束。棄訓小束。經記無用之者。如為束縛之義。則從束之假借義。此乃六書之叚借方法非倉卒以同音代之為叚借者。廣雅釋詁。棄。束也。齊民要術。麻棄欲小。縛欲薄。然則棄是名詞。蓋橐之音同見紐轉注字。小束猶謂小橐矣。字蓋出字林。小束也鍇本作小束者也。或尚有捝文。讀若繭者。劉秀生曰。幵聲在見紐。繭古文從見聲作蜆。亦在見紐。故棄從幵聲得讀若繭。黑部。䵴。黑皴也從黑。幵声。國策宋策。墨子閼之。百舍重繭。莊子天道。百舍重趼而不敢息。繭趼皆䵴之聲借。是其證。【說文解字六書疏證卷十二】

剌

甲六二四　甲一七七九　坊間一・七一【甲骨文編】

剌　剌卣　剌鼎　大簋　師奎父鼎　剌作父庚鼎　剌攼寧鼎　剌𩰫鼎　經典作列書洛誥越乃光烈考武王師虎簋　用作朕烈考日庚𨍭簋　班簋　盠方彝　揚簋　瘭鐘　召伯簋　大鼎　大簋　無叀鼎　幾父壺　師𩛥鼎　𤔲簋　翏生盨　栁鼎　𠭯方彝　戜鼎　戜簋　𤔲盤　克鐘　秦公鎛　秦公簋　伯梡盧簋　鄀㝨簋　單伯鐘　曾子斿鼎　𠫑羌鐘　者沪鐘　从刃　盗壺　以追庸先王之功烈　中山王𥹉鼎　剌城譽十　義如列【金文編】

◉許　慎　剌戾也。从束。从刀。刀者。剌之也。徐鍇曰。剌。乖違也。束而乖違者莫若刀也。盧達切。【說文解字卷六】

◉劉心源　剌它器作剌宗婦盤剌公。剌大鼎剌考。較為明㬎。案此即辢字。亦即烈字。漢書五行志下之上注。烈。猛也。文選上林賦吐芳揚烈注。烈。酷烈。皆辢字。晉姜鼎揚厥光烈即光烈。凡古刻剌祖剌考皆烈字也。【奇觚室吉金文述卷二】

◉林義光　說文云。剌。戾也。从束从刀。刀束者剌之也。按刀束非義。古作剌克鐘。作剌宗婦彝。作剌剌𣌭彝。从刀刈禾。○束之。與利同字。利微韻。剌泰韻。雙聲旁轉。賴從剌得聲。剌實即賴之古文。說文賴贏也。正利之本訓。孟子。富歲子弟多賴。史記。始大人常以臣無賴。高帝紀。賴皆生產收穫之義。收穫取贏得引伸為恃。故廣雅云賴恃也。釋詁三。剌亦變作剌大鼎。【文源卷六】

◉郭沫若　剌，劉云「即古裂字，借為烈。晉邦𥂴烈考字亦作烈，秦公毁烈烈桓桓字亦作剌=趄=」是也。【𠫑羌鐘銘文考釋　金文叢考】

◉馬叙倫　莊述祖曰。金文從剌之字作剌。從刀。從㯪者。顧野王曰。今河東斫木為㯪。以刀斫木謂之剌。金文亦或作剌。徐灝曰。以刀破束為剌。今訓戾也。非其本義。林義光曰。從刀刈禾。○束之。與利同字。利剌雙聲。賴從剌得聲。剌即賴之古文。倫按無叀鼎。用亯于朕剌考。克鐘。王在周康剌宮。秦公敵。剌=趄=。而無叀鼎字作剌。師虎敵作剌。大鼎作剌。竝從刀從束。晉公盦又作剌。似從陳省。倫謂篆文有異體。亦如魏碑真書。各有增減變易。未極政齊也。剌戾以聲訓。自非本義。而說解中刀者剌之也亦校語。剌之本義。必生於刀。以音求之。蓋為列之音同來紐轉注字。字從刀

㯻 □

朿聲。改簋之□考。即無叀鼎之□考。□為賴之異文。從貝。朿聲。可證也。朿音審紐。古讀歸透。朿槖一音之轉注。槖音即在透紐。剌音來紐。古讀歸泥。透泥同為舌尖前音也。又或朿音轉注為槖。槖音轉注為囊。囊音來紐。故剌音亦來紐也。然倫疑無叀鼎師虎敢大鼎之字。竝從刀。朿聲。朿音轉為剌。亦入來紐。蓋自有二字。亦或從朿者為譌體。當入刀部。【說文解字六書疏證卷十二】

◉朱芳圃　林義光曰：「按刀朿非義。古作□，作□，作□，從刀刈禾，□束之，與利同字。利、剌雙聲。賴從剌得聲，剌即賴之古文。」文源六·五二。于省吾曰：「剌係形聲字，應从刀，朿聲。」殷契駢枝九。又謂朿「即卜辭朿字。」同上一〇。按林、于二說非也。字从革，金文霸字偏旁所从之革可證。从刀，會意，謂用刀分解皮革也。當為列之本字。說文刀部：「列，分解也。从刀，歺聲。」孳乳為𠜱，齒部：「𠜱，分骨聲。从齒，列聲。讀若剌。」

剌與列音同用通。凡周金銘辭之作剌者，經傳皆作烈，如召伯虎毁：「作朕剌祖召公嘗毁」，周書世俘：「王烈祖自太王、太伯、王季、虞公、文王、邑考以列升」，剌祖即烈祖。又秦公毁：「剌剌趄趄」，爾雅釋訓：「桓桓烈烈，威也」，剌剌即烈烈，是其證也。【殷周文字釋叢卷中】

◉張日昇　余意□□之日　日並□之變，象兩手之形，於革則為理皮，於朿則為扶禾，刀即利所从之□，田器也，禾倒則兩手扶植，起土重栽，故剌有乖戾不正之意。叚借為烈，同音相叚也。【金文詁林卷六】

◉徐中舒　□三期　甲六二四

從□從□刀，□非朿字，故□與《說文》剌字篆文有異。疑《說文》剌字所從之朿乃由□而譌。而□與金文剌字字形略同。金文作□召伯簋、□剌卣，皆不從朿。【甲骨文字典卷六】

□　槖【汗簡】

□　汗簡【古文四聲韻】

◉許　慎　□槖也。从朿。圂聲。凡㯻之屬皆从㯻。胡本切。【說文解字卷六】

◉馬叙倫　徐灝曰。此綑之本字。郭沫若曰。此部字皆從□某聲。今失□字。倫按郭說是也。本篇。𢍚。從行。㯻省聲。然庚午鼎之□。戊辰敢之□。亦與壺同。皆從叀。古鉩有□。丁佛言釋槖。謂從朿從匋。倫謂□即戊辰敢□字所從之

橐 [seal]

[seal]。以鉩文字形言之。蓋所謂有底曰橐之初文。8為橐而○為橐口。凵其體也。↓則其束也。譌為[seal]耳。本部㯻字毛公鼎作[seal]。散盤作[seal]。皆從束。束則無底者也。故兩端皆束之。若大豐𣪕之[seal]。所從之[seal]。亦有底者。而下端亦束之。則譌文耳。㯻字經記無以為盛物之器者。徐以為絪之本字。倫以為絪之初文為㠯。從人而縛其手。為指事。束為名詞。而㯻為形聲字。則必假束為束縛字而後可通。且本部屬字皆為器物之名。亦皆束㯻之聲所滋轉。㯻如從束之假借義。則當列於束部。而今以為部首。而統囊橐等文。是以動詞而生名詞也。必不然矣。蓋實橐之轉注字。從[seal]。豕聲。豕音審紐。古讀歸透。橐音透紐。亦𣝋之轉注字。𣝋從缶得聲。缶音非紐。非審同為次清摩擦音也。今𣝋音入奉紐㯻音入匣紐。奉匣亦同為次濁摩擦音也。說解橐也。是。餘詳橐下。【說文解字六書疏證卷十二】

[seal] 橐　雜一六　通蠹　臧　皮革—突　[seal] 為一八【睡虎地秦簡文字編】

[seal] 橐治倩印【漢印文字徵】

[seal] 古老子　[seal] 崔希裕纂古【古文四聲韻】

◉許　慎　[seal]囊也。从㯻省。石聲。他各切。【說文解字卷六】

◉强運開　庚午鼎。鍚責貝。說文所無。从㯻省。从貝。蓋即橐之異文。[seal]戊辰敔責貝。【說文古籀三補卷六】

◉馬叙倫　翟云升曰。詩公劉釋文引作有底曰橐無底曰囊。案此義見戰國策秦策高注。釋文引為說文。未知所據何本也。黄以周曰。囊橐皆裹物之具。古多渾言無別。毛傳。小曰橐。大曰囊。亦未詳其製。陸氏釋文引釋文云。有底曰橐。無底曰囊。與今本說文不同。史記索隱引埤倉云。無底曰橐。有底曰囊。說又岐異。案國策高注云。無底曰囊。有底曰橐。陸氏所引說文。必係六朝善本。說文橐下當脱一曰有底曰橐無底曰囊十字。囊橐互訓。以見渾言無別。又載一曰。以見對文有異。橐之制與冶家所鼓鑪橐相似。兩端緊括。洞其旁以為口。受籥吹埵。以銷銅鐵。故老子謂之橐籥。亦謂之排橐。夜行之櫜。亦取象於橐。虛其中而鍥其旁。其聲始響。橐之兩端皆有底。其口在旁。既實其物。中舉之。物在兩端。可以擔之於肩。故秦策曰。負書擔橐。策亦誤作擔囊。橐可擔之於肩。其大者或乘之車。故齊語謂之乘橐。說文。櫜。車上大橐。若囊不可乘於車。載之而已。卧其橐如駝峯。故上林賦謂之橐駝。橐之受物既盈。其口難括。又設韋以紐之。故說文云。韇。

橐紐也。橐之制有底。則囊無底可知。囊之兩端無底。如今書帙曰書囊。亦無底也。囊既無底。中實其物。括其兩端。內物不出。故易曰。括囊。九家逸象。坤為囊。坤畫亦斷。如囊之無底也。倫按黄説甚辯。今北方盛被褥之器。正如黄所説橐之制。而名曰被橐。或曰被包。被包當作被橐。橐韜聲同幽類。應同語根。然韜訓劍衣。今字作鞘。説文。削。鞞也。鞞。刀室也。今刀劍之室。皆非無底。是本書囊橐互訓。即由魚陽對轉。亦復皆舌尖前音。故相轉注。不載有底無底之别。亦以通言無異故也。陸引説文蓋是字林説。此由器物隨時隨地有所改良。橐囊字皆從[glyph]應皆有底。而今篆從[glyph]。兩端皆括。應皆無底。且橐為束之轉注字。束束一字。觀於金甲文中束束二字。可知橐之為中心盛物而括其兩端。若[glyph]字則或更束其中也。此初造之橐當為無底之證。其後改良。一端為底。此蓋作於縫紉發明之後。而發明有底之橐。其地呼橐而他處或異時則本呼括兩端之器為束。音轉為橐。又轉為囊。故埤蒼。無底曰橐。有底曰囊。其説相反。橐音如託。而今承器之物如茶盤。古偁為托。杭縣語猶然。杭縣舊用茶托。有作舟形者則有底。亦偁茶船。其圜形者則無底。書畫裝其背亦偁托。托亦謂其底也。是知制因改良而不同。説亦因之而互殊。無勞執一。以致紛爭。從[glyph]。石聲。玄應一切經音義引倉頡。橐。囊之無底者也。字亦見急就篇。【説文解字六書疏證卷十二】

●丁　山　殷虛書契卷一之四十五葉第三版云：

貞，勿[glyph]於王矢，三宰。

貞，[glyph]于王矢，宰。

貞，[glyph]。○貞[glyph]。

[glyph]豕。

使[glyph]非[glyph]字之泐，則[glyph]與[glyph]宜是一字。[glyph]字，字書所未見，疑是[glyph]字省形：

癸亥卜，其酒[glyph]于□。後・下・33・7。

□亥卜，其允[glyph]母……。佚・625。

叀歲。○叀[glyph]。粹・342。

此字，形尤奇詭，細繹其結構，[glyph]象蟲口之利於戈戟者，[glyph]象木體中空形；有利口之蟲攻木使空，當是蠹之本字。蠹，説文正篆作[glyph]云：「木中蟲，从䖵橐聲。蠹，或从木，象蟲在木中形，譚長説。」吕覽達鬱：「樹鬱則為蠹。」高注亦曰：「蠹蝎，木中之蟲也。」左傳昭公三年曰：「公聚朽蠹而三老凍餒。」又襄公卅一年曰：「恐燥濕之不時而朽蠹，以重敝邑之罪。」朽蠹，謂為蟲所傷毁，如木之被嚙也。蠹，今俗猶謂之蛀蟲。蛀蟲將樹木蠹空了，擊之則其聲橐橐然。詩小雅斯干曰：「約之閣閣，椓之橐橐。」橐橐，蓋謂椓木聲，毛傳訓「用力也」，錯了。因為樹木中空，擊之則其聲橐橐然，人們遂利用之行夜，而即謂之橐。橐，説文作欜云：「行夜所擊者，从木，橐聲。易曰，重門擊欜。」其實□上之□，正象樹木中空形，正是橐之本字，無所用其从木作欜也。欜，今俗寫作柝。哀公七年左傳曰：「魯擊柝聞于邾。」釋文：「柝以兩木相擊，以行夜也。」孟子萬章下：「辭富居貧，宜乎抱關擊柝。」趙岐注：「柝，門關之木也。或曰，柝，行夜所擊木也。」按，周易繫辭傳曰：「重門擊柝，以待暴客，蓋取諸豫。」然則甲骨文所見：

□前·5·10·7。　□前·6·58·1。　□後·下·23·14。　□善齋藏片。

空木之中，所从雖或不同，我認為都是橐字。□與□兩形，直接變為周代金石文的：

□毛公鼎：「毋敢龏橐橐。」

□矢人盤：「襄之有司橐。」

□石鼓文：「何以橐之？維楊及柳。」

石鼓文的橐字，漸近説文正篆了。由是以論商周秦漢間千有餘年的橐字形變史，約為：

□——□——□——□——□

以上商　以上周　秦漢

説文正篆□中之石，明係缶字傳寫之誤。缶孳乳為匋為陶，陶橐正是一聲之轉。因此，我敢決定：□，即欜字初文，象行夜所擊木柝形。論語：「天將以夫子為木鐸。」左傳，襄公十四年：「遒人以木鐸徇于路。」自來解經者皆謂「金口木舌為木鐸，所以振文教」，是亦想當然耳之説也。木鐸，當是木橐音譌，蓋木橐可以行夜，亦可以徇于路而召百姓也。然則抱關擊橐以備寇盜之制，殆已盛于殷商之世矣。

橐為木柝本字，而許書訓為「囊也」，蓋本蒼頡篇。篇云：「橐，囊之無底者。」蓋又承石鼓文所謂「何以橐之，維楊及柳」也。橐字本誼之失，蓋始于秦人。漢時橐泉鋗作□，猶存擊柝之誼；至橐邑家行鐙作□，則與説文同其誤矣。【亞橐　殷商氏族方國志】

◉馬叙倫　□負橐爵舊作子車爵。見同上。倫按舊釋子負車形。以□為車。既謬象形。□亦非子也。此從人而以右肘持束。束為橐之初文。東束則一字也。束非從口木也。毛公鼎散盤橐字作□從□即束也。父乙尊□字亦東也。象裹物之器而束其外。兩耑緘之也。速字叔家父作[glyph]。餗字姒戊器作[glyph]。龔尊作[glyph]。此東朿一字之證。朿聲矦類。東矦對轉。故聲轉為東。東音耑紐。橐音透紐。同為舌尖前破裂音故轉注為橐。橐聲魚類。囊聲陽類。魚陽對轉。故又轉注為囊。此從人持囊。蓋亦負販之象。爵文作此。豈製器者如今為旅客肩負行李者與。【讀金器刻辭卷上】

◉金祥恒　[glyph]橐，段注「按許云橐，囊也，囊，橐也，渾言之也。大雅公劉『迺裹餱糧，于橐于囊』，毛傳曰『小曰橐，大曰囊』。高誘注戰國策曰『無底曰囊，有底曰橐，皆析言之也。』元應書引蒼頡篇云：『橐，囊之無底者』，與高誘注異。」史記陸賈傳索隱引埤蒼「囊無底為橐」，與蒼頡篇同，簡文省篆。

甲骨文之[glyph]，饒宗頤（見貞卜人物通考三九八葉）魯實先兩先生（殷契新銓之四）均釋橐。魯先生云：「[glyph]乃橐之古文，上有綴纓以示緘口之紐，下無綴纓，以示有底之形。其中所从之口，乃石之象形。蓋以石置囊橐之中，不在嚴厂之下，故省厂存口。既以為聲符，亦以象貯物之形也。」甲文之[glyph]，與高誘說有底曰橐合。金文毛公鼎「毋敢龔橐」之橐作[glyph]，散氏盤「襄之有罰橐」作[glyph]，石鼓文汧殹「隹鱮隹鯉，可以橐之」作[glyph]，與蒼頡篇、埤蒼說「無底曰橐」合。居延漢簡「衣橐」，口開於中間，與黃以周橐囊考謂「橐之兩端皆有底，其口在旁」說合。許氏篆文亦象無底之橐。故上下以繩索紞組縛其口而垂其綏也。居延漢簡第七六〇七「正里給春衣橐」（四一九・二）（圖一五）之橐作[glyph]，第三四七四「亭隧長之河西隆橐趨一月又□馬正月母（一七五・一七）（圖一六）之橐作[glyph]，與此同。或作[glyph]者如第九七八，「東郡口口阿靈里袁魯衣橐」（一〇〇・二）（圖一七）。第八一五簡「橐佗」（一〇〇・二）（圖一八）與說文篆合。古之橐，今言袋也。布橐者，布袋也。用以盛葵種。【長沙漢簡零釋　中國文字第四十六冊】

◉于豪亮　《居延漢簡》五頁，一九・三六：

昌邑國⿰石阝良里公士費涂人年廿三

又二七頁，三〇三・四七：

田卒昌邑國⿰石阝良里公士暴叨之年廿四

又六六頁，五一三・四三、五一三・八：

田卒昌邑國⿰石阝成里公士公丘寧

《漢書・地理志》山陽郡有橐縣。字書無⿰石阝字，橐與⿰石阝均从石得聲，⿰石阝應是橐。【居延漢簡釋地　于豪亮學術文存】

囊

囊 日甲一五九背 日甲四背 【睡虎地秦簡文字編】

囊。出王存乂切韻。【汗簡】

王存乂切韻 【古文四聲韻】

◉許 慎 櫜也。从櫜省。襄省聲。奴當切。【説文解字卷六】

◉馬叙倫 嚴可均曰。詩公劉釋文引。無底曰囊。有底曰櫜。蓋一曰以下文。鈕樹玉曰。蓋誤引他書以為説文。段玉裁曰。𤕦聲。倫按從東𤕦聲。囊聲陽類。櫜聲魚類。魚陽對轉轉注字也。鍇本作從櫜襄省聲。蓋本作從櫜省𤕦聲。傳寫省字誤入𤕦下。校者乃改𤕦為襄。鉉本櫜省不誤。而校者轉依鍇本改𤕦為襄耳。詩釋文引者。蓋字林文。字見急就篇。【説文解字六書疏證卷十二】

櫜

◉許 慎 車上大櫜。从櫜省。咎聲。詩曰。載櫜弓矢。古勞切。【説文解字卷六】

◉吴大澂 从兩東。當即古文櫜字。周頌載櫜弓矢傳。櫜韜也。以篆文囊櫜橐㯻等字。皆从東从口。此从二東。即齊語所謂垂櫜而入。樂記所謂倒載干戈。包之以虎皮。名之曰建櫜。此字象形而兼會意。其為櫜字無疑。【愙齋集古録釋文賸稿】

◉郭沫若 「畫虢」與「貝胄」同錫，孫詒讓云當亦戎衣之名，伯晨鼎亦以⿰糸虎胄同錫，虢與⿰糸虎皆从虎，必是一字。孫疑為皋之古文，云「《左傳》莊十一年『蒙皋比而先犯之』，杜注云『皋比，虎皮』。孔疏引服虔注舉《樂記》『倒載干戈，包之以虎皮，名之曰建皋』為釋，今《禮記》作建櫜，鄭注讀為鍵櫜，云『兵甲之衣曰鍵櫜』。《伯晨鼎》之⿰糸虎蓋即皋字，謂以虎皮包甲，⿰糸虎胄即甲胄也。……《少儀》云『甲若無以前之，則袒櫜奉胄』，是以甲與人必有櫜以包之，明錫皋則必兼有甲，故與貝胄同舉。《伯晨鼎》之錫⿰糸虎胄亦猶《豦彝》云錫甲胄矣。」古籀餘論卷三。案此疑至有見地，唯孫所見二器銘乃據《攈古录》摹本，故于字形有所未諦。本鼎銘虢字，拓本左旁雖稍漶漫，諦審確是夲字，當説為从虎報省聲。《伯晨鼎》之⿰糸虎則是从虎从系夲聲，《説文》「本讀若滔」，與報櫜同在幽部。皋亦當从本聲，蓋本幽部字轉入宵部者也。虢字最古，必為鍵櫜之櫜之專字。⿰糸虎字稍後，乃虢之異作。櫜出引伸，皋則假借字也。【小盂鼎 兩周金文辭大系考釋】

◉馬敘倫　沈濤曰。御覽七百四引作車上大囊也。倫按櫜從咎得聲。咎從各得聲。各石聲同魚類。是櫜橐為轉注字也。周禮翦氏。掌除蠹物。注。故書。蠹為櫜。左成十七年傳。櫜師。釋文作橐師。是其證。各為來往之來本字。來音來紐。囊音亦來紐。櫜毄聲亦魚陽封轉。則櫜囊亦轉注字。咎缶聲同幽類。是櫜囊亦轉注字。詩時邁傳。櫜。韜也。韜也即櫜也。从𣎆。咎聲。【說文解字六書疏證卷十二】

𣝋 毛公㾊鼎 散盤 【金文編】

石碣汧殹 可㠯𣝋之 【石刻篆文編】

◉許　慎　𣝋囊張大皃。从橐省。匋省聲。符宵切。【說文解字卷六】

◉趙烈文　隹鱮隹鯉可㠯𣝋。𣝋，鄭云與標同。潘云舊作𣝋。說文符宵反。愚謂从缶从囊省聲。包裹承藉之義。非謂穿之也。【石鼓文纂釋】

◉羅振玉　𣝋音訓。从缶。从囊媎聲也。箋曰。說文𣝋从橐省。匋省聲。案毛公鼎亦有此字。其文作□□□。並象囊橐形。許書橐部諸文皆从束形而誤。釋橐為从束圂聲。遂於橐囊櫜𣝋四字皆注从橐省已誤。音訓以𣝋為橐省聲。則歧路之中又有歧矣。【石鼓文考釋】

◉林義光　□𣝋音缶。古作□毛公鼎。作□散氏器。从束缶聲。囊橐字說文皆云从橐省。以橐例之。疑皆从束。【文源卷十二】

◉郭沫若　𣝋之言罩也，之指汧水，言汧之兩岸有楊柳垂罩也。宋人多誤𣝋為貫，又均从捕魚上着想，如梅聖俞詩「何以貫之維柳楊」，蘇軾詩「其魚維鱮貫之柳」，於字形詩意兩失。明潘迪更解為「包裹承藉之義」，尤屬大殺風景。【石鼓文　郭沫若全集考古編卷九】

◉馬敘倫　段玉裁曰。缶聲。林義光曰。毛公鼎作□。散盤作□。從束。缶聲。囊橐字說文皆云從橐省。以橐例之。疑皆從束。倫按石鼓文。其魚隹何。隹鱮隹鯉。可以𣝋之。隹楊及柳。蓋西北多編楊柳條為盛器。據此可知𣝋亦器名。而非囊張大皃。蓋說解本作囊也。一曰。張大皃。傳寫者刪之。張大皃乃今所謂脬起義。本書蠹蜉為轉注字。詩江漢。江漢浮浮。風俗通山澤作江漢陶陶。陶從匋得聲。匋為缶之轉注字。㲉亦缶之轉注字。而讀若孚。承培元謂𣝋即易姤包有魚之包。而包匋均從勹得聲。本書捊之重文作抱㲎之重文作䍣。可證古或借橐字為之。蓋凡包裹之義。其語原為勹。胞胎為包。膀胱曰脬。水之浮漚曰泡。劍衣曰韜。皆自勹音演之。橐亦張大之而後可容物。引申亦得為張大義。徒非本義本訓耳。一曰張大皃蓋校者加之。從東。缶聲。今作匋省聲者。校者以匋聲為近而改之。【說文解字六書疏證卷十二】

◉沈兼士　「可目橐之」。郭云：橐之言罩也，之指汧水言，汧之兩岸有楊柳垂罩也。宋人多誤橐為貫。又均從捕魚上着想，如梅聖俞詩「何以貫之維柳楊」，蘇軾詩「其魚維鱮貫之柳」，於字形詩意兩失。元潘迪更解為包裹承藉之義，尤屬大殺風景。

兼士案：「郭訓橐為罩，於形音義三者均乏證據，未足徵信，遠不逮潘說及段玉裁《說文注》謂橐讀如苞苴之苞，其義為長。《說文》：「囊張大皃，从橐省，匋省聲。符宵切。」段氏改為缶聲。據許說則匋从缶包省聲，又匋或體從包作䍖，是橐之音義均與包通。據段說則从缶聲有寶，又《大射禮》鄭注炮鬻，《釋文》炮或作炰、缶，以此證明，亦無滯礙。梅蘇詩句蓋引《易·剝》卦貫魚之詞，以適合楊枝柳條之用。然據孟子「以杞柳為桮棬」，則揉之以作筐筥，自古已然矣，況包魚之說亦見於《易·姤》卦乎？至云狩獸之詩涉及漁魚，便是大殺風景，此純是主觀之見，未足為考證之據，況本章固已有「君子漁之」之語乎。【石鼓文研究三事質疑　故宮博物院七十年論文選】

◉于省吾　甲骨文橐字作[glyph]（明一五五四）或[glyph]（常見），後來加[glyph]（缶）為音符，遂變成「外形內聲」的形聲字。[glyph]和[glyph]字舊時不識，其作[glyph]形者，丁山誤釋為橐（甲骨文所見氏族及其制度九一）。甲骨文有「气自[glyph]」（燕四〇三），以及屢見的「气自[glyph]」、「气自[glyph]」的記事刻辭。以上所列，不僅同屬第一期，而且辭例一致，故知[glyph][glyph]和[glyph]之同為一字。此外，甲骨文以[glyph]字為祭名者習見，左从[glyph]也作[glyph]或[glyph]，乃偏旁中的異構。

至於橐字作[glyph]，其中所从的[glyph]，為什麼釋為缶？我的解答是，商代金文寶字所从之缶，作父丁卣作[glyph]，輦卣和𡧍甗均作[glyph]。不僅如此，商代金文的寶字所从之缶，也有不从口者。例如，作父乙卣作[glyph]，斮尊作[glyph]，是其證。至於周代金文寶字从缶作[glyph]者也數見不鮮（詳金文編）。由此看來，毫無疑問，[glyph]字以[glyph]為音符，[glyph]乃缶字的省體。橐字甲骨文作[glyph]和[glyph]，西周金文散盤作[glyph]，毛公鼎作[glyph]，其中均从缶不省。石鼓文作[glyph]，上部附加◯形，其中从缶已稍有譌變，最後說文作[glyph]。這就是橐字發生發展和變化的源流。

說文橐部共五個字，並謂「橐从束圂聲」（胡本切）。以下橐囊櫜橐四個字，均謂「从橐省」，臆測無據。其實，[glyph]形乃由[glyph]字演變而來，即橐之初文。唐蘭同志謂𣝣「當讀𣝣聲」（原注：「如𣝣聲」。詳殷記七七），不可據。

說文橐字段注：「石鼓文其魚隹（唯，下同）可（何，下同），隹鱮隹鯉，可以橐之，隹楊及柳。橐讀如苞苴之苞。」承培元廣說文答問疏證謂「橐即包有魚之包」，又謂「包魚史籀作橐魚」。按段注和承説甚是。漢以後橐字通作苞或包，苞包通行而橐字遂廢。

概括上述，甲骨文[glyph]或[glyph]乃象形字，上下象以繩為結，中部大腹以盛物。這和甲骨文束字作[glyph]或[glyph]，從不混同。[glyph]或[glyph]為橐之初文。橐字中部加缶為音符，由象形孳乳為形聲。橐字屬于「外形内聲」，如圍與圞是其例。本文不僅尋出橐字的由來和演化的源流，同時也糾正了説文橐部所收的幾個字的錯誤解釋。【釋橐 甲骨文字釋林】

○囗

[glyph]6·9 上囗 [glyph]6·7 上亓囗 [glyph] 陶文编 6·43 【古陶文字徵】

[glyph] 囗于非切。【汗簡】

◉許慎 囗回也。象回帀之形。凡囗之屬皆从囗。羽非切。【説文解字卷六】

◉林義光 囗囗厶 微韻。按今字以圍為之。説文云。[glyph]姦衺也。韓非曰。倉頡作字。自營為厶。按公字篆从厶。古作[glyph]。从囗。見公字條。則囗與厶同字。自圍亦私有之義。厶今字以私為之。囗厶疊韻。囗音轉為厶。猶惠音轉為穗也。韓非子自環者謂之私。五蠹。字惟作囗。乃得云自營自環也。營古音與環近而通用。羽獵賦禁御所營。營環也。【文源卷三】

◉馬叙倫 楊慎曰。六書故以囗音府狼切。與方圓之方同。蓋方圓皆象形也。淮南子。左畫圓。右畫方。論衡云。方圓畫不俱成。圓必作○形。方豈不作囗形乎。嚴可均曰。韻會引作四帀。王筠曰。回帀當作圍帀。廣韻引文字音義。囗。回也。象圍帀之形也。蓋本説文。李富孫曰。玉篇云。囗。古圍字。是古圍繞周圍俱作囗。今經傳皆作圍。而囗字不行矣。徐灝曰。囗圍古今字。古文蓋作圓形。小篆變為方體。朱駿聲曰。凡圍繞匌圍字。經傳皆以圍為之。按圓帀也。篆當作○。古方圓字本作匚○。圍圓一聲之轉。許瀚曰。囗古蓋作○。讀若圓。員從囗聲。其證也。唐韻羽非切。乃以圍字之音被之。凡圜圓員古皆用此字。後乃茲益耳。朱士端曰。墨子經上。圜。一中同長也。畢沅云。一中言孔也。量之四面同長。墨子經又云。方柱。四隅四讙也。畢沅云。讙疑維譌。士端謂四隅為方。即四維皆方也。是墨子方圜作囗○。禮投壺。鼓○囗。釋文。○。圜聲。囗。方鼓。據此。古方圓作囗○。象形。説文有囗部。無○部。當是爛簡譌脱。高田忠周曰。回囗字金文作[glyph]。其形在囗[glyph]之間。[glyph]即古文圍字。此則方之本字也。此部以[glyph]建首。而囗○兩部之字皆入部中。妄甚。倫按説解本作圍也象形。圍也者。以轉注字釋初文也。吕忱或校者改象形為象回帀之形。傳寫誤圍為回。誤回為圍。如廣韻引文字音義者是也。音義每本字林也。此回帀字不誤。而圍也作回也。亦傳寫之誤。囗者。垣之初文。囗音喻紐三等。

垣音亦喻三也。高田忠周謂圍之初文當作口。形在口口之間。蓋失之拘鑿矣。如圖字從圍之初文作口者。而圖卣作。散盤作。蓋不拘於口口。其謂此部有方圓之方本字作口者。與圓之初文作○者。掍為一部。然諦別本部屬字。有從方圓之圓及牆垣之垣得義者。無從方圓之方得義者。倫謂方圓字自可依自然物規摹其形以造之。然自然物為圓形者。如日月既為日所翫見。而木實以至江河之沙石亦皆易覩。方形之自然物。斯非常例。且方圓必依物而顯。而象某物為方圓字。圖畫之仍是某物而已。若象徵而為之。則○即日月矣。今以本部所屬囼圄圍固諸文論之。口為垣之象形文。口之取形。即為諸自然物之為圓形者。其始固為○形。但圖畫中之垣。必如垣之實物造字。變為篆文而為○。或變為口。又變為口矣。垣為自衛其所有而拒與人共之。蓋實起於地主之統治其所屬。而課取其徭役以封殖物資。故引申有包圍之義。音轉為羽非切。又借為公私之私。故私字從之得聲。而古書皆以私為公私字。私圍聲同脂類也。垣之形既象自然物之圓形者為之。故即借以為方圓之圓。本部屬字圜團圓囩圓諸文。則皆從方圓之圓得義矣。圓口音同喻三。可證也。又疑古亦即借口為方圓之方。方為舫之初文。音在非紐。以同脣齒摩擦音轉入奉紐。故防從之得聲。奉與喻三同為次濁摩擦音。然則古謂方圓為防垣。即口○也。口可借為公私之私。即可借為方圓之方。私音心紐。方音非紐。同為次清摩擦音也。【說文解字六書疏證卷十二】

●張筱衡　口　、或釋作丹，作凡，作國，並誤。作圍者近是。當即說文之口，謂邑之四至，即疆域也。【散盤考釋上　人文雜志一九五八年第三期】

圜

圜陽馬丞印　圜陽宰之印【漢印文字徵】

少室石闕　開母廟石闕　長西河圜馮竇【石刻篆文編】

圁【汗簡】

●許　慎　圜天體也。从口。瞏聲。王權切。【說文解字卷六】

●馬叙倫　徐鍇曰。此方員字。莊有可曰。本止作○。此別出也。王筠曰。口有員音。遂注瞏員於口中而作圜圓也。倫按天體也者。本於天圓而地方及乾為天為圜之說。其實初借垣之初文作○者為方圓之圓。後人以○之形易掍於日之異文及璧之初文。故從〇而内睘字於中以別之。則圜為方圓之圓本字矣。口睘音同喻紐三等。可知音仍本於〇也。天體也非本義。亦非本訓。字見急就篇顏師古本。【説文解字六書疏證卷十二】

團

172 　186【包山楚簡文字編】

●許　慎　團圜也。从囗。專聲。度官切。【説文解字卷六】

●馬叙倫　此亦從初文㘣字。為圜之異文。圜從睘得聲。睘從袁得聲。袁專竝從叀得聲也。玄應一切經音義引字林。團。圓也。此字或出字林。【説文解字六書疏證卷十二】

圓

●許　慎　圓規也。从囗。員聲。似沿切。【説文解字卷六】

●馬叙倫　錢坫曰。此周旋中規之旋字。莊子。旋而蓋矩。注。旋。圓也。徐灝曰。疑為圓之異文。倫按團音定紐。圓音邪紐。古讀邪歸定。則圓即團圓之圓。為團之轉注字。亦為囩圜圓之同次濁摩擦音轉注字。從初文㘣字。規也者非本義。亦非本訓。或字出字林也。【説文解字六書疏證卷十二】

囩

264【包山楚簡文字編】

●許　慎　囩回也。从囗。云聲。羽巾切。【説文解字卷六】

●馬叙倫　錢坫曰。吕氏春秋。雲氣西行云云然。注。運也。當作此。王筠曰。似即小雅正月昏姻孔云之云。傳曰。云。旋也。蓋周旋之義。即囩之引申義也。倫按囩字不見經記。莊子齊物論。五者园而幾向方矣。倫謂园即囩之譌。篆書真艸形皆近也。莊子以囩對方言。明囩與圓圓圜團諸字為轉注字。故音亦在喻紐三等。吕書之云。仍是本字。故注訓運。從初文㘣字。廣韻引字林。田十二頃。字蓋出字林。【説文解字六書疏證卷十二】

●湖北省文物考古研究所　北京大學中文系　《説文》:「囩,回也。从口,云聲。」信陽二〇一號簡有「二方監(鑑)」及「二囩監(鑑)」,「囩」當讀為「圓」。「云」、「員」聲通(「⿰女員」異體作「妘」,「⿰耒員」異體作「⿱艹耘」),疑「囩」、「圓」本為一字。「葦囩」疑是葦編的盛物圓器。長沙五里牌竹簡有「革囩」。或疑「葦囩」當讀為「韋囩」,猶言「革囩」,指皮革製成的盛物圓器。【二號墓竹簡考釋　望山】

楚簡】

圓

圓竝出義雲章　【汗簡】

◉許　慎　圓圜全也。从口。員聲。讀若員。王問切。　【說文解字卷六】

◉馬叙倫　嚴可均曰。讀若員蓋校者所加。王筠曰。口有員音。遂注員於口中而作圓也。吴曾祺曰。圓圓即圜之或體。後人强而分之。倫按圓為圜囩之音同喻紐三等轉注字。亦圓之同次濁摩擦音轉注字。圜全也當作圜也全也。全也校者加之。倫謂詩商頌玄鳥。幅隕既長。以隕為圓。易繫詞。圓而神。釋文。圓。本作員。墨子天志。中吾規者謂之賀圓。依義當作此上文之圓。墨子多存古字也。今作圓者。後人易之。周禮方圓字多作圜。考工記輪人。取諸圜也。司農注。故書圜作員。管子地員亦作員。至淮南始圜圓錯出。大戴禮乃天圜字亦作圓。倫謂圓字蓋最晚出矣。字或出字林。從初文卮字。【說文解字六書疏證卷十二】

◉商承祚　圓為圓字，第一四簡又省作□。　【信陽長臺關一號楚墓竹簡第二組遣策考釋　戰國楚竹簡匯編】

回

回　說文古文作回　㽞回父丁爵　【金文編】

9·21　弓回　說文古文回作回　【古陶文字徵】

〔六七〕　〔六七〕　〔一九〕　【先秦貨幣文編】

回　秦一四八　【睡虎地秦簡文字編】

龐回　薛回之印　【漢印文字徵】

詛楚文　康回無道　【石刻篆文編】

義雲章　【古文四聲韻】

◉許　慎　回轉也。从囗。中象回轉形。户恢切。囘古文。【説文解字卷六】

◉商承祚　囘　此當是雲之借字。雲之古文作□。象雲气之回轉。因取其意。遂反之而用為回也。【説文中之古文考】

◉高淞荃　説文囘古文回。回轉也。段注。象一氣回轉之形。按囘古文雷字最簡之體也。雷有旋轉之音。故以囘象之。或作□。象連鼓之形。雷之為形不可見。但聞其聲似鼓而回轉耳。故兩字皆為雷之古文。舊時圖雷神者皆繪羽人操椎下作鼓形而連綴之。如畫鬼執斗為魁星皆從字體衍出也。其後或併合兩體而作□。或又加雨而作□。是為雷字從雨之始。籀文結體緐重。小篆乃省而从靁鼓形。既方整若田字。囘亦删去而回轉之誼不見。説文靁謂从雨畾。象回轉之形。則不合矣。靁既專行。囘亦變而作回為回轉之誼所專。雷字。古文有作靁者。是亦由□字分出之别體也。隸書又省三田存一而成雷字。不惟雷之象形不見。即形聲之誼亦亡矣。或謂雷出地奮故从田。非也。尚書仲虺古文作中畾。蓋亦雷字與回同音虺乃假借虺字為之耳。【説文别釋　古學叢刊第二期】

◉馬叙倫　鈕樹玉曰。韻會引形上有之字。段玉裁曰。中當作口。外為大口。内為小口。皆回轉之形也。王筠曰。水部。漩。回泉也。淵。回水也。雨部靁之籀文説云。回。雷聲也。此以一字表兩形也。亯下云。從回。象城郭之形。則回又象城亯形矣。然恐非是。蓋回云古文象回水形。小篆作回。變錯也。當自為部。許望文生義。蓋誤。徐灝曰。中字蓋誤衍。馮振心曰。回當以古文為正。其義為淵。象回轉形。淵下云。回水也。□字從回。顔回字子淵。竝其明證。倫按説解當曰。轉也。象形。然當在囘古文下。乃説囘字者也。囘即漩之初文。本與圓同音。旋為足轉。漩為水轉。語原同也。而回則與垣之初文作囗者是一字。特復其形耳。周禮典同。回聲衍。注。謂其微圜也。是其證。回與囘非一字。但形音並近。古文目以囘為回。字見急就篇。古匋□字。吴大澂釋回。倫疑乃瓊之初文。即璧也。其語原亦同。

囘　徐鍇曰。直象回轉之形。李杲曰。書契亘字作□又作□。與此略近而少簡。齊侯壺洹字作□。石鼓文宣字作□。□校囘更緐。而與回轉形義不背。倫按篆當作囘。象漩水之形。即漩之初文。亦為𣶒之異文。古文經傳借囘為回。回聲脂類。𣶒聲真類。脂真對轉也。當移水部淵下或漩下為重文。或如李説。乃囗之異文。囗為垣之初文。垣或以地勢而回旋。不限於方或圓。乃有曲折為之。故象其形為□。甲文作□。增初文地字之作一者。本書作亘。則增地之初文之作二者。後以形變為囘。遂與漩之初文掍矣。古文下捝回字。餘詳淵字下。【説文解字六書疏證卷十二】

◉楊樹達　吴承仕曰：「許但言象回轉形，不言象何物。然三下又部□字下云：入水有所取也。从又在囘下。囘，古文回。回淵水也。知回為象淵水回轉之形矣。」樹達按：荀子云：「水深則回」，回即今言漩渦是也。【文字形義學】

圖 圖

圖 子廟圖卣 圖 矢簋 圖 散盤 圖 善夫山鼎 各圖室 圖 無叀鼎 圖 从心 朱德熙裘錫圭釋圖 中山王譽兆域圖 又事諸官圖之【金文編】

圖 圖 為一 二例【睡虎地秦簡文字編】

圖 禪國山碑 推步圖緯甄匱【石刻篆文編】

圖 圖見尚書 圖 圖出王存乂切韻 圖 圖 圖 圖【汗簡】

圖 道德經 圖 古尚書 圖 王存乂切韻 圖 圖 竝同上【古文四聲韻】

◉許　慎　圖 畫計難也。从口。从啚。啚。難意也。徐鍇曰。規畫之也。故从口。同都切。【說文解字卷六】

◉劉心源　圖舊釋作鄙。篆形是。文義則非。案說文。啚。嗇也。从口㐭。㐭。受也。古文作圖。汗簡作圖。即此字。又說文。圖。計畫難也。从口啚。啚。難意也。衛宏官書圖啚二形同。又碧落文豈圖昊天不惠。篆作圖。亦用啚為圖可證也。【古文審卷七】

◉林義光　圖無啚吝之意。都鄙之鄙古但作圖雍伯尊彝。圖。地圖也。从囗圍啚。古作圖子廟圖器。作圖無叀鼎。【文源卷十】

◉高田忠周　段氏云。啚者嗇也。嗇者愛濇也。愼難之意。又啚下曰。嗇也。从口。从㐭。㐭。受也。古文作圖。又㐭下曰。穀所振入也。宗廟粢盛。蒼黃㐭而取之。故謂之㐭。从入。从回。象屋形。中有戶牖。㐭啚圖三字。義相關可見矣。但許氏云。㐭字从入。說誤可正。圖全然象形也。但啚字已从口。又从囗作圖。似啚圖當同字者。然啚之从口。口即圍字。圍繞而收積。不出于外之意。又圖之从囗。囗即方字古文。口〇之口。與圍作囗微別矣。方者矩也。正也。所以計之意也。與或又作國。再从口〇之囗者自異也。【古籀篇十九】

◉馬叙倫　姚文田曰。徐鍇曰。啚者。吝嗇。難之義也。是鍇本聲字乃傳寫誤。莊有可曰。圖為啚之俗字。翟云升曰。啚亦聲。徐灝曰。許以啚為難意。未詳其恉。倫按畫計也者。或本作畫也計難也。畫也即廣雅釋詁。計難即謀。爾雅釋詁所謂謀也。然皆非本義。亦或皆非本訓。啚難意也明是校語。亦疑上文難字傳寫涉此而譌演。三篇。謀。慮難曰謀。十一篇。

慮。謀思也。老子。圖大於其細。圖謂謀慮也。尚書曰。思其艱以圖其易。思圖對文。圖亦慮之假借。聲皆魚類也。圖者。鄙之異文。從垣之初文。與從邑同。邑亦從口也。莊子齊物論。聖人之所圖也。論義則所謂否。五篇。否。相與語唾而不受也。從丨。否聲。論語。予所否者。論衡問孔引作鄙。書堯典。否德忝帝位。史記五帝紀作鄙。一切經音義八引詔定古文官書。圖啚二形同。漢韓勑後碑。改畫聖賢。如古啚口。鄙與否通。而否音透紐。圖音定紐。透定皆舌尖前破裂音。亦可證於音矣。此當依鍇本作從口啚聲。然倫謂圖蓋啚之後起字。故古文官書謂二形同也。餘見啚下鄙下。散盤作[illegible]。圖卣作[illegible]。無叀鼎作[illegible]。古匋作[illegible]。【說文解字六書疏證卷十二】

◉楊樹達　説文六篇下口部云：「圖，畫計難也，从口，从啚，啚，難意也。」今按許君釋啚為難意，與口義既不相會，从口从啚與畫計難之訓又不相關，此不得其説而强為之辭，非字之真義也。余依形求義，圖當訓地圖。从口者，許君於冋下云：冂象國邑，是也。國邑今言城市。从啚者，余往歲撰釋啚篇，定啚為鄙之初字。禮記月令曰：「四鄙入保。」鄭注云：「鄙，界上邑。」物具國邑，又有邊鄙，非圖而何哉？

圖有畫計之義者，凡有謀畫，必稽之於圖籍。蕭何收秦丞相御史圖書，沛公因得具知天下阸塞；淮南王安謀反，日夜與左吳等按輿地圖：並見史記是其事也。地圖者，圖之初義也，實義也；圖謀畫計，圖之引申義也，虛義也。凡造字之始，其義必實，引申之則漸即於虛。許君不知此，故謹不訓寡言而釋為慎，許不訓送杵聲而釋為聽，啚不訓鄉鄙而釋為嗇，嗇不訓收穀而釋為愛濇，與圖訓為畫計，皆誤以引申之虛義為造字之始義，故形與義齟齬不合也。

十二篇下戈部云：「或，邦也，从口，从戈以守一，一，地也。」六篇下口部云：「國，邦也，从口，从或。」按或从口，又加口為國，字形複宂無理。圖字亦有二口而非複重者，啚从口从㐭，圖从口从啚，啚圖為二字，與或國為一字者殊異故也。【釋圖　積微居小學述林】

◉于豪亮　《居延漢簡甲編》一・一二二八，曰吏卒更寫為蓬火[illegible]板，皆放辟非隧□□□□。一二〇七，徐路人等以治與地[illegible]，帛簿毋餘□□錢千。

兩支簡的[illegible]字，《甲編》在前一簡釋為啚，後一簡釋為曲，均非是。此字乃是圖字，啚字省去上半部，只剩了下半部的㐭字而已。一二二八簡説的是「寫為蓬火圖板之事」，一二〇七説的是「治與地圖」的事，「與地圖」即「輿地圖」，與字在古籍中常與輿字相通假【釋漢簡中的草書　于豪亮學術文存】

◉黄錫全　[illegible]圖　此即古啚字，與前[illegible]形類同。説見前。啚即鄙字，與圖古同字。夨侯毁「成王伐商圖」、「遂省東國圖」，陳夢家

圛 圛

認為「兩圖字應讀作邊鄙之鄙。圖之作鄙，猶金文國之或作郕」(西周銅器斷代，宜侯夨殷)。康侯殷「誕命康侯啚于衛」、「渣司土遙眔啚作厥考尊彝」，陳又認為「此康侯圖當是康侯封，古文邦、封一字，圖、鄙一字」(西周銅器斷代·康侯殷)。思泊師引吴北江先生曰：「啚即古圖字，圖，謀也，議也。眔，及也。『者嗣土遙及圖』言與其謀也。」(尊古齋所見吉金圖序)

圖圖出王存乂切韻 此與前暑字形同，移日於下。暑屬書紐魚部，圖屬定紐魚部，二字音近。長沙馬王堆漢墓帛書《老子》甲本假楮為奢，雲夢秦簡假暑為堵。古蓋有假暑為圖者，為王氏所本。此从石經「者」。日在下作，類似期字或作朞。【汗簡注釋卷三】

◉戴家祥 說文六篇「圖，畫計難也」。與銘義不合。按圖从口从啚，啚為倉廩之意，是亩的後起字。蓋穀穫於田而藏之於廩，農夫省轉輸之勞，因此，倉廩多設在田野附近。如國語周語上：「廩於籍東南，鍾而藏之」，此言天子之廩與籍田近也。啚在田野，離都會遠了。因此，引申為邊遠之地，與都意相對，齊鎛「毊𨛜之民人都啚」的啚字就是這個意思。周禮·太宰「以八則治都鄙」，鄭注「都鄙距國五百里，為公卿大夫之采地，王子弟所食邑。」鄙字加邑旁是為了从字形上區别啚的引申義。此外，還有添加口旁的圖。不過，口邑義近，説文五篇冋下云「从口，象國邑」。宜侯夨殷「成王伐商圖」「遂省東或圖」的圖字即都鄙之鄙。鄙與都相對，推而廣之，都訓大，則鄙又引申為小。見廣雅，釋詁一·二。膳夫山鼎「各圖室」、「述于圖室」的圖字就是這個意思。以後，人們又將能使人「周知九州之地域，廣輪之數，辨其山林川澤丘陵墳衍之名，而辨其邦國都鄙之數」的東西叫做圖，夨人盤「乎受圖」的圖字即指地圖。【金文大字典上】

◉許　慎　圛回行也。从口。睪聲。尚書曰。圛圛升雲。半有半無。讀若驛。羊益切。【説文解字卷六】

◉馬叙倫　鈕樹玉曰。玉篇引作商書曰圛圛升雲者半有半無。廣韻引作商書曰圛圛者升雲半有半無。胡秉虔曰。詩載驅箋。古文尚書以弟為圛。正義。賈逵以今文校之。定為圛。此用賈說也。倫按圛訓回行。其義不見經記。或謂回行為往來之意。則或以圛讀若驛。而以驛之引申義為説耳。從口亦無行義也。未詳。或為圖之譌。尚書以下經師家説。明是校語。此字疑出字林。【説文解字六書疏證卷十二】

國

或之重文【續甲骨文編】

國 不从囗 毛公㾓鼎 或字重見 彔卣 淮夷敢伐内國 鄁𩰫鼎 保辪鄁國 國差𦉜 王孫鐘

蔡侯䕌鐘 末距悍【金文編】

3·1003 獨字 3·1006 同上 3·1005 同上 3·1007 同上 3·822 國赤【古陶文字徵】

九八：八 宗盟類參盟人名【侯馬盟書字表】

45 135【包山楚簡文字編】

同國 西—又吝(甲4—21)、東—又吝(甲4—33)【長沙子彈庫帛書文字編】

0733 3078【古璽文編】

綏仁國丞 卑梁國丞 金鄉國丞 征羌國丞 韓定國 紀克國印 司國循印 張充國印

瘳國 楊國 陸延國 柳安國【漢印文字徵】

祀三公山碑 國界大豐 禪國山碑 國史瑩覈等 石經僖公 齊侯使國歸父來聘 君夷 厥享國五十

年【石刻篆文編】

國亦方字 國【汗簡】

古孝經 古老子 義雲章 同上 崔希裕纂古 並同上【古文四聲韻】

◉許慎 國邦也。从口。从或。古惑切。【説文解字卷六】

◉孫詒讓 金文有前後兩字同而義異，注文以示别異者。如師寰敢云：「王若曰，『師寰或、淮尸夷繇我貫畮臣，今敢博乃衆㝵反，乃工事弗速蹟我東[illegible]。」蓋文如是，器文作[illegible]，小異。此斁[illegible][illegible]二文，右皆為或，而左則一从父，一从邑，字書並無其字。尋文究義，乃知二同為或字，而「父」「邑」則旁注，以示別異也。古文「或」「國」二字多通用，如宗周鐘「南國」、「三國」，南宮方鼎「南國」，毛公鼎「四國」，字並作「或」是也。此兩或字亦當讀為國，師寰或父者，或父為師寰之字。周時人名字多並舉，如春秋時孔父嘉叔梁紇是也。赤向敔云：「赤向父禹曰。」伯其父簠云：「唯白其父麐作旅匿。」並金文名字連舉之例。寰，今字作「寰」，說文無寰寰二字。古與「縣」通，縣為六遂之屬別，故名寰而以國為字，二義正相應也。下「東或」則即東「國」，因與上文師寰字或，文同義異，故注邑於旁，以別之，以邑亦訓國也。說文邑部。此例意致精析，而金文罕見，攷釋家咸未憭，故為表出之。【名原卷下】

◉商承祚　[illegible]卷二第六葉　[illegible]後編下第三十八葉　[illegible]第三十九葉

从戈守口。象國有衞也。宗周鐘國作[illegible]。毛公鼎作[illegible]。與此同。【殷虛文字類編卷六】

◉丁佛言　[illegible]古鉨。公庶國鉨。毛公鼎家从[illegible]。則知國亦可从[illegible]。[illegible]古鉨。[illegible]古鉨。[illegible]國。[illegible]古鉨。[illegible]國。原書以為陽字。誤摹作[illegible]。[illegible]古匋。城陽國。陳簠齋謂[illegible]即戈。古國字。[illegible]古鉨諺國。【說文古籀補補卷六】

◉馬叙倫　楊慎曰。商子書。民弱口強。口強民弱。有道之口。務在弱民。國字皆作口。蓋古文。鈕樹玉曰。韻會作從口或聲。段玉裁曰。古國或同用。邦封同用。龔橙曰。古文作口。後加或聲。倫按國為或之後起字。楊舉商鞅書證國之初文為口。是也。口為垣之初文。築口以守。保其族屬資財。實古代地主之莊院。後以口形疑於口字。乃增一於下。一者。地之初文。口即亘之異文。後以有他族來相侵淩。則增戈以明有兵守之。地主之莊院。實政治之所由起。而口所以有邦國之義也。及口以為包口字。或又以為疑或字。乃於或外增口。乃成俗字。以後起字例。當作鍇本作從口或聲。字見急就篇。

【說文解字六書疏證卷十二】

◉陳夢家　「國」字最早是「或」字。說文曰「或，邦也，从口从戈又从一，一地也。域，或又从土。」又曰「國，邦也，从口从或。」據說文，「或」或作「域」，域是或的重文，或的本義是疆域。又據說文「或」和「國」同訓「邦」，而「國」字从口从或，說文說「口，回也，象回帀之形」，口象圍垣，如園囿圃等字从之，口即圍的象形。「或」本是疆域之義，「國」字是「或」更加圍垣，還是疆域之義，所以「國」字是從「或」字化出來的。

說文把「或」與「國」都當作會意字，彷佛所以从戈是守衛邦國之義，這是大錯的。周銅器上的銘文（即金文）或字的寫法有三個形式：一作或，二作戓，三作𨛗。第三式只見到一次，第二式是西周通用的，第三式通行于西周晚期與東周。故此「或」字最早从亘从戈，亘象城邑之外有兩疆界，戈是聲符，所以從「或」字最初是形聲字。金文國字的寫法有四個形式：一或，二國，三國，四域。第一式以「或」作「國」，第二式于「或」之外更加匚象三面疆界，第三式象四圍有界，第四式是説文或的重文。或既是形聲了，那末「或」之外再加匚或口或土作形符，此之謂「形聲字的再加形符。」

從「或」字形體的演化程序來看，可知所謂「域」或「國」最早是城邑的南北兩界，次之為東南北三面為界，最後是四方有圍界。又從它意義的演化程序來看，可知國最初只是疆域之義，後來才變為邦國之義。【釋「國」「文」　國文學刊一卷十一期】

◉田倩君　□這便是國字的初文，其右邊的□（□解）是兵器，取其意亦取其聲。左邊的口，是土地，取其形亦取其意。這個口是來自邑字的上部。邑从口从人，這是個會意字，表示這個區域之中，住有人民，故加戈以守衛之，保護其人民生命財産之安全，以免為外力所侵略。這便是後來甲骨文中□字的構造。這種近乎圖畫的原始文字，乃是殷商的「古文」保存在殷商時代的金屬銘器上，以西曆計，在西元前十五世紀以前，去今約三千餘年。

□前二・六　□後下・三九。這兩個國字是殷代甲骨文，其字體有向左行，有向右行的，是求其對稱美觀的意思，並未含有其他作用。這類文字行使於殷商時代，約在西元前十二至十四世紀，去今也有三千餘年了。這是刻畫在龜甲獸骨片上的「符號」文字，筆畫剛勁，因刀刻的關係，不能隨體詰屈故多稜角，形體簡單，只能表示出某種事物的意義。所謂「意符」文字。

周金石文字，是鏤刻在鐘鼎彝器以及石器上的文字。其年代約在紀元前十一世紀至紀元前四世紀，在這八百年間，國字起了許多變化。也就在這個時期的變化之中，而奠定了今日國字的形體。但在這個直系演變之下，其基本組織和音讀（雖古音不可得，但就戈字的音義，尚可推知）都没有什麼變化。如□南宮方鼎依舊从口从戈，只是戈上稍加飾物。然宗周鐘上的國字却在口下加了一横畫，即成為□。説文戈部：「□邦也。从口从戈，以守一。一地也。」口既為地，何須重複一地？這是許君臆度錯了。這一横畫決不是代表地，而是代表「人」的意思。試看大䀠戈上面的國字作這樣□由於這個國字便可瞭解「或」是戈和邑的合體字从戈从口从人，金文中有邑字作此形□（□爵）其人頭部即是一横畫。也有圓頭的，如□因為字體漸趨整齊方正。象這個□字其體形斜長，不合進化原則。所謂方正美觀。所以僅留其頭形作為人字的代表，便成為這個□毛公鼎字。後來其左邊加一曲線，即成為這個□悍距末字，但這條曲線並不是隨意加上的，而是由戉的刃部延申而來，其演化的軌跡，有一個可信的例子，如歲字从戉从步，戉與戈可能是一種兵器，其形狀彷彿。殷周時曾以戉代或代歲，其左邊的刃原來很短，漸漸延申，即成為□毛公鼎　□子禾子釜。尤其這個□國差𦉜字和同一器物中的□國差𦉜字，其外形完全相同。就此歲字變化的迹象，即可推知國字外口的由來了。本來只有三面界限，何以成為口形？這也是因為字體趨於方正美觀，所以再延為四面有界畫的口形國字了。

壼

【「國」字的演變　中國文字第二期】

●曾憲通　[glyph] 西鄀又吝　乙四・二一　[glyph] 東鄀又吝　乙四・三三　鄀即國字。選堂先生説：「東國西國之名，占星家每用之，如《天官書》云『出西逆行，至東正西國吉，出東至西正東國吉。』是其例。」李學勤謂東國西國指邦之東土西土。【長沙楚帛書文字編】

●許　慎　[glyph]宮中道。从囗。象宮垣道上之形。詩曰。室家之壼。苦本切。【説文解字卷六】

●劉心源　下一字或釋賴。非。友史鼎[glyph]貝與此不同。或以此銘為壼字。説文壼作[glyph]。云。宮中道。从囗象宮垣道上之形。[glyph]中空白作十字。此从[glyph]。將十字填實書之。皆象道形。則退壼即退居之義。【奇觚室吉金文述卷四】

●郭沫若　此器見宋人書，原題為「高克尊」，以誤認隮下壺字為高故也。實則乃是壺之譌字，器亦正是壺。壺本象形文。如番匊生壺作[glyph]，直似纘畫。然其結構之稍異者，則如兮敖壺作[glyph]，孟上父壺作[glyph]。內大子壺作[glyph]，與墉之古文𩫏字近似；而伯士父壺作[glyph]及本器作[glyph]，則直誤以墉字為壺矣。【伯克壺　兩周金文辭大系考釋】

●郭沫若　「寢氏以壺告」者壺蓋毁為符，蓋寢氏所傳者為君氏之命，不能無所符憑。或者古人之符即以壺為之，壺者插籌之具也，壺又称中，史字从又持中者即持壺也。秦之《陽陵兵符》《新郪兵符》作虎形，余意當即虎中之轉變，其稱為符者，則猶存壺之遺音也。或讀「余獻寢氏以壺」為句，語法雖現成，而于前後文義不可通。君氏乃宣王之后，「余考止公」以下三十三字即君氏之命，蓋書于籌，插于壺，為寢氏所將出者也。【召伯虎毁其一　兩周金文辭大系考釋】

●郭沫若　壺字蓋文作[glyph]，器文作[glyph]。器形見《善齋》《禮器録》。王國維以為「卣」，非也。然器與蓋分藏二家，字跡亦小異，是否一器之析或二器之殘，殊未能知耳。【杞伯每刃壺　兩周金文辭大系考釋】

●馬叙倫　翟云升曰。當作橐省聲。高田忠周曰。宮中道故從行。橐省聲。倫按宮中道非本義。亦非本訓。或字出字林也。橐從豕得聲。豕朮聲同脂類。蓋術之轉注字。當入行部。【説文解字六書疏證卷十二】

●楊樹達　[glyph]象宮中道，本形。囗象宮垣，示宮中道所在之他形。[glyph]象臺觀上見，亦他形，但非示所在者耳。【文字形義學】

●施勇雲　[glyph]字，見《小屯・乙編》二五二二、二九六四，亦見《殷虛卜辭》一七七一片，附拓片於右。

[glyph]字，象形，从囗，从[glyph]，囗，象宮垣，[glyph]象道路，父辛觶銘文作[glyph]，形正同此，石鼓文五，增人作[glyph]形，象一人在四通八達的衢中，意義更顯明。

𤰈同𡇓。𡇓字，本象形，㠯象歧道入宮，口象其外闕。《正字通》「𤰈與𡇓同」，《詩經·大雅》「室家之𡇓」，《説文》「𡇓，宮中道」，《爾雅·釋宮》「宮中衖，謂之𡇓」。衖，魏·孫炎譯「衖作巷，巷舍間道也」，衖作巷是同聲類。《文選·魏都賦》「永巷壼術」，此稱宮為永巷，叫宮内道路為巷，是巷為宮内道名稱。張楫《廣雅·釋詁》：「𡇓，聚落，居也。」

𡇓字作𤰈，漢隸《山陽太守祝睦後碑》，有𤰈字或作壼，《玉篇》，隸屬橐部變壼為𤰈，𤰈後演化為壼。唐·張參《五經文字》入士部：「𤰈，本象形，不从士，今俗从士，作壼。」𤰈字，从㠯或从士作𤰈或作壼，從唐人墓誌銘中亦可找到例證，如：作𤰈字形的，有唐·景雲二年《鄭淑墓誌銘》「𤰈則閨儀兮道方尊」，貞元十九年《張運才墓誌銘》「皎玉度於蘭𤰈」；或作壼字形的，有唐·開元廿一年《房惠琳墓誌》「克訓壼德」，開成五年《唐趙夫人夏侯氏墓誌》「婉嫕貞閑壼」。

𡆧字變異為𡇓字，由𡇓字演化為𤰈字，由壼字變為壼字，乃一脈相承，可以劃一演化表，即：

𡆧——𡇓——𤰈——壼。

从而確知𡆧為𡇓之古字，𡇓為𡆧之或體，𡆧、𡇓、𤰈、壼為一字無疑，正好是文字的演化隨時代的變遷而變異的説明。【試釋幾個甲骨文字　考古論文選】

困　困

困　秦1483　獨字【古陶文字徵】

困　日甲一七背　十三例　困　日甲一五五背【睡虎地秦簡文字編】

困　困陸奴【漢印文字徵】

◉許　慎　困廩之圜者。从禾在囗中。圜謂之困。方謂之京。去倫切。【説文解字卷六】

◉馬叙倫　沈濤曰。史記龜策傳正義引圜者謂之困。方者謂之㢝。王筠曰。京。㢝之殘字也。倫按㢝之圜者非本義亦非本訓。廩為亩之後起字。困蓋㢝之異文。從囗。稟省聲。亦或亩之異文。猶嗇之從來矣。説解本作㢝也。或以聲訓。圜謂之困。

方謂之京者。京以疊韻借為倉。故廣雅曰。京。倉也。急就篇。門户井竈廡囷京。顔注曰。京。圜倉也。然戰國策高誘注。員曰囷。方曰倉。蓋其初倉廩不别。但以器圜𣪊而藏之。後乃因利便之故。而或方或圜。遂分圜謂之囷方謂之倉。然為亩之後起字啚之異文。蓋亩為名詞字。本象形。而此字不從亘之初文口。直是亩之異文也。囷音溪紐。啚字審紐。古讀歸透。透溪同為次清破裂音。更足以明之矣。史記正義引者。此字校語也。當為啚之重文。或曰從口禾聲。禾音匣紐。口音喻紐三等。同為次濁摩擦音。為口之轉注字。古匋作。【説文解字六書疏證卷十二】

圈

圈　日甲一二三背　五例　【睡虎地秦簡文字編】

保虎圈　【漢印文字徵】

◉許　慎　養畜之閑也。从口。卷聲。渠篆切。【説文解字卷六】

◉馬叙倫　鈕樹玉曰。廣韻及一切經音義十七及十九引無之字。沈濤曰。文選求自試表注引作養獸閑也。嚴可均曰。畜當作嘼。獸即嘼之誤。翟云升曰。文選西京賦注引作畜闌也。倫按許當以聲訓。養嘼之閑也蓋字林文。從初文亘字。公羊文十一年傳釋文引字林。臼萬反。玄應一切經音義引倉頡。圈。檻類也。【説文解字六書疏證卷十二】

◉劉彬徽等　因，讀如圈。《禮記·玉藻》:「母没而盃圈，不能飲焉。」圈亦通作棬。東室所出帶座銅盃可能就稱作「金棬」。【包山楚簡】

囿

乙九〇三一　此囿字　説文口部又别出囟字云下取物縮藏之从口从又讀若聶　乙八五二六　前四·一二·四　或从四木與説文囿字籀文同　甲三七三〇　乙六四三　前四·一二·三　前四·五三·四　前七·二〇·一　七·S一八　六　京都三一四六　【甲骨文編】

甲3730　乙498　乙376　【續甲骨文編】

囿 假借為有為及　秦公簋　竈囿四方秦公鎛作甸及四方　【金文編】

囿 為三四　【睡虎地秦簡文字編】

石碣吴人　中圃孔口　説文籀文同　【石刻篆文編】

籀韻　【古文四聲韻】

◉許　慎 苑有垣也。从囗。有聲。一曰。禽獸曰囿。于救切。籀文囿。【説文解字卷六】

◉王國維 殷虚卜辭與石鼓文囿皆同籀文。卜辭或作。从艸。【史籀篇疏證】

◉羅振玉 石鼓文囿字亦作。與卜辭同。或从茻。與𣡕同意。【增訂殷虚書契考釋卷中】

◉商承祚 石鼓文亦作。與説文之籀文及此同。此文或从茻，囿之所在有艸木也。其誼同。説文艸部有蘭即合二字為之，實一字也。【甲骨文字研究下編】

◉强運開 艸部蘭以此為聲。【石鼓釋文】

◉馬叙倫 鈕樹玉曰。廣韻韻會引竝作禽獸有囿。沈濤曰。初學記廿四御覽百九十七皆引作苑有園曰囿。御覽又引作一曰養禽獸曰囿。是古本禽獸上有養字。桂馥曰。風俗通。囿猶有也。即本書之文。段玉裁曰。艸部。苑。所以養禽獸也。此云苑有垣。則禽獸在其中矣。一曰句蓋淺人增之。王筠曰。苑有垣也玉篇同。然玄應引此句以為字林。則玉篇自用字林。而今本説文則以字林改之也。故徐鍇曰。苑其周垣也。園。樹果菜也。緣許有圈字。故解之也。夏小正。囿有見韭。囿有見杏。是囿樹果菜之證。是知初學記引為苑有園曰囿。誠説文古本也。倫按從初文垣也。許蓋訓有也。吕忱加苑有垣曰囿。初學記引誤垣為園。若作苑有園曰囿不可通。亦或一曰下本作樹果曰園樹菜曰圃養禽獸曰囿。傳寫有挩譌。此三句者或本在苑有垣也下。亦字林文。校者記異本。故增一本。或校者自記語。玄應一切經音義引字林。無垣曰囿。任大椿謂無為有譌。是也。則苑有垣也者。本作有也苑有垣曰囿。玄應又引三倉。養禽獸處曰囿。囿之語原即囗。秦公敢作。

段玉裁曰。艸部蘭從此為聲。嚴章福曰。圞見石鼓。陳灃曰。圞從囗。象垣。十其中路也。從四木。倫按陳説是也。從初文垣字。十即阡陌之陌初文。會意。田似田而非田也。於圖畫中別之。甲文作或作。石鼓作。【説文解字六書疏證卷十二】

園

◉方述鑫　囿　甲骨文作(前四·五三·四)(前四·一二·四)，金文作(《秦公簋》)，石鼓文作，小篆作。甲骨石鼓文均是指事字，表示外界的客觀現實存在於人們的頭腦中。外面的「囗」形象地域，内面的「↓」「木」形象地域内生長的草木。《説文》：「囿，苑有垣也，從囗有聲。一曰禽獸曰囿。籀文囿。」按許慎釋囿為苑有垣不確。殷人好田獵，往往在一些草木茂盛禽獸出没之地狩獵，故囿從囗從草木。田獵將會獲取肉食，於是金文囿的字形變作，表示在一定的地域内以手取肉，乃一會意字，是人體的動作加之於自然之物，以表達人的意志。因此，囿的本義應當是狩獵的地域。古籍中囿域二字音近義通，《詩·大雅·靈台》「王在靈囿」，毛傳云：「囿所以域養禽獸也。」《國語·楚語》「王在靈囿」，韋注云：「囿，域也。」考之卜辭，囿均作地名或人名，與地域之域無别，如：「乙未卜貞，在龍囿來丁受有年，二月。」(前四五三·四)【甲骨文口形偏旁釋例　四川大學學報叢刊第十輯】

5·372　西園王氏缶容十斗　5·352　東園□　5·371　北園吕氏缶容十斗【古陶文字徵】

園　為三四　二例　通圓　—面　日甲七七　日甲七八背　雜二〇　二例【睡虎地秦簡文字編】

霸陵園丞　康陵園丞　嚴道橘園　頃園長印　順陵園丞　漢氏成園丞印　孫園　谷園私印

傅陽園【漢印文字徵】

古文　王庶子碑【古文四聲韻】

◉許　慎　所以樹果也。从囗。袁聲。羽元切。【説文解字卷六】

◉馬叙倫　沈濤曰。類聚六十五引。樹果曰園。樹菜曰圃。初學記引。園。樹果也。圃。樹菜也。是古本無所以二字。倫按園圃皆名詞也。如初學記引不得無所以二字。風俗通。園。援也。從口。袁聲。即本本書。蓋吕忱增所以樹果曰園也。園囿音同喻紐三等。蓋音皆受於口。而初無樹果與養禽獸之别。但有口而無室。以異於人羣而已。則園囿亦或轉注字也。後世乃分别之。此類例證多矣。玄應一切經音義引倉頡。種樹曰園。種菜曰圃。又引作三倉。字見急就篇。【説文解字六書疏證卷十二】

圃 𡈼

𤰌 乙1523 【續甲骨文編】

𡈼 圃 从屮在田从囗 御尊 王在圃 𡈼 𨙻𪐴簋 在小圃 𡈼 从専 召卣二 用作團 宮旅彝 𡈼 解子鼎 【金文編】

𡈼 禁圃左丞 【漢印文字徵】

𡈼 開母廟石闕 芬茲楙于圃疇 【石刻篆文編】

𡈼 雲臺碑 【古文四聲韻】

◉許 慎 圃 種菜曰圃。从囗。甫聲。博古切。【説文解字卷六】

◉吴大澂 𡈼 古圃字。从屮在田。从囗。象圃種菜形。御尊蓋。【説文古籀補卷六】

◉羅振玉 御尊蓋有𡈼字。吴中丞釋圃。此作𤰌。象田中有蔬。乃圃之最初字。後又加囗。形已複矣。【增訂殷虚書契考釋卷中】

◉林義光 𤰌𡈼 甫圃模韻。説文云。𤰈 男子之美稱也。从用父。父亦聲。按用父非義。古作𤰌 王孫鐘専字偏旁。从田父聲。即圃之本字。或作𤰈 穌甫人匜。作𤰈 伐徐鼎。説文云。圃 種菜曰圃。从囗甫聲。按古作𡈼 御尊彝癸。作𡈼 辛子彝乙。與甫同字。【文源卷十一】

◉高田忠周 吴氏於下篆云。古圃字从屮在田。从囗。象圃種菜形。非。凡金文専字作𤰌。从又从𤰌。與此相合。𤰌𤰌皆為父字明矣。然則此篆从囗从𤰌。𤰌與从用父聲𤰈字全別。愚竊謂𤰌从田从父聲。古圃字也。説文。圃。種菜曰圃。从囗。甫聲。爾雅釋地釋文。字亦作𡈼。布亦从巾。父聲也。又周禮太宰。二曰園圃毓草木。注。樹果蓏曰圃。蓋種艸木謂之園圃。種禾穀曰田。其義近矣。故田字从囗十以象阡陌。𤰌字从田父聲。其形同而其名異故也。後世又加囗作𡈼。小篆譌作圃。从甫聲。遂失古形。然則専字亦古文。从又从𤰌聲可識耳。亦知𤰌或作𡈼。猶員又从囗作圓耳。【説文古籀篇十九】

◉馬叙倫 鈕樹玉曰。韻會種作種。嚴可均曰。初學記廿四宋刊白帖三御覽百九十七引作樹菜。按園下云。樹果。明此亦樹。羅振玉曰。御尊𡈼字。吴大澂釋圃。甲文有𤰌。乃圃之最初文。倫按風俗通。圃。補也。從囗。甫聲。即本本書。蓋呂忱增所以樹菜曰圃也。此甫之後起字。甫。從用。父聲。用即垣也。父音奉紐。奉與喻紐三等。同為次濁摩擦音。則圃音亦受於口。或亦園囿之轉注字。甲文作甶。與圃同字。亦可證也。或甶乃甫之變譌。或甫為甶甶之譌變。後人以甶音如甫。古讀如父。譌以為父聲而改之。辛巳敢作圃。【說文解字六書疏證卷十二】

◉饒宗頤 甶，陳夢家據唐蘭釋苗，謂為動詞，略云：「是先苗而後耤。《齊民要術》：『苗出壟則深鋤。』《周禮》里宰鄭衆注：『耡讀若藉。』」然他辭方卜云：「甶受黍年。」(《屯乙》六五一九)爭卜云：「乎甶秜于姐，受㞢年。」(《屯乙》三二一二)可見甶為人名及地名，當即圃田之圃，陳說非。【殷代貞卜人物通考】

因

前五·三八·三 後二·四三·三 存二三一八 無想二四一 佚五七七【甲骨文編】

佚577 續存2218【續甲骨文編】

因 陳侯因資錞 中山王嚳壺 因載所美 螽鼎 因付氒且僕二家【金文編】

存陶 3·26【古陶文字徵】

因 語一一 二例【睡虎地秦簡文字編】

杜因封印 吕因諸 因翁中【漢印文字徵】

泰山刻石 因明白矣 石經殘石【石刻篆文編】

因 因【汗簡】

古孝經 演說文 碧落文【古文四聲韻】

◉許慎 因就也。从口大。徐鍇曰。左傳曰。植有禮。因重固能大者。衆圍就之。於真切。【說文解字卷六】

◉林義光 江氏永云。象茵褥之形。即茵之古文。中象縫綫文理。按口大無因字義。訓因為茵是也。古作因陳侯因資敦。弼篆从

丙。古从因毛公鼎。宿篆从丙。古从因寏叔敦。因亦因字。並當為茵。於形意方合。【文源卷一】

●高田忠周　因即姻字古文。說文姻下曰。壻家也。女之所因。故曰因。从女因聲。此依後出文而立說也。抑大者人也。丈夫也。亦壻也。壻下曰夫也。夫下曰丈夫也。即大丈夫也。又口與介同意。古文家字或从口作㝉。客字从口作㝌作㝌可證矣。从囗从大。大在口內。即壻家也。壻者。就于婦家也。故轉為就也。廣雅。因。親也。就也。詩皇矣。因心則友。傳。親也。皆是也。【說文古籀篇十九】

●商承祚　段玉裁曰「為高必因丘陵，為大必就基阯，故因从口大，就其區域而擴充之也。」其說是也。【甲骨文字研究下編】

●馬叙倫　朱駿聲曰。囗大俱非誼。江氏永曰。象茵褥之形。中象縫綫文理。按即茵之古文。江說是也。席篆古文作𠤻。蓋從因厂聲。廣雅釋器。丙。席也。正因字之誤文。沈乾一曰。因古音烟。倫按所謂因即茵之初文。是也。叀中鐘。吉鐲明禋。强運開釋禋為禋。是也。禋從示因聲。猶禋字今作烟矣。可證因不從大。亦不從亘之初文。本作因吳善述說。象形。或曰。甲文有因字。蓋與囚一字。公羊昭廿一年傳。若曰因諸者然。何注。齊故刑人之地。博物志。周曰囹圄。齊曰因諸。是其證。倫謂因諸即囹圄之聲借耳。然甲文有詞曰。癸未。卜貞𢦏不因。𢦏即本書之戠。王筠據周敔敦。𢦏首百。釋𢦏為戠。謂戠首百即殺百人。然則卜詞之戠不因。或當以戠字為句。不因為句。不因謂不囚之也。因為囚之異文。形與囚近。遂誤為一字耳。茵當從囙也。因就以聲訓。或就也乃捆字義。十二篇。捆。就也。慧琳一切經音義三十四引倉頡。因。咽也。字亦見急就篇。【說文解字六書疏證卷十二】

●楊樹達　《說文七篇下巾部》席字古文作𠤻，簟字古作㐁或㐁，見前丙字下。字皆象簟席之形。因字作因，字與席簟之古文相類，亦象形字，蓋茵之初文也。《一篇下艸部》云：「茵，車重席也，从艸，因聲。」或作鞇，云：「司馬相如說茵从革。」於真切。按茵鞇乃因之後起加形旁字，卻據因之初義而有之。因訓就，乃後起之義也。【因茵鞇　積微居小學述林】

●楊樹達　艸部云：「茵，車重席也。」巾部：「席，古文作𠤻。」蓋因乃茵之古文，象形字。許訓就，云从口大，非也。【文字形義學】

●魯實先　以愚考之，因乃因之異構。按之許書及卜辭，从大者或从人作，誠以人大俱象人形，是以二文通作。此所以从大之因亦从人作因也。以因為因之異體，故「不因」亦作「不因」。審其辭例相同，義無殊軌，則因為因之異體，晃朗無疑矣。其文或作因與因者，則以筆畫偶有參差，非象構韓之井也。因於卜辭有二義。其一讀詩皇矣「因心則友」之因。如云：「戊戌卜，宂貞，㳄不因。前·一·四六·三。「辛丑卜，㱿貞，霝妃不因」。前四·二〇四·一。凡此諸辭之因，義皆為親。說文云：「親，至也。」是諸辭所云。「不因」、「其因」、「弗因」、「毋因」或「因」，猶它辭之「來」、「至」與「見」，皆卜諸方之是否來朝也。故其文例亦相絜合。又案卜辭之僅云「不因」與「其因」者，或如韓非子孤憤篇所謂「諸侯不因則事不應，百官不因則業不進」之義，乃卜諸方之是否親順受令，説亦可通。惟於所謂「五日子稟因」、「六日子攺因」，及「丝迺因」者，則斷乎為卜來朝之辭矣。因之第二義則為方名。如云「甲子卜，子貞，吟刀攺因」後・下・四三・三。「戊戌卜，行貞，王其田于[glyph]，亾巛」後・上・一五・二、「辛卯卜，王貞，王其田[glyph]，亾𢦏」粹九七九、「戊申卜，貞，王田于[glyph]麓往來亡巛，丝𨙶獲冢一犬四」前・二・二八・三是也。以□與◇俱象回帀之形，故因之異體作[glyph]，是猶宀象屋形，而口亦有象屋之義。【殷契新詮之一】

◉高鴻縉　江永曰。因。象茵褥之形。即茵之古文。中象縫綫文理。⊘因即[glyph]之初文。象形。後因借為原因。因為之因。形亦變為口大。於是乃加石省聲作[glyph]。後[glyph]復變為[glyph]。从巾。石聲。又變作席。因與席之形意遂相遠矣。後世更於因上加艸以示艸製作茵。因旁加韋以示革製作鞇。俗並於席上加艸以示艸製作蓆。加竹以示竹製作篟。更孳乳不可究詰矣。【中國字例二篇】

◉李裕民　[glyph]《侯馬盟書》宗盟類四之九二：一九。

《侯馬盟書・字表》釋因，《説文》所無。按：當即因字。古大、夫通用：《大鼎》善夫之夫作[glyph]，《攻吳王夫差鑑》夫字作[glyph]，是夫寫成大的例子。《洹子孟姜壺》大子之大作[glyph]，與《邾公牼鐘》夫字寫法同，是大寫成夫的例子。《伯矩鼎》矩字作[glyph]、[glyph]，一从大、一从夫，則又是同器中同一個字夫、大偏旁通用的例子。《説文》：「因，就也。从口、大。」此為參盟人名。【古文字研究第五輯】

◉鄭慧生　南方之方名為因。《説文》：「因，就也。」「就，高也。」《廣韻》：「就，成也。」因有長高、長成之意。南為夏方，夏時草木竟長，郁郁蔥蘢，故「因」為南方之名，為草木高長時的該方之神。

大骨説：「南方曰夾。」

該字《考證》釋夾，《神名》釋莢，愚以為它是因字的別體。《説文》：「因，就也，从口大。」徐鍇曰：「能大者衆圍就之下也。」大骨之南方字，正是一個大字四個人字（下面兩個是正反對稱的兩個人字，上面兩個是正反對稱的人字之省），合起來就是四個人圍着一個大字，與「能大者衆圍就之」吻合。《六書通》載《古孝經》因字，《演説文》因字都是衆人圍大人之意，與大骨的四人圍一大，如出一轍。因此，大骨所寫，仍是因字，與《山海經》「南方曰因」、《堯典》「厥民因」是一致的。【商代卜辭四方神名，風名與後世春夏秋冬四時之關係　史學月刊一九八四年第六期】

◉張政烺　殷虛甲骨文有[井大]字，也寫作因；有[井人]字，也寫作囚。[井大]、[井人]二字構造相似，似從井或從口，其中一從正面人形的大，一從側面人形的人（參考《甲骨文編》二七六及三四七頁）。前一字學者皆釋因，對字義無說。後一字常見者多作[井人]，字書所無，遂多異說。孫詒讓釋刑（《契文舉例》卷下），唐蘭從之，商承祚釋囚（《殷虛文字類編》卷六），郭沫若、葉玉森、孫海波從之；丁山釋死（《集刊》一本二分《釋疒》），胡厚宣採用其說，并作《釋[井人]》（《甲骨學商史論叢》初集）以申明之，於是學者多從之者。然甲骨文自有死字，與金文及小篆同，如：

戊午卜，貞：不死。　乙四八六○

己卯貞：复……死，四月。　綴八五

口卯貞：子妥不死。　集二一八九○

姚孝遂《吉林大學所藏甲骨選釋》中說：

死死都毫無疑問應當是死字，其本義乃指死亡而言。……如果釋[井人]為死亡之死，不僅卜辭已有死亡之死的本字，而且「征[井人]」一辭也難以解釋（見《吉林大學社會科學學報》一九六三年第四期八二——八三頁）。

姚氏的看法是對的，[井人]決非死字。

我在一九六五年四月二十三日寫過一篇《釋甲骨文俄隸蘊三字》（見《中國語文》一九六五年第四期），把[井人]讀作蘊。[井人]讀為蘊，我認為不錯。我的故鄉山東省榮成縣的口語中有蘊這個詞，義為掩藏。我們知道人死是一件壞事情，世界許多民族的語言中常有忌諱死的習慣，我的故鄉談論老人，用「早埋了」代替「早死了」，談論兒童用「丟了」（即拋棄了）代替「死了」。在古書上也有，《韓詩外傳》卷八第二十四章，記載孔子答子貢論「休」，說「學而不已，闔棺乃止」，杜甫《君不見簡蘇徯》說「丈夫蓋棺事始定」，闔棺、蓋棺皆指人死。這都是用處理屍體的方法來代替說明死。劉向《新序》卷四：

晉平公過九原而歎曰：嗟乎！此地之蘊吾良臣多矣，若使死者起也，吾將誰與怖乎？

這裡的蘊字作埋葬講，是處理屍體的方法。所以[井人]讀為蘊可以引伸出死的意思。死作主要動詞常指自死，或是天災人禍造成的後果，并非處死，決不包含預謀殺害，因此卜辭中有許多條[井人]釋為死講不通，如果把它釋為蘊，解為埋（古書時用瘞字），便文從字順了。例如：

甲辰卜，爭，貞：缶其[井人]。　誠三四六

戊申卜，殼，貞：缶㞢其[井人]貝。　前五・一○・四

缶是人名。兩辭相隔三日，當是一回事，前一條[glyph]後的貝字省畧了。貝在殷代是寶物，與龜玉同珍，可以蘊櫝而藏，也用以殉葬，安陽發掘曾出土許多貝。所以這個[glyph]字是蘊藏人間或瘞埋地下尚不敢定，但敢斷言它決不是死字。

因字在卜辭中出現的次數少，而且都是早期的用法和[glyph]相同，也有藏、埋、死三義。但按之《爾雅》、《說文》其音早有分化，從周到漢已經把收聲的輔音——n丟掉了，分别寫成翳、瘞、殪三字。

甲子卜，子，貞：今羽啟因。　後下四三·三

貞：[glyph]，不因，辛囧，壬午王……　佚五七七

己丑卜，帚，貞：㞢不因。　乙七五七

癸未卜，貞：戠不因。　前五·三八·三

癸未卜，貞：畝子不因。　金六七九

這兩條是關於氣象的卜辭，因讀為翳。《毛詩·邶風·終風》：「終風且曀，不日有曀」，又「曀曀其陰」，《爾雅·釋天》：「陰而風曰曀」，劉熙《釋名·釋天》：「曀，翳也，言雲氣掩翳日光使不明也。」曀是後起的形聲字。

㞢、戠、畝子皆是人名。這幾條因字的用法和一般的[glyph]相同，自然有的可以理解為死。這也是從瘞埋義引申而來的，但在周代已造殪字，《爾雅》、《說文》皆言「殪，死也。」劉熙《釋名·釋喪制》：

殪，翳也，就隱翳也。

隱翳與蘊藏義近，這也是以處理屍體為死亡。《毛詩·大雅·皇矣》「其菑其翳」，陸德明《音義》：

翳，於計反。毛云：「自斃為翳。」……《韓詩》作殪云：「因也，因高填下也。」

《韓詩》多存古義，以因訓殪尤見本源。《漢書·食貨志》：

太倉之粟陳陳相因，充溢露積於外……陳陳相因是久舊疊壓，按《說文》「蒀，積也」，可見因蘊義同。而「因高填下」也正是瘞，引申則為殪。

現在考察一下字形，[glyph][glyph]二字所從的[glyph]是什麼？商承祚説「象因闌之形而納人其中。」郭沫若説象「人在[glyph]中」（《卜辭通纂》四九三片）。丁山説「象人在棺槨之中」。我的看法，[glyph]是木櫝也作棺材用，其加四小點者，尤見掩埋之義。《論語·子罕》「有美玉於斯，韞櫝而藏諸？」又《季氏》「龜玉毀於櫝中」，可見古人蘊物於櫝。《左傳》記載魯昭公二十九年因為馬死了，「公將為之櫝」，杜預注：「為作棺也。」而秦《詛楚文》責楚王「拘圉其叔父，寘諸冥室櫝棺之中」，可見櫝與棺相似，是一種大木櫃，可以容馬

或人。把廾解作櫝而不說成棺，語義範圍大些可能更符合事實。漢代人寫口，先橫後直，筆順和廾字同，皆是四畫（參考桂馥《札樸》卷九桂氏條），𡕍與因遂不可辨。

最後，說一下𡔷和𡕍兩個字的關係。𡔷和𡕍結構相似，辭義相同，已如上述，為什麼要造兩個字。回答這個問題須要從聲音考慮。𡔷𡕍聲母相同，韻部相近，如果把它連結起來恰好是一個詞，漢代有絪緼、烟熅、壹鬱等不同寫法（參考《辭通》卷六，十二文），宋代的文字學家張有稱作聯緜字（見《復古編》卷下，收壹壺二字），清代學者方以智稱為謰語，《通雅》卷六：

謰語者，雙聲相轉而語謰謱也。……如崔嵬、澎湃，凡以聲為形容，各隨所讀亦無不可。……此舉成例，列於左方，以便學者因聲知義，知義而得聲也。

方氏說「因聲知義」是可取的，至於「知義而得聲」必須經過考證。他所舉的例見《通雅》卷七：

絪緼，一作烟熅、氤氳、緸緼、壹壺。（《說文》引《易》作壹壺。《典引》作烟烟煴煴。《魏大饗碑》同烟熅。《抱樸子》用緸緼。《魏元丕碑》作壹緼。）

其中壹壺最奇，容待下文作解釋。王念孫改名「連語」，《讀書雜志》（《漢書》第十六）連語：

凡連語文字皆上下同義，不可分訓。說者望文生義，往往穿鑿而失其本旨。

王氏精通小學，熟讀古書，固多通論。由於漢字是方塊字，一字必有一音一義，學者養成習慣，不甚理會二字間的連接。方以智、王念孫提出連語說，逐漸引起學術界的重視。我們在這裡考釋文字，所以祇談聯緜字。聯緜字必是二字二音連接使用，卜辭中卻絕對不見𡔷𡕍二字連用之例，這又怎麼解釋呢？我的看法𡔷和𡕍各包含兩個音（絪緼），是一個詞的兩種不同的寫法。這類問題前人不曾談到，須要作些說明。章炳麟《一字重音說》（見《國故論衡》卷上）：

中夏文字率一字一音，亦有一字二音者，此軼出常軌者也。何以證之，曰：高誘注《淮南·主術訓》曰：「鵕鸃，讀曰私鈚頭，二字三音也」（按私鈚合音為鵕，諄、脂對轉也。頭為鸃字旁、轉音）。既有其例，然不能徵其義，今以《說文》證之，凡一物以二字為名者，或則雙聲，或則疊韻，若徒以聲音比況，即不必別為製字。然古有但製一字、不製一字者，踸踔而行，可怪也。若謂《說文》遺漏，則以二字為物名者，《說文》皆連屬書之，亦不至善忘若此也。然則遠溯造字之初，必以一文而兼二音，故不必別作彼字。如《說文》蟲部有悉䗌，䗌本字也，悉則借音字。何以不兼造蟋？則知䗌字兼有悉䗌二音也。……如《說文》廌部有解廌，廌本字也，解則借音字，何以不兼造獬？則知廌字兼有解廌二音也（廌字兼有解廌二音更有確證，《左傳》宣十七年「庶有廌乎」，杜解「廌，解也」，借廌為解，即廌有解音之證）。……其它以二字成一音者此例尚衆，如黽勉之勉本字也，黽則借音字，則知勉字兼有黽勉二音也。……此類實多，不可殫盡。大抵古文以一字兼二音既非常例，故後人旁駙本字增注借音，久則遂以二字并書。

章氏這個學説很有意義，把聯緜字的研究提到新的階段。過去學者(像王念孫等)所讀典籍大抵在周代文勝之後，有的或許還經過儒家的整齊畫一，是已經成熟的典型的古代漢語標本，而章氏墨守《説文》排斥甲骨文，故步自封，也影響前進。甲骨文還處在創造和發展中，卜辭語言也未經儒家規範化，所以更能反映漢語漢字的比較早期的情況。章氏文中共舉八例，前四例是名詞，形式明顯，後四例不是名詞，何為本字，何為借音字，便不是那麼明顯了。其實章氏所謂本字、借音字皆以《説文》為準，是許慎整理文字的結果，今見甲骨文邁漢軼周，可以把資料提前一千二三百年。

《周易・繫辭》：天地絪緼，萬物化醇。男女構精，萬物化生。

絪緼是什麽意思？甲骨文□或□(皆讀絪緼二音)象一個櫃(木櫝)置人其中，當然要把蓋門合上纔算作到翳或蘊的手續。在這裡絪緼之義衹是合，天是櫃蓋，地是櫃器，蓋器相合發生萬物化醇的作用，先秦古書有些類似的語言，如：

《禮記・樂記》：天地訢合，陰陽相得，煦嫗覆育萬物。

《禮記・郊特牲》：天地合而後萬物興焉。

《禮記・哀公問》：孔子曰：天地不合，萬物不生。

《荀子・禮論》：天地以合，萬物以昌。……天地合而萬物生。

天地相合，翳或蘊的工作完備，萬物得到發展，就像《荀子・非十二子》所説的「恢然如天地之苞萬物。」絪緼二字皆從糸，按《漢書・霍光傳》有「繡絪」，師古曰：「茵，蓐也，以繡為茵。」《漢書・東方朔傳》：「衣緼無文」，師古曰：「緼，亂絮也，言内有亂絮，上無文采也。」絪和緼皆含用絲織品裹藏之意，即《荀子》所謂苞，這倒和翳蘊義近。從糸的這兩個字不知起於何時，《繫辭》用它則是儒家精心選擇的。孔穎達《周易正義》卷十三：「絪緼者，附著之義」，也還差不多。【釋因蘊　古文字研究第十二輯】

□ 因

□ 乙8526 □ 9031【續甲骨文編】

□ 季木 1・48【古陶文字徵】

□ 説文 □ 古論語 □ 崔希裕纂古【古文四聲韻】

㘝

◉許　慎　㘝下取物縮藏之。从口。从又。讀若聶。女洽切。【說文解字卷六】

◉林義光　象手取物藏口中形。【文源卷六】

◉馬叙倫　鈕樹玉曰。玉篇。㘝。手取也。廣韻亦訓手取物。則下乃手之譌。手與又同。藏當作臧。王筠曰。下一本作私。似私是。惟其私取。故縮藏之。國語。縮取舊物。倫按似從口奴省聲。故讀若籋。或聶。聶得聲於耳也。然其義不可知。經記亦不見此字。杭縣謂取物臧袖中而去曰縮又去。義似相近而音殊差。然取物縮臧則當從又為義。或從又口聲。寬□之異文。曼音明紐。㘝音古在泥紐。明泥同為邊音。回為口之茂文。而古文經傳作□。則於形於音皆無阻閡矣。如篇韻則縮臧之又校語也。字蓋出字林。當入又部。為□之重文。【說文解字六書疏證卷十二】

囹

◉許　慎　囹獄也。从口。令聲。郎丁切。【說文解字卷六】

◉馬叙倫　沈濤曰。華嚴音義下引囹圄謂周之獄名也。御覽六百四十三引風俗通北堂書鈔四十五引白虎通皆云。周曰囹圄。惟鄭志以為秦獄名。許鄭不必相同。今本譌奪殊甚。通例囹字注當曰。囹圄也。今本守之二字亦誤。王筠曰。㚔部。圉所以拘罪人。蓋許作囹圉。與他書囹圄不同。此竝不言囹圄者。蓋囹之一字即為名也。月令。省囹圄。蔡氏章句。囹。守也。漢書禮樂志。囹圄空虛。顔注。囹。獄也。圄。守也。皆不連解囹圄。倫按十篇。圉。囹圄所以拘罪人。從㚔。從口。㚔讀若籋。字從大從羊。羊即県大。會兩人相犯意。倫謂㚔即辥之初文。詳㚔字下。圉從㚔在口中。所以明拘罪人也。從㚔者。相犯者也。從口者守之也。是圉即監獄之獄本字。圉獄音同疑紐。故古書皆借獄為圉。圄圉則雙聲而兼疊韻。實圉之轉注字。囹音來紐。古讀歸泥。泥疑同為邊音。然則囹亦圉之轉注字。周曰囹圄。則連言之。從初文垣字。獄也疑有挩文。亦字林文。囹圄二字蓋竝出字林也。【說文解字六書疏證卷十二】

圄

◉許　慎　圄守之也。从口。吾聲。魚舉切。【說文解字卷六】

◉馬叙倫　高田忠周曰。經傳圉圄竝同。蓋有兩體。圉為會意。圄為形聲。倫按從初文垣字。甲文有□。高田釋囚。謂從口從絇。倫謂從口從□。蓋圉之異文。而圄之初文也。守之也文有挩。字或出字林。【說文解字六書疏證卷十二】

囚

□ 甲三三六七 囚不疾 □ 佚七五二 □ 坊間三・八一 【甲骨文編】

□ 文字 2・3 【古陶文字徵】

□ 囚 秦六〇 四例 □ 日甲一四三 二例 □ 秦九〇 【睡虎地秦簡文字編】

□ 徐胡囚 【漢印文字徵】

◉許 慎 □繫也。从人在囗中。似由切。【說文解字卷六】

◉商承祚 □書契卷一第四十六葉□卷四第二十四葉□同上 說文解字。囚。繫也。从人在囗中。卜辭之井象囚闌形而納人其中。【殷虛文字考 國學叢刊二卷四期】

◉高田忠周 說文無囝字。集韻。囝。九件切。音蹇。閩人呼兒曰囝。又魚厥切。音刖。與月同。唐武后作。蓋武后傅會古字。以別作義也。古囝字自有音義也。許氏不收。此為逸文。然愚竊謂說文泝字或作泅。又金文人子兩字通用。疑囝亦囚字異文。閩人借用為呼兒之用。而音義亦轉訛矣。【古籀篇十九】

◉郭沫若 囚字从井中有人，董从丁山釋死。案仍當釋囚。蓋古者囚人于坎陷，故古文以井為刑。「不囚」猶言「亡戋」也。【卜辭通纂】

◉葉玉森 □孫詒讓氏釋㓷。絜文舉例下十。諸家釋囚。商承祚氏曰。說文解字。囚。繫也。从人在囗中。卜辭之井囗皆象囚闌之形而納人于中。類編第六第六葉。丁山氏曰。死本作□。象人在棺槨之中。舊釋囚非也。釋𣏟。森桉。□之異體作□□□□□□等形。丁氏釋死其說甚新。惟井囗如象棺槨。ㄔ非生人。則棺與人均不應作立形。先哲造死字似應作□。象人臥于棺。較為明顯。作立形矣而ㄔ首與足更露出于棺之上下。甚至露及其背如□形。或毀棺之一面如□形。恐無此理。核之卜辭文誼。似應仍讀囚也。【殷虛書契前編集釋卷一】

◉葉玉森 □此與卷八第八葉一版之□當為一字。彼辭云。「戌卜大貞□不□」。似不□即不□。从ㄧㄧ乃繁變。□□仍竝應釋囚。【殷虛書契前編集釋卷四】

◉郭沫若 第一五八二片囚字作□，象人被囿於囚籠之形。【殷契粹編考釋】

◉馬叙倫 鈕樹玉曰。繫傳韻會作擊也。無中字。擊字譌。桂馥曰。禮。罪人寘諸圜土。故囚字為囗守人。商承祚曰。卜辭囚字作諸形。其井口皆象囚闌之形。而納人其中。郭沫若曰。從人在井中。蓋古人有罪。投之於陷井以囚之也。倫按島夷誌略。沙里以舟民有犯罪者。以石灰畫圈於地。使之立圈內。不令轉足。此其極刑也。其刑頗與囚同。」倫見清代繫拘罪人之器。杭縣所謂站籠者。器方而四面為柵形。極似鳥籠。罪人立其中而出其首於籠頂上。然仍如荷校。首不得動。亦極刑也。觀甲之。正其狀矣。然則從人在井中。井象拘器之形。蓋本有象器形之文。變為篆文。趨於簡易。有似於井。或似於口。乃增人以別之。此為後起字矣。依例當為從人井聲。字不從口。書入人部。字見急就篇。

【説文解字六書疏證卷十二】

◉朱芳圃　藏七六・一　前六・五二・五　前六・五三・一　前・七・一九・二　林二・二〇・一〇　録六一・九　上揭奇字，王襄釋圉，謂「捕罪人而拘於圉中。」簠室殷契類纂正編四八。桉王説非也。字象人梏其兩手坐於口中；口，獄室也。當為囚之初文。説文口部：「囚，繫也。从人在口中。」文字由繁趨簡，易為人，不如初文之剴切矣。【殷周文字釋叢卷下】

固

固　盗壺【金文編】

3・1296　獨字　3・27　昌櫅陳固南左里敀亳區　古文四聲韻引古老子固作　3・31　陳固右廩亳釜　4・474　左南章衢辛匋里固　3・542　鹹[illegible]固　3・554　豆里固　3・552　同上【古陶文字徵】

二〇〇：三　宗盟類參盟人名邯鄲固【侯馬盟書字表】

191【包山楚簡文字編】

固　為一　六例　法一一六【睡虎地秦簡文字編】

1318　0713　2584【古璽文編】

成固丞印　王固　王固印　樂固　曹固印　丁固私印【漢印文字徵】

固【汗簡】

古老子　古尚書　雲臺碑　崔希裕纂古【古文四聲韻】

●許　慎　四塞也。从口。古聲。古慕切。【說文解字卷六】

●馬叙倫　王筠曰。類篇引作四塞地。倫按四塞地或四塞也皆非本訓。四塞地不當從口。自是譌字。倫疑本是國之音同見紐轉注字。國之初文為口。口所以為固也。古鉨作。【說文解字六書疏證卷十二】

●戴家祥　固字象四面壁壘森嚴。秦策「東有肴函之固。」注「牢堅難攻易守也」。左傳昭公十年「齊公子固，字子城」。即為此證。因四塞堅牢，固又引伸為堅固意。金文劍珌「定則固」。固即用作形容詞。中山王壺「孫固」作為人名。【金文大字典上】

圍

圍　庚壺【金文編】

圍　雜三六　二例　封六七【睡虎地秦簡文字編】

趙不圍　蘇圍　單圍【漢印文字徵】

石經僖公　公至自圍許【石刻篆文編】

●許　慎　守也。从口。韋聲。羽非切。【說文解字卷六】

●馬叙倫　王筠曰。口有圍音。遂注韋於口中而作圍也。倫按垣固有守意。後復作韋及衛之初文作者為圍守之義。則以人守口。猶以戈守口矣。韋為皮韋之義所專。遂增口於韋外而為圍守之字。口字廢而圍又兼為包圍之字矣。守也疑非本訓。【說文解字六書疏證卷十二】

●嚴一萍　一、乙丑卜，勿隻，羌。□月　鐵三一・三

二、丙子卜，禽。　鐵八〇・一

三、□丑卜，王□其。　鐵八五・二

四、貞我弗其隻舌(方)　鐵一〇三・二

五、貞翌甲申子大□□　鐵一四九・四

六、乙亥(卜)殻貞兔既□　鐵一六一・一(續存上六五〇重)

案此片續存有背拓，藏龜失拓，文曰：王固兔叀既□

七、貞舌不□　鐵二一二・三(外三五三重)

就以上所引諸卜辭觀之，釋□為圍，皆通順無忤。然自羅振玉氏於民國三年甲寅(一九一四)，撰殷虛書契考釋，而謂□□「疑亦正字」以後，王國維先生作戩壽堂殷虛文字考釋因之。至孫海波作甲骨文編以為「正」字之「从二止」，而「孳乳為征」。學者沿用，遂無異説。試加覈按，殊覺不安。小屯甲編三一一二、三一一三合，田獵卜辭也。亦用□字，其辭曰：

取入

庚戌卜□隻𪆽隻十五

庚戌卜□隻𪆽隻八

甲寅卜乎鳴罬隻丙辰風隻五

甲戌卜□□罕隻六十八

甲戌卜□□不其罕　十一月　之夕風

卜辭於方國之征伐，或用□或用□，釋□為圍為征，均無不可。然田獵卜辭之對象為禽獸，當無征討之事，釋□為征，其不妥立見。然則釋「圍」至碻矣。今更以武丁時代卜辭證之，其對方國之討伐稱「征」者皆作□。如：

一、貞叀王正舌方　鐵一一八・二

二、己卯卜殻貞舌方出王自正下上若受我又　栢二五

以上皆第一期卜辭，圍字皆作□與□。武乙時增二止于口中，作□，如：

一、今日辛□罕

于翌日壬□罕　屯甲六三八

二、于斿□罕　寧滬四〇九

文武丁時代卜辭別有作「□」者，初不知為何字，然以辭例證之，知亦圍字。屯乙八六七四版胛骨右邊沿著兩字曰：

邑□

辭非殘奪，殊費推敲。惟邑圍連用，亦見于珠二八一版，辭曰：

戊午卜□弗其☐邑圍☐

戊午☐王☐邑圍☐

據此，知□即□之變體。又如屯甲二三七八版曰：

□亥卜□□□商

此□亦見于屯乙三九四版，辭曰：

□于癸圍

有此兩例，□亦圍字，決然無疑也。【釋□□　中國文字第十五期】

◉王讚源　「赤□市」一辭除見於本器外，尚有免毁（三代九卷十二葉）、𢦏毁（嘯堂集古録下卷九三葉）、望毁（攈古録三之一第八三葉）、曶毁（録遺一六五圖）等器。而豆閉毁（三代九卷十八葉）僅作□市。□字卜辭作□。魯實先先生以為□是圍的古文，从二口，口亦聲。其説正確。从二口，表示圍守之義，説文：「圍，守也。从口韋聲。」圍從韋得聲，韋又從口聲，故知□是圍的古文。説文：「韋，相背也。」圍從韋聲，並無圍守之義，可見圍是□的後起俗字。【利鼎　周金文釋例】

◉戴家祥　□字从𣦶，口聲，説文二篇止部：「𣦶，不滑也。从四止。」四止羅列口外，似即包圍之圍之本字。楚莊王曰：「夫武定功戢兵，故止戈為武。」公羊傳莊公十年「圍不言戰」，何休注「以兵守城曰圍」。又襄公十二年「伐而言圍者，取邑之辭也；伐而不言圍者，非取邑之辭也。」同聲通叚讀與韋同。史記曹相國世家「渡圍津」，顔師古漢書集注：「圍與韋同，古今字變爾。」漢書成帝紀「大木十韋以上」，集注「韋與圍同」。方濬益釋衛，綴遺齋彝器款識卷十一第三十一葉。楊樹達釋違，積微居金文説第四十六葉。恐非確釋。【金文大字典上】

困　□

□　粹六一　【甲骨文編】

□乙6723　□珠25　□掇290　□粹61　□1174　□續存2225　□新4359　【續甲骨文編】

□145　【包山楚簡文字編】

困 為二 五例 通閫 行到邦門— 日甲一一一背 [glyph] 日甲一一一背 【睡虎地秦簡文字編】

[glyph] 困【汗簡】

[glyph]古尚書 [glyph] [glyph] 竝籀韻 【古文四聲韻】

◉許　慎　[glyph]故廬也。从木在囗中。苦悶切。[glyph]古文困。【説文解字卷六】

◉葉玉森　[glyph]卜辭从止从木省，與困之古文合。曰。廿牛于困。殆叚作梱也。或為地名。【殷虛書契前編集釋卷一】

◉馬叙倫　王筠曰。故廬也者。廢頓之廬也。囗者四壁。木在其中者。棟折榱崩。廢頓其中也。俞樾曰。困為故廬。經傳無徵。且木在囗中為故廬。義亦無取。用當是捆之故文。木部。梱。門橜也。困既從木。梱又從木。殆後出字。古止作困。從囗者。象門之四旁。上為楣。下為閾。左右為棖。其中之木。即所謂橜也。曲禮。外言不入於梱。内言不出於梱。鄭注。梱。門限也。梱為限止義。故古文作朱。從木。從止。會意。廣雅釋室。橜。機。闑。朱也。是即以朱為門梱字。然則困梱一字明矣。徐灝曰。困疑即古梱字。囗。束木也。大射儀曰。既拾。取矢梱之。是其義。許以梱為門閫字。按門閾謂之閫。其下謂之限。門中短木謂之闑。亦謂之橜。古文朱從木從止。正是闑橜之義。故廣雅曰。橜。機。闑。朱也。此以朱為困之古文未安。曹憲誤以苦本音朱。亦沿誤也。尹相陽曰。詩。在其板屋。後漢稱穹廬。故廬之聲轉。淮南齊俗作窮廬。墨子備穴。試藉車之力而為之困。斥藉車柱上所置板屋言也。倫按俞先生説雖校有據。然困為門橜而不從門。橜為闑之借字。從門中木者。轉有閑字。或謂囗當作宀。從宀猶從門矣。然亦有宋字。經記困字皆為危苦窮極之義。而金甲文中今猶未見困字。故其形難定。王説無據。且近於附會。木可以代表欀楝。而不能顯其崩折之象。蓋會意字因為複體之象形也。或謂故為敝誤。從囗中木。會敝廬僅存垣牆樹木之意。然與囿之籀文作圞者相掍。尹以為板屋。亦附會字形為説。倫謂從囗梱省聲。猶宋之從宀松省聲也。蓋圍之脂兵對轉轉注字。故字次圍下，而經記用為危苦窮極之義。放廬也者。故蓋固下本訓。傳寫誤入此下。廬也者。疑宭字義。亦非本訓。

[glyph]　王煦曰。廣雅。橜。朱也。是朱即梱字。然經傳無作朱者。至困訓故廬。而以朱為古文。則似與梱異義。惟荀子。井里之厥。即橜之省。晏子春秋作井里之困。即梱之省。則知古困本與梱通。故廣雅訓橜為朱也。倫按或謂朱為梱之初文。從朱會意。止為足之初文。蓋梱為門下橫木。所以限内外。足及此而止。故從止木也。倫謂曹憲音苦本切與𨂂同音。然則從止梱省聲。蓋𨂂之轉注字。或𨂂本後困得聲。則異文也。故古文經傳以為困字。甲文有[glyph]。葉玉森釋朱。當為𨂂之

重文。【説文解字六書疏證卷十二】

◉楊樹達 故廬之訓，於形不相附，經傳亦未見有用此義者，許説殆非也。俞樾《兒笘録》云：「困者，梱之古文也。木部：梱，門橜也。从木，困聲。困既从木，梱又从木，緟複無理，此蓋後出字，古字止作困。从囗者，象門之四旁，上為楣，下為閾，左右為棖也。其中之木，即所謂橜也。《曲禮》曰：外言不入於梱，内言不出於梱。《鄭注》曰：梱，門限也。梱有限止義，故古文从木从止會意。《廣雅釋室》曰：橜，機，闑，朱也，是即以朱為門梱字，然則困梱之為一字可知矣。凡困極困窮之義皆從限止一義而引申之，其後引申義行而本義反為所敚，乃更製从木之梱，又或从門作閫，而困之即為門橜，雖許君不知矣。」今按俞説是也。困為門梱，此初形初義也，今困字失此初義，而後起加形旁木之梱字佔有之，困但有困苦困頓等義矣。【困梱 積微居小學述林】

◉屈萬里 𡆥亦作𣏟，孫詒讓釋㓞，唐蘭从之。導論下六八。丁山釋死，胡厚宣从之。商史論叢初集釋囚。葉玉森釋囚，郭某从之。卜通別一、二葉。按以字形言，與囚字最相近，而稽諸卜辭則義多扞隔。釋死於字形既遠，於義亦未盡適。竊疑當是困字之古文。説文：「困，故廬，从木在囗中。」義殊費解，故徐灝段注箋、俞樾兒笘録皆疑之。竊疑小篆困字當即𣏟字之譌。囗若井者，殆井坎之類。古者囚人於坎窞此其所以為困也。本辭乃卜問羌人「其無困乎」，蓋羌與殷為敵國，本辭殆卜於征伐羌人之時也。【殷虛文字甲編考釋】

圂

乙八一二　前四·一六·七　京津八九七　京津二一五四三　京津二六五一　存一·三六九　明一八　三五　佚六九二　拾一二·三或从二豕　前四·一六·八　後二·三·一五　【甲骨文編】

乙811　4544　佚692　續存1369　外95　後下3·15　佚392　甲2415　乙1935　9057　珠326　古2·6　乙6674　【續甲骨文編】

圂　日甲二三背　五例　日甲一八八　三例　【睡虎地秦簡文字編】

3985　與毛公鼎圂字同。【古璽文編】

□ 石圂之印 □ 秦圂 □ 李圂 □ 荆圂 【漢印文字徵】

◉許　慎　□廁也。从囗。象豕在囗中也。會意。胡困切。【說文解字卷六】

◉羅振玉　从豕在囗中。乃豕笠也。或一豕或二豕者。笠中固不限豕數也。其从冂者。上有庇覆。今人養豕或僅圍以短垣。囗象之。或有庇覆。冂象之。一其闌。所以防豕逸出者。【增訂殷虚書契考釋卷中】

◉郭沫若　圂字舊多釋家，案原銘分明圂字。圂湛。乃聯綿字（同音異義之聯綿字別有悃忱），猶言陷溺也。【毛公鼎之年代　金文叢考】

◉楊樹達　豕在囗中得為廁者，晉語云：「少溲於豕牢而得文王」，知古人豕牢本兼廁清之用。故韋昭云「豕牢，廁也」，是也。今長沙農家廁清即在豕圈，猶古代之遺制矣。許云會意，今按囗亦聲。蓋微痕二部為對轉，圂从囗聲，猶之員从囗聲矣。【釋圂　積微居小學金石論叢】

◉馬叙倫　段玉裁曰。象當為豕。字之誤也。桂馥曰。會意者後人加之。王筠曰。當作從豕在囗中也。删會意二字。羅振玉曰。卜辭作□□□之形。囗乃豕笠也。或一豕或二豕。笠中固不限豕數也。其從□者。上有庇覆。下象其闌。以防豕逸。倫按玄應一切經音義引倉頡。圂。豕所居也。字從囗。豕在其中也。國語晉語。少姜溲于豕牢。韋注。豕牢。廁也。甲文之□□。形與牢字外形同。然則非從垣之初文作□者。乃古自有養畜之所之專字。即□□□□諸文。故牢字甲文亦從羊作□也。後以疑於□□諸文。乃或增牛或增羊或增豕以别之。韋昭以廁訓豕牢。本書。廁。清也。清者。今字作圊。泄穢之所也。少姜溲于豕牢。或偶然之事。故史箸之。不然。豈古代亦如今北平以人所洩穢飼豕。故即以豕牢為廁耶。倫所歷鄉縣。民家往往於豕牢之側。即為廁。然未有即就豕牢而洩穢者。余疑圂□是二字。□從豕在□中。與牢一字。乃□之後起字。此豢豕之所字也。音同豢。禮記少儀。不食圂腴。釋文。圂與豢同。本書。豢。以穀養豕也。本作以穀圈養豕也。洪頤煊謂圈當作圂。倫謂本訓圂也。以穀圂養豕也乃字林文。圂豢語原同。圂音匣紐。牢音疑紐。同為舌根音。蓋聲轉耳。晉語特箸溲于豕牢。明圂□本非一事。此訓廁也。從初文垣字而豕聲。甲文□字從囗。□聲。□為彘之異文。豕音審紐三等。彘音澄紐。同為舌面前音轉注字也。廁從則得聲。則實從刀貝聲。古讀如斫。音在照紐三等。亦舌面前音。廁音入穿紐二等。古讀照归端穿審归透澄歸定。則音轉之跡可尋。而圂實廁之轉注字。本作從囗豕聲。呂忱或校者不明豕所以為聲。改為象豕在囗中也。後校者又加會意二字。不悟與廁也之訓不相合也。【說文解字六書疏證卷十二】

囮 □

◉許　慎　□譯也。从口化。率鳥者繫生鳥以來之。名曰囮。讀若譌。五禾切。□囮或从繇。又音由。【説文解字卷六】

◉馬叙倫　鈕樹玉曰。繫傳譌化訛。俗。桂馥曰。廣雅。囮。⿴囗繇也。以⿴囗繇訓囮。則囮⿴囗繇别為字。北户録云。按説文曰。率鳥者繫生鳥以來之。名曰⿴囗繇。字林音由。今獵師有⿴囗繇也。是率鳥者以下十一字為⿴囗繇字訓。段玉裁曰。譯疑當作誘。翟云升曰。譯疑謣字之譌。謣鄂古通。魯語。於是乎設穽鄂以實廟庖。韋注。鄂。柞格。所以誤獸也。倫按張説近理。然甲文誤獸之穽鄂。以□二字所從之井凵。而更證以周寶鐘之□字。則凵□即本書之凶。井為柞格。疑此本作□。從柞格之象形文化聲。乃井之轉注字。井非井田字。以篆文疑於井田字。乃增化聲。而轉寫後譌與口同矣。字當自為部。而與口蓋同語原。故其轉注字作⿴囗譌。字或出字林。讀若譌者。劉秀生曰。化聲歌部。譌從為聲。聲亦歌部。故囮從化聲得讀若譌。詩無羊。或寢或訛。釋文。訛。韓詩作譌。書堯典。平秩南訛。史記五帝本紀作南譌。並其證。

□　錢坫曰。本書有繇無䌛。翟云升曰。繫傳無又音由三字。此後人所加。王筠曰。直是字林增此字耳。倫按諸家俱以為囮⿴囗繇是二字。故桂馥欲據北户録以率鳥者一字為⿴囗繇下之文。倫謂三篇譌下引詩之譌言。錢坫謂此是韓詩。毛作訛字。散盤譌字作□。此疑本從譌作⿴囗譌。傳寫誤為⿴囗繇。繇復通寫作繇。遂若今文矣。化為匕之後起字。匕為死之初文。死音心紐。繇音喻紐四等。同為次清摩擦音。是繇亦得為聲。然以囮讀若譌。化譌聲同歌類。則譌聲是。⿴囗譌為囮之轉注字。據北户録。囮⿴囗譌二字蓋竝出字林。音轉為由者。忱時此字已誤為⿴囗繇矣。【説文解字六書疏證卷十二】

◉聞一多　「又音由」三字似後人所沾，然其音不誤。譌由一聲之轉，譌訓詐，由之為言誘也，誘亦詐也。然則因聲求義，率鳥之説當較近古，顧亦非其朔。何以明之？古為字本作叙若豙(圖一)，從手從象，金文又有䜑(圖四)䜑(圖五)譥(圖六)豫(圖七)諸字，吴大澂或釋譌，云通作繇，舉説文囮讀若譌，重文作⿴囗繇為證。案吴説甚精，而未達一閒，譌繇本係一字，無取通假也。師寰殷「淮尸夷譥我貞畮臣」，王國維釋繇，云與兮甲盤「淮尸舊我貞畮人」語同，繇舊聲近字通，案繇舊不祇聲近，説詳下。彔伯𢦏𣪕「王若曰：『彔伯𢦏，豫……』」容庚亦釋繇，云與馬本書大誥「王若曰『繇！……』」語同。案之文義，王容釋繇，良是，然必謂非譌字；則拘。蓋字本作䜑，隸定當作䌛，䌛省系則為譥譌，省象則為繇，論其本根，繇譌仍係一字，故繇變作繇，説文⿴囗繇字從之，而讀若譌也。正字通有⿴囗繇字，云同囮，從繇與金文合，當即⿴囗繇之正體。⿴囗繇從口從繇，繇為䌛之省，已如上説，然則此字當何所取義乎？通鑑口紀注曰：

安南出象處曰象山，歲一捕之。縛欄道旁，中為大穽，以雌象行前為媒。遺甘蔗於地，傅藥蔗上，雄象來食蔗，漸引入欄，閉其中，就穽中教習馴擾之。始甚咆哮，穽深不可出，牧者以言語諭之，久則漸解人意。

口象欄形，豫則手牽象而以言語教諭之，制字之意，與殊方土俗捕象之法悉合，然則圝之本義為象圝明矣。蓋依字形所示，圝之中心意義，本指既捕後教習馴擾之事，擴大言之，凡誘致生象之事，及其所用之媒並欄穽之屬諸邊緣意，亦俱謂之圝也。考吾國上古北方本嘗產象，以卜辭金文為字，及文獻中殷人服象，象為舜耕諸傳説證之，象蓋嘗一度為吾先民之重要牲畜，故捕象之事，有其專字。至遲戰國時，中原已不復有象，而媒圝之事，後世施諸捕鳥者，尤為普遍，故許君遂謂「率鳥者繫生鳥以來之名曰圝」也。其又訓譯者，圝譯一聲之轉，（廣韻摩餘昭切，是其比。）又圝一曰媒，譯之為用亦猶媒也，故圝亦可訓譯。且古稱譯一曰象。

象胥：掌蠻夷閩貉戎狄之國使，掌傳王之言而諭説焉，以和親之；（周禮秋官象胥）

傳言以象；（大戴禮記小辯篇）

五方之民，言語不通，嗜慾不同，達其志，通其慾，東方曰寄，南方曰象，西方曰狄鞮，北方曰譯；（禮記王制篇）

凡冠帶之國，舟車之所通，不用象譯狄鞮，方三千里。（呂氏春秋慎勢篇）

象即圝也。以語音言之，説文像從象聲，讀若養，卜辭畬甲，史記作陽甲，是象古讀或歸喻母，圝象一聲之轉，説文「勨，繇緩也」，圝轉為象，猶繇轉為勨。以字形言之，圝為象之滋乳字，譯謂之象，即圝之省耳。夫圝訓譯，而譯一曰象，此亦圝從繇省，本義當為象媒之塙證。雖然，圝之訓譯，究係義之引申。許君「率鳥」云云之義雖未塙，然其事之性質，去捕象猶未遠，乃以此為別義，而以譯為正義，斯為本末倒置矣。又於字圝象形，當為正體，囮形聲，當為別構，許以圝為囮之重文，亦未允。圖一（前五·三〇·四） 圖四彔伯𢦚毁 圖五曾遷 圖六師寰毁 圖七矢盤 【釋圝 中國文字第四十九期】

◉朱芳圃

前一·四六·五 前五·四三·三 後上一二·一一 後下三七·六 菁一〇·八 戩四四·六

上揭奇字，象匕，在上。匕即祖妣之匕，於鳥為雌，於獸為牝。當為囮之初文。説文口部：「囮，譯也。从口，化聲。讀若譌。」廣雅釋言：「囮，圝也。」廣韻八戈：「囮，網鳥者媒。」先民狩獵，常利用雌若牝作媒以招誘雄若牡而捕獲之。書傳紀用媒之事，如淮南萬畢術：「鵁鶄致鳥，取鵁鶄折其大羽，絆其兩足以為媒，張羅其旁，衆鳥聚矣。」北户録一。此捕鳥用媒之證也。桓階別傳載魏文帝賜階詔曰：「其賜射鹿師二人，並給媒。」御覽二六。此捕獸用媒之證也。凡媒之以類相引者，皆以雌誘雄，以牝誘牡，故造字取以為象。

前六·四五·四 前六·四五·五 前六·四五·六 後上一二·一一 後下三七·六 粹一一〇七

上揭奇字，羅振玉釋羅，謂「説文解字『羅以絲罟鳥也。从网，从維。』卜辭从隹在畢中，與网同。篆書增維，於誼轉晦。」殷虛書契考釋中四九。按羅説非也。字象鳥立上。，田網也。卜辭云「貞弗其」，鐵二四〇·四。「貞弗其畢，亡

□」，後上一二・一一。可證□𩁹二字義近。從形象考之，當為圝之初文。說文口部：「圝，率鳥者繫生鳥以來之，名曰圝。今本說文混圝囮為一字，玆依北户録引及王筠校改。从口，繇聲。」四字依說文通例補。王筠曰：「率者捕鳥畢也，以静字為動字，猶言畢之羅之矣。」其說是也。後世假游字為之，文選潘岳射雉賦「恐吾游之晏起，慮原禽之罕至」，徐爰注：「游，雉媒名，江淮間謂之游。」賦又云「良游呃喔，引之規裏」，徐注：「良游，媒也，言媒呃喔其聲，誘令入可射之規内也。」𩁹正象鳥立□上以招誘同類，使入可射之規内，其為圝之初文審矣。

卜辭中𩁹字用法有二：一、本義，如「王其𩁹」庫一一二九「貞弗其𩁹」前六・四五・五是也。二、引伸義，如「丁酉、卜出，貞𠂤𩁹𢀛方」録六三八「貞弗其𩁹土方」後下三七・六是也。引伸義，後世作誘，左傳僖公十年：「幣重而言甘，誘我也」，史記越王勾踐世家：「吴大宰嚭貪，可誘以利。」卜辭之𩁹，意與此同，謂誘至或弗誘至而擊之也。考从繇从由从秀得聲之字，音同字通，說文竹部：「籀，讀書也。从竹，㨨聲。春秋傳曰『卜籀云』。」按今本左傳凡卦兆之字皆作繇。手部：「㨨，引也。从手，留聲。抽、籀或从由，𢭏、籀或从秀。」籀从㨨聲，與繇通用，又抽與𢭏皆㨨之籀文，是𩁹之為誘，猶繇之為籀，㨨之為抽為𢭏矣。【殷周文字釋叢卷上】

◉朱歧祥　□□　象置隹鳥於園圃中，以圖引誘野雉。隸作囮。為捕鳥法之一，相當《說文》囮字：「率鳥者，繫生鳥以來之，名曰囮。讀若譌。」卜辭用為武丁部屬名。

《乙2111》貞：令□囗雝。

《乙2908》戊午卜，㱿貞：我狩𣪊，擒。之日狩，允擒，獲虎一、鹿四十、狼百六十四、麑百五十九。□烄㞢友三烄囗。【殷虚甲骨文字通釋稿】

員

□ 後二・一・一一　卜辭員字从貞　□ 乙四四三　□ 中大一〇七　或从鼎卜辭鼎貞二字通用　□ 庫一八〇七　□ 佚一一

□ 前八・五・七　□ 掇一・三二五　【甲骨文編】

□ 佚11　□ 314　□ 650　□ 六中107　【續甲骨文編】

□ 員　从鼎　員父尊　□ 員尊　□ 員盉　□ 員壺　□ 員鼎　□ 員觶　□ 戜方鼎　【金文編】

鐵雲 43:1 [seal] 文字 6:26 【古陶文字徵】

[seal] 員 秦一二三 四例 通圓 外不一 為二六 【睡虎地秦簡文字編】

[seal] 員談私印 [seal] 樊員之印 [seal] 員建 【漢印文字徵】

[seal] 石碣遊車 君子鼎 邋 【石刻篆文編】

[seal] 員 【汗簡】

[seal] 義雲章 [seal] 汗簡 [seal] 義雲章 【古文四聲韻】

◉許慎 員物數也。从貝。口聲。凡員之屬皆从員。徐鍇曰。古以貝為貨。故數之。王權切。[seal]籀文从鼎。【説文解字卷六】

◉林義光 按古作[seal]員父尊彝。从口从鼎。實圓之本字。○鼎口也。鼎口圓象。省作[seal]員父敦。【文源卷四】

◉高田忠周 此篆以鼎為貝。古籀並恆見之例也。又上○正圓古文。○聲。小篆作口。失其恉。但員為○聲。故古或以員為○。而後又加口作圓。从員聲。以為口○之○專字。亦猶初有亯字。稾字从亯聲。而後亯亦作廩从稾聲之類。古今文字之變。此類不尠矣。孟子方員之至也。正以員為○。未作圓也。【説文古籀篇二十三】

◉丁佛言 [seal]喪支賓鈃。亦从宀。或謂即圓。[seal]是口之變。[seal]古幣。圜六化。舊釋寶釋燕皆非。案字从[seal]从貝。是員字。許氏説。員物數也。與圜圓並通。[seal]六化即員六貨。兼有圜法及物數二義。古益字作[seal]。小雅員于爾輻注。員益也。此上从益無疑。篆文員从口。蓋[seal]之省文。陳簠齋釋[seal]為[seal]。誠有所見。

[seal]古鉢。肖員[seal]象水形。篆文益从水本此。[seal]古匋。員里。[seal]古匋。左南城遷口口里員。[seal]古匋。豆里員。

【説文古籀補補卷六】

◉强運開 [seal]趙古則釋作員。楊升庵釋作云。運開按。説文。員。物數也。从貝。口聲。[seal]籀文从鼎。段注云。數木曰枚。曰梃。數竹曰箇。數絲曰紽。曰緫。數物曰員。是其本義。又叚偺為云。如秦誓。若弗員來。鄭風。聊樂我員。商頌。景員維河。箋云。員。古文云。此鼎字亦當讀為云。楊釋是也。又按。員父鼎作[seal]。與鼓文近似。【石鼓釋文】

◉孫海波 金文作[seal](員父尊)[seal](員尊),並從鼎不從貝,與説文籀文同。佚存,十一版有[seal]字,亦員字初文,从鼎象形,鼎口圓象,加◯以示鼎口之圓，口本非音，古文以為象事字。鼎古作□，與貝形近易譌。青文音居次旁轉，故員衍鼎聲轉入文，許君不知从貝乃鼎之譌，而以口(音圍)當聲母，則誤象事為形聲矣。【卜辭文字小記 考古學社社刊第三期】

◉馬叙倫 桂馥曰。九經字樣引作從口從貝。翟云升曰。韻會引無物字。是。漢書尹翁歸傳。責以員程。注。員。數也。物字涉下賱字注而誤也。倫按從圜之初文得聲。然從貝◯聲而訓數。未詳。疑為環瑗之轉注字。從貝猶從玉也。環音亦喻紐三等。字見急就篇。空海本作圓。顏師古本作圜。

□ 石鼓文。君子□邋。借鼎為云。鼎父尊作□。鼎父尊作□。非從鼎也。□為□之變。仍象貝形。貝為海生介蟲。甲文作□。象死貝之甲。古以為貨。今猶有存者。夫君鼎作□。睘卣作□。象生貝也。【説文解字六書疏證卷十二】

◉高鴻縉 ◯為意象字，本即方圓之圓之初文，見商周金文録遺第15號鼎文，狀詞。後加鼎為意符作□，言鼎之口正為圓形也。後又省从貝作。説文：「□物數也，从貝，◯聲。□，籀文从鼎。」王權切。足見方員之員又借用為物數，名詞，於是後人又於員外加口為意符作圓，以還其原。説文：「圓，圜全也。从口，員聲，讀若員。」王問切。◯字雖不見經傳，而文字偏旁有之，如園圃等字从之得意，韋袁等字从之得音。◯字又借用為圍繞之意，動詞。説文：「圍，守也。从◯，韋聲。」羽非切。是◯又用借意以造字也。【中國字例三篇】

◉陝西省文物管理委員會 □即「鼎」，亦即員、貞字，為運籌計劃之意。【西周鎬京附近部分墓葬發掘簡報 文物一九八六年第一期】

賱

◉許 慎 賱物數紛賱亂也。从員。云聲。讀若春秋傳曰宋皇鄖。羽文切。【説文解字卷六】

◉林義光 説文云。賱物數紛賱亂也。从員云聲。按員為物數未可據。見員字條。員云皆聲。員古音云。【文源卷十二】

◉馬叙倫 俞樾曰。此俗字也。紛賱乃疊韻字。形容之詞。本無一定之字。林義光曰。員為物數未可據。員云皆聲。員古音云。劉秀生曰。云聲古在影紐痕部。鄖從員聲。古亦在影紐痕部。故賱從云聲得讀若鄖。詩鄭風。出其東門。聊樂我云。釋文。員。本作云。韓詩作魂。小雅正月。婚姻孔云。釋文。云。本作員。左宣四年傳。若敖取于䢵。釋文。䢵。本又作鄖。成二年傳。隕子辱矣。本部手部抎下引作抎子辱矣。耒部。𦓤。從耒。員聲。或從耒從艸云聲作蒷。女部。妘。從女。云聲。籀文從員之籀文作□。皆其證。倫按此員之轉注字也。説解非許文。或字出字林。【説文解字六書疏證卷十二】

甲七七七 甲一六五〇 甲二九〇二 甲三五一〇 乙三三一四 乙七〇三 乙九七一 鐵一〇 四四 拾七・一一 前四・三〇・二 前五・一〇・二 前五・一〇・三 前五・一〇・四 後二・八・五 佚八・三五 掇二・五九 陳七八 【甲骨文編】

甲539 1650 3510 乙324 971 2103 6377 7095 零23 佚835 鄴42・7 摭續189 【續甲骨文編】

貝 辛巳簋 塱爵 亞盉 盂爵 貝隹觚 𨚔㟁簋 馭八卣 戊寅鼎 丙申角 小子𠭯簋 小子射鼎 宰椃角 宰峀簋 𩵦尊 御尊 𡚬卣二 啟尊 害鼎 小臣邁簋 𡢁簋 延角 戍甬鼎 女𡡉鼎 王錫貝簋 𠙵鼎 㿝伯卣 天君鼎 𡉚角 我鼎 𡚬方鼎 匽侯鼎 臣辰卣 𠈋卣 趞卣 遽伯簋 易𠂤簋 𡨦鼎 棨簋 乙亥鼎 德鼎 小臣豐鼎 能匋尊 庚嬴卣 令簋 保𣳾母簋 䵼簋 睘卣 周𡨦鼎 史懋壺 鄘伯馭簋 效卣 吕鼎 師遽簋 敷簋 鬲尊 從鼎 剌鼎 散弔簋 召伯簋 【金文編】

5・42 咸鄺里貝 5・41 同上 5・258 左貝 5・259 同上 5・261 獨字 5・260 左貝 【古陶文字徵】

〔五八〕 〔四〕 〔二〇〕 〔三七〕 〔四七〕 〔三六〕 〔一九〕 〔四七〕 〔四二〕

〔五〇〕〔二〕〔一九〕〔六八〕〔六八〕〔四二〕〔一九〕〔六八〕〔三六〕〔六八〕

〔二八〕〔五二〕〔一九〕〔六八〕〔四七〕〔四〕〔三八〕〔三六〕【先秦貨幣文編】

布空大 豫伊 仝上 仝上 刀弧背 冀靈 布空大 典六六一 布空大 典六六二 布空大 典六六三 布空大 亞二·一〇八【古幣文編】

274【包山楚簡文字編】

貝 為一八【睡虎地秦簡文字編】

5378【古璽文編】

貝多 貝守【漢印文字徵】

貝【汗簡】

汗簡【古文四聲韻】

◉許　慎　貝海介蟲也。居陸名猋。在水名蜬。象形。古者貨貝而寶龜。周而有泉。至秦廢貝行錢。凡貝之屬皆从貝。博蓋切。【説文解字卷六】

◉馬　昂　貨貝之貝與海介之貝異同無可考。爾雅釋貝之居陸在水有異名而皆不言貨。史記稱龜貝金錢略不言質。唯説文曰。貝。海介蟲也。居陸名猋。在水名蜬。象形。古者貨貝而寶龜。周而有泉。至秦廢貝行錢。據此曰貨貝。似即貨海介蟲矣。説者曰。大貝如車渠。今世大者不可見。多見其小者。俗令小兒佩之。云可辟邪。其形上狹下廣。背隆如龜腹。開相向。如魚齒。多白質黃文。長不過寸。蓋介蟲之外骨具文質之美乃可飾物服玩耳。如謂此為通用之貨。而資財賦貢等字从之。雖古今之制或異。恐未必然也。按貝古文作。或作。審其筆畫是半兩二字合文。半古作。省作。兩作。或作从。秦以當半兩三字范銅作。可證古文貝字是為金貨之本義矣。半兩為貝。二貝為朋。朋即兩也。謂之兩者。義取二貝合也。古之稱貝亦有兩計者。周卣銘曰錫貝卅鍰。見積古齋款識。一鍰為六兩。可知古之貨貝乃是范金為之。六銖為貨。半兩為貝。兩貝為朋。六兩為鍰。其子母輕重皆以六數乘。故可通行使用而無差忒。其范金而以貝稱者。蓋形取象貝之背。其實非介也。猶范銅之似刀而稱刀。其實非兵也。説文貝部所从之字多財貨之義。蓋已行范金而後所孳之字。許氏溷貨貝寶龜。廢貝行錢之説于海介蟲下。若無古物古文考之。殆不可辨其是金是介矣。【貨布文字考卷首】

◉羅振玉　象貝形。作□者與盂鼎同。作□者與貝父己爵同。【增訂殷虛書契考釋卷中】

◉高田忠周　鼎字解曰。古文以貝為鼎。籀文以鼎為貝。段氏云。二貝字。小徐皆作貞。郭忠恕佩觿云。古文以貞為鼎。籀文以鼎為則。亦誤。今正。京房説。貞字鼎聲。此古文以貝為鼎之證也。許説鼏鼎霝鼒。籀文之則員貫妘字。此籀文以鼎為貝之證也。此論為是。然以金文論之。小篆作貝亦以鼎為□也。【古籀篇九十九】

◉丁佛言　□古匋。吴愙齋以為古貝字。案□象貝形。古者以貝為貨。作二□者。亦賈者紀數字也。【説文古籀補補卷六】

◉馬叙倫　鈕樹玉曰。廣韻韻會引猋作贆。韻會引無周下而字。桂馥曰。本書無蛹字。沈濤曰。類聚八十御覽八百七引行錢作行泉。周上有至字。至秦作到秦。翟云升曰。爾雅釋蟲疏引作為介蟲也。名蛹下有取其甲以飾器物七字。泉下有貝字。藝文類聚引介作甲。倫按説解本作蟲也象形。海介蟲也居陸名猋在水名蛹也。字林文。古者貨貝而寶龜。至周而有泉。秦廢貝行泉。取其甲以飾器物也。校者加之。字見急就篇。【説文解字六書疏證卷十二】

◉董作賓　卜辭貝字有用為貝朋字者。餘似為另一義,作動詞,解藏:一〇四·四「取㞢貝」,後·下·八五「庚戌□□貞錫多女㞢貝朋」,此作貝朋解本字。前·四·三〇·二「貞王貝□亡來□自□」,前·五·十·二「貞土方不貝」,前·五·十·四「戊申卜㱿貞□㞢其□貝」,前·五·十·三「貞牧子貝」,後列數條均另一義。【朱芳圃文字篇貝字條上眉批　甲骨文字集釋卷六】

◉鄭家相　□俗稱鬼臉錢,據説因其文字象鬼臉或釋「哭」或釋「䀠」,都是錯誤的。應釋「貝」。金文貝作□,沛布背文十貨的貨字貝作□,此貝文作□,可見戰國時候,各國文字的異制。此貝與沛布都是楚國的貨幣,也都是楚國的文字,所以作□作□結構相同。貝的面文著明貝字,名符其實,應為銅貝的一種。可以無疑。【古代的貝化　文物一九五九年第三期】

◉李孝定　卜辭貝字除用為朋貝字者外,其用為動詞者如董先生所舉數條疑當讀為敗。敗从貝聲也。【甲骨文字集釋卷六】

◉馮耀堂　1983年6月,臨泉縣崔寨鄉史莊村發現楚國銅貝2355枚,共重6公斤(圖一、二)。經整理其中有「□」字的2318枚;有「□」字的34枚;有「□」字的2枚;有「□」字的1枚。

楚國銅貝拓片（原大）

楚銅貝上的「巺」字，舊釋為「哭」、「晋」、「紷」等，吳大澂定為「貝」字。近年朱活先生改釋為「貝化」二字。又有人釋它為倒置的「半兩」二字。尤仁德同志釋為「襄」字，以為是「穰」（今河南鄧縣）地發行的貨幣。駢宇騫同志釋為「巽」字即「白選」的選字，認為和郢爰的「爰」（鍰）字一樣，是由表示貨幣具體重量單位的名稱轉變為單純表示貨幣的名稱符號。周世榮同志同意駢説，並進一步認為巽應是從竹的「簨」字，簨是一種竹制的捕魚工具，楚幣中的鍰、鋝、巽、率音相同，造字本義相近，均是從一種網狀捕魚工具演變而來。

「巺」字貝過去發現的很少，所以没有引起古代貨幣專家們的注意。這次臨泉一次發現了二千多枚「巺」字上有數字「一」的銅貝，對解開「巺」字之謎有很大的幫助。其實楚國實行的是龜貝貨幣制度。楚國的貨幣形態：黄金作為主幣鑄成龜殼樣（完整的「郢爰」、「盧金」等），銅幣作為輔幣鑄成貝殼形，近年已有人論證。現在我們綜觀前人和今人對「巺」字的釋讀，此字應是銅貝的貨幣名稱，吳大澂釋為「貝」字是對的，「一貝」就是一枚銅貝，理通義順。過去很早就有人稱楚貝為「蟻鼻錢」，但各家對其起源和含義均不得其解。最近朱活先生説：「蟻鼻錢」的「蟻鼻」，很可能是「一貝」二字的音轉。現在臨泉縣發現「一貝」二字銅

貝，更證實了朱活先生的新解是正確的。【安徽臨泉出土大批楚國銅貝　文物一九八五年第六期】

貨

◉許　慎　貨貝聲也。从小貝。酥果切。【說文解字卷六】

◉林義光　貨貨歌韻。按小也。爾雅。瑣瑣小也。釋訓。瑣即貨。【文源卷十】

◉馬叙倫　王筠曰。爾雅翼。貝飾軍容器物。非特取其容。兼取其聲，故說文。貨。貝聲也。宋保曰。貨。從貝。小聲。倫按宋說是也。小為沙之初文。以雙聲為聲也。左成十二年經。會于瑣澤。公羊作沙澤。是其證。今言瑣瑣即小小之借。然貝無聲。徐鍇以為象連貫小貝相叩之聲。則字當作䀠䀠矣。倫疑貨是賤之轉注字。貨音心紐。賤音從紐。同為舌尖前音也。貝聲也當作小貝也。聲字涉從貝小聲而譌乙。餘詳賤下。【說文解字六書疏證卷十二】

賄

賄。竝王存乂切韻。【汗簡】

王存乂切韻　籀韻【古文四聲韻】

◉許　慎　賄財也。从貝。有聲。呼罪切。【說文解字卷六】

◉馬叙倫　貝本為海介蟲名。而貝部屬字皆為財貨之義。此由以貝為貨。而即借貝為財貨之名。故此下諸文皆從假借字之義。禮記曲禮釋文引字林。賄。音悔。賄音如悔。音在曉紐。貝音封紐。讀脣齒音入非紐。非曉同為次清摩擦音。然則其音蓋演於貝。又疑賄為瑗環之音轉。瑗環音皆喻紐二等。賄從有得聲。有音亦喻三也。【說文解字六書疏證卷十二】

財

宜官內財　宜財　宜內財【漢印文字徵】

◉許　慎　財人所寶也。从貝。才聲。昨哉切。【說文解字卷六】

◉馬叙倫　人所寶也必非本訓。許蓋訓才也。此字林文耳。古鉨有財字。丁佛言釋財。是也。益可證才屯為一字矣。財賄聲同之類。轉注字。財從才得聲。才屯一字。屯聲真類。貝聲脂類。脂真對轉。則財為貝借為財貨之名之轉注字。字見急就篇。【說文解字六書疏證卷十二】

貨 𧵍

〔二〕 〔五二〕 〔六五〕 〔三五〕 〔六五〕 〔五〇〕 〔一九〕 〔三三〕 〔三二〕

〔二二〕 〔五〇〕 〔五二〕 〔五二〕 〔五〇〕 〔五五〕 〔二〕 〔三五〕 〔二〕 〔三五〕

〔一九〕【先秦貨幣文編】

布異 當忻背十貨 鄂天 仝上 皖宿 布異 當忻背十貨 亞四・五六 仝上 亞四・五七 布異

背十貨 典二五一 【古幣文編】

貨 日甲三八 十例 法二〇九 三例 日乙九五 四例 日乙六〇 日乙一八 日乙九九 三例 【睡虎地秦簡文字編】

掌貨中元士 貨良 【漢印文字徵】

古老子 並碧落文 【古文四聲韻】

◉許 慎 𧵍財也。从貝。化聲。呼臥切。 【說文解字卷六】

◉馬 昂 右背文二字曰貨金。

校旆比十貨作。筆迹相同。其為貨金之明文。竊謂上古笵金為金貨。列國㓨笵銅以貨金。據此可證。非昂為臆說矣。

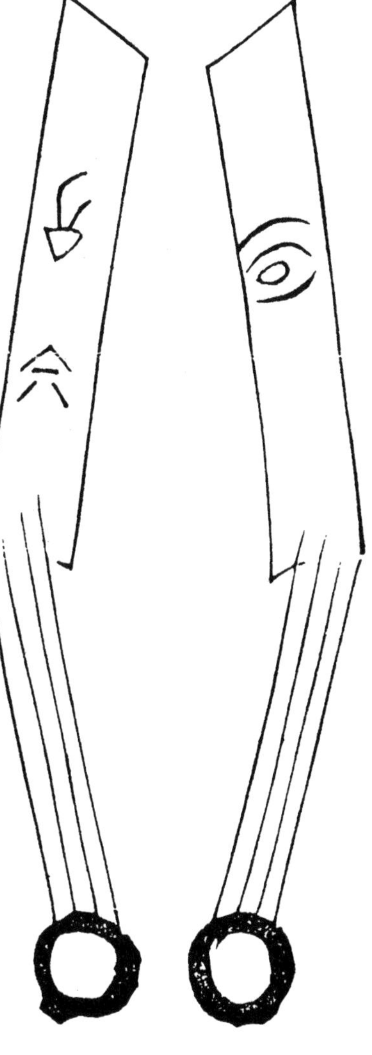

又背文二字曰貨金。

[glyph]校鏟貨之文作[glyph]。知此為貨字之省。仐即金字省土。與前一種互校之。並為貨金二字之省文。阮氏款識謂乙亥鼎為草篆。大率類此。【貨布文字考卷二】

◉馬叙倫　鈕樹玉曰。韻會無聲字。倫按貨賄音同曉紐轉注字。字見急就篇【説文解字六書疏證卷十二】

◉郭沫若　第二十六行「取𧶠世寽」𧶠字字書所無,金文中習見,每言「取□若干寽。」寽,鋝之古字。以寽為其單位,故𧶠為貨幣字無疑。恐即貨之初字,从貝巠聲。字或从辵若彳作,蓋取其流通之意,所謂「貨幣欲其行如流水」也。貨字金文所未見,晚周刀幣多叚匕或化字為之,殆取簡畧急就,且易通識之故。叚之既久,轉益之以貝而成貨字也。【毛公鼎之年代　金文叢考】

◉郭若愚　釿布小型的一種,面文為「四布當釿」,我認為「四」字應該是「貝」字,即「貨」字之省文。此四字即「貨幣當釿」。

蟻鼻錢上的[glyph]字,説法也很多,我同意吴大澂釋「貝」。但這是「貨」字的省文,戰國「貨」字或省「貝」作「化」。再省作「ㄏ：」或省「化」作「貝」,音貨。【談談先秦貨幣的幾個問題　中國錢幣一九九一年第二期】

⿰貝為

◉許　慎　⿰貝為資也。从貝。為聲。或曰。此古貨字。讀若貴。詭偽切。【説文解字卷六】

◉馬叙倫　沈濤曰。一切經音義十四引資作貨。蓋古本如是。小徐本無或曰以下九字。但云臣鍇按字書云。古貨字。則此九字非許語矣。⿰貝為貨一聲之轉。猶尚書南譌之作南訛。王筠曰。貴非為之古音。知為後人妄加。劉秀生曰。為聲古在影紐。貴讀若遺。則古亦在影紐。故⿰貝為從為聲得讀若貴。禮記玉藻。緇布冠繢緌。注。繢或為繪。方言二。秦晉曰獪。楚鄭曰蔿。注。亦繪聲之轉也。是其證。倫按化為聲皆歌類。是⿰貝為貨為轉注字也。為有音同喻紐三等。則賄⿰貝為亦轉注字也。⿰貝為讀若貴。音在見紐。貝音封紐。同為清破裂音。貝貴聲同脂類。是⿰貝為為貝借為貨財字之轉注字。或曰。貴為貨之譌。【説文解字六書疏證卷十二】

資

資　日乙一八　通齋　處如—　為四七　資　為四七【睡虎地秦簡文字編】

含資□印　種資印信　資敇私印　資比武印【漢印文字徵】

資。碧落文。【汗簡】

古孝經　義雲章　義雲章　道德經　碧落文　王存乂切韻　竝汗簡【古文四聲韻】

◉許　慎　資貨也。从貝。次聲。即夷切。【説文解字卷六】

◉劉心源　因⿱次肉陳侯名⿱次肉。从肉从次。字書不載。當即資。吳閣學引翁祖庚説。史記齊威王名因齊。此作因資。古者齊資字通用。易得其資斧。子夏傳及諸家作齊。禮記昏義注資為齊。攷工記故書資作齊。詩楚茨。玉藻注引作楚薺。記古書及漢碑有作楚資者。餘如周禮眡祲注故書隮作資之類。不可枚舉。【奇觚室吉金文述卷四】

◉孫詒讓　从次从肉。吳大澂云即齎字。是也。舊釋資非是。【古籀餘論卷三】

◉馬叙倫　資音精紐。財音從紐。皆舌尖前破裂摩擦音。是轉注字也。資聲脂類。貝聲亦脂類。是資亦貝借為貨財字之轉注字。字見急就篇。【説文解字六書疏證卷十二】

贎 賑 賢

◉許　慎　𧸩貨也。从貝。萬聲。無販切。【説文解字卷六】

◉馬叙倫　贎聲元類。貨聲歌類。歌元對轉轉注字。萬萬一字。萬聲脂類。則贎資亦得轉注。今商家每言躉賣。當作此字。【説文解字六書疏證卷十二】

◉許　慎　賑富也。从貝。辰聲。之忍切。【説文解字卷六】

◉馬叙倫　甲文有𠀠𠀠。羅振玉釋珍。倫謂從貝。𠀠聲。𠀠為匱之初文。ꝏ象其張甲形。𠀠其省也。此其後起字。賑即論語周急不總富之周本字。今字作賙。爾雅釋文引字林。賑。富也。丑引反。字蓋出字林。富也引申義。賑蓋資之同清破裂摩擦音轉注字。資音精紐，賑音照紐三等也。【説文解字六書疏證卷十二】

賢　賢簋　从子　中山王譽壺　舉賢使能　从户从貝省　盗壺　或得賢佐【金文編】

賢　為五　三例【睡虎地秦簡文字編】

1609【古璽文編】

趙賢　宋賢私印　吕步賢印　魏賢之印　瞿賢　使賢之印　□右賢　徐賢　衛賢

馬右賢　王常賢印【漢印文字徵】

石碣鑾車□□多賢　石經君奭　時則有若巫賢　古文不从貝玉篇古文同漢校官碑袁良碑皆用古文【石刻篆文編】

汗簡　古老子【古文四聲韻】

◉許　慎　賢多才也。从貝。臤聲。胡田切。【説文解字卷六】

◉高田忠周　金石聚云。説文。臤。堅也。古文以為賢字。已見臤部。説文堅豎字皆以臤為主。至貝部賢。則云从貝臤聲。似以貝為主。臤部臤下云。貝堅實也。則貝亦取堅義。蓋賢為籀文也。蓋張氏説臤堅賢皆為同字。古義固當然矣。唯中古以來分別為用。說文。□。多材也。从貝臤聲。莊子徐無鬼。以財分人之謂賢。賢字會意之指顯然矣。段氏本改作多財也。是。又一本作多才也。亦為叚借字。【古籀篇九十九】

◉馬叙倫　鈕樹玉曰。詩卷阿叙疏引說文。賢。堅也。以其人堅正。然後可以為人臣。故字從臣。竝非說文。桂馥曰。多才也者。詩卷阿正義引作堅也。馥疑本書兼堅與多才兩義。倫按多才當為多財。乃合從貝之義。禮記。某賢於某若干純。儀禮鄉射禮。右賢於左。均謂某多於某也。禮記内則獻其賢者於宗子。亦謂餘多。此賢為多財之明證。莊子徐無鬼。以財分人謂之賢。亦可證也。今人僅知聖賢之名。而不知聖賢之本義。賢之所以為賢。即由多財而能分人。諸家若以多財為賢者之累。紛紛曲解。惟徐灝得之。然謂古賢勞字本作臤。則又未悟臤為牽之別體。或曰。賢能即堅耐也。即臤之引申義。其實聖賢為形容知識通富人格高尚之詞。其字皆假借。蓋賢因多財之偁。聖亦耳順之名。然尋其本。聖為聞之轉注字。賢亦賑之轉注字。賢賑聲同真類。本訓堅也。詩正義所引以其人堅正以下十六字。蓋字林文。或庾儼默注。多財也為一曰以下文。或吕忱列異訓。或校語也。字見急就篇。賢觥作□。石鼓作□。古鉨作□。【說文解字六書疏證卷十二】

◉楊樹達　說文六篇下貝部云：「賢，多才也。从貝，臤聲。」按文从臤者，三篇下臤部云：「臤，堅也。古文以為賢字。」據此知臤乃堅之初文。人堅則賢，故即以臤為賢，後乃加形旁之貝為賢字耳。十篇上能部云：「能，熊屬，足似鹿。从肉，㠯聲。能獸堅中，故稱賢能而彊壯稱能傑也。」今按能與耐古字同，惟堅乃能耐也。九篇下希部云：「豪，豪豕，鬣如筆管者。从希，高聲。」或从豕作豪。今通作豪。按豪豕以毛鬣堅剛如筆管，故引伸為豪傑之豪。賢能同義，賢豪亦同義。能義受自堅中，豪稱緣于剛鬣，賢之受義於堅，以二文互證而益明矣。

以臤為賢，據其德也；加臤以貝，則以財為義矣。蓋治化漸進，則財富漸見重於人羣，文字之孳生，大可窺羣治之進程矣。

【釋賢　積微居小學金石論叢】

◉商承祚　孯，即賢，从子，與中山王嚳壺之賢作□近似。【信陽長臺關一號楚墓竹簡第一組文章考釋　戰國楚竹簡匯編】

◉戴家祥　說文三篇「臤，古文以為賢字。」臤从臣从又，臣訓「牽也」，象牽縛的奴隸之形。臤加又旁突出牽意。奴隸社會以奴隸為私有財產，故臤含財富之義。後人為了明確這種意思，再加貝旁，寫作賢。說文六篇「賢，多才也」。段注改為「多財也」，曰：「財各本作才，今正。賢本多財之偁，引申之凡多皆曰賢。人偁賢能」。因習其引伸之義，而廢其本義矣。小雅「大夫不均，我從事獨賢」，傳曰：「賢，勞也。」謂事多而勞也。戴震曰：「投壺某賢於某若干純」，賢，多也。金文賢用作人名。

孯字从臤从子，字書所無。壺銘常與能字連用，如「進孯散能」，「舉孯速能」，其義與禮記禮運「選賢與能」相同。孯當為賢字異體。説文三篇「臤，古文以為賢字。」臤字从又从臣，臣為事君者，與子為人同義，故孯字加子旁。

㝵 舒蚉壺 或旻曆㹦司馬䚡 中山王器的銘文貝旁字或作目，如上文㝵字就从目作㝵。此字从貝从户臣聲，疑即賢字異體。「䝨㹦」即「賢佐」。从户與中山王譽方壺𩡶字从户同例，皆為中山王器銘特殊的增飾符號。【金文大字典下】

賁 賁 日甲五六背 通奔 果以—而遠去之【睡虎地秦簡文字編】

賁 襄賁右尉 賁 賁長孫 賁 紀賁 賁 賁過【漢印文字徵】

◉許 慎 賁飾也。从貝。卉聲。彼義切。【説文解字卷六】

◉方濬益 井仁鐘阮録釋㝵。按古文㝵从手，持貝。作㝵。見虢叔鐘㝵純字。此文从𠂹作賁。以諸器中饋字偏旁例之。當亦賁之變體。吴録釋賚亦非。【綴遺齋彝器款識考釋卷一】

◉郭沫若 師望鼎「不顯皇考寬公，穆穆克盟氒心，悊氒德，用辟于先王㝵屯亡敃。」

大克鼎「穆穆朕文祖師華父，悤䜌氒心宖静于猷，盄悊氒德：中畧。㝵屯亡敃、錫贅無疆。」此據「周金文存」本、它本㝵字晦。

虢叔鐘「不顯皇考惠叔穆穆秉元明德御于氒辟㝵屯亡敃。」

井人鐘「䚄盄文祖皇考，克質氒德，賁屯用魯，永冬于吉。」

右四器屯上一字舊均釋得。案「得屯」無義，諸器中均已有德字，亦不得讀為「德純」。且金文得字不如是，如𤔲鼎作德，𢦏殷作德，即使省彳亦當作㝵若㝵，與此等字有異。舊認為相同者，蓋謂諸字从手作，與从又同意。然如井人鐘之賁，上體所从與手字絶不類也。余謂此乃賁字，从貝桒省聲。金文桒及从桒之𩞁捧𩞁諸字，多作桒若桒，省其下體則為𠂹形矣。其它三器文乃从尾省聲毛若毛乃毛字，即尾省，毛公鼎毛字作毛正同，非从手也。尾聲與桒聲同在脂部，脂文對轉而為賁。賁屯乃疊韻聯綿字，蓋即渾沌之古語，言渾厚敦篤也。以此義解之，文均循順。【釋賁屯 金文餘釋之餘】

◉馬叙倫 飾也疑非本義，亦非本訓。諸家據易賁卦以説飾義。然襍卦傳曰。賁。無色也。京房易傳。五色不成謂之賁。義同。吕氏春秋壹行。孔子卜得賁。曰。不吉。白而白。黑而黑。夫又何好乎。注。賁。色不純也。十三篇。縵。繒無文也。十篇。駁。馬色不純。驃。黄馬發白色。駓。黄馬白毛。爾雅釋器。魚貝。餘貾。黄白文。是古謂不純者。其音皆自脣出。色至不可分辨。則縵矣。故五色不成謂之賁。亦曰無色。然賁從貝。貝是海介蟲。不得有無色或不純義。無色或不純乃縵

賀 賀

字義。易卦借賁為緐。賁貝雙聲。或貝之轉注字。賥賁同音彼義切。亦轉注字。賁從卉得聲。卉音曉紐。賜音心紐。賞音審紐三等。貤音喻紐四等。同為次清摩擦音。並轉注字。【説文解字六書疏證卷十二】

賀 賀 中山王譽壺 諸侯皆賀【金文編】

賀 賀 日乙九五【睡虎地秦簡文字編】

賀 任賀　賀 韓賀　賀 臣賀　賀 趙賀私印　賀 韓賀之印　賀 孫賀　賀 郭賀　賀 左賀印　賀 張賀　賀 竦賀私印　賀 臣賀【漢印文字徵】

賀 天璽紀功碑 賀□【石刻篆文編】

◉許　慎　賀以禮相奉慶也。从貝。加聲。胡箇切。【説文解字卷六】

◉馬叙倫　鈕樹玉曰。韻會禮下有物字。玉篇。以禮物相慶加也。王筠曰。慶也自為一句。倫按本作加也。以聲訓。故校者注以禮物相慶加也。賀蓋貢之同舌根音轉注字。字見急就篇。【説文解字六書疏證卷十二】

貢 貢

貢 沈貢私印【漢印文字徵】

貢 禪國山碑　三表納貢【石刻篆文編】

貢 郭昭卿字指【古文四聲韻】

◉許　慎　貢獻功也。从貝。工声。古送切。【説文解字卷六】

◉强運開　⿱工貝師寰𣪘蓋。⿱工貝師寰𣪘器。或淮人繇我⿱工貝晦臣。吴愙齋丁佛言均以為員之古文。竊謂非是。運開按。⿱工貝即古貢字。説文。貢。獻功也。从貝工聲。段注云。魯語云。社而賦事。烝而獻功。韋注。社。春分祭社也。事。農桑之屬也。冬祭曰烝。烝而獻功。五穀布帛之屬也。證以下文叚反工事。正與賦事獻功相合。此⿱工貝字當為古貢字無疑。貢者獻其布帛。

贊 贊

故或从貝。从白。白即帛。石鼓白作帛可證。歸夆敢。[glyph]敖至[glyph]獻賨。亦貢字也。則直从帛矣。獻賨即獻貢也。又兮甲盤。淮夷舊我[glyph]晦人。毋敢不出其賨。若作員字讀。不辭甚矣。孟子。夏后氏五十而貢。即按晦納貢法。淮夷當周之時猶行貢法。故曰繇我貢晦臣。或曰舊我貢晦人也。[glyph]兮甲盤。淮夷舊我賨晦人。毋敢不出其賨。[glyph]歸夆敢。[glyph]敖至[glyph]獻賨。【說文古籀三補卷六】

◉馬叙倫　鈕樹玉曰。韻會無功字。當非脱。玉篇。通也。獻也。上也。秩也。賜也。桂馥曰。當作獻也。功也。廣雅釋言。貢。獻也。功也。翟云升曰。繫傳聲下有獻納總稱尊嚴六字。當作獻納尊嚴總稱。此別義。倫按功也以聲訓。獻也蓋字林訓。獻納尊嚴總稱或亦字林文。或校者所加。爾雅釋詁。貢。賜也。釋文。字或作贛。此下文。贛。賜也。孔子弟子名賜。字子貢。亦作子贛。然則貢贛實同舌根音轉注字。字見急就篇。宋太宗本。顔師古本作贛。【說文解字六書疏證卷十二】

[glyph] 秦1088　□贊　【古陶文字徵】

[glyph] 陶贊私印　【漢印文字徵】

[glyph] [glyph] 並雲臺碑　【古文四聲韻】

◉許　慎　[glyph]見也。从貝。从兟。臣鉉等曰。兟音詵。進也。執贄而進。有司贊相之。則旰切。【説文解字卷六】

◉林義光　說文云。兟進也。从二先。贊从此。闕。按以兟為進無考。古作[glyph]兟字父已器。當即贊之古文。象二人相對形。與巫同意。从二屮。前進也。說文云。[glyph]見也。从貝从兟。按即[glyph]字之或體从貝。轉注。貝者贄也。【文源卷八】

◉馬叙倫　錢坫曰。兟聲。徐灝曰。贊無見義。當以扶為聲。作兟者扶之譌。聘禮曰。賓覿。奉束帛錦總。乘馬。二人贊。又曰。上介奉幣麗皮。二人贊。凡貨幣之屬非一人可舉者。必有贊引之。故凡相助者皆曰贊。倫按贊為形聲字無疑。唯徐以為扶聲。如其說。實為會意。而得聲於扶。然解字與說經殊科。經文固有足以證字形者。然如三人為从之類。則可援據。而三獸為羣三女為粲。便不可通。如扶貝為賛。則於[glyph]字何說乎。故倫從錢說。兟為先之茂文。猶屾之於山。沝之於水。先音精紐。故贊從兟得聲。音亦精紐也。贊訓見也。古籍少徵。疑非本義。亦非本訓。其訓進者。即借贊為先。訓助與佐。則借贊為助。贊助同為舌尖前破裂摩擦音也。贊從貝得義。蓋賮之同舌尖前音轉注字。賮音邪紐。兟㶳又聲同真類也。賮

下曰。會禮也。雖非本訓。亦引申義也。然與禮言贊者義合。故贊次費上。字見急就篇。顏師古本作讚。【説文解字六書疏證卷十二】

賮

賮 从貝盡聲集韻作贐謂與賮同 師𩰫鼎 克贐乃身 【金文編】

◉許 慎 賮會禮也。从貝。𦘒聲。徐刃切。【説文解字卷六】

◉强運開 祖辛敢。其萬年孫孫子子永寶用賮。孫詒讓云。此實當為賮字。説文賮从貝𦘒聲。火部𦘒从火聿省聲。此不从𦘒聲。而从聿省聲。于諧聲之例固不悖也。古字與贐進通。高唐賦進純犧。李善注。進。祭也。用進即用祭。亦猶他器言用亯矣。運開按。孫説極是。賮父辛尊。父辛觶。賮弘觥。【説文古籀三補卷六】

◉馬叙倫 文選三都賦劉逵注引蒼頡篇。贐。財貨也。玉篇亦訓財貨也。史記呂不韋傳。車乘進用不饒。借進為贐。亦以財貨為義。孟子公孫丑。行者必以贐。注。贈賄之禮也。然則通訓則贈行之財為贐。而本義即財貨。蓋財之同舌尖前音轉注字。説解會禮也。義殊不顯。疑會為贈之殘譌。本作贈也。吕忱或校者加贈行之禮也。賮贈亦同舌尖前音轉注字。字或出字林。【説文解字六書疏證卷十二】

齎

3·34 平門内口齎左里敀亳☒ 3·36 誾陳齎叁立事左里敀亳豆 3·327 蒦圆遌里圖齎 考古 1983:1 王齎 考古 1983:1 考古 1983:1 【古陶文字徵】

齎 秦一七七 六例 法九〇 【睡虎地秦簡文字編】

3678 1943 3690 0573 1928 【古璽文編】

狄齎之印 【漢印文字徵】

◉許 慎 齎持遺也。从貝。齊聲。祖雞切。【説文解字卷六】

◉馬叙倫 鈕樹玉曰。韻會引遺下有人字。王煦曰。聘禮記。問歲月之資。注。古文資作齎。鄭司農云。齎或為資。今禮家定賨作資。玄謂賨資同耳。其字以齊次為聲。從貝變易。古字亦多或。㫰謂後鄭之說是也。毛詩牆有茨。說文引作牆有薺。又禾部。𪗋。或體作秶。是從齊從次音義竝同。說文資齎二字雖訓義各別。其實通也。王筠曰。廣雅。齎。持也。又曰。齎。送也。知是兩義。倫按持遺也當作持也持財遺人也。持財遺人也蓋字林文。以釋持也。持也者以聲訓。周禮外府。共其財用之幣齎。注。齎。行道之財用也。掌皮。歲終。則會其財齎。注。所給予人以物曰齎。戰國策西周策。王何不以地齎周最。以為太子也。高注。齎。進也。進借為賮。然則齎賮為同舌尖前音又聲同脂類之轉注字。贊齎亦同舌尖前破裂摩擦音轉注字。齎賮皆為財貨。則齎資亦轉注字。字見急就篇。【說文解字六書疏證卷十二】

●李亞農　[甲骨文]又作[甲骨文]，舊釋遺，或釋敗，非。契文另有敗字作[甲骨文]，从貝从又，說見前。

今按[甲骨文]字應隸化為𠀠或貢，許書無此字。然篇海收有貴，即齎字。以畫為田之繁文例之，則貢亦貴也。凵或冂所象徵的，皆為運輸財物之舟車或裝盛財寶之器皿。而今隸貴所从之巿，則為官府用運輸工具上所插之旗幟。儀禮聘禮：「又齎皮馬。」注「齎，猶付也。」

貴牛。（前一・三五・一）

周禮掌皮：「歲終則會其財齎。」注「予人以物曰齎。」

王曰：医虎敗汝事。砉受……曰：咊（稽）方其至於豢土亡貴。（前七・三六・一）

這條刻辭，蓋謂：「稽方侵入了豢土，但並沒有遺賂以財物」的意思。

乙酉子卜貞：丁貴我。（前八・十五・二）

貴𠂤般龜。（福・二・福，福氏所藏甲骨文字之簡稱，下並同。）

上兩條的意思，就是說：「予我以財物」，「予𠂤般以龜」。周禮天官外府：「齎，賜與之財用。」

㝵其降貴。（鐵・一九・二）

隹帝貴西。（前八・七・四）

「降貴」猶言降賞，「貴西」猶言賞賜西方之人也。國策西周策：「王何不以地齎。」周最注「齎，進也。」

逆貴。（前六・四〇・五）

「逆貴」大概是迎接進貢之物。

還有很多用貴字的辭例，現在再行徵引幾條於下。根據上面解釋的字義去看，均可通。

甲辰卜，㱿貞：今春貞，不貴。（前六・三九・三）

癸子卜，于㮚（禁）月，又貴。（前八・六・三）

貞：商其貴。貞：商不其貴。（續・五・一四・二）

貞：競弗貴。（戩・三三・一二 戩，戩壽堂藏殷虛文字之簡稱，下並同。）【殷契雜釋 中國考古學報第五册】

◉湯餘惠 《季木藏陶》三四・八著録的陶文凡三字，稱「豆里[glyph]」。第三個字周進釋「貪」，顧廷龍把它當成不識的字列入《古陶文舂録・附編》。按此字下方從「貝」，但字上並不從「今」，周氏釋「貪」殊不可信。我們認為這個字上面的偏旁應是省寫的「齊」字，字當釋為「齎」。

古文字的「齊」字是一個常見字，多作[glyph]、[glyph]等形，是由三個相同的部分所組成；但在戰國文字中，又往往祇寫作[glyph]，而省去了另外兩個相同的部分，列國銅器和璽印文字中都存在這種簡化的例子。戰國晚期的衛器平安君鼎銘文中有「齋」字，是計算鼎實的容量單位，常見於韓、魏鼎銘，字作[glyph]，上下兩個偏旁均省作，學者們以為是「齋」字，是完全正確的。另外，古璽文有[glyph]字，羅福頤釋為「鄰」，頗有見地，因為它顯然就是[glyph]形的省寫，由此可以推知，陶文[glyph]的上方也是省寫的「齊」。

「齎」見於《說文》：「齎，持遺也。從貝，齊聲。」陶文用為人名。「豆里」，齊陶習見，是鄉里名稱。「豆里齎」與「豆里賹」、「豆里㘰」等同例，意在標明陶器是由豆里之某人所造。【戰國文字考釋（五則） 古文字研究第十輯】

貸 [glyph]

[glyph] 3・1131 獨字 吳大徵云貸从止 [glyph] 季木7:7 【古陶文字徵】

[glyph] 古老子 【古文四聲韻】

◉許慎 [glyph]施也。从貝。代聲。他代切。【說文解字卷六】

◉高田忠周 荀子儒效。貣而食。注。行乞也。叚借為忒。史記宋世家引洪範衍貣。禮記中庸其為物不貳。字誤作貳。又[glyph]。施也。从貝代聲。大戴千乘。以財投長曰貸。周禮泉府。凡民之貸者。司農注。謂從官借本賈也。廣雅釋詁。貸。借也。叚借為忒。廣雅釋詁。貸。僭也。由是觀之。貣貸殆同字也。貣主于借。貸主于與。實一義之反轉也。後世一即加人以分別。遂為一部兩出者。然則貸元从貣从人。而貣亦自有所受意于貸耳。【古籀篇九十九】

◉馬叙倫 鈕樹玉曰。繫傳聲下有借也二字。韻會引作又借也。錢坫曰。妄人所加。貣字下同。翟云升曰。繫傳施也作借也。

倫按施當作貤。鍇本借也校者所加。餘詳貣下。散盤作。字見急就篇。【説文解字六書疏證卷十二】

◉邵友誠　出麇子一斗，俄郭卒張抹，十月二日。「俄郭」原釋作「倂郅」，誤。「俄」字疑為貸字之別體。《急就章》（明正統四年吉水楊政刻宋克補皇象寫本）：「貰貸賣買販肆便」之貸字作「俄」，與簡文相合。【居延漢簡札記　考古一九六二年第一期】

後二・二二・一二　【甲骨文編】

後下22・11　甲448　【續甲骨文編】

貣　又从戈經典作忒　蔡侯驧鐘　不愆不貣　郘大弔斧　貣車之斧　【金文編】

3・318　蒦圆魚里人貣　顧廷龍云疑貣亦从止　【古陶文字徵】

103　117　150　【包山楚簡文字編】

貣　法三二　四例　通貸　令縣—之　秦四四　秦四五　三例　【睡虎地秦簡文字編】

1438　1408　1761　2992　貣經典作忒，璽文从戈，與蔡侯鐘郘大叔斧書法同。【古璽文編】

◉許慎　貣从人求物也。从貝。弋聲。他得切。【説文解字卷六】

◉商承祚　後編下第二十二葉

祚案。吕太叔貣車之斧作。从戈。與此同。【殷虚文字類編卷六】

◉顧廷龍　貣。依吳大澂釋潘。周蒦圆南里人。疑貣亦从止。【古陶文孴録卷六】

◉强運開　居敔。金付綮金斧。説文。貣。从人求物也。从貝弋聲。此作。即之變。當是古貣字。【説文古籀三補卷六】

◉馬叙倫　沈濤曰。一切經音義十五引作從人求也。玉篇亦作從人求。嚴可均曰。韻會引从作從。李富孫曰。貸為貸予字。左傳。以家量貸。而以公量收之。又盡其家貸於公。是也。貣為乞貸。徐鍇曰。史記曰。漢武帝時。縣官無錢。從人貣馬。

是也。周禮泉府。凡民之貸者。注。謂從官借本賈也。是又通為貸字。五經文字云。貸。或相承借為貣。則其亂久矣。段玉裁曰。代弋同聲。古無去入之別。求人施人。古無貣貸之分。經史內貣貸錯出。恐皆俗增人旁。周禮注中借者予者同用一字。釋文別其音。亦可知本無二字矣。王筠曰。玄應一切經音義十五引及玉篇並無物字。字林云。求也。與貸施也相對。恐即本之說文。從人求物。蓋庾注也。商承祚曰。吕大叔貣車之斧作貣。從戈。卜辭作𢦔。亦從戈。倫按玄應引字林。求也。則從人求物也蓋庾注或校語。貸從代得聲。代從弋得聲。是貣貸塙本為一字。今貸貣有施求之殊者。猶買賣然。買賣初無出物進物之異。蓋相易則彼此皆為買。亦皆為賣也。貣貸雖從人求物而人予之。然貣為賒之轉注字。賒音審紐。古讀歸透。貣音透紐。賒從余得聲。貣從弋得聲。余弋音同喻紐四等也。賒者暫假而必還。是猶買賣矣。以此證段說之善。貣蓋貸之初文。急就作貣。則貣字出字林矣。吕大叔斧作貣從戈者。金甲文戈弋二字每相亂。居後彝作貭。强運開釋負。於詞義似塞。蓋從氏得聲。氏音禪紐。古讀歸定。古讀喻四亦歸於定。則貭為貣之轉注字。【說文解字六書疏證卷十二】

賂

◉許　慎　賂遺也。从貝。各聲。臣鉉等曰。當从路省乃得聲。洛故切。【說文解字卷六】

◉馬叙倫　鈕樹玉曰。韻會引作從貝路省聲。丁福保曰。慧琳音義五十七引作從貝路省聲。倫按遺借為贈。贈遺字今作貽。貽贈之蒸對轉轉注字。賂為賚之音同來紐轉注字。【說文解字六書疏證卷十二】

賸

賸　不从貝說文一曰送也通佚　弔上匜　朕字重見　復公子簋　禹鼎　番匊生壺　周棘生壺　尹弔鼎　弔男父匜　魯伯盤　魯遵父簋　弔姬匜　穌甫人匜　穌𡭴妊鼎　蔡大師鼎　鷌姬作旛嫼　簋　楚季盤　鄦子匜　鄦伯受匜　齊侯盤　魯伯大父作孟姬簋　魯伯大父作季姬簋　曾子原彝匜　伯家父簋　𢍰妊甗　輔伯鼎　子仲匜　㠱侯簋　取膚匜　或从人　季良父壺　樊君鬲　或从女經典作媵爾雅釋言媵送也說文所無　陳侯簋　或从土　囂伯盤　塍字重見　干氏弔子盤　或从手　秦公簋　一斗七升拳簋　【金文編】

賸 賸 法一七〇 二例 通媵 妻—臣妾 法一七〇 【睡虎地秦簡文字編】

◉許 慎 賸物相增加也。从貝。朕聲。一曰送也。副也。以證切。【説文解字卷六】

◉阮 元 賸即賸之異文。贈送之義。【積古齋鐘鼎彝器款識卷八】

◉吴榮光 説文。賸。送也。副也。其字與媵本同義。非媵之假。【筠清館金文卷四】

◉潘祖蔭 周孟伯説。桉説文。賸。物相增加也。从貝。朕聲。一曰送也。副也。以證切。鍇曰。今鄙俗謂物餘為賸。古者一國嫁女。二國往媵之。言送也。副貳也。義出于此也。云云。説文無媵字。古蓋本作賸。其从女作媵者孳字耳。或从人作倂。又益孳矣。此器作儥。則媵之别文。而倂之濫觴。實皆賸之重文也。儥甖者。送女之器也。魯頌正義。王肅云。太和中。魯郡于地中得齊大夫子尾送女器。有犧尊云云。知為送女器者。必其銘有媵字。與此器同。惜其文不傳也。【儥甖攀古樓彝器款識】

◉方濬益 (季庸父簠)説文。倂。送也。从人。𠂔聲。吕不韋曰。有侁氏以伊尹送女。按許君所引即吕覽本味篇以伊尹媵女語。惟古無媵字。彝器銘止作朕。或作賸。此从人作儥。知説文之倂即儥之省文。經典又通作騰。儀禮公食大夫禮。衆人騰羞者。鄭注。騰當作媵。燕禮注。今文媵皆作騰。又通作揚。禮記檀弓。杜蕢揚觶。鄭注。禮揚作媵。燕禮媵觚注。媵或讀為揚。蓋媵與騰聲近。媵揚一聲之轉也。【綴遺齋彝器款識考釋卷八】

◉馬叙倫 鈕樹玉曰。韻會引無送也二字。錢坫曰。方言二。賸。雙也。東楚江淮之間曰賸。是副義。王筠曰。據賀贈二篆説解。物上當增以字。玉篇。賸。相贈也。以物加送也。詩崧高傳。贈。增也。倫按本作增也。以聲訓。以物相增加也吕忱或校者所加。一曰送也者。送賸皆從𠂔得聲。故古或借送為賸。今俗皆言送也。副也者。以有餘相賸之引申義。今言賸餘也。一曰以下皆校語。魯伯盤作□。伯家父敨作□。穌甫人匜作□。子仲匜作□。季良父簠作□。從貝。𦩍聲。【説文解字六書疏證卷十二】

◉黄錫全 𡔁字原形作□，上部與「朕」字所从之□形類同，如□(鮴伯𣪘)、□(仲𩰫父𣪘)等，故當隸定為𡔁。古朕字或可省舟作□(臣諫𣪘)。从玉與从貝義近(如邾叔鐘保字作□，而齊鎛作□，《説文》玩字或體从貝作貦)。因此，𡔁很有可能就是賸字省體。金文弄字作□(林氏壺)、□(智君子鑑)等形，與此字有别。過去或將此字釋為弄，不確。【湖北出土商周文字輯證】

贈

◉許　慎　贈玩好相送也。从貝。曾聲。昨鄧切。【說文解字卷六】

◉馬叙倫　沈濤曰。一切經音義五引作以玩好之物相送曰贈也。蓋古本作以玩好之物相送也。倫按贈為賸之聲同蒸類轉注字。贈音從紐。古讀歸定。賸從朕得聲。朕音澄紐。古讀亦歸定也。詩渭陽韓奕傳皆曰贈。送也。左僖廿三年傳。贈衆馬二十乘。但謂送之耳。金文多言賸器。蓋送女之器。說苑修文始有玩好曰贈之文。蓋漢時別之。故鄭玄注禮有玩好相送之說。此作玩好相送也。即本鄭注。蓋呂忱字林文。字或出字林也。【說文解字六書疏證卷十二】

◉楊樹達　贈為玩好相送，許君不詳其語源。考《詩大雅崧高篇》云：「以贈申伯。」《毛傳》云：「贈，增也。」按以增訓贈，說似迂遠難通，而毛公云爾者，乃明贈字之語源耳。《說文五篇下會部》會下云：「曾，益也。」贈从曾聲，故有增益之義，然則許君於贈下雖無所記，立意固與毛公同。蓋以物贈人，實以物增加於人也。【釋贈　積微居小學金石論叢】

貱

◉許　慎　貱迻予也。从貝。皮聲。彼義切。【說文解字卷六】

◉馬叙倫　鈕樹玉曰。韻會迻作移。錢坫曰。此彼及字。迻當作貤。史記。受爵賞而欲移賣者。無所流貤。倫按錢謂迻當作貤。是也。說解當作貤也予也。予也蓋呂忱舉異訓。或校者所加也。此貤之疊韻轉注字。字或出字林。【說文解字六書疏證卷十二】

◉楊樹達　皮未聞有加益之訓，然說文从皮聲之字，彼訓往有所加，髲訓益髮，則皮字固有加義。故廣雅釋詁直訓貱為益，此猶詩傳之訓贈為增，儀禮注之訓賀為加矣。【字義同緣於語源同例證　積微居小學金石論叢】

贛

5·363　贛榆得　【古陶文字徵】

244　【包山楚簡文字編】

贛榆令印　楊贛　李贛　芮贛　王贛之印　楊贛私印　張子貣印　【漢印文字徵】

◉許　慎　贛賜也。从貝。竷省聲。臣鉉等曰。竷非聲。未詳。古送切。贑籀文贛。【說文解字卷六】

◉王國維　徐鉉云。竷非聲。未詳。案竷讀苦感反。乃後人以說文引詩竷竷鼓我。今詩作坎坎。故以坎音讀之。實則竷字當

賚

从夅聲。與坎字相通假。乃由雙聲字故。贛从竷聲。且竷既从夅。又从夂。繁複殊甚。必後起之字。古竷字只當作䡴。贛䵖二字以之為聲。籒文贛作贑。變夂𠂢相承為ㄗㄑ相承。意與夅同。又當出贛字後矣。【史籀篇疏證】

◉丁佛言 [glyph]古鈢[glyph]贛。古文以為貢字。許氏説賜也。【説文古籀補補卷六】

◉馬叙倫 徐鉉曰。竷非聲。孔廣居曰。竷音苦感切。皆喉音。故相諧。錢大昕曰。詩。坎坎鼓我。説文引作竷竷。坎與空聲相轉。故空侯一名坎侯。贛為竷之轉。猶鳳為凡之轉矣。王煦曰。漢書地理志。豫章郡贛。如淳音感。又琅琊郡贛榆。顔師古音紺。則贛自從竷省聲。唐韻古送切。乃竷之轉音耳。倫按䡴聲。詳五篇竷下。䡴從章得聲。章從十得聲。十音禪紐。賸從朕得聲。朕音澄紐。禪澄同為舌面前音。古讀竝歸於定。是贛賸為轉注字也。字見急就篇顔師古本。玉海本作貢。松江本作竷。蓋[glyph]貢二字誤合也。

贑 王國維曰。贑從竷得聲。竷音苦感切。乃後人以坎音讀之。實則竷字當從夅聲。坎夅雙聲也。竷既從夅。又從夂。緐複殊甚。必後起字。此以䡴為聲。籒文變夂午為ㄟㄑ。又當出贛字後矣。倫按此由ㄗㄑ而譌變。乃傳寫致然。非先後之故也。古鉩作[glyph]。從貝。夅聲。此雖出籒篇而實同倉頡。不須出也。以此知吕忱之識下矣。【説文解字六書疏證卷十二】

◉許　慎 賚賜也。从貝。來聲。周書曰。賚尒秬鬯。洛帶切。【説文解字卷六】

◉丁佛言 [glyph]杜伯簋。用[glyph]壽[glyph]永命。此與下各字舊皆釋雩。案古文往往形近相通。[glyph]當是來賚之省也。與雩篆混同。須因文而異其用。又案。賚。賜也。來。天所來也。天來有天賜之意。古賚字或直作來。天來而受之以手。故古拜字从來从手作[glyph]。拜者拜賜也。[glyph]盂爵。惟王初賚盂。[glyph]中義父鼎。永寶用賚。【説文古籀補補卷六】

◉顧廷龍 [glyph]賚。吴大澂云。从貝从犛省。當即賚字。詩釐爾圭瓚。疑釐賚二字古通。按克鼎錫釐無疆。亦作[glyph]。此省ㄏ。説文所無。當即賚也。潘。[glyph]潘。【古陶文孴録卷六】

◉强運開 [glyph]善夫克鼎。錫贅無彊。運開按。説文。賚賜也。从貝來聲。來之古音讀如犛。同在一部。來犛一也。是贅即賚之古文也。[glyph]辛鼎。[glyph]師寰敢器。曩贅。人名也。[glyph][glyph]均古匋文。丁佛言釋作贅。不塙。蓋亦贅字。筆跡小異者耳。【説文古籀三補卷六】

◉馬叙倫 鈕樹玉曰。韻會尒作爾。倫按賚聲之類。賸贈聲皆蒸類。之蒸對轉轉注字也。兮白盤作[glyph]。然亦疑責字。字或出

字林。【說文解字六書疏證卷十二】

賞

賞 與賨為一字 屬羌鐘 賞于韓宗 从貝省 中山王譽壺 筡賞仲父 楊樹達釋賞从向云尚字本从向聲 喪史賓鉼 孳乳為償 从貝从尚省 曶鼎 償曶禾十秭 【金文編】

3·352 楚章衢蘆里賞 3·425 孟棠匋里賞 3·522 甗圖賞 3·607 豆里賞 3·750 賞 陶文編6·44 3·568 豆里賞 【古陶文字徵】

152 【包山楚簡文字編】

賞 秦七六 二十八例 通償 以齎律論及— 秦一七七 通嘗 甲—身免丙復臣之不毆 封四一 秦一七四 九例 法五二二例 日甲一五二背 日乙四八 【睡虎地秦簡文字編】

3494 與曶鼎賞字同。【古璽文編】

李賞 田賞 陵賞 游賞私印 【漢印文字徵】

◉許　慎　賞 賜有功也。从貝。尚聲。書兩切。【說文解字卷六】

◉楊樹達　喪史鈚　喪史賓自作鈚

字自阮元釋為賓字，吳式芬及近日劉體智皆從之。余謂字形與賓不合，阮釋非也。今按此字从貝从向，蓋賞字之或作也。說文六篇下貝部云：「賞，賜有功也。从貝，尚声。」小篆从尚聲，而古文从向者，尚字本从向聲也。曶鼎有賞字，字作，从尚省口。此字則从向不从尚也。⿱向貝與賞為一文，猶說文口部嘒與嚖為一文。革部靼與𩏈為一文矣。【喪史賞鈚跋 積微居金文說】

◉馬叙倫　賞音審紐三等。賜音心紐。同為次清摩擦音。轉注字也。賞從尚得聲。尚音禪紐。賮音邪紐。同為次濁摩擦音。

賜

亦轉注字。古讀邪禪並歸於定。而喻紐四等古亦歸定。則尚之與賸亦轉注字。賜有功也蓋字林文。許當止作賜也。或作尚也。以聲訓。爾雅釋詁及詩烈祖毛傳書湯誓孔傳止曰。賜也。字見急就篇。曶鼎作。【說文解字六書疏證卷十二】

賜 从目 虢季子白盤 賜字重見　庚壺　中山王譽鼎 是以賜之氒命 【金文編】

3·1128 獨字　5·148 咸陽賜 【古陶文字徵】

65　81　128　141　143 【包山楚簡文字編】

賜 日乙一九五　秦一五三 七例 【睡虎地秦簡文字編】

2201　2187　0944 與庚壺賜字相近。【古璽文編】

陳賜信印　張賜　石賜　北門賜　王賜牵　孫賜之 【漢印文字徵】

詛楚文 幾靈德賜 【石刻篆文編】

◉許　慎　予也。从貝。易聲。斯義切。【說文解字卷六】

◉吳大澂　古賜字从目不从貝。虢季子白盤。毛公鼎　鄀公簠。【說文古籀補卷六】

◉王國維　賜。目疾視也。古文以為賜家。古錫賜一字。本但作易。虢季子白盘。賜用弓。彤矢其央。賜用戉。用征蠻方。則假賜為之。曾伯霥簠。金道行。字又从金从賜。後世因其繁而徑改為从金从易。或从貝从易。於是有錫賜二字矣。賜。盡也。文選西征賦。若循環之無賜。注引方言。賜。盡也。今本方言連此撲斯盡也。戴氏疏證據此改為鋌賜撲斯。是也。古詩。棗適今日賜。誰當仰視之。唐書李密傳。敖庾之藏有時而賜。誼皆為盡。詩大雅。王赫斯怒。箋。斯。盡也。釋文。斯。鄭音賜。玉篇。澌又音儩。水盡也。廣韻澌亦作儩。是古語謂盡為賜。不賜猶言不盡矣。【毛公鼎銘考釋　王國維遺書第六册】

◉馬敘倫　貣從弋得聲。賜從易得聲。弋易音皆喻紐四等。轉注字也。字見急就篇。古鉨作。【說文解字六書疏證卷

十二】

◉楊樹達　賜，説文云：「賜，予也。从貝，易聲。」按易無增加之義，此易實假為益，古音易益同在錫部也。説文九篇上髟部云：「鬄，髮也。从髟，易聲。」「髮，益髮也。」鬄訓髮，髮訓益髮，知鬄从易聲，亦假易為益也。説文三篇上言部云：「謚，行之迹也。从言，益聲。」按謚與益義不相關，謚从益聲，又實假益為易。禮記檀弓下篇云：「公叔文子卒，其子戍請謚於君，曰：日月有時，將葬矣，請所以易其名者。」謚為易名，知謚从益聲，實从易聲矣。【字義同緣於語源同例證　積微居小學金石論叢】

貤

◉許　慎　貤重次弟物也。从貝。也聲。以豉切。【説文解字卷六】

◉馬叙倫　沈濤曰。漢書武帝紀注引。貤。物之重次弟也。蓋古本如此。今本語不詞。匡謬正俗六文選魏都賦注引曰今本。疑淺人校今本改。倫按諸家説貤字皆據漢書武帝紀。受爵賞而欲移賣者無所流貤。輾轉解釋。其實重次弟物也語因不明。即如漢書注引作物之重次弟也。亦不明字所以從貝而次賜後之意。以音求之。貤從也得聲。賜從易得聲。也易音同喻紐四等。則賜之轉注字。亦貤之聲同歌類轉注字。以漢詔證之。義亦相合。實即今言布施之施本字。上文貸下曰。施也。即貤之借字。重次弟物。疑施之引申義。且文有捝譌也。匡謬正俗引字林。弋豉反。字蓋出字林。【説文解字六書疏證卷十二】

贏

贏　假借為贏　庚贏卣　鼎文从女【金文編】

贏　秦一七三　通纍　縣及工室聽官為正衡石—　秦一〇〇　日乙一五　二例　秦二九　五例　秦一七七　法二〇六　二例　效三三　九例【睡虎地秦簡文字編】

贏獲私印　但贏　贏禽【漢印文字徵】

◉許　慎　贏有餘賈利也。从貝。𣎆聲。臣鉉等曰。當从𣎆省乃得聲。以成切。【説文解字卷六】

◉馬叙倫　段玉裁曰。當依韻會引作賈有餘利也。鈕樹玉曰。當作有餘也賈利也。繫傳韻會𣎆作贏。非。王筠曰。疑此句乃庾注。字林。贏。有餘也。渾言之乃能該備。疑本之許文。左昭元年傳。賈而欲贏而惡囂乎。固繫諸賈言之。乃漢書蕭何傳。何送我獨贏錢二也。則衹是有餘。不繫諸賈也。倫按有餘也字林文。賈利也蓋校者或庾儼默注。所以釋有餘。明贏之為有餘。即賈之利也。莊子列禦寇。夫豢人特為食羹之貨。多餘之贏。秦策。珠玉之贏幾倍。與左昭元年傳之賈而欲贏而惡囂乎。皆謂餘利。下文。賴。贏也。賴即利益之利本字。則贏為賴之轉注字。贏從羸得聲。羸音來紐。與賴正雙聲也。字見急就篇。庚贏卣[glyph]字。容庚釋贏。倫謂從貝龍聲。【說文解字六書疏證卷十二】

◉王國維 歸安吳氏藏卣。銘曰。王徭于庚[glyph]宮。舊釋庚熊。余謂此字从貝从羸。當是贏字。假為女姓之嬴。上虞羅氏藏一鼎。銘云[glyph]氏作寶鼎。字亦从貝。惟荀伯大父簋有[glyph]字。芮君盦有[glyph]字。則徑作嬴。春秋左氏宣八年經夫人嬴氏薨。葬我小君敬嬴。公穀嬴並作熊。觀於鼎卣二器。可知嬴熊相混之故矣。【庚嬴卣跋 觀堂集林】

◉戴家祥 于省吾曰：羸字作[glyph]羅釋羆，殷疑罷字繁文，郭謂「从羽能聲，當是態之異文，在此讀為能。」按以上三種說法都系誤解，[glyph]即贏字，其不从貝乃省體。金文贏、嬴互作，也有不从貝者，形多詭變，詳容庚金文編長沙仰天湖戰國楚墓出土竹簡的「羸」字作[glyph]，說文「嬴」从「羸」聲。「嬴」與「贏」古籍每通用。訓「嬴」為「余」，以「嬴」為姓，系逐漸分化所致。「盈」為「嬴」與「贏」的後起字。左傳宣四年的「伯嬴」，呂氏春秋知分注作「伯盈」，戰國策魏策的「更盈」，荀子議兵楊注作「更嬴」，淮南子本經以「嬴縮」為「盈縮」，廣雅釋詁訓「嬴」為「余」，典籍中多訓「盈」為「滿」，余與滿義相因。「戠羸返」即「歲盈返」，言歲滿而返，可見此節的通行有效期間以一年為限。考古一九六三年第八期。【金文大字典中】

賴

賴 為一五【睡虎地秦簡文字編】

賴 賴長樂印 賴 賴汎印信【漢印文字徵】

[glyph] 賴。出義雲章。【汗簡】

[glyph] 義雲章 [glyph] 古孝經【古文四聲韻】

◉許 慎 賴贏也。从貝。剌聲。洛帶切。【說文解字卷六】

◉唐 蘭 [glyph]前六・三二・八片……雀[glyph]……

右[glyph]，即賴字，商承祚釋[glyph]，類編六四。孫海波承之，謂「從水從[glyph]，說文所無」。文編六・二。按商孫但就篆形為之隸變，實不識其字也。商氏作殷虚文字類編，除待問編外，列於通檢者凡七百九十字，其實不盡已識也。如丙下列□□□三字。孫氏之書，頗踵商舊，微有增益，而一字或兩三出，如雚字分列為雚觀二字，以為重文。其檢字因擴為一千〇〇六字，其實已識之字，遠無此數也。耳食者但檢目録，謂可識之字，已逾千文，殆非商孫二氏之本旨也。

篆作□者，其實當作□形，古人作字，每有簡率，㯻本作□，而或作□，是其明證也。□者象囊中有兩貝之狀。𩔨殷云：「弜師易𩔨𠭯卣，𧶠貝。」殷文存上、十九。𡨦蔑鼎云：「乍册友史易𧶠貝。」薛氏款識一、十三。𧶠作□，昔人亦未識，郭沫若釋䚳，青銅器銘文研究十三。非是。于省吾釋囊，吉金文選下一·四。柯昌濟釋橐，集古録跋尾己十四。較為近之。□從□形，與小篆囊橐所從之□說文以為橐省固相近也。說文橐字從東，金文作□毛公鼎矢盤，□從□，可證金文之□，與卜辭之□固一字，特或象一貝，或象二貝為異耳。

𧷢或𧶠象囊中盛貝，有底曰囊，無底曰橐，詳釋束篇。以象意字聲化例推之，當讀㪅聲。如囊聲。㪅或變為束，小篆囊從𣝣，金文𣝣或作束。寫為賴，後人疑其非聲，則改從剌聲作賴矣。說文：「賴，贏也。從貝剌聲」，蓋𧷢或𧶠之後起字矣。【釋𧷢　殷虚文字記】

◉馬叙倫　沈濤曰。漢書高帝紀注晉灼引許慎曰。賴。利也。史記集解所引亦同。是古本訓利不訓贏。倫按晉灼所引或淮南許注文。或許書之別解。為字林文也。國語齊語。相示以賴。注。贏也。則贏賴自是義。字見急就篇。【說文解字六書疏證卷十二】

◉戴家祥　宋時出土之商父乙鼎「乍册友史錫□貝」，薛尚功歷代鐘鼎彝器款識法帖卷一王俅嘯堂集古録上第一葉並釋□為賴。按說文六篇貝部：「賴，贏也，从貝，剌聲。」此从貝从朿，朿，刺之省文也。薛、王之釋可從。賴為國邑名，賴貝者，賴國所産之貝也。左傳昭公四年七月，楚子執齊慶封殺之，「遂以諸侯滅賴。賴子面縛銜璧，士袒輿櫬從之。」遷賴于鄢。楚子欲遷許于賴，使鬭韋龜與公子棄疾城之而還。又哀公六年傳「齊侯陽生使胡姬以安孺子如賴。」十年「晉趙鞅伐齊，毀高唐之郭，侵及賴而還。」史記齊太公世家集解引服虔曰：「賴，齊邑。」顧祖禹讀史方輿紀要謂山東歷城縣、章邱縣之賴山，為賴子之故國。或謂其國在河南光州商城縣南之賴亭，後遷湖北宜城縣，未知孰是。【金文大字典下】

負3·755 王負 負3·825 鄶負【古陶文字徵】

負 負 秦八〇 十例 負 秦二三 二例 負 法二〇二 負 效三四 負 效四八 四例【睡虎地秦簡文字編】

負 孫負私印 負 案負 負 大張万負【漢印文字徵】

負 禪國山碑 衡圖負書【石刻篆文編】

負 古老子【古文四聲韻】

◉許 慎 負 恃也。从人守貝。有所恃也。一曰。受貸不償。房九切。【說文解字卷六】

◉强運開 負負居敢。虢負余一斧。又中錫負金付䜌負金斧。吳書釋作貣。云。或从氏。非是。按當是負字。說文。負恃也。从人守貝。有所恃也。一曰受貸不償。此从反人有背人意。非从氏也。與受貸不償義尤相合。當是古負字也。【說文古籀三補卷六】

◉馬叙倫 翟云升曰。文選臨終詩注引作受貸不償。倫按從人。貝聲。書金縢。是有丕子之責。於天。史記周本紀作負子。可證也。今說解蓋非許文。一曰受貸不償者。蓋本上文賴下校語。受貸不償曰賴債。今語猶然。負得聲於貝。故音房九切。乃保之轉注字。貝保音同封紐也。或為倗之異文。本書從負得聲者僅有萯字。蓋為是也。或謂從貝保省聲。其義亡矣。【說文解字六書疏證卷十二】

乙六八九 乙七五二 人名貯入三 乙三四七七反 乙六六九三反 乙六七五二反 鐵二七二·一 拾九·一六 前四·二·三 前六·四九·八 後二·一八·八 續二·三〇·六 佚六三〇 佚七五四【甲骨文編】

乙689 752 1578 1844 1955 2281 2588 4954 5341 6693 6752

7258 7289 7337 7806 7974 珠179 463 866 佚754 續2·30·6 京4·11·2 外96 凡29·4 新3420【續甲骨文編】

貯爵文 鉦文 沈子它簋 衛盉 五祀衛鼎 尹氏匜 昆疕王貯鐘 格伯簋 頌鼎 頌簋 頌壺 善夫山鼎 兮甲盤 貯子己父匜 中山王譽鼎 中山王譽壺 盗壺 中山王譽兆域圖【金文編】

3·330 貯衢匋里王☒ 3·331 同上 3·820 貯皐 3·782 幻貯【古陶文字徵】

三五：八 宗盟類參盟人名【侯馬盟書字表】

152 162【包山楚簡文字編】

◉許慎 貯。積也。从貝。宁聲。直吕切。【説文解字卷六】

◉劉心源 西亭罏 貯或釋賔。或釋鼏。讀謐。皆非。此字已詳頌鼎。案貯者藏積也。本有安定之義。此云貯静有何不可。而必曲為之説乎。【奇觚室吉金文述卷十八】

◉羅振玉 象内貝於宀中形。或貝在宀下。與許書作貯貝在宀旁意同。又宀貯古為一字。説文于宀訓辨積物。貯訓積。初亦非有二誼矣。【增訂殷虚書契考釋卷中】

◉商承祚 貯六金文頌壺作。頌毁作。與此形近。宁貯為一字，説文訓宁為「辨積物」。訓貯為「積」非其初也。【甲骨文字研究下編】

◉葉玉森 羅振玉氏釋宁。謂象形。上下及兩旁有搘柱。中空可貯物。增訂書契考釋中十二。森桉疑省。同卷第二葉云「宁貯」。此云「令貯」。辭例相同。貯或官名。【殷虚書契前編集釋卷四】

◉郭沫若 賔字原文有泐損，孫疑為貯，甚是。貯有賦義，吕覽樂成篇引古諺云「我有田疇，子産賦之，我有衣冠，子産貯之」，貯與賦對文。正其證。【毛公鼎 兩周金文辭大系考釋】

◉强運開　□頌鼎。王曰頌。令女官嗣成周貯。監嗣新寤貯。蓋命頌𠈇掌貯積之官。監嗣新造之倉貯也。吳書以為古賮字殊誤。【說文古籀三補卷六】

◉馬叙倫　徐鍇曰。當言宁亦聲。少亦字也。鈕樹玉曰。韻會引作從貝宁。宁亦聲。蓋本鍇説增。桂馥曰。史記平準書索隱。蕭該按字林云。貯。塵也。劉心源曰。貯為宁之後起字。羅振玉曰。卜辭貯字作□□□。象内貝於宁中形。説文於宁訓辨積物。貯訓積。初非有二誼。倫按宁為積物之器。是名詞也。貯則積財貨。為動詞。語原即宁。然不必從宁貝會意。爾雅釋獸釋文引字林。積也。或此字出字林。頌鼎作□。頌敨作□□。【説文解字六書疏證卷十二】

◉郭沫若　貯字亦稍泐，殘文作□，孫云「疑寊之壞字」，是也。惟連上讀，謂「勿雝建庶人寊，言勿雝塞衆人，積貯以自利也」，則非是。余謂貯者賦也。當連下讀。吕氏春秋先識覽樂成篇載鄭國古謡「我有田疇，子產賦之，我有衣冠，子產貯之，孰殺子產？吾其與之。」貯與賦對文，可知貯亦猶賦，此乃古義之僅存者。（左氏襄三十年傳首二句作「取我衣冠而褚之，取我田疇而伍之」，褚伍均用假字，頗隱晦。）凡金文言貯之例，如頌鼎「官嗣成周貯廿家」，乃食賦二十家，兮甲盤「淮夷舊我員晦人，毋敢不出其員其賚積其進人，其貯，毋敢不即餗次即市」，又「毋敢入蠻宄貯」；格伯毁「格伯叚良馬乘于倗生，氒貯世田」，均是賦義。【毛公鼎之年代　金文叢考】

◉郭沫若　寊，貯。金文多用為租賦義。吕覽樂成「我有田疇，子產賦之，我有衣冠，子產貯之」，貯與賦對文，乃古義之僅存者。【沈子簋銘考釋　金文叢考】

◉唐　蘭　□是貯字異文。亞原是庭宁的宁，與貯藏的宁，形近，音義均同，常通用。古代以玉為寶，因有𤣴字，後世用貝，有貯字，此並玉和貝又表示在屋内，所以从宀。《説文》：「貯，積也。」【略論西周微史家族窖藏銅器群的重要意義　文物一九七八年第三期】

◉李學勤　𡪄，即貯，金文□就是宁字，宁、貯均讀為給予的予。（古書中夏帝杼或作帝予、帝宁。卜辭(1)金文中另有□字。應釋賈。）本銘貯受即予授。【論史牆盤及其意義　考古學報一九七八年第二期】

◉陳連慶　寊即貯，《説文》：「積也」。段玉裁云：「此與宁音義皆同。」今按《説文》：「宁，辨積物也。」它的意義着重貯存，和委積之積相通。這裏的「貯」假借為「賈」，「貯」、「賈」古音同屬魚部。《説文》：「賈，市也。」《左傳成二年》杜注：「賈，買也。」賈有交易，買賣之義。「其進人、其寊毋敢不即餗即市」這句話，餗是軍次，市是市場。「即餗」是説進獻生口當于軍次獻納，「即市」説商業交易應在市場進行。郭沫若謂：「其進人……與即餗相照應，其賓者……與即市相照應。」其説甚是。可是他把「其貯」解釋為「關市之徵」，那却不對了。戴氏以「毋敢不出其貞其責、其進人、其賓」為句，不僅文句拖拖拉拉，而且其進人、其賓和即誎、即市也完全失去聯係，其錯誤更不待言。【兮甲盤考釋　吉林師大學報一九七八年第四期】

◉李孝定　郭沫若氏以□為鹵之異文，非是，此仍是貯字，从貝，宁聲，置貝宁中者，作字經營布置之異，羅振玉氏以為「內貝于宁中」固誤，郭以為「鹵上作貝文」亦非。宁字作□，頗疑象杼形，宁、杼聲韻並同，宁蓋杼之象形文，貯物之器，不當若此也。金文貯字或為人名，王國維氏以「予」訓「貯」，解為動詞，說亦可通，惟頌壺銘：「命女官可成周貯廿家」，兮甲盤銘：「王令甲征治成周四方責積，至于南淮夷。」一言成周貯，一言成周四方積，語法相同，則貯積當同義，似以解為名詞，訓為貯積，於義為長。【金文詁林讀後記卷六】

◉于省吾　李學勤同志謂：「宁、貯均應讀為給予的予。本銘貯受即予授。」按此說甚是，但無佐證，需要加以補充。⿱宁⿰貝寸即貯的繁體字。其左下从貝原作□，乃貝之變形。戲昏妊簋的寶字从貝作□，杞伯簋諸器的寶字數見，有的从貝作□，是其證。⿱宁⿰貝寸與寶，只是一从宁聲，一从缶聲而已。由于寶的本義為珍寶，⿱宁⿰貝寸的本義為珍藏，故均从玉、貝。⿱宁⿰貝寸从宁聲，古讀宁如杼，《史記·夏本紀》的「帝杼」，索隱引「《系(世)本》作宁」，杼从予聲，予與宁古同音，故通用。盂卣的「兮公宔(宁)盂鬯束、貝十朋」，叔伯鼎的「宔(宁)絲五十寽(鋝)」，宁字均應讀為給予之予。銘文的「⿱宁⿰貝寸受」應讀為「予授」(古文授與受皆作受)，即「授予」之義。古代金石銘刻的詞例往往倒正無別，比如：「縮綽」也作「綽縮」，「某萬」即「萬某」，石鼓文的「斿𩫖」即「優游」，是其證。【牆盤銘文十二解　古文字研究第五輯】

◉戚桂宴　貯字是金文中一個常見字，《説文》訓為「積也」。可是用「積也」去解釋銘文，有的卻解釋不通，所以各家都用假借字來讀銘文中的貯字。就已見到的，貯字或讀為賜予的予，或讀為貢賦的賦，或讀為租田的租，或讀為價格的價，或讀為紵麻的紵，或讀為商賈的賈(意為買賣)，分歧可見一般。

用這些讀法去讀周金銘文，有的讀法可通于此而滯于彼，而對某些銘文則無一可通，例如衛盉：「矩伯庶人取堇(覲)章(璋)于裘衛，才(裁)八十朋，厥貯其舍田十田。」銘中的舍字是給予的意思，所以這個貯字不可能再讀為給予的予。銘中的才字讀為裁，「裁八十朋」的意思是議定作價八十朋，所以這個貯字也不可能再讀為價格的價。銘中的厥字所指代的既不是矩伯，也不是裘衛，而是覲璋，所以這個貯字既不能讀為租田的租，也不能讀為商賈的賈，更不能讀為紵麻的紵或貢賦的賦。因此，對這個貯字的詞義尚須另索新解。

如果對周金銘文加以全面的觀察，就會發現這個貯字並不是一個假借字，其詞義全是「積也」的本義的引申，只是有的引申義，在古書已經亡佚了。現在先就貯字的字形進行探索。

貯字讀宁聲，宁是中空可貯物的形象，《説文》宁部「宁，辨積物也，象形。」《玉篇》有⿰貝匽字，讀匽聲，匽是藏匿的意思，《説文》匚部：「匽，匿也。」宁、匽意近，貯、⿰貝匽也當意近，《玉篇》：「⿰貝匽，物相當也。」那麼貯字也當有此訓。

貯字訓為「物相當也」這在訓詁上是有根據的。貯字在古書中與訓為留止的稽字同意，《史記・平準書》「蓄積餘業，以稽市物」，集解引李奇曰：「稽，貯滯也。」這個稽字與貯字同意，都是囤積的意思。囤積須付出相當的代價，所以稽字又訓為其值相當。《廣雅・釋詁》三上「⿰貝匽、稽，當也」，王念孫對⿰貝匽字的疏説：「《玉篇》：『⿰貝匽，物相當也。』……《廣韻》又云：『⿰貝匽，引與為價也。』與僞同，《説文》：『僞，引為賈也。』引為賈，謂引此物為彼物之值，即相當之意也。」稽、⿰貝匽同訓，稽、貯同訓，而⿰貝匽為「引此物為彼物之值」，那麼貯字也當有此意，下面三篇銘文中的貯字正應當作這樣的解釋。

倗生段：「格伯受良馬乘於倗生，厥貯卅田。」銘中的厥字不是指代格伯，也不是指代倗生，而是指代良馬乘，這一段是説，格伯從倗生處取去了四匹良馬，四匹良馬的相當值是三千畝田。

衛盉：「矩伯庶人取覲璋于裘衛，裁八十朋，厥貯其舍田十田。」這是説，矩伯庶人從裘衛處取去了行覲見禮時用的璋，雙方議定把璋作價為八十朋，其相當值是付給一千畝田。

衛鼎甲：「衛以邦君厲告于邢伯、伯邑父、定伯、琼伯、伯俗父，曰：『厲曰余執𢍏（供）王，卹工于邵大室東逆，焚（𢍏）上川，曰：「余舍汝田五田。」』正迺𠻳（訊）厲曰：『汝貯田不？』厲迺許曰：『余審貯田五田。』邢伯、伯邑父、定伯、琼伯、伯俗父迺顜（斠），使厲誓。」這是説，衛向邢伯等五位大臣控告邦君厲説：「厲叫我代他向王供納勞役之徵，在昭大室東北方疏浚上川，他説給我五百畝田。」于是五位大臣便審訊厲説：「你付給不付給相當值的田。」厲同意説：「我丈量好後即付給相當值的田。」于是邢伯等五位大臣就作了裁決，叫厲盟誓。

以上三例中的貯字，都應解釋為「引此物為彼物之值」，就是説，把三千畝田作為四匹良馬的相當值，把一千畝田作為一塊覲璋的相當值，把五百畝田作為疏浚上川的勞役的相當值。【釋貯　考古一九八〇年第四期】

◉張守中　[illegible]貯字礨器銘中十二見，均為同一人名，字有繁簡兩型，繁寫作[illegible]，省寫作[illegible]。繁寫的[illegible]其右上小横疑為附加筆，此點在礨器銘中數見，如帝作[illegible]，倘作[illegible]，恣作[illegible]均如是。《説文》[illegible]積也。从貝宁聲。《金文編》所録貯字有若干型與此銘頗相似。《侯馬盟書》貯亦作[illegible]。[illegible]，古璽文中習見，前人常釋為賙，今學者多从之。一説釋貫。

大鼎四例　又卑忠臣—　隹慮老—　含慮老—　慮老—　奔走不耶命

圓壺隹司馬—訢詻戰忞

方壺五例　—渴志盡忠　—曰　—忎炚在大夫中山王譽命相邦—　使旻㝬在良㹶—。

[glyph][glyph]从目[glyph]聲。目實為貝之省，此戰國文字習見，譽器銘文中，賃作[glyph]賢作[glyph]。賞作[glyph]均如是。圓壺或旻貾狂司馬。

[glyph]兆域圖　王命—為閭闕少大之□。【中山王譽器文字編】

◉劉宗漢　金文[glyph]字亦見于傳世古文獻，字形作「貯」。如果我們要解決金文中[glyph]字的字義問題，就有必要對文獻中貯字的字義進行一番研究。在文獻中，貯字通過同音假借，詞義引伸等關係，又和一系列字（宁、貯、䜿、宔、䀁、衧、賭、賣、櫝、匵、贖、褚、儲、都、著等）發生關係，組成了一個互有關聯的「字族」。因此，我們要考定貯字的字義，又必需對這個字族進行一番分析。

這個字族都是上古音中端組魚部或屋部字，聲母相同，韻部接近，上古字音相同或接近，故字義相同或互有關聯。

這個字族的字義，可分為三個部分：一、表貯存器；二、表與貯存有关的意義；三、表與商賈有關的意義。

一、表貯存器：

宁：宁字金文作[glyph]（或[glyph]），象一個長方形的有柄木匣，有的族徽文字作[glyph]（《三代》一七・二八一—二）其象木匣之形更為明顯（古代木匣每有柄，如曾侯乙墓出土的漆木箱作[glyph]形）。古代大門的兩塾之间謂之宁（《爾雅・釋宮》李巡《注》及《儀禮・聘禮》鄭玄《注》）。根據考古發掘材料，宁的形象如下：

西塾　宁　東塾

顯然，兩塾之間之所以名「宁」，正是因為它與有柄木匣宁相似，宁為有柄木匣可無疑義。當然，這種木匣是一個貯存器。

因為宁是貯存器，所以從宁諸字，多可作貯存器解，如：

貯：玄應《一切經音義》引《説文》：「貯，所以盛貯者也。」據賈誼《新書・春秋》所載，貯是比囊大的一種貯存器。

䜿：《説文・宁部》：「䜿，幡也（據段《注》），所以盛米也。從宁、甾，甾、缶也。」另《巾部》：「幡，載米䜿也。」「㠹，蒲席䜿也。」

衧：玄應《一切經音義》引《説文》：「裝衣曰衧。」

宔：《説文・皿部》：「宔，器也。從皿，宁聲。」

䀁：《説文・䀁部》：「䀁，器也。從虘，宔，宔亦聲。」

賣（非買賣的賣字，篆文[glyph]，隸變作賣）上古讀音與宁接近，故從賣諸字亦可作貯存器解，且與宁所指相同。

櫝：《說文・木部》：「匵也。從木，賣聲。」《匚部》：「匵，匣也。」《廣雅・釋器》：「櫝，棺也。」《左傳・昭公二十九年》：「衛侯來獻其乘馬，曰啟服，塹而死，公將為之櫝。」杜預《注》：「為作棺也。」

匵：《說文・匚部》：「匵，匱也。」段玉裁《注》：「《木部》曰：『櫝，匱也。』是則匵與櫝音義皆同，實一物也。《論語》曰『韞匵而藏諸』，又曰『龜玉毀櫝中』，其實一字也。引申之亦為小棺。」

又：《儀禮・少儀》：「劍則啟櫝。」鄭玄《注》：「櫝謂劍函也。」《聘禮》：「賈人……啟櫝，取圭……」準《少儀》例，此處之櫝，謂圭函也。

無論小棺或是劍函、圭函，都是長方形的木匣，與宁的形狀完全相同。由此可見，宁、櫝、匵，音義全同，宁應是本字，櫝、匵則是同聲借假字。

者與宁上古音相同，所以从者得音的字，也可以作貯存器解。《左傳・成公三年》記載，鄭國的商人曾經把晉國的荀罃裝在「褚」裹偷運出楚國。可見褚是「可以裝物，亦可以裝人」的巨囊（說見王引之《經義述聞》卷一八《寘之褚中》）。

綜上所述，可見宁本是指長方形木匣引申之可表一般貯存器。宁是本字，櫝、匵、褚都是假借字。

二、表與貯存有關的意義：

因為宁是貯存器，所以貯字字族的字可以引申為與貯存有關的諸義項。

宁：《說文・宁部》：「宁，辨積物也。」段玉裁《注》：「辨今俗作辦，音蒲莧切，古無二字、二音也。《周禮》：『以辨民器』。辨，具也。分別而具之，故其字從刀。積者，聚也。宁與貯蓋古今字。」

貯、褚：《呂氏春秋・樂成》：「我有衣冠而子產貯之。」《左傳・襄公三十年》叙此句時作「取我衣冠而褚之。」杜預《注》：「褚，畜也。」

著：《史記・貨殖列傳》：「子贛學于仲尼，退仕于衛，廢著鬻財于曹、魯之間，七十子之徒，賜最為饒益。」《漢書・貨殖傳》叙此句作「發貯鬻財」。近人朱起鳳對此有較好的考證，節引如下：

廢、發古通……貯、著古讀同聲。……蓋商務與時消息：發者，發賣也；貯，貯積也。白圭云「人取我予」，即子貢之所謂「發」；又云「人弃我取」，即子貢之所謂「貯」。（《辭通》卷一三，二二頁）

儲：《說文・人部》：「儲，偫也。」段玉裁《注》：「《文選》引作『蓄也』，或作『具也』，或作『積也』。又引『謂蓄積之以待無也』，蓋兼舉演《說文》語。

都：《廣雅・釋詁》：「都，藏也。」

宁字字族的字，不僅可以表貯存的動作，而且也可以表示被貯存的東西。如：

儲：《淮南子・主術訓》：「十八年而有六年之積，二十七年而有九年之儲。」

三、表與商賈有關的意義：因為古代商業多系「發貯鬻財」，所以宁字字族又可以引申為與商賈有關的義項。

竇、價(賣非買賣之賣字，説見前)：《説文・貝部》：「竇，衙也。」段玉裁《注》：「衙，行且賣也。竇字不見經傳。《周禮》多言價，價訓買，亦訓賣。《胥師》『飾行價慝』、《賈師》『貴價者』，蓋即《説文》之賣字，而《説文・人部》『價，見也』，則今之覿字也。《玉篇》云『竇或作粥、鬻』，是竇、鬻為古今字矣。按竇隸變作賣，易與賣相混。」

貯：《史記・平準書》「于是县官大空，而富商大賈或蹛財役貧」。《索隱》引《字林》：「貯，廛也。」清朱駿聲認為「廛」是「㢆」之誤，甚是。

褚：據《左傳・昭公二年》記載，鄭國公孫黑作亂不遂，臨死前「請以(其子)印為褚師」，杜預《注》：「褚師，市官。」

後兩條資料説明，宁字字族在古代有商賈市㢆類字義。【金文貯字研究中的三個問題　古文字研究第十五輯】

貳

貳　召伯簋二　从肉从弍　中山王嚳壺　不貳其心　【金文編】

貳　為一四　【睡虎地秦簡文字編】

魏部牧貳印　禾成見平貳侯道　【漢印文字徵】

◉許　慎　貳副益也。从貝，弍聲。弍。古文二。而至切。【説文解字卷六】

◉高田忠周　召伯簋二　此从貝从戌貳字。許書所無。依文亦貳字異文耳。或謂古元無貳字。此篆亦貳字緐文。古音弋聲代聲。皆與二聲通。暱昵同字。匿尼聲通。又必从弋聲。即知古以貣為二。後誤作貳別為一字。此例亦往往有之矣。【古籀篇九十九】

◉馬叙倫　鈕樹玉曰。韻會引繫傳二下有字耳二字。韻會引並無此句。嚴可均曰。此校語。段玉裁曰。當云。副也益也。桂馥曰。匡謬正俗謂副貳字當作福。本書無此字。王國維曰。召伯虎敢公宕其貳。女則宕其一。貳即貳也。字從戌不從弋。

倫按段説是。然非本義。亦非本訓。或此字出字林。召伯虎𣪘作。弍從戈者。上文貣字從弋。邵太叔貣車之斧作。居後彝貣余一斧作。古匋有。吳大澂釋貣。金文譌書。往往有之。【説文解字六書疏證卷十二】

◉張守中 讀為貳。方壺不一其心。【中山王礜器文字編】

甲三〇四 貞人名 甲一一二三 甲二四〇二 乙七五四九 鐵一二二·一 鐵一三八·一 鐵二四五·一 鐵二五七·三 鐵二五七·四 前二·四五·二 前一·四六·五 前五·三〇·四 前六·二二·一 前七·三七·二 明藏一四五 勿為賓 後二·三三·一〇 林一·一八·一四 林二·一一·一七 戩九·一 福一五 燕六一 京津二九二 存下六五 佚一一九 甲二一六八 賓用為儐王賓王所儐敬也 甲二四三六 甲二四三七 佚二一六 佚三三五 佚三九七 佚八〇二 後一·二七·一二 後二·一六·八 後二·三〇·一四 戩四三·四 乙四六八 佚六四四 前一·五·四 前一·八·一 前一·八·三 前一·八·七 師友二·二三九 師友二·二四一 珠八一 掇二·二一四 燕二四八 燕五〇四 【甲骨文編】

甲27 65 72 76 426 509 897 1346 1634 2437 2692 乙7572 珠35 43 44 53 57 372 375 388 523 714 868 872 888 1062 1066 1085 卜79 161 零5 20 佚138 325 326 395 397 557 794 871 872 885 890 893 續1·7·5 1·20·1

1·22·4 1·23·7 1·26·3 1·31·3 1·31·7 1·32·3 1·40·3 1·51·3
2·3·3 2·8·10 2·12·2 2·13·2 掇172 徵1·11 1·80 3·6 3·35
3·42 3·50 3·66 3·67 3·73 3·81 3·83 3·84 3·89 3·90
3·123 3·152 3·158 3·163 4·94 京3·24·4 4·18·3 4·22·1 凡3·
3 6·2 6·4 錄275 32·1 421 429 432 436 437 442 454
456 461 472 561 鄴32·5 33·6 天29 誠180 摭1 5 續存1486
1497 粹205 271 275 279 283 302 1212 新5137 5139 甲22
1222 2361 3914 乙279 768 1349 1475 2524 3068 6214 6373
6388 6519 6684 6696 6708 6723 6735 6856 6876 6898 6927
6929 6960 7119 7150 7197 7237 7299 7310 7386 7396 7432
7434 7483 7576 7705 7751 7767 7773 7818 7819 7977 8414
8422 8425 8461 8786 8935 珠166 179 185 458 620 758
1192 1210 1214 佚115 119 556 570 982 998 續1·29·3 1·
51·4 3·4·3 3·34·5 4·44·2 4·45·1 4·45·2 4·45·4 4·45·8 徵1·9
3·8 3·32 3·82 3·236 4·6 4·28 4·48 4·65 4101 5·1

5·17 8·15 8·21 8·30 8·35 8·41 10·28 11·35 11·54 11·
55 京2·1·4 2·26·2 3·1·4 3·3·1 3·3·2 3·14·1 3·14·2 3·19·2
3·32·3 4·6·2 4·13·1 凡4·2 7·2 12·1 24·1 録149 538
650 738 天5 8 24 39 42 誠66 摭17 龜卜1 121 六中148
六曾8 六雙1 續存81 614 961 970 外84 141 粹1113 1115
1117 新3936 4307【續甲骨文編】

賓 不从貝 虘鐘 宥字重見 孟爵 保卣 睘卣 孟鼎 㱃簋 公貿鼎 妹弔昏簋
守簋 莤簋 大簋 鄭楙弔壺 伯賓父簋 弔賓父盨 史頌簋
曾伯陭壺 伯賓父簋 或从鼎 鄭井弔鐘 或从口 仲幾簋 齊鞄氏鐘 王孫鐘 申鼎 郤
王子旃鐘 曾侯乙鐘 妥賓古籍作綏賓 郤王鼎 嘉賓鐘 姑□句鑃【金文編】

3324 5297 不从貝，與虘鐘賓字同。【古璽文編】

賓徒丞印 董賓 許長賓 郭次賓 於丘賓印 曾子賓 賓樂 露子賓【漢印文字徵】

袁安碑 召公為賓【石刻篆文編】

賓見尚書 賓 賓【汗簡】

古老子 竝古尚書 王存乂切韻 竝籀韻 竝王存乂切韻【古文四

聲韻】

◉許　慎　賓所敬也。从貝。𡧍聲。必鄰切。𡪦古文。【説文解字卷六】

◉阮　元　賓。説文古文作𡪦。此作𡧍。其宀貝之間文少異耳。元案鄭邢叔鐘賓作𡧍。又周張仲簠賓作賓。然則賓之異文亦多矣。【積古齋鐘鼎彝器款識卷五】

◉吴大澂　𡧍古賓字不从貝。虘鐘。𡧍邾公鐘。𡪦从𡧍从貝。古文以為賂字。史頌敦。【説文古籀補卷六】

◉方濬益　𡧍从丏。丏為不見也。象壅蔽之形。彝器文多作𡪦。舍武鐘作𡪦。虘鐘湝貝作𡧍。从万。不審為何字。今觀此文與盂鼎賓字並从万。乃象人側身致敬之形。亦人字也。段若膺大令曰。大宰八統。八曰禮賓。大宗伯以賓禮親邦國。賓客渾言之也。析言之則賓客異義。又賓謂所敬之人。因之敬其人亦曰賓。又君為主。臣為賓。故老子曰。樸雖小。天下莫能臣也。侯王若能守之。萬物將自賓。司馬相如引詩。率土之賓。莫非王臣。濬益按。守敔銘。王使小臣守使于夷。夷賓馬兩金十鈞。又睘卣銘。睘安尸伯。尸伯賓睘貝。此賓謂所敬之人。因之敬其人亦曰賓也。左成公九年傳。季文子如宋致女。襄公二十年。季武子如宋報聘。復命。公皆亯之。二十七年。宋之盟。宋公兼亯晉楚之大夫。昭公元年。虢之會。趙孟叔孫豹曹大夫入于鄭。鄭伯兼亯之。皆趙孟為客。此君為主臣為賓也。按襄王亯管仲。定王亯士會。景王宴荀躒。是陪臣亦為賓。蓋古者禮賓必于廟。故賓字从宀。宴亯有好貨。庭實旅百。奉以玉帛。故从貝。賓有臣義。万與臣同。象屈服之形。故人臣賓三字疊韻。篆文變万為丏。失其形。並失其義矣。【綴遺齋彝器款識考釋卷九】

◉孫詒讓　有云「完貝」者，如云「乙子卜𡧍貝立瘳葡□佳辪乙」，二之四。「壬□卜𡧍貝□」，百九之三。是也。「完」即「完」字。然此「完貝」疑當讀為賓貞，蓋賓敬之意。《説文・貝部》：「賓，所敬也，从貝，𡧍聲。」(四六)古文作賨，从完。此疑即賓之省。金文賓字如史頌敢、睘卣、叔賓父簋、鄭井叔鐘並从貝、从𡧍，虘鐘則直省作𡧍。此與彼正同。雖本為完字。而賓義較近也。

「完」字有錯見文中者，如云：「壬戌卜令周完𢼄」，百廿八之二。「周完」蓋謂周之賓客。又有作「完」不省者，如云：「□貝□于女□𡧍酒」，二百五十七之四。正作「𡧍」字，「完酒」義亦與禮酒同。皆足證其不如字讀也。【契文舉例卷上】

◉王國維　卜辭賓字多作𡧍。或作𡧍作𡧍作𡧍。虘鐘作𡧍。邾公鐘作𡧍。其所从之宀宀與宀同意。皆象屋形。古文自有宀宀二部首。㝉𡧍𡧍諸字皆从之。又宀宀二部首。即宀宀之省。亼部亦然。舍倉諸字从亼可證。𡧍上从屋。下从人从止。象人至屋下。其義為賓。各客二字从夊意皆如此。金文及小篆易从止為从貝者。乃後起之字。古者賓客至。必有物以贈之。其贈之之事謂之賓。故其字从貝。其義即禮經之儐字也。如大敦蓋史頌敦睘卣貿鼎諸器之賓字从貝者。其義皆為儐也。後世以賓為賓客字。而別造儐字以代賓字。實則[glyph]乃賓之本字。賓則儐之本字也。賓之本字。其省者从宀从刀其譌變也。乃以宀中之一畫屬於人上。如虘鐘之賓作[glyph]。若此字从宀从万。蓋已非其朔。羅君卜辭中賓字之釋。似尚可信。又稱先祖為賓。經典亦無明文。然檀弓。孔子謂周人殯於西階之上。則猶賓之。雜記。曾子論遣奠曰。父母而賓客之。所以為哀也。是生則親之。死則賓之。古代當有此義。於禮。卿大夫之繹祭謂之賓尸。則殷周間稱先王為王賓。亦不足怪也。洛誥時代去商甚近。其所云王賓。當與卜辭義同。【與林浩卿博士論洛誥書　觀堂集林】

●羅振玉　説文解字賓古文作[glyph]。古金文皆从[glyph]从貝。虘鐘作[glyph]省貝。與卜辭同。惟古金文中未見从止作者。卜辭中賓字變形至多。或省止。或省万。【增訂殷虚書契考釋卷中】

●葉玉森　卜辭賓字譌變孔多。其初文當為[glyph]。象足跡在室外。主人跽而迎賓。與客字構造法同。變而作[glyph]。跽形已失。復省作[glyph][glyph]。室外之足跡亦失。再變作[glyph][glyph][glyph][glyph][glyph][glyph]。省作[glyph][glyph][glyph][glyph][glyph][glyph]等形。乃莫明其誼矣。【殷虚書契前編集釋卷一】

●吴其昌　「王𡧊」者，「𡧊」即「賓」也。所以知者，卜辭「王𡧊」之「𡧊」作[glyph]，「方貞」之「方」作[glyph]。雖絶然不同，但「王𡧊」之「𡧊」在數千片甲骨中有四處例外：其一，「丁丑卜，王[glyph]且丁。」（鐵二・五九・四）其二：「貞，王[glyph]，叙，亡尤。」（續二・一〇・六）其三：「貞，王[glyph]妣甲。」（後一・七・一一）據此三次例外。故知[glyph]亦通[glyph]。[glyph]即「賓」字也。《邾公釛鐘》「樂哉嘉賓」之「賓」作[glyph]，《虘鐘》「用濼好賓」之「賓」作[glyph]。是其證矣。[glyph]既通[glyph]，故[glyph]亦即為「賓」字矣。是故「王𡧊」者，即洛誥之「王賓」。⊘下引郭説云：余謂「𡧊」，當為儐導之儐。《説文》：「儐，導也，从人，賓聲。擯，儐或从手。」[glyph]，乃趾之初文，从止，示前導也。故「𡧊」當為儐若擯之古字；「王𡧊」者，王儐也。禮運：「禮者所以儐鬼神」，即卜辭所用𡧊字之義，」按郭説是也。【殷虚書契解詁】

●商承祚　[glyph]甲骨文作[glyph][glyph][glyph][glyph]。或省止作[glyph]或省人作[glyph]。金文貿鼎睘卣作[glyph][glyph]。王孫鐘作[glyph]。姑□句鑃作[glyph]。則與此同。此从[glyph]。即[glyph]形之微誤也。【説文中之古文考】

●明義士　[glyph]从宀从[glyph]，諸家皆釋賓。按[glyph]為龜卜事類之專門名詞。王賓之[glyph]，與此非同字。【柏根氏舊藏甲骨文字考釋】

●郭沫若　《説文》云「賓，所敬也，从貝㝉聲。[glyph]古文」。此古文之形與金文形近。金文大抵作[glyph]（《王孫遺諸鐘》「用樂嘉賓」）若[glyph]（《史頌𣪕》「賓章馬四匹」），亦或省貝，如《邾公鐘》之「用濼嘉賓」作[glyph]，《𠭯鐘》之一之「用樂好賓」作[glyph]，卜辭不從貝從止，亦或省止，變形頗多，如[glyph]省為[glyph]，[glyph]省為[glyph]，[glyph]省為[glyph]，[glyph]省為[glyph]。余謂此後二者當系賓之最初字，蓋從宀匕，匕亦聲。賓、匕、脂真陰陽對轉也。從匕在宀下，與宗同意。或從[字形]者，與宀同。其或一之，所以縣之。近時鄉人猶有祀飯瓢神者，當即古俗之孑遺也。（日本亦有此習，凡社祠多以飯匙晉獻，以飾于壁。）《戲鐘》二器其「用濼好賓」語一作「用濼好宗」，其二編鐘亦一作賓、一作宗（四器具見《周金文存》），是賓宗同義之證。又卜辭賓字乃祀神之意，王祀其祖若妣每曰「王賓」。字從止者即示人至神下頂禮也。字或從女（疑是母字，卜辭母女字每不別），作[字形]若[字形]，于意尤顯。或省匕作[字形]若[字形]，則是字之變例。

賓之省為方，字作[字形]若[字形]，曰「甲寅卜其帝（禘）方，一羊、一牛、九犬」（「明」七一八片），曰「貞方帝（亦禘字，猶言禘方），卯一牛，[字形]青」（「前」七卷一葉一片）。羅云「疑即五方帝之祀」。案所疑近是。蓋古人于內外皆有牝神，祀于內者為妣，祀于外者為方，猶牡之祀于內者為祖，祀于外者為土（社）也。【釋祖妣　甲骨文字研究】

◉郭沫若　第一一一三片「□□〔卜殸〕貞王勿從䢅𥝓伐下[字形]不受又。

□□〔卜〕殸貞我勿巳宂，乍則帝降不若。

□□卜殸貞我其巳宂，乍則帝降若。

□□卜殸貞王從䢅𥝓伐下[字形]受又」。

此片原拓析而為二，今復合之。辭之內容與《通纂》三六七片前七・三・八・一同，彼二宂字均作[字形]，或釋為家，謂从宀从亥。實則亥為豕之説始于漢，古人並無此事。余曩據《姑馮句鑃》賓字作[字形]，釋為宂。今此二宂字正俱作[字形]，是得其鐵證矣。宂者，余謂即武丁時所習見之卜人宂。「巳宂」者，蓋謂罷免其官職。余舊解為儐祀之事，不確，今正。「巳宂」之卜，除下所引列外，佚存尚有一例。曰「辛卯卜殸貞我勿巳宂，不若。」【殷契粹編考釋】

◉馬叙倫　王國維曰。卜辭賓字多作[字形]。或作[字形]。上[字形][字形]形與[字形]同意。皆象屋形。從人。從止。象人至屋下。其義為賓。賓乃後起字。古賓至必有贈。故從貝。郭沫若曰。卜辭作[字形][字形]。當係賓之最初字。從宀。從匕。匕亦聲。賓匕脂真對轉也。從匕在宀下。與宗同意。宗為古代崇祀生殖器之字。[字形]則祀飯瓢神者。從亼與宀同。其一所以縣匕也。戲鐘編鐘皆以宗賓相對。可證也。倫按初文多畫物形。故須於形象位置辨之。甲文賓客字形至多。如[字形][字形][字形][字形][字形][字形][字形][字形][字形][字形]諸形。金文賓字所從之丏作[字形]史頌敢[字形]王孫鐘[字形]許子鐘。虘鐘則徑作[字形]。皆與甲文同。其從室之初文作[字形]者無疑。唯[字形]字最為具體。蓋以[字形]表一人自外入宀。[字形]表一人自宀內傾伏而迎之。如郭説則[字形][字形]又為二字。然金文以宗賓相對者。宗是今所謂本家。丏則客也。甲文又有[字形][字形]。從女。蓋是嬪之初文。乃從奴之初文。嬪在主客之間。故字作[字形]也。會意。賓從貝。丏聲。為頒賜之頒本字。亦貺之音同封紐轉注字。䕫簋。賓䕫童一馬兩。吴姬彝。賓帛束。史頌簋。賓童馬三匹吉金。賓即頒也。是其證。故字次貳賒之間。字見急就篇。貿鼎作□。大敦作□□。史頌敢作□。弔賓父盨作□。簷鼎作□。郤王鼎作□。姑口句鑃作□。鄭井弔鐘作□。

□ 鈕樹玉曰。繫傳作□。是也。王筠曰。蓋從完聲。蔡惠堂曰。完聲。真元二部合音。羅振玉曰。□為□之譌也。倫按□為□之譌也。從□猶從□。□□即元兀。元大人皆一字也。古文下捝賓字。王筠據繫傳篆同此。【説文解字六書疏證卷十二】

◉馬叙倫 □舊釋亞此，倫謂此説文之𡧍字，乃賓客之賓本字。賓則頒賜之頒本字也。𡧍本作□，從宀從□從□，會賓客至，在人勹地而迎之，止於宀中也。⊘𡧍客實一字，甲文作□□，從□者，□為履之初文，非口舌之口也。從履與從止同意。古者客至，脱履於户外。特篆形似□□均在内耳。此與□□同形。器作此文，疑作儐者所造也。【讀金器刻詞卷上】

◉戴家祥 賓字玉篇廣韻並作賔，从貝完聲。當即禹貢「淮夷蠙珠」之蠙。説文「玭，玭珠也。从玉比聲。」今夏書玭作蠙。史記夏本紀漢書地理志述此經皆作蠙。史記索隱、漢書集注皆云「蠙，一作玭」。大戴禮記保傅篇「玭珠以納其間」，盧注「亦作蠙」，與説文合。鄭玄尚書注「蠙珠，珠名」。韋昭讀「薄迷反，蚌也」。廣韻上平十七真讀「步田切，珠母」。貝與蚌皆介殼軟體動物。故蠙之初文从貝完聲。後世每假為賓客之賓，故特加旁从虫以别之。形聲更旁則寫作玭，貝玉同義，完比同聲，兩漢經生都知其為一字之重文也。王獻唐謂「完貝者，蓋返其摯」。說文繫傳校語抉録。臆説不可从。金文用法同𡧍，參見𡧍字。

説文七篇「𡧍，冥合也。从宀丏聲。讀若周書若藥不眄眩。」卜辭作□，从宀从人。或體作□，虘鐘「用樂好賓」，賓亦作□。其他鐘銘作□，从貝从完。唐韻完，讀胡官切，韻在元部。賓，讀必鄰切，韻在真部。元真韻近，故完亦得讀賓。或謂賓之初文从宀从人，象人處在屋下之形。人賓同部，會意兼形聲，取其棲宿之義。吕覽季秋紀「賓爵入大水為蛤」。高誘注：「賓爵，老爵也。棲宿于人堂宇之間，有似賓客，故謂之賓爵。」禮記月令季秋之月「鴻雁來賓」。鄭玄曰：「來賓，言其客止來去也。」賓有止義，故卜辭或體作宔，加旁从止。金文用法同賓。【金文大字典上】

□ □ 庫六〇〇【甲骨文編】

◉許慎 賒貰買也。从貝。余聲。式車切。【説文解字卷六】

◉馬叙倫 沈濤曰。匡謬正俗引。賒。鬻貰貸也。然則古本賒訓鬻。不訓貰買。王筠曰。貰字句絶。倫按王説是也。貰下當補也字。顔引䰲字亦當句絶。蓋呂忱列異訓。賒當訓貰也。周禮地官泉府注。鄭司農云。賒。貰也。是也。賒即今作借者之本字。聲皆魚類。故得假借為賒也。字或出字林。【説文解字六書疏證卷十二】

貰

貰　為一三　【睡虎地秦簡文字編】

貰利之印　【漢印文字徵】

籀韻　【古文四聲韻】

◉許　慎　貰貸也。从貝。世聲。神夜切。【説文解字卷六】

◉馬叙倫　徐灝曰。賒貰實一字。因聲轉歧而為二。倫按貰音牀紐三等。賒音審紐三等。同為舌面前音。轉注字也。猶捈抴之轉注矣。故廣雅曰。貰。賒也。匡謬正俗。貰字訓貸。聲類及字林竝音勢。古讀皆然。而近代學者用劉昌宗周禮音。輒讀貰字為時夜反。不知昌宗何所憑據。其鄙俚之俗。謬讀為賒。皆非正也。是古有貰如賒者。顔以為鄙俚之音。其實正是方言。轉注字之所由作也。貰從世得聲。賒從余得聲。余音喻紐四等。喻四與審紐三等同為次清摩擦音。世音審三也。余從舍得聲。舍音亦審三也。此上文。賒。貰也。周禮司市。則賒貰而予之。今紹興言賒如貰。杭縣言賒如字。而出錢租物暫用則謂之税。蓋由審轉心矣。世卅一字。而卅音則轉心紐。是租借字正當作貰賒也。此訓貸也者。貸亦賒之轉注字。貸得聲於弋。弋音亦喻四。亦貰之轉注字也。史記高帝紀。常從武負王媪貰酒。汲黯傳。從民貰焉。東觀漢記。江革客下邳。人知其孝。市買。雖無錢。任貰與之。皆如今假買而後與資者也。此貰即賒之證也。史記高帝記索隱引字林。音世。漢書高帝紀注引字林。式制反。字見急就篇。玉海本作貣。譌。草書世字作[illegible]也。【説文解字六書疏證卷十二】

贅

贅　為一九　為二三　二例　【睡虎地秦簡文字編】

蘇贅私印　【漢印文字徵】

古老子　【古文四聲韻】

質

◉許　慎　贄以物質錢。从敖貝。敖者。猶放貝。當復取之也。之芮切。【説文解字卷六】

◉馬叙倫　鈕樹玉曰。韻會錢下有也字。取之下無也字。有一曰最三字。王念孫曰。此字當從斅得聲。疑是篆譌。沈濤曰。後漢書郭后紀注引。贅肬也。肬贅蓋互相訓。古本當有一曰肬也四字。嚴可均曰。錢當依貝下作錢。小徐有一曰最。最係肬之誤。嚴章福曰。小徐有一曰最。按最即贅之誤。當作一曰贅肬也。倫按一曰最者。蓋本是最也。以聲訓。不然。則本作質也。校者或呂忱增以物質錢也。從敖貝者。本作從貝敖聲。傳寫捝聲字校者因乙之。而增敖者猶放貝當後取之也。或校者不知敖之何以得為贅音。妄删聲字。而乙之。增敖者十字也。敖聲而讀之芮切者。敖從出得聲。見敖字下。而祟亦從出得聲。斅得祟聲而集韻以顠為贅之古文。可相證也。古讀贅蓋如最。最音精紐。出音照紐三等。同為清破裂摩擦音。由照轉精耳。一曰最當作最也。校者據異本所列異訓記之也。玉篇有最也可證。後漢書注引贅肬也者。校語。贅無肬義。四篇。肬。贅也。乃借字。倫疑贅質亦睒貰之同舌面前音轉注字。或同語原。【説文解字六書疏證卷十二】

一五六：二四　三十八例　委質類自質于君所既質之後　內室類敢不達從此盟質之言　一五六：一九　五例　一八五：五　一五六：二三　二例　一八五：二　二例　三：二一　三例　一五六：二五　五例　一九四：一一　三例　八八：一四　一八五：一　六七：一一　六七：二五　六七：一三　二例　一八五：三　三例　【侯馬盟書字表】

質　法一四八　法一四八　二例　【睡虎地秦簡文字編】

1044　3211　與侯馬盟書質字同。【古璽文編】

質山跗　質忠私印　質敞　【古陶文字徵】

詛楚文　而質焉　【石刻篆文編】

古老子　道德經　【古文四聲韻】

◉許　慎　□以物相贅。从貝。从所。闕。之日切。【説文解字卷六】

◉吳大澂　□从既从貝。阮相國曰。古質字。曶鼎。□或从二口。□或从二氏。皆曶鼎異文。□邢人鐘。【説文古籀補卷六】

◉馬叙倫　鈕樹玉曰。韻會引從貝所聲。沙木曰。從貝。所聲。所有職日語斤二切。故以所為聲。嚴可均曰。小徐韻會作所聲。無闕字。按此竝非闕反切。真妄加耳。丁福保曰。慧琳音義七引從貝從所。大徐闕字乃校者所加。倫按質贅音同照紐。贅得聲於出。出聲脂類。所斤一字。斤聲真類。脂真對轉。轉注字也。説解當曰贅也。吕忱加以物相贅也。史記項羽本紀索隱引三倉。質。椹也。井人鐘作□。【説文解字六書疏證卷十二】

◉于省吾　古鉨有孫質。質作□。舊不識。古璽文字徵入於附録。按詛楚文質作□。古鉨文易□為〃者。即重斤之標識也。拍盤。鹽字作□。其右下之二點。即所以標識重幺。是其例。【釋質　雙劍誃古文雜釋】

◉張桂光　「質」字見于西周的《井人鐘》,前人多據文義推定為「哲」字。

《説文》:「哲,知也,從口折聲,悊,哲或從心。」《金文編》所收「哲」字,除質(井人鐘)從「貝」、□(番生毁)從「言」外,其餘也都正是從「心」取意的。從「言」與從「口」、從「心」的意義也還相近(實際上從「言」的是借「誓」為「哲」),從「貝」取「知也」的意義,就十分費解了。所以我認為,質不是「哲」字,而與□一樣是「哲」的假借字,它本身則是「質」的本字。

「哲」字古璽多作□(見《古璽文篇》第二卷第四頁),所从之「折」作□,與「質」字的省體□(《古璽文編》第六卷第九頁)及□(《侯馬盟書》156:23)所從全同,則「□」字所從亦當為「折」,而從音韻角度看,質、哲同屬照母,韻部亦相近(折在月部at,與質部et近),把「□」字所從的「折」理解為聲符是很合適的,因此,□應該是「從貝折聲」的形聲字,質字的形構符合這一原則,自然也應該是「質」字了。既然《侯馬盟書》的「敢不率從此盟□之言」可以借「哲」為「質」,《國語·齊語》的「聰慧質仁」可以借「質」為「哲」,則《井人鐘》借「質」為「哲」也是無可非議的。

知「質」為從貝折聲的形聲字,則《説文》「質,以物相贅,從所,闕」的「闕」,就可以得到補正了。原來,春秋戰國時以二為標志省去字中不重要部分的現象十分普遍,如□(則,兮甲盤)省作□(信陽竹簡)、□(聖,師望鼎)省作□(望山竹簡)、□(為,禹邗王壺)省作□(東周左師壺)等等,使用久了,原形漸晦,在寫全形時就有發生差錯的可能了。以「役象助勞」會意的□變成使人誤解為「母猴也」的□是其中的一例,「從貝折聲」的質因省體□的長期使用和「質」字聲音的變化而使原字形構隱晦,以至誤省體符號為重文符號,變成難作解説的□,也是其中的一例。【釋質　古文字考釋四則　華南師院學報一九八二年第四期】

◉戴家祥 井人妄鐘「克貿氒德」與師望鼎「悊氒德」克鼎「盄悊氒德」的句例相同。貿通悊。悊即今之哲。詳見釋哲。【金文大字典下】

貿 公貿鼎 【金文編】

秦682 右貿 【古陶文字徵】

〔七四〕 〔三六〕 〔七四〕 〔七二〕 〔一九〕 【先秦貨幣文編】

布空大 豫宜 布空大 典七九一 仝上 典七九二 【古幣文編】

貿 法二〇二 【睡虎地秦簡文字編】

樂貿 貿孺卿 貿充國印 貿兄 貿喜之印 閔貿 【漢印文字徵】

◉許慎 貿易財也。从貝。丣聲。莫候切。【説文解字卷六】

◉吴大澂 貿字空首幣 公貿鼎 【説文古籀補卷六】

◉劉心源 貿。積古齋邢叔鐘誤作。釋對楊。案。廣雅釋詁三。貿。㪍也。即此銘所用義。或曰。貿通懋。【奇觚室吉金文述卷一】

◉丁佛言 古鉨 説文貴从古文蕢。蕢與塊通。有土之謂也。此从田義。與塊同。漢人書貴字尚多从田者。古鉢郲貴。古鉢貴。古鉢吴貴。【説文古籀補補卷六】

◉馬叙倫 鈕樹玉曰。篆當作貿。丣聲當作丣聲。倫按易財也非本訓。玄應一切經音義引三倉。換易也。謂交易物為貿也。王筠據鍇本篆作貿。丣聲作丣聲。公貿鼎作。空首幣作。【説文解字六書疏證卷十二】

贖

贖　不从貝　曶鼎　贙字重見　【金文編】

贖　秦六一　二十三例　雜三二　七例　法一一三　三例　【睡虎地秦簡文字編】

張贖　【漢印文字徵】

◉許　慎　贖貿也。从貝。賣聲。殊六切。【説文解字卷六】

◉馬叙倫　桂馥曰。貿也當為質也。玉篇。贖。質也。王筠曰。當作玉篇作質也。倫按鍇本此字綴於部末。無貿也二字。蓋此部傳寫捝譌甚矣。玉篇。贖。質也。以財拔罪也。書堯典。金作贖刑。傳。出金以贖罪。今凡言贖者。皆謂以金收取所質物也。與贅質之義相反而合於玉篇次訓及書傳之義。金罪相易。則貿也是。貿贖聲同幽類。則轉注字。然贖音禪紐。與賖貰質贅同為舌面前音。贅質為以物假賣易錢。賖貰為以錢假買得物。贖為以錢收取所質之物。則玉篇訓質為長。與賖貰質贅為轉注字。蓋初以方言而造異形之字。後乃隨俗約以別其義。或曰。語原同也。莊有可謂贖為贙之俗字。倫謂以形掍於賣。俗增貝也。曶鼎。贙茲五夫用百鋝。贙即贖也。【説文解字六書疏證卷十二】

費

費　不从貝　費奴父鼎　弗字重見　【金文編】

費　雜二二　秦三七　【睡虎地秦簡文字編】

費丞之印　費惲私印　費壽　費利之印　萇費私印　費利公　費中孺　費衡君　【漢印文字徵】

天璽紀功碑　九江費宇行視　【石刻篆文編】

古老子　【古文四聲韻】

◉許　慎　費散財用也。从貝。弗聲。房未切。【説文解字卷六】

◉馬叙倫　徐鍇曰。財散出如湯沸然。倫按。玉篇。費。用也。散也。則此散財用也當作散財也。用也。用也。校者加之。然散財也亦非許文。許當以聲訓。倫謂費蓋出財而不取物之義。則其語原為奭耶。字見急就篇。【説文解字六書疏證卷十二】

賁 責

乙三九　乙一〇五　乙一二四　乙一五四五　乙八八九五　乙八八九七【甲骨文編】

甲2342　乙105　124　1545　8895　8897【續甲骨文編】

責　旂作父戊鼎　缶鼎　兮甲盤　王命甲政嗣成周四方責　孳乳為績或蹟　秦公簋　鼏宅禹責即詩文王有聲維禹之績左昭元年傳遠績禹功之績或作鼏宅禹蹟【金文編】

98　146【包山楚簡文字編】

責　效六〇　二十九例　通債　有—於公及貲贖者居它縣　秦七六　雜五　三例　法一五九　八例【睡虎地秦簡文字編】

【汗簡】

◉許　慎　賁求也。从貝。朿聲。側革切。【説文解字卷六】

◉劉心源　責字亦蝕。據濰縣陳氏海豐吴氏兩頌敲皆作賁。阮書同。其下文貯字。陳器作賁。吴器作賁。阮書敲同。此銘下文作賁。與阮書鼎文同。凡中直筆通貫者為責。直筆中斷者為貯。本自憭然。自阮氏統釋作貯。於是兩形相亂。頌鼎頌壺之仿刻者。二字或皆从㞢。或皆从朿。或上字从㞢。下字从中。此皆不知有責字者也。案。責。説文作賁。从朿。敦文省从中。而直筆固自通貫也。貯作貯。从㞢。敦文鼎文从㞢㞢㞢。繁省稍異。而直筆固自中斷也。兮田盤嗣成周。責作賁。其下文云。人其貯作賁。可互證而得。責即債。加人者俗字也。左傳毁關已責注。除逋責。管子山至數茍泛責者鄉浚州決注。人有負公家之債者官司與其準浚。戰國齊策孟嘗君問門下諸客誰習會計能為文收責於辪者乎。皆債字。【奇觚室吉金文述卷二】

◉馬叙倫　桂馥曰。求也者。謂求負家債物也。王筠曰。繫傳作朿聲。譌。倫按責即今之債字。今所謂債者。以財或物貰於人而求其利潤。然則與貰將無不同。責從朿得聲。朿音清紐。貰從世得聲。世卅一字。卅音心紐。同為舌尖前音。蓋本轉注字邪。求也非本訓。且或有捝文。兮甲盤作□。秦公敢作□。旂作父戊鼎作□。【説文解字六書疏證卷十二】

◉郭沫若　賚即責字。王云「讀為委積之積。蓋命甲徵成周及東諸侯之委積，正為六月大舉計也。」【兮甲盤　兩周金文辭大系考釋】

◉饒宗頤　賚乃責字。兮甲盤：「命甲政嗣四方責。」詩甫田：「曾孫之稼，如茨如梁。」毛傳：「茨，積也。」漢簡屢見「常責」兩字。卜辭所云「比糸責。」(見屯乙一二四)當是責田稅絲麻于方國，貢賦之事也。【殷代貞卜人物通考】

◉周法高　缶鼎。白川静釋作王易小臣缶湡賚五年。又引也段(即沈子段)休沈子肇田。戰狃賓賚。晉姜鼎嘉遺我易鹵賚千兩。謂賚乃責之初文。有「貯積」「禹蹟」之語。【康侯段　金文通釋　白鶴美術館誌第四輯】

◉李孝定　金祥恆續文編六卷十七葉下收此。作責。無説。

屈翼鵬曰：「□今按屈氏隸定甲編二三四二之□作□字未識。或是畫字之異體。於此當是地名。」見甲釋二一九五葉。

按。説文「責求也。从貝。朿聲。」上出諸形。以字形求之。金説可从。卜辭此字所見義不甚明。辭云「丙午卜克責。」甲編二三四二。屈氏謂當是地名。是也。「癸巳卜令収責杞。」乙・八八九五。似為求責之意。「丁丑責豖𣎆牡責。」乙・八八九七。同片它辭言「朿羊」。朿責於此當是同義字。疑為用牲之法。「庚申貞从索冎禍責亡禍。」乙・一〇五。「庚辰卜卣从索☐責☐。」乙・一二四。一二辭辭例略同。責似為方國之名。金文作□旂作父戊鼎。□缶鼎。□兮甲盤。□秦公簋。與栔文同。【甲骨文字集釋第六】

◉戴家祥　説文「賚，求也。从貝，朿聲。」東周已還，民之有借貸來往者，必先書之于券券，分左右兩造，各執其半。至期債權人操右券以責其還。債務人無力償還者賣田宅鬻子孫以償債。天官小宰「四日聽稱責以使別」，鄭衆曰：「稱責。謂貸予。」古止有責字。説文八篇人部新坿：「債，負也。从人責。責亦聲。」管子輕重乙「使無券契之責」，尹注「責讀曰債。」左傳昭公二十年「薄斂已責」，釋文：「本或作債。」一切經音義二：「責，經文作債，近字耳。」兮甲盤銘「政司成周四方責」，又曰「毋敢不出其負其責」，責當讀積。地官大司徒「令野脩道委積」，鄭玄注：「少曰委，多曰積。」國語楚語「無一日之積」，韋昭注：「積，儲也。」按唐韻責讀側革切，照母之部。積讀側歷切，照母支部。同母不同部。然責之聲源為朿，朿讀七賜切，清母支部，則又與積同部字也，故責亦通積。秦公段「鼏宅禹責」，責當讀績。大雅文王有聲「維禹之績」，毛傳「績，業也」。左傳昭公元年「子盍亦遠績禹功」，又哀公元年「復禹之績」，釋文「績本作迹」。說文二篇，辵部：「迹，步處也。从辵，亦聲。蹟或从足責。速，籀文迹从朿。」釋名釋言語：「跡，積也。積纍而前也。」荀子勸學篇：「故不積蹞步，無以至千里。」即此積累而前之謂也。又禮論篇「積厚者，流澤廣。積薄者，流澤狹也」，楊倞注：積與績同。【金文大字典下】

賈

3·738 蒦賈【古陶文字徵】

賈 效五八 八例 通價 各嬰其— 秦六九 法一八四 六例 效一 五例【睡虎地秦簡文字編】

賈相私印 賈奮 王賈 尹賈 紀賈之印 賈長公 賈護【漢印文字徵】

◉許 慎 賈市也。从貝。西聲。一曰坐賣售也。公户切。【說文解字卷六】

◉丁佛言 古鉢。王貼。集韻同賈。原書謂說文無。古鉢。敢貼。古鉢。策貼。古匋。【說文古籀補補卷六】

◉馬叙倫 段玉裁曰。賈字複舉字之未刪者。一曰六字蓋淺人妄增。沈濤曰。一切經音義六引。賈。坐賣也。是古本無售字。許書無售。言賣更不必言售。鈕樹玉曰。售即信讎之或體。音義引無售字。當非脱。桂馥曰。賈市也。當作市賈也。聘禮。賈人西面坐。注。賈人在官知物賈者。周禮小宰。聽賣買以質劑。鄭司農云。質劑。謂市中平賈。今時月平是也。天官序官。賈八人。注。賈主市買。知物賈。字或作估。王筠曰。繫傳西聲。譌。韻會引無售字。是也。丁福保曰。慧琳音義十九引從人自雍蔽也。左右象蔽形。録此備考。倫按。段說是也。市也非本訓。且疑有挩文。一曰坐賣售也者。當作一曰坐賣也。售也。皆校語。賈本為市物之價。亦即價之初文。物待賈而後賣。故即以為賣物之偁。古之月平。今謂行情。今率先由市之知物價者聚而議其行情。然後得賣。故物賈不致差次。而賈遂有坐賣之義。實非別義。以賈為賈人坐賣之義所專。乃增人為價。然賈人字宜作價也。慧琳引者。兆下說解。字見急就篇。【說文解字六書疏證卷十二】

◉李學勤 方彝銘「齊生魯肇賈休多贏」，這是魯鑄器的緣由，是非常關鍵的一句話。

「賈」字舊釋「貯」，是不對的。此字在金文中的用法有幾種，我們曾舉出：

1. 名詞，讀為「價」。

2. 動詞，義為交換。

3. 名詞，即商賈。

4. 名詞，國名。

前三者，學術界解説不一，或以為貯積之「貯」，或以為「貯」字假為「租」，或以為「貯」字假為「賈」。有的于上下文義未合，有的在音韻上不夠順適，只有讀為「賈」字，才能通讀。

1974年，山西聞喜上郭村出土賈子己父匜，與荀侯匜同出一地。荀、賈位置密邇，均為晉武公所滅，器物在聞喜發現是非常自然的。如讀為「貯」，就很難解釋了。

魯方彝銘文最清楚地證明這個字應讀為「賈」。《左傳》昭元年云：「賈而欲贏，而惡囂乎？」杜注：「言譬如商賈求贏利者，不得惡喧囂之聲。」彝銘「贏」字結構明顯，句例正和《左傳》相似，不能作別的字釋讀。我們在《兮甲盤與駒父盨》小文中，已説明了這一點。【魯方彝與西周商賈 史學月刊一九八五年第一期】

𧶠

佚五一八背 𧶠不从貝【甲骨文編】

𧶠 古作商不从貝 般甗 王商作册般貝即書費誓我商𧶠汝之商説文賞賜有功也𧶠行賈也今經典賞賜字皆作賞金文多作𧶠是𧶠為賞賜之專字行賈之訓殆不然矣 商字重見 戍甬鼎 天君鼎 作册大鼎 矢方彝 復尊 束卣 臣辰卣 召卣 作册魖卣 匽侯鼎 競卣 史獸鼎 商尊 御尊 𢿌谿鼎 衛簋 萬鼎 叔卣 傳卣 攸鼎【金文編】

陶文編 6·45 3·350 楚章衢蘆里賹 3·477 左南章衢辛匋里賹 3·398 關里賹 3·413 塙閬賹 3·126 蒦圆南里賹【古陶文字徵】

◉許 慎 𧶠行賈也。从貝。商省聲。式陽切。【説文解字卷六】

◉阮　元　古籀文於星名多象形。故敔敦銘曷作。參作。此商字作。亦象形也。【積古齋鐘鼎彝器款識卷六】

◉吳大澂　賣賜有功也。从貝。从商。今經典通作賞。賞。古償字。許氏説。賫。行賈也。御尊蓋文王賫御貝。【説文古籀補卷六】

◉徐同柏　賣本商賈字。説文賫从商省。此从商不省。讀為賞。癸宊父己鼎作丙。丙□父丁彝作賫。番君招簠作賫。師田父敀作賫。讀炌同。【從古堂款識學卷六】

◉劉心源　或釋商貝二字。非。此即賫字。與商通。亦用為賞耳。商用為賞詳珏鼎。説文。。行賈也。从貝。商省聲。乃商賈本字。經傳專用商度字。而賫無人識矣。癸未尊王迺貝。从商不省。義與此同。【奇觚室吉金文述卷一】

◉高田忠周　一切經音義卷六引説文作行賫也。又如銘意。以賫為賞。尚章古音同部。故賫賞通用也。經傳商字多叚借為賫者。説見商下。周禮太宰。六曰商賈。阜通貨賄。注行曰商處曰賈。此為近證。【古籀篇九十九】

◉于省吾　金文賞有與錫同義者。亦有為嘉美之義者。史獸鼎尹賞史獸觳錫方鼎一。爵一。與此卣皆以賞與錫為對文。賞係嘉美之義。【雙劍誃吉金文選卷下】

◉强運開　般甗王商作册般貝。容庚云。賫。古作商。不从貝。即書費誓。我商賫汝之商。傳訓商度。非是。説文。賞賜有功也。賫。行賈也。今經典賞賜字皆作賞。而金文皆作賫。是賫實為賞賜之專字。行賈之説殆不然矣。運開按。商。賫。蓋皆賞之藉字也。【説文古籀三補卷六】

◉馬叙倫　沈濤曰。一切經音義六引。賈。坐賣也。賫。行賣也。行賈當作行賣。周禮注亦曰。行賣曰商。坐賣曰賈。淺人以行賣為不典而改為賈。王筠曰。行賣惟與坐賣對文。然與衙行且賣也疑似。倫按。行賣也非本訓。亦非本義。左僖卅三年傳。鄭商人弦高將市於周。是賫得為行賣之偁。然此自謂遠販而近賣者。與今市物而號於途所謂街頭小販不同也。以行坐別賫賈。非初義。賈聲魚類。賫聲陽類。蓋魚陽對轉轉注字。俎子鼎作。朿敢作。乙亥鼎作。傳卣作。【説文解字六書疏證卷十二】

◉譚戒甫　今賞賜字。金文多作賫。説文謂賫。行賈也。从貝。商省聲。賞。賜有功也。从貝。尚聲。償。還也。从人。賞聲。按金文償還字只作賞。與説文異。【西周𣪘鼎銘研究　考古一九六三年第十二期】

◉戴家祥　般甗「王商作册般貝」即書費誓「我商賚汝」之商。商為賞賜之義最初的借字。古代賞賜以貝為主。金文所記賜貝之例特多。故後人以貝為商字的表義偏旁。如小臣傳毁寫作賫。競毁等省商作賫。後又更換聲符。寫作賞。【金文大字

典下】

販

王販之印 淯于販 公車販 【漢印文字徵】

◉許　慎　買賤賣貴者。从貝。反聲。方願切。【説文解字卷六】

◉楊樹達　徐鍇繫傳曰：「善販者早則資舟，水則聚車，人棄我取，與常情反也。」樹達按楚金以與常情反釋販从反聲之義，義殊淺陋，其説非也。愚謂反當讀如漢書雋不疑傳有所平反之反，蓋反之言翻，漢書張安世傳注云：反讀曰翻。翻覆變易之謂也。史記越世家云：「陶朱公廢居，候時轉物，逐什一之利。」又仲尼弟子傳云：「子貢好廢舉，與時轉貨貲。」集解云：「與時謂逐時也。夫物賤則買而停貯，值貴即逐時轉易，貨賣取資利也。」索隱云：「謂隨時轉貨以殖其資也。」又引劉氏云：「轉貨，謂轉貴收賤也。」按陶朱公之轉物，子貢之轉貨，正翻覆之義，所謂反也。今商人言翻出翻進，雖通俗恆言，正可取證販字得聲之故矣。又今人恆斥商賈人為盤剥，或單言盤。販古音如盤，盤即販也。

荀子儒效篇云：「人積耨耕而為農夫，積斲削而為工匠，積反貨而為商賈，積禮義而為君子。」反貨者，反，翻也。貨，化也，賣也。反貨即史記集解所謂轉易貨賣，亦即翻覆變易之謂也。楊倞注讀反為販，失之。【釋販　積微居小學金石論叢】

◉馬叙倫　販為貿買之轉注字。販音非紐。古讀歸封。買貿音同明紐。封明同為雙脣音也。買賤賣貴者後世别之。此非本訓。字見急就篇。【説文解字六書疏證卷十二】

買

佚四六二　甲二七六　乙五三二九　乙八七三八　乙九〇一三　粹一五五二　【甲骨文編】

甲276　乙5328　8738　9013　佚462　粹1552　【續甲骨文編】

買　買車卣　買車觚　買王卣　吴買鼎　買簋　右買戈　【金文編】

3·1212　獨字　3·1213　同上　3·1215　同上　3·1218　同上　3·1219　同上　3·1216　同上

3·1214 同上 【古陶文字徵】

六七：二二 二例 宗盟内室類參盟人名 一九四：七 【侯馬盟書字表】

買 秦八六 九例 通賣 縣診而雜─其肉 秦一八 法一一六 十二例 【睡虎地秦簡文字編】

0370 3987 1054 1072 1608 【古璽文編】

桓買 諸葛買得 展買之 臣買 湄于買 翟買臣印 楊買之印 犂買 張買 【漢印文字徵】

◉許　慎　市也。从网貝。孟子曰。登壟斷而网市利。莫蟹切。 【説文解字卷六】

◉丁佛言　雜鼎。古鉢。克買。古文賜从目。此同賜例。古匋。 【説文古籀補補卷六】

◉孫海波　佚存四六二版：从网从貝，即買字。説文：「買市也，从网貝。孟子曰，登壟斷而网市利。」金文買段作，買王鼎作，與此同。蛾術編：「買字注市也，从网貝，孟子曰，登壟斷而网市利，莫蟹切。孟子無買字，引之何為。」按从网从貝，有獲得之義，與导之从手持貝意同。古者交易以貝，网貝有市利之義，引申之訓市，故許君引孟子网市利以訓。 【卜辭文字小記】

◉馬叙倫　鈕樹玉曰。韻會貝下有聲字。翟云升曰。九經字樣引作市物也。倫按。市也當依字樣引作市物也。墨子經説。買。鬻易也。鬻易即賈易。此買之本義。亦可證買賣本一字。今訓市物也。據通語耳。然非本訓。网貝為買。於義為鑿。證之字。更知其非。鍇本貝聲。於音若近。而從网不可得義。倫謂從貝网聲。网音古在明紐。故買音亦明紐也。孟子十字校者引以證從网耳。許無此例也。倫謂孟子网字即買之省借。買市利即賈市利也。則買之從网得聲愈以明矣。買為賈之音同明紐轉注字。字見急就篇。買敢作 【説文解字六書疏證卷十二】

◉李孝定　絜文正从网从貝。网或在下與在上同。郭釋買可從。金文作買王卣買簋右買戈吴買鼎與絜文同。 【甲骨文字集釋第六】

◉戴家祥　顔師古急就章注「市，買也。」又云：「出曰賣，入曰買。」网、買明母雙聲，為會意兼諧聲字。 【金文大字典下】

賤

秦一二一 八例 法一五三 日乙七五 【睡虎地秦簡文字編】

賤子毒印 賤子腎印 矦賤 賤子冬古 賤子始印 朱賤 【漢印文字徵】

泰山刻石 貴賤分明 【石刻篆文編】

古老子 【古文四聲韻】

◉許　慎　賤賈少也。从貝。戔聲。才線切。【説文解字卷六】

◉馬叙倫　沈括曰。王聖美治字學。演其義為右文。所謂右文者。如戔。小也。水之小者曰淺。金之小者曰錢。歺之小者曰殘。貝之小者曰賤。皆以戔字為義。倫按所謂右文者。即王安石字聲皆有義之説。實今所謂語原或偁語根或名語基亦號語柢者也。特王聖美專以形聲字之聲部為字義之主體。以形聲字之聲部於字形中往往居於右方。固曰右文耳。夫文字所以代表語言。語言則以聲音表示意識。由若干語原演生無數文字。而文字之意義與聲音莫不受語原之鈐轄。固不專屬於形聲字也。抑語原與文字之關係。雖如此密切。然吾國文字構造之方式有六書。所謂象形指事會意假借形聲轉注是也。即形聲而論。其得聲之部。自無不即為其義之所從出。然其得聲之字。則不必皆與其義有關係。如小為沙之初文。少為沙之異文。借小為形容詞。杪為木末。從木。少聲。肖為胤胄之轉注字。從肉。小聲。是其語原明白易知。賤之初文為貨。從貝。小聲。蓋貨為貝之小者。其作為貿易之媒介品時。價值必異於貝之大者。此猶後世大錢小錢之價值。亦大者貴而小者賤。故賤之義為價少也。然賤從貝。戔聲。戔實戰之初文。無小義也。是賤於字形中無小義。即其所從得聲之戔字無小義故也。乃賤義為價少也者。戔音今在從紐。小音心紐。同為舌尖前音。故小為語原之形聲字亦得以戔為其聲。不必如杪肖之必從小得聲也。且如纖細為轉注字。而義則絲之小者。則其語原亦與肖貨同也。然纖從韱得聲。韱者。山韭也。從韭。𢦏聲。山韭。韭之細者。然𢦏從弋。从聲。戈為兵器。从為相隨。蓋無小義矣。然則何以韱從𢦏得聲。纖從韱得聲。而細又從囟得聲。囟為腦之初文。亦無小義也。徒以𢦏從从得聲。而音在精紐。韱從𢦏得聲。而音入心紐。囟音亦在心紐。韱囟與小則為雙聲。斯與賤得聲於戔。而義為價少同例矣。水之小者曰淺。例與賤同。若金之小者曰錢。則不悟貨幣之錢。古字即泉。錢為田器。説文貝下云。周而有泉。固不作錢也。錢泉音同從紐。後世借錢為泉。猶説文𢦏下有一曰田器即錢字義。古或借𢦏為錢。周名幣為泉者。或謂取於泉流不息之義。非也。泉原一字。原瑗則聲同元類。蓋借泉為瑗耳。此則不達詁而不足與於論者也。殘為歺之小者。於古無徵。蓋以殘字從歺戔聲。而歺字説文訓為列骨之殘也。以為殘是分骨之餘。是有小義者也。尋殘實殲之轉注字。正猶賤從戔得聲而義為小貝。而細絲之字或作纖而從糸韱聲也。然殘説文訓賊也。實戔字義。其訓殲則曰。微盡也。實微也盡也二訓。微也實纖字義。盡也者。殲字從歺。歺為死之初文。死為生盡。死音心紐。殲音亦心紐。是殲為死之轉注字。由心以同舌尖前音轉從為殘。而殘義非列骨之殘也。蓋其語原同死。而死與小不得為同語原也。由是而言。凡形聲之字其得聲之部。雖無不即為其義之所從出。然其得聲之字之本義有即為其語原者。如杪肖貨是也。有非即為其語原。徒以其聲與語原之字同。故即以為聲。賤纖細是也。由是而知右文之説。猶有惑矣。賈少即價小。賈少也非本訓。【説文解字六書疏證卷十二】

◉李　零　賤，字作三戈横書，與信陽長臺關楚簡「賤人」的「賤」作「戔」同（王子申盞盂盞作盌，越王勾踐劍踐作洟），所从戈横筆右折下垂，與長沙子彈庫楚帛書寫法相同。【戰國鳥書箴銘帶鉤考釋　古文字研究第八輯】

賦

[glyph] 賦　毛公𢈉鼎　【金文編】

[glyph] 3·805　譊賦　此从貝省　【古陶文字徵】

[glyph] 賦　雜二三　五例　[glyph] 秦一〇八　【睡虎地秦簡文字編】

[glyph] 詛楚文　唯是秦邦之羸衆敝賦　【石刻篆文編】

◉許　慎　[glyph]斂也。从貝。武聲。方遇切。【説文解字卷六】

◉劉心源　賦。各本刊作[glyph]。釋作賊。此拓作[glyph]。从貝。从[glyph]。[glyph]為又字。又象手指形。[glyph]為足趾。古文从止之字亦从反又作[glyph]。本銘涉陟復道還皆可證。又詳叒癸鼎。本銘下文刚武父作[glyph]。[glyph]即上文敄武父也。上文作[glyph]。釋者皆以為戎。此不知篆法之過也。賦謂財物。【奇觚室吉金文述卷八】

◉吳大澂　[glyph]。古文以為忒字。經典通用貣。貣貸古通。毛公鼎。【説文古籀補卷六】

◉高田忠周　按。説文。[glyph]斂也。从貝。武聲。朱氏駿聲云。按。斂財也。字亦作賦。爾雅釋言。量也。謂量入也。方言。臧也。臧今藏字。廣雅釋詁。税也。書禹貢。厥賦惟上上錯傳。謂土地所生以供天子。周禮太宰。以九賦斂財賄。小司徒。

而令貢賦。注謂出車徒給繇役也。公羊哀十二傳。譏始用田賦。然則字義本謂斂貨收財之事。轉為斂物取人之謂也。【古籀篇九十九】

◉馬叙倫　朱駿聲曰。斂也者。斂財也。倫按當作斂財也。周禮太宰。賦貢以馭其用。注。賦口。率出泉也。又以九賦斂財賄。注同。左昭四年傳。鄭子產作丘賦。服虔注。此一丘之田出一馬三牛。公羊哀十二年傳。用田賦。何休注。田。一井之田。賦者。斂取其財物也。然則賦者。國家取於人民之財也。玄應一切經音義引古文官書。賦貶同甫務反。此下文。貶。齎財卜問為貶。然非本訓。亦疑不為齎財卜問造貶字也。賦音非紐。貶音審紐。同為次清摩擦音。聲亦同魚類。蓋轉注字。然倫謂斂財或齎財卜問皆非本義。賈鼎有□字。從貝。父聲。倫謂亦賦之轉注字。疑貣即易旅得其齊斧之斧。易齊字或作資。蓋齎省為齊耳。齎斧或資斧即資賦或齎賦。則賦之義亦止謂財。蓋貨賄之轉注字。貨賄音皆曉紐。曉亦次清摩擦音也。字見急就篇。毛公鼎作□。【説文解字六書疏證卷十二】

◉李平心　《考釋》讀貟為布，讀晦為賄，遠勝舊説。由於此書的啟發，我釋貟為賦貢之賦，釋晦為方賄之賄。貟是從貝白聲之字，與賦相通，毫無可疑。《書·多方》「越惟有胥伯小大多正，爾罔不克臬」，胥伯《尚書大傳》引作胥賦，胥伯、胥賦正相當於《毛公鼎銘》之楚賦。伯既與賦通，貟自可讀賦；賦當為後出字。

郭沫若先生認為貟即貝布之布之本字，非常精當。古布賦二字也常相叚。《詩·蒸民》「明命使賦」，《毛傳》：「賦，布也。」《吕覽·慎大》「賦鹿臺之錢」，高注：「賦，布也。」《廣雅·釋詁》與《小爾雅·廣詁》並訓賦為布，可見賦布二字音義俱通。《管子·霸形篇》「市書而不賦」，《戒篇》作「市正而不布」，尤足證賦布為一事。《孟子·公孫丑》：「廛無夫里之布，則天下之民，皆説(悦)而愿為其民矣。」《周禮·閭師》「凡無職者出夫布」，《載師》「凡宅不毛者有里布」。《孟子》之夫里之布，即《周禮》之夫布、里布，而里布實即里賦。《國語·魯語》「賦里以入，而量其有無」，與《孟子》、《周禮》之文義可互證。夫布、里布之布，先鄭讀為「抱布貿絲」之布，後鄭讀為泉布之布，都不妥。作名詞用之布古有三義：一為布帛，二為泉布，三為賦税。里布、夫布蓋即廛税、丁税。納税以泉布計，故稱布。《管子·山至數篇》與《輕重甲篇》皆言「邦布之籍」，孫詒讓以為邦布即《周禮·閭師》之夫布，亦即《載師》之里布。今按《管子》之邦布與《周禮·外府》之邦布，同指邦國泉幣，與夫布、里布有别。江永云：「凡居廛之民，不問其有職無職，而皆使出夫布，亦不問其毛與不毛，而皆使出里布，此為額外之徵。」《周禮》為戰國時人所作，所述里布與夫布，與古代賦税制度未必相合，但透露了古代有廛税與丁税的史影。孟子繼承孔子「施取其厚，斂從其薄」的思想，故主張廢除夫里之布。

賦，《說文》訓斂，《廣雅》訓稅，《漢書・食貨志》說周法云：「有賦有稅，稅謂公田什一及工商虞衡之入也，賦共車馬甲兵士徒之役，充實府庫賜予之用，稅給郊社宗廟百神之祀、天子奉養、百官禄食、庶事之費。」《刑法志》亦云：「有稅有賦，稅以足食，賦以足兵。」賦與稅對文則異，散文則通。古代有田賦、軍賦、車賦、丘賦諸徵，皆取諸民，以供國用。賦有差等，故《荀子・王制、富國》謂之等賦，所謂「相地而衰政，理道之遠近而致貢」，即是等賦。《書・禹貢》九州之賦劃分級別，也屬於等賦。金榜《禮箋》：「賦者歲入之總名也」。凡徵斂財賄租稅，統謂之賦。《周禮・大宰》及《司會》列舉九賦，實質上概括了賦與稅二者。

《兮甲盤》《師寰𣪘》二器所說的貟，與《周禮》《管子》所說的布或賦不是一回事，它是指南淮夷對周室所貢獻的賦。獻賦當用實物，但未必只是帛。這從《乖伯𣪘銘》可以窺見消息：

「王命益公徵眉敖。益公至告。二月，眉敖至見，獻貴。」眉敖當即《小臣謎𣪘銘》所說的海眉的酋長，王稱敖，與楚語可以互證。眉敖所獻的貴，當然不僅僅是帛，而是賦貢的泛稱，故貴從貝作，與貟實為一字。《召伯虎𣪘》一器銘文云：「余獻寢氏以壺」，壺與貟、貴同韻，召伯虎所獻之壺，即眉敖所獻之貴。《召伯虎𣪘》另一器銘文云：「公賨用獄諫為白」，白即是貟或貴（賦），猶胥伯即是胥賦、楚賦。為白即治賦，與獻壺、獻貴之義相近。不同的是，召伯虎是以臣屬對王室獻賦，為王室治賦，而眉敖是以「商邦」之君對周室獻賦。因此，可以肯定，《兮甲》《師寰》二器銘文所說的貟，《乖伯𣪘銘》所說的貴，並為東夷、南夷對周室的職貢。

【甲骨文及金石文考釋（初稿） 李平心史論集】

◉戴家祥 周官夏官大司馬「凡令賦，以地與民利之」，鄭玄注：「賦，給軍用者也。令邦國之賦，亦以地之美惡、民之衆寡為制。」左傳昭公四年「鄭子產作丘賦」，服虔注：「賦此一邱之田出一馬三牛。」公羊傳哀公十二年「用田賦」，何休注：「田謂一井之田賦者，斂取其財物也。」是賦斂之始，旨在滿足軍需。說文：「賦，斂也。从貝。武聲。」武、賦古韻同部，為會意兼疊韻諧聲字。

【金文大字典下】

◉許 慎 貪欲物也。从貝。今聲。他含切。【說文解字卷六】

◉馬叙倫 欲食為甚。欲財為貪。甚之本音在封紐。貪之本音在見紐。皆清破裂音。今音甚在禪紐。古讀歸定。貪在透紐。同為舌尖前破裂音。貪甚又聲同侵類。可以明其語原。甚實甘之轉注字。而含亦甘之轉注字。則欲物似當為含字義。貪當訓欲財。然欲物非本訓。字見急就篇。【說文解字六書疏證卷十二】

貶

古尚書【古文四聲韻】

◉許　慎　貶損也。从貝。从乏。方斂切。【説文解字卷六】

◉馬叙倫　徐鍇曰。當言從乏乏亦聲。脱誤也。鈕樹玉曰。韻會乏下有聲字。倫按從貝乏聲。今言空乏字當作此。損也當作損財也。然非本訓。左傳杜序釋文引字林。方犯反。字見急就篇。【説文解字六書疏證卷十二】

貧

貧　為一　十六例　通分　不踐以—人　為三六　日乙一〇一　六例　秦八二【睡虎地秦簡文字編】

貧竝尚書【汗簡】

古老子　古尚書　古文【古文四聲韻】

◉許　慎　貧財分少也。从貝。从分。分亦聲。符巾切。古文从宀分。【説文解字卷六】

◉商承祚　説文貧。財分少也。從貝分。分亦聲。穷。古文從宀分。去貝則貧。此存分之義。而取無貝之實也。【説文中之古文考】

◉馬叙倫　徐鍇曰。當言分亦聲。脱誤也。鈕樹玉曰。韻會引無聲字。況祥麟曰。分聲。桂馥曰。鉉本作從分分亦聲。是。鉉從鍇説增也。玄應一切經音義一引蒼頡篇。無財曰貧。淮南時則。助貧窮。注。無財曰貧。新序節士。原憲曰。憲聞之。無財謂之貧。倫按説解本作分也。財少也。從貝。分聲。分也以語原為分也。聲訓。財少也蓋字林文。傳寫作財分少也。校者因改為從分分亦聲。或鉉以鍇説改也。貶音非紐。貧音奉紐。同為脣齒摩擦音。是轉注字。其從分得聲者。語原蓋為無也。字見急就篇。

從宀。分聲。然從宀不見無財之義。蓋寡之異文。古文經記以為貧耳。古文下捝貧字。從宀分校者加之。【説文解字六書疏證卷十二】

賃 王命傳賃節　中山王嚳鼎　中山王嚳壺　盗壺【金文編】

賃 為九 通任 不一其人　為九【睡虎地秦簡文字編】

◉許　慎　庸也。从貝。任聲。尼禁切。【說文解字卷六】

◉高田忠周　舊釋作寶。謂為㒒篆之異也。然㒒元从玉从保為形。如此篆从貝从任。明是賃字。與㒒全異。說文。庸也。从貝任聲。一切經音義卷六。引說文傭也。蓋庸用也。用行也。轉為代也。為償也。又傭。均直也。賣力受直曰傭。隨其力均其直也。庸傭音義皆近。【古籀篇九十九】

◉馬叙倫　沈濤曰。一切經音義六引庸作傭。蓋古本如此。廣韻。傭。賃也。倫按古書多借庸為傭。然非本訓。字或出字林。八篇。傭。均直也。史記范雎傳。臣為人庸賃。庸任當作傭任。傭任猶傭保。謂為人役負擔之事也。此從貝任聲。蓋自有本義。今失之矣。龍節作。【說文解字六書疏證卷十二】

◉戴家祥　小徐繫傳：「庸，功也。自賃貝為功庸，以求食也。春秋傳曰中鮮虞僕賃于野。任者，負荷也。」今按賃當即任之加旁字。漢書賈山傳「百姓任罷」，顏師古集注「任，謂役事也」。任之本義為役，後世商品經濟發展，逐漸形成出貲傭役制度，在文字演變中遂有加旁从貝之賃字出現。集韻五十二沁「賃，庸也，或作任」是其證。庸賃義同，見廣韻三種注。分言之或曰賃，或曰庸，連言之則曰庸賃。史記范雎傳「臣為人庸賃」，荀子議兵篇「是其去賃市傭而戰之，幾矣」，傭為庸之加旁字，皆指役事而言也。按：說文六篇「賃，庸也。从貝任聲。」集韻賃或作任，中山王器中賃字屢見，皆與輔佐社稷邦國相連，當讀作任。詩邶風「仲氏任只」，鄭箋「以恩相親信曰任」。周禮夏官「施貢分職以任邦國」，注「事以其力之所堪」。任字的用法和意義皆與器銘同。任的本義為擔當、從事，後加貝旁作賃，表示工作之值，轉義為償。一切經音義卷六引說文「賃，庸也」。說文八篇「傭，均直也」。【金文大字典下】

◉許　慎　以財物枉法相謝也。从貝。求聲。一曰戴質也。巨留切。【說文解字卷六】

◉馬叙倫　鈕樹玉曰。繫傳韻會及一切經音義廿一引無物字。玉篇亦無。戴字韻會作載。桂馥曰。一曰戴質也者。蒼頡篇。戴請曰賕。玉篇。賕。質也。倫按漢書音義引字林。以財枉法相謝曰賕。音乚又反。以財枉法相謝與鍇本合。則此是字林訓。許當作求也。以聲訓。物字蓋涉一曰下文而誤乙。一曰戴質也。如蒼頡及玉篇說。則是戴也質也二義。戴請曰賕者。

蓋本作載物而請曰賕。今但作戴也則不見義矣。上文質下曰。以物相贅。亦有交易之意。故玉篇曰。賕。質也。然此皆引申之義。吕忱或校者舉異訓。以財枉法相謝亦非本義。古之行賕。今謂之買通關節。則賕購為轉注字。賕為請求之求本字。字見急就篇。【説文解字六書疏證卷十二】

◉丁　山　晚周陶文有作□□古陶文孴録。正承□形一脈演來。依陶文當釋為䞩。説文不見䞩字而玉篇有之。云「稟給也」。䞩从貝句聲。句从口丩聲。按从丩聲孳乳的觓。説文云「角貌詩曰『兕觵觓觓』。」觓觓。今本毛詩桑扈作賕賕。賕見於説文云「以財物枉法相謝也」。此就漢律為説。似不知䞩即賕本字。現在敢據陶文上溯甲骨文補正説文曰：「□賄也。从貝丩聲。□古文旬。賕或从求聲。」旬諧句聲。則卜辭之旬自可指為句讀之邱了。【䞩氏雩氏㽙氏　殷商氏族方國志】

購

◉許　慎　購以財有所求也。从貝。冓聲。古候切。【説文解字卷六】

◉馬叙倫　桂馥曰。後漢書魯恭傳注引作以財相賕曰購。史記。購吴五千金。漢書。高帝乃多以金購豨將。顔注。購謂賞募也。沈濤曰。相賕二字乃傳寫之譌。光武紀注引作以財有所求曰購。倫按購音見紐。賕音羣紐。古讀羣見為一紐。是轉注字也。漢律能捕豺貀一。購錢百。廣雅釋言。購。償也。購謂相償。正與購義同。蓋賕之初義。本為以財相謝。猶今言酬。即今酬謝字。以酒相謝為酬。以言相對為讎。以財相酬為賕。語原一也。後人乃專以以財枉法相謝為賕。以財有所求為購。今又以購通為買義。以財有所求也蓋本作賕也。以財有所求也。疑本賕下説解中文。彼本訓求也。故吕忱加以財有所求也。又以以財枉法相謝曰賕釋之。傳寫誤入此下。轉捝本訓。字見急就篇。【説文解字六書疏證卷十二】

◉睡虎地秦墓竹簡整理小組　購，獎賞。《墨子·號令》作構，孫詒讓《閒詁》引蘇時學云：「構與購同，賞也。」《居延漢簡甲編》一九三三有：「願設購賞，有能捕斬嚴就君闌等渠率一人，購錢十萬，黨與五萬。」《爾雅·釋獸》郭璞注引晉律：「捕虎一，購錢三千，其豿半之。」【睡虎地秦墓竹簡】

𧵍

◉許　慎　𧵍齎財卜問為𧵍。从貝。疋聲。讀若所。疏舉切。【説文解字卷六】

◉馬叙倫　鈕樹玉曰。韻會引作齎財卜問也。玉篇以賫財卜問也。廣韻。齎財問卜。劉秀生曰。讀若所者。詳二篇齭下。倫按詳賦下矣。字或出字林。【説文解字六書疏證卷十二】

貲5·365　蘭陵居貲便里不更牙　貲5·366　楊氏居貲大　貲秦487　楊氏居貲武德公士契𠃌　貲5·361　東武東閒居貲不更睢　貲5·362　□陰居貲北游公士滕【古陶文字徵】

貲 貲　雜二五　七十九例　貲 秦一七八　六十九例　貲 效三　三例　貲 效一四【睡虎地秦簡文字編】

◉許　慎　貲小罰以財自贖也。从貝。此聲。漢律。民不繇。貲錢二十二。即夷切。【説文解字卷六】

◉馬叙倫　鈕樹玉曰。韻會引無自字。説文繇作繇。段玉裁曰。二十二當作二十三。漢儀注。七歲至十四出口錢人二十。至武帝時。又口加三。沈濤曰。一切經音義十三引繇作傜。蓋古本如是。倫按疑責之轉注字。漢制。有入貲為郎。則非以罰自贖也。漢之入貲。猶今之買公債。唯漢制以官酬之而已。責音照紐。貲音精紐。同為清破裂摩擦音。周禮羊人。凡沈辜侯禳釁積。注。積。故書為眥。車人。為耒疵。鄭玄讀疵為棘刺之刺。是其例證。許當止以聲訓。小罰七字蓋字林文。漢律以下或校者所加。玄應一切經音義引倉頡。貲。財也。【説文解字六書疏證卷十二】

賨 漢歸義賨邑侯【漢印文字徵】

◉許　慎　賨南蠻賦也。从貝。宗聲。徂紅切。【説文解字卷六】

◉馬叙倫　沈濤曰。後漢書西南夷傳注引。賨布。南蠻賦也。布字乃涉傳文而衍。倫按崔鴻蜀録。巴人謂賦為賨。葉玉森謂賓為賨之誤。可從。賓為賨之譌文。賓賦古音皆在封紐。字蓋出字林。【説文解字六書疏證卷十二】

賣 賣　孳乳為贖　㫚鼎　我既賣女五夫　賣 㫚鼎又云贖兹五夫【金文編】

賣3·1174　獨字　吴大澂云从貝从睦省與賣同　賣3·1345　同上【古陶文字徵】

◉許　慎　賣衒也。从貝。𡏳聲。𡏳古文睦。讀若育。余六切。【説文解字卷六】

◉阮　元　賣。買也。周官司市賈師竝以賣為買。以價為鬻。【積古齋鐘鼎彝器款識卷四】

◉吴大澂　賣古賣字。㫚鼎賣㫚鼎異文賣或从睦省。睦古文作𡏳。讀若育。古陶器賣如此。【説文古籀補卷六】

◉劉心源　𧶠。舊釋賣。非。賣从出買。作□。𧶠从貝𡌥。作□。說文云。𧶠衒也。从貝。𡌥聲。𡌥。古文睦。讀若育。是𧶠為鬻貨本字。今所用售字也。說文無售。此从□。即𡌥。篆浛賣不得从目也。【奇觚室吉金文述卷二】

◉林義光　說文云。𧶠衒也。从貝𡌥聲。𡌥古文睦。讀若育。按古作□君夫敦儥字偏旁。作□曶鼎。从𡈼貝。𡈼。古徇字。【文源卷十】

◉丁佛言　□古鉨。堯相𧶠。案。咎繇謨乃賡載歌。本為乃𧶠載歌。或同聲相假。或為續之省。因其形似賡。後遂誤為賡。以賡為古文續。□古匋。汗簡。續作□。櫝右作□。可見古𧶠字自篆作□。□。而□。□實非賡也。□古匋。□古匋。【說文古籀補補卷六】

◉高田忠周　說文。𧶠衒也。从貝𡌥聲。𡌥古文睦。讀若育。蓋今皆借鬻為之。𧶠字遂廢矣。而𧶠隸省作賣。與□□字亦省作賣相近。今人兩字並作賣而混用斷非。又按此字□亦𡌥省。从貝與貨同意。古賣贖為同字。貿也。衒也。實一義之轉耳。賣已从貝又或从貨。而更作贖。再从貝者複甚。贖是後出緐文無疑也。【古籀篇九十九】

◉馬叙倫　鈕樹玉曰。韻會睦下有字字。嚴可均曰。𡌥古文睦校語。劉秀生曰。睦。從目。坴聲。坴。從土。𡴀聲。𡌥亦從目。𡴀聲。失。從屮。六聲。在沃部。音從肉聲。亦在沃部。故𧶠從𡌥聲得讀若育。莊子人間世。是以人惡有其美也。釋文崔本有作育。云。𧶠也。俞樾謂有者育字之誤。育即𧶠之借。是其證。倫按禮記王制。器用不中度。不粥於市。曲禮。不粥祭器。國語齋語。市賤粥貴。皆假粥為𧶠。粥為鬻之俗省。鬻之轉注字為鬻。從毓得聲。毓育為轉注字。亦可證也。𧶠從𡌥得聲。𡌥音明紐。與賈買為雙聲轉注字。衒也非本義。或非本訓。𧶠為贖之初文。字或出字林。曶鼎作□。【說文解字六書疏證卷十二】

◉楊樹達　賣字中从目。乃說文訓衒之𧶠字。其形與今隸買賣之賣相近。然買賣之賣从出从買。買字从网从貝。今隸於从网之字皆書作罒。於是買作買。𧶠作賣。而賣乃與此銘之賣字混淆無別矣。銘文賣字作贖字用。余疑即贖之初文也。說文云。賣。衒也。贖。貿也。衒訓行。且賣貿訓易財。義相近。加貝旁於賣為贖。於形為複矣。銘文以賣為贖。乃得知其為初文。否則沈霾千古矣。【曶鼎再跋　積微居金文説】

◉譚戒甫　𧶠即說文貝部的𧶠。訓為衒也。从貝。𡌥聲。𡌥。古文睦讀若育。段注衒。行且賣也。𧶠字不見經傳。周禮多言儥。儥訓買。亦訓賣。蓋即說文之𧶠字。玉篇云。𧶠或作粥。鬻是𧶠鬻為古今字矣。按說文。買。市也。从网貝。賣。出物貨也。从出从買。是入物為買。出物為賣。而𧶠實兼言買賣。故訓為衒。字或作衒。義亦同眩。謂眩惑人。又說文。販

買賤賣貴者。舊時小販遊市。邊買邊賣。即所謂行且賣也。【西周吕器銘文綜合研究 中華文史論叢第三輯】

秦1122 司貴 文字 4:100【古陶文字徵】

192 265【包山楚簡文字編】

貴 日甲一五背 五例 日乙二三七 七例【睡虎地秦簡文字編】

【古璽文編】

孫貴 長富貴 貴富 貴富 日貴 茆壽貴印 弦貴魏【漢印文字徵】

【石刻篆文編】

説文貴無重文。女部妻古文娄下云肖古文貴字。此所出。【汗簡】

古孝經 裴光遠集綴 古孝經 古老子 義雲章【古文四聲韻】

◉許慎 賫物不賤也。从貝。臾聲。臾。古文蕢。居胃切。【説文解字卷六】

◉劉心源 賫舊釋作眉。非。自宋吕來。鐘鼎家凡古刻壽上作此字者皆吕為眉。此執魯頌眉壽一語而全不督篆形。是吕日摩鐘鼎終為白肓。楊南仲釋晋姜鼎賫為眉。謂釁亹眉聲相近。通疋本其説而坿會之。引六書索隱云。三代鼎彜眉壽字多作𦣻𦣻。轉為亹。易。詩用之。説文偶遺。而徐鉉遂吕娓代亹。誤矣。智案。亹有門音。尒疋釁冬是也。亹本象兩立之形。如門。門眉音近。故俗之。余案。亹亹皆不合六書。乃是隸俗。易。詩之亹亹。蓋叚用古文賫。故有娓音等。慈寺碑亹亹恆沙从亶。即𦣻之𦣻而變者。此吾所謂叚賫為娓之碻證也。毛詩其魚唯唯。韓作遺遺。又娓賫同聲之證。𦣻从𦣻。即首。古首有作𦣻𦣻者。即此𦣻所从之𦣻也。𦣻變為亶。猶有古意。後省為且。則不成字。豈説文遺亹字乎。詩鳧鷖在亹。讀為門。此明是釁釁二字叚為門。傳寫者沿譌作亹。門冬。尒疋作釁冬。是其碻證。蓋釁从釁聲。釁从分聲。故有門音。若亹則竝無兩立之形。又何有門音乎。此輩不識隸變之由。而牽合門眉之音。謬甚。干禄字書謂亹俗。亹正。亦非也。

攼叔夜鼎□。頌鼎□。王子吴鼎□。晉姜鼎□。皆从□从□。與此銘同。叔家父簠□。史伯碩父鼎□。仲尊□。邾敢□則皆从□从頁。伯侯父盤□。遅父鐘□則皆从□頁。而頁變為貝。此小篆之所本也。説文𧶠从貝。□聲。□古文蕢。又妻下云。□。古文𧶠字。汗簡作□。㠯此知□□所从之□。即□省。魯士商䱷敢□从□。可證也。伯侯父盤𧶠从□即□。□變□。□變□也。遅父鐘𧶠从□。□中止一横筆。即□也。佗器从□□□有兩横筆者。即□也。此字在在與𧶠相合。有何一筆佀眉字乎。至如鼄鼎□則𧶠之省字。邾公牼鐘□則𧶠之緐文。叔液鼎□則𧶠之異體。叔弓鎛□。索姬盤□則㠯潰為𧶠。惟叔氏鐘□。戎都鼎□乃為眉字耳。各家不瞀篆形。概仞作眉。又從而為之詞。不知𧶠字篆形最碻。𧶠壽文義最疋。故漢人常用𧶠壽無極之語。讀者其平心論之。【古文審卷八】

◉馬叙倫　鈕樹玉曰。韻會無臾古文蕢四字。翟云升曰。初學記引作歸也。謂物所歸仰。汝潁言貴聲如歸往之歸。此誤引釋名也。倫按臾與臾異字。臾蕢亦異字。愈知此四字為校語矣。然荷蕢之蕢本字為□。此篆即當作□。古鉩作□□。可參證也。臾貴聲同脂類。故貴以臾為聲。若如今篆。則從臾得聲。倫謂本書之匬。即荀子大略流丸止於甌臾之臾。而荀子之臾。必是器名之臾。疑古讀器名之臾。聲本如匬。故遺從貴得聲而音以水切。在喻紐四等。匬音定紐。古讀喻四歸定也。臾音如匬。則聲入矦類。而臾臾古同音。竝喻四矦類。則貴從臾或從臾得聲皆可矣。居胃切者。聲之轉也。然曶鼎有□。即遺字。其所從之貴與古鉩貴字作□者同。則貴字不從臾亦不從臾矣。倫謂從𦥑得聲。𦥑從□得聲。為㠯之轉注字。詳𦥑字下。𦥑音溪紐。故貴音入見紐。然□從丨得聲。丨為數名之十之異文。十音禪紐。古亦歸定。則貴字蓋有□□□三形。實轉注字也。物不賤也非本訓。以貴賤為小貝推之。疑貴是大貝。古貴歸鬼字多通假。汝潁言貴如歸。論語。詠而歸。鄭注。魯讀饋為歸。禮記檀弓。饋祥肉。儀禮士虞禮注作歸祥肉。玄應一切經音義七。饋。古文餽同。荀子儒效。𡱁人媿之。注。媿或為貴。莊子天下。巋然而有餘。釋文。巋。本作魏。本舊魏在嵬部。從嵬。委聲。實嵬之轉注字。巋字本書不録。蓋亦嵬之轉注字。嵬為山之高大皃。論語。巍巍乎舜禹之有天下。又曰。大哉堯之為君。蓋巍巍乎亦謂大也。本書大部大義之字如奃奯奅皆為大之聲同脂類轉注字。貴聲亦脂類。是以語原求之。貴亦為大貝。字見急就篇顔師古本。【説文解字六書疏證卷十二】

◉楊樹達　甲文有□字，或作□，治甲文者無説。余按《説文》十二篇下《女部》妻字重文作□，許君云：「古文妻从□女，□，古文貴字。」甲文之□與古文妻所从之□字形同，然則是貴字也。

卜辭云：「翊辛，卯一牛，大示，小示，卯叀羊。」《殷契》六版。又云：「乙卯卜，貞，桒禾自上甲六示，牛；小示，□羊。」《甲編》

柒壹貳。尋二辭同記大示用牛小示用羊之事，一作叀羊，一作貴羊，甲文叀與隹同用，世所習知，蓋叀本當讀為惠，惠與惟古通用。《書酒誥》云：「予不惟若茲多誥」，而君奭則云：「予不惠若茲多誥」，是其證也。殷契粹編一五四零片云：「其𡆥年𤆍𤆍于小火，凷豚。」「凷豚」與他辭言「叀羊」「叀小宰」「叀犬」者同例。按叀隹甲文又作貴者，貴字與惠隹古音同在微部，字可通作。《詩齊風敝笱》云：「敝笱在梁，其魚唯唯。」《釋文》云：「唯唯《韓詩》作遺遺，」是其證也。貴聲之遺與隹聲之唯可通作，其可與惠通作明矣。故甲文之叀羊可作貴羊也。【釋凷　積微居甲文説】

◉徐中舒　伍仕謙　𢡟　《説文》：蕢，古文作臾。貴，篆文作𧶠，从臾。此字从心，當釋為貴。《孟子》：「用下敬上謂之貴」。祇，敬也。貴祇，重言其敬也。【中山三器釋文及宮圖説明　中國史研究一九七九年第四期】

◉李　零　貴，原銘作𧴪，下半是貝字的省文，于此應釋為貴。這個字的釋出很重要，因為楚國文字中有一個饋字（字亦作餽、饋），如邵王之諻鼎、無臭鼎自銘「饋鼎」，江陵望山、天星觀楚簡「戠牛饋之」「戠豣饋之」，舊釋餴顯然不對，應據此銘正為饋。饋，就是禮書所説饋食之饋。古璽中也有這個字，一是人名用字，如「史𧴪」「郘𧴪」；一是箴語用字，如「𧴪身」，也應讀為貴。漢代的貴字往往作𧵥或𧴪（銅器、璽印、簡帛等），與此仍有相似性。【戰國鳥書箴銘帶鉤考釋　古文字研究第八輯】

◉李毅夫　商周兩代一千數百年之間，鬼方一直是個强大的民族，是商周的勁敵。典籍也稱它為嬇、隤、潰。王國維在其著名的《鬼方昆夷玁狁考》中説：「鬼方……或本無姓氏之制。逮入中國，與諸夏通婚媾，因以國名為姓。《世本》：『陸終取鬼方氏之妹，謂之女嬇。』《大戴禮・帝系篇》及《水經注・洧水》條所引作女隤。《漢書・古今人表》作女潰。……鬼、貴同聲，故餽字亦通作饋，則女嬇、女隤疑亦女媿、女隗之變。」

鬼、貴及从鬼、从貴字都是喉音，都屬于上古微部，自可相通。但王氏僅僅根據語音和「陸終取鬼方氏之妹，謂之女嬇」這個孤證，以證明鬼方即貴，論據似嫌不足。

甲骨文裏有個稱為𠂤或𡆥的族，以前不識此字，所以也就不知道是什麼族。其實這個字就是潰字的初文，象以棍擊物而物潰散之狀。金文遺字所从之貴作𡆥，與甲骨文𡆥是一樣的。這三個初文都可以隸寫為臾，而《集韻》所收遺字古文作遗或遺，正是以臾為聲。推理是，臾後來用以表示昂貴、高貴之義，更後又造了下面加「貝」的「貴」，更後才造了「潰」。

以下是有關「貴」族的卜辭：「允有來婧自西。貴告曰：『□□𢦔魌、夾、方、罙四邑』。」（珠1182）「壬辰亦有來婧自西。貴呼告曰：『□□征我奠，𢦔四邑。』」（綴117）「𢀛方征𢦔貴示陽。」（珠1182）

《殷契文字（甲編）3343説「鬼方陽亡禍」，《殷契遺珠》1182説「𢀛方征𢦔貴示陽」，《世本》説「陸終取鬼方氏之妹，謂之女嬇」，根據這些材料，可以肯定貴就是鬼方。

然則何以這個民族既寫為鬼方又寫為貴呢？下面武丁時期的卜辭具有啓發性：「乙酉卜，㱿貞：貴獲羌。」（前4·50·6）「叀（唯）貴令周。」（綴二·82）「貴受佑。」（續2·30·4）「貞：貴受年。二月。」（乙6519）「癸巳卜，㱿貞：使人于貴，其有⊠。」（續6·16·8）

由這些卜辭可以看出，貴與商的關係是很好的。貴得到武丁的高度信任，曾為武丁所遣去令周，去伐羌。武丁還關心貴是否「受佑」。鬼方雖然是貴的異稱，刻有鬼方的卜辭也是武丁時的，但稱為鬼方時卻沒有「受年」、「受佑」、「令周」、「獲羌」的內容。如此等等，使我們可以推想出：武丁時鬼方最初是與商為敵的，以後與商和好了，而且關係很好，所以武丁派他們到今陝甘一帶去「令周」、「伐羌」。敵對的時候，商用表示丑惡意義的「鬼」字去翻譯其族名，以後關係好了，才改用表示美好意義的「貴」字去翻譯。【鬼方𠯑方考 齊魯學刊一九八五年第六期】

□賏

□賏 3796 【古璽文編】

◉許　愼　賏頸飾也。从二貝。烏莖切。【說文解字卷六】

◉林義光　即嬰之偏旁。賏字經傳未也。【文源卷六】

◉馬叙倫　朱駿聲曰。嬰之古文。徐灝曰。貝。鐘鼎文作□。古文亦作□。重云為□。隸變為朋。遂截然為二字。音義各殊。不知其異派同原也。人部。倗。讀若陪位。漢書王尊傳。羣盜倗宗等。晉灼曰。倗音倍。蓋朋由貝變。故倗有倍音。朋之聲轉為陪。其清聲如崩。又轉為賏也。郭沫若曰。貝玉在為貨幣以前。有一長時期專以用於服御。許書賏訓頸飾。從二貝。嬰亦訓頸飾。從女賏。賏其連也。按古說以五貝為朋。亦有二貝為朋之說。漢書食貨志載王莽貝貨五品。自小貝以上均以二枚為朋。莽志擬古。當必有所本。是知朋與賏實一字。賏及從賏之字。古器物中未見。新鄭出土之王子晏次之口盧。王國維謂晏次即嬰齊。以從女而觀之。知必為後起字。蓋古之頸飾。男女無別。此於現存未開化民族中猶可見。朋為頸飾。於字形之本身。亦可得而證明。骨文作□□是也。殷彝文中有以賏為頸飾之圖形文字。如母鼎之□。祖癸爵之□。父乙盤之□。是也。當為倗之初文。倫按徐説是也。貝音封紐。以同清破裂音轉影紐為賏。而賏為貝之茂文。雖從二貝。而與二貝為朋之義不同。彼字當為□。即患字之所從得聲者也。音仍演於貝。以同清破裂音轉入見紐為毌。徵諸父乙盤文大上所負之□可見矣。鼎爵盤文自即本書之倗。然義非頸飾。且與□□亦異字。□□皆□之異文。乃十朋之龜之朋字。而朋初非以為頸飾。蓋連貝以為頸飾。即古書所謂纓絡。今蒙古女子及其他半開化民族每以纓絡為飾。古以貝今或以珠玉矣。倫謂以貝為飾或當在以貝為貨之後。誇富有之風俗。自古即然。以貝為貨。則連貝而以頸荷之。以誇其富有也。及貨不以貝。而風習已成。則專為頸飾矣。其實朋為賏之譌體。貝賏實一字。玨倗嬰皆賏之變體。賏為荷負以交易之圖語。後即以朋友之朋字。朋玨即本書之玨字。而琎班竝從玨得聲。而琎音如服。班音如頒。知其語原即貝矣。【說文解字六書疏證卷十二】

◉徐　鉉　貺賜也。从貝。兄聲。許訪切。【說文解字卷六新附】

◉劉心源　今攷摭古遺文況作兄。即此字此用為貺。說文新坿。貺。賜也。新坿攷云。古止作況。禮聘義北面拜貺。左傳僖十五年亦無貺也。尒疋。貺。賜也。釋文竝云作況。武帝本紀。拜況於郊。遭天地況施。應劭曰。況。賜也。皆是本字。此从二。說文遺之。而收于李氏。幸矣。拜南宮貺者。案。南宮中鼎弟三器云。王命南宮伐反虎方之年。王命中先省南國。是南宮氏出征中為前驅。吕證此銘。知王錫車馬四鍭于中。正吕謝其從南宮出征之勞,故曰拜南宮貺。吕覽注訓拜為謝可吕解此。或曰王何拜臣之貺賜乎。不知此古人文法謙言耳。【古文審卷八】

◉强運開　貺毛公鼎。取貺卅寽吴書入。坿録云。徐同柏釋作賦。運開按。與𠭯小大楚賦之賦。不類說文新坿。貺。賜也。从貝。兄聲。攷古兄字作㞷。从㞷。古光字。作𨊫。又。汪。往。往字。亦均从㞷得聲。此篆从貝。从㞷。古貺字也。取貺卅寽。謂取金卅寽以相貺也。貺趞鼎。取貺五寽。此篆从貝。从㞷得聲。益可信為古貺字無疑矣。𨒅番生敢。取遺五寽。亦从貝。㞷聲。貹古匋。貹古匋。此貹之反文也。【說文古籀三補卷六】

◉楊樹達　詩小雅彤弓篇云:「中心貺之。」毛傳云:「貺,賜也。」說文新附云:「貺,賜也。从貝,兄聲。」按詩大雅召旻篇云:「職兄斯引。」毛傳云:「兄,兹也。」又大雅桑柔篇云:「倉兄填兮。」毛傳云:「兄,滋也。」說文艸部兹訓艸木多益,水部滋訓益,兄有兹益之義,貺从兄聲,亦受義於兹益矣。【字義同緣於語源同例證　積微居小學金石論叢】

◉徐　鉉　賵贈死者。从貝。从冒。冒者。衣衾覆冒之意。撫鳳切。【說文解字卷六新附】

賭 賭

[古文字] 荀邕集字 【古文四聲韻】

◉徐鉉 賭博簺也。从貝。者聲。當古切。【説文解字卷六新附】

貼 貼

◉徐鉉 貼以物為質也。从貝。占聲。他叶切。【説文解字卷六新附】

貽 貽

[古文字] 3·679 王問貽衟𨙹里夲郡 **[古文字]** 9·14 □貽 **[古文字]** 鐵雲 86:4 **[古文字]** 3·786 綀貽 **[古文字]** 3·1301 獨字 【古陶文字徵】

◉徐鉉 貽贈遺也。从貝。台聲。經典通用詒。與之切。【説文解字卷六新附】

◉顧廷龍 周夲郡遷𨙹里圭𠇭貽。【古陶文孴録】

◉丁佛言 貽古匋。酷里人匋𠇭貽。貽古匋。夲郡遷𨙹里□貽。説文新附字。【説文古籀補補卷六】

賺 賺

◉徐鉉 賺重買也。錯也。从貝。廉聲。佇陷切。【説文解字卷六新附】

賽 賽

[古文字] 104 **[古文字]** 149 **[古文字]** 149 **[古文字]** 149 **[古文字]** 150 **[古文字]** 208 **[古文字]** 214 **[古文字]** 219 【包山楚簡文字編】

[古文字] 甯賽私印 **[古文字]** 族賽私印 **[古文字]** 李賽 **[古文字]** 楊賽 **[古文字]** 王賽之印 **[古文字]** 田賽私印 【漢印文字徵】

◉徐鉉 賽報也。从貝。塞省聲。先代切。【説文解字卷六新附】

◉湖北省文物考古研究所 北京大學中文系 此字簡文从「賽」。「賽」字屢見於此墓竹簡，皆用在「禱」字之前，「賽禱」當即古書的「賽禱」。漢印「賽」字作**[古文字]**（《漢印文字徵》六·一九），即由此變來。《方言》卷十：「迹迹、屑屑，不安也。……秦晉謂之屑屑，或謂之塞塞。」疑「𤻮」當讀為塞塞之「塞」，與一三號簡「瘜」字義近。【一號墓竹簡考釋 望山楚簡】

賻 賻

◉徐　鉉　賻助也。从貝。尃聲。符遇切。【説文解字卷六新附】

◉丁佛言　叔氏鼎。疑是古賻字。説文新附字。【説文古籀補補卷六】

◉曹錦炎　誌勞賻諸侯　賻字原銘作「尃」，賻从尃得聲，故可通。古代以財物助喪稱「賻」，《史記魯仲連傳》：「鄒魯之臣，生則不得養，死則不得賻襚。」《正義》：「衣服曰襚，貨財曰賻，皆助生送死之禮。」又《荀子・大略》：「貨財曰賻，輿馬曰賵……賻賵所以佐生也」。越滅吴後，稱霸東方，「當是時，越兵横行於江、淮東，諸侯畢賀，號稱霸王」。朱句時仍憑籍先輩餘威，「三十四年滅滕，三十五年滅郯」，霸風猶存。所以，其孫之喪才會有諸侯賻贈之舉。前文言「喪」，此處言「賻」，正與典籍相合。同時也可反證前文「喪」字不能改釋他字。另外，喪字構形與《汗簡》、《古文四聲韻》所收古文喪字形體頗近，亦可參看。【鳥蟲書研究（三篇）　于省吾教授百年誕辰紀念文集】

贍 贍

贍出義雲章【汗簡】

◉徐　鉉　贍給也。从貝。詹聲。時豔切。【説文解字卷六新附】

◉黄錫全　贍　出義雲章　《説文》青字古文作，實當作，説見青部。三體石經《康誥》静字古文作，王國維認為「此誤以彤為彭」(《魏石經殘石考》)，石經原當作。此形鄭珍認為是「彭」字，甚是。夏韻静韻録《古老子》彭作，此形少一點。【汗簡注釋卷四】

邑 邑

甲二九八七反　前七・五・一　菁二・一　林一・一八・四　京津一六〇五　福三六　燕一七九

甲二三二一　王邑高　鄴三下・三九・五　大邑受禾　佚六三五　林一・一九・一四　前四・一五・一　菁一〇・一　甲二四一六　天邑商　前六・四三・五　後一・一八・二　金七二八　京都六二六作邑【甲骨文編】

甲2416　3690　3915　乙700　4531　4532　6083　6594　6750　3788　6898　7171　7283　7307　7385　8424　8674　珠281　393　418　620

107　1182　福36　佚653　866　續4·34·1　5·12·6　5·13·6　5·20·2　6·

9·5　6·13·12　掇278　徵2·50　2·51　8·44　8·45　11·33　11·74　11·75

11·76　京4·94　凡12·1　古2·6　2·9　録362　567　鄴39·5　掇143　鄴三39·

5　天42　摭91　續存83　808　粹899　1116　1213　1220　外34　新1604

4613　4843　【續甲骨文編】

邑　爵文　邑觶　小臣邑斝　鮴尊　臣卿簋　臣卿鼎　北伯簋　矢簋　何尊

王束奠新邑鼎　康侯簋　師酉簋　永盂　䀇鼎　鬲比盨　鬲攸比鼎　散盤　𤔲簋

元年師兑簋　柞鐘　召伯簋　洹子孟姜壺　鰫鎛　【金文編】

3·2　陳闑立事歲安邑亳釜　3·1349　獨字　5·136　咸如邑頊　5·177　□邑書　5·194　麗邑五升崔

5·196　麗邑☒　秦1241　橂邑書　5·384　瓦書「四年周天子使卿大夫……」共一百十八字　【古陶文字徵】

〔一一〕　〔二二〕　〔一九〕　〔一九〕　〔三二〕　〔二〇〕　〔四二〕　〔四〇〕　〔二三〕

〔五〇〕　〔二〇〕　〔二〇〕　〔一九〕　〔二八〕　〔三六〕　〔三六〕　〔二〕　〔一九〕

〔一九〕　〔二五〕　〔四七〕　〔二五〕　〔四二〕　〔四〕　〔三九〕　〔二五〕　〔二〇〕　〔二〇〕

〔七四〕　〔三八〕　〔二二〕　〔三五〕　〔三五〕　〔一九〕　〔二五〕　〔四七〕　〔一九〕

〔四二〕　〔四二〕　〔四二〕　〔三六〕　〔二〕　〔四七〕　〔四二〕　〔二三〕　〔三六〕

〔三六〕〔一〕〔三八〕〔二五〕〔一九〕〔三〕〔一〕〔二〇〕〔三二〕〔一九〕
〔五〇〕〔一〕〔三六〕〔一九〕〔三八〕〔二二〕〔三〇〕〔二八〕〔三二〕
〔五二〕〔一九〕〔一二〕〔五二〕〔一〕〔三七〕〔五三〕〔二〇〕〔三八〕〔二二〕
〔三七〕〔三八〕〔四二〕〔四〕〔一九〕〔一〕〔二〕〔三六〕〔二八〕〔三
七〕〔七〕〔二〇〕〔三二〕〔三六〕〔一九〕〔四七〕〔二〇〕〔四二〕〔二〇〕
〔三六〕〔一九〕〔五二〕〔四〕〔三六〕〔五三〕〔三七〕〔一〕〔十八〕
〔三八〕〔三〕〔一九〕〔一九〕〔三六〕〔三六〕〔二〇〕〔三六〕〔五二〕〔二〇〕
〔四〕〔二二〕〔一〕〔三八〕〔三六〕〔一〕〔一〕〔四五〕〔三五〕〔二〕
〔五五〕〔二〕〔五〇〕〔三八〕〔二〇〕〔二〕【先秦貨幣文編】

布方　陽邑　晉高　仝上　布方　安邑一釿　鄂天　布方　安邑二釿　晉芮　布方　安邑一釿　晉芮　布方　陽邑　晉芮　布方　子邑　晉高　布方　㫗邑　晉高　布方　北亓邑　晉高　布方　木邑　晉高　仝上　布方　邑鑄　晉高　布方　鑄邑　晉高　仝上　晉祁　布方　安邑二釿　晉平　布方　昜邑　冀靈　布方　安邑兯釿倒書　典一〇二　布方　安邑一釿　典一〇五　布方　安邑　兯釿倒書　亞四·六一　布方　午邑　典一四　布方　安邑一釿　亞四·六一　布方　安邑二釿　亞四·六二　布方　安邑二釿　亞四·六一　【古幣文編】

10　79　【包山楚簡文字編】

邑 效二九 八例 邑 法六三 二例 日乙九三 四例 【睡虎地秦簡文字編】

可巳出帀簌—(丙2:1—8) 【長沙子彈庫帛書文字編】

0289 0104 0198 【古璽文編】

吕成邑丞 漢安邑丞 李邑私印 渠邑 【漢印文字徵】

邑 【汗簡】

汗簡 【古文四聲韻】

◉許　慎　邑國也。从口。先王之制。尊卑有大小。从卪。凡邑之屬皆从邑。於汲切。 【説文解字卷六】

◉吴大澂　公違鼎。齊侯壺。齊子仲姜鎛。安邑二釿幣。梁邑幣。八字大鉥文。 【説文古籀補卷六】

◉吴大澂　上作口形。古圍字。下即形。古節字也。亦持節出使之義。口或人名。 【愙齋集古録二十三册】

◉羅振玉　説文解字。邑从口。从卪。案。凡許書所謂卪字。考之卜辭及古金文皆作。象人跽形。邑為人所居。故从口。从人。猶啚為倉廩所在。故从口。从㐭。 【增訂殷虚書契考釋卷中】

◉葉玉森　卜辭邑作从口。象畺域。从象人跽形。乃人之變體。即指人民。有土有人斯成一邑。許君从卪説未塙。 【殷虚書契前編集釋卷六】

◉林義光　説文云。邑國也。从口。先王之制。尊卑有大小。从卪。按卪即人字。見卪字條。从口圍人。古作。召伯虎敦。説文云。从反邑。字从此闕。 【文源卷十】

◉高田忠周　説文。邑。國也。从口。先王之制。尊卑有大小。从卪。然此口四方義。口字一轉之用。非叚借為四圍義者也。 【古籀篇二十】

◉商承祚　説文邑。「國也。从口。先王之制。尊卑有大小。从卪」。金文與此同。皆象人伏處于都邑之中。邑為人所居。猶倉廩所在為啚也。 【甲骨文字研究下編】

◉强運開　[古文]北伯𣪘[古文]爵文　【説文古籀三補卷六】

◉丁　山　周官小司徒：「乃經土地，而井牧其田野：九夫為井，四井為邑，四邑為丘，四丘為甸，四甸為縣，四縣為都，以任地事而令貢賦。」《詩小雅正義》引《司馬法》曰：「四邑為丘，有戎馬一匹，牛三頭，是曰匹馬丘牛。四丘為甸，甸六十四井，出長轂一乘，馬四匹，牛十二頭，甲士三人，步卒七十二人，戈楯具備，謂之乘馬。」此種四進的編組，徐中舒先生《井田制度探原》嘗論定是殷代的田制和兵制的遺存，見《中國文化彙刊》第四期。說不可易。從周易卦辭看：

「井，改邑不改井，無喪無得，往來井井。」

商周之際，確已實行井田制了。而且井為邑的組織基本單位，在《周易》裏也很說得顯白。可是，甲骨文尚不曾發現井田的名辭，而田字寫法則不盡作方塊形，其變化略如下列：

[田]鄴羽・三・下・44・6。[田]粹・1544。[田]粹・1223。[田]粹・1221。

惟第三字作井字，可見商代的一井之田，不盡是九夫，少則四夫，普通田字寫法象四分。六夫，八夫，多則十二夫，不論夫的多寡，每井總謂「一田」。《卯𣪘銘》所謂：「錫于乍一田，錫于宔一田，錫于隊一田，錫于截一田。」一田，大概是指一井。通常用以限制士大夫采地的面積，與「僕章土田」的制度有別。管子治齊，以都邑附近的土地為「制國」，《周官》以都城附近的土地為鄉；都是從「僕章土田」逐漸演變出來的。僕章以外的土田，管子稱為「制鄉」，《周官》稱「遂人」，那纔是士大夫的采地，或者是民衆的私有土地，商朝謂之田，《周官》與《司馬法》則譌為「四丘為甸」了。

《周官》與《司馬法》都說「甸」為「邑」的十六倍，這與古代文獻的傳說不能盡合。邑的範圍，在《論語》裏有時說「十室之邑」，有時說「千室之邑，百乘之家」，俱見《公冶長》篇。《周易》有時說「三百户」，《訟卦》。《左傳》更有時說「百室之邑」。成公十七年。人數多寡，本無一定。十室之邑，約當「一井之田」。古來是一井之田，出車一乘，所以孔子有「千室，百乘」的說法；而《克鐘銘》又直稱為「甸車馬乘。」哀公十七年《左傳》：「渾良夫乘衷甸，兩牡。」《說文》人部引作「中佃」云：「一轅車也。」然則，《國語晉語》所謂「于是乎作轅田」，也該作一井之田，出車一乘解。由這些新舊史料互相證發，《司馬法》與《周官》所謂「甸，六十四井，出長轂一乘」，絕對是一井之田出車一乘傳說之誤。知道「六十四井為甸」的學說不能成立，我相信商代鄉遂的組織，只有邑與田兩級，無所謂丘甸了。在此，但鈔一兩則重要的甲骨文以為余說之證明：

癸巳卜，㱿貞：旬亡𡆥。王固曰，㞢希，其㞢來嬄？乞至，五日丁酉，允㞢來嬄自西。者𢦔告曰，土方𢀛我東鄙，𢦏二邑，𢀛方亦侵我西鄙。○王固曰，其㞢來嬄？乞至，七日己巳，允㞢來嬄，自西。長友角告曰，𢀛方出，侵我氏㽣田七十人。五月。菁華・1。

……蚁敏姌告曰，土方侵我田十人。菁華・2。

十人為一田，七十人約為七田，可見武丁時代的土地制度，約以十頃為一井，不盡是四進的。而在這幾則紀載裏，邑與田並見，尤可見二者組織是絕對的不同。《春秋》桓公元年：「鄭伯以邑假許田。」《公羊傳》曰：「邑者何？田多邑少稱田，邑多田少稱邑。」此説非也。邑者，城堡，人所居也；田者，郊野，人所耕也。莊公二十八年《左傳》：「凡邑有宗廟先君之主曰都，無曰邑。」是邑即都也。《月令》曰：「孟夏之月，命野虞出行田原，為天子勞農勸民。命農勉作，毋休于都。」都為周代方言，邑則商代的城市通稱。商代都城例稱「大邑商」，或省稱為「大邑」云：

丁未卜，大邑受禾。佚・653。

甲子貞，大邑又入在彳。粹・1220。

癸亥卜，王旡□其𦎫大邑□。前・8・12・2。

貞，作大邑于唐土。金璋・611。

「大邑」，殆即「大都」。隱公元年《左傳》：「都城過百雉，國之害也。先王之制，大都，不過三國之一；中，五之一；小，九之一。」定公十二年《公羊傳》也説：「家不藏甲，邑無百雉之城。雉者何？五板而堵，五堵而雉，百雉而城。」依《韓詩》説：「八尺為板，五板為堵，五堵為雉。」一雉長二十丈，百雉兩千丈，周圍凡十一里多，此今文家言也。《五經異義》引《古周禮》説：「雉高一丈，長三丈。」百雉之城，周圍約三百丈，此古文家言也。證之《孟子》所謂「三里之城，七里之郭」，頗疑商代的大邑，不能過于《考工記》所謂「匠人營國，方九里」，小邑，不過「方里而井」，周圍四里罷了。試看卜辭屢云：

余其作邑。前・4・10・7。

甲戌卜，㱿貞，我勿將兹邑南□巳作。前・4・4・3。

甲寅卜，㱿貞，我作邑，若。續5・17・1。

丁未卜，㱿貞，我作邑。燕大・179。

□□卜，𡧊貞，王作邑。帝……。鐵・220・3。

關于作邑的卜辭，不下數十見。這可確證殷商王朝的政治，已達到「城主」階段了。城主為誰？卜辭也曾載出若干地名來：

貞，㞢于西邑。林・1・9・13。

乙卯卜，穷貞，勹乃邑○朗。燕大・173。

……三日乙卯，㞢嬉，單邑豊彡于彔。菁華・5。

甲戌卜，在央，貞，朮邑今夕弗屖。在十月又一。前・2・13・2。

己巳，王卜，□左其𩫖柳邑。

王其作僤于旅邑，受□。後・下・4・8。

貞，㞢邑受□。後・下・7・3。

貞，斵邑妫，㞢疾。佚・675。

貞，乎从奠取炋㒸圖三邑。前・7・21・4。

□彭龍□取卅邑。續・5・20・2。

貞，乎取㞢邑。林・2・8・1。

丙□，卜𡧊貞，令作奇。後・下・10・5。

「令作奇」，當是「作奇邑」的省文，奇氏見于甲裏刻辭云「自奇……」；西邑，見于甲翼曰「自西」；㞢邑，卜辭或曰「㞢氏」，或曰「㞢族」；這都可自本文前面所列各表中相互印證，無待繁引。旅邑之旅，與祖甲時代所常見的貞人旅同名，自然是旅氏的食邑。斵邑，卜辭一稱斵侯。《佚存》・952。這更可確證這些有名的城主，也就是甲骨文所常見的各氏族。關于氏族與邑的問題，《春秋公羊傳》有幾條可以根據：

襄公十五年：「劉夏逆王后于齊。劉夏者何？天子之大夫也。劉者何？邑也。其稱劉何？以邑氏也。」

昭公元年：「晉荀吴帥師敗狄于大原。此大鹵也，曷謂之大原？地物從中國，邑人，名從主人。」

「邑人，名從主人」，是説外族的人名地名，俱照本族語言直譯過來。若「以邑氏」，也就是隱公八年《左傳》所謂：「天子因生賜姓，胙之土而命之氏，諸侯以字為謚，因以為族。」殷商王朝，每個氏族，都有食邑；所有的氏族，就是城主，也就是諸侯了。

【胙土命氏為邑　甲骨文所見氏族及其制度】

◉丁　山　甲裏與骨臼所見邑氏甚衆，如：

邑氏，四。庫方・287。○以下骨裏。

邑氏，卅。院・9・0・0374。

□巳，邑氏。院・4・0・0090。

丁巳，邑氏。院・3・0・1811。

戊辰，邑氏，一夕，岳。福氏・36。○以下均骨臼。

辛丑，邑氏二夕，小叓。粹・1501。

□申，邑氏三夕，小叓。粹・1502。

丁丑，邑氏四夕，耳。後・下・15・10。

丙寅，邑氏七夕，叓。徵文・典禮・44。

以臼辭證橋辭，可知「邑氏卅」，就是邑氏入夕三十夕的省文，決不作「獻龜三十匹」解。傳世的《邑爵》，我認為就是武丁時代邑氏所作。另有一隻斝銘云：

「癸巳，王錫小臣邑貝十朋，用作母癸尊彝。隹王六祀，彡日，在四月。亞䰾。」續存下66葉

這是殷之末世的遺物，小臣邑，可能即是臼辭橋辭所稱邑氏的子孫。邑氏事蹟，在卜辭裏也常常見到：

癸未，貞，邑旬亡囚，五月。拾遺・10・11。

……貞，方來入邑，今夕弗𡰥王自。燕大・89。

勿乎取㞢邑。林・2・8・1。

貞，邑來告，五月。○貞，邑不其來告。鄴羽初下・39・5。○鐵・265・2。辭同。

其勹邑。珠・1376。

連上《竝氏節》所舉，「令邑竝㞢于丁」，及「令邑竝酒河」二則觀之，邑，可能也是武丁之子，與竝為弟兄行。《史記魯世家》：「楚滅魯，頃公亡，遷于卞邑。」徐廣曰：「卞，一作下。」證以《漢書地理志》，梁國有「下邑，莽曰下治」，《魯世家》原本應該作「下邑」。《史記索隱》說：「下邑，謂國外之小邑。」那是錯的。下蔡，上蔡，相因為名，既有「下邑」，應該有「上邑」。《水經河水注》：「門水，又東北，歷邑川，二水注之，即《山海經》所謂緒姑水注于門水者也。……又東北逕邑川城南，即漢封竇門之故邑，川受其名，亦曰竇門，城在函谷關南七里。」由酈道元說，此竇門水，本名邑川水，對于漢時梁國的下邑言，正可名為「上邑」。這或是武丁時代的邑氏墳地，嗣因不勝周人的壓迫而逐漸東徙，遂居商邱以東，睢獲二水之間，到了周期末年所以只存「下邑」之名，而迷失商

代的邑氏本土了。【邑氏　殷周氏族方國志】

◉陳夢家　卜辭所記邑數有多至四十者，而鄙有諸邑。以沚為例，東鄙有邑(數在二邑以上)，西鄙有田。邑與田是有別的：邑是聚族而居之處，田是耕田。《公羊傳》桓元「田多邑少稱田，邑多田少稱邑。」

卜辭邑有專名，其例如下：

勿乎取㞢邑　林二・八・一・前六・四三・五。

𠂇其敦柳邑　簠地五〇

才云奠河邑　金七二八

武乙及乙辛卜辭所記諸侯之鄙之邑爿、義、永等。以攸侯為例，攸為一區域地名，攸侯之攸從喜所占據的土地而得名，永則為攸侯喜之攸的一個鄙邑。【殷虚卜辭綜述】

◉馬叙倫　鈕樹玉曰。繫傳大小作小大。韻會從卩上有故字。沈濤曰。御覽一百五十七引。邑。縣也。从口。卩聲。據今本為會意字。古本則為形聲字。卩邑聲相近。疑當作從卩卩亦聲。王筠曰。邑部列字失次。殊不可解。竊謂自邦至郙皆統名也。以之冠首。自是以下。似當先録三代時國名。以漢之郡國總之。而依地理志序之。其縣邑鄉亭各附所隸郡國之後。其他云地名者。蓋不知所屬者也。概列於末。而鄯之為外夷者終焉。若謂説文為有漢一代之書。則當以郡國居先。古國邑居後。亦不得以鄯字冠國名之首。今本絶無眉目。豈許書本真乎。章炳麟曰。三體石經邦字作[illegible]。則古文邑從重卩。羅振玉曰。凡許書所謂卩字。考之卜辭及古金文。皆作㔾。象人跽形。邑為人所居。故從囗從人。倫按本書卩部所屬字。有從骨卩之卩。或從人坐形或跽形之㔾。然竟無符卩字。而甲文邑字皆從囗下㔾。唯金文如散盤作㔾。𦉢鼎作㔾。齊鎛作[illegible]。有似從骨卩之卩者。蓋骨卩之卩與㔾。篆形固易譌也。若從骨卩之卩。則御覽所引作卩聲者是矣。如説解云。先王之制尊卑有大小故從卩。則不當有聲字。然尊卑有大小詞義不達。先王以下九字自非許語。至如羅説。人所居為邑。故從囗從人。以會意字冓造原則言之。宜從人在囗中。今人在囗下。或人在囗外。則羅説未能立也。周禮小司徒。四井為邑。注。方二里。里宰。掌其邑之衆寡。注。邑猶里也。尋十三篇。里。居也。而野字從里。訓郊外矣。爾雅釋言。里。邑也。然則邑亦郊外。故野從里而訓郊外矣。周禮遂人注。五鄰為里。本部鄰下曰。五家為鄰。穀梁宣十五年傳。古者三百步為里。韓詩外傳四。廣三百步為一里。此里之數也。左莊廿八年傳。有宗廟先君之主曰都。無曰邑。蓋都有垣而邑無垣。故邑從人在囗外會意。史記孔子世家。孔子生魯昌平鄉陬邑。是邑小於鄉也。左傳。豎牛取東鄙三十邑。以與南遺。本部鄙下曰。五鄮為鄙。鄮下曰。百家為鄮。然則東鄙三十邑。若書大傳廣雅所謂五里為邑。而王筠以為聚落之偁矣。然則邑者即今所謂集。釋名釋州國。邑猶俋也。邑人聚會之偁也。戰國策齊策。有市之邑。尋市從ㄇ之聲。ㄇ正郊外也。諭今地之以集名者。皆城外人所聚會以為市者也。則邑即集之本字。其語原當與集同。易井。改邑不改井。虞注。坤為邑。易訟。其邑人。荀注。坤稱邑。蓋坤卦有凝聚之象。改邑不改井。明改其會聚之處。而田井不改也。是其證乎。凡地之有名者。皆為人所居聚。故地名皆從邑矣。然字從口從坐之初文。古之坐猶今之跽而不直其躬者。從坐者。明如今北方趕市集者皆坐而賈也。字見急就篇。師酉敼作[glyph]。公違敼作[glyph]。北伯敼作[glyph]。爵文作[glyph]。從次初文之口。即亘字也。甲文作[glyph][glyph][glyph]。【説文解字六書疏證卷十二】

◉白玉峥　[glyph]：羅振玉氏釋邑曰：「邑，為人所居，故从口从人」考釋中十一頁。葉玉森氏曰：「从口，象畺域，从[glyph]，人之變體。有人有土，斯成一邑」鉤沉。羅葉二氏之説甚是，惟葉氏謂「[glyph]為人之變體」則非。揣造字之初，其所以从[glyph]者，乃示此域内之人，長於斯、息於斯之誼也。【契文舉例校讀　中國文字第三十四册】

◉温少峰　袁庭棟　「邑」字甲文作[glyph]，从口，表示城邑之圍牆，《説文》「冂」下云：「从口，象國邑」，國邑即今謂之城市。从[glyph]，象人之跽坐。故邑之本義即謂人聚居之地。《説文》訓「國也」，即城市之義；《釋名》訓「人聚會之稱也」，其義更明。《詩·大雅·文王有聲》：「既伐于崇，作邑于豐，文王烝哉。築城伊淢，築豐伊匹。」可見「作邑」就是「築城」。卜辭中有很多「作邑」的記載，如：

(107)　☑子卜，賓貞：我乍(作)邑？(《乙》五八三)

(108)　己卯卜，争貞：王乍(作)邑，帝若(諾)？我从，之(兹)唐。(《乙》五七〇)

(109)　庚午卜，丙貞：王弓(勿)乍(作)邑才(在)玆(兹)，帝若(諾)？

庚午卜，丙貞：王乍(作)邑，帝若(諾)？八月。

貞：王乍(作)邑，帝若(諾)？八月。

貞：〔王〕弓(勿)乍(作)邑，帝若(諾)？(《丙》八六)

以上諸辭，均為殷王要修建城邑，卜問于上帝以定吉凶之辭。(108)辭有驗辭曰「我从，之(兹)唐」，謂从上帝之意愿在唐(地名)修建城邑也。修建城邑乃是大事，故必須反復卜問，方能擇地開工。不僅殷人如此，周人亦然。《書·洛誥》：「予惟乙卯，朝至于洛師。我卜河朔黎水。我乃卜澗水東，瀍水西，惟洛食。我又卜瀍水東，亦惟洛食。伻來，以圖及獻卜。」僞孔傳：「洛，今洛陽也。將定下都，遷殷頑民，故并卜之，遣使以所卜地圖及獻所卜吉兆來告成王。」周人建洛陽城之前，亦反復卜問而後定，正與卜辭所記殷人之俗相同。

(110) 己亥卜，丙貞：王㞢(有)石才(在)鹿北東，乍(作)邑于之(茲)？

王㞢(有)〔石〕才(在)鹿北東，乍(作)邑于之(茲)？

乍(作)邑于鹿？(《乙》三二一二)

此辭乃殷王欲在鹿(地名)之東北修建城邑而卜問是否可行之辭。

卜辭中又有「作大邑」之載：

(112) 貞：𢦔(作)大邑于唐土？(《金》六一一)

(113) 戊申卜，亘貞：弜(勿)乍(作)大邑于……(《金》六九六)

(114) 庚申卜，争貞：乍(作)大邑……(《粹》一七二)

所謂「大邑」，即大的城邑。《周禮·地官·小司徒》：「四井為邑」，注「方二里」，這是小邑，一般的城邑，居民點之類。而殷人自稱其都城為「大邑商」，或簡稱「大邑」。以上三辭所作的「大邑」，則當是如殷墟都城這樣規模的大的城市而言。【殷墟卜辭研究——科學技術篇】

◉艾蔭範　朱芳圃《甲骨學》引葉玉森云：邑字「从口象疆域，(下)象人跽形，乃人之變體，即指人民。有土有人，斯成　邑。許君從卪說未確。」蔭範按：朱引葉可備一說。然本人尚有一說。據考古發掘，在奴隸制時代，奴隸主在建築廟宇、房屋、墓穴時，往往於其下活埋人牲。其用意或即如J·弗雷澤所說：「把活人囚禁在牆壁裏邊，或壓在新建築物的基石下面，其目的是要使新建築物能夠堅固耐久；或者確切說是為了讓死者憤怒的幽靈巡游於此，以達到防止敵人入侵這座新建築物的目的。」(《金枝》P290)山東益都大埠屯大墓奠基人牲，即作跽形，與其上之墓穴恰好合成邑字。邑之轉注字有挹(通抑)、悒，義為壓抑、悒鬱。由此推之，邑字或取象於房坑下埋人牲，示此居住區之神聖、莊嚴或吉祥。【說口　遼寧大學學報一九九四年第五期】

◉戴家祥　墨字阮元積古齋鐘鼎彝器款識卷七第六葉釋邑土二字，許翰非之，曰：「細讀諸本蓋一字，从邑从土，疑鄉之別體。」筠清館金文卷三第廿八葉。劉心源奇觚室吉金文述卷十六第卅七葉孫詒讓古籀餘論卷三第十八葉並從其說。按卜辭金文鄉里之鄉从皀从𠨍，皀或作皀，蓋古文簋字。𠨍象兩人相向，為向背之本字。从皀从𠨍，𠨍亦聲，字當釋饗，同聲通假，借用為卿。唐韻卿讀許良切，匣母陽部卿讀去京切，溪母陽部。古代牙音見溪兩紐在諧聲字中每與喉音曉匣混用。故白虎通云「卿之言嚮也，

邦

為人所歸嚮」。漢碑篆額始有𨛜字,許君不知皀為簋之初文,誤以「皀又讀若香」,說文五篇。蓋時俗不知字例者之所為也。阮釋固誤,印林所言,亦非確論,然則壘字果何義耶?以形義核之,實即邑之別體。古籀大篆每駢立兩形以明其字義,而小篆則或省改為一形,如⿰丵丵之為業,說文三篇丵部。⿰某某之為某,說文六篇木部。𤲸之或體作畜,說文十三篇田部。𨛜之篆文作巷,說文六篇𨛜部。是其證。古人作書涉及土地國邑者,每加旁从土以示類屬。金文陳曼簠陳作塦,平阿戈阿作⿱阿土,或之別體作域,說文十二篇。可證。表義更旁,字亦作國。口回也,象範圍周匝之形,與邑之从口同義。孟子曰「域民不以封疆之界」,公孫丑下。趙岐注「域民,居民也」。邑之古文作⿱口卩,象人踞在口下,其義亦即在此。許云「从卪」,說文六篇。大誤,國邑兩詞,文異義同,商書湯誓「率割夏邑」,史記殷本紀作「率奪夏國」,周書牧誓「以奸宄于商邑」,史記周本紀作「以姦軌于商國」,故說文云「邑國也」,「國邦也」。格伯六器銘末俱有「厥書史戠武立𥁰成壘」之語,似即禮家所謂立廟血祭使之成邑之禮,史記五帝本紀:「舜一年而所居成聚,二年成邑,三年成都。」是成壘之為成邑,殆無疑義矣。【金文大字典下】

前四・一七・三 王國維釋邦 菁九・一三 乙六九七八 簠歲二四 簠歲一七 簠歲一八 【甲骨文編】

乙6978 續1・47・2 徵5・17 5・18 5・24 佚271 【續甲骨文編】

辛邑陜矛 此簋 邦 盂鼎 盂鼎二 靜簋 彔伯簋 五祀衛鼎 牆盤 𤼈鐘 豆閉簋 芇伯簋 弔姬匜 克鼎 師克盨 㝬鐘 盠方彝 伯邦 父鬲 班簋 師寰簋 弔向簋 毛公厝鼎 駒父盨 子邦父甗 寡子卣 封簋 禹鼎 哀成弔鼎 𩰫鎛 邾公華鐘 晉公𥂕 十年陳侯午錞 陳侯午錞 中山王嚳鼎 中山王嚳壺 𧊒壺 中山侯𧊒鉞 國差𦉜 蔡侯𤔲鐘 陳章壺 散盤 【金文編】

3·40 陳☐□邦淮□☐區□ 5·183 新城邦 【古陶文字徵】

〔二〕〔五〇〕〔五〇〕〔一〕〔三五〕〔一四〕〔五〇〕〔三七〕〔三七〕〔一二〕〔四二〕〔二三〕〔三七〕〔四二〕〔三七〕〔三六〕〔一二〕〔五五〕〔六八〕〔三六〕〔一二〕〔五〇〕〔三七〕〔一三〕〔三六〕〔四二〕〔三六〕〔三七〕〔十〕〔一九〕〔五一〕〔五一〕〔一三〕〔四二〕〔三六〕〔二〇〕〔一〕〔一〕〔三七〕〔三五〕〔一五〕〔三六〕〔三七〕〔三六〕〔五一〕〔三六〕〔三六〕〔四〇〕〔一〕〔三六〕〔二〇〕〔四七〕〔一〕〔一三〕〔三六〕〔三七〕〔一〕【先秦貨幣文編】

刀大 節墨之厺化背 安邦 魯莒 刀大 齊造邦㫧厺化 魯臨 刀直 甘丹背 冀靈 説文古文邦作𡈼 殷虛文字引王國維曰説文邦古文作𡈼乃𡈼之譌 頷按説文所舉古文不誤 刀大 節墨之厺化背 安邦 魯博 刀大 齊造邦㫧厺化 魯博 仝上 刀大 齊造邦㫧厺化 魯博 仝上 典八三八 仝上 典八三九 刀大 齊造邦㫧厺化 典八四一 仝上 典八四二 仝上 典八四三 刀大 齊造邦㫧厺化 典八四四 仝上 典八四五 仝上 典八四六 刀大 齊造邦㫧厺化 典八四七 仝上 典八四八 仝上 典八四九 刀大 齊造邦㫧厺化 典八四〇 仝上 典八五〇 仝上 典八五一 刀大 齊造邦㫧厺化 典八五二 仝上 典八五三 仝上 典八五五 刀大 齊造邦㫧厺化 典八五六 仝上 典八五八 仝上 典八五九 刀大 齊造邦㫧厺化 典八六〇 仝上 典八六二 仝上 典八六三

刀大 齊造邦㠱厺化 典八六四 仝上 典八六五 仝上 典八六七 刀大 齊造邦㠱厺化 典八六八 刀大 節䥩之厺化背 安邦 典九八四 刀大 節䥩之厺化背 安邦 典九八五 仝上 展貳柒 刀大 齊造邦㠱厺化 展叁拾 仝上 展叁壹 仝上 亞六・四 刀大 齊造邦㠱厺化 亞六・三 【古幣文編】

一五六：三 一百九十五例 宗盟委質類晉邦之地 二〇〇：五七 八五：二 二十八例 九三：三 九八：一 四 一五六：二五 三例 【侯馬盟書字表】

7 236 【包山楚簡文字編】

邦 秦二〇一 十四例 法一四〇 十六例 法一一三 十例 日甲七 日乙二五一 【睡虎地秦簡文字編】

奉☒□亓—(甲4—5)、隹—所☒実之行(甲5—20)、取女為—芺(丙4:2—9)、大不訓于—(丙7:2—3)、亓—又大𦤎(丙8:3—1) 【長沙子彈庫帛書文字編】

3458 1810 毛公鼎邦字與此同。 0143 2554 0276 1590 1942 3819 3936 1797 0861 說文古文邦字與此形近。 【古璽文編】

邦尉之印 邦侯 【漢印文字徵】

石經無逸 以庶邦惟正之供 詛楚文 兩邦㠯壹 逕鄣石 【石刻篆文編】

邦 【汗簡】

古尚書 竝古文 王存乂切韻 【古文四聲韻】

◉許　慎　𨚍國也。从邑。丰聲。博江切。㘥古文。【說文解字卷六】

◉吳大澂　𨚍當即邦字。與散盤𨚍人之邦相類。【愙齋集古録第八册】

◉劉心源　邦字从丰。即丰。蓋篆作丰而弟二横筆之尾偶與上畫相連。各本皆然。或是鑄損。攈古録篆从丰。誤㠯為从牛。而釋此字為牧。非也。从𨚍。即邑。西亭鐘齊𨚍邑下卩字多一筆。齊造邦刀邦字作𨚍。從邑易識。又有作𨚍𨚍𨚍者。㠯𨚍證之。𨚍𨚍𨚍皆邑之繁文也。【奇觚室吉金文述卷八】

◉丁佛言　𨚍齊仲姜鎛。𨚍平安君鼎。原書附録以為挹字。𨚍豆閘敢。𨚍靜敢。𨚍陳侯午錞。𨚍國差甔。𨚍晉公盦。𨚍古鉢。公孫邦鉢。𨚍古鉢。慼孫邦。𨚍同古鉢。邦事。𨚍古鉢。邦昌。𨚍古鉢。揚邦栗鉢。𨚍古鉢。郱邦信鉢。𨚍古鉢。司馬邦。𨚍古鉢。鄭邦。𨚍古鉢。𨚍恭邦。𨚍古鉢王益邦。㘥古鉢。右邦浪車𨚍。鉢。古文邦。从田从丰省。𨚍之變。㘥古鉢。右邦𨚍。𨚍古鉢。鏤邦=國也。匚是囗之省。或釋圃。非。𨚍古鉢。邦邦。从囗=亦省作乚。【說文古籀補補卷六】

◉王國維　古封邦一字。說文邦之古文作㘥。从之田。與封字从㞢从土均不合六書之恉。㞢蓋丰之譌。殷虛卜辭云。「貞勿求年于𨚍。」前・四・十七。𨚍字从丰田。即邦字。邦土即邦社。古社土同字。詩冢土即冢社。亦即祭法之國社。漢人諱邦。乃云國社矣。籀文𡉘（定按封之籀文）字从土丰聲。與㘥之从田。邦之从邑同意。本係一字。毛公鼎邦作𨚍。从土又从邑。【史籀篇疏證】

◉高田忠周　說文𨚍國也。从邑丰聲。古文作㘥。又𡉘下曰。爵諸矦之土也。从㞢从土从寸。寸其制度也。古文作𡉘。籀文作𡉘。从土丰聲。與𨚍同意。𡉘𡉘皆誤。金文作𡉘。實从又。又手也。丮持之意也。𡉘即邽省。邽即土。字从土丰聲足矣。土田同意。故或作㘥。从田丰後加邑作𨛫。作𨛫。又省作𨛫。蓋君與土臣承之。此謂之封。故从又邽。會意。其承受而所有之土。此謂之邽。邽為先出。封為後出。而邽已受意於封。封亦从邽。此轉注之作例也。若夫字从㞢土者。為㞢。㞢往字所从。與邽封字無涉。封下之𡉘。元當作𡉘。𡉘𡉘實皆邦字。叚借為封者也。或謂封為先出。𡉘𡉘。皆其省文。𨛫从邑从封。會意。或亦可通。但如此。㘥亦可謂封字邪。稍似不妥當矣。要邽封音義相近。古文互通用也。書堯典。協和萬邦。詩皇矣。王此大邦。周語。后非衆罔與守邦。此為本義。統言邦國不分。析言周禮大宰。以佐王治邦國。注。大曰邦。小曰國。是也。又叚借為封。詩玄鳥。邦畿千里。東京賦注。正作封。論語。且在邦域之中矣。而謀動干戈於邦內。鄭本正作封。可證矣。【古籀篇二十】

◉商承祚　□甲骨文作□。从田丰聲。此从屮。乃□之譌。齊刀背作□。从土丰聲。形與説文封之籀文𡊜同。邦封同訓。釋名。「邦。封也。」故相通。从邑从田从土。形雖不同。義則一也。【説文中之古文考】

◉郭沫若　釋□為邦甚是。然「邦土」殆即相土也。邦音雖在東部。然每與陽部字為韻。則邦相音相近。古人之為邦土者。後人音變而為相土也。【卜辭通纂】

◉馬叙倫　金文邦字。國差𦉜作□。毛公鼎作□□。克鼎作□。封敨作□。其他率同。□□所從之□。即十三篇封下之□。所謂古文封省者。其籀文作𡊜。從土從丰。上下并書之為□。封之説解曰。爵諸矦之土也。郭沫若謂此非初義。周禮大司徒。制其畿疆而溝封之。鄭注。封。起土界也。校為近古。而實猶是後起之事。地官封人。詔王之社壝為畿封而樹之。是古之畿封。實以樹為之也。此習於今猶然。西方學者稱為境界林者。是也。倫謂郭説是也。王國維謂封邦一字。倫謂論語。且在邦域之中矣。釋文。邦。或作封。而謀動干戈於邦內。鄭本作封內。釋名釋州國。邦。封也。骨文有□。與散盤之□。實為同字。左傳。敢不封殖此樹。是其證也。今諭鄉邨中亦每隆其界土而樹之。即所謂畿封而樹之。詩烈祖。邦畿千里。傳。畿。疆也。疆為畺之或體。十三篇。畺。界也。穀梁隱元年傳。天子畿內。釋文。畿。本作圻。圻為垠之或體。十三篇。垠。地垠也。後漢書明帝紀注。圻岸。圻堮也。明畿封而樹之。正隆其界土而樹之。故封從土從丰。或從寸從半從土。或從□從丰。或從□從丰。丰非艸盛丰丰之丰。實木叢生之丵省。亦叢之初文也。會意。此邦之初文。後起字作邦。從邑。丰聲。此訓國也者。畿封而樹之。實最初國之模型。後大隆其土以為防守。則囗或之文亦次弟以起。故邦之初義。實今所謂國防。邦國亦實異文耳。古讀邦當如防。音在奉紐。或音喻紐三等。同為次濁摩擦音也。邦音則轉入封紐。而國音亦轉入見紐。封見又為清破裂音也。

王國維曰。□乃□之譌。□。從田。丰聲。與邦之從邑丰聲籀文𡊜之從土丰聲同。李杲曰。石經作□。與此異。倫按王説是也。古文經記邦字如此作。而魏石經作□。從卩而重之。蓋依仿妄為。不知邑固不從骨卩字。亦不從符卩字也。然仍是邦字。甲文作□□。【説文解字六書疏證卷十二】

◉陳夢家　古文邦與封為一字。啚與鄙為一字。説文「邦國也」。廣雅釋詁四「鄙國也」。封與鄙當是一名一字。【西周銅器斷代　考古學報一九五五年第九册】

◉李孝定　説文「邦國也。从邑丰聲。□古文」。王氏説此字是也。字在卜辭有兩義。一為邦土連文。「貞勿奉年于邦土」前・四・十七・三。「丙子卜貞奉年于邦□土」簠徵、歲時十。「貞勿奉年于邦□土」簠徵、歲時十八。邦土亦當如王氏所説。即漢之國社

郡

也。一為方國之名。「壬申卜亙貞祟禍不于壴𠙵八人邦五人」簠徵・歲時・二四。續・一・四七・二重出是也。又云「☐子邦☐王」乙・六九七八。殘文邦似為人名。「子」。如為干支字。則邦義不可知。金文作[glyph]師寰簋。[glyph][glyph]毛公鼎。[glyph]彔伯簋。[glyph]豆閉簋。[glyph]齊鎛。[glyph][glyph]盂鼎。[glyph]宗周鐘。[glyph]子邦父甗。[glyph]散盤。均从邑。與篆文同。或又增土。从田从土从邑。其意一也。散盤一文形已譌變。【甲骨文字集釋第六】

◉林潔明　甲骨文作[glyph]前四・十七・三。从田丰聲。則知說文从㞢乃丰之誤。金文邦字與篆文同。或加土作[glyph]。高田忠周氏謂土田同意。古邦封一字。王國維亦有說。見古籀疏證三十五頁封字條，載静安先生遺書十七册。其說是也。【金文詁林卷六】

◉李學勤　「邦賓」即《周禮・司几筵》、《禮記・喪大記》的「國賓」。《司几筵》注引鄭衆說，以「國賓」為老臣，鄭玄自己則認為是「諸侯來朝，孤卿大夫來聘」。孫詒讓《周禮正義》引《通典》所載馬融説，與鄭玄説折衷，主張：「國賓，在王國則當為二王後，在侯國則當為他國之君來朝，及王人來聘者。」無論如何，「邦賓」的身份是和「三左三右」等朝臣不同的。

下面說「邦賓尊其旅服」，「尊」為動詞，有放置的意思。「旅」訓為陳，「服」訓為事，所謂「旅服」應當是指邦賓獻贈周王的物品。「東向」，是說邦賓們的物品東向而陳列，不是說邦賓本人的方向，和《顧命》篇中所記「南向」、「東向」、「西向」都指物品陳設是一樣的。【小盂鼎與西周制度　中青年學者文庫・李學勤集】

◉戴家祥　封字所从之[glyph]與邦字義同，封字从寸，寸通手，表示動詞封建之義，邦字从邑，表示封建的結果，諸侯的國邑。

[glyph]盂鼎　賜汝邦嗣四伯　邦，即邦之省。金文邦多作[glyph]，从丰从邑。此从卩[glyph]，乃邑[glyph]之省。盂鼎「易女邦嗣四伯」，與十年上軍矛「邦司寇富無」等辭例正同，參見邑部邦字。

[glyph]沓父丁尊　字从木从田，象木在田上之形。疑為邦字的異文。說文六篇邦古文作[glyph]，甲骨文作[glyph]，與銘文相近。邦者國也。樹木以為標幟封之則有邦國之別。故从木从田。金文用作人名。【金文大字典下】

[glyph] 3・679　王問貽衢䫋里𦅫郡　[glyph] 3・610　豆里人☐郡【古陶文字徵】

[glyph] 郡　秦一五七　[glyph] 法一四四　二例　[glyph] 法九五　二例　[glyph] 日甲三【睡虎地秦簡文字編】

[glyph] 代郡農長　[glyph] 蜀郡都尉章　[glyph] 東郡守丞　[glyph] 晉上郡率善佰長【漢印文字徵】

開母廟石闕　少室石闕　天璽紀功碑　袁安碑　捧楚郡大守【石刻篆文編】

◉許　慎　郡周制。天子地方千里。分為百縣。縣有四郡。故春秋傳曰。上大夫受郡。是也。至秦初置三十六郡。以監其縣。从邑。君聲。渠運切。【説文解字卷六】

◉顧廷龍　郡。周郡遷臧里圭貽。【古陶文孴録卷六】

◉丁佛言　古鉥郡。从尹从邑。尹。治也。受邑以治其事也。許氏曰。周制天子地方千里。分為百縣。縣有四郡。故春秋傳曰上大夫受郡。是也。古匋。郡遷里□貽。【説文古籀補補卷六】

◉馬叙倫　鈕樹玉曰。玉篇引無是也二字。席世昌曰。玉篇引説文曰。字下有下大夫受縣五字。按郡縣之名。周已有之。周書作雒解曰。千里百縣。縣有四郡。左氏傳曰。上大夫受縣。下大夫受郡。蓋秦以郡統縣。周則以縣統郡。故趙鞅云然。今本説文訛下為上。玉篇所引。又訛上為下。當從左傳正之。嚴可均曰。上大夫下有捝文。水經河水注引作上大夫縣。下大夫郡。至秦始置三十六郡以監縣矣。與哀二年傳合。倫按周制以下四十字皆校語。本訓捝矣。釋名釋州國。郡。羣也。人所羣聚也。而廣雅釋詁。都。聚也。是郡與都義無不同。原其初止一封字。封轉為邦。音同封紐。聲同東類。封者。人所聚居。扨樹而口其界。其音蓋原於聚。聚為巛之轉注字。聚聲矦類。對轉東為封。巛即羣衆之羣本字。故又轉注為郡。郡為地名。作聚之本字。郡音羣紐。古讀歸見。都音端紐。封端見皆清破裂音。故又轉注為都。君粦犹聲同真類。故又轉注為鄰為酇。字見急就篇。古鉨作。古匋作。【説文解字六書疏證卷十二】

都

都　㝬鐘　鈴鎛　仲都戈　洹子孟姜壺　喪其人民都邑　新都戈【金文編】

秦1011　都船工疕　秦1014　都説　秦1017　都歐　秦1012　都倉　秦1023　都昌　秦1016　都船工疕

9·19　都市　9·20　同上　3·703　平都左安口男鉢　4·18　余某都鍴　4·131　左都司馬鉢

4·132　恂都　4·130　湯都司徒鉢　4·151　𨒪都市鉢【古陶文字徵】

〔四六〕　〔三六〕　〔二八〕　〔二二〕　〔三六〕　〔四〇〕　〔五五〕　〔三六〕　〔二〇〕

〔二〇〕〔二二〕〔五三〕〔三六〕〔四二〕〔二〇〕〔二二〕〔三六〕〔二二〕

〔七二〕〔四二〕〔三六〕〔二〇〕〔四〕〔三六〕〔二〕〔二〇〕〔一九〕

〔三五〕〔二〕〔四二〕〔三六〕〔一八〕〔四七〕〔二二〕〔一八〕〔一九〕〔二〇〕

〔一九〕〔二二〕〔二三〕〔二〇〕〔二二〕〔三七〕〔二〇〕〔四二〕〔二五〕

〔二〕〔三六〕〔一八〕〔三六〕〔二〇〕〔二〇〕〔一九〕〔三七〕〔二八〕

〔二〇〕〔四二〕〔三六〕〔五〇〕〔三八〕〔三八〕〔五〇〕〔三九〕〔一九〕〔一九〕〔二〇〕〔七四〕〔二二〕〔四二〕〔四二〕〔二八〕〔二〕〔二〕〔五三〕

〔四二〕〔三八〕〔二二〕〔三九〕〔二〕〔二二〕〔三六〕〔三六〕〔二八〕

〔二〕〔二〇〕〔二〕〔二〕〔二〇〕〔四〕〔一三〕〔一九〕〔四二〕〔三〇〕

〔五〇〕〔二〕〔三六〕〔二二〕〔一六〕〔七九〕〔二〇〕〔七八〕〔一九〕

〔五〇〕〔三五〕〔二〕〔三七〕〔七〕〔二五〕〔三六〕〔三八〕〔七〕〔三六〕

〔二〇〕〔四七〕〔四七〕〔三六〕〔二二〕〔五〇〕〔二〕〔三九〕〔三六〕

〔三九〕〔一九〕〔三九〕〔三九〕〔一八〕〔三六〕〔三九〕〔三六〕〔七〕〔二〇〕

〔三六〕〔二五〕〔二三〕〔二八〕〔二八〕〔三八〕〔一九〕〔三八〕【先秦貨幣文編】

布方 高都 冀靈 布方 高都 晉都 布方 高都 晉高 布方 高都 晉都 仝上 布方 中都 晉

高　布方　中都　晉祁　仝上　布方　中都　晉高　布方　高都　晉祁　布方　中都　晉祁　布方　高都
晉襄　布方　中都　晉祁　仝上　布方　中都　晉高　布方　中都　晉高　仝上　晉祁　仝上　布
方　高都　晉高　仝上　晉祁　布尖　西都　晉原　布方　中都　晉祁　仝上　仝上　晉高　布方　中都
晉祁　仝上　仝上　布方　中都　晉芮　布方　高都　晉高　布方　中都　晉祁　布尖　西都　晉高
布方　中都　晉祁　布尖　西都　晉高　布方　中都　晉高　布方　中都　晉襄　布方　中都　晉高　布
方　中都　晉高　布尖　西都　晉原　布方　中都　晉高　布方　中都　晉芮　布方　中都　晉祁　布方　中都
晉浮　布方　中都　晉浮　布尖　西都　晉原　仝上　布方　中都　晉浮　仝上　布尖　西都　晉原
布尖　西都　晉原　布方　中都　晉浮　布方　中都　晉芮　布方　中都省體　冀靈　布方　中都　亞四・四三
布尖　中都　典三六九　布尖　西都　典三九二　布尖　西都　典三九三　布方　中都　典二一九　布方　都中反
書　典三〇　布方　中都　典三一　仝上　典三二　仝上　典三三　布方　中都　典三四　布方　高都　典二〇
三　仝上　都高　典二〇六　布方　都高　典二〇七　仝上　典二〇八　仝上　典二〇九　布方　都高　展啚版
拾玖6　布方　中都　展啚版拾玖5　布方　都中反書　亞四・四三　布方　中都　亞四・四四　仝上　布方　高
都　亞四・四六　布方　都高　亞四・四六　布尖　西都　亞三・二四　仝上　布尖　西都　亞三・二四　布尖
中都　三・三・二五　【古幣文編】

一五六：一九　九例　宗盟類參盟人名竺都　委質類地名中都　一五六：二〇　六例　一九四：一一　三：二一

一五六：二五 四例 一五六：二一 二例 七五：八 九一：五 三：二〇 一五六：二六 者

三：一九【侯馬盟書字表】

102 113【包山楚簡文字編】

都 法九五 十九例 效一 三例 秦七二【睡虎地秦簡文字編】

3237 3419 0303 0009 5196 5198 5197 2487 2116 2460 0361

0292 0118 0186 0188 0086 0085 0050 0051 0167 0058 0059

0013 0010 0297 0117 0187 0287 0190 0215 0054 0121 0052

0018 0017 0015 0016 0082 0011 0060 0293 汗簡都作，與此形近。 0366

【古璽文編】

溫水都監 浙江都水 都船丞印 原都馬丞印 張君都印 駙馬都尉 安都 都市 盧

都 杜君都 牟都牟中翁 軥都私印 田克都 臣都 任蓋都印 霍都 朐都 紀都

原都 王安都印 王子都印 朱武都【漢印文字徵】

孔宙碑領 延光殘碑 品式石經咎繇謨禹拜曰都 汗簡引石經作【石刻篆文編】

都【汗簡】

石經【古文四聲韻】

◉許　慎　有先君之舊宗廟曰都。从邑。者聲。周禮。距國五百里為都。當孤切。【説文解字卷六】

◉吳大澂　齊侯壺。喪其人民都邑。都字如此。齊子仲姜鎛。中都幣。高都幣。鉨。右司馬鉥。古鉥文。古鉥文。【説文古籀補卷六】

◉孫詒讓　即都字。都本从邑者聲。此變邑為戈。【齊侯鎛鐘　古籀拾遺卷上】

◉丁佛言　戎都鼎。都敢。古鉥。都司徒鉥。古文都从。古旅字。古鉥。庚都右司馬鉥。古鉥。岳陰都渦左。古鉥。日庚都萃車馬。古鉥。鄘昜都。古鉥。梁都司馬滄軍龍功之鉥。古鉥。庚都右司馬。古鉥。郻都司徒。古鉥。單佑都用王鉥。古鉥。口都。周秦間鉥。都尉喪鄉。古匋。都市。古匋。【説文古籀補補卷六】

◉馬叙倫　鈕樹玉曰。繫傳韻會周禮下無距字。有制字。當不誤。禮字疑衍。今周禮亦無此文。郡下亦引周制。鄭司農注。戴師司馬法。王國五百里為都。翟云升曰。爾雅釋地疏引作邑國也。徐灝曰。都本都鄙之偁。穀梁僖十六年傳。民所聚曰都。廣雅曰。十鄉為都。是也。因之凡聚會之地皆曰都。其後乃為大都小邑之偁。倫按周禮以下自為校語。然有先君之舊宗廟曰都。疑亦呂忱或校者所加。一舊字尤可疑。左莊廿八年傳止言凡邑有宗廟先君之主曰都。呂氏春秋仲秋紀。建都邑。注亦曰。國有先君宗廟曰都。玄應一切經音義引字林。有宗廟先君之主曰都。則此是字林訓。傳寫為校者增一舊字。然都之本義。非謂有先君之宗廟也。凡邦郡都鄙鄰鄭諸文皆當從口。而今字皆從邑者。邑亦從口。而邑即今所謂集。交易之所聚也。穀梁傳謂民所聚曰都。與釋名言國君所居人所都會也義合。廣雅釋詁。都。聚也。尋水聚曰瀦。人聚曰都。明同語原矣。然倫謂都堵實一字。堵即城也。釋名。國城曰都。可證也。唯是人所聚處。即統治者所在。而人所聚最多處。即財貨重器之所在。亦即最高統治者之所在。猶今縣長之居城內矣。故書傳謂先君宗廟曰都也。字見急就篇。齊鎛作。古鉨作。【説文解字六書疏證卷十二】

◉郭沫若　伯家父𣪘「隹伯家父迺用吉金自作寶𣪘。下畧」貞五・四三。字舊未釋，案乃都字之異，洹子孟姜壺「其人民都邑」字如是作。周禮屢以「邦國都家縣鄙」連文、其官叙則都宗人與家宗人相接，都司馬與家司馬相接，都士與家士相接。又載師「以家邑之田任稍地，以小都之田任縣地，大都之田任畺地」，「方士掌都家」，「朝大夫掌都家之國治」。鄭注謂都為王子弟及公卿之采地，家為大夫之采地。都家連類，故名都字伯家也。【彝銘名字解詁　金文叢考】

◉戴家祥　説文六篇「都，有先君之舊宗廟曰都，从邑者聲，周禮距國五百里為都」，金文用同。【金文大字典下】

鄰 法九八 三例 鄰 日乙二一 【睡虎地秦簡文字編】

張鄰之印 莊鄰里 公孫鄰 【漢印文字徵】

鄰 鄰 【汗簡】

古老子 古尚書 【古文四聲韻】

◉許 慎 鄰五家為鄰。从邑。㷠聲。力珍切。【説文解字卷六】

◉丁佛言 鄰鼎。古从邑之字亦或从𠂤。古匋。吴愙齋曰。古老子鄰作吅。【説文古籀補補卷六】

◉馬叙倫 釋名釋州國。鄰。連也。疑許亦以聲訓。今捝。存者蓋吕忱據周禮遂人文加之。字見急就篇。【説文解字六書疏證卷十二】

◉强運開 古鉨。郝軌。【説文古籀三補卷六】

◉魯實先 卜辭一見競字,其辭曰「戊戌卜出貞其㞢匚于外于競室酒」文録三七九,或疑競與競為一字並隸定為競,又疑競為僉之初文,説並非是。以愚考之,競乃麗之初文。案説文鹿部載麗之籀文作丽,諸本作篆文惟毛晉本作籀文。案玉篇集韻類篇並以从為古文,是知作篆文者非是。汗簡引作从,並為競之省變,其文从吅者,吅即鄰之古文。漢孫根碑云「至于東吅大虐戕仁」,見隸釋卷十。漢衡立碑云「宜享難老彭祖為吅」。隸釋卷十二。孫根碑之東吅即漢書叙傳所載幽通賦之東从,師古曰「从古鄰字」。是其證也。惟東吅之吅字乃从訓回之二口以示二室相鄰之義,非説文訓驚呼之吅也,夫象二室相鄰而從口者,是猶舍高倉向之從口也。遂録者誤以所从之口即人所言食之口,而口之古文多作∇,隸變則為厶,是以漢書遂譌吅為厸,競所從之从乃「从」之或體,所以從「从」者以示二人相儷之義,據此則競之為字乃從从,從吅,吅亦聲。鄰麗俱為來紐,故以古文之鄰為麗之聲符,是競乃形聲而兼會意。其據以會意者為二室相鄰,二人相儷,是以其本義為兩為耦,即麗與儷之初文。説文以旅行訓麗者乃其引申義也。以棽儷訓儷者則失之形義不符矣,競省之則作从,審是則競即从从之正體,亦即麗之初文,非特形體脗合,亦且聲義密符,無可致疑也。言故訓者乃謂「从从二元,元首也,以二首相並為意」,見孔廣居説文疑疑。據省變之字以溯初義非其恉矣。所謂麗室者,謂二室相耦中介一堂,即禮記雜記下之夾室,亦即國策燕策之歷室,與史記樂毅傳之磿室夫室不相鄰,而曰麗者是猶先民畫卦以兩陽介一陰,而名之曰離,亦取附麗為義也,其曰歷或磿者,以歷磿與麗聲同來紐,故假歷

磿為麗。小雅魚麗毛傳曰「麗歷也」，是即以雙聲為訓。可為二字聲同義通之證。【殷契新詮之一】

◉徐中舒　伍仕謙　㖾，馬王堆帛書《老子》八十章甲本「鄰邦相望」，乙本作「㖾國相望」。㖾即鄰之異文。中山處于齊趙兩大國間，與齊較親。「㖾邦難親」指趙言，「救人在旁」則指齊言。救與壺銘「曾無一夫之救」同从戈，求聲，義亦當相同。救，亦可釋仇，救、仇古之韻字，亦可通。但以「仇人在旁」承上文「鄰邦難親」言，語意重複，似非原文本意，仍以釋救為是。【中山三器釋文及宮室圖説明　中國史研究一九七九年第四期】

◉黄錫全　甲骨文有字作吅，《甲骨文編》列入附録上十六。金祥恆《續甲骨文編》卷二收此字，以為是《説文》「驚呼也」之吅。李孝定肯定金氏之釋亦列入《集釋》吅部。

今按，吅乃四面封口之方形，與從口之吅判然有别。魯實先在考釋甲骨文𡆧字時曾指出：「吅即鄰之古文。」《古文四聲韻》録《古老子》鄰作𠰌。漢孫根碑「至于東吅大虐戕仁」。班固《通幽賦》云「東厸虐而殲仁」。注：「厸，古鄰字。」中山王鼎𡆧字所從之吅，張政烺先生認為即古文鄰。何琳儀先生認為象兩城比鄰之形。馬王堆漢墓帛書《老子》甲本「鄰國相望」之鄰，乙本作㖾。《説文古籀補補》録古匋𠰌，吉林大學文物陳列室收藏戰國𠰌字印，均與甲骨文吅形類同。因此，吅即古鄰字是可以肯定的。【甲骨文字釋叢　考古與文物一九九二年第二期】

鄼　鄼

鄼
鄼丞之印【漢印文字徵】

◉許　慎　鄼百家為鄼。鄼。聚也。从邑。贊聲。南陽有鄼縣。作管切。又。作旦切。【説文解字卷六】

◉馬叙倫　説解蓋本作鄼。聚也。百家為鄼。傳寫易之。從贊之字多聚義。贊聚同為舌尖前破裂摩擦音。故得以聚訓也。百家為鄼及南陽有鄼縣皆吕忱所加。鍇本有鄼四里也亦校語。此字蓋出字林。【説文解字六書疏證卷十二】

鄙　啚

𠷎　鐵六八·四　卜辭用啚為鄙重見啚下【甲骨文編】

𠷎　啚之重文【續甲骨文編】

𠷎　鄙　不从邑　鈴鎛　啚字重見　𨞚　鄂君啟舟節【金文編】

鄙 為九　為五 【睡虎地秦簡文字編】

任鄙私印 【漢印文字徵】

古老子　碧落文　説文 【古文四聲韻】

◉許　慎　五酇為鄙。从邑。啚聲。兵美切。【説文解字卷六】

◉吴大澂　古鄙字。齊子仲姜鎛。【説文古籀補卷六】

◉商承祚　説文鄙。「五酇為鄙。从邑啚聲。」又啚。「嗇也，从口。从㐭。㐭。受也。古文啚為此。」案啚即鄙之初字也。从邑乃後增。金文鄙伯啚毁作。齊鎛作。與此同。此又或省口。【甲骨文字研究下編】

◉馬叙倫　羅振玉曰。卜辭都鄙字作。或作。金文都鄙字亦不從邑。從邑者後所增也。蓋啚為倉廩。倉庫所在。知為鄙矣。倫按啚訓嗇也。乃嗇之轉注字。嗇為穡之初文。乃穀可收藏之義。見啚字下。農家皆有穡。不必五酇之鄙也。若言官置倉庫。則都亦應有。故知金甲文以啚為鄙。猶戎都畝以者為都。鄭同媿鼎以奠為鄭耳。五酇為鄙者。非許文。本以聲訓。今捝之耳。古書以都鄙對言。春秋經傳鄙字之義率為邊。蓋以周禮遂人五酇為鄙計之。亦為邊矣。㫇鄙音同封紐。鄙或為㫇之轉注字。㫇從冂而冂古文經傳中作冋。從口。鄙從邑。邑亦從口。可相證也。【説文解字六書疏證卷十二】

◉丁　驌　鄙：大邑也。類皆農莊，小者曰㐭()其大而建築高者為鄙、、、皆是。有東西南北鄙。有牧鄙。其在邊遠地方者有攸侯鄙。故鄙指農事中心。人口較多之聚落。後世别有定制，殷世初置未必盡如周制。由字形知㐭，鄙，亶之别，要在其容量也。鄙必有行政功能。殷世之奠指境域而言，大小不可確知，其中有多邑。為軍事區域。如京奠，止奠，云奠。陳夢家以奠在京之鄰，未必如是。奠猶唐之鎮，駐𠂤之大邑也。鎮以下所轄之軍事據點曰戈。在其四方，因以方向為名。其稱「示」者，似為祭祀用之專田。猶如今之廟產，惟為王族所有者。【東薇堂讀契記(二)　中國文字新十二期】

◉孫敬明　陶文鄙作「」、「」、「」、「」等幾種形體，其由「」、「」、「」三部分組成，或省或繁基本特徵不變。此字初由顧廷龍先生釋作「遷」，朱德熙、裘錫圭先生從之；其後由周進先生疑其為「鄉鄙之鄙」，李學勤、曹錦炎先生從之。「遷」之形體結構與此大相逕庭，釋之為「遷」系誤。釋「鄙」固然正確，但因未從形體上加以分析，故意見分歧一仍如舊。

金文「啚」作「」、「」、「」等形。楊樹達先生云：「啚者，鄙之初文也。」《積微居金文説・釋啚》。「啚」主要由「口」、「」兩部分組成。甲骨文「啚」作「」、「」、「」、「」、「」等形。其所从之「口」上下無别，在下者較多。

戰國文字的形體變動性較大，偏旁位置往往左右、上下、内外、正側互移。上下無別的如：[glyph](足)與[glyph](足)、[glyph](祭)與[glyph](祭)、[glyph](附)與[glyph](附)、[glyph](夜)與[glyph](夜)等。在與地名、城邑有關的字上加注意符「邑」則是當時的特點。同一字中互相借用筆劃的現象也較常見，如：[glyph](工師)、卡(上下)、[glyph](歲月)、[glyph](司馬)、[glyph](公孫)等。在字上綴加與其義有關的偏旁，如市作垰、垛、垟、墭等形，《說文》宅古文作宪、丘作坖等。依據上述特點，我試把古鄙字的演化過程列之於下：

[glyph]——[glyph]——[glyph]——[glyph]

「啚」之「口」移於下，增添意符「邑」以示其為民人所居，「邑」上「口」與「啚」下「口」合用而作「[glyph]」，此與鄙作[glyph]、[glyph]、[glyph]等形同理。同時綴加與「鄙」意義相關的「[glyph]」符，行本義即通衢。「鄙」乃民人所棲息，出入之處，其道路亦會四通八達，加「行」之意或在於此。「鄙」之加「行」與市、宅、丘增土同理。

都、鄙是兩個長期相對立的概念。都鄙之制由來已久。如甲骨文中「土方征我東鄙，𢦏二邑，舌方亦侵我西鄙」。《周禮·夏官·司農》「土方氏掌土圭之法，以致日景，以土地相宅，而建邦國都鄙」，《周禮·太宰》「以八則治都鄙」，鄭《注》謂：「都鄙距國五百里，為公卿大夫之采地，王子弟所食邑。」《禮記·月令》「四鄙入保」，鄭《注》：「鄙，邊上邑。」鄙為邊上邑的概念直到春秋時期尚無變化。《春秋》僖公二十六年：「齊人侵我西鄙」，「齊伐我北鄙」。文公十四年：「邾人伐我南鄙。」襄公八年：「莒人伐我東鄙。」《左傳》莊公二十八年：「使太子居曲沃，重耳居蒲城，夷吾居屈。羣公子皆鄙。」杜《注》：「鄙，邊上邑。」楊伯峻先生注：「皆鄙者，皆居於邊鄙也。」

到戰國時期，鄙之概念發生變化，不再象商周時期那樣僅指邊邑，而是包括整個國土上的邑了。在邊境稱鄙，處内地亦稱鄙。凡國都之外的邑均可稱鄙。而立足於國都之外的大都邑，亦稱其周圍的邑為鄙。《戰國策·齊策》記載，宣王時有一名士顏斶，家住國都西南十八里的棘里，宣王臣僚稱其為鄙野之士。《晏子春秋·內篇雜下》：「慶氏亡，分其邑，與晏子邶殿，其鄙六十，晏子勿受。」邶殿在今昌邑縣城北三十里，其西距臨淄故城一百五十餘里，屬齊國內疆。《戰國縱橫家書·蘇秦自燕獻書於齊王章》：「韋非以梁王之命，欲以平陵貤薛，以陶封君。平陵唯城而已，其鄙盡入梁氏矣。」這里的鄙自然是邊上邑，稱「其鄙」則是對平陵城而言。

陶文中的「鄙」多冠以「某郭」，「郭」即指齊都城垣。左郭鄙、左南郭鄙、左鄙、門南左郭鄙、右𨚕(鄰)郭鄙等，左者在城東，右者位都西。【齊陶新探　古文字研究第十四輯】

◉戴家祥　字从邑从啚，銘文用作地名。【金文大字典下】

182 【包山楚簡文字編】

3997 【古璽文編】

郊矦邑丞 【漢印文字徵】

禪國山碑 郊天祭地 【石刻篆文編】

古孝經 古老子 籀韻 汗簡 諸家別體亦如此 【古文四聲韻】

◉許 慎 距國百里為郊。从邑。交聲。古肴切。【說文解字卷六】

◉馬叙倫 沈濤曰。御覽引為作曰。倫按百里為郊者。見司馬法。然周禮載師注引杜子春曰。五十里為近郊。百里為遠郊。鄭玄注聘禮。周制。天子畿内千里。遠郊百里。以此差之。遠郊上公五十里。矦伯三十里。子男十里也。近郊各半之。然則百里為郊乃據周制天子畿内言之邪。其非本義甚明。疑許本以聲訓。今捝。存文字林文或校語耳。古匋作。【說文解字六書疏證卷十二】

◉商承祚 卷四第四十六葉 後編下第二葉 祚疑是郊字。【殷虚文字類編卷十四】

167 185 【包山楚簡文字編】

薛邸閣督 新平邸閣督印 渭閣陽督邸印 邸尊 邸安 【漢印文字徵】

◉許 慎 屬國舍。从邑。氐聲。都禮切。【說文解字卷六】

◉馬叙倫 鈕樹玉曰。韻會引舍下有也字。沈濤曰。後漢書安帝紀注一切經音義九引。邸。屬國之舍也。王筠曰。邸從邑。必當以國邑為本義。而周禮皇邸四圭有邸之類。皆爾雅所云邸謂之柢也。於經但見借義。許君不得已。故以漢事說之。倫按邸都雙聲。疑本是都之轉注字。猶古書言大都或言大氐也。屬國之舍。猶其都也。故偁邸。後漢書安帝紀注引倉頡。邸。舍也。此訓屬國舍。非本義。又疑邸為氏族之氏本字。氏為自之轉注字。古言氏族。謂某地之人。猶今言籍屬也。氏從氏

得聲。而邸從氏得聲。蓋初以氏字為之。邸其後造之正字。字或出字林。【説文解字六書疏證卷十二】

167【包山楚簡文字編】

2154【古璽文編】

郛休碑額【石刻篆文編】

◉許　慎　郛，郭也。从邑。孚聲。甫無切。【説文解字卷六】

◉吴大澂　郛字幣。亦郛字幣。【説文古籀補卷六】

◉馬叙倫　郭借為𩫏。郛音非紐。古讀歸封。𩫏音見紐。皆清破裂音。故𩫏轉注為封。【説文解字六書疏證卷十二】

◉楊樹達　孚古音與勹包同，説文七篇下网部罦或从孚；漢書楚元王傳浮邱伯，鹽鐵論作鮑丘子，皆其證也。凡勹聲字皆有包裹在外之義，故説文勹訓裹，包訓象人裹妊子在中，胞訓兒生裹，義旨顯然。至袍訓襺，謂衣之有所包裹者。禮記玉藻篇云：「纊為襺，緼為袍。」注云：「襺袍，衣有著之異名。」是也。勹包聲類之字有然，孚聲類之字亦有然。釋名釋言語云：「覆，孚也，如孚甲之在外也。」禮記聘義云：「孚尹旁達。」疏云：「孚，浮也，浮者，在外之名。」詩大田箋云：「孚甲始生。」疏云：「孚者，米外之粟皮。」是孚為在外之辭也。説文七篇上禾部云：「稃，穭也。从禾，孚聲。」「穭，穅也。」「穅，穀皮也。」是稃為在外之稱也。説文四篇下肉部云：「脬，旁光也。从肉，孚聲。」今俗呼尿脬。此胞為包裹在外之辭也。詩角弓箋云：「附，木桴也。」疏云：「桴謂木表之麤皮也。」漢書中山靖王傳云：「非有葭莩之親。」注：「莩，葭裹之白皮也。」説文郛訓郭，而郛與郭又小異。公羊文公十五年傳云：「郛者何？恢郭也。」何注云：「恢，大也。」所以名郛者，謂包於郭之外也。【字義同緣於語源同例證　積微居小學金石論叢】

郵　語八　秦三【睡虎地秦簡文字编】

石經君奭　越我民罔郵違今本作尤【石刻篆文編】

郵

◉許　慎　郵境上行書舍。从邑垂。垂。邊也。羽求切。【說文解字卷六】

◉馬叙倫　鈕樹玉曰。玉篇引舍下有也字。境當作竟。許書無境字。沈濤曰。後漢書郭泰傳注引。郵。境上傳書舍也。史記白起傳正義引。郵。境上行舍。道路所經過也。合二書互訂。蓋古本作郵。境上傳書舍。道路所經過也。惠棟曰。郵從垂得聲。古音讀若垂。倫按古書皆言郵境上行書舍。道路所經過也者。疑為張守節所是。或謅用他書為說。言境上行書自不必復曰道路所經過。然邑部所屬諸文。訓釋有舍字義者。獨邸字及此字。邸字本義非屬國邸。已明邸下。則不應郵字獨有舍義。且漢書薛宣黃霸傳兩言郵亭。顏注薛傳。謂如今之驛。及行道館舍。注黃傳謂送文書所止處。亦如今之驛館矣。則郵亭方是傳書舍也。周禮遺人。三十里有宿。宿有路室。續漢書。驛馬三十里一置。蓋漢法所自來也。然則驛與路室亦是二事也。倫謂馬部。驛。置騎也。馹。驛也。是傳送文書者為驛。清代官文書猶有驛遞之名。名傳文書者曰郵。本於孟子速於置郵而傳命。其實孟子所謂置郵。即廣雅所謂置驛。東觀漢記。衛颯為桂陽太守。列亭置驛。置驛亦即置郵。魏略。大秦國郵驛亭置如中國。則郵亭驛置複言之也。郵乃借字。郵音喻紐三等。驛之轉注為馹。馹從日得聲。喻之與日同為舌前音。驛音喻紐四等。郵從垂得聲。垂音禪紐。喻四與禪古讀竝歸於定。故得借郵為驛。郵即垂之後起字。惠謂垂聲。古讀若垂。是也。境上行書舍者。本書無境字。公羊隱二年釋文。踰竟。音境。今本多即作境。字更不音。廣雅。畍。竟也。漢曹全碑。世宗廓土斥竟。裴岑碑。邊竟艾安。漢書亦作竟。漢書元帝紀。竟寧元年。應劭曰。呼韓邪願保塞。邊竟安寧。故以冠元。是漢魏間尚無境字。蓋傳寫所致。然亦非許文。本作垂也。邊也。邊也蓋吕忱列異訓。校者既增境上行書舍。乃乙此四字於垂聲下。傳寫復捝聲字。【說文解字六書疏證卷十二】

䣂

䣂 6·156 獨字【古陶文字徵】

◉許　慎　䣂國甸。大夫稍。稍。所食邑。从邑。肖聲。周禮曰。任䣂。地在天子三百里之內。所教切。【說文解字卷六】

◉馬叙倫　段玉裁曰。國甸之下疑有奪文。于鬯曰。國甸大夫稍當句。稍所食邑。即申言稍字之義。錢桂森曰。國甸句。大夫稍句。稍句。所食邑句。蓋即本載師文為說。謂國曰甸。大夫曰稍。稍者大夫所食之邑也。故其字從邑。倫按蓋本作稍也以聲訓。校者據周禮載師說之。今文又有捝譌。引經又後之校者加之。䣂蓋郊之聲同宵類轉注字。字或出字林。【說文解字六書疏證卷十二】

鄯

◉許　慎　鄯　鄯善。西胡國也。从邑。从善。善亦聲。時戰切。【説文解字卷六】

◉馬叙倫　桂馥曰。從邑。善聲。段玉裁曰。許書三言西胡皆謂西域。言西胡以别於匈奴為北胡也。王筠曰。此篆蓋後增。下文諸國名皆在中國。且在二帝三王時。不應以西漢之西域國冠其上也。漢西域傳。鄯善國本名樓蘭。元鳳四年。傅介子誅其王。更名其國曰鄯善。恐是此時初製鄯字。且三。從邑從善。而國為鄯善。亦不可解也。玉篇鄯字在後增字中。倫按字蓋出字林。亦或出新字林。漢書西域傳言胡而不言西胡。後漢書西域傳言西胡。三國志注引魏書言東胡。是西湖對東胡而言者也。蓋魏晉人始有此偁矣。【説文解字六書疏證卷十二】

竆

◉許　慎　竆　夏后時諸侯夷羿國也。从邑。窮省聲。渠弓切。【説文解字卷六】

◉馬叙倫　沈濤曰。玉篇有書曰有竆后羿六字。疑本許君引經語。而今本奪之。倫按本部竆字以下説解疑本作地也。從邑。某聲。地也謂地名。猶艸部之訓艸也謂艸名。木部之訓木也謂木名。吕忱於地也加邑名縣名國名地名。復詳箸其歷史。明其所在。經傳寫省捝或唐人删并。遂如今文。邵大叔斧𨚕字。孫詒讓疑即吕矦國本字。倫謂金文吕字固多作○○者。然此或為竆之異文。竆得聲於躳。躳得聲於吕。吕為宫之初文也。字疑出字林。【説文解字六書疏證卷十二】

◉𨛜　䣃竆【漢印文字徵】

郹

◉許　慎　郹　周封黄帝之後於郹也。从邑。契聲。讀若薊。上谷有郹縣。古詣切。【説文解字卷六】

◉馬叙倫　顧廣圻曰。上谷有薊縣。無郹縣。郡國志。廣陽郡薊。本燕國。世祖省并上谷。永平八年復。段玉裁曰。上谷有薊縣五字。當如下文郚下鄿下之例。作今上谷薊縣是也。七字。漢時字已作薊也。王筠曰。周封黄帝之後於郹也。樂記文。鄭注曰。今涿郡薊縣。倫按蓋本訓地也。周封黄帝之後於郹也。不合訓釋之例甚明。上谷有郹縣五字亦非許文。兩漢書無郹縣。此言讀若薊。明如鄭説即涿郡薊縣。薊從魝得聲。魝讀若鍥。可證也。然薊前志屬廣陽國。後志屬廣陽郡。世祖并薊入上谷。然許時已復。而許為功曹為太尉南閤祭酒。不應不明也。倫謂郹字蓋出倉頡。而杜林訓之曰。上谷薊縣是也。猶下文郚下曰。右扶風鄠縣是也。杜正當世祖時。故云然。許氏字指據杜訓增此。而傳寫誤薊為郹。又誤增有字而捝是也二字。讀若薊者。已見魝下。【説文解字六書疏證卷十二】

郘

郘當廷印【漢印文字徵】

◉許　慎　郘炎帝之後。姜姓所封。周棄外家國。从邑。台聲。右扶風斄縣是也。詩曰。有郘家室。土來切。【說文解字卷六】

◉劉心源　郘當是郘。古台能通。或釋態。非。鐘銘中態字叓見。皆不从[glyph]也。古文態能二字迥別不得吕隸書說之。【奇觚室吉金文述卷十七】

◉吳大澂　[glyph]从能从卩。古郘字。能台古通用。三能即三台。郘季尊或釋鄜。非。【說文古籀補卷六】

◉葉玉森　[glyph]商承祚氏曰。說文解字𨓏協也。从辵。䜌聲。石鼓文作[glyph]。以為田獵字。衆止所踐。殆獵也。訓協意後說。類編第二第十四葉。森按此字極奇。乃國名。从[glyph]。疑象鼊形。卜辭龜作[glyph]。[glyph]字偏旁見後上第十九葉之五。鼊伏不見首足尾。則去[glyph]之首足尾作[glyph]。反置之即與[glyph]同。从三[glyph]。象三足。當即古文能字。爾雅。論衡。並載鼊三足能之文。小篆能作[glyph]。从[glyph]象二足。从[glyph]。象首。或即[glyph]譌。从[glyph]。即[glyph]之譌變。古之能國不可考。疑其國多產能如山經之從水[glyph]。季尊之[glyph]吳大澂氏謂从能从卩。古郘字。能台古通。予桉。[glyph]之从[glyph]。亦象首[glyph]。即[glyph]譌[glyph]。即三足形譌然。則殷之能國即古郘國歟。說契。【殷墟書契前編集釋卷六】

◉丁佛言　[glyph]古鉢。郘□。許氏說。炎帝後姜姓所封周棄外家國。右扶風斄縣是也。[glyph]古鉢。郘[glyph][glyph]古鉢。郘訓。【說文古籀補補卷六】

◉丁　山　鄗字向來無釋。按。說文飴。米檗煎也。從食。台聲。[glyph]。籀文飴。[glyph]從共食。當即莊卅一年左傳所謂無不饋飴之本字。共為収之後起字。則□所以鄗。即[glyph]之別寫。若以籀文變小篆為例。[glyph]從邑。飴聲。殆即郘之古文。【簷太史申鼎銘跋　史學集刊第一期】

◉馬叙倫　鈕樹玉曰。韻會引右扶風上有徐曰二字。無是也二字。繫傳詩曰上有鍇曰二字。韻會引詩亦在徐曰下。沈濤曰。史記劉敬傳正義引作姜姓所封國。棄外家也。是古本國字在封字之下。以本部訓解之例證之。今本在家字之下者誤。周本紀正義引作姜姓封郘。周棄外家。乃傳寫有誤。而家下亦無國字。王筠曰。詩曰六字此小徐所引。韻會亦引為小徐。倫按字或出字林。不然。許當止訓地也。從邑。台聲。餘皆吕忱及校者所加。詩曰六字自是鍇語。古鉩作[glyph]。【說文解字六書疏證卷十二】

郊

◉戴家祥　丁山釋𩠳即飴字籀文的異體。从邑飴。殆即郃之古文。史學集刊第六二頁簷太史申鼎跋。柯昌濟疑鄫之異文即左傳楚有養由基，鄧有養甥，蓋南方民族。韡華閣集古録跋尾九七頁簷鼎。高田忠周釋𨛮或作郗、峬。古籀篇二十第三八頁。【金文大字典下】

岐　岐丞之印　【漢印文字徵】

岐　𡶜　【汗簡】

王存乂切韻　𡶜　古尚書　古漢書　【古文四聲韻】

◉許　慎　郊周文王所封。在右扶風美陽中水鄉。从邑。支聲。巨支切。岐郊或从山。支聲。因岐山以名之也。𡶜古文郊。从枝。从山。【説文解字卷六】

◉丁佛言　古匋。寺郊在邑之間。秦漢後从邑之字。皆寫作从。其誤皆由於此。【説文古籀補補卷六】

◉强運開　叀中鐘。𣥺公郊。【説文古籀三補卷六】

◉馬叙倫　鈕樹玉曰。繫傳韻會水作外。譌。地理志作水。錢坫曰。地里志。美陽中水鄉。周太王所邑。此云文王所封。誤也。郊祀志。太王建國于郊梁。用此字。翟云升曰。韻會引周文王上有邑名二字。是。倫按唐寫本切韻殘卷五支引作周文王所都。在右扶風美陽中外鄉也。然倫謂本訓邑名。以玄應一切經音義引聲類郤鄉在河内及廣韻引字林。郗。亭名。在新豐證之。則此字蓋出字林。叀中鐘作郊。

岐　鈕樹玉曰。文選西京賦薛綜注引説文曰。岐山在長安西美陽縣界。山有兩岐。因以名之。則此注經後人刪改。嚴章福曰。薛注乃約舉其詞。引古字往往有之。未可據以改説文也。段玉裁曰。據薛引。蓋説文岐字本在山部。後人移入於此而刪改之。翟云升曰。韻會引作山名。是選注言岐不言郊。可為岐舊屬山部之證。林昌彝曰。薛所引者。乃竝言前説或説也。若曰山部原文。則當刪美陽二字矣。倫按郊自以岐而去山增邑為邑名也。知岐字為吕忱所加。則諸家之訟可息。因岐山以名之也尚有挩字。此校語誤入。既詞可知。唐寫本切韻殘卷五支引作或從山也。

𡶜　段玉裁曰。此亦淺人改山部之文入此耳。金錫齡曰。古文郊當作古文岐。倫按從山枝聲。玄應一切經音義引古文官書。𡶜郊渠宜反。則此字吕忱依官書加之。據此及徐鍇謂字書以岐為山名郊為邑名。則或岐字本在山部。選注所引乃山

𨚔 邠

部文。如段說也。後人自山部移此。從枝從山四字校者加之。【說文解字六書疏證卷十二】

◉商承祚 𢻱說文「郊。文王所封。在右扶風美陽中水鄉。𡶔郊。或从山支聲。因岐山以名之也。嶅。古之郊。从枝从山。」案段氏曰。「古文郊。當作古文岐。此淺人改山部之文入此。」是也。郊从邑。為邑名。岐从山。乃山名。後岐行而郊廢。然郊邑可用岐。而岐山不可用郊。古人分之。而今不講矣。漢書地理志。郊祀志。言邑皆作郊。言山則作岐。其證也。【說文中之古文考】

◉陝西周原考古隊 周原岐山文管所

王其𡉚(往)𤽎(岐)

山,弅

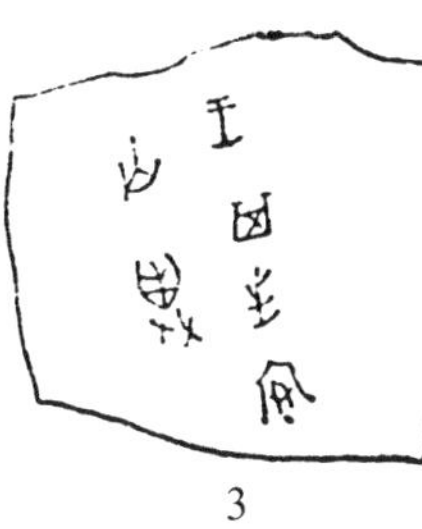

3

《說文》岐,或作郊,亦或作嶅。岐、郊、嶅俱以支為聲。本辭之𤽎,當為从宀止聲之字。支、止音同,故𤽎應讀為岐。岐山,即今岐山縣祝家莊公社岐陽村北之箭括嶺,位當古周原之正北,為周岐邑之屏障。弅,舉也,引伸為登高之意。【岐山鳳雛村兩次發現周初甲骨文 考古與文物一九八二年第三期】

◉黃錫全 𢻱夏韻支韻列入「岐」是,此脫注。《說文》郊字或體作𡶔,即「岐山」字,古文作𢻱。此同古文。内本岐作嶅、𡹚,薛本作嶅。郭見本作嶅。仿《說文》作古。【汗簡注釋卷四】

◉許 慎 𨚔周太王國。在右扶風美陽。从邑。分聲。補巾切。𡺨美陽亭即豳也。民俗以夜市。有豳山。从山。从豩。闕。【說文解字卷六】

◉潘祖蔭 周孟伯說。銘弟一字。左上作豩。下作火。右作攴。據說文。𧰼脩豪獸也。一曰河内名豕也。从彑。下象毛足。燹火也。从火豩聲。豩。二豕也。豳从此。闕。伯貧切。𧰼與豕義同。則豩與豩亦宜同。而篆法山火形亦頗近。疑即豳之奇字。而攴則其羨文也。周自公劉居豳。大王始去其間。不聞稱王。而戎狄習俗大長率以王稱。或先周時豳土。既入于狄居。

蔭按。此器見劉氏長安獲古編著録。弟一字鐵當是肆字。説文䌛下引書。䌛類于上帝是也。攴羨文。又按。阮氏積古齋款識。𤔲王彝釋為𡕒字。古文𤔲字。左半字𢼸。與此上半字形同。疑亦肆字。【𢿔王盉　攈古樓彝器款識】

◉馬叙倫　鈕樹玉曰。繫傳韻會作周王國。無太字。太王居邠。故偁周太王國。蓋美陽二字。涉上文郊注而增。豳下亦然。玉篇邠注云。周太王國。在右扶風郇邑。亦作豳。當本説文。倫按本書六篇錯奪誤羨殊甚。此挩郇邑而羨美陽。然蓋本訓地也。周太以下十字皆校語。

豳　鈕樹玉曰。此注疑後人誤因郊注改。玉篇。豳。古文邠。蓋本此。段玉裁曰。此二篆説解可疑。豳者公劉之國。史記云。慶節所國。非太王國。漢書地理志郡國志皆言栒邑。有豳鄉。徐廣曰。新平漆縣之東北有豳亭。漢右扶風之漆與栒邑皆是豳域。不得美陽有豳亭。從山。豩聲。亦非有闕也。而云從豳闕。皆可疑。蓋古地作邠。而山名作豳。地名因於山名。同音通用。如郊岐之比。周禮籥師。經文作豳。注作邠。漢人於地名用邠不用豳。許書原本當是岐豳本在山部。而後人移之。或許書之變例有然。未能定也。王筠曰。美陽亭當作栒邑亭。蓋許書本收豳於山部。校者迻之此邠下。既誤為美陽。因竝此改之。即豳也當作即邠也。此謂豳與邠異部而一字也。豳山無考。詩譜以豳為地名。郡國都城記曰。豳。谷名也。桓譚新論。扶風邠亭本太王所部。其民有會日。以相與夜中市。如不為期。則有重災咎。從豳闕者。毛晃引作豩聲。此字説解全無重文之注。徐灝曰。此蓋後人有所改竄。非移易也。倫按豳山無考。則與岐字不同。疑從火豩聲。猶幽之從火。今亦誤為從山矣。廣韻豩。許位切。音在曉紐。豩音封紐。然讀輕脣即入非紐。非曉同為次清摩擦音也。是古書以豳為邠。實假借也。而字復誤火為山。遂以郊岐為例矣。不悟郊字易岐字之山旁而為邑。邠固從分得聲。而非從豩作豳也。許書原本豳字是否在山部。無以證明。然美陽與豳亭異地而言豳美陽亭。許必不謬致此。使邠下美陽涉郊下而誤。本作栒邑。此下如王説作栒邑亭。則不得又言即豳也。又必如王説改為即邠也而後可。許書原本竟一誤再誤邪。益證重文不出許筆。今文無所闕而有闕字。明校者所箸。【説文解字六書疏證卷十二】

◉徐中舒　《説文》以豳為邠之重文。豳，從二豕從山，山乃火形之譌。金文豳作[illegible]（趞鼎），正象持杖焚林驅捕野豬之形。豳是原始的會意字，邠從邑分聲則是後起的形聲字。邠從分聲，亦有焚義，馬王堆《戰國縱横家書》焚即從分作棼。邠從分聲，又與汾通。《爾雅·釋地》「西至于邠國」，邠國之邠《説文》引作汃，汃即汾之省形。《詩·大雅·韓奕》稱韓侯娶「汾王之甥」為妻，此汾王即周厲王。據此言之，古代邠地所在就應當包括汾水流域在内，汾水也就是邠地之水。

古代黄土高原，野豬出没，焚林而畋，視野廣闊。過去經學家只以涇水上游一隅之地作為邠的老家，數典忘祖，是不够全面

的。【周原甲骨初論　古文字研究論文集】

郿

郿右尉印　【漢印文字徵】

◉許　慎　郿右扶風縣。从邑。眉聲。武悲切。【説文解字卷六】

◉馬叙倫　鈕樹玉曰。繫傳有名也二字。非。韻會亦無。倫按疑鍇本是。下文鄠下亦作右扶風縣名可證。然疑本作地也。右扶風郿縣名也。右扶七字蓋吕忱本杜林倉頡故加之。下文郇下祁下皆作太原縣。而爾雅釋文左傳釋文皆引字林太原縣。可證也。傳寫删并之耳。下文蓋盡同也。玉篇亦作右扶風縣名。【説文解字六書疏證卷十二】

郁

郁秩丞印　張郁　郁陽壽　郁陽虎印　【漢印文字徵】

郁見古論語　【汗簡】

古論語　【古文四聲韻】

◉許　慎　郁右扶風郁夷也。从邑。有聲。於六切。【説文解字卷六】

◉丁佛言　古鉩。郁馮鉩。从邑省。古鉩。郁鉩。【説文古籀補補卷六】

◉馬叙倫　古鉩作。【説文解字六書疏證卷十二】

◉黄錫全　郁見古論語　《説文》訓「有文章也，从有𢦏聲」之戫，即《論語·八佾》「郁郁乎文哉」之郁，隸變作戫，古多假或字為之，省作戫。郭氏所見《論語》當作戫。鄭珍認為：「郭以為出《古論語》者，據《説文》戫訓『有文章』，而部首『彣』字訓『戫』，必許君所見壁中《論語》作『戫戫乎彣』，故據以為説。似《説文》戫下本偁《論語》曰『戫戫乎彣哉』，郭氏猶及見之。今二徐本皆脱。」【汗簡注釋卷三】

鄠

鄠丞之印【漢印文字徵】

◉許 慎 鄠右扶風縣名。从邑。雩聲。胡古切。【說文解字卷六】

◉趙烈文 𨞏。孫潘作鄜。薛郭作鄜。或作廊。鄭作鄠。烈按。孫薛諸家皆譌。惟鄭讀是。以字言之。𨞏即鄠。小篆之正體筆畫分明。上加庬者。籀文異耳。以文言之。鄠□宣搏為指狩地而言。文義至順。以地言之。鄠在豐鎬之西。正當岐陽之衝。漢地里志。右扶風鄠縣。古國。酆水出東南。其近王畿。為游畋之所。必及可知。且戊鼓有自鄠之文。尤顯然足證。又按。長安志云。鄠本夏之扈國。引帝王世紀云。扈至秦改為鄠。然則諸家豈以鄠非三代地名而諱言之耶。但姚察漢書訓纂云。户扈鄠三字一也。古今字不同。則未可云秦以前必無鄠。不足為獵碣累也。

□□自𨞏徒䮄。𨞏。孫作鄜。薛作廊。潘作鄜。朱彝尊作鄜。烈按。與丁鼓𨞏無少殊。不應別釋。上云西歸。此云自鄠。非地名而何。地之當岐陽豐鎬閒者。非鄠而何。又按。鄠。兩漢晉北魏皆有縣。其治在今鄠治之北濱。於渭水。鼓文云。舫舟西歸。蓋獵於岐陽。直天之霝雨湧盈湈涇。不復可遵陸。乃舫舟浮汧入渭以歸。而鄠為所自之徑路。不曰東歸而曰西歸者。猶詩東山。我東曰歸也。【石鼓文纂釋】

◉馬叙倫 字見訓纂篇。【說文解字六書疏證卷十二】

扈

扈偃　扈憲私印　扈萬　扈康印信　扈奉之印　扈遂【漢印文字徵】

君奭 時則有若伊陟臣扈借屺為扈說文古文作𡵍【石刻篆文編】

扈【汗簡】

說文【古文四聲韻】

◉許 慎 扈夏后同姓所封。戰於甘者。在鄠。有扈谷甘亭。从邑。户聲。胡古切。𡵍古文扈。从山弓。【說文解字卷六】

◉孫詒讓 阮文達釋𩓷為招。蓋誤。謂與召伯虎敢之𩓷同字。實則二字絕不相似。不可并為一也。𩓷字又見父癸角及父丁𪔂。彼二器文皆从泉。又皆云才𩓷。才即在之省。依義亦當為地名。余前釋為說文邑部𩓷之異文。而據左傳甘讒與尚書甘扈同地。定饏為匽之正字。雖肊說。而於形聲皆頗相似。唯饏字省口而从酉。角觚。又咸从酉从泉。不審何義。考書甘誓。大戰于甘。即甘水。水經渭水篇云。甘水出南山。甘谷北逕甘亭西。在水東。鄠縣。昔夏啟伐有扈作誓于是亭是也。竊疑甘水味甘。宜酒。故古口饏从酉泉。西泉殆即酒泉也。【籀廎述林卷七】

◉丁佛言 [glyph]古鉨。鄠扈邦鉩。右从户。扈字易豎為橫。夏后同姓所封戰于甘者。在鄠有扈谷甘亭。【說文古籀補補卷六】

◉周慶雲 周饏公鬲

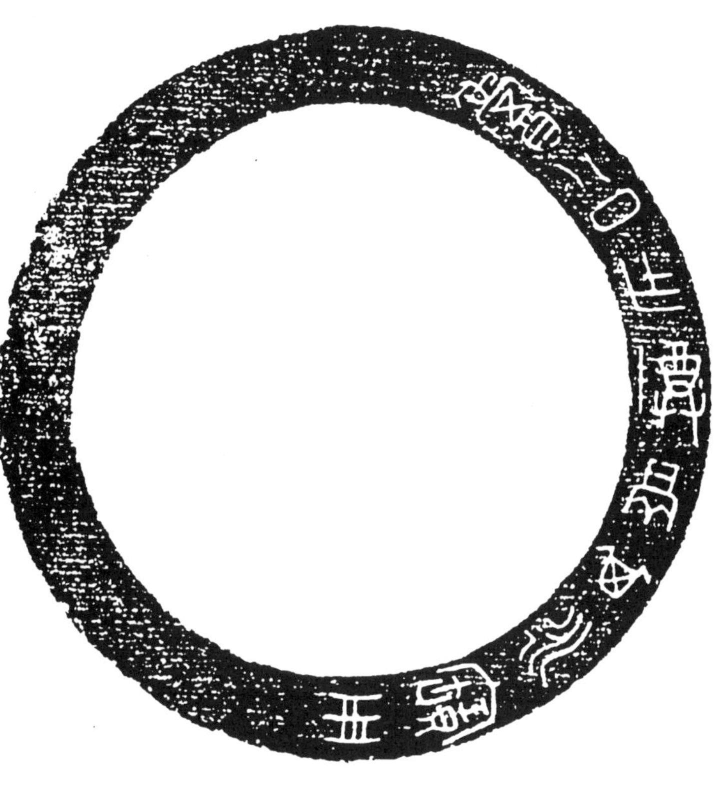

褚德彝案[glyph]字。適廬云魯之變文。形義俱不通。然為地名則可無疑。孫仲容據左傳甘讒之鼎之甘讒與尚書甘扈同地。㝉之饏

為扈之正字。其説甚新奇。而按之字碻為可信。畬讀若寫。與譺音亦一聲之轉。許書屢經傳寫。故譌。酉為吾耳。余謂畬下之酉。隸書寫酉作百。與言相近。義譌作言旁之譺。【周魯公鬲　夢坡室獲古叢編】

●商承祚　𡵂説文「𡵂古文扈。从山弓。」案小徐謂「當从辰巳之巳。」段氏謂「當从户。而轉寫失。」石經古文作〼。則徐説是也。【説文中之古文考】

●馬叙倫　鈕樹玉曰。韻會引扈谷作扈國。下有也字。無有甘亭三字。段玉裁曰。在鄠者。謂夏之有扈在漢之鄠縣。鄠即扈。如㯻即郃蓟即郟也。姚察史記訓纂云。户扈鄠三字一也。通典云。至秦改為鄠有谷甘亭者。當作有户谷户亭甘亭七字。今漢書鄠下云。古國有庭谷亭語不完。當依元和郡縣志引作古扈國即户谷户亭。又有甘亭。史記正義引志云。古扈國有户亭。疑正義尚脱户谷二字。王筠曰。言在者。不正與今治相當也。有扈谷者。小徐作有扈國也。然篆止扈字。而書云有扈氏。則以有扈兩字為國名。故云。有扈國也。此句申説夏后同姓所封也。然周書史記解。扈氏弱而不恭。與左傳之觀扈。皆一字為名。小徐本甘亭上有有字。此句為戰於甘者證也。韻會引户聲下有一曰止也四字。錢桂森曰。前志云。有扈谷亭。疑脱甘字。扈為谷名。故即為國名。非扈谷為亭名也。亭上當補甘字。扈鄠一地而非一字。故不得列為重文。倫按鄠扈竝從邑。其皆為地名而無他義可知。扈鄠為轉注字。雩音喻紐三等。户音匣紐。同為次濁摩擦音。字見急就篇。

𡵂　段玉裁曰。當從户而轉寫失之。桂馥曰。釋山卑而大。扈。釋文作嶇。玉篇。嶇。山廣貌。馥謂當作屺。章炳麟曰。從山。巳聲。弓即七篇弓嘾也之弓。音在匣紐。與扈雙聲。商承祚曰。徐鍇謂當從辰巳之巳。石經古文作〼。則徐説是也。倫按章説是也。屺即爾雅山卑而大扈之扈。彼借扈為屺。古文經傳則借屺為扈。今本書山部有山小而高之岑。山小而鋭之巒。無山卑而大之屺。蓋吕忱以屺為扈之重文也。石經字從〼。其〼即弓之象形文也。【説文解字六書疏證卷十二】

●黄錫全　𡵂今本《説文》扈字古文作𡵂，夏韻姥韻録作〼（配鈔本）〼（羅本），三體石經《君奭》扈字古文作〼。此形寫誤。石經巳字古文作〼。商承祚先生認為〼是屺，石經是「借屺為扈」（石篆6·20）。《説文》當依石經更正。【汗簡注釋卷四】

鄘

●許　慎　鄘右扶風鄠鄉。从邑。崩聲。沛城父有鄘鄉。讀若陪。薄回切。【説文解字卷六】

●馬叙倫　鈕樹玉曰。地理志郡國志竝無此名。劉秀生曰。崩從朋聲在邦紐。陪從音聲在竝紐。邦竝皆脣音。故鄘從崩聲得讀若陪。漢書周緤傳。更封緤為鄘城侯。注。蒯。吕忱音陪。是其證。人部。倗。從人。朋聲。讀若陪位。與此同。倫按鄘聲蒸類。陪聲之類。之蒸對轉。故鄘讀若陪。沛城父有鄘鄉者。蓋呂忱或校者加之。史記索隱引三倉。鄘鄉在城父縣。音裴。朱駿聲疑鄘即鄁之或體。以漢書周緤封鄘城侯。楚漢春秋作憑城也。倫謂下文。鄁。姬姓之國。錢大昕謂即春秋定六年左傳馮滑之馮。檢杜注。鄭伐周六邑。則鄁為畿内諸侯。廣韻。馮姓也。畢公高之後。食采於馮城。因而命氏。是馮即鄁之者。輿地志。蒯城縣故陳倉縣之故鄉聚名。晉武帝咸甯四年。分陳倉立蒯城縣。屬始平郡。晉書地理志。陳倉屬扶風郡。蒯城及鄠屬始平郡。倫謂蒯非菅蒯之蒯。而譌為蒯者。實乃鄘字之誤耳。此可明鄘鄁為轉注字矣。至周緤所封之鄘城。楚漢春秋作憑城。似當即此鄘。然漢書云。在長沙。長沙之鄘成地無所見。班表於高祖功臣侯百四十七人。皆不言封邑所在。釋緤父子之封。於鄘城則云在長沙。於鄲則云在沛。豈以鄘疑於鄠之鄘。鄲疑於邯鄲邪。緤傳。蒯城緤者沛人也。則以張良封留蕭何封酇及緤子封鄲之例。緤當封沛城父之鄘。何子封於沛而緤封於長沙。未能無疑也。【説文解字六書疏證卷十二】

●許　慎　[glyph]右扶風鄠鄉。从邑。且聲。子余切。【説文解字卷六】

●丁佛言　[glyph]古鉩。邳䢸。【説文古籀補補卷六】

●馬叙倫　鈕樹玉曰。地理志郡國志竝無此名。倫按古鉩有[glyph]。【説文解字六書疏證卷十二】

[glyph] 1436【古璽文編】

[glyph] 郝護衆印　[glyph] 郝延季印　[glyph] 郝友　[glyph] 郝廣德印　[glyph] 郝禹　[glyph] 郝光私印　[glyph] 郝國　[glyph] 郝成之印　[glyph] 郝女印

[glyph] 郝孝昌　[glyph] 郝博私印　[glyph] 郝生之印　[glyph] 郝外人印【漢印文字徵】

●許　慎　[glyph]右扶風鄠盩厔鄉。从邑。赤聲。呼各切。【説文解字卷六】

●馬叙倫　鈕樹玉曰。玉篇云。右扶風盩厔鄉。無鄠字。地里志。鄠與盩厔並屬右扶風。乃二縣名。不應兼稱也。厔當作庢。盩。繫傳韻會作盭。非。段玉裁曰。此謂右扶風之鄠縣盩庢縣皆有郝鄉也。鍇本作右扶風鄠鄉盩庢縣。脱落不完。翟云升曰。六書故引鄠縣作鄠鄉。盩厔縣作盩厔鄉。王筠曰。小徐衍鄠鄉二字。大徐删之未盡耳。玉篇無鄠字。顔注急就篇。郝。

京兆盩厔鄉名也。亦無鄠字。倫按鄠字涉上文郇字說解而誤演。古鉩作[glyph]。【說文解字六書疏證卷十二】

酆 酆

豐之重文 【續甲骨文編】

酆 不从邑 宅簋 同公在酆 豐字重見 【金文編】

5・384 瓦書「四年周天子使卿大夫……」共一百十八字 【古陶文字徵】

1885 1884 【古璽文編】

酆睦子則執姦 公孫酆印 薛酆 公孫酆印 【漢印文字徵】

◉許 慎 酆周文王所都。在京兆杜陵西南。从邑。豐聲。敷戎切。【說文解字卷六】

◉吳大澂 古酆字。不从邑。豐下重文。古鉢文。从邑从豐。古鉢文。【說文古籀補卷六】

◉馬叙倫 鈕樹玉曰。繫傳兆作邑。杜作桂。非。倫按後漢書郡國志。京兆尹杜陵。酆在西南。然則酆於漢尤為地名。特屬杜陵而為鄉否不可知。此本訓地也。字或出字林。則作地名。周文王所都。在京兆杜陵西南。唐寫本切韻殘卷一東引作周王所都在京兆杜陵西南。【說文解字六書疏證卷十二】

鄭 鄭

奠之重文 【續甲骨文編】

鄭 不从邑 鄭同媿鼎 奠字重見 从臺 哀成弔鼎 余鄭邦之産 【金文編】

鄭 日甲八一背 二例 封三四 【睡虎地秦簡文字編】

1618 1619 1626 1620 1621 1622 1623 1625 1628 1624 1627 【古璽文編】

新鄭邑長　鄭丞之印　鄭義　鄭市　鄭襃之印　鄭觸　鄭寅　鄭崇私印　鄭福私印

張鄭印信　【漢印文字徵】

鄭固碑領　石經僖公　衛侯鄭歸于衛　古文不从邑汗簡同　【石刻篆文編】

鄭石經　【汗簡】

石經　【古文四聲韻】

◉許　慎　鄭京兆縣。周厲王子友所封。从邑。奠聲。宗周之滅。鄭徙潧洧之上。今新鄭是也。直正切。【説文解字卷六】

◉吴大澂　古鄭字。【愙齋集古録第一册】

◉丁佛言　叔向敢。周𡨦彝。虢中敢。古鉢。鄭同。古鉢。鄭藼。古鉢。鄭夫=。陳簠齋曰。周鉢夫=。文同。秦石五大夫。李斯篆法本此。古匋。鄭陽𡬠齊。釋名。鄭。町也。地多平。町町然也。故从土。【説文古籀補補卷六】

◉顧廷龍　鄭　丁佛言云。釋名。鄭。町也。地多平。町=然也。故从土。周𡬠齊鄭昜。【古陶文孴録卷六】

◉馬叙倫　興白鬲　舊作叔帶鬲。

鄭作奠者省也。然亦或古鄭國自作此字。如鄎左傳亦止作息也。【讀金器刻詞卷下】

◉馬叙倫　鈕樹玉曰。繫傳潧作溍。韻會引作宗明之滅鄭遷溱洧之上。竝非。倫按周厲七字及宗周以下竝非許文。字見急就篇。金文未見鄭字。蓋古鄭國止作奠。後加邑旁。他從邑之字。蓋多此類也。古鉩作。【説文解字六書疏證卷十二】

◉饒宗頤　辛丑卜，殻貞：今日，子商其𦘔𡎸方，缶𢦏。五月。辛丑卜，殻貞：今日，子商其𦘔𡎸方，缶弗其𢦏？壬寅卜，殻貞：自今至于甲辰，子商弗其𢦏𡎸方？壬寅卜，殻貞：自今至于甲辰，子商𢦏𡎸方。貞：自今壬寅至于甲辰，子商𢦏𡎸方。壬寅卜，殻貞：𢍜雀叀亯𦘔𡎸方。壬寅卜，殻貞：子商不𦮃，𢦏𡎸方。壬寅卜，殻貞：子商𠂤𦎫。曰：𠂤甲𦎫。曰：子商于乙𦎫。甲辰卜，殻貞：羽乙巳曰：子商𦎫，至于丁未，𢦏。貞曰：子商至于㞢□（閉），乍火𢦏。勿曰：子商至于㞢□（閉），乍火𢦏（屯乙六六九二整龜）。

按「𡎸」字，从土从其，乃「其」之繁形。契文如「無」之作「墲」，「羌」之作「𡉚」，是其比也。古「其」「基」一字。説文，祺，籀文从基作禖。尚書「丕丕基」，大傳作「丕丕其」，皆其明證。基蓋即箕。左傳成十三年：「焚我箕、郜。」方輿紀要「箕山在解州平陸東北」，疑即古基方地。又按「𢍏」讀奠，即鄭也。「亶」即廩丘，衛地。「㞢」地名，如云「勿乎取㞢邑」(林二・八・一)，亦从「又」作「蚑」(菁華六：「……昔甲辰發于蚑俘人……」可證)。「㞢」蓋讀為「時」，時古文从㞢聲，故二字通用(如漢書張蒼傳：「時歷制度」，史記作「之立制度」)。口為「方」，卜辭每假作「祊」，祊即「閍」。「㞢祊」地名，讀為「時閍」。左昭十九年：「鄭大水，龍鬥于時門之外洧淵。」其即此乎？卜辭有水名「汉」者(佚存二四二)，舊釋洧。又有沚，當即洧淵(楊樹達《積微居甲文說・釋沚》)。【殷代貞卜人物通考】

◉陳槃　鄭。卜辭作□或□。增訂殷虛書契考釋中七三。从酋。从六並省。象尊有薦。乃奠字也。从酋之字。古金文多从酉。如隮从酉鄭作奠之類。从丌之字。古金文或省从一。如其字作□从一(元注。虢叔鐘寺遣敢)之類。今案羅福頤古璽文字徵。鄭或作□。或作□。偏旁加邑。後出之書則然。而其奠字如此作。則與卜辭甚近似矣。周金鄭義伯匜鄭登伯鬲等。又魏石經春秋殘石見吴維孝新出漢魏石經考並作奠。古鉥或作□丁佛言古籀補補。或作□古璽文字徵。【春秋大事年表列國爵姓及存滅表譔異第一冊】

◉張政烺　𨟻，从𩫖，奠聲。𩫖即郭字異體，《説文》五下有𩫖部，云：「𩫖，度也，民所度居也。从回，象城𩫖之重，兩亭相對也。或但从口。」此處用為形旁，與《説文》合。𨟻即鄭之異文，《説文》邑部：「鄭，京兆縣，周厲王子友所封。从邑，奠聲。宗周之滅，鄭徙潧洧之上，今新鄭是也。」此稱鄭邦之産，或是姬姓子孫。【哀成叔鼎釋文　古文字研究第五輯】

◉蔡運章　「□」，其左旁从奠，右旁从𩫖，可隸定為𨟻。𩫖本古文墉字，《説文・土部》謂：「城垣也。从土，庸聲。𩫖，古文墉。」邑，「《爾雅・釋地》郭璞注：「邑，國都也。」《華嚴經音義上》引《風俗通》曰：「天子治居之城曰都。」可見𩫖為城垣，邑為城邑，它們的含義相近，在古文字的形旁裏可以通用。故此字當是鄭字異體。「鄭邦」即鄭國，西周末年周宣王弟姬友所封，公元前375年被韓國滅亡，都於今河南新鄭縣西北的鄭韓故城。【甲骨金文與古史研究】

◉戴家祥　𨟻字从𩫖从奠。金文城隅垣等字均从𩫖。𩫖訓「度也。民所度居也。」與邑字意義相同。故从𩫖與从邑可通。𨟻即鄭字異體。參見「鄭」字條。【金文大字典下】

郃

△▽ ▽▽ 布方　按从合見邑部。古地名有郃陽。此幣無陽字當為鄶字。古會合同訓　晉高　△▽ ▽▽ 布方　典一九五【古幣文編】

郃陽丞印　祝郃【漢印文字徵】

唈

◉許 慎 郃左馮翊郃陽縣。从邑。合聲。詩曰。在郃之陽。候閤切。【說文解字卷六】

◉馬叙倫 引詩校者加之。今詩作洽。毛傳。洽。水也。此字當次鄨後。【說文解字六書疏證卷十二】

唈 3·788 [illegible]叩 唈 3·789 同上【古陶文字徵】

◉許 慎 唈京兆藍田鄉。从邑。口聲。苦后切。【說文解字卷六】

鄨

◉許 慎 鄨京兆杜陵鄉。从邑。樊聲。附袁切。【說文解字卷六】

◉吴大澂 鄨小篆从樊从邑。此从吅。邑之省也。鄨君簠。【說文古籀補卷六】

◉丁佛言 鄨古鉢。鄨□匡子。从樊省。【說文古籀補補卷六】

◉馬叙倫 鄨君簠鄨字。吴大澂釋鄨。謂從吅者。邑之省也。倫謂蓋從口樊聲。口譌變為𠙵耳。【說文解字六書疏證卷十二】

鄜

◉許 慎 鄜左馮翊縣。从邑。麃聲。甫無切。【說文解字卷六】

◉馬叙倫 段玉裁曰。按封禪書。秦文公作鄜畤。今陝西鄜州洛川縣之東南七十里有鄜城廢縣。票聲麃聲當在二部。而孟康鄜音敷者。凡漢志地名皆隨其地言為音也。徐灝曰。鹿聲古音在矦部。與魚部相轉。疑當作鹿聲。譌為麃耳。倫按麃從𤐫省得聲。音在來紐。然票熛一字。熛音非紐。故鄜從麃得聲。音甫無切。而孟康音敷者。非敷同為脣齒摩擦音也。又票音來紐與鹿雙聲。故鹿聲亦可也。皮膚字從肉盧聲。而今音同敷。亦可相證。後漢書郡國志左馮翼無鄜。然則此説解明非許文。或字出字林也。【說文解字六書疏證卷十二】

◉丁福保 鄜 田部。畤。篆云。天地五帝所基址。祭地。从田。寺聲。右扶風有五畤。好畤。鄜畤。皆黄帝時祭。或曰。秦文公立也。

王煦曰。鄜疑即鄜字之省。今史傳通作鄜。佚字攷。【說文解字詁林後編】

𨞪 𨞪

◉許　慎　𨞪左馮翊鄏陽亭。从邑。屠聲。同都切。【說文解字卷六】

◉馬叙倫　鈕樹玉曰。玉篇翊下亦有有字。翟云升曰。鄏陽亭當依集韻類篇引作郃陽亭。郃陽縣名。【説文解字六書疏證卷十二】

邮 邮

◉許　慎　邮左馮翊高陵。从邑。由聲。徒歷切。【説文解字卷六】

◉馬叙倫　玉篇左馮翊高陵縣有邮亭。此挩亭字。【説文解字六書疏證卷十二】

𨛫 𨛫

𨛫 郱音年　【汗簡】

𨛫 朱育集字　【古文四聲韻】

◉許　慎　𨛫左馮翊谷口鄉。从邑。秊聲。讀若寧。奴顛切。【説文解字卷六】

◉馬叙倫　翟云升曰。繫傳鄉作也。非。劉秀生曰。年從千聲。千從人聲。在泥紐。寧從寍聲。亦在泥紐。故郱從年聲得讀若寧。白虎通四時。年者。仍也。蓋以聲訓。仍從乃聲。賈子禮篇。不用命者。寧丁我網。史記殷本紀作乃入吾網。是其證。倫按後漢書郡國志左馮翊無谷口。鍇本鄉作也者。蓋本作鄉名也或地名也。左馮翊谷口鄉也。重中鐘有𨛫字。郭忠恕釋郱。【説文解字六書疏證卷十二】

◉强運開　𨛫重中鐘。𨛫人屠。奪為𤔡。汗簡釋𨛫為郱。音年。云出朱育集字。【説文古籀三補卷六】

◉李仲操　「甲申之晨搏于𨛫」，甲申是癸未後的第二天。𨛫字，田醒農、雒忠儒釋郝，李學勤釋𨛫。均非。此字左旁作禾，按《从鼎》年字作年，《仲𣪘》年字作年，《王人甗》年字作年，均與此字左旁相同。故應釋郱。郱，周地名。《説文》謂郱：「左馮翊谷口鄉。」谷口的方位傳世文獻記載較多。《説文》㠑字下謂：「九㠑山在馮翊谷口。」《史記・范睢傳》有「北有甘泉谷口」，〔注〕謂：「九㠑山西謂之谷口，即古寒門也。在雍州礼泉縣東北四十里。」《漢書・地理志》谷口縣下注有「九㠑山在西」。《漢書・溝洫志》謂「白渠首起谷口」。〔注〕：「師古曰：『谷口即今之云陽縣治谷是也。』」依據上述記載，知谷口當指涇水出山口以下、九㠑山旁的川谷地帶。銘文之郱地當在這裏。郱地距鎬京約百余華里，為兩天行程。因玁狁入侵急迫，多友奉命進擊，兼程行軍，一天一夜就赶到郱地，于甲申之晨就同戎軍交鋒。再从玁狁方面看，頭一天在筍俘掠以後，第二天一早就在郱地與周軍作戰，把俘掠來的人和物全被周軍奪了回去。時間如此短促，也可證筍與郇的距離必不會遠。《漢書·地理志》載：「右扶風旬邑有豳鄉，公劉所邑。」可知周之豳為漢之旬邑，而周之筍地，由鼎銘推斷其距郇地很近，也許在漢旬邑之東南，即今之淳化附近。【也釋多友鼎銘文　人文雜志一九八二年第六期】

◉黄錫全　郇音年　年字古本作（粹856）、（晉鼎），从禾从人，變作（齊侯盤）、（邾公華鐘）、（齊侯匜），从壬，又省从土作（廿年距悍）、（古陶類編271）、（三體石經）。夏韻先韻録此文作、蓋由或形譌誤。馬王堆漢墓帛書《戰國縱横家書》年作、，《老子》乙本卷前古佚書作，河東鼎作，上林量作，扶侯鐘作等，均乃年字隸變。【汗簡注釋卷三】

秦1255　下邽【古陶文字徵】

下邽之印【漢印文字徵】

◉許　慎　隴西上邽也。从邑。圭聲。古畦切。【説文解字卷六】

◉馬叙倫　段玉裁曰。見地理志。郡國志。漢陽郡上邽。故屬隴西。倫按蓋本作地也。吕忱加縣名也，隴西上邽也。據前志者。蓋出倉頡杜林注也。【説文解字六書疏證卷十二】

部　法一五七　三例　秦一二【睡虎地秦簡文字編】

東部監之印　中部護軍章　騎部曲將　别部司馬　游部將軍章【漢印文字徵】

天璽紀功碑　西部校尉姜口【石刻篆文編】

◉許　慎　天水狄部。从邑。音聲。蒲口切。【説文解字卷六】

◉丁佛言　古鉢。隅陵之部。【説文古籀補補卷六】

◉馬叙倫　段玉裁曰。地里志天水無狄部。桂馥曰。部猶益部冀部刺史部也。後漢書宗室傳注。都部者。都統其衆也。倫按後漢書郡國志。漢陽郡。武帝置為天水。永平十七年。更名。然所屬無狄部。前後志隴西郡有狄道。道部同為濁破裂音。豈以音近傳寫譌道為部耶。漢書地里志。隴西郡狄道。顔注。其地有狄種。然則狄道正謂狄之部落。狄部其以此名邪。然部字仍當有其本義。字見急就篇。古鉩作[seal]。【説文解字六書疏證卷十二】

郖

[seal] 2149 [seal] 2147 [seal] 2148 [seal] 2146【古璽文編】

◉許　慎　郖弘農縣庾地。从邑。豆聲。當侯切。【説文解字卷六】

◉馬叙倫　段玉裁曰。庾當作渡。字之譌也。水經注。河水。宏農縣故城東河水於此有洹津。洹即郖也。魏志杜畿傳。畿遂詭道從郖津渡。宋元嘉二十九年。北魏收封禮自郖津南渡赴宏農。拒栁九景。倫按此從豈聲。豈為鼓之初文。豆非俎豆之豆。豈之異文也。疑本作宏農縣鄉。庾字蓋校者注以釋郖字之音者也。傳寫誤乙於下。轉捝鄉字。地下捝也字。或本作地名也。亦本在弘農上。傳寫譌乙。【説文解字六書疏證卷十二】

鄏

[seal] 南嶽碑【古文四聲韻】

◉許　慎　鄏河南縣直城門官陌地也。从邑。辱聲。春秋傳曰。成王定鼎于郟鄏。而蜀切。【説文解字卷六】

◉馬叙倫　鈕樹玉曰。陌當作伯。或作百。説文無陌字。倫按阡陌字當作十。見十字下矣。漢書地里志。河南郡河南故郟鄏地。則此本作地名也。吕忱或校者以當時河南縣直城門官陌即故鄏。故注之。帝王世紀。河南城西有郟鄏陌。見後漢書郡國志注引。【説文解字六書疏證卷十二】

鄻

◉許　慎　鄻周邑也。从邑。輦聲。力展切。【説文解字卷六】

◉馬叙倫　秦故周地。則倉頡於秦地名自或録之。許書本倉頡。亦必録之。然周邑也字林文。左僖二十五年傳釋文。鄻。字林云。楚邑。則凡言邑者皆字林文。下凡類此者同。字或出字林。【説文解字六書疏證卷十二】

◉許 慎 郄周邑也。从邑。祭聲。側介切。【說文解字卷六】

邙 2114 邙 2115 邙 2247 【古璽文編】

◉許 慎 邙河南洛陽北亡山上邑。从邑。亡聲。莫郎切。【說文解字卷六】

◉馬叙倫 鈕樹玉曰。繫傳此亡之亡作芒。五音韻譜及玉篇作土。竝譌。此亡。郡國志注引皇覽作北芒。漢碑洛陽字竝作雒。地里郡國志亦然。顏監引魚豢云。漢火德忌水。故去洛水而加隹。其說未塙。洛本雒洲浸。與洛陽別。後人掍之耳。沈濤曰。御覽四十二亦引作北土。段玉裁曰。集韻類篇亦作土。當作芒。左昭廿二年傳杜注。北山。洛北芒也。文選應璩與弟君苗君胄書。登芒濟河。李注。引說文。芒。洛北大阜也。今說文雖無此語。然所引為唐以前書。郡國志注亦引皇覽。縣北芒山道西呂不韋冢。水經注穀水篇。廣莫門北對芒阜。是則山本名芒。山上之邑則作邙。北芒山在今河南河南府北十里。山連偃師鞏孟澤三縣。綿亙四百餘里。左昭廿二年傳。王田北山。即此。王筠曰。選注所引今芒字下無此說。恐即邙下說。而今挩耳。倫按後漢書郡國志。河南尹雒陽。周時號成周。河南。周公時所城雒邑也。春秋時謂之王城。然則河之南雒邑之陽謂之雒陽。雒陽之北為邙山。故應璩與程文信書。故求道田在關之西。南臨洛水。北據邙山。邙山緜亙數縣。而邑其上。謂之邙。然前後漢志無邙縣。則此謂之邑者。猶上文鄻郚下竝曰周邑。蓋古邑名。疑本訓周邑也。呂忱或校者加河南洛陽北亡山上。故字作洛。晉以後書雒陽作洛陽。則非許文更明。或此字出字林。【說文解字六書疏證卷十二】

◉王獻唐 鉨為覆斗紐，白玉灰浸。文作⿰㠵阝鉨。第一字釋⿰㠵阝，即邙，為氏名。左方上從亾，周正行亡私鉨，亡字作亾，亦作亾。說文，亡逃也，從入從乚。段注謂入於迟曲隱蔽之處。金文亡字皆作亾，小篆沿之，入下俱無點畫，惟鉨文有之。一見於正行亡私鉨，再見於莀左司工鉨。古璽文字徵引待時軒印存，芒字偏旁。作亾之金文，類為西土彝器，古鉨多出東方。此既作亾，與東土鉨文合。以上說證均見乚七文物甄微。下從口為口字別體，金文鉨文時時見之。詳周曹這稱考。亡口合文為㠵，方言，沅澧之間，使之而不肯答，曰㠵，今中國語亦然。玉篇，使人問而不肯答曰㠵。方言疑有挩誤，當依玉篇。廣韻，莫郎切。音茫，為形聲字。右從邑合而作⿰㠵阝。⿰㠵阝字不見字書，殆即邙之異體。姓苑、邙氏出穆公子邙後，以王父字為氏。今吳興有此姓，宋有邙爍，見奇姓通。又有邙況。見萬姓統譜。惟今傳秦漢印，如芒賞芒勝芒訢芒相，有芒無邙。史記魏有芒卯，古今姓氏書辨，謂出商王帝芒之後。古人姓氏，每以同音之字，更相為署，邙可作芒，芒亦可作邙。萬姓統譜又有茫忙二姓，亦猶邙猶芒。不必邙出穆公子邙，芒出商王帝芒。如同為朱姓，或作鼄，更或作邾，初實一原也。古凡加邑之字，類為地名。説文，邙河南北土山上邑。此鉩文邙氏，雖不必出河南邙邑，疑亦因地為氏，更疑秦漢芒姓，即周之邙氏。初非專執一字，因聲為署，字遂各異。後人就其同體之字，分求古代名地相合者，敷會以為祖出，未必盡如所言也。【周邙疲玉鉩考　古文字中所見之火炬】

鄩

◉許　慎　鄩周邑也。从邑。尋聲。徐林切。【説文解字卷六】

◉馬叙倫　鈕樹玉曰。五音韻譜作[篆]。是也。尋聲亦當作得。王筠曰。凡從尋之字皆當有彡。【説文解字六書疏證卷十二】

郗

郗惲私印【漢印文字徵】

雲臺碑【古文四聲韻】

◉許　慎　郗周邑也。在河内。从邑。希聲。丑脂切。【説文解字卷六】

◉馬叙倫　後漢書郡國志河内郡波縣有絺城。絺即郗也。此郗為古邑也。周邑也在河内蓋字林文。【説文解字六書疏證卷六】

鄆

鄆　戈文【金文編】

◉許　慎　鄆河内沁水鄉。从邑。軍聲。魯有鄆地。王問切。【説文解字卷六】

◉馬叙倫　鈕樹玉曰。繫傳沁作泌。譌。王筠曰。朱文藻抄錯本河内作河南。上下文諸字皆古地名。獨此先舉漢志。後及魯邑。未詳。倫按疑本作邑名也。吕忱或校者加河内沁水鄉。猶鄐下曰。河内名豕也。倫頗疑吕忱為河内人。故每以河内事物為言。惜無其證耳。傳寫删邑名。以河内沁水鄉與京兆藍田鄉左馮翊谷口鄉詞例相同。故耳。魯有鄆地者。後校者加之。知者。地名同者自多。許所舉者皆倉頡及訓纂中字。若必一一舉其同名之地。則不勝。舉一二則漏。箸書之例。固不當然。

故如鄘下之沛城父有鄘鄉及此皆校者就所記憶書之耳。言有即可知矣。【說文解字六書疏證卷十二】

◉林清源　鄆戈（邱集8131、嚴集7310）

本戈初載於巖窟下59，編者云：「戰國作，山東歷城附近新出土。」銘在内末，僅一「鄆」字。說文云：「鄆，河内沁水鄉，从邑，軍聲，魯有鄆地。」春秋文公十二年「季孫行父帥師城諸及鄆」，公羊傳作「運」，齊召南云：

按鄆邑有二，一在西界，昭公居鄆是也；一在東界，與莒相接，先儒謂是莒之附庸，魯時與莒争，襄十二年，季孫宿救台，遂入鄆，與此取鄆是也。公羊於後文叔弓帥師疆運田，亦曰：與莒為境。齊召南：公羊傳注疏考證（重編本皇清經解，第4册）昭元年取運條。

東鄆在今山東沂水縣東北四十里，西鄆在今鄆城縣東十六里；蓋舊居西鄆，東鄆其遷地也。鄆本魯、莒間附庸小國，魯、莒所争，魯得之則附庸於魯，莒得之則附庸於莒；非莒舊邑，亦非魯舊邑。左傳昭公元年載，魯伐莒，取鄆，自是以後，東鄆不復見於記載，參陳槃先生：不見於春秋大事録之春秋方國稿，頁96—95。是以本銘「鄁」字或為國名，或為魯邑名。惟就戈之形制言，長胡三穿，内末磨刃成鋒，援呈修長弧形，脊棱顯明，其時代不早於春秋晚期，故本戈當為魯國所造也。【兩周青銅句兵銘文匯考】

邶 □

◉許　慎　□故商邑。自河内朝歌以北是也。从邑。北聲。補妹切。【説文解字卷六】

◉丁佛言　□古鉨。郃邶。【説文古籀補補卷六】

◉强運開　□北子敨。邶不從邑。【説文古籀三補卷六】

◉馬叙倫　本作商邑也。與鄘下鄁下周邑也同例。故字及自河以下九字皆校者加之。下文。𢦏。故國在陳留。依左隱十年傳釋文引乃字林説。然則此言故商邑自河内朝歌以北是也或亦字林文。詩邶風釋文引字林音方代反。古鉨作□。【説文解字六書疏證卷十二】

◉馬叙倫　北子宋盤見同上。倫按舊釋北子宋。倫謂北蓋邶之省。猶鄭作奠也。邶國名。子爵偁。□□□乍文父乙寶隟彝宋其名。左宣四年傳有鄭公子宋。【讀金器刻詞卷下】

◉陳邦福　福案□□皆當釋邶，説文邑部云：「邶，故商邑，自河内朝歌以北是也。」又詩邶風序云：「武王克商，分朝歌而北謂之邶。」卜辭有邶，有南邶。余頗疑朝歌北為邶，朝歌南為南邶，與鄘相近，鄭氏詩譜所謂：「自紂城而北謂之邶，南謂之鄘，東謂之衛。」是也。【殷契辨疑】

◉白玉峥　□：籀廎先生釋兆。羅振玉氏釋汭，……。屈萬里先生釋沘，曰：「沘，水名，故跡已無可考，度邶當因沘水得名，其流域，當在漳水之北。」(甲考九十八頁)彥堂先生曰：「從水從北，疑即邶字；地名。」(大龜四版考釋四二五頁)峥按：□字又或作□。於卜辭中，除東、南、北三□外，其他諸辭，□字之誼，約有二焉。其一，為地名之誼，如：

乙丑卜，争貞：㞢疾齒？父乙隹㞢聞，在邶。　外三五(南師一・四三重)

……亡不若？在邶。　續六・二四・四

其二，為人名之誼，如：

壬子卜，㝐貞：𦎫邶不死？　甲二一二四

勿乎令邶？　乙三七六八

然則甲骨文中之邶，當即詩之邶矣。而此邶地之人，亦因其地而名之曰邶者，故於卜辭中有「邶不死」、「令邶」之辭矣。

邘　𨚗

【契文舉例校讀　中國文字第三十四册】

◉李孝定　從水從北，説文所無。羅氏釋汭王氏已辨其非。于唐兩氏均釋兆，于氏更舉漢金文為證。按早期金文兆及從兆之字均未見。金文編姚下所收數文均從涉，似非姚字。于氏謂「□從水從步即涉或兆之變體」，涉何以為兆之變體，其説未聞。于氏或以兆從二人相背□從二止故得相通歟。然古文從人從止無相通之例。且漢金諸從兆之偏旁除姚壺及新嘉量外，餘二例中亦非從水，京兆官弩鐵兆字兩旁亦非從人，後世兆逃有通用之例者蓋亦以音近之故，于氏之説未敢遽信。今僅就其偏旁隸定如上，字在卜辭為地名，陳氏以邶當之，地望相近，其説可從。如于氏言，則字當讀洮，於地望相遠矣。【甲骨文字集釋卷六】

邘 115 【包山楚簡文字編】

邘 2050 【古璽文編】

◉許　慎　邘周武王子所封。在河内。野王是也。从邑。于聲。又讀若區。況于切。【説文解字卷六】

◉劉心源　邘人名。疑是从邑。从于。即邘省也。【奇觚室吉金文述卷七】

◉吴大澂　邘邘戈文。許氏説邘周武王子所封。在河内。野王是也。又讀若區。邘邘倉之鉢。【説文古籀補卷六】

◉馬叙倫　段玉裁曰。是也二字衍文。劉秀生曰。于聲在模部。區聲在矦部。模矦旁轉。故邘從于聲。得讀若區。宀部。宇。從宀。于聲。籀文從禹聲作寓。人部。傴。僂也。從人。區聲。足部。踽。疏行皃。從足。禹聲。文選登徒子好色賦。旁行踽僂。注。踽僂。傴僂也。是其證。倫按本訓邑名。周武以下十三字。吕忱或校者所加。下文𨚗下曰。在上黨。郇下曰。在晉地。鄎下曰。在淮北。皆無是也二字。校語非一人所加。或後人删之也。于音喻紐三等。從于得聲之吁音在曉紐。區音亦曉紐。故邘又得讀若區也。此四字亦後增。邘戈作邘。古鉩作邘。【説文解字六書疏證卷十二】

𨚗 説文 【古文四聲韻】

◉許　慎　𨚗殷諸侯國。在上黨東北。从邑。㓞聲。㓞。古文利。商書。西伯戡𨚗。郎奚切。【説文解字卷六】

◉馬叙倫　鈕樹玉曰。玉篇引殷作商。商書作書曰。韻會引無東字。戡當作𢧀。嚴可均曰。㓞古文利校語。倫按上文邶下曰

邵

故商邑。則此殷字自當如玉篇引作商。然倫謂本作地也。吕忱加商邑也或邑名商諸矦國在上黨東北。矽古文以下亦校語。故鼂字依古文。戡字又依今文矣。字或出字林。【説文解字六書疏證卷十二】

◉陳全方　鼂，古黎國。《史記・周本紀》文王「明年，敗耆國」。《集解》：「徐廣曰：『一作阢』」。《正義》：「即黎國也。鄒誕生云本或作『黎』。孔安國云：『黎在上黨東北』。」《括地志》云：「故黎城。黎侯國也。在潞州黎城縣東北十八里。」《尚書》云「西伯既戡黎」是也，在今山西長治縣西南。又《左傳》宣公十五年「棄仲章而奪黎氏地」，宋《路史・國名紀》：「黎氏故國……文王所戡者，與紂都接，今潞城東十八里有故黎侯城、黎亭。」本片為文王時期所卜。【陝西岐山鳳雛村西周甲骨文概論　古文字研究論文集】

邵　中山王嚳壺　以内絶邵公之業　【金文編】

布空小　邵文　豫洛　屬羌鐘作𰀀通于昭戰國文字从日之邊旁多作日形者　布空小　邵文　豫洛　布空小　邵文　亞二・一二　【古幣文編】

一五六：二二　五例　委質類被誅討人姓氏　一五六：二〇　一八五：二　七例　一五六：一九　七例　探八

㈡：二　詔　一七九：一三　【侯馬盟書字表】

116　176　193　203　206　207　【包山楚簡文字編】

邵彭祖印　邵石　邵壽之印　邵充之印　邵乃始　【漢印文字徵】

竝籀韻　【古文四聲韻】

◉許　慎　晉邑也。从邑。召聲。寔照切。　【説文解字卷六】

◉丁佛言　周公彝。　【説文古籀補補卷六】

◉郭沫若　盥乃鹽之省，後世更省作召。案此與䣊同見於一片，地當相近。盥當即説文邑部之邵云「晉邑也，从邑召聲。」段玉裁云：「左傳襄二十三年『齊侯伐衛，遂伐晉，入孟門，登大行，張武軍於熒庭，戍郫邵』，杜曰『取晉邑而守之。』杜不言郫邵二邑名。據許則當是二邑也。文六年『賈季召公子樂於陳，趙孟使殺諸郫』。此單言郫也。後志河東垣縣有邵亭。注引博物記『縣東九十里有郫邵之阸，趙孟殺公子樂於郫邵。』豈張華所見左傳有異歟？按今山西絳州垣曲縣東有邵城，後魏之邵郡，後周之邵州，皆此也。……後儒或謂垣曲邵城為周召分陝之所，其説不經。」【卜辭通纂】

◉商承祚　怊固為墓主。怊，从心，从卩，召聲，與昭同音。鄂君啟節有邵鄒，又有集尹怊糬。怊，為姓。《史記》作昭，或作召，《戰國策》作卓、淖，是怊、邵、昭、召、卓、淖，古同聲。怊固，即《韓非子·内儲説下》所言的邵滑，在楚懷王時被派往越國作反間工作，「五年而能亡越」，為楚滅越立了大功，此墓主身佩精美的越王句踐劍，足證明其身份。《韓非子集釋》云：「召、邵，古通。」今按將卲寫成邵，並云古相通，誤。卲从卩，邵从邑，部首相異，後人將之混淆。卲，侯馬盟書作[glyph]，又从邑作[glyph]。邵，地名。卲，含高義，《廣雅·釋詁》：卲，「高也」。王念孫疏證引《法言·修身》「公儀子、董仲舒之才之卲」，曰：「卲，各本譌作邵，今訂正。」是卲、邵雖从召聲而義全非。《詩·小雅·小旻》「亦孔之邛」，邛乃卭之譌。《詩·衛風·淇奥》「有匪君子」，匪，《韓詩》作邲，今本《釋文》及《廣韻》卷四、五皆誤作邲；却，馬王堆帛書《春秋事語》作[glyph]，而武威漢簡作却，史晨碑作却。邮，師袁簋作[glyph]，侯馬盟書作[glyph]，而睡虎地秦簡作[glyph]，耿勳碑作邮，皆將卩部誤書邑部，由來已久。【江陵望山一號楚墓竹簡疾病雜事札記考釋　戰國楚竹簡匯編】

◉徐中舒　伍仕謙　邵，同召，邵乃後起的形聲字。《漢書·地理誌》及《谷永傳》，顏注：「召，讀曰邵」。召公即指燕之始祖召公奭。【中山三器釋文及宫室圖説明　中國史研究一九七九年四期】

◉連劭名　「邩」，又見於同坑另一甲：「王其邩帝……。」

《選釋》一文曾指出「邩」即「邵」，讀為「昭」，這是很正確的。西周青銅器《周厶彝》「召朕福血」，召亦當讀為昭，用法與卜辭相似。但「昭」字又當怎樣解釋呢？

文獻中有：

《詩經·大雅·大明》：「昭事上帝，聿懷多福。」

《左傳·文公十五年》：「以昭事神，訓民事君，示有等威，古之道也。」

《左傳·僖公二十八年》：「用昭乞盟於爾大神以誘天衷。」

昭當訓為明。《管子·牧民》：「明鬼神，祇山川……，不明鬼神，則陋民不信。」明是尊敬之義。例如：《禮記·禮運》：「故君者所明也。」鄭玄：「明猶尊也。」《禮記·祭義》：「明命鬼神。」鄭玄注：「明命猶尊名也。」《詩經·小雅·楚茨》：「祀事孔明」。鄭玄箋：「明猶備也、絜也。」

青銅器銘文有《刺鼎》：「刺覯作寶尊，其用盟𪒠亮媯日辛。」

《蔡侯方壺》：「□□禋享，是以祇盟嘗啻。」

《陳肪𣪘》：「龏明鬼神。」

《秦公鐘》：「龏夤天命」。

《釋名》：「盟，明也。」祇，《爾雅·釋詁》：「敬也」。龏即恭，也是「敬」的意思。夤即寅，《爾雅·釋詁》：「敬也」。

西周甲骨文及銅器銘文中昭、明、盟、龏等字的用法與殷墟卜辭中的「賓」字相同。殷墟卜辭常見「王賓……」的辭句，例如：

「乙亥卜，尹貞：王賓大乙，祭，亡尤？」《粹》一三七

「癸未卜貞：王賓示癸，翌日，亡尤？」《中》六五

「丁丑卜貞：王賓歲，亡尤？」《存》一·二二九九

「乙丑卜貞：王賓武乙歲祉至於上甲卯，亡尤？」《佚》一七六

依卜辭辭例，賓字後面的賓語，或為受祭神靈的名稱，或為祭名。這些都與西周甲骨文銅器銘文及文獻中昭、明、盟、龏等字的語法形式一致。

「賓」者，敬也。《廣雅·釋詁》一：「賓，敬也。」《周禮·地官·鄉大夫》：「以禮禮賓之。」鄭司農注：「賓，敬也。」《逸周書·克殷》：「乃命宗祝崇賓禱之於軍。」孔晁注：「賓，敬也。」《禮記·禮運》：「山川所以儐鬼神也。」疏：「儐，敬也。」所以西周卜辭中的昭字，含義與用法都與殷墟卜辭中的賓字相同。《禮記·少儀》：「賓客主恭，祭祀主敬。」【讀周原出土的甲骨刻辭 古文字研究第十三輯】

◉唐 蘭 逆邵王 逆，阮元釋造，許瀚、孫詒讓釋遷，並誤。《説文》：「逆，迎也。」邵與昭通，《爾雅釋詁》：「昭，見也。」孫詒讓《古籀拾遺》云：「昭王者，見王也。《孟子》：『紹我周王』，趙岐注釋為『願見周王』，偽古文書《武成》用其文作『昭我周王』。」其説甚是。（孫氏別有《紹我周王見休義》一文，在《籀高述林》三卷，解紹為釋詁：「詔，亮，左，右，相，導也」之詔，不如此説之確。）鄭玄《禹貢》注引《胤征》，正作「昭我周王。」近出厲羌鐘云：「賈于䡅宗，令于晉公，邵于天子。」邵或作䀎。邵于天子，謂見于天子也。本銘云：

鄍 

「逆卲王」者，王未深入，而反繼使閒來迎見也。自王國維氏創生稱王號之說，郭沫若氏推廣之，頗多發明。然其說此銘卲王為周昭王之生稱，則失之。銘云：「遺閒來逆卲王。」卲王若為名詞，則迎至何處，或迎之何為，當有說明，否則其詞未足。今一無說明，知卲必動詞矣。凡他器之稱王號者，皆於文中初見時稱之，此銘於上文已兩稱王，而於此始出王號，非例也。且此鐘之器制、銘辭、文字、書法、史蹟，俱與昭王時不合，其說詳見後章。【論周昭王時代的青銅銘刻　唐蘭先生金文論集】

◉黄錫全　卲之𨭒(御)卲，器主名。同名之器又見於四川新都戰國墓所出之「卲之飤鼎」。或認為「卲」為楚王族三大姓中之昭氏。或認為此乃曾國之卲氏，是以地名為氏稱。楚、曾「卲」字作如下之形：

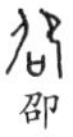卲王鼎　卲王毀　楚王酓章戈　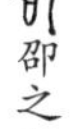卲之飤鼎　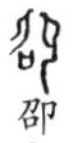卲之𨭒鎜

看來新都戈之「卲」與劉家崖豆銘之「卲」有關係，字形寫法基本相同。劉彬徽認為這兩種(新都鼎、劉家崖豆)卲器的形、紋風格均與同時期的曾國器物接近，而與典型的楚器有一定的區別，這個卲氏可能為曾國之人，有一定道理。【湖北出土商周文字輯證】

◉戴家祥　方濬益曰卲王，即昭王。說文「卲，高也。」「昭，日明也。」爾雅釋詁「昭，見也。」蔡邕獨斷「聲聞宣遠曰昭。」高、明、見、遠，義並相近，是卲、昭二字古通之證。綴遺齋彝器款識卷四第十八葉剌鼎。按宗周鐘「𠬝子迺遣閒來逆卲王」卲王，即史記周本紀康王釗之子昭王瑕。頌鼎「王在周康卲宮」。牆盤「□哲康王」之後有「弦魯卲王」。是康卲宮者為康王、昭王之廟堂也。周禮春官小史「奠繫世、辨昭穆。」釋文「昭或作佋」。阮元云小宗伯「辨廟祧之昭穆」。葉鈔釋文作卲。周禮古文經當竝作卲，因注中作昭，遂據以改經也。此是古文假借字卲，即說文卩部之卲字也。周禮注疏卷十九校刊記。可為方說佐證，方說正確可靠。【金文大字典上】

◉戴家祥　壺銘「郘公」指召公奭，燕國創業之君。鼎銘「先祖桓王郘考成王。」壺銘言「桓祖成考」，郘字在此讀作紹，說文十三篇「紹，繼也」。【金文大字典下】

◉許　慎　鄍晉邑也。从邑。冥聲。春秋傳曰。伐鄍三門。莫經切。【說文解字卷六】

◉馬叙倫　鈕樹玉曰。韻會引無也字。鍇本作晉邑食也。非。承培元曰。鍇本食字當作聚。漢志沛國有鄍聚。倫按鍇本伐鄍三門下有是也二字。明為據以證字也。食字當如承說。草書相近也。蓋本作晉邑也。沛國有鄍聚。【說文解字六書疏證卷十二】

鄐 鄐　　鄇 鄇　　邲 邲

鄐 鄐成之印 鄐臣 【漢印文字徵】

◉許　慎　鄐晉邢侯邑。从邑。畜聲。丑六切。【説文解字卷六】

◉馬叙倫　段玉裁曰。晉邢侯邑當作晉雍子邑。左襄廿六年傳。聲子曰。雍子奔晉。晉人與之鄐。倫按本訓地也。吕忱加地名也。晉雍子邑。字或出字林。【説文解字六書疏證卷十二】

◉許　慎　鄇晉之温地。从邑。侯聲。春秋傳曰。争鄇田。胡遘切。【説文解字卷六】

◉馬叙倫　左成廿一年傳引字林音倏。或此字出字林。【説文解字六書疏證卷十二】

邲 132 邲 133 【包山楚簡文字編】

◉許　慎　邲晉邑也。从邑。必聲。春秋傳曰。晉楚戰于邲。毗必切。【説文解字卷六】

◉馬叙倫　鈕樹玉曰。玉篇注同。韻會引作鄭地名。嚴可均曰。此字恐非舊次。韻會引作鄭邑。左宣十二年傳杜注。鄭地。小徐無引春秋文。而通論中有之。韻會亦以春秋為徐按也。王筠曰。邲前二十三字之上為鄭。邲後九字之下有邢。又後六十二字之下有郔。皆鄭地。而不類聚。可知為何人所倒亂矣。【説文解字六書疏證卷十二】

◉裘錫圭　前4·1·2　後下22·4　粹845　同上　佚851　存下757

余永梁釋上揭第一字為「邲」字之或體，《殷虚文字考》，《國學論叢》一卷一期。唐蘭釋上揭第二字為「卮」《殷虚文字記·釋卮》。在《甲骨文編》裏，上揭諸字有的被隸定為「卲」或「𠨍」，附於「卩」部之末（三七六、三七七頁），有的被當作未識字收在附録裏（八一七頁）。其實這些字都應該釋作「𠨍」。《説文·卩部》：「𠨍，宰之也。從卩，必聲。」關於「𠨍」字在卜辭裏的用法，留到後面再去討論。

商代金文裏也有等字。《金文編》512頁。清人阮元等釋雊卯𠨍簋的「𠨍」字為「邲」，《積古齋鐘鼎彝器款識》1·27上，《攈古録金文》二之一·23上。丁山釋𠨍其卣的「𠨍」字為「𠨍」，《𠨍其卣三器銘文考釋》：一九四七年六月四日及十一日上海《中央日報·文物周刊》三七、三八期。是正確的。但是楊樹達卻把「𠨍」字改釋成不成字的「𢍏」，《積微居金文説》275頁。《金文編》也把這個字隸定為「𢍏」，附在「卩」部之末（五一二頁）。他們都上了《説文》「必」字從「弋」的誤説的當。【釋柲　古文字研究第三輯】

得降郤胡候 郤𨁂之印信 郤之 郤王之印 郤齊 郤五印 郤春之印 【漢印文字徵】

詛楚文 【石刻篆文編】

郤見石經 【汗簡】

◉許　慎　郤晉大夫叔虎邑也。从邑。谷聲。綺戟切。 【説文解字卷六】

◉丁佛言　郤古鉨。司馬郤索。許氏説。晉大夫叔虎邑。 【説文古籀補補卷六】

◉馬叙倫　散盤𨚔字。以魏石經邦字古文作𡈼叀中鐘邦字作𨚔證之。蓋丰為邑之異文。則𨚔即郤字。谷譌為谷耳。玄應一切經音義引聲類。有在河内三字。蓋本在晉大夫叔虎邑也下。此吕忱據聲類加之。然則類此者皆出聲類。而李登蓋本杜林諸家。經説與。字蓋出字林。 【説文解字六書疏證卷十二】

◉商承祚　秦《詛楚文》曰：「衛諸侯之兵，以臨加我郤，划伐我社稷，伐滅我百姓。」容庚《古石刻零拾》釋文於以臨加我截句，郤字屬下讀，殆因郤字不得其解，又因郤與欲字形近，遂徑改作欲字，非也。郤當讀作隙，孔也，空也，字與隙通用。《周禮・黨正》「至此農隙」，釋文：「隙本作郤。」《禮記・三年問》同。《左傳》襄公二十八年「宋盟有衷甲之隙」，釋文：「隙本作郤。」《漢書・孫寶傳》「與紅陽有郤」，注：「與隙同。」《莊子・知北游》「若白駒之過郤」，釋文：「郤本作隙。」皆其佐證。此云率諸侯之兵乘其隙而伐之也，意至明白，不必改字就文。 【《石刻篆文編》字説　中山大學學報（哲社）一九八〇年第一期】

◉睡虎地秦墓竹簡整理小組　郤即郤字，讀為隙。隙逐，因有怨隙而被驅逐。 【睡虎地秦墓竹簡】

◉許　慎　𨛫河東聞喜縣。从邑。非聲。薄回切。 【説文解字卷六】

◉馬叙倫　諸家皆據玉篇廣韻縣字作鄉。謂當作鄉。 【説文解字六書疏證卷十二】

◉許　慎　䣜河東聞喜聚。从邑。虘聲。渠焉切。 【説文解字卷六】

◉馬叙倫　鈕樹玉曰。繫傳聚作邑。非。玉篇。聚名。在河東聞喜。倫按倉頡及訓纂必不録及聚名。字或出字林。 【説文解字六書疏證卷十二】

郾 郾

◉許　慎　郾河東聞喜鄉。从邑。匡聲。去王切。【説文解字卷六】

◉馬叙倫　鈕樹玉曰。繫傳河上有仲郾二字。錢坫曰。寫本繫傳河東上有仲邵二字。邵即郾字。宋人諱匡。故寫譌如此。承培元曰。仲當作承。後漢書郡國志。陳留郡襄邑有承郾城。倫按仲郾實止一郾字。蓋隸書復舉字。傳寫譌為仲。校者據一本作郾者注之耳。承不得譌為仲。且承郾在陳留也。【説文解字六書疏證卷十二】

𨞓 𨞓

𨞓竝出朱育集字【汗簡】

朱育集字【古文四聲韻】

◉許　慎　𨞓河東臨汾地。即漢之所祭后土處。从邑。癸聲。揆唯切。【説文解字卷六】

◉馬叙倫　鈕樹玉曰。集韻引無之字。韻會引作河東臨汾地。漢祭后土處。嚴可均曰。即漢八字小徐在癸聲下。此校者所補。王筠曰。即漢八字或庾注。倫按錢坫據漢書武帝元鼎四年立后土祠於汾陰脽上。謂臨汾與汾陰為二地。此誤。毛際盛據顔師古注一説此臨汾水之上。漢時臨汾取義或在此。脽在臨陰临汾二縣竟。故許君不云臨汾而云临汾地也。倫按地或為鄉或聚也二字譌捝。此蓋字林文。字或出字林。【説文解字六書疏證卷十二】

◉强運開　𦮃鄈公敨。鄈不从邑。𨞓古鈢。鄧𨌴。从登省。蓋即古鄈字也。【説文古籀三補卷六】

邢 邢

石經僖公　齊師宋師曹師城邢汗簡引同【石刻篆文編】

邢户丁切並見石經【汗簡】

石經【古文四聲韻】

◉許　慎　邢周公子所封地。近河内懷。从邑。幵聲。户經切。【説文解字卷六】

◉馬叙倫　鈕樹玉曰。韻會引作周公子所封邑。地近河内。邵瑛曰。春秋傳有邢國。有邢邱。皆從幵作邢。並省作邢。無從井作郱者。鄭地之郱。亦不見經傳。考周器款識有鄭郱叔。綏賓鐘有郱叔鐘。又曶鼎兩言郱叔。其本文皆作井。可知字本作邦。故省邑則作井也。桂馥曰。漢志河内郡平皋縣。應劭曰。邢侯自襄國徙此。倫按後漢書郡國志。平皋有邢丘。故邢國。周公子所封。然則周公以下十字吕忱增。許當止訓地也。字見急就篇。【説文解字六書疏證卷十二】

◉强運開 古鉨。邢瘫。【説文古籀三補卷六】

布方 晉高 仝上 晉祁 仝上 晉芮 布方 京朝 仝上 晉祁 仝上 布方 晉祁 仝上

晉高 仝上 反書 晉浮 布方 晉浮 布方 晉祁 仝上 布方 晉高 仝上 晉祁 仝上

布方 冀靈 仝上 晉襄 仝上 晉祁 布方 晉芮 仝上 晉祁 仝上 晉浮 布方 晉高

布方 晉芮 布方 晉祁 布方 反書 典二九二 仝上 典二九三 布方 典二九一 布方 典二九〇

仝上 亞四・二三 仝上 省作烏 布方 省邑旁作烏 亞四・二三 布方 亞四・二四 仝上 布方

亞四・二四 仝上 仝上 反書 布方 反書 亞四・二四 仝上 史第八圖4 【古幣文編】

◉許 慎 太原縣。从邑。烏聲。安古切。【説文解字卷六】

◉丁佛言 古鉨。鄔宅之鉨。許氏説。太原縣名。【説文古籀補補卷六】

◉馬叙倫 爾雅釋文引字林。太原縣。左傳十八年傳釋文引字林。乙祛反。蓋太原縣為字林文。廿八年傳釋文引三倉。鄔音瘀。秦詛楚文之。即此字。【説文解字六書疏證卷十二】

◉許 慎 太原縣。从邑。示聲。巨支切。【説文解字卷六】

◉吴大澂 祁字幣。亦祁字幣。亦古祁字省文。空首幣。示下重文。【説文古籀補卷六】

◉郭沫若 杜乃陶唐氏之後，其姓為祁。即祁本字，从女甫聲，甫即《召伯虎毁》與《郾侯庫毁》之甫字，其讀如祇，正與祁近。《石鼓》《作原石》「有甫甫鳴□」語，亦即《詩》所屢見之「祁祁」字也。【杜伯鬲 兩周金文辭大系考釋】

◉郭沫若 《杜伯鬲》「杜伯乍作叔障鬲，其萬年子子孫孫永寶用」，叔下一字王國維釋孋云：「庸姓之庸金文作孋，原注「杜伯鬲」

今《詩》『美孟庸矣』作庸字。』「觀堂集林」卷十三「玁狁考」第四葉。　羅振玉韙之，云：「毛詩『庸女姓』，正義『列國姓庸弋者無文以言之』，今乃得之古金文中矣。」「貞松堂集古遺文」卷四第十四葉。

今案釋𢿱為嫞者，乃沿吳大澂釋𤰈為庸。石鼓己鼓有此字，曰「𤰈〓鳴□」。吳大澂舉此與虢季子白盤𤰈字、毛公鼎𤰈字、召伯虎𣪘𤰈字，並釋為庸。「説文古籀補」第十七葉。其根據僅在與庸字形近而已，均非確釋也。虢盤之𢍏與䧹鼎之𤕌，余釋為説文「牆古文𤖯」之異體，从由由爿聲。盤假為壯，鼎假為將。召伯虎𣪘之𤰈字，則祇字也。正始石經尚書君奭篇殘字「祇〔若茲〕」，祇之古文作𤰈，即是此字。鄦侯𢦏𣪘有「𤰈敬𣁋祀」語，以祇敬連文，正合古人辭例。故𢍏、𤕌、𤰈均非庸字。𤰈與𤰈結構相似，當是一字，亦斷非庸字也。知𤰈非庸，則𢿱字自不得為嫞。

𢿱字于金文尚有一例，宋人書中之劉公鋪是也。今據宋刊嘯堂集古録。涵芬樓景印本。撫之如次。

□公作杜嫞

䵼鋪，永寶用。

杜下一字宋人釋嫞。案其字右旁當是𤰈字，與杜伯鬲之𢿱為一字。僅下體稍泐耳，非嫞字也。此言「□公作杜嫞䵼鋪」，以

「鼄伯御戎作媵姬寶鼎」及「杞伯每刃作鼄婕寶鼎」文例之，二鼎箸录出處詳見「大系」索引。則嫞乃杜之姓。杜伯鬲乃杜伯為其女叔𢿱

作媵器也。媵器亦間有不著媵字者，如「魯大嗣徒子仲白作其庶女厲孟姬䵼匜」與「鄧孟作監嫚䵼壺」，具詳「大系」。即其例。

考杜乃陶唐氏之後，左傳襄二十四年晉士匄曰：「昔匄之祖，自虞以上為陶唐氏，……在周為唐杜氏。」其姓為祁，晉襄公弟四妃曰杜祁。左傳文六年：「杜祁以君故，讓偪姞而上之，以狄故，讓季隗而已次之，故班在四。」是則嫞若𢿱乃祁之本字矣。以字例而言，嫞當為从女𤰈聲之字，是則𤰈聲當讀如祁。石鼓文之𤰈𤰈即詩所屢見之祁祁矣。召南采蘩「被之祁祁」，豳風七月又小雅出車「采蘩祁祁」，小雅大田「興雨祁祁」，大雅韓奕「祁祁如雲」，商頌玄鳥「來假祁祁」。爾雅釋訓「祁祁徐也」。毛傳於采蘩

訓舒遲於七月訓衆多，於大田訓徐，於韓奕訓徐靚。鄭箋於采蘩亦訓安舒，於玄鳥亦訓衆多。是則祁祁有舒徐與衆多二義。石鼓文之「𦸗𦸗鳴□」，所缺一字疑是鳥字，與上文之「𢓊𢓊亶罟」、下文之「亞箬其華」為韻，似以舒徐義為長也。

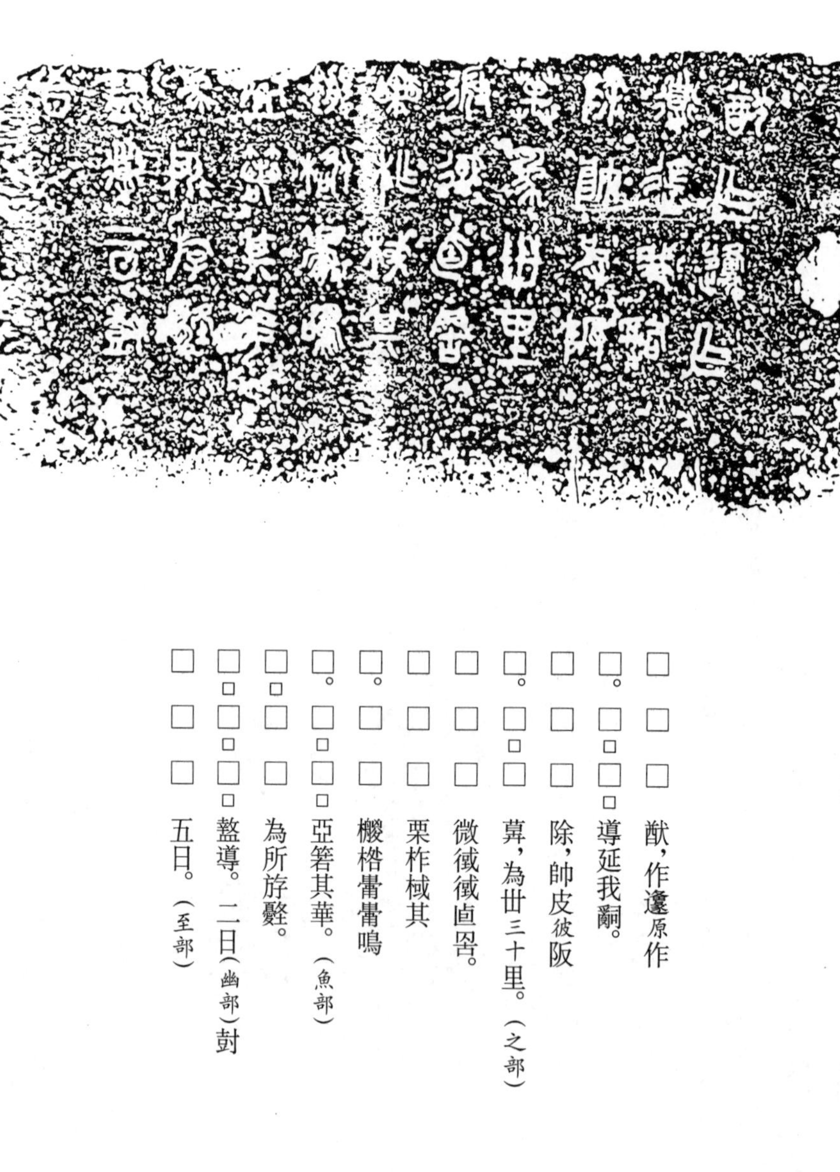

孟㛹壺・原見「寧壽鑑古」卷三第十八葉，題作「周行尊」。

□□□猷，作邍原作
□。□□□□導延我嗣。
□□□除，帥皮彼阪
□。□□□葬，為卅三十里。（之部）
□□□微𢓊𢓊亶罟。
□□□栗柞棫其
□。□□欙楷𦸗𦸗鳴
□。□□□□亞箬其華。（魚部）
□□□□為所斿𩫃。
□□□□□□盩導。二日（幽部）尌
□□□五日。（至部）

□□孟嫞
作為行□。
其釁(眉)〔壽〕
無疆子〓〔孫〓〕
永寶。

更有進者，古音祁與祇通。左傳宣二年之提彌明，釋文「提本又作祇」，公羊宣六年則作祁彌明；史記晉世家作示眯明，索隱云：「鄒誕生音示眯為祁彌，即左傳之提彌明也。」此為祇與祁通用之證。又爾雅釋地昭余祁，釋文引孫本祁作底，說文視古文作眎，又作眡；眡底與祇同从氏聲，眎視與祁同从示聲。古音示聲氏聲同在脂部，而祁古或讀上之反。見「詩七月」及「玄鳥」「釋文」。之音誤，當作上脂。與祇旨夷反同屬舌聲。是則祇與祁古乃疊韻而兼雙聲之字也。曩由石經知甫為祇，今由石鼓復知嵩為祁，則嵩與甫確係一字矣。由形而言甫象兩甾相抵，甾，缶也。說文「東楚名缶曰甾。」嵩象兩甾之閒更墊以它物，余意乃氏若底之初文，氏與底古當為一字。《召伯虎𣪘》文正當為底，底者定也，故「又有甫」與「又有成」對文。

知嵩甫同是一字，音在脂部，尤知嫞當為祁。《劉公鋪》之杜嫞蓋即晉襄公第四妃之杜祁也。鋪銘首一字宋人均釋劉，「西清續鑑甲編」及「寧壽鑑古」各録一偽器，亦釋為劉。案其字雖稍泐損，斷非劉字。諦宗之，當是毀字之泐。《說文》毀，籀文作□，金文則《脖侯盤》作□，《散氏盤》作□，象人戴笠而耕，小篆字形譌變。《襄垣幣》作□若□。《穌甫人匜》有襄字作□。劉心源釋此字有獨到處，云許書之籀文乃形誤。「□為□譌，工為土譌，□為□譌」。「奇觚室」卷八第二十七葉。徵諸漢鉩蘇襄作□，又有呂穰作□，所从毀字，較之金文僅从雙又微異。而如「定襄太守章」襄字作□，又一作□，「穰左尉印」穰字作□，所从毀字則又變土作工。更進則為許書之毀而譌為「从𢓊工交吅」矣。得此等鉩印文字，益足證劉說之不可易，而金文諸字決為毀若襄字無疑。今鋪銘作□，右下从寸从土，甚顯著，左側當是□形之泐。全字足之，當成□形，即毀字也。毀公者襄公，襄公與杜嫞同見一器，非晉襄公與其第四妃杜祁而何耶？

嫞為祁姓之本字而非嫞，已如上述，而嫞在金文亦有之，《寧壽鑑古》之「周行尊」是也。其銘云「□□孟嫞作為行□」，行下一字半泐，僅餘一缶字，疑是寶或匋段為寶之泐。文猶《辛鼎》銘云「辛作寶」也。觀其形制，當是壺不得為尊。孟嫞作器者名，嫞字舊釋婛，近人容庚復釋婷，見「燕京學報」第五期八四七頁。均非是。案此即庸姓之庸之本字也。字从女𩫏聲，𩫏即《說文》「𩫏古文墉」，《毛公鼎》「余非𩫏庸又[illegible]昏」，正假𩫏為昏庸字，《召伯虎段》「土田僕[illegible]」即土田附庸。段銘𩫏字下體稍譌變，又《說文》「[illegible]用也，讀若庸同」之所自出。許書又收𩫏為郭字。郭墉義同而音近對轉，古蓋一字也。今嫞字从女𩫏聲，其為庸姓之本字無疑。【釋嫞 金文叢考】

◉楊樹達 羅振玉跋云：「嫞字，王忠慤公釋墉，謂即桑中詩美孟庸矣之庸。毛傳：庸，女姓。正義：列國姓庸弋者，無文以言之，今乃得之古金文中矣。」⊘郭沫若兩周金文辭大系考釋，據魏三字石經書君奭篇，祗若茲，祗字古文作[illegible]，釋嫞為祁，其說云：「杜乃陶唐氏之後，其姓為祁，嫞即祁本字，从女，[illegible]聲。[illegible]即召伯虎段與酈侯奞段之甫字，其讀如祗，正與祁近。」中册壹伍叁葉上。余按郭說是也。左傳文公九年記晉文公之夫人有杜祁，足為郭說之證。【杜伯鬲跋 積微居金文說】

◉馬叙倫 左昭廿八年傳釋文引字林。太原縣。上戶反。上蓋巨之譌。古幣作[illegible]。【說文解字六書疏證卷十二】

◉張亞初 郭沫若把杜國之姓[illegible]根據文獻推定為祁，召伯虎簋之[illegible]推定為祗，並從石鼓文中找到了這個字的對應關係（《金文叢考》二〇五頁《釋嫞》）。這是很正確的。但對此字發生發展的脈絡還是不夠清楚的。

在甲骨文中，祗字第一二期作[illegible]（《林》二六・十——十一），第三期在其上部或者上下用時加甾作聲符，變為[illegible]（《戩》三七・十一）。或簡化為[illegible]（《粹》九四五偏旁），由「叀[illegible]𠦪」（《戩》三七・十一）等材料可證，此字系名詞，是商人祈祝求雨的對象。《粹》九四五此字从示旁，更說明它確為神祇之祇。祇祗古本同字。三體石經《君奭》以甾為祗，說明甾，祇，祗是同音字，故[illegible]字加甾作聲符。這一條卜辭是貞問，是否向神祇禱求。⊘此字演變過程可圖示如下：

[illegible]——[illegible]——[illegible]——[illegible]

郭氏認為此字象兩缶相抵，中間的[illegible]則象兩缶間有物以墊之，原文當為抵或底之本字（此說亦見《文史論集》三〇〇頁《由壽縣蔡器論到蔡墓的年代》《蔡侯鐘銘考釋》）。甲骨文之[illegible]，根本沒有兩缶之形，又當如何解釋？可見認為此字為抵或底之本字的說法是靠不住的。《說文》「祇，地祇，提出萬物者也」，許慎解此字，用的是聲訓，祇提音近，故云「提出萬物者」，亦非此字之本意。祇在石鼓文中的用法為祁祁，文獻上祁祁訓盛，多，大和舒徐（參郭氏《釋嫞》一文）。从甲骨文看，此字為樹木枝葉茂盛，舒展狀。所以它應是祁字的本字，祁，祗則都是借字，後起字。

甲骨文中的字(《乙》二一一〇·《丙》一二·二〇等)，為祁的中間部分，應為祁之省，讀如祁。祁之作，猶如加聲符作，省作(《前》四·二六·四)，進一步省作(乙六五三三)，演變情况完全一致。在甲骨文中為國族名(丙一二·二〇)。⊘从女从的即國族氏的女子。傳説黄帝之後裔有姓祁的(《史記》《五帝本紀》)。《左傳》襄公二十一年傳「祁大夫」，注云「祁奚也，食邑于祁，因以為氏。祁縣今屬太原」。此祁有可能即甲骨文中的。【甲骨文金文零釋　古文字研究第六輯】

◉戴家祥　从邑字往往為地名，今山西太原府有祁縣，許慎所釋可从。祁又有大意，詩吉日「其祁孔有」，傳「大也」。爾雅釋詁「祁，大也」。禮記緇衣「資冬祁寒」，「祁寒」即大寒，牆盤「寒祁」與「祁寒」義同。【金文大字典下】

鄴

鄴令之印　張鄴　樂鄴私印　李鄴之印　【漢印文字徵】

◉許　慎　魏郡縣。从邑。業聲。魚怯切。【説文解字卷六】

◉馬叙倫　鈕樹玉曰。韻會作魏郡縣也。【説文解字六書疏證卷十二】

邢

井　井之重文　【續甲骨文編】

井　邢　不从邑説文周公子所封字當作邢鄭地邢亭字當作郉今本説解互易　井侯簋　井字重見　【金文編】

6·33　邢公　6·40　同上　6·41　同上　6·41　同上　6·36　邢公　【古陶文字徵】

1901　【古璽文編】

邢佳　邢安　邢豐私印　邢偃　【漢印文字徵】

◉許　慎　鄭地。邢亭。从邑。井聲。户經切。【説文解字卷六】

◉吳大澂　古邢字不从邑。井字重文。或从井从邑从土。古鉥文。【説文古籀補卷六】

◉丁佛言　古鉥邢。古鉥郱。【説文古籀補補卷六】

◉馬叙倫　鄭井叔鐘舊作鄭邢叔鐘。見同上。倫按舊釋鄭邢叔作霝龢鐘用妥賓。孫詒讓曰。吳真叔乍霝用賓。縣潘氏所藏克鼎有霝鼓鐘。字與此同。霝鼎似一字。或讀為伶亦通。倫謂説文有邢有郱。邢下曰。周公子所封地。近河内懷。郱下曰。鄭地有郱亭也。此雖非許氏本文。蓋校者或吕忱據杜林倉頡解詁或張揖三倉訓詁增之。尋左僖廿四年傳。凡蔣邢毛胙祭。周公之胤也。二十五年。衛滅邢。朱駿聲謂在今直隸順德府邢臺縣西南。與河南懷慶府武陟縣近。史記殷本記。祖乙遷於邢。索隱音耿。本亦作耿。後漢書郡國志。河東郡皮氏有耿鄉。劉昭注。左傳閔元年。魯滅耿。杜預曰。縣東南有耿鄉。左隱五年傳。鄭人郱人伐翼。杜預注。在廣平襄國。則郱亦非鄭地。故段玉裁朱駿聲皆以為郱即漢志常山郡之井陘縣。趙地也。然則此言鄭井叔。豈邢滅而其族有入於鄭者與。或鄭自有郱與。此舊釋作邢。蓋據廣韻作邢地名在鄭。然作篆不得作邢。而古亦邢郱異地也。【讀金器刻詞卷下】

◉馬叙倫　段玉裁曰。鄭地恐誤。蓋京兆之鄭。則宜次於鄭之後。若河南之新鄭。則宜與下文鄶邧郔為伍。此上下文皆河内地。不宜忽羼以河南地名也。疑即二志常山郡之井陘縣。趙地也。郱井蓋古今字。錢坫曰。鄭有邢山。當作此。王筠曰。玉篇。郱。子省切。廣韻。子郢切。大徐引唐韻户經切。無將以與邢字相似。即以邢字之音被之邪。小徐邢郱皆賢經反。蓋亦誤。倫按鍇本作鄭地有郱亭也。蓋是校語。猶鄲下曰。魯有鄲地。本訓當作地也。吕忱加常山國或常山縣。古鉩作郱。【説文解字六書疏證卷十二】

邯

4·159　邯亭【古陶文字徵】

一五六：二二　九例　宗盟類參盟人複姓邯鄲　委質其它類地名邯鄲　一八五：七　甘【侯馬盟書字表】

邯　編五〇【睡虎地秦簡文字編】

2145【古璽文編】

詌邯長印　邯鄲丞印　邯鄲脩印　邯鄲恩印　邯鄲堅石【漢印文字徵】

◉許　慎　邯趙邯鄲縣。从邑。甘聲。胡安切。【説文解字卷六】

◉吴大澂　古邯鄲字作廿刃。甘字重文。甘丹幣。【説文古籀補卷六】

鄲 [seal]

◉丁佛言　[seal]古鉢。邯佇。【説文古籀補補卷六】

◉馬叙倫　字見急就篇。古鉩作[seal]。【説文解字六書疏證卷十二】

[金文] [金文] 鄲　鄲孝子鼎【金文編】

[侯馬] 一五六：二一　九例　宗盟類參盟人複姓邯鄲　委質其它類地名邯鄲郵政　永不盟于邯鄲　[侯馬] 一八五：七　丹【侯馬盟書字表】

[璽] 2137【古璽文編】

[印] 邯鄲丞印　[印] 邯鄲恩印　[印] 邯鄲堅石　[印] 邯鄲去病【漢印文字徵】

◉許　慎　[seal]邯鄲縣。从邑。單聲。都寒切。【説文解字卷六】

◉吳大澂　[古文]古通鄲。甘丹幣。【説文古籀補卷六】

◉丁佛言　[古文]古鉢。鄲易。【説文古籀補補卷六】

◉馬叙倫　鈕樹玉曰。韻會引作邯鄲縣名。倫按邯鄲連緜詞。邯從甘得聲。甘音見紐。鄲音端紐。同為清破裂音。邯鄲亦疊韻也。然邯以甘山而得名。鄲字徒以方言作連緜語而作。邯鄲縣名字林文。字見急就篇。古鉢作[古文]。【説文解字六書疏證卷十二】

◉戴家祥　説文六篇「鄲，邯鄲也，从邑單聲。」金文與篆文同，用為地名。【金文大字典下】

郇 [seal]

[璽] 2238　王孫鐘旬作昀　此偏旁省日。【古璽文編】

[印] 郇蒼之印　[印] 郇翕私印【漢印文字徵】

◉許　慎　[seal]周武王子所封國。在晉地。从邑。旬聲。讀若泓。相倫切。【説文解字卷六】

◉丁佛言　[古文]古鉢。郇[古文]。【説文古籀補補卷六】

◉馬叙倫　段玉裁曰。武。各本作文。是。王筠曰。小徐本在晉地三字在讀若泓下。此句蓋庾注。凡上文言在某者。所舉皆

鄃 鄃 鄗 鄗

漢縣。唯此舉古國名。以是知之。劉秀生曰。張文虎曰。泓乃泫字之譌。郇洵同音。國語。無涕。涕。借洵為泫。莊子田子方。今汝怵然有洵目之志。釋文。洵謂眩也。此旬玄聲通之證。孫叔敖碑絃作絇。則泫之譌泓。非無證矣。按張説蓋是。旬聲在先部。泫從玄聲。亦在先部。故郇從旬聲得讀若泫。孟子滕文公。若藥不瞑眩。釋文。瞑眩又作眠眴。文選劇秦美新。臣當有顛眴病。注。眴與眩古字通。竝其證。目部。旬。從目。勻省聲。或從旬聲作眴。言部。訇。從言。勻省聲。又讀若玄。亦其證。倫按在晉地三字合在所封。國下。周武以下至晉地。蓋字林文。或此字出字林也。鍇本經傳寫捝失後校者據別本補注於讀若泓下耳。讀若泫者。郇從旬得聲。旬音邪紐。泫音匣紐。同為次濁摩擦音也。古鉨有□。【説文解字六書疏證卷十二】

◉許　慎　鄃清河縣。从邑。俞聲。式朱切。【説文解字卷六】

□ 103【包山楚簡文字編】

□ 鄗丞【漢印文字徵】

□ 籀韻【古文四聲韻】

◉許　慎　鄗常山縣。世祖所即位。今為高邑。从邑。高聲。呼各切。【説文解字卷六】

◉馬叙倫　世祖以下九字疑出許氏字指。故曰今為高邑。左哀四年傳釋文引字林。大沃反。釋文引三倉。鄗音臛。【説文解字六書疏證卷十二】

◉劉樂賢　《漢印文字徵》附録二：□。此字當釋為鄗。漢印文字中邑旁有時可以寫作□或□。例如都作□，扈作□，郝作□，祁作□，郎作□，郭作□（皆見《漢印文字徵》卷六邑部）。據此，則此字當釋為从高从邑，即鄗字。【秦漢文字釋叢　考古與文物一九九一年第六期】

◉馬良民　言家信　1986年春，山東鄒平縣苑城鄉中心學校的郭鵬同志在苑城村北1公里的仁馬莊南撿到1件有字陶片，同年秋捐送鄉文化站。

陶文是在一塊三角形陶片上按一方形戳印。陶片為泥質灰陶，邊長分别為10.4、9和7.5釐米，厚0.9釐米。印長4.9、寬4.4釐米，左下角殘缺。印面有陽刻邊框，框内隔為3欄，每欄有豎行陽文4字，共12字。其中，左欄首字左旁缺損，末字稍殘（圖一）。

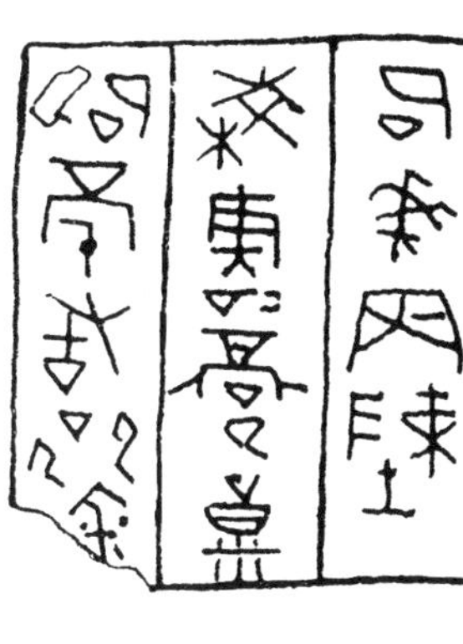

這些陶文大都可以直接釋讀，唯「□」、「□」少見，左欄首字缺損，需加辨識。

□，兩邊的斜短劃應是飾筆，在構字上没有實際意義。這是戰國齊國文字的特點之一，如「匋」。「□」去掉飾筆為□，應是「高」與「邑」合書共用一「口」，隸定為「郜」字。類似的字體結構在齊國文字中常見，如「郃」作□（《録》55·9）、「路」作□（《匯》0148）、「郘」作□（《匯》1203），都是兩個偏旁共用一「口」。古文「高」字作□（《籀》5下·21）、□（《璽》5·9）等形，演化為□（《籀》5下·20）、□（《璽》5·10）、□（《補》5·8），遞省為□（《璽》5·10），正與「□」的上部相同。

「郜廩」。「郜」是地名，齊陶、璽文中的「廩」字前多冠以地名，如「番陵左廩」（《補》5·9）、「平陵縣左廩」（《齋》1·15·3）等。從這件陶文的出土地看，「郜」應是「高宛」的簡稱，據《長山縣志》記載，古高宛就在現在的苑城村。「高宛」即「高苑」。《戰國策·齊策》、《漢書·地理志》作「高宛」，《後漢書·郡國志》作「高菀」，《晉書·地理志》作「高苑」，以後沿襲未改。苑城是個包括4個小村的大村莊，經調查發現，該村就坐落在一個大型的戰國、漢代城址之上。由此可見，「郜廩」就是設在高宛的倉廩。【山東鄒平縣苑城村出土陶文考釋　文物一九九四年第四期】

◉何琳儀　《集成》11424著録矛銘，僅一字：

□

此字筆畫清晰，其上從「高」，其下从「人」。易為左右結構，自應隸定「僑」。

《篇海》「傿，北方地名。」根據「北方」這一線索，「傿」應讀「鄗」。《左・哀四》「國夏伐晉，取邢、任、欒、鄗、逆時、陰人、盂、壺口。」《史記・趙世家》武靈王「三年，城鄗。」在今河北柏鄉北二十二里。

「傿」，春秋屬晉，戰國屬趙。銘文頗工秀，應是春戰之際手筆。

說明兩點：一、《左・哀四》之「鄗」與《左・宣十二》「晉師在敖、鄗之間。」《公羊・桓十五》「公會齊侯于鄗。」均無關。二、《璽彙》1693[glyph]雖與矛銘甚近（僅少「口」旁）然並非一字，應釋「亮」。【古兵地名雜識　考古與文物一九九六年第六期】

鄡

◉許　慎　鄡鉅鹿縣。从邑。梟聲。牽遙切。【說文解字卷六】

◉馬叙倫　段玉裁曰。漢書地理志作鄡。但前志鉅鹿鄡縣。豫章鄡陽縣。篇韻亦別。然則許書此字作鄡。及後志二縣字皆作鄡。非是許書。當是淺人改之。倫按此當從樢得聲。然疑本作鄡。傳寫誤改。或此是東漢時字。彼時鄡已易而為鄡。故後志兩縣字竝作鄡也。至前志鄡陽與鄡別者。鄡字蓋未經傳寫變改耳。金器有樢改夒。文曰樢白。疑鄡即古樢白國。【說文解字六書疏證卷十二】

鄚

[glyph] 鄚縣馬丞印【漢印文字徵】

◉許　慎　鄚涿郡縣。从邑。莫聲。慕各切。【說文解字卷六】

◉馬叙倫　鈕樹玉曰。韻會引涿上有鄚字。倫按隸書複舉字。【說文解字六書疏證卷十二】

郅

[glyph] 郅通私印　[glyph] 郅充　[glyph] 郅多之印　[glyph] 郅襄【漢印文字徵】

◉許　慎　郅北地郁郅縣。从邑。至聲。之日切。【說文解字卷六】

◉吳大澂　[glyph]古鉢文。【說文古籀補卷六】

◉馬叙倫　古鉢作[glyph]。【說文解字六書疏證卷十二】

◉裘錫圭　這裏附帶談一下祁連厩。金關出土的37.11號簡(A)的勞氏釋文中有「郅連厩」（《居》6671）。從圖版看，「郅」是「邸」的誤釋。「邸」、「祁」古音皆屬脂部，「氐」與「示」的聲母也相近。「邸連」似應讀為「祁連」。祁連厩疑是張掖郡祁連山附近的一個厩。

「至」與「示」古音也比較接近。即使從勞氏「郅連」之釋，也可以讀為「祁連」。【漢簡零拾　文史第十二輯】

䣢 䣢

◉許　慎　䣢北方長狄國也。在夏為防風氏。在殷為汪茫氏。从邑。夌聲。春秋傳曰。郯瞞侵齊。所鳩切。【説文解字卷六】

◉馬叙倫　鈕樹玉曰。左文十一年傳釋文引殷上無在字。嚴可均曰。茫當作芒。説文無茫字。左文十一年傳釋文引作汪芒氏。嵎下云。汪芒之國。倫按左文十年傳釋文引字林。音先牢反。或此字出字林。或據左傳釋文先引説文後引字林。則字為本書所固有。倫謂字林初附於説文。則本書所有之字。吕書固宜竝為之音。陸必分別之者。陸所據本題為説文而無音。其別仍之本有音。故據之也。則字出字林更明。【説文解字六書疏證卷十二】

䣜 䣜

䣜 鄦　不从邑國名春秋作許姜姓男爵武王封四岳苗裔文叔于許入春秋為鄭所滅戰國初復滅于楚　鄦𧊒簋　無字重見　䣜 無子𣪘　䣜 从甘　蔡大師鼎　鄦弔姬　䣜 从皿　𣞤姬鬲　䣜 𣞤仲尊　䣜 𣞤男鼎　【金文編】

䣜87　䣜87【包山楚簡文字編】

◉許　慎　䣜炎帝太嶽之胤。甫矦所封。在潁川。从邑。無聲。讀若許。虚吕切。【説文解字卷六】

◉薛尚功　寡不穀。矦王自稱之耳。曰文考者。如曹楚晉衛。或矦或王。皆以文稱。蓋以德立國者必曰文。以功立國者必曰武。是則稱文者特不一也。然此鐘制樣皆周物。豈以追享文王而作歟。在周之時。於后稷曰思文。於文王曰文考。於大姒曰文母。是皆稱其德也。今曰皇祖文考。則宜在成康之後而作樂以承祖宗時耳。

許子鐘一

䢅正月初吉丁亥

惟正月初吉丁亥

䣜子䡾白𨚕其吉

許子將以擇其吉

用匜以喜用樂嘉

賓大夫及我朋友

許子鐘二

惟正月初吉丁亥

許子將以擇其

用匜以喜用樂

嘉賓大夫及我朋

考古録云。按。史記鄭悼公元年。無公惡鄭於楚。徐廣曰。音許。許公即許靈也。左氏傳魯成公五年。許靈公愬鄭伯于楚。鄭悼公如楚。訟不勝。以是推之。許靈公即無公。許無文異而音同。【歷代鐘鼎彝器款識法帖卷七】

◉吴榮光　無。正字。許。假借字。正字獨見史記鄭世家。無公惡鄭于楚。再見説文。得此器而三餘。古文家皆用假借字。此彝器有功小學者也。【筠清館金文卷三】

◉吴式芬　許印林説本無其字。依聲託事謂之假借。上古蓋無鄦字。借許字為之。堯時許由即用此字。後分封有國始制鄦字。故从邑。無聲。而當時仍是鄦許兩用。故見于古器銘者。或作鄦。或作許。書册亦然。左氏春秋諸許字未必非古文也。許君明箸鄦字于邑部而署名仍作許。【攈古録金文卷二之三】

◉方濬益　(鄦子安簠)荷屋中丞曰。鄦正字。許假借字。正字獨見史記鄭世家。再見説文。得此器而三。餘古文家皆用假借字。濬益按。薛書二鐘。中丞未之及。今又得甒仲尊卣及鄦叔姬媵鼎。合前三事而八矣。【綴遺齋彝器款識考釋卷八】

◉劉心源　⿱無皿攈古録篆作𠰭。徐籀莊釋為瑟。今此拓明明皿上从無。知彼改篆就己也。古文叔雖二字亦从皿。皆字書所無。疑是鄦姓也。【奇觚室吉金文述卷六】

◉劉心源　鄦。説文云。炎帝太岳之後。甫侯所封在潁川。从邑。無聲。讀若許。此即許國本字。後人專用許。【奇觚室吉金文述卷五】

◉吴大澂　𨞛許氏説。炎帝太嶽之裔。甫侯所封。在潁川。鄦子妝簠。𨞛或从無口。口邑之省也。王伐鄦。侯敦。【説文古籀補卷六】

◉丁佛言　𨞛古鈢。𨞛鄦𨞛此周秦間文字。𣏟為林之譌。从大不从𣎳。故應釋無。或以為秦字。非。𨞛古鈢鄦得。【説文古籀補補卷六】

◉高田忠周　説文𨞛炎帝太嶽之後甫侯所封。在潁川。从邑無聲。讀若許。葢後人用許不用鄦。史記鄭世家。鄦公惡鄭于楚。即用正字。至漢書皆作許。知漢人用許而不用鄦。故許氏以許讀鄦耳。【古籀篇二十】

◉高田忠周　劉心源云。據攈古録篆作𠰭。徐籀莊釋為瑟。今此拓明明皿上从無。知彼改篆就己也。古文叔雖二字亦从血。皆字書所無。疑是鄦姓也。按劉釋⿱無皿。是。然云鄦字非。古無亾通用撫或作㱃。舞或作翌可證。又古文血多省作皿。盟作盟盩作盩。皆其證也。即知⿱無皿此⿱亡皿字。説文。⿱亡皿血也。从血亾聲。左僖十五年傳。士刲羊亦無⿱亡皿也。是也。但亡無古音轉通。其用為姓。或當與鄦通用。【古籀篇二十二】

◉馬叙倫　沈濤曰。御覽百五十九引作許。炎帝之後也。武王伐紂時封之。蓋古本如是。漢書地里志。潁川郡許故國。姜姓四岳後。太叔所封。太叔左隱十一年傳正義引作文叔。詩王風申甫許之國竝言。不得言甫侯封許。觀御覽所引。則知古本並無是語。説文叙云。吕叔作藩。俾侯於許。吕叔疑當作文叔。蓋為二徐所改。毛嶽生曰。左隱十一年經正義。許。姜姓。與齊同祖。堯四嶽伯夷之後。周武王封其苗裔文叔于許。地里志。潁川郡許縣。故許國。文叔所封。二十四世為楚所滅也。攷地里志作太叔與疏小異。許自叙云。吕叔作藩。俾侯於許。此又云甫侯。案周書吕刑偽傳。後為甫侯。故稱甫刑。正義曰。禮記書傳引此篇言多稱為甫刑。故傳解之後為甫侯。故或稱甫刑。知後為甫者。以詩崧高之篇宣王之詩云。生甫及申。楊之水為平王之詩。云。不與我戍甫。明子孫改封為甫侯。不知因吕國改作甫名。不知别封餘國而為甫號。然子孫封甫。穆王時未有甫名。而稱為甫刑者。後人以子孫之國號名之也。猶叔虞封唐子孫封晉。而史記稱晉世家。依此則吕叔即太叔文叔也。鄭玄注吕刑云。吕侯受命。入為三公。是甫侯本稱吕侯。即吕叔也。後人以子孫之國號名之。而其初則別封於許者。故云甫侯所封也。錢坫曰。鄦字惟史記鄭世家一見。承培元曰。炎帝裔子為太嶽。太嶽封于吕。其裔子甫侯又封於鄦。據左傳正義。文叔封鄦。鄦自叙亦云。吕叔侯鄦。則是武王所封。非穆王所封也。甫侯字當仍依自叙作吕叔為是。疑後人依吕刑偽注改之。劉秀生曰。𣞤聲模部。許從午聲。亦在模部。故鄦從𣞤聲得讀若許。倫按據許自叙。則吕叔封於許。吕叔即太叔。叙與前志合。左傳正義引作文叔者。蓋太叔之譌。太當作大。大文形近也。吕刑之稱甫刑。緣吕甫聲同魚類。故古或相借。非其後別封於甫。而以子孫之國號名之也。詩之甫字亦然。此說解如御覽所引為順。然非許文。甫侯二字又為後之校者不知甫即吕者所加也。本訓地也。縣名也潁也。炎帝太嶽之胤所封。潁川郡許。二志同也。鄦從𣞤得聲。𣞤音微紐。許從午得聲。午音疑紐。微疑同為邊音。而𣞤午聲同魚類。故鄦得讀若許。史記鄭世家。鄦公惡鄭於楚。徐廣曰。鄦音許。左隱十年經。及齊侯鄭伯入許。杜注。潁川許昌縣。水經洧水注。許昌縣故許男國也。是其證。字或出字林。漢之許氏。雖當作鄦。然其時已以許代鄦。故自叙亦曰俾侯於許。不作鄦也。且本書許下無所申說。而此下不言今為許。雖言讀若許。乃校者所加也。不言許氏即鄦氏。而但言炎帝云云。則何解於自叙俾侯於許之説邪。以此明之矣。鄦子簠作[glyph]。蔡大師鼎作[glyph]。蓋從邑。𣞤聲。𣞤字見漢書韓信傳。【説文解字六書疏證卷十二】

◉商承祚

鄦昜公一紡衣緑纏之☐

有句號。有編組刻口。

鄦，據《説文》：地「在潁川。从邑、無聲。讀若許。」按鄦、許兩字意義不同。鄦本地名，因邑為姓。有的封地因强大，又用作國名，古代不乏其例。金文中鄦字有多種寫法，如鄦子簠作鄦，蔡大師鼎作鄦，無叀鼎、無䢅簋省邑作無，無姬鬲、鄦仲尊作鄦，盡管偏旁有變化，但从無聲則不變。許字从言午聲，午為杵的初字，舂用杵，曶鼎許字作[glyph]，右上从杵省，其下从口，乃臼形之變。許字的初義是在舂米工作舉杵時，勞動者發出的一種助力聲音。《淮南子·道應訓》：「今夫舉大木者，前呼邪許，後亦應之，此舉重勸力之歌也。」與後世從事體力勞動時，發出嗨喲，嗨喲有節奏的聲音同。由此可見，鄦、許各有其創義，漢武帝之後，以許代鄦，鄦字遂廢而不用。《史記·鄭世家》：「悼公元年，鄦公惡鄭於楚。」在《史記》中，原書作鄦者皆以許易之，此僅一見，殆漏而未改，遂流傳至今，可為佐證。昜，即陽，从阜後加，《説文》分入二部。鄦昜為地名。【長沙仰天湖二五號楚墓竹簡遺策考釋　戰國楚竹簡匯編】

◉戴家祥　盤仲尊作盤，此鼎銘作鄦。金文从皿从曰可通。⿱無曰盤為異體字。金文皆用作國名。故或从邑。劉心源曰「疑是鄦姓也」。奇觚室吉金文述卷六十二頁盤仲䟗卣。【金文大字典下】

◉許　慎　邟潁川縣。从邑。亢聲。苦浪切。【説文解字卷六】

◉丁佛言　邟古鈢。邟邟信鈢。【説文古籀補補卷六】

◉馬叙倫　鈕樹玉曰。地里志郡國志潁川無邟。後漢書黃瓊傳注引説文。邟。潁川縣也。漢潁川有周承休侯國。元始二年更名邟。顧廣圻曰。據此。地里志。云。周承休侯國。元始二年更名鄭公者。誤邟為鄭耳。許所見班書自是邟字。段玉裁曰。李顏二本絶異。然皆非事實。前志文當是邟字大書。周承休侯國五字小書。注於下。此侯國不與他侯國同。故不以縣名為國名也。郡國志無邟縣者。省并也。并省之。故有邟鄉。倫按今本漢書地里志。潁川郡縣二十。凡陽翟。昆陽。潁陽。定陵。長社。新汲。襄城。郾。郟。舞陽。潁陰。崈高。許。鄢陵。臨潁。父城。成安。周承休。陽城。綸氏。而成安注曰。侯國。周承休注曰。侯國。元帝置。元始二年更名鄭公。然則周承休為當大字書。段説非也。尋元帝紀。初元五年。以周子南君為周承休侯。師古曰。承休國。在潁川。而外戚恩澤表。周子南君封地為長社。然則了南蓋長社鄉名。不然。子南何所取義邪。周則以備之恪之義而冠此字。乃其所以不與他侯國同也。元帝以周子南君為承休侯。蓋以潁川之承休縣進其爵為侯。承休即元始二年更名邟者也。非不以縣名為國名也。後人以承休與成帝封孔吉為殷紹嘉侯。同為美之之名。而非地名者。譌。蓋或當時擇地名之美者封之耶。倫謂今志周字乃由注文譌羨。而注則本有顏師古注。元帝初元五年。封周子南君為周承休侯。平帝元始四年改曰鄭公。凡廿六字。猶南陽郡舂陵下。亦詳叙封徙經過也。今本捝去邟及師古曰以下至改曰。而李賢所據則未捝之本。而非有異也。顧段皆未之深考耳。然則此言潁川縣。自據前志。然黃瓊封邟鄉侯在延熹二年。在許慎作書之後。豈許時邟尚為縣耶。不然。縣當為鄉誤。毛際盛謂光武建武十三年以周承休公姬常為衛公。邟廢為鄉。當在此時。許蓋本其未廢時圖籍言與。倫謂許為太尉南閣祭酒。於時制未有不詳。且許為汝南人。汝南潁川固鄰境也。一縣之廢置。豈至竟無所聞。夫使許本訓地也。吕忱據倉頡注加此。則無疑矣。亦或字出字林也。【説文解字六書疏證卷十二】

郾

郾 不从邑經典作燕 匽侯盂 匽字重見 郾侯職戈 郾王詈戈 郾侯脮戈 郾侯軍簋 中山王嚳鼎

中山王嚳壺 蛮壺 【金文編】

遜龠 2:14 里□郾乘 【古陶文字徵】

一：二一 宗盟類參盟人名 【侯馬盟書字表】

1420 1964 1966 1959 1972 1971 1961 1963 1978 1965 1974

3857 1967 1962 1969 1968 1960 1977 2652 4099 4100 1976

或从心 【古璽文編】

◉許　慎　潁川縣。从邑。匽聲。於建切。【説文解字卷六】

◉吴大澂　古郾字。郾王戈。古鉢文。古鉢文。古鉢文。【説文古籀補卷六】

◉丁佛言　古鉢。郾荼。古鉢。郾。【説文古籀補補卷六】

◉馬叙倫　邵瑛曰。即左隱元年鄭伯克段于鄢之鄢。倫按郾侯敨作。郾王戈作。古鉨作。【説文解字六書疏證卷十二】

◉强運開　郾侯敨。郾王詈戈。【説文古籀三補卷六】

郟

郟閭印 【漢印文字徵】

◉許　慎　潁川縣。从邑。夾聲。工洽切。【説文解字卷六】

郪

郪左尉印 【漢印文字徵】

◉許　慎　新郪。汝南縣。从邑。妻聲。七稽切。【說文解字卷六】

◉馬叙倫　依上文左馮翊郃陽縣例。此當作汝南新郪縣。【說文解字六書疏證卷十二】

◉戴家祥　新郪，本魏地。魏策蘇秦説魏王：「大王之國南有許、鄢、昆陽、舞陽、新郪。」至昭王五十四年，楚徙鉅陽，始皇五年又徙壽春。新郪入秦當在此前後。【金文大字典下】

鄎

鄎　春秋國名姬姓經典又作息鄎子行盆　【金文編】

◉許　慎　姬姓之國。在淮北。从邑。息聲。今汝南新鄎。相即切。【說文解字卷六】

◉馬叙倫　姬姓之國在淮北。決非許文。後漢書郡國志。汝南郡新息國。許豈有不據時制。而轉稱姬姓之國在淮北哉。蓋漢國名新息。而新息即春秋之息。左隱十一年傳釋文。鄎。音息。一本作息。是陸校本作鄎也。吕忱收此字。故據世本息國姬姓而言姬姓之國。又以淮水在新息南。故云在淮北。今汝南新鄎者。當作今汝南新息。晉書地理志。汝南郡新息。此蓋亦吕忱文。本在從邑上。傳寫譌入息聲下。字或出字林也。或曰許本訓地也。吕忱加姬姓七字。今汝南新息。出許氏字指也。【說文解字六書疏證卷十二】

郋

◉許　慎　汝南邵陵里。从邑。自聲。讀若奚。胡雞切。【說文解字卷六】

◉馬叙倫　段玉裁曰。邵當作召。汝南郡召陵。二志同。劉秀生曰。自讀如自聲之眉。則音在曉紐。奚聲亦在曉紐。故郋從自聲得讀若奚。左桓十七年經。及齊師戰於奚。穀梁奚作郋。葉德輝謂郋即郎之譌。是其證。倫按自為皐之初文。皐音奉紐。奚音匣紐。同為次濁摩擦音。故郋讀若奚。里疑鄉之爛文。本部無記里名者。晉書地理志。潁川郡邵陵。則作邵陵者。明是吕忱文矣。【說文解字六書疏證卷十二】

䣊 䣊　鄍 鄍　鄧 鄧

◉許　慎　䣊汝南鮦陽亭。从邑。菐聲。步光切。【説文解字卷六】

◉許　慎　鄍蔡邑也。从邑。昊聲。春秋傳曰。鄍陽封人之女奔之。古闃切。【説文解字卷六】

◉馬叙倫　汝南有上蔡新蔡二縣。二志同。此言蔡邑。將謂古蔡國邑。則字失次。倫謂本作汝南上蔡或新蔡鄉。傳寫挩失。校者補之。字或出字林。【説文解字六書疏證卷十二】

登之重文【續甲骨文編】

鄧　不从邑春秋國名曼姓　鄧公簋　登字重見　鄧子午鼎【金文編】

9·74　□鄧【古陶文字徵】

鄧　編二七【睡虎地秦簡文字編】

1934　1929　1931【古璽文編】

鄧長壽印　鄧丞之印　鄧强　鄧為　鄧齊　鄧遂之印【漢印文字徵】

竝籀韻【古文四聲韻】

◉許　慎　鄧曼姓之國。今屬南陽。从邑。登聲。徒亘切。【説文解字卷六】

◉馬叙倫　據此可證許本訓地也。最初為注者。以鄧見於春秋為曼姓之國故加此文。以其言今屬南陽。則猶為漢人所記。蓋晉武帝時已分南陽立義陽郡。而鄧已屬義陽矣。知非許文者。許時鄧為南陽縣也。今不曰南陽縣而曰今屬南陽。以此明之矣。蓋出許氏字指。字見急就篇。【説文解字六書疏證卷十二】

◉馬叙倫　弆叔簠蓋　舊作登叔簠蓋。見同上。倫按孫詒讓謂𡚁是𤼽字。是也。見説文為登之重文。𤼽蓋是鄭省。

鄾

□□□□子子孫孫永寶用。【讀金器刻詞卷下】

◉白玉峥　「□馬」三〇・四　此文不可識，以意求之，似从𣥠从卩，或當為鄧字之省。說文：「鄧，曼姓之國，今屬南陽。从邑登聲。」「登，从𣥠豆。」此省登之豆，省邑之口，于字例可通；殷時或已有鄧國與？【契文舉例校讀卷六】

◉黄錫全　□闢出牧子文　左上□即𣥂，左下从古豆，右从邑，應是鄧國之鄧。金文鄧字作□(鄧子午鼎)、□(鄧公𣪘)，又可省作□(鄧孟壺)，古璽作□、□(璽文6・14)。漢延壽宮高鐙之鐙作□，省从𠫔。《居延漢簡乙編》214・2A鄧作□，似簡从止。此形原當作□。唐陽華巖銘戲字古文作□，此形也可能是古戲字省譌。【汗簡注釋卷二】

◉許　慎　□鄧國地也。从邑。憂聲。春秋傳曰。鄧南鄙鄾人攻之。於求切。【說文解字卷六】

◉馬叙倫　後漢書郡國志。南陽郡鄧有鄾聚。然本書無記聚者。此曰鄧國地也。蓋本作地也。校者加鄧國地也。春秋以下亦校語。字或出字林。【說文解字六書疏證卷十二】

◉熊傳新　何光嶽　如說是楚國邑名，未見史書記載。「庚□」中的「□」，應釋為「鄾」為妥，「□」字的右邊，其上首為「支」，其下為「土」，兩者結合，像以耰磨土播種。《說文解字》徐注：「耰摩田器，布種後，以此器摩之，使土開發處復合，覆種也。」《論語》云：「耰而不輟。」注：「覆種也。」又《莊子・則陽篇》云：「深其耕而熟耰之，其禾繁以滋。」注：「耰，鋤也。」《淮南子・氾論訓》云：「民勞而利薄，後世為之耒耜耰鉏。」注：「耰，椓塊椎也，三輔謂之儓，所以覆種也。」因此「□」字，實際上應是「鄾」，「鄾」原是鄧國的南鄙城邑，以善於製造「耰」這種農具而著名，因而後來成為城邑之名了。《左傳・桓公九年》：「鄧南鄙『鄾』人攻而奪之幣。」注：在今鄧縣。又哀公十八年：「巴人伐楚國鄾，蓋楚已滅鄧，而鄾遂為楚有。」鄾位於今襄樊市東北十二里的張家灣附近，當地人叫謬子，音與耰相近，鄾地濱臨白河西岸，白河經鄾又二十里流入漢水。《讀史方輿記要》卷七十九襄陽縣云：「鄾城在府東十二里，古鄾子國。」鄾邑因位於白河入漢水附近，便成為楚逾漢，北上南陽盆地，以通中原的要衝。春秋時，已是繁榮之地，故鄂君行舟路線中的「庚□」(鄾)應是經過這裏。【《鄂君啟節》舟節中江湘地名新考　湖南師範大學學報一九八二年第三期】

[号+邑]

◉許　慎　[号+邑]南陽淯陽鄉。从邑。号聲。乎刀切。【說文解字卷六】

◉馬叙倫　鈕樹玉曰。繫傳淯作清。譌。王筠曰。南陽郡育陽。二志同。皆不作淯。糸部绡亦然。而水部有淯。翟云升曰。集韻引淯作洧。非。倫按晉書地理志南陽郡淯陽。則此或吕忱所加。或字出字林也。【說文解字六書疏證卷十二】

鄛

[金文] 鄛　从巢今作巢春秋文十二年楚人圍巢杜注巢吴楚間小國　鄂君啟車節　居鄛史記項羽本紀居鄛人范增索隱謂居鄛是故巢國【金文編】

◉許　慎　鄛南陽棗陽鄉。从邑。巢聲。鉏交切。【說文解字卷六】

◉馬叙倫　沈濤曰。後漢書宦者鄭衆傳注引。南陽棘陽縣有鄛鄉。蓋古本如此。南陽郡有棘陽縣。二志同。今本棗字誤。倫按蓋字出字林也。【說文解字六書疏證卷十二】

[襄+邑]

[包山楚簡] 115　189【包山楚簡文字編】

◉許　慎　[襄+邑]今南陽穰縣是。从邑。襄聲。汝羊切。【說文解字卷六】

◉馬叙倫　鈕樹玉曰。韻會引穰作[襄+邑]。無是字。地里郡國志作穰。王筠曰。句首似有捝文。蓋失舉古之某地作[襄+邑]。而後言漢制借穰也。史記。韓襄五十一年。秦取我穰。然則穰者七國韓之故地。豈許君所見史記本作[襄+邑]耶。倫按許本訓地也。此蓋許氏字指文也。以今字而知非吕忱所加。晉時穰屬義陽矣。【說文解字六書疏證卷十二】

[婁+邑]

◉許　慎　[婁+邑]南陽穰鄉。从邑。婁聲。力朱切。【說文解字卷六】

◉馬叙倫　鈕樹玉曰。玉篇注南陽[婁+邑]縣鄉。錢坫曰。地里志穰縣有盧陽鄉。或字通。【說文解字六書疏證卷十二】

◉陳漢平　甲骨卜辭《明》642文曰:「在[婁+高省]」。此地名字從高省,婁聲。《說文》:「高,崇也。象臺觀高之形。從冂口與倉、舍同意,凡高之屬皆從高。」是知此字有臺觀崇高之意。又《六書通》收入樓字古文一體作[婁+章],字從章,婁聲。此字當有所本。《說文》:「[章],度也,民所度居也。從回,象城章之重,兩亭相對也。或但從囗。凡章之屬皆從章。」古代漢字中之形聲字,從高與從章意略同,可以通用。故此從高省,婁聲之甲骨文地名字當釋為樓字,後世形旁改從木作樓。《說文》:「樓,重屋也。從木婁聲。」

此樓字於甲骨文中為地名,字當讀為[婁+邑]。《說文》:「[婁+邑],南陽穰鄉。從邑婁聲。」此地於戰國時先為楚邑,後為韓國穰邑。

秦置穰縣，明廢。地在清代河南南陽府鄧州東南二里穰縣故城地。穰字又作⿰襄阝，《説文》：「⿰襄阝，今南陽穰縣是。從邑襄聲。」即今河南省鄧縣地。後世人以樓或婁為氏為姓者，其源蓋出於此地。

又古璽文有字作（《匯編》0237）、（《匯編》3274），字從邑婁聲或婁省聲，當釋為⿰婁阝。【古文字釋叢　出土文獻研究一九八五年第六期】

⿰里邑

4014　0183【古璽文編】

◉許　慎　⿰里邑南陽西鄂亭。从邑。里聲。良止切。【説文解字卷六】

◉馬叙倫　玄應一切經音義引倉頡。國之下邑曰⿰里邑。古鉨有。丁佛言釋。倫疑是⿰里邑字。【説文解字六書疏證卷十二】

⿰羽邑

◉許　慎　⿰羽邑南陽舞陰亭。从邑。羽聲。王榘切。【説文解字卷六】

郢

甲2589　2681　2769　佚857　續5・26・1　粹315　845　新4295【續甲骨文編】

郢　口郢鐸　鄂君啟舟節　鄂君啟車節　从彳　郢侯戈【金文編】

〔七八〕　〔七八〕　〔五六〕　〔六二〕【先秦貨幣文編】

鉼　郢爰　皖阜　仝上　皖六　仝上　皖阜　鉼　郢爰　展啚版肆叁4　仝上　仝上　鉼　郢爰　展啚版肆4【古幣文編】

7　185【包山楚簡文字編】

郢　日甲六九背　二例【睡虎地秦簡文字編】

鄢　鄳

[古璽] 0335 與口郢鐸郢字同。[古璽] 2053 [古璽] 1424 [古璽] 2052 [古璽] 2054 [古璽] 5265 [古璽] 2056 [古璽] 2057【古璽文編】

[印] 王郢之印 [印] 郢人 [印] 張郢 [印] 侯郢 [印] 郢相私印【漢印文字徵】

◉許　慎　[篆]故楚都。在南郡江陵北十里。从邑。呈聲。以整切。[篆]郢或省。【説文解字卷六】

◉余永梁　[甲骨](後編卷下二十二葉)疑郢字。説文郢字或體作王卩，與此同。从邑之字或从卩，如鄉卿同字。【殷虚文字考　國學論叢一卷一期】

◉葉玉森　[甲骨]余永梁氏曰。此疑郢字。説文郢之或體作王卩。與此同。从邑之字或从卩。如鄉卿同字。殷虚文字考。森按。此字乃國名或地名。辭言[甲骨]之俘宜囚也。後編卷下第二十二葉有「己卯卜貞[甲骨]从[甲骨]葬」一辭。[甲骨]與[甲骨]當同字。【殷虚書契前編集釋卷四】

◉顧廷龍　[陶文]浧。説文所無。疑即楚郢之郢。陶蕈衆[陶文]浧來鉢。【古陶文舂録卷十四】

◉馬叙倫　翟云升曰。韻會引作百十里。非。倫按本訓地。故楚以下十一字校語。古鉩作[古璽][古璽]。【説文解字六書疏證卷十二】

鄢 王鄢私印【漢印文字徵】

◉許　慎　[篆]南郡縣。孝惠三年改名宜城。从邑。焉聲。於乾切。【説文解字卷六】

◉馬叙倫　漢書地里志。宜城故鄢。惠帝三年更名。此孝惠八字所本也。然許當訓地也。且許漢人。其書表上。當如志言惠帝。或具言孝惠皇帝。言孝惠猶是漢人語。蓋出許氏字指。鄢字見字林。左昭廿八年傳釋文引之。【説文解字六書疏證卷十二】

◉許　慎　[篆]江夏縣。从邑。黽聲。莫杏切。【説文解字卷六】

◉馬叙倫　晉書音義引字林。芒耿反。【説文解字六書疏證卷十二】

鄗 鄗 ◉許　慎　鄗南陽陰鄉。从邑。葛聲。古達切。【説文解字卷六】

◉馬叙倫　鄗字當在郢上。古鉩作䣝。【説文解字六書疏證卷十二】

鄂 鄂

鄂　不从邑　鄂侯簋　咢字重見　鄂君啟舟節　鄂君啟車節【金文編】

鄂丞之印【漢印文字徵】

禪國山碑　出東門鄂【石刻篆文編】

◉許　慎　鄂江夏縣。从邑。咢聲。五各切。【説文解字卷六】

◉馬叙倫　本作地也。縣名。江夏縣。文選長笛賦注引字林。鄂。直言也。蓋諤字義。説文無諤。字林或有諤字。或無諤字而此下有此訓。【説文解字六書疏證卷十二】

邔 邔

22　191【包山楚簡文字編】

◉許　慎　邔南陽縣。从邑。己聲。居擬切。【説文解字卷六】

◉馬叙倫　錢大昕曰。據漢志。南陽乃南郡之譌。繫傳作襄陽。尤誤。倫按漢書地里志南郡。邔為縣。後漢書郡國志。南郡。邔。矦國。晉書地理志。襄陽郡。邔。矦相。然則此蓋本是南郡縣及襄陽云云二者所并。許止訓地也。吕忱或校者加南郡縣。襄陽云云。蓋吕忱既引倉頡舊注或聲類釋以漢地。而復以當時所屬明之。唐人以説文為漢人作不應有後代之文而删之。或不能盡。【説文解字六書疏證卷十二】

◉戴家祥　鄂君啓節内邔　字从邑己聲。于省吾釋作地名。「内邔」即入邔。郭沫若以「逾顕内邔」為句，「顕内」即《左傳》「夏汭」。邔殆為汜，與涘通，水涯也。《淮南子・道應訓》：「航在一汜。」《文物參考資料》一九五八年第四期第四頁。【金文大字典下】

邾

邾　不从邑國名曹姓子爵出自顓頊武王封其裔孫曹挾于邾戰國時楚滅之　邾公華鐘　鼄字重見　邾公釛鐘　邾大司馬戟　【金文編】

3·620　丘齊辛里邾否心　3·1068　獨字　【古陶文字徵】

94　149　156　【包山楚簡文字編】

1585　與邾大司馬戟邾字同。　1586　1584　1582　1580　1578　1579　1583　1590

1587　【古璽文編】

石經僖公　公子遂衛師伐邾　【石刻篆文編】

◉許　慎　邾江夏縣。从邑。朱聲。陟輸切。【説文解字卷六】

◉顧廷龍　邾　説文。邾。江夏縣。潘。【古陶文孴録卷六】

◉馬叙倫　鈕樹玉曰。繫傳聲下空一字。下有曰魯有小邾國六字。韻會引作一曰魯有小邾國。倫按此校語也。邾公釛鐘作。古鉩作。【説文解字六書疏證卷十二】

◉陳　槃　邾公牼鐘貞松一·一六等邾公華鐘綴遺二·二四等作鼄。邾公鐘古籀補邾公釛鐘兩周二二八等作邾。古今人表下中路史後紀八卷八葉十一下國名紀丙作朱葉八上。路史後紀一太昊篇作侏卷一葉十一下。鄭語晏子内篇上三作鄒。吳世家漢書地理志魯國作騶。公羊禮記檀弓作邾婁。公羊隱元年釋文。婁、力俱反。邾人語聲後曰婁。故曰邾婁。姓觿二、七虞複姓邾婁條、姓考云。邾子遷婁。後有邾婁氏。又卷四二十六尤鄒。世本云。邾子支庶封鄒。因氏。説文邑部鄒、段注。邾婁之合聲為鄒。夷語也。案陸、段二氏説俱可通。姓考蓋誤。又所謂世本云云。諸家並未見徵引。疑出依託也。【春秋大事年表列國爵姓及存滅表譔異第二册】

◉陳　直　魯伯愈父鬲杞伯鬲杞伯敏匕敦邾字皆作。邾公鐘古鉢文皆作。説文古籀補云。鼄象形。鼅。鼄也。古國名。後省作邾。予案。吳説非是。春秋之邾有二。左隱元年傳云。三月公及邾儀父盟於蔑。杜注。魯附庸地。今在魯國鄒縣。

漢書地理志。魯國蕃縣。應劭注云。魯邾國也。史記楚世家云。陸終氏子五曰曹姓。邾其後也。正義云。故邾國在黃州黃岡縣。地理志江夏郡有邾縣。據此見於魯杞各器之□。為魯附庸之邾。見於邾公釛鐘及古幣古鉨之邾。為楚與國之邾。各不相侔。當時故以鼄邾二字相别。非古今字也。又案邾公鐘首云陸𩓥之孫。亦明其世系。與魯附庸之邾不同也。

【金文拾遺】

◉平　生　《文物》1982年第3期介紹邾國故城出土陶量簡訊一則，未釋陶量上的文字，文中又誤將摹寫之字倒置。據拓本，此字補足殘劃後當作□，釋「鼄」。春秋時有兩個邾國：一為魯之附庸，在今山東鄒縣，金文作「鼄」；一為楚之與國，在今湖北黃岡，金文作「邾」（説詳陳直《金文拾遺》）。此器出于鄒縣邾國故城，當是山東境内邾國之官量。【邾國故城陶量文字補正　文物一九八二年第七期】

◉王毓彬　1979年夏，湖北荆州博物館收購到江陵縣揀選的一件青銅戈。戈援長16、胡長12.1、内長3.4、内寬7.5釐米，刃部略有小缺。胡有三穿，内兩面鑄有相同的夔紋。陰鑄銘文□□□三字。前兩字識為絑，後一字識為中（仲）。

《金文编》有邾字不从邑，以三朱組合寫作□；□為二朱組合，亦當為邾。兩周金文一字多種異體的不少。

帶銘夔紋戈拓片

段玉裁《説文解字注》記載：「鄒，古邾婁國」，「周時或云鄒，或云邾婁者，言語緩急之殊也。《左傳》作邾，《公羊》、《檀弓》作郳婁，郳婁之合聲為鄒，郳則省文。今山東兖州府鄒縣東南二十六里有郳城。趙氏岐曰：『鄒本春秋郳子之國』」，「郳，江夏縣。酈善長曰：『楚宣王滅郳，徙居於此』。」此戈在楚故都(郢)紀南城發現，這件事情值得重視。

按照我們的理解，戈銘「粖粖中」三字，前一字代表國别或地名，後二字應為人名。

此戈從形制、紋飾特徵看，似屬春秋中、晚期兵器。【江陵發現一件春秋帶銘夔紋戈　文物一九八三年第八期】

鄖

◉許　慎　鄖漢南之國。从邑。員聲。漢中有鄖關。羽文切。【説文解字卷六】

◉周慶雲　慶雲案。兩罍軒周旅簋蓋與此器同文。當是一人所作之器。彼云𠟭或釋則。説文則从刀从貝。古文作𠟭。亦作𠛊。又作𠟨。篆形近似。愚謂以則字為當。今陳墨迻釋為鄖字。云。𠟭从𠷎从人。非从刀也。前人不解其義。不知𠷎乃員之倒文。乃人之異文。據羅泌路史云。員邔同妘也。妘姓之祖亦作伝媍倱鄖。又用覞雲。則此器之𠟭。即倱實鄖之本字。考鄖有二。一屬於楚。一屬於衛。説文。鄖、漢南之國。左桓公十一年傳。鄖人軍于蒲騷。杜注。鄖國在江夏。雲杜縣東南有鄖城。此楚屬之鄖也。又哀公十一年傳。衛太叔疾死殯於鄖。此衛屬之鄖也。是器鄖叔雖不能為楚為衛。當為東遷以後之書體無疑。墨迻之説似又精確。故並存之。

【周倱叔彝　夢坡室獲古叢編】

◉馬叙倫　漢南之國及漢中有鄖關明皆非許文也。字或出字林。【説文解字六書疏證卷十二】

鄘 [glyph]

◉譚其驤　厝，當即鄖。古鄖地有二：一為春秋鄖子國，據《水經・溳水注》、《史記・楚世家》正義引《括地志》，即南北朝、唐代的安陸縣治。一為楚鄖公邑，據《漢書・地理志》江夏郡竟陵、《水經・沔水注》，即秦漢竟陵縣治。(按靈王初封鬥辛為鄖公時，其封地仍當在鄖國故治，約在吴師入郢昭王復國後始遷此。)前者即今湖北安陸縣治，位於溳水之濱。後者在今湖北潛江縣境內，位於漢水西南岸。此「厝」既係溯漢而至，自當指後者。郭先生釋：「厝，以聲求之，疑指潛江」，與此合。【鄂君啟節銘文釋地　中華文史論叢一九六二年第二輯】

◉何琳儀　《録遺》556著録戈銘鳥書一字：[glyph]10912

衆所周知，鳥書中的鳥形多屬裝飾圖案，故此字下方鳥形可以剔除文字之外不論。又古文字「止」旁往往是裝飾部件，故此字左方「止」旁也可不論。然則此字只剩「邑」和「云」旁，應隸定「䢵」。「云」及其从「云」字參見：

云[glyph]姑發𦉜反劍

雲[glyph]陶彙3・1297

[glyph][glyph]隨縣4

陰[glyph]㠱伯盨

「䢵」，或作「鄖」。《左・宣四》「若敖娶於䢵」，《釋文》「䢵本又作鄖」。《左・桓十一》「鄖人軍於蒲騷」，注「在江夏雲杜縣東南」。在今湖北沔陽縣。又據《括地志》、《元和郡縣志》則在今湖北安陸縣。今安陸、沔陽一帶大概都屬古鄖國的範圍。鄖(䢵)戰國屬楚，故䢵戈系楚器。【古兵地名雜識　考古與文物一九九六年第六期】

[glyph]鄘　不从邑　井侯簋　𩫖字重見　【金文編】

◉許　慎　[glyph]南夷國。从邑。庸聲。余封切。【説文解字卷六】

◉王國維　[glyph]字未詳。毛公鼎有[glyph]字。虢季子白盤[glyph]字。殆與此為一字。[glyph][glyph]象盛物之器。从[glyph]、从[glyph]其意一也。又召伯虎敦有[glyph]字。从兩[glyph]相背。此从兩[glyph]相向。疑亦一字。彼三字前人釋為庸。雖無確證。然卜辭有[glyph]矦。其辭曰。貞今口从[glyph]矦虎伐[glyph]方受之又[前・四・四四]。與此辭紀事略同。而語加詳。則[glyph]者國名。疑即邶鄘之鄘。商器中屢見北子。[即北子]卜辭又有鄘矦。則邶鄘固殷之舊國矣。【戩壽堂所藏甲骨文字考釋】

郫　⿰壽阝　⿰耤阝

◉强運開 ⿰庸卩馭方鼎王南征伐角⿰庸卩⿰庸卩。吳窓齋云。从庸从卩。古文从邑之字或省从卩。如盂鼎邦作⿰丰卩之類。説文鄘。南夷國。與是鼎南征之文合。【説文古籀三補卷六】

◉馬叙倫 段玉裁曰。南夷國當作漢南國。倫按此非許文。字或出字林。古鉩作⿰庸卩。【説文解字六書疏證卷十二】

郫 121【包山楚簡文字編】

◉許慎 郫蜀縣也。从邑。卑聲。符支切。【説文解字卷六】

◉馬叙倫 本訓地也。地名。蜀縣。地名蜀縣蓋字林文。【説文解字六書疏證卷十二】

◉許慎 ⿰壽阝蜀江原地。从邑。壽聲。市流切。【説文解字卷六】

◉馬叙倫 本訓地也。在蜀江原。在蜀江原蓋字林文。【説文解字六書疏證卷十二】

◉許慎 ⿰耤阝蜀地也。从邑。耤聲。秦昔切。【説文解字卷六】

◉高田忠周 ⿰⿸厂㫺阝古鉩文曰⿰⿸厂㫺阝將渠蘁鉩古玉圖攷。按古籀補亦引同。此从邑从⿸厂㫺。字形明晳。然字書無之。蓋⿰耤阝異文也。説文。⿰耤阝蜀地。从邑耤聲。而耤⿸厂㫺皆从㫺聲。故此从⿸厂㫺作⿰⿸厂㫺阝。下文直从㫺作⿲月㫺阝。皆於形聲一理無異也。但⿸厂㫺从㫺。㫺从肉仌為腊象。此㫺形从二肉必為籀文增緐。下从腊以取緐茂。皆均同意作法。【古籀篇二十】

◉郭沫若 ⿰⿱艹㫺阝字从邑⿱艹㫺聲，⿱艹㫺古文昔，見説文。此當即許書⿰耤阝字。⿰耤阝下注云「蜀地也，从邑耤聲」，耤則从耒昔聲也。徐鍇云「按字書，鄉名，在臨邛。」據本器則⿰⿱艹㫺阝實當時蜀中之一小國，與周室通婚姻，娶其國姓。言「保辥⿰⿱艹㫺阝國」者，猶晉女嫁楚、晉公𥂴言「晉邦佳翰」也。【宗婦鼎　兩周金文辭大系考釋】

◉馬叙倫 徐鍇曰。字書鄉在臨邛。倫按據鍇説蓋本作地也地名蜀臨邛鄉。廣韻引倉頡。地名。在蜀。【説文解字六書疏證卷十二】

◉許　慎　鄤蜀廣漢鄉也。从邑。蔓聲。讀若蔓。無販切。【說文解字卷六】

◉馬叙倫　鈕樹玉曰。玉篇廣漢鄉名。疑本說文。段玉裁曰。漢有蜀郡廣漢郡。此云廣漢鄉。上文云。蜀地。皆不舉縣名。未審也。桂馥曰。蜀郡無廣漢縣。當是廣郡。嚴可均曰。蜀字涉上文而誤。宜删。讀若蔓。校語。王筠曰。玉篇曰。廣漢鄉名。但郡縣同名。廣漢郡有廣漢縣。當云廣漢縣鄉也。【說文解字六書疏證卷十二】

邡　鄂君啟車節　庚邡城【金文編】

3·1232　獨字【古陶文字徵】

2073【古璽文編】

汁邡長印【漢印文字徵】

◉許　慎　邡什邡。廣漢縣。从邑。方聲。府良切。【說文解字卷六】

◉馬叙倫　鈕樹玉曰。玉篇引脱什字。繫傳縣下衍書字。地里志作什方。郡國志隸釋王君鄉道碑作汁邡。段玉裁曰。廣漢郡汁邡。二志同。此什當作汁。倫按本作地也。廣漢什邡縣名。廣漢什邡縣名吕忱所加。不獨字林每言名。晉書地理志。新都郡什方。是什字亦忱改也。紳敢作邡。【說文解字六書疏證卷十二】

存䣕右尉　䣕詡私印【漢印文字徵】

◉許　慎　䣕存䣕。犍為縣。从邑。馬聲。莫駕切。【說文解字卷六】

◉馬叙倫　嚴可均曰。説文無犍字。隸釋卷十六云。漢碑犍為皆作楗為。倫按熹平六年五翔鐘亦作楗。蓋本作地也。吕忱加存䣕犍為縣名。晉書地理志。犍為郡。【說文解字六書疏證卷十二】

鄨

◉許　慎　鄨牂牱縣。从邑。敝聲。讀若鷩雉之鷩。必袂切。【説文解字卷六】

◉馬叙倫　鈕樹玉曰。説文無牂牱。當從地理志作牂柯。倫按晉書地理志。牂牁郡鄨。然則此吕忱文。【説文解字六書疏證卷十二】

𨙸

◉許　慎　𨙸地名。从邑。包聲。布交切。【説文解字卷六】

◉馬叙倫　翟云升曰。集韻引作姓也。别義。倫按但言地名。宜與郱邸二字共退次截下。集韻引者校語。字或出字林。【説文解字六書疏證卷十二】

那

朝那右尉【漢印文字徵】

籀韻【古文四聲韻】

◉許　慎　那西夷國。从邑。冄聲。安定有朝那縣。諾何切。【説文解字卷六】

◉馬叙倫　鈕樹玉曰。韻引朝作胡。譌。翟云升曰。襄省聲。倫按襄亦從冄得聲也。西夷國及安定有朝那縣。非許文。蓋許以那為冄駹之那。而校者以二志安定有朝那縣故注之也。不然。冄駹字本無邑旁。正宜從漢制擧朝那矣。然西夷國亦非許文。本部於蜀地名著之釋多。豈字出訓纂邪。【説文解字六書疏證卷十二】

鄱

153　156　175【包山楚簡文字編】

1660【古璽文編】

◉許　慎　鄱鄱陽豫章縣。从邑。番聲。薄波切。【説文解字卷六】

◉馬叙倫　鈕樹玉曰。繫傳無豫章二字。韻會引有。倫按許本作地也。吕忱加豫章鄱陽縣名。古鉩作鄱。或作鄱。從邑。蕃聲。或作。從邑。聲。即番也。【説文解字六書疏證卷十二】

◉劉彬徽等　鄱，讀如番。番君的銅器曾在河南南部信陽地區屢有發現，據研究，番在今河南固始縣（參閲李學勤：《論漢淮間的春秋

青銅器》、《文物》1980年第1期）。　【包山楚簡】

◉許　慎　酃長沙縣。从邑。霝聲。郎丁切。【説文解字卷六】

◉馬叙倫　鍇本作長沙縣也。蓋本作地也。長沙縣名。【説文解字六書疏證卷十二】

◉熊傳新　何光岳　「庚□」中的「□」字，郭沫若、譚其驤先生和黄盛璋同志均考證為「鄗」字，並認為是耒水北岸的永興縣城。我們查證古往今來記載，永興並無「鄗」之稱，而永興在古代稱便（漢以後）。永興位於耒水中游，永興自耒陽這段的耒水兩岸為丘陵硬土，河床多為巖石、卵石，段内據記載，有四十多處險灘，航行十分不便，「三舟為一艅」的船，是難以達到的。因此，我們認為「□」，不應釋為「鄗」。在古代「鄗」字，均無從邑，如《康醫圖簋》中的「圖」作□，《齊鎛》中載圖為□，《殷墟書契菁華》載：「土方正于我東圖，𢦏二邑，𢀛方亦帰我西圖田。」又《齊䡅綸鎛》中載：「侯氏錫之邑二百又九十九邑，與△之人民都圖。」從上可見，殷周文字皆止作圖，不作從邑之鄙，鄙乃後起字矣。「□」字那應該釋什麼字呢？它的左邊從邑無疑，右邊上首從「△」，象上天蒼穹形狀，蒼穹之下為「小」字，象天下雨之狀，下首為「□」，可分開成「㗊」或「品」，即多口之狀。右邊三者合起來應為「霝」，加「邑」部，便成為「酃」，關於「霝」，在《金文編》中，共收有三十二個，其中有的字形式稍異，體例繁紛，但為「霝」、「霝」象徵着人們仰口於天，乞靈於上天降雨，以滋潤莊稼。「酃」的位置，在今衡陽市東的湘江沿岸，這是楚國的酃邑，它在水洣下游，河道寬闊，可通艅艎連舟的，而且考古工作者在古酃邑一帶也發掘了一批楚墓，同時還發現了漢代的城，這也可佐證。關於「酃」，據《漢書地理誌》云：「長沙國有酃縣」，「漢從秦制」，秦也是采用楚的沿置，基本上没有變化。楊寬先生在新編《戰國史》一書中，引用《史記·越世家》中記載的「讎、龐，長沙楚之粟也。」《史記集解》引徐廣説：「龐一作寵，當即後來漢代長沙國的酃縣所在。『龐』、『寵』都從龍得聲，和酃是一聲之轉。酃縣在今湖南省衡陽市東。」我們認為此考是正確的。又據《荊州記》云：「地有酃湖，周回三里，取湖水為酒，極甘美，因以得名焉。」清《一統誌》云：「酃湖，在衡陽縣東，水可釀酒，名酃渌酒。」從這些記載，説明酃湖美酒，早已著名于世。由於「酃」地盛産美酒，又位於湘江之濱，交通方便，故鄂君來此地貿易是完全可能的。而永興無特産，交通極不便，不可能是鄂君進行商業貿易之地。酃邑産的酃渌酒，直到晉、南北朝時，尚仍盛名天下，為看作最珍貴的美酒，並用於王室貴族的祭祀和飲用，如《晉書·武帝紀》云：「薦醽渌於太廟」，《抱樸子》載：「寒泉旨於醽渌。」綜上所述，□地，從文獻，考古材料證明不應是永興，而應是酃邑為妥。【《鄂君啟節》舟節中江湘地名新考　湖南師範大學學報一九八二年第三期】

郴 郴

郴 王郴私印 【漢印文字徵】

◉許　慎　郴桂陽縣。从邑。林聲。丑林切。【說文解字卷六】

◉朱德熙　鄂舟節云：上江，內(入)湘，適䢵，適洮陽，內(入)澮，適Z。

銘文中的Z，我們認為是一個從「邑」從「亩」的字。「亩」是倉廩之「廩」的初文。Z從「亩」得聲，在銘文裡應讀為「郴」。我們曾見到姚漢源同志提交給1981年古文字學會年會的論文《鄂君啓節釋文》的油印本，也把此字讀為「郴」。可惜姚文的意見一直未被人接受。姚文正式發表時甚至把這一條考釋删去了。因此我們覺得有必要把這個説法重新提出來加以申述。

上文已經指出，Z從「亩」得聲。過去有人釋「鄙」，是把「亩」和「啚」兩個字弄混了。「亩」是倉廩之「廩」的初文，「啚」是都鄙之「鄙」的初文。這兩個字形、音、義都不相同，不能混為一談。《説文・邑部》：

鄰，地名。從邑，畚聲。讀若淫。

這個字的聲旁「畚」也是從亩得聲的。《説文・炎部》：

畚，侵火也。從炎亩聲，讀若桑葚之葚。

節銘的Z和「鄰」可能是一個字的不同寫法。《説文》只説「鄰」是地名，没有指明是什麼地方。根據舟節銘，Z應該在澮水沿岸。于省吾先生指出澮即耒水。耒水邊上有郴縣。《漢書・地理志》郴縣下云「項羽所立義帝都也」。「郴」從「林」聲，「林」和Z所從的「亩」都是侵部來母字，音近可通。《左傳・莊公八年》「公孫無知虐於雍廩」，《史記・齊世家》作「雍林」。《爾雅・釋草》「莪，蘿」，郭璞注「今莪蒿也，亦曰藁蒿」。《説文・艸部》「菻，蒿屬」，段玉裁注「按藁同菻」。西周鐘銘常見的「廩鐘」，或寫作「禁鐘」，在「亩」字上加注聲符「林」(當然也可以説是在「林」字上加注聲符「亩」)。凡此都説明把舟銘的Z讀為「郴」是合理的。(編按：《廣雅・釋器》：「箖，翳也。」王念孫《疏證》指出「箖」古通作「廩」，本文漏引。)【鄂君啟節考釋　朱德熙古文字論集】

◉周世榮　「故郴令印」龜鈕滑石印(圖一，1)，1952年長沙杜家山M801出土。該印最早發表在拙作《長沙出土的西漢印章及其有關問題研究》中，「郴」字不識。最近有人釋為「陸」(湖南省博物館編：《湖南省博物館藏古璽印集》圖一二七，上海書店，1991年)。非是。

《説文》：「陸，高平地，从𨸏，坴聲。𨺅，籒文陸。」金文如(圖一，3)(《金石大字典》第四册卷(三十)，第35頁「陸」，天津古籍書店；容庚編著：《金文編》卷十四第939頁，中華書局，1985年版。)小篆如(圖一，2)。從字形和字義分析，「郴」與陸字相差太大，故釋「陸」似覺不妥。

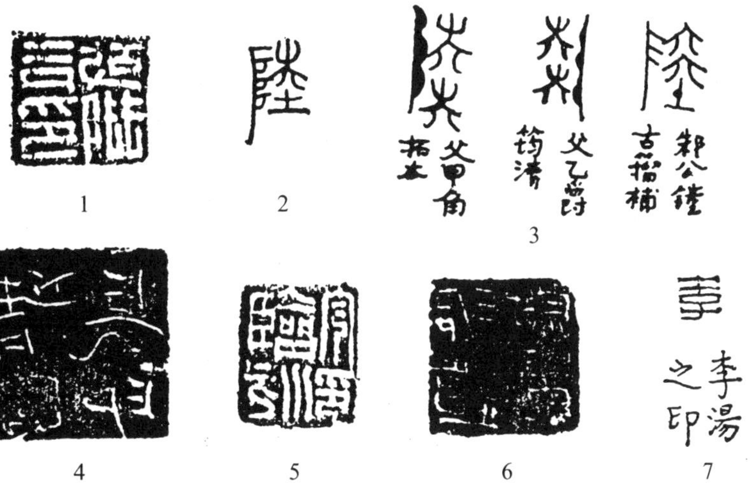

圖一　印文及摹本

1.故郴令印　2.小篆"陸"　3.金文"陸"　4.靖園長印　5.臨沅令印　6.冷道尉印　7.漢印"李"

我認為「郴」就是郴縣的「郴」字。該印「故郴」為正體白文，而「令印」二字為反體白文。故戳印後恰恰相反，「故郴」二字為反文，而「令印」二字為正體。與此相類似的情況，在長沙出土的西漢滑石印中習見，如「臨沅令印」。「臨」、「令」二字為白文反體，而「沅」為白文正體。同樣，戳印後「沅」字為反文，其餘則為正文(圖一，5)。此外，出土滑石印中也有全部刻白正體，而印出的印文則全為反文，如「靖園長印」(圖一，4)、「廣信令印」、「泠道尉印」(圖一，6)，說明刻印中，正文和反文印器，故不講述的滑石印均為隨葬品，而非實用均有。上究。

《說文》：「郴，桂陽縣，從邑，林聲。」林字從雙「木」。從木從子聲的「李」字，其木旁也有寫作「十」的，如漢印中「李湯之印」中的「李」字，寫作「卄」(圖一，7)，其木旁寫作「十」。(羅福頤：《漢印文字徵》，文物出版社，1978年版。)從雙「木」當作「卄」，而繆篆體也可寫作「卄」。故從「卄」從「邑」即「郴」。

郴，即郴縣。秦置，治所在今郴縣城(《郴州志》，清嘉慶年印)，項羽立義帝都此(《漢書·地理志》，中華書局，1962年版)。漢立桂陽，兼為郡治。

「故郴令印」中的「故」為故舊的意思。「令」，漢代萬户以上大縣縣官稱「縣令」，不足萬户的則稱「長」。說明郴縣漢時當屬大縣。

從長沙出土的西漢官印來看，幾乎都是長沙國的屬官，如長沙丞相、長沙司馬、長沙祝長、臨湘令印、逃陽縣令、酉陽長印、泠道尉印、羅長之印、舂陵之印等。「故郴令印」也轄屬長沙國，該印在長沙出土，當在預料之中。「故郴令印」的出土，對研究長沙國的歷史地理和墓主人的身份都很有幫助。【釋「郴」　考古一九九六年第一期】

耒阝

◉許　慎　耒阝今桂陽耒阝陽縣。从邑。耒聲。盧對切。【說文解字卷六】

◉馬叙倫　嚴可均曰。耒阝。地里志郡國志作耒陽。並屬桂陽。兩漢未有改革也。今字且删。段玉裁曰。耒阝當作耒。許謂即今之耒陽縣。如言鄎即今之新息襄阝即今之穰縣也。倫按耒阝陽本作耒陽。傳寫者依篆易之。許本作地也。校者或吕忱加今桂陽耒陽縣。以字不從邑也。【說文解字六書疏證卷十二】

鄮

◉許　慎　鄮會稽縣。从邑。貿聲。莫候切。【說文解字卷六】

鄿 鄿

◉許　慎　鄿會稽縣。从邑。堇聲。語斤切。【説文解字卷六】

𨛬 𨛬

◉許　慎　𨛬沛郡。从邑。市聲。博蓋切。【説文解字卷六】

◉馬叙倫　鈕樹玉曰。繫傳作沛國郡。嚴章福曰。小徐作沛國。地里志作郡。郡國志作國。當作沛國。許後漢人也。王筠曰。注本繫傳作沛國郡者校者合寫之也。倫按當作今沛郡沛縣。與酇下郝下同例。然許止訓地也。此蓋出許氏字指。或吕忱文。晉書地理志沛國沛縣。急就篇有沛無郝。豈此字出字林邪。則止當作沛國縣名。不然。急就亦本作郝。今為傳寫者所易矣。【説文解字六書疏證卷十二】

邴 邴

◉許　慎　邴宋下邑。从邑。丙聲。兵永切。【説文解字卷六】

◉馬叙倫　桂馥曰。宋當為鄭。春秋隱八年。鄭伯使宛來歸邴。公羊傳。邴者何。鄭湯沐之邑也。倫按許止訓地也。校者以邴為防而加宋下邑。字見急就篇。【説文解字六書疏證卷十二】

邴 2098 邴 2100 璽文「病己」病字作㾈故知為邴字。【古璽文編】

邴 邴調之印 邴 邴可之印 邴 邴章印 邴 邴義 邴 邴巳 邴 邴植之印 邴 邴肆【漢印文字徵】

䣜 䣜

◉許　慎　䣜沛國縣。从邑。虘聲。昨何切。【説文解字卷六】

◉陳邦懷　此古文蘆字。説文解字艸部無蘆字。邑部有䣜字。許君曰。沛國縣。從邑。虘聲。今酇縣。段注。今河南歸德府永城縣。縣西有酇縣城。邦懷按。説文䣜乃蘆之後起字。【殷墟書契考釋小箋】

◉馬叙倫　嚴可均曰。小徐䣜聲下有今酇縣三字。校語也。地里志。沛郡酇縣。師古注。此縣本為䣜。借酇字為之耳。翟云升曰。類篇引沛國縣下有蕭何初封邑五字。倫按本作地也。吕忱加沛國縣名。本倉頡舊注也。今酇縣者。蓋許氏字指文。知者。漢書地理志。沛郡。酇。後漢書郡國志。沛國。酇。而晉則以酇屬譙矣。類篇引者。校者注於今酇縣下也。【説文解字六書疏證卷十二】

⿰少阝

◉許　慎　⿰少阝地名。从邑。少聲。書沼切。【説文解字卷六】

◉馬叙倫　桂馥曰。玉篇曰。魯地名。倫按錢坫以為即左傳城莒父及霄之霄也。字蓋出字林。【説文解字六書疏證卷十二】

⿰臣阝

◉許　慎　⿰臣阝地名。从邑。臣聲。植鄰切。【説文解字卷六】

◉馬叙倫　字蓋出字林。【説文解字六書疏證卷十二】

⿰毚阝

◉許　慎　⿰毚阝宋地也。从邑。毚聲。讀若讒。士咸切。【説文解字卷六】

◉馬叙倫　本作地名。校者加宋地也。字或出字林。【説文解字六書疏證卷十二】

鄑

◉許　慎　鄑宋魯間地。从邑。晉聲。即移切。【説文解字卷六】

◉馬叙倫　孔廣居曰。晉聲同母諧。倫按本作地名。校者加宋魯間地。字或出字林。【説文解字六書疏證卷十二】

郜

郜3·1325　獨字【古陶文字徵】

郜　郜　國名姬姓子爵文王子聃季所封郜子于僖公二十年朝魯　郜史碩父鼎【金文編】

郜　魏郜人【漢印文字徵】

郜　南嶽碑【古文四聲韻】

◉許　慎　郜周文王子所封國。从邑。告聲。古到切。【説文解字卷六】

◉馬叙倫　本訓地名。校者加周文王子所封國。左隱十年傳釋文引字林。工竺反。字蓋出字林。郜史鼎作郜。【説文解字六書疏證卷十二】

◉劉彬徽等　郜，簡文作郜。簡文中還有郜字。郜室即造室。【包山楚簡】

◉戴家祥　郜□星戟　□星郜鉞信　郜一　郜二　洹子孟姜壺　洹子孟姜喪其人民郜邑

鄄

陳頌南云：郜字即都之譌，兩罍軒彝器周録卷五第十五至十六頁。吴大澂、說文古籀補六篇第七頁。吴式芬攈古録三六三第廿八頁釋同。按說文六篇：「郜，周文王子所封國。從邑，告聲。」左氏春秋經隱公十年「公敗宋師於菅，辛未，取郜」，杜預注郜，宋邑。又左傳僖公二十四年富辰曰：郜、雍、曹、滕，文之昭也。杜注：「濟陰城武縣東南有北郜城。」又成公十三年晉侯使吕相絶秦曰：「焚我箕郜。」杜注：「箕郜晉二邑。」皆非齊之采邑。陳吴諸公釋為都之譌字，精鑒絶倫。齊侯兩壺作於陳桓子死後，其子為其母孟姜喪終易服時所作之祭器。於禮：父在母亡，則為服期年之喪，父亡而後母喪，則為母服齊衰三年，此喪服之通例也。孟姜死在陳桓子身後，其子本宜服喪三年，以欲短喪，請示齊侯，齊侯乃使使叩宗伯禮官為請於天子，天子許其持服。考儀禮喪服傳：「野人曰：父母無筭焉，都邑之士，則知尊禰矣，大夫及學士則知尊祖矣。」賈公彦謂：「國外為野人，野人稍遠政化，都邑之士為近政化。」壺銘「都邑」一詞指此而已。禮記喪服四制云：「祥之日易服吉祭鼓素琴，告民有終也，以節制者也。」壺銘「齊侯既遭桓子孟姜喪，其人民都邑堇寠無用從爾大樂」，意謂田氏子易服作樂，人民都邑貧寠小户，無須从汝大樂。文義顯然。吴雲不知喪服有終之義，讀「郜」為高謂「郜邑」即齊之高唐。兩罍軒彝器圖録卷五第十五至十六頁。方濬益亦就譌字反復論證讀「郜」為禚，禚在齊西界，綴遺齋彝器考釋卷十三第三十至三十一頁。均臆説不足取。【金文大字典下】

2598【古璽文編】

汗簡【古文四聲韻】

◉許　慎　鄄衞地。今濟陰鄄城。从邑。垔聲。吉掾切。【說文解字卷六】

◉馬叙倫　本作地也。地名。衞地。今濟陰鄄城。地名衞地吕忱或校者據左傳杜注加之。今濟陰鄄城者。蓋許氏字指文。知非吕忱加者。兩志鄄城皆屬濟陰。晉則屬濮陽國矣。古鉨作。【說文解字六書疏證卷十二】

◉黄錫全　鄄　見夏韻線韻。今本《汗簡》無。牆盤禋作。哀成叔鼎作。此形當是垔字，乃形譌誤。《汗簡》録《演説文》因作，亦是⿱覀大字，假為因。此假垔為鄄。參見正編因。【汗簡注釋補遺】

邛

□ 邛 國名經典作江 弔姬匜 □ 邛君壺 □ 邛季戈 □ 孫弔師父壺 【金文編】

□ 臨邛長印 【漢印文字徵】

◉許 慎 邛 邛地。在濟陰縣。从邑。工聲。渠容切。【説文解字卷六】

◉方濬益 (邛君婦壺)吳荷屋中丞曰。邛有二。一為卬成侯國。在濟陰。一在西南徼。本邛都國。漢武帝始開置以為越巂郡者也。但皆漢地名。漢以前之邛則不可攷矣。濬益按。邛國不見於經傳。其字从工者。當即春秋之江國。籀文於國邑名類皆从邑。經傳以同聲通叚作江也。於何徵之，江國近楚與楚婚媾。左傳文公元年。潘崇曰。享江芈而勿敬也。杜注。江芈成王妹嫁於江。薛氏款識有楚王作邛仲嬭南龢鐘。邛仲嬭蓋亦楚女之嫁於江者。嬭為芈之本字。説詳後王子申盞盖銘釋。左傳僖公二年。齊侯宋公江人黄人盟於貫。始見經文公三年。秋。楚師圍江。晉先僕伐楚以救江。冬。晉以江故告于周。王叔桓公、晉陽處父伐楚以救江。門于方城。遇息公子朱而還。注。子朱楚大夫伐江之師也。聞晉師起而江兵解。故晉亦還。四年。楚人滅江。秦伯為之降服出次不舉。過數日。同盟滅。雖不能救。敢不矜乎。據此知江國近方城。國語吳語。不修方城之內。韋昭注。方城。楚北山。即今河南信陽州光州諸山。而光州南六十里有地曰江家集。寔春秋之江國距中原為近。故得與齊秦宋三國會盟。而去江尚遠。不得以从水之江名國。如後世尋陽稱江州之例。蓋漢人傳經多改易古文。左傳最後出。意者當時以邛成邛僰與此同名。邛江皆工聲。故叚江字以别之。觀周時諸國初無以水為名者。豈不以水之行道長而一隅之地不得擅全水之名也。薛氏款識又有邛仲之孫伯戔槃盦二銘。與此並為一國之器。故文字亦相近。而邛為江國之本字。雖無明證。要可即左氏傳注及諸器銘以斷之。好學深思之士。或不以鑿空見誚耳。【綴遺齋彝器款識考釋卷十三】

◉唐 蘭 第六十七片骨

貞叀(唯) 貞乎
王坐 伐吕(邛)
伐吕(邛) 方受
…… 𡆥囚。

此貞伐之辭。

□方之名，卜辭習見，為殷人西方之大敵。□字舊無碻釋。孫詒讓釋吕。舉例上三二。王國維曰：「吕無作□之理，惟卜辭吉字或作𢀛，或作𢀛，與𢀛相似，然無由證𢀛𢀛之為一字也。」殷虛文字考釋二五。林義光謂卜辭𢀛方𠙵方並即鬼方，𢀛上之工象土塊，亦即土字之變，與吉上之△△▲初無大異，則𢀛與吉其初皆為𠙵字，古音與鬼相合，卜辭屢見之𢀛方，自即為經典所恆見之鬼方矣。土方亦即鬼方，土字作𠙵，象土塊形，故𠙵字可以土為之。𢀛方𠙵方不能各為一國。卜辭云「土方征于我東鄙，𢦏二邑，𢀛方亦侵我西鄙田。」菁一。一辭中前作土方，後作𢀛方，蓋古人用字不定，曾未足異。鬼方黎國並見卜辭說。葉玉森謂卜辭𢀛之異體，間作𢀛，無一作𢀛形者，吉字亦無一作𢀛形者，其非一字，可以斷定。又謂工與△△▲其形絕異。卜辭土字及從土之字無作工及△△▲形者。林氏謂𢀛與吉其初皆為古字，未可遽信。卜辭中之土方𢀛方明為二國。不能強斷為一。且安陽發掘報告獲甲有鬼方二字，則𢀛方非鬼方亦非土方可以斷定矣。前編集釋一下二五。葉釋𢀛為苦，謂「說文丙舌貌，到置之與工相似。丙从𠙵象舌，丅象其系，人象其紋，工則消人，疑古舌字。𢀛象舌出口，乃古苦字，味苦則吐舌出口。」鉤沈。今按說文丙字即卜辭囗字，㑹弻等字可證，本象席簟之形，許釋舌貌後起之叚借義也。囗形與工迥殊，囗又非舌，是葉以工為舌，已無根據，古舌自作𠯑。舌出口為苦，尤屬杜撰，則𢀛決非苦字也。或釋為吕，予不憶其為誰氏說。然金文吕作○○，與此迥殊，亦不足信。余謂𢀛為工在凵中，凵者凵盧也。工為工之倒形。卜辭有工字，舊不能識，見甲骨文編附録三三。郭沫若氏因工𢦏連文，工或作工若工，謂「當是工之異，猶▲之作𠙵，夭之作夭也。」通纂考釋六三。余謂郭以工為工，至精且確。惟工形實後起，由工㛰變而成，與𢀛為𢀛相似，非工變異為工也。工倒為工，後下廿七。當即𢀛字所從之工。近見柏根氏藏甲骨文字有𢀛字，即𢀛，當釋為扛，又有𢼄字即𢼄，當釋為攻，并見附圖。

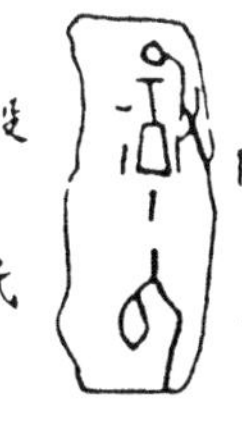

其所從之工若工，即𢀛或𢀛所從，尤為顯明，則𢀛為從工之字，可斷然無疑。𢀛象工在凵中，以象意聲化例推之，當為從凵工聲，今無其字，卜辭用為國名，則當是邛之本名。卜辭有𢀛方，舊不識，余以為巴方，又有蜀，則𢀛當即邛筰之邛，其地略當四川之邛縣，在殷時當甚強盛，故為西方之鉅患也。【天壤閣甲骨文存考釋】

◉陳夢家　邛作𢀛𢀛，舊釋多屬臆測，案此從凵從工，工於卜辭為工字；又卜辭有一通例，凡叚借字引申字孳乳字常增凵以別於本字，而地名人名祭名(皆為名詞)之例尤多，如人名之𠯑𠯑𠯑，地名之商𠯑，祭名之𠕋及啓，金文如國名周字增口，(唐蘭導論上46謂口為器皿，非。此口字無義，乃一種區別字性之增加物，如𠯑𠯑所從者為貫為弓決不能置於器皿者中，其理甚明。)故𠮛者實即地名工，當是邛之初文。許書以邛在濟陰，疑別是一地。銅器有邛仲之孫白𢦏盤及甗，邛君婦壺，考古圖謂盤「得於河內」，甗「得於河內太行石室中」，其地皆在殷虛之西，卜辭菁一曰：「乞有來嬉自西，長叐角告曰：邛方慢我示口田七十人五。」其地望亦正在殷虛之西，與土方為隣。當夏商之際，諸族皆叢聚於中原，及後因氣候，人口，及戰爭等天然人為之力，將各族逐漸分散，故卜辭中與商為敵之隣國(因每言某方慢我某鄙)至後多移於遠方，如蜀如羌皆入西南，而邛亦然，史記西南夷傳「自滇以北，君長以十數，邛都最大」，後漢書西南夷傳「邛都夷者，武帝所開，以為邛都縣」，故城在今四川西昌縣東南。是故殷卜辭中之地名國名，不能拘泥求合於今地名或近古地名，蓋古代民族本為流動性的，其地名往往不一而足也。【古文字中之商周祭祀　燕京學報第六期】

◉陳槃　古器有𨛜君婦龢壺。又有伯𢦏盤。伯𢦏𥂴。亦𨛜器。𨛜。金文辭大系攷釋。冊三葉一七一、一七二。劉節宗族移殖史論。葉二二二。楊樹達曾侯簠跋。積微居金文說增訂本葉七一。等。並釋作江。案曾侯簠。或稱叔姬簠貞松六、三三等。有叔姬。𨛜嬭。嬭。楚姓。亦作嬭。經典作羋。或作芈。古代女子稱姓。曰𨛜嬭。則𨛜蓋嬭姓。亦即羋姓。然嬭姓之女適𨛜。亦可稱𨛜嬭。如鄫季姬、僖十四年左傳。杞伯姬莊二十六年經傳皆魯女。非鄫杞女也。然則𨛜嬭不定是𨛜女。即𨛜亦不定是嬭姓矣。又楚王鐘云。楚王賸𨛜仲嬭南龢鐘。考古圖七、十二等。此𨛜仲嬭則楚女。于省吾言之矣。雙劍誃吉金文選下一、二。

復次。江是否羋姓。亦有問題。文元年左傳有江羋。杜解以為楚成王妹嫁于江者。而楚世家則以為成王寵姬。如前引秦本紀贊等説江氏嬴姓。則杜解以為成王妹者。當是也。

金文世族譜𨛜為姬姓。見潛夫論五德志。一、四二。案五德志。姬之別衆多……郕、方、邛、息……皆姬姓也。路史後紀九下高辛紀同。葉一上。𨛜、邛字同。然則𨛜氏姬姓。與江氏之為嬴姓者異矣。【春秋大事年表列國爵姓及存滅表撰異第三冊】

◉馬叙倫　鈕樹玉曰。集韻韻會引作地名。在濟陰。玉篇注。山陽邛成縣。嚴可均曰。衍縣字。濟陰乃郡國。非縣也。嚴章福曰。外戚侯表。邛成屬濟陰。水經注泗水篇。黄溝又東逕邛成縣故城南。據知邛成縣屬濟陰。地者城之譌。縣字當在邛城下。則此當作邛成縣在濟陰。或作邛城濟陰縣。衍在字。段玉裁曰。城當作成。衍在字。王紹蘭曰。濟當為泲。據邑部之例。此文當連篆作邛地在泲陰五字。衍一縣字。倫按外戚侯表邛成屬濟陰。則此依上文郅北地郁郅縣郃左馮翊郃陽縣例。

當作濟陰邛成縣。然漢書地理志山陽郡有成武。有郜成。濟陰郡有成陽。無邛成。後漢書郡國志有成陽而無邛成。東郡有成武。故屬山陽。有郜城。宋祁謂前志郜成當作邛成。以玉篇言山陽卬成縣及水經注亦稱卬成縣。證知宋説不誤。卬成古郜地。故王莽更名曰郜成。而後志言成武有郜城。然則後漢已並卬成入成武。而成武後改屬東郡。則此曰在濟陰者。與兩志皆不合。左隱十年傳。取郜。杜注。濟陰成武縣東南有郜城。晉書地理志成武屬濟陽郡。注曰。漢置。漢固無濟陽郡。而所屬九縣。後志都屬濟陰也。且宋書州郡志。濟陽太守。晉惠分陳留為濟陽國。領縣二。考城令。鄄城令。晉惠時。杜預已卒。亦可證也。然則晉志濟陽郡當作濟陰郡。而此文蓋出字林矣。本作邛。地名。在濟陰。邛為隸書複舉字。地下挩名字。縣字蓋上文鄄字説解今濟陰鄄城之挩文。傳寫譌入此下耳。字蓋出字林。邛季戈作[glyph]。邛為郜之轉注字。音同見紐也。此猶鴻鵠之為轉注字矣。【説文解字六書疏證卷十二】

◉李　零　楚王嬇卬仲嬭南鐘(楚成王嬇其妹江芈器，當前671——626年)

器形：佚；

銘文：《考古》7・12。《薛氏》6・67。

吕大臨説此器是「眉山蘇氏」藏，「得于錢塘」。《考古》著録此器有圖，同于《博古》22・77「蛟篆鐘」，據容庚《宋代吉金書籍述評》(《學術研究》1963年6期81—97頁)，是由《博古》竄入。原器形已不得而知。

釋文：

隹(惟)正月初吉丁亥，楚王

賸(嬇)邛仲嬭南龢鐘，其覺(眉)

壽無彊(疆)，子孫永保用之。

案：「邛仲嬭南」，是楚嬇嫁給邛國的女子。嬭是母姓，即古書中的芈，邛是夫氏，其名為仲南。各書著録邛器，它們的銘文表明，邛與楚、黄等國來往密切，應是江淮間的諸侯國。郭沫若先生以為它就是古書中的江國是可信的。江國銅器，現已發現最早的一例是江小仲母生鼎，時代約在春秋早期，鼎銘「江」字從水從工，是江的本字。最近浙川下寺M1所出江弔[glyph]鬲，江字作[glyph]，加有邑旁，是地名專字。我們認為邛，應當就是[glyph]的省體。文獻記載江是嬴姓，但曾侯匿銘云「叔姬霝乍(作)黄邦曾侯乍(作)叔姬、邛嬭賸(嬇)器鬻彝。」這是否表明邛國是芈姓，與嬴姓的江國無涉呢？恐怕不能這樣理解。這裏的「邛嬭」和本銘「邛仲嬭南」一樣，有可能是指曾適江國的芈姓女子，正像楚成王滅息，取息嬀歸而立為夫人仍稱息嬀是一樣的。古書記楚嫁女于江，有楚成王的妹妹江芈。《左傳》文公元年，楚成王欲「立王子職而絀太子商臣」，商臣聽説，想落實消息的可靠性，找他的師傅潘崇商議，潘崇給他出主意，「教他享江芈而勿敬」，從江芈的反應揣測虛實。結果「江芈怒曰：『呼，役夫！』宜君王之欲殺女而立職也。」商臣一看不妙，便先下手為强，弑王代立，是為穆王，郭沫若先生推測這個江芈有可能就是鐘銘的邛仲嬭南。【楚國銅器銘文編年匯釋　古文字研究第十三輯】

鄶

鄶　不从邑　鄶始鬲　會字重見　【金文編】

3·825　鄶負　【古陶文字徵】

鄶　【汗簡】

義雲章　【古文四聲韻】

●許　慎　祝融之後妘姓所封。潧洧之間。鄭滅之。从邑。會聲。古外切。【説文解字卷六】

●顧廷龍　鄶。説文。祝融之後妘姓所封潧洧之閒。鄭滅之。又通作檜。周鄶眗。【古陶文孴録卷六】

●馬叙倫　本作地名。今捝。但存吕忱或校者所記。或此字出字林也。【説文解字六書疏證卷十二】

●黄錫全　鄶　夏韻泰韻録作，注出《義雲章》，此脱注。三體石經古文邦作、邗作，此形原應作。變从當是傳抄時寫誤，或者更改。【汗簡注釋卷二】

●張　頷

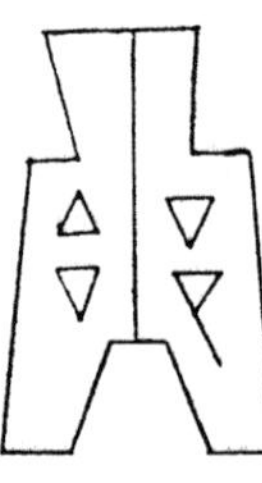

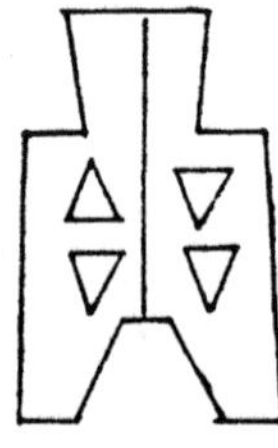

《古錢大辭典》著録有一枚方足布(編號一九五)，幣文為「」。在其釋文部分引《續泉匯》釋為「郃」字。並云：「《詩·生民》『即有郃家室』，注：『郃，后稷之母家也，或以其地封后稷歟！』屬今陝西武縣，地名甚古。想列國時仍因之……次篆小異。胡

石查所藏。」按此字形右旁从「邑」，但其左旁之「[illegible]」實非「台」字。台字上部从「[illegible]」（㠯）而不从「[illegible]」。如三孔布中的「[illegible]」（《東亞錢志》四·七三，《古錢大辭典》四九一）即「枱」（耜）字。《說文》「鈶」字之籀文作「[illegible]」，其左旁所从之「[illegible]」亦「枱」字，故幣文左旁所从之「[illegible]」絕非台字。按[illegible]字左旁下部所从之「[illegible]」當為「口」字無疑，如「奇氏」布作「[illegible]」，「平害」布（寶，通於匋）作「[illegible]」，空首布「周」字作「[illegible]」皆是其例。而「[illegible]」字左旁上部之「[illegible]」當為「亼」字。《說文》「亼，三合也，讀若集」，段注：「象三合之形。」乃會意字，有「合」的涵義。故「合」字从「[illegible]」。《說文》「合，亼口也」，段注：「引伸為凡會合之稱。」一九六三年四月山西省陽高縣出土大量戰國貨幣，其中也有一枚「[illegible]」字方足布，字右旁所从之「邑」是兩個「[illegible]」所組成。我鑒於上述諸理由隸定此字為「郃」字（見拙著《古幣文編》一四〇頁）。但我國地名稱「郃」者只有一個「郃陽」，戰國時曾為魏國之邑，地望在今陝西省大荔縣。「郃」字布是否即為郃陽之布？我以為這是不可能的。從戰國鑄幣地邑名稱習慣上看，凡地望在山水南北而標有陰陽稱謂者均很明確，未見有單稱之例。如「平陽」、「安陽」、「山陽」、「平陰」、「壤陰」等未見有省稱為平、安、山、壤者。故「郃陽」在幣文中亦未可單稱為「郃」。我認為「郃」即古「鄶」字。我在編寫《古幣文編》時，字形雖隸定為「郃」，同時又注明了「當為鄶字」。因為《古幣文編》字條文字所限未能充分表達我對「鄶」字的意見，以致有人在寫文章時片面地附會了我的字條注釋，我之所以釋「鄶」的理由，是因為會、合二字古義可通，字形亦可通假。《說文》「會，合也」，古文作「[illegible]」。《古籀補》作「[illegible]」。《爾雅·釋詁》：「敆、郃、會，合也。」《國語·楚語》「合其州、鄉、朋友、婚姻」。韋注：「合，會也。」在字形上，「會」字金文作「[illegible]」（見「趞亥鼎」）。特別是「鄶」字可以省作「[illegible]」（見「鄶始鬲」）。「鄶」既能省作「會」，會、合二字有同義，故「[illegible]」字別書為「[illegible]」（合）實順理成章之情。由此可知方足布之「[illegible]」即「鄶」字無疑。鄶為古國名，今《詩》作「檜」，篇名為《檜風》。鄶國周代為鄭國所滅。其地望在今河南省密縣東之鄶城。戰國時韓國滅鄭遂有其地。故「[illegible]」字方足布當為韓國之貨幣。【古幣文三釋　張頷學術文集】

[illegible] 5·87　咸郶里夫　疑即祁字說文祁鄭邑也廣　韻祁秦邑名　[illegible] 5·89　咸郶里欣　【古陶文字徵】

[illegible] 2135　【古璽文編】

◉許　慎　祁鄭邑也。从邑。元聲。虞遠切。　【說文解字卷六】

◉馬叙倫　徐鍇曰。春秋左傳。圍祁新城。杜預云。秦地。此云鄭地。傳寫誤。倫按本作地名。校者加鄭邑也。字或出字林。

古鉨作[illegible]。　【說文解字六書疏證卷十二】

郔

◉許　慎　郔鄭地。从邑。延聲。以然切。【說文解字卷六】

◉馬叙倫　本作地名。校者加鄭地。字或出字林。【說文解字六書疏證卷十二】

郠

◉許　慎　郠琅邪莒邑。从邑。更聲。春秋傳曰。取郠。古杏切。【說文解字卷六】

◉馬叙倫　段玉裁曰。當云莒邑也在琅邪。如郗周邑也在河内之例。倫按字或出字林。【說文解字六書疏證卷十二】

鄅

◉許　慎　鄅妘姓之國。从邑。禹聲。春秋傳曰。鄅人籍稻。讀若規榘之榘。王榘切。【說文解字卷六】

◉馬叙倫　劉秀生曰。春秋昭十八年邾人入鄅。釋文。鄅。音禹。許慎郭璞皆音矩。矩為榘省。榘即巨俗。禹聲在模部。巨聲亦在模部。故鄅從禹聲得讀若榘。周禮考工記輪人。萬之以眡其匡也。注。故書萬作禹。鄭司農云。讀為萬。書亦作矩。是其證。倫按本訓地也。或地名。妘姓之國既非許文。吕忱據左傳杜預注加之。亦或字出字林也。釋文引許慎音矩者。即此讀若也。讀若為吕忱所加。而陸偁許慎。亦明所據本為說文字林和合之本而題為說文者也。【說文解字六書疏證卷十二】

鄒

梁鄒邑丞　鄒官之印　鄒覃私印　鄒喜　鄒遂之印　鄒閔之印　鄒明　鄒廣意　鄒光

【漢印文字徵】

◉許　慎　鄒魯縣。古邾國。帝顓頊之後所封。从邑。芻聲。側鳩切。【說文解字卷六】

◉馬叙倫　鈕樹玉曰。韻會引從邑芻聲在魯縣下。邾下有婁字。翟云升曰。孟子題詞疏引作孔子鄉也。誤以郰釋鄒也。倫按本作地名。今魯國騶縣是也。唐人删并之耳。如韻會引則古邾國以下十字明是校語。且說解中言古某國者亦唯此一見也。鄒為邾之轉注字。鄒從芻得聲。芻音穿紐二等。古讀歸透。邾音知紐。古讀歸端。同為舌尖前破裂音。朱芻又聲同矦類也。古鉩作鄒。字或出字林。【說文解字六書疏證卷十二】

[seal] 郐　經典通作徐周禮雍氏注伯禽以出師征徐戎釋文劉本作郐國名嬴姓子爵經傳有徐子為吳所滅　沇兒鐘　郐王 [seal] 郐王鼎 [seal] 庚兒鼎 [seal] 郐王義楚盤 [seal] 郐王義楚耑 [seal] 郐王耑 [seal] 者旨𥄳盤 [seal] 宜桐盂 [seal] 南疆鉦 [seal] 郐䛗尹鉦 【金文編】

[seal] 3·329　繇衢上𣏟里郐吉 [seal] 3·776　郐平 [seal] 9·40　郐㾕 【古陶文字徵】

[seal] 172 【包山楚簡文字編】

[seal] 2210 [seal] 1943 [seal] 1954 [seal] 1946 [seal] 1952 【古璽文編】

◉許　慎　郐邾下邑地。从邑。余聲。魯東有郐城。讀若塗。同都切。【説文解字卷六】

◉吳大澂　[seal] 沇兒鐘郐王。當即徐王。周禮雍氏注。伯禽以出師征徐戎。釋文。劉本作郐。郐戎僭偁王。宜官王伐之也。許氏説。郐。邾下邑地。魯東有郐城。讀若塗。【説文古籀補卷六】

◉高田忠周　説文。郐。邾下邑。從邑。余聲。魯東有郐城。讀若塗。塗即涂字。此轉寫之誤。其實涂亦徐字譌形。書·禹貢。海岱及淮惟徐州。又費誓。徂茲淮夷、徐戎並興。字元或作徐。然周初已作郐。為專字也。【古籀篇二十】

◉容　庚　經典通作徐。周禮司寇雍氏注。伯禽以出師征徐戎。釋文。劉本作郐。【郐王鼎　寶蘊樓彝器圖録】

◉顧廷龍　[seal] 沇兒鐘郐王。字作賒。經典通用徐。周禮·雍氏注。伯禽以出師征徐戎。釋文。劉本作郐。周紹遷上𣏟里郐吉。【古陶文孴録卷六】

◉馬叙倫　沈濤曰。史記魯世家索隱引。郐。邾之下邑。是古本有之字。無地字。以通部訓解例之。邑下不應有地字。段玉裁曰。邾當作鄒。地當作也。嚴可均曰。衍地字。或也字之譌。説文無塗。當作涂。王筠曰。讀若塗不在余聲下。未詳。倫按本作地名。後漢書郡國志。魯國。薛。六國時曰徐州。蓋即此郐。邾之下邑及魯東有郐城吕忱及校者文也。字蓋出字林。沇兒鐘作[seal]。公伐郐鼎作[seal]。餘詳邿下。【説文解字六書疏證卷十二】

◉徐在國　《古陶文彙編》著録下揭齊係陶文：

[seal]3·1188　[seal]3·728

《陶徵》作為不識字收在附録裏(見該書303頁)。今按此字從「余」從「邑」，應釋為「郐」。

「郐」在齊係文字中作[glyph](《陶彙》3・329)、[glyph](《璽彙》1946)、[glyph](《璽彙》1952)諸形。上揭陶文所從的[glyph]只是將向下的一豎筆斷開，若相連則成[glyph]狀，和[glyph]相比只多了一小横。這一小横可以看作是飾筆。上引齊璽[glyph]所從的[glyph]也斷開了。只不過[glyph]變作[glyph]。故此字應釋為「郐」。【釋剡、此、郐、鄡　山東古文字研究】

邿　[glyph]

[glyph] 邿　不从邑　國名　邿季簋　寺字重見　[glyph] 邿伯祀鼎　[glyph] 邿遣簋　[glyph] 邿造鼎　【金文編】

[glyph] 2096　[glyph] 2097　與邿遣𣪘邿字同。【古璽文編】

◉許　慎　[glyph]附庸國。在東平亢父邿亭。从邑。寺聲。春秋傳曰。取邿。書之切。【説文解字卷六】

◉高田忠周　[glyph]。附庸國在東平亢父邿亭。从邑寺聲。左襄十三年經取邿。注小國也。任城亢父縣有邿亭。是也。【古籀篇二十】

◉馬叙倫　鈕樹玉曰。繫傳取邿下有下字。衍。嚴可均曰。取邿。襄十三年經也。傳字當删。倫按説解中附庸國唯此一見。上當有捝文。公羊襄十三年經。取詩。傳曰。詩者何。邾婁之邑也。是邿原為邾邑。魯取之為附屬。則此當言魯附庸國。然此及在東平亢父邿亭。皆校語。既曰東平亢父邿亭。則不得言在矣。當作今字。然漢書地里志東平國有亢父。而後漢書郡國志言。章帝元和元年。始分東平為任城。亢父屬任城。尋許後序作於和帝永元十二年。上距章帝元和元年。已十有七年。許豈不聞改革邪。是不獨非許文。亦非許後漢人注説文者所加矣。晉書地理志亢父亦屬任城。宋書州郡志已無東平任城矣。則亦非吕忱及忱後人所增。疑邿字出倉頡或訓纂。此本訓地也。初注説文者加邾下邑魯附庸國在東平亢父邿亭。邿伯鼎作[glyph]。古鉩作[glyph]。【説文解字六書疏證卷十二】

◉陳　直　邿季鼎云。邿季肇作孟妊寶鼎。邿季敦云。邿季故公作寶鼎子孫永寶用亯。案説文云。邿、附庸國。在東平亢父邿亭。春秋襄十三年經云。夏取邿。杜注。小國也。任城亢父縣有邿亭。惟公羊傳以邿為邾婁之邾。穀梁傳無説。蓋從左氏為國也。金文邿器約有四五與左氏及説文均合。足證公羊邾婁之誤。敦文稱邿季故公者。蓋為失國後所鑄之器。魯所取者即為邿季無疑。可為輔翼經傳之一證。【金文拾遺】

◉王讚源　邿白祀乍𩟄鼎：邿伯祀作膳鼎。

郜，國名。白，伯也，爵位。祀，其名。乍，作的初文。譱，善的古文，善即説文訓具食之膳的初文。郜乃春秋時候的小國。春秋襄公十三年「夏，取郜」，杜注：「郜，小國也，任城亢父縣有郜亭。」公羊傳以為「邾婁之邑」。因郜國最初滅於邾國，其後由魯所取，有如鄫國初滅於莒，而魯復取之。説文：「郜，附庸國，在東平、亢父、郜亭。」故城在今山東濟寧縣東南。郜國或郜氏作彝器，除本器外另有五件：

①郜伯鼎：「郜伯肇乍孟妊譱鼎，其萬秊釁壽，子子孫孫永寶用。」（三代三卷四六葉。孟妊為郜伯之妻。）

②郜遣𣪕：「郜遣乍寶𣪕，用追孝于其父母，用錫永壽。子子孫孫永寶用亯。」（三代八卷廿葉）

③郜遣盤：「郜遣乍寶盤，用追孝于其父母，用錫永壽。子子孫孫永寶用亯。」（周金四卷十葉）

④郜造遣鼎：「郜𨔝遣乍寶鼎，子子孫孫用亯。」（三代三卷廿四葉。𨔝，造的異體，𨔝其字，遣其名。清光緒間於山東東平縣出土。）

⑤寺季𣪕：「寺季故公乍寶𣪕，子子孫孫永寶用亯。」（二器同文異范，一器録於積古六卷四葉，另一録於校經七卷九二葉。寺為郜之省。）【周金文釋例】

郰 郰

郰 不从邑 郰虘匜 取字重見【金文編】

0263【古璽文編】

◉許慎 郰魯下邑。孔子之鄉。从邑。取聲。側鳩切。【説文解字卷六】

◉馬叙倫 孔子之鄉非許文明甚。史記孔子世家。孔子生魯昌平鄉郰邑。是鄉大邑小。此言魯下邑。亦小之之詞。不得復於此下箸鄉字也。且於文義當曰孔子所生。今不然。必是校語也。然魯下邑亦呂忱或校者文。許當止訓地也。或字出字林。【説文解字六書疏證卷十二】

郕 郕

◉許慎 郕魯孟氏邑。从邑。成聲。氏征切。【説文解字卷六】

◉馬叙倫 鈕樹玉曰。玉篇。東平亢父縣有郕鄉。倫按本訓地也。魯孟氏邑蓋校者加之。或字林文。徐鍇引杜預云。姬姓國。周公弟郕叔處之。後在東平剛縣西南有郕亭。又魯縣邑之郕。春秋及杜注但作成。在泰山鉅平縣東南。字或出字林。【説文解字六書疏證卷十二】

䣍

◉莊淑慧　𨞐＝郕

153號簡：「𨞐馬尹之騞𨞐為左驂，鄗君之騞為左驌(服)。」

210號簡：「少帀(師)兩馬，𨞐司馬一馬……。」

簡文「𨞐」字从邑城聲，乃「郕」字異體。《左傳・隱五年》云：「衛之亂也，郕人侵衛，故衛師入郕。」《鄭注》：「郕，國也。東平剛父縣西南有郕鄉。」是「郕」為春秋古國。又《春秋・十二年》「郕伯來奔」，《左傳》：「春，郕伯卒，郕人立君。大子以夫鐘與郕邽來奔，公以諸侯逆之，非禮也，故書曰郕伯來奔，不書地，尊諸侯也。」由上所引知「郕國」爵稱為「伯」。「郕」或又作「盛」，見於《公羊經、傳》、《穆天子傳》；或又作「成」，見於《路史・後紀》、《左傳》「成十三年」與「定八年」、《史記・管蔡世家》與《春秋繁露・滅國》。據陳槃所考，其都城在山東寧陽縣附近。

簡文「𨞐」字，應為「郕」字增繁「土」旁而成，如《侯馬盟書》「麻臺非是」之「臺」字，亦為「夷」加「土」繁化之例。【曾侯乙墓出土竹簡考　臺灣師範大學國文研究所集刊　一九九六年三月第四十號】

◉許　慎　䣍周公所誅䣍國。在魯。从邑。奄聲。依檢切。【説文解字卷六】

◉馬叙倫　鈕樹玉曰。玉篇。周公所誅䣍國。商奄是也。倫按説解若作國也在魯。此下文邗下之例也。或作故國在魯。此戴下之例也。或作某姓國在魯。此鄁下之例也。今言周公所誅䣍國。則周公所誅豈止一奄。而詩書學者所共習。何煩於此特揭而出之邪。明是校語也。蓋本作地也地名在魯。後漢書郡國志。魯公古奄國。字或出字林。【説文解字六書疏證卷十二】

◉莊淑慧　⿰弇阝＝䣍

70號簡：「所馭一⿰弇阝尹之敏(畋)……。」

簡文「⿰弇阝」字為「䣍」字之異體。「䣍」，《説文・邑部》云：「䣍，周公所誅奄國，在魯。」「䣍」字本作「奄」形，無邑部偏旁，其古文即「弇」字。「奄」或作「淹」、「掩」，亦曰「商奄」、「商蓋」、「運奄」。

山東曲阜縣東有奄城，或其都所在；其姓為嬴；其爵雖無可考，然據《左傳・昭元年》「虞有三苗，夏有觀、扈，商有姺、邳，周有徐、奄，自無令王，諸侯遂進，狎主齊盟，其又可壹乎」一語，可知觀、扈、姺、邳等皆古諸侯之强大而嘗為盟主者，而商周之徐、奄既與之相提並論，是以「奄」應亦為殷末之侯伯。

簡文「郙」字與通用字「鄐」，其異在於聲旁一為「弇」，而一則為「奄」。此種因聲旁有異所形成之異體字，於簡文中所出現之比率較低。【曾侯乙墓出土竹簡考　臺灣師範大學國文研究所集刊一九九六年三月第四十號】

酄 酄

石經僖公　陳矦酄卒　今本作歎【石刻篆文編】

◉許　慎　酄魯下邑。从邑。雚聲。春秋傳曰。齊人來歸酄。呼官切。【説文解字卷六】

◉馬叙倫　鈕樹玉曰。繫傳闕魯字。嚴可均曰。齊人未歸讙。定十一年經也。傳字宜删。倫按本作地名魯下邑。字蓋出字林。春秋以下校語。【説文解字六書疏證卷十二】

郎 郎

齊郎中丞　齊郎中印　郎中户將　武猛中郎將　彊郎竇印　李侍郎印　上官克郎　朱郎私印　常充郎印　郎更　郎弘之印【漢印文字徵】

鄭固碑領　天璽紀功碑　中郎將丹□　袁敞碑　黄門侍郎　蘭臺令史殘碑【石刻篆文編】

郎竝義雲切韻【汗簡】

義雲章【古文四聲韻】

◉許　慎　郎魯亭也。从邑。良聲。魯當切。【説文解字卷六】

◉馬叙倫　徐鍇曰。杜預曰。高平郡方與縣東有郁郎亭。倫按本訓地也。吕忱加地名魯亭也。字見急就篇。古鉨作□。【説文解字六書疏證卷十二】

◉鄭家相　□　□

右布文曰郎，舊釋邪山，謂是琅邪，屬齊地，然齊地非鑄行尖足布之區，決屬非是，且小尖足布文有篆作□者，則明明郎字，非邪山二字也，郎或謂魯地，引左傳隱元年城郎為證，亦屬非是，蓋魯地又非鑄行尖足布之區也，按郎通狼，即皋狼，趙策有蔡皋狼，吴師道曰，漢志西河郡有皋狼縣，又有藺縣，蔡非趙地，當為藺字訛，又按皋狼於藺皆在今山西永甯州西北或西，二地相鄰，藺既鑄尖足布，而皋狼之鑄同式布化，亦地勢所應然，故定此布為趙之皋狼所鑄。若鄭之狼淵，則為鑄行橋足布之區域，非鑄行尖足布之範圍矣。【上古貨幣推究 泉布第二十一期】

◉黃錫全 三體石經莊公殘石郎作□，原當作□。夏韻唐韻録《義雲章》作□是，此改邑形从部首。良字變化説詳亻部。古从卩與从邑每不别，如卿字作□（何尊）、□（侯盟），也作□（説文或體），侯馬盟書卲作□，也作□等。甲骨文有□（掇2·68）字，从良、从卩，當是郎字初文。【汗簡注釋卷三】

邳 邳

□ 邳 不从邑 邳伯罍 不字重見【金文編】

□ 下邳丞印 □ 下邳中尉司馬【漢印文字徵】

◉許慎 邳奚仲之後。湯左相仲虺所封國。在魯薛縣。从邑。丕聲。敷悲切。【説文解字卷六】

◉馬叙倫 鈕樹玉曰。韻會引無奚仲之後四字。承培元曰。左定元年傳。薛宰曰。薛皇祖奚仲居薛。為夏車正。奚仲遷於邳。仲虺居薛以為湯左相。則邳為奚仲所遷。仲虺仍居薛也。而許云仲虺所封國。邳薛相近。或仲虺本居邳。受封後又遷于薛。其子孫在邳。後所稱姺邳為亂者也。在漢為薛縣。倫按漢書地里志魯國薛縣。夏車正奚仲所國。後遷于邳。湯相仲虺居之。風俗通。奚仲為夏車正。自薛封邳。合而觀之。則今説解必有羼譌。漢書地里志。東海郡下邳。後漢書郡國志。下邳國下邳。是邳在兩漢。均為今地。特漢初有上邳下邳。上邳即東海薛縣也。吕忱或校者欲明此邳為上邳。即魯國之薛縣。故加奚仲所封國在魯國薛縣。蓋本是倉頡舊注。而讀左傳不審者。又羼入之後湯左相仲虺七字。本訓地也。今捝。古鉩□字。吴大澂釋。又作□。【説文解字六書疏證卷十二】

鄣 鄣

□ 故鄣尉印 □ 劉鄣私印【漢印文字徵】

□ 開母廟石闕 鄣防百川【石刻篆文編】

◉許慎 鄣紀邑也。从邑。章聲。諸良切。【説文解字卷六】

◉馬叙倫 本訓地也。吕忱加地名紀邑也。字出或出字林。【説文解字六書疏證卷十二】

[glyph] 邗　說文邗本屬吴左傳哀公九年吴城邗溝通江淮　吴亦稱吴干戰國策趙策吴干之劍　趙孟壺 [glyph] 邗王戈　邗王即吴王　【金文編】

[glyph] 184　[glyph] 189　【包山楚簡文字編】

◉許　慎　[glyph]國也。今屬臨淮。从邑。干聲。一曰邗本屬吴。胡安切。【説文解字卷六】

◉陳夢家　邗者干之孳乳字也，禺邗為吴，故銘文之禺邗王即吴干王。戰國策趙策馬服曰「夫吴干之劍，肉試則斷牛馬，金試則斷盤匜」，又曰「且夫吴干之劍材難」；吕氏春秋疑似篇：「相劍者之所患，患劍之似吴干者。」是皆吴干連稱，吴干猶禺邗也。

然吴干本係兩國，管子小問篇：「昔者吴干戰，未齓，不得入軍門，國士摘其齒，遂入為干國多。」説文曰：「邗，國也，今屬臨淮，从邑干聲，一曰邗本屬吴。」玉篇曰：「邗，吴城名。」吴既併干，故説文云本屬吴，玉篇云吴城名。左哀九年傳「秋，吴城邗，溝通江淮」，邗城傳在廣陵則所謂干國，其疆域北至大江之北淮揚一帶。吴併干而復以干名吴者，古有其例，史記韓世家「韓哀侯三年滅鄭，因徙都鄭」，索隱曰：「紀年魏武侯二年韓滅鄭，哀侯入于鄭，二十二年晉桓公邑哀侯于鄭，是韓既徙都，因叚號曰鄭，故戰國策謂韓惠王曰鄭惠王，猶魏徙大梁稱梁王然也。」吴既城邗，故自號曰邗，而今之滅人國者，亦莫不皆然。左襄三年傳「六月公會單頃公及諸侯。己未同盟于雞澤，晉侯使荀會逆吴子于淮上，吴子不至」，是吴之有淮上，至遲在紀元前五七〇年（周靈王二年），去黄池之會近百年矣。

吴既自稱為干，故先秦典籍中之干越即吴越也。淮南子原道篇「干越生葛絺」，高誘注曰「干，吴也」；荀子勸學篇「干越夷貉之子」，楊倞注曰「干越猶言吴越，吕氏春秋荆有次非得寶劍于干越，高誘曰吴邑也」，大戴禮記作「干越戎貉之子」；漢書貨殖列傳「辟猶戎翟之與干越」，孟康曰「干越，南方越名也」，今本誤作「于越」；墨子兼愛篇「禹南為江漢淮汝，東流之注五湖之處以利荆楚干越與南夷之民」，今本脱干字，據文選江賦注引補；文選吴都賦「包括干越」，李善注引貨殖傳「辟猶戎翟之與干越」，太平御覽州郡部十六引貨殖傳亦作干越。吴干以劍名，而「干越」亦以産劍著稱，莊子刻意篇「夫有干越之劍者」，釋文云「司馬云干吴也，吴越善出劍也，案吴有谿名干谿，越有山名若邪，並出善鐵，鑄為名劍也」；尸子勸學篇「使干越之工，鑄之以為劍」，新序雜事篇「劍産干越」，鹽鐵論殊路篇「干越之鋌不厲匹夫賤之」。而考工記曰「吴粤之劍」「吴粤之金錫」，是干越即吴越，故淮南高注及莊子司馬注並釋干為吴也。干越皆以鑄劍稱，而越金文作戉，是干戉者以其職工為名者也；而吴亦以干戈名，廣雅釋器「吴魁盾也」，楚辭九歌「操吴戈兮披犀甲」。（吴或稱勾吴，金文作攻吴，攻者工也，勾亦工也：楚器中之豆銘罍銘匜銘，並有「鑄客」之稱，徐仲舒以為即洛陽韓墓壺銘中之「句客」，案楚器銘曰「鑄客為王句六室為之」，句為動詞，則句者其鑄與？然余讀吴越春秋，「太伯於梅里起城周三里，號

曰故吴」,故攻亦一聲之轉,攻吴者或為故吴乎?)【禺邗王壺考釋　燕京學報第二十一期】

◉馬叙倫　王筠曰。國也無考。徐灝曰。左哀九年傳。吴城邗溝通江淮。則邗本屬吴不待言。且既曰通江淮。其不在臨淮郡地亦明矣。此蓋妄人所改也。倫按漢書地里志。臨淮郡。後漢書郡國志。下邳國。注。武帝制為臨淮郡。永平十五年。更為下邳國。永平為明帝建元。是許時已無臨淮。兩志亦竝無邗。蓋邗字出蒼頡。本訓地也。今屬臨淮者。蓋杜林倉頡故文。校者不考而據以加之。知非吕忱文者。晉書地理志。下邳國。漢置為臨淮郡。是晉亦無臨淮。且亦無邗也。一曰六字後校者加之。【説文解字六書疏證卷十二】

◉楊樹達　經傳多稱吴為干。莊子刻意篇云:「夫有干越之劍者。」荀子勸學篇云:「干越夷貉之子生而同聲。」干越皆即吴越也。邗為國邑之名,字从邑,為本字,經傳假干為邗,省形存聲耳。【趙孟庎壺跋　積微居金文説】

鄯 鄯

𨞁 40 【包山楚簡文字編】

◉許　慎　鄯臨淮徐地。从邑。義聲。春秋傳曰。徐鄯楚。魚羈切。【説文解字卷六】

◉馬叙倫　漢書地里志。臨淮郡。徐故國。然則此本訓地也。校者據杜林倉頡故加今臨淮徐地。春秋以下亦校語。【説文解字六書疏證卷十二】

郈 郈

◉許　慎　郈東平無鹽鄉。从邑。后聲。胡口切。【説文解字卷六】

◉馬叙倫　左昭廿五年傳釋文引字林。下遘反。古鉩作𨛫。【説文解字六書疏證卷十二】

郯 郯

𨛫 郯　不从邑　令簋　炎字重見　【金文編】

𨛫 141　𨛫 194　【包山楚簡文字編】

𨛫 0190　【古璽文編】

郯 部 鄰

[古文字形] 毛剡之印 **[古文字形]** 郯昌信印 **[古文字形]** 譚郯 【漢印文字徵】

◉許　慎　郯東海縣。帝少昊之後所封。从邑。炎聲。徒甘切。【説文解字卷六】

◉郭沫若　炎當即春秋時郯國之故稱。漢屬東海郡。今為山東[齊寧道]郯城縣。縣西南百里許有故郯城云。【令毁　兩周金文辭大系考釋】

◉馬叙倫　帝少昊之後所封七字非許文。東海郡郯縣乃漢制。帝少昊之後所封。乃周時郯國。於文不相屬也。【説文解字六書疏證卷十二】

◉劉彬徽等　郯，古國名。戰國初被越國所滅，越被楚滅後，地入楚。在今山東郯城西南。【包山楚簡】

[古文字形] 203 **[古文字形]** 206 【包山楚簡文字編】

◉許　慎　部東海縣。故紀侯之邑也。从邑。吾聲。五乎切。【説文解字卷六】

◉馬叙倫　段玉裁曰。前志東海郡部鄉。此當曰部鄉東海縣。倫按後漢書郡國志東海郡無部鄉。蓋部字出蒼頡或訓纂。本訓地也。校者據杜林説加此文。【説文解字六書疏證卷十二】

◉劉彬徽等　部，地名。《春秋・文公七年》：「春公伐邾。三月，甲戌取須句，遂城部。」注：「魯邑，卞縣南有部城，備邾難。」魯被楚滅後，部地屬楚。【包山楚簡】

[古文字形] 171 【包山楚簡文字編】

◉許　慎　鄰東海之邑。从邑。巂聲。户圭切。【説文解字卷六】

◉馬叙倫　鈕樹玉曰。東疑當作北。郡國志。北海國東安平故屬菑川。六國時曰安平。有鄰亭。地里志。菑川國東安平。注。孟康曰。紀季以鄰入于齊。今鄰亭是也。倫按當作地也。今北海東安平鄰亭。【説文解字六書疏證卷十二】

鄫

八曾 鄫 不从邑 曾伯霥匿 曾字重見 鄫子鬲 【金文編】

◉許 慎 姒姓國。在東海。从邑。曾聲。疾陵切。【説文解字卷六】

◉劉心源 曾即鄫。世本氏姓篇。曾氏夏少康封其少子曲烈于鄫。襄公六年。莒滅之。鄫太子仕魯。去邑為曾氏。【奇觚室吉金文述卷五】

◉馬叙倫 鈕樹玉曰。説文無姒。古通作似。倫按姒字説詳改下。姒姓國在東海蓋字林文或校語。古鉩作。【説文解字六書疏證卷十二】

◉李 棪 曾白字作。阮元云。曾當即鄫。夏之後。國爵為伯。春秋作子者。意後王貶之也(積古七)。按古代地名如北庸、如奠寺。後人每加邑偏旁寫為邶、鄘、鄭、邿。是知以曾為鄫。未嘗不可。于思泊引左傳襄六年莒人滅鄫(雙劍誃選上)。然鄫之地望。説至紛歧。屈氏嘗總結之為(一)姒姓之鄫。與杞為鄰。始封于西周初年。亡於魯襄公六年。(二)姬姓之鄫。即繒。始封之年不可考。當在召穆公虎平定江漢之域以後。為楚之附庸國(箽考)。按屈説是也。阮氏後王貶爵之説。難以致信。徐同柏謂伯為伯仲之伯(從古二)。亦未必然。金文白字雖常用作伯仲之伯。亦可用作侯伯之伯。春秋時期以低爵而冒稱高爵者習見也。【金文選讀第一輯】

◉鄭傑祥 此墓出土的銅甗銘文,為我們了解古代曾國歷史提供了新的重要資料。國語鄭語:「申、繒、西戎方彊,王室方騷。」韋昭注:「繒,姒姓,申之與國也。」鄭語又云:「公曰:謝西之九州何如?」韋昭注:「謝宣王之舅申伯之國,今在南陽。」顧祖禹讀史方輿紀要引括地志云:「南陽縣北有申城,周宣王舅所封。」又云:「謝城在故湖陽城北(今唐河縣境),相傳周申伯徙封于此。」上述文獻記載説明古申國地在今南陽唐河地區,繒即曾國,為「申之與國」,是知南陽附近必然有個曾國。此墓出土于新野城郊,北距南陽唐河不過百里左右,與文獻記載恰相符合,説明春秋初期新野地區當屬曾國境內,或者就是曾國的一個重地。【河南新野發現的曾國銅器 文物一九七三年第五期】

◉鄂 兵 隨縣出土的銅器,从紋飾來看,有瓦紋、重環紋、窃曲紋、鱗紋等,均系西周晚期新興的花紋。從器形來看,與上村嶺虢國墓地的Ⅳ式鼎、Ⅱ式甗、ⅠB式簋、Ⅰ式匜相似,與河南鄭縣出土的銅鼎、甗、盤、匜近似,與湖北京山曾國銅器也比較接近。以上四批銅器雖各有其某些特點,但大致時代不會相差太遠,因此,隨縣出土的這批銅器的時代應在西周與東周之交。再從這批銅器來看。曾國與黃國的銅器並存,而黃國於春秋僖公十二年(公元前648年)滅于楚,可見這批銅器的年代,至遲不跨過春秋初年。

關於曾（鄫、繒）國，文獻中屢有記載。其一見于春秋僖公十四年：「季姬及鄫子遇于防。」此鄫附庸于齊，在今山東嶧縣。其二見于左傳襄公元年：「于是東諸侯之師次于鄫以待晉師。」此鄫乃鄭之附庸，其地當在今河南柘城縣北。其三見于國語晉語：「申人繒人召西戎以伐周。」此繒似應為申之近郊。左傳哀公四年有「楚人……乃謀北方……致方城之外于繒關」的記載。據江永春秋地理考實繒關「在南陽府裕州」，即今河南方城縣，其地望與申國之都邑謝（今河南南陽）相近。至于湖北境內是否有過曾國存在，還未見文獻記載，但近年來在京山隨縣卻兩次出土曾國銅器，宋代安陸出土的「楚王酓章鐘」也鑄有關于「曾侯」的銘文，這說明在西周末年到春秋初年，曾人的足迹已及于鄂北一帶。隨縣出土的這批曾國銅器，和京山所出曾器一樣，有黃國的銅器共存，再次為研究西周晚期江漢諸小國的關係提供了資料。【湖北隨縣發現曾國銅器　文物一九七三年第五期】

〔三六〕　〔三五〕　〔四六〕　〔七九〕　〔三六〕　〔三八〕　〔一九〕　〔二〇〕　〔七九〕　〔二〕　〔四六〕　〔二八〕　〔三七〕　〔五〇〕　〔五〇〕　〔三六〕　〔三六〕　〔二〇〕　〔四〕　〔四〕　〔三六〕　〔一六〕　〔三八〕　〔三六〕　〔三六〕　〔五三〕　〔三六〕　【先秦貨幣文編】

布尖大　晉左　布尖大　晉朔　布尖大　晉原　按牙字古文作或玉篇作牙臼，下象齒形，齒古文作、古鉩人名有郘寤文編】

布尖大　冀靈　布尖大　亞三・三六　布尖大　典三九八　布尖大　典三九五　布尖大　展啚版貳壹2　布尖大　展啚版貳壹5　【古幣文編】

邪　語六　秦八九　【睡虎地秦簡文字編】

2142　璽文牙作，以是知此為邪字。【古璽文編】

琅左邪鹽　邪千秋印　琅邪相印章　李暉邪　趙良邪　王誠邪　□驕邪印　【漢印文字徵】

郎邪相劉君墓表　【石刻篆文編】

◉許　慎　邪琅邪郡。从邑。牙聲。以遮切。【説文解字卷六】

◉馬叙倫　漢書地里志。琅邪郡。後漢為國。此本訓地也。吕忱加琅邪郡名也。字見急就篇。幣文作[幣文]。【説文解字六書疏證卷十二】

◉銀雀山漢墓竹簡整理小組　邪，疑當讀為「敘」(「邪」、「斜」字通，「斜」、「敘」皆從「余」聲)。《周禮·司市》「以次敘分地而經市」，鄭注：「敘，肆行列也。」【銀雀山漢墓竹簡】

邞

3·174　蒦圆匋里邞途　【古陶文字徵】

2068　2067　2065　2064　2066　【古璽文編】

邞丞　【漢印文字徵】

◉許　慎　邞琅邪縣。一名純德。从邑。夫聲。甫無切。【説文解字卷六】

◉馬叙倫　桂馥曰。琅邪縣者。見漢志。一名純德者。莽曰純德。本書不引莽地名。蓋後人加之。倫按後漢書郡國志琅邪國無邞。則此本作地也。今琅邪縣。今琅邪縣。蓋倉頡故文。校者不考而據加也。一名純德又後校者加之。古鉩作[古鉩]。【説文解字六書疏證卷十二】

⿰桼阝

⿰桼阝　多友鼎　搏于⿰桼阝　【金文編】

⿰桼阝　封七八　二例　通膝　肘—　封五三　封五三　【睡虎地秦簡文字編】

◉許　慎　⿰桼阝齊地也。从邑。桼聲。親吉切。【説文解字卷六】

郭

◉馬叙倫　本作地也。地名。齊地也。地名以下字林文。【説文解字六書疏證卷十二】

◉劉　雨　此字在「遣册」中幾十見。有「厀緹屨」、「厀青黄之緣」、「厀本抶」、「厀彤辟」、「厀案」、「厀緣」等。此「厀」即「漆」字的假借。《説文》:「厀,脛頭卩也,從卩、桼聲」,徐注「令俗作膝,人之節也」。又《説文》厀,齊地也。从邑桼聲」,在古文中「厀」可寫作「漆」。《春秋・襄公二十一年》「邾庶其以漆閭丘來奔」,此「漆」即齊地之「厀」的假借字。「漆」、「厀」同音,可以互假,且與「厀」同音,當亦可通假。故簡文中凡「厀」字皆可釋為「漆」。墓中出土物多漆器,可以為證。【信陽楚簡釋文與考釋】

◉湖北省文物考古研究所　北京大學中文系　信陽二一五號簡有「十皇豆,屯厀彫……」之語,「屯」下二字與此二字顯然是同語的異寫,故知簡文第二字的左旁即「周」字變形,其字从「攴」「周」聲,當讀為「彫」。「彫」、「雕」字通。在古代「彫」不一定指雕刻而言。《左傳・宣公二年》「厚斂以雕牆」,杜注:「雕,畫也。」信陽二〇九號簡有「二方濫(鑑,指鏡),屯彫裏」之文,「彫」當指鏡背的繪飾(《河南信陽楚墓出土文物圖録》八一號有彩繪銅鏡)。古代有漆雕氏,頗疑簡文「敀」上一字為「厀」之異文,讀為「漆」。馬勒之「勒」古多作「革」:如《詩・小雅・蓼蕭》「鞗革沖沖」。簡文「厀敀革」疑指有漆飾的勒。《周禮・春官・巾車》「革路,龍勒」,鄭玄注:「龍,駹也。以白黑飾韋,雜色為勒。」可見古代的勒確有紋飾。【二號墓竹簡考釋補正　望山楚簡】

郭　為八【睡虎地秦簡文字編】

請郭邑丞　郭尚之印信　郭憲　郭偃之印　郭敞之印　郭安季印　西郭臨印　南郭族印　郭憲　郭剛私印　郭佩　郭雔　郭伯之印　郭當時　郭容平印　郭立印　郭順私印　郭從　郭望時　郭福印　郭縱之印　郭子孫印　郭常　郭襄印信　郭昴之印【漢印文字徵】

祀三公山碑　廷掾郭洪【石刻篆文編】

郭　郭出鳳棲記【汗簡】

[glyph][glyph]鳳栖記　[glyph][glyph]竝籀韻　[glyph]汗簡　[glyph][glyph]竝崔希裕纂古　【古文四聲韻】

◉許　慎　[glyph]齊之郭氏虛。善善不能進。惡惡不能退。是以亡國也。从邑。𩫖聲。古博切。【說文解字卷六】

◉馬叙倫　顧炎武曰。齊之郭氏虛云云失本指。倫按善善以下十五字校者引韓詩外傳注之。傳寫入正文耳。然許止訓地也。齊之郭氏虛亦校語。玄應一切經音義引倉頡。城郭也。字見急就篇。古鉨作[glyph]。【說文解字六書疏證卷十二】

◉黄錫全　[glyph]郭　𩫖𩫖古同字，作[glyph]（戩40—13）、[glyph]（毛公鼎）、[glyph]（國差𨱓）等。《說文》正篆變作[glyph]。𩫖即城郭本字，此當注𩫖。

[glyph]郭出鳳棲記　古璽郭作[glyph]、[glyph]（字表6·21）。《說文》正篆作[glyph]。此形邑旁同目録，原應从[glyph]。【汗簡注釋卷二】

◉王人聰　璽文「𩫖」即《說文》之「𩫖」字，《說文》云：「度也，民所度居也。从回，象城𩫖之重，兩亭相對也。」又，《說文·邑部》郭字云：「从邑𩫖聲。」由此可知𩫖讀如郭。璽文𩫖當係郭姓之本字，後加邑旁作郭。【戰國璽印考釋】

[glyph] 郳

[glyph] 郳　國名曹姓子爵邾挾之後夷父顏有功于周封其子友于郳後改國名曰小邾為楚所滅　郳始鬲　[glyph] 郳左庭戈　【金文編】

[glyph] 3233　[glyph] 2127　與郳始鬲郳字同　【古璽文編】

◉許　慎　[glyph]齊地。从邑。兒聲。春秋傳曰。齊高厚定郳田。五雞切。【說文解字卷六】

◉馬叙倫　本作地也。吕忱加地名齊地。春秋以下亦字林文或校語。郳始鬲作[glyph]。古鉨作[glyph]。【說文解字六書疏證卷十二】

◉馬叙倫　[glyph]郳始鬲　見同上。倫按舊釋郳始過母鑄其羞鬲。吳式芬引徐籀莊說。郳。曹姓。邾挾後夷父顏之子友初封郳為坿庸。後進爵為子。稱小邾子。伯從女。從白。長女之謂。嬀舜後氏。周初封虞幕裔孫閼父之子胡公滿於陳。遂為陳姓。字從為從辵。嬀蔿竝為聲。楚為姓亦作薳。知過即嬀字也。孫詒讓曰。說文木部有梠字。此似從臯從辵。未知何字。[glyph]從臼當是鬩字。說文。鬩。所以枝鬲者。從鬻省鬲省。此借為鬲字。倫謂郳從兒得聲。此作[glyph]者。從[glyph]。[glyph]為人之異文。[glyph]為說文囟之異文。囟之古文作𠟭。巤字從之得聲。巤音來紐。腦音泥紐。古讀來歸泥。巤為腦之次初文。囟其初文也。詳疏證。唐寫本切韻殘卷五支。兒。按說文作此兒。其兒字必有所本。從人。囟聲。兒即甲文干支子字之作[glyph]者也。囟聲真類。其轉注字作脖。從宰得聲。宰聲轉入脂類。脂真對轉也。脂支近通。故兒聲入支類。師袁敔巤字作[glyph]。故此及說文兒字所從之囟變譌為[glyph]為[glyph]。兒𡿺一字。為孺之轉注字。今吳縣上海謂小兒曰小囡。囡即𡿺之俗體也。【讀金器刻詞卷下】

◉張振林　鄒，从竹，是首次發現的郳字别構。

郳，國名，又曰小邾。《春秋・莊公五年》：「秋，郳犁來來朝。」《疏》：「郳之上世出於邾，邾俠之後也。夷父顔有功於周，其子友别封為附庸，居郳。曾孫犁來附從齊桓以尊周室，命為小邾子。」

春秋時，邾為魯之附庸小國，國君所鑄銅器傳世者不少。小邾又為邾國别封的附庸國，雖附從齊桓以尊周室，受封子爵，外交上與邾並立，國力畢竟有限，所以史書中所載不多，傳世青銅器更是罕見。可以確切判斷為郳器的，禮器僅有郳始鬲，此外就是羅福頤先生主編的《古璽彙編》中的兩方古璽。這件戰國式郳戟的發現，不僅僅是增添了一件郳國文物，而且證實了郳國這樣的小國，在七强争雄的戰國時代，尚與附近的鄒、費、郯、邳等羅之國，存在於齊、楚兩霸之間。郳國何時為楚所滅？史書無載。酈道元《水經注》説邾婁為楚宣王所滅，徙居於黄州府江夏縣，朱駿聲《説文通訓定聲》已以為「不可信」（見需部邾字）。

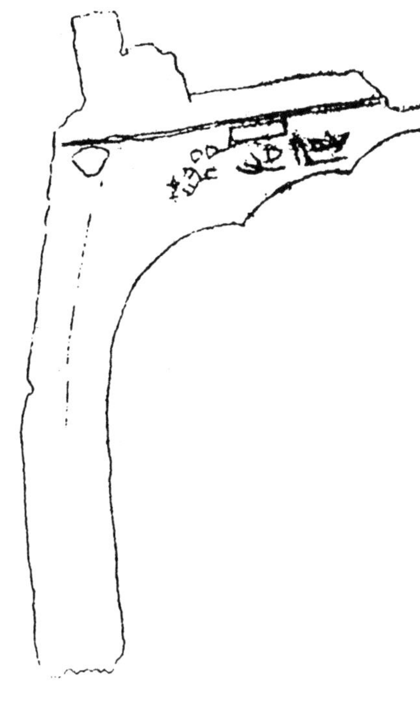

查《山東通志・疆域志・古蹟二》，郳國故城在滕縣東六里，而滕縣西南十四里有滕國故城，滕縣南四十里有薛國故城。邾國故城在鄒縣東南二十六里，則屬郳國的北鄰了。

《史記・魯周公世家》：「子讎立，是為頃公。……十九年（公元前254年）楚伐我，取徐州。二十四年（公元前249年）楚考烈王滅魯。」《索隱》云：「《説文》郐，邾之下邑，在魯東。又《郡國志》曰，魯國薛縣，六國時曰徐州。」從楚取郳國南部近鄰的徐州，到滅郳國北部的魯國，中間相隔只五年。郳國為楚所滅，也應在此五年之内，即楚考烈王的九年至十四年間。

按報導所説，此郳戟出土於臨沂西鄉一帶，距原滕境僅百餘里。但必須考慮，這中間隔着從平邑到棗莊之間的一片山地，這片山地可能就是當時西邊諸國(魯、邾、郳、薛)與東邊諸國(費、鄭、莒)的天然分界。出土地不大可能是郳國屬地。因此，此郳戟可能是在楚軍取徐州、滅魯國期間(中間包含着滅郳、邾等小國)，郳國貴族挾器翻山逃入東部鄰國時，遺落在那裏的。【郳右𡰥戟跋　古文字研究一九九二年第十九輯】

郣 [glyph]

[glyph] 蒱郣　[glyph] □郣　[glyph] 李郣　[glyph] 臣郣　[glyph] 郣郣【漢印文字徵】

◉許　慎　[glyph]郣海地。从邑。孛聲。一曰地之起者曰郣。臣鉉等曰。今俗作渤。非是。蒲没切。【説文解字卷六】

◉馬叙倫　鈕樹玉曰。玉篇引作郣海郡。當不誤。徐灝曰。小徐云。疑勃海近此字。按勃海郡見漢志。而勃地經典無徵。故小徐疑勃海字當作郣。若許本訓郣海地。則無所用疑矣。此大徐因小徐語而誤衍海字也。錢坫曰。以玉篇所引證之。知許本作郣海郡。廣韻注郡名亦一證。韓裔昌曰。郣即漢二志之勃海郡。鮑照古樂府。穿池類溟郣。正作郣字。倫按本作地也。吕忱加勃海郡名。郣者。隸書複舉字。傳寫譌如今文。一曰地之起者曰郣。蓋墳字義也。郣音竝紐。墳音奉紐。古讀歸竝也。此校語。古鉨作[glyph]。【説文解字六書疏證卷十二】

鄿 [glyph]

◉許　慎　[glyph]國也。齊桓公之所滅。从邑。覃聲。臣鉉等曰。今作譚。非是。説文注義有譚長。疑後人傳寫之誤。徒含切。【説文解字卷六】

◉馬叙倫　後漢書郡國志。東平陵有譚城。故譚國。則此本作地也。校者加故國也。齊桓公之所滅。謂鄿即古譚國也。古鉨作[glyph]。蓋從邑。撢聲。或[glyph]為覃之譌變。【説文解字六書疏證卷十二】

邭 [glyph]

[glyph] 3·813　邭坤【古陶文字徵】

[glyph] 28　[glyph] 56【包山楚簡文字編】

[glyph] 2059　[glyph] 2058　[glyph] 2061　[glyph] 2062　[glyph] 2060　[glyph] 2063【古璽文編】

郂　𢦏

◉許　慎　邭地名。从邑。句聲。其俱切。【説文解字卷六】

◉馬叙倫　廣韻有朐無邭。注。地名。在河東。此本作地名在河東。廣韻所本也。字蓋出字林。古鉨作邭。【説文解字六書疏證卷十二】

◉許　慎　郂陳留鄉。从邑。亥聲。古哀切。【説文解字卷六】

◉馬叙倫　段玉裁曰。陳留郡二志同。陳留郡有陳留縣。此不云陳留縣鄉。則是舉郡名也。曷為不箸縣名。未審也。倫按本作地也吕忱加陳留鄉名。或字出字林也。【説文解字六書疏證卷十二】

𢦏　不从邑經典作戴　𢦏弔鼎　𢦏字重見　陳侯因資錞　龏𢦏大慕克成【金文編】

3·706　丘里人曰𢦏　3·1231　獨字　3·51陳𢦏【古陶文字徵】

◉許　慎　𢦏故國。在陳留。从邑。𢦏聲。作代切。【説文解字卷六】

◉劉心源　𢦏。即𢦏。説文。故國。在陳留。今作戴。【奇觚室吉金文述卷十】

◉顧廷龍　𢦏。説文。故國在陳留。从邑。𢦏聲。潘去蔓𨙸里匋尚𢦏。周　周陳𢦏。【古陶文孴録卷六】

◉馬叙倫　錢大昕曰。𢦏即春秋隱十年經伐戴之戴。嚴可均曰。在陳留疑校語。地理志。梁國甾縣。故戴國。春秋隱十年。王伐戴。杜云。今陳留外黄縣東南有戴城。疏云。漢於戴立甾縣。於晉屬陳留。可證唐人以字林亂説文。因涉晉人語耳。王筠曰。故國當作國也。邗鄲二篆説可證。地里志於漢縣之沿襲古國名。即説之曰故國。説文系字為説。不當云故國也。倫按本作地名。故國在陳留。故國在陳留者字林文。見左隱十年傳釋文引。此可證凡言在某者竝吕忱所加也。釋文曰。戴。字林作𢦏。原作戴。檢釋文言説文作某。字林作某者。皆謂本字也。𢦏為伐戴之戴本字。故舉字林説也。今作戴蓋傳寫之譌。不然。陸兼為杜注易字作音。則杜已言戴國今陳留外黄縣東南有戴城。不為復。舉字林説矣。云。故國在陳留。則此字出字林。陳侯因資敨作𢦏。【説文解字六書疏證卷十二】

酀

◉許慎　酀地名。从邑。燕聲。烏前切。【説文解字卷六】

◉馬叙倫　王筠曰。名當作也。下放此。邵瑛曰。經典如詩韓奕。燕師所完。在隱五年傳。衛人以燕師伐鄭。桓十二年。燕人。襄廿九年。齊高止出奔北燕。國語齊語。以燕為主。竝當作此字。倫按如邵所舉衛人以燕師伐鄭者。當是本部之郾。此或郾之轉注字。地名者字林文。下同。字或出字林。下同。【説文解字六書疏證卷十二】

⿰丘邑

◉許慎　⿰丘邑地名。从邑。丘聲。去鳩切。【説文解字卷六】

◉馬叙倫　古鉨作[illegible]。【説文解字六書疏證卷十二】

⿰如邑

◉許慎　⿰如邑地名。从邑。如聲。人諸切。【説文解字卷六】

⿰丑邑

◉許慎　⿰丑邑地名。从邑。丑聲。女九切。【説文解字卷六】

⿰几邑

◉許慎　⿰几邑地名。从邑。几聲。居履切。【説文解字卷六】

[illegible] 2212【古璽文編】

⿰翕邑

◉許慎　⿰翕邑地名。从邑。翕聲。希立切。【説文解字卷六】

⿰[illegible]邑

[illegible] 2104　[illegible] 2105　[illegible] 2204【古璽文編】

䣐　䣊　郱

◉許　慎　𨛫地名。从邑。求聲。巨鳩切。【説文解字卷六】

◉馬叙倫　王紹蘭曰。玉篇。郝鄉在陳留。按水經注作裘氏鄉。倫按裘氏見莊子。【説文解字六書疏證卷十二】

◉袁國華　「[古文]」、「[古文]」二字分別見「包山楚簡」第167簡及第175簡，《釋文》認為都是「鄰」字，《字表》則兩字都未收。以上兩字皆不從「蔡」。「蔡」字「包山楚簡」作[古文]、[古文]、[古文]、[古文]等形，與[古文]字字形相去甚遠。「[古文]」是從「九」得聲的「求」字。西周金文「求」字作[古文]曶鼎[古文]君夫殷[古文]番生殷。另外「包山楚簡」從「心」的「悚」字作[古文]、[古文]，所從的[古文]、[古文]與[古文]同字。【包山楚簡文字考釋　第二屆國際中國文字學研討會論文集】

◉許　慎　䣐地名。从邑。嬰聲。於郢切。【説文解字卷六】

[古文] 50【包山楚簡文字編】

◉許　慎　䣊地名。从邑。尚聲。多朗切。【説文解字卷六】

◉顧廷龍　[古文]䣊陶平䣊□[古文]左□□男[古文]。[古文]或省邑。潘。去蔓圖里匋。䣊截。[古文]周去蔓圖匋䣊可。[古文]周[古文]䣊陳得[古文]左里故亳良。【古陶文孴録卷六】

◉馬叙倫　鈕樹玉曰。韻會引下有周禮五百家也六字。恐非。玉篇但引地名。又引廣雅云。居也。一曰。五百家為䣊。倫按古鉩作[古文]。【説文解字六書疏證卷十二】

[古文] 1926【古璽文編】

◉許　慎　郱地名。从邑。并聲。薄經切。【説文解字卷六】

◉馬叙倫　段玉裁曰。春秋莊元年。齊師遷紀郱鄑郚。杜云。郱在東莞臨朐縣東南。地里志。齊郡臨朐。應劭曰。有伯氏駢邑。後志。齊國臨朐有古郱邑。然則伯氏駢邑即郱也。【説文解字六書疏證卷十二】

𨞰

◉許　慎　𨞰地名。从邑。虖聲。呼古切。【説文解字卷六】

◉馬叙倫　鈕樹玉曰。玉篇。魯地名。倫按疑本作地名在魯。【説文解字六書疏證卷十二】

邩

◉許　慎　邩地名。从邑。火聲。呼果切。【説文解字卷六】

鄝

◉許　慎　鄝地名。从邑。翏聲。盧鳥切。【説文解字卷六】

鄝 29　鄝 105　鄝 153　鄝 116【包山楚簡文字編】

◉馬叙倫　段玉裁曰。左文五年傳。楚滅蓼。釋文。字或作鄝。穀粱宣八年經。楚人滅舒鄝。釋文。本又作蓼。【説文解字六書疏證卷十二】

鄬

鄬　鄬福之印【漢印文字徵】

◉許　慎　鄬地名。从邑。為聲。居為切。【説文解字卷六】

◉馬叙倫　嚴可均曰。自部。隖。襄七年經傳作鄬。杜云。鄭地。嚴章福曰。經傳隖蓋假借。倫按左襄七年傳釋文引字林。几吹反。字蓋出字林。【説文解字六書疏證卷十二】

邨

◉許　慎　邨地名。从邑。屯聲。臣鉉等曰。今俗作村。非是。此尊切。【説文解字卷六】

◉馬叙倫　王紹蘭曰。邨即孔子世家宿于屯之屯。集解。駰案。屯在魯之南也。【説文解字六書疏證卷十二】

𨜏

◉許　慎　𨜏地名。从邑。舍聲。式車切。【説文解字卷六】

◉馬叙倫　鈕樹玉曰。玉篇引春秋曰。徐人取𨜏。杜預曰。今廬江𨜏縣。倫按古鉩作𨜏。【説文解字六書疏證卷十二】

⿰盇邑

◉許　慎　⿰盇邑地名。从邑。盇聲。胡蠟切。【說文解字卷六】

◉馬叙倫　段玉裁曰。二志泰山郡有蓋縣。孟子有蓋大夫。廣韻。蓋姓。字書作⿰盇阝。【說文解字六書疏證卷十二】

⿰乾邑

◉許　慎　⿰乾邑地名。从邑。乾聲。古寒切。【說文解字卷六】

◉馬叙倫　錢大昕曰。即春秋昭二十四年左傳乾祭之門之乾。【說文解字六書疏證卷十二】

⿰⿱夂㐭邑

◉許　慎　⿰⿱夂㐭邑地名。从邑。⿱夂㐭聲。讀若淫。力荏切。【說文解字卷六】

◉馬叙倫　劉秀生曰。⿱夂㐭從㐭聲。在覃部。淫從𡈼聲亦在覃部。故⿰⿱夂㐭邑從⿱夂㐭聲得讀若淫。炎部。⿱夂㐭。讀若桑葚之葚。周禮考工記𢗰氏。淫之以蜃。注。杜子春云。淫。故書亦或為湛。是其證。【說文解字六書疏證卷十二】

⿰山邑

◉許　慎　⿰山邑地名。从邑。山聲。所間切。【說文解字卷六】

◉馬叙倫　錢坫曰。廣韻云。出地里志。【說文解字六書疏證卷十二】

⿰臺邑

臺 ⿰臺阝　不从邑說文地名从邑臺聲臺古堂字　㦸鼎　在⿰臺阝𠂤　堂字重見【金文編】

◉許　慎　⿰臺邑地名。从邑。臺聲。臺。古堂字。徒郎切。【說文解字卷六】

◉馬叙倫　段玉裁曰。即左襄十四年楚子囊師於棠以伐吴之棠。錢坫曰。玉篇引續漢書。廣陵⿰臺阝邑也。嚴可均曰。臺古堂字校語。王筠曰。臺本籀文。【說文解字六書疏證卷十二】

⿰馮邑

◉許　慎　⿰馮邑姬姓之國。从邑。馮聲。房戎切。【說文解字卷六】

◉馬叙倫　鈕樹玉曰。玉篇注。國名。倫按蓋本作國名。校者注姬姓之國。字蓋出字林。餘見鄘下。或曰。此歸姓之馮。【說文解字六書疏證卷十二】

[illegible]　郙

[illegible]儀之印【漢印文字徵】

◉許　慎　[illegible]汝南安陽鄉。从邑。蔽省聲。苦怪切。【說文解字卷六】

◉馬叙倫　鈕樹玉曰。宋本作敲省聲。譌。說文無敊。段玉裁曰。葉本敊誤作敲。倫按後漢書郡國志河南尹河南縣有蒯鄉。左昭二十三年杜注亦曰。河南縣蒯鄉。汝南安陽無之。疑此上或下捝一篆。汝南安陽鄉者。彼篆下文也。此本作地名河南縣鄉。【說文解字六書疏證卷十二】

郙　郙王劍【金文編】

〔三七〕　〔一九〕　〔三九〕【先秦貨幣文編】

180　228　247　277【包山楚簡文字編】

◉許　慎　郙汝南上蔡亭。从邑。甫聲。方矩切。【說文解字卷六】

◉馬叙倫　邵瑛曰。今經典省作甫。如詩揚之水不與我戍甫。崧高。維申及甫。及書有吕刑。禮記引之皆作甫刑。許云。汝南上蔡亭者。後漢書郡國志。汝南新蔡有大吕亭。劉昭補注引地道記。故吕侯國。按吕侯即甫侯。上蔡新蔡皆各據其始封後遷言之。非有二也。甫據此當作郙。倫按上文。鄦。炎帝太嶽之後甫侯所封。在潁川。本書自叙。吕叔作藩。俾侯於許。許為鄦之借字。是吕叔所封為鄦。許慎為汝南召陵縣人。事又關其家世。何不復及於郙。詩崧高。生申及甫。毛傳。姜氏為四伯。掌四嶽之祀。述諸侯之職。於周則有甫有申有齊有許。毛所本者。周語齊許申吕由太姜也。然周語有吕而無甫。正義。甫侯訓夏贖刑。即今尚書吕刑之篇。是也。尚書作吕刑。此作甫侯者。孔安國云。吕侯後為甫侯。詩及禮記作甫。尚書與外傳作吕。蓋因燔詩書。字遂改易。後人各從其學。不敢定之也。據此則甫為吕之借字。金器有郘大叔斧。孫詒讓釋郘為吕。郘其本字耶。本書吕字下曰。昔太嶽為禹心膂之臣。故封吕侯。此非許文。蓋吕忱據周語大子晉言加之。潛夫論。炎帝苗胄四嶽伯夷或封於申。城在南陽宛北序山之下。宛西三十里有吕城。漢書地理志南陽郡。宛。故申伯國。有屈申城。是申吕之地竝在漢宛縣。而西又相毗連。定吕之封於吕。而其後或受封於申。古之封邑。大氏皆即所居而封之。故申吕竝在宛地邪。詩揚之水序曰。刺平王也。不撫其民。而遠屯於母家。周人怨思焉。然其首章曰。不與我戍申。次章曰。

不與我戍甫。卒章曰。不與我戍許。甫既是呂。呂侯漢書古今人表作甫侯亦可為證。甫呂竝在宛。則許似亦在宛。乃許在潁川。又水經陰溝水注引世本。許州向申姜姓也。炎帝後。後漢書郡國志。潁川郡長社。有向鄉。注。左傳襄十一年諸侯師於向。則向鄉即世本之向矣。而兩漢志南陽郡皆有犨。史記魏世家索隱。左傳武子名犨。系本云。畢萬生芒季。芒季生武仲州。州與犨聲相近。字因以異。詩抑。無言不讎。韓詩外傳讎作酬。公羊成十一年經。使郤州來聘。釋文。州。本亦作犨。是州即南陽之犨。而炎帝之後有潁川南陽兩支系。平王既戍宛地之申呂。又戍潁川之許耶。史記伯夷傳。堯讓天下於許由。許由不受。恥之逃隱。其説蓋本莊子。史記又曰。余登箕山。其上有許由冢云。皇甫謐高士傳曰。許由字武仲。堯聞。致天下而讓焉。乃退而遁於中嶽潁水之陽箕山之下隱。湯師中以許傳言。夫許。太岳之後。謂太岳即許由。宋翔鳳以墨子所染言舜染於許由伯陽。伯陽即尚書大傳陽伯。鄭玄謂伯夷掌之。因謂許由即伯夷。章炳麟據尸子言舜得六人。曰。雒陶。方回。伯陽。東不識。續耳。秦不定。證自別有伯陽。而許由實即皋陶。夏本紀。封皋陶之後於英六。或在許。古多以後嗣封邑逆稱其先人。以其子姓封許而因稱皋陶曰許由。古今人表作許繇。而皋陶即咎繇也。倫善章説。尋詩之崧高。即漢書地里志之嵩高。即中嶽也。嵩高正屬潁川。然則姜姓之所封者自非一地。而獨無汝南之酈。此自是汝南上蔡亭名。字亦蓋出字林也。【説文解字六書疏證卷十二】

◉劉彬徽等　郙，亦稱呂，國名，在今河南南陽西，春秋時為楚所滅。

郙，古地名，亦稱宛。卓滑率楚軍救郙之事不見於史籍，應在「大司馬卲昜敗晉師於襄陵之歲」（公元前323年）以後。據《史記・秦本紀》，秦昭襄王十五年（公元前292年）大良造白起攻楚，取宛，南陽之地此時已入秦。卓滑救郙應在此之前不久。【包山楚簡】

◉湖北省文物考古研究所　北京大學中文系　此字原文稍殘，從殘畫看，與郙王𠑹劍的「郙」寫法相近（《中原文物》一九八一年四期二七頁圖五）。郙王𠑹劍銘文云：「郙王𠑹（蒦）自攴（作）甬（用）鐱（劍）。」「郙」是國名，當即《詩・大雅・崧高》「維嶽降神，生甫及申」之「甫」。簡文「郙客」應是甫國使者。【一號墓考釋　望山楚簡】

酈裔　酈章　酈翁來　【漢印文字徵】

◉許　慎　酈南陽縣。从邑。麗聲。郎擊切。【説文解字卷六】

𨞙　𨞙

◉劉心源　酈邑下文麗字校知之。否則下文為鹿而此為鄜。漢書地理志酈屬南陽郡。鄜屬左馮翊。玩本銘所言地名如郥、鄂、郊、鄴皆與酈近。當非酈也。【奇觚室吉金文述卷九】

◉馬叙倫　顧廣圻曰。右四字皆失次。倫按水經注卅一引三倉有酈字。後漢書郡國志。南陽郡。酈。侯國。【説文解字六書疏證卷十二】

𨞙　𨞙　何尊　王初𨞙宅於成周　【金文編】

◉許　慎　𨞙地名。从邑。䙴聲。七然切。【説文解字卷六】

◉馬叙倫　鈕樹玉曰。玉篇引作地名也。倫按廣川書跋引字林。𨞙。畿内地名。此字出字林也。【説文解字六書疏證卷十二】

◉陳昌遠　「何尊」銘文「𨞙」字是不是遷字？⊘仔細觀察銘文，右側仍從邑。此邑張政烺先生釋作「吕」；馬承源同志釋為「鄉宅」，雍宅即為營宅意。我又仔細觀察𨞙字右側應為邑字。左側舁像兩支手，與興起的興字作興形是相同，舁《説文》曰「共舉也」。興《説文》曰「起也，从舁从同，同力也」。象兩只手共同協力舉起洞口的風棚的象形，為表意字，是興起的興。此「𨞙」今「何尊」銘文「𨞙」从邑如果囟字篆文有點像西而西字鳥在巢上也。殷周青銅器銘文作西西西象日在西方而鳥歸巢，因此下為巢形。所以䙴字就象人們共同搬巢，假借為遷徙的「遷」字，隸定為𨞙字，所以《廣雅，釋言》曰：「䙴，遷也。」如果此字𨞙為遷字，銘文「隹(惟)王初遷宅成周。」那自然是表示周初周人有遷都之事。因此文獻記載周人新遷的都城曰新都，或稱為新洛邑。【有關何尊的幾個問題　中原文物一九八二年第二期】

◉劉蕙孫　關于對「𨞙」字的解釋問題。

對「隹(唯)王初𨞙宅於成周」一語的句讀及𨞙字的解釋，唐蘭同志將全句一氣呵成讀作「隹王初𨞙宅於成周」。如上文所説，他認為𨞙即䙴，亦即遷字，意思是説，其時成王開始遷都于成周。在發表唐蘭同志文章的同期《文物》上，同時發表了馬承源和張政烺同志的文章。兩篇文章于句讀無異議，但馬文認為𨞙字應作築城解，全句為開始建築成周城之意；張文則以為「𨞙宅」等於《尚書·召誥、洛誥》之「相宅」。楊寬同志新近的解釋則認為應讀作「隹王初𨞙，宅於成周」。𨞙即䙴，為登基、踐祚之義，是説成王踐祚之初，即置成周。

四家之言，均有古文字學與古典文獻的根據，持之有故，言之成理。我於諸説之中，認為楊寬同志的斷句最恰當，而覺得四家對𨛭字的解釋，似乎還有進一步商討之必要。

𨛭字《説文解字》作地名解。甲、金文从邑之字，張政烺同志已指出多為地名或引伸為人名等特稱，用作虚字的，確乎殊為鮮見。現在無論將𨛭字釋作遷都、築城、相宅、踐祚，都是將𨛭字作為𨙻字的假錯字解釋。本來作𨙻就好，何必畫蛇添足再加一邑旁。我頗懷疑𨛭字是𨙻邑二字的合文。彝銘，特别是周初彝銘用合文是有先例的。如《宜侯矢簋》文王、武王作「玟」、「珷」即是。如此解不誤，則上述銘文全句似應讀作：「隹王初𨙻(遷)邑，宅於成周。」【成周與宗周——兼探《何尊》「隹王初𨛭、宅於成周」的含義　人文雜志一九八四年第一期】

◉楊　寬　我們把何尊銘文，和《尚書》的《召誥》、《洛誥》作了比較研究，認為「惟王初𨛭宅於成周」不應作一句讀，「惟王初𨛭」是一句，「宅於成周」又是一句，「𨛭宅」二字不應連讀。「惟王初𨛭，宅於成周」意義和《召誥》所説「王乃初服。……知今我初服，宅新邑」相同。

「𨛭」字在《説文》為地名，何尊銘文當作「𨙻」字用，也可以讀作「遷」，其原義為升登。「𨙻」在《説文》是「䙴」的異文。《説文》説：「䙴，升高也，从舁囟聲。𨙻，䙴或从卩。」段注：「升之言登也，此與辵部遷、拪者義同。」「卩謂所登之階級也。」「䙴」、「𨙻」、「遷」三字，原來確實音義全同。《説文》説：「遷，登也，从辵𨙻聲。古文遷从手西。」「𨙻」字本義確為升登，它所從的「卩」，即是所升登的階級。「惟王初𨛭」，應該是説成王初次升登阼階，也即初登王位之意。

「𨛭」，與文獻上所謂「踐阼」和「踐天子之位」的「踐」，音義俱近。《禮記·文王世子》説：「成王幼，不能莅阼，周公相，踐阼而治。」《禮記·明堂位》又説：「成王幼弱，周公踐天子之位，以治天下。」當時為君王聽政，必須升登殿堂的阼階(東階)，所以「踐阼」也即「踐天子之位」。鄭玄注《禮記》，或者説「踐猶履也」(《明堂位》注)，或者説「踐猶升也」(《中庸》「踐其位」注)。「踐」確有升登之義。《史記·秦始皇本紀》引賈誼《過秦論》「然後斬華為城」，《集解》引徐廣曰：「斬一作踐。」《索隱》説：「踐亦出賈本論。又崔浩曰：踐，登也。」《漢書·陳勝項籍列傳贊》引《過秦論》「然後踐華為城」，顔注：「服虔曰：斷華山為城。晉灼曰：踐，登也。師古曰：晉説是。」鄭玄訓踐為升，晉灼、崔浩又訓踐為登，足見「踐」和「𨙻」意義相同，都是升登之意。「惟王初𨛭」是説成王初次踐阼，初登王位。【釋何尊銘文兼論周開國年代　文物一九八三年第六期】

◉許　慎　[篆文]从反邑。𨛜字从此。闕。【説文解字卷六】

◉馬叙倫　鈕樹玉曰。玉篇廣韻竝無。類篇注云。臣光案集韻失收。説文亦無反切。繫傳音怨阮切。然今本繫傳亦無音。通志畧云。反邑為苑。未詳何本。嚴可均曰。𨛜字從此。校語也。小徐無闕字。王筠曰。𨙨下竝無説解。而遽云從反邑。是此字無義也。又云闕。是此字無音也。既無音義。何以為字。弟以為𨛜從此一句耳。必後人增也。舛之從二夊也。夊部未嘗有㐅字也。門之從二户也。户部未嘗有戶字也。朱駿聲曰。亚從二臣。亦無臣字。此字可删。馮振心曰。𨛜下但云從二𨙨。亦無𨙨字。則無邑字也。倫按𨙨邑一字。金文從邑之字每反書之。闕字亦校語也。【説文解字六書疏證卷十二】

𨛜

𨛜 餘二·二　象二人相向之形説文訓从二邑非是　【甲骨文編】

𨛜 2091　𨛜 2092　𨛜 2090　𨛜 2094　【古璽文編】

𨛜 𨛜【汗簡】

◉許　慎　𨛜鄰道也。从邑。从𨙨。凡𨛜之屬皆从𨛜。闕。胡絳切。今隸變作郷。【説文解字卷六】

◉郭沫若　壆當即是𨛜字。説文。𨛜、鄰道也。音與巷近。【格伯毁　兩周金文辭大系考釋】

◉馬叙倫　段玉裁曰。道當作邑。字之誤也。其字從二邑會意。闕者謂闕其音也。胡絳切乃依𨛜字之音為之。王筠曰。闕字必非許文。孔廣居曰。𨛜𨛜二字音義皆同。蓋𨛜即𨛜之古字。徐灝曰。戴侗曰。𨛜即鄉也。倫按邑𨙨一字。則𨛜從二邑與二山為屾同。實與邑一字。故𨛜或從邑作巷矣。以有鄉𨛜二字從之。故立此部。鄰道也非本訓。古鉨作𨛜。【説文解字六書疏證卷十二】

◉連劭名　「壆鑄保簋」：壆是作器者的私名，過壆去各家皆將此字屬上讀，完全出於誤解。壆即𨛜字，从土為意符。《説文》：「𨛜，鄰道也。」《段注》：「道當為邑，字之誤也，其字从二邑會意。」作器者名壆，字倗生。【倗生簋銘文新釋】

◉黄錫全　𨛜 𨛜　𨛜字古作𨛜（戩33·15），象二人面嚮而跪之形，變作𨛜、𨛜（璽文6·22），《説文》誤以為从邑作𨛜。夏韻宕韻録《汗簡》作𨛜，是。此改从𨙨。由此可見，此本已非郭書原貌。【汗簡注釋卷二】

前一・三六・三 卜辭鄉卿一字重見卿下【甲骨文編】

饗之重文【續甲骨文編】

1・47 獨字 3・676 盧丘衝 3・324 繇衝蔵里 3・329 繇衝上𣎳里郐吉 3・678 茉衝新里□ 3・679 王門貽繇蔵里郡 3・71 繇衝杏匋里經 3・74 繇衝杏匋里□ 3・77 繇衝杏匋里耳 3・85 繇衝杏匋里□ 3・88 繇衝杏匋里□ 3・104 繇衝杏匋里□ 3・109 繇衝杏匋里僕 3・120 繇衝杏匋里夜 3・95 繇衝杏匋里奠 3・98 繇衝杏匋里□ 3・89 繇衝杏匋里名 3・330 貯衝匋里王□ 3・337 楚亭衝蘆里芰 3・338 楚亭衝蘆里□ 3・348 楚亭衝蘆里狐 3・477 左南亭衝辛匋里賹 3・476 同上 3・481 左南亭衝辛匋里佑 3・374 楚亭衝關里宔 3・372 楚亭衝關里艸 3・328 繇衝□面里□齊 3・629 丘齊衝匋里□ 3・677 □衝□□ 3・483 左南□衝辛匋□ 3・627 丘齊衝匋里屮 3・673 右敀□衝尚畢季賠 3・358 楚亭衝□里□ 3・361 楚亭衝□里□ 3・92 繇衝杏匋里□ 此字吳大澂釋郶周進釋鄙顧廷龍金祥恒均釋遷方濬益釋鄉按以釋鄉為是此古文鄉字可隸寫為衢衝或衢从行郶聲衢鄉讀音同相古為雙聲疊韻周書召誥相宅何尊作郶宅即其證今鄉行而衢廢【古陶文字徵】

鄉 日乙七五 六例 通香 鼻能糗— 日甲一五八 通嚮 南— 封六四 通饗 郡神—之 日甲三 日甲一四〇背 五例【睡虎地秦簡文字編】

金鄉國丞 南鄉 臺鄉 高鄉 東鄉 沈鄉 南鄉左尉 胥鄉 宜造鄉印 潭鄉 沙陽鄉 北鄉之印 鄉仁之印【漢印文字徵】

郛休碑領 漢詔書殘碑領 漢慎鄉殘石 【石刻篆文編】

古老子 【古文四聲韻】

◉許　慎　國離邑。民所封鄉也。嗇夫別治。封圻之內六鄉。六鄉治之。从㲋。皀聲。許良切。【説文解字卷六】

◉吴榮光　許翰説壘舊釋作鼉、土二字。細諗諸本。蓋一字。从鼉从土。疑鄉之別體。鄉即饗省。【筠清館金文卷三】

◉劉心源　説文。鄉，从㲋从皀。此从㲋从土。當是鄉字。【奇觚室吉金文述卷十六】

◉羅振玉　此字从 即人相嚮之嚮。詳唐風樓金石跋尾。从或从从。皆象饗食時賓主相嚮之狀。即饗字也。古公卿之卿。鄉黨之鄉。饗食之饗。皆為一字。後世析而為三。許君遂以鄉入部。卿入部。許君訓為事之制。亦誤。未知其為向背字也。饗入食部。而初形初誼不可見矣。【增訂殷虚書契考釋卷中】

◉高田忠周　壘蓋鄉古異文。説文作鄉。从皀聲為會意兼形聲者。皀實鄉省也。此从鼉从土。為會意字。土猶里也。周禮大司徒。五州為鄉。齊語。十卒為鄉。又十里為鄉。銘意亦同。立鑄國定其鄉也。轉義。孟子。莫知其鄉注。猶里。以喻居也。故當从土會意。要鄉是六卿所司。其字初唯當用卿。後从卿省从鼉。又變从鼉从土。文字變遞往往如此矣。舊釋。阮氏元云。鼉土二字。鼉、鄰道也。非是。吴氏榮光云。此壘一字是。然彼亦無説為延。今補訂云。【古籀篇二十一】

◉馬叙倫　王筠曰。繫傳封圻之內六鄉治之也。大徐重六鄉集韻引六卿治之。顧氏經自增改。嚴可均曰。集韻引作六鄉六卿治之與周禮合。此作六鄉治之。誤。孫詒讓曰。封字難通。疑當作對。釋名云。鄉。向也。衆人所向也。即用許義。封對形近。又涉下封圻而誤。羅振玉曰。此字卜辭從。即人相向之嚮。從象饗食時賓主相嚮之狀。即饗字也。倫按甲文作者。乃八篇之卿。為饗之初文。從即食字。從即相向之向本字。會意。而聲得於。語原然也。説解中封字孫説可從。然國離邑民所對鄉也詞亦難通。且非許文。許蓋作向也以聲訓。今捝。封圻之內十字校語。字見急就篇。【説文解字六書疏證卷十二】

◉孔令穀　「鄉」篆作。《説文》:「國離邑民所封鄉也，嗇夫別治封圻之內六鄉，六卿治之。」字形從良二邑。良古文作即，即從演，為神社形。邑為祝者鄉者即饗，誼與「都」同。

薌即香字(即饗字)，石經鄉字作，即，為祝者或雙龍(應以雙龍為合，蓋即打圍圖形也。説文者以為煙氣誤)。鄉即「鄉」字，今為二字，實非是。，《説文》:「章也，天子六卿。」六卿即六鄉，公卿的卿金文作，卿是儐相的意思，所以王的輔佐號為卿士。古者以祭祀為治國一大事，故能歆於鬼神的，就被視作有才能的大人大物，卿字原始誼在此。鄉與卿本無所別，後人以襄助祭禱者為卿（以□為主），而以祭禱之處為鄉（以□為主）。所以《説文》小篆字尚未有異形，聲也並無區別，楷書方成二字似乎不可相通了。說文者每喜斤斤於一點一畫之微，以為別以毫釐，分以千里。其實這是錯解，古代祖先們那有這閒情逸興來呆板造字，而供後人的搘鑽批解呢？文字變演衹有變演，没有訛誤，訛誤即由於説文者的妄説誤人，鄉與卿本是一字，以金文的□與《説文》上的□對照，其為一字是顯然的，良與皀是一字，也無庸説明。郎是鄉字的省，也是明白無可疑的，但現在大家都不通了。這樣的不通是漸失原誼漸行引申誼之故，我們也不能説牠的謬誤，説文者根據引申誼自己不通而欲求其通，于是嚮壁虛構，愈説愈不得通，就變了直不通。我們明白了原誼，則古人造字實在頗平淡無奇，不似先儒們所説，如此這般的玄妙離奇的。余所説的字形字音變化小，字義變演大，這裏就是一例。

鄉字的命名其源在此，鄉老鄉公乃是主襄祭祀的，所謂射禮，飲酒禮其重要的意義也在祭獻，射箭飲酒是附合的意義，與「獵」相同，此類甚多，此不贅縷。

饗古文□《師餡敦》作□，即卿字。可見卿鄉非二字，而鄉饗亦即一字。【釋「都里……」談到文字研討　説文月刊二卷一期】

◉金祥恒　殷虚甲骨文有□□□□□□□□□等字，其所从或卩或卯，或兄或旡，皆象人跪跽就食之形。从鼎（□）或从簋（□）或从酉（□）皆象饗食之器。今以其字形之構造言之，當為卿字。《説文》□：「章也。六卿：天官冢宰，地官司徒，春官宗伯，夏官司馬，秋官司寇，冬官司空，从卯皀聲。」許氏之説雖非厥誼，然其字从卯則是，从皀聲則非。⊘甲骨文□字，即《孝經·孝治》章「祭則鬼享之」之享。段玉裁注説文亯字云：「凡祭亯用亯字，凡饗宴用饗字。」甲文無此之分。甲文□如：

癸己卜，何貞：羽甲午，登于父甲鄉？　《甲》二七九九

甲申卜，何貞：羽乙酉其登于且乙鄉？　《鄴》一·四〇·一二《新》四〇〇二

或省作□者如：

貞：其征卬于大戊鄉？

貞：其征卬于又河鄉？　《甲》二六八九

或省作□□，如：

☒国固曰：丝〼，不隹〼？其不☒　《簠》《典》九九

癸亥卜，彭貞：大乙、且乙、且丁眔〼？

癸亥卜，貞：隹大乙眔且乙〼。　《甲考》一一九

蓋二片卜辭，一以上下文言之，「兹〼」與「不隹〼」，知〼與〼為一字；一以對貞卜辭言之，「大乙、且乙、且丁眔〼？」與「隹大乙眔且乙〼」知〼與〼為一字，皆為鄉字。卜辭鄉之另一書體作〼者如：

且乙允鄉？　《乙》八六七四

且乙允鄉？　《乙》八六七五反

其所从〼者即〼之簡。⊘甲骨文鄉作〼或作〼，蓋《說文》「亯」之由來，可得而言也。《說文》「〼，獻也，从高省，〼象進孰物形」。从高省者，乃〼之〼也，《詩》《小雅》《大東》「有饛簋飧」，傳「饛，滿簋貌。」象盛黍稷於器之豐高也。象進孰物形之〼，當為「盛孰物之器也」（林義光《文源》亦有此說，詳亯字下）。

甲骨文方鄉字作〼，詳拙作《釋〼》（《中國文字》四十三冊），或作〼、〼者如：

王固曰：叀〼，三日戊子允〼，𢦏𢦏方？　《丙》一三四

癸巳貞：〼米于河于岳？　《乙》四一二〇

于父己父庚〼奐迺酒？　《南明》六三四

于〼酒，父己，羽日，劦日，彡日，壬迺穷？　《南明》六二九

乙巳〼雚（祼）☒？

其例甚夥，僅舉五例以明之，余詳島邦男氏之《卜辭綜類》五二頁。

鄉甲骨文或作〼者如：

丁酉☒〼☒其☒　南北無一五七《冬》二六八

其字从卯从酉（〼），⊘酉乃盛酒之器，猶今尊壺酒罈之屬，⊘故鄉之从酉與从皀同意。或省作〼如：

甲午卜，王叀〼雀？　《京大》S三一五七

癸卯囚，争貞：□帝弗〼　《乙》六七一八

雖為殘簡斷片，然以卜辭：

戊寅卜，王[illegible]雀？ 《京大》三〇七六

丁巳卜，令雀[illegible]雀 《甲》三五九〇

言之，[illegible]與[illegible]同為鄉字，所不同者一以酒，一以黍稷稻米而已矣！

鄉甲文或作[illegible]者如：

丙午卜，丁未又歲中丁，廿牢，易日？

己亥卜，辛丑[illegible]帚好[illegible]？ 《甲》六六八

其字从鬲，《說文》：「鬲，鼎屬，實五觳，斗二升，象腹交文，三足。」《爾雅》《釋器》「款足者謂之鬲」，[illegible]者蓋無耳之鬲，為烹飪之器，與鼎同。

甲骨文之鄉作[illegible]者如：

不溝[illegible]日？ 《新》四三六四

戋（過）于啚，其冓[illegible]日？ 《南北師》一七〇

其字从卩从鼎，⊘《左傳》宣公四年：「楚人獻黿於鄭靈公，公子宋與子家將入見，子公之食指動，以示子家曰，他日我如此，必嘗異味，及入，宰夫將解黿，相視而笑；公問之，子家以告，及食大夫黿，召子公而弗與也，子公怒，染指於鼎，嘗之而出。」《孔子家語》《致思篇》：「从車百乘，積粟萬鍾，累茵而坐，列鼎而食。」是鼎之為食器也。

綜上言之，甲骨文之鄉，或从簋（[illegible]）或从酉（[illegible]）或从鼎，蓋以享祀之品物而異。其義則一，故卜辭之「鄉日」如：

癸巳貞：其又[illegible]于伊，其[illegible]日？ 《佚》二一〇

[illegible][illegible]日，丝用？ 《金》二八

[illegible]日 《佚》八九二

[illegible]日 《京大》B二三〇五

用[illegible]日 《京大》S三〇六八加S三〇七七

[illegible]日酒，又正？ 《托》B一六九九

貞：[illegible]日 《甲》二八〇六

貞：其[illegible]日？ 《佚》二六六《北美》四二《合》五一《綴》六二

貞：于□日？二月　《明》六六八

不遘□日？　《新》四三六四

☐戈(過)于咼，其蓋□日？　《南北師》一〇七

其作□、□、□、□皆鄉字，鄉日為祭祀之日，猶卜辭㫃有㫃日，肜有肜日，羽有羽日。【《釋□□□》中國文字第五十册】

◉李孝定　古文公卿之卿、鄉黨之鄉、嚮背之嚮、饗食之饗並為一字。誠如羅氏言。然其間或為本字或為借字則不可無辨。羅氏謂□為嚮背之本字□為饗食之本字是也。惟謂卿之作□。乃取為人所歸嚮意則非。誠如其言。則公卿字當作□。不當作□矣。蓋字之作□者。祇為饗食本字。从皀从卯。卯亦聲也。嚮背字亦作□者。則□之借字也。鄉黨字亦作□者。亦以同音相假。今饗鄉二字音讀仍近也。至公卿字作□。竊疑亦當於古音中求之。卜辭「克卿王史」。郭氏讀為「克襄王事」是也。此可證卿□字殷時亦讀鄉若饗。又卿下許云「章也」。此與「天顛也」、「髮拔也」同意。例皆以聲近為訓。章鄉聲韻並同。然則□之為卿。純以聲近相假。非有他故。予於聲韻之學檮昧無知。姑妄說之如此。至卜辭「卿事」即詩之「卿士」。固無可疑。王是否即周初之冢宰。則殊難塙指。蓋殷周異代。禮制之因革多端。吾人處數千年之下欲就片辭孤證以上論殷周之史實。其亦難已。金文卿字作□宰甶簋□矢作丁公簋□小子𧻓簋□卯簋□大豐簋□效卣□伯康簋□虢季子白盤□毛公鼎□卿尊□趞曹鼎□伊簋。亦饗卿嚮通用。與卜辭同。【甲骨文字集釋第九】

𨞇 □

◉許　慎　□里中道。从𨙨。从共。皆在邑中所共也。胡絳切。□篆文从𨙨省。【説文解字卷六】

◉商承祚　下出篆文巷。則此為古文。今隸𨞇作衖。而巷作巷。【説文中之古文考】

◉馬叙倫　鈕樹玉曰。韻會引作邑中道也。玉篇注。門外道也。韻會作從𨙨共言在邑中所共。沈祥麟曰。從𨙨。共聲。言在邑中云云恐不知古音者所改。王筠曰。鍇本作邑中道。字從邑。故言邑。鉉作里。非。羣書作衖。廣雅。衖。道也。三倉。衖。里中別道也。詩巷無居人傳。巷。里塗也。倫按行部。衖。邑中道。且衖從行。故得訓道。𨙨邑一字。邑部所屬無訓道者。不得獨此一字訓道。且從邑亦不得道義也。倫謂此鄉黨之黨本字。從𨙨與從邑同。黨從尚得聲。尚音禪紐。巷音匣紐。同為次濁摩擦音。故古借黨為巷。禮記曾子問。助葬於巷黨。若以五百家為黨之義言之。則不得與邑中道之巷連文。論語達巷黨人。昔人以達巷為黨中巷名。於詞亦不順。倫謂此二巷字皆即黨之本字。而經本作助葬於巷及達巷人。黨字乃後人注以釋巷字者。謂此巷字即黨字也。此亦禮記曲禮儀禮賓無苟敬之例也。禮記祭義。而弟達乎州巷。漢書食貨

志。五族為黨。五黨為州。然則州巷連文。亦謂州黨。非邑中道或里中道明矣。蓋里中道者。字本作衖。爾雅釋文引聲類。衖。巷字。蓋本三倉。而以巷釋衖者。魏時巷衖已同音。借巷為衖矣。今本書捝衖字。而呂忱於此下列異訓。傳寫轉刪本訓。蓋許本以聲訓也。廣雅釋詁。鄁衖並訓居也。即鄉黨義。而借鄁衖為巷也。亦其證。今浙東之紹興蕭山鄞等縣及浙西各縣江蘇之東各縣謂衖堂蓋連語。亦可為巷即鄉黨之黨本字之證。從𨛜。共聲。鍇本作從𨛜共言在邑中所共也。蓋共下捝聲字。或為後人妄刪。言為謂之爛字。謂在七字本在本訓下。本訓蓋作共也。呂忱加此文。校者因刪聲字而移此於下耳。

巷 篆文下巷字。從𨛜省。校語。【說文解字六書疏證卷十二】

日

乙三四〇〇骨橋朱書　鐵一三·三　鐵四四·三　鐵六二·四　鐵一八〇·二　鐵一八五·一　前四·二九·五　後一·一七·一　菁二·一　林一·一〇·九　京津四一三　佚二·八　甲一九五　甲二一二　甲五四七　京津三九七一　京津四〇九〇　乙九〇六七　後一·二九·六　戩一六·一　後二·三·一八　拾八·八　前一·二二·二　佚三七四　佚三八四　佚四二五　甲二六三六朱書　佚五一八背　燕五一二　寧滬一·五一五　粹一七　前二·一七·三　佚四二八　京津五一六八　存二三一九　燕五三六　燕三九七　師友二·二〇六　京都二三二六【甲骨文編】

甲82　131　194　212　398　404　408　501　547　573　578　672　860　969　1060　1165　1194　1267　1406　1520　1536　1538　1990　2008　2040　2256　2378　2489　2609　2655　2739　3364　3430　3550　乙1941　4930　5568　5689　5849　6310　6385　6419　6740　6878

6945 7126 7295 7312 7370 7430 7520 7731 7766 7767 7795

7997 8000 8406 8499 8510 8653 8806 9677 珠33 86 115

116 142 150 161 186 249 402 442 448 450 454 589

620 625 642 648 678 703 772 912 1139 1141 1142

1167 1170 1191 1336 福8 佚28 37 38 86 107 166 247

276 374 407 413 518 523 801 826 839 864 872 878

880 881 882 892 900 901 921 963 982 989 990 994

續1·23·2 1·25·4 1·42·3 1·48·4 1·50·3 2·1·1 2·6·2 2·8·6

3·2·1 3·25·1 3·25·5 3·29·6 4·20·9 5·23·8 6·21·5 掇128

397 463 徵1·1 1·3 1·25 1·29 1·31 1·39 1·57 1·91 1·93

2·28 2·33 2·52 2·56 3·210 3·238 4·4 8·6 8·9 8·10

8·14 8·15 8·23 8·31 10·14 10·58 10·69 10·123 11·51

11·59 11·70 京2·15·1 2·31·3 3·21·1 3·23·1 3·24·1 3·26·1 4·

4·1 4·12·2 4·25·2 凡17·4 22·2 23·3 25·1 27·1 古2·6 2·7

2·8 2·9 録10 68 94 99 131 425 518 599 天8 31

35　76　摭100　龜卜9　90　東方5·11　六中17　167　六清171　外201　摭續
299　粹17　41　125　229　236　243　285　388　485　496　597
682　719　732　1043　1125　新2432　3809　4090　鄴三1·14　乙4180【續
甲骨文編】

日　刺卣　兄日辛　戈肩簋　日癸簋　羽作北子簋　觪尊　索諆爵　且日戈
作册魖卣　服尊　小臣邑斝　縣妃簋　仲辛父簋　牆盤　癲鐘　師虎簋　茍伯簋
舀鼎　王臣簋　善夫克鼎　史頌簋　郘王義楚耑　郘諧尹鉦　吉日壬午劍　欒書缶　盗
壺　鄂君啟舟節　禽志鼎　傳卣　日甲二字合文　戜鼎　日庚二字合文　闕卣　日辛二字合文【金
文編】

簠齋　19·28　獨字【古陶文字徵】

〔三九〕〔三七〕〔三六〕〔一九〕〔二〕〔三五〕〔一九〕〔一九〕〔五〇〕
〔六八〕〔二〕〔二〕〔六七〕〔六七〕【先秦貨幣文編】

刀弧背左日　冀靈　刀弧背　冀滄　刀弧背右日　冀靈　刀大節𡢁之厺化背　典一〇〇三　刀大齊厺化背十日
典九四七　布空大　歷博　刀大齊造邦之厺化背十日　典八五六　仝上　典八五九　字如金文日癸簋　刀大齊之厺化背
十日　典八七六　刀大齊之厺化背十日　亞六·一三【古幣文編】

55 218 【包山楚簡文字編】

日 秦二九 三百四十九例 法四 日甲一〇七背 五例 【睡虎地秦簡文字編】

共攻☐步十一四寺(乙7—10) 【長沙子彈庫帛書文字編】

0293 4908 4908 0074 【古璽文編】

日南尉丞 日千万 日貴 廿八日騎舍印 新成日利 今日利行 日有憙 日利 大吉

日 日利 【漢印文字徵】

開母廟石闕 胙日新而囸極 少室石闕 三月三日 禪國山碑 日惟重光大淵獻 石碣遊水日隹丙申 乍邍 二

日對口二日合文 石經無逸 自朝至于日中庢 天璽紀功碑 下步于日月 延光殘碑 【石刻篆文編】

日 日 日出華岳碑 【汗簡】

汗簡 古孝經 古老子 華嶽碑 亣字略 崔希裕纂古 汗簡 【古文四聲韻】

●許 慎 日實也。太陽之精不虧。从口一。象形。凡日之屬皆从日。人質切。 古文。象形。【説文解字卷七】

●馬 昂 ⊙為古日字。象形。説文。日。實也。太陽之精不虧。此曰日者。蓋商人識此。自謂直金實無虧欠之意。【貨布文字考卷一】

●林義光 古作⊙曶鼎。中有畫者。以別於口。非謂日中實也。【文源卷一】

●高田忠周 古文象形。蓋小篆無◯形。以口形兼之。故許如此云。然依卜辭。皆殷人所書。小篆所原。亦出于古文之異體可知矣。要圍中之一筆。即指事也。説者云。一為易數。故取以會意。又云从一聲。一日疊韻。過穿矣。易説卦傳。離為日為火。周禮大司徒。以土圭之法。正日景求地中。此字本義轉為歲月日時之日。書皋陶謨。一日二日萬機。詩十月之交。朔日辛卯。是也。【古籀篇二十三】

◉孫海波 ⊡體正圓，甲骨文作諸犄形者，刀筆故也。太陽之精不虧，故中有點，以象光明盛實之意，口其輪廓也。金文作⊡，⊙，其形益肖。【甲骨金文研究】

◉强運開 ⊡ 段注云。以疊韻為訓。月令正義引春秋元命苞云。日之為言實也。釋名曰。日。實也。光明盛實也。又云。◯象其輪郭。一象其中不虧。又於古文⊖象形下注云。蓋象中有烏。武后乃竟作囸。誤矣。運開昔聞予友馬忠甫言。古文⊖蓋象太極之形。中畫作彎形者。即日行之軌道自東以徂西也。説頗新穎而近理。故坿識於此。以存其説。【石鼓釋文】

◉商承祚 甲骨文作⊡ ⊙ ⊙。金文作⊙，⊙。象日中有黑點之形。甲骨文又或作口。僅繪其圜體。此从乚與一義同，淮南子。「日中有踆烏。春秋元命苞。「日中有三足烏」。其説非也。【説文中之古文考】

◉馬叙倫 鈕樹玉曰。廣韻引作太陽精。嚴可均曰。初學記一御覽三引作象形也又君象也。事類賦注引亦作又君象也。沈濤曰。初學記引從口作從◯。王筠曰。日形正圓。而石鼓文從日之字作⊡⊡⊡三形。或上方下圓。或上下皆方。知此字變形已久。然不可曰從口一以為會意。又不可以方正者為象形也。从口一衍文。倫按楕妃敢今日作⊡ ⊙。而甲文有作⊡者。則刀筆為口易為◯難也。葉玉森謂初文止作◯。以避方圓之初文作◯者。故率作長方形。或多角形。復注其中以別於口。倫亦疑本如金文中之或作⊡者。縮變為口耳。然日自是象形。太陽之精不虧從口一九字乃校者注以釋實也者。以象形字無所從。而許書大例言象形則不復言從某也。且月下止言闕也太陰之精。亦可證鍇本無象形二字者。亦後之校者删之。字見急就篇。史頌敢作⊙。大克鼎作⊖。䊮敢作⊖。古鉨作⊖。石鼓作⊡。甲文作▫ ▫ ⊡ ⊡ ⊡ ⊡ ◦ ⊡ ⊖。

⊡ 徐鍇曰。李陽冰曰。古文正圜象日形。其中一點象烏。非口一。鈕樹玉曰。宋本作⊖。玉篇廣韻竝無。集韻云。唐武后作囸。然此齊清河二年造象已有⊖字。王筠曰。五音韻譜作⊖。孫本同。惟説文韻譜作⊖為是。象形二字誤增。徐灝曰。泰西戴進賢七政圖。日中有小黑點數十。横互如帶。以遠鏡目驗實然。日字中畫象之。相傳有烏者以黑點如羣烏飛耳。古文作⊖。蓋後人以乙象烏也。李杲曰。石經作⊙。倫按金甲文無如此作者。魏石經古文類有所本。則漢時無此文。且日中有踆烏。雖見淮南。而許自叙曰。象形者。畫成其物。隨體詰詘。日月是也。則許必不從淮南説矣。本書烏下曰。烏者。日中之禽。亦非許語。玉篇廣韻竝無此文。豈唐人所增邪。且以自叙證之。篆下當曰。象形。即出重文。依大例當作⊖古文日。今復益之曰象形。觀鍇本篆下無象形二字。此下有之。明是校者以篆下有太陽之精不虧从口一九字。不悟其為注語。故删彼而增於此耳。【説文解字六書疏證卷十三】

◉楊樹達　《粹編》七五六片云：「甲辰，貞，大甲日，不雨？其雨？」樹達按：日蓋彡日之省文。彡日，祭名。《粹編》七六六片云：「丁丑，卜，旅貞，日不雨？」樹達按：此日字疑今日之省。【日　卜辭求義】

◉于省吾　無論是黑子說，還是踆烏說，都認為日字之初形，其中之點或劃乃實有所象，以古文字驗之，這種說法皆不足信。第一，在先秦古文字中還未發現日字有作㫐形者。鈕樹玉《說文解字校録》：「宋本作㫐，《玉篇》、《廣韻》並無。《集韻》謂唐武后作囸，然北齊河清二年石刻造象已有㫐字，武后蓋襲用。」按宋初郭忠恕《汗簡》已引《說文》日字古文作㫐，則宋初《說文》傳本已有之。㫐字既非日字初形，則不能據以解釋日字造字本義。第二，在先秦古文字，尤其是較早的古文字中，日字中間之有無點、劃，並不十分嚴格。如甲骨文𣅀字或作𣅀（粹822）𣅀（甲3062），𣅀字或作𣅀（佚851）、𣅀（後7·5·72），金文虹字所从之日，有的作⊙（左鐃，代一八·八），或作○（父乙觶，代十四·四一；徙榭尊，雙劍誃古器物圖録上十），或作●（亞效涉觚，代十四·三〇），剌卣「兄日辛」之日，器銘作○，蓋銘作●（代十三·三〇），日癸簋的日字作○，（録遺一四三）。直到東周文字中，日傍仍有中央不加點劃者，⊘因此，必欲以日字中間之點劃為實有所象，未免任意附會。

商周古文字中在日字的通常寫法以外，還有些特殊的寫法，也是很值得注意的。一種特殊寫法是在甲骨文中「今日」之「日」作⊙形者兩見（拾8·8、人3123）。可見《古文四聲韻》入質引《古老子》日字作⊙，是有來歷的。另一種特殊寫法是表現出太陽的光芒四射。父癸彝作☼（積古一·二六），阮元釋為日字，並引《汗簡》所録華岳碑日字作¤為證，謂「象日輝四射形」。父乙爵作¤（同上二·九）阮元亦釋為日。

日字初文的幾種構形，還可以在商代以前的考古資料中探索其由來。

黃河流域新石器時代晚期人民對太陽的表現形式也不盡相同。以鄭州大河村遺址發掘的秦王寨類型彩陶為例，對太陽的表現形式就有兩類：

一、☼☼☼（《考古學報》一九七九年第三期圖十九·一；十九·八）

二、◎ ⊙（同上圖十九·十；十九·十二）

上列第一類，表現了太陽的光芒四射。前文所引父乙爵的日字作¤，父癸彝作☼，乃第一類的省化字。

上列第二類，日作圓形，無光芒四射的表現。山東大汶口文化陶器上的㫑，㫑形（《大汶口》圖玖肆），乃旦字的初文，其所从之日作○為省體，至于前文所引的甲骨文，《古老子》之作⊙（後世的遺存），以及商周早期金文之作○或●，雖然前後遞嬗，有時變動不居，但均應列入此類。【釋日　鄭州大學學報一九八二年第一期】

昦

◉劉乃叔 呂錡夢射月，中之，退入于泥。占之，曰：「姬姓，日也；異性，月亮，必楚王也。射而中之，退入于泥，亦必死矣」。《左傳・成公十六年》

沈玉成《左傳譯文》譯為「太陽」、「月亮」；杜預曰：「周世姬姓尊」、「異姓卑」。

按：以「太陽」、「月亮」釋「日」、「月」，乃取常義，而「姬姓」何以言「日」，「異姓」何以言「月」，無解。杜氏以「尊」、「卑」注之，雖臆在闡發理據，但言猶未盡。《說文》「閒」下云：「隙也。从門月，閖古文閒。」是「閒」、「閖」重文，「月」、「外」相應，故段注曰：「(閖)从古文月」。又「恆」下云：「常也。……死古文恆，从月。」直以「从月」析「死」，視「外」為「月」也，故黃侃先生曰：「月與外古同字」，真千金之語，「月」有「外」義無疑。如是，「異姓，月也」方得確解。異姓者，正乃「旁姓」、「左支」耳。由此推知，「日」也必有「內」義。周世天子姬姓，晉亦姬姓，與天子同宗，以「內」言之，恰如其分。近「姬」者「內」，遠「姬」者「外」，故以「尊」、「卑」注之，可以成立。至于「日」有「內」義，也有旁據。「日」、「內」古音通，而且从「日」組成的字，多有「內」、「近」之義。【說文重文與釋義校勘 吉林師範學院學報一九八六年第四期】

◉黃錫全 □日 師湯父鼎臸作□，假為翦，此形類同。臸與日古音同屬泥母質部，此假臸為日，如同馬王堆漢墓帛書《六十四卦》以「真」為「晊」。《爾雅・釋言》「馹，遽，傳也」。郭注「皆傳車馹馬之名」。釋文：「郭《音義》云，本或作䢃，《聲類》云，亦馹字，同。」䢃為馹之本字，馹為後起代字(詳譯林釋䢃)。鄭珍認為：「以臸為日者，是必六朝後人因馹有䢃之別體，遂以䢃之臸當馹之日，謬。」鄭說恐非是。【汗簡注釋卷五】

□ 胡昦印信 □ 夏昦 【漢印文字徵】

◉許 慎 昦秋天也。从日。夰聲。虞書曰。仁閔覆下。則稱昦天。武巾切。【說文解字卷七】

◉馬叙倫 徐鍇曰。當言虞書說也。鈕樹玉曰。韻會引曰作說。蓋依鍇改。段玉裁曰。閔覆當作覆閔。此古尚書說也。唐蘭曰。甲骨文大字作□。即天字。大天本一字。□□亦大之異形。□亦作□。因變為昦。倫按古尚書說。天有五號。春曰昊天。夏曰蒼天。秋曰昦天。冬曰上天。總為皇天。然蒼天不見尊視之義。上皇亦通偁耳。獨昊字許書不録。若有昊字。蓋即本書夰部之昦。昦下曰。春為昦天。是其證也。石鼓及師昊敢有□字。蓋昊之異文。據本書昦為從日夰聲。實皋之轉注字。而皋從白夲聲。夲從奔走之奔初文作□者。十聲。為□之轉注字。然則昊從日□聲。而昊則□之譌也。昊天蒼天。蓋各從其色言之與。然左哀十六年傳。旻天不弔。周禮大祝注作閔天不弔。豈旻天為旻天之譌。而獨為秋天而製旻字。亦必不然。旻音微紐。疑為昒冥之轉注字。字或出字林。【說文解字六書疏證卷十三】

時

甲30 録529 新1548 2483 【續甲骨文編】

時 說文古文時从之日 中山王譽壺 【金文編】

3·797 時☐ 【古陶文字徵】

【先秦貨幣文編】

時 雜四二 二十八例 日乙一五六 二例 日甲一〇四背 【睡虎地秦簡文字編】

4343 與說文古文同 【古璽文編】

馮遷時 時充 陳當時 橋時 郭望時 自當時 王逢時 時濳私印 孫當時 郭當時 【漢印文字徵】

開母廟石闕 時大守☐☐朱寵 四時嘉至磬 石碣遊車 即遨即時 石經君奭 時則有若甘盤 【石刻篆文編】

時 【汗簡】

古尚書 【古文四聲韻】

◉許 慎 時四時也。从日。寺聲。市之切。古文時。从之日。【說文解字卷七】

◉强運開 張德容云。廣雅云。伺也。此正作伺。訓與論語孔子時其亡也同義。說文中有一字而古文異用者。如叚下云古

文以為賢字之穎。此當是籀文以為伺字。从寸。寸。手也。與古文時从日㞢者不同。運開按。張氏此說是也。【石鼓釋文】

◉馬叙倫　疑許本以同聲之字為訓。四時也蓋字林文。或校語。時為晨之音同禪紐轉注字。借以為時日時。今俗猶偁時光為晨光也。旹從甲得聲。甲從十得聲。十音亦禪紐。則亦轉注字。字見急就篇。石鼓作時。古匋作時。旹　徐鍇曰。之聲。翟云升曰。繫傳作之聲。是也。商承祚曰。甲骨文作旹。古鉨作旹。與此同。李杲曰。石經作旹。倫按此時之初文。古文經傳用此字。甲骨文從日從址之初文作㞢者得聲。從之日校者所增。甲文作旹。【說文解字六書疏證卷十三】

◉陳夢家　卜辭中關於卜雨的，佔了很大的比例，其中有些是卜出行的遘雨不遘雨，而大部分應是卜農事所需的雨量。現代華北平原的雨量是比較少的，其平均數約為每年521公釐，北部漸少，南部漸多。華北雨量不但是不規則的、不確定的與不充足的，並且降雨的數量與時間也是有起落與變動的。因此，殷人不但求雨，並且要求雨量的充足與及時，武丁卜辭云：

帝令雨足年——帝令雨弗其足年　《前》1・50・1

帝令雨足〔年〕　《明》1382

黍年㞢足雨　《前》4・40・1，《金》373

黍年㞢足雨——王飲亾壱

黍年㞢足雨——飲亾壱　《乙》3285＋3319

才娟㞢足雨　《乙》3184（參《乙》8310其涉于娟）

……足雨　《明》968

雨不足辰，亾匄　《珠》454

雨不昰辰，不隹年禍　《前》7・30・1

禾㞢及雨，三月　《前》3・29・3（此片稍晚）

以上的足字，郭沫若所釋，以為「足」「正」一字（《卜通》485）。卜辭的「足辰」或作「昰辰」，所以「足」可能是「時」字。《孟子梁惠王》下「若時雨降」，《齊語》「深耕而疾耰之，以待時雨」，《墨子七患篇》「故時年歲善則民仁且良，時年歲凶則民吝且惡」。凡此「時」字都是及時降雨之謂。卜辭的「足雨」「足年」可能即《孟子》、《墨子》的時雨、時年。卜辭的「及雨」即及時而雨，「雨不時辰」

即雨不適時。【殷虚卜辭綜述】

◉嚴一萍　旹時　甲骨時作旹，與説文古文同。繒書則借寺為時。金文寺所孳乳之字尚有「持」見邾公牼鐘「分器是持」。「邿」見寺季簋。「恃」見屬羌鐘「武侄恃力」。作旹之「時」未見，石鼓則有「[illegible]」字。三時，指三春之孟仲季。春秋繁露官制象天：「一陽而三春，非三之時與。」又陰陽義：「天之道以三時成生。」【楚繒書新考　中國文字第二十六册】

◉劉　桓　卜辭有[illegible]（《粹》499）字的下端从日，∴是日光，或可省略，其意不變。字的上端，則象以手持桿立于土上之形。又(手)偶可省去，顯然，這是個會意字，表示是在測量日影。

根據我國古代神話傳説以及《史記》《尉繚子》的記載，説明「立木為表以視日景」的方法，必起源甚早。而甲骨文[illegible]正説明殷代即有立表度日以記時之法，可與這些傳説、記載互證。

从古文字學角度説，字當釋為時。《説文》時字从日、寺聲，與卜辭字相似。古文从之、日作旹，日在下。古鉨文亦作旹。《説文》古文大抵為戰國時文字，容有訛變。但此字與古鉨文同形，必有所本。金文作[illegible]（隨縣曾侯乙墓大鎛），雖然日變為口，仍可辨其為[illegible]演變而來。

卜辭時字表示以表測日景，《説文》日部卻訓：「時，四時也」，顯非字之本義。《爾雅·釋詁》説：「時，是也。」《廣韻》同。恰與字形所示之義相合。是者，此也。時既表示以表測日景，那它自然表示的是當時的時間，猶言「現在」。兹舉三條卜辭説明之：

1. 貞：桒，叀時酢。《粹》499
2. ☐卅，在宗父甲叀時酢。《京都》1812
3. 時……，弜通「弗」已。《京津》4264、《粹》498
4. 叀時酢。北美USB157

第1條大意説，貞問祈求之事，現在就舉行酢祭如何？第2條説，用☐三十，在父甲廟裏現在就舉行酢祭如何？叀，讀惠，義近惟，乃表示肯定語氣的虛詞。「叀……酢」之例卜辭習見，如：「叀昃酢」（《粹》436）、「叀今夕酢」、「叀翌日酢」（《粹》437）。昃、今夕、翌日皆指時間，所以，「時」也表示時間，訓為「是」亦即「現在」。第3條卜辭，雖有殘闕，但大致可知是某日貞問現在舉行祭祀好麼？第4條則只是貞問現在舉行酢祭如何？【古代文字研究　内蒙古大學學報一九八〇年第四期】

𣅿 早 从日棗聲 中山王𰯌鼎 早棄羣臣 【金文編】

早 早 秦二 早 秦五 二例 【睡虎地秦簡文字編】

早 早出王維畫記文 早 早出義雲章 【汗簡】

早 古老子 早 同上 早 王維畫記 早 義雲章 早 崔希裕纂古 【古文四聲韻】

◉許 慎 𣅿晨也。从日在甲上。子浩切。【説文解字卷七】

◉林義光 古作早 趠鼎趠字偏旁。象日在艸上。屮即艸字。【文源卷六】

◉馬叙倫 錢坫曰。小徐有𠧟古文甲字。按此云從日在甲上。當作從日在十上。小徐本𠧟古文甲字當作十古文甲字。寫者既誤早為𣅿。鉉等因删繫傳以合之耳。翟云升曰。繫傳𠧟古文甲字。後人所加。倫按疑從日甲聲。甲從十得聲。詳甲字下。十聲之汁入照紐。則早從十得聲自可入精紐。精照同為清破裂摩擦音也。卓從早得聲。音入知紐。十音禪紐。同為舌面前音。甲聲談類。故早聲入宵類。宵談對轉。亦可證也。早為𣅿之聲同宵類轉注字。急就篇有凡早。以為草字。【説文解字六書疏證卷十三】

◉戴家祥 𣅿 中山王𰯌鼎 慮先考成王𣅿棄羣臣。 張政烺曰：「𣅿，从日棗聲，讀為早。」古文字研究第一輯第二二四葉。按从字形和銘句看，此釋可信。【金文大字典中】

◉許 慎 昒尚冥也。从日。勿聲。呼骨切。【説文解字卷七】

◉馬叙倫 鈕樹玉曰。繫傳作曶。與水部㴱從曶聲合。段玉裁曰。鍇本作曶。古皆有之。司馬相如傳。曶爽暗昧。然則曶尚未明也。按漢人曶昧通用。故幽通賦。昒昕寤而鄉思。曹大家曰。昒昕。晨旦明也。韋昭曰。昒。昧忽兩音。郭璞三倉解詁云。曶。旦明也。然則獨許分别曶為未明。昧爽為旦明。王筠曰。繫傳云。今史記作昒。同。足徵説文自作曶也。倫按漢書郊祀志。昒爽。注。日尚冥也。則此似捝日字。然廣雅釋詁。昒。冥也。則昒冥實轉注字。冥音明紐。昒從勿得聲。勿音微紐。同為邊音也。此尚字蓋後人加之。或本作冥也。日尚未明也。日尚未明也字林訓。或校語。唐人删并如今文耳。文選幽通賦注引三倉。昒。早明也。史記索隱引三倉。曶爽。早朝也。曶音昧。文選難蜀父老文注引字林。曶音勿。史記

昧

司馬相如傳索隱引字林。音忽。倫謂忽亦從勿得聲。則昒自可得忽音。微勿同為微紐之音。而從微得聲之徽音入曉紐。正同例也。然司馬相如傳及郊祀志皆作曶爽。則自音昧為本音。昒昧雙聲兼疊韻轉注字。其語原與暮冂同。曶爽即黎明。將明而未明。日猶有所蒙也。倫又疑曶[glyph]二字楷書相混。[glyph]自音忽。昒自音昧。古書通假亂之。此呼骨切蓋[glyph]字音也。

【説文解字六書疏證卷十三】

◉商承祚　「月骰之勿行」(三、19—23)：

勿為勿之省略。字書有从曰之曶，與从日之曶，形小異而意義不同。此為从日之曶而增攴旁，其字又可作昒。《説文》：「昒，尚冥也。」《玉篇》訓「旦明」，《漢書·郊祀志》(上)「昒爽」注：「師古曰：『昒爽，謂日尚冥，蓋未明之時也』。」此意謂正當月冥未明之時，不宜有所舉動，如祭祀種種。　【戰國楚帛書述略　文物一九六四年第五期】

[glyph] 昧　免簋　昧爽　【金文編】

[glyph] 3303　與免簋昧字同　【古璽文編】

[glyph] 泰山刻石　昧死言　[glyph] [glyph] 石經　【石刻篆文編】

[glyph] 昧　【汗簡】

[glyph] 古老子　[glyph] 古尚書　[glyph] [glyph] 並崔希裕纂古　【古文四聲韻】

◉許　慎　昧爽。旦明也。从日。未聲。一曰闇也。莫佩切。　【説文解字卷七】

◉孫詒讓　周亢敼[glyph]字塙是從未。從日。下[glyph]字與晉亦不類。竊謂第一字是昧字。特迻左形右聲為上聲下形耳。　【古籀拾遺卷下】

◉强運開　[glyph]盂鼎枚辰叚妹為昧。吳愙齋云。妹辰當釋昧辰猶昧爽也。釋名曰。妹。昧也。易略例明敳故見昧。釋文昧本作妹。運開按。此可證妹昧古相通叚也。　【説文古籀三補卷七】

◉馬叙倫　吳穎芳曰。昧爽二字句。次説冥之語轉。鈕樹玉曰。韻會作昧爽旦明也。嚴可均曰。此脱昧字。倫按蕭該漢書音義曰。字林曰旁作未。言昧爽旦明也。一曰闇。易釋文亦曰字林作昧。則此字蓋出字林。三倉作曶爽可證也。華嚴音義引倉頡。冥也。蓋倉頡本作曶。或昒。故訓冥也。傳寫者以字林字易之。免敢作[glyph]。【說文解字六書疏證卷十三】

◉戴家祥 [glyph]班既 彝杰天令 杰，从心未聲，昧之別構，金文作杳。根據易理取類比象，日和心均屬離卦，其義相通。心為人體之日，故杰从心，構成異體。【金文大字典上】

◉戴家祥 [glyph]免毁 杳書 周書牧誓「時甲子昧爽」。逸周書酆保解「王在酆，昧爽，立于少庭」。禮記內則「昧爽而朝」。荀子哀公「君昧爽而櫛冠」。均用昧爽成詞。昧字同暝，左傳僖公廿四年「目不別五色之章為昧。」同聲通假，字亦同昒。漢書郊祀志上「十一月辛己朔旦，冬至，昒爽」，顏師古集注「昒爽，謂日尚暝，蓋未明之時也。昒音忽。」昧，忽古音同部。孫釋至確。【金文大字典中】

睹

[glyph] 欿出—(丙5:目3)【長沙子彈庫帛書文字編】

◉許慎 [glyph]且明也。从日。者聲。當古切。【說文解字卷七】

◉馬叙倫 沈濤曰。文選魏都賦注謝靈運斤竹澗詩注七發注竝引睹旦明也。蓋李善以今字易古字耳。嚴可均曰。疑篆本作曙。從日。署聲。今此作睹。則下文有暑。熱也。重出。王筠曰。玉篇昒昧二文間出曙字。市據切。不收睹為重文。而睹在後收俗字中。是孫強輩據誤本說文增之也。旦字當句。以旦說睹者。謂其同義。旦下本云。明也。故此又申之曰明也。王玉樹曰。博雅有曙無睹。睹為曙之殘闕耳。邵瑛曰。睹字見夏小正。倫按旦明是也。段玉裁改旦為且。非是。睹為旦之音同端紐轉注字。旦明也當作旦也明也二訓。明也蓋校語。或明字涉上文昧下旦明也而譌演。睹曙為異文。若許書本作曙。則與時晨為音同禪紐轉注字。【說文解字六書疏證卷十三】

◉曾憲通 [glyph]欿出睹 丙五·一 選堂先生謂睹即曙字，宋杜從古《集篆韻古文淵海》九御「睹」字下注「曙」可證。【長沙楚帛書文字編】

晢

◉許慎 [glyph]昭晣。明也。从日。折聲。禮曰。晣明行事。旨熱切。【說文解字卷七】

◉馬叙倫 段玉裁曰。篆當作[glyph]。王筠曰。小徐作[glyph]。詩明星晢晢。庭燎晣晣。而形皆有據。然本注兩見晣字。當用小徐。

翟云升曰。文選宋元皇辰哀册文注褋體詩注竝引作昭晢。譌。倫按折從手斤聲。今譌入艸部。而重文作𣂚。從折得聲之字竝從手作折。蓋許所據倉頡或訓纂中折字作𣂚。而從折得聲之字作𣂚。故不得而易也。古金文中亦有譌體。固多其證也。此篆不必易。昭晣音皆照紐三等。轉注字也。睹從者得聲。者音亦照三。則晣睹亦轉注字。昭晣明也蓋本作晣昭也明也。晣字乃隸書複舉者譌乙於下也。明也者。校者據廣雅釋詁加之。廣雅字亦作日旁折。【說文解字六書疏證卷十三】

昭 昭

昭 為二七　二例【睡虎地秦簡文字編】

昭城門候印　昭仁里附城　西郭昭印　昭喜私印　昭鄉　馬適昭　馬昭　昭博　梁昭

昭長卿印【漢印文字徵】

泰山刻石　昭隔内外　天璽紀功碑　昭告大平文字　開母廟石闕　昭眡後昆【石刻篆文編】

昭見石經王庶子碑以為照字【汗簡】

張庭珪劍銘　王惟恭黃庭經　崔希裕纂古【古文四聲韻】

◉許　慎　昭日明也。从日。召聲。止遙切。【說文解字卷七】

◉吳大澂　用仰昭皇天。仰徐同柏釋仰。卲。古昭字。【毛公鼎釋文】

◉吳大澂　卲古昭字。从卩。頌敦王在周康昭宫。昭作卲。卲太師虘豆用卲洛朕文且考。南海吳中丞說。卲洛即昭格。【說文古籀補卷七】

◉張廷濟　周𩎟𣪘□為昭古文。周召伯虎𣪘召作□。招觚作□。番君簠招作□。召。招。昭古通轉字。【清儀閣所藏古器物文第一册】

◉高田忠周　阮氏云。吳侃叔曰。康昭宫者。康王昭王之廟也。竹垞釋昭為卲。非是。遲父鐘銘用昭乃穆穆。盄和鐘銘以昭格孝享。昭字篆體與此正同。召公之召作卲者是後世繁文。古文所無也。按吳氏未攷說文也。說文。卲高也。从卩召聲。蓋謂人有材超凡有節拔衆也。又昭。日明也。从日召聲。或以昭為卲。周書謚法。昭德有勞曰昭。容儀恭美曰昭。聖聞周達曰昭。是也。昭穆字亦當邵為正。召公字固从邑不从卩。若夫邵穆字从人作佋。為後出異文也。劉心源云。邵讀昭。宗周鐘。各。大師虘豆洛。皆昭格二字。可證也。阮以康昭宮為康王昭王廟。而寰盤康穆宮不箸説。吳書引徐籀莊説。康穆宮。康王廟之右介。康昭宮。康王廟之左介。皆未合也。【古籀篇二十五】

◉郭沫若　邵朕福血。邵古昭字，新出驫氏鐘諸器有「邵于天子」。一器如是作，餘均作卲，卲即由邵而昭之過渡也。【周公𣪘釋文　金文叢考】

晤

◉許　慎　晤明也。从日。吾聲。詩曰。晤辟有摽。五故切。【説文解字卷七】

◉强運開　薛尚功趙古則俱作㐭。鄭云。疑即㐭字。施云。上雖磨滅。从五其文尚可辨。非从合也。潘云。恐是晤字。古文从五。从日。楊升庵亦釋作晤。趙凡夫云。二日五日並合文當格。如秦盄龢鐘銘小子西夏四方昌宜。及他款識二日三千之類。並二字合文。張德容云。證以古文悟字作𢡊。似潘説近是。趙氏之説。與錢竹汀以㒸二字同。究未敢信。鐘鼎款識字多參差連屬。或有二字合文。此鼓字字整齊。以為合文當格。恐未必然。非若卅丗等文之本有其字可比。至吳東發以為曉字。上从乂者。羌無左證。亦臆説耳。運開按。字彙補云。㐭。古文晤字。見風雅廣逸。竊疑上半作从㐅。殆即由石鼓此篆之首泐去一畫。而致延誤。且既釋為晤。必以其字為从五从日。可推測而知也。今據安氏十鼓齋所藏北宋拓第一本橅拓如上。其上畫雖亦磨泐。然寀其結體部位當然上有一横。乃係作。張氏从潘説。釋為古文晤字是也。説文。晤。明也。从日。吾聲。此則省吾為五。並移日於下耳。晤訓為明。與上篆為古昏字。昏與明正兩相對待也。【石鼓釋文】

◉馬叙倫　晤睹聲同魚類轉注字。石鼓字潘迪疑是晤字。然實五日合文。字或出字林。【説文解字六書疏證卷十三】

的

平旳國丞【漢印文字徵】

◉許　慎　旳明也。从日。勺聲。易曰。為旳顙。都歷切。【説文解字卷七】

◉馬叙倫　鈕樹玉曰。廣韻韻會引無易曰以下。馬部引易為馰顙。火部。焯。讀若馰顙之馰。易釋文。的。説文作馰。則此引易乃後人增。倫按旳睹雙聲轉注字。字或出字林。【説文解字六書疏證卷十二】

◉白玉峥　「出□步貝其牢」六五·二　字，从目从叔，古文躲作詳文字篇。即古文躲之變體；金文小子躲鼎，躲作上亦从横目，下从兩手持弓。此从目與彼同，但省為又耳。周禮䠶人「祭祀贊䠶牲」，鄭注云：「烝嘗之禮有䠶豕者，國語曰：禘郊之事，天子必自䠶其牲。」楚語文。䠶牢，即䠶牲也。

[glyph]：籀廎先生釋為䠶之變體本段。孫海波氏文編列為不識之字。附録十七。李孝定先生作集釋，列為待考之字。四六〇〇。崢按：字之構形，甚為「奇古」，故自甲文面世以來，迄今七十餘年間，除籀廎先生初釋為䠶外，舉世之學者，竟無一言之贊，寧非「難識」哉？今詳籀辭義，及字之構形，並博徵典籍，比勘辭例，竊疑為的之初文。蓋字當从目从䠶；从目，示有所視也。隸定之，則當作矙；説文解字無矙字，而録作的，今俗作的，並經典中亦皆隨俗而作的矣。其初誼為䠶的，引申之曰目的。詩賓之初筵「發彼有的」，傳曰：「的，䠶質也」；疏曰：「的者，謂熊侯白質者。」禮記䠶儀引詩「發彼有的」，鄭注曰：「發，猶䠶也；的，謂所䠶之識也。」又漢書鼂錯傳「矢道同的」，注曰：「的，謂所䠶之準臬也。」又荀子勸學篇「質的張而弓矢至焉」，注曰：「質，䠶侯；的，正鵠也。」淮南子原道篇「先者，則後者之弓矢質的也」，注曰：「質的，䠶者之準執也。」兵略篇「夫䠶，儀度不得，則格的不中」，注曰：「格，䠶之椹質也；的，䠶準也。」由典籍中之訓釋，推溯造字之本初，蓋取張弓注矢，目覩正鵠，為字之構形；取矢中的之聲，命字之音，取䠶必中的，而訓其義者也。説文解字：「的，明也」之釋，蓋因「䠶侯白質」之意，而引申之者。段氏「的，引申為䠶的」之注，蓋昧於字之本義也。六書索隱有的字，音的，蓋為的字之譌誤者。又籀廎先生所示例證，小子䠶鼎之[glyph]字，並為矙字初文之轉化。先生於古文字學之深湛造詣，良可佩也。字於本辭，疑為人名，亦或為方國、地名，以孤文隻辭，難徵其例矣。【契文舉例校讀典禮篇　中國文字第五十二册】

晄 晄

[glyph] 臣晃　[glyph] 高晃印信　[glyph] 公晃私印　[glyph] 秦晃【漢印文字徵】

[glyph] 禪國山碑　尚書昏直晃昌【石刻篆文編】

[glyph] 晃竝出史書【汗簡】

[glyph] 古尚書　[glyph] 崔希裕纂古【古文四聲韻】

◉許　慎　晄明也。从日。光聲。胡廣切。【説文解字卷七】

◉馬叙倫　沈濤曰。一切經音義三引。晃。明也。耀也。是古本有耀也一訓。篇韻皆云。晃正。晄同。廣雅釋言。晃。暉也。

曠 曠

是古本篆作晃。王筠曰。衆經音義華嚴音義引皆作晃。慧苑又云。字又作晄。倫按晄為皇之疊韻轉注字。音義引耀也者校語。或字林列異訓。字亦或出字林也。【説文解字六書疏證卷十三】

◉黄錫全 晃並出史書 夏韻蕩韻以為「晃」是，「冕」寫誤。从火从古文黄即熿，音晃。《史記・司馬相如傳》「熿炳輝煌」，徐廣曰「熿音晃」。《文選・甘泉賦》「北熿幽都」，李善注「熿與晃音義同」。《一切經音義四》「晃，古文熿同」。熿又作爌。《漢書・楊雄傳注》「爌，古晃字」。郭采熿字，以隸作古，从古文黄。鄭珍認為夏注《尚書》乃「史書」之誤。《尚書》無晃，甚是。【汗簡注釋卷四】

趙曠私印　王曠私印　【漢印文字徵】

曠　上同竝孫强集字　【汗簡】

古老子　孫彊集　【古文四聲韻】

◉許　慎　曠明也。从日。廣聲。苦謗切。【説文解字卷七】

◉馬叙倫　曠為晄之異文。猶黋與觥矣。文選劉公幹贈五官中郎將注引倉頡。曠。疎曠也。慧琳一切經音義引倉頡。曠。光也。一曰。疏曠也。【説文解字六書疏證卷十三】

旭

◉許　慎　旭日旦出皃。从日。九聲。讀若勖。一曰。明也。臣鉉等曰。九非聲。未詳。許玉切。【説文解字卷七】

◉馬叙倫　吴穎方曰。經典釋文引説文云。旭。讀若好。呼老切。此乃説文別本。吕忱字林所加也。忱本晉人。去漢不遠。所據本定是精正。此讀若勖之音。疑是後人所改。案尻字從九聲。旭讀若好。音近同例。因好而轉讀若勖。則九非聲矣。沈濤曰。詩匏有苦葉釋文引作讀若好。蓋古文如是。驕人好好。爾雅作旭旭。此旭好同音之證。淺人謂好無旭音。遂改為勖矣。陳詩庭曰。力部。勖。周書曰。勖哉夫子。從力。冒聲。詩釋文。旭。許玉反。説文讀若好。字林。呼老反。爾雅釋文。旭旭。謝許玉反。郭呼老反。疏。郭讀旭旭為好好。是勖好音通。故説文旭注勖。陸引作好。内則。兔去尻。釋文。苦刀反。字從九。皋陶皋字或從作无咎之咎字。今閩音猶讀九如皋。故勖從力冒聲。旭從日九聲。玉部。珛。從玉。有聲。

讀若畜牧之畜。是九有勖聲也。本部。杲。明也。從日在木上。古老反。旭有好聲。杲亦應旭聲。是杲為旭日之本字。而旭為别出字矣。劉秀生曰。段玉裁嚴可均錢坫鈕樹玉諸家均據詩釋文謂當作讀若好。是也。九聲在蕭部。好聲亦在蕭部。故旭從九聲得讀若好。詩小雅巷伯。驕人好好。爾雅釋訓。旭旭。憍也。好好即旭旭。是其證。言部。訄。從言。九聲。讀若求。肉部。脙。從肉。求聲。讀若休止。蓐部。薅。從蓐好省聲。或從艸休聲作茠。亦其證。倫按陳謂旭即杲之别出字。是也。杲九音同見紐。聲亦古同幽類。是旭為杲之轉注字。亦早之晈敫之聲同幽類轉注字。好勖音同曉紐。聲亦同幽類。與旭為同舌根音。亦疊韻。故得讀若勖。亦得讀若好。禮記坊記引詩以勖寡人作畜。孟子。畜君者。好君也。此勖好古音相同之證。日旦出皃當作旦也日出皃。集韻引字林。日始出也。倫謂日出皃本作日始出皃。字林文也。詩匏有苦葉。旭日始旦。傳。日始也。謂大昕之時。凡早旦睹昭晰晤的旭皆杲之轉注字。因時空之異而轉注也。一曰明也者。尹相陽謂借為輝。曉母變聲。倫謂引申義。或校者記異本。或校者以廣雅釋詁加之。【説文解字六書疏證卷十三】

晉

拾一三·一 佚六〇〇 上部有缺筆【甲骨文編】

佚600【續甲骨文編】

晉 國名姬姓侯爵成王封叔虞于唐其子燮父改號為晉後至靖公韓趙魏三分其地 格伯作晉姬簋 晉人簋 晉公盦 厵羌鐘 晉公車軎 从廿 大賡鎬 為王飤晉鎬 鄂君啟舟節 鄂君啟車節 曾侯乙鐘【金文編】

3·295 東蒦圖里王晉 5·181 臨晉翏 秦368 咸陽高櫟陽重臨晉☐安邑☐ 6·63 君晉【古陶文字徵】

〔一〕〔三六〕〔二三〕〔二八〕〔一〕〔八〕〔四〕〔四二〕〔三〕〔八〕

〔五一〕〔七九〕〔三六〕〔一〕〔二三〕〔五六〕〔八〕〔四〕〔三六〕〔五

〇〕〔一〕〔一九〕〔三八〕〔一六〕〔四七〕〔三六〕〔一九〕〔三六〕〔五八〕

〔二〇〕〔五〇〕〔五八〕〔四七〕〔五〇〕〔二〇〕〔四七〕〔一九〕〔二〇〕

〔三〇〕〔三九〕〔四七〕〔三六〕〔三九〕〔三五〕〔一〕〔五五〕〔三八〕

〔一九〕〔五八〕〔三六〕〔四〕〔五二〕〔五二〕〔四〕〔二五〕〔三九〕〔五二〕

〔五二〕〔二〕〔八〕〔五二〕〔四二〕〔一三〕〔五二〕〔五〇〕〔二五〕

〔二〕〔四〕〔一三〕〔一九〕〔三八〕〔一三〕〔三六〕【先秦貨幣文編】

布尖　陰晉一釿　晉運　布尖　晉昜　晉原　布尖　晉陽伞　晉原　布尖　晉昜　晉原　布尖　晉昜伞　晉原

布尖　晉昜　晉　布尖　晉昜伞　晉原　布尖　晉陽伞　晉原　仝上　布尖　晉昜伞　晉定　布尖　晉昜

晉原　仝上　布尖　晉昜　晉高　布尖　晉昜　晉原　布尖　晉昜　晉高　布尖　晉昜　晉原　仝上

布尖　晉昜　晉高　布尖　晉陽伞　冀靈　布园(鈍足)　晉陽　晉高　布尖　晉昜伞　晉高　布尖　晉陽伞　晉

高　仝上　仝上　布尖　晉昜　晉朔　布尖　晉陽伞　亞三・一五　布尖大　晉昜　典四一五　仝上　典

四一六　布園　晉昜　典四九二　布方陰　晉伞釿　典二七〇　布方陰　晉一釿　典二七一　布方陰　晉一釿　典二七

二　仝上　典二七三　布尖　晉昜　亞三・一六　布尖　晉昜　亞三・一六　布尖　晉陽伞　亞三・一四　布尖

晉昜伞　亞三・一四　布尖大　晉昜　亞三・一三　布尖　晉昜伞　亞三・一三　布尖　晉昜伞　亞三・一五　布尖

晉昜伞　展圖版貳壹6　布方　晉昜一釿倒書　典二〇〇　布尖　晉昜伞　亞三・一五　布尖　晉昜伞　亞三・一四

布尖 晉易 典四一三 [glyph] 仝上 典四一二 [glyph] 布尖大 晉易 亞三・一二 [glyph] 仝上 【古幣文編】

[glyph] 一五六：一 二百二十七例 宗盟類序篇皇君晉公宗盟委質類晉邦之地 內室類丕顯晉公大冢 [glyph] 四九：二 [glyph] 一八五：七 二例 [glyph] 一九四：四 [glyph] 一九四：二 [glyph] 六七：四 六例 [glyph] 六七：三二 [glyph] 六七：四九 [glyph] 六七：五一 [glyph] 六七：五四 二例 [glyph] 一六：三 五例 [glyph] 六七：一 二例 [glyph] 六七：二九 四例 【侯馬盟書字表】

[glyph] 103 【包山楚簡文字編】

[glyph] 5372 [glyph] 5371 [glyph] 5370 【古璽文編】

[glyph] 晉陽令印 [glyph] 晉昌令印 [glyph] 臨晉丞印 [glyph] 晉盧水率善佰長 [glyph] 晉率善羌邑長 [glyph] 親晉王印 [glyph] 晉陽令印 [glyph] 晉 季 [glyph] 晉忘 【漢印文字徵】

[glyph] 郛休碑額 [glyph] 王君神道闕 [glyph] [glyph] 石經僖公 晉人敗狄于箕 汗簡从日 【石刻篆文編】

[glyph] 晉 【汗簡】

[glyph] 碧落文 [glyph] 雲臺碑 [glyph] 唐韻 【古文四聲韻】

◉許 慎 [glyph]進也。日出萬物進。从日。从臸。易曰。明出地上。𣆪。即刃切。 【說文解字卷七】

◉劉心源 晉从[glyph]。說文从[glyph]。孨部孴下籀文作[glyph]。云从二子。一曰。孴即奇字𣆪即晉。案。許所謂奇字。即此銘晉字。凡古刻晉字皆从[glyph]。後人習用𣆪。乃以孴為奇字。據籀文改从孨之字而从孖。則孖即孨也。古刻晉从[glyph]。小篆改从臸。則臸即[glyph]。即孖也。以此知[glyph]乃倒子字。至字从之取義。許解至字云。鳥飛從高下至地也。从一。一。地也。象形。以[glyph]象鳥形。蓋未知[glyph][glyph][glyph]遞變之由矣。許解𠫓字云。不順忽出也。从倒子。易曰。突如其來。如不孝子突出不容於內也。[glyph]或从倒古文子。是𠫓即突字从倒子者。象人初生時倒身向下。許以倒子為逆子。故云不孝子。解亦泥矣。父癸鼎有□。父癸爵有□。潘師藏鼎有作□者。皆即□。至从倒子。突出向地。形義均合。非取象於鳥。觀□□□三字。所从子至稍有省變。即知許解至篆未當也。【奇觚室吉金文述卷三】

◉王　襄　□　□　□疑晉字。【簠室殷契類纂存疑第十二】

◉林義光　日出無物進之義。晉者臻之古文。至也。與至雙聲對轉。實與至同字。古作□格伯作晉姬敦。象兩矢集於○形。與至同意。○正鵠也。見中字條。亦與臸同字。訓進者同音假借。亦作□晉公盦。說文云。□盛皃。从孨。从日。讀若薿。一曰若存。□籀文从二子。一曰䇿即奇字晉。按晉古作□。□。形近二子。故以䇿為奇字晉。香从三子。亦三□之譌。矢多故訓為盛。讀若存。文韻。亦晉之雙聲旁轉讀若薿。乃音之譌。【文源卷六】

◉楊樹達　日出無物進之義，以古文字形求之，晉字不从日，亦不从臸，許君說形義皆非是。今定：晉者，箭之古文也。請以五事明之：按晉字格伯㲃作□，象兩矢插入器中之形。魏三體石經作□，下器形雖小變，二矢插器之象則同。龜甲文鐵雲藏龜拾遺十三葉一版及晉邦𥂴作□，器中加點，字形類日，可窺見字體遷變許君誤謂从日之因。然上从二矢，仍與格伯㲃石經無異也。又說文十四篇下孨部云：「㬜，盛貌。从孨，从日。讀若薿薿；一曰若存。」或作䇿，云：「籀文从二子。一曰：䇿即奇字晉。」按二子篆文與□形近，故許有奇字晉之說。然𢾭䇿妊㲃字作䇿，从二子，从口，許君謂字从日，亦誤說也。此徵諸字形者一也。儀禮大射儀云：「幎用錫若絺，綴諸箭。」鄭注云：「古文箭作晉。」周禮夏官職方氏云：「揚州，其利金錫竹箭。」鄭注云：「故書箭為晉。杜子春曰：晉當為箭，書亦或為箭。」此徵諸經典異文者二也。吳越春秋卷八勾踐歸國外傳記勾踐使大夫種復吳封禮有晉竹十廋，晉竹即箭竹，所謂會稽竹箭者是也。本段玉裁說。廋者，徐天祐釋為艘。余按詩云：「束矢其搜」，十廋蓋謂十束也。此徵諸傳記本字者三也。古文晉象插矢之形，故晉有插義。周禮春官典瑞云「王晉大圭」是也。後起字作搢。儀禮鄉射禮云：「搢三而挾一个。」又士喪禮云：「搢笏。」禮記樂記云：「裨冕搢笏。」注皆訓搢為插，是也。此徵諸字之引伸義與字形相合者四也。師湯父鼎云：「王乎宰雁錫盧弓象弭，矢臸彤欮。」孫詒讓釋臸為箭，是也。據此晉字亦作臸，蓋晉字上象二矢，下為插矢之器，器形省作無害也。此以金文省形字證之者五也。按二矢插器，其義為箭，見而可識，幾於童孺能知。自小篆變二矢之形為臸，變器形為日，形與義略不相關，於是說字者遂不得其正解。雖通儒如杜子春，於周禮故書用古文晉字者，不知其為本字，皆篆體變形之咎也。今之研稽文字者，不上考古文而徒奉篆文為科律，欲求得古人文字之真，不亦難哉！【釋晉　積微居小學金石論叢】

◉馬叙倫　王筠曰。小徐本會意二字大徐本在案語中。是也。倫按㬜從日臸聲也。十二篇。臸。到也。從二至。至下曰。到也。蓋臸之於至。猶屾之於山也。今臸至音異。至音照紐。而晉音精紐。精照皆清破裂摩擦音也。晉亦早之音。同精紐轉注字。今訓進也者。以同聲為釋耳。日出萬物進本作日出而萬物進也。蓋字林文。晉公盦作[glyph]。格伯敢作[glyph]。晉陽幣作[glyph]。【說文解字六書疏證卷十三】

◉蕭　璋　卜辭有[glyph](鐵雲藏龜五十五頁)[glyph](同上第二頁)[glyph](殷墟書契前編卷五第九頁)[glyph](同上)[glyph](殷墟書契後編上第二十八頁)[glyph](前編卷五第九頁)[glyph](同上)[glyph](同上)金文有[glyph](丙申角)[glyph](参父乙盉)[glyph](父癸甗)[glyph](朋子壺)[glyph](𠫓爵)[glyph](冊戈父年簋)[glyph](且乙卣)上舉金文諸形，內有吳大澂釋為兩矢在架形者(見說文古籀補矢字下)，雖未言與何字相關，然立說甚是。按卜辭金文諸形，皆象矢箭倒插木架中之形。

當為晉字來源之所本。古之置放矢箭，本有插諸地上者。其後木箙一興，則可插放於架中，於是有上舉諸圖形。其兩矢插架之形，筆勢漸變而為[glyph]，又變而為[glyph](晉邦盦)[glyph](厵羌鐘)[glyph](魏三體石經晉字古文)。然而諸字尚有共同不變者，即為兩矢之倒形。知諸字形體之同出一原。皆由兩倒矢插架之形演變而成者也。自小篆以[glyph]改作[glyph]，以[glyph]作日，定為从日臸聲之形聲字。許氏復引易文以證其說。於是晉之初形，不可知矣。【釋至　浙江大學文學院集刊第三集】

◉嚴一萍　卜辭有[glyph]字，凡兩見。一為鐵雲藏龜拾遺十三·一，一為殷契佚存六〇〇。皆為殘辭「[glyph]將」兩字。以上下文之不足，其義殊晦。〇今按故書所見，晉字之義亦頗有可考。周禮職方氏「揚州其利金錫竹箭」注曰：「故書箭為晉。」杜子春云：「晉當為箭。」段玉裁云：「大射儀綴諸箭，鄭注古文箭為晉，與此故書同，二字古同音也。」吳越春秋句踐歸國外傳「晉竹十廋」段玉裁云：「晉竹正謂箭竹，所謂會稽竹箭也。箭，矢竹也。」案晉箭一聲之轉，晉从二矢，箭必後起。矢竹當為晉之朔誼，故禮古文周禮故書皆以晉為箭。周易晉六五「失得」，孟馬鄭荀虞王肅並作「矢得」，作矢是，義亦與晉卦合。此晉之古義也。【釋晉　中國文字第二十冊】

◉張　頷　侯馬盟書「內室類」盟辭中都有「丕顯𣈆公大冢」一詞，我在釋注中採用了唐蘭先生《侯馬出土晉國趙嘉之盟載書新釋》一文中「丕顯皇君𣈆(即晉)公」對「𣈆」字的隸定。我採用這個隸定字同樣是經過斟酌與反復思攷的。抗日戰爭期間河南沁陽(或為濟源)出土的盟書中也有「丕显𣈆公」的辭句。「𣈆」字對侯馬來說確是一個關鍵的問題。因此，我首先對陳夢家先生文章中所附沁陽盟書以及「沁陽玉簡」一文的摹本作了對照，特別是核對了原出土的標本，並請張守中同志在臨摹侯馬盟書已取得一些經驗的基礎上把沁陽盟書也臨摹了一次。從字形上、字的結構上以及筆路上諸方面核對的結果，我認為隸定為「𣈆」(晉)字是完全可信的。雖然這個字在侯馬盟書中有幾種寫法，有繁有簡。但它的基本形狀和運筆的路數却是一致的，而且都導源于

「晉」字的正體寫法。我們如果把侯馬盟書中「不顯晉（晉）公」的這個「晉」字和別的地方有關的「晉」字作一對比，就可以看到它們之間在字體形狀、結構以及筆路方面所存在的密切關係。戰國貨幣文字中最正規的寫法如「□」（古錢大辭典四二二「晉陽半」），字的上段為並列的兩個「□」字，下段為「日」字，這和金文以及小篆的寫法大致相同。銅器「晉公盦」作「□」，小篆作「□」，均為「晉」字的基本寫法。但是在戰國時期，為了追求易寫和速寫，有許多字就在原來的基礎上簡化了，甚至帶一些草筆的意味。但也有一些字為了追求美觀而複雜化了。但是不論如何簡化和美化，萬變不離其宗，擺不脱基本筆路。如戰國貨幣文字中的「晉」字就在原來的基礎上有的簡作「□」，下段「日」字未變，上段的兩個「至」字尚保留了兩個交叉的筆法（古錢大辭典四一五・晉易）。有的則簡作「□」，字的上段已簡為一個「至」字了（王毓銓《我國古代貨幣的起源與發展》圖版貳壹「晉易半」）。據《説文》對至字的解釋是「鳥飛從高下至地也」，甲骨文中作□有倒矢之形。不論怎樣解釋，我們知道「晉」字上段所從的「至」字的其本形狀是「□」或「□」，與其説像鳥的話，還不如説它更像一個燕子，因為它的尾巴用交叉的筆法寫成一個燕尾的形狀（請不要誤會，我絶對不是把「至」字解釋為燕子）。戰國貨幣文字中對「晉」字還有不少的寫法基本上具備着這種交叉的筆法。如「□」（古錢大辭典二七三・陰晉一釿）；「□」（同上，二七二）。有的上部繁寫為三個「至」字如「□」（同上四一六・晉易），還有以一個交叉代表一個「至」字者如「□」（同上四一二・晉易）；「□」（同上四九五）；「□」（同上四一一）。從貨幣文字中表現出來的「晉」字雖然字形複雜，但在寫法上是有一定基本規律的。【侯馬盟書叢攷續　古文字研究第一輯】

晹 晹

□ 187 【包山楚簡文字編】

□ 崔希裕纂古 【古文四聲韻】

●許　慎　晹日出也。从日。昜聲。虞書曰。晹谷。與章切。【説文解字卷七】

●馬叙倫　鈕樹玉曰。韻會引作書曰至于晹谷。毛本虞作商。則所引當是洪範晹字。蓋後人習見今書堯典作晹谷。故改商為虞。又加谷字耳。承培元曰。毛本虞作商。徐鍇曰。尚書洪範。又時晹若。晹。暴之也。則當作商書曰日晹。倫按晹晄皇皆聲同陽類轉注字。與旭為同次清摩擦音轉注字。晹昜一字。莊述祖説。日出也非本訓。或字出字林也。【説文解字六書疏證卷十三】

晵

粹六四六　說文晵雨而晝殅也　粹六四七　鄴三下・三七・五　京津三八〇五　甲五四七　从啟省　甲八六四　甲一四・三七　甲一四四七　甲一五六一　甲二〇二八　乙九九七　前六・九・一　戩三六・六　粹六四八　粹六四九　粹六五〇　粹六五一　粹六五二　粹九九九　乙七三七〇　寧滬一・一　寧滬一・二　寧滬一・三　寧滬一・四　庫一四二　明二九〇【甲骨文編】

甲1437　1561　2028　乙2128　2537　4387　5116　7818　珠193　續4・23・9　徵9・38　凡4・2　六中261　六清42　外249　摭續208　粹642　644　645　646　649　651　652　664　999　新3805　3807【續甲骨文編】

◉許　慎　晵雨而晝殅也。从日。啟省聲。康禮切。【說文解字卷七】

◉王國維　戩壽三六葉之六云：「不晵，其雨？」說文：「晵，雨而晝殅也。」此條攺字之上有从日之迹，知正作晵矣。至云「不晵句其雨？」與說文晵字之訓正合。

戩壽三六葉之一云：「庚不攺。」又三六葉之五云：「貞翌乙亥攺？」攺疑即晵之借字。說文：晵，雨而晝殅也。【戩壽堂所藏甲骨文字考釋六十下】

◉馬叙倫　鈕樹玉曰。廣韻引殅作晊。非。說文無晊。錢坫曰。此晴霽字。倫按如錢說為霽之聲同脂類轉注字。從雨言故霽從雨。從日言故晵從日。然如說解則雨似挩夜字。為夜雨晝晴之專名。而與霽同語原。倫謂此非本義。後世或方俗分別之。纂要。雨而晝晴曰晵。或校者據纂要加之。或此本字林文。纂要本之。字亦出字林。甲文作　。甲文有　字。則此從日啟聲。非啟省也。【說文解字六書疏證卷十三】

◉温少峰　袁庭棟　殷人將「啟」分為「大啟」、「小啟」，即「大晴」、「小晴」。

戊申卜，貞：昱(翌)己酉大攺(啟)？　(《合》八一)

……其攺(啟)？四日庚寅大攺(啟)。　(《坎》T〇一〇一一)

晹

戊申卜：己其雨？不雨？攺(啟)小？ (《乙》四四九)

卜辭中又有「祉攺」之詞：

貞：祉攺(啟)？允祉攺(啟)。 (《金》四五一)

……月(夕)攺(啟)，癸巳祉攺(啟)。 (《鐵》一一二·三)

貞：今日祉攺(啟)？四月。 (《甲》二一二五)

貞：今月(夕)不其祉攺(啟)？ (《京》三一六一)

祉，甲文作[glyph]，《説文》：「祉，迻也。」本義為轉移，引申有綿延之義。「祉啟」者，繼續放晴之謂也。「癸巳祉攺」，乃是驗辭，記壬辰之夜晴，次日癸巳繼續天晴。

殷人還有「𠦪攺」之事：

己丑卜：乙未六畐𠦪攺(啟)？ (《甲》二六八)

己丑卜：𠦪攺，庚寅？ (《人》三〇八八)

𠦪，甲文作[glyph]、[glyph]，字象上有葉有花、下有根之草類植物全株，本義應是「生長」、「上進」，引申有「迅疾」義。小篆變為從本卉聲之形聲字，《説文》訓「𠦪，疾也。」卜辭中多用為祭名，即小篆之「捧」。「捧」(後寫作拜)之本義為拔除，用為祭名謂祓除惡濁之祭。此處之「𠦪攺」，「𠦪」由除惡祈福引出「匄求」義，謂「求晴」也。「𠦪攺」即是匄求晴日之祭。【殷墟卜辭研究——科學技術篇】

◉許　慎　晹日覆雲暫見也。从日。易聲。羊益切。【説文解字卷七】

◉馬叙倫　鈕樹玉曰。玉篇無。廣韻訓日無光。徐灝曰。目部。睒。暫視皃。睗。目病視也。見部。覢。暫見也。廣韻。睒。睗。急視也。睒睗蓋日光瞬轉閃爍之皃。故訓為暫視。亦訓為急視。與日暫見同義。倫按雲部。霒。雲覆日也。則此似當作雲覆日暫見也。或作日覆於雲也。雲覆日則日不見。故廣韻訓日無光。暫見也者。睗字義。睗音喻紐四等。睒從炎得聲。炎火一字。火音曉紐。曉與喻四同為次清摩擦音。蓋睒睗為轉注字。暫視猶默下曰犬暫出逐人。暫猶今人謂乍也。故廣韻睒睗皆訓急視。可證也。然本部音義為日無光。則雲覆日或尚非本義。或曰。暜從竝得聲。竝音竝紐。晹音喻四。古讀歸定。竝定同為濁破裂音。晹蓋暜之轉注字。字或出字林。【説文解字六書疏證卷十三】

◉郭沫若　第六二七片「丁亥允易日。」以上自五九九片以下均有「易日」之文，易乃暘省，卜日之陰翳否也。説文云：「暘，日覆雲暫見也。」【殷契粹編考釋】

昫 昫

昫衍道尉【漢印文字徵】

◉許　慎　昫日出溫也。从日。句聲。北地有昫衍縣。火于切。又火句切。【説文解字卷七】

◉馬叙倫　嚴可均曰。藝文類聚一引作日溫曰昫。又引作日溫也。皆無出字。倫按北地有昫衍縣校語也。北地郡昫衍見漢書地理志。後漢書郡國志北地無昫衍。并省矣。邑部有郹已廢省之地名而箸之者。以字從邑也。此何取耶。字蓋出字林。【説文解字六書疏證卷十三】

晛 晛

珠318　320　652　888　佚466　續1・40・4　5・25・2　6・15・5　録23　169

170　300　639　925　續存2043　摭續39　粹333　新4754【續甲骨文編】

◉許　慎　晛日見也。从日。从見。見亦聲。詩曰。見晛曰消。胡甸切。【説文解字卷七】

◉馬叙倫　桂馥曰。日見也當作日光也。廣韻。晛。日光。纂要。日氣曰晛。見亦聲者。當為見聲。倫按詩角弓。見晛曰消。毛傳。晛。日氣也。韓詩。曣晛聿消。韓曰。曣晛。日出也。然則晛即昫之轉注字。昫音曉紐。晛音匣紐。皆舌根摩擦音也。説解日見也者。傳寫日下有奪字。校者謬以詩見晛連文補見字。遂并改從日見聲為從日見見亦聲矣。或本作見也日口也。見也以聲訓。日口也校語。傳寫捝譌。字蓋出字林。【説文解字六書疏證卷十三】

◉李孝定　韓詩云。「曣晛聿消」。韓云。「『曣晛』。日出也。」栔文作舉首見日之狀。與日出之意正合。許云「日見。」見當讀為現。从日。从見。會意字。隸日部者。以義主於日也。金收作晛。可从。郭沫若隸定作暊。粹考・五三葉下商承祚隸定作[日/貝]佚考六七葉上。並未安也。葉釋顯。顯字以日下視絲會意。絲為其重要義符。例不得省。葉云。絲乃後加更昧造字之旨矣。字在卜辭均為貞人之名。義不可知。【甲骨文字集釋第七】

晏 日甲一六一 八例 日甲一六六 【睡虎地秦簡文字編】

袁晏 劉晏 北宮晏印 苴晏私印 【漢印文字徵】

道德經 【古文四聲韻】

◉許 慎 晏天清也。从日。安聲。烏諫切。【說文解字卷七】

◉馬叙倫 洪亮吉曰。史記索隱引淮南許慎注。晏。無雲也。是曣晏本一字。倫按疑曣晏本為正重文。晏下本作星無雲也。傳寫分為二後。妄人加天清之訓。然星無雲也亦非本訓。晏曣晛皆聲同元類轉注字。字見急就篇。【說文解字六書疏證卷十三】

◉許 慎 曣星無雲也。从日。燕聲。於甸切。【說文解字卷七】

◉馬叙倫 吳穎芳曰。星乃夝之譌。夝同姓。沈濤曰。晉書音義引。曣。日生無雲暫見也。鈕樹玉曰。日生當作日出。玉篇。日出也。桂馥曰。增韻引作日生無雲也。王筠曰。晏曣總晛之後。蓋同弓角詩。特各本字不同。故許分收之。而其説解則相似也。晏即荀卿所引。曣即韓詩之曣也。倫按姚鼐謂星即晴字。是也。史記索隱引淮南許注。晏。無雲也。漢書郊祀志晏温。史記封禪書作曣嘔。可證曣晏為雙聲亦疊韻轉注字。晉書音義引日生無雲暫見也者。日生為星之誤分。星下捝也字。然非本義。亦非本訓。蓋曣本為晏之重文。晏字下本以同聲字為訓。校者或吕忱加星也。又據淮南許注加無雲也。傳寫捝譌耳。玉篇作日出也亦有捝譌。或以日出為晴義。非旦義也。【說文解字六書疏證卷十三】

孝景園令 顏景 景襄 景長君 景宣之印 【漢印文字徵】

景君銘頟 祀三公山碑 報如景響 【石刻篆文編】

景 【汗簡】

景景 竝碧落文【古文四聲韻】

◉許　慎　景光也。从日。京聲。居影切。【説文解字卷七】

◉馬叙倫　沈濤曰。文選張載七哀詩注引。景。日光也。蓋古本有日字。今奪。倫按景為晛晏曫之轉注字。景音見紐。晛從見得聲。見音亦見紐也。景從京得聲。京曫晏音同影紐也。字見急就篇。光也非本訓。【説文解字六書疏證卷十三】

◉郭沫若　胡字从立从月,字書所無。余疑古景字,景从日京聲,乃形聲字,此則會意字。言人對月而立則生景也。今作影。【石鼓文　郭沫若全集考古編卷九】

晧 晧

◉許　慎　晧日出皃。从日。告聲。胡老切。【説文解字卷七】

◉王國維　石鼓旲字疑與昃有殊,因昃之古文所从人字,皆作傾之形,即𣅀字,亦从日在人下會意,恐是皓皞二字之較古者,且以韻言,則亦與下皞樂等字合也。【觀堂書札　中國歷史文獻研究集刊第一集】

◉馬叙倫　沈濤曰。一切經音義十八引。晧。廣大也。光明也。蓋古本之一訓。王筠曰。皃蓋光之譌。字林作日出光也。丁福保曰。慧琳音義十九引日初出皃。二徐本奪初字。倫按晧亦杲昭昫之聲同宵類轉注字。玄應引字林。晧。胡老反。日出光也當作日出皃光明也。然皆吕忱及校者之文。廣大也蓋校語。字蓋出字林。【説文解字六書疏證卷十三】

暤 暤

◉許　慎　暤晧旰也。从日。臯聲。胡老切。【説文解字卷七】

◉馬叙倫　鈕樹玉曰。韻會引作皞旰也。皞即暤之俗體。玉篇注。旰也。蓋本説文。連上讀也。倫按晧旰也鍇本作暤旰也。蓋本作暤晧旰也。暤為隸書複舉字也。然晧旰也當作晧也旰也。旰也以聲訓。段玉裁謂非下文訓晚之旰。王筠謂雙聲形容。非用旰字本義。是也。或曰。本訓晧也。晧旰也者。校者以古書晧旰連文而誤加之。晧暤為雙聲兼疊韻轉注字。暤又皋之後起字。臯亦杲之雙聲轉注字也。字蓋出字林。【説文解字六書疏證卷十三】

曄 曄

曄 張曄之印信【漢印文字徵】

◉許　慎　曄光也。从日。从雩。筠輒切。【説文解字卷七】

◉馬叙倫　鈕樹玉曰。韻會作[seal]。從日。𠌶聲。沈濤曰。文選西都賦注引草木白華皃。疑古本一曰文。翟云升曰。𠌶聲。嚴章福曰。此字偏傍移動。無關大義。然許書當從其朔。玉篇引作暈。小徐作𣈶。當依小徐。倫按𠌶聲。𠌶音曉紐。然蕚為𠌶之後起字。音入匣紐。曅音喻紐三等。喻三與匣皆次濁摩擦音。又聲為魚陽對轉也。與晄轉注。選注所引。乃皣字義。慧琳一切經音義引三倉。曄。光華也。【説文解字六書疏證卷十三】

◉楊樹達　日𠌶猶日光也。日為領名，𠌶為屬名。【文字形義學】

暉 [seal]

李暉邪【漢印文字徵】

◉許　慎　[seal]光也。从日。軍聲。許歸切。【説文解字卷七】

◉明義士　[glyph]説文解字「[seal]光也」。又徐氏新附「[seal]日月氣也」。按[glyph]象日四週浮雲旋繞，日光自雲中射出之形。蓋日光自雲中射出，較平時為强，故訓光；四週有雲，故訓日月氣，疑暉暈本同字也。或釋晝。前編卷四第八葉五片「辛未缺[glyph]令缺[glyph]粲缺鬼缺」，仝葉六片「[glyph][glyph]」，及後編卷下第二葉一片「王固缺其[glyph]缺正」三文，因殘損太甚，暈義不顯。本片卜雨卜暈，同為天氣之占，自可比較而得。【柏根氏舊藏甲骨文字考釋】

◉馬叙倫　嚴可均曰。韻會五微引作日之光也。藝文類聚一引作日光也。惠棟曰。暉字俗。後人所增。暉與暈同。不訓為光。段玉裁曰。當作日光气也。篆當作暈。周禮作煇。古文叚借字。莊述祖曰。晉姜鼎顨字作[glyph]。此古文煇也。周官眂祲。掌十煇之法。鄭注。煇謂日光气也。吕氏春秋明理。其日有暈珥。高注。暈讀為君國子民之君。説文無暈。暈即暉也。則暈為暉古文。又鐘鼎麋字作[glyph]。張惠言説亦當為古文暈字。先鄭所謂日旁氣四面反鄉者也。倫按暉煇同訓光也。以日光故從日。以火光故從火。上文曅亦當為日光。與此為轉注字。曅從𠌶得聲。暉𠌶音同曉紐。暉即暈字。暈音如運。運音喻紐三等。曅音亦喻三也。【説文解字六書疏證卷十三】

◉許　慎　[seal]晚也。从日。干聲。春秋傳曰。日旰君勞。古案切。【説文解字卷七】

◉馬叙倫　鈕樹玉曰。韻會作日晚也。沈濤曰。文選謝脁酬王晉安詩注引。旰。日晚也。丁福保曰。慧琳音義八十一引日晚也。小徐本同。大徐本奪日字。倫按旰為晚之轉注字。旰從干得聲。干弁一字。晚從兔得聲。兔弁聲同魚類。晚。下日。

暮也。則無日字長。或此字林文。字亦出字林也。【説文解字六書疏證卷十三】

◉黄錫全　甲骨文有字作、，《甲骨文編》列入卷七日部，隸定作旰，云「从日从千，《説文》所無」。又有、、、等字，《甲骨文编》列入卷十四𠂤部，隸定作𠂤旰，云「从𠂤从旰，《説文》所無」。唐蘭先生曾釋為昜（《天》70），認為「當是昜之本字，與昊、𣦸等字同義，字形小變即為早矣」。上列諸形，究竟是什麽字，還需進一步研究。

此字的基本結構當是从日从千，《甲骨文編》隸作旰、𠂤旰是對的。人、千形音均近，、就是、應該是没有疑問的。如年字本作，从人，又作，从千；《説文》仁字古文作，从千。因此，此字應是一個从日千聲的形聲字。作者，應是旰之繁構。猶如征字，卜辭又作、。郭沫若認為即征之繁文。楊樹達認為：「殆征伐之征本字也。征伐必从軍旅，故从𠂤，正則其聲符也。」然字書中未見有从千之旰，致使對此字的認識一直迷惑不解。

經過我們的比較分析，我們認為，旰就是見于字書的旰。《説文》日部有旰、旱二字。旰訓「晚也。从日干聲」。旱訓「不雨也。从日干聲」。旰、旱形音相同，為何意義有别，這就暴露出其中一字似有疑問。古文字中的干作、、（千邑布）等形，千作、、、（古璽）等，二字形近易混。至于隸書、楷書的千與干，形體更相近似。干屬見母元部，千屬清母真部，二字聲音也近。因此，後來將从千的旰誤認為是从干，于是旰行而旰失傳。

認為旰即旰，于卜辭文義也可通順。

《天》70

丁卯卜，貞，王。

《前》6·11

弓

《乙》8892

弗

《續》5·11·1

丁亥卜，宾貞，羌舟攺，王。

《摭續》315

……王

《乙》1133

……王□

《甲》3318

貞，其宿其□，亡𡿧（災）。

典籍「旰」字除有「晚」義外，還有「盛貌」、「日行」等義。如《文選·景福殿賦》：「皓皓旰旰，丹彩煌煌。」李善注：「旰旰煌煌，皆盛貌。」李周翰曰：「皓皓旰旰，丹彩煌煌，皆旌旗之光明。」《集韻》「旰，日行也。」

「貞，羌舟啟，王旰」句式，如同卜辭「貞，沚𢦏啟，王比」（《綴合》471）。「旰」字相當于「皓旰」之義。第四句是説，聯軍首領羌舟率軍在前作為先導，商王則率大軍在後，皓皓旰旰，旌師挺進。第七條的䢓，當有「行進」之義，由「日行」引伸，是就停止下來宿營，還是繼續行軍，會不會遇到災害進行貞問，其辭義當是比較明了的。其餘文義可比較二例推求。【甲骨文字釋叢　考古與文物一九九二年第六期】

暆

□ 東暆長印【漢印文字徵】

◉許　慎　晻日行暆暆也。从日。施聲。樂浪有東暆縣。讀若酏。弋支切。【説文解字卷七】

◉馬叙倫　錢坫曰。越紐。日昭昭浸以暆。漢書賈誼傳。庚子日施兮。借施為暆也。此日斜正字。倫按日行暆暆。謂日斜也。故越紐言日昭昭浸以暆。謂日之光明漸以斜也。古言衺者。其音如施。故施為旗之旖施皃。暆為日斜。衣之襹交落帶繫於體者為衺。行不正為□。跛足為奇。草木葉不相值為差。水文不平曰波。其語原蓋一也。然此及樂浪以下皆非許文。或字出字林也。樂浪郡東暆見漢書地理志。後漢書郡國志樂浪無東暆。已省并矣。【説文解字六書疏證卷十三】

◉許　慎　㬹日景也。从日。咎聲。居洧切。【説文解字卷七】

◉馬叙倫　沈濤曰。文選魏都賦注引晷景。贈陸機出為吴五郎中令詩陸機長歌行張華褋詩三注皆引。晷。景也。此皆傳寫奪日字。他書所引及選注他篇引皆有日字。段玉裁曰。晷即今之影子也。倫按玉篇。晷。以表度日也。廣雅釋天。晷。柱景也。釋名釋天。晷。規也。如規畫也。皆似謂今測日之圓規。然晷從日不得為器名。此作日景。則為景之音同見紐聲則魚

㫟 㫟

陽對轉轉注字。若景為晏晛之轉注字。則此蓋影之本字。未能詳也。疑此字出字林。【說文解字六書疏證卷十三】

乙一八　日側時為昃　乙三二　昃亦雨　乙六〇　昃雨　乙一八〇　乙三八八　菁四・一　鐵一一〇・一　前七・四三・二　前四・八・七　前四・九・一　鄴二下三七・一〇　寧滬二・二七　京都三〇五五　京津四一六　鄴二下・三五・一二　粹四三六　寧滬一・六九　掇一・三九四　昃至章不雨　燕三九四背　明七〇三　天七〇　中大二・六一【甲骨文編】

甲2947　乙18　32　181　掇394　古2・7　天70　東方S・11　六中261　粹436

新416　2916　2985【續甲骨文編】

㫟　从矢　滕侯昊戟【金文編】

6・121　㫟亳　6・48　㫟京　3・1200　獨字　3・1201　同上【古陶文字徵】

布空大　豫伊　按滕侯昊戟銘文作。金文从日之昶字為、、明字有作者　所从之日皆作。　布空大　豫伊　布空大　典

六六六　布空大　亞二・九三【古幣文編】

173　181　266【包山楚簡文字編】

2474　與滕侯昊戟昃字形近。　0730　3205　2129【古璽文編】

石經無逸　自朝至于日中㫟　汗簡引王存乂切韻作甲骨文同【石刻篆文編】

昊【汗簡】

◉許　慎　𣅳日在西方時側也。从日。仄聲。易曰。日𣅳之離。臣鉉等曰。今俗別作昊。非是。阻力切。【說文解字卷七】

◉羅振玉　昊□□□□□从日在人側。象日𣅳之形。即說文解字之𣅳。徐鉉云。今俗別作昊。非是。今以卜辭證之。作昊者。正是𣅳之古文矣。【增訂殷虚書契考釋卷中】

◉葉玉森　羅氏釋昊是也。惟說仍未澈。予謂昊之初文為□□□。从□□□象人影側。日昊則人影側也。非日在人側之意。變作□□。古意失矣。【說契　學衡第三十期】

◉商承祚　王國維先生謂金文鄂矦馭方鼎匽字从□即□之側視形。篆文之𣅳。乃由□而變(毛公鼎考釋)。說文𣅳。「日在西方時側也。从日。仄聲。易曰。『日𣅳之離』。」徐鉉云。「今俗別作昊。非是。」玆從甲骨文證之作昊者正是𣅳之古文也。【甲骨文字研究下編】

◉顧廷龍　□𣅳。甲骨文作□。羅振玉說从日从人側。象日𣅳之形。即說文解字之𣅳。徐鉉云。今俗別作昊。非是。今以卜辭證之。作昊者正是𣅳之古文矣。按□亦从日从人側。與卜辭同。潘。【古匋文孴録卷七】

◉馬叙倫　鈕樹玉曰。繫傳矢部有昊。日西也。鍇曰。易曰。日𣅳之離。作此字。與易釋文合。鉉以為昊俗字。豈所見本無耶。玉篇日部正作昊。重文作𣅳。倫按王筠以日在西方時為句。側也為句。是也。蓋本訓側也。校者加日在西方時竝引經也。亦或此字出字林。甲文作□□。從日。□或□聲。□□皆側之初文。鍇本矢部昊訓日西也。明是後人加之。魏石經古文作□。【說文解字六書疏證卷十三】

◉周名煇　徐鉉云。今俗別作昊。非是。今考徐氏以昊為俗字之言。大謬。新出魏三體石經、尚書無逸篇、自朝至于日中𣅳。𣅳字古文作□。可證。羅振玉石鼓文考釋云、昊从日从大。商人卜辭𣅳作□从日从矢。或作□□。从日从大。蓋象日在人側之形。此作□。日在人顛上。而側殆亦𣅳字歟。名煇以為□□□□同為一字。日在大側者。即羅氏所謂象日在人側之形。而日在人顛者。乃取象于日盈則昃之義。其或直寫作□。或平寫作□。或从大。或从矢者。則猶說文矢部昊字从口从矢。直寫作昊。或作吙。則為从口从大平寫之矣。

厂部□□鼎說文所無。强氏以為說文所無。今考定為說文日部𣅳字。

名煇案。此篆从厂从昊。當即說文日部𣅳字。亦即昊之孳乳字也。【新定說文古籀考卷下】

◉商承祚　𣅳卷七第三頁魏三體石經《書·無逸》：「自朝至于日中𣅳。」《說文》：「𣅳，日在西方時側也。《易》曰：『日𣅳之離』。」小徐據宋本引作昊，大徐以為俗，非。甲骨文作□□从大，與此古文同，則鉉說非。从矢之字古文或从大，見金文吳字；或从天，見甲骨文大乙，作天乙，大乙商作天邑商。蓋大、天、夨三字形義近互用，故《玉篇》昃之古文作仄，《說文》新附昳訓曰佰，《玉篇》有昊(夨乃矢之寫訛)、昃、昳，厂部仄下出厦，《說文》仄之籀文作厌。案昊、昃為初字，佰、昃、厦其孳乳，仄、厌為省文，昳則誤字也。【石刻篆文編字説　古文字研究第五輯】

◉黄錫全　金文中帥鼎有□字，琱生𣪘(舊稱召伯𣪘)二亦作□，孫詒讓疑為《說文》𤕫部䁂字之省，即昦，與睪互通，讀若易。周名煇認為「此篆从厂从昊，當即《說文》日部佰字，亦即昊之孳乳字也」，然周説未被采納。《金文編》列入厂部，隸作厦，認為「《說文》所無」。因此，這個字迄無定論，有必要作進一步的探討。

檢《汗簡》厂部録裴光遠集綴昃作□。鄭珍認為：「《玉篇》仄，重文作厦，即此字，當作□。古仄、昃通，故仄别从昃，非古文。」按鄭説昃、仄字通是正確的，然以為□當作□，而厦又非古文則非。《汗簡》□字所从之□即□字稍訛。古厦从□與从□不别。如甲骨文昃作□□，象日在人側，古璽亦作□、□；而滕侯昃戟則作□、古匋文作□，从夨。這與吳字作□(吳方彝)、□(師酉𣪘)，从夨，也作□(吳王光鑑)、□(侯馬盟書1:57)，从大類同。因此金文的□就是厦，賴有《汗簡》保存了這一古體。又琱生𣪘一厦字作□，所从之日少一畫，如同昔字从日作□(卯𣪘)、□(《說文》籀文)，又从□作□(善鼎)、□(徐王鼎)、□(古匋)；旦字頌鼎作□，伊𣪘作□；克盨朝作□，史𩛥𣪘作□等，無疑也是厦字。

□亦即□，猶如□(京津1684)與□(存下31)、□(幾父壺)與□(詛楚文)。佰、昃、仄三字典籍通作。如《漢書・董仲舒傳》「至于日佰不暇食」，注：「佰亦昃。」《尚書・無逸》「日中昃」，釋文「昃，本作仄。」昃亦即厦，同側，有傾側、伏服之義。《說文》「昃，日在西方時側也」；「仄，側傾也」。《詩・賓之初筵》「側弁之俄」，《說文》人部作「仄弁之俄」。《淮南・原道》「側谿谷之間」，注：「側，伏也。」《易・系辭》「古者包犧氏之王天下也」，釋文引孟京：「伏、服也。」

五年琱生𣪘銘云「厦我考我母令」，即傾向或服从我父母親之命。這與銘文的前後含義是相合的。琱生在這場土田争訟中是違法的，召伯虎秉公處理本應制裁琱生，然琱生向召伯虎的父母行賄，召伯虎在接到父母的指令後不得不傾向父母之命而重新調查、从寬處理此事。六年琱生𣪘銘云：「今余既訊有𤔲，曰：『厦令』。」意思是説，現在我已徵訊過了，有司們都説，服從命令。這裏充分表露出召伯虎為了不負父母之命，不得不以己意徵訊有司，而有司迫于召伯虎的權威，又不得不傾向召伯虎的意見。琱生𣪘兩用厦字，文義貼切，維妙維肖。

帥鼎「自乍後王母□商氒文母魯公孫用鼎」，「厦」當是後王母之名。

我們把至今未定之□釋為厦，除形體結構有據，文義可以通達外，《汗簡》厦作□起到了重要作用。【利用汗簡考釋古

文字　古文字研究第十五輯】

晚 趙晚 【漢印文字徵】

古老子 【古文四聲韻】

◉許　慎　晚，莫也。从日。免聲。無遠切。【說文解字卷七】

◉馬叙倫　鈕樹玉曰。韻會亦作暮也。俗。徐灝曰。兔與免實一字。今本凡從免之篆皆去一畫。此淺人所為也。倫按本書無免字。免即兔也。免音無辯切。在微紐。微為邊音。兔音牀紐。古讀歸定。古讀兔蓋扶問切。音在奉紐。古讀歸竝。廣雅釋詁。晚。負也。是古音晚如負。負音古亦在竝也。竝定同為濁破裂音。是免音由定轉竝而為免。頫之或體從人免聲作俛。正其例矣。晚為莫之轉注字。莫音明紐。古讀微歸明也。【說文解字六書疏證卷十三】

◉楊樹達　免聲之字多含低下之義。說文九篇上頁部云：「頫，低頭也。从頁，从逃省。大史卜書頫仰字如此。」或作俛，从人免聲也。大徐音方矩切。段君云：當音無辨切，是也。此一證也。說文七篇下冃部云：「冕，大夫以上冠也。邃延，垂瑬，紞纊。从冃，免聲。」免聲之故，許君無說。然左傳桓公二年孔疏云：「謂之冕者，冕，俛也。以其後高前下，有俛俯之形，故因名焉。蓋以在上位者失於驕矜，欲令位彌高而志彌下，故制此服，令貴者下賤也。」周禮夏官弁師賈疏云：「以爵弁前後平，則得弁稱。冕則前低一寸餘，得冕名，冕則俛也，以低為號也。」儀禮士冠禮賈疏云：「名冕者，俛也。低前一寸二分，故得冕稱。其爵弁則前後平，故不得冕名。」綜孔賈之説，冕之受名，因於前低。此二證也。說文十一篇上水部云：「浼，汙也。从水，免聲。」方言卷三云：「汜，浼，潣，洼，洿也。自關而東或曰洼，或曰汜，東齊海岱之閒或曰浼，或曰潣。」郭注云：「皆洿池也。」說文水部云：「洿，濁水不流也。一曰窊下也。」七篇下穴部云：「窊，汙衺下也。」按凡地卑下者，水停畜而為洿池，水停則汙濁，義皆相因，知浼有下義矣。此三證也。說文三篇下革部云：「鞔，履空也。从革，免聲。」按履空為在下之物。此四證也。由此言之，晚从免聲，正謂日之低下，故訓為莫也。此求之於聲而知其義當然者也。更以同義之字求之：說文一篇下茻部云：「莫，日且冥也。从日在茻中，茻亦聲。」日在茻中，言其下也。此一事也。七篇上日部云：「昏，日冥也。从日氐省。氐者，下也。」此二事也。以昏晚二文對勘，又知昏下一曰民聲之説非矣。余前者謂形聲字中同義或義近之字，其聲類之意義往往相同。今觀莫昏為會意字，莫實意兼聲字，兹舉其重者言之。晚為形聲字，字義相同，其所以得義之故亦同，然則字義同緣於其組織同之説，固不惟形聲字與形聲字為然矣。

按：白虎通紼冕篇云：「十一月之時，陽氣俛仰黃泉之下，萬物被施如冕前俛而後仰，故謂之冕也。」後漢書明帝紀注引三禮圖云：「冕廣八寸，長尺六寸，前圓後方，前下後高，有俯伏之形，故謂之冕。欲人之位彌高而志彌下，故以名焉。」此孔賈二疏所本也。【釋晚　積微居小學金石論叢】

昏

甲五五八　粹七一五　章兮至昏不雨　粹七一七　鄴初下・三三・三　旦湄至昏不雨　京津四四五〇　旦至于昏不雨　寧滬一・七〇　今日辛至昏不雨　寧滬一・六八一　佚二九二　【甲骨文編】

鄴33・3　粹715　717　新4450　【續甲骨文編】

昏　从日民聲因唐諱改民為氏又與婚為一字　毛公厝鼎　婚字重見　【金文編】

禪國山碑　尚書昏直晃昌　【石刻篆文編】

昏　昏並碧落文　【汗簡】

並古老子　碧落文　【古文四聲韻】

◉許　慎　昏日冥也。从日。氐省。氐者下也。一曰。民聲。呼昆切。【說文解字卷七】

◉吳大澂　余非章又昏。古郭廓字。古昏字。張小使大謂之廓。見方言。已惡而掠美為昏。見左氏傳。言非好大而喜功也。【毛公鼎釋文】

◉林義光　昏古音如閔。左傳閽緡僖二十三。穀梁作閔。書昏不畏死。康誥。孟子作閔。當從民聲。民閔雙聲旁轉。【文源卷十二】

◉孫詒讓　說文日部「昏，日冥也。从日氐省，氐者下也。一曰民聲。」金文陳侯因資敦云：「淖朝　者諸侯。」　舊釋為昏，近是。朝昏，猶言朝朝莫夕也。諦案篆形上从　即褱省，下从　則疑氐或民之省。金文氐作　詳前象形原始，民作　，楚良臣鐘。形並略同。婚字則唯多父盤从[glyph]與[glyph]相邇，餘則咸無是形。但其字从𢿾省氏省，與日冥之義無會，所未詳也。或疑[glyph]即𢿾之省十或又之變形，朝𢿾蓋謂朝見酌禮之事。存之，以備一義。【名原卷下】

●郭沫若　[glyph]即昏庸之昏之本字。象人首為酒所亂而手足無所措也。昏乃晨昏之昏，故从日。【諫𣪘　兩周金文辭大系攷釋】

●强運開　[glyph]石鼓吴東發云。按代醉篇云。日出一上為旦。日入一下為昏。一。地也。則篆書所載古文昏作[glyph]者誤。此作[glyph]。取象為日在一下。明日之入地遠也。唐蕉庵云。吴氏此説。與杲从日。在木上。杳从日。在木下。義堪比例是也。[glyph]毛公鼎。余非庸又昏。叚婚為昏。容庚云。古昏婚為一字。【説文古籀三補卷七】

●郭沫若　第七一五片「章兮至昏，不雨。」章殆假為彤，明日也。兮假為曦。昏字，説文云「日冥也。从日，氏省。氏者，下也。一曰民聲。」段玉裁云：「一曰民聲四字葢淺人所增，非許本書，宜刪。凡全書内昏聲之字皆不从民，有从民者譌也。」又云：「昏聲之字蟁亦作蚊，惛亦作𡵩，敃亦作忞，昏古音同文，與真臻韻有歛侈之別。字从氏省為會意，絶非从民聲為形聲也。蓋隸書淆亂，乃有从民作昬者，俗皆遵用。唐人作五經文字乃云『緣廟諱，偏旁準式省从氏，凡汦昏之類皆从氏』，以昬類汦、其亦傎矣。」今得此，知殷人昏字實不从民，足證段氏之卓識，而解決千載下之疑案矣。【殷契粹編考釋】

●馬叙倫　沈濤曰。六書故云。唐本説文從民省。晁説之曰。因唐諱民。故改為氏。錢大昕曰。氏與民音義俱別。依許例當重出昬字云。或從昬。民聲。今附於昏下。疑非許氏本文。頊讀六書云云。然則説文元是昬字。從日。民聲。唐本避諱減一筆。故云從民省。徐氏誤以為氏省。氏下之訓亦徐所坿益。又不敢輒增昬字。仍附民聲於下。其非許原文信矣。唐石經遇民字作民。而偏傍從民者盡易為氏。如岷作岻泯作汦緡作緍痻作疷碈作砥睧敃作敃惽作惛蟁作蚔之類。則昏為避諱省筆無疑。五經文字云。緣廟諱偏傍準式省从氏。凡汦昏之類皆从氏。昏字之改在顯慶二年十二月。見舊唐書高宗紀。倫按篆當作[glyph]。説解當曰从日民聲。左僖廿三年傳。園緡。穀梁作園閔。書康誥。昬不畏死。閔從文得聲。文音微紐。今昬音入曉紐者。以從民得聲。民音在心紐。皆次清摩擦音也。然民為每之異文。詳民字下。每音微紐。民之轉注字為氓。音亦微紐。則昬自從民得聲無疑。與晚轉注。日冥也當作冥也。或本訓冥也。日冥也字林文。餘如錢説也。【説文解字六書疏證卷十三】

●柯昌濟　金文之昏字𠭴季良父壺作[glyph]。叔多父盤作[glyph]。彔伯𢦚𣪘作[glyph]。皆象爵中盛酒形。卜詞中有中[glyph]字。其詞曰。[glyph]武祖乙。又。[glyph]丁。當即昏字省爵耳。昏亦殷之祭禮名。【殷虚書契補釋】

◉王獻唐　玉鉨出土已久，⊘文作旾，古勁渾樸，約出春秋之世，周末文制請整，不如是矣。旾从日，下為二畫，似兩日重文。適友人邢仲采過訪，一見釋為昌字。易運期讖、春秋元命苞、北齊書安德王傳，均以昌為重日，與此形義頗合。越日細審，日下横畫，上長下短，乃古文下字，不為重文之二。郭忠恕先汗簡中日部，昏作旾，正與此同，知乃古文昏字也。

汗簡昏字，采自古文尚書。今存宋薛季宣所傳尚書隸古定本，昏亦作旾。禮士昏禮鄭目録，日入三商為昏。五經要義，日入後，漏三刻為昏。旾从日从下，乃會意字，意以日落為昏也。石鼓文有旾字，吴東發釋昏，亦从日从下，與旾例合。下字一在日上，一書日下，古文偏旁，時或上下左右移置，本不拘定。字彙補復出旾字，為昏古文。代醉編云，日出一上為旦，日入一下為昏，一，地也。金文旦作旦，下不从一，旾上之一，亦不為地，殆二之省體，猶上字古文作二，時省為一。說見說文帝字下，并詳周昌鉨考。字彙補古文，間采石鼓。如書旾為古文晤，即石鼓之晤。鼓文摹搨漫漶，因捝上畫作旾。執彼例此，或亦誤捝首横，亦未可知。要之旾旾固為一字也。說文，昏日冥也，从日，氐省聲。氐者下也，又下底也，底下也。氐底一義，知旾字从下，猶小篆从氐，石鼓先于小篆，為所祖出。小篆未隨作二，殆旾體易與二日混淆，不得不改，改而以氐代之，意實相同。如石鼓晤字，亦似五日，小篆改作晤也。石鼓為西土文字，體作旾，壁經為東土文字，體作旾，雖上下倒移，均以日落會意。迨後小篆變昏，歷世習用，舊行二體，遂隸為古文。壁經出旾，汗簡沿之，集韻又沿之。石鼓出旾，代醉編沿之，風雅廣逸、字彙補亦沿之。先後支系，皆昭著可見。此鉨文作旾，則固東土一體也。

復次，說文昏下又云，一曰民聲，昏从昬，體當作昬。六書故以下，錢竹汀等，皆主民聲，謂氐為唐避民諱所改。段懋堂嚴鐵橋非之，紛然莫決。說文所收閽婚諸字，偏旁从氏者九，从民者四。證以漢碑，字多从民。繁陽令楊君碑，則从氏。知兩京文字，原有从氏从民二體，許固兩存不廢。从民之說，既在昏下，當出昬為重文。許書重文，亦往往附見說解中，無足異也。字从氏日為會意，从民日為形聲。蓋在小篆而後，又分二支：氏民形體相似，初从石鼓一支演出从氏，後以體近，或誤為民聲，更造昬字，各有祖述，為兩京昏昬二體。从而上推兩周，則西土作旾，東土作旾。皆以時地不同，因革損益，不能執一以律萬彙也。

【周昏鉨玉鉨考　那羅延稽古文字】

◉朱芳圃　孫詒讓曰：「陳侯因資敦云『淖朝𣋏者諸侯。』𣋏，舊釋昏，近是。朝昏，猶言朝朝莫夕也。」名原下二。桉孫說是也。𣋏假為昏，說文日部：「昏，日冥也。从日，民聲。」依唐本改。【殷周文字釋叢卷下】

◉于省吾　甲骨文𣋏昏二字有別，𣋏為聞字的初文。西周金文還未見昏字。周初金文𣋏字雖有譌變，但仍作聞字用。西周中葉以來的金文，既以𣋏為昏愚之昏，又以𣋏為婚媾之婚。𢿢䎽聞三字始見於晚周古文：𢿢字見於詛楚文的「絆以𢿢䎽」，䎽字見於説文繫傳的「古文聞」，聞字見於古鉨的「左司馬聞竘信鉨」。

◉裘錫圭　在殷墟卜辭裏有一個从「日」从[illegible]的字。

(1) 甲子卜，大貞：告于父丁，叀(音義近「唯」)今[illegible]酒。　《合》23259

(2) 甲戌卜，旅貞：匕(妣？)舌(？)叀今[illegible]酒。　《合》26822

(3) ……貞：匕(妣？)歲……[illegible]畋。　《合》25163

(4A) 壬申卜，即貞：兄壬歲，叀辳。

(4B) 貞：其[illegible]。　《合》23520

(5) 貞：其[illegible]。　《合》26857

(6) ……其[illegible]……束(？)……　《合》26848

(7) ……于[illegible]……。　《合》18528

此外。此字還見於《殷虚文字甲編》333、《明義士收藏甲骨》1376等片的殘辭。上引諸辭除了(7)有人定為第一期卜辭外，都是第二期卜辭。

從辭例看，上舉之字(下文用「△」代替)應該是用來表示一天中的一個時段的。卜辭或言「叀今夕酒」(《合》30839—30842)「叀今昏酒」(《合》30838)「夕」字、「昏」字用法與(1)(2)兩辭的「△」相同。卜辭又或言「其暮燎」(《合》33744)、「其暮」(《合》33743)、「其暮、不遘雨」(《合》29807)、「暮」字用法與(4B)(5)(6)等辭的「△」相同。(4)以「△」與「辳」對貞。「辳」字過去釋為「農」，但是有關卜辭都無法讀通。80年代初，常正光先生發表《「辰為商星」解》，指出卜辭「辳」字當讀為「晨」(四川大學學報叢刊第十輯《古文字研究論文集》142—143等頁)，十分正確。卜辭或言「癸亥卜……貞：匕歲……叀今辳酒」(《合》25157)，文例與上引之(2)非常接近。

根據「△」字的用法，并考慮到前人對它所從的[illegible]字(下文以「×」代替)的意見，我們認為「△」應該是「昏」字的異體。

羅振玉把「×」釋為「浴」。這完全是看圖猜字，缺乏文字學上的根據。陳邦懷《殷虚書契考釋小箋》説：「此字從水從[illegible]，當即温字。從𥁕作[illegible]，亦見於漢魯峻碑。碑云『内懷[illegible]潤』。王先生懷祖曰：『温字作[illegible]。《説文》温從水𥁕聲，𥁕從皿從囚。此碑温字右邊作[illegible]，其上半即人字也。有人無□者，録省耳。』(見《漢隸拾遺》)考卜辭温字不從𥁕，知魯峻碑温字從[illegible]必有所本，非隸省也。」(以上皆見《甲骨文字集釋》3277頁)此説似可信。《居延漢簡甲編》2252的𥁕字和2114的温字，也有學者釋為「温」(陳直《〈居延漢簡甲編〉釋文校正(續)》,《考古》1960年10期49頁),寫法與魯峻碑「温」字相近。「×」象人浴于温水之中,當為温暖字之「温」的本字。或謂温暖字當作「𥁕」(昷),則「×」可視為「𥁕」之初文(參看《甲骨文字集釋》3278—3279頁李孝定案語)。

張政烺先生指出「𥁕」字所從之「囚」本非囚犯之「囚」,當由甲骨文□字變來,實為蕴藏之「蕴」的古字,「𥁕」字用之為聲旁(釋《甲骨文俄、隸、蘊三字》,《中國語文》1965年4期297—298頁)。近來劉桓同志又在《殷契新釋》中提出一個說法,認為「𥁕」字所從的「囚」當由甲骨文□字變來,本象人在母腹之中(《殷契新釋》174—180頁,河北教育出版社1989年出版)。今按,甲骨文□字也作□(看《甲骨文字集釋》1453—1471頁「死」字條),魯實先認為□是□之異體(同上1459頁),似可信。此字作□或□形的都見于早期卜辭,作□形的多用為地名。都見于較晚的卜辭,後者似應是前者的變形。張先生以此字為「蕴」之古字,似可信。「𥁕」字由「×」變為「𥁕」,是由表意字改為形聲字。在漢字形聲化過程中,為了使新舊字形有比較明顯的聯係,往往把表意字字形的一部分改成形狀跟這部分字形相近或有關的一個聲旁,如改「戓」為「聝」之類(參看拙著《文字學概要》153頁)。「𥁕的表意初文本從「人」,它的後起形聲字的聲旁「囚」也從「人」,正合乎這一情況。

屈萬里《殷虛文字甲編考釋》說「△」字「象人浴于日光之下,疑是温字之古文」(53頁)。從卜辭用「△」字表示時段的情況來看,這個字似應是從「日」「×」聲的形聲字,屈說不一定可信。「𥁕」、「温」同音,上古音與「昏」字相近。它們的韻母都屬于文部,而且在中古時代都屬合口一等。「温」是影母字,「昏」是曉母字。古代影、曉兩母之字相諧的情況并不罕見。如「音」為影母字,從「音」聲的「歆」為曉母字,從「歆」聲的「婆」且有曉母(許金切)、影母(烏含切)兩讀。「畏」為影母字,從「畏」聲的「痕」為曉母字(呼恢切)。又「襾」字也有影母(衣嫁切)、曉母(許下切)兩讀。所以我們認為卜辭用來表示時段的、從「日」「温」聲的「△」字,應該就是「昏」的異體。上引(4)以「晨」與「△」對貞,古書也以「晨」、「昏」對舉,如《禮記・曲禮上》「昏定而晨省」。甲骨文有作□的「昏」字(《甲骨文編》285頁),但是在已發表的殷墟甲骨文裏幾乎都見于無名組卜辭,而「△」則幾乎都見于出組卜辭。不同組的殷墟卜辭,其文字形體和用字習慣往往不同,「昏」字又提供了一個例子。

第一期卜辭有說「貞:于□用」的(《合》1824正),這個「𥁕」字如非地名,也有可能應該讀為「昏」。【殷墟甲骨文字考釋 湖北大學學報一九九〇年第一期】

◉許　慎　曫日且昏時。从日。䜌聲。讀若新城䜌中。洛官切。【説文解字卷七】

◉馬叙倫　吴穎芳曰。且疑旦字之譌。河南郡新成縣蠻中。故戎子國。見漢書地理志。鈕樹玉曰。集韻引作日旦昏也。玉篇。曰昏時。當本説文。嚴章福曰。茻部。莫。日且冥也。今此旦字蓋日之譌。䜌中地理志郡國志皆作蠻中。此蓋爛文。倫按曫音明紐。明微皆邊音。是曫亦晚之轉注字。曫旰則聲同元類轉注字。日且昏時也。疑本作昏也。日暮時也。傳寫譌耳。字或出字林。【説文解字六書疏證卷十三】

◉許　慎　晻不明也。从日。奄聲。烏感切。【説文解字卷七】

◉馬叙倫　徐灝曰。晻暗實一時。此二篆相次。安知非以暗為晻之或體。而後人改之邪。倫按下文。暗。日無光也。與此雙聲。集韻類皆以晻暗為一字。戴侗謂漢書以晻為暗。然則不明即日無光。二字固轉注。而晻晚亦轉注字。晻得聲於申。申免聲皆真類也。暗晻又皆杳之轉注字。音同影紐也。蕭該漢書音義引字林。晻。不明也。爾雅釋詁釋文。暗。字林或作晻。烏感反。然則此字出字林。【説文解字六書疏證卷十三】

◉許　慎　暗日無光也。从日。音聲。烏紺切。【説文解字卷七】

◉馬叙倫　暗為晦之轉注字。暗音影紐。晦音曉紐。古讀曉歸影也。暗從音得聲。音言一字。言音疑紐。晦從每得聲。每音微紐。同為邊音也。【説文解字六書疏證卷十三】

甲五七三　卜辭用每為晦重見每下【甲骨文編】

每之重文【續甲骨文編】

晦　封七三【睡虎地秦簡文字編】

山川四晉　甲三·一四　晉从母从日，即晦字，讀為海。《釋名》「海，晦也。主承穢濁，其色黑如晦也。」山川四海，猶四海山川，《周官·校人》：

「凡將事於四海山川。」註：「四海猶四方也。」【長沙楚帛書文字編】

晦 李晦【漢印文字徵】

晦 晦出王庶子碑【汗簡】

晦 古老子 晦 王庶子碑 晦 同上【古文四聲韻】

◉許　慎　晦月盡也。从日。每聲。荒内切。【説文解字卷七】

◉馬叙倫　翟云升曰。文選褉體詩注引無月字。脱。徐灝曰。晦之本義當為晝晦。故從日。假為月盡之稱。倫按爾雅釋言。晦。冥也。國語魯語。晦而休。注。冥也。詩雞鳴。風雨如晦。傳。昏也。易象上傳。君子以嚮晦入宴息。鄭注。宴也。宴借為晚。然則晦本是昬之異文。每民一字也。月盡字當從月作脢。以與從肉之脢相混。致失其字。古書月盡字作晦。或脢之譌。或無其字。借晦為之耳。【説文解字六書疏證卷十三】

◉孫海波　一四三甲庚申卜翊日□

乙□田其每右

卜辭風與雨為對文。啟與每為對文。啟為啟之省文。雨而晝晴為啟。每蓋為晦之假借字。晦。冥也。僖十五年春秋經。晦震伯夷之廟。公羊傳曰。晦。晝冥也。爾雅。霧謂之晦。言蒙蒙不明也。詩風雨如晦。傳。昏也。【誠齋甲骨文字考釋】

◉嚴一萍　晦案繒書借晦為海。商氏據周禮夏官校人：「凡將事于四海山川。」注「四海猶四方也」為説，甚是。【楚繒書新考　中國文字第二十六册】

暜

◉許　慎　暜埃暜。日無光也。从日。能聲。奴代切。【説文解字卷七】

◉馬叙倫　徐鍇曰。埃暜猶今言靉靆。承培元曰。汪本傳靉靆作愛逮。倫按亦猶今人言暗淡。昬之轉注字也。暜音泥紐。泥微皆邊音。埃暜二字校者加之。或此字林文。字出字林也。廣韻引字説。暜。埃也。【説文解字六書疏證卷十三】

◉許　慎　曀陰而風也。从日。壹聲。詩曰。終風且曀。於計切。【説文解字卷七】

◉馬叙倫　沈濤曰。御覽十三引。曀。天陰沈也。蓋古本如此。今本涉詩傳爾雅而誤耳。釋名釋天。曀。翳也。言雲氣晻翳日光。使不明也。晻翳不明。即陰沈之義。王念孫謂終風且暴。終猶既也。終風且暴言既風且暴。則經風且曀言既風且曀耳。曀字自有本訓。初不必兼風而言。開元吕經一百一引。曀。天地陰沈也。傳寫衍一地字。是古本相同。益見今本之譌。王筠曰。土部垮下云。天陰塵也。引詩⿰土壹之其陰。案毛詩。終風且曀。曀曀其陰。字竝作曀。玉篇注同説文。而竝不引詩。廣韻亦同。而曀下引詩。⿰土壹下不引。推毛詩之意。兩章初不作兩説。則其字必無異。許宗毛者也。亦不應與毛異。蓋毛本竝作⿰土壹。迨傳寫誤⿰土壹之後。讀者不知許已收土部。而檢之日部不得。乃增此字。即用爾雅毛傳為之説解。開元占經御覽所引天陰沈也。即⿰土壹下天陰塵之説。而塵沈聲似而譌耳。倫按曀為晻之雙聲轉注字。今説解文自有誤。然御覽占經所引亦非原文。此與晏下日天清也。皆後人語氣。而御覽所引自如王説。然曀⿰土壹是兩字。特⿰土壹下天陰塵也亦并曀⿰土壹兩字之義而為一耳。⿰土壹為埃之轉注字。合訓塵也。曀為晻之轉注字。合為天陰也。字蓋出字林。【説文解字六書疏證卷十三】

旱 5·451　獨字【古陶文字徵】

旱 旱　秦一三　六例　旱 日甲五一背【睡虎地秦簡文字編】

旱 毛旱時【漢印文字徵】

祀三公山碑　蝗旱鬲并【石刻篆文編】

◉許　慎　旱不雨也。从日。干聲。乎旰切。【説文解字卷七】

◉楊樹達　字从干聲，古讀當與干同。今音乎旰切，蓋後來之變音也。旱從干者，干與乾古音同，天久暘不雨，則氣枯燥而不潤，故為乾而字从干也。《三篇下革部》云：「靬，乾革也，从革，干聲。」字从干革而義為乾革，此制字時干乾通用之證也。《莊子田子方篇》云：「老聃新沐，方將被髮而干。」《釋文》云：「干本或作乾。」按被髮而干，謂散其濕髮使之乾也。《後漢書獨行傳》云：「明堂之奠，干飯寒水。」《釋名釋飲食》云：「干飯，飯而暴乾之也。」此皆干乾通用之證也。天旱則氣乾，今語謂旱為天乾，蓋古之遺語矣。【釋旱　積微居小學述林】

◉馬叙倫　吴國傑曰。旱旰一字。不雨乃暵字義。倫按不雨不似許訓。蓋字林文。【說文解字六書疏證卷十三】

◉陳獨秀　說文云:盾,瞂也,所以扞身蔽目,象形。按象形者謂目象盾牌,非耳目之目,𠂆則握。說文:瞂,盾握也。周禮夏官司兵鄭注,詩公劉鄭箋,方言方言云,盾自關而東謂之瞂,或謂之干,關西謂之盾。詩秦風小戎:蒙伐有苑,毛傳云:伐,中干也。伐即方言及說文之瞂,是秦在關西亦稱瞂也。及趙注孟子,皆以干訓盾,此干皆旱之借字。旱加日於干,猶之罕加网於干,干不可以為网,亦不可以為盾,說文謂盾所以扞身蔽目。釋名:盾,遯也,跪其後以隱遯也。干不足為此用。說文:戰,盾也;初形為旱,後加戈,旱之干上加日亦象盾,非從日月之日,干其柄也。旱孳乳為捍,禮記内則:右佩玦捍,注云:言可以捍弦也。為悍,說文:悍,勇也。為斁說文云:斁,止也,周書曰斁我於艱。為稈,說文:稈,禾莖也。皆取義于盾,說文旱訓不雨,後用為乾旱字,乃暵之假借,非旱本義。章字金文作章或章史頌簋。或章師遽方彝。或章乙亥簋。皆于平首干上加⊖象盾,左氏襄十年傳:狄虒彌建大車之輪,而蒙之以甲,以為櫓,杜注云:櫓,大楯。說文亦訓櫓為大盾,或作𣠮。史記始皇本紀:流血漂鹵,徐廣曰,鹵,楯也。旱與章之⊖皆似大車之輪,是章亦大盾也。周禮夏官司兵掌五盾,注云:干櫓之屬。按干櫓即旱櫓,旱、櫓、瞂、章、盾或即五盾之名,盾又其通稱也。顧命一人冕執鋭,說文引作執鈗,顧命孔注云:鋭當作鈗。按借允為盾,後加金作鈗,不當在五盾之外。漢書敍傳:數遣中盾請問近臣,師古曰:盾讀如允,今正作中允。故章字孳乳為障,說文:障隔也。爾雅,障,界也,蔽也。廣韻障下注云:又步障也,王君夫作絲布步障三十里,石崇以錦障五十里敵之。故用為屏障字。為墇,說文:墇,擁也。為嶂,廣韻:嶂,峰嶂。皆取盾之障蔽義。殷冠名章甫,即儒冠,謂高冠如盾。樂章、章句,乃取章盾界隔之義。牙璋以起軍旅,見周禮春官典瑞及考工記。故璋字从章。彰謂盾上有飾畫,即詩秦風所謂龍盾,國語所謂韇盾也。詩龍盾之合,傳云:畫龍于盾,合而載之,以蔽車也。國語齊語:輕罪贖以韇盾一戟,注云:韇盾,綴革有文如績也。說文云:章,樂竟為一章,从音,从十,十,數之終也。按金文章字之形,無一从音从十,所孳乳之字亦無一取義於樂章,故知章之本義非樂章。【小學識字教本】

𣅀 𣅀

◉許　慎　𣅀望遠合也。从日匕。匕。合也。讀若窈窕之窈。徐鍇曰。比。相近也。故日合也。烏皎切。【說文解字卷七】

◉林義光　說文云𣅀望遠合也。从日匕。匕合也。讀若窈窕之窈。按日合非義。匕即人字反文。日與人相去之遠。遠望之若人在日旁。故𣅀為望遠合也。【文源卷六】

◉馬叙倫　桂馥曰。聲類。𣅀。遠望也。鈕樹玉曰。玉篇。望遠也。廣韻。合也。倫按此字前人率依今之說解委曲為詞。其音烏皎切與宀部官字音同。官。從宀。𣅀聲。倫謂𣅀亦必為形聲字。據讀若窈窕之窈。劉秀生謂之窈二字校者所加。此讀若窈窕之窕也。窕從兆聲。穴部。窕。從穴。𣅀聲。讀若燿。詩大東。佻佻公子。釋文。佻佻。韓詩作嬥嬥。並音挑。

本或作窕。周官守祧。注。故書祧作濯。鄭司農云。濯讀若祧。爾雅釋訓。佻佻契契。文選魏都賦注作儵儵契契。釋魚。蜃。小者珧。釋文衆家本皆作濯。昆聲如濯翟聲如兆。是其證。倫謂如劉說。則昆當從日逃省聲。音皆定紐也。甲文逃字作𠦃𠦄。故此省作𠤎耳。說解望遠合也當作遠望也合也。合也涉下文匕合也而譌衍。匕合也校語。遠望也蓋呂忱據聲增此字。即以為訓。穴部。窅冥也。冥也即昆字義。昆如今音。為晻之轉注字。【說文解字六書疏證卷十三】

◉唐桂馨　此字與頃字同意。𠪿。頭不正也。从匕頁。𣅀从日从𠤎。日將昃矣。亦不正中矣。許訓望遠合。亦引伸義。謂日斜則望遠不明。【說文識小録　古學叢刊第五期】

昴 郭昴之印【漢印文字徵】

◉許　慎　昴白虎宿星。从日。卯聲。莫飽切。【說文解字卷七】

◉馬叙倫　吴穎芳曰。從星省。倫按星名。叚借字也。非昴之本義。以音求之。當是昧之雙聲轉注字。尚書昧谷或作栁谷。其例證也。字或出字林。【說文解字六書疏證卷十三】

◉許　慎　𣆯不久也。从日。鄉聲。春秋傳曰。𣆯役之三月。許兩切。【說文解字卷七】

◉馬叙倫　桂馥曰。不久也當為久也。釋詁。𣆯。久也。倫按不字羡。或為大字之譌。然疑非本訓。引蓋出字林。【說文解字六書疏證卷十三】

◉許　慎　曩𣆯也。从日。襄聲。奴朗切。【說文解字卷七】

◉馬叙倫　倫按曩𣆯聲同陽類轉注字。【說文解字六書疏證卷十三】

◉許　慎　昨壘日也。从日。乍聲。在各切。【說文解字卷七】

◉馬叙倫　鈕樹玉曰。韻會作累日也。從日。作省聲。桂馥曰。集韻類篇竝作纍日也。馥謂當作纍。倫按昨音從紐。曩從襄得聲。襄音心紐。心從皆舌尖前音。昨曩又聲為魚陽對轉。是轉注字也。文選潘岳悼亡詩注引倉頡。昨。隔日也。【說文

解字六書疏證卷十三】

暇

竝籀韻【古文四聲韻】

◉許　慎　暇閑也。从日。叚聲。胡嫁切。【説文解字卷七】

◉馬叙倫　桂馥曰。類篇引作閒也。倫按閒也以聲訓。古書言閒暇者。同舌根音連緜詞。閒為嫺省。本書。嫺。雅也。嫺雅即閒暇也。或此非本義。暇當為昨之聲同魚類轉注字。猶作假之轉注矣。字或出字林。【説文解字六書疏證卷十三】

暫

◉許　慎　暫不久也。从日。斬聲。藏濫切。【説文解字卷七】

◉馬叙倫　不久也非本訓。或字出字林也。暫為昨之音同從紐轉注字。【説文解字六書疏證卷十三】

㫧

◉許　慎　㫧喜樂皃。从日。弁聲。皮變切。【説文解字卷七】

◉馬叙倫　王筠曰。以下四字皆從日假借之義。似當與昆晐相次。不知何以在此。倫按從日弁聲。而訓喜樂皃。必非本義。疑喜樂皃者。字當作忭。或為歡字義。歡弁聲同元類。許以詩小雅。弁彼鸒斯。毛傳訓樂。遂以訓此。亦或非本訓。或字出字林也。倫疑暫㫧為轉注字。㫧聲元類。暫得聲於車。車單一字。單聲亦元類也。【説文解字六書疏證卷十三】

◉馬國權　邇來助容希白師增補《金文編》，得閲從各處假來拓本，有《史問鐘》銘云：「史問自乍（作）㫧鐘，其子子孫孫永寶用。」此器未見著録，不詳出土何地，以書體風格驗之，當為西周中期之作。字金文未見，余疑即㫧字，《説文》：「㫧喜樂皃，從日弁聲。」形體大致相同，祇弁之象冠之𠆢，金文以兩短垂代之耳。然㫧之構成，段玉裁謂：「從日者，熙熙如春登臺之意。」朱駿聲則以為：從日，應即從旻省，旻，安也。各持一説。㫧字經傳多以弁字為借，《詩·小雅》「弁彼鸒斯」，《傳》：「弁，樂也。」《集韻》云：「㫧或作忭。」忭乃㫧之後起字。按鐘為樂器，故其自銘多與協奏及歡樂有關，如《王孫鐘》之「自作龢鐘」，《鄭井叔鐘》之「鄭井叔作霝鐘」，《兮仲鐘》之「兮仲作大薔鐘」，《虘鐘》之「用作朕文考釐伯龢薔鐘」，《蔡侯鐘》之「自作訶（歌）鐘」，及本器之「自作㫧鐘」等皆是。蓋龢者，謂龠聲調和也；薔假為林，是以十二律「林鐘」之名以名鐘也；龢薔連言，言林鐘聲音之相協；歌謂與歌舞相配；而㫧者，則所以狀鐘鳴之歡悦焉。至自銘為「游鐘」、「行鐘」或「媵鐘」，特鑄器目的有殊，或數量與音階有別，而用

昌

途則一。【金文札存二則　古文字研究第八輯】

昌　蔡侯𧷣盤　子孫蕃昌【金文編】

3·790　昌寺　5·86　咸里高昌　5·185　鳥氏工昌　5·364　博昌居貲口里不更余　5·2　咸亭當柳昌器　6·12　𨘋董昌勝　秦483　博昌去疾　3·27　昌櫅陳𨰻南左里敀亳區　蔡侯盤昌作　古幣文昌字亦多同此　3·28　昌櫅陳𨰻南左里敀亳豆　3·38　昌櫅陳𨰻北左里敀亳豆　3·507　王卒左敀昌里攴　4·79　匋攻昌　6·12　董昌勝　4·157　亢昌☐【古陶文字徵】

〔六八〕〔四七〕〔一〕〔五三〕〔四七〕〔三七〕〔五八〕〔一九〕〔三九〕〔三二〕〔四〕〔五〇〕〔一九〕〔三九〕〔二五〕〔一八〕〔三五〕〔五八〕〔三六〕〔一九〕〔三六〕〔一八〕【先秦貨幣文編】

布方恭昌　籀文作　晉高　布空大　豫孟　布方恭昌　晉祁　刀大背左昌　晉原　刀弧背昌　冀灵　仝上　刀大齊𠫑化背昌　魯濟　按蔡侯盤銘文子孫藩昌字作　古鉢陳昌字作　刀大齊𠫑化背昌　魯濟　刀大齊𠫑化背昌　魯廣　仝上　魯濟　刀大齊𠫑化背昌　魯掖　仝上　刀大齊之𠫑化背𠫑昌　魯海　刀大齊之𠫑化背𠫑昌　魯海　刀大齊之𠫑化背化昌　魯博　布方恭昌　典一二三〇　仝上　典一二三一　布方恭昌　亞四·一三　刀大節墨之𠫑化背𠫑昌　典一〇一〇　布方恭昌　亞四·一三　布方恭昌　亞四·一三　仝上　亞四·一四　仝上　布方恭昌　典一二二九【古幣文編】

昌 日甲一二〇 五例　日甲一一九　日甲三六【睡虎地秦簡文字編】

1632　1400　4418　0959　2675　1214　1109　0761　4678　3075　4922　4984　4973　4972　4975　4978　4980　0882　4986　4985　4994　4993　4992　2189　0178　4977　4996　4998　4997　4987　4999　5390【古璽文編】

博昌　博昌丞印　陽始昌　申屠昌　李步昌　得昌翁仲　定昌武印　袁昌【漢印文字徵】

昌陽刻石　禪國山碑　尚書昏直晃昌【石刻篆文編】

昌【汗簡】

說文　同上【古文四聲韻】

◉許慎　昌美言也。从日。从曰。一曰。日光也。詩曰。東方昌矣。臣鉉等曰。曰亦言也。尺良切。籀文昌。【說文解字卷七】

◉孫詒讓　「昌方」並作「」。《說文·日部》：「昌，美言也。从日、从曰，一曰日光也。籀文作「」。」《方部》重文無「」字。今攷此「」字上从□，下从曰，與籀文上日、下口形小異大同。今所傳古幣有作「昌」字者，其文作「」、「」，上亦从口，與此正同。「方」作「」者，金文彔伯鼎，三方字作。此即之省也。二百十八之二云：「貝□□」之「□」字與金文正同。又「四方」字亦或作「」。詳《釋鬼神篇》(一六四)「昌方」猶《詩·大雅·常武》云徐方，疑殷、周間國名。(一六五)凡云「昌方出」或云「大出」者，蓋卜其犯境與不也。百七十六之二云：「戊申卜乎雀出于伐征」，是征伐之事謂之「出」之證。云「不夾出」者，「夾」，夜通，詳《釋鬼神篇》。不夜至也。其云「伐昌方」、「正，讀為征，詳《釋文字篇》昌方」者，卜出師征討之也。云「昌方若」、或云「弗若」、或云「服昌方」者，卜其順服我不也。「」「若」同，訓順。詳《釋卜事篇》。云「我其受」者，謂受其順服。云「受之又」者，「又」疑當為有，金文通以

「又」為有。謂受而有之為屬國也。二百卅五之四云：「立貝受又」，與此文可互證。云「不我其受」者，謂不能服之。蓋服我則受之，不服則不受也。【栔文舉例卷上】

◉林義光　說文云昌美言也。从日从曰。一曰日光也。按美言不當从日。日光又不當从曰。漢洗文富貴昌皆作昌。疑本从二日。廣雅昌光也。釋言。春秋元命苞。代殷為姬昌。注云。兩日重見言明象。裴松之引易運期讖云。兩日並光日居午。皆以兩日為昌字。【文源卷八】

◉孫海波　後編卷下第三十九葉十四版「于昍亡哉」，佚存四六八版「于南門昌」，明義士先生藏契一版文云「弜復昍其延」，又云「丁卯卜戊辰復昍」諸昍字，或从日口，或从二日，疑即許書之昌。說文「昌，美言也，从日从曰，一曰日光也，詩曰東方昌矣，籀文作昌。」林義光先生曰：「美言不當从曰，日光又不當从曰。漢洗富貴昌皆作昍，疑本从二日。廣雅『昌光也』，釋言。春秋元命苞『代殷為姬昌』，注云『兩日重見言明象。』裴松之引易運期讖云『兩日並光日居午』，皆以兩日為昌字。」文源。其說甚辨。按許君引詩「東方昌矣」以解昌為日光，則从曰於義無居。意者昌字初文，本从二日，取日光之義。籀文作昌，从□，殆日之省，與卜辭相合。从曰者，或日之譌字。【卜辭文字小記　考古學社社刊第四期】

◉馬叙倫　鈕樹玉曰。繫傳作昌亦聲。昌亦曰日光也。韻會引日光作目光。段玉裁曰。一曰日光也五字。恐魏時因許昌之説而妄增之。王筠曰。一曰日光也詩曰東方昌矣。此因誤記詩詞而生日光之訓。玉篇無此說。後人以字屬日部。遂信之而不敢刪也。然以美言為本義。則當入日部。俞樾曰。美言也非本義。美言何取乎從日耶。一曰日光。則因詩雞鳴東方昌矣朝既昌矣許君誤記而有此說。昌為唱之古文。口部。唱。導也。從口。昌聲。夫昌之籀文本從口。小篆變而從日。即從口之義也。而唱又從口。此必復出字而非古文矣。昌從日從口。會日出而人聲作意。倫按俞先生說昌為唱之初文。校長。倫以為從日鄉省聲。或良省聲。或量省聲。當入曰部。亦或曰本作□。為口之異文也。美言之訓。本於書皋陶謨。禹拜昌言。而昌言之意為善良之言。則昌乃臧或善之借字。且昌為美言。則拜昌言為拜美言言矣。故仍疑美言非本義也。或曰。美言正謂歌唱。詩之朝已昌矣。毛傳。朝既昌盛。其實朝訓旦也。朝既昌矣。猶今言晨光已大亮了。正承東方明矣而言也。且今杭縣猶謂天明為天亮。又有昌昌亮之語。亮字本書無之。乃良字之誤書。諸葛孔明名亮者。俗以亮字為朗字耳。倫以在月為朗。在日為昌。蓋從日曹省聲。曹音穿紐。故昌音亦穿紐也。或曰。疑別有昌字從兩日。以字形與昌似。故失其字。從兩日者。從日。鄉省聲。一曰日光也者。乃從日鄉省聲之字之義。今誤入從曰鄉省聲之昌下。鍇有一曰曰亦聲三字。徐鍇謂後人妄加之。是也。詩曰六字上鍇本有又字。亦校者加也。字見急就篇。古鉨作□。古幣作□。

□ 徐鍇曰。從口與從曰同。桂馥曰。徐鍇韻譜作□。汗簡引作□。倫按王筠據鍇本作□。【說文解字六書疏證卷十三】

◉于省吾 栔文昌字作□□□□□□等形。郭沫若釋昌。粹考一三四。按昌即旦之初文。旦昌同原。後岐為二。金文旦字。曌毀作□。克鼎作□。頌壺作□。伊毀作□。休盤作□。古文虚匡與填實同。栔文下不填實者。栔刻之便也。其上从日或無點者。文之省也。惟栔文二體分離。金文多上下相連。祇休盤□字與栔文相仿。形雖遞衍。迹猶可尋。說文。旦明也。从日見一上。一地也。按古文無从一者。許説失之。栔文旦字當係从日丁聲。丁旦雙聲。並端母字。栔文丁字作□□。與旦字下从之虚匡形同。栔文旦亦作□。下从□。中有小横。乃變體也。金文丁字作□□。與旦字下从之填實形同。此旦字演變之證驗也。說文。昌美言也。从日从曰。一曰日光也。□籀文昌。按古鉨昌字作□。下从□。與小篆相近。而説文所引籀文昌字下从□。是籀文時期猶在鉨文之前。□即古丁字。金文晚期丁字。王孫鐘作□。者減鐘作□。古璽文字徵十四·四。丁作□。又古璽文字徵七·一。旦作□。即□字。昌穿紐三等字。古讀穿紐亦為舌頭音。書皋陶謨。禹拜昌言。孟子公孫丑注引作禹拜讜言。讜亦通黨。逸周書祭公。王拜手稽首黨言。昌與讜黨聲近字通。爾雅釋詁。昌丁當也。書皋陶謨譌傳亦訓昌為當。詩雲漢。寧丁我躬傳。丁當也。昌本从丁聲。昌丁並釋為當。以聲為訓。廣雅釋言。昌光也。與説文日光之訓符。説文訓旦為明。明光義相因。此旦昌同名之證驗也。栔文昌字均作旦字用。佚四六八。于南門昌。當謂旦時于南門有事也。後下三九·十四。于昌亡𢦔。粹九八四。于昌王畋田。亡𢦔。一零二九。于昌亡𢦔。均係占狩獵之時。鄴三下四四·五。癸于昌畋伐𢦔不雉人。係占征伐之時。粹七零零。昌不雨。食不雨。旦與食對文。食謂食時也。鄴初下三三·三。昌湓至昏不雨。由旦至昏。義尤明顯。佚一六六。兄祝叀今昌酻正。新二二一六。昌其激鼑。謂旦時祭也。佚八八二。其夏□。□下殘。應作□。栔文夏要互作。即复即復。余所藏明義士墨本有辭云。戊辰夏□。又有辭云。弜夏□。其征。書大傳虞夏傳。旦復旦兮。管子牧民。不行不可復者注。復重也。栔文言旦謂即日之旦。言復旦謂翌日之旦也。要之。栔文昌字从日丁聲。即今旦字。説文誤作从一。金文旦形與丁形相連。而亦有不相連者。可資參證。旦與昌初本同名。後以用各有當。因而岐化。然説文籀文昌下从丁。猶可溯其形。昌當為聲訓。昌又通黨讜。猶可溯其音。昌訓光。猶可溯其義。小篆昌字下从曰。譌形聲為會意。而昌之義訓。遂不可解結矣。【釋昌 雙劍誃栔駢枝三編】

◉徐中舒 □金文作□。舊釋曶。或隷定為舀。今案乃昌字。即歌唱之本字。【禹鼎的年代及其相關問題 考古學報第二五册】

睢

旺 陆旺私印【漢印文字徵】

◉許　慎　睢光美也。从日。往聲。于放切。【説文解字卷七】

◉馬叙倫　光美也鍇本作美光也。皆當作光也美也。美也爾雅釋詁文。蓋字林文。字或出字林。昌睢疊韻轉注字。然皆皇之聲同陽類轉注字。【説文解字六書疏證卷十三】

昄

◉許　慎　昄大也。从日。反聲。補綰切。【説文解字卷七】

◉馬叙倫　昄大也者。爾雅釋詁文。然從日而訓大。必非本義。詩卷阿釋文引字林。昄。方但反。又方旦反。以音求之。亦昊昒等之轉注字。字或出字林。【説文解字六書疏證卷十三】

昱

甲四六五　昱从日从羽　羽古翌字　甲六三八　乙五八　乙一〇〇　乙一〇八　前六·二〇·四　前七·五·二　前七·三二·四　後一·二〇·一五　後二·二·七　後二·二·一三　後二·四三·三　林一·一七·二三　林二·二一·五　林二·二五·七　戩一三·一　戩二一·一一　甲六八七　甲七九九　甲二一二三　掇一·四一五　粹六七·九　京津四三〇八　燕四五　京都二三一〇【甲骨文編】

翊之重文【續甲骨文編】

昱　説文明日也經典作翌爾雅釋言翌明也尚書五言翌日天寶間盡改為翼　盂鼎二　雩若昱之酉　切卣三　宰椃角　在六月隹王廿祀昱又五　作册孯卣【金文編】

殷昱印信【漢印文字徵】

□石碣避水 【石刻篆文編】

◉許 慎 昱明日也。从日。立聲。余六切。【説文解字卷七】

◉王國維 殷虚卜辭屢見□□□□諸字。又或从日作□。或从立作□□諸體。於卜辭中不下數百見。初不知為何字，後讀小盂鼎。見有□字。與□□二字相似。其文云。粵若□乙亥。與書召誥越若來三月。漢書律歷志引逸武成粵若來二月。文例正同。而王莽傳載太保王舜奏云。公以八月載生魄庚子。奉使朝用書。越若翊辛丑。諸生庶民大和會。王舜此奏。全摹仿康誥召誥。則召誥之若翌日乙卯。越翌日戊午。今文尚書殆本作越若翌乙卯越若翌戊午。故舜奏仿之。然則小盂鼎之粵若□乙亥。當釋為粵若翌乙亥無疑也。又其字从日从立。與説文訓明日之昱正同。因悟卜辭中上述諸體皆昱字也。羅叔言參事嘗以此説求之卜辭諸甲子中有此字者。無乎不合。惟卜辭諸昱字雖什九指斥明日。亦有指第三日第四日者。視説文明日之訓稍廣耳。又案此字卜辭或作□者。殆其最初之假借字。□即巤之初字。石鼓文。君子員邋。字作□。从□。説文囟部。巤。毛巤也。象髮在囟上及毛髮巤巤之形。□則但象毛髮巤巤之形。本一字也。古音巤立同聲。今立在緝韻。巤在葉韻。此二部本自相近。故借巤為昱。後乃加日作□為形聲字。或更如小盂鼎作□。為一形二聲之字。或又省日作□。則去形而但存其二聲。古固有一字二聲者。説文竊字注云卨廿皆聲。又韰字注云次朿皆聲。案石鼓文自有𣛭字。則韰字自以𣛭為聲。而石鼓之𣛭，即周禮巾車職之故書𣛭字。而鼓文作𣛭，其字朿次皆聲。正與□□諸字之立巤皆聲同例也。卜辭又有祭祀名曰昱日。殆與肜日同為祭之明日又祭之稱與。【釋昱 觀堂集林卷六】

◉羅振玉 説文解字。昱。明日也。从日。立聲。段先生曰。昱字古多假借翌字為之。釋言曰翌明也是也。凡經傳子史。翌日字皆昱日之假借。翌與昱同立聲。故相假借。其作翼者誤也。卜辭諸昱字變狀至多。初不能定為何字。王君國維因盂鼎粵若昱乙酉之昱作□。謂卜辭中癸酉卜貞□日乙亥之□日亦是昱日。予徧推之他辭。無不相合。知王君之説信也。諸字或从立。或从日。或省立與日。石鼓文第九鼓日隹丙申下亦有□字。與卜辭略同。知亦當為昱矣。卜辭凡稱次日或再次日為昱。數日以後為來。數日以前為昔。【增訂殷虚書契考釋卷中】

◉王 襄 説文解字「昱，明日也」，又「翊，飛皃」，爾雅釋言：「翌，明也。」尚書金縢：「王翌日乃瘳。」昱、翊同誼，古殆是一字而有或體。殷契昱之初文作□□諸形，凡百數十名，繁簡任意，無一同者。蓋製字之始，取象于蟬翼，因摹寫匪易，故無定形，疑為翼之本字，借為翌日字。天寶時，衛包盡改尚書之翌為翼，或見古文固如此歟。後則因其與日有關，加偏旁之日作□，為會意字。又因其由立得聲，乃加立作□，為形聲字。□□皆從□演出，已佚之盂鼎：「□□□□□」，其□字兼从日立，為翌之繁文。許書之昱，為□之省文，翊之偏旁羽亦為翼之省變，因分隸于日羽二部，即改易殊體，孳乳浸多之説。【古文流變臆説　上編】

◉强運開　□施云。丙申下二字尚可辨。舊釋皆闕。孫淵如嚴可均以為作翎。即昫字。張德容云。諦審石刻。左旁句字甚明。孫嚴説甚確。或釋作旭。吳作鼂。皆誤有重文。羅振玉云。此字从日。他半作□。其下半如巤。初不知為何字。以商人卜辭中昱日之昱作□。盂鼎雩若昱乙酉作□攷之。知此亦昱字也。⊘運開按羅氏之説甚是。又按。宰椃角。隹王廿祀□又五。舊釋為角。非。容庚亦以為昱字。又毛公鼎金□金雁□字。毛伯□父敨□字。其右半皆與此篆左半相近。綜觀□□□□□□諸偏旁。形俱近似。然皆不能知為何字。所謂古有今無者。此類是也。竊疑翌字小篆作□。其右半从羽。與□形近。或即由□遞變而改从羽也。【石鼓釋文】

◉郭沫若　昱字原文頗異，羅振玉云：「以商人卜辭昱日之昱作□，盂鼎作□攷之，知此亦昱字也。」案此字當从段玉裁説訓為日明，段云：「大玄曰『日以昱乎晝，月以昱乎夜』，注云『昱明也』。」薪字半泐，諦審確是此字，蓋即假為新。【石鼓文　郭沫若全集考古編卷九】

◉馬叙倫　吳穎芳曰。於説應作日明也。玉篇同。立乃翊省之諧。若從明日義則同翌。與職切。沈濤曰。一切經音義九引作日明也。蓋古本如此。太玄經。日以昱乎晝。月以昱乎夜。注。昱。明也。玉篇亦云。昱。日明也。王筠曰。許自用明日之義。若為日明。則當與昭曠為類矣。明日之義經典皆借翌。釋言。翌。明也。萌下云。翌也。皆是。王國維曰。卜辭屢見□□□□諸文。又或從日作□。或從立作□□。以盂鼎粵若□乙亥。與書召誥越若來三月。漢書律歷志引逸武成越若來二月。文例正同。而王莽傳。王舜奏中亦有越若翊辛丑之文。則盂鼎之粵若□乙亥。當釋為越若翌乙亥。其字從日從立。與説文訓明日之昱正同。知卜辭中上述諸體皆昱字也。卜辭或作□者。殆其最初之假借字。□即巤之初文。石鼓文。君子員□。從□。説文。巤。毛巤也。古音巤立同部。故借巤為昱。後乃加日旁為形聲字。或更如小盂鼎作□。為一形二聲字。倫按甲文之□。從日。□聲。其□則從□立聲。為翊之異文。其□即翼之初文。故甲文徑借□為□耳。盂鼎之□。從日。□聲。為昱之異文。又疑□從日從葉之初文作□者得聲。立葉聲同談類。為昱之轉注字。翼從異得聲。古書言異日即翼日也。而異日又冀日之省借。冀即異同之異本字也。然則明日之昱當作冀。古書用翌翼□□皆借字。今日無字。知亦不為明日造字也。巤從□得聲。而音入來紐。古讀來歸泥。明泥同為邊音。故冀日古書亦作明日。昱。從日。立聲。甲文作□。從日。葉聲。盂鼎作□。從日。□聲。皆旭或暘之轉注字。昱易音同喻紐四等。旭音曉紐。同為次清摩擦音也。日明者。言日光之盛。火部。煜。熠也。熠。盛光也。語原同矣。唯日明之義。字當次曠下。今失倫。字或出字林也。【說文解字六書疏證卷十三】

◉于省吾　卜辭昱字作。其畫繁省無定。不煩備録。王國維謂即巤之初字。古音巤立同聲。故借巤為昱。見觀堂集林卷六。葉玉森謂象蟲翼上有網膜。當即古象形翼字。見說契一葉。唐蘭謂當釋羽。象羽翼之形。翼之本字也。見殷契卜辭釋文二葉。按與巤非同字。已詳唐說。惟葉唐二君以為羽翼字亦誤。昱字盂鼎作。宰椃角作。前三・二二・五有字。左象器形。兩側插羽。非从又也。金文从羽之字。如史喜鼎翟字作。翏生盨翏字作。是與羽翼字迥別。如謂為形之演變。則石鼓文昱字猶作。其非羽翼字。不待辨矣。卜辭昱字實象古刀形。近年安陽出土商代之刀。刀背及刀之兩面每有縱横陽文線。其花文成正方形或邪方形。與卜辭昱字絶相類。再以商代出土彝器銘文之有刀形者證之。刀作形。數見不鮮。容庚金文編坿彔所橅者已略備。其畫成虚匡或有花文者。如刀爵作。父乙卣作。父乙爵作。戜刀爵作。與卜辭昱之作形者相仿。又刀字父年卣作。刱毁。刱字从刀作。予所藏父己尊有字。左右均象刀形。父辛爵有字。正爵有字。均象以手持刀之形。與卜辭昱之作者相仿。是昱字之初文。本象刀形。灼然明矣。古籀昱亦作翌。翌从羽乃刀形之譌變也。卜辭有字。从口从刀。當即書多方叨懫之叨。又字習見。从三止从刀。不識。舊釋邋。未可據。說文。昱明日也。从日立聲。以聲言之。昱喻母四等字。古讀喻母四等字。隸舌聲定母。卜辭假刀為昱。是古讀昱如刀。猶古讀繇如陶讀揄如舀讀攸如調矣。【釋昱　雙劍誃殷契駢枝】

◉楊樹達　戩壽十四葉之一云：「癸卯，卜，貞，翌缺不雨?」王國維云：翌字作諸體，或但作，或从立，或从日，又有兼从立从日者，如小盂鼎之字是也。此字於卜辭不下數百見，初不知其為何字。後讀小盂鼎，有「粤若乙亥」語，與書召誥「越若來三月」，漢書律曆志引逸武成「粤若來二月」，文例正同，而王莽傳載大保舜奏：「公以八月載生魄庚子奉使，朝用書，粤若翊辛丑，諸生庶民大和會。」王舜此奏全模倣康誥召誥，則召誥之「若翌日乙卯」，「越翌日戊午」，今文尚書殆本作「越若翌乙卯」，「越若翌戊午」，故舜奏倣之，然則盂鼎之，其為翌字無疑也。又其字从日从立，與說文訓明日之昱正同，因悟卜辭上述諸體皆昱字也。從世假用翌字，今尚書作翼，則唐衛包所妄改。羅叔言參事以此說證之卜辭諸甲子，無不相合，惟卜辭之昱，雖十九指斥明日，亦間指第三日第四日，與說文明日之訓稍異耳。又案卜辭或作者，殆其最初之假借字，即巤之初文。石鼓文：「君子員邋」，字作，从。說文囟部：「巤，毛巤也。」象髮在囟上及毛髮巤巤之形。則但象毛髮巤巤之形，本一字也。古音巤立同聲，今立在緝韻，巤在葉韻，古音此二部本自相近，故借為昱，後乃加日作，為形聲字，或更如小盂鼎作，為一形二聲之字，又省日作，則去形而但存其二聲，古固有一字二聲者，說文竊字注云「禼廿古文疾字皆聲」，鼜字注云「次束皆聲」，則此字从日，立𦥑皆聲，固不足怪也。商人又以翌日為祭名，卜辭屢云：「某日卜，貞，王賓某翌日，亡尤？」蓋翌日既訓明日，殆與彤日同為又祭之名矣。戩釋廿七下。【昱翌 卜辭求義】

◉黃錫全 夏韻職韻録《碧落文》作，今存碑文無此字，郭、夏所注有誤。鄭珍認為郭、夏所録二形「並不可說」。按，此即昱字，與翌古同字，本作（粹1139）（宰椃角），从日作（粹679）（前7・32・4）（石鼓），从立作（粹121）、（京津4939）、（同甲），又从日从立作（盂鼎）。此字蓋由盂鼎、石鼓諸形譌變。【汗簡注釋卷三】

◉戴家祥 䎏即昱翌之繁構。爾雅釋言「翌，明也」。書「翌日乙丑」。鄭樵云：「明皇之時，去隸書既遠，不通變古今之義，所用文違於古義尤多。」通志六十三藝文略。所以，段玉裁說：「凡經傳子史翌日皆昱日之假借，翌與昱同。故相假借。」說文解字注七篇日部。䎏，即合昱、翌二字為一。麥尊「䎏日」，即「翌日」。【金文大字典中】

◉許　慎 㬈温溼也。从日。赧省聲。讀與赧同。女版切。【說文解字卷七】

◉林義光 說文云。㬈昷温溼也。从日。赧省聲。按赤為赧省。不顯。段氏玉裁云，温溼生黴。亦有赤色者。从日赤。【文源卷十】

◉馬叙倫 鈕樹玉曰。繫傳溼作濕。嚴可均曰。讀與赧同校者所加。王筠曰。赧從𠬝聲。㬈從赤何由知為赧省。蓋說曰。温溼也。不可謂之從赤。因勉強歸諸省聲耳。倫按㬈字不見經記。以今音言之。直是㬮之雙聲轉注字。說解中溼字必有誤。或温也溼也是二義。蓋若為温溼。則義在於水。何以字乃從日。段玉裁易温為昷。以温是水名而借為昷。不悟昷乃温食之器也。見昷字下。温煖之字。㬮㬈皆其正也。今㬮㬈皆訓温也者。以今釋古。以借釋本耳。讀若赧者。由不悟㬈從赤得聲者所加。彼妄謂赧省聲。固加讀若耳。赤音穿紐。然從大得聲。詳赤字下。大音定紐。㬮從難得聲。難音泥紐。定泥皆舌尖前音。難從𦰩得聲。𦰩音羣紐。定羣皆濁破裂音。轉注字也。說解當曰㬮也。㬈暍相次。㬈從赤得聲。赤從大得聲。大曷聲同脂類。赤聲魚類。暍從曷得聲。曷從匄得聲。匄從亡得聲。詳匄字下。當在陽類。魚陽對轉。疑㬈暍亦轉注字。廣雅釋詁。暍。煗也。煗為煖之轉注字。此讀女版切。語原同也。【說文解字六書疏證卷十三】

暍

◉許　慎　暍傷暑也。从日。曷聲。於歇切。【說文解字卷七】

◉楊樹達　說文七篇上日部云：「暍，傷暑也。从日，曷聲。」按：从日者，此左氏傳所謂夏日之日，杜注說為夏日之日可畏者也。从曷聲者，曷之為言害也。說文七篇下宀部曰：「害，傷也。从宀，从口，宀口，言从家起也，丰聲。」按曷从匃聲，匃丰音同，曷害音亦同。害訓傷，暍訓傷暑，聲同則義同也。大抵古人曷害二文多通用。書大誥云：「予曷其不于前寧人圖功攸終？」又云：「予曷敢不于前寧人攸受休畢？」又云：「予曷敢不終朕畝？」漢書翟義傳載莽誥，三曷字皆作害。孟子梁惠王篇云：「時日害喪？」偽古文尚書湯誓篇害作曷。詩商頌長發篇云：「則莫我敢曷。」毛傳云：「曷，害也。」此毛公說假借，謂詩文假曷為害也。此經傳曷害通假之證也。無叀鼎云「用割釁壽」，即用匃眉壽：此金文害聲匃聲字通用之證也。說文二篇上牛部云：「犗，騬牛也。从牛，害聲。」又四篇上羊部云：「羯，羊羖犗也。从羊，曷聲。」二文同義，於牛則从害，於羊則从曷，此制文害曷二字不分之證一也。說文十二篇上手部云：「擖，刮也。从手，葛聲。」又云：「搳，擖也。从手，害聲。」二字義同，實一字也。按葛从曷聲，此制文害曷二字不分之證二也。

說文五篇下食部云：「饖，飯傷熱也。从食，歲聲。」又云：「饐，飯傷濕也。从食，壹聲。」又云：「餲，飯餲也。从食，曷聲。」按三字連文，義皆相近，而饖與餲音義並同，蓋即一字而異形者也。按歲曷古音同在月部，饖音於廢切，餲音烏介切，是二字音同也。爾雅釋器云：「食饐謂之餲。」郭注云：「飯饖臭。」釋文引蒼頡篇云：「饖，食臭敗也。」許云飯傷熱，言其因，蒼頡云臭敗，乃言其果。段以為二說異，非也。皇侃論語疏引李巡注云：「皆飲食壞敗之名也。」是饖餲義同也。究其語柢，二字亦同。按饖之為言劌也。說文四篇下刀部云：「劌，利傷也。从刀，歲聲。」劌為利傷，饖為飯傷熱，聲同則義同也。老子云：「廉而不劌。」釋文：「劌河上公本作害。」劌害異文，猶之曷害異文也。然則餲下亦當云飯傷熱也。許但云飯餲者，蒙上文而略耳。

傷謂之害，利傷謂之劌，傷暑謂之暍，飯傷熱謂之饖，又謂之餲。文雖散殊，義固一貫矣。【釋暍　積微居小學金石論叢】

◉馬叙倫　莊子則陽釋文引字林。傷暑也。玄應一切經音義引字林。傷熱也。鍇本作傷熱暑。晉書音義引同此。倫謂本作暑也傷熱也。傳寫誤耳。暑也是本義。暍音影紐。暑從者得聲。者音古在端紐。端影同為清破裂音。者聲魚類。暍從曷得聲。曷從匃得聲。匃從亡得聲。亡聲陽類。魚陽對轉。蓋轉注字。字蓋出字林。【說文解字六書疏證卷十三】

暑 暑

184 [古文字] 185【包山楚簡文字編】

暑 日甲五〇背【睡虎地秦簡文字編】

暑光【漢印文字徵】

暑【汗簡】

碧落文【古文四聲韻】

◉許　慎　暑熱也。从日。者聲。舒吕切。【説文解字卷七】

◉馬叙倫　暑㬥聲同魚類轉注字。【説文解字六書疏證卷十三】

㬮 㬮

◉許　慎　㬮安㬮。温也。从日。難聲。奴案切。【説文解字卷七】

◉馬叙倫　段玉裁曰。安㬮逗。疊韻字也。巾部。幔。讀若水温㬮。則安亦作温。朱駿聲曰。字亦作暾。今蘇俗謂物不冷不熱曰温暾。倫按今杭縣謂温暾亦如蘇俗。惟暾音若吞。檢㬮之本音為墓。音在羣紐。而暾從敦得聲。敦從𦎫得聲。𦎫音禪紐。古讀禪歸定。定羣同為濁破裂音。暾㬮聲同真類。是古曰㬮。後世曰暾。實轉注字也。安㬮温也當作㬮。洝也。温也。或作㬮。安也。温也。㬮為隸書複舉字。洝也者。水部。洝。渜水也。渜。湯也。湯。熱水也。則㬮訓洝也。明即温矣。温也吕忱或校者列異訓耳。安蓋洝之傳寫挩譌。若作安也。以聲訓。玉篇温也安也。㬮字蓋出字林。【説文解字六書疏證卷十三】

㬎 㬎

◉許　慎　㬎衆微杪也。从日中視絲。古文以為顯字。或曰衆口皃。讀若唫。唫。或以為繭。繭者。絮中往往有小繭也。五合切。【説文解字卷七】

◉高田忠周　段氏云。顯為頭明飾。㬎為日中見微妙。則經傳顯字皆當作㬎。㬎者本義。顯者叚借。載籍既皆作顯。乃謂古文作㬎為叚借矣。故曰古文以為顯字。頁部顯下曰。从頁㬎聲。是則㬎之讀如顯可知。呼典切。依此銘。段氏説為至當。

古凡顯明字。唯當作㬎明也。字亦作曓。廣雅釋詁。曓。暴也。即本義之轉也。㬎已从日。又从日作曓。其為俗增尤晢。

【古籀篇二十三】

◉强運開　叀中鐘。夜㬎慶令。蓋即亦顯慶命也。【説文古籀三補卷七】

◉馬叙倫　鈕樹玉曰。六書故引杪作眇。云。蜀本作杪。據鍇曰衆而微眇者日中視絲也。則本當是眇字。段玉裁曰。讀若唫唫。當作口唫之唫。錢坫曰。此禮言容蘏蘏之蘏本字。故讀若唫唫。唫唫猶蘏蘏也。承培元曰。衆口皃讀若唫唫。當從玉篇作衆明皃讀若口唫之唫。王筠曰。衆口皃讀若唫。此為一義。蓋謂字不從日而從曰也。此字之義。迴不相侔。許蓋亦疑之。倫按從日中視絲。本是從日絲聲。讀者不得其音。妄有改竄。尋九篇。顯。從頁。㬎聲。音呼典切。在曉紐。十一篇。溼。從水土。㬎省聲。音失入切。在審紐。則知㬎從絲得聲矣。絲音心紐。心審曉皆次清摩擦音也。如此之例。前文屢見。今㬎讀五合切者。以讀若唫也。㬎有金音。蓋由㬎轉為蘏。蘏音見紐。金音亦見紐。蘏從芇得聲。詳蘏字下。芇音明紐。明疑皆邊音。故㬎又轉為唫矣。莊子庚桑楚。道者。德之欽也。生者。德之光也。以光與欽對文。蓋借欽為㬎耳。㬎從日絲聲。無衆微杪義。或曰。衆口皃。玉篇作衆明皃。倫謂蓋本訓明皃或明也。顯下曰。頭明飾也。蓋是明也頭飾也二義。明也即㬎字義。經記顯字亦類為明義。莊子天地。顯則明。蓋皆借顯為㬎。今杭縣采色鮮明者曰獻得很。亦㬎字義。此㬎所以從日也。頌鼎。不魯休。即詩之不顯。是㬎為本字也。玄應一切經音義引通俗文。欲燥曰曓。曓。微乾也。曓蓋㬎之後起字。㬎次暴上。或本義如通俗文説也。㬎從絲得聲。則為昔晞曬之轉注字。絲昔音同心紐。曬音審紐。晞音曉紐。同為次清摩擦音也。或㬎是明義。曓從日㬎聲。為昔曬晞之轉注字。衆微杪也者。衆字涉衆口皃而譌演。衆口皃者。喁字義。二篇。喁。衆口上見。喁音亦疑紐也。微杪也蓋校者所加以釋從絲之義者也。傳寫挩譌。古文以為顯者。古文經記以㬎為顯。或以為蘏者。當言或讀若蘏。如今文則當在古文以為顯字下。言古文或以為蘏字也。禮之言容蘏蘏。借蘏為唫。而㬎讀若唫也。古文以下皆校語。字蓋出字林。叀仲鐘作。【説文解字六書疏證卷十三】

◉湯餘惠　中山王墓器物銘文屢見一個从日，从丝的字，寫作：

（神獸西庫：58）

（升鼎西庫：3）

等形，《集录》釋「㬎」，無説。按「㬎」即「㬎」之省文，今作「㬎」。字見《説文》日部：「从日中視絲。古文以為顯字。」古文「糸」可省作「幺」，「絲」亦可省作「丝」。沁陽盟書「不㬎晉公」一語數見，或省作，張頷先生釋「㬎」，可以互證。【略論戰國文字形體

研究中的幾個問題　古文字研究第十五輯】

暴 㬥

[glyph] 前1·52·5【續甲骨文編】

[glyph] 暴 日甲四二背 二例 通暴 —風雨 秦二 [glyph] 暴 為八 [glyph] 為五【睡虎地秦簡文字編】

[glyph] 暴不害印 [glyph] 暴守 [glyph] 暴詡私印 [glyph] 暴博私印 [glyph] 暴通【漢印文字徵】

[glyph] 說文【古文四聲韻】

◉許　慎　㬥晞也。从日。从出。从収。从米。薄報切。[glyph]古文㬥。从日。麃聲。【說文解字卷七】

◉林義光　說文云㬥疾有所趣也。从日出本廾之。按本字說解未可據。秦繹山碑作[glyph]。當即曝之本字。[glyph]即奏字。本義為趣為轃。見奏字條。从奏日。日中必暵。有疾趣之象。故引伸為猝為急。虐害之暴復由猝急之義引伸。說文云。㬥晞也。从日出収米，按四語為文煩鄙失古。㬥與暴形近，俗改本為米因以聯綴成句耳。經典相承以暴為㬥。【文源卷十】

◉葉玉森　[glyph]說文。㬥。晞也。古文作[glyph]。从日。麃聲。初文或从日从鹿首。日曝鹿首。以顯㬥意。又許書曬字从日从麗。固猶協古誼焉。殷契鉤沈。【殷墟書契前編集釋卷一】

◉馬叙倫　鈕樹玉曰。韻會去聲引同。入聲引作日乾也。沈濤曰。一切經音義一及二及三及九及十四及十七及十九及廿一引皆作晞乾也。丁福保曰。慧琳音義四十六及五十九及六十七引作晞乾也。倫按如今說解固可通。然所㬥者何必米也。雖方言謂㬥五穀之類。秦晉之間謂之曬。下文。曬。㬥也。然曬穀農事恆有。曬米偶然之事。以此製字。未免可疑。且出屯一字。出入為假借。以假借字會意。六書無此例。㬥音在竝紐。米音明紐。皆雙脣音。蓋米聲耳。轉注為曬。從日。麗聲。麗音來紐。古讀歸泥。明泥皆邊音也。倫以為從㬎米聲。本書㬥字即從本㬎聲也。㬎蓋從[glyph][glyph]聲。[glyph]即下文昔之異文。昔音心紐。[glyph]即送字所從得聲之𡗜。音與送同。送音亦心紐。則㬎自可從𡗜得聲。而為昔之轉注字。故㬥從㬎而訓晞也。[glyph]從丨得聲。十丨一字。十音禪紐。故從𡗜得聲之朕音入澄紐。禪澄同為舌面前音。古讀皆歸於定也。定竝同為濁破裂音。故㬎音入竝紐。㬥則[glyph]之轉注字。音仍如[glyph]耳。韻會引作日乾者。日為晞之爛文。音義引作晞乾也者。當作晞也乾也。乾也呂忱列異訓。或校語。餘見送下。

葉玉森曰。卜辭貞于之。疑即㬥字。日曝鹿首。以顯暴意。倫按暴麃同雙脣音。故暴轉注為㬥。從日四字校者加之。甲文字似從口鹿聲。如葉說亦從日鹿聲。麃亦鹿聲也。【說文解字六書疏證卷十三】

◉楊樹達　日出収米，謂日出後以兩手持米置之日下也。収為能名，米為所名。今字加日旁作曝，則日字重複矣。【文字形義學】

◉嚴一萍　此即說文㬥之古文。从日麃聲。繒書則省火。玄應慧琳一切經音義引說文「晞乾也」。【楚繒書新考　中國文字第二十六册】

曬

◉許　慎　曬暴也。从日。麗聲。所智切。【說文解字卷七】

◉馬叙倫　方言。曬。乾物也。此昔之轉注字。昔音心紐。曬音審紐。同為次清摩擦音。亦晞之同次清摩擦音聲同歌類轉注字。晞從希得聲。希從爻得聲。詳稀字下。爻麗聲同歌類也。亦㬥之異文。麗為鹿之轉注字也。【說文解字六書疏證卷十三】

暵

◉許　慎　暵乾也。耕暴田曰暵。从日。堇聲。易曰。燥萬物者莫暵于離。臣鉉等曰。當从漢省乃得聲。呼旰切。【說文解字卷七】

◉馬叙倫　鈕樹玉曰。韻會引作莫暵乎火。沈濤曰。詩中谷有蓷。正義引作燥也。易曰。燥萬物者莫暵乎火。是古本作燥也。然文選南都賦注引仍作乾。義得兩通。離當作火。小徐本尚不誤。又有火離也三字。恐是衍文。翟云升曰。易離釋文。熯。徐本作暵。云。熱暵也。說文同。離當作火。火離也三字後人所加。倫按乾也以聲訓。以通用字釋本字耳。然義當為乾物也。暵從𦰩得聲。𦰩聲真類。暵為晞之轉注字。晞聲轉入脂類。脂真對轉也。方言。曬。乾物也。可證也。或乾也為字林訓。玄應所引者亦字林訓。耕暴田曰暵校語。字或出字林。【說文解字六書疏證卷十三】

晞

◉許　慎　晞乾也。从日。希聲。香衣切。【說文解字卷七】

◉馬叙倫　沈濤曰。一切經音義廿引作日乾曰晞。晞。乾之也。倫按玄應一切經音義引字林。晞。乾也。晞暵雙聲轉注字。乾也以聲訓。玄應引者亦字林說。字或出字林。【說文解字六書疏證卷十三】

（甲骨文字形）甲二九一三 （字形）後二・五・三 （字形）庫一五一六 昔我舊臣 （字形）乙一九六八 （字形）鄴初下・四五・五 （字形）京津一八八五 （字形）明藏七八五 （字形）簠文四五 （字形）佚三八六背 （字形）佚五三七 （字形）前四・二七・三 （字形）後一・二八・三 （字形）菁六・一 昔 甲辰【甲骨文編】

（字形）甲2913 （字形）乙1968 （字形）佚386 （字形）543 （字形）徵12・45 （字形）新1885 （字形）鄴24・3 （字形）鄴45・5 新6・77 （字形）乙1621 （字形）乙8503 （字形）摭續1・06 （字形）珠393【續甲骨文編】

（字形）昔 何尊 （字形）師斄簋 （字形）卯簋 （字形）克鼎 （字形）師克盨 （字形）善鼎 （字形）曶鼎 （字形）史昔鼎 （字形）說文籀文从肉 邾王鼎 （字形）中山王嚳鼎 （字形）蛮壺【金文編】

（字形）3・362 楚章衢武里昔 說文昔籀文作（字形）【古陶文字徵】

（字形）昔 日甲二九背 通藉 人毋故鬼―其宮 （字形）日乙一二〇【睡虎地秦簡文字編】

（字形）皆昔之印【漢印文字徵】

（字形）（字形）石經君奭 我聞在𦢊 （字形）詛楚文 𦢊我先君穆公【石刻篆文編】

（字形）昔【汗簡】

（字形）古老子 （字形）古孝經亦古尚書 （字形）古文【古文四聲韻】

◉許　慎　𦢊乾肉也。从殘肉。日以晞之。與俎同意。思積切。（字形）籀文。从肉。【說文解字卷七】

◉王國維　（字形）宗婦敦（字形）字从𦢊作。【史籀篇疏證】

◉林義光　（字形）昔 模韻 音措 古作（字形）師斄敦。作（字形）曶鼎。作（字形）善尊彝。作（字形）宗婦彝鄁字偏旁。【文源卷六】

◉丁佛言　𦠓古鉢。匊昜料昔給廩之鉢。許氏説。昔。乾肉也。籀文从肉。【説文古籀補補卷七】

◉葉玉森　㫺㫺説文𦠓乾肉也。从殘肉。日以晞之。與俎同意。籀文作𦠓。森按。籀文乃腊字。古必先有昔。乃孳乳腊。契文昔作㫺㫺。从巛巛。乃象洪水。即古巛字。从日。古人殆不忘洪水之巛。故制昔字取誼於洪水之日。曶鼎作㫺。上亦从巛。【説契　學衡第三十一期】

◉高淞荃　據説文。則㫺為腊之本文。段借為古㫺誼。但經典所見㫺與夜通。左傳哀四年。為一昔之期。莊子天運篇。通昔不寐。殊不與腊通。又引籀文為證。籀文腊之移篆耳。與腊無異。而又益一肉文。若仌為殘肉。不當蹈複如此。且曰日以晞之。其誼尤迂。如此。則是以肉為主。何不列於肉部。而在日部乎。攷古文㫺作㫺。見於曶鼎者可證。蓋巛者象雲氣之形。兩重者積气也。日在積气之下。其誼為夜。引申有古㫺之誼。與昏之古文从日者正為一例。雲气本無定形。隨意屈曲。篆文比而整齊作仌。則與肉之从人人者相近。許氏遂以腊解之。不知腊自从㫺得聲。不得謂㫺从腊出。即未有形聲之先。叚借以㫺為腊。此自陳枯之誼而來。而未可以仌為从殘肉也。【説文別釋　古學叢刊第二期】

◉馬叙倫　王筠曰。朱文藻本篆作㫺。是也。如大徐本。則似兩丫字相疊。無以見意。倫按從殘肉。謂丫丫之形也。昔在日部。依大例當曰從日丫丫象乾肉形。為指事字。此説解曰。從殘肉日以晞之。夫丫丫不成字。依大例不得言從。況不曰從丫丫而曰從殘肉。更不可通。與俎同意四字本校者詞。十四篇俎下曰。從半肉在且上。則是從肉省從且。俎子鼎昔字。般甗㫺字。秦公敢㫺字。或從二肉。或從二肉為肉之異文。然無從人人者。則人人是傳寫之譌。不足據也。且昔字曶鼎作㫺。甲文作㫺。亦作㫺。無作丫丫者。錯篆作㫺。籀文作𦠓。所從之仌即甲文作㫺者所從之巛之緐文。則此篆之譌可見。而巛巛巛三形所以為殘肉或半肉者安在。疑乾肉乃籀文從肉昔聲作𦠓者之義。而昔為晞之轉注字。昔音心紐。晞音曉紐。同為次清摩擦音也。從日。巛聲。巛字甲文或作仌。或作巛。可證也。巛音精紐。故昔音入心紐。同為舌尖前音也。本訓挩矣。從殘肉日以晞之亦非許文。字見急就篇。師嫠鼎作㫺。善鼎作㫺。

𦠓　鈕樹玉曰。繫傳作𦠓。倫按此乾肉義字也。字見急就篇。此倉頡本籀篇而省之也。故有昔而無腊耳。籀文下挩昔字。從肉校者加之。【説文解字六書疏證卷十三】

◉楊樹達　段玉裁説文日部昔下注云：「昔肉必經一夕，故古假昔為夕；又引申之，則假昔為昨；又引申之，則以今昔為古今矣。」愚謂昔假為昨，乃以音同，不關義訓。蓋古音昔乍同，故昔聲與乍聲之字多通作。説文二篇下齒部云：「齰，齧也，从齒，昔聲。」或从乍作齚。此昔聲乍聲通作之證一也。此以字之重文為證者也。易繫辭云：「可與酬酢。」釋文云：「酢京本作醋。」此昔聲乍聲通作之證二也。儀禮特牲饋食禮云：「尸以醋主人。」注云：「古文醋作酢。」又有司徹云：「尸以醋主婦。」注云：「今文醋曰酢。」此昔聲乍聲通作之證三也。禮記内則云：「魚曰作之。」爾雅釋器則云：「魚曰斮之。」此昔聲乍聲通作之證四也。墨子非樂篇云：「厚措斂乎萬民。」又辭過篇云：「厚作斂於百姓。」措斂作斂皆謂賦斂，字或作措，或作作。節用上篇又云：「其使民勞，其籍斂厚。」字又作籍。籍从耤聲，耤亦从昔聲也。此昔聲乍聲通作之證五也。淮南子繆稱詮言二篇並云：「猨狖之捷來措。」說林篇則云：「蝯狖之捷來乍。」此昔聲乍聲通作之證六也。又氾論篇云：「履天子之籍。」高注云：「籍或作阼。」此昔聲乍聲通作之證七也。此以經籍之異文為證者也。漢書文三王傳云：「李太后與爭門，措指。」晉灼注引許慎云：「措置字，借以為笮耳。」此昔聲乍聲通作之證八也。周禮春官典同云：「侈聲笮。」杜子春云：「笮讀為行扈唶唶之唶。」此昔聲乍聲通作之證九也。又秋官序官柞氏，鄭司農注云：「柞讀為音聲唶唶之唶。」又考工記輪人云：「轂小而長則柞。」鄭司農注云：「柞讀為迫唶之唶。」此昔聲乍聲通作之證十也。史記商君傳集解引新序云：「周室歸藉。」索隱云：「藉音胙，字合作胙，誤為藉耳。按本紀周歸文武胙于孝公者，是也。」樹達按新序假藉為胙，非字誤也，索隱說非是。此昔聲乍聲通作之證十一也。此以古書文字之通假為證者也。說文三篇上言部云：「諎，大聲也，从言，昔聲。讀若笮。」又十四篇上矛部云：「矠，矛屬，从矛，昔聲，讀若笮。」昔聲乍聲字音讀相同，許書固有明證也。此昔聲乍聲通作之證十二也。此以說文之讀若為證者也。

至於假昔為夕，亦以昔夕二字音同通假，不因義訓，未聞昔肉必經一夕也。知昔假為夕與假為昨之皆由於同音，則段氏說由昔假為夕又引申假為昨者，其說良不足信矣。【孟子昔者說 積微居小學述林】

◉商承祚 昔字甲骨文作[glyph][glyph][glyph][glyph]，金文同，但亦有析其斜筆作[glyph]者。葉玉森《說契》謂「《說文》昔，『乾肉也，从殘肉，日以晞之，與俎同意。』籀文作[glyph]』按義乃腊字，古必先有昔，乃孳乳腊。契文昔作[glyph][glyph]，从[glyph][glyph]，乃象洪水之[glyph]，故制昔字取意于洪水之日。」其說確切不易。借昔為腊，又小變水形為殘肉，二字分而音義亦別。腊从昔是有其道理的，昔(陳久意)肉之所以能久不變味，是因為加工後曬過，其專名謂之腊，當時二字通用不別，金文昔亦作[glyph]，可見。後來多采用筆劃整齊的[glyph]，而又變析其筆勢从[glyph]以為殘肉，災意遂亡，如不見古文，則不能知其淵源所自矣。【石刻篆文編字說 古文字研究第五輯】

◉李孝定 昔之本義當為往昔，乾肉則為腊字本義，許君誤混二者為一字，殊誤。腊字但取「昔」字為聲，「昔」不兼義，林氏蓋囿于許君「日以晞之」之訓，然則昔又从水，乾肉寧當「水以濡之」乎？【金文詁林讀後記卷七】

◉戴家祥 卜辭作[glyph]作[glyph]或作[glyph]，金文作[glyph]，俱象太陽上下有波浪紋。既不象殘肉，亦不與俎同意，从日者，殆表時間之詞。穀梁傳莊公七年云：「夏四月，辛卯昔。恆星不見。恆星者經星也。日入至於星出謂之昔，不見者，可以見也。」廣雅釋詁四

暱

「昔，夜也。」許說大誤，楊樹達讀昔為昨，郅確。

中山王嚳壺銘文「者」四見，从辭例看，釋「昔」無疑，字形亦與昔相近，下从田，疑是戰國文字在實際使用時為美觀起見的繁筆。【金文大字典中】

◉許　慎　日近也。从日。匿聲。春秋傳曰。私降暱燕。尼質切。暱或从尼。【說文解字卷七】

◉馬叙倫　日近也蓋當作日口也近也。近也乃尼字義。此字或出字林。

倫按暱昵同為邊音。轉注字也。【說文解字六書疏證卷十三】

◉楊樹達　尚書高宗肜日篇記肜日祀典時有雊雉的變異，於是祖己便訓王說：

嗚呼！王司敬民，罔非天胤，典祀無豐于昵！

天胤是說天的繼承人，也可以說是天子。典字是常的意思。昵字舊有兩說。偽孔傳說：

昵，近也。祭祀有常，不當特豐于近廟，欲王因異服罪，改修之。

經典釋文引馬融云：

昵，考也，謂禰廟也。

按馬融的注，考是死了的父親，這是據爾雅釋親立說。謂禰廟便是考廟。現在拿龜甲文來看，這兩說中要以昵訓近，指近廟為合理些，馬注似乎不大合理。兒子對於死父的祭祀特別豐盛一點，這是人情之常，何必要祖己那樣大驚小怪地訓戒呢？

說文八篇上尸部云：「尼，從後近之。」爾雅釋詁郭注引尸子云：「悅尼而來遠。」尸子的話是根據論語「近者說遠者來」說的，論語說「近者說」，同悅。尸子却說悅尼，可以證明尼便是近了。說文七篇上日部云：「暱，日近也」，或體从尼作昵。尼訓近，所以从尼的昵字也有近的意思，這是很自然的現象了。

那麼，祖己說典祀無豐于近是甚麼意思呢？據我由甲文研究，這近字是說近的親屬。換句話說，就是直系親屬或直系的祖先。偽孔傳說的近廟，也是指這個。拿龜甲文看，很明顯的看出殷人對於直系的先祖與非直系的先祖祭祀禮節上的不相同。

【尚書典祀無豐于昵甲文證　積微居甲文說】

◉許　慎　暬日狎習相慢也。从日。執聲。私列切。【説文解字卷七】

◉馬叙倫　桂馥曰。篆當作暬。從日。埶聲。五經文字廣韻集韻類篇竝從埶。本書褻亦從埶。承培元曰。按開成石經當作暬。倫按狎習相慢也非本義。戴侗謂當訓昵也。是也。蓋暱之轉注字。暬從埶得聲。埶亦邊音也。亦昵之同邊音兼聲同脂類轉注字。字蓋出字林。【説文解字六書疏證卷十三】

◉黄錫全　暬媟先列切　鄭珍云:「此『暬御』字,與『媟嬻』字别。《一切經音義》卷十稱媟、暬同為古文褻,則六朝閒有誤作一字者。此左旁㚔又誤幸。」夏韻屑韻録《籀韻》媟作暬,形同此。古璽有暬字,《古璽文編》列入附録三五,日月義同。如期字古作朞,暬當為暬字或體。㚔或𠦍乃㚔形譌。【汗簡注釋卷三】

◉許　慎　𣆝不見也。从日。否省聲。美畢切。【説文解字卷七】

◉馬叙倫　王紹蘭曰。不見謂不見日也。即詩邶風終風且曀不日有曀之不日也。鄭箋曰。既竟日風。且復曀不見日矣。從不日會意。倫按從日。不聲。為普之同雙脣音轉注字。不見下蓋捝日字。或本作日不見也。捝日字。然非本訓。蓋字出字林也。【説文解字六書疏證卷十三】

◉邵笠農　覓字。正字通云。从爪。从見。俗作覔。按。覓字尤俗。舊説謂同𥆧覛亦非。説文。𥆧。目財視也。音莫獲切。覛。衺視也。音莫狄切。廣韻。覓。求也。又誤云覛上同。按尋求非財視衺視可見。必久視正視乃得之意適相反。於義亦未愜也。須知覓乃𣆝之俗字。𣆝音密。説文云。不見也。不見即須尋求。義乃相因。故或作覔。即从不見會意。非俗字。亦非誤字。殆或體耳。其變作覓者。行書覔字上之不中直畧短。即成覓矣。舊説又云。𣆝字誤作冐冐。竊謂冐下目不誤。冐下日無從取義。乃大謬耳。按。𣆝當从不。从目。作𥄎。玆从日無意義。蓋日乃目字誤省。凡見旁之字每有與目旁通者。如視作眎。覢作睒。覩作睹等。此類甚多。可説不見與不目同也。【一圓闇字説卷二】

昆　昆疕王鐘　【金文編】

昆　為二五　【睡虎地秦簡文字編】

昆 5311 【古璽文編】

昆合 劉昆私印 昆昌私印 劉昆印信 【漢印文字徵】

泰山刻石 施及後昆 史記作嗣 開母廟石闕 昭眡後昆 【石刻篆文編】

昆 【汗簡】

古爾雅 古論語 碧落文 王存乂切韻 【古文四聲韻】

◉許　慎　同也。从日。从比。徐鍇曰。日日比之。是同也。古渾切。【説文解字卷七】

◉林義光　昆 文韻説文云。同也。从日。从比。按从比。轉注。☉象渾沌之形。非日字。今字以混為之。古有昆疕鍾。疑即昆字。象相混合形。【文源卷三】

◉葉玉森　孫詒讓氏謂眔之異文。契文舉例。商承祚氏曰。説文解字。眔。多也。从㐺目。眔意。曶鼎作。與此同。古鉢亦然。類編。森按。曶鼎文云。若昔饉歲。匡及臣廿夫寇曶禾十秭。以匡季告東宮。字正當釋昆。匡昆即匡季之昆。曰匡昆。故有臣廿夫。曰匡眔。則不宜有臣矣。卜辭昆為國名。疑即昆夷。殷契鉤沈。【殷墟書契前編集釋卷一】

◉馬叙倫　錢大昕曰。小徐作比聲。比頻聲相近。玭或作蠙。昆由比得聲。取相近之聲也。倫按金文唯昆疕王鐘有字。經記借昆為蚰蟲字。甲文蚰字作。山西萬泉縣荊村瓦渣斜所出古匋。其文有。衛聚賢謂之曰蛇花文。倫謂此昆字也。昆從蚰得聲。故蚰讀若昆。而蚰昆聲同真類也。此作比者。由象形文變為篆文。傳寫致譌耳。然比聲脂類。脂真對轉。從昆得聲之混聲在真類。是昆聲本在真類。從比得聲也。抑或昆蟲自為二文。轉注字也。昆為否之轉注字。否從不得聲。不音古在封紐。昆音見紐。同為清破裂音。不比又同雙脣音也。昆暜亦轉注字。暜從竝得聲。比竝亦同雙脣音也。如昆或從蚰得聲。蚰蟲本一字。蟲音澄紐。澄竝同為濁破裂音也。古書多以昆為兄弟之兄。莊子在宥。日月之光益以荒矣。章炳麟謂荒借為暜。是也。釋名。兄。荒也。荒。大也。故青徐人謂兄為荒也。虫蚰一字。虫兄音同曉紐。亦可證也。此訓同也者。由日無色為普而引申之。非本義。亦非本訓。【説文解字六書疏證卷十三】

◉唐桂馨　此字日當作時日之日解。不當作日星之日解。从日从比者。時日相比叙。有連接不斷義。故後昆云者。謂後人連接也。昆弟云者。謂自兄及弟諸兄兄連接也。加水為混。原泉混混。謂衆泉混合連接不已也。許訓為同。特昆字之一訓耳。【說文識小録　古學叢刊第四期】

5·95　咸闓里晐【古陶文字徵】

◉許　慎　晐兼晐也。从日。亥聲。古哀切。【說文解字卷七】

◉林義光　說文云晐兼晐也。从日亥聲。段氏玉裁云。日者天下所同也。故从之。【文源卷十一】

◉馬叙倫　鈕樹玉曰。韻會引作兼該也。倫按昆晐今為雙聲轉注字。晐從亥得聲。亥音匣紐。亦舌根音。兼晐也者。晐為隸書複舉字之譌乙。兼也以聲訓。韻會引晐作該。或校者注以釋音而傳寫譌乙於下。或該也以聲訓。兼也吕忱列異義。字蓋出字林。日無色者。必有以蔽之。而從亥得聲之字。如該為軍約。荄為逆气。閡為外閉。則語原同也。【說文解字六書疏證卷十三】

古老子【古文四聲韻】

◉許　慎　普日無色也。从日。从並。徐鍇曰。日無光則遠近皆同。故从並。滂古切。【說文解字卷七】

◉馬叙倫　鈕樹玉曰。韻會作竝聲。段玉裁曰。小徐作竝聲。是。錢大昕曰。漢中嶽泰石闕銘。竝天四海。竝天即普天。王筠曰。繫傳曰。有聲字。傳寫誤多之也。會意。大徐從竝。蓋據繫傳改之。日無色也於古未見此義。衣部。袢。無色也。讀若普。謝彥華曰。疑普為莫之重文。莫時故日無色也。章炳麟曰。天文志。日月薄食。孟康曰。日月無光曰薄。京房易傳。日月赤黄為薄。薄即普之借。五行志又引京房易傳曰。凡日蝕不以晦朔者名曰薄。開元占經亦引京房易傳。日月不交而食曰薄。案日食未有不交者。然晴時或猝晦至不見人。古亦通偁為食。非日食之日其名曰薄。倫按疑普即日食之食本字。食音牀紐三等。古讀歸定。古讀普如薄。音在竝紐。同為濁破裂音也。日食為月蔽故也。凡冂幕屛諸有蔽義者。音皆演於一原矣。莫音亦然也。【說文解字六書疏證卷十三】

◉柯昌濟　卜詞曰。普貞。上缺卜字。又。癸酉卜。普貞。旬亡囚。在月。案。疑即普字。竝工並並之異體。卜詞中常有此倒也。普貞亦大貞衍貞之誼。【殷虚書契補釋】

曉

雲臺碑【古文四聲韻】

◉許　慎　曉明也。从日。堯聲。呼鳥切。【説文解字卷七】

◉馬叙倫　嚴可均曰。藝文類聚一引作日白也。錢坫曰。白部有曉。此字後人所加。倫按曉為晧之同舌根摩擦音又古聲同幽類轉注字也。説解當曰晧也。或本以同聲之字為訓。明也呂忱列異義。與曉一字。【説文解字六書疏證卷十三】

昕

京津三三六一　京都三一一三【甲骨文編】

◉許　慎　昕旦明。日將出也。从日。斤聲。讀若希。許斤切。【説文解字卷七】

◉馬叙倫　吳穎芳曰。曉昕二字應次在早睹之列。書時偶遺。故綴於末。以此知凡字不入類次者。皆是補列。鈕樹玉曰。韻會引作旦明也日將出也。沈濤曰。一切經音義十三引旦明下有也字。蓋古本分為二語。此字不可删。尹桐陽曰。希昕雙聲。劉秀生曰。小徐作讀若忻。禮記文王世子。大昕鼓徵。釋文。昕音欣。説文云。旦明日将出也。讀若希。是陸所見本同大徐。斤聲在痕部。希聲在灰部。灰痕對轉。故昕從斤聲得讀若希。漢書古今人表。曹刹時。師古曰。即欣時。是其證。詩東方未明。東方未晞。傳。晞。明之始升。晞訓乾。詩借晞為昕。亦其證。倫按戴侗謂昕曉一字。其實一義轉注字。音同曉紐也。旦下明下合各有也字。明也日將出也。蓋呂忱引異訓及校語也。字蓋出字林。【説文解字六書疏證卷十三】

◉唐　蘭　𣅳(昕)佚存八九九片。舊不識。按𣅳或作明,可證此即昕字。【古文字學導論下編】

曈

2264【古璽文編】

◉徐　鉉　曈曈曨。日欲明也。从日。童聲。徒紅切。【説文解字卷七新附】

曨

曨安世【漢印文字徵】

◉徐　鉉　曨曈曨也。从日。龍聲。盧紅切。【説文解字卷七新附】

◉强運開　古鉢。説文新坿字。此篆从日。从。為古龍字。詩荷天之龍。叚龍為寵。金文亦多叚為寵。頌

昈 𣅽 昉 𣅹 曖 𣈶 晟 𣇊 昶 𣅲

鼎觀𩙿。阮釋作寵。大敵𠛾寵馬㒳𠛾寵帛束均作𩙿。可證。𢀏即古龏字也。【說文古籀三補卷七】

◉徐　鉉　𣅽明也。从日。户聲。侯古切。【說文解字卷七新附】

𣅹 1951　昉 0248【古璽文編】

昉 劉昉白記【漢印文字徵】

◉徐　鉉　𣅹明也。从日。方聲。分兩切。【說文解字卷七新附】

◉强運開　昉　古鉢𣪠昉信鉥。丁佛言𣂪作𡚭。釋妨。誤。此从日。非女字。當是昉字。說文新坿字。【說文古籀三補卷七】

◉徐　鉉　𣈶明也。从日。夋聲。子峻切。【說文解字卷七新附】

晟 閻晟印信【漢印文字徵】

◉徐　鉉　𣇊明也。从日。成聲。承正切。【說文解字卷七新附】

昶 昶　說文新附　日長也　从日永會意　昶伯匜　昶 昶盤　昶 昶伯鼎　昶 昶伯鼎　昶 昶仲鬲　昶 昶伯章盤【金文編】

◉徐　鉉　𣅲日長也。从日永。會意。丑兩切。【說文解字卷七新附】

□暈

◉高田忠周　按吴氏式芬釋為咏。然古文口字。斷不作圜圓◯形。而日字往往作◯。此非咏字明矣。但説文無昶咏字。新坿云。昶。日長也。从日永。會意字。音丑兩切。鄭氏新坿攷云。文選琴賦。雅昶唐堯。注云七略雅暢弟十七曰。琴道曰遶暢逸。又曰。達則兼善。天下無不通暢。故謂之暢。昶與暢同。廣雅亦云。昶通也。知昶乃後出暢字。暢者暘之隸變。日長之義罕見。鄭説有據。然今見此篆。明从日从永。古有此字也。其从日以為義。與暘別。許氏不收者。經傳無徵故耳。

【古籀篇二十三】

□甲三〇六二　□乙一〇七〇　□乙三二三四　□乙五三二三　□乙八四三二　□前四·八·五　□前四·八·六

□後二·二·一　□林二·二·一六　□粹八二二　□佚七五〇　□京津五五二　□明一六五一　□柏二　【甲骨文編】

□甲256　□乙1070　□5323　□8432　□佚750　□凡22·2　□摭續205　□粹822　□新522　□2514

【續甲骨文編】

◉徐　鉉　□暈日月气也。从日。軍聲。王問切。【説文解字卷七新附】

◉葉玉森　□羅振玉氏釋晝。謂象日光輝四射之狀。後世篆文將此字所从之□引長之而作□。上又增聿。形誼全晦。於是許君遂以隸晝部而為與夜為界之説矣。增訂書契考釋中五。森桉。□之異體作□。周禮眂祲掌十煇之煇。乃暈之古文。日光炁也。□竝象日旁雲氣四面旋卷。若軍營圍守者然。似當釋煇。殷契鉤沈。本辭煇下有□字。即風。殆占煇而驗風歟。後下第二葉之一百。「☐王固曰其□☐」文與同卷第二十五葉。「王固曰其雨」辭例同。尤可作證。【殷虚書契前編集釋卷四】

◉楊樹達　殷虚書契前編肆卷捌葉伍版云：「辛未，□大令□□凡□。」□字羅振玉謂字象日光輝四射之狀，釋為晝。考釋中伍。葉玉森釋煇，其説云：「□之異體作□，周禮眂祲掌十煇之法，煇乃暈之古文，日光炁也。炁同氣。□並象日旁雲氣，四面旋卷，若軍營圍守者然。似當釋煇。本辭煇下有□字，即風，殆占煇風歟。後下第二葉之一有『□王固□曰其□□』，文與同卷第二十五葉『王固曰其雨』辭例同，尤可作證。」集釋肆之拾叁。樹達按：葉釋是也。本辭云煇風者，古人云月暈知風，礎

晬 晬 映 映 曙 曙 昳 昳 曇 曇 曆 曆

潤知雨。開元占經日占篇引石氏云：「在氣青赤，立在日上，名為冠。日兩旁有氣短小，中赤外青，名為珥。」月占篇引黃帝占云：「月珥而冠者，天子大喜，或大風。」唐孟浩然詩云：「太虛生月暈，舟子知天風。」蓋月暈為大風之兆，故卜辭言煇風，此可反證字之必當釋煇矣。殷契粹編八二二片亦以葉說為是。【(亘) 卜辭瑣記】

◉徐鉉 晬周年也。从日卒。卒亦聲。子內切。【說文解字卷七新附】

◉徐鉉 映明也。隱也。从日。央聲。於敬切。【說文解字卷七新附】

◉徐鉉 曙曉也。从日。署聲。常恕切。【說文解字卷七新附】

◉徐鉉 昳日昃也。从日。失聲。徒結切。【說文解字卷七新附】

曇 江曇印信 【漢印文字徵】

◉徐鉉 曇雲布也。从日雲。會意。徒含切。【說文解字卷七新附】

曆 181 【包山楚簡文字編】

◉徐鉉 曆厤象也。从日。厤聲。史記通用歷。郎擊切。【說文解字卷七新附】

◉戴家祥 曆或作曆，金文木禾兩旁通。如休或作㑣，析或作析等。口或从日，于省吾認為是因空加飾，別無二致。金文曆常和蔑字連用，或在兩字間介入人名及代名詞。對此，釋者很多但都難以叫人完全贊同。現録四家之説，以供參考。孫詒讓云：曆之本義為和，金文則為歷之藉字，歷訓為行，凡言某蔑曆者，猶言某勞于行也。云王蔑某曆者，猶言王勞某之行也。李亞農認為蔑曆二字的意義等於一個蔑字，同為勉勵之義。王蔑敔曆即王勉敔焉。考古學報第九册一七七葉長甶盉銘釋文注解。郭沫若認為曆假為猒，蔑曆者即不猒或無斁，蔑某曆者不某猒也，蔑于某者不見猒于某也。文史論集三二一葉保卣銘釋文。戴君仁曰：曆讀為歷，小爾雅廣詁「蔑，無也。」説文「歷，過也。」歷本為經歷，引申為過失。銘辭中某蔑曆猶言某無過。輔仁學誌九卷二期一二五葉蔑曆。【金文大字典中】

昂 昂

种昂印信 師昂印信 【漢印文字徵】

◉徐鉉 昂舉也。从日。卬聲。五岡切。【説文解字卷七新附】

昇 昇

◉徐鉉 昇日上也。从日。升聲。古只用升。識蒸切。【説文解字卷七新附】

◉饒宗頤 辛酉卜貞：衣，豕亡。壬戌卜，犾貞：王父甲，昪其豐⊘（屯甲三九一八，侯家莊六）。王父甲句，王下漏二「㝎」字。昪字據董氏摹，殆即今昪字。説文新附：「昪，日上也。」古與升同用，儀禮士冠禮：「若殺，則特豚載合升。」鄭注：「在鼎曰升，在俎曰載。」觀禮：「祭山丘陵，升。」是昪為進品物之祭。【殷代貞卜人物通考】

旦 旦

甲一八五 于省吾釋旦亡旦父辛 甲八四〇 甲一四九四 後二·三九·一四 粹七〇〇 旦不雨 粹七〇二 粹一〇二九 于旦亡𢦔 鄴初下三三·三 鄴三下·四四·五 京津四〇三六 京津四〇四八 己酉卜貴貞翌日父丁旦其十牛 京津四四五〇 旦至于昏不雨 京津四五四六 于旦 王迺田亡𢦔 寧滬一·六五〇 明藏四四七 金三八一 于翌日旦大雨 佚四六八 于南門旦 【甲骨文編】

甲185 840 摭續197 粹700 702 1029 【續甲骨文編】

旦 像日初出未離于土也 頌鼎 頌簋 頌壺 吳方彝 趙曹鼎 克鼎 諫簋 望簋 師晨鼎 訇簋 休盤 伊簋 揚簋 【金文編】

3·370 楚章衢關里旦 5·300 左旦 【古陶文字徵】

刀尖 倒書金文多作揚簋作 典一一七三 仝上 亞五·二三 刀尖 亞五·二三 【古幣文編】

一七九：三 宗盟類參盟人名 【侯馬盟書字表】

37 135 【包山楚簡文字編】

旦 法三三 三十四例 秦五五 二十七例 法一 十五例 【睡虎地秦簡文字編】

0409 與揚簋旦字同。 5583 【古璽文編】

馬旦印 臣旦 【漢印文字徵】

旦 旦 【汗簡】

裴光遠集綴 古尚書 王存乂切韻 【古文四聲韻】

◉許 慎 旦明也。从日見一上。一。地也。凡旦之屬皆从旦。得案切。【說文解字卷七】

◉吳大澂 象日初出未離於土也。頌敦。【說文古籀補卷七】

◉高田忠周 說文。旦。明也。从日見一上。一地也。按易晉。明出地上也。儀禮少牢禮。旦明行事。公羊哀十三年傳。見于旦也。注日方出時。此皆與許義及銘意相合。但从一指事也。日將與地相離而未全離。下界猶晦暗也。故本形作。作一者略省也。【古籀篇二十四】

◉孫海波 旦七 克鼎 趙曹鼎 師艅毁 伊簋 寰盤 揚簋。說文云：「明也，从日見一上，一地也。」金文作。吳大澂

曰：「象日初出未離于土也。」揚簋作，蓋到誤。【甲骨金文研究】

◉于省吾　契文昌字作等形。郭沫若釋昌。粹考一三四。按昌即旦之初文，旦昌同原。後岐為二。金文旦字。盟毁作。克鼎作。頌壺作。伊毁作。休盤作。古文虘匡與填實同。梁文下不填實者。契刻之便也。其上从日或無點者。文之省也。惟契文二體分離。金文多上下相連。祇休盤字與契文相仿。形雖遞衍。迹猶可尋。說文。旦。明也。从日見一上。一地也。按古文無从一者。許說失之。契文旦字當係从日丁聲。丁旦雙聲。並端母字。契文丁字作。與旦字下从之虘匡形同。契文旦亦作。下从。中有小横。乃變體也。金文丁字作。與旦字下从之填實形同。此旦字演變之證論也。說文。昌美言也。从日从曰。一曰日光也。籀文昌。按古鉨昌字作。下从。與小篆相近。而說文所引籀文昌字下从。是籀文時期猶在鉨文之前。即古丁字。金文晚期丁字。王孫鐘作。者瀘鐘作。古璽文字徵十四・四。丁作。又古璽文字徵七・一。旦作即字。昌穿紐三等字。古讀穿紐亦為舌頭音。書皋陶謨禹拜昌言。孟子公孫丑注引作禹拜讜言。讜亦通黨。逸周書祭公。王拜手稽首黨言。昌與讜黨聲近字通。爾雅釋詁。昌丁當也。書皋陶謨謟傳亦訓昌為當。詩雲漢。寧丁我躬傳。丁當也。昌本从丁聲。昌丁並釋為當。以聲為訓。廣雅釋言。昌光也。與說文日光之訓符。說文訓旦為明。明光義相因。此旦昌同名之證論也。契文昌字均作旦字用。佚四六八。於南門昌。當謂旦時於南門有事也。後下三九・十四。於昌亡戈。粹九八四。於昌王画田。亡戈。一零二九。於昌亡戈。均係占狩獵之時。鄴三下四四・五。癸於昌画伐戈。不雉人。係占徵伐之時。粹七零零。昌不雨。食不雨。旦與食對文。食謂食時也。鄴初下三三・三。昌酒至昏不雨。由旦至昏。義尤明顯。佚一六六。兄。祝重今昌彭正。新二二六。昌其溦鼎。謂旦時祭也。佚八八二。其㝵下殘。應作。契文㝵㝷互作。即复即復。余所藏明義士墨本有辭云。戊辰㝵。又有辭云。弜㝵。其祉。書大傳虞夏傳。旦復旦兮。管子牧民。不行不可復者注。復重也。契文言旦謂即日之旦。言復旦謂翌日之旦也。要之。契文昌字从日丁聲。即今旦字。說文誤作从一。金文旦形與丁形相連。而亦有不相連者。可資參證。旦與昌初本同名。後以用各有當。因而岐化。然說文籀文昌下从丁。猶可溯其形。昌當為聲訓。昌又通黨讜。猶可溯其音。昌訓光。猶可溯其義。小篆昌字下从曰。謟形聲為會意。而昌之義訓。遂不可解結矣。【釋昌　雙劍誃殷契駢枝三編】

◉楊樹達　粹編七〇〇片云：「食不雨？昌不雨？」片羽初集下卷三三葉之三云：「昌酒至昏不雨？」于省吾云：昌即旦之初文。說文：「旦，明也。」粹編旦與食對文，片羽謂由旦至昏，義尤明顯。駢三四下。【旦　卜辭求義】

𣅀 戴暨 【漢印文字徵】

𣅀 暨許氣切 【汗簡】

◉許　慎　𣅀日頗見也。从旦。既聲。其異切。【説文解字卷七】

◉林義光　𣅀暨　居輩切。暨及也，猶旦自東方明，漸遠相及也。【文源卷十一】

◉馬叙倫　丁希曾曰。頗即易無不平頗書無偏無頗之頗。頗。偏側也。因此得禹貢朔南暨聲教之解。蓋此朔南。即素向立於子而面午立於午而面子之處也。此地日不當人頂。僅見其偏側。暨字上從月既望之既。下從旦。旦者。日初出地也。緣太陽止行赤道南北二十三度半。其外則不到也。人之在二十三度半以外者。皆背其極。向日而立。故篆文此字作𣅀。象兩人背乎此極而立於地之形。謂日在其南。人各就日向暖也。此立於子而面午之説也。漢書地理志。交阯郡有北户。交阯為中國極南之郡。故人皆面北開户以向日。此立於午而面子之説也。堯舜之德廣運。民之被其光者。東漸於海。西及流沙。至朔與南則以日頗見為界。由兩極之下。寒冽異常。居人尠少。故以朔南暨聲教。為訖於四海之徵也。王紹蘭曰。案暨之字可與日食既之既相證。明暨從既得聲。既。小食也。既為小食。故暨從旦為日頗見。左桓三年。日有食之。既。孔疏引異義。月高則其食虧於上。月下則其食虧於下也。日月之體。大小相同。相揜密者。二體相近。正映其形。故光得溢出而中食也。相揜疏者。二體相遠。月近而日遠。自人望之。則月之所映者廣。故日光不復能見而日食既也。暨以既為聲。許解為日頗見。而異義以日光不見為既者。既。小食也。小之言稍也。小食謂稍稍食之。始而頗見謂之既。故異義謂相揜密者光得溢出而中食。言其食之初既而不復見謂之既。故異義謂相揜疏者日光不復能見而日食既。言其食之盡。異義説文皆許作。可互證者如此。倫按既為飽出息。非小食也。小食乃嘰字義。則王所援證者皆不足以證也。經之日有食之既者。正用既之本義。而引申為畢盡也。暨字從旦。則義生於旦。旦於文從日從一。一為地之初文。明日始出人望之如甫升於地上也。旦時日固側而未中。然不必如丁王之牽鑿而遠徵也。尋暨音羣紐。古讀歸見。旦音端紐。端見皆清破裂音。直是旦之轉注字。猶旦之轉注字又為𣅀也。書之朔南暨。謂朔南皆盡也。蓋彼時知東盡於海。而西止通於流沙。流沙則今甘肅新疆蒙古之沙漠地。南北極固未嘗有人迹。彼時亦未嘗知其極也。故渾言曰既而已。則暨亦既之借字。日頗見也。非本訓。亦疑有譌捝。玄應一切經音義引字林。暨。及也。亦至也。字見急就篇。顔師古本作塈。依義是塈字。【説文解字六書疏證卷十三】

倝

□ 倝　孳乳為韓　𤼈羌鐘　賞于韓宗　【金文編】

□ 2338　倝孳乳為韓，韓字重見。　□ 2351　□ 2333　□ 2340　【古璽文編】

□ 倝公旦切　【汗簡】

□ 汗簡　【古文四聲韻】

◉許　慎　倝日始出。光倝倝也。从旦。㫃聲。凡倝之屬皆从倝。古案切。【説文解字卷七】

◉林義光　古作□王孫鐘韓字偏旁。作□沇兒鐘韓字偏旁。从早㫃聲。【文源卷十二】

◉徐中舒　倝即韓之本字。説文。倝。日始出光倝倝也。从旦㫃聲。此説於形聲俱失。倝即榦之本字。象形。金文編附録上第六葉有字作三人共舁一榦形。其榦有斿。正與此倝字形同。

□父乙敦　□公車觚　□廣敦

此字榦上之□□□□形即此倝字所從之□形也。白晨鼎之□字。舊釋為韓。亦從□。所謂旗桿之桿。其本字當如此也。【厲氏編鐘圖釋】

◉馬叙倫　吴穎芳曰。古鼎文日字有作□者。或是從□從□。吴楚曰。許以倝㫃相次。以倝即從㫃得聲。殊誤。倝下作丂。固迥别也。倝部之字無□者。㫃部之字無從丂者。合□□為一。決不其然。竊謂倝上從中。下從丂。從丂猶甹之下體。象華萼之跗也。萬物得日而生者。陽精也。故從日入中丂之中取義。而為日始出倝倝也。王國維曰。倝𠦝皆㫃之異文。古金文從㫃之旂字多作□。又有作□者。蓋古之旂載於車上。而車字古作□。其後兩輪一輿之形譌變為□。頌鼎有□字。即旂之本字。借為祈求之祈。𠦝又□之譌變。篆文之倝。則□之譌變也。許訓日始出光倝倝也。不免從誤字立説矣。林義光曰。王孫鐘偏旁作□。沇兒鐘偏旁作□。從早。㫃聲。倫按趠鼎趠字作□。陳侯囙資敨淖字作□。金文朝字率作□。以此相證。則林説可從。本書看字從□□聲。今譌為□。其或體作□。然則此篆實譌。倝為早之轉注字。早從甲得聲。甲音見紐。故倝從㫃得聲轉注為倝。甲從十得聲。十音禪紐。故倝從潮之初文作□者得聲。轉注為翰。翰音知紐。知禪同為舌面前音。㫃音影紐。見知與影同為清破裂音。如吴穎芳説。則從昜㫃聲。其所舉鼎文□字。曾伯窻鼎昜字如此作。三家敨作□。然非日字也。昜為皇之轉注字。倝為日始出光倝倝也。義正為日光。則倝亦為皇之同舌根音轉注

𠦝

字。日始出光倝倝也非本訓。【説文解字六書疏證卷十三】

◉郭沫若　𠦝字劉釋陽。謂「甲骨文字陽字从日丁，揚字从早，宓伯鼎作[glyph]，貉子卣作[glyph]，泉幣亦作[glyph]，王孫鐘沇兒鐘及宋人所箸録之許子鐘皆有中翰虘[glyph]語，翰字所从之𠦝即旟字，與此同，借為陽。秦策高誘注，陽，大也，則陽宗實即大宗。」今案「中□虘[glyph]」語，虘下一字乃劉所謂旟字；中下一字，王孫鐘作[glyph]从言，沇兒鐘作[glyph]从音，許子鐘作[glyph]从鳥，則分明鶾字也。是古鶾字或从鳥，或从音，或从言，而同从倝聲。更證以它器則如晉邦盦之「晉邦隹翰」作[glyph]，大良造鞅戟作[glyph]，敌戟作[glyph]，所从倝字均同此。是則此𠦝乃倝字，叚為韓魏之韓。古鉢韓戲作[glyph]，又有韓慶作[glyph]，丁佛言云「皆倝之反文。」説文古籀補補卷五六葉。是也。又韓㽙𣃘作[glyph]，从邑倝聲，與此均可為互證。稱「䍩辟倝宗」者，𠫑羌乃韓氏之家臣，以韓侯為其宗主也。【𠫑芀鐘銘考釋　金文叢考】

◉唐　蘭　倝銘文作[glyph]，余舊釋旟，與劉、吳二君同，馬衡先生則據古印韓姓多如此作，謂當釋為倝，讀若韓。聞徐君中舒所釋同馬説，今按釋倝是也。王孫鐘「中[glyph]叡[glyph]」，沇兒鐘「中[glyph]叡陽」（又見薛氏《鐘鼎彝器欵識》許子鐘及馮氏《金索》徐王子旃鐘），其偏旁與此作[glyph]者正同。彼文當讀為中翰且揚。翰猶翼，故有高義。《易中孚》曰：「翰音登于天」。翰，高也。古人以翰喻音故諸鐘下文均云「元鳴孔皇」也。《説文》：「[glyph]日始出光倝倝也，从旦㫃聲。」凡㫃字古文多變[glyph]，則知[glyph]即倝字。至易之古文，雖間作[glyph]（貉子卣，又他器偏旁），末筆多彎曲。倝旟二字，易於混淆，差以毫釐，失之千里矣。韓宗即晉卿韓氏之宗也。【𠫑羌鐘考釋　唐蘭先生金文論集】

◉許　慎　[glyph]闕。【説文解字卷七】

◉丁　山　[glyph]繫傳闕下有且從三日在㫃中句。徐鍇謂後人加是也。王國維史籀篇疏證曰。闕者不知其為古為籀。今案倝𠦝皆㫃之異文。古今文從㫃之旅字多作肇。⊘蓋古之旂皆載于車上。而古車字又多作[glyph]孟鼎父癸卣等。知肇字所從之車書有作此者。其後兩輪一輿之形譌變而為[glyph]。頌鼎有[glyph]字。即旂之本字。借為旂求之祈。[glyph]又[glyph]之譌變。篆文之倝。則[glyph]之譌變也。倝𠦝二字。當重於㫃下。倝古㫃字。許云倝日始出光倝倝也。從旦㫃聲。蓋不免以譌字立説矣。【説文闕義箋】

◉馬叙倫　徐鍇曰。李陽冰曰。從三日在㫃中蓋籀文。許慎闕義。且字下後人加。同上。鈕樹玉曰。廣韻玉篇竝無。疑後人增。嚴可均曰。闕者。闕籀文二字。乙部。乾。籀文作𠦝。以是知之。倫按詳𠦝字下。【説文解字六書疏證卷十三】

朝

朝 利簋 甲子朝 史䛦簋 事族簋 克盨 仲殷父簋 盂鼎 先獸鼎

矢方彝 矢尊 孳乳為廟 趞簋 王各于大廟 茾伯簋宗廟 朝訶右庫戈 从水 陳侯因資錞 朝問諸侯

淖字重見【金文編】

5·350 荅朝 5·215 宮朝【古陶文字徵】

145【包山楚簡文字編】

朝 日甲一五九 七例 日乙一五七 十九例 日乙一五九 二例 日乙一六九 日乙一六五 日乙一六五【睡虎地秦簡文字編】

又宵又—(乙8—6)【長沙子彈庫帛書文字編】

4065 此與朝訶右庫戈朝字略同。【古璽文編】

朝那左尉 朝陽右尉 東朝陽侯 朝鮮右尉 竺朝 萠朝印信【漢印文字徵】

開母廟石闕 咸來王而會朝 禪國山碑 大司空朝 石經僖公 公朝于王所 淖朝古今字【石刻篆文編】

朝竝尚書 朝出貝丘長碑【汗簡】

貝丘長碑 石經 唐韻【古文四聲韻】

◉許 慎 朝旦也。从倝。舟聲。陟遥切。【説文解字卷七】

◉吴大澂 朝日初出在茻間。古者天子以朝朝日。一曰。小水入大水謂之朝。故从川。許氏説水朝宗于海。盂鼎。淖陳侯因資敦朝如此。小篆以為潮字。【説文古籀補卷七】

◉劉心源　朝字从□。異體也。筠清館正作□。積古𢆶叔𣪘父敢朝夕作□□。釋為蘄月。其篆迹仍是。攈古録仲𣪘父敢弟三器中字右旁有泐文。阮誤釋叔耳。夕作月者。古文月夕通用。冗盉惟五□初吉。無㠱敢正□初吉壬寅。陳矦𠙵資敢惟正六□癸未。甲午簋惟甲午八□丙寅。皆用夕為月。豈卣夙□饗爾百爵。曆彝其用夙□鬻亯。則用月為夕。又有从夕之字从月者。如豈卣夙作□。曆彝夙作□。文見上。毛公鼎夙作□。虔夙夕。師嫠敢夙作□。敬夙夜。叔夜鼎夜作□。師嫠敢夜作□。文見上。叔弓鎛外作□。外内剴辟。董裁内外。是也。又有从月之字从夕者。如頌敢霸作□。既死霸。守敢霸作□。既死霸。令鼎有作□。有嗣。古刀泉明作□。見十三卷。是也。説文恆古文作□。解云。古文恆从月。明从夕。而云从月。許意蓋謂夕即月耳。【奇觚室吉金文述卷三】

◉羅振玉　此朝暮之朝字。日已出茻中。而月猶未没。是朝也。古金文㴖从□。後世篆文从倝舟聲。形失而義晦矣。古金文作□□。从□㴖。从巛。象百川之接於海。乃潮汐之專字。引申為朝廟字。【增訂殷虚書契考釋】

◉丁佛言　□□□□中殷父敢用朝夕享孝宗室。朝或从□。从□恐是范壞。不可强為之説。□趠鼎。□先獸鼎。□歸夆敢右从□省。象水載舟順流就下之形。禹貢所謂江漢朝宗於海。蓋用以示趨向之義也。吴秋輝疑古朝字當作□。後引申為朝會朝廷。因朝會以旦。故別作一日在茻間以附益之作□。小篆从□。許氏説。倝。日始出光倝倝也。从旦。㫃聲。□古鉨朝陽。朝字反文。【説文古籀補補卷七】

◉唐　蘭　諸家僅見作□一形，故多改釋為萌。然卜辭有□從□者每變□。□從屮多變木。二形，是□得省為□，而商氏謂「朝無從茻之理」為非矣。佚二九二片云「朝又雨」，同片另一殘辭有。「昏」字。庫一〇二五片云「朝酉」，其另一辭云：「貞䒌酉」，䒌當即莫，則朝字不當讀為萌，亡疑也。

王國維云：「卜辭有□字，……今隸朝字，即從此出，但省二屮耳。小篆𠦝字乃變為從倝舟聲，倝者□之譌，舟者月之譌也。殷周古文從月之字，篆文輒改從舟，如互恆朝諸字，篆文皆從舟，古文皆從月，與今隸同也。」遺書本魏石經考二・六。此説最精核，郭氏謂「後人作朝，誤從月」，失之。

朝字象日月同在茻中，與莫象日在茻中相對。郭氏謂此下弦時現象，上弦時日月同見於暮，因謂羅説為絶非。然古人繪一圖象以見意，然取彼時人所共喻，固不容膠固以説之也。月有圓時而但作☽，日初出時亦在茻中，而□但表暮。□象在月下治事，可晨，可夕，而獨為夙義。然則朝象月未落而日上，固無不可也。

金文朝字作□、□、□等形者，王國維以為本潮汐字，借為朝夕字，同上。是也。郭氏謂「日出茻間，其旁有露」，殊誤。露雖多，不能謂川澮畎之犬也。周人既借淖為朝，後人又誤為翰，而日月同在艸中之形，乃僅存於今隸矣。萌字從艸明聲，訓為草芽，則後起之形聲字，其字形與古朝字作□者固相混，然朝之非萌，則其事至顯也。【釋朝　殷虛文字記】

◉郭沫若　淖即朝晨之異，讀為朝聘之朝。徐云「儀禮聘禮『小聘曰問』，周禮春官大宗伯『時聘曰問』，又秋官大行人『凡諸侯之邦交，歲相問也』；此云『朝問諸侯』義亦甚協」，是也。【因資鐘　兩周金文辭大系考釋】

◉馬叙倫　翰字金文盂鼎作□。先獸鼎作□。克簋作□。事族敢作□。芾伯敢作□。無一從舟者。倫謂舟乃□之譌。□□□與甲文□字同。商承祚疑為川字。倫謂此潮之初文。許不知□為潮之初文。以其形似舟字而音亦相近。故以為舟聲。或許前篆已譌也。朝為旦之轉注字。朝音知紐。端知皆清破裂音。旦音端紐也。羅振玉據甲文□字。謂日已出艸中。而月猶未没。是朝也。為朝暮之朝本字。翰字金文從□即□省。從巜□。象百川之接於海。乃潮汐之潮專字。然羅説□字。郭沫若已非之。而郭釋為萌。亦非。□仍是莫字。所從者明。從明猶從月。以日言故從日。以月言故從明。或從月莫聲。為莫之後起字。通鑑光武紀注引字林。直遥反。字見急就篇。周明公敢作□。【説文解字六書疏證卷十三】

◉朱芳圃　甲文又有作左揭形者：

□後上五一二□戩一三·九□粹二六三□粹二六四□珠六二六□屯甲一二八〇□屯甲二五九五□都一八八七象曰初出在艸下，蓋草之別構。説文广部：「廟，尊先祖皃也。從广，朝聲。庿，古文。」桉庿所從之苗，即苜之形誤。【殷周文字釋叢卷下】

◉陳夢家　朝至之詞見於以下各篇：

召誥　太保朝至於洛　周公朝至於洛

洛誥　予惟乙卯朝至於洛師

牧誓　王朝至於商郊牧野

凡此洛、洛師、牧並成周，由西土的周説來，都屬於東國，所以朝至也者謂東至。金文朝字一旁象日出草中，一旁象水潮之形。日出東方為朝，故朝有東義。考工記匠人建國以正朝夕，正義以為言朝夕即東西也。爾雅釋山，山東曰朝陽。【西周銅器斷代　考古學報一九五五年第九册】

◉王玉哲　甲骨文習見「□」字，或作□、□、□、□諸形。過去學者釋為桝或椽，均難通讀。于省吾先生始把所從之□釋為屯，因而釋上字為萅，並謂卜辭中之屯或從屯之萅均即春秋的春字。但是，卜辭中出現了下列辭例，卻不好解釋：

(1)「戊寅卜争，貞：今□□□，十一月。」（外四五二）

(2)「……𦯬令般□商，十三月。」(簋人五三)

(3)「甲子□貞：今𡆣受(？)年，九月。」(前四・六・六)

(4)「□□卜亞□□𡆣亡□，六月。」(粹一三八八)

(5)「……五𡆣，十二月。」(存一・八三)

按上舉五辭的占卜時間，分别在十一月，十二月，十三月、九月和六月。若把𦯬、𡆣釋為春，不論商代到底實行的什麽曆法，但總不該在十一月、十二月、十三月、九月和六月期間，稱呼象徵百物萌生的春季吧？這個矛盾現象如何解釋，只有兩種可能：一個是，這個字並非「春」字；另一個可能是商代所行的曆法與一般人所説的不一樣。我傾向於前一種可能，即該甲文不是「春」字。

對釋「春」最初提出懷疑的是陳夢家先生。他雖然也同意于先生釋春，但對上面第三辭則説：「稱今春而系以九月，甚不可解。」

尤其是卜辭中有「用𡆣」、「多𡆣」、「示𡆣」，有的稱示多少屯，從「一𡆣」多至「五十𡆣」(見京三〇八)。𡆣字若釋為春，均成不辭。于先生對此，也不以為是春字，而謂「存以待考」。可見𡆣釋屯及𦯬釋萅，還難以視為最後定論。

按學者之所以釋春，是由于萅字從屯得聲。但𡆣字是否屯字，尚有可疑。丁山就認為𡆣為朝夕之「夕」的或體。卜辭中經常有「今𡆣」、「來𡆣」，丁山説這就是他辭所習見的「今夕」、「來夕」，「師𡆣不𡰥」就是他辭所習見的「今夕師不𡰥」。丁謂𡆣若釋為夕字，凡含有𡆣字作時間解的辭例，幾乎都可以通讀。

甲骨文中「夕」與「月」是同一字，則𦯬、𦯬等形體正象太陽初升或初降于草木中，而殘月尚存的晨昏情景。這兩形體可以隸定為「萳」，「朝」，此不正是説文解作「旦也」的朝夕的「朝」字嗎？其左旁所作的𣌭、𣌭或𣌭，象日在草木間，是「朝」字之本體。這三個形體即後來的「草」，「杲」，「早」三字，在文字的形聲義上與「朝」都相近。其為一字之孳乳，極為明顯。這三個陰韻字，絶對不能讀為陽韻字(收鼻音)的「屯」，甲骨文習見的這個𦯬字，也就不會演變為後世的「春」字了。

「朝」字原作𦯬，根據甲骨文作字原則，有時為了簡化的目的，也可以把其中的部分符號略為增減。若把日符省掉作𦯬、𦯬、𦯬，應當也同樣是「朝」而不是「萅」。

我們所説的甲骨文中的「朝」字𦯬、𦯬等形，根據古文字簡化原則，省去「木」即成了𣌭𣌭。這兩個簡化了的字，都見于甲骨卜辭(第一形見戩二二・二)，可以隸定為「明」。但這個字不可能是作為明亮解的「明」字，因為明亮的「明」，甲骨文金文都作从𦣻从月的「朙」形。近今學者已經有人指出，從日月作之「明」，商代甲文及西周金文均無之。秦繹山碑仍作朙，秦度亦作朙。甲骨文[glyph]、[glyph]、[glyph]的「明」應讀「朝」，不是明亮的「明」。除了从字形簡化上推知外，還可以從朝夕對文的習慣用語上證之。在古文獻和西周金文中，朝與夕對文的辭句是極為普遍的。

這種朝夕連語和對文的用法，可能源于殷商。在甲骨卜辭中，我們可以找到類似的語句。試擇録幾條如下，然後加以解釋：

1.「……固曰易日，其明(朝)雨，不其夕……」(乙六四一九反)

2.「癸亥卜貞旬，乙丑夕雨，丁卯明(朝)……小采日雨雚(風)，己明(朝)启。」(合七八)

3.「三月乙丑夕雨，丁卯明(朝)雨，戊小采日雨風，己明(朝)𢼊，壬申大風自北。」(乙一六三，參乙六三八六、六六四四)

上所引都是朝夕對文。第一條已殘缺，其中大概是說，早晨下雨，不到晚上就停止了。第二條大意是說，癸亥這天占卜一旬中的天氣，第三天是乙丑，夜晚有雨。第五天丁卯早晨有雨。辭中「小采」之含義，可能與風雨雲氣有關，也可能就是前所引魯語的「大采朝日」、「小采夕月」。「己明(朝)启」是說，到第七天己日早晨天晴。第三條是說乙丑這天晚上有雨，到第三天丁卯早晨也有雨，第四天戊日有風雨，第五天己日早晨天晴。第八天壬申日，自北方吹來大風。

這三條卜辭中的「明」，都和「夕」對舉，所以這裏的「明」字，我們都認為是作為早晨講的「朝」字。這樣解釋起來，文從字順。如果直讀為明亮的明，辭句變為毫無意義了。並且「明」與「夕」連用，在古文獻中從來没有這種傳統。而說文中，許氏對「明」字的解釋只謂「照也」，没有早晨的釋義。許氏對「朝」字雖誤作從軌舟聲，但解作「旦也」，仍是正確的。【甲骨金文中的朝與明字及其相關問題　殷墟博物苑苑刊創刊號】

[glyph] 甲九四四　[glyph] 乙三五七　[glyph] 前五·五·七　[glyph] 前五·六·一　[glyph] 後一·二二·一　[glyph] 簠雜四七　[glyph] 珠七七七

[glyph] 粹四　[glyph] 粹二八二　[glyph]　[glyph] 粹一一九六　[glyph] 存一六四四　[glyph] 明藏六八四　[glyph] 乙六三二〇　[glyph] 簠歲一六　[glyph]

京都三二一三【甲骨文編】

[glyph] 乙357　[glyph] 6310　[glyph] 珠777　[glyph] 續2·29·3　[glyph] 徵11·47　[glyph] 鄴33·8　[glyph] 續存1644　[glyph] 粹4　[glyph] 282　[glyph]

1196 [glyph] 新4829 【續甲骨文編】

[glyph] 㫃 爵文 [glyph] 孳乳為旂 休盤 [glyph] 䜌旂 【金文編】

[glyph] 0294 與休盤㫃字形近 【古璽文編】

[glyph] 㫃 【汗簡】

[glyph] 汗簡 【古文四聲韻】

◉許 慎 [glyph]旌旗之游。㫃蹇之皃。从屮曲而下垂。㫃相出入也。讀若偃。古人名㫃字子游。凡㫃之屬皆从㫃。於幰切。[glyph]古文㫃字。象形。及象旌旗之游。【說文解字卷七】

◉林義光 說文云[glyph]旌旗之游㫃偃蹇之皃。从屮曲而垂下。㫃相出入也。謂右旁从入。讀若偃。按古作[glyph] 伯晨鼎旅字偏旁。作[glyph] 盂鼎旂字偏旁。象旗形。不從入。【文源卷四】

◉商承祚 㫃。金文作[glyph](𠂇爵)。[glyph]象杠與首之飾。[glyph]即斿形。篆文作「[glyph]」。寫誤也。[glyph]與金文之[glyph](𠂇婦鼎作妣己觶)。皆象多斿之狀。【甲骨文字研究下編】

◉商承祚 [glyph] 古篆文之別。在首之連不連。實無大差異。甲骨文作[glyph]。金文㫃爵作[glyph]。又凡从㫃之字皆作[glyph][glyph]。則[glyph]乃[glyph]之譌。而以旗游之[glyph]為入。說解遂難通。嚴氏校議謂當作[glyph]乃冥與古相近。卓識加人矣。【說文中之古文考】

◉馬叙倫 鈕樹玉曰。玉篇引游作斿。繫傳名㫃作名偃。非。沈濤曰。爾雅釋天釋文。㫃。音偃。說文云。旌旗得風靡也。蓋古本如是。下古文云。象旌旗之游。若正字亦然。則不煩複舉矣。嚴章福曰。從中下十一字當有誤。王筠曰。此篆當依石鼓文作[glyph]。說解當曰旗杠。[glyph]之植者為杠。上之岐出者為雕鏤之華飾。横而右出者華蓋也。丨都之斺。說曰。旌旗杠皃。竊意此乃斿也。若以㫃為斿而丨為杠。杠豈系於斿之下乎。且云從中即不妥。旗斿豈有屮乎。凡云從者從其義也。不可以字形而云從也。吾謂㫃是象形字。況祥麟曰。當作[glyph]。羅振玉曰。㫃字全為象形。卜辭作[glyph]。與古金文同。[glyph]象杠與首之飾。乙象游形。倫按一篇斺字可疑。已詳彼文下矣。倫謂㫃篆當如金文作[glyph]。說解當曰旗杠。象形。杠借為竿。毛詩以干為之。是其證。今杭縣尚呼旗干也。[glyph]象旌旗之杠形者。丨其竿而[glyph]為斗飾。亦所以止旗不復上也。[glyph]即今杭縣

旐

所謂旗干斗也。一為縣旗之具。丿其升降之繩。試觀古圖畫及清制官署前之旗竿可明也。縣旗之竿與旗是二事。而旗固率縣於竿也。故㫃為部首。而旌旗之字屬之。今說解旌旗之游。游字當為杠。古文下象形二字蓋本在此下。傳寫誤耳。後人乃增㫃蹇之皃至㫃相出入也。然旌旗之杠亦非本訓。許當作干也。以聲訓。此蓋字林文耳。古人名㫃字子游亦校語也。讀若偃者。蓋亦吕忱文。以春秋人名若鄭公子偃字子游。晉荀偃字伯游。孔子弟子言偃字子游。據義子游者當名㫃。而經記皆作偃故也。竿音見紐。偃音影紐。皆清破裂音。干聲晏聲又皆元類。日部。旰。晚也。淮南天文訓。日至於桑野。是謂晏食。禮記禮器。晏朝而退。論語。何晏也。皆借晏為旰。故小爾雅廣言。晏。晚也。倫謂㫃即旗竿。古音當近於竿。竿杠雙聲。故說解借杠為竿。甲文有。唐蘭釋⿸㫃虹。蓋從㫃。虹聲。虹從工得聲。則⿸㫃虹為㫃之轉注字。爵文作。休盤作。甲文作。古鉢作。

鈕樹玉曰。玉篇廣韻並無此字。與正文不異。正文注旌旗之游。㫃蹇之皃。已包象形。不應重出。疑後人增。倫按此古文與篆僅筆迹圓銳之異。鍇本作。雖別。然魏三體石經古文應有所本。今存施字古文。遊石泐。不能審。其遊字古文作。所從之即㫃。與下文旅之古文作所從之同。邾公釛鐘。祈年。借旂為之。作。齊侯壺作。其形亦同也。然則此古文實有譌。說解中象形以下皆篆文說解及校語之誤入。【說文解字六書疏證卷十三】

◉許　慎　龜蛇四游。以象營室。游游而長。从㫃。兆聲。周禮曰。縣鄙建旐。治小切。【說文解字卷七】

◉馬叙倫　鈕樹玉曰。韻會作龜蛇四游以象營室。悠悠而長也。禮字作書。王紹蘭曰。龜蛇四游見考工記。而經文本作龜旐四游。今作蛇者。涉注文龜蛇為旐而誤。續漢書輿服志載此文。正作龜旐四游。通典二十六同。桓二年左傳正義太平御覽七十二引此文亦皆作龜旐。唐石經始誤為龜蛇。說文作龜蛇者。後人依俗本周禮改之耳。倫按龜蛇以下十二字字林說。疑許本以聲訓。釋名。旐。兆也。或此字出字林。甲文有。【說文解字六書疏證卷十三】

◉楊樹達　許君釋旌旗之名，率據周禮，旐下龜蛇四游語本考工記，殆非制字之本義也。攸攸而長，以攸釋旐，明其語柢，亦嫌附合。愚謂旐之為言召也，謂所以召士衆也。請以經籍證之。按周禮地官大司徒云：「大軍旅，大田役，以旗致萬民。」夏官大司馬云：「中春，教振旅，司馬以旗致民。」昭公二十年左傳云：「旃以招大夫。」孟子萬章下篇云：「招虞人以皮冠，庶人以旃，士以旂，大夫以旌。」滕文公下篇亦載齊景公田招虞人以旌之事。詩小雅無羊篇云：「旐維旟矣。」毛傳云：「旐旟，所以聚衆也。」此旌旗召衆之事明見於經傳者也。又以說文證之：旗下云：「士卒以為期。」旌下云：「所以精進士卒。」旃下云：「所以旃表士衆。」旗下云：「所以進士衆，與與，衆也。」九篇下勿部云：「勿所以趣民。」然則旌旗之用在於進士，許君固亦知之。三篇下革部鞀从召聲，其重文有鞉鼗磬三文，鞉鼗皆从兆聲。而口部召訓評，手部招訓手評，言部誂訓相評誘，此又制字聲類召兆相通之明證也。而說者輒謂繼旐以旆，故旐特長，用以申許君攸攸而長之義，不悟繼旆乃後來之事，制字時豈當有之乎！斯為不達矣。

今更由旐類推之：旝之从會，所以會合士衆也。許君釋為建大木置石其上發其機以槌敵，亦以後起之制釋古字，與旐下之訓同病矣。旟之從要，所以要約士衆也。許君釋為旗屬，與旗旌旃旟諸字說解兼明語源者有殊，亦嫌疏漏矣。蓋古人兵戎狩獵，皆有事於聚衆，其事不一，其所召之人亦不一，故其文頗繁，非一二所能盡。然文雖不一，其語源固不甚相遠也。

左傳桓公五年疏云：「賈逵以旝為發石，一曰飛石，引范蠡兵法作飛石之事以證之。說文亦云：建大木置石其上，發其機以磓敵，與賈同也。案范蠡兵法雖有飛石之事，不言名為旝也。發石非旌旗之比，說文載之㫃部，而以飛石解之，為不類矣。」據此，許君說本賈逵，孔疏糾之，是也。【釋旐 積微居小學金石論叢】

5·111 咸戎里旗　9·95 肖旗【古陶文字徵】

旗 日乙九三 通箕 五月—十四日【睡虎地秦簡文字編】

4570　4569　5408　2383　2378　3268　0953　4058　3115【古璽文編】

曹旌伯旗【漢印文字徵】

旗出李尚隱字略【汗簡】

李商隱字略【古文四聲韻】

◉許　慎　熊旗五游。以象罰星。士卒以為期。从㫃。其聲。周禮曰。率都建旗。渠之切。【說文解字卷七】

◉强運開　古鉨張。當即古旗字也。【說文古籀三補卷七】

◉馬叙倫　吴穎芳曰。今周禮作師都。鈕樹玉曰。韻會游作斿。罰作伐。嚴可均曰。考工記。熊旗亦游以象伐也。此云五游。轉寫誤。古唐類範百廿引作以象伐。與考工記合。翟云升曰。爾雅釋天釋文。旌旂。本作旗。說文云。旌旗得風靡也。未知何據。高田忠周曰。婦鼎有[glyph]。父乙甗作[glyph]。即旗字。與考工記輈人熊旗六游者合。倫按盂鼎中字作[glyph]。其[glyph]亦即六游之旗。疑凡為旗幟之義者。字當從[glyph]。或從旗省。當立旗部而屬之。說解本作期也。以聲訓。熊旗以下十三字蓋字林說。史記高祖記索隱引字林。旗。熊旗五斿。謂與士率為期于其下。故曰旗也。蓋此彼皆有挩文。旚音澄紐。旗音羣紐。同為濁破裂音。豈語原同邪。或本為轉注字邪。古鉨作[glyph]。【說文解字六書疏證卷十三】

◉楊樹達　旗　說文七篇上㫃部云：「旗，熊旗五游以象罰星，士卒以為期。从㫃，其聲。」按周禮地官大司徒云：「大軍旅，大田役，以旗致萬民。」夏官大司馬云：「司馬以旗致民。」鄭注云：「以旗者，立旗期民於其下也。」釋名云：「熊虎為旗，軍將所建，與衆期其下也。」按旗期同从其聲。【字義同緣於語源同例證　積微居小學金石論叢】

旆 旆

[seal] 石經【古文四聲韻】

◉許　慎　旆繼旐之旗也。沛然而垂。从㫃。𣎵聲。蒲蓋切。【說文解字卷七】

◉馬叙倫　鈕樹玉曰。繫傳韻會無也字。嚴可均曰。御覽三百四十一引作旆然。嚴章福曰。疑校者依篆改。王筠曰。篆當作[seal]。從普活切之𣎵。非匹刃切之朩。倫按本作沛也。以聲訓。從旐之旗沛然而垂蓋字林文。吕忱本爾雅釋天說也。字或出字林。【說文解字六書疏證卷十三】

◉莊淑慧　1號簡正面：「右敀(令)建駟大𨍭(旆)。」

16號簡：「黄丨所馭左𨍭(旆)：臒輪……。」

36號簡：「黄夏丨馭右𨍭(旆)：臒輪……。」

簡文「𨍭」字皆用於車名，如「大𨍭」、「左𨍭」、「右𨍭」等，而「旆」字則多指旗幟而言。惟「𨍭」雖為兵車之專名，然簡文所載車名，亦有書作「旆」者，如1號簡之「大𨍭」，142號簡作「大旆」；36號簡之「右𨍭」，131號簡作「右旆」，由此可知，簡文「𨍭」字乃「旆」之異體字。【曾侯乙墓出土竹簡考　臺灣師範大學國文研究所集刊四十號】

旌 旌

[seal] 曹旌伯旗【漢印文字徵】

旟 𣄼

◉許　慎　𣄼游車載旌。析羽注旄首。所以精進士卒。从㫃。生聲。子盈切。【説文解字卷七】

◉丁佛言　[古文]師遽敢。阮相國以為於字。案。[古文]似從生省。疑古旌字。【説文古籀補補附録】

◉馬叙倫　鈕樹玉曰。韻會首下卒下並有也字。嚴可均曰。古唐類範百廿引作以旌進士卒。誤。嚴章福曰。影宋書鈔百廿引作游車載其汪氏藏本作旗注旄首也。以旌進士卒。有誤。王筠曰。當依類範作旗。倫按本訓蓋作精也。游車以下十五字字林説。又有誤捝耳。【説文解字六書疏證卷十三】

◉劉彬徽　彭　浩等　𦌖，讀如旌，《集韻》以𦌖為旌字之異體。絑，純赤色。絑旌，赤紅色的旌旗。【包山楚簡】

◉湖北省文物考古研究所　北京大學中文系　「𦌖」字所從之「青」加「口」，與信陽簡及長沙楚帛書「青」字同。《汗簡》「青」字古文作[古文]，亦加「口」。《集韻》「旌」字有異體「𤯍」，故知「𦌖」即「旌」字。馬王堆漢墓帛書《老子》乙本卷前佚書《正亂》篇有「蚩尤之旌」語，「旌」字亦作「𦌖」(《馬王堆漢墓帛書——經法》六一頁)。「隹」當即「堆」字，在此疑當讀為「緌」。古代稱旌旗上所加的羽旄之類裝飾為「緌」。【二號墓竹簡考釋　望山楚簡】

[古文] 3430 【古璽文編】

[古文] 王存乂切韻　[古文] 同上　【古文四聲韻】

◉許　慎　𣄼錯革畫鳥其上。所以進士衆。旟旟。衆也。从㫃。與聲。周禮曰。州里建旟。以諸切。【説文解字卷七】

◉馬叙倫　鈕樹玉曰。韻會引無畫字。士衆下有者也二字。以下所引並非原文。不悉録。段玉裁曰。畫字妄人所增。爾雅釋天。錯革鳥曰旟。桂馥曰。進上疑有聚字。旟聚聲相近。詩無羊。旐維旟矣。室家溱溱。傳曰。溱溱。衆也。旐旟所以聚衆也。倫按疑本作聚也。以聲訓。旟旟衆也鍇本不重旟字。則此三字校者記異本。旟為隸書複舉字。而衆為聚譌也。所以進士衆之進字。涉上文旌下説解而譌。此當作聚。衆即聚之譌。士下捝也字。然錯革以下皆字林説。字或出字林。【説文解字六書疏證卷十三】

旂

戩47·9 【續甲骨文編】

旂 不从斤 休盤 㫃字重見 旂作父戊鼎 旂鼎 旂父鼎 旂姬鬲 師旂鼎 盂鼎 衛盉 恆簋 揚簋 豆閉簋 師𩰫鼎 曶壺 頌鼎 頌簋 頌壺 輔師嫠簋 善夫山鼎 趩鼎 𢦚簋 弭伯簋 毛公㾓鼎 即簋 申簋 此鼎 㒼旂 形與旅同 寰盤 變簋 邾旂士鐘 邾弔鐘 伯旂鼎 甫季鼎 㒼旂 假借為祈 師咢父鼎 用旂釁壽 邾公釛鐘 齊侯敦 洹子孟姜壺 喬君鉦 命瓜君壺 【金文編】

2386 2387 2389 2391 2390 【古璽文編】

楊旂言事 臣旂 孫旂 【漢印文字徵】

◉許慎 旂旗有衆鈴。以令衆也。从㫃。斤聲。渠希切。【説文解字卷七】

◉劉心源 即旂。即㫃。詳叒癸鼎遊字。用為祈。頌敢變從。叔弓鎛用釁壽。齊侯壺用釁壽。皆可證旂通祈。又説文近古文作。亦叚旂為之。晉姜鼎綏褱遠君子。从。即。即。从。反斤字。宋人釋廷。失之。【奇觚室吉金文述卷三】

◉林義光 古作尨姞𢪎彝。从。象衆鈴形。單古文或作𤔲鬻彝甲。作揚敦。皆與衆鈴形近。蓋旂字本作。以形似單故譌從單耳。象旂形。斤聲。或作陳公子甗。省作頌鼎。【文源卷一】

◉孫詒讓 太師虘豆用⿸㫃言多福 吳釋文云：「即訪，説文云『汎謀曰訪。』爾雅釋詁『訪，謀也。』」詒讓案鐘鼎古文凡从者，于小篆為，于隸為㫃。金刻中旂旅諸字偏旁並如此作。訪則从言方聲。方、㫃二字隸體相似，古文則兩形迥別。此⿸㫃言从㫃从言，吳釋為訪，是从隸體之相似者並例古文，其誤實甚。考金文多云：「用祈多福」而其祈字多耤旂為之，又或耤旂為之，如齊侯鎛鐘、齊侯罍、師器父鼎並云：「用旂眉壽。」是也。並見本書齊侯罍旂字。吳誤釋為介。今據陳氏齊侯罍銘通釋正之。此⿸㫃言亦即旂字。旂从㫃斤聲。斤言聲近，故古从斤之字，或變而从言。説文犬部「犷，犬吠聲。从犬斤聲。」玉篇犬部「犷與狺同。」楚辭九辯「猛犬狺

旞

狺而迎吠。」狺即犷字也。此旂亦變斤為言。吳釋為訪，蓋未達古文形聲變易之例也。古籀拾遺。周太師虘豆。【古籀拾遺下】

◉馬叙倫　鈕樹玉曰。韻會作有鈴曰旂以令衆。與爾雅合。高田忠周曰。立旂形啟有□。此周禮所謂大常十有二斿上公達旂九斿者也。倫按鍇本作有鈴曰旂。與爾雅釋天合。大徐本作旗有衆鈴。衆字即涉上文旗下説解及此下以令衆也而譌羨。然此蓋字林文。許當以聲訓。作令也。鍇本則後之校者據雅文改之。字或出字林。旂父鼎作□。師咢父鼎作□。齊侯壺作□。【説文解字六書疏證卷十三】

◉楊樹達　戩壽四七葉之九云：「癸丑，卜，其用旛？」王國維云：蘄卜辭作□，即旂之本寫，頌鼎頌𣪘作□，假借為祈求之祈。釋七三。樹達按：旛為旂之或作，當釋為旛，釋蘄，非也。【旛　卜辭求義】

◉戴家祥　□孫詒讓曰：金文多云「用祈多福」，而其祈字多藉蘄為之，又或藉旂為之，如齊侯鎛鐘、齊侯罍、師器父鼎並云「用旂眉壽」是也。此旂亦即旂字，旂从㫃，斤聲，斤、言聲近，故从斤之字或變而从言。古籀拾遺下第五葉周太師虘豆。羅振玉曰：古祈禱之事，殆起於戰爭之際，故蘄字从旂用□戰字之省。蓋戰時祈禱於軍旂之下，會意字也。白簪𣪘又作□，省單增言，太師虘豆作□，又从旂省，歸父盤作□，又變言為口，从言，从口皆所以禱祈也。永豐鄉人稾，丙第一卷第四葉頌鼎跋。家祥按孫説近是，説文「祈，求福也。」蘄亦訓求。莊子逍遥遊「以為一世蘄乎？」釋文引李注「蘄，求也」。荀子・儒效「跨天下而無蘄」，楊倞注「蘄，求也」，是其證。祈求本雙聲同義語。祈與求，其義一也。言从口，辛聲，今讀疑母，然説文・三篇辛「讀若愆」，唐韻去虔切，聲在溪母，溪，群聲近，韻部均在文部，故从斤之字，可以从言。羅氏以會意説之，未可遽信。【金文大字典下】

□旞　不从㫃　𣪘𢿘鼎　遂字重見【金文編】

□旞　雜二六　四例　通遂　須身—過　為四一　□法一五九　二例　□為四一　二例　□法二〇四【睡虎地秦簡文字編】

◉許　慎　□導車所以載。全羽以為允。允。進也。从㫃。遂聲。徐醉切。□旞或从遺。【説文解字卷七】

◉馬叙倫　鈕樹玉曰。繫傳作□。沈濤曰。御覽三百四十引作導車所載全羽允允而進也。蓋古本為是。允允而進猶言綏綏而進。與游游而長沛然而垂一例。嚴章福曰。允即本部之䢃。此借。䢃下曰。進也。此借。段玉裁曰。允旞亦雙聲疊韻也。倫按本作允也或兑也。以聲訓。允或為兑譌。或如嚴説。導車以下皆字林文。古鉩作□。

□旞　鈕樹玉曰。繫傳作□。徐鍇曰。遺聲。宋保曰。遂遺聲相近。古通用。詩小雅角弓。莫肎下遺。荀子非相遺作

旝

隧。說文辵部遂次遺下。皆訓亡也。倫按遺遂聲同脂類轉注字也。此與同例。【說文解字六書疏證卷十三】

旝 詩大雅大明其會如林說文作旝 盗壺 其逾女林 从辵 【金文編】

旝工外切見石經 【汗簡】

◉許 慎 建大木。置石其上。發以機。以追敵也。从㫃。會聲。春秋傳曰。旝動而鼓。詩曰。其旝如林。古外切。【說文解字卷七】

◉强運開 車中鐘敕旞襄埜。汗簡旍釋㠯旝。云見石經。說文。旝。旌旗也。从㫃。會聲。詩曰。其旝如林。春秋傳曰。旝動而鼓。一曰。建大木置石其上。發以機。以槌敵。運開按。此篆从㫃从木。與建大木之義合。【說文古籀三補卷七】

◉馬叙倫 按春秋傳之旝動而鼓。決不能以發石解之。詩之其旝如林。尤為旗屬之明證。馬賦本於詩之其旝如林。馬增旃字。則馬自以旝為旃類。故杜預左傳注曰。旝。旃也。此上下文無一非言旗者。安得獨於旝字無關旗義。以機發石。字亦安得從㫃。蓋旝下自有二義。韻會建大木也上有旌旗也一曰五字。蓋本書所原有也。但旌旗也出字林。許當以聲訓。建大木上自當有發石也一句。此蓋為許氏字指者依賈逵說增。故魏武已引其文。而逵則依經立義。不依字形為說。章謂建大木云云為厥字義。蓋發以擊敵之石名厥。故厥字從石省。旝厥音同見紐。古或借旝為厥耳。倫疑篆本作旝。從㫃。檜聲。故車中鐘省會作。此省木作旝。魏武令引亦當作旝。傳寫或省作旝。或省作檜。陸德明所見本亦作旝。傳寫省作也。兩引經明是校者加也。【說文解字六書疏證卷十三】

◉楊樹達 說文云：「旝，建大木，置石其上，發機以槌敵也。从㫃，會聲。」按旝从會聲，謂會合士衆，許說非制字始義。【字義同緣於語源同例證 積微居小學金石論叢】

旃

乙2882 3212 4027 4673 4988 6373 7288 佚608 摭續184 【續甲骨文編】

旃 郭沫若釋云說文或从亶作旜周禮司常通帛為旜雜帛為物 番生簋 朱旂旜 从㫃从亶 利簋 【金文編】

禪國山碑　旃蒙協洽之歲　【石刻篆文編】

◉許　慎　旗曲柄也。所以旃表士衆。从㫃。丹聲。周禮曰。通帛為旃。諸延切。旃或从亶。【説文解字卷七】

◉阮　元　旓蓋古旃字。通帛為旃。故从㫃。从帛省也。【積古齋鐘鼎彝器款識卷五】

◉商承祚　書契卷五第六葉　卷七第三十一葉从㫃。从內冄字从此。疑即旃字。形近。易傳寫失。【殷虚文字考　國學叢刊二卷四期】

◉高田忠周　番生簋朱旂旜。从㫃从亩从虫。其顯然者。然字書無之。因謂亩為亶省。此旜字也。説文。旗曲柄也。所以旃表士衆。从㫃丹聲。或作旜。从亶聲。又説文。蟺。夗蟺也。从虫亶聲。然此字从㫃从蟺省聲。亦甚顯然者也。然則周禮司常。通帛為旃。注謂大赤。從周正色無飾。亦係字本義也。【古籀篇二十七】

◉楊樹達　説文七篇上㫃部云：「旃，旗曲柄也，所以旃表士衆。从㫃；丹聲。」引周禮曰：「通帛為旃。」或从亶作旜。釋名釋兵云：「通帛為旃，旃，戰也。戰戰恭己而已。通以赤色為之，無文采，三孤所建，象無事也。」今按旃受聲之源，許云旃表，以用為説，劉云戰戰，頗嫌附會，皆非得聲之本始也。愚考周禮春官司常云：「司常掌九旗之物名，各有屬，以待國事。日月為常，交龍為旂，通帛為旃，雜帛為物，熊虎為旗，鳥隼為旟，龜蛇為旐，全羽為旞，析羽為旌。」鄭注云：「通帛謂大赤，從周正色，無飾。雜帛者，以帛素飾其側，白，殷之正色。全羽析羽皆五采，繫之於旞旌之上，所謂注旄於干首也。凡九旗之帛皆用絳。」司常又云：「孤卿建旜。」鄭注云：「孤卿不畫，言奉王之政教而已。」爾雅釋天云：「因章曰旃。」左傳僖二十八年疏引孫炎注云：「因其繪色以為旗章，不畫之。」綜合經傳及注家之説，旃从丹聲，蓋即以聲為義也。説文五篇下丹部云：「丹，巴越之赤石也。象采丹井，象丹形。」旃之制以大赤，故字从丹聲，名曰旃矣。問者曰：鄭君謂九旗之帛皆用絳，説文絳訓大赤，然則九旗皆赤，獨旃文受義於丹，何也？曰：常畫日月，旂畫交龍，旗畫熊虎，旟畫鳥隼，旐畫龜蛇，而旃則不畫也。物以帛素飾側，旞旌以五采注旄，而旃則不以他色為飾也。且周禮春官巾車云：「建大赤以朝。」鄭注云：「大赤，九旗之通帛。」夫九旗皆用絳，而旃獨得大赤之名，然則旃之獨以丹名，復何疑乎？竊怪許劉既皆稱通帛為旃，劉且云通以赤色為之，無文采，乃不知就文求義，而以旃表戰戰為言，殆難免於舍近求遠之譏矣。【釋旃　積微居小學金石論叢】

◉强運開　番生敢。朱旂二鈴。説文。旃。旗曲柄也。所以旃表士衆。从㫃。丹聲。周禮曰。通帛為旃。或从亶作旜。又按。説文。亶。多穀也。从亩。旦聲。金文亩作。此篆从㫃。从亩。从虫。乃从蟺省聲。蟺訓夗蟺。兼取旃旜招展之意。定為古旜字可以無疑。【説文古籀三補卷七】

◉馬叙倫　沈濤曰。史記武安矦傳索隱引。曲旃者。所以招士也。御覽三百四十引作所以招士衆也。白帖五十八引。旃。曲把旗以招士也。蓋古本如是。今本旃表二字義不可通。漢書田蚡傳注師古引同今本。乃後人據今本改。王筠曰。御覽引作所以招士衆也。招旃雙聲。似是庾氏引世本以注説文。御覽或誤以世本為説文。或出説文庾注。猶引經説者即蒙本經之名也。商承祚曰。卜辭有□□。從㫃。從□。□即冄字所從之冄。疑即旃字。□丹形近。殆傳寫失之。倫按王説是也。旃表之旃。蓋是隸書複舉字。誤之於下者。或是上文旝下説解中字譌入。去此字則或一本作表。一本作招。皆可矣。甲文作□。從㫃。偁聲。偁從冄得聲。冄從再得聲。故甲文偁作□□。金文父乙爵作□。從人。再省聲。再音精紐。故旃音入照紐。皆清破裂摩擦音也。此或旃之轉注字。丹音端紐。古讀照歸端。則旃不必定為譌字。説解疑本作招也。以聲訓。旗曲以下九字蓋字林説。引經校者加之。字見急就篇。顔師古本作氈。蓋旜之譌。傳寫者以字林字易之。急就中多此例。

□　徐鍇曰。亶聲。倫按丹亶端紐雙聲。故旃轉注為旜。或上宜補旃字。番生敢朱旃□二鈴。强運開釋。【説文解字六書疏證卷十三】

◉郭沫若　番生𣪘「朱旂□金□二鈴」，第三第五兩字舊未釋，今案乃旜芳也。

旜字所從之□即古亯字，農卣稟字作□，𨚕伯啚鼎啚字作□，可證。□乃虫字。故原字當書作旜，蓋从㫃，亶聲或蟺省聲也。説文鱣籀文作鱣，从魚蟺聲不省。汗簡卷下之二有壇字作□，云出華嶽碑，字雖稍訛變，然實从土蟺省聲，與此同。又貞松堂集古遺文有□姜鼎，卷二第廿七葉。文曰「□姜作旅鼎」，則古正有亶字。亶殆蟺之別構，从虫亶省聲也。亶姜殆叚為善姜，而旜若壇則可直云从亶聲矣。【釋朱旂旜金芳二鈴　金文餘釋】

◉徐中舒　伍仕謙　□，此旃字。□即□。中山三器銘文，使用了許多虛字，如之、乎、者、矣、焉、哉等，只有「也」字不見。《小爾雅》：「旃，焉也。」《詩・唐風》：「舍旃舍旃。」箋：「旃之言焉也。」此字在本文中數見，就詞意審之，作「焉」可通，此處提示下文，用「也」字更確切。可能這個字，是當時三晉通用的字，與秦使用殹(也)相同。《左傳》：「虞叔有玉，虞公求旃」，「其將聚而殲旃」。《左傳》所本，也應是出於晉語。【中山三器釋文及宮室圖説明　中國史研究一九七九年第四期】

◉戴家祥　旜字前儒未釋，諦審其字从㫃、从□、从虫，許書所無。以聲符增省求之，當即旃之異文，説文旃或作旜，从㫃，亶聲。此从虫、从亯，乃蟺之音省。説文鱣，籀文作鱣，乃鱣之形義重複字，殷周古文聲韻同者，偏旁未必盡同。古文四聲韻二十六寒引雲臺碑壇字作□，又作□，並易亶為亶，尤為旜字即旜之鐵證。𣪘銘云「朱旂旜金芳二鈴。」朱旂旜即春官司常之通帛大赤也。此説初在一九二八年五月廿九日天津大公報文學副刊評金文編云：番生𣪘旜字即旜字之異文。同年又在國學論叢第一

旒 旟 施

卷第四期釋甫中加以闡説。其後日本高田忠周古籀篇二十七，强運開説文古籀三補卷七，郭沫若兩周金文辭大系考釋亦都釋旟，喜同氣之有人，信吾道之不孤也。【金文大字典下】

◉許　慎　旒旌旗之流也。从㫃。攸聲。以周切。【説文解字卷七】

◉馬叙倫　鈕樹玉曰。類篇引作旗旒謂之旒。宋本旒字不能辨。説文無旒。倫按本作流也。以聲訓。傳寫以旒字易之。旗流謂之旒當作旌旗之流謂之旒。此字林文。今有捝誤耳。字或出字林。【説文解字六書疏證卷十三】

◉許　慎　旟旗屬。从㫃。要聲。烏皎切。【説文解字卷七】

◉馬叙倫　徐灝曰。下文有旚篆。云。旌旗旚繇。當作旚旟。然此後造之字。依次亦當在旚下。蓋此篇為後人竄亂者多矣。倫按字蓋出字林。字林每言屬也。【説文解字六書疏證卷十三】

施　為四五　為四九　二例　為一六【睡虎地秦簡文字編】

蘄施長印　蕍搋施印　高施　施咸私印【漢印文字徵】

石經君奭　施于我沖子【石刻篆文編】

施式爾切竝説文【汗簡】

道德經　竝王存乂切韻　汗簡　道德經　汗簡【古文四聲韻】

◉許　慎　施旗皃。从㫃。也聲。亝欒施字子旗。知施者旗也。式支切。【説文解字卷七】

◉馬叙倫　鈕樹玉曰。韻會引亝作晉。蓋本公羊改。倫按齋稾以下十一字蓋庾儼默注。故有知施者旗也句。【説文解字六書疏證卷十三】

◉饒宗頤　癸亥卜，殻貞：勿蒲(祥)，滅羌。(續編五·三四·三)

癸亥卜，㱿貞：㳄羌百。放三斿㫃(偃)……(續編二・二九・三，簠室雜四七重)

甲子卜，㱿貞：勿㳄羌百。十三月。(鐵一七六・一)

按右辭言「來羌」「氐羌」，蓋指捕獲羌人來獻。「氐」，「至」也。(說文)「氐羌」猶言「致羌」。「羌用」及「㳄羌」則殺羌人以作犧牲。「㳄」與「施」同，晉語：「秦人殺冀芮而施之。」韋注：「施，陳尸以示衆也。」【殷代貞卜人物通考】

◉朱德熙　裘錫圭　方壺和大鼎的銘文裡都有□字(以下用～號代替)，凡七見：

(1)方壺銘10至11行：余知其忠諿(信)～而講(專)任之邦。

(2)方壺銘20至21行：……則上逆於天，下不順於人～。

(3)方壺銘23至24行：將與吾君並立於世，齒長於會同，則臣不忍見～。

(4)鼎銘3至6行：嗚呼，語不廢哉！寡人聞之。蒦其汋(溺)於人～，寧汋(溺)於淵。

(5)鼎銘31至34行：寡人聞之，事少如長，事愚如智，此易言而難行～。

(6)鼎銘61至65行：謀慮皆從，克有功，智～；辭死罪之有若(赦)，知為人臣之義～。

這個字肯定是一個後置的虛詞。細玩文義，～字在句子裡所佔據的正是「也」字應該佔據的位置，(4)、(5)、(6)裡的四個～字尤為明顯。回過來看字形，此字从「㫃」，□大概是「它」的變形(□→□→□)，應釋為「施」，讀為「也」。(裘錫圭李家浩按：後來我們感到釋此字為「施」根據不足，而且「它」「也」古音有異，「施」恐不能讀為「也」。)【平山中山王墓銅器銘文的初步研究　朱德熙古文字論集】

◉徐中舒　伍仕謙　㐌，同施。秦嶧山刻石「㐌及帝王」。又銀雀山竹簡，「施」皆作「㐌」。《左傳・隱公元年》「愛其母，施及莊公」。【中山三器釋文及宮室圖說明　中國史研究一九七九年第四期】

◉戴家祥　□中山王嚳鼎蒦其汋於人施　張政烺曰：□即施字。說文「施，旗旖施也。从㫃也聲。」此銘及嚳鼎、𧊒壺皆讀為也。古文字研究第一輯第二一三葉。按張政烺釋施讀為也至確。也古音讀喻母，由也得聲字均讀如移，喻母，近也音。春秋經桓公十二年「盟於曲池」，公羊作「盟於毆蛇」。台南羔羊「委蛇委蛇」，鄭箋「蛇音移」。離騷「雲旗之委蛇」，一本作「逶迤」，一本作「委移」，即為此證。故施、也古音必同，乃得假借，作語助詞用。【金文大字典下】

旖

◉許　慎　𣃣旗旖施也。从㫃。奇聲。於离切。【說文解字卷七】

◉馬叙倫　鈕樹玉曰。韻會作旗之旖施。翟云升曰。類篇引作旗旖旎字。倫按施下曰。旗皃。則此當作旖施也。旖施聲同歌類連語。旗字傳寫誤演。【說文解字六書疏證卷十三】

旚

◉許　慎　旚旌旗旚繇也。从㫃。㶾聲。匹招切。【說文解字卷七】

◉馬叙倫　上文旞下曰。旗屬。然經記無徵。蓋旚旞皆晚作字。字蓋竝出字林也。【說文解字六書疏證卷十三】

𣄠

◉許　慎　𣄠旌旗飛揚皃。从㫃。猋聲。甫遙切。【說文解字卷七】

◉馬叙倫　徐灝曰。𣄠即旚字。倫按𣄠旚古音同在封紐。轉注字也。旚旞或作旚繇。十二篇。䬙。枝搖風。蓋語原同也。字或出字林。【說文解字六書疏證卷十三】

游

甲一五六六　甲一七九六　甲一九九一　甲三五八六　甲三五九三　甲三九一八　乙一七六〇　鐵一三二・一　前二・二六・七　前二・二九・二　後一・一三・一三　後二・一四・一　粹九七九　粹一〇〇七　京津四四五七　京津四四五八　佚一四九　佚二四五　佚四二二【甲骨文編】

甲1796　1991　3593　3918　乙1760　7661　珠674　佚245　422　續2・29・3　4・5・5　徵10・103　10・121　11・47　京3・20・2　摭續121　粹979　1010　1286　誠107　新1545【續甲骨文編】

游　像人執㫃形說文从㫃汓聲非　簋文　爵文　觚文　冉斿卣　亞若癸方彝　父己爵

長日戊鼎　仲斿父鼎　曾仲斿父甫　曾仲斿父壺　曾子游鼎　四年相邦戟　魚顛匕　全鼎　从彳　曾侯仲子游父鼎　从辵　蔡侯䵼盤　中山王礐鼎　中山王礐壺　鄂君啟舟節　从水　簷平鐘　鑄其游鐘【金文編】

3·468　杏匋里斿　説文以游為斿　9·86　義游　5·362　□陰居貲北游公士滕　5·384　瓦書「四年周天子使卿大夫……」共二百十八字　3·437　東酷里匋遊　説文游古文作𨒪與此相近【古陶文字徵】

188【包山楚簡文字編】

游　雜四　三例　日甲四九背【睡虎地秦簡文字編】

1154　魏三字石經遊作𨒪，與璽文略同　3298　2775　2251【古璽文編】

游部將軍章　游賞私印　王游　游敞　中私府長李封字君游　游長孺　孔游　莊游之印　張游成　游慶私印　壽游卿　王子游　中游　祕子游印　雍游　董游成　蘇游成　袁子游印　李子游印　徐游成印【漢印文字徵】

石經無逸　于遊于田説文所無　石碣汧毆　其斿𨗨〻古文不从水【石刻篆文編】

遊　遊【汗簡】

王惟恭黄庭經　古尚書　郘昭鄉字指　竝雲臺碑　古文　説文　竝崔希裕纂古【古文四聲韻】

◉許　慎　□旌旗之流也。从㫃。汓聲。以周切。□古文游。【説文解字卷七】

◉劉心源　斿或釋孝。案□與□不同。恆軒金文立旗婦鼎有□象旗形。即㫃。説文。㫃。旌旗之斿㫃蹇之皃。古人名㫃者字子游。攷左傳晉荀偃鄭公子偃駟偃論語言偃晉語注籍偃莊子顔成偃皆字游。知㫃即偃。今經籍有偃無㫃。後人改也。許時猶作㫃。故以㫃蹇及名字説之。此斿从□即㫃。説文。游。旌旗之流也。从㫃汓聲。□古文游。汓即泅。从子。蓋汓省。仲斿鼎作□。石鼓文員邋員游作□。皆省水。斿游遊本一字。今分用矣。【奇觚室吉金文述卷五】

◉孫詒讓　「立嵩□」，百卅二之一。此即「斿」字。《説文·㫃部》：「游，旌旗之流也。从㫃、汓聲。」經典或省作斿，石鼓游作□。此又从□而省。【栔文舉例下卷】

◉林義光　□游。石鼓作□。子者汓省。【文源卷十一】

◉高田忠周　□格伯簋銘義四地名也。今審篆从㫃从水。蓋游省文。與游古文省作斿同意。一説云。以游為汓異文。果然。此篆亦同汓。然如此。斿字从汓省聲者。遂失其聲源矣。或説非。又見汓下。要古文汓斿兩字互通用耳。【古籀篇二十七】

◉羅振玉　石鼓文作□與此同。从子執旗。全為象形。从水者後來所加。於是變象形為形聲矣。【增訂殷虚書契考釋卷中】

◉丁佛言　□格伯敵。許氏説。游。旌旗之流也。案旗之游象水之流。故从水。原書入附録。□作彝。柯昌泗曰。古者天子之旗九游。此象九游之形。當為游字之最古者。【説文古籀補補卷七】

◉强運開　□趙古則釋作斿。楊升庵釋作遊。張德容云。此籀文也。古文作□。説文作游者蓋小篆也。此字惟見於周禮釋文。本亦作游。運開按。説文。游。旌旗之流也。从㫃。汓聲。□古文游。周禮弁師説弁冕之斿作斿。正是籀文游。訓旗流。引申為出游嬉游字。此二句有二讀。趙古則讀為君子鼎=邋=鼎斿。則斿宜作旗流解。楊升庵讀為君子云邋云邋云斿。則斿宜作出斿解。二讀當以升庵為長。又按。中斿鼎作□。與鼓文微異。【石鼓釋文】

◉方濬益　（□子執㫃觚）　積古齋款識有文與此同。釋為子執斿。趙晉齋引周禮。司勳有功者。銘書于太常。子執斿重守前勳也。或謂斿當作㫃。取偃武之義。濬益按。从㫃是也。彝器文旅字皆作二人執㫃之形。二人為从行旅之象。此作一人執㫃。當是斿之古文。周禮太宰。九貢八曰斿貢。注。斿讀如囿游之游。然説文無斿字。㫃部游。旌旗之流也。从㫃汓聲。□古文游。玉篇有斿。云斿或作游。今以石鼓文鼎獵鼎斿等字與仲斿父鼎證之。古只有斿字。又漢書百官公卿表孝景二年奉常斿序傳。班況生三子。伯。斿。穉。義又同旒。五行志君若綴斿。東漢刻石則斥彰。長田君碑乃始斿學。敦煌長史武斑碑久斿太學。字並作斿。是斿為游之古文。而此子執㫃形又為斿字之所從出者也。乃雷深之説文外編反以游為斿之本字。顛倒甚矣。【綴遺齋彝器考釋卷十六】

◉商承祚　甲骨文無从水之游。有斿。作。金文魚匕作。象子執旗。此从辵。故玉篇收入辵部。謂為「遊之古文。與游同。」而説文無遊。據之當補入。竊謂斿遊游當分訓。旌旗之游應作斿。俗作旒。遊為遨遊之專字。游則水流皃。今以游為旗流者。借字也。【説文中之古文考】

◉郭沫若　第一一六〇片「其……叀又有劦日，毒，又彳王受又＝有祐。其曰遊尸夷目己。其曰母毋㝅目己。……戌隻……執目己。」

「遊尸」殆即猶與，猶豫。「母㝅」即毋擾。三目字均著于辭末，當是虛詞，即典籍中所常見之已若矣。字雖未盡識，而語饒有風致。【殷契粹編考釋】

◉馬叙倫　鈕樹玉曰。韻會引作旌旗斿也。邵瑛曰。旃游二字音義俱同。蓋一字也。今經典作旒。翟云升曰。文選東京賦注引作旌施旒也。商承祚曰。甲骨文無從水之游。有。竊謂斿遊游當分訓。旌旗之游應作。遊為遨遊之專字。游則水流皃。倫按本作流也。以聲訓。今捝。旌旗之流也蓋字林文。旃游音同。轉注字也。游。從㫃。汓聲。甲文作。石鼓文作。從㫃。子聲。汓亦從子得聲也。詳汓字下。汓攸聲同幽類。游字當次旃下。鍇本汓古文泅四字校語。或謂此從水。斿聲。格伯敢作。從水。斿省聲。皆汓之異文。亦流之異文也。字見急就篇。魚匕作。師麻斿叔匡作。

　徐鍇曰。𠫓古文子字。蓋從古文汓省。此正斿游字。李杲曰。石經作。許書辵部無遊字。而係此於游下。當是後人據石經補也。倫按汓從水子聲。。則𨑒自可從辵𠫓聲。子𠫓當作。徐鍇以為此斿遊字。是也。古文書中斿遊是如此。而羣書𨑒游二字每相亂。其實異字。魏石經作。則從㫃迂聲。今字作遊。即本之也。似此古文當如石經作。為游之異文。唯自有斿遊字作迂。遊或從辵斿聲。【説文解字六書疏證卷十三】

◉裘錫圭　取不審縣裏男子字游為麗戲䍧（婿）。

此字按指「游」本作「斿」，為「游」字簡寫，漢簡屢見，但長期以來被誤釋。如《甲》1570誤釋「游徼」為「斿徼」，《居延漢簡》6623誤釋「游徼」為「深徼」。漢代人名喜用「游」字，如稱「游」、「游君」、「子游」、「游卿」等（中華書局出版《漢書人名索引》30頁王游，282頁史游，98頁邴游君，211頁李游君，333頁劉游君，80頁張子游，235頁苏游卿，326頁馬游卿）。《甲》947有令史游，803有孫游君，396A有狛游君，1527B有山（？）游君，1040有子游，914有董子游，《居延漢簡》9166有游卿。這些「游」字全都被誤釋為「斿」。【關於新出甘露二年御史書　考古與文物一九八一年第一期】

旇

旇匹皮切出義雲章【汗簡】

義雲章　義雲章【古文四聲韻】

◉許　慎　旇旌旗披靡也。从㫃。皮聲。敷羈切。【説文解字卷七】

◉馬叙倫　王紹蘭曰。旇披疊韻。披靡又旇之合聲。左莊十年傳。望其旗靡。即謂旌旗披靡也。史記項羽本紀。漢皆披靡。亦其證。倫從也字當從鍇本作皃。披靡是狀旌旗敗落如風靡草。上文施下言旗皃。旖下言旌旗飛揚皃。皆其例證。然説解本作旗皃。今所存字林文。廣韻引埤蒼。旇。旌旗。而不引本義。或此字吕忱據埤蒼加之。又疑旇為施之同次音摩擦音又聲同歌類轉注字。語原與被同也。【説文解字六書疏證卷十三】

旋

後二・三五・五　佚六九七　後二・二六・二或从彳　乙二五或从止　掇二・一三〇　佚九六　佚五四三　拾一二・一七　後一・二八・三　後二・二〇・一六【甲骨文編】

佚96　543　697　新4778　粹1225【續甲骨文編】

旋　从止　召卣　麥盉【金文編】

籀韻　籀韻【古文四聲韻】

◉許　慎　旋周旋。旌旗之指麾也。从㫃。从疋。疋。足也。徐鍇曰。人足隨旌旗以周旋也。似沿切。【説文解字卷七】

◉林義光　古作召彝。从止。上象旗形。足從之。【文源卷六】

◉羅振玉　旋許書从疋。此从足。增彳者。殆亦旋字。【增訂殷虚書契考釋卷中】

◉高田忠周　説文。旋周旋。旌旗之指麾也。从㫃从疋。疋足也。蓋从㫃。旌旗字之省也。疋為足謂𦥑節下也。然則旌旗有杠。杠下有樞。以可運轉也。能運轉周旋也。故可指麾也。轉義為凡回還之偁。小爾雅廣言。旋還也。字林。旋回也。禮記玉藻。周旋中規。折旋中矩。經傳往往借還為之也。但還旋音義並近。唯旋主于旌旗。故字从㫃也。【古籀篇二十七】

◉商承祚　説文旋「周旋。旌旗之指摩也。从㫃疋。疋。足也。」此或从彳。誼更顯。【甲骨文字研究下編】

◉葉玉森　壬子卜貞□王田往□來亡巛□玆卩

羅振玉氏釋旋。謂許書从疋。此从足。增彳者。殆亦旋字。增訂書契考釋中六十五葉。森按。之異體作。本辭旋為地名。【殷虛書契前編集釋卷二】

◉强運開　古匋。以字形求之。當即古旋字也。【説文古籀三補卷七】

◉馬叙倫　鈕樹玉曰。麾當作摩。苗夔曰。當是㫃亦聲。朱駿聲曰。旋為旋還字。從疋。㫃聲。倫按朱説是也。旋之本義。本是足之轉旋。禮記玉藻。周旋中規。折旋中矩。左僖二十三年傳。左執鞭弭。右屬櫜鞬。以與君周旋。皆無與於㫃義。以音求之。則從足㫃聲。彌為近之。甲文有字。即旋也。又有字。蓋從辵㫃聲。㫃旋聲皆元類也。此為還之轉注字。還音匣紐。旋音邪紐。皆次濁摩擦音也。史記天官書。殃還至。即殃旋至也。玉藻釋文。還。本亦作旋。詩齊風。子之還矣。釋文引韓詩作嫙。此旋還相通之證。旌旗之指麾為旋。今無他證。疑此字出字林。文選神女賦注引字林。旋。回也。呂忱不知旋從足㫃聲為還之轉注字。而誤屬於㫃部。旌旗之指麾也則旇下説解傳寫誤入。周旋二字。旋為隸書複舉字。周為回之譌。字譌已後。校者乙轉之。從疋鍇本無從字。蓋本是疋聲。校者以疋非聲而刪聲字。增疋足也三字。召尊作。【説文解字六書疏證卷十三】

旄

旄　不从㫃　𣪕鼎　𧆨仲賞氒𡚬遂毛兩　毛字重見　師𨘂簋　旄弔【金文編】

旄　為二六【睡虎地秦簡文字編】

◉許　慎　旄幢也。从㫃。从毛。毛亦聲。莫袍切。【説文解字卷七】

◉孫詒讓　遽拜䭬首，敢對揚天子不㕦顯休，用作文考叔隮敢。案文考下字舊無釋，今攷此字从㫃、从毛，當即旄字，蓋師遽之父字也。【古籀餘論卷三】

旛　旛

◉高田忠周　旌旞竿飾也。本用犛牛尾。注于旗之竿首。故曰旄。後又用羽或兼用氂與羽焉。幢即舞者所持之翿。旌旗之細也。書牧誓。右秉白旄。詩出車。建彼旄矣。孟子見羽旄之美。字亦作軞。宣二年左傳。趙盾為軞車之族。服注戎車之倅也。【古籒篇二十七】

◉馬叙倫　鈕樹玉曰。韻會作從㫃。毛聲。嚴可均曰。説文無幢字。當作橦。玉篇。橦。或作幢。王筠曰。幢也者。以漢名釋古名耳。倫按幢者。廣雅釋言。幢謂之翿。上即羽部之翿字。爾雅釋言作翢。訓纛也。翿旄異物而同為指摩之用者。義已具釋翿字下矣。目論清代有纛。所以指麾士衆之進退。兵書。赤幢常在大將前。不得動搖。後魏書。猛茂為中軍。執幢。時大風。諸軍旌旗皆偃僕。茂於馬上持幢。初不傾倒。以纛傾則士卒從之也。然則上文旋字説解中旌旗之指麾也六字。當是此幢也以下之校文。唯旌旗之指麾也疑尚有捝譌。本書無幢字。釋本以聲訓。校者以其時用幢字。易之。或吕忱列異訓。急就篇有旄字。顔師古本作紙。宋太宗本作純。依義皆譌字也。顔氏家訓書證引字林。一音亡付反。或字出字林邪。從㫃。毛聲。【説文解字六書疏證卷十三】

◉劉彬徽　笔，讀如旄。旌旗桿上的飾物，一般認為是犛牛尾。【包山楚簡】

◉戴家祥　孫詒讓曰：[古文字]字舊無釋，今攷此字，从㫃、从毛，當即旄字。古籀餘論卷三第十至十一葉師遽敢。按説文七篇：「旄，幢也。从㫃从毛，毛亦聲。」孫詒讓所釋至確。朱駿聲説文通訓定聲云：「按旌旞竿飾也。本用犛牛尾，注于旗之竿首，故曰旄。後又用羽，或兼用氂與羽焉。幢即舞者所持之翿，旌旗之細也。書牧誓：『右秉白旄。』詩出車：『建彼旄矣。』」又云：「字亦作軞。」左宣二傳「趙盾為軞車之族服」，注：「戎車之倅也。」按朱説為是。金文用作人名。【金文大字典下】

[篆文]石碣田車　左驂旛=　【石刻篆文編】

◉許　慎　旛幅胡也。从㫃。番聲。臣鉉等曰。胡。幅之下垂者也。孚袁切。【説文解字卷七】

◉强運開　[篆文]有重文。説文。旛。胡也。謂旗幅之下𠂹者。从㫃。番聲。段注云。旛胡蓋古語。如甂甎之甂瓺。見廣雅。漢堯廟碑作璠瑚。玉曰璠璵。艸木盛曰緐廡。皆雙聲字。凡旗正幅謂之縿。亦謂之旛胡。廣韻云。旛者旗旐之總名。古通謂凡旗正幅曰旐。是則凡旗幅皆曰旛胡也。吴語建肥胡韋注。肥胡。幡也。幡即旛字。與許互相發明。旛胡即肥胡。謂大也。

據此。則旗幅之縿可謂之旛。馬之驂亦可以旛。旛狀其肥大也。【石鼓釋文】

◉馬叙倫　嚴章福曰。幅當作幡。形近而誤。韻會引作幡胡。今作幅者。涉徐鉉語而譌。段玉裁曰。葉石林鈔宋本作旛胡也。桂馥曰。本書。徽。衺幅也。吳語。建肥胡。注。肥胡。幡也。翟云升曰。韻會引幅作幡。下有謂旗幅之下垂者七字。倫按釋名。旛。幅也。其貌幅幅然也。蓋旛幅皆脣音。故相訓也。則此不煩改幅為幡或旛也。宋鈔本作旛者。隸書複舉字。韻會引作幡者。傳寫之譌。胡上蓋捝肥字。異訓也。倫謂旛徽肥皆脣音。而旛之義在胡。肉部胡下曰。牛頷垂也。胡實頣之轉注字。特牛胡下垂耳。牛頷垂。固若衺幅。然則旛音受自徽矣。今諭舊俗。人死有靈旛。佛家作道場有旛。其下皆為凵形。正似牛胡。字或出字林。石鼓作。【說文解字六書疏證卷十三】

◉商承祚　石碣田車「左驂旛旛」，馬叙倫《石鼓文疏記》（後簡稱《疏記》）謂「旛旛，狀馬之壯也，蓋借為驋……《說文》『驋，馬盛也』……與《詩·車攻》『四牡龐龐』同。毛傳：龐龐，充實也，龐亦借為驋。」祚案，此當讀如字。旛即幡，音義同。《釋名·釋兵》：「旛，幡也，其貌幡幡然也。」《詩·瓠葉》：「幡幡瓠葉」，幡幡猶翩翩。亦見《巷伯》「捷捷幡幡」傳。又飛揚貌，見《史記·司馬相如傳》索隱，石碣兼此兩義，不必因下辭「右驂騝騝」，其字从馬而改為驋。下文「其□有旃」，旃字雖不識，义當與此近，形容麀鹿雉兎奔竄驚翔之貌。【石刻篆文編字說　古文字研究第五輯】

旅

甲九二九　貞人名　甲二一二五　甲二六四七　鐵九〇·一　前一·一五·三　前一·二二·六　前四·三一·七　前六·一八·一　後二·四·八　後二·四三·九　林一·七·八　戩二〇·六　戩二一·三　戩二七·九　粹二〇一　京津三三二二　京津三三二四　京津三三三二　鄴初下三七·五　京津三三七四　京津三五〇七　京津三五〇八　河二五八　河三〇四　佚六八〇　佚七三五　佚九七一　燕三二八　燕三三〇　師友二·一七五　坊間二·七四　坊間二·八六　掇一·二七七　掇一三〇一　存一七二五　粹一〇　【甲骨文編】

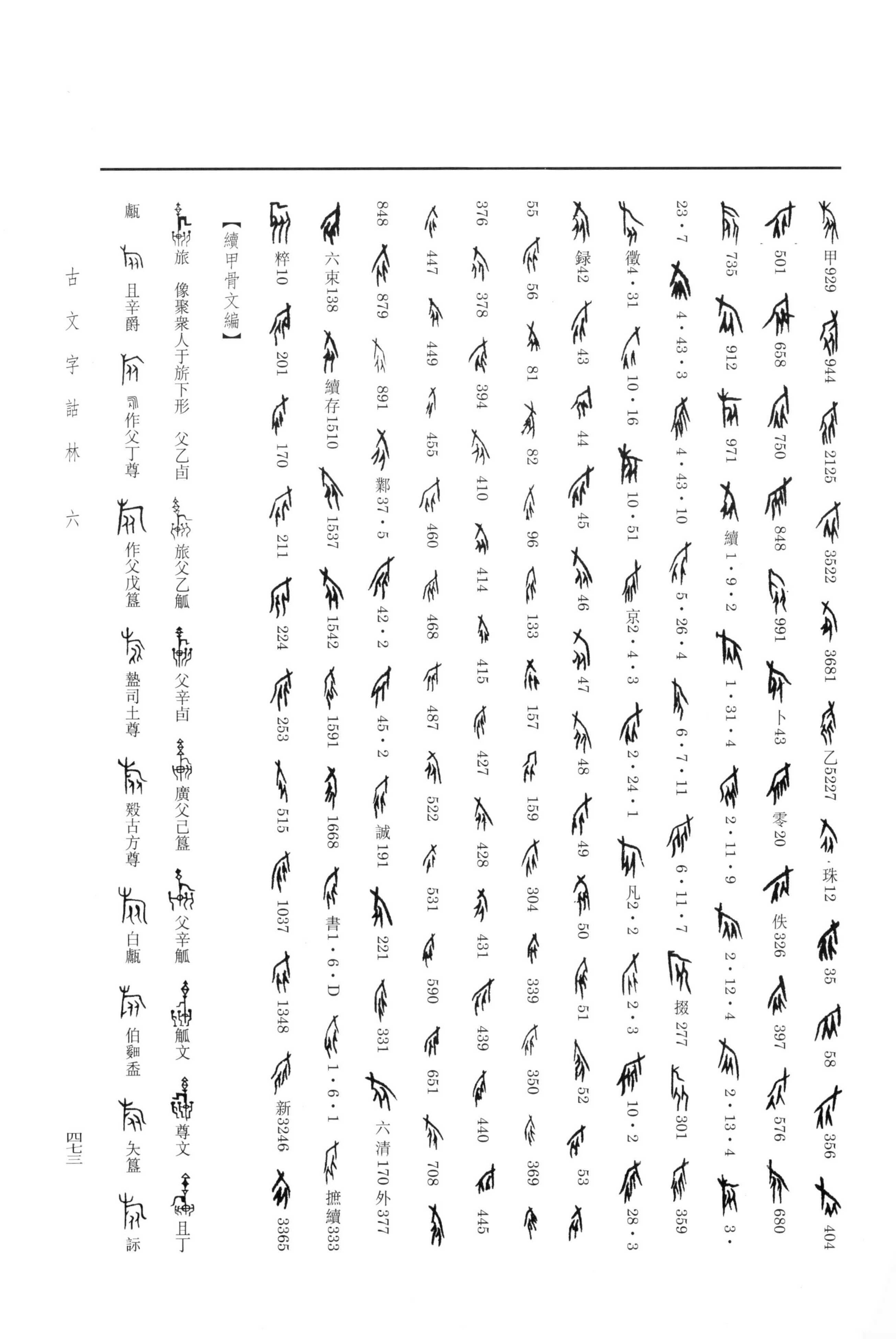

甲929 944 2125 3522 3681 乙5227 珠12 35 58 356 404

501 658 750 848 991 ⺊43 零20 佚326 397 576 680

735 912 971 續1·9·2 1·31·4 2·11·9 2·12·4 2·13·4 3·

23·7 4·43·3 4·43·10 5·26·4 6·7·11 6·11·7 掇277 301 359

徵4·31 10·16 10·51 京2·4·3 2·24·1 凡2·2 2·3 10·2 28·3

録42 43 44 45 46 47 48 49 50 51 52 53

55 56 81 82 96 133 157 159 304 339 350 369

376 378 394 410 414 415 427 428 431 439 440 445

447 449 455 460 468 487 522 531 590 651 708

848 879 891 鄴37·5 42·2 45·2 誠191 221 331 六清170 外377

六束138 續存1510 1537 1542 1591 1668 書1·6·D 1·6·1 摭續333

粹10 201 170 211 224 253 515 1037 1348 新3246 3365

【續甲骨文編】

旅 像聚衆人于旂下形 父乙卣 旅父乙觚 父辛卣 廣父己簋 父辛觚 觚文 尊文 且丁

甗 且辛爵 作父丁尊 作父戊簋 盩司土尊 𣪘古方尊 白甗 伯𩠐盉 矢簋 訴

鼎　召卣　向𨛭簋　昜鼎　作旅鼎　弔噩父簋　同自簋　仲自父簋　城虢遣生簋　臣諫

簋　𢦚甗　遇甗　犀伯鼎　商丘弔匿　鬲弔盨　鬲攸比鼎　散盤　諫季盨　虢弔鐘

虢弔匿　虢弔盂　弔碩父甗　子邦父甗　此鼎　師麻匡　伯正父匜　鄭登弔盨　旅虎匿

伯孝盨　季念鼎　王婦匜　中伯盨　伯沕其盨　或者鼎　𢦚仲𩁹父甗　旅仲

簋　弔姞盨　攸鬲盨　仲義父盨　鄭同媿鼎　都公匿　陳公孫𢀜父𣶒　仲鑠盨　陵尊

強伯簋　啟尊　伯魚父壺　免簋二　尹氏弔緐匿　𧤯鼎　薛子仲安匿　公子土斧壺　滕侯盨

曾大保盆　曆季卣　甫人觥　𠚤弔盨　儀禮燕禮云請旅侍臣注旅行也廣雅釋詁從行也旅從均有行義故旅或从從旅

彝或稱從彝　伯其父匿唯伯其父慶作旅匿　陳公子甗　曾伯霥匿　从車　象建㫃子車形作犟彝卣　堇伯鼎

作旅卣　閼簋　孚尊　㝨史甗　戈簋　□𠭯鼎　競作父乙卣　縈伯簋　或省从　㹜尊

㹜卣　中簋　伯鼎　僭尊　僭卣　仲弔尊　作旅尊　作旅簋　旅卣　𣢟

仲簋　史伏尊　伯作大公卣　禾鼎　作旅卣　作父丁尊　作父丁盤　冄卣　宰尊

査尊　𩁹卣　叀作父戊簋　作冊䰠卣　明公簋　睘尊　弜簋　解子甗　師趣甗

召卣二　毛公肇鼎　仲鼎　兼史尊　𣢟仲鼎　㮚侯壺　㲄簋　伯簋　作母尊　孔

鼎　君鼎　㝬壺　夆伯甗　右鼎　家尊　保汝母簋　弔旅鼎　酉卣　从廾　㝬鼎　史

旟　師𣏌鼎　衛盉　从從　伯真甗　伯晨鼎　旅弓旅矢左傳僖廿八年玈弓矢千玈乃旅之譌說文新附別作玈黑色也从玄旅

省聲非書文侯之命盧弓一盧矢百古旅盧同音假盧為之魏三字石經仍作可證也 【金文編】

齋篚 5·18 3·265 杏蔓圖里遊 【古陶文字徵】

116 【包山楚簡文字編】

旅 法二〇〇 法二〇〇 【睡虎地秦簡文字編】

1941 保攸母毀旅字作，家尊作，從㫃從車，與璽文同 3191 2335 3439 【古璽文編】

旅克之 【漢印文字徵】

開母廟石闕 九山甄旅 【石刻篆文編】

旅 【汗簡】

石經 雜古文 說文 【古文四聲韻】

◉許 慎 軍之五百人為旅。从㫃。从从。从。俱也。力舉切。古文旅。古文以為魯衛之魯。【說文解字卷七】

◉薛尚功 曰旅彝者。昔人嘗謂有田一成。有衆一旅。則旅舉其衆也。攷諸銘識。甗曰旅甗。敦曰旅敦。匜曰旅匜。簠曰旅簠。義率如此。【冀父辛卣 歷代鐘鼎彝器款識法帖卷三】

◉阮 元 彝器多以旅車為名。禮犧象不出門。而古者師行奉宗廟主與社主。載以齋車。每舍必有饋奠之事。見周禮小宗伯及禮曾子問。祭器不可踰竟。故別作尊彝。陳之主車。示敬也。此曰用旅車。言用以臚列主車之器也。【咎父癸卣 積古齋鐘鼎彝器款識卷一】

◉吳榮光 商仲束尊曰旅車者。龔自珍曰。旅是祭名。車形則受車服之錫而告其祖。旅與出師載主卿行旅從皆無涉。古器凡言旅者皆祭器。凡言從者乃出行之器。如從鉼從鐘從彝是也。祭器不踰境。踰境者用器耳。於此發其凡焉。【筠清館金文卷一】

◉劉心源 □。自宋人釋為子執旗。沿譌至今。幾成鐵案。不知即旅字也。說文作□。从㫃从从。从俱也。此从□即㫃。古刻作□小篆作□。从□。象形。人字也。古刻人作□。小篆作□。皆象人俛身側立。與□無異。小篆㠯□象人身即□。㠯□象飛手即𠂇。世㠯□□當之。遂釋為子。鐘鼎家耳食篆學。陳陳相因。無一糾正者。可謂疏矣。且既定為㫃旁子。何㠯不釋作斿。而必曰子執旗。甚無謂也。案㫃者旗也。从在旗下為二人。竝是軍旅字。即伴侶字。樂記旅退旅進注。旅。俱也。聲類。旅。伴侶也。是也。侶俗字說文無。徐氏收入新附。非也。此從一人與从从同意。伯晨鼎號旅作□。又旅弓旅矢字亦如此作。大司工簠旅簠作□。堇伯鼎旅𩰫作□。竝可證。古文旅有從人者。世人習焉不察耳。㠯此知婦鼎□□亦是旅皿二字矣。旅皿猶言祭器。與旅鼎旅敢一例。此又从□。乃辵字。□為□省。□為止也。說文。□。下基也。象艸木出有址。故㠯止為足。案。說解牽合艸木與人足為一。無理也。許㠯艸木解□者。蓋本□□二字為說。不知辵走从止。於艸木何與。止實趾之本字。故為下基。古刻从止之字本作□。如矢人盤涉字道字武字皆然。蓋□象手。□象足。故其形同也。足形為止。太保敢□字可證。王降征命于太保。又婦違即津進字。卣違字所從之辵。器文作□。蓋文作□。□篆法彳作□即此。□篆法彳作□即此。皆□。□□皆止。䜌鼎還字从□。尹令䜌還雜。叓可證□為辵矣。从辵从旅之遊。字書不載。而樂嗣徒卣□卣曾伯霥簠□簠伯其父簠□祜陳□子虞□虞伯貞虞作□。从止亦辵省。竝可證。旅有从辵者。此當行旅字。古刻用為旅祭字耳。叔弓鎛戮龢三軍徒□。亦遊字。王黼釋衙。近人釋從。皆非。古刻□亦省作□。非止字。曾伯霥簠遊字从之。說文古文旅作□。正从□。叔弓鎛齊𥎦檑用旂為祈。从止从斤。說文近古文作□。亦是叚用旂。許云。□古文㠯為魯衛之魯。又者下云。□古文旅字。郘公望鐘㠯者為諸。篆作□。㠯愷諸士。知□即者字。者從古文旅。故者即旅□即遊也。【奇觚室吉金文述卷一】

◉劉心源 □。說文□下云。□古文旅字。是也。周禮大宗伯則旅上帝注。旅。陳也。陳其祭事㠯祈焉。即此銘所用義。【奇觚室吉金文述卷三】

◉劉心源 旅作□。古文旅字。本銘者字從之。詳且敢。【奇觚室吉金文述卷八】

◉羅振玉 說文解字旅古文作□从□。古金文皆从□。从□。亦有从□者。曾伯霥簠旅字作□。與許書畧近。其卜辭从□从□。許書从□者。皆□之變形。卜辭又作□。象人執㫃。古者有事以㫃致民。故作執㫃形。亦得知旅誼矣。伯晨鼎旅作□。亦从㫃从一人。而借用為盧字。許書从□。即□之譌。【增訂殷虛書契考釋卷中】

◉陳邦福

□即旅。伯晨鼎旅作□。蓋古从干與从□。【周益陽鐸　夢坡室獲古叢編】

◉郭沫若　銘末一圖形文字當即作器者之國族名。殷彝中此外尚有所見。有「廣作父己寶尊」彝，銘末亦綴此字，字形作□。又有□爵(殷文存卷下，三葉)，□父辛觚(同，二十五葉)。象三二人奉車，而車上載旌，當即旅之初字。許書：「旅，古文以為魯衛之魯」。魯本殷時古國，疑其初民本以此圖形文字為其族徽也。【戊辰彝考釋　殷周青銅器銘文研究】

◉馬叙倫　鈕樹玉曰。韻會引無為旅二字。从俱也作旅俱也。下有故从从三字。廣韻引。軍之五百人也。丁福保曰。慧琳音義六引作軍之五百人也。十三引作軍也五百人也。馮振心曰。旅之本義。當為行軍。旌旗前導。士卒隨後也。會意。倫按軍之五百人為旅非本義。亦非本訓。戴侗謂竝人在㫃下。以旗致民之義也。倫謂禮記樂記。進旅退旅。注。旅猶俱也。此从俱也鍇本作旅俱也故從从。而軍之五百人為旅。則無為旅二字。疑許原文本作俱也。以聲訓。旅字則隸書複舉字也。故校者記異本。倫疑旅從㫃□聲。故音力舉切入來紐也。□從二元。蓋本作□。右鼎□字所從之□。甲文之□。其从字作□或作□。其證也。其本義待考。馮説似可從。曾伯𩃬簠□字。蓋從辵旅聲。為旅之後起字。增辵明之。旅從㫃從□。即得聲於□。語原然也。以旗致民乃中字義。見中字下。散盤作□。郘公簠作□。虢叔盂作□。季念鼎作□。口君鼎作□。䢅侯鼎作□。

□　鈕樹玉曰。石經古文魯作□。李杲曰。曾伯𩃬簠□字。從辵。從□。□由□而變。□則由□而譌。倫按左隱元年正義。古文魯作□。然古文以為魯衛之魯。校者所增。謂古文以□為魯衛之魯也。車中鐘作□。【説文解字六書疏證卷十三】

◉郭沫若　「旅宗障彝」，旅字作䡲，从車，且从車之緐文，金文習見。容庚謂「仲𠭯父甗應公敦等皆分寫，故定以為旅車二字合文。」「金文編」第七・三。今案仲𠭯父甗乃偽器，周金文存與集古遺文均箸録之，甚可怪。應公𣪘「愙齋」九・四。𨊠字雖若分寫，蓋

㫋族

金文中為地位之故每每有此例，如令鼎學字，沈子也𣪕敢字，均分作兩截。故旅車乃一字之分，非二字之合也。旅字前人每視為羈旅字，今案當如「季氏旅於泰山」之旅，意猶祭也。「旅宗隮彝」者謂祭陳於宗廟所用之彝器。【亖卣釋文 金文叢考】

◉唐 蘭 肈彝 肈就是旅字，旅像人持㫃，招致很多的人，此又表示拿旗的人在車上。《左傳》哀公元年說「有衆一旅」，《說文》：「軍之五百人為旅。」《尚書・牧誓》：「御事、司徒、司馬、司空、亞、旅、師氏、千夫長、百夫長。」可見旅是僅次於亞而比師氏還要高的貴旅。【論周昭王時代的青銅器銘刻 古文字研究第一輯】

◉戴家祥 □蓋□器 母□尊母□帚 容庚云，「𣥠」，舊釋者。按說文四篇白部：「者，別事詞也。從白𣥠聲。𣥠，古文旅字。」又七篇㫃部：「□，古文旅，古文以為魯衛之魯。」是𣥠之為旅字，形聲昭然。卣銘「𣥠帚」當讀諸婦。古音旅讀「力舉切」，來母魚部。諸讀「之也切」，照母魚部。同部不同紐。者讀章也切，不但同紐，而且同部。【金文大字典下】

甲二七三 又子族即右子族　甲三六六　甲九四八 㞢子族　甲二四三・一　甲三〇四一　乙五三二一 王族　前五・七・八　前七・三八・二　後二・二六・一六 衆令三族　後二・三八・一 令多子族眔犬侯□周𠙵王事　後二・四二・六 王叀夙令五族伐羌　粹一一四九　粹一二九一 族馬　粹二五八　河五八九 乎王族人　鄴三下・三八・二五 族其𨸏王衆　鄴三下・三九・一〇 五族伐弗𨸏王衆　京津四三八七 三族王其令追召方及　明藏六一六 或从口 王族追召方　明藏五七五　寧滬一・五〇六 三族　甲二三七四　鐵九三・一 或从二矢 王族　京津二一〇二 王族 【甲骨文編】

甲273　3047　乙5311　珠309　1026　佚149　續3・7・9　5・2・2　6・7・11　6・14・6　徵4・57　4・58　録589　誠356　六中178　外83　書1・8D　新1616　2102　2103　4387　前5・6・3　前5・6・3　甲2029　2327　310　3510　乙580

2131　7961　8862　珠1012　佚223　續3·28·3　徵10·22　續存726　摭續268　粹

1352　新1248　1327　1544　3093　乙5257　乙4092　4201　甲2647　續2·29·3

徵11·97　鄴三39·10　粹258　1149　新2678　【續甲骨文編】

族　盟公簋　師酉簋　番生簋　毛公厝鼎　事族簋　不易戈　陳喜壺　曾侯乙鐘　大族律名典

籀作太簇　【金文編】

9·61　𠘧不自𠆢九族子　【古陶文字徵】

八五：二三　宗盟類參盟人名　【侯馬盟書字表】

3　【包山楚簡文字編】

族　為二五　【睡虎地秦簡文字編】

5476　3412　不易戈族作𡗗璽文近似。　【古璽文編】

族賽私印　南郭族印　【漢印文字徵】

石經堯典　以親九族　【石刻篆文編】

族　族出字略　【汗簡】

竝古尚書　李商隱字略　竝崔希裕纂古　【古文四聲韻】

◉許　慎　𣃘矢鋒也。束之族族也。从㫃。从矢。昨木切。【説文解字卷七】

◉張燕昌　郭云。籀文族古作𥳑。小異。鄭云。疑即族字。俗作鏃。昌按。石本。有重文。　【石鼓文釋存】

◉阮　元　□子父己　雙矢有架　吳侃叔云。雙矢有架。竊謂栖矢之器。稽諸六書象形。族字即其形。疑即其器之名。南宮中鼎族作□。□即二矢形。□所以幹矢。其用當與□同。□。旌旗之幹也。族。屬也。以其為矢鏃所聯屬。故謂之族。亦讀如泰蔟之蔟。說文。族。束矢族族也。元謂格上三矢或二矢。古人銘器用旌武功。吳說洵可補釋名釋器之闕。【商子父己爵　積古齋鐘鼎彝器款識】

◉高田忠周　按說文。□矢鋒也。束之族族也。從矢從㫃。㫃所以標衆矢之所集也。葢医字從厂。厂為矢所集。造意似矣。是似會意。而實叚借也。經傳叚借。以族為屬。所謂親族族類是也。銘云。公族亦此義。今族本義以鏃為之。【古籀篇二十七】

◉商承祚　□卷六第三十六葉。□同上。□卷五第十一葉。□卷四第一二葉。集韻謂矦為古族字。而許書無。【殷虛文字類編卷五】

◉强運開　□薛尚功作疑。誤。趙古則作族。楊升庵作簇。郭云。籀文族古作□。小異。汗簡作□。云出字略。潘云。有重文。疑借作鏃。張德容云。按說文族。矢鋒也。束之族＝也。从㫃。从矢。㫃所以標衆。衆矢之所集。是鼓文正與許書族＝同意。蓋古鏃字本即作族。後借為宗族字。即引申衆集之義。運開按。段注今字用鏃。古字用族。金部曰。鏃者利也。則不以為矢族矣。是矢鋒為族乃其本義。自後人專以族為宗族字。遂更叚鏃為矢族字。【石鼓釋文】

◉强運開　□師遽敢旌叔。運開按。族。說文云。矢鏠也。束之族＝也。从㫃。从矢。㫃所以標衆。衆。矢之所集。此从丰。即矢鏠。與从矢同意。旌當即族之異文。【說文古籀三補卷七】

◉郭沫若　第二五八片　□殆族字之異。【殷契粹編考釋】

◉馬叙倫　莊有可曰。古者聚族而居。人丁之衆。如束矢之多。故叚借也。矢亦聲。王筠曰。族。矢鋒也。則是矢為主義。似當入矢部。葢矢部挩失。後人誤補於㫃部也。俞樾曰。族者。軍中部族也。從㫃。所以指麾也。從矢。所以自衛也。矢鋒乃鏃字義。衛聚賢曰。旗旁置矢成族。義不可解。按旗旁非矢字乃人字。族是人手持旗。旗。標識。西人所謂圖騰。倫按衛說可從。葢從夫從旗省。夫矢二字之互譌。已詳栔下矣。甲文已作□□□。葢□即□字。亦即大字。故非矢也。毛公鼎作□。師酉敦作□。則譌為矢矣。唯王命明公尊作□。從大。與甲文合。倫謂族即亞形立旂鼎銘中之□之反文。左傳有賜族。族有旗。如晉趙氏之靈姑鈃是矣。白虎通宗族。族者。湊也。五行。蔟者。湊也。莊子在宥。雲氣不待族而雨。本書。湊。水上人所會也。正合宗族之意。會意。師遽敢作□。從手猶從大矣。【說文解字六書疏證卷十三】

◉于省吾　銘文族字作□，原文誤釋作侯。金文侯字通作□，從厂從矢，「不易戈」族字作□，從㫃從矢，二字有別。銘文稱「大

族」，自系指陳氏之族言之。【關於《陳喜壺》的討論　文物一九六一年第十期】

◉石志廉　字馬同志誤釋為侯，卜辭有族字，從止從矢作《殷虛書契前編卷伍一一》、《殷虛書契前編卷陸三六》《集韻》「矦為古族字，而許書無」。此外卜辭也有矦字，從厂從矢作《殷虛書契前編卷貳三》《同書卷伍九》金文如康侯鼎作，晉姜鼎作，陳侯午錞作，鄦侯段作等，佐大族即輔佐大宗之義。【陳喜壺補正　文物一九六一年第十期】

◉黃錫全　石鼓文《搴𣂀》：「□徒如章，邍濕陰陽，趍= 犇馬，射之=，迂□如虎，……」文中之，歷來困惑不解。郭老曾以為：「字不識，音當在魚部。」王國維隸作𠭁，亦謂：「此字不可識，疑韻。」

按古文字中從㫃之字往往訛作。如旂作父戊鼎旂字作，邾公釛鐘變作；矢段旅作，薛子仲安簠變作，攸從鼎作，王孫鐘旟作，楚王戈變作；明公段族作，不易戈變作，侯馬盟書作(85:23)等。《汗簡》止部引古尚書族作，矢部引李商隱字略作。很顯然，石鼓⊘應釋族。【利用汗簡考釋古文字　古文字研究第十五輯】

◉丁　山　氏與族的區別，我在釋氏節中已略為説明：氏為同一圖騰，或食土之君，所謂食土之君，那就是小諸侯。諸侯的子孫或卿大夫再受封食邑，而為「大夫之家」，那就是族了。從《左傳》所謂「諸侯以字為謚，因以為族」看，族的組織，應該即是「分族」。然而，從甲骨文看：

鐵·14·2。鐵·93·1。後·下·26·16。後·下·42·6。族字，從㫃，從矢，矢所以殺敵，㫃所以標衆，其本誼應是軍旅的組織，説文解字訓為「矢鏠也，束之族族也」，還失之一間。清太祖起兵建州，「以旗統衆，即以旗統兵」，旗的制度，當是族字從㫃正解。唐書突厥傳下：

「沙鉢羅咥利失可汗分其國為十部，每部令一人統之，號為十設。每設賜以一箭，故稱十箭焉。又分十箭為左右廂，一廂各置五箭：其左廂號五咄六部落，置五大啜，一啜管一箭；其右廂號為五弩失畢，置五大俟斤，一俟斤管一箭，都號為十箭。其後或稱一箭為一部落，大箭頭為大首領。……」箭者，矢也。族字從矢，當然又與部落稱箭的涵誼相同。有是四旗十箭的故事印證，我認為族制的來源，不僅是自家族演來，還是氏族社會軍旅組織的遺蹟。卜辭關於族的記載，略如下列：

王族。　前·5·8·1。

丁未卜，㱿貞，令章勹㞢族尹中㞢友，五月。　林·2·7·6。

癸未□，令旃族𦔻周，古王事。　前·4·32·1。

己卯卜，允貞，令多子族從犬侯𢦏周，古王事，五月。　續・5・2・2。

己卯卜，𠭖，又子族，豖用。　鐵・14・2。

貞，王毋令五族伐紤方。　後・下・42・6。

成公十六年《左傳》嘗批評楚國軍隊道：「楚之良，在中軍，王族而已。」最可證明卜辭所見「王族」，也該是殷商王朝的中軍。但，卜辭所見「王族」，曰辭一稱「王氏」；徵・典禮・39。「㞢族」，卜辭也或稱為「㞢氏」；續・5・1・4。因此，我認為在殷商後半期，族與氏依然一體，所以卜辭又有這末樣的記載：

戊寅卜，又子族氏，不□。甲編・273。既稱族，又稱氏，氏蓋是部族的徽號，族則軍旅的組織，氏與族的區別，或如莫爾甘古代社會所謂一為聯合部族，一為胞族。【釋族　甲骨文所見氏族及其制度】

[glyph] 冥

[glyph] 海冥丞印　【漢印文字徵】

[glyph] 詛楚文　寘者冥室櫝棺之中　【石刻篆文編】

[glyph] 冥　[glyph] 冥　【汗簡】

[glyph] 古老子　[glyph]　[glyph] 竝碧落文　[glyph] 汗簡　【古文四聲韻】

◉許　慎　[glyph]幽也。从日。从六。冖聲。日數十。十六日而月始虧。幽也。凡冥之屬皆从冥。莫經切。【說文解字卷七】

◉劉心源　冥員二字合篆。舊止釋作原。非。冥从[glyph]即[glyph]。小篆省从[glyph]作[glyph]。碧落文理[glyph]視聽之表亦用古文。國名紀。冥。鄍也。陝之平陸有鄍城。左傳杜注。鄍。虞邑。說文。晉邑。案虞為獻公所滅。此云征鄍。知上文先姑為獻公夫人。【古文審卷二】

◉林義光　說文云。[glyph]幽也。从日六。冖聲。日數十。十六日而月始虧。按以十六日月虧說从六。義不可通。六者陸之古文。見六字條。从日在陸。冖聲。冖蟹韻。冥青韻。雙聲對轉。【文源卷六】

◉馬叙倫　顧炎武曰。冥為十六日月始虧。穿鑿。鈕樹玉曰。繫傳篆作[glyph]。下同。韻會六上無从字。冖作冂。一切經音義廿四引幽字作冥。無也字。嚴可均曰。冂聲。當作[glyph]聲。沈濤曰。文選魏都賦注引。冥。幽昧也。思玄歎逝二賦注陶潛還江陵夜行塗口詩注引。冥。窈也。一切經音義十七引。冥。幽也。幽闇也。冥字從日從六。日數十。十六日而月始虧。幽也。冖聲。廿四引。冥。幽也。亦夜也。字從日從六。日數十。十六日而月始虧。冥字義也。從漢書張衡傳注引。冥。幽冥也。蓋所據本不同。傳寫又復有誤。其義亦得通也。王筠曰。幽也也字。玄應又引作冥也。然似即前一幽也重出於此。如小徐本兩出冖聲也。翟云升曰。一切經音義廿四引。口。古縈反。是以為□字也。朱駿聲曰。文選思玄賦注引一曰窈也。徐灝曰。此篆及説解乖舛。字形無十。而云日數十。已無所取。況以十日為十六日。又不用十而但從六。且既以十六日為月始虧。乃又不從日。造字有如此支離惝怳者邪。今按冥篆當作□。從昊。冖聲。日昊而冥也。篆體既誤。許沿舊説。未及審正。或是後人有所改竄也。倫按孔廣居張文虎吴楚亦有説。不若徐長。倫疑本是從日黽聲。後人以篆從黽省而不之識。目相傳之音而憎冖為聲。遂成今篆。或曰。冝鼂二字譌合為一也。許當以聲訓。今存者蓋字林文及校語。亦或此部為吕忱所增也。詩靈臺釋文引字林。幽也。魏都賦引作幽昧也。當作幽也昧也。昧也蓋是本義。若字為許書固有。此其本訓矣。張衡傳注引作幽冥也。冥或隸書複舉字之譌乙者也。思玄賦注引者。校者據尒疋釋言加也。【説文解字六書疏證卷十三】

◉唐　蘭　第八十七片卜辭習見□妫。妫舊誤釋奴。□則自陳邦懷始釋弃。而以□為娩。學者從之。初不計帚某弃奴之當作何解也。郭沫若釋弃妫妿而讀為挽嘉。為卜辭研究中一重要之貢獻。惟以□為從向從□□亦聲。則殊勉强。余謂□即冥字。冥之本義當如幎。象兩手以巾覆物之形。説文作□，其形既誤，遂謂「從日從六冖聲。日數十十六日而月始虧，幽也。」穿鑿可笑。卜辭□字當釋嫇冥或嫇之用為動詞者。並叚為挽「生子免身也。」余前作卜辭文學一文中釋□為冥。清華學報。而未詳其説，今故補之。郭氏粹編考釋亦逕釋作冥，則其近時之見解。或與余意符合矣。【天壤閣甲骨文存考釋】

◉賈　文　□字从□从口从□。先説「从□」，□，劉桓先生釋泉，不確。泉字甲骨文作□、□，而□為泉字所从，並非就是泉字。□象坎穴，應是穴字初文。甲骨泉字从□，《爾雅・釋水》：「氿泉穴出。」又牢字甲骨文作□，从□，《玉篇・穴部》：「窂，與牢同。」這都説明□即穴字。《説文・穴部》：「穴，土室也。」又《詩・大雅・緜》「古公亶父，陶⿱穴復陶穴，未有家室」，鄭箋：「鑿地曰穴。」這是説穴為人之所居。□字从穴，説明它也是「土室」之類，屬於人的一種住所。其字或又作□、□，其所从的□和□即宀字，《説文・宀部》：「宀，交覆深屋也。」宀是古代的一種房舍，為宮、室等字所从。□字或从宀，這也是其為人之住所的一個明證。□字从口，「口」不是「口舌」之「口」，是窗子，也是出入口，象形。□字為住所的平面圖，要作俯視觀，□是地穴式的建築，没有牆，窗口出入口開在屋頂上。□字从□，這是什麼意思？原來，古人多穴居，如古代地穴式的住所有「⿱穴復」，《説文・穴部》：「⿱穴復，地室也，《詩》曰：『陶⿱穴復陶穴』。」⿱穴復的出入口有緩坡式的通道。古代又有窨，《説文・穴部》：「窨，地室也。」現在華北平原農村裏還有窨，俗名「地窨子」。窨的出入口一般都有台階。而[seal]呢，它既無「通道」可走，又無「台階」可登。它的出入口應是既深且陡，出入時光憑雙腳不行，還需兩手攀引，才能上下出入。[seal]之所以从[seal]，原因可能就在這裏。[seal]字就形看，仍應釋冥。字从[seal](穴)从口(象窗和出入口)，从[seal]，[seal]亦聲。其本義應是人的一種住所。小篆冥字作[seal]，訛[seal]為冂、訛口為日，訛[seal]為六，許慎根據已訛變的小篆説解，自然是「穿鑿可笑」了。《説文》訓冥為「幽」，則是字的引申之義。因為象冥這樣的住所，不僅出入不便，而且也一定是很陰暗的。

冥字的本義，在文獻裏已是見不到了，就是冥的這種住所結構在我國建築史上也是少有涉及了，近讀中國科學院考古研究所內蒙古工作隊《內蒙古敖汗旗興隆窪遺址發掘報告》，文章介紹了新發現的半地穴式的房屋遺址，不設門道，並引《魏書·勿吉傳》關於勿吉人「築城穴居，屋形似冢，開口於上，以梯出入」的記載，以及晚近北方民族以木梯或帶刻槽的木柱，从房頂出入的材料相印證。可見，象冥這類住所，實際還是有的。冥作為人的住所，應該也會由地穴式發展為半地穴式的。【説冥 殷都學刊一九九六年第一期】

鼆 [seal] 晶 [seal]

◉許　慎　[seal]冥也。从冥。黽聲。讀若黽蛙之黽。武庚切。【説文解字卷七】

◉馬叙倫　倫按冥之同邊音轉注字也。亦或冥之異文。此蓋呂忱本左文十五傳加之。【説文解字六書疏證卷十三】

[oracle] 佚五〇六　説文晶精光也从三日卜辭用為星字　大星　[oracle] 後二·九·一　㞢新大星並火　[oracle] 甲六七五　【甲骨文編】

[oracle] 甲675　[oracle] 佚506　【續甲骨文編】

[seal] 張晶　【漢印文字徵】

[seal] 晶　【汗簡】

◉許　慎　[seal]精光也。从三日。凡晶之屬皆从晶。子盈切。【説文解字卷七】

◉孫海波　佚存五〇六版，「□真王□先□大晶□好」，商先生曰：「晶疑雹字，説文雹之古文作靁，从雨乃後增。」唐氏謂此乃星之本字。按唐説是也。説文：「晶，精光也，从三日。曐，萬物之精，上為列星，从晶生聲。」「曑，商星也，从晶㐱聲。」「曟，房星，為民田時者，从晶辰聲。」星、參、晨，皆从晶，是晶當為曐之初文，象三星之連，許君分為二字，非是。王筠釋例云：「晶當作⊙⊙⊙，且當為星之古文，許君誤。然曐下云，古○復注中，故與日同，亦足徵也。」徐灝說文解字注箋云：「晶即星之象形文，故曑晨字从之，古文作∘∘∘、⊙⊙⊙二形，因其形略，故又从生聲，小篆變體，有似於三日，而非从日也。古書傳於晶字別無他義，精光之訓，即星之引申，因聲轉為子盈切，遂岐而二之耳。」二氏之言皆能得其環中，今驗之卜辭益信。【卜辭文字小記 考古學社社刊第四期】

◉楊樹達 說文七篇上晶部云：「晶，精光也，从三日。」又云：「曐，萬物之精，上為列星，从晶，生聲。一曰：象形，从○，古○復注中，故與日同。」古文作[古文字]，或省作[古文字]。近儒孫氏詒讓云：「晶即星本字，象其小而衆。原始象形當作ооо，說文曑亦从ооо，金文梁上官鼎曑分字省作ооо，是也。後人增益作曐，遂生分別耳。」見名原卷上古章原象第二。樹達按孫說至塙，今請以五證明之。晶部云：「曑，商星也，从晶，㐱聲。」又云：「晨，房星，為民田時者，从晶，辰聲。」按惟晶為星，故商星之曑房星之晨字皆从晶，否則義無所取：一也。或疑晶星音讀不同，不當為一字，不悟二字今音雖異，而古則無殊。蓋星从生聲，从生聲之字有旌，讀子盈切，與晶音正同，星古音殆亦當爾。知者：吕氏春秋季春紀圜道篇云：「日，日夜一周，圜道也；月，躔二十八宿，軫與角屬，圜道也；精，行四時，一上一下，各與遇，圜道也。」按此文以精與日月為對文，精謂星也。惟星精同音，故吕氏春秋徑以精為星。文選東京賦云：「五精帥而來摧。」注云：「五精，五方星也。」又王文憲集序云：「德精降祉。」注云：「精，星也。」此以精為星，蓋本之吕覽也。精今讀子盈切，與晶同音，知星古讀亦當與晶同也。禮記月令疏引春秋說題辭云：「星之為言精也：」以精釋星，實以同音之字為訓也。韓非子說林下篇云：「荊伐陳，吴救之，軍間三十里，雨十日，夜星。」星字說苑指武篇作晴。漢書天文志曰：「日餔時，天暒晏，」以暒為姓：此皆星字古讀晶之證也。知晶星二字古本同音，則二文為一可以無疑矣：二也。說文雖誤分晶星為二字，然晶下云：「精光」，曐下云：「萬物之精，上為列星。」以精釋晶，又以精釋曐，於二文為一，未嘗無所窺見，其未能認二字為一文，僅未達一間耳：三也。尋晶曐所以異者，晶為純象形字，曐則於象形外別加聲旁之生耳。古人於象形之字往往加注聲旁。例如：七篇下网部，网加亡聲為罔，九篇下厂部，厂加干聲為厈，十篇下亢部，亢加㞷聲為𡴝，此許君知其為一字者也。亦有與此同例，而許君不知其為一字者：三篇下鬥部，鬥加斲聲為鬭，鬥鬭實一字也；七篇上片部，片加反聲為版，片版實一字也；片，判木也，版，判也，訓同。十一篇下永部，永加羊聲為羕，永羕實一字也；永，長也，羕，水長也，訓同。十二篇下曲部，曲加玉聲為[古文字]，曲[古文字]實一字也；十四篇下己部，己加其聲為曩，己曩實一字也；又午部，午加吾聲為啎，午啎實一字也：午，啎也，啎，逆也，義同。而許皆誤分為二字。十篇上火部，火加尾聲為焜，加毁聲為燬，火焜燬實一字也；焜燬皆訓火也。而許君誤分

曐 星

為三。許君以晶曐為二文，猶門鬥、片版、永羕、[glyph]、午啎、火烓燬之例耳：四也。尋曐初文本作[glyph]，後注中則為[glyph]。然十一篇下雨部云：「雹，雨冰也，从雨，包聲。」古文作[glyph]。按雹之古文从[glyph]，[glyph]，即雹之象形初文，若是則星雹二字古文同形，後人欲加識別，乃加形旁之雨於[glyph]而為[glyph]，加聲旁之生於[glyph]而為曐耳。知晶有不得不加聲旁之故，而星之即晶愈碻實無疑矣：五也。【釋晶　積微居小學述林】

乙一八七七　乙六三八六反　大星　乙六六六四　鳥星　乙六六七二　鳥星　拾一四・六　前七・二六・三　掇二・一九七　存下一四七　存下一四八　簠雜一二〇　金四〇七　明一五三四　印倒　七B四　三　庫五九八　京都七〇〇　後二・九・一　卜辭用晶為星重見晶下　【甲骨文編】

乙1877　6386　6664　6672　前7・26・4　【續甲骨文編】

星　麓伯星父簋　【金文編】

星　日乙九二　九例　通腥　—臭　日甲五三背　日乙四一　【睡虎地秦簡文字編】

胃〃—唇(甲1—22)、—唇不同(甲7—26)　【長沙子彈庫帛書文字編】

2745　【古璽文編】

星舜之印　星有之印　星林私印　【漢印文字徵】

星見說文　【汗簡】

說文　曐同上　竝籀韻　王惟恭黃庭經　竝崔希裕纂古　【古文四聲韻】

◉許　慎　曐萬物之精。上為列星。从晶生聲。一曰。象形。从口。古口復注中。故與日同。桑經切。星古文星。星曐或

省。【説文解字卷七】

◉丁佛言　○○古匋古文星。象形。【説文古籀補補卷七】

◉郭沫若　第四二九片曐字高田忠周釋星。今案與云蚰等天象之文同見，其説殆無可易。生亦生字，作册大齋「既生霸」字，臣辰盉「生豚」字均如是作。曐象緐星之形，與許書星之作曐若曐者同意。金文蔡伯星父𣪘作曐。【卜辭通纂】

◉商承祚　曐○○○○當為星之本字。象列星形。後以晶為精光。字遂加生聲以别之。【説文中之古文考】

◉楊樹達　卜辭云：「貞，翌乙卯，不其易日？王卟曰：止△勿雨。乙卯，允。明，三△食日，大星。」研究院十三次據胡厚宣書轉引。又云：「冬終夕△，亦大星。△」徵文雜壹貳〇。又云：「△辛未，生酘，新星。」前編柒卷壹肆葉壹。按星字甲文作○○，或加聲旁作曐，其為天上星宿之象形字甚明。惟文云大星，云新星，若釋為星辰之星，殊無義理。蓋古人名動同辭，風雨之雨曰雨，降雨亦曰雨，星辰曰星，天上見星亦曰星。詩鄘風定之方中云：「星言夙駕」。鄭箋云：「星，雨止星見」，是其義也。此知甲文云大星者，天上星大出也，新星者，天上久不見星，今新見星也。星見之字後别構為姓，説文七篇下夕部云：「姓，雨而夜除星見也，從夕，生聲。」姓即今之晴字。蓋據事象言之，夕時星見為明日天晴之兆，星其先徵，姓其後果。古人簡質，二事不分，商時猶如此，故甲文中有星無姓。然則以後起之字讀古文，大星者，大姓也，新星者，新姓也。諸辭文義雖不能盡解，然第一辭初言易日，易當讀為暘，前人已言之。説文七篇上日部云：「暘，日覆雲暫見也，从日，易聲。」其字言天象之事甚明。繼云勿雨，末云大姓，三事文義正相貫也。第二辭云：「終夕△，亦大星。」此亦字蓋假為夜，亦大星者，夜大姓也。韓非子説林下篇曰：「荆伐陳，吴救之，軍閒三十里，雨十日，夜星。」夜星與卜辭夜大星文例同。韓非子之星字，説苑指武篇引作晴，然則戰國之季尚以星為姓，不别作姓字也。其後語言日進，則取意義相關之事别立文字以求明確，於是星字孳乳為暒，又為姓。漢書天文志曰：「日餔時，天暒晏」，暒為星之加旁字，姓則星之同聲字也。星姓皆从生聲。形體雖異，而音讀不殊，固孳乳之通例矣。【釋星　積微居甲文説】

◉高鴻縉　晶字原為星宿之星。王筠三下曰。三也者。無盡之詞也。舉三以示衆也。象形。後凡出三者仿此。商周時或於○○下加生為音符作曐。秦篆仍之。隸省作星。故○○與星原為一字。晶。説解釋為精光。乃其借意。借意行而本意亡。今字專作星。萬物之精。上為列星。乃陰陽家言。許氏偶採之。讀者不可泥。【中國字例二篇】

◉嚴一萍　星繒書作曐，曐為曐之省，上作⊖者係譌變。字為形聲，非會意也。【楚繒書新考　中國文字第二十六册】

◉李學勤　殷墟YH127坑有一片引人注意的腹甲，版號是《乙編》6385，辭為：

甲寅卜㱿貞，翼乙卯易日？

貞，翼乙卯不其易日？

（反）王固曰：「止□勿雨。」乙卯，允明霍，三□，食日大星。

最初有的學者把最末的文字讀為「三焰食日，大星」，以為是日全蝕時出現日珥的記録，但此腹甲背面粗糙不平，「臽（焰）」字不清，近年已很少有人徵引它來講日蝕或日珥。不過，這條卜辭究竟如何解釋，迄未究明。

最近，吉林大學曹錦炎同志在中國古文字研究會第四届年會上提出《讀甲骨文札記》論文，根據新發表的《小屯南地甲骨》42、624兩版卜辭，指出「食日」「當屬上午中的一段時間」，引《左傳》及杜注為證，論證非常精確。惟文中説卜辭「食日」一詞舊僅《文録》131、《庫方》511兩見，没有引到《乙編》6385。按《南地》兩版均云「自旦至食日」、「食日至中日」，與《乙編》6385食日在明之後一致，食日指上午的一段時間，斷然無疑。「霍」讀為「霧」，見于省吾先生《甲骨文字釋林》。「乙卯，允明霧」是説乙卯日破曉有霧，下文「食日大星」指到食日時的氣象。不難看出，「大星」是動詞，不是名詞，而且與星辰無關。

再看下列YH127坑卜辭：

丙申卜㱿貞，來乙巳酌下乙？王固曰：「酌惟有祟，其有設。」乙巳明雨，伐既雨，咸伐亦雨，施，卯鳥星。

（反）乙巳夕，有設于西。

這是兩版同文的腹甲，版號為《乙編》6664和《殷墟文字綴合》481，分别為一卜和二卜。此辭多年來被認為關於鳥星的天象記録。剛剛出版的中國天文學史整理研究小組《中國天文學史》，也把它列為「肯定或基本肯定」的恒星記録。

實際上這一辭也是氣象記録，乙巳日破曉下雨，「伐」時「既雨」即雨止，「咸伐」即「伐」畢又下雨，至「施、卯鳥星」，下接反面「乙巳夕，有設于西」。可見「施、卯鳥星」時在「夕」前，不是晚上，而是白天的事情。考慮到「伐」的歷程不會太長，這件事恐怕還在上午。全辭所述，是關於酌祭下乙，而「伐」與「施、卯」等，都是酌祭中的具體儀注。

那麼卜辭怎樣解釋呢？楊樹達先生在一九四五年寫的一篇「釋星」，已提出正確的解答。這篇文章收入他的《積微居甲文説》，陳夢家《殷墟卜辭綜述》采用了楊氏的提法。楊先生指出，這一類辭（未引用「鳥星」辭）中的「星」「若釋為星辰之星，殊無文理。」他徵引《詩經》鄭箋、《韓非子》、《説苑》等文獻，説明「星」應讀為後世的「晴」字，真是一語破的。卜辭「食日大星」，就是至食日而大晴；「施、卯鳥星」，就是至施、卯時而晴，文通字順。

我們為這個説法找到明確的證據，請看《甲骨文合集》11499腹甲：

曑

癸卯卜争貞，下乙其侑鼎？王固曰：「侑鼎，惟大示，王亥亦罒。」

彡，明雨，伐［既］雨，咸伐亦［雨］，施，卯鳥大启，易。

這條卜辭卜日是癸卯，問是否對下乙佑鼎，其左辭當亦記對下乙的祀典。癸卯之後二日就是乙巳，所以祀典是在乙巳日舉行的，和上面所謂「鳥星」的卜辭記的是一件事。驗辭是相同的，值得注意的是，一辭作「施、卯鳥星」，一辭作「施、卯鳥大启，易」，只是用詞有別。「星」讀為「晴」，「大启，易」即「大启，暘」。大启而日出，正好是「晴」字的同義語。兩相比照，其涵義使確定了。【論殷墟卜辭的「星」　鄭州大學學報一九八一年第四期】

◉商承祚　晶戠，即星歲，甲骨卜辭以晶為星。晶實為星之初字，金文與小篆皆作曐，从晶，生聲。《説文》云或體省作星，通行於後世，而曐近於廢。《禮記·月令》：「星回于天，數將幾終，歲且更始」。二十八星宿，每日繞行天體一周，其早晚位置雖不同，但到了十二月，二十八宿又回復到去年十二月原來的位置，以示一年的日子快要結束，新的一年即將開始。此晶歲即歲星，指一年。【信陽長臺關一號楚墓竹簡第一組文章考釋　戰國楚竹簡匯編】

參　犇參父乙盉　衛盉　召鼎　㝬鐘　毛公厝鼎　召伯簋二　克鼎　盠尊　盠方彝

魚顚匕　中山王譽鼎　曑軍之衆　【金文編】

3·1064　獨字　3·1065　同上　秦1120　同上　【古陶文字徵】

參　秦五五　八例　日乙九九　日乙八八　三例　日甲五一　六例　效六　【睡虎地秦簡文字編】

不旻亓—職（甲3—12）、是各—柴（乙2—21）【長沙子彈庫帛書文字編】

0673　3773　2070　2602　2932　1520　1106　與魚鼎匕參字形近。　2863　1058

0928　2435　0681　2397　2104　1558　【古璽文編】

參川尉印　李參　趙參　張參　李參　樂參　黃參私印　王參　程參私印　蘇參

私印【漢印文字徵】

參見說文 參口岑切見尚書 參【汗簡】

古孝經 汗簡【古文四聲韻】

◉許慎 商星也。从晶。今聲。臣鉉等曰。㐱非聲。未詳。所今切。曑或省。【說文解字卷七】

◉林義光 非參星形。从晶不切於理。㐱亦非聲。古作參字父乙器。參並也。从人齊。古齊亦作齊癸姜敦。作陳侯因資敦。並與形近,或作毛公鼎。彡聲。變作克鼎彝。【文源卷十】

◉馬叙倫 錢大昕曰。參商二字連文。以證參之從晶本為星名。非以商訓商參。承上篆文參。故注不重出。嚴可均曰。商當作晉。左昭元年傳。辰為商星。參為晉星。許瀚曰。商當為唐。聲之誤也。倫按星名無本字。玉篇引作今參商星也。則此蓋字林文。或校語。本訓捝矣。此晶之轉注字。晶音變如星。星音心紐。參音審紐。皆次清摩擦音也。書西伯戡黎。乃罪多參在上。釋文。馬云。參字厽在上。玉篇。厽。力捶反。尚書以為參字。是古文尚書參作厽也。是其證。厽非十三篇之厽。乃字之變。玉篇音力捶反。則誤以為十三篇之厽矣。商者。𧶜之借。𧶜為商星之商本字。參商音同審紐。蓋轉注字。字見急就篇。慧琳一切經音義六十四。叅。倉頡篇作參。諸可寶謂倉頡皆古文。宜從晶作。是也。蓋傳寫易之。

王筠曰。汗簡引為古文。倫按毛公鼎作。克鼎作。魚匕作。蓋從三。父乙尊作。省也。【說文解字六書疏證卷十三】

◉朱芳圃 曑象曑宿三星在人頭上,光芒下射之形。或省人,義同。

左傳昭公元年鄭公孫僑對晉叔向曰:「昔高辛氏有二子,伯曰閼伯,季曰實沈。居於曠林,不相能也,日尋干戈,以相征討。后帝不臧,遷閼伯于商丘,主辰,商人是因,故辰為商星。遷實沈于大夏,主參,唐人是因,以服事夏商。其季世曰唐叔虞。當武王邑姜方震太叔,夢帝謂已,余命而子曰虞。將與之唐,屬諸參而蕃育其子孫。及生,有文在其手,曰虞。遂以命之。及成王滅唐而封太叔焉,故參為晉星。」按曑為白虎,西方七宿之一。爾雅釋天以房星尾為大辰。尾宿第五星與參宿第三星之直徑,相距約一百八十度,故參在晝則尾在夜。參出尾没,尾出參没,二星永不並見於天空。閼伯主辰,實沈主參,高辛因其兄弟不和而使之永不相見。蓋先民解釋自然界現象之神話,公孫僑引之以說明晉主參星之由來也。由此可證我國天文學發達之早,與觀察之精。【殷周文字釋叢卷上】

◉劉彬徽等　厽鉨，厽，即參字。鉩，所從之尒也作爾，借作壐。《釋名・釋書契》：「壐，徙也，封物使可轉徙而不可發也。」參壐即三合之壐。【包山楚簡】

◉曾憲通　□參柴甲二・二一　□參職乙三・一二曾侯乙墓漆器二十八宿作□，與帛文同。秦簡曰書作□。□，與篆文或體□（《汗簡》引作古文）近，再變而為今通行之參字。【長沙楚帛書文字編】

◉戴家祥　說文「曑，商星也。（考說文每承上篆文連讀，如「昧爽，旦明也」，「肸響，布也」，「脁嘉，善肉也」，「𤊪燧，侯表也」，「詁訓，故言也」，「顡癡，不聰明也」，皆承篆文為句。此應讀參，商，星也。後人誤斷。）从晶，㐱聲，□或省。」徐鉉曰「㐱非聲，未詳」。按大克鼎作□，其他金文作□，下半从□□曾見，父乙尊𢦏𣪘，前人或釋為先，字應讀人，而被許君讀為卩者也。父乙尊有□字，象兩人相向形，為向背之向之初文，卿鄉兩字从此。毛公鼎□有嗣，徐同柏讀為小雅十月之「三有事」。毛傳「有事，有司，國之三卿。」宗周鐘「參壽佳琍」，薛氏款識（卷十）晉姜鼎作「三壽是利」，魯頌閟宮作「三壽作朋」，參亦作三。召白虎𣪘「公宕其□，女（汝）則宕其貳，公宕其貳，女則宕其一。」據此，則用一二三紀數，金文或作貳曑，經傳借參為三者，更不知凡幾。易繫辭「參伍以變」，孔穎達正義「參，三也，伍，五也」。左傳昭公三年「民參其力，二入于公，而衣食其一。」廣雅釋詁「參，三也」。漢書刑法志「秦造參夷之誅。」師古注「參夷，夷三族。」參三既可通叚，參之古讀，必然同三，大徐讀參所今切，小徐師今切，審母侵部。陸德明左傳音義參讀七南切，精母侵部。三讀蘇甘切，心母談部。侵談韻近隔部可以借讀。由是而知參字本从晶、从人，彡聲如杉，音所銜切，審母談部，聲母同參，韻部同三，此皆鼎臣所未詳者。天文學者皆謂參星為白虎七宿末一宿，有星七顆，其中三顆星居中，為朝夕所常見，因而取名為參，參者，三也。唐風綢繆「三星在天」，毛傳「三星，參也。」參三聲同。【金文大字典下】

□ 辰之重文【續甲骨文編】

□ 20　□ 173　□ 182　□ 186【包山楚簡文字編】

□ 晨 日甲七七　□ 日乙一〇五【睡虎地秦簡文字編】

□ 3170　□ 3188【古璽文編】

晨 臣晨 晨 史晨印信 【漢印文字徵】

□ 晨出義雲章 【汗簡】

□ 義雲章 □ 汗簡 □ 籀韻 【古文四聲韻】

◉許 慎 晨房星。為民田時者。从晶。辰聲。植鄰切。晨晨或省。【説文解字卷七】

◉林義光 辰者脣之古文。見辰字條。晨古作□伯晨鼎。象持物入脣。早昧爽者進食時也，與夙不同意。變作□師趛鬲。从□即从辰。辰亦作□，又增作□。【文源卷六】

◉馬叙倫 晨當如晨下訓早也。今其義譌在晨下矣。見晨字下。借以為房星之偁。故通亦以辰為房星。辰音禪紐。房音奉紐。同為次濁摩擦音也。房星七字蓋字林文。或字出字林也。

晨 古鉥作□。【説文解字六書疏證卷十三】

◉戴家祥 □多友鼎 甲申之□ □，為「晨」之別體。晨，小篆作□，从晶辰聲。「晶」實乃星象形之訛。小篆星亦从「晶」，而古文作□。「□」，从夕辰聲：「夕」乃「月」象形，星、月均清晨天象的特徵，故作形符交換，字義不變。【金文大字典下】

疊 □

疊□ □疊 【漢印文字徵】

◉許 慎 疊楊雄説。以為古理官決罪。三日得其宜。乃行之。从晶。从宜。亡新以為疊从三日太盛。改為三田。徒叶切。【説文解字卷七】

◉林義光 以疊為三日決罪。説已迂曲。古作□穌甫人匜嫚字偏旁。□即俎字。象纍物在俎上形。【文源卷六】

◉馬叙倫 吴穎芳曰。天無二日。故嫌三日太盛。又毛傳云。宜。肴也。□古肉字。三□之肴則重疊。紐樹玉曰。繫傳疊作疊。非。徐灝曰。一切經音義引倉頡。疊。重也。積也。楊子雲説恐非字之本義。周官小司寇。聽獄訟至於旬。乃弊之。豈三日遂謂得宜乎。周沐潤曰。此説解非許原本也。孫詒讓曰。嫚妊壺阮氏積古齋箸録。嫚字從疊。疊不從宜。與許説宜從宀之下一之上多省者不合。從宜疑秦漢人所改易。楊雄説與古文絶不相應。倫按許書大例。字必有説解。説謂説其義。如日下曰。實也。解謂解其字。如日下曰象形。蓋自有其字。必有其義。疊字當有本義。楊雄説特雄説經之一義。亦未必即説疊字。則此自後人所加。而本訓捝矣。凡本書説解中言以為者。皆校者詞。且凡言以為者不加説字。此言楊雄説以為。説字又或後校者加之。或以為二字乃傳寫涉下亡新以為而譌演。疊從宜得聲。不兼義也。宜從且得聲。詳宜字下。且俎一字。俎音照紐。古讀歸端。端定同為舌尖前破裂音。故疊轉定為徒叶切矣。又且為廚之初文。廚音澄紐。古讀歸定也。然篆當如金文從且。由金文且多作□或作□。因譌耳。疊之義生於晶。而從廚之初文得聲。晨音澄紐。豈晨之轉注字邪。今以為重疊字者。疊讋聲同談類。而讋為多言襲為重衣。蓋借為讋襲也。田非井田之田字。乃王莽改晶為畾。高祥麟謂畾即厽。是也。亡新以為十四字。疑為杜林蒼頡注文。吕忱或校者所加。亦或許氏字指中説。而吕不删也。李璧王荆公詩箋註。楊雄説。以為古之理官。決罪。三日。得其宜乃行之。從晶。從宜。亡新以為疊字從三日太盛而改之為三田。末句與鍇本同。知引本書也。則鉉本尚有捝字。【説文解字六書疏證卷十三】

◉郭沫若　⿰女曡妃女字，襄名。⿰女曡字从女曡聲，曡即小篆疊字，此亦足證圖之必為宜。説文：「疊，楊雄説以為古理官決罪，三日得其宜乃行之，从晶、从宜。亡新以為疊从三日大盛，改从三田。」今字从女而以為字，當是善意之字。晉公盦言「秉德⿰女曡⿰女曡」，與此同。余意字當叚為熠，周頌時邁「莫不震疊」，毛傳訓疊為懼，疏云：「疊懼釋詁文，彼疊作慴，音義同。」疊與慴通，則⿰女曡可與熠通矣。説文「熠，盛光也」，一切經音義引字林「熠熠，盛光照也」。詩東山「熠燿其羽」，鄭箋云：「羽鮮明也。」文選笙賦「爛熠爚以放豔」，注云：「熠爚，光明貌。」【穌甫人匜　兩周金文辭大系考釋】

甲二二五　甲三九四一　乙六八一九　乙九〇七四　鐵二五・三　鐵九九・一　鐵一四五・四　鐵一五五・四　前一・三六・六　前三・一九・二　前四・四六・一　菁・一・一　菁五・一　燕九一　掇一・二四〇　簠天一　日月有食　京津五一六　明藏三四三　寧滬一・四二七　粹二〇一　燕五四〇　粹六五九　鄴初下・三三・二　鄴初下・三八・一三　戩二〇・三　戩二〇・七　戩二六・五　戩二九・四　佚四一四　甲二四一六　前二・二二・一　前二・二二・六　前二・二三・二　前四・四・五　前四・一九・一　佚四二八　寧滬一・二三四　存下九八〇　佚五一八背　掇二・四〇一

墨書 【甲骨文編】 甲12 205 1165 2256 2337 2430 2908 2909 3941 乙105 1115
3317 5269 6819 7288 7289 7795 8660 珠217 620 746 748
1140 1343 ㄙ530 佚11 61 347 402 518 900 續1·12·6 1·
25·9 1·51·2 3·16·16 3·19·2 3·24·2 4·6·1 5·1·1 5·8·1 5·8·5
6·20·5 徵1·1 1·2 1·90 2·10 2·27 2·28 3·39 3·47 3·
115 3·117 3·150 8·24 10·91 10·108 11·2 11·20 11·50 11·52
11·91 京4·3·3 古2·8 粹518 新2916 【續甲骨文編】
月 旂鼎 𠨘卣二 宰椃角 我鼎 師旂鼎 保卣 呂鼎 𠂤尊 召卣二 井侯
簋 昜鼎 盂鼎 𤔲伯簋 賢簋 遹簋 師奎父鼎 伯晨鼎 師𧾷鼎 趞曹鼎
休盤 師酉簋 師嫠簋 舀鼎 舀壺 無叀鼎 無㠱簋 善夫克鼎
大師虘簋 虘鐘 鬲攸比鼎 散盤 頌鼎 頌壺 虢季子白盤 不㝬簋 鄭虢仲簋
伯中父簋 鄧伯氏鼎 𩁹弔鼎 歸父盤 殷穀盤 陳子〓匜 陳肪簋 陳侯鼎 邵鐘
陳猷釜 子禾子釜 黃韋俞父盤 命瓜君壺 無子匠 𨞾侯簋 拍敦蓋 禾簋 孫弔師
父壺 申鼎 𩁶鎛 邾公華鐘 夆弔匜 邾公孫班鎛 邾大宰匠 沇兒鐘 蔡侯𬭚盤

吴王光鑑 寬兒鐘 𪒠兒鐘 郘王胡 郘諧尹鉦 王子午鼎 欒書缶 十一年𢈪鼎

東周左師壺 姑□句鑃 鄂君啟舟節 酓忎鼎 克鐘 趞卣 都公鋪 公孫𧦝父匜 王

孫壽甗 以夕為月 不𠳋簋 隹九月初吉 陳侯因資錞 隹正六月癸未 以日為月 公子土斧壺 飯者之月 同卣 一

月合文 小臣𨘢簋 旅鼎 麥鼎 𢽾鼎 公貿鼎 善鼎 麓伯簋 𦬊伯簋 召卣 二月

合文 縣妃簋 趞簋 𣪘簋 弔上匜 盠駒尊 小臣邑斝 四月合文 大保爵 效卣

刺鼎 五月合文 𨽍簋 十一月合文 【金文編】

3·658 杏坤或月 3·656 杏坤九月 4·1 廿二年正月左匋君 4·2 廿一年八月右匋君 4·17 廿三年二

月左匋君 4·30 二年十一月左匋君 5·384 瓦書「四年周天子使卿大夫……」共一百十八字 5·384 瓦書「四年周天子使

卿大夫……」共一百十八字 【古陶文字徵】

〔二二〕 〔三七〕 【先秦貨幣文編】

一六:三 宗盟類序篇十有一月 【侯馬盟書字表】

12 【包山楚簡文字編】

月 編一四 四百四十例 日甲一三九背 七十八例 法一二七 四例 【睡虎地秦簡文字編】

隹□□四—(甲1—5)、—内(甲2—32)、—吉(甲2—34)、是遊—閏之勿行(甲3—20)、二—(甲3—27)、三—(甲3—29)、四—(甲4—7)、五—(甲

4—9)、是—呂鄒脣為之正(甲6—25)、不見—才昌☐(丙5:2—2) 殘 隹十又二—(甲7—2) 【長沙子彈庫帛書文字編】

[glyph] 1723 【古璽文編】

[glyph] 天璽紀功碑　下步于日月　[glyph] 延光殘碑　八月　[glyph] 少室石闕　三月　[glyph] 羣臣上醻題字　[glyph] 袁安碑　十一月　[glyph] [glyph]

蘭臺令史殘碑　十月　[glyph] [glyph] 石經僖公　王正月　【石刻篆文編】

[glyph] 月　[glyph] 月見說文　【汗簡】

[glyph] 說文　[glyph] 汗簡　[glyph] 崔希裕纂古　【古文四聲韻】

◉許　慎　[glyph]闕也。太陰之精。象形。凡月之屬皆从月。魚厥切。【說文解字卷七】

◉孫詒讓　(叔殷父敦)月當讀為夕。古夕月二字形近多通用。單癸卣𣧑夕饗爾宗夕作[glyph]。見薛款識。庚卬父丁角夕王格夕作[glyph]。見本書。並其證也。【古籀拾遺卷中】

◉羅振玉　[glyph]。以歲字例之。當為歲月之月本字。作月者。日月之本字。然卜辭中凡某月已借用日月之月。而罕用本字之𣧑矣。【增訂殷墟書契考釋卷中】

◉王國維　月亦祭名。【戩壽堂所藏甲骨文字考釋】

◉董作賓　契文前後期月夕二字互易其形。前期月作[glyph]。夕作[glyph]。後期月作[glyph]。夕作[glyph]也。又曰。月字前期作[glyph]。夕字後期作[glyph]。毫無區別。而[glyph][glyph]則有別。[glyph]為前期夕字。从[glyph]內有點。[glyph]為後期月字。从[glyph]間有直。上下至邊。此其異也。【轉引自李孝定甲骨文字集釋第七】

◉于省吾　甲骨文第一期到第四期,月字作[glyph]或[glyph]。雖然前後期的月與夕也偶然有時相混,但畢竟是個別現象。至於西周金文的月字均作[glyph],夕字均作[glyph],兩者互作是極為個別的,而在偏旁中則互見較多。西周金文月夕二字之所以顛倒,是由於沿襲了甲骨文的晚期作風,一直到小篆仍然如此。話又說回來,為什麼甲骨文前四期的夕字在月字中間加一豎劃?夕字在六書中屬於哪個範疇?我認為,月本有形可象,夕則無形可象,故夕字的造字本義,乃於月字的中間附加一個豎劃,作為指事字的標志,以別於月,而仍因月字以為聲。【釋古文字中附劃因聲指事字的一例　甲骨文字釋林】

朔

朔 十一年𢢕鼎 乙巳朔 【金文編】

63 63 【包山楚簡文字編】

朔 日乙五三 十二例 日乙一〇四 十例 【睡虎地秦簡文字編】

朔方長印 朔方太守章 焦朔 莀朔 齊朔 於餘朔印 李朔私印 王朔 張朔 【漢印文字徵】

天璽紀功碑 己酉朔 【石刻篆文編】

朔 【汗簡】

古尚書 【古文四聲韻】

◉許 慎 月一日始蘇也。从月。屰聲。所角切。【說文解字卷七】

◉陳邦懷 簠室殷契類纂第三十四葉 王君襄釋為古朔字。其言曰。日癸尊朔作。與此相似。按王說是也。卜辭龍字鳳字多從。或省作。余嘗審為丵字。卜辭及日癸尊朔字所從之。與龍字鳳字所從字省文之正同。竊疑古朔字從丵省聲。小篆朔字從。蓋由譌變。許君説朔從屰聲。就小篆言之耳。【殷虛書契考釋小箋】

◉柯昌濟 卜詞中常有字。如等語。又从之字亦甚多。如等字。案。从當即从辛。古文結曲作形。非辛字也。父癸尊亦有此字。作。其後𨐨侯盤作。从辛可證矣。求之音訓。當即古朔字。朔辛音雖不在一部。朔五部辛十三部。然音在一母。古雙聲字相从。疑古讀朔。如薛𨐨侯盤即薛侯盤。王靜安師釋薛。以其文有賸叔任語。薛字段朔為之。必以其音讀同故也。卜詞之从𠂤从辛。乃薛之本字。【殷虛書契補釋】

◉馬叙倫 沈濤曰文選郭璞遊仙詩引作月一日始也。乃挩蘇字。王筠曰。蘇朔雙聲。倫按死而後生為㱩。月一日始蘇為朔。語原同也。然倫謂朔從屰得聲。今上海言月音有如屰者。朔乃月之雙聲轉注字。以每月初一日始生月。故以為月一日始蘇也。春秋文六年閏月。不告月即不告朔也。月下曰。闕也。闕從欮得聲。欮亦從屰得聲也。亦可證矣。本訓蘇也。月一日始蘇也。字林文或校語。廣雅釋名。朔。蘓也。蓋其語原與欮同矣。甲文有字。柯昌濟釋與金文日癸敢之辟侯盤之同字。即朔字。倫按從月辛聲。朔之轉注字。朔之音在審紐。辛音心紐。同為次清摩擦音也。古鉩作。【說文解字六書疏證卷十三】

◉張崇寧　這件器物出土於太原金勝村，距晉陽古城很近，⊘筆者在這裏主要提及者仍然是該銅戈上的第二字「」，《戈考》中說：「第二字『』右旁『』是月字，左下部『』看起來是目字，上半部『生』，或『少』，似應隸定為眚或省。」从字形上看這應該是正確的，但《戈考》接着又說到：「下半部『』不應是『目』而是『日』。」並引用《侯馬盟書》中「盟」字之目與日相混用的字例來證明「下半部不是目而是日」，這樣舉喻似有未允之處，不管《侯馬盟書》中有多少將日字寫作目字的範例，但絕無如「」字所从「」者，這一戈銘中的「」字所从之「」，下部也絕不是「日」而仍是「目」字，故其左半部也正是「眚」字。

「眚」如曶鼎銘文中「隹王四月既生霸」之生字即為「」，豆閉𣪘中「既生霸」之生字作「」，省簋之省字作「」，這一字形與《戈考》中「」字所處之「」完全相合。郭沫若認為：「眚乃生之初字。」高田忠周認為：「字从目，明是眚字。生、眚同音通用也。」商承祚認為：「古有眚無省，省由眚生，金文揚𣪘等作多借為生。」(以上皆見《金文詁林》省字條)由上述徵例可知，「既生霸」(也就是既生魄)，生、眚是通用的，即每月之初二、三日新月初見的月象。皇侃《論語疏》：「月旦為朔，朔者蘇也，生也。」《後漢書・馬融傳》「大明生東，月朔西陂」，注：「朔，生也。」《禮記・禮器》：「大明生於東，月生於西。」根據上述月生為朔的資料可以印證該銅戈第二字「」正是从月从眚(生)，故應釋為「朔」字。金文朔字有「」見「十一年㝬鼎，乙巳朔」。「」應該是「」的別構，金文中一字多體的例子是常見的。【對字以及趙孟稱謂之認識　華夏考古一九九四年第一期】

朏

朏　九年衛鼎　吳方彝　舀鼎　酓肯鼎　酓肯匜　酓肯盤　【金文編】

3・236　蒦圆匋里朏　【古陶文字徵】

一六：三　宗盟類序篇甲寅朏　【侯馬盟書字表】

145　【包山楚簡文字編】

◉許　慎　月未盛之明。从月出。周書曰。丙午朏。普乃切。又芳尾切。【説文解字卷七】

◉劉心源　曶鼎朏。阮釋恆。此為左出右月。説文作者也。亦作。出字有二形。【奇觚室吉金文述卷二】

◉馬叙倫　沈濤曰。御覽四引朏月未盛明也。蓋古本如是。釋名釋天。朏。月未成明也。正本許書。文選月賦注引作月未成光。光明義得兩通。尚書畢命正義及玉篇引同今本。疑淺人據今本改。錢大昕曰。出有去入二聲。朏亦有普忽芳尾二切。則朏為出聲無疑。小徐乃云本無聲字。有者誤也。而大徐亦遂去之。桂馥曰。李注月賦引作月未成光。御覽引作月未成明也。皆誤以釋名為説文。徐灝曰。月朔初生明。至初三乃可見。故三日曰朏。從月出會意。出亦聲。丁福保曰。慧琳音義九十五引作從月出聲。倫按出聲也。出音穿紐。古讀歸透。滂透皆次清破裂音。故朏讀普乃切矣。滂為雙脣音。讀脣齒音則入敷紐。故又音芳尾切矣。是朏塙從出得聲也。月未盛之明。即月未成光。古書多以成為盛。然據周書丙午朏。長厤。周公復子明辟之歲。三月甲辰朔之三日也。然月未至一日二日光欲生而未明。至三日始生明。故從地上見月。實始於三日。朏為月未成光。而從出得聲。從出得聲之字如黜音入疑紐。則與月同紐。如祟則音入心紐。與蘇同紐。以此相證。朏亦月之轉注字。後乃以三日始見月。因名三日為朏耳。月未成明或月未盛之光皆非本訓。蓋本作出也。以聲訓。漢書律曆志。丙午朏。孟康曰。朏。月出也。吴尊作。曶鼎作。【説文解字六書疏證卷十三】

◉劉　釗　《文编》四、八第11欄有字作「」,《文编》釋作「崩」。按字从出从二肉,應釋作「朏」。戰國文字中有些字的部份偏旁常常寫成兩個。朏字見於《集韻》、《廣韻》等書。【璽印文字釋叢(一)　考古與文物一九九〇年第二期】

霸　令簋　隹九月既死霸　作册大鼎　隹四月既生霸　作册䰧卣　害鼎　周乎卣　𦳝簋

霸姞鼎　霸姞簋　吕鼎　遇甗　豐尊　豆閉簋　衛簋　五年師旋簋　競卣　趞曹鼎　免簋二　史懋壺　師遽方彝　師遽簋　曶鼎　守簋　卯簋　頌鼎

頌簋　兮甲盤　鼄乎簋　揚簋　大簋　大鼎　遹簋　鄭虢仲簋

弭弔盨　師奎父鼎　曾仲大父𧊒簋　【金文編】

[illegible]霸陵園丞 [illegible]孔霸 [illegible]周霸私印 [illegible]萬霸 [illegible]田霸成 [illegible]王霸之印 [illegible]高霸私印 [illegible]梁霸私印 [illegible]李霸 [illegible]常霸私印 [illegible]周霸之印 [illegible]孫霸私印 [illegible]張霸 [illegible]【漢印文字徵】

[illegible]霸竝尚書【汗簡】

[illegible]古尚書 [illegible] [illegible]竝籀韻【古文四聲韻】

◉許　慎　[illegible]月始生霸然也。承大月二日。承小月三日。从月。䨣聲。周書曰。哉生霸。普伯切。臣鉉等曰。今俗作必駕切。以為霸王字。[illegible]古文霸。【説文解字卷七】

◉高田忠周　義正霸字。然霸字从月為意。从䨣者。唯取聲耳。如此篆。从䨣又从帛。帛葢亦聲。若以為霸字。有聲無義。即知霸亦䨣異文。革帛重聲也。銘義亦用為霸同上文。此篆諸書引皆誤。獲古編作[illegible]。攈古録作[illegible]。中即[illegible]壞文。【古籀篇五】

◉商承祚　[illegible]金文生霸死霸字皆作霸。與篆文同。此殆从雨从月省。後轉寫譌誤。遂不能得其義。【説文中之古文考】

◉馬叙倫　霸朏音同滂紐。是轉注字也。故馬融以魄為朏。此訓魄也。則許義本與馬同。吕忱或校者加月始生魄然也。仍無背於許義也。霸朏一字。則霸是明義。王説是矣。然則於名有諍。於實無異。霸音滂紐。讀脣齒音入敷紐。敷審同為次清摩擦音。則與朔亦轉注字。字見急就篇。頌鼎作[illegible]。大鼎作[illegible]。大敔作[illegible]。守敔作[illegible]。鄭號仲敔作[illegible]。逋敔作[illegible]。師全父敔作[illegible]。弭叔簋作[illegible]。倫謂[illegible]為譌字。甚明。[illegible]蓋從霸省。莫聲。莫音羣紐。霸得聲於䨣。䨣從雨革聲。皮革一字。皮音並紐。並羣同為濁破裂音。依六書大例。當為霸之轉注字。[illegible]從霸省。帛聲。帛霸同為雙脣音。古魄霸同聲。可證也。則亦霸之轉注字也。[illegible]字所從之[illegible]。其[illegible]旁未詳何字。革之省譌。則從霸省易聲。易音喻紐四等。喻四與敷審同為次清摩擦音。霸讀脣齒音入敷紐。則亦轉注字。朔音審紐。亦轉注字。

[illegible]　王筠曰。朱筠本祁嶲藻本作[illegible]。似是從宷。倫按徐鍇謂此古審字。倫謂篆當作[illegible]。從月。宷聲。宷從采得聲。采音竝紐。霸音滂紐。同為雙脣破裂音。故霸轉注為宷。宷音審紐。與朔為雙聲轉注字。王筠本篆同此。【説文解字六書疏證卷十三】

朗

朖 朖異人 衛朖 朗陵侯印 申徒朗【漢印文字徵】

天璽紀功碑 炳朖天□【石刻篆文編】

郎 郎【汗簡】

義雲章 碧落文 崔希裕纂古 裴光遠集綴【古文四聲韻】

◉許 慎 朖明也。从月。良聲。盧黨切。【説文解字卷七】

◉馬叙倫 江浙人呼月每曰月亮。亮即良之譌字。月良即月朗也。倫謂朗音來紐。古讀歸泥。月音泥紐。則月朗為同邊音連語。後乃作此朖字。或亦月之轉注字也。今字作朗。【説文解字六書疏證卷十三】

朓

◉許 慎 朓晦而月見西方謂之朓。从月。兆聲。土了切。【説文解字卷七】

肭

◉許 慎 肭朔而月見東方謂之縮肭。从月。内聲。女六切。【説文解字卷七】

◉馬叙倫 吴穎芳曰。玉篇作朒。於聲為近。疑從肉省。文有譌。沈濤曰。文選月賦注引。肭。朔而月見東方縮肭然。蓋本如此。此與始生霸然一例。又引無朔而二字。奪。鈕樹玉曰。繫傳無而月而字。玉篇作朒。文選文賦注引亦作縮朒。當不誤。從肉聲。故音女六切也。翟云升曰。篆當作肭。肉部。。隸變作肉。傳寫者以隸為篆文。譌作内也。玉篇作朒。可證。玉篇無朔而二字。王筠曰。從肉乃得聲。朱筠本肭作朒。縮字衍文。倫按肉音日紐。古讀歸泥。内音泥紐。則内聲亦可也。然漢書五行志。京房易傳曰。晦而月見西方謂之朓。朔而月見東方謂之仄慝。仄慝則矦王其肅。以慝為朒。而慝得聲於若。若音亦日紐。則肉聲校近。故房以與肅韻。朔而月見東方謂之朒。與晦而月見西方謂之朓。詞例相同。則此注引作朔而月見東方縮朒然者。蓋本作縮也。以聲訓。吕忱或校者加朔而月見東方縮然謂之朒。傳寫有譌捝。然則上文朓下説解當亦同例矣。或曰。縮朒猶仄慝也。字或出字林。【説文解字六書疏證卷十三】

期

期 从日說文古文作𠀇 沇兒鐘 𦤎壽無期 褱鼎 齊良壺 寡兒鼎 夆弔匜 壽考無期 齊侯敦 男女無期 王子申盞盂 蔡侯𪓊鐘 元鳴無期 吳王光鑑 既子白期 【金文編】

德九 4·35 獨字 【古陶文字徵】

40 54 198 【包山楚簡文字編】

期 雜二九 八例 秦一一五 【睡虎地秦簡文字編】

2879 2766 【古璽文編】

橋陵期 謝倚期 期毋安官 信期 聶過期 房中期 董過期 王期 期楚 【漢印文字徵】

期 朞 朞 【汗簡】

並古尚書 碧落文 古尚書 並王存乂切韻 並同上 【古文四聲韻】

◉許 慎 期會也。从月。其聲。渠之切。𠀇古文期。从日丌。【說文解字卷七】

◉方濬益 說文期之古文作𠀇。此作𠀇。籀文。【綴遺齋彝器款識考釋卷二】

◉劉心源 朞即期。說文期古文作𠀇。是也。【奇觚室吉金文述卷三】

◉郭沫若 「曰朞則爾朞！余不其叓女受𠬝。」

朞即朞(期)字，下體所從者非口字，乃日省。古文日字往往如是作。寡兒鼎「眉壽無𠀇」，正與此同。孫以為從口從其，疑諆之異文，假為期，非也。「朞則爾朞」句甚奇，自來解者徒逞臆說。孫氏既以所喪者為孟姜，故其說亦有異。孫云：「時桓子蓋先卒，後文稱謚可證。於禮，父亡則為母服齊衰三年，父存則為母服期。田氏子本宜服三年，以欲短喪，故假王命以成之。齊侯乃使敂宗伯禮官，為請命於天子，而天子即許其持服。故云『曰朞則爾朞』，言從王命斷喪也。」案此說大有可疑。三年之喪非古所有。孟子在滕，勸滕文公行三年之喪，滕之父老以為「吾宗國魯先君莫之行，吾先君亦莫之行」。此可見孟子以前即文教最盛之魯國亦無三年喪制。韓非子顯學篇謂「儒者破家而葬，服喪三年，大毀扶杖」，以為「孔子之侈」；「孔子之孝」，然則戰國時學者明言三年之喪為孔門教條。帝典雖有「百姓如喪考妣，三載」之文，然該典乃周末儒者所偽託。即此考妣連文已非古語，古人以祖妣考母為對稱，例如子仲姜鎛疑是戰國初年之器者亦猶是。故謂唐虞之時已有三年之喪者，詭言也。孟子時三年喪制魯猶未行，在陳桓子時孔子尚是童子(孔生於齊莊公三年)，可云三年之喪猶未誕生，故孫說不足信也。

然則「朞則爾朞」當作何解？余謂「則」讀如哉。「朞則爾朞」乃「期哉，爾期」，猶論語所謂「時哉，時哉」也。哉本虛聲字，古或假才為之，如師訇𣪘銘「哀才，今日，天疾畏(威)，降喪」。此則假則為哉耳。哉才則，古本同聲字。【齊侯壺釋文　殷周青銅器銘文研究卷二】

◉馬叙倫　王筠曰。汪憲本朱筠本皆挩此篆及說。倫按朱駿聲曰。按月與日會也。會也疑非本訓。如朱說。期蓋為左傳日月合宿謂之辰之辰本字。辰音禪紐。古讀歸定。期音羣紐。定羣同為濁破裂音也。故古書借辰字為之。字見急就篇。顏師古本。古鉩作[glyph]。

[glyph]　段玉裁曰。六聲。王國維曰。匋文作[glyph]。鉩文作[glyph]。與此小異。倫按唐寫本切韻殘卷七之朞下曰。今按說文。古從日。今從月。是所據說文古文作朞也。金文如沇兒鐘作[glyph]。褱鼎作[glyph]。叔盤作[glyph]。齊侯敢作[glyph]。皆從日下其。或其下日。未見從月者。蓋此為虞書期三百有六旬之期。故從日也。今本書稘下曰。稘三百有六旬。蓋古文書作稘。稘之本義亡矣。稘下復其時也乃期字義。會也者。期之引申義耳。蓋期是合宿之義。朞是復時之義。語原同也。從日丌三字校者加之。【說文解字六書疏證卷十三】

◉戴家祥　[glyph]字从言𣅀聲。𣅀，从日省，其聲，即期之異體。

[glyph]字左从[glyph]，即其之本字。右从[glyph]，三夕並疊，夕與月通。由此可知[glyph]乃期之異體。【金文大字典中】

◉徐　鉉　[glyph]月朦朧也。从月。蒙聲。莫工切。【說文解字卷七新附】

朧　有

◉徐鉉　朦朧也。从月。龍聲。盧紅切。【説文解字卷七新附】

粹一三　卜辭用又為有重見又下　戩三三・一三　有壱見合文二三　甲四一六　有戈見合文二四　甲三八四　有囚見合文二四　甲一二二二　此字不知偏旁所从以文義覈之確與有無之有同義今系於有字之後　甲一二八九　月㞢食　甲二八〇九　牢㞢一牛　乙六六六四　乙六六六五反　乙六八四九　朱書㞢疾　鐵九二・三　鐵一一七・二　鐵一三七・三　鐵一八九・三　前七・一七・四　後二・三七・二　菁五・一　乙七七九五　旬㞢一日　粹五七　㞢从雨　粹一八七　㞢伐于大甲　佚三八六背　茲㞢希其㞢來嬉　佚五九七　佚五八六　佚六四二　京津八八一　京津一八三　乙九〇〇四　乙九〇五四　京津三〇七一　京津三〇七二　京津三〇七八　㞢伯　京津三〇七九　佚三八三背　佚三九二　佚六二七　佚九一九　燕二〇二　明藏二五三　㞢侯　京都三〇一四　【甲骨文編】

又之重文　【續甲骨文編】

有　从又持肉會意當在肉部下説文从月非　索諆爵　何尊　盂鼎　井侯簋　㝬鼎　令鼎　仲楙父鬲　仲枏父簋　牆盤　衛盉　南公有司鼎　㝬簋　散盤　毛公厝鼎　召伯簋　盠尊　秦公鎛　陳侯因資錞　十年陳侯午錞　者沪鐘　假借為右　免簋　井弔有免即令　免卣作右免即令　柳鼎　武公有南宮柳即立　以又為有　中山王嚳鼎　有隼忠臣貯　又字重見　【金文編】

5·73 咸鄙小有【古陶文字徵】

一六：三六 二例 宗盟類十有一月 而敢有志復趙尼及其子孫于晉邦之地者 參盟人名 一：七一 一：一 二百二十九例

又 一八〇：一 二例 一：三二 【侯馬盟書字表】

123 【包山楚簡文字編】

有 秦一八五 三百零三例 通又 —廉絜敦慤而好佐上 語九 語九 五十七例 秦七七 十八例 效二九 二例

【睡虎地秦簡文字編】

4751 3385 4892 4893 4695 4557 4923 4902 璽文以為有字，又字重見。【古璽文編】

有秩獄史富納 次純有 臣冬有 唐將有 日有憙 有遬 犁常有印 【漢印文字徵】

石碣汧殹 滿又魚 有又一字敦煌尚書甘誓有上作又 天璽紀功碑 治復有□未解 孔宙碑額 石經君奭 有殷嗣天滅畏 禪國山碑 君奭 時則有若伊尹 【石刻篆文編】

有 有見孔子題吳季子墓 【汗簡】

古老子 季札墓文 汗簡 【古文四聲韻】

◉許　慎　不宜有也。春秋傳曰。日月有食之。从月。又聲。凡有之屬皆从有。云九切。【說文解字卷七】

◉羅振玉　古金文有字亦多作又。與卜辭同。【增訂殷虚書契考釋卷中】

◉林義光　有非不宜有之義。有。持有也。古作尢敦。作盂鼎。从又持肉。不从月。【文源卷六】

◉高田忠周　愚謂此有當肬字古文。今審有周吉金文。字明从肉从又。但少見日月之月或作[glyph]者。然有字無一文从[glyph]者。且作[glyph][glyph]與作[glyph]自有分別。有字。斷不得謂从月者也。又見䀁字从肉尤聲。尤作[glyph]。从乙又聲。又尤同聲。固當通用。䀁有同字。猶疣疚同字也。蓋有字為叚借義所專。遂䀁有別為兩字。此例甚多。【古籀篇四十二】

◉馬叙倫　顧炎武曰。有訓不宜有也。失其本指。吴穎芳曰。肉在手為有。從又肉。又亦聲。錢大昕曰。春秋書日食。不書月食。許引經往往以已意足成。此文當是日有食之月食之也。鈕樹玉曰。疑月字為後人增。證從月也。孫星衍曰。史記正義引月食則望日食則朔。蓋有字説解中文。王筠曰。有字説解極可疑。王玉樹謂春秋桓四年。有年。賈逵云。惡桓而有年豐。異之也。言有非其所宜有。許用其師説。筠謂究為偏枯之論。韻會引增韻從肉。正合鄙意。有蓋又之重文也。從又肉會意。集韻引日有蝕之。無月字。當據删。俞樾曰。有當訓復也。月復與日會也。即今之又字。又則右之古文也。桂文燦曰。有字從月。則月有食之之有。乃其本義。知者。有從月。又聲。六書以聲載義。又部。又。手也。象形。是有之本義謂月有食之。如有手掩其明處。引申為凡有之有也。王國瑞曰。凡説文九千字。數字同諧一聲者。即數字同出一義。凡從有之聲多言物有疵累。其義為不宜有。如痏珛□賄蛕鮪是也。日體純明。不宜蒙翳。而日食則有蒙翳。故其義為不宜有。王國維曰。有即侑之初文。從又持肉。高田忠周曰。金文有字皆從肉從又。又即聲也。有蓋肬之古文。倫按王筠徐灝皆致疑於不宜有之説解。而所明皆不當。有無之有。唯有借聲。若欲自造。則如有無之無。金文作[glyph]。從大張其兩手。以示手無所持。於六書為指事。有字尚未發見有文如此例者。有字從又從月會意。則月不可持。如桂説則以手掩月。月亦豈可掩乎。若以手持肉。不定為侑。故知字必形聲矣。則高田説校近於理。然倫謂有實從又肉聲。肉音日紐。故有音入喻紐三等。同為舌前音也。古讀日歸泥。疑泥同為邊音。故書臯陶謨。天秩有典。釋文。馬本作五典。自我五禮有庸哉。釋文。馬本作五庸。五音疑紐也。此可證者一也。莊子人間世。是以人惡有其美也。釋文。有。崔本作育。育亦從肉得聲。故育有可通假。此可證者二也。詩關雎。參差荇菜。左右流之。傳箋皆以流為求。尋其二章作采之。三章作芼之。傳釋芼為擇。然芼從艸毛聲。無擇義也。芼乃拔之借字。同雙脣音也。爾雅釋言。芼。搴也。本書。搴。拔也。拔。擢也。擢。引也。□一字。三篇。□。引也。可證也。本書。采。捋也。捋。取也。是則采捋均謂以手引取。獨流字義不近。毛鄭欲通其義。故以求釋流。蓋未知其為何字之聲借也。倫謂流之即有之。流從㐬得聲。㐬育一字。育從肉得聲。則借流為有。猶借育為有矣。詩芣苢。薄言有之。亦與采之拔之捋之為類。傳訓藏之也。由未明其本義故也。上言采之。下言掇之捋之。皆以手取。下又言袺之襭之。則取之而盛於衽。則有之非藏之明矣。唐蘭謂本書若訓擇菜也。即薄言有之之有。倫謂若為諸之初文。擇也正有字義。若音亦在日紐。故得借若為有。孔子弟子有若字子有。魏荀彧字文若。此下文戫從有彧聲。為有之轉注字。皆可證也。許蓋本以聲訓。不宜有也之訓。蓋出字指。故用賈說。或出字林。呂忱本之。春秋以下九字。校者加之。字見急就篇。召伯虎敨作　。散盤作　。陳侯因資敨作　。字亦皆從肉也。【說文解字六書疏證卷十三】

◉李平心　有讀痏，至碻。痏即爾雅釋詁訓病之痗。痏與痗通，猶賄與晦通，痗又通悔，古疾病與災咎通訓。周易有悔無悔與有咎無咎義近。（周易但有無咎，無有咎之文，殊堪注意。）【者汈鐘銘考釋讀後記　中華文史論叢第三輯】

◉張亞初　「有」字為語助詞。該字寫作从「又」从「舟」，與一般的从「又」从「月」者不同，但由同器之「　」字「月」也作「舟」形，可知「舟」為「月」之訛，當為形近所致。師𣪘簋「女（汝）有隹（雖）小子」，何尊「烏虖！爾有唯（雖）小子亡（无）戠（識）」，上述三「有」字，或在人稱代詞之前，或在人稱代詞之後，其詞性則是相同的。何尊之「有」字，唐蘭先生云「字通或」。誎簋即作「今余隹（雖）或𤔲命女（汝）」，此「或」即上述之「有」。【周厲王所作祭器𠹌簋考——兼論與之相關的幾個問題　古文字研究第五輯】

◉許　慎　有文章也。从有。𢦏聲。於六切。【說文解字卷七】

◉林義光　戫音弋說文云。　有彣彰也。从有𢦏聲。按有彣彰不可从有。有或皆聲也。有與𢦏古同音。【文源卷十二】

◉馬叙倫　錢大昕謂戫即論語郁郁乎文哉之郁。則字當從有得聲。不從有得義矣。許書文章之義。字皆從彡。蓋有文章者字本作彧。從彡。或聲。廣雅釋詁。彧。文也。故魏荀彧字文若也。彧有音同喻紐三等。故論語借郁為彧。書無逸。亦或罔克壽。漢書鄭崇傳或作有。詩烈祖。奄有九有。亦即韓詩之九域。此或有聲通之證。今本書彡部無彧字。蓋由彡篆形亦作彡。周貉簋須字作　。易叔簋作　。可證也。古彧字或作　。形與　近。誤為一字。俗乃於𢦏旁加有為之聲。許則知從𢦏之非義。而適不明有之本義。故以為從有彧聲。而入之有部耶。不然。即戫為有之音同喻紐三等轉注字。從有。彧聲。然倫疑有文章也非本訓。或字出字林也。王筠據鍇本作辛文章也。【說文解字六書疏證卷十三】

前六・四六・二　佚九六八　京都三〇二七【甲骨文編】

前6・46・2【續甲骨文編】

◉許　慎　龓兼有也。从有。龍聲。讀若聾。盧紅切。【説文解字卷七】

◉劉心源　㫚鼎龓。阮釋龖。此左𠂇即𢀡。乃龍字。右𠂇為有。令鼎有司之有作𠂇。亦从夕。古文月夕通用。説文。龓。兼有也。从有龍聲。讀若聾。玉篇𩋣下云。龓。頭繞者。是龓即牢籠字。吳都賦。沈虎潛鹿馽龓僒束。是其義。【奇觚室吉金文述卷二】

◉陳邦懷　前編卷六第四十六葉　此字當即龓之古文。説文解字。龓。兼有也。从有龍聲。讀若聾。段注。今牢籠字當作此。籠行而龓廢矣。卜辭龓字從龍從又。象人手牽龍頭形。牢籠之誼昭然。小篆從有殆以又有通用而然歟。【殷虚書契考釋小箋】

◉馬叙倫　王襄曰。殷契有。疑古櫳字。陳邦懷曰。當即龓字。從又。象人牽龍頭形。牢籠之義昭然。唐蘭曰。從又為形。倫按三家皆以此為籠絡之籠。以鍇本作讀若籠。而史記平準書曰。盡籠天下之貨物。可證也。然有之本義。既非有無之義。則龓訓兼有。自絶可疑。且廣雅釋詁曰。龓。有也。無兼字。倫疑讀若聾或讀若籠皆後人加之。以其從龍得聲者倫謂兼下蓋捝也字。以聲訓。有也其本義。吕忱列異訓。或兼字為校者注以釋音者。傳寫譌入正文。遂如今訓矣。檢龍龖一字。龖讀若沓。聲入談類。而襲之重文作𧟟。讋之重文作𧮂。聲皆談類。兼聲亦在談類。蓋龓之古音讀若兼。校者故注兼字以明其雖從龍得聲而音非龍也。兼音見紐。而隒鹻音皆疑紐。嗛嫌則音皆匣紐。有音喻紐三等。匣與喻三同為次濁摩擦音。倫謂龓蓋龏之後起字。龏者。從又。龍聲。為斂之轉注字。斂本從又不從攴。猶叙甲文作不從攴也。斂龍音同來紐。斂龖聲皆談類。春秋。盟于垂隴。穀梁作垂斂。是其例證。然則史記之籠。或借為龏。或借為斂。非牢籠籠絡義也。牢籠者。字當作簝。本書。簝。受肉竹器也。周禮牛人注。簝。受肉籠。今浙江永嘉縣謂龍音如尞。可證也。此字蓋出字林。【説文解字六書疏證卷十三】

明

乙六四　乙三二〇〇　前四・一〇・四　甲三〇七九　从日與説文古文明字同　前七・三二・四　後二・一七・三　後二・二〇・一六　鄴初下・三九・一〇　乙一六三　乙六一五〇　乙六三八六反　乙六四一九　乙六四二〇反　乙六四七〇　乙六六六四　乙六六七二　乙六九二二　乙七〇三〇　續

六·一一·三

京津二九二三　存一三一七　存一四五八　庫二〇九　【甲骨文編】

甲3079　乙64　163　3200　6150　6386　6419　6420　6664　6921　7030

7808　續6·11·3　凡22·2　掇148　鄴39·10　新2279　2923　佚188　京3·27·1

乙4130　5397　徵11·56　摭24　粹1325　新1335　【續甲骨文編】

明　矢方彝　矢尊　服尊　𠨘卣　明公簋　仲明父簋　戒鬲　盂鼎二　瘐鐘　克

鼎　虢弔鐘　師𫶵鼎　毛公㾓鼎　弔向簋　秦公簋　秦公鎛　沇兒鐘　𩫖羌

鐘　中山王礜鼎　中山王礜壺　盗壺　昜兒鼎　𤔲盤　明我鼎　明我壺　【金文編】

5·398　秦詔版「廿六年皇帝盡並兼天下諸侯……」共四十字　5·396　秦詔版殘存「皆明壹之」四字　6·112　明宊　【古陶文

字徵】

〔三七〕〔六七〕〔六七〕〔六七〕〔二三〕〔六七〕〔六七〕〔六七〕

〔六七〕〔六七〕〔六七〕〔六七〕〔六七〕〔六七〕〔六七〕〔六七〕

〔六七〕〔六七〕〔六七〕〔五〇〕〔六七〕〔六七〕〔六七〕〔六七〕

〔六七〕〔六七〕〔五一〕〔六七〕〔六七〕〔六七〕〔六七〕〔六七〕

〔六七〕〔六七〕〔六七〕〔六七〕〔六七〕〔六七〕〔六七〕〔一九〕

〔六七〕〔四二〕〔一九〕〔二三〕〔八三〕〔六七〕〔六七〕〔六七〕〔二一〕

〔三六〕〔六七〕〔六七〕〔六七〕〔一〕〔五一〕〔四五〕〔六七〕〔四〇〕
〔三五〕〔五〇〕〔四五〕〔二五〕〔三六〕〔四二〕〔四七〕〔四五〕〔一九〕〔七〕
〔四二〕〔七四〕〔三九〕〔四二〕〔三九〕〔七四〕〔六七〕〔六七〕〔六七〕
〔三五〕〔四一〕〔四一〕〔一三〕〔六七〕〔六七〕〔六七〕〔六七〕〔六七〕
〔六七〕〔六七〕〔七八〕〔三九〕〔一九〕【先秦貨幣文編】

刀弧　魯益　按屬羌鐘銘文作沇兒鐘作皆明字　刀弧　魯肥　刀弧　魯肥　刀弧　冀滄　仝上　刀弧
冀滄　仝上　仝上　刀弧　冀滄　仝上倒書　仝上倒書省體　刀弧　晉原　仝上　仝上
刀弧　京德　仝上　仝上　刀弧　京德　仝上　仝上　仝上　刀弧　京德　刀折　京德　仝上
刀弧　京朝　刀折　京朝　仝上　刀折　京德　仝上　刀弧　冀滄　布方　□明　冀易
刀弧　冀滄　仝上　刀弧　冀滄　仝上　仝上　刀弧　冀滄　仝上　仝上　刀弧　冀滄
仝上　仝上　刀弧　冀滄　仝上　仝上　刀弧　冀滄　仝上　仝上　刀弧　冀滄
刀弧背　明字省體　冀滄　仝上　刀弧背　明字省體　反書　冀滄　按前有字之刀背亦有省體倒書作者亦有作者故知為明字　刀弧　典一〇六四　刀弧　展啚版叁陸4　刀弧　亜五・三八　刀弧　亜五・三八　刀折　典一一〇四
刀弧　典一〇六八　【古幣文編】

一五六：一　二百四十五例　宗盟委質內室類明亟覘之　一：四　六七：二九　三例　一九四：六　三例　一：

二〇 十三例 一：五三 一五六：一七 一九八：三 一九四：五 二〇〇：七一 十例 盟 一八

五：三 二〇〇：一二【侯馬盟書字表】

明 語五 四例 通盟 一組 日甲一 日乙二〇六 九例【睡虎地秦簡文字編】

五正乃—（甲9—16）【長沙子彈庫帛書文字編】

1767 1173 4392 4377 4374 4400 4403 4911 4729 4727 5079

5080 5081 5082 5084 5077 5076 5078 4880 4399 4394 4395

0961【古璽文編】

葮明長印 後將明義司馬 駙明 建明德子千億保萬年治無極 李明 魯明 日明 天下大明

巨神季明【漢印文字徵】

泰山刻石 作制朙法 大義箸朙 詔權 皆朙壹之 郙休碑頟 泰山刻石 因朙白矣 禪國山碑 文采

朙發者八 品式石經 咎繇謨 夙夜浚朙有家 君奭 明郵小臣【石刻篆文編】

明 明【汗簡】

古孝經 汗簡 竝古老子 古尚書 竝崔希裕纂古【古文四聲韻】

◉許慎 朙照也。从月。从囧。凡朙之屬皆从朙。武兵切。古文朙从日。【說文解字卷七】

◉羅振玉 說文解字。古文作。證以卜辭。則明皆古文。【增訂殷虚書契考釋卷中】

◉董作賓 明字在武丁時作或。右為窗。囧即窗之象形字。左為月。取義於夜間室内黑暗惟有窗前月光射入以會明意。

朚 ☐

窗形譌而為日。文武丁時已變為从日月作之☐矣。卜辭明多指天明之時。【殷曆譜上編卷一】

◉郭沫若 ☐與昃為對文，乃朙字。説文「朙，照也，从月囧」，又「囧，窗牖麗廔闓明也，象形，讀若獷。賈侍中説讀與明同。」此从月从☐，亦象窗牖玲瓏形，特☐象圓窗，此象方窗為異，決為朙字無疑。明者晨也。小盂鼎「昧爽，三左三右多君入服酉酒，明，王各于周廟。」明與昧爽同例而在其後，其時刻可知矣。【卜辭通纂】

◉馬叙倫 鈕樹玉曰。繫傳作從囧月聲。蓋傳寫譌。馮振心曰。囧囱竝象窗形。囧以透明。而明藉於日月。故加月作朙。不從日者。日光强無所不明。唯窗得月獨明也。倫按囧即明之初文。後乃加月。以日則門啟。無囧亦明。夜則門閉。藉窗而明。故初即借囧為明。後雖分别之。以夜中之明藉於日光。故增月以定其義。如今篆為從月囧聲。字見急就篇。作明。蓋傳寫者易之。王命明公尊作☐。沇兒鐘作☐。王孫鐘作☐。明我壺作☐。秦公敢作☐。

☐ 朙字毛公鼎作☐。虢叔鐘作☐。叔向父敢作☐。明我鼎作☐。甲文作☐。皆與篆文同。而或小異。然皆從囧。唯王孫鐘作☐。甲文亦有作☐☐者。則與此同。皆從日。古鉩文明字亦從日者為多。倫謂日月為明。是以日月會意。則日月之會謂之辰。不為明也。倫以為☐亦囧之變形。非日月之日也。從日二字校者加之。【説文解字六書疏證卷十三】

◉商承祚 褁，同明，古人用以殉葬的器謂明器，神明之器也，亦稱冥器。【信陽長臺關一號楚墓竹簡第二組遣策考釋 戰國楚竹簡匯編】

◉許 慎 朚翌也。从明。亡聲。呼光切。【説文解字卷七】

◉林義光 朚訓為昱。無所考。廣雅朚遽也。實忙之本字。五經文字謂忙人思天曉。故从明。皆不得其説而强為之辭。亡明皆聲也。明古音同亡。【文源卷十二】

◉馬叙倫 鈕樹玉曰。玉篇無朚。博雅釋詁廣韻十一唐竝訓遽。廣韻十陽又訓忘。一切經音義一慌注。又作朚。同莫荒反。遽也。朚人晝夜作無日用月。無月用火。常思明。字故從明。據此朚下恐非訓翌。桂馥曰。翌當作昱。王筠曰。廣雅釋詁。朚。遽也。則以為今之忙字。倫按古音讀明如忙。則朚為朙之聲同陽類轉注字。翌也昱也均非本義。字或出字林。餘見昱下。【説文解字六書疏證卷十三】

甲二七八 甲九〇三 甲一〇四七 甲一〇五一 拾一四・一二 後一・二五・七 後二・一〇・九 後二・二三・五 戩三七・三 粹二二七 摭續一〇六 無想二四一 佚五七七 京津二四五三 【甲骨文編】

甲278 903 1051 佚577 續2・5・7 摭續106 粹227 新2453 ト473 【續甲骨文編】

囧 戈父辛鼎 【金文編】

9・109 囧囧 說文囧窗牖麗廔闓明也讀若獷賈侍中說讀與明同 【古陶文字徵】

蔡囧 【漢印文字徵】

囧 囧九允切出尚書 【汗簡】

古尚書 汗簡 竝崔希裕纂古 【古文四聲韻】

◉許慎 囧窗牖麗廔闓明。象形。凡囧之屬皆从囧。讀若獷。賈侍中說。讀與明同。俱永切。【說文解字卷七】

◉徐同柏 (周陳医鼎)囧。說文云。窗牖麗廔闓朙也。讀若獷。賈侍中說。讀若朙。此為嬀之字。當讀若婁。說文。婁。古文婁。囧即婁之省。離婁即麗廔也。【從古堂款識學卷十三】

◉林義光 象窗牖中有交文之形。【文源卷一】

◉葉玉森 囧孫詒讓氏曰。字書未見。疑囧之異文。說文囧部。囧。窗牖麗廔闓明也。象形。盟从囧皿聲。篆文作盟。此亦象窗牖形而較篆文為尤繁。當為盟之叚借。栔文舉例下卅六。商承祚氏曰。此與說文解字古文齒字作[glyph]相近。象張口見齒之形。類編第二第十九葉。森桉。依孫氏說則卜辭云「己亥卜㱿貞曰戈人囧王。」甲骨文字一第六葉二、三。「丙戌允之來入囧。」藏龜第百八十五葉之一。「其隹丙其囧。」卷七第四十二葉之二。釋盟竝可通。依商氏說則本辭如釋瘳齒亦可通。然均非通釋。考書囧命序伯囧之囧釋文本作⿱臦大。疑當从二目从大。象人形。伯侯父盤作□。从大可證。説文乔部書大傳竝作臩。亦从二目。乔亦象人形。與見字从一目从人之構造法同。故卜辭亦作□。徵文雜事第百三十八版。人一目則見。人二目則見更明。文選雜體詩注引蒼頡篇。囧大明也。俱永切。與覲字聲誼竝通。爾雅釋詁。覲。見也。書舜典。乃曰覲四岳羣牧。史記五帝紀漢書郊祀志竝作見四岳諸牧。則覲見古通用。卜辭曰「囧王」即覲王。曰「允之來入囧」即允有來入覲。曰「𠂤來其㠯囧」即𠂤人來其用覲。曰「其隹丙其囧」即惟丙日其覲。曰「瘳囧」或曰「王瘳囧」即言王瘳乃覲也。卜辭有云「允見」同卷第二十七葉之一。者猶云允囧。【殷墟書契前編集釋卷一】

◉馬叙倫　吴穎芳曰。囧明同字。鈕樹玉曰。一切經音義五引作窗牖閒明曰囧。沈濤曰。閒乃闓之譌。嚴可均曰。讀與明同當是校語。小徐賈侍中下無説字。則以讀與明同為賈語矣。嚴章福曰。讀與明同當在亩下。許言明年明日字當作亩。經典借明為之。故云讀與明同。劉秀生曰。囧象形字。本音當即如獷。獷從廣聲。廣從黄聲。書囧命。史記周本紀作臩命。臩從臦。亦取臦聲。臣部。臦。讀若誑。誑從狂聲。狂從㞷聲。㞷部。㞷。讀若皇。如繫傳黄帝。風俗通聲音作皇帝。左宣十七年傳。苗賁皇。説苑善説作釁盆黄。是其證。倫按嚴章福説可從。然校語。囧為窗之初文。説解本作窗也。以後起字訓初文也。窗牖麗婁闓明也。校語。麗借為㸚。㸚即稀疏字。文選江文通襍體詩注引倉頡。囧。大明也。光也。玄應一切經音義引亦章也。甲文作□。又有□字。孫詒讓釋囧。葉玉森舉卜辭有己亥卜㱿貞日戈人□王。又曰。丙戌。允之。來。入□。又曰。其惟丙其□。證孫説是。謂□王即盟王。來入□即來入盟。其□即其盟也。甲文又有□字。為□之殘文。【説文解字六書疏證卷十三】

◉屈萬里　辭云。己巳貞王米囧其登于且乙。米即米穀之米。囧當倉廩一類之物。於此則作動詞。用米囧意謂新米已入倉廩也。故下文言登于且乙。登于且乙乃薦新之祭也。【殷虚文字甲編考釋】

◉李孝定　説文。囧。窻牖麗廔闓明。象形。讀若獷。賈侍中説。讀與明同。許意蓋謂囧象窻牖麗廔闓明之形。然則囧固窻牖之象形字也。窗篆作囪。與囧形近。囧讀若獷。與囪之音韻亦不相遠。疑獷乃窗牖一義之音讀。賈侍中讀明則以窗義引申之得有麗廔闓明一義。謂其音義皆與明同也。卜辭囧為地名。且多與米字同。見屈説。當是。許書亩下云。回象屋形中有户牖。以囧為倉廩亩。蓋即其意。卜辭或云。己巳貞王其登南囧米叀乙亥。甲編九〇三，又後下・二三・五辭與此畧同，與此當為同骨。其誼尤顯。金文作□。戈父辛鼎。又明字偏旁多从此。均與契文同。【甲骨文字集釋第七】

盟 㿚

甲二三六三　後二・三〇・一七　後二・三九・一七　粹七九　粹二五一　京津七五五　京津三〇
八七　寧滬一・一五六　摭續六四　甲二一二　存一四九四【甲骨文編】

甲221　佚872　續存1494　粹79　251　新3087【續甲骨文編】

盟　井侯簋　卲朕福盟　剌䵼鼎　盟弘卣　从明从示　王孫真鐘　説文古文从明　魯侯爵　盟爵
㠯父丁方罍　𢿌鼎　師望鼎　邾公釛鐘　邾公華鐘　蔡侯𩰫盤　王子午鼎　敬乒盟祀【金
文編】

一：二八　十三例　宗盟類而敢不盡從嘉之盟　宗盟委質類及群嘑盟者　内室類敢不逵從此盟質之言　七七：七　三例　一九
五：七　一五六：一　四百九十五例　明　一五六：一七　二〇〇：三九　十九例　一五二：二　二例　一五
六：一一　十二例　一六：三六　一：四〇【侯馬盟書字表】

盟　為四八【睡虎地秦簡文字編】

石經僖公　盟于狄泉　説文古文从𥁰誤　汗簡引作𥁰　詛楚文　而兼倍十八世之詛盟【石刻篆文編】

盟見説文古春秋【汗簡】

説文亦古春秋　説文　崔希裕纂古　説文亦古春秋【古文四聲韻】

◉許　慎　㿚周禮曰。國有疑則盟。諸侯再相與會。十二歲一㿚。北面詔天之司慎司命。㿚。殺牲歃血。朱盤玉敦以立牛耳。从囧。从血。武兵切。盟篆文从朙。古文从明。【説文解字卷七】

◉方濬益　(㿚弘卣)吴子苾閣學釋㿚為盥。今按此字當釋㿚。説文㿚各本皆作㿚。从囧从血。段氏注改為从囧皿聲。謂盟與孟皆皿聲。故孟津盟津通用。此文从皿。與段注合矣。然邾公華鐘。魯矦角二銘盟字並从血。古人書無定體。又未可執一論也。【綴遺齋彝器款識考釋卷十二】

◉孫詒讓　（齊矦鎛鐘）盟薛釋為温。非也。此字當从王楚釋為盟。其義當从王俅讀為朙。孫釋為盟。盟卣亦同字。【古籀拾遺上】

◉林義光　古作盟魯侯尊彝。从血明聲。盟有歃血。故从血。省作盟。師望鼎。【文源卷十一】

◉商承祚　盟後編下第三十葉　此象以皿盛血。歃之意也。囧作囧。刀筆之便也。【殷虚文字考　國學叢刊二卷四期】

◉王國維　許書朙為篆文。明為古文。然殷虛卜辭已兼有朙明二字。魯侯角盟字作盟从朙。邾公鐘作盟从明。博古圖所載齊侯鎛鐘則又作盟。是古兼有此三字。二徐本互異。不知籀文从何作矣。【史籀篇疏證】

◉高田忠周　説文囧部。盟。周禮曰。國有疑則盟。諸侯再相與會。十二歲一盟。北面詔天之司慎司命。盟。殺牲歃血。朱盤玉敦目立牛耳。从囧血。盟。篆文从朙。盟古文从明。許氏此條甚誤。古文朙作明。故盟亦作盟。當然耳。如盟為盟省文。不當以盟為正文收于囧部。囧為窗牖麗廔闓明也。雖非無明義。不足从以為神聖盟約之意。且盟約之事。歃血以明信實。从明血以會意。為不容疑者也。字當收于本部。故今訂正云。又按明為最古文。然鐘鼎古文亦多作朙者。从月囧聲者。即是中古文也。故盟字亦作盟也。段氏云。盟字當从皿作盟盟盟。皿即聲也。未識鐘鼎真古文而云尒耳。【古籀篇二十四】

◉葉玉森　卜辭盟字屢見。如云「□□卜旅貞盟𠂤俘㠯王其賓□。」後下第十八葉。「己卯卜大貞盟𠂤俘□牡。」又第三十九葉之十七。盟俘盟俘竝連文則盟與盟當為一字。又云「□巳卜□貞盟𠂤俘㠯牡。」又第三十葉之十七。盟俘亦連文則盟與盟亦當為一字。諸家釋盟為盟至塙。公羊隱元年傳。盟者。殺生歃血詛命相誓以盟約束也。盟必歃血。盟正象皿中有牲血形。◦變作◦。囧即許書之盟所由孳。然則孫釋盒室。羅釋血室。實乃盟室。即告祭盟俘之室。非左氏傳之盟府也。又新獲卜辭寫本第三百七十六版有「囧𠂤俘及」一辭。囧即盟省。【殷虛書契前編集釋卷一】

◉馬叙倫　鈕樹玉曰。繫傳血下有聲字。鍇曰。從囧。血聲。字傳寫妄加之也。會意。玉篇作盟。從皿不從血。則皿下當有聲字。嚴可均曰。小徐作從囧血聲。當作從血囧聲。段玉裁曰。盟與孟皆皿聲。故孟津盟津通用。篆當作盟。從血當作皿聲。王筠曰。命字衍。繫傳云。司慎司盟天之二神。所據本無命字。翟云升曰。當入血部。徐灝曰。從囧無義。殺牲歃血。故從血囧聲。倫按會盟所重。歃血為誓。故從血。古文作盟。從明得聲。明得聲於囧。則此自從囧得聲。囧盟一字。明孟古同雙脣音。故孟津或作盟津。當入血部。唯説解捝本訓耳。倫以為此乃衁之轉注字。猶明之轉注為萌矣。然甲文有□字。羅振玉釋血。而葉玉森列舉卜辭證為盟字。則字蓋從囧皿聲。玉篇作盟。或所據本猶未譌邪。然則盟為囧之轉注字。而會盟字豈借為銘耶。銘從名得聲。名固即明而甲文作□者也。見名字下。周禮秋官序官注。盟以約詞告神殺牲歃血。明箸其信也。蓋殺牲歃血。會盟之禮。而相約為詞。則盟之事。猶今外交之交換約文矣。故刻詞於竹木。銘為録之轉注字。命字諸家以為羕文。段玉裁以為今左傳盟與命字互譌。倫謂非也。明名一字。古書名命通用。傳借命為盟。此據傳。故司慎司命皆引之。校者以周禮有司盟。或所見本左傳作司盟。故旁注盟字。傳寫誤入正文。倫終疑周禮以下四十一字是校語。

盟 鈕樹玉曰。小徐篆作古。恐非。倫按魏石經篆文作□。此蓋江式據石經加之。傳寫依正文改皿為血耳。説解當作篆文盟。從明二字校者加之。

□ 段玉裁曰。明者朙之古文。故古文盟作盟。倫按魏石經古文作□。疑此本如石經作也。古文下捝盟字。从明。校語。【説文解字六書疏證卷十三】

◉周萼生 益字舊釋益，益从水从皿，此从八从血。「説文」夰部：「畀，从大八，亞聲。『周書』曰『伯畀』。畀，古文囧字。」又囧部：「盟，殺牲歃血，从囧从血。篆文从朙。古文从明。」周宜卣盟字作□，月字在八字兩畫之間，去掉月字就是益。八字是囧字省，也是畀字省。八，分也。歃血就是飲血，分血而飲為盟。魯大司徒匜和子仲匜的孟字，均从子从益，亦是从盟得聲。故益當釋盟。【鄠縣周代銅器銘文初釋 文物一九五七年第八期】

◉李平心 戥當釋盟。古盟詛源於攻守之約，故字从戈；从目與从囧無殊；皿亦聲。皿為盟誓盛血之器(即玉敦)，故盟血等字皆从皿作。【者汈鐘銘考釋讀後記 中華文史論叢第三輯】

◉蔡運章 余扶危 □此字在空首布上倒書作□形，當是盟字。如井侯簋盟字作□，與此字構形相近；可以為證。唯此字皿旁上部的一曲筆中間不連，這在古文字中也不乏其例。如：甲骨文前五・三・七四皿字及《侯馬盟書》一・一孟字所从，皿旁上部的一曲筆皆不相連貫，皆是其例。因此，我們認為將此字釋為盟字，是較為妥當的。【空首布初探 中國錢幣論文集】

夕

甲六一六　甲七五五　甲一一二七　甲一八一〇　甲二四三〇　甲二六〇五　乙九九九　乙六
五六五反　乙六六七三反　乙七七九五　鐵一六・一　鐵一〇九・四　餘一・一　前一・二七・四
前三・三一・三　菁三・一　林一・一・九　佚六〇　福三二　珠一三九　珠一四〇　誠一〇
林一・二七・一七　林二六・一六　戩二七・一一　戩三六・二　粹一三七　甲二六九二　後二・
三・一　後二・二八・一〇　後二・三六・一　後二・一九・九　後二・二六・一〇　佚三〇四
粹二三〇　燕五一六　前二・六・一　前二・一三・三　佚八九七　夕卜　乙三三一　从二夕與多字同
其夕允雨　佚三五〇　珠二九八　甲一一二〇　今夕見合文二六　【甲骨文編】

甲64　70　329　381　755　1120　1125　1562　2131　2268　2988
3339　乙460　3317　5403　5825　7126　7152　7153　7164　7386　7431
7751　7767　8414　9032　珠54　57　139　140　263　432　439
497　500　624　625　683　750　765　791　865　870　872　980
1064　1074　1140　1149　1306　福32　佚110　123　166　247　374
404　508　541　546　565　587　897　915　續1・31・8　3・16・1
4・5・5　4・6・2　4・12・1　4・13・6　4・15・3　4・16・7　4・18・2　4・20・2　4・
33・6　4・36・6　4・43・10　徵1・2　1・4　1・32　1・73　1・74　1・84　1・85

1·92 2·3 3·24 9·50 9·51 11·27 11·116 京1·22·1 1·25·2
1·25·3 1·27·3 1·30·4 2·1·3 2·16·4 2·17·4 2·24·1 2·28·3
3·13·3 3·19·4 3·19·5 3·20·2 3·25·2 3·28·2 凡5·3 24·3
25·4 28·1 28·3 30·4 古2·9 録12 13 15 18 20 21 24
26 29 35 36 41 42 43 100 101 102 103 104
138 395 429 430 593 643 691 724 天12 13 摭44 六中20
續存368 1580 摭續9 粹337 398 435 437 507 668 1261 新
5447 【續甲骨文編】

夕 盂鼎 史話簋 先獸鼎 服尊 事族簋 師執鼎 瘐簋 瘐鐘 應公鼎 芇
伯簋 追簋 克盨 毛公層鼎 師克盨 仲殷父簋 秦公鎛 中山王嚳壺 以月為夕
曆鼎 用夙夕鬻亯 人从火 盜壺 日夕不忘 【金文編】

布空大 歷博 【古幣文編】

夕 秦五五 七十四例 日甲七一背 八例 【睡虎地秦簡文字編】

夕陽侯長 漢匈奴惡適姑夕且渠 郭夕印 陰將夕 【漢印文字徵】

石碣 吳人朝夕敬□ 【石刻篆文編】

夕【汗簡】

汗簡【古文四聲韻】

◉許　慎　莫也。从月半見。凡夕之屬皆从夕。祥易切。【說文解字卷七】

◉劉心源（仲殷父敦）夕作月者。古文月夕通用。宂盉惟五初吉。無𣪊敢正初吉壬寅。陳侯因資敦惟正六癸未。甲午簋惟甲午八丙寅。皆用夕為月。豈卣夙饗爾百爵。曆彝其用夙。𪺍卣則用月為夕。又有从夕之字从月者。如豈卣夙作。曆彝夙作。文見上。毛公鼎夙作。虔夙夕。師嫠敦夙作。敬夙夜。叔夜鼎夜作。師嫠敦夜作。文見上。叔弓鎛外作。外内剴闢。毀敢外作。董裁内外。是也。又有从月之字从夕者。如頌敢霸作。既死霸。守敢霸作。既死霸。令鼎有作。有嗣。古刀泉明作。見十三卷。是也。說文恆古文作。解云。古文恆从月。明明从夕而云从月。許意蓋謂夕即月耳。【奇觚室吉金文述卷三】

◉董作賓「夕福」為「祭」前夕之祀。與「彡」前夕之祀稱「彡夕」畧同。【殷曆譜下編卷二】

◉丁　山　骨臼所見的字，我認定是夕字的或體，我的論證也是從卜辭本身搜討出來的，請看：

己卯卜，王□來伐芮。　鐵・4・4。

戊子卜，雀于出。　續・3・34・1。○徵・人名・41。

……卜，亞貞，今亾囚。六月。　粹・1388。

□午卜，于□乎□人。　鐵・44・4。

貞，見，其冓□雨。　鐵・74・3。

□子貞，…………來子。　後・下・13・7。

癸亥卜，自困圂。　佚・791。

所謂「今」「來」，不就是他辭所習見的「今夕」「來夕」嗎?「自不𡰥」，不就是他辭所習稱的「今夕自不𡰥」嗎?以彼例此，我知道「于夕出」，決不能釋為「于矛出」，或「于匹出」；「貞夕見」，也決不能釋為「貞豕見」，或「貞屯見」了。再由從諸字看：

今，王勿黍。　續・1・53・3。

今𣝗，凡受㞢又。　前·7·28·4。

貞，今𣝗吉方……。　鐵拾·7·3。

于𣝗，酒，王受又。　戩·22·2。

𣝗字在周代金文或省為𣝗，小臣謎𣪘懋字所从。或省為𣝗，鄭楙叔壺。秦篆變而為𣝗，葉玉森遂據秦篆逕謂𣝗中之𣝗象矛形，楙形之誤，蓋在周初即已如此。實則𣝗象月出林中，即是暮字別體；而𣝗象日没林下月出林表，暮夜之情尤顯。若𣝗字，則象殘月西沈曉日東昇，其為明曉之誼，更望而可識。卜辭所謂「于明」，就是說「在天亮時」；「今楙」，就是說「今天的初夜」。以卜辭本文和從夕各字看，我認為臼辭所見𣝗𣝗諸字，決是朝夕的夕字。【論𣝗即夕字別體　甲骨文所見氏族及其制度】

◉饒宗頤　先談「夕」的三個月份。

秦的十月在楚名為冬夕，又作中夕，

秦的十一月在楚名為屈夕，

秦的十二月在楚名為援夕。

所謂「夕」，秦漢之際五行家言的一套說法保存於《尚書大傳》（卷三）洪範五行傳中：

凡六沴之作，歲之朝，月之朝，日之朝，則后王受之；歲之中，月之中，日之中，則公卿受之；歲之夕，月之夕，日之夕，則庶民受之。其二辰以次相將，其次受之，星辰莫（暮）同。

鄭玄注云：

自正月盡四月為歲之朝，自五月盡八月為歲之中，自九月盡十二月為歲之夕。上旬為月之朝，中旬為月之中，下旬為月之夕。平旦至食時為日之朝，禺中至日昳為日之中，下側（昃）至黄昏為日之夕。

又曰：

二辰謂日月也。假令歲之朝也，日月中則上公受之……。莫，夜也。星辰之變，夜見亦與晝同，初昏為朝，夜半為中，將晨為夕。或曰將晨為朝，初昏為夕也。

由伏生之說，一年之間，得作為「朝、中、夕」三段劃分，日月星辰亦然。鄭玄注説得更清楚，一日、一月、一夜都可用朝、中、夕三段來加以劃分。楚代月名中的中夕、屈夕、援夕，正在年終的十月、十一月、十二月。所謂夕，當即鄭玄所謂「自九月盡十二月為歲之夕」，只是差一個九月。【秦簡日書中「夕」（𣝗）字含義的商榷　中國語言學報第一期】

◉馬叙倫　鈕樹玉曰。韻會作暮也。俗。又無見字。鄧廷楨曰。夕莫疊韻。龔橙曰。夕即月。徐灝曰。士當作[glyph]。象初月之形。月初生明。當莫時見。因謂其時為夕也。夕古音讀與朔同。疑即古朔字。因叚為朝夕之夕。久而昧其本義。春秋文六年閏月。不告月。月字當作夕。夕即朔矣。夕月形近。故誤為月。釋文云。夕。或作朔。是其明證。林義光曰。月半見非夕義。古外字霸字或從夕。或從月。夕月初本同字。暮時見月。因謂暮為月。倫按月夕一字。曆鼎用夙夕鸑亯。夕字作[glyph]。叔夜鼎夜字作[glyph]。師酉敢作[glyph]。叔鄂父敢作[glyph]。皆從月。可證也。盂鼎作[glyph]。毛公鼎作[glyph]。【説文解字六書疏證卷十三】

◉于省吾　絜文朝夕之夕。人皆知之。惟祭法有言夕者。舊所不解。佚一五三。𠦪年于𠀠。夕羊。朿小宰。卯一牛。四零四。癸酉卜爭貞。翌甲戌。夕十羊。乙亥。彡十□牛。用。按夕與朿卯並列。均作動字用。是夕亦為祭法之一。夕應讀為昔。字亦作腊焟。説文。昔乾肉也。从殘肉。日以晞之。與俎同意。籀文作𦟀。段玉裁云。昨之殘肉。今日晞之。故从日。鄭注腊人云。腊之言夕也。此可證周禮故作昔字。後人改之。昔者古文。籀文增肉用𦟀。於義為短。昔肉必經一夕。故古叚昔為夕。穀梁經。辛卯昔。恆星不見。左傳。為一昔之期。列子。昔昔夢為君。皆是。按金文鄁嬰盤。鄁字从𦟀作[glyph]。與説文籀文同。易噬嗑六三。噬腊肉。虞本腊作昔。釋文引馬云。晞於陽而煬於火曰腊肉。按周禮腊人掌乾肉。凡田獸之脯腊膴胖之事。注。大物解肆乾之謂之乾肉。若今涼州烏翅矣。腊小物全乾。段玉裁説文注云。鄭意大曰乾肉。小曰腊。然官名腊人。則大物亦稱腊也。故許渾言之。按段説是也。腊亦作焟。廣雅釋詁。焟乾也。釋器。腊脯也。儀禮有司徹。無腊與膚注。腊為庶羞。要之。夕昔腊古字通。絜文言夕。經傳言昔腊。其義一也。絜文言夕羊夕十羊。夕作動字用。謂殺羊而乾其肉。以腊脯為祭品也。【釋夕　雙劍誃殷契駢枝】

◉于省吾　近年來馬王堆一號漢墓出土之竹簡，有「昔兔一笥」，和「羊昔一笥」之記載。昔均應讀腊，指兔與羊之乾肉言之。要之，甲骨文言夕，典籍通作昔或腊。甲骨文言夕羊夕豕，夕作動詞用，謂殺羊豕而乾其肉，以腊脯為祭品也。陳邦懷同志引漢書顔注，謂「其夕展視牲具謂之夕牲」(徵存下一四)，以駁余説。然則甲骨文之夕十羊，解為其夕展視十羊之牲具，豈可通乎？【釋夕　甲骨文字釋林】

◉曾憲通　[glyph]又書又夕　夕字之殘，嚴一萍釋。甲八·一〇【長沙楚帛書文字編】

夜

夜 效尊 效卣 弔妣簋 敔卣 𢦏鼎 牆盤 師𩛥鼎 師虎簋 番生簋 伯中父簋 師袁簋 㝬簋 克鼎 伯晨鼎 窒弔簋 黿乎簋 从月 師酉簋 師嫠簋 伯康簋 弔噩父簋 夜君鼎 亦不省 中山王嚳鼎 夙夜不解 中山王嚳壺 夙夜篚解 【金文編】

3·1182 獨字 3·1183 同上 3·120 𨛰衞東匋里夜 【古陶文字徵】

194 200 206 【包山楚簡文字編】

夜 秦四 四例 為三三 秦一九七 【睡虎地秦簡文字編】

2946 2947 【古璽文編】

夜印 夜丞之印 趙夜私印 李夜 臣夜 龐夜 【漢印文字徵】

禪國山碑 夙夜惟寅 泰山刻石 夙興夜寐 【石刻篆文編】

夜 【汗簡】

古孝經亦義雲章 竝裴光遠集綴 【古文四聲韻】

◉許　慎　夜舍也。天下休舍也。从夕。亦省聲。羊謝切。【説文解字卷七】

◉陳獨秀　夜，師酉簋作夜，克鼎作夜，則有月無星，大即天也。古天大不分。説文篆文作夜，謂从夕亦省聲，非也。掖（後又作腋）从夜者，非取義於亦，乃謂掖亦在人臂下脅間幽暗處也。【小學識字教本】

◉馬叙倫　段玉裁曰。舍也者。以疊韻為訓。朱珔曰。左莊七年經。辛卯夜。恆星不見。穀梁作辛卯昔。昔本借為夕。夜即夕也。夜夕亦聲轉。倫按夜為夕之轉注字。夜音喻紐四等。夕音邪紐。古音皆歸於定。亦夕又聲同魚類也。廣雅釋言。夜。暮也。舍也以聲訓。天下休舍也。蓋字林文。張文虎欲改天下為天子。以夜為官掖之掖。説曲。掖廷猶亦廷。謂旁室。如

夢

人之亦。人君暮則休於旁室耳。克鼎作〔字形〕。鉅矦鼎作〔字形〕。師嫠敢作〔字形〕。【說文解字六書疏證卷十三】

◉李孝定　夜為夕之孳乳轉注字，亦猶永羕、走趨之比。【金文詁林讀後記卷七】

夢　夢　日乙一九一　七例　夢　日乙一八九　夢　日甲一三背　【睡虎地秦簡文字編】

夢　雲夢之印　【漢印文字徵】

夢　禪國山碑　說文夢不明也今段為寢寐字寢字重文　【石刻篆文編】

夢　汗簡　【古文四聲韻】

◉許　慎　夢不明也。从夕。瞢省聲。莫忠切。又亡貢切。【說文解字卷七】

◉馬叙倫　徐鍇曰。當言瞢亦聲。段玉裁曰。舉形聲包會意也。倫按形聲字也。從瞢得聲者。蓋語原然也。此矇之古字。不明也非本訓。左昭二十年釋文引字林。夢。亡忠反。或字出字林。【說文解字六書疏證卷十三】

◉戴家祥　說文七篇云：「夢，不明也。从夕瞢省聲。」凡與夢同聲者，往往含有不明的意思。說文四篇云：「瞢，目不明也。」「懵懂」形容頭腦糊塗不清，「朦朧」形容月色不明，「迷蒙」形容天色不明，此為漢字聲亦寄義例。【金文大字典上】

夗

夗　乙一七九九　【甲骨文編】

◉許　慎　夗轉卧也。从夕。从卪。卧有卪也。於阮切。【說文解字卷七】

◉林義光　夗夗　寒韻音宛　夗轉非夕寐有節之意。〔字形〕〔字形〕象二人宛轉形。方言簙吴楚之閒或謂之夗專。夗專即宛轉古字。【文源卷六】

◉郭沫若　肙字殆即夗字之異文，古月夕字無別，尸與巳亦同意，特左右互易耳。字在此當讀為爰。【遹甗　兩周金文辭大系考釋】

◉唐桂馨　此字係象兩人相背而臥之形。非从夕从卪。左〔字形〕右〔字形〕皆人字。兩相背為夗。故宛字从兩人在室下曲臥。鴛字取

夤

兩鳥相依。意若依反訓説之。夗心為怨。夗目為無明。【説文識小録】

◉馬叙倫　承培元曰。疑轉卧上當有夗字。徐灝曰。方言。夗轉。卧也。夗轉二字聯文。許訓為卧者。殆以其從夕耳。然卧有卪則少知所謂也。張文虎曰。右旁卪疑本作ㄗ。似尸而曲。象人曲厀側卧之形。所謂寢不尸也。以為從卪。後人失之。林義光曰。夕卪象二人宛轉形。方言。簿。吴楚之間或謂之夗專。夗專即夗轉。馮振心曰。卪即人字。從人。從夕。謂人當夕寢卧。屈曲夗轉異於死人也。倫按此當以轉也為句。夗轉疊韻。此校者據方言加之。傳寫删也字。或轉也以聲訓。卧也吕忱引異訓。夗從卪從夕為卧。於義終不剴切。蓋本從[illegible]。[illegible]為卧之本字之初文。從人象卧形。於六書為指事。後以傳寫無異於卪及ㄗ及尸。乃加夕以定之。故失其初文矣。夗聲元類。卧聲歌類。歌元對轉。故古皆以卧為夗。篆作[illegible]而説解曰從卪。蓋後人妄易。又增卧有卪也四字。如今篆書。為從夕[illegible]聲。【説文解字六書疏證卷十三】

夤　从月　秦公簋　【金文編】

3·488　子祚里人夤　5·90　咸平汏夤　【古陶文字徵】

夤饒　【漢印文字徵】

𡽗出李尚隱字略　【汗簡】

王存乂切韻　【古文四聲韻】

◉許　慎　夤敬惕也。从夕。寅聲。易曰。夕惕若夤。翼真切。[illegible]籀文夤。【説文解字卷七】

◉王國維　殷虚卜辭寅字有作[illegible]者。殷虚書契卷四第一葉。籀文夤字所从者近之。【史籀篇疏證】

◉林義光　夤夤　説文云。夤敬惕也。从夕寅聲。易曰夕惕若厲。按从夕夕惕之義不見。夤當即胂之或體。从肉寅聲。夕以形近譌為夕也。易列其夤。艮卦。馬注夾脊肉也。正以夤為胂。鄭本作䐜。【文源卷十一】

◉馬叙倫　鈕樹玉曰。韻會引作恭也敬惕也。徐引易夕惕若。則引易非説文原有。而若下亦無夤字。後人以徐説混入。更加夤字。由是集韻容齋續筆及惠氏周易述竝承其誤。骨部髑下引易夕惕若厲。漢書王莽傳。孫竦引易夕惕若厲。淮南人間訓應幼風俗通後漢書張衡傳竝作夕惕若厲。朱駿聲曰。按即寅之別體。因寅為借義所專。別裁此字。龔橙曰。夤即膑字。肉部無膑。易釋文。馬云。夾脊肉。鄭本作膑。集解。虞翻曰。夤。脇肉。林義光曰。夤即胂之或體。從肉。寅聲。夕以形近譌為夕也。易艮。列其夤。馬注。夾脊肉也。正以夤為胂。鄭本作膑。倫按秦公敦有[glyph]即夤字。本書無夤。此即其字。以譌為夤。故許內之夕部。而坿會夙夜寅恭天命之辭。訓為敬惕也。不悟彼寅借為敬耳。書堯典。寅賓日出。舜典。夙夜唯寅。無逸。嚴恭寅畏。諸寅字史記五帝紀魯世家皆作敬。可證也。當入肉部。為胂之轉注字。夤音喻紐四等。胂音審紐。皆次清摩擦音也。

[glyph] 王國維曰。卜辭寅字有作[glyph]者。籀文所從近之。倫按[glyph]之譌耳。【説文解字六書疏證卷十三】

◉林潔明 金文字从月。高田忠周林義光皆謂从肉即胂字。蓋不知古文月夕同字之故也。【金文詁林卷九】

夝 [glyph]

◉許 慎 [glyph]雨而夜除星見也。从夕。生聲。臣鉉等曰。今俗别作晴。非是。疾盈切。【説文解字卷七】

◉馬叙倫 沈濤曰。廣韻十四清引星见作見星。星見見星義得兩通。然史記天官書曰。天腥而見景星。則作見星為是。生聲。疑當作星省聲。史記作腥。蓋從星不省。而又誤夕為日耳。桂馥曰。類篇引作雨除夜而星見也。一切經音義五引聲類。夝。雨止也。三倉解詁。腥。雨止無雲也。倫按日部。晵。雨而晝夝也。此曰雨除夜而星見也。詞例相似。則此亦校語。夝星實一字。任大椿引史記索隱引倉頡。夝。雨止無雲也。任注曰。夝原作晎。誤。然索隱別無引倉頡夝字者。其天官書天精而見景星。索隱曰。漢書作暒。亦作晎。郭璞三倉云。暒。雨止無雲也。則任所引即天官書索隱文。疑漢書本作晎。為星之異文。倉頡亦本作晎。傳寫以字林字易之。此字出字林。【説文解字六書疏證卷十三】

外 [glyph]

[glyph] 前一・五・二 不从夕 外丙外字作此形見合文三 [glyph] 前一・九・一 外壬見合文三 【甲骨文編】

[glyph] 乙5162 [glyph] 珠49 [glyph] 1157 [glyph] 1163 【續甲骨文編】

[glyph] 外 从月 静簋 [glyph] [glyph] 毛公𢉅鼎 [glyph] 外弔鼎 [glyph] 外卒鐸 [glyph] 南疆鉦 [glyph] 子禾子釜 [glyph] 中山王譻壺 [glyph] 攻敔臧孫鐘 【金文編】

外 3·41 闇門外陲㝵平陵緖廩豆倌䢵囗倉【古陶文字徵】

〔二二〕〔二二〕〔二〇〕〔四五〕〔二二〕〔二二〕〔二二〕〔二二〕〔一九〕

〔三六〕〔三六〕〔三六〕〔一九〕〔四〕〔五〇〕〔五〇〕〔一九〕〔三七〕

〔三七〕〔二二〕〔七八〕〔三六〕〔五〇〕〔三六〕【先秦貨幣文編】

刀折背外虡一 冀靈 刀折背外虡 冀靈 仝上 仝上 刀折背外虡反書 晉右 刀折背外虡 典一一二五

仝上 典一一二六 仝上 典一一二七 刀折背外虡 展啚版叁捌 仝上 亞五·五四頁 仝上 仝上

仝上 仝上反書 亞五·五五頁 刀折背外虡反書 亞五·五五頁 仝上 仝上 刀折背外虡乙 亞五·

五四頁【古幣文編】

210 253【包山楚簡文字編】

外 日乙八 二十六例 日甲一〇 八例 日甲七六 三例 封八〇 六例【睡虎地秦簡文字編】

3215 0365【古璽文編】

新西國安千制外羌佰右小長 外里祭尊 外黄令印 外營百長 張外印 胡外成 安外 傳外

印 董外人 郝外人印 良外之印 尹外人印 賈外人 □外人 闞外矦印【漢印文字徵】

泰山刻石 昭隔内外 詛楚文 外之則冒改𠦪心【石刻篆文編】

外出義雲章【汗簡】

外古老子　□義雲章　□　□竝崔希裕纂古【古文四聲韻】

◉許　慎　外遠也。卜尚平旦。今夕卜。於事外矣。五會切。外古文外。【説文解字卷七】

◉林義光　夕卜非外之義。古作外毛公鼎。D夕之變。見夕字條。D象物形。見多宜舛各條。丨内外之界。卜以標界之内。D象物在外形。【文源卷六】

◉高田忠周　此篆上二文从月。月夕通用。與夙字同例也。然則外者例外也。非常也。从夕卜者為假借也。轉為凡外表義。考工梓人。外骨内肉注。外骨龜屬。所以卜。易繫辭傳。吉凶見乎外。虞注外上也。【古籀篇二十四】

◉馬叙倫　鈕樹玉曰。玉篇引作表也遠也。廣韻注亦同。韻會今下有若字。嚴章福曰。遠也下有挩文。段氏云。此下當有從夕卜三字。疑近是。朱駿聲曰。許説此字不憭。宜從蓋闕。或從卜骨省。誤為夕也。考工記梓人。外骨内肉。注。外骨。龜屬。龜所以卜。章炳麟曰。夕卜為外。説甚迂。閒之古文作閖。外即月字。然乃月之古文奇字。外即外之變。從夕卜。象月弦時。古文筆勢詘曲。或作ㄏ。外月同部同紐。其為一字明矣。謝彦華曰。從舟。卦省聲。舟譌為夕。舟濟不通。所以行遠也。倫按説解皆非許文。段玉裁謂遠也下奪從夕卜三字。而鍇本今下有若字。知猶有挩文。或唐人删之。夕卜為外。理有未得。甲文有王□。或作王□。王國維以楚辭天問證知即王恒也。古文恒作□。中之外字。即□之譌。由□或可作□。甲文弓字有作□者。則□政齊之即為外矣。外即今月弦之弦本字。從月。□聲。□即弦之初文。詳弦字下。閒之古文作閖。從門。外聲。閒音見紐。弦音匣紐。同為舌根音也。外音五會切者。弦之轉音。五會切音入疑紐。疑為舌根邊音耳。自上弦至下弦為時遠。又遠音喻紐三等。與匣同為次濁摩擦音。故外訓遠矣。借為内外之外。玉篇引表也。校者以廣雅釋詁加之。静敢作外。毛公鼎作外。余冄鐘作外。【説文解字六書疏證卷十三】

◉唐桂馨　此字非从夕卜。據商承祚殷虚文類釋古籀文月字均作D形。ㄏ是象弦月在弦外。是為外也。夕卜於事外矣。其訓未免回曲。【説文識小録】

◉李孝定　孫氏文編據卜辭稱卜丙。而史記孟子作外丙。遂收卜丙卜壬諸所見卜字作外。似仍有可商。卜辭與孟子史記之不同。蓋以歷世綿邈。傳聞異辭。有以致之。栔文未必以卜為外也。【甲骨文字集釋第七】

◉戴家祥　外从夕从卜，或屬會意字。卜指屋壁，一短横表示壁之内向，另一向有「月」，當為屋外。外的意思豁然而出。【金文大字典上】

乙四三三 前六・一五・五 前六・一六・三 前八・一・三 後二・二・二 戩三四・六 粹三七〇 鄴三下・四四・五 京津二八三五 存下五二〇 摭續一二四 明七一〇 甲九二一 从人从㐜與說文夙字古文同 甲一〇五三 象人宿于席上 甲三五三〇 乙一一七〇 乙二五二五 佃于父乙 乙三四七二 乙三九八九 鐵二二九・四 後二・二・三 後二・二・四 京津二五三三 京津四八九七 京津四九四五 摭續二四三 存七八五 摭一五 庫一二三九 佚五三八 【甲骨文編】

古文夙从人㐜 亦古文夙从人㐜宿从此 摭續124 粹370 戩34・6 【續甲骨文編】

夙 盂鼎 效卣 師虎簋 五祀衛鼎 元年師旋簋 師埶鼎 牆盤 癲簋 癲鐘 伯中父簋 追簋 番生簋 應公鼎 弔妘簋 伯晨鼎 師寰簋 師克盨 从月 敔卣 曆鼎 曆鼎 弔咢父簋 師嫠簋 伯康簋 毛公厝鼎 秦公鎛 竈乎簋 从𡚬 前伯簋 師酉簋 師朢鼎 中山王嚳鼎 中山王嚳壺 【金文編】

夙 日甲三九背 二例 通縮 一室人皆—筋 日甲三九背 秦一八四 日甲七九背 四例 【睡虎地秦簡文字編】

禪國山碑 夙夜惟寅 品式石經 咎繇謨 夙夜浚明有家 【石刻篆文編】

夙 夙 【汗簡】

古尚書 同上 竝古孝經 【古文四聲韻】

◉許 慎 㐜早敬也。从丮。持事。雖夕不休。早敬者也。臣鉉等曰。今俗書作夙。譌。息逐切。𠈇古文夙从人㐜。𠈇亦古文夙。从人西。宿从此。【說文解字卷七】

◉王　襄　毛公鼎作□、伯康敦作□、師嫠敦作□，从月；克鼎作□、師虎敦作□，从夕，即月之省，皆與契文同，象人跪而拜月之形。意初民于太陰曆每月朔日以後，早起則見朝日，望日以後，早起兼見曉月，有此不同景象，以為神異，因制此字，與拜日拜火事同。□，契文以為月，與夕無別。从月，有星言夙駕意，與許氏早敬之説合。小篆□，从夕而訓早敬，字形與字訓未符，夕疑月之偽，月既曉月也。□、□皆丮之變體。【古文流變肊説】

◉羅振玉　□　□　□　□　卜辭从夕丮。與許書之夙正同。篆文之丮卜辭及古金文皆作□。象執事形。【增訂殷虚書契考釋卷中】

◉葉玉森　□　□　□　□　許君訓早敬未塙。契文諸夙字。竝象一人跽而捧月狀。殊難索解。惟契文無夜字。王氏類纂所録之□。乃仁字。卜辭叚作夷。非夜字。説詳殷契鉤沈。金文夜作□師寰敦□叔夜鼎。與篆略同。予謂□□象人立形。而月在肊下。蓋因夜則月照下土。俛而可見。如在肊下也。至夙乃嚮明之時。殘月在天。惟仰而可見。夙興之人。喜見殘月。故兩手向空。作捧月狀。【説契　學衡第三十一期】

◉高田忠周　蓋會意字。其所从字音與所成本字音。全無相涉。而其音已為既定一語。故有他字與此同音者。而命之耳。即夙之音肅也。其義亦同肅也。唯其所會意字。字彼與此異。故同義而自得分別也。銘云。敬夙夜。又他器銘曰。夙夕孝享。正字本義也。周語。夙夜恭也。晉語。夙夜征行。虞書。夙夜惟寅。亦皆相合矣。【古籀篇二十四】

◉胡光煒　象人執事于月下。侵月而起，故其誼為早。【説文古文考】

◉馬叙倫　鈕樹玉曰。韻會引無早敬者也。玉篇。早也且也敬也。翟云升曰。丮亦聲。徐灝曰。持事雖夕不休而謂之早敬。終覺未安。羅振玉曰。卜辭作□。胡光煒曰。侵月而起。故誼為早。倫按古書皆訓夙為早。無言敬者。唯夙肅古通。本書敬下曰。肅也。然則敬也非夙字義。乃借夙為肅。因以敬訓耳。早敬也當作早也敬也。然從夕從丮而訓早。不可得義。即從夕丮聲。亦不得早義也。胡謂侵月而起。故誼為早。不悟月出時。人方欲卧時也。若謂月未没時。亦得言侵月。則未明不得偁早也。倫謂此本作□。實即辰字。傳寫譌耳。早也則晨字義。晨從辰得聲也。古書言夙夜即晨夕。亦即晝夜。晝為朝之轉注字。朝早亦轉注字也。晝音知紐。辰音禪紐。同為舌面前音。晝從書得聲。書音審紐三等。與禪同為舌面前摩擦音也。故亦得借辰為晝。或為朝。辰聿聲皆脂類。肅從聿得聲。聲轉則入幽類。夙音亦轉入幽類。早聲亦在幽類。則亦得借為早矣。本書無從夙得義與聲之字。亦可證其為譌文也。甲文之□□□。或亦辰字。或從月丮聲。為朔之音同心紐轉注字。倫疑此及重文竝出字林。毛公鼎作□。克鼎作□。叔妘敢作□。師嫠敦作□。師酉敢作□。

募

𠈃　從人囟校語。餘詳佰下。

佰　嚴可均曰。小徐無此重文。宿從此校語也。羅振玉曰。甲骨文作𠈃。象人在席旁。作㐁。象人在席上。此宿之初文。倫按𠈃佰皆從𠈃而譌變。㐁即因字。因即茵之初文。亦席之初文。𠈃之聲得於席。席音邪紐。辰音禪紐。同為次濁摩擦音。故音皆由邪而以同舌尖前摩擦音轉入心紐。古文經傳因用𠈃為夙夜字也。從人以下校語。【說文解字六書疏證卷十三】

◉陳邦懷　此銘殂(夙)字，即春秋時之宿國。殂、宿同聲，故文獻作宿，此銘作殂，乃是宿國之本字。【曹伯狄簋考釋　文物一九八〇年第五期】

◉戴家祥　婯即金文殂夙之繁飾。從字形看，𠬝右旁从人執手形，婯从女人執手形，結構相同。金文辭例也都作「夙夜」之「夙」用。

[日丮]字从日从丮，字當釋殂，說文七篇「殂，早敬也。」从丮持事，雖夕不休，早敬者也。」古文月夕曰三字每有混用。甲骨文明作殂，今夕作今月是其證。說文「期會也，从月其聲。」金文从日不从月。六國古鉩其[日丌]。从日六聲。殂飽者，敬飽也。【金文大字典上】

◉許　慎　募宋也。从夕。莫聲。莫白切。【說文解字卷七】

◉馬叙倫　王筠曰。小徐部後云。文八。朱筠本同。顧本及大徐作文九。與實數合。然恐作八為是。募字乃後增也。倫按此蓋即甲文之茻字。見朝字下矣。日莫而衆作息。故引申有寂靜之義。字蓋出字林。鍇本作文八者。自無此字。由校者知係字林文而刪之也。【說文解字六書疏證卷十三】

多

甲五六五　多父　甲七五二　多尹　甲八一五　甲九一八　多兄　甲一一六七　多射官名　甲二一二八

甲二三九五　从多佃于多伯征盂方　乙四六一五　乙四七六一　多奠　陳五一　鐵二三八・四　鐵二四九・二　今三月多雨　拾七・一〇　前一・四六・三　多父　前二・二五・一　前二・二五・五　前二・二八・

二 前四・二五・五 多母 前七・三五・一 前七・三五・二 後一・二〇・七 後一・二〇・一二
後一・三〇・一五 林一・二一・一八 林一・二一・七 佚一七一 多妣 佚五五三 佚八六〇 多先祖
福六 多兄 粹一五 多射 粹八五 多毓 粹二三七 多寧 粹二五七 多介父 粹四〇四 多公
粹九四三 多馬 續五・二五・九 令多馬羌御方 續五・二一・二 令多子族从犬侯□周 佚三二一 多婦 乙
二〇四〇 多介子 拾二・一五 多介兄 前一・二三・一 多介 寧滬二・一六 多亞官名 明藏一七七 多臣
明藏一九四 多生 京津一六三八 多鬼 金三六一 多母弟 庫二九五 多子 乙五六四〇 多妣見合文一三

【甲骨文編】

甲111 294 380 657 152 1167 1634 2128 2395 2734 3068
3098 3477 3370 乙2696 3317 3394 3400 3441 3764 4743
5225 5395 6404 6524 6672 7128 7377 7593 7750 8461 8704
8711 8713 8730 8796 8816 8855 8882 8892 8893 9082 珠7
304 521 529 531 573 福6 零2 45 佚76 140 171 321
415 544 576 623 664 743 796 860 926 929 續1・4・5
2・1・3 2・24・1 2・31・6 3・2・3 3・46・5 4・24・11 4・29・2 5・2・2
5・25・9 6・17・1 掇209 徵1・46 3・171 4・31 4・59 9・4 9・5

9·11 10·130 10·132 11·58 11·65 11·118 京1·23·1 2·1·4 2·6·1
2·26·2 3·24·1 4·14·1 録291 658 750 838 908 鄴33·6 40·5
天22 31 鄴三36·5 37·7 六束22 六曾10 六清151 續存26 66 705
1008 1041 1081 1507 2276 外32 書1·10·D 摭續167 粹15 237
400 943 1074 1162 1169 1207 1271 1280 1284 1545 1554
新749 799 1617 1638 1872 4563 4994【續甲骨文編】

多 毓且丁卣 父辛卣 作冊魖卣 命簋 沈子它簋 先獸鼎 辛鼎 召尊 師望鼎
牆盤 癲鐘 𦉜壺 宴簋 弔向簋 蔡姞簋 㝬簋 㝬鐘 虢弔鐘 士父鐘
弔多父簋 追簋 㕻弔多父盤 䱷仲多壺 多父鼎 秦公簋 秦公鎛 林氏壺
麥鼎 辛巳簋 伯多壺【金文編】

1·46 中日惠多咸友惠 秦1089 獨字 秦1098 同上【古陶文字徵】

271 279【包山楚簡文字編】

多 秦一三一 二十九例 日甲七〇背 十例【睡虎地秦簡文字編】

3585【古璽文編】

貝多 封多牛 呂闌多 向多 趙多 葩多【漢印文字徵】

天璽紀功碑　天讖廣多　石經君奭　多歷年所　說文古文作汗簡引作　石碣鑾車　□□多賢　詛楚文　㠯底楚王熊相之多辠【石刻篆文編】

多　多見說文　多【汗簡】

古老子　同上　說文　並汗簡　華嶽碑【古文四聲韻】

◉許　慎　重也。从重夕。夕者。相繹也。故為多。重夕為多。重日為曡。凡多之屬皆从多。得何切。古文多。【說文解字卷七】

◉王國維　多从二肉會意。【甲骨文字集釋第七】

◉林義光　重夕非多義。象物形。見品字條。衺之為。與夕形同意別。象物之多。與品同意。古作虢叔鐘。【文源卷六】

◉葉玉森　殷人謂羣曰多。尚書中屢見此習語。多君多尹多臣多父多老多寇等。亦時見於卜辭。多衛亦其一也。【殷虛書契前編集釋卷一】

◉馬叙倫　鈕樹玉曰。韻會無者字。王筠曰。夕者。相繹也。故為多。嫌夕無多意。即重夕亦無多意。故申明之也。王國維曰。從二肉會意。倫按曡字從晶。不得言重日為多。知夕者以下必為校語矣。重也者。以聲訓。多從二夕。似二余為叅二為之例。當為夕之茂文。夕音邪紐。古讀邪歸定。由定轉端。而為得何切耳。然倫疑從二月會意。乃閏月之閏本字。但借日月之月為歲月之月。一年率為十二月。而閏月乃重出之月。即於十二月外多一月也。故字從二月。而假借為多少之偁。若以一般之多少而造多字。則何不重日為多。重人為多。而必從二月耶。多音今在端紐。然從多得聲之移。音入喻紐四等。古讀喻四歸定。而哆音正在定紐。趍音澄紐。古讀澄亦歸定也。左襄二十九年傳。祇見疏也。正義。服虔本作祇。晉宋杜本本皆作多。徐灝謂粵俗或謂多為祇。倫謂祇從氏得聲。氏從氏得聲。氏音禪紐。古讀歸定。然則多音古讀在定紐。由定轉入端耳。閏音日紐。古讀歸泥。泥為舌尖前邊音。定為舌尖前破裂音。其通轉之迹最鯀。閏從門得聲。門音明紐。明泥同為邊音。蓋多音即得於月。月音疑紐。亦邊音也。由疑轉定。故月音轉為閏。兒音泥紐。而倪音入疑紐。此疑泥通轉之證也。月夕一字。而夕音邪紐。古讀邪歸定。亦足為證。曡音定紐。而從宜得聲。宜音亦疑紐。宜從且得聲。且俎一

錗 夥

字。俎音照紐。古讀歸端。今本宜下作多省聲。亦可為多是閏月之閏本字之證。字見急就篇。不嬰敦作𡖊。秦公敢作𡖊。甲文作𡖊𡖊𡖊。

𡖊 沈濤曰。汗簡中之一云。𡖊多見說文。是古本重文不作𡖊矣。倫按汗簡之𡖊。蓋𡖊傳寫之誤。【說文解字六書疏證卷十三】

◉張秉權 「𡖊(多)」字是由「二」個「𡖊」結合而成。許慎說「多」字是「从重夕」,其實它並不从夕,在甲骨文中,多字所从的「𡖊」與「夕」字顯然不同,所以王國維説它是「从二肉,會意」。王氏的說法是卓有見地的。甲骨文中的祭字,象以手持肉,而所持的「肉」正和多字所从的「𡖊」的形體一樣。二肉為「多」,正和二木為「林」一樣,是以「二」的觀念表示「多」的意思。【甲骨文中所見的「數」 歷史語言研究所集刊四十六本三分】

◉黃錫全 𡖊多鄭珍云:「侈字也,多从古夗,增艸謬。」《唐韻》𡖊,得何切,音多,姓也。《字彙》「漢有𡖊宗」。蓋古本有𡖊字,此假為多。夏韻歌韻注出《華嶽碑》,亦釋為「多」。【汗簡注釋卷三】

◉許慎 𡖊齊謂多為夥。从多。果聲。乎果切。【說文解字卷七】

◉馬叙倫 多之本義為閏月。假借為多少之字。方言又以其音轉注為夥。多果聲同歌類。字蓋出字林。【說文解字六書疏證卷十三】

◉許慎 𡖊大也。从多。圣聲。苦回切。【說文解字卷七】

◉馬叙倫 桂馥曰。畢以珣曰。廣雅。錗。大也。曹憲音苦雷反。錗本從灰。傳寫誤作錗。徐鍇云。此或音為恢也。是鍇亦疑之。玉篇錗錗竝訓大。宋人重修加錗字。沙木曰。讀若怪。北人謂大好曰怪好。倫按今北平謂太好曰怪好亦曰多好。然則怪好即多好。字當如畢說。此夥之同舌根音轉注字。亦老子天網恢恢之恢本字。大也非本義。字或出字林。【說文解字六書疏證卷十三】

𡖋

𡖋 从尚省　周𡖋壺　【金文編】

◉許　慎　𡖋厚脣皃。从多。从尚。徐鍇曰。多即厚也。陟加切。【説文解字卷七】

◉方濬益　周𡖋壺説文。𡖋。厚脣皃。从多。从尚。此媘从肖。【綴遺齋彝器考識卷十三】

◉劉心源　周𡖋。人名。説文。𡖋厚脣貌。从多。从尚。陟加切。通訓㠯為今之爹字。此銘蓋从尚省也。𡖋父盤作。阮釋品。𡖋父盉作。吳閣學釋畣。皆誤。【奇觚室吉金文述卷六】

◉高田忠周　愚意謂。此字。元从口。从尚省。从多。多亦聲。重口不堪煩。故省耳。【古籀篇二十四】

◉馬叙倫　翟云升曰。當作奓省聲。倫按厚脣皃。字不當從多從尚。必非本義。字在多部。蓋從多尚聲。此音陟加切在知紐。尚音禪紐。知禪同為舌面前音也。本書從多得聲之誃眵侈袳郊烗姼垑鉹音皆穿紐三等。穿三亦舌面音。是𡖋得聲於尚無疑。今音知紐。則由禪轉知。為多之轉注字。古讀知歸端也。字蓋出字林。周𡖋壺作。【説文解字六書疏證卷十三】

毌 毌

甲三一一三　象盾形　乙五一四八　乙六三〇五　鐵一・三　鐵二五・一　後二・五・二　林二・三・一六　林二・二四・六　林二・二六・四　粹一二八八　粹一二八九　京津一三〇四　京津一三〇五　京津一三〇七　京津一三〇八　京津一三〇九　京津三〇七七　掇一・二七一　庫三六五　庫四五七　乙三三三一　明藏二五三　後二・三七・二　燕六〇六　燕六三七　燕七五八　庫五六三　庫九八一　庫九九三【甲骨文編】

甲2274　3113　乙2949　6305　9066　佚604　掇271　六清3　外246　粹916　1288　1289　新1310　甲179　1506　2356　乙392　佚47【續甲骨文編】

毌【汗簡】

毌　古文【古文四聲韻】

◉許　慎　毌穿物持之也。从一横貫。象寶貨之形。凡毌之屬皆从毌。讀若冠。古丸切。【説文解字卷七】

◉孫詒讓　「丁子□貝申□似弗字戈□」，一之三。「申」似即「毌」字。《説文·毌部》：「毌，穿物得之也，从一横貫象寶貨之形，讀若貫。」此變横為從，其形義亦可通。又云「申弗戈周」，廿六之一。「申」疑亦「毌」之異文。《詩·大雅》「串夷載路」，串字《説文》不載，疑即因「毌」變為「申」，與二中形近，復又變作串，經典俗字亦有所本也。【栔文舉例卷下】

◉孫詒讓　依許説則以一貫吅，於象義不甚密切。攷龜甲文有申字，當即毌之原始象形文，又有作申者，則申之省變也。蓋回為寶貨有空好之形，以丨貫之，從横小異，而於貫穿寶貨之義，則尤明塙。又毛詩大雅皇矣「串夷載路」，串亦即毌字之異文。蓋因古文申，本从兩口大小相函，變之為兩口直列，則成串字，因其流變，以推其原始本形，亦可知初文之必从兩口也。

薛氏鐘鼎款識晉姜鼎「毌通」毌字作毌，則从兩毌從横午毌形。攷金文子荷貝父丁鼎作□形，又子荷貝父乙彝作□形，左右各為直毌兩貝，與晉鼎毌字可互證。又古以五貝為朋，古文作□，亦即直貫多貝之形。詳前。若然，毌本兩形直毌，省為一形直毌，後又變為横毌，要不及作直毌之近古矣。説文玉部王「象三玉之連，丨其貫也」。義亦通於此。毌之為串，或本作申，而變為兩口分列，或本作毌，而省其兩横，皆未可定。要必在秦漢以前，患字即从串聲。説文心部患，㥪也。从心上貫吅，吅亦聲。古文作□。今案患當从串得聲，古文从□，即重毌形，故詩「串夷」，釋文一本作患。今篆文似涉吅字而誤，許君不知串即毌之變體，故有上貫吅之説，其實非也。春秋緐露有忠从一中，患从二中之説，則董子亦不知患之从忠聲誤已在許君前矣。

説文毌部：「貫，錢貝之貫也。从毌貝。」金文南宮中鼎作□，字从兩貝，而丨貫之，與毌同意。蓋古穿寶貨之毌作申，从兩口，穿貝之毌作□，从兩貝，其字形異而例同。後省變作貫，則參合兩文為之，兼寶貨與貝為一字，而毌字變直為横，遂與貝字不得相貫，遠不及古文字例之精。説文攴部敗，籀文作敗，即从重貝形，而齊侯鎛鐘敗字作敗，薛氏款識。即變員為貫，此亦貫員同字之證也。説文貝部又有賏字云：「頸飾也，从二貝。」與員字别。

説文宀部：「實，富也。从宀貫，貫為貨物。」金文齊侯鑰實作□，散氏盤作□，其偏旁貫字从田、□，並毌之省變。貫字又有作「貟」者，如兮田盤云：「淮尸夷舊我□晦人。」又師寰敢云：「淮尸繇通我□晦臣。」兩文同。當即貫之異文，舊釋為竟誤。上並从□，蓋毌之省變，貫晦即畎畮，古音近字通。詩之「串夷」，尚書大傳作畎夷，其塙證也。又盉史鉼有□字，亦似實字。○即毌之省也，舊釋賓未塙。【名原卷上】

◉葉玉森　孫氏釋毌是也。竹書紀年之申戎。疑申為申誤。他辭云「丙子卜貞申亡不若六月。」甲骨文字二第二十四葉之六。「己未□貞毌尹歸」。又第二十六葉之四。曰「毌亡不若」。若。順也。即言毌夷無不順也。曰「毌尹歸」。毌尹即毌君。亦言毌君來歸也。殷契鉤沈。

◉郭沫若 [glyph]乃盾之象形文，有圖形文字作[glyph]者可證。然形雖是盾，讀當如干，盾實後起字也。且古文，干戈二字每相將，此器及小盂鼎均與戈對舉，正其例。唯干字古作[glyph]，乃圓楯之象形，上有析羽飾而下有蹲，與此作方形而無析羽飾者畧有別。準此以求之，知必古毌字，特橫書之而已。方盾之制廢，毌字遂失其本義，許氏以為貫穿字，實則貫之初文為[glyph]，稍變而為串[glyph]者也。【殷虛書契前編集釋卷五】

◉郭沫若 [glyph]乃盾之象形文 —

貫 [glyph]

◉郭沫若 第一二八九片[glyph]即毌字，乃干之象形。[glyph]與[glyph]在此均是國族名。【殷契粹編考釋】

◉馬叙倫 桂馥曰。貫當為毌。晉姜鼎。令俾[glyph]通。楊南仲釋毌。本書患古文作[glyph]。即從古文毌。孔廣居曰。毌即貫之古文。今俗作串。王筠曰。此是指事。並不必言從一。孫詒讓曰。卜辭[glyph][glyph]即毌字。[glyph]象寶貨有孔。本從大小兩口相函。變為兩口直列。則成串字。饒炯曰。一非意。不得言從。蓋毌外象寶貨之體。一象貫以穿之。猶玉下説丨其貫也。倫按此貫之初文。從貝一以貫之。指事。古言一毌。今杭縣言一串。音近於穿。篆當作[glyph]。傳寫譌耳。説解非許文。許止作穿也。以聲訓。故吕忱或校者以穿物持之也説之。貫字當作兩□字。謂□象寶貨之形也。甲文[glyph][glyph][glyph][glyph]諸文。皆櫓之初文。清代武器中盾之形有[glyph][glyph]兩式。中畫虎頭。古所謂繪盾也。讀若冠者。劉秀生曰。釋名。冠。貫也。所以貫韜髮也。冠貫以聲訓。貫即毌之後起字。是其證。倫謂以雙聲讀若加冠之冠也。餘見貫下。【説文解字六書疏證卷十三】

[glyph] 貫壽 [glyph] 貫赫 [glyph] 李貫 [glyph] 貫宰 [glyph] 貫埀 【漢印文字徵】

[glyph] 南嶽碑 [glyph] 古文 【古文四聲韻】

◉許 慎 貫錢貝之貫。从毌貝。古玩切。【説文解字卷七】

◉孫詒讓 舊並釋為貟。古無此字。案當為貫之異文。貫古文或从兩貝。前南宮鼎作[glyph]是也。〔攈古〕三之一説文貝部别有賏字。从二貝平列。與此異。此文从[glyph]乃貝之省。説文攴部。敗古文从賏作[glyph]。而薛款識齊侯鎛鐘。敗乃靈師。敗字作[glyph]。是貫賏二字可互易也。貫晦即畎晦。毌俗又作串。詩大雅文王云。串夷載路。串夷。鄭箋謂即混夷。孔疏引尚書大傳作畎夷。是貫畎二字相通之證。【古籀餘論卷三】

虜

◉徐協貞　(glyph)為貫之初文。亦方名。山海經所謂貫匈國也。山海經諸國多以二方或三方連言之。淮南子本之。曰穿匈民。貫穿義同。為方名之標識一也。竹書紀年黄帝軒轅氏五十九年。貫匈氏來賓軒轅。在山海經亦國名。觀此可知竹書之後出也。括地志故貫城即古貫國。在今曹州濟陰縣。是應為貫方故址。戰國時趙相貫高。漢有母丘儉。其為貫方後可知。【殷契通釋卷二】

◉馬叙倫　鈕樹玉曰。繫傳作從貝毌聲。翟云升曰。當入貝部。王筠曰。貫為毌之後起分別文。徐灝曰。從毌增貝。非從貝毌聲。故不入貝部。疑亦毌之重文。淺人分之。倫按此毌之後起字。蓋本毌之重文。玄應一切經音義引倉頡。貫。穿也。以線穿物曰貫也。穿也實毌下許訓。以線穿物持之曰貫也。吕忱加之。今毌下作穿物持之也。有捝譌矣。蓋倉頡本作毌。傳寫者以字林字易之。本書則誤捝重文説解中毌或從毌貝。校者妄補錢貝之貫四字。如今篆當為從貝毌聲。入貝部。【説文解字六書疏證卷十三】

◉唐　蘭　⿱毌貝行　⿱毌貝當是貫的初文，或省作串，像把貝串起來的樣子，《説文》脱串字，患字從心上貫吅吅亦聲，是錯的。應是從心串聲。古文作(glyph)，從(glyph)，即⿱毌貝形的演變。《爾雅·釋詁》："串習也"，就是慣的本字。又《釋宫》："行道也。"南國毌行，就是到南國去常走的路。【論周昭王時代的青銅器銘刻　古文字研究第一輯】

(glyph) 19【包山楚簡文字編】

(glyph) 漢破虜羌長　(glyph) 漢匈奴破虜長　(glyph) 鄭虜　(glyph) 李虜【漢印文字徵】

(glyph) 虜出張揖集古文　(glyph) 虜演説文【汗簡】

(glyph) 説文　(glyph) 張揖集　(glyph) 汗簡　(glyph) 同上【古文四聲韻】

◉許　慎　(glyph)獲也。从毌。从力。虍聲。郎古切。【説文解字卷七】

◉馬叙倫　此勠之雙聲轉注字。今字用努。從力。⿸虍毌聲。汗簡引張揖集古文虜字作(glyph)。可證也。⿸虍毌誤為⿸虍毌。而古書又借虜為俘。或為奴。故此以獲也訓之。而分為從毌從力。入之毌部。不悟從力為獲。尚可强通。復從毌字。毌為貫之初文。從之何義。必附會於綑縛貫扛之義。斯穿鑿矣。當入力部。字蓋出字林。【説文解字六書疏證卷十三】

◉唐桂馨 [glyph]此字當从力盧聲。或从虍从男。與虜字同意。説文入毌部恐誤。【説文識小録】

◉楊樹達 虜从毌者，段注云：「凡虜囚亦曰纍臣，謂拘之以索也。」樹達按段説是也。左傳僖公三十三年云：「君之惠，不以纍臣釁鼓。」杜注云：「纍，囚繫也。」孟子梁惠王下篇云：「係纍其子弟。」趙注云：「係纍猶縛結也。」

按牽者謂之臣，為武力所毌持者謂之虜，語源同則字義同也。韓非子五蠹篇云：「雖臣虜之勞，不苦於此矣。」臣虜同義，故古人連用矣。【字義同緣於語源同例證 積微居小學金石論丛】

◉黄錫全 [glyph]虜 演説文 《説文》貫、虜二字相次，此「虜」乃「貫」字寫誤。鄭珍認為此是「貫」字，甚是。中甗貫作[glyph]，象物穿貝形，此形蓋其譌變，[glyph]為[glyph]誤。【汗簡注釋卷三】

𢎘

[glyph] 𢎘 【汗簡】

◉許 慎 𢎘嘾也。艸木之華未發圅然。象形。凡𢎘之屬皆从𢎘。讀若含。乎感切。【説文解字卷七】

◉林義光 𢎘[glyph] 談韻音範與艸木花形不類。𢎘圅同音。疑與圅同字。舌也。[glyph]象伸舌。[glyph]象頤連頸之形。𢎘象舌又象頤。故頤謂之頷。與𢎘同音。恐古文亦為𢎘也。【文源卷二】

◉馬叙倫 鈕樹玉曰。玉篇引華下有實字。錢大昕曰。𢎘嘾即菡萏之異文。邵瑛曰。此與菡萏之菡為古今字。艸部。芙蓉。華未發為菡萏。吴善述曰。本作[glyph]。象[glyph]鄂含蘂未放之形。徐灝曰。華之菡萏謂之𢎘。今粵俗猶謂花之未放者為𢎘。其音轉為盧感切之清平聲。[glyph]象形。倫按嘾也以聲訓。艸木之華未發圅然校語也。篆當作[glyph]。象形。頌段通字所從之甬作[glyph]。其[glyph]即𢎘。六篇扈之重文作[glyph]。從山。𢎘聲。魏石經作[glyph]。其[glyph]亦即𢎘。皆象華含苞未發形。𢎘者。今杭縣謂之花乳頭。以若人體之乳房然也。乳房字本為母。母音明紐。犬部犯水部氾皆從𢎘得聲。犯音奉紐。氾音敷紐。𢎘音匣紐。奉匣皆次濁摩擦音。敷奉則同為脣齒摩擦音。古讀敷歸滂奉歸竝。滂竝與明又同為雙脣音。然則其語原蓋同也。𢎘為[glyph]之省文。以有從之得義及聲者。故以為部首。讀若含者。劉秀生曰。𢎘象形字。本音蓋即如含。含從今聲。本部。圅。俗作肣。肣亦今聲。周禮考工記。燕無圅。鄭司農曰。圅讀如國君含垢之含。是其證。【説文解字六書疏證卷十三】

◉何琳儀 戰國文字中从「𢎘」(㔾)諧聲者甚多。其中若干字舊或不識，或誤釋。自中山王圓壺「[glyph]」被識出之後，以此為基點，其他銅器、璽印、縑帛文字中的「㔾」及从「㔾」得聲之字皆可貫通。今疏證如次：

（一）「[illegible]」（長沙帛書），舊釋「乙」，或釋「巳」。案，晚周文字「乙」作「[illegible]」（《侯馬》二九八）、「[illegible]」（酓肯匜）等形，「巳」作「[illegible]」（吳王光鑑）、「[illegible]」（《璽彙》二〇三九）等形，均與帛書此字形體有別。檢《分韻》二七六「笵」作「[illegible]」、「[illegible]」、「[illegible]」等形，以其所从與帛書比較：「[illegible]」、「[illegible]」、「[illegible]」、「[illegible]」（小篆）之間的演變關係十分明晰。「卮」，三體石經《君奭》作「[illegible]」形，《說文》古文作「[illegible]」形。徐鍇云「當从辰巳之巳」，段玉裁云「當从户而轉寫失」，均未得其解。案，「卮」之古文均从「㔾」。「㔾」、「户」雙聲，故「⿰山㔾」通「卮」。「[illegible]」形或作「[illegible]」形，正反映了戰國文字「㔾」可作「[illegible]」這種近於「巳」的形體。填實「[illegible]」的空間，即與帛書「[illegible]」形相同。《說文》「㔾，嘾也。艸木之華未發圅然，象形。」帛書「[illegible]」正象莖端蓓蕾含苞之狀。帛書「㔾則至」，應讀「範則至」。《說文》「範，軷也。」「軷，出車將有事於道，必先告其神。」所謂「㔾則至」系指啟程前祭道路之神則能達到目的，這與下文「不可以□㲄（𣪠）」語義相因。《說文》「𣪠，楚人謂卜問吉凶曰𣪠。」

（二）「[illegible]」（《璽彙》三五一七），《濱釋》釋「⿰車㔾」。「⿰車㔾」在璽文中為姓氏，讀「范」。此字又見望山簡「⿰車㔾獲」，「⿰車㔾」亦為姓氏。由此可見，這方私名璽為楚物。「⿰車㔾」，典籍亦作「軓」，見《周禮·考工記·輈人》注。《說文》「軓，車軾前也。」案，「㔾」、「凡」音近，典籍从「㔾」得聲之字多讀若「凡」。

（三）「[illegible]」（鄂君啟節），舊釋「邔」。對照節銘「芑」作「[illegible]」，知釋「[illegible]」為「邔」不確。案，「[illegible]」應隸定為「⿰㔾阝」，讀「汎」。《水經注》卷二十八「沔水又南，汎水流注之，水出梁州閬陽縣。魏遣夏侯淵與張郃於此水，進軍宕渠，劉備軍汎口，即是水所出也。」「汎水又東流，注于沔，謂之汎口也。」王先謙徵引《讀史方輿紀要》「乾汊河在穀城西南三里，或以為即汎水也。今故流漸湮。」節銘「逾夏入汎」系指西北水路行程。今漢水下遊古亦稱夏水，汎水是漢（沔）水中上遊的支流，在今湖北省穀城縣附近會合。「逾夏」然後「入汎」，逆水而上，水路明確。

（四）「[illegible]」（《信陽》二·〇一），應隸定「⿴囗㔾」。

（五）「[illegible]」（《文物》一九六六·五·圖版伍），應隸定為「⿱羽㔾」。望山簡「⿱羽㔾翠」以音求之，應讀「翡翠」。

（六）「[illegible]」（《璽彙》三二七三），應隸定為「⿰肥阝」，讀「肥」，在璽文「⿰肥阝象」中是姓氏。肥氏或云《戰國策》趙賢人肥義之後。「肥」从「巳」聲。《璽彙》一六四二作「[illegible]」。

（七）「[illegible]」（《璽彙》三四一七）、「[illegible]」（《璽彙》五三四八），均應隸定「⿱屮㔾」，屬三晉系文字。「⿱屮㔾」，「𣐺」之異文。《說文》「𣐺，艸木垂華實也。从木、㔾。」案，「⿱屮㔾」从「中」，「𣐺」从「木」。「中」（艸）、「木」義近，在偏旁中往往通用，故「⿱屮㔾」、「𣐺」實為一字。璽文

「⿱屮㔾」讀「芃」，為古姓氏。「芃」姓見《姓解》引《姓書》。

（八）「□」（《中山》五〇），應隸定為「⿺辶⿱屮㔾」。壺銘「殜殜母⿺辶⿱屮㔾」，諸家均讀「世世母犯」。

（九）「□」（《璽彙》一八二五），應隸定為「⿰車⿱屮㔾」，人名。

（十）「□」（《璽彙》二一六九），應隸定為「⿰⿱屮㔾阝」，讀「范」，璽文中為姓氏。

（十一）「□」（《璽彙》〇〇五四）、「□」（《璽彙》〇二八七）、「□」（《璽彙》五五五二），均應隸定為「⿰木⿱屮㔾」，屬燕系文字。「⿰木⿱屮㔾」，疑亦「朿」之異文。「⿱屮㔾」本此「屮」，復增「木」作「⿰木⿱屮㔾」，是疊加形符的結果。璽文「⿰木⿱屮㔾湩」，地名。《水經》卷十一「（易水）東過範陽縣西南」，注「（梁門）淀水東南流，出長城注易，謂之范水。易水自下有范水通目，又東逕范陽縣故城南，即應劭所謂范水之陽也」。璽文「⿰木⿱屮㔾湩」應讀「范湩」。《補補》六·二讀「枝湩」，並以遠在四川的「梓潼」附會之，失之。以「范湩」聯文案驗，「湩水」應在范水附近。待考。

（十二）「□」（《璽彙》二二八四），應隸定為「⿱艹⿰車㔾」，讀「范」，璽文為姓氏。此字所从「□」與上揭「⿰木⿱屮㔾」所从「□」，呈燕系文字風格，「⿱艹⿰車㔾」或作「□」、「□」、「□」等形（《匋文》十四·九三），則是齊系文字。

（十三）「□」（《璽彙》〇二三二），應隸定為「⿺辶㔾」，同「⿰彳㔾」。「⿰彳㔾」古「犯」字，見《玉篇》。璽文文意不明，文字呈齊系風格。

（十四）「□」（《補補》五·一），應隸定為「笵」。《說文》「笵，法也。从竹。竹，簡書也。氾聲。古法有竹刑。」陶文「笵舍」為人名，「笵」讀「范」。

（十五）「□」（詛楚文），釋「犯」。《睡虎》二〇·一九一作「□」。

以上「㔾」（ㄢ）及从「㔾」得聲字有「⿰車㔾」、「⿰㔾阝」、「⿴囗㔾」、「⿱屮㔾」、「犯」，从「⿰車㔾」得聲字有「⿱艹⿰車㔾」，从「⿱屮㔾」得聲字有「⿺辶⿱屮㔾」、「⿰車⿱屮㔾」、「⿰⿱屮㔾阝」、「⿺辶㔾」，从「氾」得聲字有「笵」，从「肥」得聲字有「⿱罒肥」、「⿰肥阝」，凡得十五字。其中「㔾」（ㄢ）的形體基本相同，但也有若干區別，這是戰國文字「異形」的結果。大體而言，齊系文字作「□」、「□」、「□」、「□」等形，燕系文字作「□」、「□」、「□」、「□」等形，晉系文字作「□」、「□」、「□」、「□」等形，楚系文字作「□」、「□」、「□」、「□」等形，秦系文字作「□」、「□」等形。【古璽雜識續　古文字研究第十九輯】

前二・三二・二 後二・二二・五 後二・二二・六 林二・一八・一三 戩四六・一四 林二・一九・一四 粹一五六四 地名 田函 京津四四六七 存下九一五 燕二七五 京都二七四A 【甲骨文編】

甲1414 粹1564 新4466 4467 乙6690 【續甲骨文編】

函 象函矢形 函皇父匜 函皇父簋 函交仲匿 函皇父鼎 假借為召逸周書祭公解我惟不以我辟險于難則又借險為之函召險三字皆同聲也王國維說 毛公厝鼎 俗女弗以乃辟函于艱 不嬰簋 弗以我車函于艱 不嬰簋二 【金文編】

5269 【古璽文編】

函谷東丞 徐肣 【漢印文字徵】

南嶽碑 【古文四聲韻】

◉許　慎　函舌也。象形。舌體𢎘𢎘。从𢎘。𢎘亦聲。胡男切。肣俗函从肉今。【說文解字卷七】

◉吳大澂　函。古函字。器中容物謂之函。緘其口使不能出也。隸書函臽二字形聲相近。義亦相類。函字重讀即臽。疑古文本一字也。【愙齋集古録第四册】

◉劉心源　函或釋臽。案説文函作函。明與此合。古刻函臽自通。見毛公鼎一。然函姓臽姓許印林讀臽為鹽為剡。不必一族。左襄十六年傳次於函氏。杜注。函氏許地姓。觽云。郡國志古有函氏國。後曰氏。此銘是也。【奇觚室吉金文述卷三】

◉王國維　象倒矢在函中。字見於此器及毛公鼎周娟敦周娟匜者。其中為倒矢形。殷虛卜辭中地名有字。作立矢形。亦即此字也。小篆函字由此譌變。殆即古文函字。古者盛矢之器有二種。皆倒載之。射時所用者為箙。矢括與笴之半皆露於外。以便於抽矢。諸字象之。藏矢所用者為函。則全矢皆藏其中。字象之。考工記函人為甲謂作矢函之人兼作甲。盛矢之函欲其堅而不穿。故與甲同工。亦猶輪人為蓋。旊人為簋。梓人為侯。車人為耒。數工相兼。不必甲有函名。後人因甲與函相類。又為函人所作。遂呼甲為函。非其朔矣。函本藏矢之器。引申而為他容器之名。周禮伊耆氏共其杖咸。鄭注。咸讀為函。故函者舍也。咸也。緘也。象函形。𠃌其緘處。且所以持也。矢在函中有臽義。又與臽同音。故古文假為臽字。毛公鼎勿以乃辟□于囏。吳氏式芬釋臽。此敦□字亦然。逸周書祭公解我惟不以我辟險於難。則又借險為臽。函臽險三字皆同聲也。周娟敦周娟匜之□皇父。其女嫁於周故稱周娟。然則皇父即詩之皇父卿士。周娟即詩之艷妻。艷妻。漢書谷永傳引作閻妻。詩疏引中候擿洛戒作剡。而彝器作□。艷閻函剡四字亦同聲也。然則□字之為陷字之假借無疑。諸家釋是也。【不嬰敦蓋銘考釋 王國維遺書】

◉林義光 □圅談韻 中象舌理。つ象舌後縣雍垂之形。【文源卷一】

◉高田忠周 許意收於马部。以為舌在口中嘾含之謂也。然依古文。此說非是。函字元有二。一則从马从囟。其義舌也。字入囟部。囟即西字。詳見西部。一則此篆是也。其義即匵匵之類也。今分別歸於壹是。魯語。使求得之金櫝矢圅也。此字當作圅。作函者為叚借字也。圅是含藏弓矢之器。故字从矢。○以象其形。猶箙韇之韇作□。□以象其形之類。元是含藏之器。故从马。形聲以包會意。此马引伸叚借也。即為造字時之叚借。此叚借之正例也。韇者盛矢與弓。故其形不得不大也。故字从匵象形。圅唯盛矢。形當小於韇。故象形如此。然則。函字形音義甚顯。若謂為舌義。經傳無可徵據矣。【古籀篇八十八】

◉馬叙倫 鈕樹玉曰。繫傳作舌體马马亦聲。嚴可均曰。马亦聲下當有一曰口裏肉也。詩行葦釋文。引。圅。舌也。又云。口裏肉也。徐灝曰。口下曰函。謂舌之下鬻齒以肉也。此以马為象舌形而訓函為舌。似非許意。陸氏引說文函。舌也又云。口裏肉也。可證也。蓋原本妄增舌也之訓。猶存口裏肉也四字。今本則併刪之矣。函以口内言。顄則謂口旁頤。商承祚曰。吳大澂說。器中容物謂之圅。緘其口使不能出也。圅皇父敢作□。毛公鼎作□。皆從矢。圅本矢服。復引申而為凡能容物皆謂之圅。許君訓舌。殆非也。倫按圅。服。孟子。矢人豈不仁於圅人哉可證。然倫謂矢服之圅。初文實作□。象形。西弗生甗□字。孫詒讓釋臽。又以為是圅非臽。倫謂從土□聲。乃埳之聲同侵類轉注字。本書無埳。而閻之重文作壛。實從門埳聲也。其所從得聲之□。即圅之象形文。□以容物。马以容華。蓋語原同矣。復以疑於包裹之包字作○者。加矢以定之。是實不從菡之初文得義或聲也。舌也者。許不知圅為矢服。而以圅囟形音竝近。且囟之語原或亦與马同。古讀圅舌皆音同。故訓舌也。然今說解中曰象形。則是不從马矣。又以之入於马部。故增之曰。舌體马马從马。又以圅马同聲。又增之曰。马亦聲。其繚繞如此。蓋非許原文矣。陸引口裏肉也即校語。口裏肉乃腭字義。腭為谷之轉注字也。校者以圅非舌。而圅腭雙聲。故注曰。一曰口裏肉也。傳寫譌入正文。今併此失之耳。此當立□為部首而内之。如今篆則為從矢○聲。當入矢部。或此從马□聲。為马之轉注字。甲文作□□□。

𢎘 𢎘

於　段玉裁曰。今聲。倫按此與圅異字。蓋顱或谷之轉注字也。【說文解字六書疏證卷十三】

𢎘 祀三公山碑　由是之來　說文商書曰若顛木之有𢎘枿古文言由枿徐鍇曰說文無由字今尚書只作由枿蓋古文省马【石刻篆文編】

◉許　慎　𢎘木生條也。从马。由聲。商書曰。若顛木之有𢎘枿。古文言由枿。徐鍇曰。說文無由字。今尚書只作枿。蓋古文省马。而後人因省之。通用為因由等字。从马上象枝條華圅之形。臣鉉等案。孔安國注尚書直訓由作用也。用枿之語不通。以州切。【說文解字卷七】

◉馬叙倫　徐鍇曰。說文無由字。鈕樹玉曰。廣韻引生上無木字。書上無商字。朱士端曰。古文言由枿。小徐本無之。此校語。本書木部櫱下引書作𢎘櫱。又列古文作梓。此引作枿。說文無枿。當為梓譌。林師望曰。古文言由枿者。商書之古文。非謂大篆之古文也。倫按马是花之未發者。𢎘從马。安得訓生條也。倫謂此马之轉注字。马由匣紐轉曉而入喻紐四等為𢎘。又由即甶字。甶為缶之初文。缶音非紐。非與喻四同為次清摩擦音。是猶氾從马得聲而音入敷紐矣。木生條也者。即條字義。條從攸得聲。攸音亦喻四也。書借𢎘為條耳。爾雅釋木。柚。條。艸部苗蓧轉注。皆可證。此非本訓。或字出字林。【說文解字六書疏證卷十三】

◉戴家祥　𢎘字从曲、从丂，字書所無，考魏《三體石經・君奭》殘石「我廸(今本《尚書》作道)惟寧王德延(當作征)」，篆文廸作廸，古文作𢓊，偏旁由字與𢎘字上部近似。許叔重云：「秦始皇帝初兼天下，丞相李斯乃奏同之，罷其不與秦文合者。斯作《倉頡篇》，中車府令趙高作《爰歷篇》，大史令胡母敬作《博學篇》，皆取《史籀》大篆，或頗省改，所謂小篆者也。」(《說文解字》自叙)。今觀籀文𧬈，小篆作讋(《三篇・言部》)，籀文敭，小篆作敗(《三篇・攴部》)，籀文䵟，小篆作副(《四篇・刀部》)，籀文𥢶，小篆作秦(《七篇・禾部》)，籀文𧟌，小篆作襲(《八篇・衣部》)，籀文𣣔，小篆作㰹(《八篇・欠部》)，即所謂小篆或頗省改者也。以是而知金文𢎘，殆即小篆省改之𢎘字。《說文》「𢎘，木生條也。从甶，由聲。《商書》若顛木之有𢎘枿，古文言由枿」(《七篇・马部》)，今《商書・盤庚・上篇》作「若顛木之有由蘖」。按《說文》隸屬《马部》之字若「圅」，訓舌也，金文卜辭作㔾，象倒矢在函中。藏矢所用者為函，㔾象函形，㔾其緘處，且所以持也(略本静安先生《不𡢁簋蓋銘考釋》)，既不象舌形，亦不从马。再如「甬」訓「艸木華甬甬然也。从马，用聲」，金文作甬，上象鐘懸，下象鐘體，中二横劃象鐘帶(本楊樹達《積微居金文餘説自序》)，既不象艸木華，亦不从马。《玉篇・一七九》𢎘讀弋周切」，《唐韻》「以周切」喻母幽部，丂讀「苦浩切」，溪母幽部，韻同聲異，甹之从丂，同部注音字也。大徐马讀「乎感切」曉母侵部。古代牙音見溪兩紐，每與喉音曉匣兩紐混淆。侵部幽部，又是陰陽對轉。《毛公鼎》甹作粤，變从丂為从可，《多父盤》「眉壽可使」，可作丂（本强運開《説文古籀三補》），《叔角父簋》「皇考」作皇考，考亦从可。可讀「肯我切」，溪母歌部，丂可同母更旁字也。以是而知甹粤兩字仍當讀由。《方言・卷六》「胥由，輔也」。吴越曰胥，燕之北鄙曰由。《廣雅・釋詁》「由，助也」。《番生簋》云「甹王位」，《毛公鼎》云「粤朕位」，字當訓助，《商書・盤庚上》「由乃在位，以常舊服正法度」（楊筠如《尚書覈詁》云：「乃，疑當作厥，古金文乃厥形近易誤」），詞例與此相近。

加旁从辵，其義為道。《説文・二篇》「迪，道也。从辵由聲」。《古文四聲韻・入聲・十九錫》「油迪同字，油迪俱从由聲，故迪亦通由」。《大戴禮記・文王官人篇》「喜色由然以生」，盧植注：「由，當為迪。」《漢書・揚子雲傳》「蠢迪檢押」，顔師古云：「迪與由同義，今言日則曰由迪。」大徐迪油俱讀「徒歷切」定母支部，《集韻・入聲・二沃》油音「徒沃切」定母宵部，《廣韻》由讀「以周切」喻母幽部，古音喻母四等歸入定紐，已為聲韻學家所證實，幽部韻位第二，宵部第三，故迪油兩字亦得通由。《周書・多方》「不克終日勸于帝之迪」，陸德明《釋文》云：迪，「馬本作攸。」《唐韻》攸讀「以周切」，不但與由同母，而且同部。同聲通假，由亦作猶，同猷。《左傳》莊公十四年「猶有妖乎？」孔穎達《正義》云：「古者由猶二字義得通用。」《孟子・公孫丑・上》「欲齊王，由反手也」，《離婁下》「我由未免為鄉人也」，孫奭《音義》引丁音：「由當為猶。」《荀子・富國篇》「由將不足以勉也」，楊倞注：「由與猶同。」迪从由聲，故迪猷兩字義皆為道。《方言・卷三》：「裕猷，道也。東齊曰裕，或曰猷。」《唐韻》裕讀「羊戍切」，喻母侯部，宵侯韻近，故裕亦通猷。《爾雅・釋宫》：「路、場、猷，行道也。」道與路，異字同義，故仲由字子路（《史記・仲尼弟子列傳》，孟子曰：「惟君子能由是路」《萬章下》）。

《牆盤》銘文云「故文王初盭和于政，上帝降懿德大甹」，懿德（《易・小畜》「君子以懿文德」，虞翻注：「懿，美也。」）大甹，乃動詞「降」字之下兩個名詞短語，甹讀猷，《小雅・小旻》「匪先民是程，匪大猶是經」。又《巧言》云「秩秩大猷，聖入莫之」，毛傳俱訓「大道」。班固《幽通賦》「漠先聖之大猷兮」，曹大家注：「猷，道也。」

猷迪聲同字通，義皆為道，《大雅・桑柔》云「弗求弗迪」，弗迪當讀「不迪」，猶言不道。《毛傳》《鄭箋》訓「進」，非是。《周書・牧誓》斥紂之罪云：「昏棄厥遺王父母弟，不迪。」《史記・周本紀》作「昏棄其家國，遺其王父母弟不用」。「不迪」，乃概括上述諸罪行而言，應自為句。《禮記・緇衣》「刑之不迪」，鄭注：「迪，道也。」《康誥》云：「矧今民罔迪不適。不迪，則罔政在厥邦。」《偽孔傳》云：「況今民無道不之，言從教也。不以道訓之，則無善政在其國。」按《論語・子罕篇》云：「可與共學，未可適道。」《淮南子・氾論訓》云：「未可以適道也。」《廣雅・釋詁・一》：「適，善也。」可為偽孔添一佐證。「罔迪不適」、「未可適道」，其義一也。《雒誥》云：「公功棐廸，篤罔不若時。」《偽孔傳》不知棐廸即不廸（《吕刑》明明棐常，《墨子尚賢·中》引作不常），釋為「公之功輔道我已厚矣」，竟讀至下文「篤」字為句，則於文義難通矣。今以金文《詩》、《書》彼此互證，知「大猷」、「不廸」均古代政治成語，金文作□，詩書作廸，聲讀可通，義恰相會。

薛尚功釋□為聘（《歷代鐘鼎彝器款識法帖》卷六），徐同柏釋甹，讀荓（《從古堂款識學》卷十六）。劉心源（《奇觚室吉金文述》卷二）、吴大澂（《愙齋集古録》四册）從之。孫詒讓初釋謣（《古籀拾遺》卷下《毛公鼎釋文》），後又云：「謣字義無考，改釋甹，讀若亭，言定朕位也。」（《籀廎述林》卷七《毛公鼎釋文》）郭沫若云：「仍當以釋謣為是，假為屏，《左傳》哀公十六年『旻天不弔，不憖遺一老，俾屏予一人以在位』，與此相近」云云（《兩周金文辭大系圖録考釋》廿二頁），皆主觀武斷，不可信也。【金文□字説　華東師範大學學報一九九〇年第二期】

甬　楊樹達云銿鐘為一字甬為二字之象形初文又孳乳為筩　彔伯簋　金甬郭沫若謂輿服志乘輿龍首銜軛左右吉陽筩又凡轓車以上軛皆有吉陽筩筩即此吉陽謂吉祥也　吴方彝　師兑簋　毛公厝鼎　師克盨　孳乳為勇　庳壺　公曰甬=

【金文編】

166　267【包山楚簡文字編】

甬　日甲一三　通桶　斗—　秦一九四　效三　三例【睡虎地秦簡文字編】

◉許　慎　甬艸木華甬甬然也。从马。用聲。余隴切。【説文解字卷七】

◉徐同柏　（甬）字作甬。説文。釭。車轂口鐵也。釋名。釭。空也。其中空也。甬乃鐘柄。釭形佀之。故假甬為釭。【周毛公鼎　從古堂款識學卷十六】

◉劉心源　金甬余向目為鐘。説文鐘或作銿。然古刻凡言金甬者皆車上物。案。説文。甬。艸木華甬甬然也。金甬當是羽葆之類。【毛公鼎　奇觚室吉金文述卷二】

◉林義光　古作甬頌鼎。作甬頌壺並通字偏旁。不从马。甬為量名。从□省□量之本字、見良量各條。或作甬師兑敦。【文源卷

十一】

◉高田忠周　説文。甬艸木華甬甬然也。从乃用聲。轉義。考工梟氏。舞上謂之甬。注。鐘柄。此本義之轉也。艸木之華甬甬然下垂。與鐘有柄而懸簴。其狀相似也。但如銘意。疑謂馬具車具之類。必為叚借字也。或云。用為鏞。鏞即鐘字也。如劉心源云。甬合下金為鏞字皆非。愚謂此甬疑釭之叚借。古音用工同部。甬釭亦當通用也。説文釭。車轂中鐵也。从金工聲。鐵造之金鍍之。故偁金釭。【古籀篇八十八】

◉馬叙倫　徐灝曰。此當以鐘甬為本義。考工記。梟氏為鐘。舞上謂之甬。鄭云。鐘柄。灝按甬古篆作甬。上出者象鐘柄。用本古鏞字。象形。倫按用為庸墉之初文。已見用下。甬字毛公鼎作甬。師兑敦作甬。金文率如此。無作甬者。甬為乃甹之轉注字。古讀用如庸。庸音喻紐四等。故甬音亦喻四而與甹雙聲也。菡萏疊韻。以餤餤作庸庸閻職作庸職例之。是甬亦乃之轉注字矣。艸木七字非本訓。或字出字林。【説文解字六書疏證卷十三】

◉郭沫若　「金甬趞衡」——徐讀甬為釭，云「説文『釭車轂口鐵也』，釋名『釭，空也，其中空也』，甬迺鐘柄，釭形似之，故假甬為釭。」今案此説似是而寔非。觀諸器銘之言「金甬」者，均與軛衡及其附屬物相連帶，本鼎言「右厄，畫轉畫轄，金甬趞衡」，彔伯毀言「金甬畫轄，金厄畫轉」，吴彝言「畫轉金甬」，𡩜盨言「畫轄金甬」——衡者輈今言車柄端之横木，轄者伏兔下之革帶，伏兔在車下，車輈衔軸之處。後端縛於軸，前端縛於衡，厄在衡上所以叉馬頸，轉通作轉，厄之裹也。——轉轄均附屬於軛衡之物，則「金甬」亦必屬於軛衡，斷不至於軛衡諸物中而突閒以轂口之鐵。故徐説決非。然則「金甬」當為何物？曰，續漢書輿服志所屢見之「吉陽筩」者，是也。志曰「乘輿：龍首銜軛，左右吉陽筩鸞雀立衡」，又曰「六百石以上施車轓，得銅五末五粲，軛有吉陽筩」，又曰「凡轓車以上軛皆有吉陽筩」。據此，可知「吉陽筩」乃施於軛上之物，左右各一。然此究為何物舊注無説。余謂「吉陽」當即吉祥，「筩」當即説文鐘下重文之鏞。「吉祥鏞」殆謂鸞鈴（今傳世有漢牛馬鈴，多書吉宜字，器甚小，疑即此類）。觀續漢志於「乘輿左右吉陽筩」之下即著以「鸞雀立衡」，於公侯大夫之車則否，可知天子之車於衡上，立鸞雀，即以鸞雀銜其鈴，公侯大夫之車則僅繫鈴而不著鸞雀。彝銘之「金甬」，有鸞與否不得而知，然其為金鈴金鐘，則毫無可疑。【毛公鼎之年代　金文叢考】

◉楊樹達　乃訓艸木之華未發圅然，許以甬从乃，故以艸木華甬甬然為説，乃傅合為之，非正義也。尋金文毛公鼎吴尊師兑毀彔伯𢦚毀甬字皆作甬，文不从乃，足知許説之非矣。愚謂甬象鐘形，乃鐘字之初文也。知者：甬字形上象鐘懸，下象鐘體，中横畫象鐘帶，此字形可證者一也。説文十四篇上金部云：「鐘，樂鐘也，秋分之音，物種成，从金，童聲。」或作鏞，云：「鐘或从甬。」今推尋文字孳乳之次第，甬為純象形文，初字也；於象形字加義旁金而為鏞，後起之字也；最後字為鐘，从金，童聲，則純形聲字矣。許以物種成説鐘字之源，乃附會之説，不足據也。三篇下鬲部云：「鬲，鼎屬，實五觳，象腹交文，三足。」或作鬴，又作歷。按鬲為純象形文，鬴為加義旁字，歷則純形聲字也。甬鏞鐘三形之孳乳，與鬲字正同，許君知鬲鬴歷三文為一字，而不知甬鏞鐘三文之為一字，則明於彼而闇於此也。此以或體推求文字孳乳之次第可證者二也。考工記云：「鳧氏為鐘，兩欒謂之銑，銑間謂之于，于上謂之鼓，鼓上謂之鉦，鉦上謂之舞，舞上謂之甬，甬上謂之衡。」鄭注謂于鼓鉦舞四者為鐘體，甬衡二者為鐘柄。按甬本是鐘，乃後人用字變遷，縮小其義為鐘柄，雖與始造字之義範圍廣狹不同，而事屬樂鐘，絶無疑義，決非如許君艸木華甬甬然之説。此以古書傳記之用字可以旁推者三也。鐘形狹而長，甬字象之，故凡甬聲之字，其物多具狹長之狀。釋名釋山云：「山旁隴閒曰涌，涌猶桶，桶狹而長也。」按劉成國釋名一書，為吾國專説語源最古之書，甚為可貴。惜其所説往往失之皮傅，不盡可依，獨此義甚為精諦。如其説，涌桶以狹長受名，固矣。更依其説廣求之，五篇上竹部云：「筩，斷竹也，从竹，甬聲。」十三篇上虫部云：「蛹，繭蟲也，从虫，甬聲。」按筩與蛹不惟狹長，其形圓，尤與鐘形相似。此以甬聲之孳乳字可證甬之為鐘者四也。

字之具狹長義者，不惟甬聲之字為然也，同聲之字亦然，同與甬古音近也。五篇上竹部云：「筒，通簫也，从竹，同聲。」十二篇下女部云：「姛，直項貌，从女，同聲。」按器之通簫，人之直項，為狀皆狹而長者也。二篇下行部云：「衕，通街也，从行，同聲。」按衕亦狹長，與釋名所稱山旁隴間曰涌者尤相類也。

此文成後，余讀宋薛尚功鐘鼎彝器款識，其書卷一載商鐘第四器，銘文有甬字，薛氏釋為鐘。然則甬為古鐘字，宋人已有知之矣。【釋甬　積微居小學述林】

◉李純一　甬字金文多作[glyph]或[glyph]，然較早之《頌鼎》、《頌簋》、《頌壺》之通字作[glyph]，據此可知，甬字本作[glyph]，[glyph]、[glyph]乃其訛變。[glyph]上所加之○、⊖，蓋象斷竹或由其制成器物之口，是其本義仍為斷竹或由其制成之器。後因用之以稱筩狀鐘柄（商鐘鐘柄皆中空如筩）之義日行，乃另造筩字以區別之。其所加之竹頭，乃表明斷竹或由其制成器物之本質或質料。至於鐘字之别作為鏞，乃表明此甬乃由金屬制成之樂器的甬，可視為甬之本義猶為未盡失之一例，或鏞之異體。【試釋用庸甬並試論鐘名之演變　考古一九六四年第六期】

◉高鴻縉　甬為鐘柄。从[glyph]象形。非文字。用聲。徐灝曰。此當以鐘甬為本意。考工記鳧氏。舞上謂之甬。鄭云。鐘柄是也。【字例五篇】

◉李孝定　楊樹達氏以甬為鐘之初文，其説確不可易。竊疑「用」與「甬」為同字，其别在有柄無柄，施行義乃假借。【金文詁林讀後記卷七】

◉曾憲通 𤰃民勿甬 乙一一・一〇 按甬借為用。甬、用二字形近音同，楚器常見通用，如曾姬無卹壺「甬乍宗彝尊壺」、「後嗣甬之」，兩甬字俱讀作用，與帛書同。【長沙楚帛書文字編】

𢎘 𢎘

◉許 慎 𢎘艸木马盛也。从二马。胡先切。【說文解字卷七】

◉馬叙倫 吴穎芳曰。二马故言盛。重马為𢎘。音應近㔾。𣐺為弓聲。聲不離马。定是覃談部中音。不應入先仙部。胡先切者。胡无切之譌。讀若马。猶夆余例也。鈕樹玉曰。玉篇。草木盛。廣韻無。徐灝曰。繫傳注馬本俱無此篆。弓蓋马重文。倫按𣐺下徐鍇曰。弓即马字也。是鍇本原無弓字也。弓音如吴説。蓋马之異文。【說文解字六書疏證卷十三】

東 𣐺

𣐺 東 𩰫料盆 𩰫料東所寺 【金文編】

𣐺 東平南切 【汗簡】

◉許 慎 𣐺木垂華實。从木马。马亦聲。凡東之屬皆从東。胡感切。【說文解字卷七】

◉馬叙倫 鈕樹玉曰。玉篇引作草木垂華實。廣韻無。嚴可均曰。小徐末有闕字。蓋闕反切。王筠曰。玉篇引有草字。非也。字從木。不必言艸。馮振心曰。㔾𢎘𣐺同字。由㔾變𢎘。猶由屮變艸。由𢎘變𣐺。則遞增偏傍。取意明顯也。倫按此马之異文。而可證明𢎘為马之異文。倫謂象形文本作[glyph]。從木。象枝上有菡萏也。指事。爾雅釋艸。樓。𣛕。含。䆁。荂也。錢大昕謂樓即樗之異文。讀若䆁。故與䆁同訓。説文马讀若含。故以含為㔾。𣛕則東之譌。倫謂錢説是也。爾雅以樓東含䆁同訓荂。是㔾東皆止言䆁而不及實。東音胡感切。固或由後人以马音音之。然東音自與马同也。唯艸之華未發亦菡然。則增木為漏矣。蓋由马之象形文變為篆文。與己已字相混。故增木以別之。木垂華實非本義。蓋字林文。字林之訓每如此。且艸部有草名。亦字林訓也。如今篆當為從木弓聲。【說文解字六書疏證卷十三】

◉楊樹達 西方曰𣐺，風曰彝，前中央研究院十三次發掘甲骨則云西方曰彝，與善齋所藏甲文異。胡君以院掘甲文為是，余謂善齋藏甲文作𣐺者是也。

𣐺字胡君云字不識，按確是東字。説文七篇上東部云：「東，艸木垂華實也，从木马，马亦聲。」説文東部只收二字，一為𣐺，一為𩏂，甲文皆有其字。按堯典言平秩西成，宵中星虛，以殷仲秋，蓋西為秋方。草木斂實，故殷人名其神為東也。至堯典云：厥民夷，山海經亦言有人名曰石夷，作夷字者，朿為少見之字，隸書與夷極相似，故傳寫誤作夷也。必知彝夷為誤文者，如字果作彝夷，義與草木無關，乃與東方之析，南方之莢，北方之宛，全不相類，故知其誤也。【甲骨文中之四方風名與神名 積微居甲文說】

◉裘錫圭 《國語》說「故長夷則之上宮，名之曰羽」，「以無射之上宮布憲施舍于百姓，故謂之嬴亂」。夷則和無射之間也隔一個律。對比這個關係，鐘銘中與「羽」相當的律名，應是比「嬴孠」低二律的「音」。這個律名有時寫作「音」，應是朿的變體。《說文》的「⿰東韋」字，甲骨文或作「椲」（《殷契粹編》1281），鐘銘的朿大概就是「朿」字。「朿」（胡感切）、「函」古音極近，有可能應該讀為「函」，《國語》的「羽」則是「函」的形近訛字。《周禮·春官·大司樂》把夾鐘稱為圜鐘，林鐘稱為函鐘。「圜」、「亘」古音極近，圜鐘應該就是亘鐘的另一種寫法。但是從音律地位上看，亘鐘相當于姑洗，圜鐘（即夾鐘）是它的陰律，即比亘鐘低一個律。音相當于夷則，函鐘（即林鐘）也比它低一個律，這似乎可以作為當讀「函」的一個旁證。【談談隨縣曾侯乙墓的文字資料 文物一九七九年第七期】

◉徐中舒 一期 乙六五三三 一期 拾一三·一八 一期 合集一四二九四

從朩木從彡，象艸木垂實之形。或省作丰、。【甲骨文字典卷七】

乙6298 6533 續3·26·3 3·27·1 粹1281 新4316 新520 前7·6·4 佚628

續存19 前6·1·8 【續甲骨文編】

◉許 慎 ⿰東韋束也。从東。韋聲。徐鍇曰。言束之象木華實之相累也。于非切。【說文解字卷七】

◉王國維 三字疑即《說文》「⿰東韋」字，許君云束也，皆象束縛之形。《前編》四第四十三頁有字，亦即此字。【觀堂書札 中國歷史文獻研究集刊第一集】

◉馬叙倫 王筠曰。束也似東也之譌。蓋字從東韋聲。于非切。與㕡部韡從㕡韋聲于鬼切甚相似。恐是一字。若訓束也。則當從韋得義。何以在東部。走部趨字說曰。走也。入部内字說曰。入也。皆以部首為説解之例也。朱駿聲曰。疑即韡之或體。倫按二説皆是也。徐鍇曰。言束之象華實之相累也。疑鍇時東字未譌。鍇説中東字亦本作東。故曰。象華實之相累。⿰東韋為東之轉注字。東音匣紐。⿰東韋音喻紐三等。同為次濁摩擦音也。甲文作。從朩。聲。或乃朿之譌。金甲文朩

屮二形每相混也。又作𩎓。從朿。又作𡿺。從朿。蓋華乳固無定數。由此益明𠃌乃為一字矣。【説文解字六書疏證卷十三】

◉楊樹達　殷虚書契前編卷四肆貳葉陸版。云：

韢鳳，叀豚，又有大雨？

第一字殷虚書契類編卷柒柒葉。記王靜安釋韢，是也。按説文七篇下朿部云：「韢，朿也。从朿，韋聲。」于非切。鳳字甲文恆假為風，依説文之訓，朿風義不可通。余謂：韢風者，西方之風也。知者，劉體智所藏甲骨片云：

東方曰析，鳳曰劦。

南方曰夾，鳳曰㞷。

西方曰朿，鳳曰彝。

△△北方曰△，鳳曰㲋。

此四事皆見山海經，胡厚宣曾言之矣。按大荒西經云：

有人名曰石夷，來風曰韋，處西北隅以司日月長短。

此條與劉藏甲骨西方一則相當，甲骨言西方曰朿，山海經云石夷，書堯典亦云「厥民夷」者，朿字稀見，字形極似夷，故經傳皆誤為夷，余前撰甲骨文中之四方神名與風名已言之，山海經云「來風曰韋」，正此辭所謂韢鳳也。特甲骨用韋聲之韢，山海經則第用韋字耳。劉藏甲骨片曰「鳳曰彝」者，韋與彝同屬古韻微部字，以音近通假也。據劉藏甲骨片及山海經合觀之，韢鳳為西方之風，殆明確無疑矣。韢風叀豚又大雨者，將以豚為牲祀西方之風，貞問其有無大雨也。【釋韢鳳　積微居甲文説】

卣

甲二〇四〇　甲二三五四　乙一〇五　乙二二四　乙四〇〇九　乙二一四四　甲二七五二　乙七八三五　清暉一〇三　寧滬二・一〇　無想三四七　佚八〇一　甲一一三九　亦卣字説文系于乃部訓气行皃殆後起義今列為卣字重文　甲一二七六　甲二七九五　京津四二三四　掇一・三九六　寧滬三・二三二　前五・一七・三　前六・一五・五　前六・六一・七　戩二五・一〇　京都三〇一四　京津四三三四　或从皿

粹七九五 卣雨 乙六九〇七 乙七〇六四反 朱書 乙八〇七七 鐵一九三·四 前六·四一·五 後二·三九·一 林二·一一·四 戩二五·九 乙二〇五·三 河八一三 鐵六六·一 卣雨亦作 乃卣字別體 前四·一九·八 後二·三·九 林一·九·八 亦卣雨 林二·一一·三 不其卣雨 林二·二七·一四 粹四二九 乙二六五六 庫一五五九 中大三二 乙三三九〇 或从三卣與說文籀文同 乙三六六一 乙一五四六 从二卣 乙九〇〇 乙一一二一 後二·一七·一六 掇二·一八·七 【甲骨文編】

甲1139 1276 2752 乙105 6344 7835 佚801 續1·40·5 天32 外106

摭續60 新4235 乙900 1121 乙3390 3661 【續甲骨文編】

卣 經典作卣爾雅釋器卣中尊也書洛誥寧子以秬鬯二卣 孳乳為卣 盂鼎 錫女鬯一卣 吕壺 【金文編】

3·936 獨字 【古陶文字徵】

卣徒聊切 【汗簡】

汗簡 崔希裕纂古 【古文四聲韻】

◉許 慎 𠧪艸木實垂𠧪𠧪然。象形。凡𠧪之屬皆从𠧪。讀若調。徒遼切。籀文。三𠧪為𠧪。【說文解字卷七】

◉羅振玉 古金文作。作。卜辭或省丨。其文曰鬯六卣。故知為卣矣。【增訂殷虛書契考釋卷中】

◉王國維 卣字古文作盂鼎。作毛公鼎。作伯晨鼎。作彔伯敦及吴尊蓋。石鼓文逌字亦作。而殷虚卜辭盛鬯之卣則作殷虚書契前編卷一第十八葉。作同上卷六第四十一葉。戩壽堂所藏殷虚文字第二十五葉同。其辭曰鬯五知確為卣字矣。知所从之即之省。又知說文𧆨盧二字。一从由。一从𠙴。即與之變。實一字而繁簡異也。【釋由上 觀堂集林】

◉商承祚 王徵君說其初形當作。从皿。後作。乃从皿之省矣。

其作□者。以文觀之。亦是卣字。【殷虛文字類編第七】

◉高田忠周　石鼓文卤字作□。此篆亦為卤字明矣。……説文。𠧪草木實垂卤卤然。象形。讀若調。籀文作𠧬。三卤為卤。猶乃作从三乃作□也。又叚借為酒尊名。爾雅釋器。彝卣罍器也。注。盛酒尊。郝氏義疏。卣者詩秬鬯一卣。毛傳。卣器。左氏僖廿八年正義引李巡曰。卣。鬯之器也。然則。卣亦鬯器。以非祼時所用。故次於彝。鬯人曰廟用修。鄭注。脩讀曰卣。卣中尊。司尊彝釋文。卣本亦作攸。然則。攸與脩皆卣之通借矣。此等卣字。皆卤誤文。金文秬鬯一卤。字正作卤可證。【古籀篇八十八】

◉余永梁　□鐵雲藏龜六十六葉　□龜甲獸骨卷二十一葉

此亦卤字。杞伯㿿□字王先生疑卤字。今案與此第一字正合。卜辭已有杞國。則其文字相承自有由也。卜辭文曰「不卤雨。」卤與攸古通。【殷虛文字續考　國學論叢一卷四期】

◉馬叙倫　王筠曰。篆蓋本作𠧪。上其蒂也。下則外為實之輪廓。内為實之文理也。詩書爾雅皆有卣字。而説文無之。似即卤之變文。卤讀若調。乃部卤從卤而讀若攸。廣韻或作逌。是其比也。徐灝曰。卤者。艸木實之通名。故栗粟皆從之。𠧪象形。羅振玉曰。爾雅釋器。彝。卣。罍。器也。説文無卣字。其字當作卣。或借用逌攸脩。考卣即説文卤字。卤即卣之譌。説文乃部之卤。卤部之㮚。考之古金石刻。並從卣。不作卤。石鼓文中逌𣡌字可證。他金文亦然。從無作卤者。卣字象艸木實下垂卤卤然。中從土。象果實坼文。而借為尊卣字。卤讀若調者。此調字當如詩惄如調飢之調。讀若周。不當讀徒遼切。劉秀生曰。此條理之條本字。條從攸聲。在定紐蕭部。調從周聲。亦在定紐蕭部。故卤得讀若調。乃部。卤。從乃。卤聲。讀若攸。見部。覷。從見。卤聲。讀若攸。目部。脩。從目。攸聲。或從目丩聲作䏓。木部。稠。從木。周聲。讀若丩。是其證。倫按艸木實即果也。然如説解則卤是形容艸木實垂卤卤然之詞。如僅作卤字。止象艸木實。則何以見其象艸木實垂卤卤然。明此非本訓矣。卤為栗實。本作□。象形。變為篆文。乃成卤耳。讀若調者。蓋校者不知其為栗之初文。而以逌字形誤為卤。説解作卤聲。讀若攸。故為此音。或栗音來紐。古讀歸泥。調音定紐。定泥同為舌尖前音。音或轉為調耶。詩生民。實穎實栗。傳。其實栗栗然。朱駿聲謂栗栗然下垂之皃。倫謂栗次於穎。穎為禾末。是栗所以形容穎也。以栗韻好。則是卤音也。又東山。烝在栗新。韓詩作蔾薪。蔾栗雙聲。蔾卤疊韻。亦同為舌尖前音。是皆栗卤一字之證。説解本以聲訓。今捝。存者蓋字林文。【説文解字六書疏證卷十三】

◉唐　蘭　盧即卤字。盧雨疑與□雨鐵·六四·一。同。□當釋卣。卤卣並假為脩。周禮鬯人「廟用脩」。脩即卣也。脩。長也。

久也。蓋謂雨之繇長者。[glyph]字卜辭多作[glyph]鐵・六六・一。前人未識。蓋字形譌變也。

酉與卣聲相近。爾雅「卣中尊也」。然則卣是尊之屬。其字形當與酉之作[glyph]者相近。卜辭[glyph][glyph]諸形與尊形略同而為平底。緑彝云。「𨛫[glyph]。」又正讀為卣。則[glyph]即象卣形無疑。余意卣之有提梁者後世之製。其原形當如瓦罐或以繩約其頸。則提梁所自仿也。如瓦罐而較長變為[glyph]形。則銅器中罍卣一類之型式也。後世卣既有提梁而卣字作[glyph]者。卜辭或增飾而為[glyph]。小變為[glyph]。則與𠧪相似。及殷末遂叚𠧪為之。而字形與器懸隔矣。卜辭倉字作[glyph]。通纂別二・八・八。其中所象即卣形。而上下有覆載之器。卣之為倉猶酉之為尊。漢後陶倉今猶多存者。其形正作[glyph]。是卣之原形。尚可籍以考見也。

【天壤閣甲骨文存考釋】

◉于省吾　甲骨文𥁕字習見，作[glyph]或[glyph]，也省作[glyph]。金文作[glyph]或[glyph]，典籍作卣，說文作𠧪。羅振玉釋卣：「……卣字遂有𠧪、卣二形，其實並𠧪之譌變也。」這是對的。甲骨文𥁕雨之𥁕作[glyph]或[glyph]，又變作[glyph]、[glyph]，均是从皿卣聲的形聲字。甲骨文𥁕雨之貞習見，例如：

一、癸丑卜，亘貞，亦𥁕雨（庫一五五九）。

二、貞，亦𥁕雨○貞，不亦𥁕雨（林一・九・八）。

三、貞，今夕其亦𥁕雨（天一九甲）。

四、今夕不亦𥁕雨（藏一九三・四）。

五、貞，亦𥁕雨（林二・二七・一四）。

六、辛子卜，今十二月亦𥁕□雨（林二・一一・四）。

唐蘭同志謂：「𠧪雨疑與[glyph]雨同。[glyph]當釋卣。𠧪卣並叚為攸，攸長也，久也，蓋謂雨之繇長者。」（天考一九）按唐說非是。說文：「𠧪，艸木實垂𠧪𠧪然，象形。讀若調。」按𠧪之讀若調，猶說文莜从攸聲而唐韻音「徒弔切」（論語微子莜作蓧）。又說文凡謂某字讀若某，有的是擬其音，無須舉例。有的是表明兩個字可以通借，如丰讀若介，典籍作介為丰；勼讀若鳩，典籍借鳩為勼，勢讀若豪，典籍借豪為勢。這樣的例子還很多，不煩備列。依據上述，則甲骨文的𥁕雨應讀作調雨。典籍中多訓調為和。調和之雨，與雨之為災害而稱「茲雨隹年囚（咎）」（京都一六四）和「茲雨氏（致）鼓」（京津四七四）者顯然不同。

總之，甲骨文𥁕字說文譌作𠧪，讀𥁕為調，訓調雨為調和之雨，在形音義上都是符合的。【釋𥁕雨　甲骨文字釋林】

◉劉昭瑞　卣為盛酒器，器名定自宋人。卣字見于先秦文獻及西周金文，有「秬鬯一卣」的記載。文獻中或作攸、脩，是假借字，金文中卣字作等形。卣類器因从無自名卣的記載,又由于其用途和形制均與西周中、晚期常見的壺近似,所以自清末以來一些著作中把宋人定為卣的器稱為壺。近年在河南平頂山薛莊鄉北滍村一土坑竪穴墓中,出土1件卣,有獸首提梁,器身飾帶狀紋及勾連雷紋,為西周早期器,蓋上有銘文「𩰫作用壺」。壺字作,可知舊稱為卣的器物似應稱作壺。羅振玉《三代吉金文存》13·38·1著録的盂卣,器形見于省吾《雙劍誃吉金圖録》卷上32,為獸首提梁,素面無紋飾,屬西周早期。該器蓋上有三字銘文「作旅甾」。觀察器形,蓋非後配,甾當為該器自名。甲骨文、金文中多見此字,舊釋為甫。西周早期的御尊銘中「圃」字作,中所从也與盂卣蓋銘字同。甾即《説文》訓為種菜之圃的本字,即象植物生于田中,盂卣蓋銘的甾亦即甫字。甫與壺古音同在魚部,二字或可相通。「作旅甫」即「作旅壺」,則舊稱為卣的器物似應改稱作壺。【爵、尊、卣、鍪的定名和用途雜議 文物一九九一年第三期】

㮚

前二·一九·三 从鹵 前二·一九·四 林一·二八·一二 乙二七六二 不从卣象栗實之形 後二·一六·一三 【甲骨文編】

乙2762 佚392 【續甲骨文編】

257 【包山楚簡文字編】

0233 與説文古文形近 3100 3410 0160 0276 3101 【古璽文編】

栗當私印 栗舜 栗武聚 栗博 栗都 栗賞之印 栗長壽印 栗宮 栗宮印信 【漢印文字徵】

石碣乍邍 甲骨文作古鉥作 品式石經 咎繇謨寬而栗 説文古文作當據此正汗簡引尚書作㮚 石經文公 盟于汝栗 【石刻篆文編】

□栗 □上同 □栗【汗簡】

□古尚書 □ □ □竝籀韻 □古尚書 □說文 □唐韻【古文四聲韻】

◉許　慎　㮚木也。从木。其實下垂。故从卤。力質切。□古文㮚。从西。从二卤。徐巡說。木至西方戰㮚。【說文解字卷七】

◉王國維　段氏曰籀文卤从三卤。則籀文㮚亦當從三卤。玉篇云𣡌籀文。是也。疑許書本一古一籀並載。轉寫佚亂之。案。段說是也。石鼓文作㮚之㮚作□。古金文卤字亦多作□。盂鼎作□。皆所謂象艸木實垂者也。【史籀篇疏證】

◉羅振玉　段先生說是也。今鼓文正从三卣。與玉篇同。惟許書及玉篇譌卣為卤耳。予意許書之籀文作□。□下應有籀文㮚三字。其古文當作栗。注中从二卤三字殆是衍文。今隸㮚字从西木殆有所本。惟因推之㮚字亦作栗則譌耳。【石鼓文考釋】

◉羅振玉　□　說文解字。㮚古文作□。从西。石鼓文作□。與此畧同。案許書卤之籀文作𠧪。栗之籀文亦从𠧪。栗之古文从𠧪者。殆亦从𠧪之譌矣。【增訂殷虛書契考釋卷中】

◉王　襄　□　□古栗字。【簠室殷契類纂正編卷七】

◉葉玉森　□疑亦栗字。□象栗實。外刺毛形。其體物尤肖。【殷虛書契前編集釋卷二】

◉商承祚　石鼓文作□。古鉢作□。皆象有芒朿之果。非从下垂之卤也。【甲骨文字研究下編】

◉馬叙倫　鈕樹玉曰。韻會作卤木其實下垂也。翟云升曰。繫傳從木下有卤字。衍。當入木部。倫按栗木之實。不盡下垂。而桃柿之實亦多下垂。乃獨於栗字從卣。何也。倫謂卤栗實一字。栗之初文。本是從木而箸猬刺形之實。如甲文作□□也。當入木部。象形。如今文當作從木卤聲。其實七字校語。餘見卤下。石鼓作□。古鉩作□。

□　段玉裁曰。古文鍇本作籀文。今依大徐。籀文卤從三卤。則籀文亦當從三卤。玉篇曰。𣡌。籀文。是也。疑許書本一古一籀竝載。轉寫佚亂之。徐巡說者。後漢書杜林傳。濟南徐巡始師事衛宏。後更受林學。林於西州得泰書古文尚書一卷。雖遭艱困。握持不離。徐衛能傳之。於是古文遂行。臧禮堂曰。巡說即釋尚書寬而栗之義。李澤蘭曰。藝文志。論語古二十一篇。出孔氏壁中。此即古論語說。徐巡受古文尚書。孔氏壁中古文栗皆作𣡌也。孔廣居曰。㮚。石鼓文作□。從三卤。象形。古文從西。即卤之譌也。西方戰栗之說可疑。羅振玉曰。石鼓文作□。與此略同。上文卤之籀文作𠧪。栗之古文亦從𠧪。栗之古文從𠧪者。殆亦從𠧪之譌矣。李杲曰。疑本從三卣。後人因徐說改。倫按甲文作。作者初文。此篆本作𠧪。而傳寫誤為𠧪。故徐有西方戰栗之說。今魏石經古文𠧪壞泐。其篆文作㮚。尚從西。則正以卣之初文形與卣近也。此從。蓋又後人改卣為也。徐巡說者。其古文尚書說也。從西以下校語。【說文解字六書疏證卷十三】

◉饒宗頤　壬子卜，争貞：王𠕋，隹㞢𡆥。(鐵六・三)

按辭云：「王𠕋」，丁山以為人名。說文栗在鹵部，其古文从西从二鹵。此字从大从二鹵，鹵與金文盂鼎作同。故「𠕋」字疑為从大从栗省，即戰栗本字。「王𠕋」者，謂「王戰慄」，故云「有𡆥」也。【殷代貞卜人物通考】

◉李孝定　栔文象木實有芒之形。以其形與鹵近。故篆誤从鹵。石鼓文直从三卣。字為小篆所本。按木名之栗从卣無義。若謂所从乃艸木實垂之鹵。則栔文明是象形。不得以會意說之。且木實下垂者不獨栗木為然。何以㮚獨从鹵。義亦難通。蓋从乃象實上有芒之形。篆从鹵乃形近而譌也。許說不可據。至其說古文栗字引徐巡說尤為望文之訓。羅氏謂是从𠧪之譌者是也。【甲骨文字集釋第七】

◉劉彬徽等　栗，栗字古文作𠐊，簡文作𣡗，為從栗字古文省。【包山楚簡】

㮚

後一・一八・一一　寧滬二・一〇六象栗粒之形彝栗　粹一五七四　後一・七・一〇栗其𥛚　佚五六三　鄴三下・四二・七【甲骨文編】

甲353　690　2779　3049　乙7701　7750　珠1178　佚563　摭續106　214　鄴三42・7　掇438　粹166　269　新4025　4039【續甲骨文編】

栗　說文所無　效二四　十一例　雜一四　三例　為二〇【睡虎地秦簡文字編】

5549　5550【古璽文編】

栗 鉦將粟印 米粟祭尊 粟子功 【漢印文字徵】

粟見尚書 粟見尚書 【汗簡】

古尚書 説文 崔希裕纂古 【古文四聲韻】

◉許　慎　嘉穀實也。从卤。从米。孔子曰。㮚之為言續也。相王切。籀文㮚。【説文解字卷七】

◉林義光　禾穗下垂如果實。故从卤米。【文源卷十】

◉商承祚　後編上第十八葉。此象手持黍之形。當為粟之初字。【殷虚文字類編卷七】

◉商承祚　外有艾刺之實也。以手治去之。乃為嘉禾嘉黍矣。【甲骨文字研究下編】

◉馬叙倫　翟云升曰。宜屬米部。倫按米部米下曰。粟實也。象禾實之形。則粟豈復有取艸木實卤卤然之卤或栗實之卤以會意之理。倫謂粟當從米聲。。散盤作。甲文作。或作。形與卤近。故譌為卤。猶粟之籀文從三卤之。而今譌其一卤為也。西粟音同心紐。是其塙證。許時字形已誤。故入之卤部。嘉穀實者。蓋字林文。許蓋訓續也。粟與穀皆穗之既采分為顆粒者之名。本朱駿聲説故廣雅釋言曰。粟。穀也。然粟與穀異者。穀是米之孚甲。即米殼也。粟是并穀與稃及米之名。故倫衡量知曰。穀未舂氶曰粟。米部粲下曰。稻重一𥝩。為粟二十斗。為米十斗。今農者謂未舂之穀二十斗。舂之得米十斗。以是知粟穀之異同。孔子曰以下校者加之。字見急就篇。【説文解字六書疏證卷十三】

◉金祖同　或作，鼎堂師釋酉，⊘予疑粟字，古文粟作㮚，从卤。玉篇：「卤，中尊器也。」正韻「云九切，音酉」，是與酉同聲同義。从米，應即㮚字。廣雅：「糶㮚穀也。」説文：「穬芒㮚也。」又周宜「倉人職掌㮚之出入」注：「九穀六米，别為書。」是㮚乃穀米之通稱，卜辭屢見「受㮚年」，卜諸穀也。「受黍年」，則祇卜黍，與諸穀種植異時也。説文：「黍，禾屬而黏者也，以大暑而種，故謂之黍。」又非其地不生，孟子：「夫貉五穀不生，惟黍生之。」故卜辭于黍于諸穀兩卜之。【殷契遺珠釋文】

乙九九二　乙四二二七　乙八二六七　前二・一五・三　前二・一五・四　前二・一五・五　前七・一四・一　後一・一五・一二　林二・二六・一六　明一七九四　金七八　粹七二　乙八二六七　从

四穗【甲骨文編】

乙8035　珠308　1182　粹72　卜573【續甲骨文編】

齊　齊且辛爵　齊史遊觶　齊史遊觚　齊卣　五年師旋簋　師寰簋　魯司徒仲齊簋

魯司徒仲齊盤　國名姜姓侯爵太公望之後康公十九年田和始為諸侯遷康公海濱二十六年康公卒田氏卒有齊國　齊侯鼎　齊侯盤

齊侯匜　齊侯壺　齊侯敦　歸父盤　國差罎　齊弔姬盤　齊陳曼匿　陳侯因資錞　者沪

鐘　十年陳侯午錞　陳侯午錞　陳侯午錞　屭羌鐘　大廣鎬　秦客王子齊之歲　鎗鎛　齊巫姜簋

从邑　曾侯乙鐘　孳乳為齎伯姜齎鬲【金文編】

3·328　蒒衢䜌面里𠃊齊　3·617　丘齊辛里之𠱾　3·619　丘齊辛匋左里敀亳區　3·620　丘齊辛里邾杏心

3·629　丘齊衢匋里𠃊　3·624　丘齊平里王閒　3·623　□齊辛里公孫綹　3·632　丘齊匋里王𠱾　3·635　丘齊匋

里𨚗　3·639　丘齊匋里安　5·290　右齊　5·291　獨字　陶文編　7·51　3·1326　獨字　陶文編

7·51　北大考古系藏　碧齊𢫏𢫏【古陶文字徵】

〔三九〕〔二〇〕〔三九〕〔六八〕〔一三〕〔六八〕〔三七〕〔三五〕〔五三〕

〔三五〕〔七四〕〔二〕〔二〕〔三七〕〔二〕〔二〕〔三六〕〔三七〕〔六八〕

〔六八〕〔二〕〔二〕〔四二〕〔二〕〔二五〕〔五三〕〔二五〕〔二二〕〔二

二〕〔一九〕〔三六〕【先秦貨幣文編】

刀大 齊夻化 魯濟 仝上 魯掖 仝上 魯濟 刀大 齊夻化 魯掖 仝上 魯濟 仝上 刀大
齊夻化 魯臨 仝上 魯濟 仝上 刀大 齊夻化 魯掖 仝上 魯濟 仝上 刀大 齊夻化 魯濟
仝上 仝上 刀大 齊夻化 魯濟 仝上 魯臨 仝上 魯掖 刀大 齊夻化 魯濟 仝上 魯海
仝上 刀大 齊夻化 魯濟 仝上 仝上 刀大 齊夻化 魯濟 刀大 齊之夻化 魯海 刀大
齊夻化 魯臨 刀大 齊之夻化 魯海 刀大 齊夻化 魯濟 刀大 齊夻化 魯濟 刀大 齊夻化 魯濟 刀
大 齊之夻化 魯掖 仝上 魯海 刀大 齊之夻化 魯海 刀大 齊夻化 魯濟 仝上 刀大 齊造邦張夻化
魯博 刀大 齊之夻化 魯博 仝上 刀大 齊造邦張夻化 魯博 刀大 齊之夻化 魯博 仝上 刀大
齊造邦張夻化 典八三八 仝上 典八三九 仝上 典八四〇 刀大 齊造邦張夻化 典八四一 仝上 典八四二
仝上 典八四三 刀大 齊造邦張夻化 典八四四 仝上 典八四七 仝上 典八五〇 刀大 齊造邦張夻化
典八五一 仝上 典八五四 仝上 典八五六 刀大 齊造邦張夻化 典八五八 仝上 典八六〇 仝上 典八
六二 刀大 齊造邦張夻化 典八六三 仝上 典八六五 仝上 典八六八 刀大 齊之夻化 典八七四 仝上
典八七二 仝上 典八七三 刀大 齊之夻化 典八七九 刀大 齊造邦張夻化 典八六四 刀大 齊夻化 典八九二
刀大 齊夻化 典八九五 刀大 齊夻化 典九〇二 仝上 典九〇五 刀大 齊夻化 典九一四 仝上 典九
一五 仝上 典九二二 刀大 齊夻化 典九四一 仝上 典九四五 仝上 典九三二 刀大 齊夻化 典九四
七 仝上 典九五七 仝上 典九六二 刀大 齊夻化 典九七二 仝上 典九七八 仝上 典九七九

刀大　齊造邦𨱅夻化　亞六・二　仝上　仝上　亞・六・三　刀大　齊造邦𨱅夻化　亞六・五　刀大　齊夻化　亞六・六　仝上　亞六・七　刀大　齊夻化　亞六・八　仝上　仝上　亞六・九　刀大　齊之夻化　亞六・一三

仝上　仝上　亞六・一四　刀大　齊之夻化　布空大　齊川釿　豫洛　按古鉨公孫齊作。𥳑齊作。形與此同。

仝上　布空大　齊川釿　歷博　仝上　亞二・一二四　仝上　布空大　齊川釿　亞二・一二四　仝上　典八一五　仝上　典八一六　【古幣文編】

7　89　142　【包山楚簡文字編】

齊　封六六　六例　通𩆄　雨—　日甲三三　日甲八二背　【睡虎地秦簡文字編】

2511　1597　3847　0608　【古璽文編】

齊郡太守章　齊內史印　齊食官丞　齊尊之印　萬齊私印　齊成私印　李鉗齊印　傅齊臣

靳嬰齊印　齊曼方印　齊順之印　齊乇平　齊調　蓋齊　上官齊印　鄧齊　齊安之印

焦嬰齊　魚嬰齊　齊荆之印　王何齊印　定齊　高齊　王齊印　壺齊　張齊　程

齊　齊穰私印　馬齊　【漢印文字徵】

古先左七磬　石經僖公　公至自齊　【石刻篆文編】

齊　齊並史書　齊並尚書　【汗簡】

汗簡　雲臺碑　並古史記亦古尚書　李商隱字略　汗簡　雲臺碑　李商隱字略

亝 竝古史記亦古尚書【古文四聲韻】

◉許慎 [glyph]禾麥吐穗上平也。象形。凡亝之屬皆从亝。徐鍇曰。生而齊者莫若禾麥。二。地也。兩傍在低處也。徂兮切。【說文解字卷七】

◉林義光 [glyph]齊微韻徂非切。古作[glyph]永宮鬲。作[glyph]齊癸姜敦。作[glyph]趞鼎字偏旁。亦作[glyph]陳侯因資敦。作[glyph]陳曼匿。二象地。與生同意。【文源卷四】

◉高田忠周 說文。[glyph]禾麥吐穗上平也。象形。然禾穗作[glyph]。下垂。不得謂上平也。此即取形于來麥也。即知[glyph]為來穗。三[glyph]是三來之省文也。然則作[glyph]者。象形正文。作[glyph]者。長短參差。非本意也。況又从二。象形兼會意。非止文也。齊字本義。經傳無徵。轉義專行矣。【古籀篇八十二】

◉丁福保 三字刀四字刀之[glyph]，古文齊字，[glyph]，圜之省文，化，貨之省文，即化字，[glyph]，即之字。淮南子曰，齊桓公將欲征伐，甲兵不足，乃令輕罪者贖以金刀，百姓樂從，據此為齊有刀之確證。漢書食貨志曰，太公為周立九府圜法，退而行之於齊，顏注，圜均而通之也，此為圜轉如環流通不息之義，非圜錢之說也。圜之小篆本作圜刀文省作[glyph]，齊三字四字刀，皆為齊城之貨幣。齊城即臨淄，一名營丘。攷漢書地理志齊郡臨淄，師尚父所封，莽曰齊陵，注，臣瓚曰，臨淄即營丘也，太公居之。又曰，先君太公築營之丘，今齊之城中有丘，即營丘也。師古曰，瓚說是也，築營之丘言於營丘地築城邑，王先謙補注，城對天齊淵，故城有齊城之稱。一統志，故城今臨淄縣北八里古城店，亦曰齊城。齊城流通之三字刀四字刀，其資格與即墨刀安易刀並駕齊驅，皆為一城一邑之貨幣，非代表一國之貨幣也。

方足布有作[glyph][glyph]者，古泉匯釋為貝丘。近人又釋為文貝，皆非也，[glyph]為齊三字刀四字刀[glyph]字之省，試以古鉩印中之齊字證之，如[glyph]見日人太田孝太郎庵藏印，[glyph]見周季木周氏古鉩印景（以上[glyph]字未省），[glyph]見佚姓氏師意齋秦漢印譜（此省去二[glyph]尚存一連畫），[glyph]見高薇垣印郵，[glyph]見劉仲山擷華齋印譜，[glyph]見周銑詒共墨齋藏古鉩印，[glyph]見陳漢弟伏盧藏印，[glyph]見劉鶚鐵雲藏印（以上[glyph]省作[glyph]），以上八文，皆載於近人羅福頤氏古璽文字徵，均釋為⿰齊阝字，據此則知齊之古文[glyph]，可省作[glyph]，信而有徵矣，又知⿰齊阝為齊邑，觀前印文有齊邑臣，齊邑長皆指一邑言，非指一國而言也，因此知齊之三字刀，四字刀。皆非齊之國幣，當與節墨刀安陽刀同為一邑之幣也。又古泉匯有方足布釋為陽丘，釋為汶陽，皆誤也，當釋為齊陽，因釋齊貝而連類及之，古以貝為貨幣，齊貝者，即齊邑之貨幣也。【古泉學綱要 說文月刊二卷一期】

◉馬叙倫　徐鍇曰。三物相齊。不勞其下更有二字。二實地形。王筠曰。魏石經古文作。三平無參差。此參差者。作篆者配合之。取邊觀耳。又加二以象地形。朱駿聲曰。二象地。其中高地之禾。左右下地之禾。饒炯曰。齊周帛女鬲作。三者平列以見事。無下二字。篆文有二者。轉注也。説解當曰。平也。從二。象禾麥吐穗上平之形。倫按金文齊字率作。甲文亦作。齊陳曼簠作。唯陳侯因資敦作。與此同。其二即十三篇部首之二。二為地之初文也。則從土甚明。倫謂禾麥吐穗上平也。自非本義。亦非本訓。且禾穗就一禾言之。數穗參差而生。本不齊也。就羣禾言之。又何不以禾表其齊而乃以其穗。謂。為穗。禾之穗猶木之马矣。而實無異於三马。三马無等平之義也。穗為采之轉注字。采為秀之轉注字。秀為禾之吐實而猶未實者。實即禾之菡萏也。然則在木為马。在禾為穗。此篆從。而説解曰禾麥吐穗。穗從惠得聲。惠音同匣紐。則實即草木菡萏之初文。與马弓同字。惠齊聲同脂類。豈齊從二聲耶。古蓋讀與穗同也。不然。從不見齊義。而亦不見禾麥之義。謂以此表等齊。則林艸亦何嘗不可以為齊也。唯地平相等。於齊之義轉切。故從二聲為齊。其聲亦演於地。二為地之初文。二齊聲亦同脂類也。齊蓋二之轉注字。平為引申義。説解為吕忱或校者所改矣。字見急就篇。【説文解字六書疏證卷十三】

◉于省吾　齊作父乙盉。齊作。舊不識。金文編入於坿录。盉誤作簋。按即齊字。契文作。齊史觶作。余所藏齊作父乙壺。齊字蓋作。器作。尤其顯證矣。【釋齊　雙劍誃古文雜釋】

◉李孝定　説文以禾吐穗上平訓齊，雖未能必信，然亦别無佳解，至用為「齊莊」字，則為假借，許印林謂齊、齋、齌三字，義雖各據，其原一也，其説可商。齋字从示，齊聲；示，神事也，以寓敬意；齊聲，故經傳借齊為齋。于省吾氏謂契文齊字有作者，説誤，彼所舉乃「星」字。【金文詁林讀後記卷七】

◉劉敦愿　《説文解字》:「齊，禾麥吐穗上平也，象形。」大徐本引「徐鍇曰，生而齊者，莫若禾麥，二，地也，兩旁在低處也。」這個解釋，長期以來，似乎没有異説。但是古代的齊字，从甲骨到金文，以至戰國刀幣文字，都是畫的三個矢鏃形的符號，一前二後，作品字形排列，又明明是不平齊的，以不平齊的形象來象徵平齊的涵義，這是個令人費解的事情。因此之故，這組符號是否「禾麥吐穗上平」的象形，我認為應該重新考慮。

前2·15·3

師寰簋

伯姜鬲

齊巫姜簋

者沪鐘

一九四三年，我在前中央大學(今南京大學)歷史系旁聽丁山教授《商周史》一課時，丁山先生曾考釋此字，他説：齊字就是妻字的簡化形式，妻字象形，于女字之上附加三個簪笄，以三象多，表示妻的地位尊貴，與一般的婢妾有所差別云云。記得當時很受啟發，印象至今仍很深刻。現在四十年過去了，丁山先生早已作了古人，他的這個意見，既未形成文字，也未聽到別人有類似的見解，為了懷念前輩的教導，我覺得有必要把他的這個重要見解介紹出來，略加疏證與發揮，借此以供大家參考。

《説文解字》：「妻，婦與己齊者也。从女，从屮，从又。又，持事，妻職也，屮聲。」(段玉裁《説文解字注》認為，徐「鉉等以不應既云从屮、又，又云屮聲，刪此二字。」)妻字可以訓齊，這是對的。《禮記·郊特牲》篇之論婚禮説，「一與之齊，終身不改」，鄭玄注，「齊，謂共牢而食，同尊卑也」；《白虎通義·嫁娶》篇説，「妻者，齊也，與夫齊體，自天子下至于庶人，其義一也。」甲骨、金文未見妻字，但金文中有从妻的⿱妻皿字，可見單體的妻字一定是有過的，只是還未發現而已；妻是個象形或會意的字，就是在女子頭上插以簪笄，表示身份地位的不同，并不像《説文解字》所説那樣曲折晦澀。

妻字與齊字，在古代音同字通，所以金文中的⿱妻皿字，有的就寫作齍字，丁山先生還認為⿱妻皿、齍就是⿱齊鼎字，就是四足方鼎的專名，也未寫有考證，可以不去管它了。在《説文解字》中還有儕、齌、⿱齊妻等字——「儕，等輩也，从人，齊聲」；「齌，材也，从女齊聲」；「⿱齊妻，等也，从齊，妻聲」。儕字就是齊字的發展，齌與⿱齊妻實際就是妻字，也就是齊字，後人不明白齊字就是妻字的簡化，因而才出現了疊床架屋的現象——齌字恢復了妻字的象形寫法，而⿱齊妻字則重復了妻字已經有了的簪笄；齌字，《玉篇》引《詩經》《召南·采蘋》「有齌季女」，《毛詩》作「有齊季女」，可證齌字也就是齊字。

⿰犭昜⿱妻皿鼎

弔鼎

仲⿰金殳父鼎

從以上妻與齊兩字所作比較來看，把後者解釋作女子頭飾，似乎要比解釋作「禾麥吐穗上平」要來得恰切，因為禾麥吐穗應該平齊，現在却一點也不平齊，而女子的頭飾却是可以中間高起兩側低下的。當然，齊字的三個矢鏃狀物，無論是看作禾麥的穗，還是解釋作簪笄，都是示意性的，不能要求與實物相似，這點也是應加説明的。妻之訓齊，無論是從生物學的，還是從社會學的角度，都是可以解釋為平齊、等同、伉儷、儕輩等涵義的，這從上述戰國秦漢有關古代禮制的論述中還可看出痕迹。【釋

⿱齊妻 □

齊 文史哲一九八四年第五期】

◉于豪亮 「節于⿰酉垔⿰酉齊」，《周易・頤》：「君子以慎言語，節飲食。」⿰酉垔即禋字，⿰酉齊即齊，也就是齋字。《左傳・隱公十六年》：「而況能禋祀許乎？」杜注：「絜齊以享謂之禋祀。」故⿰酉垔⿰酉齊即「絜齊以享」之意。《論語・鄉党》：「齊必變食，居必遷坐，食不厭精，膾不厭細，……不多食。」《説文通訓定聲》云：「古人祭祀行禮，委曲煩重，非强有力者弗能能勝，三日之先，殺牲盛饌，所以增益其精神，……且凡敬其事，則盛其禮，故齋之饌，必加於常時也。」古代的統治階級在祭祀之前，飲食比平時更為考究，但又不過量，稱之為齋。「節于⿰酉垔⿰酉齊」，義應如此。【中山三器銘文考釋 于豪亮學術文存】

◉陳偉武 齊 《文字徵》第133頁「櫅」字下：「□3・27，昌櫅陳圖南左里故亳區。□3・28，昌櫅陳圖北左里故亳豆。」今按，櫅字當釋為「齊」，作前引數形實系齊字三豎畫交錯并加飾點而成，飾點間或變為曲筆。《古文字類編》録金文齊字作□（齊巫姜毀），璽文作□（《有竹齋藏璽印》），中豎稍短并少一飾筆罷了。若從文例看，「昌齊」與他器言「丘齊」、「碧齊」正相類。【古陶文字徵訂補 中山大學學報一九九五年第一期】

◉戴家祥 説文七篇「齊，禾麥吐穗，上平也。象形。」按金文齊婦鬲齊作□齊京母□罍作□，齊且辛爵等作□。除魯司徒中齊盤齊作□外，三穗上端都不平。甲骨文齊字與金文同。疑上平非齊之初義。禮祭統「齊之為言齊也。齊不齊以致其齊也」。易繫辭「齊大小者存乎卦」，王肅注：「齊猶正也。」是齊之初義為動詞，致不齊者為齊也。下加一横兩横之齊，如陳侯午錞作□，齊陳曼簠作□，為指事符號，意為使三枚不平之穗頓平。金文通常用作國名或人名。【金文大字典下】

◉許 慎 □等也。从𠫬。妻聲。祖兮切。【説文解字卷七】

◉孫詒讓 （鍚盨方鼎）□舊釋為𥁕字而讀為齍。吴大澂則釋為妻皿二字。説文古籀補。今攷□當為⿱齊妻字。説文齊部。⿱齊妻。等也。从齊。妻聲。即此字。石鼓文隮字作□。所从偏旁亦即此字。皿當从吴清卿釋。自為一字。舊讀並誤。【古籀余論卷一】

◉馬叙倫 妻亦從□得聲。實為□之異文。亦或以齊為平等之義後方俗所作也。字必出字林。【説文解字六書疏證卷十三】

◉楊樹達 齊⿱齊妻義同，實一字也。齊妻古音同在微部，⿱齊妻於齊外加聲旁妻耳。許誤分之。【文字形義學】

乙八六九七 乙八七一〇 乙八七二三 乙八七二八 乙八七三四 乙八八〇四 乙八八〇八 乙八八一四 乙八八二一 乙八八二三 乙八八五一 乙八八五二 乙八九六五 乙八八九七 林二・一八・一三 中大二六〇 粹九七六 乙八八五一 亞朿 見合文二三 乙八八九七 朿魚 見合文二二

【甲骨文編】

凡5・1 續6・9・7 獸2・18・13 新3057 乙8697 8703 8710 8721 8728 8734 8804 8808 8814 8821 8823 8851 8852 8876 8897 續4・11・4 徵11・104 粹976 京4・25・3 續6・23・10 徵8・32 【續甲骨文編】

朿 朿卣 般仲朿盤 王朿奠新邑鼎 康侯簋 王朿伐商邑 作册大鼎 公朿鑄武王成王異鼎 【金文編】

瘦雲 41・1 【古陶文字徵】

〔六二〕 〔三七〕 〔二二〕 〔六六〕 〔三六〕 【先秦貨幣文編】

布空大 亞二・一一六 布空大 典七四八 【古幣文編】

5416 【古璽文編】

朿千錫切 【汗簡】

◉許　慎　朿木芒也。象形。凡朿之屬皆从朿。讀若刺。七賜切。 【説文解字卷七】

◉王　襄　古朿字。 【簠室殷契類纂正編卷七】

◉馬叙倫　吴穎芳曰。從木。⺆象刺形。莊有可曰。朿聲。徐灝曰。象形上當有從木二字。倫按朿敢作[glyph]。倫謂當作[glyph]。金甲文皆有此字。戴侗以為癸字。即三鋒矛。非也。三鋒矛者。一刺而三面為刃。非一柲而三刺也。[glyph]者。木名。今杭縣所謂老虎刺者是也。朿栗朱本諸文。本皆象物為文。及變為篆文。既以木統木科諸物。則凡為木名者類代以形聲字。而此諸文猶存象形遺蹟者。皆為從木象形。於六書為指事矣。説解蓋本作刺也。以聲訓。木芒也疑本作有芒木也。蓋字林文。方言。凡草木刺人北燕朝鮮之間謂之茦。或謂之壯。自關而東或謂之梗。或謂之劌。自關而西謂之刺。江湘之間謂之棘。尋壯梗皆借為刅。聲同陽類也。刅為傷害之傷本字。郭璞方言注。今江淮人亦呼壯。壯。傷也。山海經謂刺為傷也。刅音穿紐。刺音清紐。同為次清破裂摩擦音。則朿之語原即刅矣。猶刅之轉注字為刺也。【説文解字六書疏證卷十三】

◉于省吾　卜辭有[glyph]字。舊釋燕。誤。當即朿之初文。説文。朿木芒也。讀若刺。[glyph]字上下均象木有芒刺之形。甲二·十八·十三。丁亥卜。貞。□亩朿□□王其□灵正。朿字作[glyph]。依斷代研究例考之。此卜無貞人。揆其作風。當屬晚期。又卜辭餗字作[glyph]或[glyph]。然則[glyph]字在卜辭晚期或偏旁中。多簡化作[glyph]或[glyph]矣。

茲以金文證之。朿字朿父辛卣作[glyph]。大鼎作[glyph]。朿𣪘作[glyph][glyph]。再以金文從朿之字證之。賫字吿鼎作[glyph]。旂父戊鼎作[glyph]。賫字沈子它𣪘作[glyph]。上端从∧與从十等耳。⺆形左右豎畫稍短。又省去芒刺形。後人遂不識其與[glyph]為同字也。又[glyph]𢍰鼎有[glyph]字。金文編入坿彔中。當即説文茦字。上从艸作艹形。如父乙[glyph]莫觚莫作[glyph]。召伯𣪘莽作[glyph]。是其證。古文字畫之邪横彎每無别。茦字下从朿作[glyph]。尤為[glyph]形所孳乳之塙證。石鼓文丁鼓。[glyph]字左从[glyph]。是中間兩邪畫亦變為一横畫矣。説文棘从並朿。朿棘初本同名。漸歧為二。且在古文字中。每單雙無别。如卜辭稾作[glyph]。逐作[glyph]。金文楚作[glyph]。嬰作[glyph]。古鉩焦作雧。三體石經古文征作徰。説文宜古文作[glyph]。[glyph]同余。又[glyph]即[glyph]。詳沈兼士希殺祭古語同原考。是其例證。吕氏春秋任地。棘者欲肥肥者欲棘注。棘羸瘠也。説文膌之重文作𤻍。玄應一切經音義二·九。古文膌瘠𤻍三形。方言三。凡草木刺人。北燕朝鮮之閒謂之茦。自關而西謂之刺。江湘之間謂之棘。是茦刺棘一也。以初文言之。則朿棘為同字。後世雖歧為二字。然猶相通轉也。

詩斯干。如矢斯棘傳。棘稜廉也。楚辭九章橘頌。曾枝剡棘注。棘橘枝刺若棘也。詩文王有聲。匪棘其欲箋。棘急。出車。維其棘矣箋。棘急也。蓋棘有芒刺。引伸之則有稜廉棘急之訓矣。今俗稱事之難易。每云棘手不棘手。即就稜廉及棘刺之義為言也。前七·四二·二。丁丑卜。穷貞。朿取。得王固曰。其取隹庚。其隹丙其齒。四日庚辰。朿允取。朿作[glyph]。蓋卜某物之得否也。齒應訓差。齒有相值及相差之義。故差錯亦曰齒。言庚日得而丙日則差錯而不得也。朿允得。言朿信得也。卜辭朿字。其義同棘。一為棘急之義。一為棱廉棘刺之義。兹分述於下。

朿訓棘急者。今舉三段卜辭以證之。一。前七・三六・一。侯虎生。余不朿其合氏。乃史歸。二。菁七・一。戊戌卜。㱿貞。㱿或釋殸非是片羽二集上十三㱿彝㱿作□松補上三㱿作鼎㱿作□。按二者均係商器㱿从殸聲㱿與殸迥別。王曰。灰虎生。余不朿其合氏。乃史歸。三。粹編九七六。叀朿西麋从。按朿字前二段均作□。又均言余不朿其合氏。合應讀迨。即古會字。甲二・二五・六。其令朿迨于高。朿迨即朿會也。說文古文會作㣛。㣛即迨。氏當係地名。史事古同字。言但令灰虎往。余不急其相會於氏。乃從事於歸返也。俎子鼎。王命俎子迨西方于省。迨亦會也。省亦地名。可資互證。弟三段言叀朿西麋从。朿作□。同版有叙嫠及王其田雞之辭。以斷代研究例考之。當係弟三期物。叀通惟。惟朿西麋从。即惟急从西麋之倒文。乃叙田獵追麋之事。

朿有棱廉棘刺之義。郭沫若卜辭通纂七三三片。係後下一八・八與甲二・二六・七所配合者。文云。乙未卜。暊貞。舊乙左駟。其𥝩不朿。吉。餘三段其𥝩不朿兩見。藏十・二。左赤馬其𥝩不朿。郭氏謂𥝩乃剁之異。蓋亦假為轡也。按郭說非是。𥝩通惠。𥝩字當从采聲。說文采重文作穗。是𥝩可讀惠之證。惠之通詁訓順。其惠不朿。言其順不棘也。不棘謂馬之馴順。無棱廉棘刺。不騂突。利於服駕也。其惠不棘。與詩言其儀不忒其德不爽詞例相仿。後下五・十五。有其剁右馬及其剁左馬之辭。剁乃𥝩之省文。即右馬其惠左馬其惠之倒語也。續五・四・四言在朿。朿係地名。又菁七。丁酉卜。㱿貞。乎宅㡯。㡯作□。佚存三一三有田□之語。亦均係地名。藏八八・一。貞。□取射。其字均與朿形有關。未能輒識也。

總之。□字象木枝有芒刺形。其為朿之初文的矣。引伸為棘急為棱廉棘刺。亦係故訓常例。且於卜辭語義詞例。均相符合也。【釋朿　雙劍誃殷契駢枝】

◉楊樹達　鐵雲藏龜拾遺叁葉陸版云：「侑于母□。」□字葉玉森釋𠂢，余疑其為朿字也。說文七篇上朿部云：「朿，木芒也，象形。」按□字正象木有芒朿之形。金文我作父己甗云：「惟十月又一月丁亥，我作御祭且乙匕乙且己匕癸，△神申祭二母，咸，△△禴二，□貝五朋，用乍父己寶障彝。」□字余釋為朿而讀為賜。此字形與彼同，知亦朿字也。

然則母朿當為何人乎？余疑其為簡狄也。史記殷本紀云：「殷契，母曰簡狄，有娀氏之女，為帝嚳次妃。三人行浴，見玄鳥墮其卵，簡狄取吞之，因孕，生契。」簡狄字乃作朿者，說文十篇上犬部狄字从犬，从亦省聲，而二篇下辵部迹字从亦聲，或从責聲作蹟，又或从朿聲作速，責字亦从朿聲，然則亦朿二聲古本相通，故甲文作朿而傳記作亦聲之狄也。簡狄單稱朿，猶經傳記殷先

祖之相土，甲文止稱土也。簡狄為殷祖帝嚳之妃而契之母，其見祀，宜也。以其為契之母，故稱母朿也。【釋母朿　積微居甲文説】

◉戴家祥　説文七篇「朿，木芒也。象形」。徐鍇曰「草木之朿」。玉篇「朿，草木之針」。朿包括木類和草類，是有刺植物的共名。後分化為茦、棘，前者表示草類之朿，後者表示木類之朿。説文「朿讀若刺」。方言「凡草木刺人，江湘之間謂之棘」。朿能刺人刺物，古人將它用作原始的武器，後又模仿朿的形狀制造出横啄的刺兵器戟和戛，説文「戟，有枝兵也。讀若棘」。又「戛，戟也。讀若棘」。解放後新鄭發現的一批戰國銅兵器中，有矛銘曰「旅(𢧁)朿」，是其證也。金文朿用作兵器，或作人名。【金文大字典下】

棗

棗　宜□之棗戈　【金文編】

〔五〇〕　〔三五〕　【先秦貨幣文編】

布方　典一〇五　【古幣文編】

棗　日甲一四　通早　利—不利莫　日甲一四　日乙六七　【睡虎地秦簡文字編】

酸棗右尉　【漢印文字徵】

汗簡　【古文四聲韻】

◉許　慎　羊棗也。从重朿。子皓切。【説文解字卷七】

◉林義光　棗　幽韻音舟　説文云。羊棗也。从重朿。按棗木多刺。棘短棗高。故从重朿。【文源卷六】

◉馬叙倫　吴穎芳曰。沈括曰。棗與棘類。俱有朿。棗獨生。高而少横枝。棘列生。卑而成林。其文皆從朿。朿而相戴立生者棗。朿而相比横生者棘。不識二物。觀文可辨。倫按段玉裁以羊棗即木部之梬。此羊棗也譌衍羊字。當訓棗木也。汪憲曰。鍇本朿聲衍聲字。倫謂以音求之。棗為朿之異文。猶艸之於屮矣。羊棗為果木之名。既不當從朿。重朿為羊棗。猶不可通。若謂棗木多朿。則多朿之木非獨棗也。何獨於棗從重朿。且朿為象葉有刺之木。非象木之有刺。木之有刺者。刺皆在枝。棗其例也。則朿棗不同。棗又安得從重朿耶。桂馥謂梬棗不酸。羊棗即此。然木部。樲。酸棗也。玉篇引孟子云。樲。棗。是也。郭注爾雅釋木亦作樲棗。今孟子則作樲棘。趙注。樲棘。小棘。所謂酸棗也。羊棗謂小棗。則羊棗字乃樲也。或有棶字。從木。棗聲。今失之。亦或有棗之象形文。變為篆文。與朿之異文作朿者相似。因混為一。而許以形聯系。故入朿部。羊棗也字林文。玉篇。果名。蓋亦字林文。字林每言名。艸部類此者可證。字見急就篇。【說文解字六書疏證卷十三】

◉周名煇　貝部□杜伯簋用□壽匄永命。此與下各字。舊皆釋䍃。案古文往往形近相通。□當是來賚之省也。與䍃篆混同。須因文而異其用。又案。賚。賜也。來、天所來也。天來有天賜之意。古賚字或直作來。天來而受之以手。故古拜字从來。从手作□□。拜者。拜賜也。□盂爵惟王初賚盂。丁氏定為賚字。今考定為棗字古文。

名煇案古金文來字無作此形者。从金文求之。矢彝銘云。明公易錫大師鬯金小牛用□。又云，易錫令鬯金小牛用□。與杜伯盨銘用□之語相合。近人强運開能比校之。而不明為何字。郭鼎堂亦然。郭說見殷周青銅器銘文研究。古金文郳國曹姓。曹本字作□。从女棗聲。余于上卷既明之矣。其所从棗字作□。實與□為一字。是杜伯盨銘之用□。矢彝銘之用□。盂爵銘之隹唯王初□于成周。皆棗字矣。丁氏引盂爵銘文句亦誤。長沙楊先生謂其字讀如造同。造為祭名。即周禮大祀。一曰造之造。其說甚允。詩兔爰篇造與覺韻。其音轉與曹棗通。古音相近。可證也。金文□从示棗聲。為造祭之本名。作棗者，古文省。經傳作造。則為假名。假名行。而本名失矣。【新定說文古籀考卷中】

棘　㒓子棘鼎　【金文編】

棘　日甲三八背　日甲二八背　七例　【睡虎地秦簡文字編】

棘滿令印　棘左陽尉　棘陽宰之印　棘翠　平棘右尉　【漢印文字徵】

棘竝王庶子碑　【汗簡】

庾儼集　古老子　王庶子碑　崔希裕纂古　【古文四聲韻】

◉許　慎　小棗叢生者。从並朿。己力切。【説文解字卷七】

◉劉心源　棘亦可釋業。説文業古文作。汗簡引古尚書作。竝與此肖。【奇觚室吉金文述卷三】

◉馬叙倫　鈕樹玉曰。繫傳韻會竝朿作竝棗。譌。倫按凡艸木之名。冠以牛馬羊狗者。皆形容其大小之别。羊棗為小棗。是與棘不别。而同為從二朿。上下與左右亦不異也。棗為遠視形。棘為平視形。詩。園有棘。傳。棘。棗也。孟子。養其樲棘。玉篇引作樲棗。爾雅釋木。郭注亦作樲棗。漢書地理志南陽郡棘陽。本書鄦下作棗陽。此棘棗一字之證。倫謂今野生有朿而叢者謂之棘。有實如小棗。以此謂棘為小棗叢生者。其實朿棗棘為一字。朿聲支類。轉之為棘。朿音清紐。轉精為棗耳。而荆棘字當為莿。轉注字則為荆。莿荆即棘荆。莿從朿得聲。語原然也。朿音清紐。荆從刑得聲。刑實從刀刅聲。或從刀從倉之異文作井者得聲。刅音穿紐二等。倉音亦清紐。清穿同為破裂摩擦次清音也。古多借棘為莿耳。又或莿之象形文。變為篆文。形與朿之異文作棘者同。因混為一。而音復同語原。故許以入於朿部。小棗以下字林文。許當作木也从二朿。字見急就篇。【説文解字六書疏證卷十三】

◉戴家祥　埤雅「大者棗，小者棘，于文并朿為棘，蓋棗性重喬，棘則低矣」。棘與棗同類，因其為灌木，故以并朿來會低矮之意。棘是有刺植物，古人將它用作刺兵器，後又模仿它的形狀制造出戟和戛，説文「戟，有枝兵也，讀若棘」。又「戛，戟也，讀若棘」。【金文大字典下】

片

乙二七·七二　象牀形説文有片無爿六書故云唐本有爿部段玉裁説文注補爿字於片之末注云反片為爿讀若牆按古文一字可以反正互寫片爿當是一字　鐵一五〇一　前七·三·一　菁一一·一八　乙二七七八　乙八八〇八　前四·四五·三

前八·四·八　掇二·一三二　京都二三三二　【甲骨文編】

乙8808　8862　【續甲骨文編】

〔五五〕　〔六七〕　〔六七〕　【先秦貨幣文編】

片　【汗簡】

版

片 汗簡【古文四聲韻】

◉許　慎　片判木也。从半木。凡片之屬皆从片。匹見切。【說文解字卷七】

◉馬叙倫　沈濤曰。九經字樣五經文字云。片象半木形。蓋古本如是。半木不可言從也。倫按金文無從片之字。甲文有。又有。則一字。乃爿之初文。亦無片字。然慧琳一切經音義引倉頡。片。判木也。顯出倉頡。蓋古之俗字。木本樹木之象形文。圖畫之當作。半之成何字邪。且即半之。亦半樹耳。非版牘義也。此訓判木。則有析字。然則判木也當為判也木也。判也以聲訓。木也者。片即木也。木之異文。【說文解字六書疏證卷十三】

◉楊樹達　反片同寒部脣音字。版片義同，實一字也，特版加聲旁反耳。許以為二文，非是。【文字形義學】

◉黃錫全　片 片　中山王壺「策」从片作，曾侯乙墓出析君墨脣之郜鉘之「析」作，《說文》片字正篆作片。【汗簡注釋卷三】

甲46　597　624　1925　2029　2593　乙2594　佚163　600　珠284　458　續1·38·3　4·6·3　4·34·1　6·9·5　掇306　423　徵2·39　京3·32·1　4·7·1　凡12·1　鄴三46·1　摭106　外185　摭續223　粹373　533　629　1116　1117　1118　1119　1194【續甲骨文編】

43【包山楚簡文字編】

版　秦一三一【睡虎地秦簡文字編】

雲臺碑【古文四聲韻】

◉許　慎　版判也。从片。反聲。布綰切。【說文解字卷七】

◉郭沫若　字余釋為版，从爿聲，此謂版築也。【卜辭通纂】

◉馬叙倫 急就篇有版字經傳亦多作板。而本書無板。文選羊叔子讓開府表注引三倉。版。築牆上下版。然則急就本作版。傳寫者以通用字易之。判也以聲訓。判木為板。音即得於判也。【説文解字六書疏證卷十三】

𤖭

𤖭出義雲【汗簡】

義雲章 崔希裕纂古【古文四聲韻】

◉許 慎 𤖭判也。从片。畐聲。芳逼切。【説文解字卷七】

◉馬叙倫 段玉裁曰。廣韻曰。𤖭。版。出通文。鈕樹玉曰。廣韻以𤖭訓版。版出通俗文。非謂𤖭字出通俗文也。倫按三倉急就有版。而宋書謝靈運山居賦自注引字林。蔔。音福。正從𤖭得聲。疑此字吕忱本通俗文加也。𤖭楅一字。【説文解字六書疏證卷十三】

牘

◉許 慎 牘書版也。从片。賣聲。徒谷切。【説文解字卷七】

◉馬叙倫 沈濤曰。後漢書蔡邕傳注引書版也。長一尺。今奪三字。倫按此校語。書板也亦字林文或校語也。牘櫝一字。今牘訓書版而櫝訓匱。乃誤以匱字之訓訓之也。然必有一字出字林。【説文解字六書疏證卷十三】

牒

牒 秦三五【睡虎地秦簡文字編】

◉許 慎 牒札也。从片。枼聲。徒叶切。【説文解字卷七】

◉馬叙倫 鈕樹玉曰。繫傳作禮也。蓋札誤為礼。後人改為禮也。沈濤曰。文選吴都賦注劉孝標廣絶交論注引。記也。一切經音義三引。禮也。姚文田謂記禮皆字形相近之譌。倫按牒牘雙聲轉注字。説解當曰牘也。木部。槧。牘。楪也。槧牒聲同談類。亦轉注字。牒箑一字。箑以竹牒以木耳。然牒實枼之後起字。字或出字林。【説文解字六書疏證卷十三】

◉許　慎　牑牀版也。从片。扁聲。讀若邊。方田切。【說文解字卷七】

◉馬叙倫　劉秀生曰。扁聲古在邦紐先部。邊從臱得聲。亦在邦紐先部。故牑從扁聲得讀若邊。莊子天道。輪扁。漢書古今人表作輪邊。是其證。倫按牑楄一字。當有一字出字林也。【說文解字六書疏證卷十三】

牖　日甲一四三背　　日甲一八背【睡虎地秦簡文字編】

古老子【古文四聲韻】

◉許　慎　牖穿壁以木為交窻也。从片户甫。譚長以為甫上日也。非户也。牖所以見日。與久切。【說文解字卷七】

◉林義光　甫非聲。甫圃之古文。見甫字條。片版壁也。壁外有圃。上為户以臨之。謂之牖。牖户屬也。【文源卷八】

◉馬叙倫　吴穎芳曰。譚長以為用上之文乃启字。非户字。启牖所以見日。石鼓文庸作兩用。文借用為墉。墉可箸牖。譌用為甫。譌启為日。遂致不解。鈕樹玉曰。廣韻引穿上有牖字。李注文選鸚鵡賦引作穿壁以為牕也。牕即窗之俗體。韻會引作從片庯聲。段玉裁曰。譚長者。博采通人之一也。嚴可均曰。據譚長則牖字作牖。桂馥曰。一切經音義三引蒼頡解詁。窗。正牖也。牖。旁窗也。所以助明者也。王筠曰。不言從户。則是户甫皆聲也。譚長以為甫上日者。金刻户作。與日相似也。翟云升曰。御覽引牖作窗。穿壁以木為交窗以見日也。朱駿聲曰。譚説是也。字當作𣆶。從日。從庯。古文𣆶小篆變作庯耳。林義光曰。甫為圃之古文。片。板壁也。壁外有圃。上為户以臨之。謂之牖。馮振心曰。古所謂窗。即今之天窗。牖乃今之窗。從片。從户。甫聲。牖穿壁與户相似。故從户。牖上以木為交疏。故從片。倫按徐鍇言古者一室一窗一户。是也。今鄉邨中最簡質之居如此。又王筠言今人牖内作户以防盜。古蓋無此制。故譚長辯以為非從户。亦是也。古之為窗。止於壁上為空。以為通明。向字所以從口。口即窗也。後或為防盜。或以為飾。則如本書囪之古文作。甲文明字作所從之囧作日。或如本書部首之。明公尊明字所從之。叔向父敢明字所從之。甲文明字所從之。然皆不施户也。今邨居之窗猶多如此。知牖古不施户。則牖字不得從户。譚長知不從户。而以為日月字則非也。甫為圃之初文。從用。父聲。形聲字也。不得與日會意。即謂從日甫聲。而從日止得明義。不得窗義也。倫以為牖為窗之轉注字。窗之轉注字為悤。從囪。心聲。牖音喻紐四等。喻四與心同為次清摩擦音。牖者。𣆶之後起字。𣆶。從日。甫聲。日即甲文明字作者所從之日。之異文也。甫音非紐。亦次清摩擦音。則𣆶以同次清摩擦音由非而轉喻四為與久切耳。心非亦

牏 牏

同為次清摩擦音。是𦈢墉為囪之轉注字。亦囪之轉注字也。傳寫譌𦈢為牖。形與庸近。乃增片旁。以今篆言。當如韻會引作從片𦈢聲。玄應一切經音義引倉頡有窗牖。許當以聲訓。穿木八字蓋字林文。【説文解字六書疏證卷十三】

◉楊樹達　从户者是也，譚長説从日，非是。小徐甫下有聲字，甫與牖聲韻皆相遠，亦非是。大徐以為會意字，是也。按片為半木，故許云以木，愚意恐未然。竊謂片字即爿字也。十篇下囪部云：「囪，在牆曰牖，在户曰囪。」或作窗。牖下亦云穿壁。按牖在牆，牆从爿聲，故牖字从爿也。歷觀龜甲金文，一字或作正形，或作反形，變易無常，要為同字，非如今日之一畫不可移易。以爿字言之，或作[glyph]殷虚書契前編四卷四十五葉，或作[glyph]同七卷三葉。其从爿之字[glyph]前編四卷一葉，又四葉，或作[glyph]前編四卷五十三葉，又六卷三十四葉，郭沫若釋為版字。壯字古鉩文作[glyph]見吴大澂説文古籀補，醬字古匋文作[glyph]見丁佛言説文古籀補補，皆其明證也。許君書有片無爿，或亦知片爿之為一字，於牖下云穿壁，與囪部所云在牆曰牖之義亦合。然又云以木，其為附會从片之義甚明，蓋不免依違其説矣。

字又从户甫者，甫之為言旁也。古音甫在模部，旁在唐部，二部對轉。周禮考工記匠人記夏世室之制云：「四旁，兩夾窻。」鄭注云：「窻助户為明，每室四户八窻。」賈疏云：「言四旁者，五室。室有四户，四户之旁皆有兩夾窻，則五室二十户四十窻也。」按囪窗窻字並同。考工記之窻，指在牆者為言，正當云牖。窗牖對文有別，散文則通也。蓋世室有五室，室每方一户，每户之旁，以兩牖夾之，故云四旁兩夾窻。牖在户之兩旁，故字从户甫。義為旁而字从甫，猶面旁之為酺，九篇上面部云：酺，頰也。又頁部云：頰，面旁也。是酺為面旁也。水頻之為浦矣。十一篇上水部云：浦，水頻也。

按許君不瞭牖从户甫之義，故别引譚長甫上从日之説。段氏亦不明户甫之義，故從小徐之説以為字从甫聲。愚今以古人宫室之制證明文字構造之由，或者可成定論也乎！片部又云：「牑，牀版也。从片，扁聲。」按从片亦从爿也，義為牀版，牀从爿聲，故牑从爿，猶牖在牆故从爿矣。从扁者，扁版古音同。【釋牖　積微居小學金石論叢】

牏

牏　秦一二五【睡虎地秦簡文字編】

◉許　慎　牏築牆短版也。从片。俞聲。讀若俞。一曰。若紐。度矦切。【説文解字卷七】

◉馬叙倫　鈕樹玉曰。牆當築牆。玉篇不誤。韻會引牆作垣。非。王筠曰。俞聲即無煩讀若俞。蓋讀若紐者。本文也。既譌之後。校者見一本作紐。故記之。一曰者。乃校兩本之詞。蘇林音投。劉秀生曰。俞聲在矦部。紐從丑聲在蕭部。矦蕭旁轉。故牏從俞聲。得以同聲讀若所從得之本聲俞。又得以轉聲讀若紐。左隱二年傳。紀履緰逆女。公穀竝作紀履緰。桓六年申繻。管子大匡作申俞。方言四。襦。西南蜀漢謂之曲領。注。襦。字或作褕。犬部。獳。從犬。需聲。讀若槈。釋名釋言語。辱。衄也。言折衄也。辱衄以聲訓。衄亦從丑聲。是其證。禮記投壺。無踰言。注。踰或作遥。漢書黔布傳。隃謂布何苦而反。師古曰。隃讀曰遥。遥從䍃聲。䍃從肉聲。漢書五行志集注引服虔。肭。音忸怩之忸。肭亦從肉聲。亦其證。倫按木部栽訓築牆長板。而字從木。則築牆短板字亦可從木。然栽實為築之轉注字。而急就篇榦楨㭤栽度方圓。顔注訓板為牆板。板之轉注字為榦。而木部榦訓築牆耑木。玉篇訓築垣板。故知本止一榦字。即今之所謂板。築牆用板則長短唯其所施。匠人因立其名。而字則叚借。楨為剛木。而楨榦之名。即借為榦。可證也。築牆短板本借楡字。俗以嫌於枌楡。而改從片作牏。此字蓋出字林。【説文解字六書疏證卷十三】

甲一一八〇 甲一六三三 甲二三〇七 甲二八五一 甲三五七五 乙七四五 乙一九七一 乙八六〇六 鐵・六五・四 鐵二〇二・四 前五・三・四 後一・六・四 戩四七・四 佚四九五 燕二九七 簠人三六 掇一・三二五 掇二・八 明藏四四 乙九〇八五反 卜辭借鼎為貞 乙九〇七三 丁未卜貞囚告王 戩四七・八 鄴初下・三二・一 甲戌貞 續五・一六・四 王貞 京都九九 甲二九〇二 【甲骨文編】

甲202 2674 2902 3576 乙453 745 1971 3803 4507 6103 佚783 820 續3・43・1 掇325 徵4・36 7・1 1251 摭續282 甲2102 續5・30・16 甲849 徵12・50 粹541 新212 1064 乙839 8810 甲2418 甲404 840 1633 粹392 新4243 【續甲骨文編】

鼎　象形　方彝文　父乙鼎　父己尊　父辛爵　卣文　鼎𠦒甗　疋鼎爵　鼎

文　卓林父簋　作父己鼎　作父己寶鼎其用　簋文　雍伯原鼎　雝伯原作寶鼎　作册大鼎　公束鑄武王

成王異鼎　皇鼎　𪗈鼎　作寶鼎　車鼎　卯小子鼎　利簋　彝鼎　榮有司再鼎　廟孱鼎

㠱侯鼎　伯晨鼎　斐鼎　樂鼎　芮公鼎　昶仲鬲　邾□伯鼎　作旅鼎　𪘲鼎

先獸鼎　麻弔𡠗父鬲　小臣𨒅鼎　㭬鼎　□𠤱鼎　史盄鼎　麥鼎　犀伯鼎　或者鼎

亂季鼎　毛公旅鼎　弔盉父鼎　師奎父鼎　昜鼎　函皇父盤　曾伯從寵鼎　𠷎鼎

霍鼎　冉鼎　無叀鼎　盞鼎　伯𦘠鼎　鼎甗　𩰲父丁鼎　訴鼎　猲鼎

亙鼎　大祝禽鼎　盂鼎　史獸鼎　舍父鼎　周𡨦鼎　从鼎　師咢父鼎　仲義父鼎

嬴霝德鼎　季念鼎　趞曹鼎　㫚鼎　史宜父鼎　仲師父鼎　武生鼎　㱃簋　仲殷父鼎

伯頵父鼎　豚鼎　大鼎　頌鼎　伯旅鼎　毛公𢉅鼎　郘王鼎　洹子孟姜壺　函皇父簋

虢文公鼎　芮大子鼎　戈弔鼎　哀成弔鼎　芮子鼎　吳王姬鼎　散伯車父鼎　趞亥鼎

邾討鼎　番君召鼎　又从卜或曰假貞為鼎　𪔅鼎　𪔅作其□鼎鼒　穆父鼎　仲旃父鼎　攸鼎　𢦏鼎

遄鼎　容鼎　魯左司徒元鼎　王人甗　諆鼎　郲伯御戎鼎　郜伯祀鼎　鑄子鼎　鄧伯氏鼎

申鼎　取它人鼎　蔡侯𪔅鼎　蔡侯𪔅頭鼎　夜君鼎　湏孟生鼎　邵王鼎　中山王𪒠鼎

㑓鼎　無臭鼎　㱃肯鼎　㱃忎鼎　㱃肯鼎　集脰礿鼎　君夫人鼎　大子鼎　無男鼎　吳王孫無

土鼎 [glyph]从貝 沖子鼎 貞字重見 [glyph]十一年壺鼎 [glyph]強伯簋 [glyph]伯𡨦父鼎 [glyph]杞伯鼎 [glyph]明我鼎 [glyph]伯七鼎

[glyph]𠈭子鼎 [glyph]盅鼎 [glyph]鄧子宿車鼎 [glyph]伯遟父鼎 [glyph]楚王酓肯鼎 复盉𠣘亶 [glyph]从金从貞 右宫𠙶鼎 【金文編】

[glyph]3·747 㝷鼎 [glyph]5·68 □郿□鼎 [glyph]陶文編 7·51 [glyph]鄒滕 61 【古陶文字徵】

[glyph]〔三六〕【先秦貨幣文編】

[glyph]0321【古璽文編】

[glyph]鼎【汗簡】

[glyph]汗簡 [glyph]立籀韻【古文四聲韻】

◉許慎 [glyph]三足。兩耳。和五味之寶器也。昔禹收九牧之金。鑄鼎荆山之下。入山林川澤。螭魅蛧蜽莫能逢之。以協承天休。易卦。巽木於下者為鼎。象析木以炊也。籀文以鼎為貞字。凡鼎之屬皆从鼎。都挺切。【説文解字卷七】

◉薛尚功 [glyph]此鼎其文雖異。而下皆左右戾有析木之意。深得古書之體。蓋此銘者古人所以正名也。以易考之。革去故鼎取新。又見其新新不窮之義。【歷代鐘鼎彝器款識法帖卷二】

◉孫詒讓 [glyph]二百卅五之一。金文仔林父敢蓋鼎字作[glyph]、政簋作[glyph]、父己鼎作[glyph]，此與彼相同，疑亦即「鼎」之異文，蓋上象兩耳及腹，下象三足形，作[glyph]者，與鬲字下象交文相類，父己鼎亦略同。【栔文舉例卷下】

◉羅振玉 [glyph]象兩耳腹足之形。與古金文同。【增訂殷虚書契考釋卷中】

◉王國維 [glyph]説文解字鼎部。古文以貞為鼎。籀文以鼎為貞。案殷虛卜辭貞或作[glyph]殷虚書契卷七第三十九葉。作[glyph]同上。作[glyph]卷八第七葉。其文皆云。卜鼎即卜貞。此以鼎為貞者也。古金文鼎字多有上从卜如貞字者。如穸鼎諶鼎鑄子鼎杞伯鼎夜君鼎等。不勝枚舉。書洛誥我二人共貞馬融注。貞。當也。見釋文。貞無當訓。馬融知貞即鼎字。故訓為當。此以貞為鼎者也。蓋貞鼎二字形既相似。聲又全同。故自古通用。許君見壁中書有貞無鼎。史篇有鼎無貞。故為此説。實則自殷周以來已然。不限古文籀文也。【史籀篇疏證】

◉余永梁 [glyph] 鐵雲藏龜百二十九葉 王先生曰：「此象肉在鼎中。亦鼎字。」【殷虚文字續考 國學論叢一卷四期】

◉孫海波 卜辭貞作[glyph][glyph][glyph]諸體並象鼎，與貝形不合，蓋貞鼎古同體。戩壽堂所藏殷虚文字弟四十七葉八版文云：「癸卯卜貞雀[glyph]哭亡囚」貞字作[glyph]，益證貞鼎古為一字。訓貞為卜問，乃同聲通假字。

鐵雲藏龜有[glyph]字讀若貞，乃鼎之別構，金文鼎銘多作貞。容庚先生釋鼒，竊謂此當是貞字，云从鼎才者，許君之誤。貞，鼎之小者。詩絲衣：「鼐鼎及鼒」，傳：「小鼎謂之鼒」，爾雅釋器：「鼎圜弇上謂之鼒」，郭注：「鼎歛上而小口，是鼎屬也。」今其器形與鼎無異，蓋鼎之別稱也。从卜、匕屬調味之器，所以取鼎實者。从才者，傳寫之譌。古音鼒鼎隸耕部，鼒隸之部，之耕對旁轉，故鼎亦有之聲。許君不悟∨為調味之器，遂訓才以當聲母，失之。【甲骨金文研究】

◉馬叙倫 沈濤曰。類聚七十三引寶器作彝器。收作首。御覽七百五十六引亦作頁。蓋古本如是。入山林上御覽有民字。類聚民作以。蓋避唐諱作人。傳寫又誤為以耳。類聚又引鼎上大下小五字。今本亦奪。鈕樹玉曰。韻會引寶器也下接象析木以炊從貞省聲。無協承天休句。其下所引多異不悉録。古文上有鍇曰二字。則非許說。九經字樣引作上從貞省聲下象析木以炊。廣韻引無昔字。入山以下不引。嚴可均曰。韻會引同鍇本。嚴章福曰。螭借為离。蛧俗蝄字。王筠曰。鼎篆通體象形。目其腹也。[glyph]之左右。上楊者耳也。下則足也。羅振玉曰。卜辭鼎字作[glyph]。[glyph]。象兩耳腹足之形。與古金文同。倫按鼎象形。鼎文作[glyph]。卣文作[glyph]。衵仲鼎作[glyph]。番君鬲作[glyph]。㮢鼎作[glyph]。芮公鼎作[glyph]。吴王姬鼎作[glyph]。芮子鼎作[glyph]。趞亥鼎作[glyph]。雖復多矯異。要如王羅之說也。唯金器鼎字作[glyph]者最多。則易與貝之象形文相混。所以有古文以貞為鼎籀文以鼎為貞之說。要之鼎為孰物之器。自必象形造字。今所傳古鼎猶多。皆兩耳三足。故鼎字全體象形。不可分析。以為從某從某也。許當止作器也。象形。或以聲訓。吕忱加三足以下十一字。校者删象形二字。而增昔禹以下至以炊也。籀文以下七字亦校語。觀易卦巽木於下者為鼎。即可知非許語。易巽下離上為鼎。巽為木。離為火。九家謂木火互有乾兑。乾為金。兑為澤。澤者。水也。爨以木火。是鼎鑊亨飪之象。於鼎字形中安有析木以炊之象乎。鍇本從貞省聲古文以貞為鼎者。簫鼎邿伯鼎取它人鼎杞白鼎等皆以[glyph]為鼎。貞鼎聲同耕類。古音亦竝在端紐。假借也。湯鼎鼎連文者。鼑是貞字。蓋以其方音當書鼑字。既書作鼎。乃重書鼑字於下也。容庚於金文以為鼎之鼑字皆釋為鼒。誤。古文以貞為鼎。即古文所書經傳中以鼑字為鼎字也。籀文以鼎為貞者。籀篇中以鼎為鼑字也。三足兩耳下當依類聚引補上大下小四字。字見急就篇。函皇父敦[glyph]字實[glyph]字。[glyph]從貝得聲。[glyph]即貝字也。吴大澂徑釋為鼎。誤。【說文解字六書疏證卷十三】

◉于省吾 說文鼎下云：易卦巽木於下者為鼎。象析木以炊也。段注。此引易證下體象析木之意。按許說非是。栔文鼎字作

鼒 [seal-script form]

[glyph]。金文鼎字多作[glyph]。上象鼎之左右耳。中象鼎腹。下象兩足。圜鼎本三足。自前視之祇見其二足。然其二足多作𠦂形。其左右四出之斜畫。果何象乎。曰此本象鼎之扁足也。商周彝器通考下。圖三三至三七共五器。均為扁足鼎。又圖一三二為方鼎。有四扁足。圖三七之扁足象人形。首與手均側出。其餘之扁足象鳥形。首與翼均側出。蓋鼎之形製。扁足者與圜足者互見。後以應用與範鑄之便利。均變為圜足。然鼎字足部之象形。猶沿習而未變也。【釋鼎 雙劍誃古文雜釋】

[glyph]鼒 孋作父庚鼒 [glyph] [glyph]白者君鼒 【金文編】

◉許　慎　[seal]鼎之圜掩上者。从鼎。才聲。詩曰。鼐鼎及鼒。子之切。鎡俗鼒。从金从兹。【説文解字卷七】

◉劉心源　鼐即鼒字。才齊聲同。王伯鼎云。作寶鼐。戲伯鬲云。作鑇鼐。恐未必皆兩字合篆也。惟帛女鬲云。作[glyph]鬲禪。用[glyph]字。【古文審卷二】

◉柯昌濟　齍。劉幼丹先生以為即古鼒字。是矣。才齎聲轉。【且子鼎　韡華閣集古録跋尾】

◉郭沫若　「齊侯命大子[glyph][glyph][glyph][glyph]宗伯，聽命于天子。」

[glyph]字乙器殘文作[glyph]，孫以為「來之壞字」，不確。甲器字下並無容納它筆之餘地，乙器殘文攈古摹作[glyph]亦有未審。今案此字甲器甚明晰，乃從皿才聲之字，當是鼒之別構。此似用為「載馳載驅」之載，語助詞也。【齊侯壺釋文　殷周青銅器銘文研究卷二】

◉郭沫若　𪔂即鼒字，从止乃繇文，猶史獸鼎爵字作[glyph]也。【𪔂毁　兩周金文辭大系考釋】

◉郭沫若　鼐當即是鼒字，説文「鼒鼎之圜掩上者，从鼎才聲，詩曰『鼐鼎及鼒』。鎡俗鼒，从金从兹。」此从丝古文以為兹。與俗鎡字同。从鼎，蓋誤以貞為鼎也。許説鼒乃本爾雅釋器。然毛詩絲衣傳則，訓鼒為小鼎。而本鼎形製乃有流如匜。知古説實多不足信也。【鄭戚句父鼎　兩周金文辭大系考釋】

◉郭沫若　「盂句宗白」、盂乃鼒之異，讀為語辭之載。【洹子壺　兩周金文辭大系考釋】

◉馬叙倫　沈濤曰。詩絲衣釋文云。鼒音兹。小鼎也。説文作鎡字。音兹。是古本引詩在重文之下。且作鎡不作鼒矣。今本乃二徐據當時所傳毛本改。王筠曰。嚴可均謂詩絲衣釋文鼒引説文作鎡。則六朝舊本兹聲下有詩曰鼐鼎及鎡。筠謂説文果鼒鎡竝收。陸氏不應云説文作鎡字。音兹。知此句亦引説文者。開首已云音兹。苟非出説文。則必不重出也。然許君不言音。此句蓋出音隱。言此者以别於徐音災郭音才。皆因鼒從才以發音。許所據毛詩作鎡。即據從兹發音也。釋器釋文於施音災郭音才之外。弟引字林音載。而不及説文。明説文不作鼒也。且字林音載。亦由從才發音。然則字林收鼒字。後人補入説文鼎部。反移説文金部之鎡以為之俗體。又移詩於鼒下。遂致泯滅無迹矣。倫按鼒字出字林。鎡字或為江式所補。陸於鎡字引説文於鼒字引字林者。一題説文。一題字林。各據所題而名之。陸以詩之鼒字或音災或音才。而陸以為當音兹。故據本書鎡字從兹而為鼒之重文以定之。彼據本鼒下自有音兹二字。然如王説。非許音。鼎之圜掩上者。吕忱據爾雅釋器為説。亦或校者加之。而本訓挩矣。郘王鼎鼎字作□。誠似其器。蓋初無鼎鼒之别。後以形有掩侈之殊。依方音而異其名。鼒從才得聲。才屯一字。屯音知紐。古讀歸端。與鼎雙聲也。

鎡　段玉裁曰。篆當作鎡。倫按鼒兹雙聲。亦疊韻也。故鼒轉注為鎡。詩下武。昭兹來許。漢碑作昭哉來許。續漢書祭祀志引東觀漢記亦作哉。是其例證。【説文解字六書疏證卷十三】

◉周萼生　次行第一字（□），从鼎，从才，筆者曾釋為鼒。《説文》：「鼒，鼎之圜掩上者，从鼎才聲，詩曰：『鼐鼎及鼒』，子之切。」又：「鎡，俗鼒，从金，从兹。」《爾雅·釋器》「圜掩上謂之鼒」，郭注：「鼎，斂上而小口。」審此鼎器形為口小，腹深，底圜，鼎壁逐漸向上收斂，與二書所説，若合符節，因此這種類型的鼎叫做鼒。鼒字的出現，正可為説文作一佐證，从而補充了《金文編》鼒下「説文从才，殆傳寫之譌」説法的不足之處。【略談商娉鼒　考古一九六二年第一期】

◉王獻唐　鼒字屢見經典，傳世鼎銘極多，竟無此體。器銘鼎字，每亦从貞作鼑，近人釋鼒，謂才為卜誤，舊即疑之。从貞與鼎同音，即鼎異體。从才則古隸之部，讀若兹。《詩·周頌·絲衣篇》鼒字明與紑俅基牛為韻，聲讀不同，安能混為一體。繼見鼒鼎鼒字，為人名，上正从鼒。又見晚近出土之鄭戎句父鼎銘曰：「自作飤⿱絲鼎。」⿱絲鼎从鼎絲聲，絲即兹古文，《説文》謂鎡為鼒俗體。求其聲讀，⿱絲鼎亦即鼒，惟與經典書體仍不合。今此器銘，字正从才作鼒，且出西周，知經典不誤，而説為鼑者自誤。蓋此鼒體，除一見于金文偏旁，數千百彝器中，僅有是銘，與經典合，真一字千金矣。

古器銘尊彝連署，尊與彝同，為禮器通稱。此銘自署尊鼒，器必為鼒。然由此更生二義。《爾雅·釋器》謂鼎「圜弇上謂之鼒」。《説文》謂「鼒，鼎之圓掩上者」。近人以弇上掩上為有蓋，蓋製後出，因謂《爾雅》成書亦晚。又謂器無自名為鼒者，疑秦漢人新語。第二説，可以此器證其非是。至第一説，弇即掩，《説文》「掩，歛也，小上曰掩」。《爾雅》郭注亦謂「鼒歛上而小口」。是所謂弇掩者，乃指鼎口稍歛，非謂有蓋也。今傳世圓鼎，出于西周後期者，皆口侈腹歛，入春秋後，亦多如此。出于西周中葉前者，皆口歛腹侈，製通殷商。疑此口歛之鼎，即《爾雅》、《説文》所釋之鼒。許説本于《爾雅》，《爾雅》不出一時一手，其著是語，殆曾見斂口之鼎，而自署鼒者，因據為說。若晚周秦漢之制，俗謂西瓜鼎者，雖亦斂上，然均有蓋，與經不合。蓋鼒只鼎之別名，同一斂口侈腹製作，此稱鼒，彼多稱鼎。鼎之先後形狀不一，統名曰鼎，鼒亦隨同。鄭戎句父鼒有流，周之方鼎，每自署齋，亦作齍，求其聲類，疑亦即鼒。《善齋吉金録》有子陡□之孫鼎，為晚周器，有蓋，自署行甾。甾鼒同音，并疑為鼒，形制皆不相同。《爾雅》必以斂口者為鼒，當有所據。是器正為斂口，且自署鼒，足為佐證，此一事也。

《詩・絲衣》毛傳云「大鼎謂之鼐，小鼎謂之鼒」，此古文家言也。詩言「自堂徂基，自羊徂牛，鼐鼎及鼒」，《說苑》謂「自內及外，以小及大也」，是鼐小鼒大。《說苑》出于劉向，向治魯詩，知魯詩如此。故《說文》鼐下云「魯詩說，鼐小鼎」，此今文家言也。同一鼒，而漢之古文家謂小鼎，今文家謂大鼎，後代說經者，又各以大小互爭。此事與前說義例正同，鼎有大小，鼒亦隨有大小。當時經師各據見聞之大小，从而著録，并不拘一。是器約重三百余斤，合于今文家大鼎之說。《九家易》曰：「牛鼎受一斛，羊鼎五斗，豕鼎三斗。」以詩《自羊徂牛》，參以劉氏以小及大之義，則鼒為牛鼎。度此器製，正亦牛鼎之屬。然可執證今文經說之有據，并非謂古文經說無根，此二義也。【岐山出土康季鼒銘讀記　考古一九六四年第九期】

◉朱　活　爰是金幣重量標度，也是幣名。戰國時期爰與鎰、斤同級。已發現的爰金有郢爰、陳爰、鼒(鄗)爰、專鍰、盧金、鄗爰共六種。

鼒即蔡，舊釋潁，非是。蔡本周王族封地，上蔡故城在今河南上蔡西南，下蔡故城在今安徽壽縣北鳳臺縣，都入楚版圖。鼒爰鑄于上蔡或下蔡均有可能。【古錢　文物一九八一年第十二期】

◉黃盛璋　「享陵」下為「財」字，从月，才聲。

「財」為魏鼎之異稱。曹錦炎、吴振武同志在《釋肯》一文中認為「財」讀為「載」，義與「容」同。然而「梁十九年鼎」財字與「鑄」連文而下明確有重文符「=」，如此，「財」只能為器名，為「鑄」字賓語，而重文則表財容多少。至于「二年寧鼎」明記「冶諎為財」，「財」也只能為器名。兩器皆鼎，故財為鼎之異名。但「二年寧鼎」中「為」字很象「身」字，與「諎」字連讀為冶工之名，而「財」與下「四分齋」連讀，很容易釋為「載」字，作為動詞，與「容」義同。今此鼎銘，兩銘皆有「為」字，與「二年寧鼎」的「為」字寫法全同，從文義上也是「為」，若作「身」字則讀不通。而「財」字下緊接「胸」字，假為「容」字，如此就決定「財」不讀「載」，而為鼎名，即「鼒」字，系三晉文字之異寫。此鼎「財、胸」連文，是決定性證據。【魏享陵鼎銘考論　文物一九八八年第十一期】

鼐

◉許　慎　[seal]鼎之絶大者。从鼎。乃聲。魯詩説。鼐。小鼎。奴代切。【説文解字卷七】

◉高田忠周　[glyph]静簋蓋白　古鑑篆文作[glyph]。劉心源云即[glyph]字。[glyph]師謂糾師衆。借為糾實為匃也。今亦用鳩。依此説文義可通。然愚謂。若作[glyph]即是重[glyph]。與二屮之艸自異。久有疑焉。今依拓本如此。即知非从[glyph]而从艸尤顯。古鑑係轉寫之誤明矣。因再按。[glyph]亦非丩字而即乃字。亦明顯者。[glyph]即艿字籀文。白莽敦。姬莽母鬲。又篋氏盤云。莽淮。皆此字也。然則蓋是何字耶。説文艸部固無[glyph]。又皿部無盈字。即知此為从皿艿聲者。[glyph]蓋鼐字異文。説文齍字金文作[glyph]。鼎亦當以皿充之。皿鼎均皆盛食之器故也。又艿从乃聲。艿乃同音通用耳。説文。[seal]鼎之絶大者。从鼎乃聲。魯詩説。鼐鼎及鼒。毛傳大鼎謂之鼐。然鼐此非銘義。銘叚借為扔也。説文。扔捆也。从手乃聲。老子。則攘臂而扔之。釋文。引也因也。又引字林。就也數也原也。是也。師亦借𠂤為之。師者爾雅。衆也人也。是也。銘上文曰。小子眔服眔小臣眔僕學射。俌此謂師也。扔師者。謂就成人材。猶今義成將校士官于陸海軍大學之事。此謂之扔師邦周也。【古籀篇七十六】

◉朱歧祥　[glyph]从人置於鼎彝之中，象烹人牲之形。《説文》字譌作[seal]，隸作鼐。【殷墟甲骨文字通釋稿】

鼏

[seal]　鼏　从冂　秦公簋　鼏宅禹績　[glyph]　國差𦉜　从貝　鼏静安寍【金文編】

◉許　慎　[seal]以木横貫鼎耳而舉之。从鼎。冂聲。周禮廟門容大鼏七箇。即易玉鉉大吉也。莫狄切。【説文解字卷七】

◉孫詒讓　阮釋文云。[glyph]字不可識。又引吴東發云。當是鎮字。洪氏讀書叢録云。當是鼏字。儀禮公食大夫禮設扃鼏鄭注。鼏。古文皆作密。説文籀文㠯鼎為貞字。故鼏字作[glyph]。案洪説是也。爾雅釋詁。密静也。書無逸曰。不敢荒寧嘉靖殷邦。史記魯世家嘉作密。太平御覽引東觀漢記肅宗紀序云。密静天下。容于小大。高宗之極至也。蓋本今文尚書。後漢書周舉傳載建咊三年詔亦云。有密静之風。是密靜二字連文之證。【古籀拾遺卷中】

◉吴式芬　齊國差𦉜許印林説。……[glyph]字前賢皆未能識。自當闕疑。然反復其文。似有一得。姑録備覈。冀就正焉。此字薛氏款識父乙甗兩見。及其為鐘鼎篆韻。入之字畫奇古而未可訓釋類中。元楊恒六書統以為貯字。阮氏款識。頌鼎頌壺頌敦各兩見。瀚有姚觀光所藏頌敦搨本。蓋器全。亦各兩見。阮氏款識格伯簋。錢氏十六長樂堂款識格伯彝。錢作癸子彝。吴氏筠清館金石録格伯敦。蓋器全。各一見。瀚有方鐵珊所藏格伯簋搨本。亦一見。統上諸器銘。此字凡十五見。讀為貯皆可通。楊氏所釋為不謬矣。錢氏於其癸子彝。釋為匃貝二字。誤。此器[glyph]字下連静安寧為句。則不得讀為貯。吴侃叔釋為鎮。亦豪無據依。瀚未得見此銘。并未見搨本。僅據阮書摹刻本。阮又據趙太常摹本展轉傳摹。恐未必無失真處。推審六書。疑當作⿱宀貞。上从八。下从貞。貞鼎古通用。即鼏字。鼏。徐本説文存其篆與孫愐音切。而其解説則是鼏字之解説。緣字形相近。一脱篆。一脱解説故也。鼏从冂。冂。古熒切。鼏从冖。冖。莫狄切。鼏。鼎扛也。禮經與扃通用。鼏。鼎覆也。禮經與密通用。字形雖近似。而音義判不相同。説文。鼆从蚰鼏聲。其重文作蜜。是猶鼏密二字禮經古今文多互用也。冖聲必聲古音近。故得通。説文。謐。静語也。从言监聲。一曰無聲也。爾雅釋詁。謐。静也。密从必得聲。與鼏通用。謐亦从必得聲。亦得與鼏通用。此銘當是謐静安寍。謐借鼏。鼏又變體作⿱宀貞。遂展轉不可識耳。然此特肊揣。他日倘得目驗此鑰。或得此鑰搨本。然後可决也。【攈古録金文卷三之一】

◉郭沫若　⿱宀貞字余曩釋為鳳，疑古朋之異文，讀為風。今案仍當釋為鼏。彝銘从冖之字每从冂作，如宜字。彔伯𢦏毁及毛公鼎从冂，而吴彝、伯晨鼎、番生毁、師兑毁均从冂。字復从貝者，鼎與貝古文每互譌也。鼏通密，孫詒讓云「爾雅釋詁『密，静也』。書無逸曰『不敢荒寍、嘉靖殷邦』史記魯世家嘉作密，是密静二字連文之證。」《古籀拾遺》中·三一·孫引洪頤煊讀書叢録釋為鼏，雖據譌刻為説，要不失為創見。【齊國差鑰　兩周金文辭大系考釋】

◉馬叙倫　鈕樹玉曰。韻會無而字。儀禮有設扃鼏之文。注云。今文扃為鉉。鼏為密。與説文異。蓋許以鼏當扃。亦當鉉。鄭分扃鼏為二字也。竊謂禮文當是設鼐扃。或作鼎。或作鉉。則無不合矣。曲禮。入户奉扃。疏云。禮有鼎扃所以關鼎。玉篇。鼏。亡狄切。覆樽巾也。又鼎蓋也。一字兼二義。與少牢饋食禮今文冪作鼏合。嚴章福曰。依許書大例。鼒下當云小鼎也。鼐下當云大鼎。周頌傳。大鼎謂之鼐。小鼎謂之鼒。其證也。鼏下當云鼎之圜掩上者。故玉篇廣韻皆云鼎蓋也。今挩鼏篆。誤移鼏下説解於鼏下。而鼏下説解誤在鼒下。鼒字轉闕説解矣。王念孫曰。説文鼎部當别有鼏篆。從鼎。冂聲。今鼏下説解即鼏字義也。蓋鼏鼏二篆形近。誤去其一耳。桂馥曰。匡謬正俗。鉉者。鼎之耳。易稱金鉉玉鉉是也。扃者。關也。禮云。入户奉扃。今之宫中猶呼門户短關以關鈕者為門扃。又左傳曰。楚人惎之。脱扃。莊周云。惟恐緘縢鐍扃之不固。皆謂鈕屈之内小關者耳。而禮器有鼎扃者。字亦或作鼏。謂横關之物。以扛舉鼎耳。所以貫鉉。非即鉉也。而先儒説者讀扃為鉉。合作一物。失之遠矣。若謂鉉非鼎耳者。易詞不應。黄耳金鉉。據此而言。非鼏明矣。馥謂本書脱鼏字。賴此作證。易鼎金鉉。釋文音古冥反。一音古螢反。即鼏字音也。禮凡言鼏鼏者。類作扃鼏。士冠禮。誤扃鼏。注云。今文扃為鉉。古文鼏為密。釋文。扃。古螢反。鼎扛也。鼏。入歷反。鼎覆也。倫按錢大昕阮元王紹蘭段玉裁皆與桂馥同説。嚴可均始同諸家。後以為鼏鼏不必分。王筠謂未能定也。今觀秦公敦。鼏宅禹蹟。字正作鼏。從鼎。冂聲。鼏宅禹蹟者。

强運開讀為横宅禹蹟。是也。鼏從冂得聲。故禮經借扃為之。本部自有鼏鼏二字。傳寫失一。後人以鼏字見經。鼏字不見。謬改鼏為鼏耳。然鼏鼏二字疑皆出字林。抑倫尚有疑者。鼏字雖見禮經。而玉篇訓覆樽巾。又鼎蓋。若本義為覆樽巾。則字從冂得義。而從鼎何取。將非鐘鼎字而為貝字。以取其聲。貝冂古皆雙脣音。是冂之轉注字。若義為鼎蓋。則字從鼎得義而冂為聲。故有莫狄切亡狄切亡歷反之音。然豈為鼎蓋特造此字。猶鼏之義為以木横貫鼎耳而舉之。而造從鼎冂聲之鼏字耶。鼎蓋者。士冠禮釋文作鼎覆。而字似當從冂得聲。若從冂從鼎會意。則鼎雖與他器有異。而冂不必異。猶車幂亦不從車造字也。以此知若有鼏字。必從冂鼎聲矣。不然。是本無鼏字也。至於鼏訓以木横貫鼎耳而舉之。則是動詞也。然顏之推斥先儒合鼏鉉為一物。而謂禮器有鼎扃者。字亦或作鼏。謂横關之物以扛舉鼎耳。所以貫鉉。非即鉉也。士冠禮釋文亦云。扃。鼎扛也。則是名詞也。此云以木横貫鼎耳而舉之。然則扛舉鼎耳者以木為之。字何以不從木而從鼎。金部鉉下曰。舉鼎具。依鍇本。鉉即鼎耳。鼎不必有耳。毛公鼎鼎字作□。鄭燾父鼎作□。虢文公鼎作□。戈叔鼎作□。芮公鼎作□。皆無耳者也。然鼎大者。非扛不能舉。則增耳矣。鼎耳即鉉。鉉從金而不從鼎。乃獨於扛鼎之具從鼎。疑不然也。或有從木鼎聲或從木冂聲之字而失之。經記借鼏為之。鼏則鼎之轉注字。或冂之轉注字。冂鼎同為清破裂音又聲同耕類也。説解有挩字。周禮以下蓋校語。此上下諸部説解多挩譌也。【説文解字六書疏證卷十三】

克

甲四二七　甲一二四九　甲二〇〇二　甲二三四二　甲二九〇二　乙二五　乙一三九　乙八一一九　乙八八九二　鐵七四・三　拾一五・五　前三・二七・二　京津二七四九　掇二・一六四　存下四七〇　掇二・四六八　乙九〇　乙一九〇　前八・五・五　前八・九・二　後二・一一・七　鄴初下・四一・六　乙八四六四　存下二三　掇一・二七八　佚一五八　庫三七四　河五九一　前六・二〇・三　从人戴胄持戈　後二・一三・五　菁一一・一五　菁一一・二二　佚四四三　掇一・一二〇　師友二・一一一　【甲骨文編】

甲427 1249 1267 2022 2342 2902 3933 乙25 139 323 407 1076 1166 1394 1495 2093 2244 3605 4059 5356 8464 8892 零12 22 佚158 續3·28·7 3·32·4 5·28·11 掇278 徵4·54 8·99 京4·13·2 外3 新4895 【續甲骨文編】

克 利簋 大保簋 何尊 井侯簋 師旂鼎 沈子它簋 令鼎 辛伯鼎 弔趞父卣 元年師旋簋 師訇鼎 茀伯簋 師望鼎 克鐘 克鼎 克盨 善夫克鼎 德克簋 井人妄鐘 番生簋 師克盨 禹鼎 曾伯霥固 秦公鎛 公克錞 陳侯因資錞 者沪鐘 中山王嚳鼎克㞷克卑 【金文編】

李克得 【漢印文字徵】

石經君奭 大弗克龔上下 說文古文作 汗簡引第二文同又引石經作 顏黃門說文作 隸續與此同 詛楚文 克劑楚師 此从乃摹寫譌誤 【石刻篆文編】

克見石經 克見說文 克 【汗簡】

古老子 王庶子碑 石經 說文 並籀韻 並說文 並崔希裕纂古 並汗簡 【古文四聲韻】

◉許 慎 肩也。象屋下刻木之形。凡克之屬皆从克。徐鍇曰。肩。任也。負何之名也。與人肩膊之義通。能勝此物謂之克。苦得切。古文克。亦古文克。【說文解字卷七】

◉孫詒讓　「𢦏克」，十一之一。「克」即「克」字。《說文·克部》：「克，肩也。象屋下刻木之形。古文作𠅏、𣎆。」金文大保敨作克，耤田鼎、井人鐘作克，並與此相近。【契文舉例卷下】

◉羅振玉　克說文解字。克。肩也。象屋下刻木之形。古文作𠅏𣎆。古金文作克大保敨。克克鼎。與此畧同。象人戴胄形。古金文胄作胄盂鼎及𧆞彝。作胄伯晨鼎。克本訓勝。許訓肩。殆引申之誼矣。【增訂殷虛書契考釋卷中】

◉柯昌濟　克字从古从人。古字古訓載籍。从中。中。史也。人能知前言往行。故訓能。【克父享鼎　韡華閣集古録跋尾】

◉林義光　說文云克肩也。象屋下刻木之形。按屋下刻木。形意俱非是。克能也。古作克克彝。象以肩任物形。尸象肩。猶肩字从冃象形。見肩字條。古即凷字。見古字條。重物也。以肩任重物。能事之意。【文源卷六】

◉顧廷龍　說文，「克，肩也，象屋下刻木之形」，古文作𠅏，亦作𣎆，其于製字之誼，竊有所未安，刻木之形，何有屋下屋外之分；如謂屋下所為之事，則何事不在屋下，亦何字不可加以上乎？古文𠅏，嚴可均曰，「疑出說續添」。嚴章福曰，「疑校者所加」。又古文𣎆，朱駿聲曰，「疑當為彔之古文，許所謂刻木彔彔也。」其說甚是。刻木彔彔，當是古時成語。許氏誤以彔之重文𣎆移于克下，遂并刻木之說而移之，又以屋下加上，而其辭益支。朱駿聲曰，「以肩任物曰克，物高于肩，故從高省，下象肩形」，不知克上並非從高省，高作合，與舍倉同意，克作古，非從合也。攷之卜辭克作克（卷三第廿七葉）。金文作克（太保敨），說文皮下曰「剝取獸革者謂之皮，籀文作𠬪」。今按金文皮作𠬪（叔皮父敨），石鼓文作𠬪（借作彼），是金文克與𠬪皆從克，克者，革之半。說文譌尸為𠂆耳。王國維曰，「𠬪從又持，又持半革，故為剝去獸革之名，籀文作𠬪，乃𠬪傳寫之誤。」據此，克從𠂆，亦即從革審矣。丨者，矢鏃也。克為矢中于革之形，周禮天官，王大射則共熊侯虎侯豹侯設其鵠。鄭司農曰，「鵠，鵠毛也，四尺曰鵠」，謂之鵠者，取名于鳱鵠，鳱鵠小鳥難中，是「中之為雋。」左莊十一年得雋曰克。爾雅釋言，「克，能也。」穀梁，「克者何，能也。何能也，能殺也。」爾雅釋詁「殺，克也」。書洪範「剛克柔克」，馬注，勝也。鄭注，能也。牧誓「弗迓克奔」，鄭注殺也。詩南山「匪斧不克」，傳，能也。小宛「飲酒温克」，傳，勝也。禮記禮器「我戰則克」，注勝也。論語「克伐怨欲」，馬注，好勝也。覈之經義，克皆訓能，訓勝，蓋古時射為六藝之一，又為大禮，故射之中者為克，是其能也。說文戈部𢦏下曰殺也，商書曰「西伯既𢦏黎」。今本商書作戡，爾雅釋詁戡，克也。書序「西伯戡黎」，傳，亦勝也，書大傳作𢦏耆，又為任，然則𢦏與克其取訓也同，𢦏從弋克從矢，戈矢皆兵器，然則𢦏與克其誼也類。克從矢革，革亦聲。於六書為會意兼形聲，許君之訓克為肩，自是古誼。爾雅釋詁，肩，勝也，又克也，力部，勝，任也。書盤庚「朕不肩好貨」，傳，任也。廣均一先，肩，任也。錯綜克，能，勝，任四字，皆為互訓。王國維曰，「許君之書，有形雖失而誼甚古。」我于克字而信之矣。【釋克　中山大學語

言歷史研究所週刊四集四十二期】

◉商承祚 □□□□□□

說文克「肩也，象屋下刻木之形(此句為彔字注語，後人誤入克下)。□古文克。」此象人戴冑而持干戈，故有克意。□為省文，誼已明白。金文散盤作□，公伐郐鐘作□，曾伯匿作□，克鼎作□，皆與此同。持兵戴冑，故訓勝，訓殺；引申而為能，為肩。【甲骨文字研究下編】

◉商承祚 □□ 甲骨文作□□。金文同。甲骨文又作□。金文散盤作□。象人戴冑持兵。知□為冑形者。冑。金文𨱔侯鼎。「夾戈𦔭冑」作□。虘毀「甲冑干戈」作□。上皆從□。象兜鍪。以是知之。弟二文下从□。象介甲形。介。甲骨文作□。戴冑服甲。戰欲其克也。故克之訓為勝。書洪範。「沈潛剛克。高明柔克。」注。引申為能。爾雅釋言。「克。能也。」方言。「勝己之私謂之克。」為肩。石經克之篆文作□。則小篆从□。乃□之誤矣。又注謂。「象屋下刻木之形。」乃下彔部録字之錯簡。石經古文作□。【說文中之古文考】

◉馬叙倫 段玉裁曰。當作刻也。一曰。肩也。王筠曰。肩也象屋下刻木之形。二義不甚連屬。而所謂刻木者則以古文□與彔篆相似也。余未能解。李杲曰。石經篆文作□。書契作□。或作□。曾伯簠作□。譌而如石經之□。許書之□。傳寫益譌。□更非古文。其為後人肊造之字無疑。倫按此篆與說解實不相應。近人如俞先生樾及張文虎黃以周均立異說。欲以明之。然皆不合六書大齊。故不取列。唯俞先生謂從高省從尸。尸即人也。則人人高省聲。似可通。當為肩之轉注字。然校之金文。則善夫克鼎作□。曾伯簠作□。太保敨作□。從人。古聲。於音亦可通。而甲文則作□□□諸形。汗簡引雜字指勉字作□。其□與金甲文相似。商承祚以甲文又作□。虘毀甲冑字作□。𨱔侯鼎冑字作□。其上□形與克上同。謂克象人戴冑。此古文作□。從□象介甲形。戴冑服甲。戰欲其克也。石經篆文作□。則此從□乃□之誤。倫謂□即父辛爵之□。金器中亦或作□。本書之𢦏其譌體也。其□為象人戴冑固然。而克則非□字。以金文作□□甲文作□□證之。必為形聲字。以□止從□明□□為從人古聲。蓋古從十口聲。故□止從口聲也。但其為肩之轉注字與否。不可固必耳。若戰勝為克者。爾雅釋詁。堪。勝也。釋文。堪。字亦作𢧢。書西伯戡黎。謂勝黎也。戡克音同淡紐。蓋古借克為戡。然本書力部有勊。訓尤極也。尤極非本義。實勝之轉注字。勝音審紐。古讀歸透。勊音淡紐。同為次清破裂音。克聲之類。勝聲蒸類。之蒸對轉也。然則古借戡為勊耳。玄應一切經音義引字林。克。能也。能聲亦之類。借為勝也。檢書堯典偽孔傳。克。能也。吕忱治偽孔書。故取其訓。秦詛楚作□。□為□譌。□蓋□變。

□ 嚴可均曰。此疑作説文續添。俞樾曰。克之茂體。倫按□為□之譌。

□ 沈濤曰。汗簡引顏黃門説文克字作□。顏黃門者。此齊顏之推也。然則之推亦有説文矣。倫按此篆與金文克字作□之上部。下與下文彔篆之下部同。以鍇本作□校之。金文彔字作□。帯伯敢作□者。與□相似。蓋傳寫有譌。汗簡所引或家訓中所引説文。今顏書捝落耳。魏石經古文作□。與顏書小異。倫謂乃勀字也。□譌為□。又譌為□也。然則此或其捝譌者邪。【説文解字六書疏證卷十三】

◉唐桂馨　此字全部象形。人象屋形。○象屋柱之横看形。□象柱下有强力承之之形。强力者。如今造屋者以鐵柱斜支屋之梁棟是也。强力承之。故引伸訓為仔肩。肩字乃動詞。非名詞。【古學叢刊第四期】

◉朱芳圃　字上象胄形，下从皮省。當為鎧之初文，亦即甲胄之甲之本字。書費誓：「善敹乃甲胄。」孔傳：「甲，鎧。」孔疏：「古之作甲用皮，秦漢已來用鐵。鎧、鍪二字皆從金，蓋用鐵為之，而因以作名也。」周禮夏官：「司甲。」鄭注：「甲，今之鎧也。」賈疏：「古用皮謂之甲，今用金謂之鎧，從金為字也。」□象胄形，羅氏已證明矣。皮，金文作□，象手剥獸皮之形，省頭與手則為□矣。字从皮省，以古代作甲用皮也。又古文作□，結構亦同。□即□之異形，説文衷部衷之古文作□，衷為皮衣，□象附毛之皮，是其證也。

克為戎服，用以自禦，故引伸有能義，爾雅釋言：「克，能也。」又有勝義，爾雅釋詁：「克，勝也。」【殷周文字釋叢卷中】

彔 □

□ 甲五九八　彔用為禁地名藕禁　□ 甲一一一二　□ 甲一一三二　□ 乙五四三反　人名　□ 前六・一・八　□ 前七・三・一　□ 後二・一三・一四　□ 菁五・一　□ 粹五〇一　彔用為禄　□ 粹九八七　□ 粹一二七六　□ 存七三二　□ 簠天二　□ 鄴三下・四五・一一　□ 坊間三・七〇　□ 摭續一二一　□ 佚四二七　王田于麥彔　□ 佚六五八　□ 甲二五六二　貞人名中彔卜【甲骨文編】

□ 甲598　□ 1112　□ 1132　□ 乙498　□ 8688　□ 佚426　□ 427　□ 鄴三45・11　□ 續4・7・1　徵1・5

摭續121 粹501 987 1276 乙543 佚371 605 外224 【續甲骨文編】

彔 大保簋 宰峀簋 國名 彔伯簋 彔作乙公簋 彔卣 散盤 師晨鼎 諫簋 孳乳為祿 牆盤 猶彔黄耇 癲鐘 通彔永令又猶彔屯魯 茻伯簋 頌鼎 頌簋 頌壺 或者鼎 麓伯簋 㒸弔多父盤 【金文編】

彔 【汗簡】

汗簡 【古文四聲韻】

◉許　慎　刻木彔彔也。象形。凡彔之屬皆从彔。盧谷切。【説文解字卷七】

◉劉心源　彔。國名。子爵。余所臧拓本有彔伯㦰敢。風俗通姓氏篇。逯。秦邑也。其大夫封于逯因氏焉。未知即彔否。【奇觚室吉金文述卷三】

◉林義光　説文云刻木彔彔也。象形。按彔與刻木形不類。古作大保彝。作彔敦。實剥之古文所剥之物。象果形。小所下之皮也。變作頌敦。作或者尊彝。【文源卷五】

◉丁佛言　。戎都鼎。古文克作。許氏説。象屋下刻木之形。此云刻木彔彔也。象形。疑彔从古文克。【説文古籀補補卷七】

◉馬叙倫　楊桓曰。汲水而上之具也。沈兼士曰。金文作。象桔槔之形。○為汲水之具。為外溢之水。當即淥之本字。倫按今北方設於井上汲水之轤轆。正似形。倫謂轤轆可以象形作字。為受車之冓。⊙為轉動之具。然不必為汲水之具。汲水亦用之耳。此從水聲。為淥之初文。説解刻木二字蓋涉上文克字説解而譌演。彔彔也上彔字乃隸書複舉字。下彔字則本作某也。傳寫誤挩誤演耳。太保敢作。或者鼎作。彔伯戎敢作。頌敢作。宰峀敢作。然蓋從𡴀彔聲。【説文解字六書疏證卷十三】

◉李孝定　説文。「彔刻木彔彔也象形。」許君此語亦殊費解。王筠釋例云。「案上象其交互之文。下象其紛披之文。要之。不定為何物不得為象形也。」自餘説此者甚多。殊無足以饜人意者。竊疑此為井鹿盧之初字。上象桔槔。或作挈皋。或作契皋。無

禾

定字。下象汲水器。小點象水滴形。今字作轆。與轤字連文。說文無轆轤字而古語有之。但作鹿盧。古詩。「腰中鹿盧劍。」漢書雋不疑傳注。「晉灼曰『古長劍首以玉作井鹿盧形。』」卜辭為地。或假為祿。【甲骨文字集釋第七】

◉戴家祥　說文七篇：「彔，刻木彔彔也。象形。」王筠云：案上象其交互之文，下象其分披之文，不定為何物，不得為象形也。彔彔猶云歷録，形容之詞。說文釋例。按許說誤矣。彔鹿為一字之演變，卜辭鹿作，金文作，四足歧角，象活鹿之側視形。彔字卜辭作，金文作，象鹿宰後首尾擴張形，實一物也，亦一字也。故六篇林部麓古文作⿱林录，十一篇水部漉或體作淥。玉篇七十六蹗⿰足录同字，鹿彔唐韻都音盧谷切，不但同母，而且同部。徐中舒曰：彔，經典通作祿，詩多以福祿並稱，而金文則否。說文以福釋祿，福為一切幸福之總稱，故祿得釋福，此通義也。析言之，祿之本義當為俸祿。周禮太宰「四曰祿位，以馭其士」注。「祿若今月奉也。」韓非解老云：「祿也者，人之所以持生也。」蓋有祿則足以持生，無祿則不足以持生，故人死則曰不祿，曰無祿。中央研究院歷史語言研究所集刊第六本一分册金文嘏辭釋例。按祿為彔之表義加旁字，漢以前金石刻辭止作彔，傳世經傳率用祿字彔壽同義。或者鼎「用綏眉彔」，叔多父𣪘「用錫屯彔」，與齊侯壺「用祈眉壽」、蔡姞𣪘「用旛匃眉壽」同義。頌鼎「通彔永命」與陳逆𣪘「用匃羕令眉壽」同義。【金文大字典下】

甲一九一　乙四八六七　錫禾　甲三九二　甲四〇三　甲一五七七　摭續一一一　乙一八四五

拾二・九　前三・二九・三　後一・二三・六　後一・二四・九　後二・六・一六　後二・二〇・一三

後二・三三・五　戩二六・四　粹八　卜辭禾年二字通用受禾即受年　粹九　明藏四五三　粹八九七

京都二九八三　【甲骨文編】

甲392　403　534　651　690　785　808　3612　乙4867　珠668　卜460

佚259　653　877　892　956　965　續2・29・7　4・17・6　凡26・1　26・3

書1・9・A　1・8・G　摭續2　110　113　粹9　11　26　461　849　858

896　899　900　901　908　新3892　珠676　【續甲骨文編】

禾　卣文　禾大方鼎　禾鼎　白禾憂鼎　舀鼎　禾簋　子禾子釜　鄂君啟車節　象禾地名

亳鼎　孳乳為穌　邾公釛鐘　作毕穌鐘　留鐘　【金文編】

4·147　獨禾　5·262　右禾　5·263　獨字　6·60　阸禾　6·185　獨字　9·16　禾□　【古陶文字徵】

〔六七〕　〔六七〕　〔六八〕　〔六八〕　〔六二〕　〔二二〕　〔三六〕　〔六八〕　〔六八〕　【先秦貨幣文編】

布空大　豫伊　仝上　刀大齊厺化背十禾　魯掖　刀大齊厺化背十禾　魯長　布空大　典六〇六　刀大齊厺化背　亞六·一一頁　【古幣文編】

禾　秦一〇　三十七例　法一五〇　七例　秦一六四　十四例　日甲一五一背　效二四　三例　【睡虎地秦簡文字編】

4104　4900　4280　4279　4281　5112　5118　5114　5119　【古璽文編】

禾成見平臧侯道　木禾丞印　陳多禾　【漢印文字徵】

禪國山碑　嘉禾秀穎　【石刻篆文編】

禾　【汗簡】

禾 禾竝汗簡【古文四聲韻】

◉許　慎　禾嘉穀也。二月始生。八月而孰。得時之中。故謂之禾。禾。木也。木王而生。金王而死。从木。从𠂹省。𠂹。象其穗。凡禾之屬皆从禾。户戈切。【説文解字卷七】

◉薛尚功　(伊彝)𥝢　三禾。恐是象形禾字。如禾父已鼎作二禾。同意。

(禾父已鼎)　秝銘曰。禾父已。禾則象禾之形。後世傳習之。謬而以𡖋彝畫禾稼其上。雖一時俗學之陋。蓋亦有自來矣。【歷代鐘鼎彝器款識法帖卷二】

◉孫詒讓　金文曶鼎禾作禾，與象采形合。龜甲文禾有作禾者，與禾字最相近，其从禾字偏旁有作禾者，如云：「㐱診穧龢兄于豕。」穧作穧。又云：「壬申，卜貝貞，求季于㞢。」又云：「貝，求季口㞢。」季竝作季。又云：「辛酉，卜完賓貝貞，求季于人乙。」季作季。又云：「貝貞，求季於且戊牛。」季作季。又云：「癸卯，卜亘貝貞，我受來季。」季作季。季上禾形竝作禾禾，或省作禾，諸形大致略同。此蓋原始象形禾字，上象采，下象稈葉參差旁出形，金文秝乍己鼎秝作秝亦與甲文相近。實非从木也。其後或省變作禾，最後又定作禾，則皆葉葉相當，與木形同。而小篆因之，遂有「木王而生」之説，實則諸穀皆艸非木，此與象形之義，全不相合。殆秦漢後皮傳之説與？【名原卷上】

◉羅振玉　禾禾上象穗與葉。下象莖與根。許君云从木从𠂹省。誤以象形為會意矣。【增訂殷虛書契考釋卷中】

◉郭沫若　第八八七片禾字當是季字之省畧，它辭有「受禾」之文，蓋亦同是受年。【殷契粹編考釋】

◉馬叙倫　鈕樹玉曰。繫傳穗作穟。蓋采之譌。沈濤曰。齊民要術引二月上有以字。得時之中作得之中和。文選思玄賦注引二月生八月熟得中和故曰禾。金王而死思玄賦注引作木衰而死。類聚引作始生作而種。後漢書張衡傳注初學記廿七引二月上有至字。翟云升曰。類聚引作二月而種八月始熟。王筠曰。從木。從𠂹省。𠂹象其穗。如此迂曲。不如以象形蔽之。饒炯曰。篆本全體象形。而隸變似木。篆亦譌之。因謬言從木從𠂹省。同文舉要禾作禾。象形之文也。倫按金文曶鼎作禾。郘公釛鐘作禾。甲文作禾禾禾。説解蓋作和也。象形。和也以聲訓。嘉禾以下至象其穗蓋字林文。或吕忱止作嘉穀也二月始生八月而孰得時之中和故謂之也。木王而生以下校語。禾木也者。本作禾和也。禾為隸書複舉字。和也許訓。傳譌耳。【説文解字六書疏證卷十三】

◉陳夢家　卜辭因時代之異而有「年」「禾」交替的用法，大致武丁、祖庚、祖甲稱年，廩辛、康丁年、禾並用，武乙、文丁稱禾，帝乙、帝辛又稱年。説文「年，穀孰也」，「稔，穀熟也」，年和稔同訓穀熟。以年為穀熟，是假借為稔字。卜辭受年受禾，實指一種穀物，即禾。但文獻上的禾有廣狹兩義，廣義的泛稱一切穀物，狹義的指穀子這一種。詩七月「十月納禾稼……禾麻菽麥」，禾稼之禾是穀物的通名，而禾麻菽麥與生民「菽禾麻麥」之禾則是穀子的專名。說文「禾，嘉穀也，二月始生，八月而孰」。禾和穀，古音發聲與主要元音皆相同，惟穀是收一K的入聲字。崔述稷穄辨說「河北自漳以西舌強能發入聲，以東舌不能讀入聲」。是漳以東入聲之穀即漳以西的禾。

卜辭之年，禾亦有廣狹兩義：凡單稱的如「受年」「受禾」「年有足雨」「禾有及雨」，都指穀子；凡稱「黍年」「秬年」之年則泛稱穀類。卜辭所卜之年，禾有許多當是卜穀子。禾為殷代主要的生產品，是與地利有關的。淮南子地形篇說「雒水輕利而宜禾，渭水多力而宜黍」，又說「西方宜黍，中央宜禾」。由此可知關西渭水流域宜黍，關東洛水流域和中原宜禾。詩提到黍的有二十餘次，多屬周詩部分，可見西土以黍為主。但此並非說關西不產禾或關東不產黍，卜辭記殷人種黍可知關東中原仍有種黍子的。

禾、穀子、小米三名是一，乃是今天華北主要的食糧之一。在文字上，一切穀類的字都是從禾從米的，米最初應是小米。說文分別禾與稼，說「禾之秀實為稼，莖節為禾」。卜辭禾字象整個的一棵禾，稿莖之上並有穗。從禾穗打出來的顆粒是粟：說文「粟，嘉穀實也」，論衡量知篇「穀未舂蒸曰粟」，廣雅釋言「粟，穀也」，廣韻「粟，禾子也」。顆粒去了皮而現出實，是米，說文「米，粟實也」。初出地面的禾秧是苗，詩碩鼠傳「苗，嘉穀也」。孟子盡心下「惡莠恐其亂苗也」，莠是雜於禾田中的雜草。【殷墟卜辭綜述】

◉于省吾 按經傳中禾字有兩種涵義，狹義是專指稷，與甲骨文不同。廣義是泛指一切穀類。陳夢家謂：「卜辭之年、禾亦有廣狹兩義。凡單稱的如受年、受禾、年有足雨、禾有及雨，都指穀子；凡稱黍年、秬年之年，則泛稱穀類。」(綜述五二六)按陳說顯然是舛誤的。甲骨文中所見的禾都是廣義的。因為甲骨的稷字作齋，是穀子(小米)的專字。甲骨文凡言受某年者，年上一字必為穀類專名，如受黍年、受齋年、受乘年是其例，但從未有受禾年者，足見禾不是專名。說文：「年，穀孰也。」穀梁傳桓三年：「五穀皆熟為有年。」年乃就一切穀類全年的成熟而言。正因為禾和年都具有泛稱性，所以第四期甲骨文往往用受禾代替受年，但決不言受禾年。

甲骨文年字上部通常均作禾形，但亦有例外。如从黍省作(乙一七三一)，从乘省作(乙一九六六、乙七二〇五)，按其字形即可知該辭之年有所專指。這是一種值得注意的現象。【釋禾、年 甲骨文字釋林】

秀

53 146 【包山楚簡文字編】

秀 日甲一三 二例 日乙一三 五例 日甲三二 【睡虎地秦簡文字編】

陳印秀衆 【漢印文字徵】

石碣田車秀弓寺射馬叙倫謂用為采〓字重文 禪國山碑 嘉禾秀穎 【石刻篆文編】

並古老子 【古文四聲韻】

◉許　慎　上諱。漢光武帝名也。徐鍇曰。禾實也。有實之象。下垂也。息救切。【説文解字卷七】

◉林義光　石鼓作。从禾乃。乃。扔之古文。引也。見乃字條。禾引為穗。秀其穗也。【文源卷十】

◉郭沫若　第六六八片林二・一九・一(前二・三八・五同出)

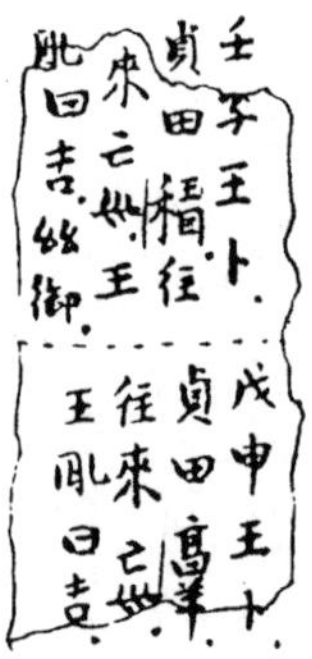

第六六九片前二・一一・六

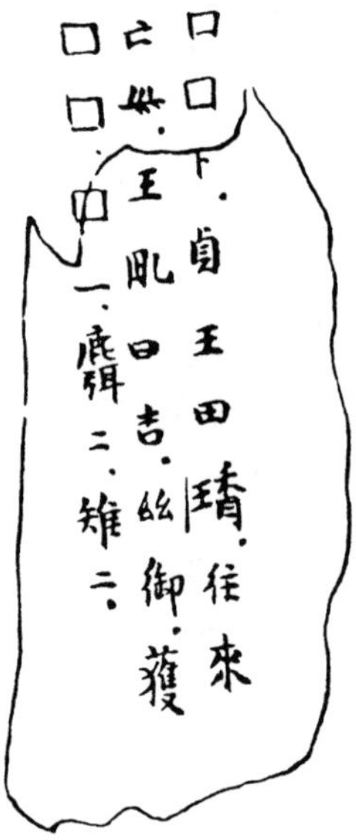

第六七〇片前二・三八・四

上三片中之一地名，或作稍，或作琇，或作璓，羅收為一字而未釋。今案此乃琇字之古文，其旁从之香若䆃當為古秀字。說文秀字適「上諱」，段玉裁云：「許既不言，當補之曰『不榮而實曰秀，从禾人。』不榮而實者釋艸爾雅毛詩七月及生民傳文（中畧）。引伸之為俊秀，秀傑。从禾人者，人者米也。出於稃謂之米，結於稃内謂之人。凡果實中有人，本艸本皆作人，明刻皆改作仁，殊謬。禾稃内有人，是曰秀。玉篇集韻類篇皆有秂字，『欲結米也，而鄰切』，本秀字也，隸書秀从乃而秂別讀矣。」知秀古本从禾人，則此香若䆃之為秀之初文即可迎刃而解。禾下所从之形文非目字，實象含人之米實，此與眚字同意。金文「既生霸」字多作眚，有揚毀蓋文豆閉毀文散氏盤文等形。實生之初文，象果實迸芽之形，後乃譌變而為从目生聲。古文目字作，內眼角下有綫縷下垂，乃東方人種之特徵，字形與此有別。香或从止作䆃，止乃趾之初文，示其根也。知香若䆃為古秀字，琇璓从玉，以此為聲，斯為古琇字矣。【卜辭通纂】

◉馬叙倫 徐鍇曰。漢光武帝諱。故許慎闕而不書也。吳穎芳曰。下體當從孕省。禾孕為秀。徐元度曰。漢隸作秀。即之變。古文乃字也。乃與秀義聲不近。當作㠯省聲。段玉裁曰。從禾人。人者。米也。凡果實中有人。本草皆本作人。明刻皆改為仁。玉篇有秂字。欲結米也。即秀字。朱駿聲曰。几聲。徐灝曰。采下曰。禾成秀也。則秀當云禾采也。戴侗謂褎從衣采聲。則采之聲與褎近。灝謂采古音蓋讀如秀。故褎用為聲。采秀本一字也。章際治曰。說解當曰。禾吐采也。從禾。象形。禾吐采者。秀與采同意而稍別。蓋禾之已成秀者謂之采。未成采者謂之秀。爾雅釋艸云。不榮而實謂之秀。今俗語亦以禾吐采為秀。論語。秀而不實者有以夫。是方秀尚非成實之時。則其為吐采可知。謝彥華曰。從禾九聲或乃聲。乃仍古通。乃讀若仍。音轉為秀。倫按說秀形者諸家。其泥於形者。謂乃以象形。則未審於聲故也。徐元杜說於音頗合。而有改篆之嫌。倫謂秀石鼓作。从禾。卤省聲。卤從乃省。卤聲。讀若攸。音在喻紐四等。秀音心紐。心與喻四皆次清摩擦音也。二篇莠讀若酉。八篇歈亦讀若酉。以此互證。秀從卤省得聲無疑。爾雅不榮而實謂之秀。釋文。衆家本竝無不

字。桂馥謂白帖引亦無不字。然詩生民傳有不字。桂謂後人據郭本爾雅加。倫謂采秀轉注字。詳采字下。【說文解字六書疏證卷十三】

稼 稼

稼 秦一 五例 法一五〇 四例 【睡虎地秦簡文字編】

稼 【汗簡】

義雲章 竝籀韻 【古文四聲韻】

◉許 慎 稼禾之秀實為稼。莖節為禾。从禾。家聲。一曰。稼。家事也。一曰。在野曰稼。古訝切。【說文解字卷七】

◉馬叙倫 鈕樹玉曰。韻會引作一曰稼家事也。在野曰稼。翟云升曰。孟子告子疏引作種曰稼。沈濤曰。初學記引無家字。倫按詩伐檀。不稼不穡。胡取禾三百廛兮。桑柔。好事稼穡。書無逸。先知稼穡之艱難。皆以稼穡竝言。論語。樊遲請學稼。子曰。吾不如老農。呂氏春秋審時。夫稼。為之者人也。生之者地也。養之者天也。是以人稼之容足。耨之容耨。據之容手。此之謂耕道。此皆見於先秦典記。可證稼之本義。不謂禾之秀實。詩七月。十月納禾稼。箋曰。治於場內而內之囷倉也。此謂禾稼治於場。成而內之囷倉。蓋稼者。周禮叙官司稼注所謂種穀曰稼也。下文。穫。治稼也。詳穫字下。然則稼非禾之秀實也。禾之秀實為稼莖節為禾者。此秀下字林說也。蓋本作秀。禾之實也。莖節為禾。秀乃隸書複舉字也。此下本作稼。稼從禾。家聲。呂忱加家半也。在野曰稼。一本無呂忱說。而校者據有者加之。故曰。一曰稼家事也。在野曰稼。一曰家事也者。桂馥謂家當作嫁。周禮叙官司稼注。治穀曰稼。如嫁也。以有所生。稻人。掌稼下地。注曰。稼者。有似嫁女相生。皇侃論語義疏。稼猶嫁也。言種穀欲其滋長田苗。如人嫁女生於子孫也。此乃附會從家之義耳。在野曰稼。蓋謂穀成而內之囷倉為嗇。未成在田野為稼。亦校語。玄應一切經音義引字林。種曰稼。【說文解字六書疏證卷十三】

穡 穡

穡 師寰簋 卹乎穡事即書湯誓之穡事 史記殷本紀作嗇說文作穡字之籀文 穡字重見 【金文編】

南嶽碑 【古文四聲韻】

穜 穜

◉許　慎　穡穀可收曰穡。从禾。嗇聲。所力切。【說文解字卷七】

◉劉心源　䪥或釋散。非。散从林从月。不从嗇。說文牆下籀文作牆。从嗇。古文作牆。从嗇。而師寰敢䘏厥穡事之穡作䪥。即牆之籀文。蓋同形叚借也。此从嗇。即嗇古文。木禾二形不分。如休从禾。厤从林。詳彔敦。竝可證也。此又从攴。與收斂同意。當是穡。即此可知鐘銘之釋作嗇者未碻矣。【奇觚室吉金文述卷四】

◉高田忠周　嗇下云。愛濇也。从來从㐭。來者㐭而藏之。又㐭下曰。穀所振入。宗廟粢盛。倉黄謹㐭而取之。云云。从入。回象形。此二字解皆有誤。今依三代古文。㐭即純然象形字。∧即屋蓋也。又嗇从來。或从禾。禾來同意。即穀也。收穀藏于倉㐭。即穡之事。其所收者。固不可妄出。故轉為愛濇義。詩桑柔。好是稼穡。稼穡惟實。箋吝嗇。左僖二十一年傳。務穡勸分。注。儉也。昭元年傳。大國省穡而用之。注愛也。此明穡即嗇字也。【古籀篇八十二】

◉馬叙倫　穡為嗇之後起字。玄應一切經音義引字林。收曰穡。然則穀可收曰穡字林文。字亦或出字林也。【說文解字六書疏證卷十三】

◉屈萬里　䪥，與師寰段䪥字之偏旁相似，當是穡之本字。師寰段从㫐者，乃繁文；卜辭有作䪥，䪥(二字羅振玉釋嗇，見殷釋中三五葉)者，亦其異體也。【殷墟文字甲編考釋】

穜103　穜105　穜110　【包山楚簡文字編】

穜　張穜已　穜　臣穜　【漢印文字徵】

◉許　慎　穜埶也。从禾。童聲。之用切。【說文解字卷七】

◉馬叙倫　桂馥曰。甕牖間評云。字說於種字韻中入穜字。云。物生必蒙。故從童。艸木亦或穜之。然必穜而生之者禾也。故字從禾。是王介甫亦以穜為種字。倫按埶也非本義。或非本訓。此重之後起字。重為種子之種。王謂物生必蒙。故從童者。語原然也。易蒙。匪我求童蒙。童蒙聲同東類。然蒙為萌之音同明紐假借也。艸芽曰萌。故幼子曰僮。童冏亦聲同東類。明為冏之後起字。而萌從明得聲。皆由重之語原而演。穜種一字。詳種字下。急就篇種樹連文。而字作種。蓋傳寫易之。埶也非本訓。【說文解字六書疏證卷十三】

稙 稙

◉許　慎　稙早種也。从禾。直聲。詩曰。稙稚尗麥。常職切。【説文解字卷七】

◉馬叙倫　鈕樹玉曰。繫傳及玉篇作早種也。稚作穉。與詩閟宮合。尗作菽。則非。説文無稚菽。韻會引作早種後熟。非。倫按早種也。謂宜早埶之種。齊民要術。二月三月種者為稙禾。四月五月種者為稚禾。是也。然廣雅釋地。稙。種也。又。早也。則二義也。早種後孰乃穜下先穜後孰皆後人分別之。且亦校語也。引詩亦校者加之。字或出字林也。稙為種之同舌面前音轉注字。種音澄紐。稙音禪紐。古讀又竝歸於定也。稙穉季皆相轉注。而季從子得聲。子巳一字。巳音邪紐。邪禪同為次濁摩擦音。則語原蓋為巳。巳為胎之初文也。【説文解字六書疏證卷十三】

種 穜

種 日乙四八　二例　種 日乙六四　二例　種 日甲一五一背【睡虎地秦簡文字編】

種 郅種已　種 徐種已印【漢印文字徵】

◉許　慎　穜先穜後孰也。从禾。重聲。直容切。【説文解字卷七】

◉馬叙倫　池伯煒曰。徐鍇繫傳有穜無種。倫按前人據本書辯穜為種植字。種為種稑字。唯徐灝以為穜種一字。播種謂之種。之用切。所種者謂之種。章勇切。引申以為穜稑之穜。直龍切。吕氏春秋任地。種稑禾不為稑。種重禾不為重。其字皆作重。今本説文疑為後人所亂。陸德明云。説文云。禾邊作重。是重稑之字。禾邊作童。是穜蓺之字。已在改竄之後。五經文字云。種。字林以為種稑之種。直龍反。經典相承以為種植之種。是則吕忱之説而非許義也。孫星衍謂唐人引據多誤以字林為説文。陸氏所言。亦其一耑矣。考之古籍及金石文字。種植字皆作種。倫按經文鐘鼓之鐘亦多作鍾。錢大昕以為重童音同。皆可通。周禮內宰。上春詔王后帥六宮之人而生穜稑之種。而獻之於王。穜稑字作穜。不作種。鄭司農謂先種後孰謂之穜。亦作穜。不作種。舍人。以歲時縣穜稑之種。亦以穜為種。説苑襍言。田者擇種而種之。種之之種。依此當作穜。乃亦作種。此下文引詩。黍稷種稑。周禮內宰注。鄭玄引作穜稑。然則穜種實一字。漢書食貨志。播種於甽中。顏師古曰。種。穀子也。其初文為重。從𡈼。東聲。𡈼為生之轉注字。生即性命之性初文。故種亦以為種姓之種。且詩言。我蓺黍稷。蓺之荏菽。史記五帝本紀。蓺五種。皆言蓺而不言種。獨詩生民言。種之黄茂。朱駿聲以為種猶蓺也。蓋朱以為穜之借字。若以鄭玄詩禮箋注之例。凡言猶者。皆謂非即某義。是穜蓺也者。謂為引申之義可也。蓋以種子蓺而成禾。即以種為蓺。此門無門焉衣我食我之例也。生民之種則借為蒔。種音澄紐。蒔音禪紐。同為舌面前音。古讀並歸於定也。蒔

即今言種植之植本字。其語原蓋與種同。此字蓋出字林。古鉩作𥟖。從米。【說文解字六書疏證卷十三】

稑 稑

◉許　慎　稑疾孰也。从禾。坴聲。詩曰。黍稷種稑。力竹切。穋稑或从翏。【說文解字卷七】

◉馬叙倫　沈濤曰。詩七月釋文引。後種先孰曰稑。周禮内宰注。鄭司農云。後種先孰謂之稑。豳風傳亦曰。先孰曰稑。是毛鄭許皆同也。倫按釋文所引蓋疾孰也以下文。然如毛傳禮注。則謂後種而先孰之種子為稑。此訓疾孰。義不完矣。古鉩作𥟖。

穋　宋保曰。翏聲坴聲同部通用。倫按翏坴雙聲。故稑轉注為穋。【說文解字六書疏證卷十三】

稺 稺

稺 5·476　獨字　稺 5·155　咸稚　稺 秦365　獨字　稺 秦366　稚十四　玉篇稚與稺同【古陶文字徵】

稺 焦稺文印　稺 廚稺公　稺 陳稺君　稺 張稺主　稺 朱稺子　稺 馬稺孺　稺 張稺之　稺 門稺卿印　稺 左稺公　稺 王稺　稺 李稺　稺 尹稺孺　稚 □公稚君【漢印文字徵】

稺 稚【汗簡】

稺 說文　稺 證俗古文　稺 古史記【古文四聲韻】

◉許　慎　稺幼禾也。从禾。屖聲。直利切。【說文解字卷七】

◉馬叙倫　鈕樹玉曰。韻會屖聲下有晚種後孰者五字。倫按韓詩傳。稺。幼稼也。此作幼禾。疑誤。或傳寫奪家旁。詩閟宫。稙稺菽麥。稙稺連文。亦非幼禾之證。稙音禪紐。稺音澄紐。同為舌面前音。又聲同脂類。稺為稙之轉注字。鍇本有晚穜後孰者五字。王筠謂蓋庾注。倫謂或字林說也。五經文字。稺。稺。幼禾也。上說文。下字林。則幼禾也亦字林訓。本有重文作稚。唐人删之矣。然許書本於倉頡。而急就皆倉頡中正字。急就有畢稚季。本書。季。從子。稚省聲。則此篆從屖者。豈後人改之邪。或急就本作稺。傳寫以通用字改之。季下稚省聲亦然也。【說文解字六書疏證卷十三】

稹

◉許　慎　稹穜概也。从禾。真聲。周禮曰。稹理而堅。之忍切。【說文解字卷七】

◉馬叙倫　鈕樹玉曰。繫傳穜作種。韻會引作種概也。誤。倫按概下曰。稠也。稠下曰。多也。疑穜字乃上文稺下本訓傳寫誤入此下。又挩也字。九篇。鬒。稠髮也。是稹之從真得聲。語原然也。文選江賦注引字林。稠。概也。概字蓋出字林。此或亦然。故訓概也。稹稠與多同語原。【說文解字六書疏證卷十三】

稠

稠　封七八　二例【睡虎地秦簡文字編】

◉許　慎　稠多也。从禾。周聲。直由切。【說文解字卷七】

◉馬叙倫　朱駿聲曰。禾多也。倫按稹音澄紐。周音照紐三等。稠稹為同舌面前音轉注字也。多也以聲訓。或非本訓。文選束皙補亡詩注引倉頡。稠。衆也。【說文解字六書疏證卷十三】

◉白玉峥　□……于……商……。左行

□：籀廎先生釋惠。見文字篇。又曰：「龜甲文惠字兩見，皆作□，从□，从惠省；與許書古文絶異。攷說文齊部：『齊，禾麥吐穗上平也；象形』；又禾部：『采，禾成秀，人所收者也；从爪禾』。俗作穗，从禾惠聲。依甲文：叀，从□，則正从禾麥吐穗上平之形；當為采之異文。」見名原上十五。孫海波氏甲骨文編，列為不識之字。附録二六。金祥恒先生續甲骨文編入田部，列為說文所無之字。十三、十二。李孝定先生甲骨文字集釋，列為存疑之字，見四四八四頁。並又列為待考之字。四六〇五及四七三三頁。峥按：籀廎先生釋為采之異文，其說可从，然未必為采。竊疑當即稠之初文。蓋字从□从田：从□，象果實衆多之形；从田，即今楷之周，為字之聲符。說文解字：「稠，多也，从禾周聲。」此从三屮，三有衆多之意。推其造字之初，似為描述果木稠密，果實衆多之誼者。然歟？否耶？尚待考定。【契文舉例校讀十二　中國文字第四十三册】

概

◉許　慎　概稠也。从禾。既聲。己利切。【說文解字卷七】

◉馬叙倫　稹概脂真對轉轉注字。字或出字林。【說文解字六書疏證卷十三】

稀 封七八【睡虎地秦簡文字編】

祀三公山碑 醮祠希罕 禪國山碑 希古所覿【石刻篆文編】

◉許 慎 稀疏也。从禾。希聲。徐鍇曰。當言从爻从巾。無聲字。爻者。稀疏之義。與爽同意。巾象禾之根莖。至於莃晞皆當从稀省。何以知之。説文無希字故也。香依切。【説文解字卷七】

◉馬叙倫 顧野王曰。希。説文以此或為絺綌之絺字。徐鍇曰。當言從爻從巾。無聲字。説文無希字也。吴穎芳曰。解中明云希聲。全書從希之字不一而足。知説文本有希字。蓋絺綌之絺。字從巾從爻。錢大昕曰。周禮司服。祭社稷五祀則希冕。鄭氏讀希為絺。希即古文稀也。古文絺綌皆從巾。今本説文有帢無希。蓋轉寫漏落。倫按鄭珍謂當作禾延也。是也。然非本訓。許止當以聲訓耳。希者。段玉裁嚴可均以為黹之别體。孫星衍謂黹之省文。宋育从章炳麟則謂從巾。爻象交文。則亦謂希即黹可也。張行孚從錢説。倫謂從巾爻聲。爻叕一字。故希音香依切矣。希為絺之初文。據顧説。則本是絺之或文。今捝。【説文解字六書疏證卷十三】

穫 段簋 王穫段曆 蔑字重見【金文編】

145【包山楚簡文字編】

◉許 慎 穫禾也。从禾。蔑聲。莫結切。【説文解字卷七】

◉馬叙倫 穫為禾義。不見經記。廣韻曰。莊子謂之禾也。然莊子則陽曰。君治民焉勿滅裂。昔余為禾。芸而滅裂之。其實亦滅裂而報予。滅裂為連語。且為動詞。不謂禾也。字亦不作穫。此與穋竝訓禾也。穋之為禾。亦不見於經記。慧琳一切音義六穋注引作和也。與詩烝民穆如清風箋合。然必非本義。或慧琳以禾和音同。誤禾為和。庚贏卣作𥝤。臯生𣪘作𥝤。叉卣作𥝤。【説文解字六書疏證卷十三】

◉湯餘惠 古私名璽有 (0238)字,舊無釋,按其字當是穫字省形,字從禾,蔑省聲。「穫」西周金文借為「蔑曆」字,庚贏卣作𥝤,段簋作𥝤,從蔑聲不省;封簋作，義符易「禾」為「木」，聲符「蔑」省作「戠」，西周器次卣銘文也有類似情況，這説明省略人旁的寫法至少在西周時已經出現。《説文》目部：

，目眵也。从目，蔑省聲。

是此種省體在小篆中仍留有遺迹。

穠字見于《説文》：「禾也。從禾，蔑聲。」蔑、末古音近(詳後)，往往通用。「穠」後世多作「秣」。

古璽還有幾例從蔑省聲的字，寫作：

(0931)

(1499)

(3789)

由前兩例字下旁，可知這個字當是從肉，蔑省聲。疑「臓」即「眛」之異體。《國語·周語》「蔑殺其人民」，韋昭注：「蔑，猶滅也。」《玉篇》抹字下云：「抹撥，滅也。」可見，「蔑殺」亦即「抹撥」。《詩·大雅·板》「喪亂蔑資」，《潛夫論》引作「末資」。蔑、末聲通互用，「眛」之作「袜」猶如「袜」之作「襪」、「秣」之作「穠」。【略論戰國文字形體研究中的幾個問題　古文字研究第十五輯】

◉高　智　《古璽彙編》著録如下諸印：

1. 0238

2. 0931　1271　1499　2022　2046　3789

1. 印文第二字作「」形，舊不識，《古璽文編》列於附録，字上從「」，「」似羊角形，應為「」；「」是戰國文字中「目」字的寫法，如《侯馬盟書》「直」作「」(三：一)、「睪」作「」(一五六：二一)等形，《遷邦石》「睘」作「」、《中山王嚳·兆域圖》「眡」作「」形所從，故此古璽文中所從的「」當為「苜」(𦯞)，下面作「」當為「禾」和「戈」二形。綜合分析此字，應該是由「禾」和「」兩部分組成，後者與「蔑」甲骨文作「」(甲八八三)、金文作「」(《長甶盉》)形近同，古璽中之「」當是甲骨文、金文中「」、「」形之省，「」、「」本象以戈伐人之意，從戈莧聲，是一個形聲兼會意字，「」形也并非羊角，本為人之眉毛，《説文》中小篆形體已有訛變，從甲、金文字形體來看，本從「莧」，由於在古文字中「目」、「見」義同可通，故「莧」可省作「苜」，「莧」與「苜」可謂同字異形，因而戰國文字中「蔑」常省作「」形。如「蠛」《汗簡》作「」，《古文四聲韻·義雲章》作「」，《玉篇》「矆」本作「蘉」，故上面古璽中之字，當是一個从禾从蔑的「穠」字，亦與包山楚簡中「穠」作「」(一四五)形同，故當釋「穠」，在璽文中用為人名。

2. 六印中第二字均作「[glyph]」、「[glyph]」形;《古璽彙編》隸釋為「蔑」,《古璽文編》列入正編「蔑」字條下。 通過上面「穖」字所釋分析,此字當為從肉蔑聲的「臓」(蔑)字,字書所無。 據《說文》「苜,讀若末」、「莧從火苜聲,讀與蔑同」,可知「蔑」、「末」二字古音相同,同時義亦相近,故在古文字中從「蔑」與從「末」常可互作,如《正字通》「矆」與「眛」同,《釋名》「襪末也,在脚末也,」《玉篇》「袜,脚衣也」,《類篇》「袜,足衣也,同襪」,《集韻》「韈」或作「靺」、「妹」、「帓」、「袜」等形,故我以為上釋「臓」字音義皆相當於字書裏的「脎」字,可謂同字異形,在璽文中用為人名。【古璽文徵十則 第三屆國際中國古文字學研討會論文集】

穆 遹簋 穆穆王寢易遹雩 長由盉 戜方鼎 牆盤 尹姞鼎 舀鼎 師望鼎 盠方彝 寰盤 克鼎 方鼎 虢弔鐘 師訇鼎 井人妄鐘 秦公簋 邾公華鐘 蔡侯𪘐盤 曾侯乙鐘穆鐘 中山王嚳壺 王孫真鐘 【金文編】

6·96 呂穆 【古陶文字徵】

〔六八〕【先秦貨幣文編】

布空大 豫孟 【古幣文編】

陰穆私印 張穆印信 秦穆印信 【漢印文字徵】

開母廟石闕 陰陽穆清 少室石闕 廷㩼趙穆 詛楚文 箸我先君穆公 【石刻篆文編】

穆竝見尚書 穆 穆竝林罕集綴 穆出尚書 【汗簡】

裴光遠集綴 古尚書 竝崔希裕纂古 古尚書 【古文四聲韻】

◉許　慎　穆禾也。从禾。㣎聲。莫卜切。【説文解字卷七】

◉林義光　説文云。穆禾也。从禾㣎聲。㣎細文也。从彡㣎省聲。按穆為禾無考。經傳無㣎字。穆當訓為細文。古作□曶鼎。作□虢叔鐘。从禾轉注。禾為龢之聲借。从㣎省。从彡。㣎者細意。彡者文意。【文源卷十】

◉葉玉森　□　殷虛卜辭第三百四十八版。「缺□南缺□若。」辭中之□。疑穆之古文。按唐寫本經典釋文。舜典穆穆作敫敫。玉篇作敫。卜辭从自與玉篇同。从大與釋文同。□即彡之繁變。惟易从文為从卩。卩與亻同。許書□或作□。亦一例也。【説契　學衡第三十一期】

◉馬叙倫　丁福保曰。慧琳音義六引作和也。倫按穆穖雙聲轉注字。古書穆繆通假。豈穆為繆之轉注字耶。繆音來紐。古讀歸泥。穆音明紐。明泥同為邊音也。曶鼎作□。邾公華鐘作□。邿人鐘作□。秦公敨作□。【説文解字六書疏證卷十三】

◉于省吾　甲骨文稱：「王異(翌)戊，其射才□兕○弗□(擒)。」(甲三六三六)又：「王其射□兕，□。」(外五四)甲骨文，以□或□為地名，為舊所不識，甲骨文編和續甲骨文編均入于附録。其實，□與□即古穆字。説文：「穆，禾也，从禾㣎聲。」按許氏謂穆从禾㣎聲，即訓㣎為細文，以為「从彡㣎省聲」，又訓㣎為「際見之白」(弓鎛虢字左从㣎，㣎字中从日，上下从小，即隙之本字)，隨意割裂穆字，强作解事。西周器穆父鼎的穆字作□，从水从□，不从彡，猶存初文。甲骨文□字本象有芒穎之禾穗下垂形。説文：「穎，禾末也，从禾頃聲。」段注：「渾言之則穎為禾末，析言之則禾芒為秒。」説文穆字段注：「凡言穆穆、於穆、昭穆皆取幽微之義。」按段氏知其然而不知其所以然。實則，由于禾穎微末，故引伸為幽微之義。至于金文穆字皆从彡。説文訓彡為「毛飾畫文」，則从彡有美觀之義。詩清廟毛傳訓穆為美，爾雅釋詁也訓穆為美。總之，甲骨文穆字不从彡，乃穆之初文，其从彡乃後起的孳乳字。【釋穆　甲骨文字釋林】

◉東　延　昭明鏡銘文中有「心忽穆而顊(愿)忠，然壅塞而不泄」兩句。「忽」下一字主要有以下一些寫法：

□古鏡圖録4下　□漢金文録16·36下　□巖窟藏鏡＝38　□同上37

凡是考釋或提到昭明鏡銘文的書和文章，都把這個字釋作「揚」。從解放前的作品一直到最近發表的發掘報告，如《陝西咸陽馬泉西漢墓》(《考古》1979年2期131頁)、《安徽天長縣漢墓的發掘》(《考古》1979年4期329頁)、《江蘇盱眙東陽漢墓》(《考古》1979年5期421頁)，全都如此。《金文續編》也把這個字釋為「揚」字(12·3下)。但是「忽揚」之語不見于古書，「心忽揚而愿忠」，語意難通。并且从上引的這個字的各種寫法來看，字形分明从「禾」而不从「手」，可見釋作「揚」是缺乏根據的。

私

漢碑「穆」字或作穆,省去「白」下之「小」(張遷碑。魏元丕碑作穌,偏旁互易),昭明鏡「忽」下一字也應該是「穆」字。《史記・屈賈傳》載賈誼《鵩鳥賦》云:「沕穆無窮兮,胡可勝言。」《索隱》:「沕穆,深微之貌。」《漢書・賈誼傳》作「沕穆無間,胡可勝言」,顏師古注:「沕穆,深微貌。」《淮南子・原道》有「物穆無窮,變無形像」之語,《說苑・指武》亦有此語,「物穆」作「眑穆」。鏡銘的「忽穆」,與「沕穆」、「物穆」、「眑穆」顯然是一詞的變體或異寫。「心忽穆」大概是心意深微的意思。【昭明鏡銘文中的「忽穆」 文史一九八一年第十二輯】

◉李孝定 按穆字从𥝢,从彡,𥝢象禾垂穗,實穗之象形本字,篆譌為采,从爪,乃穗上之芒所衍變,作穗則為後起形聲字。㬈為禾實,彡訓毛飾、畫文,故穆引申得有美義,謂禾實嘉美也。敬義則又嘉美一義所引申。【金文詁林讀後記卷七】

秦下表 47 【古陶文字徵】

私 雜一一 九例 日甲四〇 為四 【睡虎地秦簡文字編】

4763 璽文「正行亡私」私字作ㄙ,以文義知其為私字。 4659 4592 4593 4586 4605 4584 4585 4786 4785 4604 4613 4590 4614 4596 4789 4792 4838 4130 4790 4784 4656 4918 【古璽文編】

尹輔私印 王昌私印 信私印 臣趙長私 郅通私印 樂仁私印 李敞私印 郟光私印 成私印 【漢印文字徵】

私 【汗簡】

汗簡 道德經 王存乂切韻 【古文四聲韻】

◉許 慎 禾也。从禾。厶聲。北道名禾主人曰私主人。息夷切。 【說文解字卷七】

◉馬叙倫　鈕樹玉曰。韻會引作北道謂禾主人曰私。王念孫曰。艸部。菘。未秀也。私與菘同聲。當是禾秀之稱。後乃北道名禾為私耳。倫按私從禾。口聲。漢私鈢並作𠃊。可證也。口即六篇象垣蔽形之口。為垣之初文。垣蔽所以自私。故假借為公私之私。口音喻紐三等。禾音匣紐。同為次濁摩擦音。故禾轉注為私。王説亦通。字見急就篇。【説文解字六書疏證卷十三】

⿰禾糞

◉許　慎　⿰禾糞稻紫莖不黏也。从禾。糞聲。讀若靡。扶沸切。【説文解字卷七】

◉馬叙倫　沈濤曰。齊民要術二引作稻紫莖不黏者。御覽八百卅七引作稻紫莖不黏者也。王念孫曰。靡當作⿸麻賁。⿸麻賁。房未切。故⿰禾糞得讀若⿸麻賁。形近而誤。承培元曰。當讀作穈芑之穈。劉秀生曰。王説蓋是。糞聲古在邦紐。⿸麻賁為萉之或體。從麻。賁聲。古在竝紐。邦竝皆脣音。故⿰禾糞從糞聲得讀若⿸麻賁。穀梁僖十年傳。覆酒於地而地賁。釋文。賁。瀵同。是其證。水部。瀵。從水。糞聲。讀若粉。周禮地官草人。墳壤用麋。注。故書墳作坌。左昭五年經。敗莒師於蚡泉。公羊作濆泉。穀梁作賁泉。宣十七年傳苗賁皇。國語晉語作苗棼皇。亦其證。倫按説解蓋本作稻也。稻也謂稻名也。吕忱或校者注紫稻不黏者也。故要術御覽引皆有者字。下文。穄。穈也。玄應一切經音義引有似黍而不黏者關西謂之穈可證。本書諸部凡名詞字。而説解乃似動詞。此亦其一。證以要術御覽所引。知本不然。傳寫捝譌。或唐人習明字科者所删節也。糞音非紐。靡音微紐。皆脣齒音。讀若靡亦可也。字蓋出字林。【説文解字六書疏證卷十三】

稷

稷　从示　中山王䜌鼎　恐隕社稷之光　【金文編】

稷　日甲一八　【睡虎地秦簡文字編】

詛楚文　欲剗伐我社稷　【石刻篆文編】

稷　稷　【汗簡】

古孝經　古老子　古尚書　義雲章　【古文四聲韻】

◉許　慎　齋也。五穀之長。从禾。畟聲。子力切。古文稷省。【説文解字卷七】

◉陳邦懷　前編卷二弟三十二葉。此字從禾從兄。當是説文解字稷之古文。卜辭祝字有作者。書契前編卷四弟十八葉。其所從兄字雖為反文。與此正合。又父舟作兄癸彝兄字亦作也。阮氏元誤釋為猷。説文。稷。齋也。五穀之長。從禾畟聲。古文作⿰禾兕。段注。兕蓋即古文畟字。邦懷按。⿰禾兕即卜辭之稅。後世傳寫致譌兄為兕。段氏謂兕蓋即畟之古文。未免附會。許君説稷為五穀之長。又説兄曰長也。然則稅從兄。蓋取禾兄會意。知古文稷字當從兄矣。【殷虛書契考釋小箋】

◉徐協貞　為稷之初文。説文。稷。齋也。五穀之長。稷在卜辭與稻麥均為方名。而受年未與禾黍同列。許説似未確。左傳宣十五年晉治兵于稷。山西絳州有稷山。俗曰稷神山。相傳后稷教稼穡處。稷方之領域應即在此。齊亦有稷山。六國時立館其下。名曰稷下。在山東臨淄縣北齊古城西。或為其後遷地也。姓考漢上津令稷嗣其為稷方。後僅見者。【殷契通釋】

◉馬叙倫　鈕樹玉曰。繫傳韻會作齊也。一切經音義十引作粢也。粢當是粢。孫星衍曰。大觀本草引。稷。田正也。自商以來。周棄主之。倫按齋下曰。稷也。齋稷雙聲。轉注字也。五穀之長校語。或字林文。本草所引蓋字林一曰以下之文。字見急就篇。

省字校者加之。此從禾。兕聲。甲文有。陳邦懷謂從禾從兄。兄者。長也。稷為五穀之長。故從兄。為稷之古文。倫謂陳説雖本呂氏春秋。然非文字冓造之所託。且兄之本義亦非長也。倫謂亦非兄字。師首鼎字即此。以甲文祝字作證之。則是拜跽之拜本字。後人而象拜形。則從禾聲。蓋為穄之轉注字。非稷字也。不然。則為𠃨之異文。形似於拜跪之拜本字。知者。齊建封刀邦字作。即封字。可證也。若然。則與埶同意。為后稷之稷本字。玄應一切經音義引古文官書。稷魏同。子力反。魏蓋稅之譌。或為其異體。字從禾鬼聲。鬼即從兕得聲也。古鉩作。餘見畟下。【説文解字六書疏證卷十三】

◉李孝定　契文作。陳氏釋稷可從。惟陳氏謂段氏以「兕為畟之古文」為附會則非。畟之古文當作。為一人體象形字。古文從夊止者每從省略。許君謂兕為畟省亦不誤。兕與兄衹形體小異耳。陳氏説為會意亦可通。字在卜辭為地名。辭云「戊午☐稅貞☐田衣☐亡𢆶」。稅上適有闕文。以同片它辭云「☐卜在演☐田衣☐亡𢆶」推之。知為地名也。【甲骨文字集釋第七】

穧 [seal]　　秫 [seal]

◉許　慎　[seal]穫也。从禾。齊聲。即夷切。[seal]穧或从次。【説文解字卷七】

◉馬叙倫　齋音從紐。次音清紐。同為舌尖前破裂摩擦音。又聲皆脂類。故穧轉注為秶。若齊斧之作資斧。齎之重文作齌矣。爾雅釋草釋文引字林。秶。黏稷也。今苗及穀似粟。秶蓋秶之譌。其訓本在穧下。爾雅字作秶。故引此重文耳。以此益明重文出字林矣。【説文解字六書疏證卷十三】

◉饒宗頤　[glyph],从田从齊省。考黍字或益田作𪏰(屯乙七七八一)例同。此䆅疑即穧。説文:「穧,稷也。从禾齊聲。」經典或僅作「齊,」(禮記祭統),説文或从次作秶,又作䆅。契文則从田,殆即一字。【殷代貞卜人物通考】

[glyph]乙三三九四　與秫字或體同　[glyph]乙五〇四四　[glyph]乙五六五七　[glyph]乙八三七六　[glyph]佚七一〇　【甲骨文編】

[glyph] 260 【包山楚簡文字編】

[glyph] 秫　日甲一八 【睡虎地秦簡文字編】

◉許　慎　[seal]稷之黏者。从禾。术象形。食聿切。[seal]秫或省禾。【説文解字卷七】

◉唐　蘭　[glyph]佚七一〇片

□寅卜,王其术。

古术字,商承祚釋祐,誤。商説見考釋八五。按説文术字正作[glyph],金文盂鼎「我䎽殷述令」之述從[glyph]。舊誤釋為遂,非是。述令借為墜命。魚鼎匕述字從[glyph],均可證。説文:「秫,稷之黏者,從禾,术,象形。术,秫或省禾。」小徐本作「從禾术聲」;徐鍇謂「言聲,傳寫誤加之」。今按徐説非,秫字當從禾术聲,术字或叚作穀名,如弭中簠云「术稻糕粱」。後人加禾作秫耳。术字本作[glyph],從又,又者手形,其本義未詳,然要非秫之省也。

卜辭云「王其术」,疑叚為述,説文「述,循也」,惟辭意未足,無以決之。【釋术椎　殷虚文字記】

◉馬叙倫　徐鍇曰。[glyph]者。象其體撓。八其米也。言聲者轉寫誤加之。鈕樹玉曰。玉篇引者作也。沈濤曰。匡謬正俗八引作秫稷秔者。秔為黏之譌。秔本稻屬。無緣屬稷。然御覽八百三十九引廣雅。秫。稷也。似與顔氏所引説文同。今本廣雅云。秫。稬也。稬本黏稻之名。無緣釋秫。竊意廣雅當作秫稷稬也。御覽傳寫譌稬為稉。初學記引秫稷之粘者也。又曰。秫。

粟也。是古本尚有一解。桂馥曰。爾雅釋草。衆秫。郭云。謂黏粟也。釋文。説文云。稷之黏者。字林亦云。黏稷。此字當以朮為正文。從禾省。象形。秫為籀文。知者。本書述之籀文作遂。從秫。王筠曰。匡謬正俗引作稷秔者。案聲類字林皆云。秔。稻之不黏者也。疑許云稷秔者。譬況之詞。而稷之不黏者。則庾注也。今本説文蓋以庾注為許説。而又挩不字邪。然爾雅釋文引同今本。又云。字林亦云黏稷。未敢遽改。章炳麟曰。古音朮如内。故説文訓儒為術士。史記儒林傳亦偁秦阬儒為阬術士。儒本音獳。奴鉤切。術本音同。為正紐雙聲也。又遹述字通。遹得聲於内。明述亦如内也。故朮次對轉寒。孳乳為稬。稻也。耎聲本在之部。周秦已入寒。稬本稻之黏者。陶潛使公田二頃五十畝種秫。即謂稬為秫。古今注亦以秫為黏稻。此皆本之古語。倫按章證秫音轉為稬。是也。秫稬之語原同也。其實則秫是高粱之黏者之名。稬是稻米之黏者之名。此當本訓稷也。稷也謂稷名也。吕忱加稷之黏者也以釋之。爾雅釋文引字林。作黏稷。蓋陸節引之。顔引者。或誤以廣雅為説文。或校者據廣雅加於説文者也。由稷秔者字可知也。或黏譌為稉。傳寫又改為秔耳。則本是稷之黏者。字林文也。初學記引者。亦校者據爾雅釋草注加之。朮象形者。當依鍇本作朮聲。校者不明從朮得聲之理。故依鍇説改為象形耳。餘見朮下。字見急就篇。

朮 吴穎芳曰。字體從又省。倫按弭仲簠艸字。阮元釋朮。倫謂艸乃本書之茮。而非朮字。從屮即從艸也。猶穷或作芬矣。朮與甲文之朮朮。殆系一字。皆澡之轉注字。從水。叉聲。叉音照紐三等。澡音精紐。同為清破裂摩擦音也。本書殺字從朮得聲。故音入審紐二等。同為舌尖後音也。然殺之轉注字作弒。則音入審三。秫從朮得聲。讀若欻。欻讀若忽。音入曉紐。曉審同為次清摩擦音也。秫從朮得聲。故音入牀紐三等。則同舌面前音也。是則朮蓋朮之譌。本書述之籀文作遂。然則秫自從禾朮聲。古書或借朮為秫。而非秫或省禾也。或曰。蓋從禾省。又聲。秫則朮之後起字。復從禾作耳。【説文解字六書疏證卷十三】

◉楊樹達 王筠曰：「觀朮篆作朮，蓋即蜀秫，今之高粱也。其穗大而上出，豐年始有曲項者，故以大而曲者象其穗也。」樹達按：製字時先有朮，後加禾旁為秫。許君列字次第恰與此反，先列秫字，後列朮字。故於朮下云，秫或省禾。然此語實有語病，因初學或因此疑秫字先造，朮字後造也。其實並不如此，許君本意亦不如此，只立辭小失耳。【文字形義學】

◉丁 驌 [甲骨文]、[甲骨文]、[甲骨文]秫

上列之契字，象一散穗之植物，子實紛紜。其穗形異於黍、來，不成[甲骨文]或[甲骨文]形。字不从來，又無黍之芒形。其子實作小圓粒形者乃成熟之狀，顯係顆粒較大。凡字作此「雙鈎」子實之卜辭，皆見於「登」之卜辭。六見而四為祭祀祖先者（羌甲：京四〇二

五；宗：掇一・四三八、佚五六・三、人一九〇六)所祀之祖先尚有南庚(粹二六九)、高且乙(粹一六六)，類皆三、四期卜辭。有貞人徇(合六四)

于省吾隸字為穈，即由子實之形。既用為祀祭，釋為祭飯，盛之於盦，應無可疑。說文穈與稷二字互訓。余以此作物當稱之為稷。穈則限于其已成熟之子實之稱。

北方稱為穈子者，形似燕麥。我國研究之人，皆以之為稷。前已言及，古謂稷之粘者為秫，不幸此字又誤以為是高粱，實因古文字展轉注釋，而生之誤。契文此字實應隸為秫。則形義皆安，於聲亦通。稷秫並為入聲，古一部與十二部同入。古質職通也。(十二部質漢以還通十五部)。【東薇堂讀契記(三)　中國文字新十五期】

穄 穄

◉許　慎　穄穈也。从禾。祭聲。子例切。【說文解字卷七】

◉馬叙倫　鈕樹玉曰。繫傳韻會作穈也。一切經音義十六引作穄。似黍而不黏者。關西謂之穈。是也。十七引作穈也。似黍而不粘者。關西謂之穈。穈粘竝俗字。沈濤曰。一切經音義十五及十七皆引。穈也。似黍而不黏者。關西謂之穈。十六引同。無穈也二字。丁福保曰。慧琳音義五十八七十四引。穈也。似黍而不黏者。關西謂之穈。五十二引蒼頡篇同。倫按陳詩源謂稷粢穄一穀而三名。音之轉也。今詳稷粢穄音同精紐。而粢穄則聲同脂類。稷從兒得聲。本書無兒而鬼從之得聲。聲亦脂類。然則相為轉注字也。穄穈也者。黍部。穈。穄也。從黍。麻聲。麻為林之轉注字。林朩一字。從麻之字皆當從林。穄或從朩。朩聲真類。穄聲脂類。脂真對轉。故穄又轉注為穈。音義引似黍而不黏者。見穆天子傳注。關西謂之穈見呂氏春秋本味注。皆呂忱或校者加之。字或出字林也。【說文解字六書疏證卷十三】

稻 稻

乙2592　4151　4567　5323　珠455　456　佚400　卜444　續2・29・3　徵5・16

録146　天56　續存180　粹870　新556【續甲骨文編】

稻　曾伯霥匿　从米　陳公子甗　从㫃　史免匡　用盛糜粱　旛字重見【金文編】

稻　日乙四七【睡虎地秦簡文字編】

◉許　慎　稻稌也。从禾。舀聲。徒皓切。【説文解字卷七】

◉吴大澂 □象打稻之形。下承以臼也。【説文古籀補卷七】

◉孫詒讓（張仲簠）□當即稻之異文。周叔家父簠。叔家父作中姬匩用承稻粱。稻作□。見吴録。左从□。與此□正相佀。阮以為稷作旌節形者。非也。□下从□者。爪也。稻从舀得聲。舀从爪為形。故此亦从爪。□下又从□者。疑攴之壞字。凡从舀聲攴聲字音近多相通借。儀禮士昏禮釋文。縚本又作攴。禮記喪大記釋文。韜本又作攴。詩彤弓釋文。韜本又作弢。莊子徐無鬼釋文。六弢本作六韜。漢書藝文志周史六弢六篇顏注。弢字與韜同也。竝其證。故此稻字省臼而从攴也。【古籀拾遺卷中】

◉方濬益（史穴簠）舀。抒臼也。从爪臼。詩曰。或簸或舀。此从㫃。从舀。从米。為異文。

□叔家父簠稻作□。吴清卿中丞以為象打稻之形。下承以臼也。濬益按。史穴簠稻作□。从㫃。从舀。从米。此文稍渻。當是□之變體。【綴遺齋彝器款識考釋卷八】

◉林義光　古作□叔家父匡。象穫稻在臼中將舂之形。變作□陳公子甗。作□曾伯霥匡。象米禾在臼旁。□手持之。□形近□。亦譌从□作□滔媿敦滔字偏旁。説文云。舀抒臼也。从爪臼。按稻為象形字。則舀即稻省。稻象禾入臼中爪取之。故舂畢挹出亦謂之稻。詩或舂或舀生民。毛本以揄為之。【文源卷二】

◉楊樹達《春秋説題辭》云：「稻之為言藉也。」按藉與稻音義皆不相合，朱駿聲謂以蹈為訓，以蹈藉義同也，然蹈與稻義亦不相傅。余謂稻之為言卣也。《説文七篇上卣部》云：「卣，艸木實𠂹卣卣然，象形。讀若調。」徒遼切。必知稻受名於卣者：稻从舀聲，舀為定母幽部字，與卣古音同，此一證也。稻字从禾，禾穗下𠂹，禾字形象之：禾下云：「从木，从𠂹省，𠂹象其穗」，是其説也。禾穗下𠂹，與卣為艸木實𠂹者相合，此二證也。禾為嘉穀，其實為㮚，今作粟。卣部㮚下云：「㮚，嘉穀實也，从卣，从米。」从卣者，段君注謂自其穗言之，是也。特㮚之从卣直取其義，稻之从舀，假卣之音為音，而因以取其義，事有曲直之不同耳。此三證也。【釋稻　積微居小學述林】

◉李孝定　稻字取舀為聲已足，未必必取其義，楊樹達氏乃謂「稻之為言卣也」，所論未免牽傅，以音言之，稻字取舀聲，固較卣聲為近，以義言之，从禾已象禾穗下垂，不必更取訓艸木實垂之卣，矧舀字从爪臼，就稻之字義言之，亦較从卣為優也。就語源學言之，以藉釋稻固不甚洽，以卣解之，亦覺牽傅，固不若説為「稻之為言舀也」之為愈也。【金文詁林讀後記卷七】

稌 稌

◉許　慎　稌稻也。从禾。余聲。周禮曰。牛宜稌。徒古切。【說文解字卷七】

◉馬叙倫　沈濤曰。匡謬正俗八引。稻。稌也。沛國謂稻為稌。蓋古本如是。爾雅釋草。稌。稻。注曰。今沛國呼稌。當本許書。今本稬字注云。沛國謂稻曰稬。蓋因聲近傳寫譌。又移於稬字之下。不知稬為黏譌。非稻之總名。亦非僅沛國呼之也。唯沛國謂稻為稌句當在稌下。不當在稻下。顔書疑亦傳寫倒誤。爾雅釋草釋文引字林云。穤。黏稻也。穤即稬之俗字。字林之訓。當本說文。稬字注當云。稻之黏者。章敨爇者。釋艸曰。稌。稻。郭注。沛國呼稌。周頌毛傳亦以稻訓稌。稬下沛國謂稻曰稌。當在此下。稬。稻之黏者。不足槩諸稻。倫按鍇本作稌稻也者。稌字乃隸書複舉字也。目論稻之黏者為稬。又有晚稻亦黏者。然黏性不如稬。稻稌雙聲轉注字。【說文解字六書疏證卷十三】

◉温少峰　袁庭棟　卜辭中，有一種穀物之名為畬，其辭云：

(39) 貞：我受畬年？……□。（《合》四〇九）

此辭之□乃是地名（《乙》七八一一有「才（在）□」之辭可證），此辭乃卜問在該地是否「受畬年」？以此與卜辭中「受黍年」、「受粟年」、「受秫年」等辭例相比較，可知畬與黍、粟、秫一樣，是一種穀類作物之稱。類似卜辭還有：

(40) ……弗其受畬年？

……受畬年？（《合》一三八）

(41) ……弗受畬年？（《乙》六四〇）

關於畬字：陳夢家先生曾認為：「字从田從亼，疑是《說文》：『齋，稷也。』或體作粢」（《殷虚卜辭綜述》第五二八頁）。此說不可信。因為甲文中齊字作□、□，與畬字所从之亼，迥然二字。我們認為，亼字應是余字之異體。金文中艅（即俞）字在豆閉簋中作□，在小臣俞器中作□，在黃韋俞父盤中作□，在俞伯尊中作□。林義光在《文始》中認為是「從舟，余省聲」，這是正確的。甲文中之□字，《漢語古文字字形表》和《古文字類編》均釋「匬」，《殷虛卜辭綜類》釋「盉」，其實應釋為㡯。甲文之□、□，《古文字類編》釋「榆」，其實應如《甲骨文字釋林》釋稌。故甲文之畬字應是從余從田，當隸定為畬。畬在《說文》中訓「三歲治田」，不是作物之稱。在卜辭中，「受畬年」之畬，當讀為「稌」。「受畬年」者，「受稌年」也。

下面進一步討論，「稌」稻是什麼稻呢？《說文》訓「稌」為「稻」，而《廣韻》卻訓為「稬稻也」。《廣韻》此訓是有問題的。《說文》：「稬，沛國謂稻曰稬。」段注：「許曰沛國評稬，而郭璞注曰：今沛國呼稌。然則稌稬本一語，而稍分輕重耳。」齊思和先生據此認為：「稬，本是稻的別名，以後則專指黏稻了」（《毛詩穀名考》，見《中國史探研》）。游修齡先生認為：殷人所種之稻「當屬稉

稬 稴 秔

稻。因為粳稻屬北方型，耐寒。秈稻屬南方型，適于南方栽培，現在也還如此。漢楊泉《物理論》：『稻者，乃粳之總名』可證。至于粳糯之分，始于漢代，《爾雅》釋文引《字林》云：『糯，黏稻也。』（《殷代的農作物栽培》，載《浙江農學院學報》二卷二期）我們認為他們的意見可從。殷代之稻還無嚴格的粳、稬之分，在北方所種者，應是粳稻，是今天北方所種粳稻的祖先。【殷墟卜辭研究——科學技術篇】

稬 正字通以糯為稬俗字集韻作穤从米　伯公父匿　用盛糕旛需粱【金文編】

◉許　慎　稬沛國謂稻曰稬。从禾。耎聲。奴亂切。【説文解字卷七】

◉馬叙倫　鈕樹玉曰。韻會釋草釋文引曰作為。倫按沛國謂稻曰稬。稬當作稌。此句應在稌下。乃稌下校語也。稬之本訓捝矣。爾雅釋草釋文引字林。乃亂反。黏稻也。蓋許本訓稻也。稻也者謂稻名也。吕忱加黏稻也或稻之黏者也以釋之。此當有重文作穤。校者删之矣。【説文解字六書疏證卷十三】

◉許　慎　稴稻不黏者。从禾。兼聲。讀若風廉之廉。力兼切。【説文解字卷七】

◉馬叙倫　吴穎芳曰。疑稴乃黏之轉語。應説稻之黏者。不字譌。風廉即蜚廉。風神名。桂馥曰。初學記二十七引作稻紫莖不黏者。誤引穫字訓。段玉裁曰。風廉之廉。疑當同食部作風溓。朱駿聲曰。蘇俗謂之秈米。倫按吴説長。蓋稬之音同泥紐轉注字。字或出字林。稻不黏者蓋秔下説解中語。本訓捝矣。【説文解字六書疏證卷十三】

◉許　慎　秔稻屬。从禾。亢聲。古行切。稉秔或从更聲。【説文解字卷七】

◉馬叙倫　嚴可均曰。韻會八庚引稻屬下有一曰稻不黏者。疑以字林補之。字林引見爾雅釋草釋文疏。丁福保曰。慧琳音義八及四十四及八十三引同今本。廿四引作秔。不黏稻也。蓋古本稻屬下有此訓。倫按玉篇注。秔。稻也。廣韻。秔。稻。則稻屬似以從鍇本作稻也為是。然稻也是許訓。稻也謂稻名也。稻屬乃字林文。字林每言屬也。字林稻屬下更有稻之不黏者一句。慧琳引不黏稻也與聲類同。玄應引聲類。則慧琳譌為説文耳。疑秔為稌之魚陽對轉轉注字。玉燭寶典三引倉頡。秔稻之不黏者。音庚也。字亦見急就篇。

稉 徐鍇曰。更聲。鈕樹玉曰。繫傳作俗稉。當云俗秔。釋草釋文云。稉與粳皆秔俗字也。王筠曰。小徐以稉為俗字。玉篇亦不收。倫按更亢音同見紐。聲同陽類。故秔轉注為稉。今杭縣常食之米不黏者曰粳米。字見急就篇。然顏師古本作秔。則作稉者。傳寫以通用字易之耳。【說文解字六書疏證卷十三】

秏

秏 秦一六五 通耗 以其—石數論負之 效二四 【睡虎地秦簡文字編】

◉許　慎 秏稻屬。从禾。毛聲。伊尹曰。飯之美者。玄山之禾。南海之秏。呼到切。【說文解字卷七】

◉馬叙倫 錢大昕曰。伊尹説今見吕氏春秋本味篇。秏作秬。高誘曰。秬。黑黍。段玉裁曰。許所據伊尹書。故不同。倫按稻屬字林文。本訓稻也。稻也謂稻名也。今捝。秬字今見鬯部。為鬯之重文。鬯訓黑黍。與高説合。倫曾得漢殉器有漢人朱書曰。黍秬萬石。然則秬是黍而非稻也。巨毛聲同魚類。秬或作秏。據説文者以譌本吕書秏字作秏者而注於此下耳。伊尹書今不見。吕書言關於稻黍者不止秏而獨舉此。亦可見伊尹曰以下非許文矣。文選注引倉頡。秏。消也。古鉩作秏。【說文解字六書疏證卷十三】

穬

◉許　慎 穬芒粟也。从禾。廣聲。古猛切。【說文解字卷七】

◉馬叙倫 沈濤曰。一切經音義十一引。穬。芒穀也。十八引作芒麥也。是古本不作粟字。周禮稻人。澤艸所生種之芒種。注。鄭司農云。芒種。稻麥也。稻黍不得屬粟。穀麥義得兩通。桂馥曰。芒粟也者。當為粟芒也。廣韻。穬。穀芒。一切經音義二云。穬。穀芒也。廣志有黑穬麥黑穬稻赤穬稻紫穬稻。翟云升曰。当依音義作穀芒也。倫按桂翟説是。此即淮南天文訓秋分而蔈定。高注。蔈。禾穗粟孚甲之芒也。漢書叙傳注。劉德曰。秒。禾芒也。皆借字。穀芒也蓋字林訓。芒非芒束正字也。疑許作芒也。以聲訓。慧琳一切經音義引倉頡。穬。穀之有芒者。又引穬即粟也。然則此蓋芒也粟也二訓。【說文解字六書疏證卷十三】

秜

◉許　慎 秜稻今季落來季自生謂之秜。从禾。尼聲。里之切。【說文解字卷七】

◉張秉權 秜(秜)字卜辭作秜。胡厚宣最初隸定為秜,疑讀為稗。他引用《説文》:稗,禾別也。以及朱駿聲所説的「粱曰禾,禾之别有稗，今之小米也」，以為秜就是現在的小米。從前我也相信胡氏的説法的，後來覺得陳夢家把這個字釋為秜字，似乎比胡氏之説，更勝一籌，而且也更符合這個字的形体結構，因此，我現在改從陳氏之説，也把它釋為秜字。《説文》七上《禾部》：「秜，稻今年落，來年自生，謂之秜。从禾尼聲。」段玉裁《注》：「《淮南書》：離先稻熟而農夫耨之，不以小利傷大獲也。注云：離與稻相似，耨之為其少實。疑離即秜。《玉篇》《廣韻》秜皆力脂切，則音同也。他書皆作穭，力與切。《埤蒼》：穭，自生也。亦作稆。《後漢書》《獻帝紀》：尚書郎以下，自出采稆。古作旅。《史》《漢》皆云：觜觿主葆旅事。晉灼曰：葆，采也。野生曰旅，今之饑民采旅生。按離、秜、旅一聲之轉，皆謂不種而自生者也。」可知歷來的解釋，都認為秜是一種不種而自生的野生稻。可惜卜辭秜字僅只一見，它出現在成套卜辭的一句之中，今録其成套卜辭的全文如下：

(1) 丁酉卜，争貞：乎甶秜于姐受㞢年？一

丁酉卜，争貞：弗其受㞢年？一

(2) 甶耤于姐受㞢年？二三

弗其受㞢年？二三

(3) 受年？四

弗其受？四

(4) 貞：受年？五六

弗其受年？五六　（《乙編》三二一二）

這一件事情，在一塊大龜腹甲上，左右各卜六次，而在卜兆的旁邊，左右各記了四條詳略不同卜辭。從(1)(2)兩辭的文例上去比較推測，那末第一辭中秜字的意思，正和第(2)辭中的耤字相當，是一個動詞。所以陳夢家的《卜辭綜述》和島邦男的殷墟卜辭研究在叙述殷代農業的時候，都没有把它當作是一種農產品。不過在卜辭中，有些名詞有時候是可以當作動詞用的。譬如「黍」字有時就作「種黍」之用。所以這裏的「秜」字，也許就是「種秜」的意思。那末秜在殷代似乎不是野生的稻，而是已經受人工栽培的稻的一種了。秜的産區卜辭未詳。但姐在殷都以西，卜辭本身可以證明。至少我們可以知道在殷代安陽以西的地方已有秜的生産了。【殷代的農業與氣象　歷史語言研究所集刊四十二本二分】

◉馬叙倫　徐鍇曰。即今云穭生稻也。鈕樹玉曰。韻會引無謂之秜三字。桂馥曰。齊民要術引字林。稻今年死來年自生曰秜。段玉裁曰。淮南書。離先稻孰而農夫耨之。不以小利傷大穫也。注云。離與稻相似。疑離即秜也。書皆作穭。亦作稆。後

漢書獻帝紀。尚書郎以下自出采稆。倫按秜次稗上。秜即秭稗之秭也。字亦或借萯為之。説解本作稻屬。今年落來年自生謂之秜。此字林訓。字亦出字林也。【説文解字六書疏證卷十三】

◉于省吾 第一期甲骨文稱：「㫃衆殻、甫耤(藉)于姢，受年○貞，弗其受㞢年○丁酉卜，争貞，乎甫秜于姢，受㞢年○□丁酉卜，争貞，弗其受㞢年。」(乙三二一二)秜字作[字形]，胡厚宣同志釋秕，讀秕為稗，謂即小米(論叢二集卜辭中所見之殷代農業一文)陳夢家隸定作秜(綜述五三三)是對的，但還不知道説文有秜字。甲骨文秜字从尼作[字形]，與泥字所从之尼形同。尼字是會意字，象人坐于人上(詳釋尼)。

説文：「秜，稻今年落來年自生謂之秜，从禾，尼聲。」段注：「他書皆作穭，力與切，埤蒼，穭自生也。亦作稆，後漢書獻帝紀，尚書郎以下自出採稆。古作旅，史漢皆云觜觿主葆旅事，晉灼曰，葆，采也，野生曰旅，今之饑民采旅生。」梁書武帝紀：「大同三年九月，北徐州境内旅生稻稗二千餘頃。」自漢以來，饑民采稆自給，史傳習見(詳劉寶楠釋穀)。秜是野生稻的專名，其通作穭稆旅者，泛指一切野生穀物。今東北方言，猶稱未經播種而自生的穀類為穭生。

乎甫秜于姢，受㞢年，和弗其受㞢年對貞。甫是人名，姢是地名。這是説令甫在姢地種秜，能否有好收成。秜作動詞用。甲骨文言乎黍于某地者習見，黍也作動詞用。同版又有「㫃衆殻、甫藉于姢」之辭，㫃、殻也是人名。藉是踏耒以耕。既言藉于姢，又言秜于姢，應是先翻耕，後種秜。可見商人已經從自然的野生稻進一步加以人工培植。【釋秜 甲骨文字釋林】

稗 [字形]

[字形] 稗 秦八三 【睡虎地秦簡文字編】

◉許 慎 [字形]禾別也。从禾。卑聲。琅邪有稗縣。旁卦切。【説文解字卷七】

◉馬叙倫 鈕樹玉曰。繫傳邪作琊。縣作鄉。非。沈濤曰。文選七啟注引作禾別名。王筠曰。稗縣小徐作稗鄉。地理志。琅邪郡椑縣。説文自有稗字。不引此縣而引於此。蓋作鄉是。許自謂琅邪有稗鄉。非稗縣字當從禾也。徐灝曰。此縣後漢省。故許以鄉名之。倫按禾別也或禾別名字林文也。見爾雅釋草釋文引。琅邪五字蓋校語。校者誤以稗為椑。或所據漢書誤本也。後人復以無稗縣而改為鄉字耳。【説文解字六書疏證卷十三】

移 移 效三四 十例 移 雜三八 【睡虎地秦簡文字編】

古孝經 王存乂切韻 【古文四聲韻】

◉許 慎 移禾相倚移也。从禾。多聲。一曰禾名。臣鉉等曰。多與移不相近。蓋古有此音。弋支切。【説文解字卷七】

◉馬叙倫 鈕樹玉曰。玉篇引無一曰禾名句。王筠曰。相當作之。㫃部旖下云。旗之旖施也。可證。鍇本有故相倚則移也一句。後人箋記語也。倫按移禾聲同歌類轉注字也。一曰禾名。校者記異本。禾名者。字林文。字林每言名也。禾相倚移也亦字林文。尚有捝字。故鍇本有故相倚則移也句。字或出字林。餘詳委下。【説文解字六書疏證卷十三】

5·126 咸中原穎 5·71 咸酈小穎 【古陶文字徵】

穎川太守 穎陰宰之印 穎陽丞印 【漢印文字徵】

開母廟石闕 禪國山碑 嘉禾秀穎 【石刻篆文編】

◉許 慎 穎禾末也。从禾。頃聲。詩曰。禾穎穟穟。余頃切。【説文解字卷七】

◉馬叙倫 沈濤曰。文選魏都賦注引作穗也。蓋古本如是。鈕樹玉曰。詩生民。作禾役穟穟。毛傳。役。列也。則與穎不合。倫按穎音喻紐四等。乃秀之同次清摩擦音轉注字。毛詩作役。亦喻四音。假借也。禾末也蓋字林文。或校語。引詩亦校者加之。字或出字林。【説文解字六書疏證卷十三】

◉許 慎 秝齊謂麥秝也。从禾。來聲。洛哀切。【説文解字卷七】

◉馬叙倫 段玉裁曰。此來之俗字。上下文皆言禾。中間以秝。疑非舊次。王筠曰。來部以周謂麥為來。而此屬之齊。廣韻曰。秝出埤蒼。可知説文本無此字。後人取埤蒼羼入。宜删。倫按此來之後起字。餘見麳下。【説文解字六書疏證卷七】

◉于省吾 甲骨文乘字作𥝌、𥝍、𥝎、𥝏、𥝐等形,以左右從兩點者居多,有的從三、四點,有的不從點。⊘按此字應隸定作乘。中間豎劃象莖,上端象穎,中部左右象葉之邪垂,下部象根。至於左右之有點者則象麥粒。它與𪗉字之區别有三:一、𪗉字没有省點者，因為省點則與禾字漫無區別，而乘字省點後仍和禾形有別。二、齎字通常從三點，因為齊字的疊體起碼是三點，没有從兩點者，多則可達五點六點。而乘字則多作兩點。三、齎字有從四個或五個雙鉤點者，而乘字則無之。

甲骨文往來之來作[glyph]或[glyph]，金文中作[glyph]，與乘字截然不同。⊘乘與來在初期則有别，稍晚在偏旁中則有時互作。

《説文》：「來，周所受瑞麥來麰也，二麥一縫，象其芒刺之形。天所來也，故為行來之來。詩曰，詒我來麰。」又：「秣，齊謂麥秣也，從禾來聲。」段注：「來之本義訓麥，然則加禾旁作秣，俗字而已。蓋齊字也。據廣韻則埤蒼來麰字作秣。」今以甲骨文證之，乘是説文秣的本字，與往來之來字有别。乘是獨體象形字，禾首來身，但來身也標志着音讀（詳具有部分表音的獨體象形字）。秣字雖然變為形聲，還没有完全失掉造字的本義。後人見詩思文稱來麰，遂以來為本字，以秣為俗體，於是來行而秣廢。段氏不知來之本作乘，又誤認秣為俗字，不根據古文字而侈談文字起源者，都是肊測。

廣雅釋草：「大麥麰也，小麥麳也。」廣韻上平十六咍有𪌉字，注為小麥，是麳的繁體字。由此可知，甲骨文的乘指的是小麥，而甲骨文的麥則指的是大麥。解放後，在新石器時代遺址的發掘中往往遇見小麥，證明小麥的種植在我國有着悠久的歷史。甲骨文兩見「叀白乘」（南北明四四七，金二〇五）。新五代史四夷附録第三「回鶻」「其地宜白麥。」白麥當即甲骨文的白乘。

【釋黍、齎、乘　甲骨文字釋林】

采 [glyph]

[glyph] 鐵一〇·二　郭沫若釋采即穗之本字　[glyph] 後二·五·一五　[glyph] 後二·一八·八　[glyph] 菁九·五　[glyph] 菁一〇·一九　[glyph] 林二·二六·七　[glyph] 明四五〇　【甲骨文編】

[glyph] 布空　武采　亞二·一二五　【古幣文編】

[glyph] 三六：四　穗　宗盟委質類參盟人名　[glyph] 二〇〇：一一　悉　【侯馬盟書字表】

[glyph] 采　日乙四七　三例　通穗　子—　日乙四七　[glyph] 日乙四九　[glyph] 日乙五一　【睡虎地秦簡文字編】

[glyph] 1513　[glyph] 2474　[glyph] 0438　[glyph] 0552　[glyph] 3765　【古璽文編】

臨□采鐵　東光采空丞　采禁　【漢印文字徵】

穗【汗簡】

◉許　慎　禾成秀也。人所以收。从爪禾。徐醉切。穗采或从禾。惠聲。【説文解字卷七】

◉馬叙倫　鈕樹玉曰。韻會引同繫傳而無聲字。廣韻引無以字。沈濤曰。一切經音義八及十二引禾成秀人所收者穗也。廿二引者下多曰字。爾雅釋草釋文引。穗。禾成秀。人所收也。合四引互訂。當依釋文。釋文又云。穗俗字。是古本不云或體也。小徐本亦作俗從禾惠聲。王筠曰。妥所從之爪是𠂹字。則采所從之爪亦當是𠂹字。禾之采必下𠂹者也。若是指爪。則爪禾為采。不與爪木為采同意乎。采秀一物。苗夔曰。采音當同秀。衣部。褎。從衣。采聲。或作袖。可證。此下穗穟蓫三字。當以蓫穟為穗之或體。不可並穗字而為采之俗體也。穗見黍離。穟見生民。生民。實種實褎。當是此采。褎假借也。與道艸茂色秀好為韻。正合爫聲。小徐本有聲字。是也。詩黍離釋文引説文作䅻。彼稷之穟。不引説文作采可證。倫按文選登樓賦注引廣雅。秀。異也。禮記禮運。人者。五行之秀。疏。秀謂秀異。漢書董仲舒傳。今子大夫褎然為舉首。即借褎為采。采然為舉首與五行之秀同意。艸部。蓈。禾粟之采。生而不成者。詩大田。釋文爾雅釋草釋文引采字皆作莠。王筠謂作莠者。漢諱秀而代以莠。艸部。莠。茅秀也。廣雅釋草作茅采。是采秀義一。聲亦一也。倫謂從禾孚省聲。秀音心紐。孚音敷紐。皆次清摩擦音。孚卤聲同幽類。秀從卤省聲也。故秀轉注為采。或謂嫌與稃同字。無嫌也。稃有重文作柎。此由語原使然。使以柎為正稃為重。則人無説矣。況造字有先後。造稃字者或已不知采之從孚省聲矣。或如苗説。爪聲亦幽類。而孚從爪禾省聲。為爪之轉注字也。或從𠬪得聲。𠬪讀若詩摽有梅。韓詩作莩。是𠬪莩音同。説解當曰。秀也。或許以聲訓。今捝。存者字林文。禾成秀當依鍇本無也字。蓋也字本在禾上。而也上又捝一字也。從爪禾亦當如鍇本作從禾爪聲。古匋作　。古鉨作　。

穗　嚴章福曰。韻會引作俗從禾惠聲。倫按鍇本以下文穟蓫皆為采之重文。次於穗下。詩黍離毛傳曰。穗。秀也。書大傳。同為一穗。韓詩外傳穗作秀者。穗是穟之同次濁摩擦音轉注字。穗從惠得聲。惠音匣紐。穟音邪紐也。穟為秀之轉注字。同為舌尖前摩擦音也。慧琳一切經音義七十五引倉頡。穗。禾黍秀也。諸可實以音義六十二引倉頡。穟。禾麥秀也。而徐鍇本以穟穗為重文。得此可以為證。倫謂倉頡本作穟。傳寫以字林字易之。不然。倉頡作采。而本書穗穟皆為采之重文如鍇本。而傳寫倉頡者。各以字林字易之。穗尊作　。穗敢之　。吴大徵釋穗。倫謂從　。叀聲。　之轉注字。穗之

異文也。【説文解字六書疏證卷十三】

◉陳邦懷 □蓋為□字簡體。後編卷上十八頁有□字，商氏承祚云：「説文解字：稾，嘉谷實也。籀文作□。此象手持黍之形，當為粟之初字。」按商氏謂當為粟之初字，不確。從字形觀之，殆為采之初字。説文解字禾部：「采，禾成秀，人所收者也，从爪禾。穗，俗从禾、惠聲。」段玉裁云：「月令注黍秀舒散，即謂黍采也。人所收，故从爪。」□象黍舒散，从又，又，手也，與从爪同意，其義即許説人所收也。卜辭「出□」，蓋謂出至田間收黍也。出黍且記時間，丁卯日，生月，茲月，□（此是暮字異體，説見上條）。卜辭「丁災其□□」。可證出□為采黍之事矣。【小屯南地甲骨中所發現的若干重要史料 歷史研究一九八二年第二期】

◉裘錫圭 □賓組卜辭以及三四期和五期卜辭裏，有一個象以「又」摘「卣」的字，如：

庚辰卜賓貞：惠王□南冏黍。十月。 合9547

貞：勿呼婦……往……黍。 合40078正

于生月出□，受年。

歷組卜辭有用法相同的□字，這應該是□字的異體。陳夢家（陳書536頁）和陳邦懷先生（《小屯南地甲骨中所發現的若干重要史料》，《歷史研究》1982年2期128頁）都把□字釋為「采」，可從（但二家都把《後》上18・11的「□黍」二字看作一個字，今不從）。陳夢家認為此字「象手采穗之形」也是對的。刈指用鐮刀連稈收割谷物，「□」當指用手或銍收摘穀物的穗。

《説文》：「采，禾成秀也，人所以收。從爪、禾。穗，采或從禾惠聲。」據此「采」跟「穗」是一個字。但是在秦簡裏，「采」卻可以跟「秀」相代。例如《雲夢睡虎地秦墓》圖版一一八的755號簡文為：「正月二月：子，秀。丑、戌，正陽。寅、酉，危陽。……」圖版一四七的942號簡文則為：「正月二月：子，采。丑、戌，[正]陽（「正」字據943等號簡補）。寅、酉，危陽。……」後者的「采」跟前者的「秀」相當。《説文》「袖」字正篆作「褎」，分析為「從衣，采聲」。這個「采」顯然也是取「秀」音而不是取「穗」音的。所以「采」其實應該是「禾成秀」之「秀」的本字或初文。「秀」、「穗」義通。

卜辭「采」字是動詞，意即摘取禾秀，也有可能應讀為「𢭏」。《説文》以「㨨」、「抽」、「𢭏」為一字，訓為「引」。《廣雅・釋詁三》：「𢭏，縮也。」王念孫《疏證》解釋説：「𢭏讀如抽絲之抽，謂縮取之也。《説文》：『摍，蹴引也』；『榴，引也』或作『抽』、『𢭏』。是『𢭏』與『摍』同義。『摍』、『縮』古通用。」《説文》「摍，蹴引也」下《段注》説：「蹴猶迫也……蹴引者，蹴迫而引取之。」摘取禾穗，正是「蹴迫而引取之」的一種動作。也有可能「□」和「采」本來都是「𢭏」的表意初文，本當引取禾穗講，禾穗也可稱

杓 穟

「秀」，正是由於被人捋取而得名的。可以看作意符兼音符。【甲骨文所見的商代農業 殷都學刊一九八五年二月增刊】

◉陳偉武 采《文字徵》第127頁「采」字下：「《鐵雲》271，采。」今按，此襲《陶文編》之誤。戰國秦漢文字禾符與木符每相混，如《文字徵》第175頁「穌」字或從禾，或從木。《古璽匯編》0177「和」字作，與陳肪殷、史孔盉「和」字同。雖然如此，《文字徵》此處所引文辭殘缺，當釋為《説文》的采字，即穗的古文。《古璽匯編》0438「王」，原釋王采，吳振武先生訂正為王采（穗）。情形與陶文同。【古陶文字徵訂補 中山大學學報一九九五年第一期】

◉許　慎　杓禾危穗也。从禾。勺聲。都了切。【説文解字卷七】

◉馬叙倫　鈕樹玉曰。繫傳在穟下。倫按禾危穗者。言禾至秀後皆漸下垂。故謂之危。然此是校語或字林文。亦疑字出字林也。杓聲宵類。秀采聲同幽類。古幽宵為一類。轉注字也。或曰。本訓穗也。一曰。禾危皃。一曰義則杓為耑之音同端紐轉注字。今北平謂物下垂曰弔下來。杭縣謂之的下來。當作此字。【説文解字六書疏證卷十三】

◉許　慎　穟禾采之皃。从禾。遂聲。詩曰。禾穎穟穟。徐醉切。蓫穟或从艸。【説文解字卷七】

◉馬叙倫　鈕樹玉曰。廣韻引采作穗。詩生民釋文引作垂。繫傳穟在蓫下。注云。或從禾遂聲。詩曰。禾穎穟穟也。無音切。蓋傳寫誤。沈濤曰。爾雅釋文引作禾垂之皃。是古本不作采。五經文字亦云。禾垂皃。王筠曰。大徐不以為采之重文。而別自為字。韻會引同小徐。又引詩詁曰。穟穗通。禾多穗也。案非也。毛傳。穟穟。苗美好也。既不以為穗。釋訓。穟穟。苗也。玉篇用之。廣韻穟引説文。禾穗之皃。蓫同上。集韻分采穟為二。特以蓫為采之古文。與大徐異。即黄氏引詩詁穟穗通。則二字之為各字明矣。又申之曰。禾多穗也。其不為一字益明矣。小徐不可從。引詩已見穎下。不應再引。且韻會云。説文引詩禾役穟穟。不作穎也。倫按此蓋本作采也。一曰。禾垂之皃。一曰校語。或字林列異訓也。或耑下説解。傳寫誤入。書大傳。三苗同為一穗。白虎通穗作穟。則穟自得為采穗之轉注字。詩生民。禾役穟穟。毛傳。穟穟。苗美好也。爾雅釋訓。穟穟。苗也。尋詩役字實以音同喻紐四等借為穎。故上文穎下引詩作禾穎穟穟。昔人以為三家詩。蓋是也。禾穎穟穟。穟蓋借為甤。故毛以美好為釋也。或以禾采之名為形容詞也。穟穗轉注字。慧琳一切經音義六十二引倉頡。穟。禾麥秀也。餘見穗下。

蓫　鈕樹玉曰。繫傳作或從艸遂作。次穗下。蓋傳寫譌。韻會因曰。穟本作采。俗作穗。或作蓫。亦作穟。倫按篆從

艸遂聲。疑苗蓨之轉注字也。古書借為穟耳。【説文解字六書疏證卷十三】

䅫

◉許　慎　䅫禾垂皃。从禾。耑聲。讀若端。丁果切。【説文解字卷七】

◉馬叙倫　程瑤田曰。䅫。穎之耑也。故説文以為禾垂皃也。章炳麟曰。𠦬對轉寒為䅫。倫按𠦬為語原。䅫其轉注字。猶馬策為箠。而古書借亦訓箠矣。如程説。則為秒之轉注字。義仍是采。然疑非是。以穎耑為芒矣。字在楬上。尤證垂義。字蓋出字林。【説文解字六書疏證卷十三】

楬

◉許　慎　楬禾舉出苗也。从禾。曷聲。居謁切。【説文解字卷七】

◉馬叙倫　楬為舉罪人尸張於木上。楬為高舉。楬之初文為桀。其語原也。禾舉出苗也字林文。本訓捝矣。【説文解字六書疏證卷十三】

秒

◉許　慎　秒禾芒也。从禾。少聲。亡沼切。【説文解字卷七】

◉馬叙倫　惠棟曰。淮南作蔈。高誘音貓。云。禾采粟孚尹之芒也。倫按芒為萌之轉注字。粟刺字當作穬。一切經音義二引字林。芒。禾秒也。則此亦字林訓。字或出字林也。以杪為蔈。字見本書艸部。説解曰。一曰末也。即標字義。淮南蓋蔈為穬。漢書叙傳。造計秒忽。劉德曰。秒。禾芒也。如劉説亦借秒為穬。穬音封紐。秒音古在明紐。同為雙脣音。穬讀脣齒音入非紐。秒從少得聲。少小一字。小音心紐。心非同為次清摩擦音也。然則語原同也。【説文解字六書疏證卷十三】

穖

◉許　慎　穖禾穖也。从禾。幾聲。居稀切。【説文解字卷七】

◉馬叙倫　吳穎芳曰。穖居秒後。疑穖亦訓禾芒。與鐖之鈎芒同意。居稀切。五音韻譜。説文次穖於上聲列中。居豨切。唐韻亦同。此稀字乃譌文。桂馥曰。吕氏春秋審時篇。得時之禾。疏穖而穗大。高誘曰。穖。禾穗果蠃也。徐灝曰。珠之不圓者謂之璣。禾粟橢然而長。故名之曰穖也。倫按禾穗果蠃即穀也。穖穀音同見紐轉注字也。字或出字林。禾穖也疑本作穖禾口也。穖為隸書複舉字。傳寫誤乙。轉捝一字。【説文解字六書疏證卷十三】

秠 𥝅

◉許　慎　𥝅一稃二米。从禾。丕聲。詩曰。誕降嘉穀。惟秬惟秠。天賜后稷之嘉穀也。敷悲切。【説文解字卷七】

◉馬叙倫　吴穎芳曰。稃。秠之語轉。鈕樹玉曰。今詩生民作誕降嘉種。韻會引無此句。下穀字作種。段玉裁曰。鄭志。張逸問曰。𨛣人職注。秬如黑黍。一秠二米。按爾雅。秠。一稃二米。未知口者同異。答曰。秠即其皮。稃亦皮也。爾雅重言以曉人。更無異稱也。據此知秠即稃。凡稃皆曰秠。非必二米一稃也。小徐本秠稃二篆相屬。此必古本。秠稃穭穅四篆同義。淺人妄改許書。致文理不通而不可讀。徐灝曰。許蓋承用爾雅之文與米部炊米者謂之糪文同一例。段謂淺人改之。非也。惟秠稃等篆必當連屬。今移易其次弟。乃淺人所為耳。倫按集韻引字林。黑黍。一稃二米。則此乃字林訓。傳寫又删本訓。及黑黍二字。詩曰以下校語。秠稃雙聲轉注字。米皮曰稃。猶人皮曰膚。語原然也。字或出字林。【説文解字六書疏證卷十三】

秨 𥝛

◉許　慎　𥝛禾搖皃。从禾。乍聲。讀若昨。在各切。【説文解字卷七】

◉馬叙倫　此字不見經記。依義失倫。蓋出字林。【説文解字六書疏證卷十三】

穮 𥡳

◉許　慎　𥡳耕禾閒也。从禾。麃聲。春秋傳曰。是穮是衮。甫嬌切。【説文解字卷七】

◉馬叙倫　沈濤曰。詩載芟爾雅釋訓釋文皆引作耨鉏田也。蓋古本如是。釋文又引字林云。耕禾間也。則今本乃二徐以字林改之耳。鈕樹玉曰。韻會衮作蔉。蓋本今左傳改。説文無蔉。王筠曰。當依釋文耨字句。承培元曰。左昭元年傳杜注云。穮。耘也。蔉。壅禾本也。耕禾間非耘義。耕用於未種之先。耘在苗長之後。且禾間安可容犂。必非許説。詩周頌釋文引説文云。穮。槈田間也。義合。以槈鉏田。媷也。媷即耘也。陸見本是也。倫按錢坫謂此訓出字林。是也。倫謂此字出字林。説解本作鉏田也耨禾間也。傳寫有譌捝。陸據本一題字林。一題説文。而兩本皆有譌也。本書無耨。【説文解字六書疏證卷十三】

案 𥟑

◉許　慎　𥟑轢禾也。从禾。安聲。烏旰切。【説文解字卷七】

◉馬叙倫　朱駿聲曰。案即穓也。亦曰揨苗。既出壟於苗間縱横杷之。論語鄭注所謂覆種也。倫按穓之轉注字也。音同影紐。字蓋出字林。【説文解字六書疏證卷十三】

秄 □

◉許　慎　□秄壅禾本。从禾。子聲。即里切。【説文解字卷七】

◉馬叙倫　嚴可均曰。壅當作邕。説文無壅字。倫按秄從存省得聲。六篇。栫。以柴木壅也。可證其語原同也。栫音徂問切。聲在真類。而秄左傳作衮。衮聲亦真類。亦可證也。然存從子才聲。子才則同為舌尖前破裂摩擦音。又聲同之類。則子聲亦可。壅禾本蓋字林文。字出字林也。【説文解字六書疏證卷十三】

穧 □

◉許　慎　□穧穫刈也。一曰撮也。从禾。齊聲。在詣切。【説文解字卷七】

◉馬叙倫　朱文藻曰。鍇本下有臣鍇曰。古文齊聲。未詳。當有脱誤。嚴可均曰。上有穧篆。此重出。嚴章福曰。與穧義别。非重出也。王筠曰。穫字句。倫按爾雅釋詁。穧。穫也。此説解本作穫也。刈字涉下穫字説解而誤演。然詩大田。此有不斂穧。彼有不穫穉。明穫穧不同。穫謂刈。不穫穉謂未刈之穉。不斂穧而穫而聚之。猶未收斂者。正義曰。穧者。禾之鋪而未束者。然則雅以穫訓穧。亦謂已刈之禾而已。以音求之。穧當是稽之同舌尖前破裂摩擦音轉注字。則猶資斧之或作齊斧。穧之或作穄矣。儀禮聘禮記。四秉曰筥。鄭注。筥。穧名。若今萊陽之間。刈稻聚杷。有名為筥者。刈稻聚杷為穧。正與穦訓積禾義合。一曰撮也者。撮為爪之轉注字。爪謂聚指取物。其音與聚同一語原。撮也即聚也。或乃聚之借或譌也。下文。積。聚也。積穧亦同舌尖前破裂摩擦音轉注字。然則此非别義。實本訓也。校者記異本耳。蓋穫刈也三字下文穫字説解誤入者也。聚穧音為從紐。則人聚為聚。禾聚為穧。語原亦同。【説文解字六書疏證卷十三】

◉于省吾　穧即稷字的初文，今稱穀子，去皮為。第一至三期甲骨文的穧字均从禾从三點，作□、□、□等形，間有从四至六點者，如□、□、□等形。从第三期開始，點變為雙鉤，作□、□形。其从雙鉤點者，商承祚同志誤釋為霝（佚考五六三），甲骨文編誤釋為粟。其實，禾旁所加的雙鉤點或實點，雖數目不一，而都是古文字的齊字。齊字在甲骨文與早期金文通作□，甲骨文也作□。齊婦鬲作□，齊父乙壺作□（器）、□（蓋）。在古文字中，雙鉤與填實是相同的。如甲骨文的雍己合文作□也作□，靁字作□、□也作□、□，禦父己鼎㓞字从勹作□也作□，是其例證。甲骨文有些文字的構形還沒有定型化，因而有些偏旁繁省無定。至於齊字通常作□，有的作□（乙八二六七）；晶字通常作□，有的也作□；尞（燎）字由二點以至六點，有的或作八點；涉字通从二止，有的也从四止（寧滬二・四五）。這樣例子無須偏舉。由此可見，以上所列□□諸形，雖然略有變化，而都是从禾从齊，即穧字的初文，是沒有疑問的。

説文：「穧，稷也，从禾齊聲，穄，穧或从次。」又：「稷，穧也，五穀之長，从禾畟聲，稷，古文稷。」許氏雖以稷穧互訓，但以稷為五穀之長，以粢為穧之或體，是以稷為正字，而以穧為典籍齍盛之齍。今考之於甲骨文，則穧是原始字，而稷稷粢等則是後起的異體字。【釋黍、穧、來 甲骨文字釋林】

甲四四四四 卜辭用萑為穫重見萑下【甲骨文編】

穫 日乙四八 三例 秦三五 二例【睡虎地秦簡文字編】

穫【汗簡】

義雲章【古文四聲韻】

◉許 慎 穫刈穀也。从禾。蒦聲。胡郭切。【説文解字卷七】

◉馬叙倫 沈濤曰。御覽八百十二一切經音義三及五及九及十二皆引作刈禾也。是古本作禾不作穀。丁福保曰。慧琳音義十及卅八四十六七十五八十四引作刈禾也。四十一引作刈穀也。倫按疑本作獲也。以聲訓。刈禾也字林文。穀字後人改之。或獲字之音誤也。字見急就篇。【説文解字六書疏證卷十三】

◉許 慎 稙積禾也。从禾。資聲。詩曰。稙之秩秩。即夷切。【説文解字卷七】

◉馬叙倫 吴穎芳曰。稙。積之轉語。段玉裁曰。今詩周頌良耜作穫之秩秩。積之栗栗。倫按本作積也。禾字蓋涉上文穫下刈禾也而譌演。稙為積之音同精紐轉注字。【説文解字六書疏證卷十三】

積 秦一七四 十三例 效三四 六例 秦三五 二例【睡虎地秦簡文字編】

積射督印 吴積 左積【漢印文字徵】

積【汗簡】

[seal] 古老子 [seal] 義雲章【古文四聲韻】

◉許　慎　[seal]聚也。从禾。責聲。則歷切。【説文解字卷七】

秩

[seal] 秩　秦八二　六例【睡虎地秦簡文字編】

[seal] 郁秩丞印 [seal] 秩睦子印章 [seal] 陽秩男則相 [seal] 有秩獄史富納【漢印文字徵】

◉許　慎　[seal]積也。从禾。失聲。詩曰。穦之秩秩。直質切。【説文解字卷七】

◉馬叙倫　鈕樹玉曰。韻會引穦作積。王筠曰。引詩已見穦下。不當再出。校者以秩之訓積。於經無徵。瞥見穦下引詩謂文。謂可證也。漫記於此耳。倫按秩穦聲同脂類。轉注字也。秩音澄紐。穦音從紐。古讀澄從皆歸於定。亦轉注字也。字見急就篇。【説文解字六書疏證卷十三】

稛

◉許　慎　[seal]絭束也。从禾。囷聲。苦本切。【説文解字卷七】

◉馬叙倫　嚴可均曰。韻會引篆作[seal]。囷聲作困聲。王筠曰。絭字句。齊語。稛載而歸。韋注。稛。絭也。廣雅。稛。束也。韻會稛亦作麇絭。然則以絭説稛。聲義皆通之字也。倫按絭下挩也字。束也疑橐字義。校者加之。玉篇廣韻竝訓成孰。然字廁於秩稞之間。皆不類。未詳。疑為穦之脂真對轉轉注字。絭束成就皆引申義。字或出字林。【説文解字六書疏證卷十三】

稞

◉許　慎　[seal]穀之善者。从禾。果聲。一曰無皮穀。胡瓦切。【説文解字卷七】

◉馬叙倫　吴穎芳曰。廣韻。青稞麥也。麥之別種。即次説訓也。亦從裸義。鈕樹玉曰。玉篇闕。錢坫曰。無皮穀。今所云青稞也。似非古訓。倫按廣韻。稞。淨穀。四民月令。青稞麥與大麥同時孰。麵美。磨盡無麮。然則一曰乃後人校記異本也。然皆非本訓。或字出字林也。與裸同語原。【説文解字六書疏證卷十三】

秳 䅤 稃 穭

◉許　慎　秳舂粟不漬也。从禾。𠯑聲。户括切。【説文解字卷七】

◉馬叙倫　吴穎芳曰。漬字譌。玉篇引此作潰。案秳䅤義同。䅤同䊿。漢書云。亦食糠覈耳。覈䅤䊿竝同。米麥麤屑也。潰。散也。不潰言皮未破。鈕樹玉曰。繫傳漬字同。玉篇廣韻作潰。翟云升曰。繫傳作潰。類篇六書故引並同。倫按舂粟不潰疑尚有譌捝也。蓋本作潰也。以聲訓。吕忱加舂粟云云。字亦或出字林。【説文解字六書疏證卷十三】

◉許　慎　䅤秳也。从禾。气聲。居气切。【説文解字卷七】

◉馬叙倫　䅤音見紐。秳從𠯑得聲。𠯑音亦見紐。气𠯑又聲同脂類。是轉注字。䅤與麥部之䴸一字。必有一字出字林也。【説文解字六書疏證卷十三】

◉許　慎　稃穭也。从禾。孚聲。芳無切。粰稃或从米。付聲。【説文解字卷七】

◉馬叙倫　稃音敷紐。粰從付得聲。付音非紐。非敷皆脣齒摩擦音。故稃轉注為粰。書高宗肜日。天其孚命正厥德。史記殷本紀孚作附。是其例證。稃粰與麥部麩之語原同。蓋舂麥所得為麩。舂米所得為稃。夫音亦非紐也。禮記聘義。孚尹旁達。注。孚字或作姇。或為扶。是其例證。【説文解字六書疏證卷十三】

◉許　慎　穭穅也。从禾。會聲。苦會切。【説文解字卷七】

◉馬叙倫　鈕樹玉曰。繫傳下有讀若裹。裹當是裹。朱文藻曰。裹當是會。王筠曰。蓋稞下説。譌捝在此也。稞下有臣鍇曰。今人言稞會聲若裹。倫按據鍇説則讀若裹為稞下説解中語。而此下自有讀若會。即鍇語亦有誤。其曰。今稞會聲若裹。會字即此下文。徐鍇本稞音苦儈反。承培元謂涉下穭音而譌。是也。可證。穭音溪紐。稃音敷紐。古讀歸滂。滂溪皆次清破裂音。故稃轉注為穭。玄應一切經音義二引字書。穭。粗穅。慧琳一切經音義引倉頡。穭。麄穅也。【説文解字六書疏證卷十三】

穅 𥝰

乙八一七　不从禾　前一・一〇・三　前一・一二・八　前一・三七・一　康丁亦省稱康　後一・二〇・五

後一・二〇・一三　秋一・一一・一一　鄴初下・四〇・七　粹三四五　京津五〇五一　京津五〇五二

輔仁六一　前一・二三・八　康祖丁見合文八　後一・四・一四　康丁見合文八　前一・一八・四　康祖庚見合八

【甲骨文編】

珠72　74　75　續1・21・5　1・26・6　1・26・7　1・26・8　1・26・9　1・26・10

2・17・9　徵3・118　3・119　3・121　3・122　書1・12B　新5032　5051　5052

5053　5054　5082　【續甲骨文編】

康　此字經典常見義為吉康穅字从之説文奪佚　汗簡入庚部或以此附穅字下非也　女康丁簋　司母姒康鼎　𠭯鼎　康侯鼎

康侯簋　矢方彝　矢尊　臣諫簋　𤔲盤　師奎父鼎　君夫簋　伯康簋　康鼎

師遽方彝　麓伯簋　揚簋　𨱮簋　師咢父鼎　輔師嫠簋　𫊣簋　克鐘　善夫克鼎

克盨　頌鼎　頌壺　頌簋　鬲攸比鼎　元年師兑簋　毛公𢈋鼎　士父鐘　伊簋

應侯鐘　此簋　秦公鎛　哀成弔鼎　蔡侯𨭫盤　命瓜君壺　齊陳曼臣　【金文編】

康　説文所無　日甲五九背　通穅　以脩一寺其來也　【睡虎地秦簡文字編】

1114　不从禾，與説文古文近。　2059　2475　3350　2894　0887　1771　2002　【古璽文編】

康陵園令 康武男家丞 潤沐伯康 魏康私印 夏康私印 康中己 【漢印文字徵】

石碣避水 說文穅或省作康 詛楚文 康回無道 石經 汗簡引石經作 【石刻篆文編】

康見石經 【汗簡】

石經 竝籀韻 【古文四聲韻】

◉許　慎　穅穀皮也。从禾。从米。庚聲。苦岡切。穅或省。【說文解字卷七】

◉羅振玉　此字與許書或體畧同。穀皮非米。以∴象其碎屑之形。故或作∴。或作⁖。或作∴。無定形。康侯鼎作。伊敦作。同此。今隸作康。尚得古文遺意矣。【增訂殷虛書契考釋卷中】

◉郭沫若　康字小篆作穅。从米。云穅之省。穅曰。「穀之皮。」然古文康字不从米。卜辭之康祖丁或康丁即史記漢書等之庚丁作若。金文亦同。如𦱁伯𨾴父敦之「康龢屯石」作。伊敦之「王在周康宮」作。文既不从米。意亦絶無穅義。然羅氏猶沿許書以為說。以庚下之點作為象穀皮碎屑之形。此恐未必然也。康字訓安樂。訓和靜。訓廣大。訓空虛。只空虛之義於穀皮稍可牽及。其它均大相逕庭無由引伸。余意此康字必以和樂為其本義。故殷周帝王即以其字為名號。穅乃後起字。蓋从禾康聲。古人同音通用。不必康即是穅也。大凡和樂字古多借樂器以為表示。如和本小笙。樂本絃樂之象。又如喜字从壴。古鼓字象形。龢龤字从龠。雅字亦本樂器之名。然則康字蓋从庚。庚亦聲也。庚下之點撇。蓋猶彭之作若。言之作若也。見釋和言篇。【釋干支　甲骨文字研究】

◉强運開　阮橅天乙閣本作。微誤。今據安氏十鼓齋所藏弟一本橅拓如上。諸家均釋作康。張德容云。說文無康字。禾部穅或省作康。下从米。文義俱異。疑古庚康同字。當是古文作庚。籀文作康耳。周易釋文晉卦康矦。馬云安也。鄭云廣也。說文。庚。象秋時萬物庚庚有實也。與安之義合。史記。大橫庚庚。與廣之義合。運開按。張説非也。說文。穅穀之皮也。从禾米。庚聲。或省作。段注云。穀者。晐黍稷稻粱麥而言。穀猶粟也。今人謂已脱於米者為穅。古人不爾。穅之言空也。空其中以含米也。凡康窙康樂皆本義空中之引伸。今字分別乃以本義从禾。引伸義不从禾。是康之本義為穀皮。康窙康樂則引伸之義也。又按。康字見於金文者。如鬲攸比鼎作。頌敲作。均與鼓文同。無从米者。但非从水。蓋庚下之四點即象米形。無論縱書横書皆象形也。與小篆从米取義正同。【石鼓釋文】

◉馬叙倫　鈕樹玉曰。韻會作穀之皮也。繫傳作從禾庚聲。蓋脱。桂馥曰。字鑑引作從米省康聲。王筠曰。大徐作□。似誤。而繹山碑有□字。從禾。康聲。孫鮑二本作從禾從米庚聲。康聲是也。嚴章福曰。此以重文為聲也。馮振心曰。康。從米。庚聲。康為安康之義所專。故增禾作穅。倫按穀皮也玉篇作米皮也。當從之。爾雅釋器。康謂之蠱。郭注。米皮。急就篇。糟糠汁滓稾莝芻。顔注。糠米皮也。蓋穀是米之殼。穀無皮也。穅為康之後起字。康穭音同溪紐轉注字。急就篇作糠。蓋傳寫易之。

□　吴穎芳曰。從米。庚聲。沈濤曰。爾雅釋器釋文云。康。説文作穅。或省禾。是古本省下有禾字。倫按康為穅之初文。此云穅省而篆不同。金甲文康字率與穅篆所從之康同。羅振玉謂∴象康之碎屑。非米字。倫謂米可為文。康不能為文。若以甲文水土沙火涶字均以數點表之。然金文康字齊陳曼簠作□。固從米。抑倫以為金甲文米字多作□者。□本粱之象形文。初文本作□。横而變之乃為□。直而譌之斯成米。假借為穀去稃者之名。詳米字下。金甲文康字率作□者。其下從□即□之變。字形與□連耳。甲文或作□□者。亦變體。猶或作□□□也。故知自從米庚聲矣。急就有康字。顔師古本作穅。而康字不見倉頡。蓋倉頡或訓纂固不盡用初文。且有俗字。故本書亦有穅無康。急就亦本作穅。傳寫者易之。以依義為安康字也。其糟糠字則作糠。蓋亦本作穅。傳寫易之。康矦鼎作□。伊敢作□。石鼓作□。甲文作□□。

【説文解字六書疏證卷十三】

◉戴家祥　王筠曰：禾部穅，大徐篆作□。説曰：「从禾从米康聲。」孫鮑二本作庚聲。篆是而説解非。小徐篆作□。説曰：「從禾康聲。」篆非而説解是。或體則二徐皆訛作□，説曰：「穅或省作。」又與小徐正篆合，而大徐則不合。鐘鼎文皆作□。繹山碑整齊之而作□。漢隸及正書皆作康，是知□即米形。越絶書曰：「厥名有米覆之以庚。」是也。設正從米字，則當入之米部。穅又加禾，義反迂遠，以為或體可以。然本部以秫領朮，米部以氣領餼，他部亦兩例岐出，本不一律。此用為平康，康樂。既久，借義奪正義，及加禾以别之。惟爾雅釋器「康謂之蠱。」正義僅此一見也。且鐘鼎米字，初不出米。史燕簋□字，從米從皿貿聲。比簋之古文也。石鼓文麋字亦從米，小篆彝字從米，而鐘鼎彝字最多，其作□者，上象鳥形，下從収，以三點象米。或作□，則以兩點象米。蓋米形只可以點象之，而積點不可以成文。此其所以作米，小篆變而連之耳。彝字有所附麗，不患人不知其為米，故以點象之。康字亦有所附麗，而三點二點不能成文。故作四點，使之左右匹配。猶之□字，外象臼形，中象米形，其∴正與康字同也。且鐘鼎他字，亦有類此者。格伯敦谷字作□以□為口，邾太宰簠古字作□，禽彝周字作□，皆以□為口，乃由有所附麗，偶然變形，竝非∴是古米字，□是古口字也。特説文此例甚少，後人眯焉，遂改為□。小徐又改正文，此重紕貤謬也。今當改復之曰：穅，穀之皮也。從禾從古文康。康古文穅。下象米形，庚聲。說文釋例六七四至六七五葉。金文康用作人名。如康鼎等。用作宮室名，如金文恆言「康宮。」或作康樂之義，如𤔲子壺等。或用作褒大之義，如頌壺等。【金文大字典中】

秸 5·143 咸陽稭 玉篇秸與稭同 秸 5·144 同上 秸 秦336 咸秸 秸 秦334 獨字 【古陶文字徵】

◉許　慎　稴禾皮也。从禾。羔聲。之若切。【說文解字卷七】

◉馬叙倫　呂氏春秋本味。得時之禾。圜粒而薄稴。通俗文。禾穭謂之菩稴。然則稴是穭之轉注字。稴音照紐三等。然從羔得聲。羔音見紐。見溪同為次清破裂舌根音也。禾皮亦當作米皮。或曰。此禾皮謂稾皮。下文穌杷取禾若也。若即稴之借字。字蓋出字林。【說文解字六書疏證卷十三】

◉許　慎　稭禾稾去其皮。祭天以為席。从禾。皆聲。古黠切。【說文解字卷七】

◉馬叙倫　沈濤曰。一切經音義十四引作祭天以為藉也。蓋古本如是。翟云升曰。史記封禪書索隱引作祭天以此。倫按玉篇作稭。稾也。去其皮。祭天以為席也。當依改。此稾下捝也字。禾字則涉上文稴下禾皮也而譌演。去其皮以下八字蓋字林文或校語。或此字出字林也。【說文解字六書疏證卷十三】

◉許　慎　稈禾莖也。从禾。旱聲。春秋傳曰。或投一秉稈。古旱切。秆稈或从干。【說文解字卷七】

◉馬叙倫　稭稈音同見紐轉注字。禾莖也蓋字林文。字或出字林也。

秆　玄應一切經音義引字林。秆。禾莖也。亦重文出字林之證也。【說文解字六書疏證卷十三】

◉郭沫若　第八四八片秉字亦字書所無，葉玉森釋為秋。今與夏祭之雩共見，足證其謬。以辭意推之。余意當是稈之古文，从禾加束，以示莖之所在，指事字也。字在此，則讀為旱。「其旱乃雩」，「則旱乃雩」，正文从字順。則字乃字之虛辭亦僅見之例。乃字例作迺，第八四七片「迺霝」亦正作迺。舊於迺字多置疑，今則得其互證矣。【殷契粹編考釋】

稾 𥡴　秕 𥝯　䅌 𥟍　𥝧 𥝧

稾 效二五　十三例　稾 效三三　四例　【睡虎地秦簡文字編】

稾張　【漢印文字徵】

稾義雲切韻　【汗簡】

◉許　慎　𥡴稈也。从禾。高聲。古老切。【説文解字卷七】

◉馬叙倫　鈕樹玉曰。韻會及玉篇引作禾稈也。倫按玄應一切經音義引倉頡。稾。禾稈也。則此蓋吕忱據倉頡加之。許當以聲訓。字亦見急就篇。稾稈稭皆雙聲轉注字。【説文解字六書疏證卷十三】

◉許　慎　𥝯不成粟也。从禾。比聲。卑履切。【説文解字卷七】

◉馬叙倫　不成粟也非許文。左定十年傳釋文引字林。秕音匕。疑此字出字林。失次。【説文解字六書疏證卷十三】

◉許　慎　𥟍麥莖也。从禾。肙聲。古玄切。【説文解字卷七】

◉馬叙倫　䅌亦稾稭稈之雙聲轉注字。麥莖也非本義。方語然耳。字蓋出字林。【説文解字六書疏證卷十三】

◉許　慎　𥝧黍穰也。从禾。㓞聲。良薛切。【説文解字卷七】

◉馬叙倫　黍穰可以為帚。今南北並有之。黍穰也者。蓋字林文。亦或本作穰也。黍字涉穰下説解而誤演。【説文解字六書疏證卷十三】

◉裘錫圭　秉這個字從卜辭看，顯然跟農業有關：

叀庚午秉于噩田，不遘大雨。

弜庚午，其雨。　屯南三三五

□酉卜，其秉盂□　合三一七九六

□戎秉于盂□遘大雨。　粹七八〇

其𥝢于盂□　合三一二〇一

翌日庚其𥝢乃……，(比)至來庚有大雨。

翌日庚其其乃……，至來庚亡大雨。

來庚……𥝢乃……，亡大雨。　粹八四五

乙未卜：今日其屯(？)用林於濕田，有(正)。

弜屯，其……新𥝢，又正(「正」也可能應釋為「足」)。

叀新𥝢屯用上田，又正。　屯南三〇〇四

這個字葉玉森殷契鉤沈釋「秋」(二頁)，唐蘭天壤閣甲骨文存考釋釋「補」(二三頁上)，都没有根據。郭沫若殷契粹編考釋釋「秜」，謂其字「從禾加束以示莖之所在，指事字也」(一一三頁上)。于省吾雙劍誃殷契駢枝釋𥝢謂金文「剌」字與「𥝢」為一字，「𥝢」當與「剌」同音，説文謂「剌」字從「束」，非是。綜合郭、于二説來考慮，「𥝢」似應是「梨」(此字下文均用「列」替代)的初文。説文：「梨，黍穰也。」廣雅釋草：「黍穰謂之列」，「稻穰謂之稈」，「稷穰謂之列」。廣韻平聲陽韻：「穰，禾莖也。」説文「列」字段注：「詩生民『禾役穟穟』，毛傳：『役，列也』。『列』蓋『梨』之假借，禾穰亦得謂之列也。」由以上引文可知「列」是禾、黍一類谷物的莖桿之名。「列」、「剌」古音相近。「經傳稱列考或功烈字，金文通作『剌』」，(雙劍誃殷契駢枝釋𥝢。)周厲王之「厲」金文作「剌」，古書中「烈山氏」亦作「列山氏」、「厲山氏」。這些都是「列」、「剌」音近相通之證。所以把「𥝢」釋作「列」的初文，從字形和字音上都講得通。

卜辭「𥝢」字多用為動詞。殷人收獲穀物有時只摘取其穗(詳下文)，留在地裏的禾稈需要另作處理。用作動詞的「𥝢」應指處理禾稈的一種行為。在古書中，除萊可稱「萊」(周禮夏官大司馬：「虞人萊所田之野」，鄭司農注以「芟除其草萊」釋「萊」字。地官山虞：「若大田獵則萊山田之野」，鄭玄注：「萊，除其草萊也」)，除草可稱「草」(周禮地官序官「草人」鄭注：「草，除草」)。卜辭裏用作動詞的「𥝢」，大概也是當除梨講的。所以我們把「𥝢」包括在芟除工作裏。禾稈也可用作肥料。殷人有時只收穀物的穗而把禾桿留在地裏再作處理，這應該是一個重要原因。這一點從上引粹八四五的三條卜辭似可得到印證。

上引屯南三〇〇四諸辭需要解釋一下。新𥝢可能指收獲後不久就加以處理的禾稈。「濕」字从商承祚、王襄、葉玉森諸家釋(看甲骨文字集釋三七五五頁)。「濕田」、「上田」對舉也見于屯南七一五，「濕田」還見于甲一五一六。西周晚期的散氏盤銘有「我既付散氏濕田」之語。吳大澂謂「濕田」即「隰田」(愙齋集古録十六冊八頁)，其説可信。詩經中屢以「隰」與「原」、「阪」或「山」對言。邶風簡兮毛傳，「下濕曰隰」。秦風車鄰毛傳：「陂曰阪，下曰隰。」小雅皇皇者華毛傳：「高平曰原，下濕曰隰。」可知濕田就是地勢低下土質比較潮濕的田，小雅信南山說：「……原隰，曾孫田之。」大雅公劉說：「度其隰原，徹田為糧。」這說明原田和隰田是古代最重要的兩類田(原田之稱見左傳僖公二十八年晉輿人之誦)。毛傳說：「下曰隰」，隰田也未嘗不可以稱下田，上田大概就是原田(大雅正月所說的「阪田」之類的田，或許也可以包括在上田之內)。從上引關於「濕田」、「上田」的卜辭來看，原田和隰田在商代大概已經是最重要的兩種田了。

上引第一辭可能是卜問是否把草木禾稈等都用在隰田上。第二辭可能是卜問是否不要都用在隰田上，而把新秉移至別處使用。第三辭大概是卜問是否把新秉都用在上田上。

卜辭既卜問王是否「觀藉」(參看下文第三節4之B)，也卜問王是否「觀秉」：

王其萑(觀)。

弜萑秉。 後下六·六

可見商王對秉這件事相當重視。【甲骨文中所見的商代農業 全國商史學術討論會論文集】

穰

穰左尉印 呂穰 [illegible]穰 馬穰 臣穰 李穰私印 笵穰私印 侯穰 【漢印文字徵】

◉許 慎 穰黍梨已治者。从禾。襄聲。汝羊切。【說文解字卷七】

◉馬叙倫 沈濤曰。一切經音義四引作黍治竟者也。治竟已治義得兩通。十五引作黍𥞊也。禾穰也。丁福保曰。慧琳音義卅引黍𥞊治鬼者也。玄應音義鬼誤作竟。倫按穰梨轉注字。穰音日紐。梨音來紐。古讀竝歸於泥也。又穰從襄得聲。襄音心紐。梨得聲於𣦵。𣦵為死之次初文。死音亦心紐也。目論作帚之黍穰。皆有黍囊着稈未脫。穰從襄得聲。與囊取襄聲語原同耳。說解蓋本作囊也。以聲訓。黍梨當作梨也。吕忱舉異訓。黍字當在梨也上。或在其下。與已治者連文。者下或捝也字。或如慧琳引作黍梨治鬼者也。此校語。【說文解字六書疏證卷十三】

秧

◉許 慎 秧禾若秧穰也。从禾。央聲。於良切。【說文解字卷七】

◉馬叙倫 倫按洪頤煊據玉篇作禾苗秧穰也。謂若為苗之譌。此今俗謂禾之初生者為秧。桂馥以若為䅵之借字。然䅵與穰異物。而禾若秧穰為詞不可通。必如玉篇及廣韻以秧穰為禾稠。則穰字別讀矣。倫謂禾若當作禾苗。下捝也字。秧為隸書複

䅭　䅣　秊

舉字誤乙者也。穰也吕忱列異訓。禾苗也亦字林文。然疑初生苗曰秧。實芒萌之借字。秧蓋穰之聲同陽類轉注字。【説文解字六書疏證卷十三】

◉許　慎　䅭䅣。穀名。从禾。旁聲。蒲庚切。【説文解字卷七】

◉馬叙倫　段玉裁曰。廣雅。䅭䅣。穄也。按許但云穀名。不與穄篆為伍。則與張説異。王筠曰。失次。蓋後增也。倫按穀名字林文。字林每言名也。䅭䅣二字蓋竝出字林。穀名無考。蓋即廣雅所謂穄也。然䅭䅣為疊韻連緜詞。而與穄或穈音竝遠。與秧穰則近。似秧或穰之緩言。故次秧下。【説文解字六書疏證卷十三】

◉許　慎　䅣䅭䅣也。从禾。皇聲。户光切。【説文解字卷七】

佚五四　从人負禾　佚一二六　佚四〇〇　佚五三一　佚六七九　乙六二七五　乙六四二二　乙六五三三　乙六九八〇　乙八三三二　乙八七九八　甲五三四　甲五三八　甲一四九三　甲二八二七　鐵八三・一　鐵一九七・一　鐵二一六・一　鐵二四八・一　前三・一・二　前五・二・五　前七・一五・三　後一・三一・一　後二・四〇・一四　戩二・八　粹一六　粹一二　粹一二二　粹八五三　粹八六九　明藏四二五　明藏四二七　京津五三〇　京津五六八　京津五七六　【甲骨文編】

甲293　1167　1493　1516　1670　1885　2029　2827　2866　2905　2999　3104　3430　3587　3640　乙98　645　1731　1980　3154　4518　4567

4883 6275 6422 6513 6519 6533 6578 6725 6753 6881 6964
7009 7205 7672 7750 7781 7811 7923 8672 8812 珠168 393
455 456 457 936 938 1178 1180 ㄴ444 零1 佚54 126
309 375 531 679 762 867 886 續1・3・1 1・7・1 1・16・3
1・37・1 1・40・8 1・44・4 1・44・5 1・45・4 1・46・7 1・49・2 2・28・3
2・28・6 2・29・3 4・25・3 掇327 427 徵3・8 5・1 5・4 5・5 5・6
5・9 5・10 5・11 5・13 5・14 5・16 5・17 5・18 11・109 京1・
22・1 1・23・3 1・32・4 1・36・2 3・16・1 3・17・4 3・18・2 4・19・2 凡
22・1 録113 144 547 天55 摭100 101 六中44 45 六雙1 六清45
外293 續存72 180 書1・5・H 粹16 834 850 852 869 879 886
907 【續甲骨文編】

年 从禾从人人亦聲説文云从禾千聲非 缶鼎 稃作父甲簋 睘卣 臣辰卣 且辛簋 己侯貉子簋
亘尊 弔寍簋 伯疑父簋 欶簋 害鼎 剌鼎 仲自父簋 同自簋 庚贏卣 伯衛父盉
弔妣簋 免盤 免簋二 封簋 趞鼎 毳簋 害客簋 史宜父鼎 師趛 弔噩父
簋 伯田父簋 豐兮簋 伯晨鼎 縣妃簋 牧師父簋 舀鼎 師酉簋 豆閉簋

仲師父鼎 善夫克鼎 頌鼎 頌壺 史頌簋 史寏簋 史頌匜 鄂侯鼎 召伯簋

師嫠簋 元年師兑簋 函皇父簋 無𧴦簋 商丘弔匿 弔上匜 伯盂 虢文

公鼎 鄭伯筍父鬲 伯正父匜 芮伯多父簋 吉父匿 伯吉父鼎 弔專父盨

中義父鐘 陳侯壺 大梁鼎 召卣二 敔簋 姞氏簋 仲殷父鼎 兮仲簋 仲

鑠盨 蔡侯𪓐盤 駒父盨 克鼎 𢦚簋 曾伯霥匿 鄀公鼎 湯弔盤 齊侯匜

齊癸姜簋 戈弔鼎 鄦侯簋 陳子=匜 陳公孫𧧻父𦉜 番君召鼎 曾姬無卹壺 廿七年鈚

中山王嚳鼎 東周左師壺 十一年㥁鼎 王孫鐘 邾公華鐘 邾公牼鐘 邾公釛鐘

厚氏匿 黏鎛 夆弔匜 洹子孟姜壺 齊侯盤 魯伯匿 魯左司徒元鼎 簷平鐘 廿

年距悍 伯梳簋 仲簋 遣簋 師𠂤鼎 杜伯盨 仲皇父盉 伯其父匿 王人甗 晉公

盨 王子午鼎 者汈鐘 同簋 霍鼎 格伯簋 杞伯壺 芮大子伯壺 豣作北子簋 □

者生鼎 䄒伯匜 䄒伯章盤 从鼎 白者君匜 番君鬲 番仲𠬝匜 楚嬴匜 王孫壽甗

般仲束盤 省作禾孛卣 喬君鉦 省作人 竈乎簋 乎其萬年永用又萬年二字合文作萬人 甫人觥

其萬年用 鬲攸比鼎 一年二字合文 虢季子白盤 二年二字合文 【金文編】

4·1 廿二年正月 左匋君 4·3 十八年十二月 右匋君 4·5 廿二年八月 4·6 十六年四月 右匋君

4·11 十六年十月 左匋君 4·30 二年十一月 左匋君 4·17 廿三年三月 左匋□ 5·384 瓦書「四年周天子使卿大

夫……」共一百十八字　5·387　秦詔版殘存「廿六年皇帝盡並兼」八字　5·398　秦詔版「廿六年皇帝盡並兼天下諸矦……」共四十字

秦1556　秦詔版殘存「廿□年皇」三字　9·106　十六年𣏟工市比高□【古陶文字徵】

126　127【包山楚簡文字編】

年　編五　三十六例　編七　十例　編二八　二例　秦三五　三例　日乙一〇三　四例【睡虎地秦簡文字編】

2279【古璽文編】

建明德子千億保萬年治無極　燕安年印　郭安年印　濕延年印　公孫延年之印　皇萬年　隗年

姚延年　王延年　孫長年印　張延年　粱年　靳延年印　王宜年　臣年　喪延年

陳延年印　魏延年【漢印文字徵】

袁敞碑　永初二年　開母廟石闕　延光二年　天璽紀功碑　天璽元年　蘭臺令史殘碑　袁安碑五年正月

永平三年　延光殘碑　四年　詔權　廿六年　石經文公　元年春　汗簡引石經作𥝌結體微異　祀三

公山碑　元初四年　永保其年　羣臣上醻題字　上谷府卿墳壇題字【石刻篆文編】

年【汗簡】

古孝經　古老子　石經　唐韻　滕公墓銘【古文四聲韻】

◉許　慎　𥝌穀孰也。从禾。千聲。春秋傳曰。大有𥝌。奴顛切。【說文解字卷七】

◉劉心源　秊。𠱾禾為之。秊原从禾也。【奇觚室吉金文述卷三】

◉孫詒讓「貝求□」、四十五之二。「□貝我」、百五十八之一。「卜立貝求上半闕」、百九十一之二。「貝于人乙求」、百九十六之三。「壬申卜貝求于岳」、百九十七之一。「辛酉卜完貝求于人乙」又云「貝求于且戊牛」，二百十六之一。諸文並即「季」字。《說文・禾部》：「季，穀孰也。从禾，千聲。」此文上从即象形禾字，與「稛」、「禾」諸字同。詳《釋文字篇》。《詩・大雅・雲漢》云：「祈年孔夙」，《周禮・籥章》：「凡國祈年于田祖」，鄭注「祈年，祈豐年也」。「求年」即祈豐年之祭，與《詩》、《禮》合。

「季」又有作「」者，如云：「㱿雀□」、七十九之三。「辛卯卜禾□牢□」。百七十五之三。此「」亦即「季」之變體。上从即象禾之夆采也。百五十八之一云：「卜貝我」似亦季字。

「□□受」、廿四之三。「貝不其受」、百九十九之四。「□□貝不其受」、二百十四之三。「辛子卜我弗其受」、二百四十一之一、又卅五之二有字，上微闕，上下文義皆不可釋。「癸卯卜亘貝我受」。二百四十八之一。此云「受季」蓋謂求季得吉受此豐年之瑞，「弗其受」則不得吉也。「」、「」亦並即「」之省。【契文舉例卷上】

◉商承祚 卷一第五十葉 同上 卷三第二十九葉 同上 第三十葉 同上 卷四第七葉 同上 第四十葉 卷六第六十四葉 卷七第四十三葉 後編上第三十一葉 同上 第二十二葉 第二十四葉 下第三十三葉 同上 第六葉

或增。或省。徑作禾。以文理觀之。則皆是年字。中敦亦作。【殷虛文字類編卷七】

◉葉玉森 契文季字竝不从千。似狀禾下見根形。禾孰則犂其根。根見則一季盡。即季之初誼。猶豳風於十月曰改歲。蓋言農事畢。以禾孰紀歲功之成也。又疑从人戴禾。初民首部力彊。禾稼既刈。則捆為大束。以首戴之歸。仍許書穀孰為季之意。迄今番苗民族。及西方未開化諸島國。猶沿古代戴物之習。後制之秃。殆緣字而誤認歟。【說契　學衡第三十一期】

◉董作賓 說文。季穀孰也。从禾千聲。按金文卜辭皆从人不从千。金文有从壬者。齊侯壺知當為壬或人聲。从千乃壬之省變。見卜辭中从人作也有省作禾的。意義則確為「穀孰」。卜辭中季字用途有二。一是年。一是受年。就是後世「祈穀」之祭。受年受黍年。就是年穀豐登之意。在商代還没有把年作紀歲之用的。到了周代才把禾穀成孰一次稱為一年而年字始含有歲祀之意。【卜辭中所見之殷曆　安陽發掘報告】

◉商承祚 或緐之為。或省之為。金文己侯毁作。封毁作。鄦侯毁作。邾公釛鐘。亦或省之作（芮伯多父毁）。（仲毁）。說文季。「穀熟也。从禾千聲。春秋傳曰。『大有年』。」案从禾从人之年。漢人已誤作禿。遂以从之年而寫作千字矣。此殆象禾成孰而人刈其下。秋收冬藏。歲終之事也。故曰年。葉玉森先生曰。「季字似禾下見根形。禾孰則犂其根。根見則一年盡。即季之誼。猶豳風于十月曰改歲。蓋言農事畢以禾孰記歲功之成也。」（說契一頁）。非初誼。林義光先生謂从人聲。亦非。【甲骨文字研究下編】

◉吳其昌　「年」字。亦有可為祭祀之一義。則在經典故書中。惟周禮春官太祝所掌六祝中「二曰年祝」。鄭注「年祝。求永貞也」。一見以外。餘則絕無可徵。但在卜辭中。則顯有明白證驗。按卜辭有曰。「其年父庚。」前・一・二七・二。此「年」字不以祭祀解之決不可通。有較此更明顯者。如曰。「癸未卜貞𡆥千十小牢，卯十執，年……」前・四・七・八。則「年」為殷代祭典之一種。可碻見矣。【殷虛書契解詁】

◉孫海波　藏二四・三　二四八・一　姞氏𣪘　伯疑父𣪘　𦉼卣　邾公釛鐘　王孫鐘　齊鎛　說文云：「穀熟也，从禾千聲。春秋傳曰：『大有年』。」按甲骨金文皆从禾人，葉玉森曰：「季字似禾下見根形，禾熟則犂其根，根見則一年盡，即年之誼：猶豳風于十月曰改歲，蓋言農事畢以禾熟紀歲功之成也。」林義光曰：「字當从人聲。」按林說是也。此殆象禾成熟而人刈其下，秋收冬藏，歲終之事也，故人負禾曰年。再變从壬，人壬聲義皆同，故可通。金文𢦏叔鼎作，郜公𨰻作，从壬省，與千近似，故漢人遂誤以从之年而寫作从千，而以从人从禾之字寫作禿矣。【甲骨金文研究】

◉馬叙倫　甲文作。金文頌壺作。荀伯多父𣪘作。仲敦作。仲鑠父簋作。同敦作。伯其父簠作。王人甗作。仲皇父壺作。番君鬲作。白者君匜作。率从禾人聲。千亦从人得聲也。爾雅郭璞注引倉頡篇。考妣延年。字亦見急就篇。穀孰也。蓋字林文。許當以聲訓。【說文解字六書疏證卷十三】

◉馬叙倫　甫人匜　父乙旅　用人　舊釋人。依篆也。此當讀為年。年從千得聲。千從人得聲也。金文季字多止從人。虢叔簠萬年作。其例證也。此省耳。孫詒讓據此銘書一疑字。蓋未定所釋。或疑此為偽器耶。【讀金器刻詞卷下】

◉陳夢家　乙辛卜辭云：「癸丑卜貞今歲受年。弘吉，才八月，佳王八祀。」粹八九○。可證到乙辛時代為止，歲、年與祀三者有別。卜辭的年如「受年」「㞢年」即稔，指收穫。年字前加數字者則有以下諸例：「自今十年㞢五。王豊。」續一・四四・五。「寘至於十年。」粹一二七九。「保十年。」佚一九。凡此之「年」皆非紀時，它們可能是紀若干個收穫季節，前四・七・八武丁卜辭有「年十月用」之語，其義不詳。它們的用法略同於歲。武丁卜辭云：「癸丑貞二歲其㞢禍。」甲二九六一。「貞其於十歲廼㞢足。」金五七一。「辛未卜自今三歲母𡚱，五。」甲室藏骨。歲之言穗，言劌。說文穗作采，象乎收禾之形，劌之義為利傷為割。在卜辭中，歲即不作紀時的年歲解，亦不作歲星解。　武文卜辭云：「辛亥貞壬子又多公歲，弜又大□歲，萃。」庫一〇二三這是摹本，摹者於「大」下失摹一干支，當是大乙、大丁之類的人名，或以「大歲」連讀，是錯誤的。　卜辭有今歲來歲，其辭如下：1.「今歲受年。」甲三二九八、燕一二六、甲二五一一、粹八九六、九〇七。　2.「來歲受年。」乙六八八一、甲一四九三、鄴三・三九・五。　3.今來歲：「今來歲我不其受年。」乙一七三二十一三九四。「今來歲我受年。」乙九七七九。「今來歲帝。」頌齋藏骨。　4.下歲中大一〇。　5.今歲：「今歲亡禍。」庫六四八。「今歲又史。」前八・三・七。「今歲秋不至茲商。」河六八七。「今歲亡大水。」金三七七。　由此可知「歲」大多數是若干個年成的。　卜辭卜年分為兩段：一段在一、二、三、四等月。　所卜為禾類的收成；一段在九、十、十一等月，所卜為麥類的收成，故定後者為「麥季」的開始。　卜辭的卜年和卜歲都應在收獲以前。　即每二「禾季」或「麥季」的前半段，即種植的時期。……卜辭的「今來歲」「二歲」是一年，「自今三歲」是三年，「十歲」是五年。　【殷墟卜辭綜述】

◉李孝定　說文：「秊穀孰也。　从禾千聲。　春秋傳曰：『大有秊』。」契文千字亦从人作，見第三卷千下。　秊字从禾从人與許說同。葉氏謂字象人首戴禾會意。　恐未然也。　又謂象禾下見根形，亦未安。　契文秊字多見，其下明是「人」字且未見根，於義亦無取，葉謂未孰則犂其根，此刈穫以後之事，於文禾根不應與禾同見也。　卜辭恆言受年求年，咸謂年穀豐登，無年歲意。　董先生之說是也。　金文年字多見，大抵从禾从人。　如[glyph]頌壺[glyph]善夫克鼎[glyph]仲師父鼎[glyph]弔噩父簋[glyph]弔上匜此例至多，不能具舉。　亦有从千作者，如：[glyph][glyph]齊小姜蓋同器二文一从千一从人。[glyph]曾伯姬無卹壺。[glyph]邿公鍾。[glyph]陳子子匜。　亦或从壬作[glyph]齊侯壺。[glyph]邾公釛鐘。[glyph]王孫鐘。　从壬乃从千所衍變，从千則从人所衍變，古文字每增橫畫，無義，契文或作[glyph]，前・六・六四・一。　辭云「貞我受[glyph]」，碻為秊字，惟何以从再則不可知也。　【甲骨文字集釋第七】

◉李孝定　千字古即假「人」為之，其始但當作「[glyph]」，其作「[glyph]」者，「一千」合文也，後即以「一千」合文為「千」之專字，非然者，「[glyph]」豈當解為「五人」乎？秊从人聲，予早蓄此意，嘗以此質之故友董同龢氏，據告秊、人音同，雖難確指，然證之「千」字即假「人」為之，其說當不誤也。　【金文詁林讀後記卷七】

◉胡厚宣　《爾雅・釋天》說：「夏曰歲，商曰祀，周曰年，唐虞曰載。」《獨斷》之說同。

但清朝的學者對這一說法並不完全相信。

邵晉涵《爾雅正義》說：「《堯典》言成歲，是唐虞亦稱歲。《商頌・殷武》云，歲事來闢，是商亦稱歲也。」

郝懿行《爾雅義疏》說：「《尚書大傳》引《書》曰，三歲考績，是唐虞亦曰歲。《禹貢》云，作十有三載，是夏亦曰載。《洪範五行傳》云，維王后元祀，鄭注，王謂禹也，是夏亦曰祀。《大傳》又引《書》曰，高宗梁闇，三年不言，是商亦曰年。《詩・殷武》云，歲事來闢，是商亦曰歲。《周禮・哲蔟氏》云，十有二歲之號，《大史》云，正歲年以序事，是周亦曰歲也。然則此類，蓋亦通名矣。」

王玉樹《說文拈字》說：「《堯典》，三載汝陟帝位，鄭作三年；百姓如喪考妣三載，《孟子》作三年；《禹貢》十有三載乃同，馬鄭俱作年；劉歆引《伊訓》云，惟太甲元年，《論語》引《書》高宗諒陰，三年不言，《多方》前云五年，後云五載，是可通稱也。」

陳立《白虎通疏證》說：「年歲載，對文異，散則通。故《堯典》言成歲，則唐虞亦称歲。《商頌》言歲事來闢，則商亦稱歲。《周禮・大史》，正歲年以序事，則周亦稱歲。《周書》言惟十有三祀，知周亦稱祀。《漢書・律曆志》引《伊訓篇》曰，惟太甲元年，十有二日朔，知殷亦稱年也。」

以上諸家都認為古代歲祀年可以通稱，殷商稱祀歲，亦可以稱年。不過所據都是古典文獻資料而已。

近世甲骨文字出土，有據甲骨文字以論殷代年祀之稱者，始於羅振玉氏之《殷虛書契考釋》。他說：「商稱年曰祀，亦曰祠。」又說：「《爾雅・釋天》商曰祀，徵之卜辭，稱祀者四，稱司者三。曰隹王二祀，曰隹王五祀，曰其隹今九祀，曰王廿祀，曰王廿司，是商稱年曰祀，又曰司也。司即祠字，《爾雅》春祭曰祠，郭注，祠之言食，《詩正義》引孫炎云，祠之言食，為郭注所本。是祠與祀音義俱相近。在商時殆以祠與祀為祭之總名，周始以祠為春祭之名，故孫炎釋商之稱祀，謂取四時祭祀一訖，其說殆得之矣。」(見所著《殷虛書契考釋》初印本101葉，1914年；又增訂本卷下53葉，1927年)

其後東世澂先生作《殷商制度考》也說：「殷人稱歲曰祀，亦曰巳，亦曰司，與《爾雅》合。今按祀巳同字，司者祀之假借字。《爾雅》謂殷曰祀，周曰年，誠不誤也。」(見所著《殷商制度考》，刊《中央大學半月刊》2卷4期，1930年)

董作賓先生作《卜辭中所見之殷曆》，亦以為殷代尚無年歲之稱，說：「卜辭中年字用途有二，一是求年，一是受年。在商代還沒有把年作紀歲之用的。」又說：殷代紀年法是「以一歲為一祀」(見所著《卜辭中所見之殷曆》，刊《安陽發掘報告》第3期，1931年)。

根據甲骨文字，倒反而以為在殷代只稱年為祀，尚無稱年之例，而以《爾雅》「商曰祀」之說為「誠不誤也」。

我1942年作《殷代年歲稱謂考》一文(刊華西齊魯金陵三大學《中國文化研究彙刊》第2卷，1942年；又收入《甲骨學商史論叢》初集第2冊，1944年)，舉武丁時卜辭稱：

癸未卜，貞尞于□，十小宰，卯十牛，年十月用。(前4・7・8；通774)

祖庚祖甲時卜辭稱：

甲戌卜，出，貞自今十年又五，王豐。(續1・44・5)

廩辛康丁时卜辭稱：

□□卜，貞□至于十年寅。（粹1279）

仔十年。（佚19；辭155）

由以上幾條卜辭，證明殷代年歲的稱謂，除了稱「歲」稱「祀」之外，也有稱「年」的。1945年董作賓先生作《殷曆譜》一書，乃改變前説，舉卜辭三例，即武丁時卜辭：

得四年，在秉，十二月。（珠465）

祖庚時卜辭：

甲戌卜，出，貞自今十年又五，王豐。（已見前）

康丁時卜辭：

仔十年。（已見前）

然後説：「以上三例，曰四年，曰十年有五，曰十年，自武丁以至康丁時，皆以數字紀年，稱年不稱祀也。」（見所著《殷曆譜》，四川石印本，1945年；又臺灣重印本；又《董作賓先生全集》乙編，第1册，上編卷3《祀與年》）

今案董先生所舉三例，第一例「得四年」，乃是「得四羌」，並非「年」字（見董作賓《殷曆譜後記》一文，刊《六同别録》中册，1945年；又刊《历史語言研究所集刊》第13本；又收入《董作賓先生全集》）。另外兩例，拙文在前已經舉出。惟拙文所舉廩辛康丁時卜辭稱：

□□卜，貞□至于十年寅。（已見前）此例並未引用，其實這是一片稱「年」的重要卜辭。

亡友原中國人民大學曾天宇教授舊藏從來未經著録的牛胛骨卜辭拓本一片，説：

乙巳卜，貞尹至五年寅。

乙巳卜，貞尹至于七年寅。

乙□□，□□至□□□□。

其字體與前舉粹1279片相同，似為廩辛或康丁時所卜。其所卜尹寅事類，亦完全一樣，似為一骨之折，但已殘缺不能拼合（見附圖）。

寅字郭沫若先生釋寶，其説甚是，惟以「寅」字讀在卜辭之中。今據曾氏舊藏拓本例之，「寅」字應讀在辭末，全辭當讀為：

□□卜，貞□至于十年寅。（已見前）

尹人名。曾拓與粹1279兩片共四辭。第一辭言乙巳日占卜，貞問尹寶至五年。第二辭言乙巳日占卜，貞問尹寶至于七年。

第三辭言乙巳日占卜，貞問尹竇至于幾年。文殘只剩「乙」「至」二字。第四辭言某某日占卜，貞問尹竇至于十年。

這兩片四辭，言五年、七年、幾年、十年，四條卜辭中有三條稱「年」的例子，非常清楚。另一條辭雖有殘，但也推測出一定有一個幾年的「年」字。所以說曾拓這一片卜辭，大可以作為殷代稱「年」的補充證據，因濡筆書之。【殷代稱「年」說補正　文物一九八七年第八期】

◉袁國華　「」見「包山楚簡」第164簡。《釋文》無釋，而《字表》入「未隸定的字」。據字形分析，此字疑即从「禾」从「千」的「年」字。《說文》「年」：「秊穀孰也，从禾，千聲。」「年」字，甲骨文作甲二八二七；西周金文作頌鼎；戰國文字作鄘侯簋、中山王鼎，字形都作「禾」上「千」下，「包山楚簡」簡127「年」字作，亦是从「禾」从「千」，而「千」已借用「禾」字的筆畫而省減。拿簡164的「」字與傳統「年」字比較，「」字不過將原應置於「禾」字下半部的橫畫改置於字的上半部，從原來的「」改寫作「」，而字仍應為「年」，是沒有分別的。「年」字簡中俱用作「人名」。【包山楚簡文字考釋　第二屆國際中國文字學研討會論文集】

◉戴家祥　中山王礜器中凡三十五見。寫法大同而小異。句例作「十三苿」「十四苿」「十二苿」等。從上下文義審釋，當為年字。今學者多疑即年字異體。或說是葉字省文。【金文大字典下】

穀

穀　日乙二四一　五例　日乙六五　四例　日甲八〇背【睡虎地秦簡文字編】

校令穀印　穀成令印　張穀信印　穀勝私印【漢印文字徵】

祀三公山碑　穀斗三錢　張遷碑額【石刻篆文編】

古老子　古老子　碧落文【古文四聲韻】

◉許　慎　穀續也。百穀之總名。从禾。㱿聲。古祿切。【說文解字卷七】

◉馬叙倫　沈濤曰。御覽八百三十九引皆作百穀總名也。一切經音義六引作百穀總名也。鈕樹玉曰。穀續疊韻。王筠曰。五經文字引作。倫按今農人謂穀。皆指米未去孚甲者。倫謂穀者。果蓏之急言。實與果同語原。而為穢之雙聲轉注字。亦今謂孚甲為殻之本字。字書以穀為㱿之俗字。然字從几㱿聲。以譏俗作凱例之。則殻亦從機省㱿聲耳。其實機穀音近。俗省穀之禾而安几耳。凡黍粢稻粱之仁。莫不有孚甲以裹之。故引申為百穀之總名。穀可以續生新者。故曰。續也。百穀五字字林文。字林每言總名也。字失次。齊民要術引字林。穀菜生水中。水經注十五引字林。今河南死水。字見急就篇。【說文解字六書疏證卷十三】

◉許　慎　稔穀熟也。从禾。念聲。春秋傳曰。鮮不五稔。而甚切。【說文解字卷七】

◉馬叙倫　玉篇。稔。年熟也。此說解當曰年也穀孰也。玄應一切經音義引字林。穀熟。又引作禾孰曰稔。然則穀孰乃字林訓。稔為年之轉注字。古音皆在泥紐也。年為年月之義所專。又制稔為穀孰字。引經鍇本下有是字。明校語也。【說文解字六書疏證卷十三】

租 租 法一五七　租 法一五七【睡虎地秦簡文字編】

租 夫租丞印　租 秦莫租【漢印文字徵】

◉許　慎　租田賦也。从禾。且聲。則吾切。【說文解字卷七】

◉馬叙倫　徐灝曰。戴侗曰。詩云。子所蓄租。謂拾取田中餘藁也。曰賦因謂之租。蓋納總銍納秸故謂之租。倫按租賦聲同魚類。蓋轉注耳。以貝為賦。以禾為租。其語原疑出於且。且為廚之初文。廚音澄紐。而嗇音審紐二等。古讀審歸透澄歸定。同為舌尖前破裂音。或本是嗇之轉注字。而引申或假借以為納於公者之名。然則與貯亦轉注字。聲同魚類。與宁亦同語原。即與待亦同語原。待音定紐也。曰賦也者。蓋呂忱所釋也。許當以聲訓。字見急就篇。【說文解字六書疏證卷十三】

◉李根蟠　「租」字當是直接從「助」字遞變而來。「助」从力，表示勞役地租；「租」从禾，表示實物地租。金文中有表示地租的字，這就是厲王時代鬲攸从鼎銘文中的「且」。楊樹達先生說：「且，當讀為租。」這種理解是對的，但他引《說文》把它解釋為「田賦」則未得其正解（見楊著《積微居金文說》）。從古文字的演變結合社會發展作歷史的考察，銘文中的「且」應是「助」的初文或省寫。「且」是男性生殖器的象形，最初意義為「祖」，表示男性祖宗。後來，公社成員為了祭祀祖先和其它的公共開支在公有地上的勞動，亦稱為「且」，也就是「助」。當貴族掠奪了公社的土地以後，「助」就轉化為勞役地租了。「租」原是指公田勞役收入的實物，在進一步的發展中就成為實物地租的名稱了。高翔麟《説文字通》引《長箋》釋「租」云：「且，古祖字。田賦以給宗廟，故从且。」這裏的田賦，應改為地租；就「租」的起源而言，其説是。在我國古代，勞役地租萌芽於商代，即孟子所説的「殷人七十而助」，周代則把它發展為一種普遍的封建剥削方式。馬克思説過：「古代公有制的殘餘，在過渡到獨立的農民經濟以後，……在那些地方成了實現向較低級的地租形式過渡的借口。」我國古代情況與此相似。「祖」一變而為「助」，再變而為「租」。「租」、「助」、「祖」同源于「且」，一聲之轉，它們的演變反映了我國古代地租形態的起源和發展。【春秋賦税制度及其演變初探　中國史研究一九七九年第三期】

税 𥝲

𥝲 天台經幢【古文四聲韻】

◉許　慎　𥝲租也。从禾。兑聲。輸芮切。【説文解字卷七】

◉馬叙倫　鈕樹玉曰。韻會捝聲字。倫按租從且得聲。且俎一字。古讀俎音入端。税音入透。端透同為舌尖前破裂音。又税從兑得聲。且為廚之初文。兑廚古音同在定紐。是轉注字也。税嗇又同為透紐轉注字。字見急就篇。【説文解字六書疏證卷十三】

䆃 䆃

䆃 䆃官䆃丞　䆃 夷䆃左尉　【漢印文字徵】

䆃 汗簡【古文四聲韻】

◉許　慎　䆃禾也。从禾。道聲。司馬相如曰。䆃一莖六穗。徒到切。【説文解字卷七】

◉馬叙倫　沈濤曰。史記司馬相如傳索隱引。嘉禾。一名䆃。是古本禾上有嘉字。顔氏家訓稱説文云。䆃是禾名。是顔據本亦無嘉字。倫按如索隱引。嘉禾一名䆃。不可通。司馬相如曰。䆃一莖六穗於庖。犧雙觡共柢之獸。是䆃犧二字。皆為動詞。非以䆃為一莖六穗之禾。史記索隱引鄭德曰。䆃。擇也。是鄭亦以䆃為動詞也。廣韻。䆃。禾一莖六穗也。出字林。蓋字出字林。字林本作禾名。嘉禾也。一莖六穗。謂之䆃也。顔引説文䆃是禾名。史記索隱引字林。䆃。禾一莖六穗。謂之䆃也。可證。是吕忱誤讀相如文耳。校者又引相如説為證。益謬。倫謂䆃是稻之雙聲

轉注字。釋名。道。蹈也。是其例證。字見急就篇玉海本。各本竝作導。依義亦是導字。【説文解字六書疏證卷十三】

◉黄錫全　見夏韻号韻。《説文》正篆作。侯馬盟書首作，三體石經䆃字古文作。此形原當作，寫譌。【汗簡注釋補遺】

䆎

◉許　慎　虛無食也。从禾。荒聲。呼光切。【説文解字卷七】

◉馬叙倫　王筠曰。虛字句。本詩桑柔毛傳。徐灝曰。此即荒字。相承增偏傍耳。倫按字失次。本作虛也。無食也。虛也以聲訓。穀無實也蓋字林文。今本捝穀字又譌實為食耳。䆎荒蓋同語原。故以荒為聲。字或出字林。【説文解字六書疏證卷十三】

穌

穌　从木孳乳為蘇書立政司寇蘇公傳忿生為武王司寇封蘇國　蘇公簋　穌㕣妊鼎　穌甫人匜　穌貉豆　史頌簋　滕侯盨　【金文編】

考古 1977:12　6·159　獨字　6·16　同上　【古陶文字徵】

一六：三三　宗盟類參盟人名　【侯馬盟書字表】

2480　从木，孳乳為蘇字，與蘇公簋蘇字同。2486　【古璽文編】

◉許　慎　把取禾若也。从禾。魚聲。素孤切。【説文解字卷七】

◉吴榮光　周蘇公敦　魚上从木。疑是蘇字之省。積古齋有魚冶妊鼎。上魚字从木。下一字省之。以為古文繁簡無定。茲仍从舊説。【筠清館金文卷三】

◉徐同柏　周史頌敢穌即穌字。蘇省。【從古堂款識卷二】

◉徐同柏　周蘇公子敢穌、古文穌。通作蘇。【從古堂款識學卷八】

◉劉心源　⿱禾魚即穌。見字類。古文木禾二字變而相掍。如盉从[illegible]。休亦从[illegible]。是其證。蘇、國名。書立政孔傳。忿生為武王司寇封蘇國。【古文審卷一】

◉劉心源　鮇即蘇。見班馬字類。穌从禾。此从木者。古文木禾二形亦有不甚拘者。休从[illegible]。楙从[illegible]。曆从[illegible]。叀見之矣。世本。祝融之後陸終生昆吾。封蘇。戰國策。紂伐有蘇氏。書立政司寇蘇公傳。忿生為武王司寇封蘇國。詩何人斯傳。蘇畿內國名。疏。成十一年左傳曰。昔周克商。使諸侯撫封蘇忿生㠯温為司寇。則蘇國在温。杜預曰。今河內温縣。是蘇在東都畿內也。【奇觚室吉金文述卷三】

◉高田忠周　蘇。艸名也。字固當从艸。又穌訓杷取禾箬也。从禾魚聲。此字固當从禾。唯樵蘇之蘇。當从木鮇字。漢書韓信傳。樵蘇復爨。注。取艸也。取草者猶言采薪也。薪者。柴也。古者稱木。多兼於艸。故薪蕘字从艸。而柴鮇即从木也。中古借穌為鮇。穌字專行而鮇字廢。又借蘇為之。蘇字專行而穌字亦隱。然則鮇為古字逸文也。唯此字固不可無者。【古籀篇八十四】

◉郭沫若　鮇即穌，亦即蘇。【鮇公毁　兩周金文辭大系考釋】

◉郭沫若　鮇即穌，典籍通作蘇，小雅何人斯序有蘇公，毛傳云「蘇，畿內國名」。左傳成十一年「蘇忿生以温為司寇」，是蘇國在温，其地即今河南温縣，與洛陽相隔不遠。【史頌毁　兩周金文辭大系考釋】

◉馬叙倫　徐鍇曰。若即竹若也。段玉裁曰。把當作杷。倫按桂馥以為若當作䅵。䅵為禾皮也。倫謂木部。樵。散木也。字次松梗之間。則是木名。詩白華。樵彼桑薪。史記淮陰侯傳。樵穌後爨。蓋皆借樵為芻。或借為穌。樵芻聲同幽類。樵穌則同為舌尖前音。樵音從紐。穌音心紐也。然則穌為樵牧之樵本字。與芻同語原或轉注字也。金文穌字皆從木作[illegible]。把取禾若也蓋字林文。字亦或出字林。【説文解字六書疏證卷十三】

◉高鴻縉　鮇此即説文訓桂荏之本字。从木魚聲。小篆譌木為禾。故有穌字。至於蘇字乃取艸之義。从艸穌聲。另字也。今本説文有誤。當正。此處鮇為國名。妃姓。王静安曰。古文穌字作鮇。从木。觀鮇衛妃鼎、鮇甫人匜。其女皆己姓。鄭語云。己姓蘇、顧、温、董。則鮇之為蘇。信矣。小篆譌木為禾。説文乃釋為把取禾若。未免望文生訓矣。今按王説是也。【頌器考釋】

◉睡虎地秦墓竹簡整理小組　⿱禾魚，應即穌字，《説文》：「把取禾若也。」黄穌指乾葉。【睡虎地秦墓竹簡】

◉戴家祥　説文七篇：「穌，把取禾若也。从禾魚聲。」金文鮇从木。木禾均植物類，可作形符交換。但是，許慎訓義與字結構不

符。鐘鼎器彝用作人名，無義可說。穌初義有待再考。古文又通作穮，屬同聲源字假借。【金文大字典下】

稍 秦七八 二例　秦一二〇 【睡虎地秦簡文字編】

竝籀韻 【古文四聲韻】

◉許　慎　稍出物有漸也。从禾。肖聲。所教切。【説文解字卷七】

◉馬叙倫　朱駿聲曰。稍當訓禾末。倫按今杭縣謂竹木之末曰竹稍木稍。蓋皆借稍為秒。物出有漸也此義不見經記。於此次亦不倫。蓋非本義。以字次及音求之。或穌之轉注字。穌音心紐。稍音審紐二等。同為次清摩擦音也。或曰。此周禮載師大夫任稍地之稍。為税之轉注字。音同審紐也。【説文解字六書疏證卷十三】

◉于豪亮　1414簡：「……謹移稍入錢。」稍入，官吏禄稟之所入也。《周禮注疏》卷7《天官内宰》云：「内宰，掌書版圖之法，以治主内之政令，均其稍食，分其人民以居之。」鄭注：「稍食，吏禄稟也。」賈疏：「謂宿衛王宫者以米稟為禄之月俸。」又同書卷38《秋官掌客》云：「賓客有喪，惟芻稍之受。」鄭注：「稍，人稟也。」賈疏：「云受芻稍之受者，君行師從，卿行旅從，須得資給，故受芻稍也」；又云：「云稍人稟也者，師從旅從須給稍，即月稟是也。」故簡文所説的稍入錢，即月稟所入之錢。【居延漢簡甲編補釋　考古一九六一年第八期】

秦下表48　左秋　【古陶文字徵】

三：三　宗盟類參盟人名　【侯馬盟書字表】

214 【包山楚簡文字編】

秋　日甲一　十五例　秦一二〇　六例　日甲一四三背　【睡虎地秦簡文字編】

旹頣眛各　乙一・一五　玄司眛　丙九・一　信阳楚簡遣策緲字作𥡆，其偏旁秌與古璽文同，帛文則省火。嚴一萍氏云：「古璽『千秋』

之秋从日作𥞫、𥤚，正始石經莊公三十一年之秋作烁，省日，繒書作𥝌，則省火。」【長沙楚帛書文字編】

4919　4433　4439　4447　4448　4454　4442　4445　4434　4451　4432

4430　4440　4456　4449　0824　3466　3887　璽文「千秋」以文義知為秋字。【古璽文編】

齊長秋印　邪千秋印　秋成　孫千秋印　【漢印文字徵】

開母廟石闕　千秋萬祀　石經僖公　秋七月　【石刻篆文編】

秋　上同　【汗簡】

古孝經　古尚書　竝崔希裕纂古　【古文四聲韻】

◉許　慎　烁禾穀孰也。从禾。𤓯省聲。七由切。龝籀文不省。【説文解字卷七】

◉葉玉森　此字从日在禾中。他辭云。「庚申卜口今月有口事。」殷虛文字第三十六葉之十三。「乙巳卜今月有事。」藏龜之餘。依今春今夏例推之。當即秋之初文。卜辭以象春象秋。一狀枝條初生。一狀禾穀成熟。竝繫以日為紀時幖識。古人造字之始。取誼正同。篆變从火。許君謂𤓯省聲。失其恉已。殷契鈎沈。董作賓氏引申予說。謂秋之从火。林義光氏云火為龝省不顯。龝字形不古。非秋字所宜取聲。當作。象禾穗成實可收之形。文源。是雖臆斷。然至中理。禾旁之字禾多在左。此字篆文獨在右。而穀穗又本左傾。火字亦象穀穗。于秋訓禾穀孰之誼尤切合。如此説則火字不過禾穗之繁飾。从火从禾仍是禾字。古鉨文亦有等形。亦从禾从日从火。卜辭中所見之殷曆。

近讀商承祚氏殷商無四時一文。見清華週刊第九十期。中揭卜辭五辭悉紀月與上紀時矛盾者。因斷定予舊釋之春夏秋冬竝誤。且斷定殷商無四時。案商氏所揭五辭。予曩讀之。亦間有懷疑。嗣諦審各影本竝有所見。覺予舊釋之春夏秋冬或非誤認。如前一第四十六葉四版辭云。「丙戌卜今春方其大出。」其下五月二字。則斜栔於下一行作。似與本辭不相聯屬。當為右一辭斜栔者之殘文。王氏徵文征伐第二十六版共栔兩辭栔作。栔作。栔作。十一月作。行式參差。刀法纖弱。明為贋鼎。商氏雖藏有拓本。諒亦不過如斯。又前五第二十二葉三版為殘辭。如「口夏口受又祐口在十月又二。」夏字之下受字之上不知共缺幾字。又字之下在字之上亦不知共缺幾字。頗疑本辭至「受又」所紀之第一事已終了。其下或兼卜將來之祭事。或他事決定在十二月乃又一事。卜辭中間見此例。若最合殘文。援作反證。似亦未安。又同卷二十五葉「庚戌卜貞之〓夏隹禘令〓。」辭末並未紀月。至本版灼之他辭。或紀三月。或紀五月。亦無足異。龜甲獸骨文字卷二第十八葉亦殘。辭文曰。「丁巳〓〓上不完夏〡上不完疑于字西〓上不完七月。」辭内夏上無今字。審其文誼。似非紀現在之時。或追叙某事。則末紀七月固無足異。管見如此。非强辯也。至商氏謂殷商無四時。史學家當能言之。更未敢苟同矣。附記于此。以供商権。【殷虚書契前編集釋卷八】

◉郭沫若　第二片䶮字从唐蘭釋。唐讀為秋。卜辭又有䕺字，文曰「今䕺王其从。」後・下・卅三・一。即説文龝字所从出，从龜乃形譌。漢燕然銘秋字作龝隸韻・四・廿五。楊箸碑「畏如秋旻」作龝，均从䕺作，猶存古意。唐説見「古文字學導論」下編・四一。唐説甚是。唯謂「由字形推測，似乎是龜屬而有兩角。」則未為得。龜屬絶無有角者。且字之原形亦不象龜。其象龜甚至誤為龜字者，乃隸變耳。今案字形實象昆蟲之有觸角者，即蟋蟀之類。以秋季鳴，其聲啾啾然。故古人造字，文以象其形，聲以肖其音。更借以名其所鳴之節季曰秋。蟋蟀，古幽州人謂之「趨織」，今北平人謂之「趨趨」。蟋蟀、趨織、趨趨，均啾啾之轉變也。而其實即䶮字。䶮复轉為蝵，為蜻蛚。均摹肖其鳴聲。此言「告䶮」，當是告秋，告一歲之收獲于祖也。辭末「六」字下蓋缺一牲名。有殘辭云「□□卜□□，䶮□□至四月」(林二・一八・四；前四・五・五)，其全文當為「某日卜貞今䶮方其至四月」。䶮至二字並不聯，不足為此説之反證。【殷契粹編考釋】

◉馬叙倫　嚴可均曰。御覽廿四引從禾上有天地反物為烁六字。沈濤曰。御覽廿四引作從禾㷀省声。翟云升曰。䄷下曰。地反物為䄷。御覽蓋以䄷烁形近誤引。葉玉森曰。甲文有〓字。文曰。乙己。卜今〓日有事。庚申。缺今〓日缺事。〓從日從禾。秋冬之秋初文。倫按秋訓禾穀孰。則是年稔之轉注字。秋實從䶮得聲。䶮為蚼之初文。詳蚼字下。蚼音見紐。稔得聲於今。今音亦見紐。是稔得轉注為秋也。甲文〓字如葉釋。當是從日秋省聲。葉謂甲文春字作〓。從日象枝條初生。夏字作〓。從日。從〓。會夏日禾盛之意。禾日為秋。皆同意。倫謂葉舉甲文春字亦作〓。則〓仍是屯字。即〓亦從今所謂香椿臭椿之椿本字之象形文得聲。〓則從楙得聲。楙即楙字也。是〓亦當從秋得聲。非會意字。董作賓舉鉩文有〓〓字。謂即秋字。可證也。禾穀孰也禾字。疑為隸書複舉秋字之殘者。或年字之殘而下捝也字。穀孰也字林文。字見急就篇。古鉩作〓。

〓　籀文下捝烁字。不省校語。【説文解字六書疏證卷十三】

◉饒宗頤　「癸丑卜。……于𪚰今。」（拾掇四三五）

「……亞于𪚰。……」（佚存七八〇）

龜與𪚰實為異字。他辭云：

「……叀今龜。叀今𪚰。」（粹一一五一）

右版中一稱龜，而一作𪚰。按説文：「𪚰，灼龜不兆也。春秋傳曰：『龜𪚰不兆。』讀若焦。」哀二年傳：「卜戰，龜焦。」無「不兆」二字。又定九年傳：「衛侯將如五氏，卜過之，龜焦。」魏書諸帝子孫傳：「昔軒轅卜兆，龜焦。」俱借𤈦為焦。廣韻字作𤈦，灼龜不現兆曰𪚰。此片龜與𪚰分言之。考卜辭問言灼龜不見兆之卜，屯乙四八二三殘甲右甲橋有「卜𪚰」二字，又同書四七四一殘甲左甲橋有「貞𪚰」二字，此兩版同為第十三次發掘所得。可以綴合。見殷綴二七七。審甲上俱無坼兆，正可證𪚰為灼龜不兆之説。（卜辭𪚰又作𪛁又作𪚲，借為穐即「秋」字，每見「今𪚲」「告𪚲」即「今秋」「告秋」，與此義別。）【殷代貞卜人物通考】

◉李孝定　卜辭叚𪚲為穐。𪚲字重文，説詳十三卷𪚲下，又或叚條為秋條字重文，説詳六卷條下，至籀文之穐，當由𪚲字所衍變，以𪚲為秋乃叚借，後或增禾為形符，遂為从禾𪚲聲，𪚲龜形音並近。或有从禾龜聲之穐字，後復譌龜為𪚰。廣韻有此字音焦與龜音亦近。遂為許書籀文之穐矣。【甲骨文字集釋第七】

◉嚴一萍　☐15秋　古璽千秋之秋作☐☐，正始石經莊公三十一年之秋作☐省日，繒書作☐則省☐。【楚繒書新考　中國文字第二十六册】

◉朱德熙　裘錫圭　125號簡「烝秋一笥」，126號簡「煎秋一笥」。我們過去懷疑「秋」當讀為「𥻆」，為「考釋」所采用。現在看來，這個説法大概是錯誤的。

三號墓遣策所記的烝、煎食物，除烝秋外，還有烝鮝、烝鮠、煎魚。似乎用這兩種方法做的食物都是魚類。疑「秋」當讀為「鰌」（鰍）。【馬王堆一號漢墓遣策考釋補正　文史一九八〇年第十輯】

◉夏　渌　附圖〈17〉甲骨文「秋」，音義各家所釋並同。但形義來源也有爭論。唐蘭先生釋「𪛖屬，頭有兩角，出遼東」的「𪛖」（説文有𪛖，佚𪚲）；郭老認為龜屬沒有長角的，是蟋蟀一類昆蟲。前輩大師的爭論很有啟發性，今就字形實際形狀看，確有觸須或觸角，並有翅羽，或收斂不露，或亮出翅膀，如果説龜黽之屬有長角的，也不會有長翅膀的，釋昆蟲為是，與蚱蜢蝗蟲一類害蟲頗為形似。

𪚲，讀秋，當與「虯」音近，《説文》無此而有虬，虬釋為「龍子有角者，从虫丩聲。」原來，是將「𪚲」「虬」二字混為一談了。自古注釋家釋「虬」有「龍子有角」與「龍子無角」之爭，今從甲骨文提供的字形實際出發，□、□為虬，象盤龍，勾龍之形，為「龍子無角者」；「⿱艹电」象蝗螽，為「龍子有角者。」鄭樵《通志略》謂「龍子有角為⿱艹电，龍子無角曰虬。」獨具灼識卓見。

蝗螽害蟲的「⿱艹电」(以下以「虬」代)，為什麼尊為「龍子」和代表秋天？試作一解。恩格斯《家庭、私有制和國家的起源》：「人類差不多完全受着陌生的、對立的、不可理解的外部大自然的支配，這也就反映在幼稚的宗教觀念中。」田野綠油油的一片莊稼，眼看豐收在望，有時突然遮天蔽日飛來一群蝗蟲「虬」，頃時之間把禾苗吞食殆盡，這種帶來飢荒和死亡的飛蟲，被視作神靈降災的「有角的龍子」，取名叫「虬」，後代叫它「蝗」或「螽」。《春秋繁露》：「徽州稻苦蟲害，俗呼橫蟲。」稱「螽」从終得聲，有「盡」(一掃光)的含義。陸佃云：「蝗字从皇，今其首、腹、背，皆有王字。」有如俗謂「老虎額上有王字」一般，都是令人望而生畏的恐怖感造成的。

商人叫蝗、螽為有角的「虬」，以後假借作西風起，草木凋零，生機盡，殺氣騰騰的季節名稱的「秋」，音義自有其內在聯繫。《爾雅・釋天》：「秋為白藏。」注：「氣白而收藏也。」《周禮・乡飲酒》：「西方者秋，秋，愁也。」注：「愁讀為揫，斂也，察嚴殺之貌。」《月令》：「孟秋，其神蓐收。」《左傳注》云：「秋物摧蓐而可收也。」蝗蟲名「虬」作秋季名稱，與大自然的摧蓐與人們的悲愁有聯繫。

卜辭反映了商人對蝗蟲「虬」的恐懼與敬畏、膜拜：

有蚱「虬」，唯帝命歉(原从人从欠)？ (前5・25・1)

今歲「虬」不至茲商？二月。 (河687)

告「虬」于河？ (佚525)

其告「虬」稱(騁)于高祖夔(舜)六[牛]？ (粹2)

「虬」大稱(騁)于帝五玉臣宁？ (粹12)

其宁「虬」于𩛥？ (摭續2)

禘「虬」于□于社？ (燕592)

其拜告「虬」？ (南明466)

「虬大稱」的「稱」讀「騁」，即恣意逞凶之意，多卜其是否「至商」，求神「宁」以至直接拜祭，禘享，視為龍子有角者的神靈。後用為「蓐收」秋神、秋季之名。卜辭作季節名的文例有：「今『虬』(秋)其有降疫？」(林2・26・13)「今『虬』(秋)多雨？」(京都1988)

「今『虯』(秋)邛方掠于繐?」(存1·550)或加火旁于下，或表慘烈、酷烈之意，也假借韭菜的韭作秋(乙8818)：「今韭有滕?七月。」附圖〈18〉象蝗之幼蟲，强調大足跳躍形狀，今釋「趯趯阜螽」的「螽」(蝗子)。當為商人記田間病蟲害之較早紀録：「螽其出于田?」(摭續216)【釋甲骨文春夏秋冬——商代必知四季説 武漢大學學報社科版一九八五年第五期】

◉何琳儀 「秋」，甲骨文本作「」形，籀文省簡音符「丘」作「」。【戰國文字通論】

◉黄錫全 秋、敦、九、巖、豐、内本秋作烁，薛本《堯典》同。侯馬盟書秋作。三體石經僖公古文作，此形同。秋字偏旁互移不別，如古璽作、，也作、(璽文7·7)等。

上同 薛本作、。鄭珍云：「秋从龜省，籀不省。此肊省火，龜加三點，俗。」

甲骨文有(後下12·14)、(乙4741)、(後下33·1)、(掇1·43·5)等字，假借為秋(詳唐蘭釋)。《説文》秋字籀文作，此形省火。【汗簡注釋卷三】

◉徐中舒 唐蘭謂象龜屬之動物，即《萬象名義》之[龜]字，又疑為《説文》之[黽]字，為水蟲之一種，借為春秋之秋。殷虚文字記。按當以釋[龜]為是，後世譌[龜]為龜，更增禾旁為[䆋]，為秋之異體，見於《集韻》。又，卜辭亦借為秋，見卷十火部字説解。此即《説文》秋字籀文所本。或謂、等形象蝗形，為蝗之初文，於卜辭辭例亦可順釋。按其説可參。《説文》：「秋，禾穀熟也。从禾，省聲。籀文不省。」【甲骨文字典卷七】

秦

甲五七一 从秝與籀文同 秦宗 甲七九四 後二·三七·八 後二·三九·二 戩三七·七 戩四四·八 寧滬一·一九二 其彡日於祖丁秦右宗 京津三九三七 【甲骨文編】

甲571 761 794 佚955 續6·23·5 續1·16·6 6·1·7 徵2·7 粹1457 佚745 新4825 粹1576 新2668 藏25·2 【續甲骨文編】

秦 从秝 史秦鬲 㠱鼎 洹秦簋 省廾 會志鼎 但勺 國名嬴姓伯爵出自顓頊至襄公討西戎有功平王東遷賜以岐豐之地列為諸侯至惠文稱王至始皇并兼天下自立為帝二世而亡 秦公簋 秦公鎛 屭羌鐘 征秦迲齊 無

子匜　用賸孟姜秦嬴　秦王鐘　大𢊁鎬　秦客王子齊之歲　㝬簋　秦夷　師酉簋　秦夷【金文編】

4·109　匋攻秦　4·108　左匋攻秦　秦1213　寧秦　秦1212　同上　5·420　獨字　5·313　寧秦

【古陶文字徵】

145【包山楚簡文字編】

秦　雜五　五例　法二〇三　四例【睡虎地秦簡文字編】

1630　省廾，與盦忎鼎秦字同。　4131　3853　1629　5475　3423　1633　或从邑　1632

1635　3526　1737　0777　0541　1369　1177【古璽文編】

秦譚　秦別　秦鳳　秦顯　秦收　秦君偉印　秦留　秦顆　秦福　秦幼印

秦樂之印　秦貉　秦調　臣秦八千万　秦廣昌　秦安成　秦宜　秦豐　秦延年

秦曼私印　秦穆印信　秦貴印信【漢印文字徵】

開母廟石闕　又遭亂秦　詛楚文　有秦嗣王　石經僖公　秦人　説文籀文作汗簡引尚書一同此一同説文【石刻篆文編】

秦　上同【汗簡】

古尚書　同上【古文四聲韻】

◉許　慎　伯益之後所封國。地宜禾。从禾。舂省。一曰。秦。禾名。匠鄰切。籀文秦。从秝。【説文解字卷七】

◉劉心源　秦从秝。古文秦字。見説文。【奇觚室吉金文述卷五】

◉王國維 □秦盄龢鐘及許子簠秦字如此作。師酉敦作□。从又持禾。从舂不省。【史籀篇疏證】

◉商承祚 □後編下第三十七葉 午、卜辭作□。故知此為秦字。說文解字。秦籀文作□。無子妝簠亦从秝。皆與此同。【殷虛文字類編卷七】

◉商承祚 金文史秦鬲作□。無子簠作□。說文秦「伯益之後所封國。地宜禾。从禾、舂省聲。一曰『秦。禾名。』□籀文秦从秝。」說文之籀文與此同。甲骨文及史秦鬲皆作兩手持杵而舂禾。以其形誼求之。殆舂禾為其初誼。例如手持禾為秉也。【甲骨文字研究下編】

◉郭沫若 第一五七七片□殆秦之異，它辭作□。後下·三七·八。疑秦以束禾為其本義，字不从舂省也。【殷契粹編考釋】

◉顧廷龍 □秦為國名。故字或从邑。周秦宋。【古陶文孴録卷七】

◉馬叙倫 鈕樹玉曰。韻會國下有也字。舂省下有聲字。一曰下無秦字。段玉裁曰。此字不以舂禾為本義。以地名為本義者。通人所傳如是也。桂馥曰。禾名當作木名。文選風賦。離秦衡。李注。秦。木名。范子計然曰。秦衡出於天水。袁宦桂曰。當以木名為正訓。林義光曰。地名從禾從舂。理不可通。無子妝匿作□。秦。穫禾也。穫禾可以入舂。故從二禾。或從又持禾在舂下。經傳以挃或銍為之。秦挃雙聲對轉。穫禾謂之秦。詩臣工。奄觀銍艾。是也。所穫之禾謂之秦。書禹貢。二百里納銍。是也。穫禾之器謂之秦。說文。銍。穫禾短鎌也。是也。舂亦謂之秦。淮南兵略。五指之更弾。不如捲手之一挃。注。挃。擣也。是也。又穫禾省聲謂之秦。詩良耜。穫之挃挃。是也。倫按韻會作舂省聲。王紹蘭據溱洧字當作潧。今詩借溱為潧者。曾從皿得聲。舂皿一聲之轉。以證秦從舂省聲。其義當為禾嘉穀。倫檢師酉敨□即秦字。秦劍作□。秦公敨作□。史秦鬲作□。甲文作□。古鉨作□。唯師酉敨從舂不省。從秦得聲之蓁榛溱臻轃。音皆照紐二等。舂之音轉為臿。音在穿紐二等。同為舌尖後摩擦破裂音。舂音則入審紐三等。古讀穿審竝歸於透。則舂之轉為秦。可得其故。此從舂之初文作□者得聲耳。詳舂字下。唯秦之本義今不可證。以至之轉注字為臻證之。則秦或即禹貢二百里納銍之銍。偽孔以刈訓銍。以為銍謂禾穗。正義申之曰。禾穗用銍以刈。故以銍表禾穗也。皆迂曲不可通也。然上文百里賦納總。偽孔曰。禾稾曰總。正義曰。總者。總下銍秸禾穗與稾總皆送之。亦迂曲不可通。而總得聲於悤。悤從囪心聲。為囪之轉注字。詳悤字下。而囪皿則異文也。以溱洧之當作潧洧證之。是亦得以秦當禹貢之總矣。秦從舂得聲。舂音審三。穜音澄紐。稙音禪紐。同為舌面前音。豈其轉注字邪。又秦音從紐。古讀歸定。稻稾音亦定紐。豈稻稾之轉注字邪。伯益之後所封國地宜禾者必非許文。則一曰禾名者校者記異本。實本義也。然乃字林文。字林每言名也。本訓挩矣。字亦失次。急就篇有秦字。

稱

王紹蘭曰。嘯堂集古録周師宮鼎銘師。下體作。蓋有剝爛。盄和鐘銘公又虢。皆同此文。倫按此從秝聲。從秝校者加之。【說文解字六書疏證卷十三】

◉李福泉　秦夷：本銘秦作，秦公簋作，與本銘應是一字，只不過是兩手由横放而變為平行上舉而已。依文句看，本銘的秦字與師酉毀的(𥡞)字應為同一。《說文》：「秦，从禾舂省。」𥡞在此不省，應是秦的初字。【訇毀銘文的綜合研究　湖南師範大學學報一九七九年第二期】

稱　秦五五　三例　秦一三〇【睡虎地秦簡文字編】

稱延　柏稱　郎稱　趙稱之印　救稱友　張稱印　趙稱　虞稱　朱稱之印【漢印文字徵】

開母廟石闕　柏鮌稱遂　禪國山碑　不可稱而數也　泰山刻石　不稱始皇帝　石經君奭　惟兹惟德稱【石刻篆文編】

稱　稱出王庶子碑　稱竝尚書【汗簡】

古老子　王存乂切韻　古尚書　王庶子碑　同上　籀韻　古孝經【古文四聲韻】

◉許　慎　稱銓也。从禾。爯聲。春分而禾生。日夏至。晷景可度。禾有秒。秋分而秒定。律數十二秒而當一分。十分而寸。其以為重。十二粟為一分。十二分為一銖。故諸程品皆从禾。處陵切。【說文解字卷七】

◉馬叙倫　錢坫曰。韻會引無日字。禾有上有即字。十二秒當一分無而字。十分而寸作十分為寸。其以為重作其重以。倫按銓也蓋非本訓。春分以下亦校語。字見急就篇。【說文解字六書疏證卷十三】

◉王　輝　二世元年詔版：「今襲號而刻辭不稱始皇帝，其於久遠也，如後嗣為之者，不稱成功盛德。」此刻辭亦見泰山、琅邪、繹山諸刻石。銘中兩個「稱」字值得注意。前一個稱字為稱述、稱説意，後一個稱字為相副意，這兩種用法都是稱的引伸義，而非其本義。

稱字不見於商周甲骨、金文，而較早出現於秦銘刻中，稍晚則有1957年長沙西漢墓出土泥質金版辭「賜上金稱於郢」。周世榮《貨幣帛書文字叢考》，《古文字研究》第七輯。又據《考古與文物》1982年第4期一則簡訊報導，扶風溝原出二「旅再」，器作橢圓筒狀，正面銘「叔趙父乍旅再」。李學勤先生説再當讀作稱，是用在衡桿一端的。依其説，則衡在西周已自名為稱。李先生的説法對人很有啟發。但西周金文目前僅此一例，似覺材料太少，只有留待將來再作討論。以及馬王堆帛書、睡虎地秦墓竹簡。《説文》：「稱，銓也，从禾再聲。春分而禾生，日夏至而晷景可度，禾有秒，秋分而秒定，律數十二，十二秒而當一分，十分而寸；其以為重，十二粟為一分，十二分為一銖。故諸程品皆从禾。」稱字从禾，顯然與稱量穀物有關，而其早期用法也多為動詞。段注：「銓，所以稱物也。」馬王堆帛書《老子》乙本卷前古佚書《經法·四度》：「稱以權衡」，「權衡之稱，曰輕重不爽。」稱作名詞用，可能以東漢靈帝光和二年（公元178年）的大司農銅權、銅斛《中國古代度量衡圖集》圖版147、209銘為最早，銘云：「大司農以戊寅詔書，秋分之日，同度量，均衡石，捔斗桶，正權概，特更為諸州作銅斗、斛、稱、尺」，「……特更為諸州作銅稱……」稱與斗、斛、尺並列，其作名詞無疑。此前衡器則稱權衡、平（1955年四川大足縣師範學校、1956年成都北門外出土鐵權銘「汶江市平」；1975年四川綿竹縣出土鐵權，銘「成都市平」同上圖版211—213）。衡、平都有平衡的意思，加之出土秦權上都有「石」、「八斤」等標記重量文字，所以很多學者認為東漢以先，權均用作天平砝碼，桿稱尚未產生。商承祚《秦權使用及辨偽》，原刊《學術研究》1965年3期，修改稿刊《古文字研究》第三輯；巫鴻：《秦權研究》，《故宮博物院院刊》1979年4期。也有一些學者以為，桿稱的發明在春秋、戰國時期。徐中舒先生《古井雜談》徐中舒：《古井雜談》，《四川大學學報》哲社版1977年3期一文説：「由轆轤發展到桔橰與由天平發展到秤都是屬於物理學上同一杠桿原理的應用。」「稱……利用秤桿兩臂不等，只用一個輕重不變的權以衡量各種輕重不等的物體，使用秤就比使用天平方便得多。」張勛燎同志更著專文，説明秤在春秋末、戰國初產生，秦至西漢武帝時推廣發展，至東漢初已普遍推廣。張勛燎：《桿稱的起源發展和秦權的使用方法》，《四川大學學報》哲社版1977年3期。這種意見已為很多人所接受。劉東瑞同志根據中國歷史博物館所藏戰國銅衡量中間有紐，紐內有絲線殘痕，衡量上有刻度的事實，推測這種衡量就是一種不等臂秤。劉東瑞：《談戰國時期的不等臂稱「王」銅衡》，《文物》1979年4期。「在使用時，物和權分別懸掛在兩臂，找得一定的懸掛位置使之平衡。在特定情況下，物和權的位置距離衡量中心距離相等，衡稱的作用等於天平。在一般情況下，二者距離不等，從懸掛位置的刻度和權的標重，可以計算出物的重量。」此説能説明秦權何以單獨出土，以及上邊標重的原因，而且説明用權稱物是將物體舉起來的。稱从再聲，《説文》：「再，舉也。」看來，稱是一個會意兼形聲字。在桿稱發明的初期，必然與天平同時並存，而且桿稱本身也必然有種種原始性質，在特定情況下甚至等於天平。但以稱稱物，是將物舉起來

科 □

程 □

的，這點卻與天平不盡相同。【秦器銘文叢考(續) 考古與文物一九八九年第五期】

◉黃錫全 □稱 夏韻蒸韻注《王庶子碑》，亦釋稱。「稱」蓋「再」寫誤，後冂部重出，釋「再」是。再字古作□(前7·1·3)、□(鳳羌鐘)、□(陳璋壺)等，此省上一畫。稱字古作□(乙7799)、□(衛盉)，三體石經《君奭》作□。

□稱 並尚書 神、武、九本稱作爯，薛本作爯。爯即稱本字，古作□(乙3412)、□(鐵102·2)、□(㝬毀)、□(三體石經)。□、□、□均似□之省變。郭見本當作爯，以隸作古。【汗簡注釋卷三】

◉黃錫全 □稱 出王庶子碑 此即爯字，如㝬毀作□，衛盉作□，榮有司爯鬲作□。三體石經《君奭》稱之古文作□，此形類同，下增从口作，與再字作□(陳章壺)也从口作□(陳喜壺)類似。爯稱古本一字，後分化為二。【汗簡注釋卷四】

◉許　慎 □程也。从禾。从斗。斗者。量也。苦禾切。【說文解字卷七】

◉馬叙倫 鈕樹玉曰。韻會斗上無從字。宋保曰。斗亦聲。科在戈韻。斗在原韻。科從斗得聲。是侯轉入歌戈之證。科訓勺。斗亦聲。此其例矣。嚴可均曰。禾亦聲。馮振心曰。與料同意。又疑從斗禾聲。倫按程也非本義本訓。斗者量也校語。科不從米而從禾。禾不可以斗量。則禾是科所從得聲也。禾音匣紐。以同舌根音轉溪紐為苦禾切。科禾聲同歌類也。今杭縣謂以意度物之輕重多少曰毛科科看。即此字義。當入斗部。字見急就篇。【說文解字六書疏證卷十三】

□ 程 效二四 十例 □ 秦一一〇 二例 【睡虎地秦簡文字編】

□ 程閒仁印 □ 程參私印 □ 程橫 □ 程信 □ 程相 □ 程閹 □ 程長翁 □ 程强 □ 程綿 □ 程遂

□ 程邑印信 □ 程勳 □ 程過 【漢印文字徵】

◉許　慎 □品也。十髮為程。十程為分。十分為寸。从禾。呈聲。直貞切。【說文解字卷七】

◉馬叙倫 段玉裁曰。十程為分。大小徐舊本。漢制考。小學紺珠作一程為分。皆不誤。百髮為分。斷無是理。鈕樹玉曰。宋及繫傳五音韻譜集韻竝作一程為分。沈濤曰。類聚五十四御覽六百卅八引十發為程。十程為寸。發乃髮字之譌。古本當止十髮為程十程為寸二句。今衍為分十分四字。翟云升曰。文選長留賦注引作示也。別義。見廣雅釋詁。王筠曰。連言程品者。品非本義也。倫按王謂連言程品者。所據鍇本也。然程為隸書復舉字。以只訓程者。史記張丞相傳。若百工天下作程品。然程品自非一義。上文科訓程也。廣雅釋詁。科。品也。品皆謂平停耳。科程所以平物之輕重或多寡也。此非本訓。程音澄紐。稱音穿紐三等。皆舌面前音。是轉注字。十髮為程三句校語。選注所引亦校語。字見急就篇。古鉨作[glyph]。從米。【說文解字六書疏證卷十三】

稯 [glyph]

[glyph] 籀韻【古文四聲韻】

◉許　慎　[glyph]布之八十縷為稯。从禾。嵏聲。子紅切。[glyph]籀文稯省。【說文解字卷七】

◉王國維　[glyph]石鼓文稯字作[glyph]。从[glyph]。【史籀篇疏證】

◉馬叙倫　鈕樹玉曰。集韻引無之字。韻會引作布八十縷。段玉裁曰。此當有奪文。聘禮記曰。禾四秉曰筥。十筥曰稯。十稯曰秅。許下文五稯為秭。二秭為秅。正本記文。布之八十縷為稯者。乃別義。稯當為緵。聘禮今文作稯。古文作緵。許從今文。故糸部無緵。此布之八十縷為緵。當補禾四十秉為稯一曰八字。王筠曰。字從禾。必不以布縷為正義。朱駿聲曰。此當為緫字之訓。稯者。禾四十把也。徐灝曰。稯從禾。當於禾取義。禹貢。百里賦納緫。傳云。禾稾曰緫。倫按稯音精紐。糕音明紐。同為清破裂摩擦音。蓋轉注字。則徐說可從。或曰。禾四十秉為稯。儀禮聘禮記釋文引字林。子工反。

[glyph]從禾。兇聲。省字校者加之。【說文解字六書疏證卷十三】

秭 [glyph]

[glyph]秭　曶鼎【金文編】

◉許　慎　[glyph]五稯為秭。从禾。𠂔聲。一曰數億至萬曰秭。將几切。【說文解字卷七】

◉阮　元　秭字作秭。是積字之省。按其義當為秭。二字聲相近。故借用之。【積古齋鐘鼎彝器款識卷四】

◉高田忠周　說文。[glyph]。五稯為秭。从禾𠂔聲。一曰數億至萬曰秭。又秅字解曰。二秭為秅。周禮曰。二百四十斤為秉。四秉曰筥。十筥曰稯。十稯曰秅。四百秉為一秅。銘義是也。又詩豐年。萬億及秭。傳數億至億曰秭。即許之弟二義也。下億蓋係寫誤耳。【古籀篇八十二】

◉郭沫若　秭者、儀禮聘禮四秉曰筥。十筥曰稯。十稯曰秅。四百秉為一秅。說文五稯為秭。二秭為秅。故秭為半秅。當二百

□ 秅

秉。秉者把也。謂刈禾盈一把也。鄭玄説最確。古有四進位制。如左傳昭三年言齊舊四量豆區釜鍾。四勺原誤為升為豆。各自其四以登於釜。釜十則鍾。此之四秉為筥。十筥為稯等。由四進位至十進位。演化之程序相同。四進位法與手量法。其原始性正相一致。唯本銘言十秭廿秭卅秭卌秭而不言五秅十秅十五秅廿秅。疑秅稍後起。由稯而上。初以秭為止。後有秅起而秭亦廢也。【曶鼎 兩周金文辭大系考釋】

◉馬叙倫 鈕樹玉曰。億。人部作億。段玉裁曰。億當依心部作意。倫按一曰數億至萬曰秭者。詩周頌毛傳文。數名皆一二三亖亖外皆借字也此校語。五稯為秭或五稯也蓋字林文。字或出字林。稯秭音同精紐。或轉注字。曶鼎作□。【説文解字六書疏證卷十三】

◉許 慎 □二秭為秅。从禾。乇聲。周禮曰。二百四十斤為秉。四秉曰筥。十筥曰稯。十稯曰秅。四百秉為一秅。宅加切。

【説文解字卷七】

◉馬叙倫 鈕樹玉曰。廣韻韻會作秭也。當是二秭也。沈濤曰。廣韻九麻引。秅。秭也。乃傳寫奪二字。又引周禮云。聘禮曰。十斗曰斛。十六斛曰籔。曰秉。四秉曰筥。十筥曰稯。十稯曰秅。蓋古本如是。段玉裁曰。四秉以下聘禮記文。周禮當是本作禮記。淺人所改也。許書之例。謂周官經曰周禮。謂十七篇曰禮。十七篇之記謂之禮記。二百四十斤為秉七字妄人所增。聘禮記曰。十斗曰斛。十六斗曰籔。十籔曰秉。二百四十斗。云二百四十斗者。經改饔米三十車。每車秉有五籔。計之得二十四斛。為二百四十斗也。此説米之數。與禾無涉。鄭君所謂禾米之秉筥。字同數異也。妄人乃益之曰為秉。與下文言禾之四秉曰筥相屬。而轉寫又誤斗為斤耳。倫按諸家説此者。或以為説解不誤。嚴章福是也。以為説解誤者。段及嚴可均王筠是也。倫謂如廣韻所引。於十六斗曰籔下挩十籔二字。蓋傳寫之過。而本引聘禮記。蓋自十斗曰斛以訖四百秉為一秅。必連二百四十斗以上記米之數引之者。四秉曰筥之秉。易掍於十籔曰秉之秉。具引之。則十籔曰秉者。乃二百四十斗。與四秉曰筥之秉。昭然有別矣。今本譌挩十籔曰筥以上十二字。校者以斗字不合。改為斤字。則適合四百秉為一秅之數。可加為秉二字。以與下文連屬。不然。此七字何從而來。苟但引此七字。不幾誤讀禮文耶。周禮以下校語也。然二秭為秅亦非本義。或非本訓。定稯秭秅秙皆為數名而特造者耶。吕氏春秋本味。飯之美者。玄山之禾。南海之秅。今本秅作秬。高誘曰。秬。黑黍。秅蓋秬之轉注字。借為數名。儀禮聘禮釋文引字林。秅。宅加反。字或出字林。【説文解字六書疏證卷十三】

䄷　稘　穩　稕　秝

◉許　慎　䄷百二十斤也。稻一䄷為粟二十升。禾黍一䄷為粟十六升大半升。从禾。石聲。常隻切。【説文解字卷七】

◉馬叙倫　鈕樹玉曰。繫傳無稻字。嚴可均曰。三升字皆當作斗。隸書斗為什。因誤也。王筠曰。鍇本二十升十六升兩升字皆作斤。此兩升字與大半升之升字皆當作斗。倫按稻一石以下二十字皆校語。石當作䄷。為粟下各挩者字。鍇本一䄷下有者字。誤乙於上也。禾字演。然百二十斤也亦非許文。或字出字林也。倫謂稻䄷為轉注字。秅音澄紐。䄷音禪紐。古讀皆歸定也。秅䄷聲同魚類。或䄷為銓之轉注字。銓從全得聲。全音從紐。古讀從歸定也。禮記月令。鈞衡石。衡即稱。石即銓。古亦借權為銓。權音羣紐。羣定同為濁破裂音也。然則以金造則字作銓。以稱禾而造權衡。故稱䄷字皆從禾。稱䄷亦轉注字。稱音穿紐三等。穿三與禪同為舌面前音也。【説文解字六書疏證卷十三】

◉許　慎　稘復其時也。从禾。其聲。虞書曰。稘三百有六旬。居之切。【説文解字卷七】

◉馬叙倫　今書作朞。期年字當作朞。已見期下。稘字從禾。義必有關於禾。玉篇。稘。稈也。稘稈雙聲。倫疑稘即種一頃豆落而為其之其。今訓復其時也者。乃期字義。白虎通喪服。朞者。復其時也。此非本訓。或字出字林也。【説文解字六書疏證卷十三】

◉徐　鉉　穩蹂穀聚也。一曰安也。从禾。隱省。古通用安隱。烏本切。【説文解字卷七新附】

◉徐　鉉　稕束稈也。从禾。𦎫聲。之閏切。【説文解字卷七新附】

林一・一八・一四　金三九六　【甲骨文編】

獸1・18・14　乙999　外98　【續甲骨文編】

秝 秝歷【汗簡】

秝 汗簡【古文四聲韻】

◉許　慎　秝稀疏適也。从二禾。凡秝之屬皆从秝。讀若歷。郎擊切。【説文解字卷七】

◉吴其昌　秝、歴、歷，實一字。厤渻之異體也。般契文中或作(林·一·一八·一四)，象禾黍分行成列之形，是行秝之本字也。是「厤厤在目」、「厤厤可數」之原意也(故説亦云「厤·讀若歷」可證)。或增足形作(如後·二·一一·三等)，足徧及於禾黍成厤之地，是厤次也。足經行於禾黍成列之行間，是經歷也。或從林作(前一·三三·一)。羅振玉曰：「從止，從秝，足行所至皆禾也。象經歷意，或從林，是所經皆木，亦得歷意矣。」(考釋·二·六四)惟卜辭中有若干「歴」字。其義似為一人名，觀「癸未，貞歷，酒，」之片(戩·四〇·三)可見。且又為一貞人之名。觀「癸未，囚歴貞，旬亡」(後·二·一一·五)及「□□，卜歴貞，旬亡」(後·二·一一·六)二片，益明白無疑。惟本片之「歴」是否為一人名，則因殘蝕過深，無從決知耳。【殷虚書契解詁】

◉馬叙倫　朱文藻曰。繫傳從二禾聲。聲字衍。江聲曰。適下當補秝字。王筠曰。適下當補歷字。倫按春秋昭卅一年。季孫意如會晉荀躒於適歷。周禮遂師注。適歷。執綍者名也。此江王所據以為適下當補秝或歷字也。倫謂春秋之適歷。以疊韻為地名。遂師注以疊韻之適歷。釋經文之磿。此以釋經則可。説字義則不可。本書爾下之麗爾。亦非爾字本義也。以適秝或適歷訓秝。亦止以當時常語為釋耳。復增以稀疏二字。似秝之本義為稀疏也。而秝從二禾。何以見稀疏之義。若為稀疏。則秝即稀之初文矣。凡此皆屬可疑者也。倫謂稀疏適也者。當依王説補歷字。蓋本訓歷也。歷也者。以聲為義。吕忱或校者增稀疏適歷也。亦或當為稀也疏也適也。竝以聲訓。不知何為許文。適秝以疊韻為訓。稀也疏也亦以聲訓者。稀得聲於㸚。疏當作疋。疋為㸚之轉注字。其本字音力几切。與秝雙聲。蓋秝音古讀如離。故音在來紐。離㸚則雙聲亦疊韻。禾㸚聲同歌類。是禾秝實一字。猶爻之與㸚矣。聲轉則秝入支類。猶支之轉注為攲。左支右絀亦作左奇右絀也。二篇。辵。讀若春秋公羊傳曰辵階而走。辵階儀禮公食大夫禮作栗階。史記孔子世家作歷階。而歷為正字。歷下曰。遇也。遇為乇之轉注字。禾與乇遇聲同歌類。然則乇之轉為歷。亦猶禾之轉為秝矣。秝禾一字。上文秦之籀文作𥟤。甲文有字。蓋即偁字。或從秝偁聲。為稱之異文。要之可證禾秝之為一字也。【説文解字六書疏證卷十三】

◉馬叙倫　秝父己鼎　見同上。説文。秝。稀疏適秝也。然非本義。亦非許慎本訓。秝實禾之異文。説文秦之籀文作𥟤。甲文有。即説文之偁字。蓋從人稱聲也。兼秉亦一字。詳疏證皆其證也。鼎文作此。蓋禾為農作物。以此為農事之圖騰。

作器者蓋神農氏之族。後世有禾姓。當出於此。【讀金器刻詞卷上】

◉李孝定　說文「秝稀疏適秝也。適下秝字依段注補。从二禾讀若歷」。栔文正从二禾。辭云「秝示三屯又一丿宆。」秝似為人名。【甲骨文字集釋卷七】

◉温少峰　袁庭棟　甲文有「秝」字作[glyph]，或作[glyph]、[glyph]（甲文中之新或作⿱宀新，畀或作⿱宀畀，攸或作⿱宀攸，皆與此秝或作⿱宀秝同例）。《說文》：「秝，稀疏適也，從二禾。」徐鍇《系傳》：「適者，宜也。禾，人手種之，故其稀疏等也。」朱駿聲《通訓定聲》：「吾鄉江艮庭先生云：『適下脱秝字。』《廣韻・釋詁》：『秝，疏也。』按適秝者，迭韻連語，均勻之貌。藝禾，故會二禾意也。」饒炯《部首解》謂：「稀疏適者，謂稀疏得宜而和，其行列相當，無乍疏乍密之弊。蓋蒔禾者，勢當如此，故從二禾會意，其義為稀疏適也。」從以上分析可知，這種「稀疏適」也就是後世「行列相當，窩距均勻」的「窩種」，如果僅有撒播，是不可能出現這種情況的。「秝」字所反映的殷代農業情況，應當是「區田」的「窩種」。《氾勝之書》所記的窩種之法，其要點是：「令一畝之地，長十八丈，廣四丈八尺，當横分十八丈作十五町，町間分為十四道以通人行。」「尺直横鑿町作溝，溝一尺，深亦一尺，積壌於溝間，相去亦一尺。」「種禾黍於溝間，夾溝為兩行，去溝邊各二寸半，中央相去五寸，旁行亦相去五寸，一溝容四十四株。」「凡區種麥，令相去二寸一行，一溝容五十二株。」「凡區種大豆，令相去一尺二寸，一溝容九株。」這是記載的漢代的「區種」規格，數字也不一定完全準確。但是，它反映了古代窩種的大致情況。殷代如果没有類似的「區種」方法，肯定就不會出現「稀疏適」的「秝」字。

卜辭中有用[glyph]、[glyph]即秝字為農耕方式之義者，如：

(154) 乎(呼)[glyph]……若，吕(以)秝……　（《佚》七四五）

「[glyph]」即屎字，用為施肥之義（詳下）。「秝」即「稀疏適」之農作物。此辭大意是：召呼農人施用糞肥，要施在稀疏均勻的禾苗之下。

(155) 丁丑卜：秝曰隹[glyph]？　（《甲》二三六九）

[glyph]，即甾，讀為菑，義為菑田。「秝曰惟菑」者，謂在燒荒翻地之後，按一定規格種植使之稀疏適宜也。

甲文又有[glyph]、[glyph]字，舊多從羅振玉釋嗇，但新出之史牆盤銘文有「薔嗇戉𥝩隹闢」之文，嗇、𥝩同見，知二者必非一字。在關於史牆盤銘文的討論中（見《文物》一九七八年三期，《考古學報》一九七八年二期），裘錫圭同志釋「稼」，李學勤同志釋「苗」，我們認為皆不妥，此字應從唐蘭先生之説，仍讀為秝。卜辭云：

(156) 辛丑卜，……𥝩粟？　（《明》四七九）

兼

此辭之𥞤，讀秝，很明顯當作為動詞，當即按一定窩距下種之意。「秝粟」，即種粟而使之稀疏適宜。其非撒播，當無疑義。

(157) ……桒𥞤。（《南》南一・一三〇）

此辭之為地名，𥞤即秝用為名詞，當即行列均勻之禾穀。此辭雖殘，但知其為祈求該地窩種之作物能得到豐收之辭。

(158) 貞：今其雨，不隹𥞤？（《後》下七・二）

(159) ……丝(兹)雨……隹𥞤？（《掇一》二四一）

以上二辭之𥞤即秝，當讀為《詩・王風・黍離》：「彼黍離離」之離。馬瑞辰《毛詩傳箋通釋》謂：「離離者狀其有行列也。」「離離」在古文獻中又作「歷歷」、「蠡蠡」，其義當從「秝秝」而來。窩播之種籽，得雨而萌發出土，望之歷歷在目，此二辭正記此事，即：現在下雨，區種之禾穀，會歷歷出土嗎？吳澤先生在《中國歷史大系・古代史》中謂𥞤字「甚像田中播禾，一行一行地間隔有序，井然不紊，這與今田野麥田中所長麥苗情形相彷彿。」這種看法是正確的。【殷墟卜辭研究——科學技術篇】

兼 郘王子旃鐘 【金文編】

5・387 秦詔版殘存「廿六年皇帝盡并兼」八字　5・388 秦詔版殘存「帝盡并兼天下諸矦」八字　5・398 秦詔版「廿六年皇帝盡并兼天下諸矦……」共四十字　秦1605 秦詔版殘存「廿六年□□□□兼天下諸」七字　4・42 右宮兼 【古陶文字徵】

兼 秦一三七 【睡虎地秦簡文字編】

李兼 【漢印文字徵】

詔權 皇帝盡并兼天下諸矦 【石刻篆文編】

古孝經　古老子　雲臺碑　古尚書　籀韻 【古文四聲韻】

◉許　慎　兼并也。从又持秝。兼持二禾。秉持一禾。古甜切。【説文解字卷七】

◉高田忠周　説文。兼并也。從又持秝。兼持二禾。秉持一禾。然此所从秝。非稀疏適秝之秝。即形之叚借也。兼秉字。會

意而象形也。【古籀篇八十二】

◉馬叙倫　兼字出倉頡篇。見顔字家訓引。説解當作秉也。從又從秝。鍇本無并從又持秝六字。然臣鍇曰下有兼并也從又手也秝二禾也十三字。可證今説解非本文矣。兼持八字校語。兼從又持秝。秝義若為稀疏適秝。何以得以手持。益證秝非稀疏適秝義。而兼實從又若二禾。當入又部。然秝禾一字。則秉兼一字矣。秉音封紐。兼音見紐。皆清破裂音。實聲轉耳。

兼入又部。秝當為禾重文。則秝部可删也。【説文解字六書疏證卷十三】

◉唐　蘭　濂公　又見下二器。濂字從兼聲而兼作，與《説文》所説從又持二禾不同。實則從又持兩禾和從又持兩矢都是兼字。《儀禮·鄉射禮》「兼諸弣」，注：「并矢於弣。」在漁獵社會裏，弋射是生産方式之一，挾兩矢以備射是常事，宋《薛氏鐘鼎款識》二有父丙卣，第一字作，正象張弓旁用右手兼挾兩矢之形，可證。由於從兩禾的兼和從兩矢的兼，聲義全同，字形也差不多，後世又不大明瞭兼挾兩矢的意義，所以從兩矢的字就被廢止而專用從兩禾的字了。（濂字見《説文》，濂公不知何人。）

【論周昭王時代的青銅器銘刻　古文字研究第一輯】

◉徐中舒　《説文》：「秉，從又持禾。秉持一禾，兼持二禾。」這就把兼的原義講錯了。兼，《説文》作，按甲文箙作（佚九六四），金文戊父癸甗作，故為矢形。兼、趞鼎及令鼎俱為，從二矢。詛楚文乃從矢之譌，是為《説文》篆字之所本。《説文》原義誤，兩矢同發，乃謂之兼。【怎樣研究中國古代文字　古文字研究第十五輯】

黍

甲二九九九　象黍形　甲三〇三四　鐵七二・二　鐵二一一九四　鐵二四八・一　前三・二九・六　甲五九二　佚五三一　甲二六六五　从水與篆文同　甲三二七四　甲三八一四　乙一九六八　餘一一・二　前三・二九・五　前四・三〇・二　前四・三九・七　前四・三九・八　前四・四〇・二　前四・四〇・三　後一・三一・一二　後二・二八・一四　後二・四〇・一五　佚七六二　粹八九五　粹八七九　粹八八九　續四・二七・三　續四・二七・六　存下六〇　存下一六四　存下一六八　存下一六九　坊間三・一七　掇二・四三七　明藏四四七　叀白黍　簠歲一三　燕四九一　乙一〇四四　乙一三九八

乙二二一七　乙六七二五　乙六九六四　簠歲一四　甲三四七　前四・四〇・一　【甲骨文編】

甲2665　2999　3274　3814　乙1044　1398　1968　2217　2853　3285

3317　3519　3652　4055　4367　5307　5535　5834　5898　6410　6513

6725　6964　7596　7781　7925　珠788　936　1174　ㄙ474　佚400

531　762　續1・7・1　1・37・1　1・49・2　1・53・3　2・28・6　2・29・3　2・30・2

2・30・3　4・25・2　4・25・3　4・25・4　4・26・1　4・27・3　4・27・4　5・9・3

5・34・5　徵5・6　5・11　5・12　5・13　5・14　5・15　5・16　5・20　5・

21　5・22　5・23　京3・16・1　3・17・1　3・17・2　3・18・1　3・18・2　4・18・4

録143　天54　55　56　誠6　六中45　續存180　182　粹879　895　15・

74　新561　2000　【續甲骨文編】

黍　从禾从水　仲叡父盤　黍粱避麥　【金文編】

〔六八〕【先秦貨幣文編】

布空大　豫伊　仝上　【古幣文編】

黍　日甲四五背　二例　日甲五六背　日乙四七　秦三三　日乙六五　【睡虎地秦簡文字編】

0018　0055　【古璽文編】

黍 【汗簡】

汗簡【古文四聲韻】

●許　慎　黍禾屬而黏者也。以大暑而穜。故謂之黍。从禾。雨省聲。孔子曰。黍可為酒。禾入水也。凡黍之屬皆从黍。舒呂切。【説文解字卷七】

●劉心源　霥曾伯名阮從吳侃叔據石鼓文釋黎。心源案。石鼓文有𪏻字。其字霥旁加彡。明是黎字。此不从彡。則非黎也。説文。黍作黍。从禾雨省聲。孔子曰。黍可為酒。禾入水也。據許書雨古文作。此當云雨聲。雨。古文雨。不當云雨省聲。必傳寫者不知雨為古文雨妄加省字耳。禾入水為會意字。則篆作黍。今人多从後解。故从雨之説晦。此霥蓋合雨水為之。仍是黍字。古文偏旁繁重者如郘公諴之諴。从言从鹹。士告彝之㚸。从司从始。師褱鼎之褱。从褱从射。本銘之錫。从賜从金。皆此例也。石鼓文黎仍是从勹从黍之黎。與此不相掍。阮未細審耳。【奇觚室吉金文述卷五】

●孫詒讓　今以雨古文論之。則黍實从雨。古文不省。許依篆文説之。非古文本義也。但金文中𢿌父盤黍作。則實从禾水會意。唯省入耳。此似與許氏後一義合。未敢決定也。倉頡造字時未必已有黍酒此義恐未塙許引孔子説蓋出於𢡊緯或漢人叚託非真聖語也。【名原卷上】

●高田忠周　説文黍禾屬而黏者也。以大暑而種。故謂之黍。从禾雨省聲。孔子曰。黍可為酒。禾入水也。蓋从雨聲之説非。但黍字元有二形。一从禾。八又八為象形。與稻字所从米形同意也。又一从禾从水。許氏引孔氏説者是也。要从禾从水會意者。出于轉義。此為異文也。【古籀篇八十二】

●羅振玉　曰黍

說文解字引孔子曰。黍可為酒。禾入水也。仲𢿌父盤亦作。此或省水。黍為散穗。與稻不同。故作之狀以象之。【增訂殷虛書契考釋卷中】

●王　襄　契文之黍从禾从水，或省水。不从雨省聲。其禾之偏旁皆象黍之采。或雙夅或三歧或四出不疑。然其采皆下垂作散放狀。所从之水異文甚多。从則為秝。孔子禾入水之説與契文黍字合。許氏廣存異説，可以證此真古文。功有足多。曾伯簠之霥與他一器之，从雨从。為禾與許説合。殆黍之別體。【古文流變肊説】

●商承祚

黍為散采。與禾稻不同。故作[古文字形]以象之。从水者黍生于水也。又或省作[古文字形]。皆象形。許以為形聲。非是。【甲骨文字研究下編】

◉孫海波　[古文字形]藏七二・二[古文字形]二一九・四[古文字形]二四八二[古文字形]餘十一・二[古文字形]前三・二九・五[古文字形]前三・二九・四[古文字形]四・三九・八[古文字形]仲䖒父盤⊘

黍為散采，與禾不同，故卜辭作[古文字形]以象之。再變从水，象黍生于水也。又省作[古文字形]，似从禾水。金文作[古文字形]，篆文因之，至許君遂以為形聲矣。【甲骨金文研究】

◉馬叙倫　鈕樹玉曰。廣韻引無者字。韻會無者也二字。廣韻韻會無以大暑以下九字。韻會可下有以字。廣韻可下有以字。禾入上有故從二字。沈濤曰。龍龕手鑑引黍以可為酒故從禾入水也。蓋古本如是。黍本會意字。從禾。從入。從水。雨省聲乃後人羼入。倫按甲文黍字作[古文字形][古文字形]。金文仲䖒父盤作[古文字形]。蓋從禾水聲。黍水音同審紐可證也。金甲文水或作[古文字形]。因譌為[古文字形]。今篆譌而妄說起矣。然說解蓋本作禾也。從禾。雨省聲。禾是大名也。禾屬而黏者也乃字林訓。以大暑而種故謂之黍。亦字林文。亦疑本作暑也。以聲訓。故呂忱為此說以釋之。孔子以下則校語。許不用緯文。字見急就篇。【說文解字六書疏證卷十三】

◉徐　復　惠氏讀說文記云。孔子之言。亦解黍字之文也。云禾入水者。从禾从入从水。可知。段注曰。凡云孔子曰者。通人所傳。以禾入水不見其必為酒。故先雨省聲之說。而禾入水會意之說次之。今之隸書。則從禾入水。不知雨省。古本考曰。說文部首。罕有形聲者。雨省聲之語。乃後人妄羼。黍可為酒二句。當亦緯書說。許君引以解字耳。按古微書引春秋說題辭云。禾入半為黍。此讖緯之言。託之孔子者也。入水固無義。入米亦不可通。竊謂當从禾建類。上兩點。下四點。象黍米形。查說文桼。从木。作點象漆汁。與黍同例。書者誤以上兩點作曲垂。於是上半體成禾。下四點成水。斷而三之。遂謂之禾入水耳。【小學折中記　金陵大學文學院季刊二卷一期】

◉陳夢家　黍即黍字，因其色黃。故又叫做黃米、大黃米。說文：「黍，禾屬而黏者是也。以大暑而種……黍可為酒……。」卜辭說：「黍年有足雨，王飲亾壱。」是說黍有了好雨，王可以暢飲無忌了，可見它是釀酒的。但當時以黍為飯，仍是可能的。據古書記載，黍賤於麥而貴於禾。詩良耜箋：「豐年之時雖賤者猶食黍。」可見平年黍是貴重的糧食而小米是賤食。

黍本為一種農作物名。作為動詞，即種黍的動作。【殷墟卜辭綜述】

◉張　哲　黍是穀類植物，是先民的主要農作物，殷代以前，它在農業上的價值，遠非稻麥所能及，因而甲骨文中，黍字是個屢見不鮮的字。前期的卜辭裏，尤其是武丁時代，每每有「王立黍」「王勿黍」，「王令衆黍」，「王黍於某地」的記載，「受黍年」更是前期普遍使用的辭語。黍子大概有兩種用途：一是食用，另一是釀酒。到了殷代晚年帝乙帝辛時代，王畿普遍種植小麥，於是黍子的食用價值減低，卜辭裏增多了「告麥……」的記載，記載黍字的卜辭愈後愈不多見了。

黍字在甲文中作□前三・廿九・五。作□藏二四八・一。是一個繪形成分非常濃厚的字，就字形觀察，似乎去原始不遠，從甲骨文演變下來，歷金文篆隸至於楷書漸漸失去了原來的形狀和本意。

甲骨文中的黍字一般有兩種寫法，一種如□前三・廿九・五。如□前四・四十・二。都是繪出一棵黍子的形狀，再在偏旁加水，黍子莖挺穗垂，枝葉扶疏，的確是唯妙維肖。偏旁加水意取釀酒，黍能釀酒已是殷人的常識，史官這樣鍥寫立意並不牽强。

或云先氏採黍之果實釀酒，非以整棵黍子釀酒，字作□不可解。然先民造字，多取其意象，如書黍為顆粒，將無從辨視其為何字。或云黍生於溼地水涯，故其字下加水，此說更費解。黍性耐旱，宜種旱田，古今皆然，斷無今日之黍宜旱地，而殷代種黍則宜溼地。殷畿平原少雨，普遍種黍，謂為種黍於溼地或水涯，殊非事實。

另一種寫作□珠九三六。作□前四・卅九・四。應是黍字的省寫。廪辛康丁以後字形愈簡，書作□前四・三九・五。或□乙二八五三。第四期文武丁時代則書作□。

金文中黍字作□仲𩰫父盤，从禾从水，仍保留着殷代形象的成分。小篆作□離原形已遠。隸書作黍，成為今日之黍字。

黍為雜糧，較稷低而粒更黏，植物學上黍稷同名，學名為Panicmmiliaceun，屬禾本科，一年生草本植物。稷高丈餘，後人名為高粱，漢以後誤為粟，唐以後又誤黍為稷，黍高不逾四尺，葉細長而尖，花序為圓錐形，實分赤、白、黃、黑，米粒大小輕重相等，昔人用以定分寸度空徑，縱黍百粒當營造尺十寸，橫黍百粒當營造尺八寸一分，古代衡法，以百黍為銖，二十四銖為兩。本草綱目云：「黍乃稷之黏者，有赤、白、黃、黑數種。」又云：「稷與黍一類二種也。黏者為黍，不黏者為稷，稷作飯，黍可釀酒。」究其所云，尚不盡然，不知稷之粒殼，亦有紅白兩種。黃河兩岸，無不種植，紅者特多，亦名紅粱，往往用以釀酒。白者更是山海關內外居民的主要食糧。

古代黍稷並稱，書君陳：「黍稷非馨，明德惟馨。」書盤庚上：「不昬作勞，不服田畝，越其罔有黍稷。」書酒誥：「妹土嗣爾股肱，純其藝黍稷，奔走事厥考厥長。」詩唐風鴇羽：「王事靡盬，不能藝黍稷。」小雅出車：「昔我往矣，黍稷方華。」惟殷墟卜辭中尚無黍稷並稱之例，亦無與金文小篆類似之稷字，僅有□乙七七一釋作齊或稷。【釋黍 中國文字第八期】

◉李孝定 栔文大多象黍形，間亦从禾作。从水或省作□，或繁作□，作□者即篆體从□所自昉也。篆既作□，故或以為雨省聲。段氏且改篆體為从□矣。黍為高粱，為旱地作物，增韻云「利高燥者曰黍」，而字从水殊不可解。推字形與篆體合釋黍。

固無可疑。束氏釋稷非是。徐灝段注箋云「竊謂當从禾建類。上二點下四點象黍米，與从木作點象黍汁同例。書者誤以上兩點作曲垂，於是上半體成禾，下四點成水，斷而三之。遂謂之禾入水耳。」徐氏蓋緣不得从水之解故為此說。且考篆體作。其說固若可從。然栔文字亦从水。篆體固不誤。其義雖不可解。闕之可也。金文作，仲𣪘父盤與栔文作者同。

【甲骨文字集釋第七】

◉于省吾　黍今稱黍子。或稱䴅子。去皮稱大黃米。説文：「黍，禾屬而黏者也，以大暑而種，故謂之黍，从禾雨省聲。孔子曰，黍可為酒，故从禾入水也。」甲骨文黍字作、、、等形，穗部作一個或二、三個三叉斜垂，又多从水旁，也有以數點代水者。羅振玉謂：「黍為散穗，與稻不同，故作、以象之。」(增考中三四)羅氏釋形是對的，但把𪏰字誤與黍字列在一起。其實𪏰字是从齊从禾。其所从之齊雖多作點形，但所从之禾沒有一個穗部作三叉形的，而且也沒有从水旁者，二字截然不同。甲骨文稱：「□□卜，㱿貞，我受年〇丙辰卜，㱿貞，我弗其受年。四月。」(乙六七二五)又：「癸丑卜，受□年。」(京都五七九)這是甲骨文中罕見的黍字作从禾从水之例。周器仲𣪘父盤黍字作，與甲骨文中個別譌變為从禾的黍字相仿。黍字所从水旁有在禾下者，故小篆又變作。説文既以為雨省聲，又引孔丘説以為黍可為酒，故从禾入水，均屬臆測之辭。甲骨文黍字最為習見；其它穀類多則數十見，少則數見或一見。因此可知，黍是商代的主要穀類作物，當是平民的主要食糧。【釋黍、𪏰、來　甲骨文字釋林】

◉張政烺　𥁕，从皿，秝聲。秝，見《仲𣪘父盤》「秝粱來麥」(代一七・一〇)，確是黍字。𥁕蒦是聯緜詞，疑讀為尃濩(黍音與雨字近，雨尃喉脣音通轉)。《史記・司馬相如傳・封禪文》：「非唯雨之，又潤澤之。非唯濡之，氾尃濩之。」胡廣曰：「氾，普也。言雨澤非偏于我，普遍布散，無所不濩也。」字亦作布擭，《廣韻》去聲十一暮，擭字下云：「布擭，猶分解也。」【哀成叔鼎釋文　古文字研究第七輯】

◉裘錫圭　甲骨文「黍」字的異體很多，下面舉出的是比較重要的幾類(未注出處者皆已見于《甲骨文編》「黍」字或「粟」字下。下文引用各類字形時用序數號代替)：

1a　1b　1c 粹887

2a　2b　2c

3a　3b

4a 乙3285　4b　4c 乙3152　4d

4e 4f 乙3325

5a 5b

前面説過,「黍」的字形突出了黍子散穗的特點。但是加「水」形或水點形的「黍」字,由于已經具有「禾」字所没有的組成部分,黍形往往簡化成跟「禾」相似。金文「黍」字作(金文編403頁),也是从「禾」的。

《甲骨文編》(302頁)和《甲骨文字集釋》(2315頁)都把5釋作「粟」。陳夢家《殷虛卜辭綜述》以4b、d、e與5為一字(525—526、528、529—530頁。以下引作「陳書」)。于省吾先生在《商代的穀類作物》一文裏,指出「古文字點畫的填實同于雙鈎」,以4d、e與5為一字(《東北人民大學人文科學學報》1957年1期92—93頁。以下引作「于文」)。這種意見是正確的。但是于、陳二氏都不把這些字看作「黍」字的異體。陳書把它們隸定為「禾」,認為「可能是粱字」,「還可能是粢字或粟字」(528頁)。于文把它們釋作「粢」(92頁),并認為在卜辭裏,「禾」字都是廣義的,用來指穀子的字就是「粢」(92、105頁)。此外,胡厚宣先生《卜辭中所見之殷代農業》(《甲骨學商史論叢》二集上88頁。以下引作「胡文」)和陳書(529頁)都釋1c為「來」(《甲骨文編》251頁「來」字條也收入此字),于文把1c和4b、c、f釋為「⿰禾來」(99—100頁。「⿰禾來」是當麥子講的「來」的專用字)。這些意見恐怕都不可信。

從字形上看,4d、e、f跟4a的關係,于2c跟2a的關係相類。既然2a、c跟4a都是「黍」字,4d、e、f就也應該是「黍」字。4c跟4f見于同文卜辭(或稱成套卜辭),無疑是一字異體(參看丙34—38、合9520—9524諸片)。這一點于文也是承認的。既然4f是「黍」字,4c以及跟它很相似的4b就也應該是「黍」字。《丙編》把4c和4f釋為「黍」是正確的。于文强調4f只从兩點,4d、e則从三個以上的點,把它們區别為兩個字,又把4f跟4b、c都釋為「⿰禾來」(99—100頁)。這樣做是不合理的。在點數多少這方面,4b跟4c的關係與4d、e跟4f的關係完全相同。既然承認4b跟4c是一個字,為什麼4d、e跟4f卻要分成兩個字呢?

《説文》「香」字从「黍」,甲骨文「香」字上部正作、等形(《甲骨文字集釋》2393頁。《集釋》把字形和用法都不同的「⿱木甘」也收為「香」寫,是不對的。《殷墟卜辭綜類》分「香」、「⿱木甘」為二字,可从)。這也可以證明4b至4f諸形都是「黍」字的異體。《綜類》把4b—f和5都看作「黍」字是正確的。

4b、c如果去掉小點就是1c了。1c其實就是1e的簡化形式。它的中段左右兩筆跟頂上的一筆一樣,也都代表穗,跟「來」字「禾」字中段左右兩筆代表禾葉的情況不同。我們在前面已經指出,象穗的部分不下垂是「來」字的特點。僅僅根據這一點就可以斷定,穗形顯然呈下垂狀的1c和4b、c等字不能釋為「來」或「⿰禾來」。甲骨文「來」字,第一期多作,二期以後多作來,頂上所加短畫似乎没有多大意義。晚期甲骨文「來」字往往作,中豎上端略斜。這跟「戈」字由壬變戈一樣。純粹是筆勢上的一種變化。只有少數「來」字由于頂端短畫偏在一方面作[glyph]，才有些近似1c。《粹》887「乙亥卜受[glyph]禾」一辭中的[glyph]字，《粹編考釋》和胡文都釋為「黍」。這是正確的。但是《粹》908「登[glyph]」的[glyph]字（下文中此字均用「&」替代），《考釋》卻釋作「禾」；胡文則釋作「來」。這就自相矛盾了。《綜類》把「登&」的「&」看作「黍」字是正確的。

从1—5各類字形在各類卜辭裏出現的情況來看，也只能得出它們都是「黍」字的結論。

1a、b、2、3、4a等類型的「黍」字，只見于賓組和少量𠂤賓間組卜辭。如果只承認這些字是「黍」字，顯然是不合理的。「黍」這個在賓組卜辭裏出現得非常頻繁的作物名稱，為什麼在賓組和𠂤賓間組之外的各組卜辭裏竟然完全銷聲匿迹了呢？另一方面，在這些卜辭裏，卻屢見屬于1c、4b—f和5這些類型的字，其用法跟賓組的那些「黍」字非常相似。例如：賓組卜辭曾卜問王在冏地種黍之事（前3·20·2等），歷組卜辭曾卜問王在冏地種[glyph]之事（摭續106）。賓組卜辭曾卜問「叙黍」之事（合2734正、40078正），歷組卜辭曾卜問「叙[glyph]」之事（屯南794），第五期卜辭也曾卜問「叙[glyph]」之事（後上18·11）。賓組卜辭曾卜問「登黍」（丙448、乙7596）、「黍登」（丙57）之事，𠂤歷間組卜辭曾卜問「登[glyph]」（粹908、美國20）、「&登」（佚877、甲899、美國89）之事，歷組卜辭曾卜問「登[glyph]」（合34587—34590等）、「[glyph]登」（安明2508）之事，三期彭貞卜辭曾卜問「登[glyph]」之事（甲2779），三四期卜辭曾卜問「登[glyph]」（屯南618、明後2279）、「登[glyph]」（合30681—83等）之事。從這些情況來看，1c、4b—f和5只能是「黍」字的異體。

賓組卜辭的黍字也有一小部分是作4c、e、f等型的（如合787、9528、9520—9524、乙7750等）。𠂤賓間組多數作4e型，但有時也作1b型。在一片𠂤賓間組卜甲上，這兩種「黍」字還曾同時出現：

庚申卜：[glyph]受年。

庚申卜：勿[glyph]。

〔庚〕申卜：我〔不〕其受[glyph]年。十二月。　甲綴55

所以僅從賓組和某些𠂤賓間組卜辭的情況來考慮，是容易産生4e等形不是「黍」字的想法的。但是根據各類卜辭的情況作全面的考慮，只能得出4e等形也是「黍」字的結論。

歷組登祭卜辭曾提到白黍：

丁卯口登□于□

叀（用法近「惟」）白黍。　明後2548

叀白黍登。　明後3070＋安明2337（安明附40拼合）

穈

叀白黍。　金205

白黍之稱是見于古書的。《禮記・内則》：「飯：黍、稷、稻、粱、白黍、黄粱……」，《正義》：「下云白黍，則上黍是黄黍也」。齊思和《毛詩穀名考》認為先秦所説的黍是指包穈子而言的（穈子是不黏的黍，亦稱穄），穈子米的顏色遠較黍米為白，白黍大概就指穈子（《中國史探研》5頁）。其説似可信。

在各種農作物裏，商代統治者對黍最為重視。從卜辭看，商王曾在冏地親自參加種黍收黍，并以所獲之黍祭祀祖先（參看拙文《關于商代的宗族組織與貴族和平民兩個階級的初步研究》，《文史》17輯15頁）。在關于登祭的卜辭裏，提到的穀物幾乎只有黍一種（《丙編考釋》釋丙445——辭為「貞登禾祖乙」。丙445為卜甲背面，文字不清晰，登下一字似作𥝌，可能仍是黍字）。歷組卜辭或言「登南冏米」（甲903、後下23・5）、「登米」（外53、屯南189、後下29・15，佚663），所説的米大概也是黍米。《燕》126的一條出組卜辭有「見新黍」之文，「見」似應讀為「獻」，但不知道是對人還是對鬼神而言的。祭祀用的鬯，據古書記載是用一種黑黍釀的。商代統治階級所享用的酒，大概大都也是用黍子釀的。在殷人心目中，黍顯然是最好的一種穀物。「香」字从「黍」，也説明了這一點。有一條康丁時代卜辭説：

□寅卜：𩫖黍其登兄辛□。　後上7・10

于文釋「𩫖」為「聲」，讀為馨香的「馨」（93頁），可从。黍子比穀子好吃，但産量較低。直到今天，在北方很多農村裏，黍子仍被當作一種高級的穀物。《詩・周頌・良耜》「我來瞻女，載筐及……，其饟伊黍」，鄭箋：「豐年之時，雖賤者猶食黍。」《正義》：「《少牢》、《特牲》，大夫、士之祭禮，食用黍，明黍是貴也。」可見在上古時代，黍主要為統治階級所享用，勞動人民平時是吃不到黍的。

在有關農業的卜辭裏，黍的地位非常突出，提到的次數比其他作物多得多。這反映了當時的統治者對黍的重視，但是并不能證明黍是種植得最多的作物（參看温少峰、袁庭棟《殷墟卜辭研究——科學技術篇》172頁）。【甲骨文所見的商代農業　殷都學刊增刊】

◉徐中舒　從𣎳從⺄水，𣎳象散穗之黍，或不從⺄，作數小點以表水點同。【甲骨文字典卷七】

◉許　慎　穈穄也。从黍。麻聲。靡為切。【説文解字卷七】

䵒

◉許　慎　䵒黍屬。从黍。卑聲。并弭切。【説文解字卷七】

◉馬叙倫　程瑤田曰。今穀名中無卑音者。余謂禾別曰稗。黍別曰䵒。農人呼曰野稗。亦曰水稗。嘗目驗之。如是。梁太清三年。鄱陽五範屯濡須。糧乏。采菰稗麥稗以自給。其所謂稗即野稗也。倫按䵒稗或本一字。黍屬字林文。字或出字林。【説文解字六書疏證卷十三】

黏

◉許　慎　黏相箸也。从黍。占聲。女廉切。【説文解字卷七】

◉馬叙倫　鈕樹玉曰。韻會箸作著。桂馥曰。相箸也字林同。倫按玄應一切經音義引倉頡。黏。合也。許當以聲訓。相箸也字林文。【説文解字六書疏證卷十三】

䵚

◉許　慎　䵚黏也。从黍。古聲。户吴切。粘䵚或从米。【説文解字卷七】

◉馬叙倫　徐灝曰。䰜部。鬻。鍵也。廣雅。粘。饘也。二字音義同。䵚乃饘之厚者。亦可用以黏箸物。故許訓為黏。又與食部餬通。玉篇。䴷。俗䵚字。倫按䰜下曰。鍵也。鍵為鬻為之或體鍵者。鬻也。鬻即今所謂稀飯。雖亦可用以黏物。然是糜爛之義。與黏箸義殊。倫謂䵚當為鬻之或體。與黏聲義竝異。不能轉注。字亦不應在黏䵑之間。疑黏之譌文。一本黏譌為䵚。而其隸書複舉之黏字未譌也。校者因加也字。遂如今文。校者據誤本加入此本。故黏䵚復出矣。

粘　王筠曰。小徐作或從米反。反當為作。倫按疑此本作粘。亦校者改之。玉篇以為餬之重文。則此篆或黏誤為䵚後。校者以玉篇增入。或曰。䵚粘二文竝出字林。黏下䵚字乃上文黏下隸書複舉字傳寫誤入。因捝本訓之字。【説文解字六書疏證卷十三】

䵑

䵑

䵑丞蟬印【漢印文字徵】

◉許　慎　䵑黏也。从黍。日聲。春秋傳曰。不義不䵑。尼質切。𪏹䵑或从刃。【説文解字卷七】

◉馬叙倫　䵑黏音同泥紐轉注字。今左隱元年傳作不暱。周禮考工記弓人注引杜子春云。樴讀為不義不昵之昵。本書日部暱昵為正重文。

段玉裁曰。刃聲也。據杜子春說。考工記弓人昵或為⿰黍刃。方言。⿰黍刃。黏也。倫按刃音照紐。古讀歸泥。泥娘同為邊音。故黏轉注為䵒。又轉注為⿰黍刃。䵒⿰黍刃亦轉注字也。倫疑⿰黍刃⿰黍勿實一字。形聲竝近。【說文解字六書疏證卷十三】

黎

黎　秦二一　　效二七【睡虎地秦簡文字編】

泰山刻石　窺輔遠黎　史記作親巡遠方黎民【石刻篆文編】

黎　　黎即利字見說文　　黎【汗簡】

裴光遠集綴　　元倉子【古文四聲韻】

◉許　慎　履黏也。从黍。𥝢省聲。𥝢。古文利。作履黏以黍米。郎奚切。【說文解字卷七】

◉王　襄　古黧字。媘黑。說文解字無黧字。惟利之古文作。說文通訓定聲以為梨棃黧古本一字。引荀子堯問「顏色棃黑而不失其所」注。「謂面如凍棃之色也。」釋名。「九十曰鮐背。或曰凍棃。皮有斑點如凍棃也。」字亦作黧。字林。「黧黃黑也。」此曰「𥝢馬」。即黃黑色之馬。【簠室殷契徵文考釋】

◉馬叙倫　王筠曰。作履句。蓋不知許意者所增也。倫按黎音來紐。古讀歸泥。亦黏䵒之轉注字。履黏以為名耳。豈為作履之黏而造字耶。況字形無履義也。亦或履字涉下文作履而誤演。從黍。從犁之初文作者得聲。不必利省也。玄應一切經音義引三倉。大奚反。倫疑⿰黍刃黎一字。三倉有此字者。三倉本作黏。傳寫者以字林字作⿰黍刃者易之。傳寫又誤作黎也。不然。三倉自有黎字。⿰黍刃為其誤。【說文解字六書疏證卷十三】

◉陳夢家　「物」「勿」所從之「」，象「」上有土，而「勺」是農具之象形。易繫辭下「揉木為耒」，「耒」字從又從勺，象手持木耒之形，卜辭「耤」字從之。

卜辭作為方國名之「勺」或「召」是農具的象形，與「耒」「利」等字讀為舌邊聲。⊘其作為方國名者，有下述各期的卜辭。

武丁卜辭：

令，沚盛　庫一八七五

甶召方，勿从　前四・三六・二

……

康丁卜辭：

己酉卜召方來，告于父丁　甲八一〇

己亥貞令王族追召方……　明續六一六

……

令𠂤伐召，受又　安一一・一三

庚戌貞叀王自征召方　綴一八四

勿方其出　犬征允伐勿方　明續六一七

王正召方，受又　寧滬一・四二六

王正召方才詩卜　寧滬一・四二六

于辛巳王皿召方　佚五二〇

丙子卜今日希召方卒　下二四・一三

壬申卜衔召于㞢　粹一一二五

以上的勿、召、勿方、召方都指一個方國，武乙時征伐召方的規模很大。

卜辭的勿或召，可能是黎國之黎。說文曰：「𨛫，殷諸侯國，在上黨東北，從邑𥝢聲，𥝢古文利：商書西伯戡𨛫」，漢書地理志上黨郡（治長子）壺關注引「應劭曰黎侯國也，今黎亭是」。續漢書郡國志上黨郡壺關「有黎亭，故黎國。」注云「文王戡黎即此也」。左傳宣十五杜注云「黎氏，黎侯國，上黨壺關縣有黎亭」，一統志「黎國本在長治縣西南黎侯嶺下」。凡此壺關之黎亭是：(1)殷諸侯國，(2)西伯所戡之黎，(3)春秋之黎侯國。

我們以為春秋的黎侯，與壺關之黎亭應加分別。黎侯國在黎城：……今黎城縣。此黎侯與殷同為子姓……卜辭所伐之勿當不是子姓之黎而是壺關之黎國。【殷虚卜辭綜述】

◉阜陽漢簡整理組　(73)𪏆，即「黎」，《說文》「黎」，「从黍，𥝢省聲。𥝢，古文利」。此即通「利」。「饒地之利」，謂可使土地增産增收。【阜陽漢簡《萬物》文物一九八八年第四期】

◉黃錫全　[glyph]黎　鄭珍云：「黍之隸變有作桼者，此作桼依之，但分左右而寫誤，[glyph]亦是[glyph]誤。」石鼓文𩃟作[glyph]，雲夢秦簡黎作

䵴 䵴

𥣬，石經《魯詩》殘碑黍作𥝌。戛韻齊韻録《亢倉子》黎形同此。【汗簡注釋卷三】

◉許　慎　䵴治黍禾豆下潰葉。从黍。畐聲。蒲北切。【説文解字卷七】

◉馬叙倫　徐灝曰。此説解有舛誤。蓋本作治黍禾豆不潰者。即木部䅡下所云舂粟不潰也。傳寫不字誤作下。後人又改者為葉。遂失其義。黍禾豆有至堅者。舂擣不破。謂之䵴。顔氏家訓載蜀人呼小豆為豆逼。即此字。顔以為皀字。非也。玉篇云。䵴。黍豆也。蓋知説文之誤而未詳其物。故渾言之耳。倫按如徐説。則為䅡秠䵂之轉注字。䵴音並紐。讀脣齒音入奉紐。章匣同為次濁摩擦音。䅡音匣紐也。今説解直是校語。又有捝譌。玄應一切經音義引古文官書。𪏊䵴二字同。扶逼反。本書𪏊之重文作䵴。此字蓋出字林。【説文解字六書疏證卷十三】

香 香

𦤎 珠263　𦤎 京2·15·1【續甲骨文編】

香□　香澤之印　劉香印信【漢印文字徵】

香出碧落文　香 香【汗簡】

碧落文　汗簡　籀韻【古文四聲韻】

◉許　慎　香芳也。从黍从甘。春秋傳曰。黍稷馨香。凡香之屬皆从香。許良切。【説文解字卷七】

◉葉玉森　此字从黍从日。疑者字。即古文諸。由黍得聲。金文作者諸女觥。者亢敨。或省日作米方尊。並从黍之譌變。【説契】

◉馬叙倫　吴穎芳曰。甘是味。與香气不近。從甘者。假借也。轉注也。嚴可均曰。六書故引徐鍇曰。甘非聲。則小徐原作甘聲。甘香聲之轉。鈕樹玉曰。左桓六年傳有所謂馨香。僖五年傳有黍稷惟馨。然無黍稷馨香句。倫按徐鍇引尚書洪範。稼穡作甘。謂黍甘為香。會意也。然甘為含之初文。而香者以亯得之。則不得從黍甘會意而為香臭字也。且禾黍亦無香。字何以從黍。洪範言稼穡作甘者。甘謂甘苦之甘。蓋稼穡所得為甘味也。亦非香義。甲文作𦤎。郭沫若釋香。字正從口。金文魯字從𠙵。甲文從口。亦其例證也。然則香是從口黍聲。黍音審紐三等。故香音入曉紐。同為次清摩擦音也。以左僖五年傳黍稷非馨明德惟馨證之。香是甘苦之甘本字。甘苦屬口識。故從口。芳香字即芳也。芳音非紐。非曉同為次清摩擦音。故古今多以香為芳。周禮庖人。春行羔豚膳膏香。注。膏香。牛脂也。以牛脂和之。尋牛脂無香。以牛脂和之者。味甘美耳。吕氏春秋仲冬。水泉必香。審時。不噮而香。高注皆曰。美也。亦皆謂水甘而非謂芳香也。是其證。字見急就篇。古匋作□。【説文解字六書疏證卷十三】

◉郭沫若　香字小篆作□。从黍从甘。此作□。上正从黍。下亦甘省。古文从甘之字多省作如是者。故知此乃香字。【卜辭通纂】

◉饒宗頤　……旅貞：……卯，其……⿱秝日歲……于父丁……（文録三二七）

⿱秝日字从日从二禾，以西嶽華山廟碑「香」字作「香」證之，知為香字。後世字書，如字彙補有稥字，云：「音香，芳氣也。」即由契文演變。香謂馨香，詩生民：「其香始升」，鳧鷖：「爾殽既馨」，牛脂亦曰「香」；（周禮庖人鄭司農注）卜辭言「⿱秝日」即薦馨也。【殷代貞卜人物通考】

◉李孝定　契文从□與黍字之作□者同。从禾从來同意。或从□刻正是黍字。或省从來。其意亦同。蓋字象以器盛黍稷之屬。以見馨香之意。為會意字。从來麥之古文。與从黍自可通作也。郭氏釋从黍者為香。从來者為嗇。蓋未之深思也。辭云。「乙酉卜在香貞王今夕亡禍。」甲・二・二五・一五。「乙未卜貞黍在龍囿啬受有年二月」。甲卜通四四一。香啬同為地名。而字形又只从黍从來微異。可證其必為一字也。葉氏釋此者非是。説文。「者。别事詞也。从白。□聲。□古文旅字。」上从□。金文「者」上多从□□□諸形。亦與此从黍若來者迥異也。古陶香作□見古籀補補。亦與契文略同。【甲骨文字集釋第七】

◉黄錫全　□香出碧落文　今存碑文作□，此形同。《説文》「香，芳也。从黍，从甘。」正篆作□。漢印香作□、□、□等（漢印徵7・12）。甲骨文有字作□（續3・28・5）、□（金583），或釋香。□當是由□形譌變，即由□而□、□、□、□。【汗簡注釋卷二】

◉張桂光　□字見《合集》730、3110–3119、1701–1703、《英》32、133。《甲骨文编》收入附録。《類纂》録而不釋。字從甘桑聲，似當釋香。香、桑古音同在陽部。雖然香屬曉紐，桑屬心紐，聲紐不同，但從宣屬心紐而從宣得聲的喧、萱等字均屬曉紐，詢、絢同從旬聲而分屬曉、心二紐等情形看，兩部當有一定聯係，以桑作香的聲符，似能説得過去。另，□字見《合集》3108、3109，《甲骨文编》收入附録。《類纂》隸作香，無説。按此字從來從甘會意，并當釋「香」，卜辭「子香」為人名。又，《類纂》以□與□為同

字，考二字構字部件不同。文例又異，似非同字。【古文字考釋六則　于省吾教授百年誕辰紀念文集】

馨

義雲章【古文四聲韻】

◉許　慎　香之遠聞者。从香。殸聲。殸。籀文磬。呼形切。【説文解字卷七】

◉馬叙倫　鈕樹玉曰。韻會及華嚴經音義七十五引者作也。玉篇注亦曰。繫傳殸籀文磬上有臣鍇曰。沈濤曰。華嚴經音義引作謂香之遠聞也。承培元曰。小徐馨之遠聞下當有者也二字。王筠曰。朱文藻本篆作。倫按馨為香之轉注字。香音曉紐。馨音亦曉紐也。説解本作香也。今存者蓋字林説。【説文解字六書疏證卷十三】

馥

蟜馥私印　臣馥【漢印文字徵】

◉許　慎　香气芬馥也。从香。复聲。房六切。【説文解字卷七】

米

甲八七〇　朱書　甲九〇三　鐵七二・三　拾四・一六　後一・二五九　後二・二三・五　粹二二七　粹二二八　京津三〇三八　明藏四六七　無想四九五　坊間三・九二　華大八【甲骨文編】

甲903　卜259　續4・21・10　外428　粹112　227　228　新914　3038　録403　424【續甲骨文編】

5・375　石米余　秦1059　安米　陶文編　7・52　9・70　米☐【古陶文字徵】

〔七八〕　〔四四〕【先秦貨幣文編】

95【包山楚簡文字編】

米 米 秦一七九 九例 通䆀 多曹—死 日甲四〇背 【睡虎地秦簡文字編】

米 米粟祭尊 【漢印文字徵】

米 品式石經咎繇謨粉米 汗簡引尚書作䋛云米亦作䋛 【石刻篆文編】

米 米 䋛 米亦作䋛竝見尚書 【汗簡】

䋛 古尚書 米 汗簡 米 同上 【古文四聲韻】

◉許 慎 米粟實也。象禾實之形。凡米之屬皆从米。莫禮切。【說文解字卷七】

◉孫詒讓 龜甲文有米字作米,金文無米字,而从米字則恆見。如曾伯霥簠粱字作粱,陳公子甗稻字作稻,陳侯敢𥻆字作𥻆,石鼓文䵖字作䵖,諸文偏旁米字,與甲文大致略同。以此推之,古章畫績,疑當作米,小篆作米,則聯屬整齊之,與古文微異矣。

金文从米字,增省亦多舛異,如大鼎有歸字,大敢作歸,舊皆釋為歸字,形義未詳。其米形作米米,𢑞畫較緐。毛公鼎康作康,史宂簠稻粱字作稻粱,稻从禾,从舀,从米。粱从米,从办。皆古文省變。米形作米米,𢑞畫又較省,此皆米之別體。若然,古米或有作米、米、米、米諸形者,即許所謂聚細米形,緐簡本自無定,要皆不為午交形。原始古文,大氐如是也。【名原卷上】

◉羅振玉 米 象米粒瑣碎縱橫之狀。古金文从米之字皆如此作。許書作米形稍失矣。【增訂殷虛書契考釋卷中】

◉王 襄 米米古米字。【簠室殷契類纂正編卷七】

◉商承祚 象米粒瑣碎縱橫之狀。金文史免匡稻字从米。又或作米。曾伯霥簠粱字偏旁。為小篆所本。【甲骨文字研究下編】

◉孫海波 米藏七二·三。米後下·二五·九。說文云:「粟實也。象禾實之形。」按象米粒瑣碎之形。【甲骨金文研究】

◉馬叙倫 徐鍇曰。象稃穀坼開米出見也。鈕樹玉曰。韻會作穬實也。繫傳祛妄篇作粟穬實也。禾實韻會作禾黍。祛妄篇禾實。王筠曰。米之形本難象。故字不甚明豁。四點米也。十則聊為界畫耳。石鼓文䵖字從米。以一為梗。而六點則米也。

蓋以米難象。故原其在禾時以象之。徐灝曰。曾釗云。十為甲之古文。甲坼而米見。是也。此指事。指粟在裏中。甲坼而見。故曰。象禾實。非謂已舂去穅之米也。倫按王謂米字以一為梗而六點則米。徐謂米非謂已舂去穅之米。皆是也。甲文米字作米米米。金文米字見於偏旁者。曾伯霥簠粱字所從之米作米。叔朕簠作米。與石鼓同。蓋象形文本作米。非去稃之米。而為在梗之禾實。說解象禾實之形。雖非許文。而義未譌。倫疑粟實也本作禾實也。象禾實之形本作象形。而呂忱或校者改為象粟穬之形。傳寫譌耳。米本禾實。而借為禾實去稃者之名。尋果核中物。俗稱曰仁。如杏仁桃仁是也。然薏實或稱薏仁。或稱薏米。米音微紐。仁音日紐。古讀歸泥。微泥同為邊音。則謂穀中物曰米。猶謂果核中物曰仁。去稃之物。實為禾實。故米為大名。其皮為稃而字或作粰。而康亦從米。稃外為殼。字或作粟。亦從米也。字見急就篇。【說文解字六書疏證卷十三】

◉于省吾　栔文米字作米。金文如粱稻糕等从米之字亦如是作。小篆中畫直貫。已失初形。栔文朿字閒作朿。與米字有別。後下二九・十五。王其聂米自且☐。佚八五。兹米。登米系米均謂祭時獻米也。後上二五七。王米□叀父丁以于囚米。後下二三・五。王其聂□囚米。粹二二七。王米于以且乙。王米于囚以且乙。二二一八。□王米□于□以且乙。囚為祭名。栔文亦作盥。通盟。即周禮詛祝盟詛之盟。米作動字用。亦當為祭名。與彌弭敉字通。周禮小祝。彌烖兵注。彌讀曰敉。敉安也。男巫。春招弭以除疾病注。杜子春讀弭如彌兵之彌。玄謂弭讀為敉。字之誤也。敉安也。安凶禍也。說文。敉撫也。从攴米聲。周書曰。亦未克敉公功。讀若弭。按撫安同義。是栔文之米祭。即男巫招弭之弭。弭為安凶禍之祭。囚米連文。盟謂要誓於鬼神。其言以于囚米。謂與于盥弭。其言王米于以且乙。以應讀台。訓我之。言王弭祀于我之且乙。其言王米于囚以且乙者。言王弭與盟于我之且乙。中閒省去介詞于字。乃栔文之常例也。【釋米　雙劍誃殷栔駢枝三編】

◉陳夢家　辭云。「令兹米衆」。鐵・七二・三。「步不米衆」。拾・四・十六。米或是敉或侎字。說文「撫也。」【殷墟卜辭綜述】

◉李孝定　疑中一畫乃象麗形。蓋米之為物作∴∴。固是以象之。而與沙水諸字之从小點作者易混。故取象於麗以明之。亦猶雨字作☐上畫象天之意也。擇米者必用簏。說文「簏竹器也。可以取粗去細。从竹麗聲。」字今作篩。卜辭言聂米為薦新米之祭。乃用其本義。或用為祭名。郭讀為類。于讀為弭。似以于說為長。言「米衆」則當从陳說讀為敉也。金文粱糕等字偏旁所从米字與栔文同。【甲骨文字集釋第七】

◉白玉峥　米：羅振玉氏釋米，曰：「象米粒瑣碎縱橫之狀。古金文从米之字，皆如此作。許書作米，形稍失矣。」考釋中三四頁。或曰：「米，蓋讀為類；類从頪聲；頪从米聲；例可通叚。周禮大祝『一曰類』，注云：『類，祭名也』。小宗伯言『類社稷宗廟』，則宗廟之祭，亦得用之。」粹考三七。于省吾氏曰：「契文米作⺌⺌；金文如粱、稻、糕等从米之字，亦如是作；小篆中畫直貫，已失初形。米作動字用，亦當為祭名，與彌、弭、敉字通。周禮小祝『彌裁兵』注：『彌，讀曰敉；敉，安也』；男巫『春招弭以除疾病』注：『杜子春讀弭如彌兵之彌，玄謂弭讀為敉，字之誤也。敉，安也；安凶禍也』；說文：『敉，撫也；从攴米聲。周書曰：亦未克敉公功。讀若弭』。是契文之米祭，即男巫招弭之弭，弭為安凶禍之祭。」駢三・十三頁。峥按：字蓋象穀采形；禾成穀，其采之穀粗壯，故以⺌⺌象之。其必以三，三，多也。中一，蓋穀采之梗也。字於卜辭，率多用為祭名，即辭中之𣅀米是也；蓋即嘗新之祭也。其用為動詞字者，如本辭，蓋即說文之敉之本字；其作弭、彌字者，皆為形聲，例當後起。字雖見於典籍，然不得據以論文字初始；況今傳之典籍，皆為漢後之隸定者也。【契文舉例校讀　中國文字第五十二册】

◉楊樹達　米，粟實也。象禾實之形。莫禮切七上米部。

按：以四點象米，其形難瞭，明此物之附於禾，則粟實見矣。首云粟實者，正釋米義。次云象禾實之形者，禾指十，實指⺌⺀，即假禾見米之義也。⺌⺀為物之本形，十示粟實所在，為他形。【文字形義學】

粱　不从米　陳公子甗　沙字重見　史免匡　用盛稻粉　曾伯霥匿　用盛稻粱　弔朕匿　仲𠭯父盤

伯公父匿　用盛糕稻穤粱　弔家父匿　用盛稻粱　【金文編】

粱　日甲一五七背　二例　通粱　廿二年　攻魏—　編二九　【睡虎地秦簡文字編】

2373　【古璽文編】

粱丞相印　粱相之印章　粱他　粱護　粱毋澤　粱霸私印　張粱　粱歲私印　粱昭

粱海私印　粱丘相如　粱安　左粱材印　粱請建印　粱少翁　粱長孺印　粱服　粱譚

【漢印文字徵】

◉許　慎　粱米名也。从米。梁省聲。呂張切。【說文解字卷七】

◉馬叙倫　鈕樹玉曰。韻會無也字。玉篇亦無。莊有可曰。⿰氵刅即古滄字。許云從粱省。非也。王煦曰。木部。⿰氵刅。乃見切。廣韻集韻並音商。依六書當作水旁刅。梁粱等字皆當從⿰氵刅聲。王筠曰。米名也者。此改易之文也。段氏改為禾米也。本之程瑤田。程之説略曰。周官倉人職。掌粟入之藏。注。九穀盡藏焉。以粟為主。鄭注太宰。九穀中無粟。此言九穀以粟為主。則是粱即粟矣。史記索隱載三倉云。粱。好粟。其證也。内外言。飯有粱。又有黄粱。是粱者白粱也。禮設簠簋。不稱黍稷稻粟而云粱。飯必煮米為之。故舉米名耳。無米名者。乃稱穀名。黍稷稻是也。秦漢以後。舉稷者輒逸粱。舉粱者輒逸稷。是溷二穀而一之也。筠案程以粱即粟。是也。而泥米名二字。則非也。天官宫伯。王之饋食用六穀。鄭注有粱。此言飲食可目為米也。太宰三農生九穀。鄭注有粱。此言種植。不可目為米也。漢律。稻米一斗。得酒一斗。為上尊。稷米一斗。得酒一斗。為中尊。粟米一斗。得酒一斗。為下尊。今穀之可為酒者。稻秫之外。惟黍及赤粟。吾鄉謂之秫穀。安徽呼為粟子。漢律不言黍而言粟。則粟即鄭注之粱可知。吾鄉呼其米曰小黄米。殆即所謂黄粱也。要之其穀名粱。其米乃名粱。若泥字從米而謂其穀名粟。其米乃名粱。則蘼芑從艸。將目之為艸實乎。粱自是穀名。或米為禾字之誤。朱駿聲曰。粱即粟也穈也芑也。今小米之大而不黏者。其細而黏者謂之秫。徐灝曰。本草圖經。穀米有青粱黄粱白粱。皆粟類也。青粱穀穗有毛。粒青。米亦微青。而細於黄白米。黄粱穗大。毛長。穀米俱粗於白粱而收子少。不耐水旱。食之香美。逾於諸粱。人號為竹根黄也。白粱穗亦大。毛多而長。穀粗扁長。不似粟圓。米亦白而大。食之香美。為黄粱之亞。内則云。飯黍稷稻粱白黍黄粱。鄭注。黍。黄黍也。正義。下云白黍。則上黍是黄黍。下言黄粱。則上粱是白粱也。倫按本部所屬諸文。唯糧糴竝訓穀也。糕訓早收穀也。然穀自不謂禾名。此外諸文。竝關米事。亦無涉禾類者。然則粱不得為禾名。諸書以粱為禾名者。方音假借。非粱本是禾名。粱音來紐。古讀歸泥。米音明紐。明泥同為邊音。是轉注字。故從米而訓米也。今作米名也者。本是米也米名二訓。唐人删并之。或傳寫誤也。米也許訓。米名字林文。吕訓米名。蓋以為稻粱義矣。陳公子甗曾伯簠作□。仲叡父盤作□。蓋從水。刱聲。刱從刀。從倉之異文作井者得聲。此⿰氵刅之異文。而借為稻粱字。陳公子甗作□。省米。蓋亦借⿰氵刅為粱。斯則明從⿰氵刅得聲。不必粱省也。史記索隱引三倉。好粟也。字亦見急就篇。【説文解字六書疏證卷十三】

◉郭沫若　揆梁字之初義當為堰。象以耒掘沙石以障水。人可以渡。後以木架橋以渡人。故从木作梁。屋梁之義。又其後起者也。以屋梁象橋。故亦謂之梁。再從木作樑。更其後起。【伯梁父簋　長安張家坡西周銅器群】

◉楊樹達　銘文梁字作⿱刱水。从水、从井、从刀、吴氏釋為梁。是矣。而於字形無説。余謂刀為刅字之省。字从井者。字乃从水从

⿰木刅聲。故有井形也。金文粱伯戈粱字作⿰氵刅。不从木。陳公子甗史宂簠粱字亦止作⿰氵刅。不从米。此銘粱字从水。从⿰木刅省。不從米。與陳公子甗史宂簠同。異者。彼二作⿰氵刅。从水从刅。此則从水从⿰木刅耳。曾伯霥簠叔朕簠二銘粱字皆从米作、不省。【仲⿰虘又父盤跋　積微居金文説】

□ □ ⿰米焦　从米隹　伯公父𠤳　【金文編】

◉許　慎　□早取穀也。从米。焦聲。一曰小。側角切。【説文解字卷七】

◉馬叙倫　翟云升曰。玉篇。穱。小也。亦作⿰米焦。倫按内則注。生穫曰穛。穛即⿰米焦字。初學記亦曰。⿰米焦。生穫也。然則取字當依鍇本作收。此非本訓。或字出字林。一曰小也者。未詳。或小也為本訓。以聲為義也。校者記異本。字似當從禾。内則作穛。玉篇之穱。即穛之轉注字。猶噍或作嚼矣。【説文解字六書疏證卷十三】

◉楊樹達　□字从米，或从米省作□。⊘郭君謂□字與猷為一字，以此證知□字即酋。余謂□猷一字之説良是，特□字从米，與説文云酋从西水半見於上者形異。蓋□猷二文雖一字，而所从聲類不同。甲文从□，篆文自从酋，此猶篆文麐字从吝，而甲文此字只从文作⿸鹿文。篆文狼字从良，而甲文狼字祇从亡作⿰犭亡。以此知□與酋雖非一字，而二字音近，則可斷言也。然則□字當為何字乎？按字既从米，而□年與黍年為對貞，則□非是穀類之名不可，故余疑其為⿰米焦字也。説文七篇上米部云：「⿰米焦，早取穀也，从米，焦聲。」□與酋音近，而酋與焦音近，故甲文作□，篆文作⿰米焦爾。經傳以⿰米焦為穀名者罕見。然金文弭中簠云：「用盛秫稻⿰米焦粱。」楚辭招魂云：「稻粢穱麥。」穱與⿰米焦同。玉篇謂⿰米焦穱同字，是也。仲⿰虘又父盤云：「黍粱⿺辶厤麥。」⿺辶厤字从禾⿺辶歷省聲，亦當讀為⿰米焦。⿰米焦本穀名，故卜辭以之與黍為對文。金文弭仲簠以之與黍粱麥為連文，蓋殷周時極常見之穀物也。【□　卜辭求義】

□ 粲　秦三五　五例　□ 日甲五七背　【睡虎地秦簡文字編】

◉許　慎　□稻重一䄷。為粟二十斗。為米十斗曰毇。為米六斗太半斗曰粲。从米。𣦼聲。倉案切。【説文解字卷七】

◉馬叙倫　吳穎芳曰。六應作八。翟云升曰。六書故引作稻重一石為二斛。舂為十斗曰毇。為米六斗有斗之太半曰粲。鈕樹玉曰。繫傳半斗作半升。譌。韻會作斗。倫按諸家於此及下文毇糳諸文。率欲以九章算法斠之。終不能合。王筠以為許義與鄭及九章異。亦卒莫能詳也。且毇下但曰米一斛舂為八斗也。糳下曰。糲米一斛舂為九斗曰糳。而此乃先言稻重一秳為粟二十斗。為米十斗。上又無舂字。此曰毇之毇字。王筠徐灝以為當作糲。則此説解有捣挩明矣。倫以為粲糲毇糳四字下。許本以同聲之字為訓。今挩。所存者字林文或校語。以其時舂法為釋。故與鄭及九章皆不能合。字見急就篇。【説文解字六書疏證卷十三】

●裘錫圭　《説文解字》裏有些字的注解是以《漢律》為根據的，《漢律》因襲《秦律》的地方很多，所以《秦律》可以用來糾正今本《説文》的一些錯誤。《説文·米部》：

粲，稻重一石，為粟二十斗，為米十斗曰毇，為米六斗大半斗曰粲。

又《麥部》：

䴬，麥核屑也。十斤為三斗。

《秦律·倉律》裏有與上引《説文》有關的一條律文：

稻禾一石，為粟二十斗，舂為米十斗；

十斗粲，毇米六斗大半斗。麥十斗，為䴬三斗。

根據這條律文，《説文》「粲」字注解裏「毇」、「粲」二字的位置應互易。「䴬」字注解裏的「斤」字應改為「斗」。

這裏再根據秦律附帶談一下《説文》「糳」、「毇」等字段玉裁注的一些錯誤。《秦律·倉律》是先講了小米由粟舂米的折合比例，然後再講稻米由粟舂米的折合比例的。關于小米的那段律文如下：

〔粟一〕石六斗大半斗，舂之為䊪（糲）米一石，糲米一石為糳米九斗；九〔斗〕為毇米八斗。

《説文·米部》：

糲，粟重一石為十六斗大半斗，舂為米一斛曰糲。

又《毇部》：

糳，糲米一斛舂為九斗曰糳。

毇，米一斛舂為八斗也。

這些注解大概都是以《漢律》中的《倉律》為根據的，所記折合比例與上引秦律完全相合。段玉裁因為《九章算術》和《詩經》鄭箋所記的各種粗細小米的比例，都是糲十、粺九。（粺即毇。《説文·米部》：「粺，毇也。」）糳八，就把《説文》糳字注解裏的「九斗」

改為「八斗」，把榖字注解裏的「八斗」改為「九斗」。這樣改，看起來似乎很有道理，所以得到很多人的同意。現在秦簡出土，才知道《說文》并不錯。至于《九章算術》和鄭箋所記比例與《說文》所據的《漢律》不同的原因，還有待研究。段注還認為《說文》「粲」字注解「……為米十斗曰榖」本應作「……為米十斗，為米九斗曰榖」。這當然也是錯誤的。【考古發現的秦漢文字資料對于校讀古籍的重要性　中國社會科學一九八〇年第五期】

糲 秦一八〇　二例　通糲　舂之為━米一石　秦四一　糲 秦一八二【睡虎地秦簡文字編】

◉許　慎　糲粟重一秳。為十六斗太半斗。舂為米一斛曰糲。从米。萬聲。洛帶切。【說文解字卷七】

◉馬叙倫　吴穎芳曰。粟應作黍。為下失一粟字。翟云升曰。六書故引作粟重一石為一斛。六斗有斗之太半斗。舂為一斛曰糲。倫按胡三省通鑑辨誤引字林。糲米一斛舂為八斗。糲為糲之傳寫誤改。然慧琳一切經音義九十三引倉頡。糲。麄米也。亦脱粟也。然則字林有重文作糲。傳寫倉頡者以字林字易之。辨誤引者乃榖下説解。【説文解字六書疏證卷十三】

精 為八　四例　通青　━色　日乙一六六　通清　━廉毋謗　為八　精 日甲五九　五例【睡虎地秦簡文字編】

精【長沙楚帛書文字編】

精 5374　長沙楚帛書精作糈，與此形近【古璽文編】

精 精賢之印【漢印文字徵】

精 古老子　精 同上　精 義雲章【古文四聲韻】

◉許　慎　精擇也。从米。青聲。子盈切。【説文解字卷七】

◉馬叙倫　翟云升曰。當作釋米也。倫按鍇本作精擇也者。精乃隸書複舉字也。然擇也非本義。或如翟説。然精粗相對之詞。粗下止訓疏也。精下亦宜然。則許以聲訓。擇米也為字林文矣。【説文解字六書疏證卷十三】

粺 粺

粺 粺 秦四三 **粺** 秦一七九 二例 【睡虎地秦簡文字編】

◉許　慎　粺毇也。从米。卑聲。旁卦切。【説文解字卷七】

◉馬叙倫　鈕樹玉曰。韻會引卑聲下有一曰粟一石舂米一斗四升十一字。非説文。倫按顔氏家訓音辭引倉頡。粺。逋賣反。粺從卑得聲。卑音封紐。讀脣齒音入非紐。與毇轉注。毇音曉紐。非曉同為次清摩擦音。粺音竝紐。毇得聲於臼。臼音羣紐。竝羣又同為濁破裂音也。【説文解字六書疏證卷十三】

粗 粗

◉許　慎　粗疏也。从米。且聲。徂古切。【説文解字卷七】

◉馬叙倫　疏也以聲訓。【説文解字六書疏證卷十三】

粊 粊

◉許　慎　粊惡米也。从米。北聲。周書有粊誓。兵媚切。【説文解字卷七】

◉馬叙倫　鈕樹玉曰。繫傳書下有曰字。非。倫按段玉裁據莊子。塵垢粃糠。及周禮雍氏禮記曾子問鄭注史記司馬貞注皆云尚書作粊。改篆作粊。桂馥則據玉篇作粜。其次在粗下與本書同。謂輩本從非聲。俗省作北。粜亦類是。倫謂從北得聲乃在封紐。然詩采薇。小人所腓。箋。腓當作芘。淮南脩務。嫫女似倠。注。似讀人得風病之靡。本書。痱。風病也。以此相證。從比聲亦可也。然此引周書粊誓。今書作費誓。儀禮有司徹。厞用席。注。古文厞作茀。玉篇粜作粜。鈕樹玉謂當本説文。又有粜字。引説文。蓋後增。倫謂或篆本作粜。傳寫因譌為粊。用王引之説。周書以下校語。或字出字林。【説文解字六書疏證卷十三】

糱 糱

糱 糱解 **糱** 糱臣 **糱** 糱勝時 【漢印文字徵】

◉許　慎　糱牙米也。从米。辥聲。魚列切。【説文解字卷七】

◉馬叙倫　桂馥曰。牙當為芽。王筠曰。玄應引作芽米也。翟云升曰。一切經音義十五引作芽米也。承培元曰。徐鍇曰。麥糱。麥牙也。則許書當作麥糱也。鉉改米牙。即用鍇説為之。此轉寫之譌。蓋粟可牙而米不能牙也。王筠曰。九章算術音義引作米牙也。玄應引謂漬穀麥等生芽者也。蓋庾注。倫按牙糱雙聲。草為芽。穀為糱。伐木餘為糱。言木經伐而復生枝。

粒 粒

故尚書以田蘖連文。是語原一也。然說解當作穀生芽者也。許本止訓牙也。或芽也。故玄應引校注作謂漬穀麥等生芽者也。繫傳麥蘖之麥字即本之。知今說解多捝譌矣。米字蓋隸書復舉蘖字之殘文。穀生芽者而字從米。明米本非去稃之穀實也。

【說文解字六書疏證卷十三】

粒　粒【汗簡】

義雲章　古尚書　古文【古文四聲韻】

◉許　慎　粒糂也。从米。立聲。力入切。古文粒。【說文解字卷七】

◉馬叙倫　段玉裁曰。糂訓以米和羹也。粒也乃其別義。此字不與糂篆相屬。可證粒義非糂。當作米粒也。今俗語謂米一顆曰一粒。倫按孟子。樂歲粒米狼戾。書益稷。烝民乃粒。詩周頌。立我烝民。禮記王制。粒食。諸粒字見經記者。其義非糂。亦非米一顆曰一粒也。鄭注尚書曰。粒。米也。米音明紐。粒音來紐。古讀歸泥。同為邊音。疑粒為米之轉注字。引申謂為一顆曰粒。糂也者。借粒為糂。侵談近轉也。此校語。本訓捝矣。

顔氏家訓勉學。蜀士呼粒為逼。蓋呼為皀也。五篇。皀。或說。皀。一粒也。皀為食之異文。然則此從食立聲。當為食之轉注字。古文經傳以為粒字耳。王筠據鍇本作。【說文解字六書疏證卷十三】

◉黄錫全　粒　薛本《益稷》「烝民乃粒」之粒作。《說文》粒字古文作。米食義近，如《說文》餈字或作粢，饎字或作糦等。【汗簡注釋卷二】

䆁 䆁

1873【古璽文編】

◉許　慎　䆁漬米也。从米。睪聲。施隻切。【說文解字卷七】

◉馬叙倫　鈕樹玉曰。韻會引及玉篇注皆作漬米也。宋本及繫傳作潰米也。譌。倫按潰字諸家皆謂當作漬。是也。詩生民。釋之叟叟。傳。釋。淅米也。水部。淅。汰米也。今為飯者。始以水漬米。繼則汰之。詩言釋之叟叟。叟為溲省。水部。溲。浸汰也。今杭縣置米於漏水之竹器中。以手攪之。使去其不潔與粃秕之類。其聲正溲溲然。據是。則漬米卜或有奪文。

糂 糂　糪 糪　糜 糜

然非本訓。釋溲蓋同語原。魏石經古文作睪下[glyph]。米字作[glyph]。必有本也。【説文解字六書疏證卷十三】

糂 糂見説文【汗簡】

糝 説文　䊝 同上【古文四聲韻】

◉許　慎　糂以米和羹也。一曰粒也。从米。甚聲。桑感切。𥼺籀文糂从朁。糝古文糂从參。【説文解字卷七】

◉馬叙倫　鈕樹玉曰。韻會從米甚聲在一曰句上。倫按此今杭縣謂於羹中下藕菱所為粉和之使黏着曰勾欠之欠本字也。欠甚聲同侵類。然以米和羹也非本訓。一曰粒也校語。餘見粒下。

𥼺　從朁二字後人加之。餘詳糝下。

糝　宋保曰。甚朁參竝同部聲相近。倫按糂糝𥼺聲同侵類轉注字。從參二字校者加之。【説文解字六書疏證卷十三】

◉許　慎　糪炊米者謂之糪。从米。辟聲。博戹切。【説文解字卷七】

◉馬叙倫　吴穎芳曰。爾雅無炊米。似應作炊米。未孰者謂之糪。俗云。殭心飯。段玉裁曰。炊字句。炊謂飯與鬻也。廣韻引新字林。𪍿。豆中小硬者。義相近。王筠曰。米者謂之糪。釋器文。冠以炊字為句者。摘引此句。卒難解也。徐灝曰。米者謂之糪。爾雅釋器文。郭注。飯中有腥。腥讀為生。半生半孰。米質未變。故曰。米者謂之糪。與黍部䵑音相近。然爾雅之文。上承饐及摶者而言。説文上無所承。則讀者不知為何語。雖增一炊字。語意猶未明也。倫按此字呂忱據爾雅加而説解有譌捝。糪䵑同語原。餘見皀下。【説文解字六書疏證卷十三】

糜 糜僮印信【漢印文字徵】

糜 糜【汗簡】

◉許　慎　糜糝也。从米。麻聲。靡為切。【説文解字卷七】

◉馬叙倫　鈕樹玉曰。韻會引麻聲下有黃帝初教作糜六字。蓋襍他書。桂馥曰。糝也李善荅客難注引作爛也。本書。饘。糜也。釋名。糜。煮米使糜爛也。倫按糝為爛譌。倫謂糜鬻乃饘鬻。糜是粺之轉注字。音同微紐也。古書率借糜為鬻。故爾雅釋言。鬻。糜也。韻會所引蓋字林說。玉燭寶典五引倉頡。糜。穄也。乃糜之省譌。【說文解字六書疏證卷十三】

◉許　慎　䊞糜和也。从米。覃聲。讀若鄿。徒感切。【說文解字卷七】

◉羅振玉　䊞　一五九二

象酒盈尊。殆即許書之㽉字。【增訂殷墟書契考釋卷中】

◉馬叔倫　桂馥曰。本書。㽉。和也。廣雅。䊞。甘也。糜疑當作㽉。王筠曰。繫傳作讀若譚。說文無譚而引譚長說。倫按䊞糝糂䊲聲同侵類。疑轉注字。今杭縣謂亯煮生孰不匀使之和曰。道他一道。倫謂當用此字。䆃服或作導服。是䊞道音同也。糜和也者。糜蓋上文糜下隸書復舉字。傳寫誤入。和也非本訓。或字出字林也。【說文解字六書疏證卷十三】

◉徐中舒　一期　庫一五三七　五期　庫一六七三　從米從㽉，象米在器中之形。卜辭用為稻字。【甲骨文字典卷七】

◉許　慎　卷潰米也。从米。尼聲。交阯有卷泠縣。武夷切。【說文解字卷七】

◉馬叔倫　承培元曰。卷即糜爛其民之糜。潰米。米爛也。與火部㸏義同。疑本同字。徐灝曰。潰米蓋謂米之潰敗者。倫按潰借為殨。殨米者。米年久而殨爛者也。今杭縣謂物久殨爛謂之梅。即此字。與㸏黴同語原也。交阯六字校語。或此字出字林也。【說文解字六書疏證卷十三】

◉許　慎　𥼶酒母也。从米。䴴省聲。䴴六切。䴴𥼶或从麥。鞠省聲。【說文解字卷七】

◉馬叔倫　鈕樹玉曰。韻會作𥼶。王筠曰。𥼶即𥼶之或體。何須言省。𥼶不以米作之而字從米。古人不拘也。徐灝曰。當作𥼶聲。鳥部鵴宀部𥼶竝云𥼶聲。倫按米為禾實。故從米耳。酒母也蓋字林文。【說文解字六書疏證卷十三】

糟竝出裴光遠集字　糟　上同竝出裴光遠集綴　糟【汗簡】

裴光遠集綴　同上　竝同上　演說文　崔希裕纂古【古文四聲韻】

◉許　慎　糟酒滓也。从米。曹聲。作曹切。醩籀文从酉。【説文解字卷七】

◉王國維　醩周禮酒正注引内則曰。稻醴清⿱艹酒黍醴清⿱艹酒粱醴清⿱艹酒。鄭司農先鄭云。糟音聲與⿱艹酒相似。然則内則糟本作⿱艹酒。⿱艹酒蓋醩之或作。後鄭本内則。則徑改為糟矣。【史籀篇疏證】

◉馬叙倫　沈濤曰。御覽八百六十引無酒字。乃傳寫誤奪。倫按字見急就篇。

醩　鈕樹玉曰。一切經音義三及八竝云。籀作醩。玉篇收酉部。亦同。倫按此篆蓋傳寫之譌。籀文下捝糟字。從酉校者加之。【説文解字六書疏證卷十三】

◉黄錫全　莤糟　《周禮・酒正》：「辨四飲之物。」注：「鄭司農説以《内則》曰，飲重醴，稻醴清⿱艹酒，黍醴清⿱艹酒，粱醴清⿱艹酒……糟音聲與⿱艹酒相似。」今《禮記・内則》諸⿱艹酒字均作糟。⿱艹酒从酒聲，與糟同屬照紐幽部字，例可通假。咸陽塔兒坡出土「莤府」壺的莤，江陵漢墓遣策的莤，黄盛璋先生釋讀為糟。莤即⿱艹酒，今本《説文》有莤無⿱艹酒。莤字用于動詞，漢經師讀為縮，用于名詞讀糟（參見古研10・221），鄭珍以為⿱艹酒形是由籀文醩變，當屬臆測，《玉篇》⿱艹酒，酒液也。【汗簡注釋卷一】

◉黄錫全　⿰缶糟糟並出裴光遠集字　籀文糟字从酉作醩，俗作⿰酉糟或醩。此形左从缶。《説文》「缶，瓦器也」，與「酉」為古之酒器音義均近。古蓋有⿰缶糟字，裴氏輯録。【汗簡注釋卷二】

糒 糒

◉許　慎　糒乾也。从米。葡聲。平祕切。【説文解字卷七】

◉馬叙倫　沈濤曰。後漢書明帝紀注隗囂傳注文選弔魏武帝文注一切經音義十五皆引作乾飯也。御覽八百六十引作乾食也。食乃飯字之誤。丁福保曰。慧琳音義五十八引作乾飯也。倫按糒即今所謂鍋巴。乾飯也非本訓。或字出字林也。【説文解字六書疏證卷十三】

◉楊樹達　糒為名字。漢書李廣傳云：「持糒醪遺廣。」李廣利傳云：「載糒給貳師。」匈奴傳云：「轉邊穀米糒。」王莽傳云：「大官齎糒乾肉。」皆作名字用。許云乾飯，亦以名字釋之。

説文十篇上火部云：「㷭，以火乾肉也。从火，稫省聲。」符逼切。方言七云：「熬，⿱取火，煎，⿱備灬，鞏，火乾也。凡以火而乾五穀之類，自山而東齊楚以往謂之熬，關西隴冀以往謂之⿱備灬，秦晉之閒或謂之⿱取火。」按畐聲葡聲古音同在德部，以火乾肉謂之㷭，以火乾五穀謂之⿱備灬，音同，義相近。今語猶言⿱備灬，字作焙。糒⿱備灬聲類同，知訓乾飯之糒實源於以火乾五穀之⿱備灬，以火乾肉之㷭矣。

方言七郭璞注云：「⿱取火即鬻字也。」按鬻鬻⿱取火炒皆同字，前引衆經音義已言之。以火乾五穀，或謂之⿱備灬，或謂之⿱取火，故乾飯謂

之糒，又謂之糗。糒源於僃稫，糗源於鬻，僃稫與鬻義同，知糒糗二文語源相同矣。【字義同緣於語源同例證　積微居小學金石論叢】

◉夏　渌　三代3·12·6《鑄客鼎》：「鑄客為陰糒為之。」「糒」省作「糒」，右側不夠清淅，以偏結構和銘文詞義推之，當為「糒」字。「陰糒」即為楚王制作御膳米飯餅餌之類的職官。《廣韻》：「糒，乾飯也。」《書·費誓》「峙乃糗糧」疏：「糗糒是行軍之糧。」《博雅》：「糗，糒也。」《說文》：「糗，又乾飯屑也，又糧也。」《史記·大宛傳》：「載糒給貳師。」【楚古文字新釋　楚史論叢（初集）】

256【包山楚簡文字編】

糗　日甲一五八背　通嗅　令其鼻能ー鄉【睡虎地秦簡文字編】

◉許　慎　糗熬米麥也。从米。臭聲。去九切。【說文解字卷七】

◉楊樹達　說文七篇上米部云：「糗，熬米麥也。从米，臭聲。」玉篇云：「尺沼切。」按糗字从米，為名字。書費誓云：「峙乃糗糧。」公羊昭公二十五年傳云：「敢致糗於從者。」皆作名字用。許云熬米麥者，謂曾經煎熬之米麥也。文選聖主得賢臣頌注引服虔訓糗為乾食，左氏哀公十一年傳注訓糗為乾飯。蓋米麥曾經煎熬，故為乾食乾飯矣。

說文三篇下䰜部云：「鬻，熬也。从䰜，芻聲。」尺沼切。按糗鬻二字讀音同，一訓熬米麥，一訓熬，義亦同。所以區為二字者，糗為名字，鬻則動字也。故鬻字从䰜。䰜與鬲同字。䰜者，所以熬之具也。古名字多受義於動字，糗之受名實源於鬻。臭聲字古音在幽部，芻聲在侯部，音相近。鬻今字作炒。衆經音義卷一卷十四並云：「炒，古文鬻𦞦聚𤎅四形。今作𩱫，崔寔四民月令作炒。」樹達按今語恆言炒，米之經炒而乾者謂之炒米，即糗也。【字義同緣於語源同例證　積微居小學金石論叢】

◉馬叙倫　翟云升曰。御覽引無麥字。王筠曰。糗之音變為尺沼切。廣韻三十小。麵。亦作麨。糗也。今人皆呼之。倫按熬即今之炒字。御覽引無麥字。則糗蓋今所謂炒米。然釋名曰。糗。齲也。飯而磨之。使齲碎。是也。則是今所謂炒米粉。而儀禮既夕記。凡糗不煎。則糗又非粉也。疑釋名所謂飯而磨之者。實臬也。【說文解字六書疏證卷十三】

◉商承祚　糗，《說文》：「熬米麥也。」《玉篇》卷十五：「糗，糒也。」又：「糒，乾飯。」豆，《說文》：「古食肉器也。」或从竹作笠。《玉

篇》卷十四：「笠，禮器。」【信陽長臺關一號楚墓竹簡第二組遺策考釋　戰國楚竹簡匯編】

◉湖北省文物考古研究所　北京大學中文系　「頪」字所從的「頁」與「百(首)」為一字的繁簡二體，故「頪」即「糗」字(參看考釋〔四九〕)。《說文·頁部》有訓為「難曉」的「頪」字，與此字同形而實無關。「首」、「頁」古本一字，前人早已指出。詛楚文「道」字及《汗簡》所録「道」字古文皆作「䢜」，是其確證。仰天湖八號簡有「一策柜，玉𩠐」語，近人或釋末一字為「頁」，讀為「首」，當可信。信陽二一七號簡「……□鈇𩠐，屯又(有)鐶」，二○五號簡「……屯上鈇𩠐，又(有)鐶」。「鈇頁」即「鋪首」。粠，待考。《楚辭·招魂》「粔籹蜜餌，有餦餭些」，王逸注：「餦餭，餳也。」「粠」、「皇」音近，餦餭與粠不知是否有關。【一號墓竹簡考釋　望山楚簡】

臬

◉許　慎　臬舂糗也。从臼米。其九切。【說文解字卷七】

◉馬叙倫　鈕樹玉曰。韻會引臼下有聲字。朱駿聲曰。如蕉俗炒米粉。倫按鍇本作臼聲。是也。臬音糗來。臭臼聲同幽類。熬米為糗。舂之曰臬。小變其音耳。【說文解字六書疏證卷十三】

◉楊樹達　臬　舂糗也。从米臼。其九切。七上米部。米為主名。臼為處名。【文字形義學】

糈

◉許　慎　糈糧也。从米。胥聲。私呂切。【說文解字卷七】

◉馬叙倫　沈濤曰。龍龕手鑑引作粱米也。闕疑。王筠曰。羣書說糈。未有言糧者。倫按糧粱米也皆下文糧字說解中語。傳寫誤入此下。糧為隸書複舉字。粱米也當作粱也米也。皆釋糧字之義。粱也為許訓。米也蓋字林文。今杭縣謂康之粗者曰西。疑當作此字。亦疑糈為粱之魚陽對轉轉注字。莊子天道。鼠壤有餘糈。楚詞離騷。懷椒糈而要之。山海經祠諸山神有糈。皆謂米也。然則糧也粱也米也皆呂忱列異訓。字蓋出字林。【說文解字六書疏證卷十三】

糧

糧並出義雲章【汗簡】

義雲章【古文四聲韻】

◉許　慎　糧穀也。从米。量聲。呂張切。【說文解字卷七】

◉郭沫若　䊐殆糧之異文。人無可攷。【郘王䊐鼎　兩周金文辭大系考釋】

粈

◉馬叙倫　鈕樹玉曰。玉篇同此。韻會同繫傳。桂馥曰。穀也者。非古訓。糧乃行者之乾食。詩公劉。乃裹餱糧。周禮廩人。治其糧與其食。注。行道曰糧。翟云升曰。繫傳作穀食也。是。左僖四年傳。資糧屝屨。疏。糧謂米穀行道之食也。倫按鍇本作穀食也。食為實字之偽。此捝實字。糧為粱之音同來紐聲同陽類轉注字。古讀來歸泥。泥微同為邊音。亦米之轉注字也。莊子逍遥遊。宿舂糧。舂糧即舂米。宿舂糧。備行食也。與周禮治其糧義同。彼糧與食對文者。食亯一字。食謂孰物耳。詩之餱糧。則糗糒之類也。糧俗作粮。漢白石神君碑。黍稷稻粮。稻粮即稻粱。又可證也。字見急就篇。【説文解字六書疏證卷十三】

◉馬薇廎　或作、，从米从匕鬲，量聲，糧字也。或為量字，作為聲符。糧，穀食也，故从米，置鬲中煮食，匙以挹之，皆所以説明糧之為用也。龏母辛鬲云「龏入于母子，用作右母辛奠彝」，謂貢糧以制鬲也。木工鼎云「木工册作妣戊」糧下省一鼎字。糧鼎，煮穀食之鼎也。【彝銘中所加于器銘上的形容字　中國文字第四十三册】

◉銀雀山漢墓竹簡整理小組　「饇」當為「糧」之異體。【銀雀山漢墓竹簡】

◉黄錫全　糧並出義雲章　鄭珍云：「左旁見上日部，誤係之《碧落文》，《義雲》此糧从之，知是《義雲》量字。以肌改東旁，此又改米从禾，似種而非，直俗謬耳。」按，量字从日从東，後加土作，説見日部量。禾與米旁每不别。如稟字作(農卣)、也作(召伯毁)，稻字作(曾伯簠)、也作(陳公子甗)，古璽種作(璽彙2578)等，糧應是糧字或體，鄭説非是。【汗簡注釋卷三】

◉戴家祥　郭沫若釋稟，為稟之異體，與字形不合，當釋糧為妥。如郭氏所説，宜桐盂之郐王即徐王糧鼎之郐王。郐王糧鼎之糧作，右旁與上部同，隸定為量無疑。下部从米，而上三筆與量字下部三筆重合，是構字造形的巧妙所在。説文七篇「糧，穀也。从米量聲。」此篆改為上下結構。金文偏旁常可上下左右移動，與字義無礙。

郐王鼎　郐王糧用其良金　糧，从井量聲。郭沫若在兩周金文辭大系中釋為糧，但無詳釋。郐王鼎用作人名，無義可説。【金文大字典中】

◉許　慎　粈雜飯也。从米。丑聲。女久切。【説文解字卷七】

◉馬叙倫　鈕樹玉曰。繫傳韻會飯作飰。俗。俞樾曰。粈飷一字。倫按食部飷亦訓襍飯。段玉裁以為後增。倫謂漢以前無此字。玄應一切經音義三。粈。古文粈飷二形。蓋玄應本古文官書。飷粈二字皆吕忱本官書加也。【説文解字六書疏證卷十三】

糶

103【包山楚簡文字編】

0618【古璽文編】

糶帯私印【漢印文字徵】

◉許　慎　糶穀也。从米。翟聲。他弔切。【説文解字卷七】

◉馬叙倫　徐灝曰。古傳注未見有名穀為糶者。出部。糶。出穀也。入部。糴。市穀也。糶音他弔切。糴音從歷切。本一聲之轉。故弔字亦讀如的。糶糴皆售穀。自買者言之則為糴。自賣者言之則為糶。亦如出物貨曰賣。購入曰買。皆一事而以出入為二義。實是一字。蓋糶之本義即售穀。古音讀為覜。聲轉為的。因聲歧為二義。故加出為糶加入為糴耳。玉篇糶字兼載徒的徒弔二切。是也。倫按古以物易物。故買賣無別。賣字自是後作之俗字。然亦得為買之轉注字。見賣字下。若糶糴則正俗字也。徐説得之。然售米而字從米。仍可疑。或是䊪之轉注字。聲同幽類。翟從隹得聲。隹音照紐。䊪音亦照紐也。糶音轉為徒歷切而借為𠬪。𠬪音竝紐。糶音定紐。同為濁破裂音也。𠬪為交易之易本字。易音喻紐四等。古讀歸定。亦可證也。【説文解字六書疏證卷十三】

◉劉彬徽　彭浩等　糶，借作糴。以下各簡均作翟。【包山楚簡】

𥽜

◉許　慎　𥽜麩也。从米。蔑聲。莫撥切。【説文解字卷七】

◉馬叙倫　麩也當作米也。此以聲訓。猶𥽜或作粖也。鍇本作麩也。乃後人加麥傍。本書無麩字。或此字出字林。餘見麪下。【説文解字六書疏證卷十三】

粹

◉許　慎　粹不雜也。从米。卒聲。雖遂切。【説文解字卷七】

◉馬叙倫　本部説解多譌。此上文尤甚。粹當為純米。今作不襍也者。乃引申義。疑非許文。字亦或出字林。粹為精之同舌尖前音轉注字。【説文解字六書疏證卷十三】

氣 效二九 十四例 通餼 而遺倉嗇夫及離邑倉佐主稟者各一户以丨 秦二二 秦一六九 封六六 【睡虎地秦簡文字編】

氣常之印 孫氣之印 張從氣印 【漢印文字徵】

禪國山碑 五帝瑞氣 説文氣訓芻米或作槩餼案雲氣字古用气今用氣气字重文 【石刻篆文編】

氣竝見義雲章 氣出淮南王上升記 氣 氣竝見説文 【汗簡】

竝天台經幢 汗簡 碧落文 崔希裕纂古 竝説文 義雲章 淮南子上升記

碧落文 【古文四聲韻】

◉許　慎 饋客芻米也。从米。气聲。春秋傳曰。齊人來氣諸矦。許既切。氣或从既。氣或从食。【説文解字卷七】

◉余永梁 (簠室殷契第十一葉)此氣字。説文:「氣,饋客之芻米也。从米,气聲。春秋傳曰:『齊人來氣諸侯。』槩,或从既。」氣从米旡,旡亦聲。旡聲與气聲同。【殷虚文字考 國學論叢一卷一期】

◉馬叙倫 字從米。安得兼言芻。且饋客芻米。似為動詞。亦安得從米。鍇本有之字。是。然非許文。玄應一切經音義七引字書。餼。餉也。不引本書者。蓋彼時已挩本訓。不能據耳。氣蓋饋之同舌根音又聲同脂類轉注字。以米饋故字從米。字見急就篇。

氣從气得聲。气音溪紐。槩從既得聲。既音見紐。同為舌根破裂音。亦聲同脂類。故饋氣槩相轉注。甲文有字。倫謂即槩字。

食。此後起字。【説文解字六書疏證卷十三】

◉嚴一萍 熂 商氏謂:「漢簡氣亦作熂。氣本稟餼字,禮記·中庸:『既稟稱事』,用既為之。熱氣遇濕温則氣生,此增火以示意。」案汗簡氣作。【楚繒書新考 中國文字第二十六册】

◉商承祚 漢祀三公山碑:「和氣不臻。」《説文》氣:「饋客芻米也……《春秋》(桓公六年)傳曰:『齊人來氣(今本無來字,氣作餼)諸侯。』……餼，氣，或从食。」又气：「云气也，象形。」氣气二字形義有別，後以米餼之氣代云气字，遂增食旁作餼，而以氣作气，以气為气求字，並省去一筆為乞。甲骨文凡气求之乞作三，中劃特短以示與三有所區別。金文洹子孟姜壺「用乞嘉命」，漢魯峻碑「气拜議郎」，《玉篇》气「求也」，《廣韻》气，「同乞」，漢武梁祠畫象題字兩乞皆作气。【《石刻篆文編》字說　古文字研究第五輯】

◉黄錫全　㷼氣　今存碑文作㷼，此形稍異。楚帛書「寘㷼百㷼」之㷼作㷼，形與此類同。選堂先生認為「『寘氣百氣』乃指代表陰陽之二氣」（《楚帛書》）。《說文》氣字或體作𩞯，从米，此應是氣之又一古文（行氣銘作㷼）。鄭珍認為此形是「以氣或體槩改米為火」，實非。【汗簡注釋卷四】

◉曾憲通　㷼　寘㷼百㷼　甲三·一七一九　《汗簡》氣作㷼，《古文四聲韻》引碧落文形同。帛文㷼即氣字。選堂先生以為寘氣百氣乃指代表陰陽之二氣。【長沙楚帛書文字編】

粠 粠

◉許　慎　粠　陳臭米。从米。工聲。户工切。【說文解字卷七】

◉馬叙倫　陳臭米似校語。本訓捝矣。粠蓋止是陳米。以音求之。或與紅同語原。字蓋出字林也。【說文解字六書疏證卷十三】

粉 粉

粉 259【包山楚簡文字編】

粉 粉 粉 粉【汗簡】

粉 古尚書【古文四聲韻】

◉許　慎　粉　傅面者也。从米。分聲。方吻切。【說文解字卷七】

◉馬叙倫　鈕樹玉曰。韻會無也字。洪亮吉曰。古人屑米為粉。傅面者也非本義。倫按傅面之粉以鉛為之。此從米。自是周禮籩人糗餌粉餈之粉。鄭司農所謂豆屑也。然實麪之轉注字。見麪字下。字見急就篇。【說文解字六書疏證卷十三】

◉黄錫全　黺粉　薛本作黺。《說文》：「黺，衮衣山龍華蟲。黺，畫粉也。从黹，从粉省。衛宏說。」鄭珍：「按，許君所稱，係衛氏

古文《尚書》訓亘『黺絲』之注。以黺為畫粉，知壁中古文原作黺，故玉部璪下亦稱《尚書》『璪火黺米』。」【汗簡注釋卷三】

䊷

◉許　慎　䊷粉也。从米。卷聲。去阮切。【説文解字卷七】

◉馬叙倫　倫按以麫作成卷狀之食物。南北通呼曰䊷。而粉非䊷。疑粉下有捝字。然鍇本以䊷為粉之或體。尋䊷得聲於卷。而卷得聲於釆。釆分古皆雙脣音。則或轉注字也。【説文解字六書疏證卷十三】

⿰米悉

◉許　慎　⿰米悉⿱殺米也。从米。悉聲。私列切。【説文解字卷七】

◉馬叙倫　⿰米悉⿱殺米雙聲或為連語。或為轉注字。今杭縣謂散米曰⿰米悉⿰米悉⿱殺米⿱殺米。亦曰⿰米悉殺。下文。⿰米悉⿱殺米。散之也。蓋是散米之聲。然⿰米悉從悉得聲。⿰米悉亦從采得聲。則似為䊷之異文而聲轉耳。䊷訓粉也。粉正散米為之。或同語原然也。與肎楸分辨等同聲意之字皆同語原。【説文解字六書疏證卷十三】

⿱殺米

◉許　慎　⿰米悉⿱殺米。散之也。从米。殺聲。桑割切。【説文解字卷七】

◉馬叙倫　左昭元年定四年正義引。⿱殺米。散之也。散之也疑當作散米也。⿰米悉⿱殺米二字蓋并出字林。【説文解字六書疏證卷十三】

⿰米靡

◉許　慎　⿰米靡碎也。从米。靡聲。摸臥切。【説文解字卷七】

◉馬叙倫　碎下蓋有捝字。又疑字出字林。【説文解字六書疏證卷十三】

竊

義雲章【古文四聲韻】

◉許　慎　竊盜自中出曰竊。从穴从米。禼廿皆聲。廿。古文疾。禼。古文偰。千結切。【説文解字卷七】

◉馬叙倫　鈕樹玉曰。韻會作從穴米。嚴可均曰。廿古文疾禼古文偰皆校語。朱駿聲曰。竊私取米食也。從禼。從穴米。會意。廿省聲。廿籀文疾。翟云升曰。當入宀部。張文虎曰。廿當作卄。從芊省。爾雅釋蟲。强蛘。方言作强羊。郭注。今米穀中蠹小黑蟲是也。禼。蟲也。義兼聲。徐灝曰。此一字而兼用二聲。六書少有。戴侗謂從穴糲聲。倫按戴説是也。晉人書帖中竊字正作穴下糲。陸柬之書文賦亦然。糲從萬得聲。萬蠆一字。蠆竊聲同脂類也。莊子齊物論。竊竊然知之。司馬彪曰。竊竊猶察察也。庚桑楚。竊竊乎。崔譔本作察察乎。竊蓋察之轉注字。竊察同次清破裂摩擦音。萬祭聲同脂類。宀穴一字也。盜竊季當作儊。詳佻字下。古書以竊為私者。以同舌尖前音又聲同脂類借為私。説解非許文。或字出字林。當入穴部。【説文解字六書疏證卷十三】

粻 粕 粔 籹 糉

◉徐　鉉　粻食米也。从米。長聲。陟良切。【説文解字卷七新附】

◉徐　鉉　粕糟粕酒滓也。从米。白聲。匹各切。【説文解字卷七新附】

◉徐　鉉　粔粔籹。膏環也。从米。巨聲。其呂切。【説文解字卷七新附】

◉徐　鉉　籹粔籹也。从米。女聲。人渚切。【説文解字卷七新附】

◉徐　鉉　糉蘆葉裹米也。从米。㚇聲。作弄切。【説文解字卷七新附】

糖 䊪 毇 毇 | 糳 䊪

◉徐　鉉　䊪飴也。从米。唐聲。徒郎切。【説文解字卷七新附】

毇 毇　毇出義雲切韻【汗簡】

毇 竝義雲章【古文四聲韻】

◉許　慎　毇米一斛舂為八斗也。从臬从殳。凡毇之屬皆从毇。許委切。【説文解字卷七】

◉馬叙倫　嚴可均曰。米上脱糲字。鍇本有。桂馥曰。六書故引亦有。鈕樹玉曰。玉篇注同。廣韻引無也字。韻會引米上有糲字。繫傳從毇下有毇糙米三字。蓋鍇説。王筠曰。校者所記也。翟云升曰。米上當有糲字。見詩生民箋釋文引字林。倫按毇字如説解從臬從殳。定非也。如從殳臬聲。於音可通。而義非矣。若從米從臼從殳。則似為毇特制之字。而與舂同義。況殳為形聲字。不得會意也。抑粲糲字皆從米。而糳獨從毇。是毇亦為名詞而非動詞。其必異於舂矣。倫謂從米。𣪏聲。今失𣪏字耳。𣪏為毁壞之毁本字。故毁燬擊嫛皆從之得聲。𣪏從殳。臼聲。臼音羣紐。故𣪏音入曉紐。同為舌根音相轉也。米一解舂為八斗也字林文。【説文解字六書疏證卷十三】

◉黄錫全　毇毇　夏韻紙韻録《汗簡》作毇，未韻録《義雲章》作毇，从石經古文米。《説文》正篆作毇，此𦥑形寫誤。【汗簡注釋卷三】

糳　糳則各切【汗簡】

糳　義雲章【古文四聲韻】

◉許　慎　糳糲米一斛舂為九斗曰糳。从毇。丵聲。則各切。【説文解字卷七】

◉馬叙倫　朱文藻曰。鍇本作丵省聲。省字衍。鈕樹玉曰。廣韻引無為字。一切經音義十八引為作取。桂馥曰。禮部韻略引字林。作八斗。三蒼解詁。糳。精米也。承培元曰。當作叢省聲。倫按精米為糳。經典皆用鑿字。左桓二年傳。粢食不鑿。杜注。不精鑿。釋文。鑿。子洛反。精米。字林作毇。云。糲米一石舂為八斗也。子沃反。桂馥謂釋文毇字本作糳。言與從金之鑿有異也。若作毇。不音子沃反矣。尋本書從丵得聲者僅此字。從此得聲者僅鑿字。顏氏家訓書證述當時俗字曰。鑿頭生毀。則顏時鑿字俗作鑿也。蓋本作鑿。從金。毇聲。故或作鑿。從金。毀聲。唯經記中字久已作鑿。故顏轉以鑿為俗字。鑿聲今在矦類者。以從丵得聲也。然楚詞九辯與教為韻。教音在見紐。聲在宵類。古幽宵為一類。而毇當從臼得聲。臼音羣紐。古讀歸見。而聲在幽類。可見九辯非以矦宵合韻。而實以雙聲疊韻字為韻也。左桓二年傳。粢食不鑿。即淮南主術之粢食不毇。而高誘注淮南曰。毇音毀。細也。誘豈不知毇即左傳之鑿耶。蓋漢時鑿字猶未讀子洛切或則各切也。玄應一切經音義引三倉。鑿。精米也。今江南謂師米為糳。音賴。賴毀聲同脂類。亦可證鑿有毀音。賴從剌得聲。剌得聲於束。束丵聲同矦類。然則鑿為毇之轉注字。左桓二年傳釋文。鑿。子洛反。精米。字林作毇。子沃反。是字林之音猶與從臼得聲者近。故經記皆作鑿。淮南之毇。即左傳及羣書之鑿也。詩召旻箋。米之率。糲十。粺九。鑿八。侍御七。而獨無毇。由鑿即毇也。此說解九斗。段玉裁以為當作八斗。亦可證毇糳是一義。蓋毇音轉復別造糳字也。鑿之為鑿。亦或同此例。以左桓二年傳釋文及桂說并詩生民釋文證知糲下粲下毇下及此下之訓皆字林文。粺下上訓毇也。而韻會引有一曰粟一石舂米一斗四升。亦可證也。【說文解字六書疏證卷十三】

◉黃錫全　□糳則各切　侯馬盟書鑿作□、□，《說文》糳字正篆作□，此糳形省變。馬王堆漢墓帛書《老子》甲本卷後古佚書糳作□，唐《兗公頌》作糳。【汗簡注釋卷三】

臼 □

□ 5·422　獨字【古陶文字徵】

□ 276 □ 277【包山楚簡文字編】

□ 臼　日甲四五背【睡虎地秦簡文字編】

□ 3354【古璽文編】

□ 臼【汗簡】

臿

汗簡　雲臺碑　【古文四聲韻】

◉許慎　臼春也。古者掘地為臼。其後穿木石。象形。中米也。凡臼之屬皆从臼。其九切。【說文解字卷七】

◉馬叙倫　鈕樹玉曰。韻會中下有象字。段玉裁曰。杵下曰春臼也。則此當曰春臼也。倫按許蓋本作器也。或以聲訓。校者或吕忱加春具或春器也。傳寫刪挩如此文耳。古者十一字及中米也三字明是校語。臼為全體象形字。蓋本作。甲文舊字作。凵即省。猶口或作凵矣。【說文解字六書疏證卷十三】

◉楊樹達　臼　春也。古者掘地為臼，其後穿木石，象形。中，米也。其九切。七上臼部。字若單作形，則第為坎陷而已，臼義不顯也。列内容之米形，則臼義顯矣。為外形，米為内形。【文字形義學】

鄴三下・四三・六　鄴三下・四六・七　京津四二六五　【甲骨文編】

後下20・13　甲555　589　770　868　1071　1319　1578　2947　3621

3896　乙1978　2031　4606　4701　6267　6393　6519　7150　7207　7288

7528　7764　7793　7799　8459　8896　珠179　282　575　808　1182

1182　佚41　187　211　續2・25・10　2・30・4　3・1・3　3・6・4　3・36・4

3・43・3　3・46・5　3・46・7　5・3・2　5・4・5　5・17・8　6・16・8　掇550

徵2・44　2・46　4・37　9・20　10・134　11・56　京3・11・1　六中14　續存710

796　1107　書1・8・A　摭續2　144　186　粹81　1124　1147　1151　乙225

【續甲骨文編】

春　伯春盉　【金文編】

5·423　獨字　5·205　宮春　【古陶文字徵】

春　法一三二　二例　日甲四五背　十一例　秦九五　六例　日乙一五六　【睡虎地秦簡文字編】

◉許　慎　𢱐擣粟也。从廾持杵臨臼上。午。杵省也。古者雝父初作春。書容切。【説文解字卷七】

◉吴　雲　春　伯春盉〈1930〉「白(伯)春乍寶盉」　春。家讓之疑是杵臼二字。説文。臼春也。段氏補作春臼也。古者掘地為臼。其後穿木石。象形。中象米也。又杵。春杵也。從木。午聲。春。擣粟也。從持杵以臨臼。杵省。此從從。正是持杵以臨之象。或古時杵字如此。雲按。説文春作𢱐。此篆上下。與説文𢱐字正合。宗周鐘銘臽字下篆作。此省作。即一字也。春是作器者名。釋春於義為安。【兩罍軒彝器圖録卷七】

◉方濬益　伯春盉彝器文午字皆作杵形。是古午為杵之本字。【綴遺齋彝器款識考釋卷十四】

◉余永梁　書契後編下十六葉　此殆是春字。説文。「𢱐。擣米也。从持杵以臨臼。杵省。古者雝父初作春。」此正象杵臨臼擣米溢出之形。但省廾耳。伯春盉有春字。與篆文同。【殷墟文字續考　國學論叢一卷四期】

◉馬叙倫　鈕樹玉曰。繫傳作從廾。廾持杵以臨臼。杵省。段玉裁曰。太平御覽。廿本。雍父作春杵臼。宋衷曰。雍父黄帝臣。翟云升曰。繫傳擣粟作擣米。無午字。倫按午為杵之初文。此從午非杵省。許本作從廾從杵省從臼。校者改之。上午以下十二字亦校語。甲文有。葉玉森釋春。又有字。王襄釋春。又有字。郭沫若釋衝。謂與之别。在倒提杵未有作勢前進之意。當為揰之初文。倫謂甲文有。金文亦有之。父丁卣作。與一字。乃衝之轉注字。然亦作。則無殊也。為春之初文。從從午之異文作而省變作者會意。後以疑於字而加臼耳。毛公鼎。内外。蓋即惷字。從心。聲。可證也。甲文之。葉謂與叔家父匡稻字作滔嫖畝滔字偏傍作者同字。金文省去杵形耳。倫檢史免匡作。滔黑畝作。倫謂從水。聲。從米。聲。從水。聲。從米。聲。從米者稻之異文。從水者滔之異文。而與為一字。從卂。從午之異文。從米。從臼。會意。蓋春之最緐文矣。或曰。一字。其從者。卂之異文。從而有所持。作者。乃由圖畫文字變為篆文使然。乃曲肘向臽之勢也。即金文常見之。僕之最省文也。古以奴隸司事。故從耳。字見急就篇。餘見臽下。伯春父盉字作

[seal]。疑與[seal]一字。【說文解字六書疏證卷十三】

◉蕭　璋（碓）（舂）碓訓為舂。皆擣築也。今人尚呼舂為碓者。實一語之變也。舂訓為擣築。義即近刺。故廣韻四覺兩載戳字：一訓為舂為築。一訓為刺。是其證也。【釋至　浙江大學文學院集刊第三集】

◉戴家祥　[seal]白舂盉　伯舂作寶盉　[seal]劍珌　天其舂才上　[seal]劍珌　墜其舂才下

金文舂或作[seal]，杵从木，故[seal]字亦从木，以材質木表示器物杵，例同莊子列禦寇所云：「為外刑者，金與木也。」郭注：「木謂棰、楚、桎梏。」[seal]下所加之ㅁ，為杵頭上所繫之舂擊物。[seal]字从杵从臼，當為[seal]之省。【金文大字典中】

◉許　慎　𦦗齊謂舂曰𦦗。从臼。屰聲。讀若膊。匹各切。【說文解字卷七】

◉馬叙倫　鈕樹玉曰。繫傳無曰字。讀若膊作讀之若膊字。玉篇曰作為。段玉裁曰。廣雅獨不載此字。疑其臿即𦦗之譌。倫按干屰一字。則𦦗臿一字。下文臿音楚洽切在穿紐二等。舂音審紐三等。古讀皆歸於透。𦦗讀若膊。音在滂紐。滂透同為次清破裂音。故齊謂舂曰𦦗。倫謂臿𦦗皆舀之譌。舂有省其[seal]者。猶[seal]省其午也。午干形近。猶[seal]之譌為牾也。以說解作齊謂云云證之。字蓋出字林。【說文解字六書疏證卷十三】

◉許　慎　臿舂去麥皮也。从臼。干所以臿之。楚洽切。【說文解字卷七】

◉郭沫若　[seal]與伐同例，字於卜辭屢見。他辭云：「王[seal]林方亡[seal]。」前・二・十六・三。亦有用作人名或地名者，於古金中亦屢見。前人每釋為「八申」二字。申非申字，羅氏已辨之。羅釋於申下注云：「吳中丞案適吴式芬因篆文作申，遂謂子[seal]且乙角之[seal]，孟[seal]鼎之[seal]，均即申字。今案[seal]象兩手持杵形，雖不能知其為何字，其義與舂字所从之[seal]同。[seal]字亦然。均非申字也。」余案舂亦可省作[seal]，如毛公鼎二舂字均作[seal]，則[seal]固舂字之初字也。[seal]與[seal]之別在倒提杵末有作勢前進之意，疑即撞之初字。說文云：「撞丮擣也」。此正象丮擣之形以八作者，當是一字。八示分破之意，亦有从行作[seal]者，殆是即衝。前四二・一。撞衝古當為一字。【釋挈　甲骨文研究】

◉馬叙倫　翟云升曰。六書故引麥上有穀字。倫按鍇本作從臼干聲。韻會十七洽引作從臼干聲。下有一曰干所以臿之。王筠曰。干是何物而可以臿乎。此必後人加也。倫謂鍇謂會意。則鍇亦謂干所以臿之。故鉉竟去干聲一曰四字。然干屰一字皆大之到文。豈可以臿邪。倫疑篆本作[seal]。從午。從臼。會意。干所以臿之。干亦午之譌。然舂去麥皮也及干所以臿

之均非許文。道光象山縣志。舂米臼臿。音抽。今上海縣謂小舂曰臿。但音近斫耳。字見急就篇。【說文解字六書疏證卷十三】

◉張秉權　𠂤字的形體在卜辭中作𠂤及𠔁二形。又有作𠂤形者。恐怕也是這個字的一種形變。在金文中其形體變化比較複雜。但大致亦可分為作𠔁立𠔁父丁卣與作𠂤𠂤爵二類。又有作𠂤形者孟𠂤。似乎也是這個字的形變。此字的結構象兩手捧一錐狀物體或矢頭。向上鑽鑿。尖端兩旁的兩撇是象分開之意。至其確實的意義迄無定論。葉玉森集後來諸家的解釋說。定按葉所引各家說見上从畧。葉沒有肯定那一家的說法是對的。並且連他自己曾經說過的也否定了。我想此字象兩手捧錐插刺之狀。當是臿字。大徐本說文七上臼部。「臿。舂去麥皮也。从臼。干所以臿之。楚洽切。」小徐本作「从臼。干聲。」段氏等參用二家之說。謂「从臼干聲。一曰干所以臿之。」許氏誤把臼認作臼形。遂將此字列於臼部。並且以舂麥為其本義。其實這個字當以分刺為本。釋名釋用器。「鍤。插也。插地起土也。」漢書王莽傳。「負籠荷鍤。」注。「鍤鍫也」。王先謙補注。「鍤或作臿」。史記司馬相如傳。「赤瑕駁犖雜臿其間。」則臿又通插。說文十二上手部。「插。刺肉也。从手从臿。」廣韻。「插。刺也。」說文十四上金部。「鍤郭衣鍼也」。集韻。「鍤綴衣鍼」。則臿又有綴衣鍼的意義。定案。郭衣鍼所以固定衣形者。鍤當以郭衣鍼為本義。郭衣鍼無自非所以綴衣者也。與金文的形義尤為相近。史記史皇紀。「身自持築臿。」正義。「臿鍫也」。漢書溝洫志。「舉臿如雲。」注。「鍫也。所以開渠者也。」又說文於木部之梠說是「臿也」。於金部之銛鈂鍦說是臿屬。可見臿是幾種田器的總名。說文七上臼部。「臼，舂也。古者掘地為臼。其後穿木石。象形。中米也。」然則古時舂穀掘地為臼。是舂穀與插地起土的姿勢相似。而古人穴居須在地下穿室。所以插地起土並不完全向下。𠂤字象兩手捧錐。石斧側視形亦如此。向上或向前刺插形。既象鍼狀。又極似插刺。許氏誤臼為臼。於是舂去麥皮的意義獨顯。而其本義遂晦。但是在其他的地方還保存着這個意義呢。𠂤字在卜辭中的用法大部分都是用作名詞的。祇有極少數的例子似乎並不用作名詞。譬如「庚寅王卜在䨄貞𠂤林方𢀛𢦏。」庫・一六二七。「庚寅卜在䨄餗貞王𠂤林方𢀛𢦏。」通・五八六。在前辭中我們還可以把𠂤和林方都解釋為地名。但是在後辭中的「王𠂤林方」之𠂤字。就不能那樣講了。它似乎是一個動詞。郭氏以為「與征伐字同意」。雖無確證。但也聊備一說。【卜辭臿正化說　歷史語言研究所集刊二十九本下册】

◉胡厚宣　宋鎮豪　乙巳卜，戌、辟往𢓊，不雉囟(圖九)。

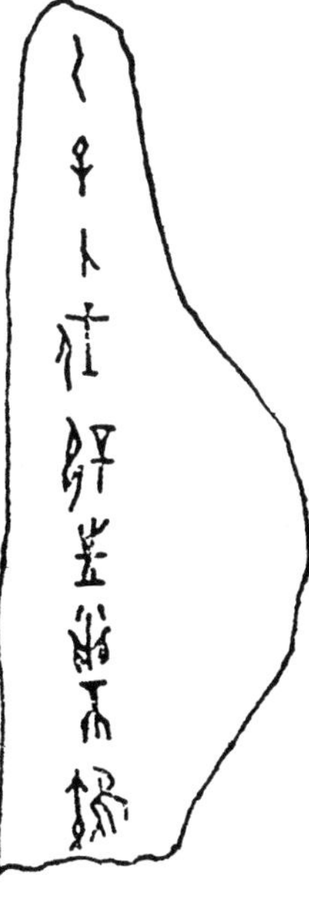

這是三、四期卜骨，看字體可知。

戉、辟，殷代武職官。甲骨文有㠯辟（《掇》1·39·7）；又有辟臣（《殷綴》75）、多辟臣（《甲》1280），辟也可能是後世的嬖，《左傳·隱公三年》云「公子州吁，嬖人之子也」，杜預注：「嬖，親幸也。」辟臣和多辟臣可能是殷王近臣，未必是專職武官。□，張秉權先生釋𢦏，殷西北屬國，卜辭中有問其年成者：「貞□受年。二月」（《乙》6519）。□曾積極協同殷王朝抵御敵對方國的侵入，而殷王朝也不時派遣重臣或軍隊前往，如：「乎多尹往□」（《後》上22·5）、「戊午貞，多射往□，亡禍」（《戩》43·2）。這條卜辭則是在乙巳日占卜，問戉、辟要前往□，要不要「雉衆」，即召集衆人。據研究，衆是殷的非常備軍，平時從事生產，戰時或被征集，是一種軍事輔助力量。【蘇聯國立愛米塔什博物館所藏甲骨文字考釋　出土文獻研究續集】

舀

◉許　慎　舀抒臼也。从爪臼。詩曰。或簸或舀。以沼切。□舀或从手从宂。□舀或从臼宂。【說文解字卷七】

◉丁　山　□象染指於鼎形。當即許書所謂「舀，抒臼也」之舀。【叒　殷商氏族方國志】

◉馬叙倫　鈕樹玉曰。繫傳及玉篇抒作杼。繫傳從爪臼下有聲字。韻會引簸作舂。與今詩合。詩生民作或舂或揄。或簸或蹂。釋文。揄。說文作舀。倫按抒臼也者。附會從爪臼為說。不悟爪為𠭥撮之初文也。或謂爪為𠂇之譌。從𠂇在臼中。故為抒臼。倫謂亦不然。臼何所用其抒。抒臼謂於臼中取物邪。何以獨有專字。且搯訓棺也。棺者。今言斡之本字。然則舀為搯之初文邪。倫謂詩生民。或舂或揄。或簸或蹂。釋文。揄。說文作舀。正義謂以揄在舂下簸上。既舂而未簸。故知揄為抒臼。謂抒米以出臼。蓋以傳訓揄為抒臼。故正義言然。此訓亦本毛傳。倫謂或舂或揄或簸或蹂為對文。簸蹂皆謂有所事於穀麥。則舂舀亦然。非出米於臼而已。舀蓋從𠂇臼聲。金文手形壽有□。蓋是舀字。此擣之轉注字。上文。舂。擣粟也。故舂舀對言之。臼壽聲同幽類。臼音羣紐。壽音澄紐。亦同濁破裂音也。壽舅亦同語原。故舀轉注為壽。壽為擣之初文

臽

也。或體作抌。從手。冘聲。冘聲侵類。幽侵對轉。亦足明舀是從從臼得聲矣。當入部。或部。或謂甲文字。葉玉森又以為舀之古文。蓋舀實其省也。舂音審紐。以同次清摩擦音轉入喻紐四等。故舀音為以沼切。然今人小舂以一手。若舂穀麥之米。皆以兩手舉杵矣。抒臼也及引詩皆非許文。或字出字林也。

鈕樹玉曰。繫傳無舀字。倫按冘聲。

此譌合舀抌為一字也。【說文解字六書疏證卷十三】

◉楊樹達 今長沙取米言舀米,取水曰舀水。爪謂手,能名。臼為所名。【文字形義學】

續二·一六·四【甲骨文編】

臽 䣄鐘 𠬝孳敢臽處我土【金文編】

臽 日乙一〇一 通陷 臥者容席以— 日甲三一背　日乙九三　日乙八九 四例　日乙九七 十九例　日乙九五 二例【睡虎地秦簡文字編】

◉許 慎 小阱也。从人在臼上。户猪切。【說文解字卷七】

◉阮 元 (宗周鐘)臽說文云。小阱也。从人在臼上。天井碑云。堅無臽瀆。隸續說臽即陷字。周禮雍氏注。穿地為塹。所以禦禽獸。謂之陷阱。此从臼。从人持弓。為掩禽獸伏機之象。形義更備。其為陷字無疑。【積古齋鐘鼎彝器款識卷三】

◉吴大澂 。古凾字。器中容物謂之凾。緘其口使不能出也。隸書函臽二字形聲相近。義亦相類。凾字重讀即臽。疑古文本一字也。【毛公鼎釋文】

◉高田忠周 阮說非是。亦人字異文。與卂字人形作而或作同意也。或云此左文即為虎省文。古者設臽阱以獲獸。故字从虎从犬。不必用此于人耳。亦通。【古籀篇二十二】

◉馬叙倫 鈕樹玉曰。韻會臼上下有舂地坎可臽人六字。莊述祖曰。鄭注周禮雍氏曰。穿地為塹。所以禦禽獸。其或超踰則陷焉。周寶鐘。敢虐我土。宗周鐘。同。從虎在坎上。羅振玉曰。卜辭作。從人在凵中。凵象坑形。此作臼。殆由凵而譌變也。馮振心曰：從人在臼中。臼非舂米之臼。直是穴耳。倫按阱也者。凶字義。甲文[字形]字。羅振玉釋為周禮以貍沈祭山林川澤之貍。[字形]字所從之[字形]。即凶也。凵象坎形。∴象土也。此作[字形]者。由[字形]而譌。下文。凶亦其譌字。甲文又有[字形][字形]字。羅釋阱。倫謂[字形][字形]皆臽之異文。[字形]所以誤獸。而人獸陷其中為[字形][字形][字形]。臽為動詞。[字形]則名詞也。此從人在[字形]中。會意。當訓陷也。入凶部。鍇本有舂地六字校語。字或出字林。【說文解字六書疏證卷十三】

◉于省吾　栔文臽字作[字形][字形][字形][字形]等形。舊不識。郭沫若隸定為卲粹考六七。不可據。[字形]象人跽於坎中。即臽字。其作[字形][字形]者。坎在側與在下一也。猶佃之作[字形]亦作[字形]。其坎較淺者。陷人非如陷獸之深也。藏五九·三有[字形]字。隸定應作舂。象陷人于坎而用杵以舂之。藏一七一·三。丞字作[字形]。象兩手拯人於坎中。金文父戊觚有[字形]字。象人陷於坎中。與[字形]自係同字。均為臽之初文。洺[字形]□疊。洺字从臽作[字形]。宗周鐘。臽作[字形]。林義光謂[字形]即[字形]。从人下象其足。是也。珠三四。弖[字形][字形]于門。[字形]當亦臽字。季宮父簠。始从臽作[字形]。象陷女於坎。从人从女一也。說文。[字形]小阱也。从人在臼上。舂地坎。可臽人。按从臼即凵形之變。說文。凵張口也。象形。按許說未可據。朱駿聲謂凵一說坎也。允矣。臽字應為从人凵。凵亦聲。臽凵古韻並屬覃部。凵譌為臼。許遂不知其聲矣。从凵之變為臼。如栔文舊作[字形]。金文作[字形]。栔文舂作[字形]見續五·二·四。金文作[字形]。是其例也。臽今通作陷。禮記檀弓。毋使其首陷焉注。陷謂没于土。前七·二六·二。令臭[字形][字形]盧[字形]。文巳殘。後下十六·十一。甲辰至戊[字形]人。臽人謂薶人也。明一一九。王曰。玆卜[字形]。粹四三一。叀之王[字形]。王。臽者臽人之省語。下王字當係待補於驗辭者。粹五四零。其作豊于伊。[字形]豊古禮字。要之。[字形][字形][字形]與[字形]均為臽之初文。由凵形孳變為臼。遂作臽矣。【釋臽　雙劍誃殷栔駢枝三編】

◉饒宗頤　癸酉卜，亘貞：臣㝵。王固曰：其㝵隹□乙甲戌，臣涉，舟延[字形]（臽），弗告。旬㞢五日。丁亥，幸，十二月。癸酉卜，亘貞：〔臣〕不其㝵。（殷綴一〇九——屯乙八一九、一二二二、一三〇七、一三九四、一四四七、一四五五、一七三二）

按[字形]為臽字。此言臣涉水舟陷。（杜注左傳：「昭王涉漢，船壞而溺。」是其比。）【殷代貞卜人物通考】

◉方述鑫　臽　甲骨文作[字形]（戩四四·二）[字形]（丙七三）[字形]（前六·六三·五）[字形]（鐵二四七·二）[字形]（前一·三二·五）[字形]（甲八二三）[字形]（前七·三·三）[字形]（乙七四九〇）[字形]（後下二三一）[字形]（甲六七五）[字形]（乙二九四八）[字形]（乙八八六〇）[字形]（遺三四）[字形]（人二二八三）等形。金文作[字形]（《宗周鐘》），小篆作[字形]，所從「[字形]」「凵」「[字形]」「[字形]」等形象陷阱，其上象獸形或人形，從獸形者為指事字，從人形者為會意字。《說文》：「臽，小阱也。從人在臼上。舂地坎，可臽人」。按許慎的解說正是臽的本義。《廣雅·釋水》及《玉篇》亦云：「臽，坑也」，《易·序卦》：「坎者臽也」，臽的本義為坎，為坑，後人孳乳為陷字。于省吾先生曾經在《殷契駢枝》中謂：「[字形]象人踢于坎中即臽字……《宗周鐘》作□……象陷女于坎，從人從女一也。」以後胡厚宣先生在《説貴田》中補充謂：「挖地為坑以陷麋鹿之形，疑當為臽之古文……古代挖坑，應該是先以陷獸，陷人之字，乃後起」（《歷史研究》一九五七·七）。再後于省吾先生在《甲骨文字釋林》中又謂：「甲骨文從各種獸形從□的字」均為臽字，「本從ㄩ聲」，「古文ㄩ字象坑坎形，小篆譌作凵，下横平，故説文誤訓為張口」。按二先生説法近是。古代挖地為坑以捕獸，亦用作陷獸或陷人以祭祀。《周禮·雍氏》「阱獲」鄭玄注：「穿地為塹，以張禽獸者也」。徐鍇《説文系傳》：「臽，若今人作坑以臽虎也。」《禮記·檀弓》：「毋使其首陷焉，」注：「陷謂没于土」。考之卜辭，臽正是挖地為坑捕獸或陷人獸以祭祀，兹舉例如次：

「王其逐鹿于廩，□」。（乙七四九〇）

「……丑其□。麋于斿」。（續四·五·五）

「王自□伐戋。□」。（乙二九四八）

「㝵于河一宰，□二宰」。（前一·三二·五）

「貞，禘于東，□犬，㝵三宰，卯黄牛」。（續二·一八·八）

「其□取二山又大雨」。（後下二三一〇）

「弜□在父甲」。（粹三三九）

「丙申卜，王貞。勿羊□于門……用。十二月」。（遺三四）

「今日□」（乙八七一六）

「甲辰至戊，□人」。（後下一六一一）

前三條卜辭指掘坎捕獸，後幾條卜辭指陷獸或陷人以祭祀。武丁時卜辭又有人名「子□」、「子□」、「子□」或「子□」者，説明所從偏旁「□」「□」「凵」「□」「□」均當為陷阱形，這些從「□」之字均當釋為臽字。【甲骨文口形偏旁釋例　古文字研究論文集第十輯】

◉周名煇　凶部□熊凶匡林義光云、説文、凶、惡也。象地穿交陷其中也。按、凶無交陷之義。當為舀之古文、象形。古作□。亦象舀ㄩ乳際也。强氏定為舀字古文。今考定為臽字。

名煇案，□非凶字。强氏以為象舀ㄩ乳際。尤無賴。林義光謂象地穿交，陷其中。于形得其近似矣。今細宗之。當為臽字古文。象臼中陷物。□即臼也。丨即陷于臼中之物形矣。説文臼部云、臽、小阱也。从人在臼上。此許君解从人从臼之字。其實殷虛卜辭、陷阱之臽。多从鹿在井上。或从鹿在凵上之形。說詳葉玉森揅契枝譚卷甲漁獵條。而此文作凵。當即凵字。此銘之熊臽。為人名。殆是楚器。循聲求之。當讀如坎同。史記楚世家云、二十七年。若敖卒。于熊坎立。是為霄敖。索隱云、坎若感反。一作菌。又作欿。今案。坎臽古音同在談部。菌當是凾字之誤。因菌、凾二字形近致譌。而凾、與坎、欿、臽、聲類相近。而與菌聲類相遠。坎讀若感反。坎臽二字。聲義並同。感欿皆古音侵部字。是欿又乃坎字之音變。則楚霄熊坎之本字。固當從此器作凵。則此為楚霄敖之器。亦可論定矣。【新定說文古籀考卷下】

凶 ⊠

凶 日甲五 四十例　日乙一九六　日甲一三九背　【睡虎地秦簡文字編】

除凶去央　【漢印文字徵】

凶　【汗簡】

古孝經　道德經　汗簡　道德經　【古文四聲韻】

◉許　慎　凶惡也。象地穿交陷其中也。凡凶之屬皆从凶。許容切。【說文解字卷七】

◉葉玉森　亡囚華學涑氏釋囚為卟。謂許說卜問疑也。从口卜。書云。卟疑。今本作稽疑。類篹。郭沫若氏謂繇兆之繇。本字象契骨呈兆之形。卜端之作凵若口者。示骨之端面與𣦵同意。𣦵說文以為列骨之殘也。从半冎。骨字于卜辭及金文均未見。例當後起。故𣦵不得从半冎。案乃以象形故人卜以骨。故从卜。此與囚之別。在一為會意。一為象形。又謂囚與繇為一字。甲骨文字研究釋繇。森桉亡囚二字卜辭恒見。余始亦疑囚為繇省。後因卜辭中未見凶字。而囚之異體有作囚等形者。林義光氏謂熊凶簠之凵。即許書之凶。乃胷之古文。文源。乃悟卜辭之囚與簠文凵相似。亦象乳。疑即古文凶字。叚胷為之。囚形之上二畫亦識乳。內一小橫識胷。其斜畫則為胷部之識別。五形內之斜畫亦然。惟其上之凵 凵則兼象首或首頸。又則作側面形。胷部突出愈顯。至本辭作囚。乃普通正面形。仍象胷部之寬丫其識別。非占卜之卜。猶篆文凶字作乂為識別耳。予是說如較信。則卜辭中所云之囚隹囚降囚其囚亡囚。即之凶隹凶降凶其凶亡凶也。惟諸家對于囚字竝在懷疑。予于本篇釋文仍概書作囚。用俟商榷。近閱柯昌濟氏補釋亦釋囚為凶。與余說適合。【殷墟書契前編集釋卷一】

◉柯昌濟　卜詞云。之囙又癸亥貞今月共。之囙又癸子卜□貞旬亡[glyph]。又庚申卜立貞往來亡囙。又癸卯貞亡囙。凡云亡囙六。近人或釋叶字。究之文誼。凡卜詞所云亡悔亡災則此字必悔災類矣。易經常言凶字。而卜詞未見凶字。或此字即古凶字。說文曰。凶、惡也。象地穿交陷其中也。案凶當从㐅省。㐅陷困于凵中。乃為凶也。意此字从[glyph][glyph][glyph][glyph]等形。或後譌為凵。中从之卜字或譌為㐅耳。然此字僅據臆說。不足為據。俟有確證始可定之也。【殷墟書契補釋】

◉馬叙倫　[glyph]吳善述曰。凵古坎字。象掘地成坎之形。饒炯曰。凵即坎之初文。而㐅象交陷於中以指事。倫按凶為坑坎之初文。本為象形文作[glyph]。象地有坎形。於六書為指事。變為篆文。省而為[glyph]。甲文之[glyph]。即從凵也。[glyph][glyph]所從之[glyph]。則象凵中有土。為異文。凶其譌也。此說解當作陷也。象形。陷也以聲訓。吕忱或校者加惡也。而改象形為象地穿交陷其中也。傳寫刪省如今文。凶之本音當同臽。音轉為許容切。猶閻職之作庸職矣。字見急就篇。【說文解字六書疏證卷十三】

◉嚴一萍　[glyph]鄭氏歷史參攷圖譜最早釋凶。案汗簡作[glyph]。【楚繒書新考　中國文字第二十六册】

◉夏　渌　甲骨文[glyph]，商承祚、郭沫若釋囚，唐蘭釋刑，丁山、胡厚宣釋死，張政烺釋蘊。各家分歧很大，從字形看，人入坎穽，與「凶」《說文》：「惡也。象地穿交陷其中」為近。是否「凶」初文，當驗證于甲骨語言詞例：

丙申卜𣪘貞：婦好孕，弗致婦[glyph]？貞：婦孕其致婦[glyph]？（乙6691）

后妃生育，卜問吉凶，是可以理解的。如果貴若婦好懷孕，卜問刑、囚，離題太遠。卜問懷孕是否致死，也是太嚴重了。卜辭中王子某凶，貴族、王婦某凶的文例很多，刑、囚和他們關係不大，卜問死亡，也太突然。讀「凶」比較切合，而且有許多吉凶對貞的文例為證。

丁卯卜賓貞：玐不[glyph]？王固曰：吉。（乙3405）

王固曰：吉，勿[glyph]。（乙3148）

其男不吉。……若茲迺[glyph]。（乙4729）

……䀌（掠）不[glyph]（凶），易貝朋貝，一月。（南坊3・81）

另外從「凶」的通假字讀「貢」和「供」的文例中，可以得到旁證。

缶有其[glyph]（貢）貝？（通470）

白馬[glyph]（貢），唯丁取？二月。（甲3512）

勿步，今日[glyph]（貢）豖？（京津1690）【甲骨語言與甲骨文考釋　甲骨語言研討會論文集】

兇 日乙八一 八例 通凶 大顲一 日甲一三〇 日乙二〇八 十例 日乙一六五 九例 日甲一〇八背 日乙一〇七 六例 【睡虎地秦簡文字編】

 0094 【古壐文編】

牛兇 郭兇 【漢印文字徵】

詛楚文 將欲復其⿰貝兇述 【石刻篆文編】

◉許 慎 擾恐也。从人在凶下。春秋傳曰。曹人兇懼。許拱切。【説文解字卷七】

◉馬叙倫 吴穎芳曰。亦可説從人凶聲。翟云升曰。當入人部。倫按擾恐也當作擾也恐也。恐也以聲訓。擾也校者加之。兇從凶人聲。此與兇從人得聲同也。徒轉為次清摩擦音耳。此凶之轉注字。凶之本音如臽。臽聲侵聲。凶從人得聲。亦在侵類。可參證也。馮振心謂凶臽一聲之轉。兇臽一字。從人在凶之底。非在凶下也。亦通。古鉩作。【説文解字六書疏證卷十三】

◉郭沫若 將欲復其⿰貝兇述：⿰貝兇殆兇賊之兇之本字，從貝與賊字從貝同意，蓋兇賊之事多因財貨而起，故從貝。兇若凶均胸若匈之初文，凶實胸部之象形。入後兇演為兇賊字，凶演為吉凶字，匈為匈奴之名所專用，胸字後起，成為心胸之專文，⿰貝兇字則廢矣。述字舊多釋迹，并改變原字，今諦審確是述，即讀為求。「⿰貝兇求」者言欲求得商於之地，春季曾戰於丹陽以求「今又悉與其衆」以求，故言「復」。【詛楚文 郭沫若全集卷九】

◉李平心 卜辭所載先公先妣有，其人在祭典中或獨祀，或與河、夒、土、王亥等合祀。各家釋為兒、兕、契、頁等字，都不確。卜辭另有兕字，且有與同見一片者，曾經郭沫若先生指出。兕字唐蘭先生有專文考釋，與此字不相似。契古書為禼，小篆作，古文作，與此字相差更遠。甲骨文金石文从頁之字，其偏旁與也有分別。

從文字形聲義與史實各方面考索，實即兇字。「詛楚文」⿰貝兇字作，古印⿰貝兇字作，二字所从之兇與筆意相仿。甲骨文或作，或作，則與為一字自不足異。

兇古音屬溪母陽韻，與兄的讀音完全相同，今音兇兄皆屬心母東韻。據「唐韻」、「集韻」等書，⿰貝兇字古文作貺，是兄兇二字相通的力證。兇「説文」訓擾恐，與惶、慌、驚讀音必同。「左傳」僖二十年「曹人兇懼」，兇懼即是惶懼或惊(古讀如惶)懼。卜辭有一則説：

「(上闕)固曰(下闕)

(上闕)兒兇(此字殘剩上半)

(上闕)卯八牛(『粹』六七)」

兇既與兄通，兄古讀如皇，兒當讀倪，兒兇顯然就是倪皇，倪皇或作娥皇。「大載禮」「五帝德」：「承受大命，依于倪皇」，孔廣森以為「倪字誤，當為儀」，不知倪與儀、娥為一聲之轉，如輗古或作輯，宜義古通，鵝得名于鳴聲鵝鵝，則从兒聲之字與从我聲之字自可互假。新近丹徒出土宜侯毁，我以為宜侯即郳侯，也就是小邾之祖，夨當即邾俠。小邾為楚滅，其餘族南移，為吴之附庸，朱方即由邾得名。重器隨族而遷，所以宜侯出土于朱方廢墟。説詳「宜侯毁考釋」。

倪皇在「史記・五帝本記」、「漢書・古今人表」、「淮南子・泰族訓」、「列女傳・母儀傳」等書篇均作娥皇，而晚出的「尸子」則把娥皇分為二人，説「妻之以媓，媵之以娥」，這和重黎、羲和等由一神化為二神同樣是出于誤會。

相傳娥皇(倪皇)為帝舜之妻，帝堯之女。照郭沫若先生等考定，舜即俈，亦即帝俊，亦即卜辭中的夒。夒又變為夔，為商的宗族神。所謂一足夔實即此神，卜辭正象獨足之神。娥皇當然也是神，娥皇聲轉而為羲和，羲和相傳為日御，實即日神，與奚仲之子吉光疑為一神之分化。

古代神祇性别本無一定，如阿婆盧枳低濕伐邏(Avalokitesvara)即或男或女，羲和亦然。西亞古國有好些神傳到别國後，即改變性别。倪皇與吉光古音相近。「海内經」：「奚仲生吉光，吉光是始以木為車」。張衡「東京賦」、「逸周書」「王會」、「抱朴子」，載神馬名吉光，亦作吉皇、吉良。據古代傳説，吉光、吉黄為象徵長壽的神獸，所以乘之壽千歲。這些傳説與日御的神話不無關係。佛教浄土宗所崇奉的阿彌陀佛(Amitabha, Amitayus)，義譯為無量光、無量壽，與吉光、吉黄的傳説近似，浄土宗實由太陽教與佛教揉合而成。

倪皇即娥皇，亦即羲和，按「山海經」等書之説，她們都是帝俊之妻，而倪皇(娥皇)又相傳為舜妻，舜即帝俊。郭沫若先生説羲和與娥皇為一聲之轉，甚確。羲與娥、和與皇並為雙聲。古和桓二字相通，所以和字與从亘聲之字亦可互假，羲和倒過來即轉為姮娥，正如諏訾(「世本」、「大載記」等書)倒過來作訾諏(「風俗通」)。姮娥又聲變為常娥，再變為纖阿。姮、常、纖、和古讀皆在見溪羣系，常與皇、光古音同在溪母陽部。羲、娥、阿聲近相通，更不待説。「大荒東經」：「有女和月母之國」，女和而稱月母，無疑就是羲和，所以俔（娥）皇、羲和實為日神而兼月神。「大荒南經」：「羲和者，帝俊之妻，生十日」，「大荒西經」：「帝俊妻常羲，生月十有二」，「歸藏經」：「空桑之蒼蒼，八極之既張，乃有夫羲和，是主日月，職出入以為晦明」，均足證此說而有餘。

古稱江神為奇相，奇相古讀與俔（娥）皇、吉光相近，她顯然就是堯女湘君與湘夫人。一神化為二神，與「尸子」把娥媓分為二女之説相似。顧炎武説：『「九歌」湘君湘夫人自是二神，此之為靈，與天地並，不得謂之堯女也。』他把湘君看作神，在當時的確是很卓越的見解，但他受到時代限制，不了解堯、舜也是古代的神，所以否認湘君、湘夫人為堯女。我考定堯為水神，舜為天神；湘君為堯女舜妃，她不是人而是神，毫不足怪。古代東西各國的神都有家族系統，這是新衛道者所完全不懂的。二十年前郭沫若、顧頡剛二位先生曾不約而同地指出堯、舜、禹、娥皇等都是神祇，經過我十多年來的研究與疏證，認為他們的看法是完全正確的。堯、舜、禹由神化而為「人」，當在早期人文主義運動勃興的春秋戰國時代。此後又有不少真正的人化而為「神」，神與人互相轉化，這情形在別國也是有的。

卜辭又常見求年于夒與祭羲京之文，夒當是羲京，與兒兇（俔皇）疑同名而異文，羲京與兒兇古音完全相同。卜辭兒兇或作夒，恰如「五帝德」俔皇他書作娥皇。「大戴禮記」保存古代佚文甚多。以俔為娥，正與甲骨文相合。

卜辭又有王兒其人，也見于「莊子·天地篇」、「漢書·古今人表」，兒或作俔。若果與兒兇（俔皇）為一人，則兇在商代可能還是男姓的宗神，以後才在傳説中演變為帝俊之妻。

附記：去年在京，與于省吾先生漫談甲骨文，他亦疑□為兇字，我當即拿出所帶甲骨文研究筆記釋兇一則對證，相與大笑。他勸我把筆記整理成專篇考釋，盛誼可感。由于彼此的看法不約而同，更增强了我對此字考釋的信心。【甲骨文及金文考釋　華東師範大學學報一九五六年第四期】

◉饒宗頤　戊申卜，𣪘貞：方帝。朿于土、兇……上甲（屯乙五二七二）

按兇字，契文作□，舊釋兕。近陳夢家改釋「兇」。凶象地穿交陷其中。此字上从□，似丘，正象中間窪落，以當凶字，頗當。兇亦稱「兇父」。如「于兇父，朿雨。」（摭續二二。）左傳昭二十九年有董父，好龍，擾畜之。舜賜姓曰「董」，氏曰「豢龍」，封諸鬷川。知鬷川之鬷即得名于兇。「㚇」「兇」一字，説文：稯，籀文作「稅」，即其明證。卜辭兇又作［从兇］（寧滬一·一二一：「朿年于［从兇］」；粹一五四七，又一五四八：「其𡆥于［从兇］又雨」），上益「从」字為聲符，正與㚇同音。故兇父即㚇父，後稱董父，蓋古之豢龍氏，故殷人每向之祈雨祈年也。

與兇竝祀者有土、河、岳。如「己亥卜田，□（率）朿。土，犬，兇犬，河犬，岳犬。」（粹二三）又有亳社及小丁。「于亳土（社），𢆶。

于兇钔。于小丁。钔」(粹二十。)又有天火，即閼伯。如「……丙，朿岳、天、火、兇。」(續編一·四九·四)具見兇在殷人祭祀中地位之隆。【殷代貞卜人物通考】

◉魯實先　□後·上·十二·十一　□佚·五七二　卜辭二見□字。其辭曰。「庚寅卜貞卑弗具𦤶亡□。」後·上·十二·十一。「庚寅卜卑𦤶亡□四月。」佚·五七二。研契者并無詮釋。以愚考之。□所从之□。即說文訓惡之凶。所从之□乃象二人相鬥之形。猶鬥於卜辭作□□。以象二人相向搏擊之形也。從□以象二人相鬥者。正所以示擾恐之義。則□隸定為兇。其為兇之古文無疑。侘若競从二人以示彊語之義。妓从二女以示争訟之義。虤从二虎以示虎怒之義。狀从二犬以示相齧之義。并同此例。篆文之兇省存一儿。則與訓椒之宂訓竫之安同例。惟足示其為悠閒盜静不足示其為相互擾恐也。本此以言。則篆文之兇乃後世之省體。是猶古文之譱鬩槑蠿於篆文省作善則呆乭。籀文之㷼𩂲融斅䨾𠙹𠨡㘍於篆文省作宍𩂲融副乃卤龔。亦猶卜辭之䨻於篆文省作霝。皆後世之省體。不足示造字之本義也。卜辭别有□□諸字。斯乃説文訓邕蔽之兜。説者或釋為兇。見陳夢家卜辭綜述。然其上不象交陷之形。下不示相擾之義。則知其非兇字矣。【殷契新詮之四】

◉連劭名　叢神主要見于武丁時代的賓組卜辭和武丁晚期至祖庚時期的歷組卜辭。

卜辭中的叢字寫作兇。有人曾將此字釋為兒，郭沫若云：「卜辭多見兒字，屢與河、岳、夒等同列于祀典，或釋為兒，説為王倪。按此片殘文，兒兒同見，兒之非兒，明如觀火。其非王倪，更無庸置辯矣。」他將此字隸定為兒，并未加以考釋。其後丁山先生釋此字為「兇」，非常正確。今按《説文》云：「兇，擾恐也。从儿在凶下。」《説文》又云：「凶，惡也。象地穿交陷其中也。」依卜辭字形分析，許慎對于兇、凶的形體解釋恐誤，不足為據。

兇、叢古音通，如稯字从㚇聲。㚇字从兇聲；稯即通叢。古術數有叢辰，云夢秦簡《日書》寫作「稯辰」。又如《詩經·九罭》毛傳：「九罭，緵罟小魚之網也。」《釋文》云：「緵，字又作總。」總是總的異體字，《尚書·益稷》：「元首叢脞哉。」馬注：「叢，總也。」鄭注：「總聚小小之事。」

廩辛、康丁時代的無名組卜辭中有㕣字，也是指叢神，从、兇古音通。如《周禮·大司馬》鄭玄注：「一歲的豵。」《釋文》：「豵，或作豵。」《説文》云：「豵，生六月豕。从豕、从聲。一曰，一歲豵，尚叢聚也。」這些都證明卜辭中的兇、㕣，確可讀為叢。

叢是植物神，屢見于文獻記載，現徵引數例：

《墨子·明鬼篇》：「昔者虞夏、商、周三代之聖王，其始建國營都日，必擇國之正壇，置以為宗廟，必擇木之修茂者立以為叢位。」

《戰國策・秦策》三：「應侯謂昭王曰：亦聞恒思有神叢與？恒思有悍少年，請與叢搏。曰：我勝叢，叢籍我神三日。不勝叢，叢困我。乃左手為叢投，右手自為投，勝叢。叢籍其神，三日，叢往求之，遂弗歸。五日而叢枯，三日而叢亡。」鮑注：「灌木中有神靈托之。」

《戰國策・趙策》一：「蘇秦説李兑曰：臣之來也，宿人田中，傍身大叢。夜半，土梗與木梗鬥，曰：汝不如我，我乃土也。使我逢疾風淋雨，壞沮，乃復歸土。今汝非木之根，則木之枝耳，汝逢疾風淋雨，漂入漳河，東流至海，氾濫無所止。臣竊以為土梗勝也。」

《史記・陳涉世家》：「又聞令吴廣之次所旁叢祠中，夜篝火，狐鳴呼曰：大楚興，陳勝王。」《索隱》高誘注《戰國策》云：「叢祠，神祠也。叢，樹也。」

叢祠又稱為叢社，例如：

《墨子・耕柱》：「季孫紹與孟伯常治魯國之政，不能相信，而祝于叢社曰：苟使我和，是猶掩其目而祝于叢社也。」

《吕氏春秋・懷寵》：「兵入于敵之境，向叢社大祠民之不欲廢者而復興之。」

據殷墟卜辭，商人常常同時祭祀叢神與其他自然神，例如：

（一）己亥卜：田，率燎土犬、兇犬、河犬、岳……？

《粹》23（𠂤、歷間組）

（二）弜又歲？

辛亥卜：又燎于兇？

辛亥卜：又燎于岳？

辛亥卜：又燎于河？

辛亥卜：又燎于兇？

辛亥其□？

壬子卜：又燎于兇？　《存》2・749（歷組）

（三）□□卜：求雨？

（四）乙丑酒燎兇、岳……？　《庫》1141（𠂤、歷間組）

（五）丁己卜：燎……兕、河……？　《粹》66（歷組）

（六）……燎兕、河？　《粹》54（歷組）

岳與河是山川之神。土即社，古人又稱為地母，《説文》云：「社，地主也。」大地之上，除了山岳河川之外，最多的就是各類植物，為人類生存提供了必要的物質條件，所以商人同時祭祀社、岳、河、叢四種神祇，是非常有道理的。

商人祭祀叢神，主要是為了祈年求雨。天降甘霖，植物生長茂密，人們才可獲得足夠的食糧。賓組卜辭有：

（七）貞：于兕桒年？　《擴續》116

（八）勿于兕（桒）年？　《庫》1268

歷組卜辭有：

（九）壬申貞：……其又升伐自……于□甲？即岳于上甲？

壬申貞：叀……美用？

癸酉貞：其桒禾于兵，得？

癸酉貞：弜得岳，其取，即于上甲？

癸酉貞：其桒禾于兕，燎十小牢，卯十□？　《屯南》2322

無名組卜辭有：

（十）于兕，又雨？　《粹》1548

（十一）占求年于兕？　《寧》1·1780

求，訓為祈。《説文》：「祈，求福也。」《廣雅·釋詁》三：「祈，求也。」《周禮·大祝》：「掌六祈以同鬼神示。」鄭玄注：「祈，嘄也。謂為有災變號呼告神以求福。」《爾雅·釋言》：「祈，叫也。」郭注：「祈，祭者叫呼而請事。」由此可知上引卜辭中的「求年」、「求禾」，就是後世祈年的祭典。【甲骨刻辭叢考　古文字研究第十八期】

朮 朮

乙3394　5657　佚710　【續甲骨文編】

269　【包山楚簡文字編】

枲 枲

朩 朩【汗簡】

◉許　慎　朩分枲莖皮也。从中。八象枲之皮莖也。凡朩之屬皆从朩。匹刃切。讀若髕。【説文解字卷七】

◉馬叙倫　桂馥曰。廣韻。朩。麻片。王筠曰。八象皮。屮象莖。全體象形字也。不可闌入會意。從中八三字當删。吾鄉讀呼如匹。以雙聲譌也。饒炯曰。分枲莖皮者。本謂所分枲莖之皮也。朩為艸皮。象其分皮之在中以明之。倫按如説解則字為動詞。如廣韻訓。即今杭縣所謂麻皮。是名詞也。名詞自可以象形造字。然不得如王説也。蓋麻為艸類植物。其皮附莖。不得分離。如今麻皮。則已離莖。象形造字。只須畫皮。不得箸艸。且本部屬字止一枲字。枲是麻也。麻乃植物。是名詞也。若朩為動詞。而麻從朩。是名詞生於動詞。於理為乖。倫謂下文𣏟訓葩之總名。是即枲麻之麻本字。二朩為𣏟。若朩是動詞。則合二動詞為一名詞也。而𣏟下又曰象形。𣏟之象麻形者安在。以是知朩實與𣏟一字。𣏟為茂文。朩則麻之初文。蓋以朩是艸類。象朩造字。非宛如其形。何以為别。疑本作𣎳象形。變為篆文。乃成朩耳。亦或初文失後。因聲造朩。從中。八聲。故讀若髕也。讀若髕者。漢以後人加之。然猶近古。音轉則𣏟讀匹卦切。脂真對轉也。音後轉為莫遐切。乃造麻為轉注字矣。分枲莖皮也者。許蓋止訓分也。吕忱加此文。從八下捝聲字。校者因改如今文矣。【説文解字六書疏證卷十四】

枲 枲　説文所無　秦九一　五例　枲 秦一三二　【睡虎地秦簡文字編】

𢇁 枲息子切見古禮記【汗簡】

𢇁 古禮記　𦃃 説文　𩎑 籀韻　【古文四聲韻】

◉許　慎　枲麻也。从朩。台聲。胥里切。𦃃籀文枲。从𣏟从辝。【説文解字卷七】

◉馬叙倫　鈕樹玉曰。韻會作麻子也。恐非。段玉裁曰。鍇本作麻子也。非。玉篇。有子曰苴。無子曰枲。廣韻互易之。誤也。喪服傳曰。苴。麻之有蕡者也。牡麻者。枲麻也。艸部曰。萉。枲實也。萉者。蕡之本字。枲既無實之牡麻。何以言枲實也。枲亦為母麻牡麻之大名。猶麻之為大名也。芓者。母麻。一曰芓即枲也。是苴亦可呼枲之證。周禮但言枲以晐麻艸之物。九穀考曰。牡麻俗呼花麻。夏至開花。所謂榮而不實謂之英者。花落即漚其皮。謂之夏麻。色白。苴麻。俗呼子麻。夏至不作花而放勃。勃即麻實。所謂不榮而實謂之秀者。八九月間子熟。乃漚剥其皮。謂之秋麻。色青而黯。不潔白。間傳所云若苴若枲。殆以是與。王筠枲麻釋艸文。許言麻子者。芓。麻母。一曰芓即枲也。葩。枲實也。是許謂枲有子。廣韻。有子曰枲。無子曰苴。宗此説也。喪服傳曰。苴。麻之有蕡者也。牡麻者。枲麻也。玉篇曰。有子曰苴。無子曰枲。宗此説也。然有子不得言牡。且詩。九月叔苴。毛傳。苴。麻子。似儀禮是。倫按枲麻本釋艸。是枲止是麻之異名。若有子無子之別。起於方俗。而其辨則就本書相證。葩為枲實。葩即程瑶田所謂勃也。肥勃皆脣音。聲同脂類。爾雅釋艸。莩。麻母。齊民要術引孫炎注。莩。苴麻盛子者。勃即莩也。莩即葩也。子即實也。以盛子謂之麻母。葩為枲實。是枲為有子者矣。釋艸又言。黂。枲實。黂為葩之轉注字。爾雅記者非一人。所記非一時之詞。故不歉也。且枲從台得聲。本書飴之轉注字為饌。芓之轉注字為蔂。則枲即芓之轉注字。以為艸類。故從艸作芓。以其麻也。故從木作枲。芓下曰。麻母也。麻母即孫炎所謂盛子者。枲為麻子。蓋從能生謂之麻母。從所生謂之麻子。其實一也。枲得聲於台。台從㠯得聲。㠯己一字。己即胎之初文。今杭縣謂被中棉花曰棉花胎。上海謂之被枲。胎所以盛子。則枲之語原即己。有子無子之辨。可以此定之矣。間傳曰。苴。惡惡貌也。斬衰貌若苴。齊衰貌若枲。倫謂禮經之苴。蓋紵之借字。皆魚類聲。又苴從且得聲。且為廚之初文。廚紵音同澄紐也。十三篇。紵。緖屬。細者為絟。粗者為紵。今俗喪服斬衰尚用粗麻也。以其粗故曰惡貌。喪服傳謂苴麻之有蕡者也。詩傳謂苴麻子。程謂苴麻不花。而放勃。勃即麻實。而書禹貢。漆枲絺紵。急就篇。絡紵枲緼裹約纏。皆以枲紵竝言。正與禮以苴枲竝言同矣。然枲紵竝是麻子。而本草陶宏景注引董仲舒曰。枲是大麻。大麻當是粗麻。故顔師古注急就篇謂枲粗麻也。然則枲紵竝是麻之粗者。而間傳以苴枲別斬齊。其言斬衰貌若苴齊衰貌若枲。非從其有子無子為別。而別在粗細間也。氾勝之書。夏至後二十日漚枲。枲和如絲。此殆枲細於紵之證。然如程説。則夏至後二十日可漚剥者是夏麻。夏麻無子。豈喪服傳所謂牡麻者枲麻也即夏麻耶。則枲無子。而此鍇本作麻子者非矣。或謂間傳以麻子粗細言。喪服傳以麻之名實言。牡當作牝。字之譌也。秋麻亦有細者。是間傳與喪服傳不相舛背矣。枲麻之訓既本釋艸。周禮有典枲。淮南冥覽訓。位賤尚枲。書禹貢。岱畎絲枲。皆以枲為麻。荀子勸學。蓬生麻中。不扶自直。説苑作蓬生枲中。是枲即麻。蓋為朩之轉注字。朩音滂紐。雙脣次清破裂音。若讀脣齒音入敷紐。則與枲音在心紐者。同為次清摩擦音。又枲之本音即胎。胎音透紐。滂透同次清破裂音。是枲得為朩之轉注字也。鍇本作從朩台從辝省聲。蓋有校語誤入。列子釋文引字林。枲。萛耳也。一名蒼耳。又引倉頡同。字亦見急就篇。

[illegible] 徐鍇曰。從辝聲。吳穎芳曰。從二朩。與森同例。倫按辝亦從台得聲字也。此從𣏟益明朩𣏟之為一字矣。從𣏟四

字校者加之。【説文解字六書疏證卷十四】

◉黄錫全 枲息子切見古禮記 《説文》枲字籀文从林从辝作。此其省形。枲字籀文作，亦从辝。石鼓文之，王國維認為：「或猶是篆文㠯字而假為騃字者也。台、矣俱㠯聲。」(史籀篇疏證)右上形與三體石經古文「辛」旁同。今本《禮記》作枲。郭見本蓋作䌿或枲，以隸作古。【汗簡注釋卷三】

林

3·828 林〼【古陶文字徵】

林匹賣切【汗簡】

疋賣切 汗簡【古文四聲韻】

◉許　慎 林葩之總名也。林之為言微也。微纖為功。象形。凡林之屬皆从林。匹卦切。【説文解字卷七】

◉馬叙倫 吴穎芳曰。葩義未詳。惠棟曰。春秋説題辭曰。麻之為言微也。知林與麻同。玉篇。林與麻同。段玉裁曰。林麻古蓋同字。倫按朩㭋亦中艸禾秝之例也。以有所屬字。故别為部。今説解蓋皆字林文。吕忱每言總名也。象形當作從二朩。【説文解字六書疏證卷十四】

檾

檾口穎切出王存乂切韻【汗簡】

◉許　慎 檾枲屬。从林。熒省。詩曰。衣錦檾衣。去穎切。【説文解字卷七】

◉馬叙倫 鈕樹玉曰。玉篇引詩云。今傳作褧衣。褧下亦引之。蓋後人本今詩增。嚴章福曰。鍇本作熒省聲。此奪聲字。倫按枲屬字林文。此字或出字林。【説文解字六書疏證卷十四】

◉黄錫全 檾口穎切出王存乂切韻 《説文》正篆作檾，「从林，熒省」。此从一火，類似古璽「營」字省作(璽彙3687)。【汗簡注釋卷三】

㪔 [小篆]

◉許　慎　㪔分離也。从攴。从𣏟。𣏟。分㪔之意也。穌旰切。【說文解字卷七】

◉馬叙倫　王筠曰。字隸𣏟部而先言從攴。豈以兩體皆與字體不甚合邪。倫按攴㪔為㪚而訓分離。不得會意。倫謂從攴。𣏟聲。𣏟朩一字。朩從八得聲。分亦從八得聲。而分音轉入非紐。朩轉注為枲。音入心紐。㪚音亦在心紐。非心皆次清摩擦音。故今語每連言分散。分離也當作分也離也。皆非本義。疑分離乃散字義。㪚為攽之轉注字。當入攴部。字或出字林。【說文解字六書疏證卷十四】

◉饒宗頤　[甲骨文]「㪔即散，地名。」【殷代貞卜人物通考】

◉屈萬里　隸定之當作㪔。按：古文四聲韻散字作[古文]，云出石經。則本辭之[甲骨文]，蓋散字也。【殷墟文字甲編考釋】

◉李孝定　說文「㪔，分離也。从攴，从𣏟。𣏟分㪔之意也。」又隹部「[㪔隹]，繳[㪔隹]也。从隹，㪔聲。一曰『飛[㪔隹]也』。」二者當為一字，而以[㪔隹]為正體，㪔為省文，字當从攴，从林，从隹會意。以手執杖，於林中毆鳥飛㪔[㪔隹]也為其本誼，引申之則為分離。篆體譌林為𣏟，而㪔遂入𣏟部。𣏟與麻同从二朩，朩訓分枲莖皮，𣏟猶勉有分㪔之意，然字从攴無義，从攴从𣏟無由得有分離之義。蓋字本从攴从林作㪔，而㪔則[㪔隹]之省文，字乃由林中毆鳥取義也。【甲骨文字集釋第七】

◉温少峰　袁庭棟　甲文中至今還未發現「麻」字，西周金文有麻字作[金文]（師麻匡）。但甲文有[甲骨文]，或作[甲骨文]，字象手執工具在麻桿上剥取麻皮之形，屈翼鵬釋為「㪔」即今「散」字（見《甲骨文字集釋》），其說是。《說文》：「㪔，分離也，从攴从𣏟，𣏟，分㪔之意也。」《正字通》：「㪔，剥麻也，即分離之意。」卜辭之「[甲骨文]」乃麻之象形，再加攴，即剥離之意。「㪔」，後世寫為「散」，訓「分散」之意。

(1) 丙寅卜，狄貞：盂田其[亻遷]㪔……又（有）雨？（《佚》二九二）

(2) ……貞：……㪔……王……允……（《簠》游一八）

(2)辭殘缺過甚，辭意不明。(1)之意，于省吾先生釋為「其遷散」，謂「乃是乘遷（馹）而往，分散在各處以獵」（《殷代的交通工具和馹傳制度》，載《東北人民大學人文科學學報》第二期）。從以上二辭可知卜辭中有「㪔」字，而且有「分離」之義，則殷人已經種麻，并剥麻為紡織原料，就可以肯定了。而殷墟發掘中發現的大麻的種子和麻布殘片，更是殷人種麻的確證。當然，我國用麻的更早證據，是浙江錢山漾新石器時代遺址中出土的幾塊苧麻布。考古學家和農學史家已經證明，我國是大麻和苧麻的原產地（《農作物史話》第一五四頁）。【殷墟卜辭研究——科學技術篇】

◉裘錫圭　甲骨文裏有一個寫作[甲骨文]形的字，甲骨文編隸定為「㪔」，附于「攴」部而未釋（一四四頁）。佚二九二的一條第三期卜辭說：

丙寅卜狄貞：盂田其……㪔，朝有雨。

于省吾先生在殷代的交通工具和馹傳制度一文裏，釋「㪔」為「散」字所从之「㪔」（東北人民大學人大科學學報一九五五年二期一〇七頁）。此說後來没有收入甲骨文字釋林，但是實際上是可信的（甲骨文字集釋也釋「㪔」為「𢿍」，見二四二三頁；但牽合「𢿍」、「㪔」為一字，則非）。金文「散」字所从的「㪔」，一般作「㪔」，偶而也寫作「㪔」（「如散姬鼎，見金文編二二三頁），「㪔」當是「㪔」的省體。甲骨文「莫」字有[illegible]寫法（甲骨文編二四頁），「朝」字有[illegible]寫法（同上二〇頁，文編釋此字為「萌」不確）可證「木」在用作表意偏旁時可以省作小。所以釋「㪔」為「㪔」肯定是正確的。

但是于先生在上引論文裏，相信説文的説法，以分散為「㪔」字本義，卻有問題。從字形上看，「㪔」跟「芟」同意，本義應該是芟除草木。古代「散」可訓「殺」。方言・三：「虔，散，殺也。東齊曰散……。」「殺」字在古書裏，本來是既可以用來指殺死動物，也可以用來指殺死草木的。如月令「季夏之月……利以殺草」，管子釋地「當夏三月……利以疾薅，殺草薉」，左傳昭公十六年「昔我先君桓公，與商人皆出自周，庸次比耦，以芟殺此地，斬之蓬蒿藜藋而共處之」，荀子王制「故養長時，則六畜育，殺生時，則草木殖」，這些都是「殺」以草木為對象之例。另外，據其他文獻，如侯馬盟書三一六頁、汗簡卷上之二「攴」部記述，這種「殺」字很可能就是象斬殺草木之形的。「㪔」「散」同音。「散」是心母字，「殺」是生母字，上古為一聲。古韻「散」屬元部，「殺」屬月部，元、月陽入對轉。「㪔」跟「殺」顯然是音義皆近的同源詞，訓「殺」的「散」就是假借為「㪔」的。所以「㪔」的本義并不是分散之意，而應該是芟殺草木。

「㪔」字還見于以下卜辭：

㪔于東，有鹿。

貞：㪔，亡其鹿。　合一〇九一〇正

□㪔（此字倒書）□東兕□獲。　合一〇九〇八

□北㪔，擒。　合二九二八九

□東㪔，擒。　合二九三七〇

這些「㪔」字全都出現在卜問擒獲的卜辭裏，應該都是用其本義的。野獸藏身林莽之中，由于芟殺草木而擒獲野獸，是意中事。

卜辭裏又有一個寫作𢿍形的字如：

叀阞𢿍，獲有大鹿，亡災。　合二八三四五

叀盂田省，亡災。

弜（勿）𪋳阦。　合二九〇八九

王其往田于阦。

于盂。

其以人𪋳。　合二八九〇四

□亥卜：其𪋳盂（？）東，擒。　屯南一一四八

王其田，𪋳……麓，擒，亡災。　屯南一四四一

叀行南𪋳，擒有豚。　合二八三二〇

從辭例看，這個字没有問題是「楙」的繁體。字形从「鹿」，大概跟楙除草木之事往往在山麓進行有關（參看拙文甲骨文字考釋八篇，古文字研究第四輯一六九頁）。

上引諸辭提到的「楙」（包括「𪋳」），從表面上看好象只是一種獵獸的方法，實際上恐怕跟「焚」一樣，不但客觀上為開闢農田作了準備，而且有時可能主要就是為開闢農田而進行的，捕獲野獸只是附帶的收獲。金文有[illegible]字，見于父辛鼎（三代二・二七）和父辛卣（歷代鐘鼎彝器款識三・三〇）。古文字从「林」从「草」往往不分，這個字也應是「楙」的繁體。「楙」或加「田」跟「農」或加「田」同例。這正是「楙」跟農業有密切關係的反映。

現在回過頭來討論本小節開頭所引的佚二九二那條卜辭。我們認為這條卜辭裏的「楙」也是用其本義的。「遷」字，于省吾先生釋為馹傳之「馹」的初文（甲骨文字釋林二七七—二八〇頁），恐不可信。卜辭「遷」（此字下文均用「△」替代）字的意義跟「遲」相反，這從下引對貞卜辭可以清楚地看出來：

……其△至于攸，若。王繇曰：大吉。

其遲于之，若。　前五・三〇・一

丁丑卜狄貞：王其田，△（此字所从之「辛」倒書）往……。　甲三九一九

壬戌卜狄貞：……其△入。

壬戌卜狄貞：其遲入。　甲三九一二

古文字从「彳」从「辵」可通，所以△應該當迅速講，頗疑「△」字即應讀為「迅」。金祥恆認為「△」有「疾行而至」之意（參見中

國文字一六期)，近是。但是此字雖有「疾」意，卻不一定有「行而至」之意。「△柀」就是迅速芟殺草木的意思。

卜辭地名凡稱「某田」的，都指農田，如「壬寅卜，王其□……于盂田，有雨，受年」(屯南二二五四)、「其尋求年……在噩田，有〔雨〕」(合二八二五〇)等等。卜辭常説「省某田」、「叀某田」或「省田」、「叀田省」，都是指省視農田而言的。于省吾先生解釋人文二〇七〇「王叀田省，延于……」一辭説：「這是説王省視農田，延及于沇。」(甲骨文字釋林一三八頁)這是很正確的。「盂田其△柀」就是在盂地農田上迅速芟殺草木的意思。可見這條卜辭裏所説的「柀」確是農業生産上的一項工作。需要柀的盂田，應是盂田中的休耕地或撂荒地。從這條卜辭的全文看，卜問是否速柀，是為了趕在下雨之前完成這項工作。休耕地、撂荒地的草木芟殺之後，需要「以水火變之」，才能起到肥料的作用。殷人所以要赶在下雨前完成柀的工作，大概與此有關。【甲骨文中所見的商代農業　全國商史學術討論會論文集】

◉黄錫全　柀 散見石經　散車父鼎柀作柀、𣪘作柀、壺作柀，均有省畫。《説文》正篆作柀。三體石經《君奭》散字古文作柀，乃是由柀(散伯𣪘)、柀(陳𩡧寇戈)等形而譌，為《説文》「雜肉」之「散」。此乃「分散」正字「柀」。後「散」行而「柀」廢。【汗簡注釋卷三】

麻 麻　从广　師麻匡　【金文編】

麻 一五六：一　二百五十三例　宗盟委質内室類麻坴非是　麻 一：三〇　麻 一：二一　三例　麻 二〇〇：三六　五例　麻 六七：一四　四例　亡　麻 六七：二〇　四例　麻 六七：三　二例　【侯馬盟書字表】

麻 麻　日乙六五　麻 秦三八　四例　【睡虎地秦簡文字編】

麻 麻敞之印　麻 麻賜　【漢印文字徵】

麻 麻　【汗簡】

◉許　慎　𪎭與林同。人所治。在屋下。从广从林。凡麻之屬皆从麻。莫遐切。【説文解字卷七】

◉劉心源　風俗通姓氏篇。麻氏。齊大夫麻嬰之後。姓考。楚大夫食采於麻。即今麻城。案吕氏春秋。麻朝相馬。亦麻氏也。【奇觚室吉金文述卷五】

𪎭 𪎭

𪎮 𪎮

◉林義光　古作麻。師麻匡厂者厂之省。見疒字條。厂。人之反文。从人持林。【文源卷六】

◉高田忠周　劉〔心源〕云。師官麻氏。□尗字。風俗通姓氏篇。麻氏齊大夫麻嬰之後。姓考。楚大夫食采於麻。即今麻城。按吕氏春秋麻朝相馬。亦麻氏也。按說文。麻人所治。在屋下。从广从林。此(麻)从厂。古文厂广通用。詩蜉蝣。麻衣如雪。箋。深衣也。論語。麻冕。孔注。緇布冠也。【古籀篇八十一】

◉馬叙倫　吴穎芳曰。說中人字似意字之譌。謂麻字從𣏟同意也。鈕樹玉曰。韻會與上有枲也二字。徐灝曰。小徐有枲也二字。正與枲下麻也為互訓。此挩。倫按鍇本篆下作枲也是也。與𣏟同以下九字校語。從𣏟。庫省聲。今說解誤奪广下車字。乃為校者增從字於广上。妄刪聲字。一本并奪枲也二字。校者復增與𣏟同九字耳。或校者不明庫聲之理而妄改也。庫從車得聲。詳庫字下。後漢書竇融傳有金城太守庫鈞。注引前書音義。庫姓即倉庫吏後也。今羌中有姓庫。音舍。庫鈞之後也。然則莫遐切之音蓋非舊音。今上海謂庫音如沙。亦如舍。杭縣呼盛米之麻袋曰差袋。差音如江北呼車子。亦可證麻自從庫得聲也。庫音今在溪紐。𣏟音滂紐。滂溪同為次清破裂音。是麻為𣏟之轉注字也。或謂師麻鼎麻字作麻。師麻匡作麻厂即厂字。蓋厂聲也。厂音曉紐。枲音心紐。心曉同為次清摩擦音。是為枲之轉注字。亦通。然金文每多譌書。麻當從秝而每作麻。是其例證。則麻亦或然。字見急就篇。【說文解字六書疏證卷十四】

◉許　慎　𪎭未練治纑也。从麻。後聲。臣鉉等曰。後非聲。疑復字譌。當从復省乃得聲。空谷切。【說文解字卷七】

◉馬叙倫　徐鉉曰。後非聲。疑復之誤。當從復省乃得聲。吴穎芳曰。復乃復省字。孔廣居曰。後古音户。𪎭轉去則音庫。正相諧。王筠曰。鍊當作湅。朱珔曰。廣雅釋器。𪎭。綃也。王念孫謂論衡量知云。無染練之治曰穀麤。即生絲也。穀與𪎭通。案曹憲音苦木反。正穀之同部。則穀可為𪎭之借字。倫按糸部。纑。布縷也。然則未湅治之纑即麻也。𪎭音溪紐。則𪎭亦麻之轉注字。廣雅借為穀。字或出字林。【說文解字六書疏證卷十四】

𪎮 崔希裕纂古　【古文四聲韻】

◉許　慎　𪎮麻⿱艹黠也。从麻。取聲。側鳩切。【說文解字卷七】

◉馬叙倫　鈕樹玉曰。廣韻韻會引作麻蒸也。是也。嚴可均曰。此得與菆為重文。說文無⿱艹⿰黑責字。韻會十一尤引作麻蒸也。則

◉許　慎　⿸麻俞檾屬。从麻。俞聲。度侯切。【説文解字卷七】

◉馬叙倫　玉篇。⿸麻俞。檾屬。一曰。麻一絜也。然皆於經傳無徵。疑與系部之緰同字。廣韻引字書。⿸麻俞。麻一絜也。此訓檾屬。乃字林文。字或出字林也。【説文解字六書疏證卷十四】

廱即葴字。艸部。葴。麻蒸也。蒸。析麻中榦也。文選西征賦。葴井。注即渭城賣蒸之市。錢坫曰。五行志。建平四年。民持稾或掫一枚。如淳曰。掫。麻榦也。段玉裁曰。廱即艸部之葴。此篆蓋後人所增。倫按段説是也。字蓋出字林。【説文解字六書疏證卷十四】

□ 尗式六切【汗簡】

◉許　慎　尗豆也。象尗豆生之形也。凡尗之屬皆从尗。式竹切。【説文解字卷七】

◉馬叙倫　席世昌曰。爾雅釋親疏。叔。許慎作尗。許慎曰。从上小。言尊行之小也。按邢引不見許文。而尗從上小。亦斷非許説。鈕樹玉曰。韻會作從尗生形。段玉裁曰。尗豆古今語。此以漢時語釋古語也。象尗二字當乙轉。嚴章福曰。御覽八百四十一引作小豆也。小徐袪妄篇韻會引竝作從尗生形。按尗非偏傍。從字誤。余謂當作小豆也。象豆生之形。象下尗字即上小字形近誤到。王筠曰。菽帶甲而生。其項曲。異於他穀。故象之。惟形當作尗。若其枝葉叢襍而團欒不可悉象也。徐灝曰。古蓋作□。象形。鐘鼎文作□。倫按繫傳袪妄篇引作象菽生形。金文叔季字作□者。乃夷字。唯克鼎作□。吴尊作□。師龢父敢作□。其尗形與此同。倫謂象形文本作□。象莖葉而豆莢垂之。戚觶戚字作□。其尗形作□。校初文雖遜。然有莖有葉有根而豆莢垂之。形猶可辨也。篆文變譌。遂不可識。象尗豆生之形也。鍇本作象尗豆生形。皆為校者妄增。本作象形耳。抑以邢疏證之。今説解猶尗全文。而邢疏所引。蓋字林或字統之文。古名尗今名豆者。尗音審紐。古讀歸透。豆音定紐。透定同為舌尖前破裂音。尗聲幽類。豆聲侯類。幽侯亦近轉也。字見急就篇皇象本。顔師古本作叔。【説文解字六書疏證卷十四】

◉唐　蘭　美好原銘作尗，是菽的本字。豆，古代稱菽。金文叔字作□，就从尗，下面三點是豆形，右邊的手形是揀豆，所以《説文》解叔為「拾也」。尗通淑，美好。【陝西省岐山縣董家村新出土西周重要銅器銘辭的釋文和注釋　唐蘭先生金文論集】

敊 敊

[古文] 豉出林罕集字【汗簡】

[古文] 汗簡【古文四聲韻】

◉許　慎　敊配鹽幽尗也。从尗。攴聲。是義切。豉俗敊从豆。【説文解字卷七】

◉馬叙倫　段玉裁曰。廣雅説飲食曰。寖。醢。鬱。孱。幽也。幽與鬱同。倫按説解挩本訓。僅存字林文或校語。豉字見急就篇。蓋急就本作敊。俗以敊形近叔。乃作此字。傳寫者以通用字易之。此字蓋為江式所加。【説文解字六書疏證卷十四】

◉黄錫全　[古文]豉出林罕集字　鄭珍云：「改敊从古尗,《説文》「豉」俗「敊」字。」此从石經文公古文[古文]。【汗簡注釋卷三】

耑 耑

[甲骨文] 甲一一三　[甲骨文] 前四・四一・七　[甲骨文] 前四・四二・一　[甲骨文] 前四・四二・二　[甲骨文] 後二・七・三　[甲骨文] 京津四三五九　[甲骨文] 掇二・四六三　地名侯其弋耑【甲骨文編】

[甲骨文] 續2・20・6　[甲骨文] 前4・42・2【續甲骨文編】

[金文] 耑　孳乳為鍴小卮也　義楚耑　[金文]　[金文] 郤王耑　[金文] 从金説文所無玉篇有之　郤王義楚耑【金文編】

[陶文] 3・1224　獨字【古陶文字徵】

[古文] 耑【汗簡】

◉許　慎　耑物初生之題也。上象生形。下象其根也。凡耑之屬皆从耑。臣鉉等曰。中一。地也。多官切。【説文解字卷七】

◉羅振玉　[甲骨文]　卜辭耑字增八。象水形。水可養植物者也。上从[古文]。象植物初茁漸生歧葉之狀。形似止字而稍異。許君止字注云。象艸木出有址。乃因形似致譌矣。【增訂殷虚書契考釋卷中】

◉葉玉森　[甲骨文]觀下二辭知耑為國名。【殷墟書契前編集釋卷四】

◉馬叙倫　鈕樹玉曰。韻會引同繫傳。但無且字。且蓋其之譌。沈濤曰。玉篇引其根作生根。誤。承培元曰。鍇本且字為[古文]

之譌。下象上當有大字。倫按上蓋亦□之譌。耑字金文義楚耑作□。郘王耑作□□。甲文作□□□。倫謂耑屯實一字。但結構小異。耑為地上見端下見根。屯則艸芽初出於地耳。如甲文之□更箸土。□□則□在土中亥在土下。明其為植物初生之題耳。本訓題也。吕忱或加者增改為今文耳。耑題以聲訓。亦語原同也。指事。餘見屯下。

耑可為屯之重文。耑部可删也。亦或此部為吕忱所增。【説文解字六書疏證卷十四】

◉蔡運章　據《洛陽金谷園11號漢墓發掘簡報》報導(《文物》1983年第4期),M11:172號陶倉上粉書「□米」二字(圖9),179號陶倉上亦粉書二「□」字(圖10)。這兩則陶文《簡報》未釋。我們認為,「□」、「□」都當是耑字的異體。例如,甲骨文耑字作□(前四・四二・二),金文鍴字的耑旁作□(簷仲平鐘),漢印⿰米耑字的耑旁作□(趙⿰米耑之印《漢印文字徵》卷六・八),小篆耑字作□,都與此字構形相近,是其佐證。《説文・耑部》云:「耑,物初生之題也,上象生形,下象其根」。我們知道,漢代陶倉文字大都是標記糧食或食品的名稱及數量的,因此「耑」在這裏當讀為⿰米耑。《集韻》説:「⿰米耑,粉餌」。餌,《説文・鬲部》謂「粉餅也」。段玉裁注:「餌者,稻米粉之為餅。」《字彙》説:「⿰米耑,粉餅」。⿰米耑同⿰食耑。《字彙》云:「⿰食耑米⿰米耑。」由此可見,「耑米」與「米⿰食耑」的含義相同,就是用稻米粉做成的餅類食品。

⿰米耑、⿰食耑,《説文》均無,都是後起字。我們從這些陶文可知,西漢時用稻米粉做成的餅類食品稱作「耑」或「耑米」,後來才另造⿰米耑、⿰食耑二字,來作為這種食品的專用名稱。【洛陽西郊漢墓陶器文字補釋　中原文物一九八四年第三期】

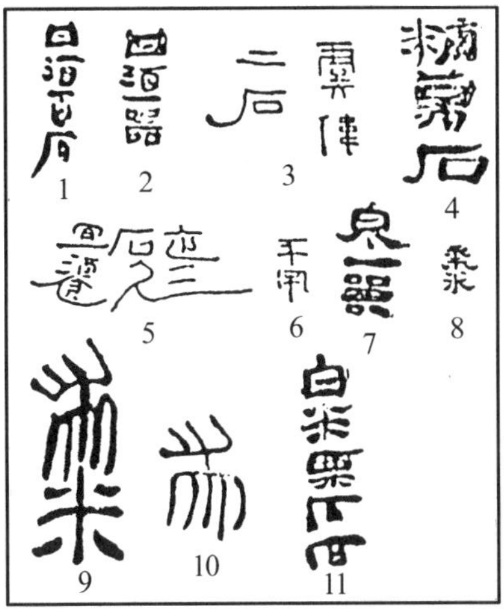

圖1—11　洛陽西郊漢墓陶器文字

◉戴家祥 徐王耑 耑溉之𥥐 義楚耑 義楚之祭耑 徐王耑 郐王屯又之耑。

耑上从為植物之顛，下从為根，中一為地，故知耑為端之本字。或訓本，或訓末，兼有兩端之義。靜安先生曰：徐器二出江西高安縣，其一銘曰「郐王義楚𦎫其吉金自作祭鍴」，其一曰「義楚之祭耑」。其器皆觶也。鍴耑二字，張公束大令以為即說文𧣍字，余謂說文觶觛卮䏝𧣍五字實一字也。說文「觶，鄉飲酒角也，受四升」，其重文作觗觝二體。而漢書高帝紀注引應劭曰：「卮，鄉飲酒禮器也。古以角作四升，古卮字作觗。」其說本於叔重，是觶卮為一之證也。說文「觛，小觶也」。又急就篇顏本「蠡斗參升半卮觛」，皇象本觛作簞，蓋假簞為觶，是觶觛為一之證也。說文「卮，一名觛」。又卮觛為一之證。䏝𧣍二字亦本一字，古書多以耑為專，急就篇顏本之「蹲踝」，皇本作「踹踝」。賈誼服鳥賦「何足控摶」，史記文選作揣。急就篇、皇本顏本之「榑榼」，宋太宗本作「椯榼」，而榑即䏝，椯即𧣍，尤為䏝𧣍為一之證。徐之祭器名鍴若耑，而形與觶同，又𧣍觶為一之鐵證矣。此五字音又同出一源，觶觛䏝𧣍四字，於形聲皆在元部。𧣍說文讀為棰擊之棰。於古音在歌部，今在支部，觶之重文作觗，氏聲，今與觶卮亦皆在支部。支部之音與歌部最近，歌元二部又陰陽對轉，單聲之字如鄲癉驒鼉等字，古多轉入歌部，蟬字又轉入支部。漢書地理志樂浪郡黏蟬縣服虔音提。耑聲之字亦然。此五字同聲，亦當為同物。許君因其字不同，乃以形之大小與有耳蓋與否別之，其實一而已矣。觀堂集林二七三葉至二七五葉釋觶觛卮䏝𧣍。金文耑或作鍴，加金旁表示器物的材質。【金文大字典上】

韭

韭 秦一七九【睡虎地秦簡文字編】

韭【汗簡】

汗簡【古文四聲韻】

◉許 慎 韭菜名。一穜而久者。故謂之韭。象形。在一之上。一。地也。此與耑同意。凡韭之屬皆从韭。舉友切。【說文解字卷七】

◉馬叙倫 鈕樹玉曰。廣韻引穜作種。韻會作一種而久生者也。無故謂之韭四字。繫傳一地也在皆從韭下。上有臣鍇曰三字。韻會引作徐曰。一。地也。按釋草釋文引有一地也。則非徐說。沈濤曰。爾雅釋艸釋文引久上有長字。御覽九百七十六引作菜一穜久而生也。久而生當作而久生。桂馥曰。一地也徐鍇本無一地也繫傳文。李燾本作一種而久生者。嘉祐閣經引許

䪢 䪢

䪡 䪡

慎説文解字云。韭。菜名。一種而久者故謂之韭。王筠曰。象形至地也九字。蘇頌引作象葉出地形五字。韭莖短葉長。紛紜滿畦。如剪斯齊。故韭之中兩直正其狀也。旁出之六筆亦非岐枝也。象其多耳。龔橙曰。古文當為业。倫按説解本作久也。以聲訓。吕忱加菜名一種而久生者也故謂之韭。韭為菜名。不當從初文地字。蓋本象形作韭。轉變為韭。乃譌為韭耳。在一之上一地也此與耑同意。皆校語。字見急就篇。【説文解字六書疏證卷十四】

◉白玉崢　九〇二一一總集二〇八五六甲午卜韭：韭西甲

韭：校編定為待考字，列於附録上一〇一頁，及附録下六頁。就其構形察之或即今字韭之初文。【殷墟第十五次發掘所得甲骨校釋　中國文字新十三期】

◉黄錫全　韭韭九　《説文》韭字正篆作韭，此从「非」形，蓋郭氏所見韭有作此形者，取之以為部首。雲夢秦簡韭作韭，馬王堆漢墓帛書《五十二病方》作韭，武威漢簡作韭，所从之非、非、非等與古非字作非（侯盟）、非（中山王鼎）、非（石經）形近。韭、九音近假借，臨沂漢簡韭作艽。【汗簡注釋卷三】

◉許　慎　䪢齏也。从韭。隊聲。徒對切。【説文解字卷七】

◉馬叙倫　鈕樹玉曰。繫傳作䪢。當是䪢譌。倫按齏是重文。當如鍇本作䪢。然疑此字出字林。【説文解字六書疏證卷十四】

䪡　齏徂兮切見莊子【汗簡】

䪡古莊子【古文四聲韻】

◉許　慎　䪡墜也。从韭。次朿皆聲。祖雞切。齏䪡或从齊。【説文解字卷七】

◉馬叙倫　鈕樹玉曰。繫傳作䪡。倫按本書言某某皆聲者。獨此及竊字。竊實從穴糲聲。則此亦未必次朿皆聲也。倫謂䪡本作䪡䪢二字。䪡從朿得聲。䪢從次得聲。䪢字見世説。本轉注字。猶造次字本作趀。資斧字當作鉰也。傳寫誤合為一。猶碧亦珀砶二字之譌合。此類金文中已有之。由來已久。而其本來二字轉失。人亦習之不覺矣。䪢䪡齏墜聲皆脂類。則轉注字也。廣雅。墜。菹也。通俗文。奄韭曰䪡。

韰　䪥

韲　宋保曰。此猶餈從次聲。重文作粢。又作䭦。齋從齊聲。重文作粢矣。【説文解字六書疏證卷十四】

◉黄錫全　韰韲祖兮切見莊子　《説文》𩐁字正篆作韰，从韭从次，或體作韲。《莊子・天道》「韲萬物」，《知北遊》「以是非相韲也」，《列禦冠》「韲其所患」，釋文韲字並作韲。石鼓《鑾車》有𣟴字，从朿从次。𣟴即𣟴省，𣟴當作𣟴。郭見本作韲，以隸作古，韭从部首。【汗簡注釋卷三】

䪥　韰户戒切出古文爾雅【汗簡】

䪥　古爾雅【古文四聲韻】

◉許　慎　䪥菜也。葉似韭。从韭。𣦼聲。胡戒切。【説文解字卷七】

◉馬叙倫　鈕樹玉曰。釋草釋文引葉作菜。譌。韻會引無葉字。王筠曰。釋草釋文引作其葉似韭故從韭也。筠所見之䪥葉及子皆似葱。其本如水仙花。葉極滑。露所不能黏著。故曰薤露。此蓋以其同為辛物。故從韭耳。倫按葉似韭校語或字林文。䪥韱䪨之初文。皆各象其形。變為篆文。則不殊於韭。此狐狼從犬驢騾從馬之例。字見急就篇顔師古本。【説文解字六書疏證卷十四】

韱　韱

韱　韱　為五　通纖　—察【睡虎地秦簡文字編】

韱　尚韱【漢印文字徵】

韱　古尚書【古文四聲韻】

◉許　慎　韱山韭也。从韭。𢦏聲。息廉切。【説文解字卷七】

◉馬叙倫　吴穎芳曰。山韭葉細。故纖字從之。朱駿聲曰。爾雅釋草。藿。山韭。是韱一名藿也。然疑即爾雅藏百足之藏。百足蓋象韭形。倫按疑許本以聲訓。山韭也字林文。【説文解字六書疏證卷十四】

◉許　慎　䪤小蒜也。从韭。番聲。附袁切。【說文解字卷七】

◉馬叙倫　吴穎芳曰。玉篇云。百合蒜也。謂附合成魁。非獨顆。倫按小蒜也蓋字林文。字或出字林。此從蒜之象形文也。【說文解字六書疏證卷十四】

瓜　孳乳為狐　命瓜君壺　命瓜即令狐　【金文編】

鄒滕 2:55　獨字　【古陶文字徵】

瓜　日乙六五　【睡虎地秦簡文字編】

南郭瓜印　【漢印文字徵】

瓜　【汗簡】

汗簡　【古文四聲韻】

◉許　慎　瓜㼌也。象形。凡瓜之屬皆从瓜。古華切。【說文解字卷七】

◉馬叙倫　沈濤曰。玉篇及廣韻九麻皆引㼌作蓏。蓋古本如是。所謂在地曰蓏。林義光曰。象瓜形當作。變作瓜。倫按㼌蓏皆即瓜字。㼌為茂文。蓏為後起字。以㼌釋瓜者。以異文為釋也。瓜以象莖葉。象其實。與果同意。瓜蓋與果同語原。字見急就篇。古匋有字。吴大澂釋瓜。【說文解字六書疏證卷十四】

◉郭沫若　壺銘懷氏有攷釋並譯文，然多未得當，其讀「康盘」為康叔，而名此為康叔壺則尤誤者也。案此壺之作者乃命瓜君之嗣子。嗣作孠與汗簡六所引尚書古文嗣作者同。命瓜當即令狐，左傳文七年「晉敗秦師於令狐，至於刳首」，杜注「令狐在河東與刳首相接」。水經注涑水下引闞駰曰：「令狐即猗氏也，刳首在西三十里。」猗氏漢置，故城在今山西河東道猗氏縣西南廿里許。戰國時其地屬韓。此作器者蓋韓之宗室或家臣封於令狐而歸葬洛陽者也。【嗣子壺　金文叢考】

◉楊樹達　徐鍇曰：「，實也。外蔓也。」樹達按：象瓜實，為本形。象瓜蔓，示瓜之所在之他形。【文字形義學】

㼌

◉許　慎　㼌小瓜也。从瓜。交聲。臣鉉等曰。交非聲。未詳。蒲角切。【說文解字卷七】

◉馬叙倫　爾雅釋草釋文。瓝。字林作㼌。小瓜也。然則此字出字林。【說文解字六書疏證卷十四】

瓞

瓞郎結切見爾雅【汗簡】

古爾雅【古文四聲韻】

◉許　慎　瓞㼌也。从瓜。失聲。詩曰。緜緜瓜瓞。徒結切。⿸瓜弗瓞或从弗。【說文解字卷七】

◉馬叙倫　㼌音竝紐。瓞音定紐。皆濁破裂音。則是轉注字也。本書無㼌而此訓㼌也。則此及重文皆出字林矣。

⿸瓜弗　弗失聲同脂類。故瓞轉注為⿸瓜弗。【說文解字六書疏證卷十四】

◉黃錫全　瓞即結切見爾雅　《說文》瓞字或作⿸瓜弗，弗、弜古通(詳古研1·121)。此「弜」形兩弓相背，類似夊乙卣「弜」作〓、敦釋「弗」作〓、神本作〓(弜形譌)。《爾雅·釋草》「瓞瓝其紹瓞」之「瓞」，郭見本有作⿸瓜弗或⿸瓜弜者，以隸作古。【汗簡注釋卷三】

甇

◉許　慎　甇小瓜也。从瓜。熒省聲。户扃切。【說文解字卷七】

◉馬叙倫　沈濤曰。齊民要術引作小瓜瓞也。倫按字蓋出字林。甇從熒得聲。熒為燎之初文。音在來紐。古讀歸泥。定泥同為舌尖前音。則甇瓞為轉注字。燎交聲同宵類。則甇㼌亦轉注字。【說文解字六書疏證卷十四】

⿰繇瓜

◉許　慎　⿰繇瓜瓜也。从瓜。繇省聲。余昭切。【說文解字卷七】

◉馬叙倫　鈕樹玉曰。繇當作䌛。桂馥曰。北人音轉呼為梢瓜。其形長。倫按杭縣謂瓜之長形者曰梢瓜。疑即㼌也。此訓瓜也。⿰繇瓜音喻紐四等。瓜㼌同字，㼌音亦在喻四。則其音亦受於瓜。豈瓜之轉注字邪。字蓋出字林。【說文解字六書疏證卷十四】

瓣

◉許　慎　瓣瓜中實。从瓜。辡聲。蒲莧切。【説文解字卷七】

◉馬叙倫　沈濤曰。初學記廿八引作瓜實也。奪中字。王筠曰。釋草釋文引字林。瓜中實也。吴普本草。瓜子。一名瓣。詩東山箋。瓜之瓣有苦者。衛風碩人傳。瓠犀。瓠瓣。釋草。瓠棲。瓣。孫炎云。棲。瓠中瓣也。然則瓣者通名。許弟言瓜。以字從瓜也。朱駿聲曰。今曰瓜子仁。倫按傅玄瓜賦。多瓤少瓣。釋文引三倉。瓤。瓜中子。然今言瓜瓤乃盛子者。字從襄得聲。語原同囊矣。則瓤非瓜子。傳以瓤瓣對文。瓤謂盛子者。瓣謂子也。然倫以杭縣呼瓜子穀為瓣證之。疑瓤瓣均謂盛子者。特子外為瓣。瓣外為瓤耳。皮瓣為歌元對轉音。亦可證瓣為子外之皮。非即子也。詩以犀雅以棲為瓣者。犀棲音皆心紐。瓣從辡得聲。辡為辛之茂文。辛音亦心紐。故得假犀棲為瓣。瓤從襄得聲。襄音亦在心紐。然則瓣瓤或轉注字。瓜中實蓋字林文。【説文解字六書疏證卷十四】

㼌

◉許　慎　㼌本不勝末。微弱也。从二瓜。讀若庾。以主切。【説文解字卷七】

◉馬叙倫　吴穎芳曰。㼌亦蓏字。劉秀生曰。二瓜為㼌。亦取瓜聲。在模部。庾從臾聲在侯部。模侯旁轉故㼌得讀若庾。爾雅釋詁。愉。勞也。注。勞苦者多惰愉。今字或作窳同。豸部。貐。似貙。淮南本經訓。猰貐。鑿齒。注。狀若龍首。在西方也。山海經海内南經。窫窳龍首。窫窳即猰貐。匚部。匬。甌器也。从匚。俞聲。荀子大略。流凡止於甌臾。注。甌臾。皆瓦器也。甌臾即甌匬也。㼌聲如俞。俞聲如臾。是其證。倫按㼌為瓜之茂文。亦秝林之例也。㼌為本不滕末微弱也者。即由瓜為藤生。引申為説。讀若庾者。錢坫以為此讀若庾死獄中之庾。故玉篇云。勞病也。葉德輝以為此即穴部窳汙窬也之窳。又即窳惰之窳。窳音近窬。故㼌讀為庾。倫謂庾死獄中之庾。爾雅釋訓作瘐。病也。釋文。瘐。本作庾。然本書亦無瘐。倫謂諸史言庾死獄中者。謂饑寒而死。見漢書宣帝紀集注。其本字即羸。史記五帝紀。舜陶河濱。器不苦窳。苦窳即枯羸。釋詁。愉。勞也。字或作窳。亦羸之借。而窳從㼌得聲。其本義固為窬也。㼌可以借為庾為羸為窳。而㼌非即窳也。其借以為庾者。音同喻紐四等也。其借以為羸者。羸從羸得聲。而羸裸為轉注字。瓜㼌之語原與果同。瓜果音同見紐也。本不勝末微弱也。蓋字林文。亦疑字出字林也。【説文解字六書疏證卷十四】

◉湯餘惠　174　躬　㼌字从二瓜，云夢秦簡瓜字作30:321，古璽文狐字从瓜亦可參看（《古璽文編》卷十，第四頁）。《説文》：「㼌，本不勝末，微弱也。从二瓜，讀若庾。」簡文「黄～」乃人名。【包山楚簡讀後記】

瓠　瓠

瓠青【漢印文字徵】

瓠　夏作𤓰是，此與目録竝从火誤。【汗簡】

汗簡【古文四聲韻】

◉許　慎　瓠匏也。从瓜。夸聲。凡瓠之屬皆从瓠。胡誤切。【説文解字卷七】

◉馬叙倫　翟云升曰。繫傳匏上有瓠字。衍。倫按隸書複舉字也。【説文解字六書疏證卷十四】

瓢　瓢

◉許　慎　瓢蠡也。从瓠省。票聲。符宵切。【説文解字卷七】

◉馬叙倫　吴穎芳曰。瓥蜯之殼若瓢。故名瓢曰蠡。蠡。瓥也。亦可説從瓜票聲。鈕樹玉曰。繫傳作從䙴瓠省聲。韻會引作從瓢省聲。竝譌。徐灝曰。玉篇。瓢。瓠瓜也。廣韻。瓠。𤬪。瓢也。瓢即匏之轉聲。以為舀水之器。為器名所專。遂生分別耳。蠡讀為果蠃之蠃。果蠃猶瓠𤬪也。倫按蠡為豊之借。此因用瓠為舀水之器。故訓蠡也。瓢音奉紐。瓠音匣紐。皆次濁摩擦音。瓢自是瓠之轉注字。玄應一切經音義十八引三倉。瓢。瓠。勺也。江南曰瓢㰒。蜀人言㰒蠡。

倫按瓠下曰。匏也。九篇。匏。瓠也。是匏瓠為轉注字。蓋匏瓢疊韻。匏音竝紐。讀脣齒音入奉紐。與瓠轉注。瓠音匣紐。同為次濁摩擦音也。然瓢字可從瓜不必從瓠省也。則瓠瓢均可入瓜部。而瓠部可删也。然匏下曰。從瓠省。則當入此部。【説文解字六書疏證卷十四】

宀　宀

乙五〇六一　作宀　于彡　乙五八四九　乙八八一二　作宀　存八一二　東宀　京津四三四五　東宀【甲骨文編】

乙8896　新4345【續甲骨文編】

宀【汗簡】

宀 唐韻 宀 汗簡 【古文四聲韻】

◉許　慎　宀交覆深屋也。象形。凡宀之屬皆从宀。武延切。【説文解字卷七】

◉馬叙倫　況祥麟曰。當作宀。象形。王筠曰。宀當作宀。乃一極兩宇兩牆之形也。倫按金甲文宀字偏傍多作宀宀。與穴一字。故突甗突字作穴。毛公鼎寮字作寮。邵鐘竈字作竈。蓋穴之初文作穴。象形。後營宮室。還象其形。宀即穴之篆變也。今宀音武延切而穴音胡決切者。猶門户一字而門音入明紐。户音在匣紐矣。蓋門户之語原即出於宀穴也。許當訓覆也。覆即詩陶復字也。交覆深屋也蓋字林文。【説文解字六書疏證卷十四】

◉楊樹達　金文宀字偏旁作宀，於形為肖，篆文失其真形。【文字形義學】

◉陳夢家　殷代宗廟之制與西周自有不同。西周金文中宮室廟寝四者是有分别的。(1)廟是藏主之所。(2)大室是治事策命之所。(3)宮王居於宮。(4)寝是宴享之所。以上四類主要的分别在於王不居於廟而居於宮。西周金文所見與殷制的不同已屬顯然。西周藏主之廟不見於卜辭西周金文。广部的廙廬廟廚等字皆不見於卜辭。卜辭宮室宣宗家寝寣等字都从宀。即宀部。在广部的只有龐字。乃是邦族之名。但卜辭之寣在晚期。金文中已從广。由此知在意義上宀广之可通。殷周宀广之别和居住建築的形式當有關係。穴復與家室兩種形制或者可以代表它們。【殷墟卜辭綜述】

◉李孝定　栔文家室安諸字所从均作宀。與此同。象房屋正視之形。辭云。「辛未卜作宀。」乙・八八九六。字當與宮室同意。許訓交覆深屋。其意亦同。金文家室諸字所从之宀亦與此同。【甲骨文字集釋第七】

◉丁　驌　宀之為宅字簡，由ナ之為字可知，比較乙八八九三、八八九八，二版辭便知，二版均有「甲申卜令喙宅正」，八八九八對貞辭但曰「不ナ」。又有辭云：「癸巳卜妫ナ」即卜「姼宅」，「不ナ」乃「不宅」也。「宅正」當是官名。【屯乙八八九六版辭釋中國文字第九册】

◉朱芳圃　宀，象一極兩宇兩牆之形。【殷周文字釋叢卷上】

◉于省吾　甲骨文第一期的宀字作宀、宀、宀等形。説文：「宀，交覆深屋也，象形。」徐鉉引唐韻謂「宀，武延切」(音綿)。自來文字學家對宀字的形與音均無異議。今以甲骨文驗之，則宀字本象宅形，也即宅的初文。甲骨文宀與宅互見，用法有别，今分條擇録于下，并加以闡述。

甲、宀字

一、丁卯卜，作宀于兆〇弓作宀于兆(綴合二九五)。

二、辛未□卜作宀(乙八八一二)。

三、辛未卜,作宀(乙八八九六)。

四、丙寅貞,宀(乙九〇三一)。

五、宀亡囚(乙八八三三)。

六、于東宀(京津四三四五)。

七、㞢東宀(續存上八一二)。

乙,宅字

八、叀今二月宅東㝲(寢)(前四・一五・一)。

九、今二月宅東㝲(燕五九五)。

十、⧄三帚宅新㝲,衣,宅(叕存二四)。

十一、乎帚[illegible]于兆宅〇弓乎帚[illegible]于兆宅(綴合二九五)。

十二、貞,乎宅丘剢(乙一四一〇)。

十三、貞,乎宅[illegible]〇弓乎宅[illegible](綴合二三二)。

十四、甲申卜,令豚宅,正。叀征宅,正(乙八七一二)。

十五、収雈人,乎宅雈(乙五九〇六)。

十六、叀其不宅(乙八六八五)。

從以上第十一條「乎帚[illegible]于兆宅」的反正對貞和第一條的「作宀于兆」反正對貞來看,就說明了宅與宀的用法顯然有別。以上所列甲類的宀字均指住宅為言,係名詞。乙類各條的宅字均作動詞用,訓為居住之居。爾雅釋言謂:「宅,居也。」但也有廣義狹義之別。其言宅東寢、宅新寢,專指居于宅舍言之,其言宅于某地,則不限于宅舍,屬于廣義。第十條的衣,宅,是說先舉行衣(殷)祭,然後居之。甲骨文的名詞也作動詞用,例如以黍為動詞,其稱「黍于龐」(續五・三四・五),是說種黍于龐地。也有由于名詞動詞的不同而用字有所區分。例如㝑為第一期貞人名,第一期也以㝑為動詞,如「咸㝑于帝」(丙三九),是其例。但自第二期起,「王𡧊某」之𡧊作動詞用,則于㝑下加止以別之,可以互證。

王筠說文釋例謂宀「乃一極兩宇兩牆之形也」,這是對的。但還不知其為宅字的初文。宅字是由象形的宀字加乇為聲符,遂成為形聲字。

總之，甲骨文的宀字，乃宅舍之宅的初文，而宅字則作居住的動詞用。兩者並不混同。說文既不知宀為宅之初文，唐韻又以為「武延切」，自係漢代以來相傳的譌音。這和甲骨文作為否定詞用的弜字，本讀如弼（詳張宗騫卜辭弜弗通用考），而唐韻誤作「其兩切」，其誤正同。據前文的辨解，初文宀與宅之用法迥然不同。後世則宅行而宀字只習見于文字的偏旁中，并且音讀也誤。二千年來沿譌襲謬，不知其非。【釋宀　甲骨文字釋林】

◉王慎行　由于時代久遠，商代平房的地面部分已不復存在，但從甲骨文的宅、宫、室、家、宗、宕、寇諸字所从之「宀」，還可窺見其屋頂的大概形狀，《說文・宀部》云：「宀，交覆深屋也，象形。」「交覆」系指居室的人字形屋頂。甲骨文第一期的「宀」字作宀（乙5849）、宀（乙5061）、宀（京津4345）諸形，先師于思泊謂：「宀字本象宅形，也即宅的初文。」甲骨文中雖宀與宅互見，但用法有別：宅字均作動詞，訓為居住之居，故《爾雅・釋言》云「宅，居也」；而宀字均指住宅為言，系名詞，兹條舉辭例于下：

丁卯卜，作宀于兆；勿作宀于兆。」（綴合295）

「辛未卜，作宀。」（乙8896）

「宀亡禍。」（乙8833）

「于東宀。」（京津4345）

「出東宀。」（續存上812）

這是殷人營造住宅、在室内生活的占卜記録。从「宀」之字形可見當時的平房屋頂多作前後兩坡的∧形，∧下的‖形是柱，抑或是前後沿牆的剖視圖；小屯殷墟房屋基址上的礎石，便是兩兩對稱的排列着，與甲骨文「宀」之字形正合。以整體來看：宀形，象從山牆方向望去的平房側視圖；宀形，則突出平房屋脊和屋面出檐的特點（圖一）。所以，清人王筠在解釋《說文》「宀」字時說：「乃一極兩宇兩牆之形也。」

平房側視圖
圖一

甲骨文「賓」字有作賓（甲2268）或賓（甲2437）形者，其所从之宀，也是兩坡屋面的平房側視圖，但着重顯示有大樑的屋架結構之形。而令、命、合、食、倉諸字所从之亼，亦象屋面的側視形，只不過重點表現了屋面的坡度及出檐的長短。准此，甲骨文中這些顯示屋頂的部首，其象形職能是各有側重的。

甲骨文龐、㾮、家諸字所从之「宀」，作𠆢、𠆢、𠆢形，似應象平房住宅（宀）的省化，即省去一堵沿牆之狀。

甲骨文「入」字作（乙6820反）、（拾4·15），也是屋宇之蓋的形狀。正因為兩坡形的房屋是人們的出入之所，故讀為「出入」之入，「内」字甲骨文有作（燕253）、（前4·28·3）形者，从（宀）以象住宅，从人（入）以示入室，合二體以構成會意字，表示房屋容納人之意。又「安」字作（甲288）、（乙4251反），象婦女在室内之狀，「宿」字作（粹970），象人在室内的薦上休息之形；「寢」字作（乙232）、（戩25·13），亦有作（後2·29·4）者，屬于變例，象人手執帚打掃房屋之形；「叜（叟）」字作（前4·29·2），象人手在屋中舉火之狀，故有搜索、尋找之意，後世遂借為「搜」字，亦假為老人之「叟」。「廳」字作（明藏677）、（前6·29·6）形，从宀从耵（聽），表示用耳在室内聽音；「宄」字作（前6·16·1），象索宅打鬼之狀；「㝡」字作（寧滬1·517），从宀从取，即《説文》之「㝡」字，訓為積，以示聚積物品于宅内之意；「寶」字作（甲3330）、（後2·18·3），从宀、从朋或从玉，象在室内貯藏寶物之狀；「寧」字作（甲2722），象在室内舉行血祭，有得福而安寧之意。

上舉的「入」字和从宀的内、安、宿、寢、叜、廳、宄、㝡、寶、寧諸字，形象而生動地為我們展現了一幅殷人的居室生活圖。

通過對上揭有關宮室諸字的形體考察，可以推知商代中小型平房的屋頂形狀：有兩坡式和單坡式兩種。【商代宮室建築考　考古與文物一九八八年第三期】

家

甲二〇七　宋家　甲二三〇七　从豭省　甲二六八四　文家　甲二七七九　大甲家　乙一〇四七

拾一·七　拾一四·一〇　前一·三〇·七　前四·一五·四　前七·四·二　前七·三八·一

後二·四二·一四　粹一九七　王家　粹一二三四　京津七九七　京津二一五二　佚九五三　乙四二九三

或从豭　坊間四·二八二　从广从豕說文所無疑即家之異文　【甲骨文編】

甲2307　2779　乙1047　3803　4293　珠1182　零89　佚629　953　徵11·136

新2152 2178 2635 【續甲骨文編】

家 家戈爵 家戈父 庚卣 枚家卣 缶鼎 令簋 令鼎 寡子卣 楠伯簋 亘尊

𧰼肇家鬲 龖簋 辛鼎 康鼎 昜𠧟簋 伯家父鬲 伯家父簋 伯家父作孟姜簋 頌壺

頌鼎 或省宀 弔向簋 卯簋 㝬簋 猷簋 克鼎 幾父壺

毛公𢉩鼎 不嬰簋 臣五家 不嬰簋 命瓜君壺 𤙭氏壺 中山王礐鼎 【金文編】

家 日乙一八 七例 通嫁 取婦|女 日甲四六 為二三 二十二例 法一〇六 六例 法一〇八 三例 【睡虎地秦簡文字編】

0265 5341 【古璽文編】

博平家印 睢陵家丞 池陽家丞 康武男家丞 家林信印 家請私印 家翁仲 家加壽 【漢印文字徵】

品式石經 咎繇謨 夙夜浚明有家 多士 其有聽念于先王勤家說文作𠖔汗簡引作𠖔金文堅𣪘與此同 【石刻篆文編】

家 家 【汗簡】

古孝經 古老子 說文 石經 崔希裕纂古 同上 說文 【古文四聲韻】

◉許　慎　家居也。从宀。豭省聲。古牙切。𠖔古文家。【說文解字卷七】

◉吴大澂　古家字。从宀。从豕。凡祭。士以羊豕。古者庶士庶人無廟。祭於寢。陳豕於屋下而祭也。父庚卣。【說文古籀補卷七】

◉方濬益　此文宀内正作豕形。較説文所收古文為更古。惟彝器銘家字多从犬。作[字形]。㫃鼎叔向父敔諸器文可證。豈以犬豕皆家畜。故或从犬或从豕歟。【綴遺齋彝器款識考釋卷十】

◉王　襄　古家字。吳愙齋先生云家从宀从豕，凡祭，士以羊豕，古者庶士庶人無廟，祭於寢，陳豕於屋下而祭也。此从[字形]从豕，象陳豕屋下之形。【簠室殷契類纂正編卷七】

◉王　襄　契文之家，象[字形]下豕，又圂字作[字形]，或體作[字形]，象一豕或兩豕聚于□中，圂為豢豕之所，故或从兩豕，狀其多也。古厩字，屬羌鐘作[字形]，亦有多馬之誼。家果為尻豕之所，自不能从一豕，應有从豩或[字形]之家。許書有[字形]，契文有[字形]，王[字形]尊之[字形]為三豕，闖卣之[字形]从[字形]作，亦為三豕，古家字祇从豕，吳説于字義是為得之。契文之家本从豕，演用久，或从豕之簡體，更訛而為亥。古文豕、亥形近，三豕渡河云者，無足異之。【古文流變肊説】

◉葉玉森　豕為初民常畜。許君訓豬曰叢居。豵曰叢聚。家字从豕。當寓聚族而居之意。金文父辛彝之[字形]。父乙觚之[字形]。愙齋竝釋子家二字合文。子援子蝠子龜例。釋為子豕。蓋以豕宜生殖。金文殆取子孫蕃殖之義。與蝠喻多福龜喻多壽例同。當非子家合文。又契文家字亦从亥。羅雪堂謂亥亦豕形。子疑亥即象形古豕字之變體。叚作支名耳。【説契　學衡第三十一期】

◉高田忠周　吳(大澂)説似是。然説文。[字形]居也。从宀豭省聲。愚初謂家字从宀豕者會意。凡庶人居。皆養豕。故从宀下豕。孟子曰。雞豚狗彘之畜。無失其時。七十者可以食肉矣是也。然沈思細攷。云豭省聲者。必當有深由。説文犢字解云。从瀆省聲。而卜辭作[字形]。[字形]即瀆字象形。即知字形雖變。不得不言从省聲也。然則家字古文。宀下象形。亦當象形豭字。豭下云。牡豕也。从豕叚聲是也。象形變為形聲。故家字亦从豭省耳。説文古文家作[字形]。[字形]亦象形豭字無疑。後變从宀豕為會意。亦或从宀犬為會意。均皆後出古文也。

楚公鐘二器。曰楚公家自作寶大鎛鐘。一器曰鑄查鐘。均皆以家為楚公名。亦或為家門之家。古籀補引楊沂孫説為為字。蓋依[字形]形立考。非。説文家从豭省聲。而鐘鼎古文叚作[字形]。此即宀下作豭象形。而上加[字形]形。是从豭省聲。尤顯然矣。【古籀篇七十一】

◉顧　實　漢孔謙碑「禮述家業」。其家字正同許書古文。然魏正始三體石經古文作家。則許書正篆之家。亦出古文。而小篆襲之也。惟許君豭省聲之説。自來辯者紛如。其墨守許君家法者無論矣。知許君之説難通。而强為改易形體者有六焉。

一、方以智通雅引合溪之説云。「家六書故作[字形]。乑古族字。譌為豕。」案乑从三人。即衆之本字。謂是古族字。古固無此族字。其説不足據。明矣。

二、林頤山經述云。「古文家从豕。當即叜之壞。彑部叜。豕也。从彑。下象其足。讀若瑕。瑕與豭聲相近。叜當即豭之古文。」吴承志汪奎説同。最近崔適亦主此説。案方言。「豬。北燕朝鮮之間。謂之豭。」然方言非中國正聲。且偏檢金石骨甲古文家字。亦無从叜者。則其説又不可通。明矣。

三、嚴章福説文校議議引據。許書亥字説解。謂「家」當从亥不从豕。于鬯職墨説同。案許君説。「亥从二。二古文上字。一人男。一人女也。从乙。象褱子咳咳之形。」此許君不知亥从豕从」。而妄説之。則謂家當从亥不从豕之説。益不能成立矣。

四、鈕樹玉説文段注訂云。「家當从彖省聲。古文不省可證。蠡从彖聲。劉子政九歎。蠡與嵯峨為韻。揚子雲賦蠡與它為韻。廣韻蠡亦收戈部。與家字古讀合。」李稷勳力主鈕説。案彖即豕之異體。亦省作彖。與通貫切之彖不同故家家同字。蠡喙像皆从彖聲。但家與峨它為韻。當是後起變音非古本音。則鈕説亦不足取矣。

五、説文繫傳校勘記謂。「家當从尗。古文克字。古稱克家。克家从克。」案此説更謬不足論。

六、汗簡家字。或謂有从犬者。案金文望敦家作[glyph]。字形亦相似。不知此皆从豕省形。非从犬也。

以上六説皆欲改易形體。要俱不足採。則不主改易形體者。自必較善矣。然是亦有三説。

一、周伯琦六書正譌之説。而段玉裁襲之。謂。「家本義乃豕之尻也。引申叚借以為人之尻。字義之轉移多如此。牢。牛之尻也。引申為所以拘罪人之陛牢。庸有異乎。」案偏檢古書。從未有以家作豕圈用者。朱駿聲已譏之。況古者三牲具曰太牢。羊豕曰少牢。而豕牢二字有成語。豕之居本與牛羊之居同稱牢。益可證家為豕居之説不確矣。

二、李時珍本草綱目云。「豕在禽。應室星。」而楊振鎬因之。謂。「定之方中篇鄭箋云。定星昏中而正四方。於是可以營制宮室。故謂之營室。博雅。營室謂之豕韋。」案造字未必上應星名。且以營室故而从豕。何以室字不从豕。而必家字從豕乎？則其説亦不足辨矣。

三、吴大澂説文古籀補云。「家从宀从豕。古者庶士庶人無廟。祭於寢。陳豕於屋下而祭也。」案楚語曰。「國君有牛享。大夫有羊饋。士有豚豕之奠。庶人有魚炙之薦。」又曰。「祀加於舉。天子舉以太牢。祀以會。諸侯舉以特牛。祀以太牢。卿舉以少牢。祀以特牛。大夫舉以特牲。祀以少牢。士食魚炙。祀以特牲。庶人食菜。祀以魚。」據此則吴氏之説於禮荒矣。

以上三説亦俱未盡為善。則家之造字。果何意乎？以愚考之。則許君訓家。居也。段玉裁改居為尻是也。凡許書説解用聲同聲近字。往往明古今通解。此以尸訓家。蓋正以明尸家古今字也。家族家國字當从尸為本字。而家乃其叚用字也。何以明之。春秋時人。凡名歸字子家者。左傳文五年有楚仲歸字子家。宣四年有鄭公子歸生字子家。十四年有魯公孫歸父字子家。襄二十八年有齊析歸父字子家。昭元年有蔡公孫歸生字子家。又文十八年云。「男有室。女有家。」即禮運之「男有分，女有歸」。然則家歸二字。有形影不相離之關係也明矣。家歸二字之關係既如此。家又不屬之男而屬之女。「婦人謂嫁曰歸」。公羊穀梁毛詩傳俱有明文。此不可證。家實即嫁之初文。而嫁乃家之後起字乎。惟家為嫁之初文。後因家借為尸國尸族字。本義為借義所奪而不可用。故又別增偏旁从女作嫁。此又事理之至易明者也。然則家之造字所以从豕者。更何説乎？是亦不難明也。夫女子主中饋者也。易家人卦已言之矣。儀禮士虞禮「特豕饋食」。而大戴禮曾子天圓篇釋之云「特豕曰饋食」。豕既得獨名曰饋食。牛羊鷄犬不得而與。則女子之嫁。為主中饋者。宜其初文之家。造字亦从豕矣。

且豕之所以獨得稱曰饋食者。其故蓋可得而言也。大凡後世下層人民之生活。每猶保留原始社會之狀態。恆言漁獵二字。即出自原始社會之人民。先漁而後獵也。然既進化之後。後來者居上。又必倒言之。故易之中孚。言信及豚魚。禮士祭以豕庶人祭以魚亦上豕而下魚矣。禮多據士而製。故禮運曰「夫禮之初。始諸飲食。其燔黍捭豚猶若可以致敬於鬼神。」溯始用牲。僅至於豕而止。此其故一也。大凡一社會之發達與其所産生之動物。尤有切密之關係。中國古代北方産豕特多。觀召南之咏五豝五豵。豳風之歌私豵獻豜。其蕃滋可知矣。吾民族因而利用之。雜記曰「凡宗廟之器。其名者成。則釁之以豭豚。其殺之多。正以見其生之多也。他如陽貨饋孔子蒸豚。淳于髡見有操豚蹄以禳田者。則交士祈年皆用豚。彌足見用豕之廣。此其故二也。然則女子主中饋者焉。可不於豕而加之意乎。是以晉語載「太任溲於豕牢而生文王」。雖一國君夫人之尊。猶不忘有豕牢之賤事。蓋君夫人亦已嫁之女子耳。不能不盡婦道。女子之嫁。原以備箕帚。故婦造字从女旁帚。「帚。糞也」。所用以糞除者也。糞之所歸。圂厠是也。説文云。「圂。厠也。从豕在□中。」即象豕居厠中。故韋昭注云。「豕牢。厠也。」是婦家二字一帚一豕正相應。尤足證家當為嫁之初文也。至如越王句踐之撫其民。生丈夫。與二壺酒一犬。生女子。與二壺酒一豚。韋昭注云犬陽畜豚主內陰類也。此亦足明犬者。男子可挾以出獵。豚者。女子所畜以守舍者也。而家即為嫁之初文。其造字所以从豕之故。不愈可昭然大白於人心哉。

要之。家之从豕。表示古代女子主中饋。以豕為祭牲及食品之尤重要者。而叚家為尸。亦足見女子中心之勢力不可侮。家庭必經畜牧階級時代而昌大。且家族原始造端女系。雖至進化而後其殘影猶依然存在也。若夫豕可包豭豚。豭豚不可該豕。許君必謂家从豭省聲。無徵不信。其不省者安在耶。況凡形聲字聲亦有義。則左傳云。「既定爾婁豬。盍歸吾艾豭」。是亦足以説家之所以从豭聲乎。吾知許君此説必為當刊落之野言矣。【釋家 國學輯林第一期】

◉羅振玉 或从豕或从亥。亥亦豕也。古金文亦多作宀。下豕形。父庚卣及家爵。説文解字家古文作□。【增訂殷虛書契考釋卷中】

◉衛聚賢 我未解釋家字的下半的「豕」，先解釋牠上半的「宀」。按河南仰韶古代遺址之袋狀土穴(見地質彙報第五號第一册頁十六)形為□，這當是「穴」字的下半的「八」，古人即是穴居，上邊當有覆蓋的東西以避風雨；是穴上的「冖」和家上的「宀」為同物。按「宀」是帳篷一類的物，現在蒙古人尚用之如□，人叫牠為「蒙古包」。既證明「宀」即□，但帳篷而絶不能圈豕即為「家」。

古代的人是「茹毛飲血」食野獸的，但虎豹爪牙太强，人敵不牠過，鹿兔奔走太速，人追趕不上，惟豕爪牙不鋭，行走不速，而且歲産子二次，每次至十餘頭，並用一年的時間就可長大，是繁殖多而肥大易了，故豕為人類的最好食品。安特生在河南澠池仰韶村地穴中發見家豕的遺骨甚多；李濟之先生去歲在山西夏縣西陰村掘發新石器時代古物，得家豕骨亦甚夥；我在我村萬泉北吴村新石器時代地層中亦拾得家豕牙齒一枚：此可證明古代的人以家豕為惟一的食品了。

豕性畏熱，多入於泥水中，古代牧豕的人當逐水草而居，以適合他和牠的生活環境；人既逐水草而居，住址當無永久不遷的道理，是尋訪他的人遠望某處有豕，即知其地有人；但有豕的地方未必全有人，是以他看見下有一羣「豕」，上有人居的□，合觀之為□豕，即以此現象而作人的「家」。

李濟之先生説現在雲貴一帶苗人所住的房子名叫「欄干」。上面住人下圈牛羊豬等，其形為□，與瑞士古代的人所住的房子相同；大約是古人為避猛獸的害，把木材架起來蓋房子，進房中時由梯而上，當然是野獸上不去的。同學姚名達先生説江西南部人多養豬，主人常使其家的工人住宿於屋外豬欄上；豬欄就是豬圈。豬欄的形狀與欄干同。廣雅疏證：「方言『豬：吴揚之間謂其檻及蓐曰櫓』檻即圈也。」按欄干的拚音為檻。是欄干下有一羣豕，自遠觀之其形為□，即以此現象亦可作人的「家」。

據上，欄干當是夏天人的住所，袋狀土穴當是冬天人的住所；因為夏天很熱，住到欄干上層，和現住的樓房一樣，可以乘涼風以防熱；冬天很冷，住到袋狀土穴中，和現在山西一帶人住的窰一樣，可以禦寒。夏天豕在欄干下圈，冬天豕在袋狀土穴外卧(因袋狀土穴無隧道，豬不能自由出入)，或在夏天或在冬天遠望人的住所，上有欄干或蒙古包，下有羣豕，都可為「家」字的象形。是以金文中的家字作□(父庚卣)，甲古文作□和□(殷墟書契前編卷四第十五葉，和後編卷下第四十二葉)，可以證實了。

禮運：「昔者先王未有宮室，冬則居營窟，夏則居橧巢。未有火化，食草木之實，鳥獸之肉，飲其血，茹其毛。未有麻絲，衣其羽皮。」鄭注：「寒則累土。暑則聚薪柴居其上。」按冬居營窟，營窟就是袋狀土穴。夏居橧巢，橧巢就是欄干。禮運是戰國時代的作品，時去古未遠，先民住址的遺跡或有存的，因觀其遺址録其傳説筆之於禮運。是以從古籍上和古文字上，還能看見這個「家」字是象形字。

説文説家是「豭省聲」，按方言説：「豬，北燕朝鮮之間謂之豭；關東西或謂之彘，或謂之豕；南楚謂豬，其子或謂之豚，或謂之豯；吴揚之間謂之豬子。」按左傳隱十一年鄭伯使卒出豭。又左傳載宋人謂宋朝為艾豭。是豬名豭，中原及東北方面均有此音。家既與豬有關係，豬讀為豭，家當為豭之省聲了。説文只説牠的聲而不及其形。

「家」這一個字，據形説可，據聲説亦可，是「家」為一個「形聲」字了。

我這説的旁證多得很哩：如狄是北方一種民族，狄字也是個象形字。去歲清華歡迎新同學時，電影演有「俠犬」一幕，其中情形以西伯利亞一帶居人養犬很多，於冬季雪地打獵帶着火種和犬同往，倦時燃火其旁而睡，犬即蹲守其旁，但犬頭多向外望，以防有敵襲擊，其狀如。我想中國古代，大約有這種民族，中原人驟見其狀，不知叫他什麼好，只好以從遠望見犬蹲火旁的形狀寫之為狄（戰狄鐘），後來就成為「狄」字。

羌是西方民羌，羌字也是個象形字，西方牧羊的人很多，遠望之前有一羣羊後有人跟隨，中原人因以形狀寫之為（鄭羌伯鬲），後來就成為「羌」。

閩和蠻是南方一種民族，因南方地多溼熱，蟲蛇之類很多，其人又多以蟲蛇之類為食品，在北方人看來，寫他的形狀時就加了個「虫」字。

據上文，狄羌閩蠻都是象形字。則説文以狄是犬種，羌是羊種，閩是虫種，蠻是蛇種，均不可通。假使以狄羌閩蠻有犬羊虫蛇的字，證明他是犬羊虫蛇的種族；那麼華人的「家」字從「豕」，也可説華人是豕種嗎？按「家」字是先有形而後有聲的，與狄羌閩蠻當是一例。

顧惕生先生在國學輯林中發表過一篇釋家，我覺得有可補證的地方，遂作此文，以備學者的參考。【釋家補證　國學月報二卷十一期】

◉商承祚　或从豕。或从亥。非亥亦豕也。古文亥豕同作。金文寡子卣作。父庚卣作。吴大澂曰「凡祭士以羊豕。古者庶士庶人無廟。祭于寢。陳豕于屋下而祭也。」案此非本誼。段玉裁曰：「本義乃豕之凥。引申叚借以為人之凥。……豢豕之生子最多。故人凥聚處借用其字。久而忘其字之本義。」其説至當。家本豕凥。與圂同字同誼。後分其用。并别構音讀之。

【甲骨文研究下編】

◉商承祚　□甲骨文作□□□。金文父庚卣作□。寡子卣作□。叔家父匡作□。⊘案吴説非也。家與訓豕凥之圂為一字。故家毛公鼎一作□。先民叚豕凥為家者。因豕生殖蕃衍。人未有不欲大其族。故取蕃殖之意。而家以名也。家既用為人家字。乃以从口之圂而别為豕之居矣。

【説文中之古文考】

◉邵君樸　古今説家者衆矣，然皆莫得其解。説文解字宀部：「□，居也；从宀，豭省聲。□，古文家。」戴侗六書故改家作宊，謂説文為牽彊。周伯琦六書正譌謂：「家與牢同意，豕居，故從宀豕，後人借用為室家之家；牢，牛屋，後人借用為牢獄之牢。」舊説家从豭省者，非。」段玉裁注因之曰：

按此字為一大疑案。豭省聲讀家，學者但見从豕而已。从豕之字多矣，安見其為豭省耶？何以不云叚聲，而紆回至此耶？竊謂此篆本義乃豕之凥也，引申叚借以為人之凥。字義之轉移多如此。牢，牛之凥也，引伸為所以拘罪之陛牢。庸有異乎！豢豕之生子最多，故人凥聚處借用其字，久而忘其字之本義，使引伸之義得冒據之，蓋自古而然。許書之作也，盡正其失，而猶未免。此且曲為之説，是千慮之一失也。家篆當入豕部。

又於哭篆注曰：

凡造字之本意有不可得者，如禿之从禾；用字之本義亦有不可知者，如家之从豕，哭之从犬。愚以為家入豕部，从豕宀；哭入犬部，从犬吅；皆會意而移以言人。庶可正省聲之勉强皮傅乎！

而或者非之，以為人獸不當無分，乃謂家字从亥而非从豕。如嚴章福説文校議議云：

余謂家字本無别義，其所以从豕者，非犬豕之豕，乃古文亥字。……亥下云：「一人男，一人女也；从乙，象褢子咳咳之形。」按禮云：「男有室，女有家。」亥為一男一女而生子，非家而何？此其所以从豕之故也。

于鬯説文職墨亦云：

此字蓋从亥，非从豕也。……許説亥字之形云：「一人男，一人女也；从乙，象褢子咳咳之形。」此正一家之義。以彼説説家字甚當，則家字之从亥非从豕明矣。此鬯聞之先從伯父沖甫先生之説。

今案，許書省聲之字皆可疑，不獨此字而已也。如云訇「从言，匀省聲」(言部)，秌「从禾，𪚿省聲」(禾部)，而有籀文訇字𥤚字皆不省。宜「从宀之下，一之上，多省聲」(宀部)，巠「从川在一下，一地也，壬省聲」(川部)，而有古文㝖字巠字皆不省。梓「从木，宰省聲」(木部)，而有或體梓字亦不省。家字甲骨文从宀从豕，或从亥，刻亦豕也。(古亥豕二字無別，故呂氏春秋察傳篇云：「子夏之晉過衛，有讀史記者曰，『晉師三豕涉河』，子夏曰，『非也；是己亥也』。夫己與三相近，豕與亥相似。至於晉而問之，則曰『晉師己亥涉河』也」。說文亥部亦云：「古文亥為豕，與豕同。」)古金文亦多作宀下豕形，而不見有从豭不省者，則段氏之疑不从宀豭省聲，而从豕宀為會意，是矣。(吳承志家字說云：「鈕氏樹玉說文注訂云：『家當從豙省聲，古文不省可證也。蠡從彖聲，劉子政九歎蠡與嵯峨為韻，楊子雲賦蠡與它為韻，廣韻蠡亦收戈，與家字古讀合』。今按，鈕說得之。彑部云：『彖，豕也，讀若弛；古文作𢑏，讀若瑕』。瑕在歌部，弛在支部，音理相近，古得通轉。家從彖聲，于六書為協」。案如此說，則為會意兼聲，非純形聲，亦非省聲也。)然未盡得其本義也。考家字从宀从豕。宀，室廬也；豕，畜獸也。其義重在豕，而不在宀。故頌鼎「廿家」之字，可省宀而作也。(凡會意字，不能省其重要部分。)郭忠恕汗簡有古文家字從宀下犬者，(殷虛書契後編下葉四十二有一家字作，其中所从之，與前編卷三葉二十三之犬字作，卷六葉五十一之犬字作，殷虛書契菁華葉十之犬字作，龜甲獸骨文字卷二葉二十八之犬字作，及戩壽堂所藏殷虛文字葉二十五之犬字作者，皆相類，疑即犬字也。)犬亦家畜也，故其義在畜而已。英吉利謂家曰family，其字原於羅馬之familia，familia又原於Oscan之famel(Oscan為住居Compania之古代義大利民族之一)。famel者，奴婢之謂也。古者戰勝所獲之男女，不殺而係纍之，使為奴婢僕隸，或司牧敎，或執田功。甲骨文僕字作(殷虛書契後編下葉二十)，乃執賤役之俘虜。(淮南子齊俗訓，「貧富之相去也，猶人君與僕虜，不足以論之」。僕虜竝言，是其身分相同也。)奴婢又或使為妻妾，而妻妾又實處同奴婢。(古者妻妾或出身於奴婢，或服役同於奴婢，故後之婦人謙稱曰奴，或曰婢子。宋史陸秀夫傳，「楊太妃垂簾，與羣臣語，猶自稱奴」。是婦人自稱曰奴也。禮記曲禮下，「自世婦以下自稱曰婢子」。案春秋左氏傳僖公十五年，秦穆姬使告穆公曰：「若晉君朝以入，則婢子夕以死」。又二十二年，秦嬴氏對晉大子圉曰：「寡君之使婢子侍執巾櫛，以固子也」。則婢子之稱，不限於世婦以下矣。是婦人通稱曰婢子也。)奴婢犬豕，皆其人所畜，平等無差，故各得冒家之名也。妻妾如此，兒女亦爾。(孟子梁惠王上「俯足以畜妻子」，又云「俯不足以畜妻子」。)古人謂妻子曰帑(詩小雅常棣：「宜爾家室，樂爾妻帑」。文十三年左氏傳秦人歸士會妻子曰「秦人歸其帑」)，是以妻子為貨幣也。妻子奴僕，與牛羊犬豕，皆其產業，蔑有差等。由此觀之，何人獸之分乎！然牛羊犬豕既為當時重要畜獸，則牢宰宎家四字理應同義，而今家牢二字殊意，甲骨文家字从犬从豕者竝有之，絕無从牛从羊者，牢字从牛从羊者竝有之，絕無从犬从豕者，以犬豕本豢擾於內，故畜之於室廬為家，牛羊本放牧於外，放閑之於室廬為牢也。(甲骨文牢字，或从∩，或从𠙴。∩，象有蓋之屋；𠙴，象無頂之闌。閑獸於闌，猶閑獸於屋耳。)【釋家　歷史語言研究所集刊五本二分】

◉唐　蘭　字卜辭習見。當為豭之本字。說文。「豕也。从彑。下象其足。讀若瑕。」朱駿聲云。「當為豭之古文。」通訓定聲豫部。其說極允。蓋之變如為。即得轉為。然則即形之變。而說文僅云豕也。下象其足。已失其義。豭則後起之形聲字。遂獨專牡豕之義矣。説文家字從豭省聲。段玉裁疑之。謂「此篆學者但見从豕而已。從豕之字多矣。安見其為豭省邪。何以不从叚而紆回至此邪。」因謂家為豕之居。余謂家固豕居。段所疑者。亦正中輕説省聲之病。凡省者當本有不省之字不然皆誤也。然許説此字未為大誤。蓋卜辭家字作□前・四十五・四。象豖在宀中。以象意聲化字之例推之。當讀豖聲。其但作豕形者。可謂為𡔲省聲。豖即古豭字也。【天壤閣甲骨文存考釋】

◉馬叙倫　吳穎芳曰。先儒從形聲説。許君説是也。若從義説。古者以畜産為家。屋中有豕有犬即是家居。古老子家字從犬。段玉裁曰。居當作凥。家凥疊韻。鈕樹玉曰。從豕省聲。古文不省。可證也。蠡從彖得聲。劉向楊雄以與嵯峨它為韻。廣韻蠡亦收戈。與家居古讀合。王煦曰。彑部。彖。讀若瑕。此古文家乃從彖得聲。小篆作家。從古文省也。翟云升曰。從豕豕亦聲。御覽一百八十一引作牖户之間謂之扆。其内謂之家。沈濤曰。御覽引恐傳寫誤爾雅為説文耳。龔橙曰。□見器銘。宀下坐犬。篆誤家。誤説從宀豭省聲。錢世叙曰。古文作家讀若瑕。是家當從古文省。故得聲。孫詒讓曰。省豭為豕其聲母不見。實為變例。竊謂古文家從□。實當作□。古㣇字或別讀為豭。□讀若瑕。即豭之譌。金文□為㣇異文。亦即許書之□。故家之從㣇。得諧豭聲。因㣇而省為豕。汪奎曰。古文家當本作□。從彑部之□。誤而為部首之㣇。□讀若瑕。瑕與豭通。朱駿聲以為□即古豭字。故小篆之家曰豭省聲。此可從重文證之也。倫按昔人釋家者。若戴侗謂從㐺。㐺古族字。周伯琦謂豕居之圈。段玉裁以為豕所居。故從宀從豕。然吳穎芳王紹蘭徐承慶崔適因之矣。嚴章福于鬯以為從宀從亥。蓋惑於亥字下謂從二人一人男一人女從乚。象裹子咳咳之形。不悟亥為豥之初文。而干支之字，本書説解皆誤。不可從也。吳大澂以為從宀從豕。凡祭。士以羊豕。古者庶士庶人無廟。祭於寢。陳豕於屋下而祭也。不悟若據禮家説庶士庶人無廟。正以大夫始有家。家有廟也。周禮家人注。家謂大夫所食采邑。載師。以家邑之田任稍地。注。家邑。大夫之采地。故傳謂大夫曰家也。葉啟勳謂以造字之先後論。家當在先。豭當在後。豈有先造之字從後造之字得聲之理。古無豭字。本即作家。從宀從豕會意。音讀若豬。豬居疊韻。家居雙聲。故取以為訓。家本豕所居。孟子盡心。三母雞。二母彘。無失其時。老者足以食肉矣。韓非外儲説記曾子殺彘事。世説新語文學左思三都賦注引王隱晉書。皇甫謐傳。曾父以烹家存教。烹家即烹彘。其證也。倫謂家本亦後造之字。且就一字論。或就六書大類論。則有先造後造之殊。如地不得先於一或二。禾既不得先於子與㠯或无也。若家之與豭。則不得以此論矣。家為豕居之説。葉所持者皇甫謐之一言。然正足以明家從豭省聲。故得借家為豭。若謂家即豭字。則家為豕居。又為豕名邪。不然。亯家不幾為亯豕居邪。且豕所居為圂。甲文作□。與家固異字也。倫檢金器中有作□者。吳其昌據辛癸鼎等之□。即古代四合院落之平面剖形。或作□。□或

□即象居屋之形。倫謂吳說是也。□即本書之亞字。金文作□。其變也。詩緜。未有家室。毛傳。室内曰家。古言世室。紛然莫定。俞先生樾嘗為圖以明之。正一□字形也。見羣經平議、亞象世室、高田忠周古籀篇已發其説。世室即大室。大室者。猶今北方偁大室為大院子矣。蓋家之制。起於婚姻制度塙定氏族社會成立之後。群居異室。故室中有室。今北方居屋結冓率為四合。即古家之遺制。而亞即象古代居屋結冓之形。金器周召夫鼎文有□字。其外之□。即此部首之□。象古代穴居之穴形。後起宫室。外猶象之。故凡宫室字皆從宀也。亞本象家形。以家在宀内。故後於外箸□。此次初文也。家則後起之形聲字矣。本書两讀若晉。晉者。春夏之夏本字。两為亞之變譌。而讀若晉。然則亞亦即夏之初文矣。賈從两得聲。而古音讀如沽。故書或借沽為賈。莊子列御寇。單千金之家。釋文。家。本亦作賈。明家音本如亞矣。沽從古得聲。而古之轉注字為嘏。由此相證。則王謂從象得聲是矣。王紹蘭説同。至謝彦華謂家當從宀豕聲。家古讀如姑。與豬聲近。説文。豕讀與豨同。字林。東方名豕曰豨。今南北名豕曰豬。豨豬均由豕聲轉。與家最近。左定十四年傳豬豭為韻。然則從豭省者。或因方言不同。為後人妄改。倫謂謝説可從。然疑家豭實三字。豭從宀。象聲。象。從豕。牙聲。蓋豭之轉注字。豭。從豕。叚聲。亞牙叚聲同魚類。故亞之轉注字得為豭或家。急就篇。簡札檢署槧牘家。顔師古注。家。伏几。謂林頤山謂顔破家為梩。説文。梩。木可以為伏几。此漢人讀家如叚。而許知家從豭省聲者。蓋本書凡省聲之字。其初固未嘗省。故秋從龜省聲。而籀篇作龝。是知傳寫避難則省之耳。初固有豭字也。豭省為家。則與從宀豕聲之字無别矣。頌鼎廿家字作□。不從宀。明從豕得聲。故得以豕為家。猶頌從公得聲。公從○得聲。而金文公字或作□矣。龔所舉□字。蓋即頌壺之□字。字仍從豕不從犬。甲文豕字可證也。古老子家字亦然耳。御覽所引或校語也。金文寡子卣作□。趞叔敦作□。伯家父鬲作□。塱敦作□。毛公鼎作□□。克鼎作□。不嬰敢作□。家敦作□者。猶父庚卣作□。豕有鬣也。甲文作□□□□□。其從□者從㲋。㲋聲也。㲋音亦衍於豕。然則亦與家為轉注字。

□　黃以周曰。從宀。象聲。象即豭字。從豕。牙聲。倫按篆當從□象聲。象為豭之轉注字。餘詳象下。【説文解字六書疏證卷十四】

◉楊樹達　殷虛書契前編肆卷拾伍之肆云：「貞：我家舊□臣亡巷？」樹達按：書大誥云：「天降割于我家。」我家或言吾家。書微子篇記微子語云：「曰：父師！少師！我其發出狂，吾家耄孫于荒。」吾家我家義同。微子殷人，知我家吾家之稱真殷人語也。卜辭為殷王室貞卜，辭稱我家舊臣，則我家蓋與今言我國義同，而僞孔傳釋吾家耄為在家耄亂，史記宋世家集解引馬融注云：「卿大夫稱家」，知皆誤説，不足信矣。毛公鼎云：「王曰父厝！余唯肇巠先王命，命女辥我邦我家！」又云：「王曰：父㫚！今余唯醽先王命，命女亟一方，㘥我邦我家」，則兼言我邦我家。按毛公鼎皆述周王命辭，周王有何家可言，則其稱我家與我邦義固無異，古人自有複語耳。【我家　卜辭瑣記】

◉郭沫若　「畢公家」與卜辭言「母辛家」同例。謂畢公之廟也。畢公當即文王之子。見於顧命者，於康王初年猶存。此言其廟。蓋康王中年以後事也。【獻彝　金文叢考】

◉陳夢家　卜辭云。「□午卜貞其㞢匚于上甲家。其□。」拾·一·七。「父庚父甲家」。甲編二七七九。爾雅釋宮。「牖戶之間謂之扆。其內謂之家」。家指門以內的居室。卜辭「某某家」。當指先王廟中正室以內。

[glyph]當釋家。左傳昭四注云。「个東西廂」。家疑即个。又說文曰。「陔。階次也。」【殷墟卜辭綜述】

◉屈萬里　卜辭「令[glyph]比宋家？」西周文獻，每以家字為邦國之義。尚書大誥：「王若曰：『……天降割于我家。』」又多士：「矧曰其有聽念于先王勤家。」兩家字皆指邦國言。此言宋家，亦謂子宋之國。【殷墟文字甲編考釋】

◉李孝定　自來治說文者。於家字从宀豕或豭省聲。聚訟紛紜。莫衷一是。舊說从豕乃亥字。亥則一男一女室家之意也。嚴章福于鬯等皆主是說。其說似若可信。而古文亥字殊不見一男一女之象。或則以豕居解之。引申以言人居。此說段氏若膺實主之。而嚴氏校議議云。「余謂本義果屬豕圈。當从□。不當从宀。豕圈重闌不重屋。則為圂字。□部圂廁也。象豕在□中。而非家字。許君人獸之辨極嚴。若以家為豕圈。宀部不應首列此字而訓為居也。」嚴氏之說是也。鈕氏段注訂謂家當从象省聲。且引漢賦𧑒字與巇峨它為韻。廣韻𧑒亦收戈為證。說較允當。吴承志家字說遂本之。而謂象古文㒸。讀若瑕。吴氏謂象古文㒸係从小徐本蓋據汪本言之今本繫傳象㒸分列。唐蘭逕謂家从叚省。而引朱駿聲「按叚當為豭之古文」為言。證以古文字形作[glyph]。形變作叚。於字形字音並極允當。其說蓋鈕吴二氏實啟之也。⊘按从[glyph]仍為叚豭之省文。其形近亥耳。金文𪠩氏壺家字亦从亥作。仍以釋家為是。【甲骨文字集釋第七】

◉楊　寬　現在我們所要談的就是西周金文中常見賞賜臣若干家，這個臣的家應作如何解釋。在西周、春秋文獻中，家常被用來指貴族的宗族組織，也常被用來稱呼貴族的政治組織，因為在宗法制度之下，貴族的政治組織是和宗族組織密切結合在一起的。這個臣若干家的家，是否也能解釋為宗族呢？不能。在西周時代，天子只有在分封大塊土地時，才會臣民整族的分賞。左傳定公四年記載周成王分封魯衛晉等國，曾分賞給殷民六族、殷民七族、懷姓九宗作為職事的人。至于西周金文中有關臣若干家的賞賜，都是由于某種恩典或某種功勞而臨時分賞的，其賞賜的規模比較小，是不能和分封土地時的賞賜相提并論的。例如矢令因為尊俎于王姜，王姜賞給他貝十朋、臣十家、鬲百人。又如令因為王歸自諆田，與奮先馬走，受到王的賞賜臣十家。又如不嬰因為對玁狁作戰有功，受到伯氏賞給弓一、矢束、臣五家、田十田。如果把臣若干家解釋為臣若干族的話，那麼夨令等人僅僅因為尊俎、先馬走等，所受到的賞賜就相當于魯衞受封時的賞賜，甚至還要超過，豈不是太不近情理了。當時各種物品的賞賜應該是相互配稱的。左傳定公四年載魯國受封時，除了賞得殷民六族之外，還賞得大路、大旂、夏后氏之璜、封父之繁弱（大弓名）、祝宗卜史、備物典策、宗司彝器等，這是相互配稱的。夨令除了賞得臣十家之外，只有貝十朋和鬲百人；不嬰除了賞得臣五家之外，只有普通的弓一把、矢一束和田十田。如果把臣十家和臣五家解釋為臣十族和臣五族，就和其他的賞賜物品太不相稱了。田在西周金文中是一個較小的面積單位，如曶鼎記載匡季用田七田、人五夫來賠償禾十秭，如果臣五家是臣五族的話，這和田十田顯得太不相稱了。如果不嬰僅因一次戰功，就分賞得臣五族。何以分賞得的臣如此其多，而同時分賞得用來生產的田只有十田，何以又如此其少。還有麥尊説，侯易（錫）者䚕臣二百家，不管是把臣二百家賞給也好，交給管理也好，如果把臣二百家解釋為臣二百族，這個數字就未免太大了。從種種方面來考察，這個臣若干家是不能解釋為臣若干族的。

西周春秋時代，貴族的組織是以宗族為主要單位的，因而貴族的所謂家是指宗族而言的。至于國都中的國人和在鄙野的勞動人民，則以小家庭為其基本單位的，則其所謂家應該是指小家庭而言的。例如國語齊語記載管仲制定國都和鄙野的户口編制，在國中以五家為軌，十軌為里，在鄙中以三十家為邑，這些家都該是指小家庭的。西周金文臣若干家的臣，既然是奴隸的性質，他們的家當然也只是小家庭。所謂臣若干家，正確的解釋應該就是成家的奴隸若干户。在西周金文中，田是田地中較小的單位面積，分賞時有時很零碎，東一田，西一田，有時用整數來分賞。賞給十田或五十田，其中以十田較多。同樣的，臣的家是指小家庭，是較小的單位。分賞時也常用整數，有賞給五家，十家以至二百家的，其中以十家較多。【釋臣和鬲　考古一九六三年第十二期】

◉胡厚宣　豭即家，讀為嘉。詩節南山及左傳桓公八年，都有周大夫家父，儀禮士冠禮鄭玄注作嘉甫。漢書古今人表作嘉父。梁玉繩説：「嘉家古通。」朱駿聲説：「家假借為嘉。」其義為美、善、祥。【甲骨文所見殷代奴隸反壓迫鬥争　考古學報一九六六年第一期】

◉田倩君　「家」庭的家字定然不是豕居之家，那麼不是它，該是誰呢？董師説：「卜辭中没有看到的字，不能斷定殷代就没有這個字。」因為卜辭不能代表殷代全部典章文物，正如今日的所謂「金錢卦」「六爻」等籤語，不能代表今日學術文化是一樣的。只能説是代表家庭的家字被人傳譌了，所以近世字學家認為家字内應該有人才對。如字通謂：

家，六書故作㝅，人所合也，㝅古族字，㝅譌為豕與説文異（清高翔麟著）。

説文校議議云：

家字本訓為豕圈，借以言人，積習久而本義廢；本義果屬豕圈，當从口，不當从宀，豕圈重闌不重屋則為圂字。口部，圂，厠也。象在口中而非家字，家字本無別義，所从之豕，非犬豕之豕，乃古文亥字，亥為豕，與豕同集韻，亥古作豕。亥下云：一人男，一人女也。乙，象裹子咳咳之形。禮云：男有室，女有家，亥為一男、一女而生子，非家而何(嚴章福著)。

據粹編考釋謂亥為豕之説始於漢，古人並無此事。至於亥作豕講始於何時(?)此處不予多加討論，總之早就有人在懷疑，家字中不應該是豕，應該是人。倩君在不得其解之下，時常翻閱有關「家」字的書，在殷契佚存六〇四版與乙編九〇七二版中發現一個字即[glyph](佚六〇四)[glyph](乙九〇七二)，我對此一字極感興趣，我認為它就是真正的家了。恰和周禮小司徒注：「有夫有婦，然後為家。」其意義相符合。再看佚存的卜辭如次：

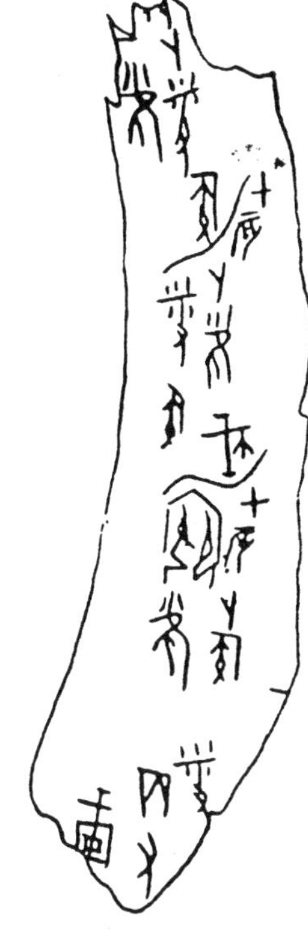

佚存604.

殷契佚存攷釋

六〇四甲[glyph]侯☒丙又□叀☒(左行)

[glyph]疑籹字國名

乙　甲辰卜矦宛雀(左行)

丙　甲辰卜雀戈[glyph]侯(左行)

丁　甲辰卜[glyph]侯戈雀(左行)

乙編卜辭九〇七二版

口酉卜，[glyph]王宛，巳(祀)且丁，何。

乙、9072

這兩版卜辭不瞭解其全義，所以其中的□□字也不知作何解。好像是地名。也曾請教過高雅，但都没説出是什麼意思。就自己的直覺，其字形體會意。正如嚴章福氏説：一人男，一人女……非家而何？此字一男一女蓆地而坐，男左女右，男右女左，甲骨文字是不拘左右的。姑將我的看法列在這裏就教先進。

安頓了數千年的「家」，我不敢存有改造它的意思，但求在古文字裏有進一步的瞭解而已。最後還是把原來的家字從先殷金文循序排列下來；然後再由今楷看上去，直到三千年，四千，五千……年以前的家字都是屋裏一隻豬，以豬居代人居竟是如此之久了，誠可謂「一失家成千古恨」，面對此字令人哭笑皆非！【説家　中國文字第二十三册】

◉李孝定　家字金文多作□，从「□」，實𧰨之古文，象牡豕之形，腹下與尾相連之一畫，乃象其勢，非足形，方濬益氏，謂是从犬，大誤。小篆變為从豕，許君解為豭省聲，至確，古文以𧰨豭之古文為聲，非从豕取義也。邵君樸氏乃博引衆説，而歸之於从豕取義，且謂从犬亦與从豕同意，此無他，不識象形𧰨字之故耳。邵氏又謂甲骨文家字，从犬从豕者並有之，是又不知甲骨文犬豕之別，甲骨文犬字正體作□，細腹捲尾，豕字正體作□，碩腹垂尾，其較顯然；至其草率急就者乃並作□，似不可分，然甲骨文

絶未見有作之家字，寧得謂从犬从豕並有之乎？【金文詁林讀後記卷七】

◉李　零　豙，曾憲通釋家，楚字家多如此作，如楚公豙鐘、戈，還有楚簡上所見到的「豙」字，上增一爪，仍是家字（楚簡中的𡨜字上亦從爪），這裏讀為嫁。【長沙子彈庫戰國楚帛書研究】

◉黄錫全　家　夏韻麻韻注出石經，此脱。三體石經《多士》家字古文作，與𡎸毁形類同，此形小異。唐陽華巖銘家字古文作。【汗簡注釋卷三】

◉戴家祥　家字从宀从豕，結構清楚。説文訓「居也，从宀豭省聲。」説成形聲結構。段玉裁對此提出異議，指出家是「豕之居」，以後「引申叚借以為人之居」，對字體結構的分析，比較接近實際。但嫌太落實。家的本義與專指人們具體住所的房室宫寢不同，概念比較抽象，是指由婚姻和血緣關係為基礎的一種社會生活組織形式——家庭。詩周南「宜其室家」，注「家為一門之内」，周禮地官注「有夫有婦然後為家」，即用家的本義。我國父系氏族社會晚期開始擁有私有財産，産生一夫一妻制家庭，這是「家」的初義。甲骨文就有家字，宀下的豕寫成逼真的豬形。可見，豬是上古家庭最先擁有的最主要的私有財産。相反，牢字内的牛羊豕為奴隸制國家所有。殷墟卜辭常用大牢小牢祭祀祖先。古代戰争有殺罪犯戰俘，作為人祭，牢又引伸為繫囚犯人的場所。「文革」發明「牛棚」為「牢」的擴大，乃冤獄遍于國中的寫照。其次，从家庭住房結構看，也與豕的關繫密切。我國個别地區的農家，至今人厠與豬圈相聯，甚至合用。西南某地，築屋于豬圈之上，頗合家的古意。上古時代，豬對家庭來説自然更重要。家字的構成，確實事出有因。【金文大字典上】

◉劉信芳　包山簡筮占記録屢見「保豙」，或釋「豙」為「蓍」，恐非達詁。楚帛書「豙女」，睡虎地秦簡《日書》作「家女」，即嫁女。《説文》解「家」字「从宀，豭省聲。」《爾雅・釋草》：「葭，蘆。」《詩・秦風・蒹葭》毛傳：「葭，蘆也。」則「保豙」是以蘆葦杆作占筮工具（「保」讀如「苞」，叢生之名，參王念孫《廣雅疏證》）。《招魂》：「魂魄離散，汝筮予之。」王逸章句：「筮，卜問也，蓍曰筮。」古代占筮用蓍定卦位和卦象，據卦位、卦象以説吉兇。簡文所記筮占工具有「央筶」（二〇一，一種蓍草）、「丞悳」（二〇九、一種麻幹）、「長惻」（二一六，一種藥用植物的長莖）、「彤筶」（二二三，一種竹子），「蓍」是其通名。

「豙」字又用作人名，習見，不舉例。

「豙」可以認作《説文》「家」之異體，然「室家」之「家」尚未見楚文字之用例，筆者存疑良久，方悟楚簡「加」乃「家」之假。包簡二二・二四・三〇有「州加公」（例多見），《周禮・地官・大司徒》：「五黨為州。」鄭玄注：「州二千五百家。」楚簡之州絶大多數是指貴族封地，如二七「邸昜君之州里公」，三七「福昜剸尹之州里公」，七二「大臧之州人」，七四「迅大僉瑚之州加公」，一八四「王西州里公」，細檢全部簡文，鮮有例外。楚國之州屬主有楚王、封君、大夫之別，則其制不能以「二千五百家」概之。管理州的職官有「加公」、「里公」，州之性質既多是私州，知「加公」即「家公」。《左傳》桓公十五年「家父」，《漢書・古今人表》作「嘉父」，而「嘉」正从「加」得聲。《周禮・夏官・序官》：「家司馬各使其臣，以正於公司馬。」鄭玄注：「家，卿大夫采地，王不特置司馬，各自使其家臣為司馬，主其地之軍賦，往聽政於王之司馬。」又《春官》有「家宗人」，《秋官》有「家士」（已佚）。楚官之「州加公」，周官之「家司馬」、「家宗人」、「家士」之類也。「加」為「家」之假，可以無疑。【包山楚簡近似之字辨析　考古與文物一九九六年第二期】

宅

乙二三五六　乙六四〇四　乙八六八五反　貞商叀其不宅　乙八七一二　前一・三〇・五　前二・二五・六　前四・一四・七　菁七・一　續五・三〇・三　佚六一六　燕五九五　京津二二三二　【甲骨文編】

乙1410　2256　3661　6072　6404　8685　8712　8893　8898　佚616　續5・30・3　京4・11・4　【續甲骨文編】

宅　何尊　隹王初鄁宅于成周又余其宅玆中或　秦公鎛　賞宅受或　秦公簋　受天命鼏宅禹責　晉公𥃝　宀宅京自　宅簋　公父宅匜　封孫宅盤　从卩　者沪鐘　哉弼王宅　【金文編】

〔二五〕　〔七四〕　〔七四〕　〔二〕　〔三八〕　〔二〕　〔四二〕　〔二〇〕　〔三九〕　〔三八〕　〔三九〕　〔二二〕　〔三八〕　〔三二〕　〔二五〕　〔二八〕　〔二八〕　〔一八〕　〔三六〕　〔三八〕　〔一九〕　〔一九〕　〔一九〕　〔三八〕　〔三八〕　〔三六〕　〔四二〕　〔三二〕　〔一八〕　〔三二〕　〔七三〕　〔三七〕　〔二〇〕　〔三六〕　〔三六〕　〔三九〕　〔三〕

〔三六〕〔三三〕〔一六〕〔四七〕〔三六〕〔三七〕〔一九〕〔三六〕〔二八〕〔三六〕〔三七〕〔三九〕〔三六〕〔四二〕〔二〇〕〔四〕【先秦貨幣文編】

布方 宅陽 晉襄 仝上 仝上 布方 宅陽 晉襄 布方 宅陽 晉朔 仝上 晉交 布方 宅陽

晉芮 仝上 反書 仝上 晉陵 布方 宅陽 晉洪 仝上 仝上 布方 宅陽 晉洪 仝上

仝上 布方 宅陽 晉高 仝上 晉祁 仝上 布方 宅陽 晉祁 仝上 布方 宅陽 晉高 布方

宅陽 晉高 仝上 晉祁 仝上 布方 宅陽 晉祁 仝上 仝上 布方 宅陽 晉祁 仝上

仝上 布方 宅陽 晉祁 仝上 仝上 布方 宅陽 晉祁 仝上 仝上 布方 宅陽 晉祁

仝上 仝上 反書 布方 宅陽反書 晉祁 仝上 布方 宅陽 晉祁 布方 宅陽 晉祁 仝上 仝上

布方 宅陽 晉祁 仝上 反書 仝上 布方 宅陽 晉祁 仝上 仝上 布方 宅陽 晉祁

仝上 仝上 布方 宅陽 晉祁 仝上 仝上 布方 宅陽 晉祁 仝上 布方 宅 晉祁

布方宅陽 晉祁 仝上 仝上 布方 宅陽 晉祁 仝上 反書 仝上 布方 宅陽 晉祁 布方

宅陽 晉浮 仝上 布方 宅陽 晉洪 仝上 仝上 反書 布方 宅陽 晉洪 布方 宅昜 晉高

布方 宅陽 典一三一 布方 陽宅反書 典一三三 布方 宅陽 亞四・一一 布方 宅陽 亞四・一一 【古幣文編】

155【包山楚簡文字編】

宅 日甲四〇背 日甲三七背 【睡虎地秦簡文字編】

石經堯典 宅南交 【石刻篆文編】

宅見説文 宅 宅竝出碧落文 宅亦度字 【汗簡】

古孝經 説文 碧落文 **宅** 崔希裕纂古 **厇** 説文 【古文四聲韻】

◉許 慎 所託也。从宀。乇聲。場伯切。古文宅。亦古文宅。【説文解字卷七】

◉王 襄 古宅家。【簠室殷契類纂正編卷七】

◉羅振玉 晉邦盦作。與此略同。説文解字宅古文作二形。【增訂殷虚書契考釋卷中】

◉商承祚 甲骨文作。金文秦公㲋作。晉邦盦作。宅陽幣作。【説文中之古文考】

◉馬叙倫 鈕樹玉曰。韻會同鍇本。沈濤曰。御覽百八十引作人所託也。廣韻引作託也人所投託也。乃古本之完文。倫按鍇本作所託居也者。居也別為一訓。或家下之訓。傳寫譌衍於此。宅為家之轉注字。家從豕得聲。豕音審紐三等。宅音澄紐。同為舌面前音。家或從豭得聲。豭宅聲皆魚類也。本訓託也。吕忱加人所投託也。字見急就篇。秦公敢作。宅敢作。甲文作。

嚴可均曰。汗簡引作。鈕樹玉曰。廣韻引有厇無宅。玉篇有宅無厇。惠棟曰。易解彖。雷雨作而百果草木皆甲坼。釋文。坼。馬陸作宅。云。根也。棟案古文宅作宅。與坼相似。故譌作坼。馬鄭皆從古文。非改坼為宅也。倫按本書無托。朱駿聲謂從宀土。乇聲。然本書無會意兼聲之例。倫謂易之坼字。蓋托之譌。故馬陸本作宅也。然則此從宀托聲。今失托字耳。

嚴可均曰。亦字疑校者所加。侂從此。知非續添。桂馥曰。周禮釋文。古文宅與度字相似。倫按广為宀之異文。故宅亦作厇。陽宅幣作。【説文解字六書疏證卷十四】

◉張秉權 「我宅茲邑」語法與堯典的「宅隅夷」「宅南交」「宅西」「宅朔方」相同。爾雅釋言：「宅，居也。」【殷虚文字丙編考釋】

◉李孝定 栔文宅與金文同。在卜辭用為動詞。如「三帚婦宅新寑寢☒」。前・一・三十・五。「癸巳卜。㝊□東今二月宅東寑。」前・四・十五・一。言宅於新寢若東殷寢也。金文作秦公簋晉邦簠宅簋公文宅匜。【甲骨文字集釋第七】

◉丁 驌 宀之為宅字簡，由𠂇之為宄可知，比較乙八八九三、八八九八、二版辭便知，二版均有「甲申卜令啄宅正」，八八九八對貞辭但曰「不𠂇」。又有辭云：「癸巳卜妫𠂇」即卜「姼宅」。「不𠂇」乃「不宅」也。「宅正」當是官名。【屯乙八八九六版辭釋】

中國文字第三十八册】

◉黄錫全 [glyph]宅並出碧落文 今存碑文作[glyph]，與《説文》侂字正篆[glyph]同。鄭珍云：「此用『寄侂』字作『宅』也。侂从古文宅，因變从篆宅，然與《離騷》『侘傺』字無別，謬矣。」鄭承規釋託，《説文》「託，寄也」，與侂訓「寄也」義近。【汗簡注釋卷三】

◉劉彬徽等 垞，讀作宅。《儀禮·士喪禮》：「筮宅，塚人營之」，注：「葬居也」。宅州指宣王塚墓所在之州。【包山楚簡】

◉朱德熙等 [glyph] 此即「宅」字。三體石經「宅」字古文亦从「厂」。銘文「宅」疑當讀為「度」。【平山中山王墓銅器銘文的初步研究 朱德熙古文字論集】

◉湖北省文物考古研究所 此人屢見於簡文，「邸」或省作「厇」(見一一三號簡)。「厇」即「宅」字古文。《説文》「宅」字古文作「庀」，从「广」，但三體石經作「厇」，與簡文合。《左傳·宣公十一年》記楚莊王語，稱「諸侯、縣公皆賀寡人」。東邸公當為東邸之地的縣公。東邸公在簡文中有時稱為先君(見一一二號簡)，當是悼固先人。【一號墓竹簡考釋 望山楚簡】

◉戴家祥 釋名釋宮室「宅，擇也。擇吉處而營之也。」儀禮士相見禮「宅者。」鄭注「今文宅或為託」。按宅託同从乇聲。唐韻宅讀「場伯切」，定母魚部。託讀「他各切」，透母魚部。韻同聲近，故亦同義。大雅文王有聲「宅是鍄京。」鄭箋「宅，居也。」方言三「度，凥也。」居凥古通用。唐韻度讀「徒故切」，定母魚部，故宅度古多通。尚書堯典「宅西曰昧谷。」鄭玄注天官縫人作「度西曰柳穀」。又「五流有宅。」史記五帝本紀作「有度。」夏書禹貢「三危既宅。」史記夏本紀作「既度。」周書顧命「恤宅宗。」後漢書班固傳作「恤度宗。」大雅文王有聲「宅是鎬京。」禮記坊記作「度是。」小雅皇矣「此維與宅。」論衡初禀作「此惟予度」，皆宅度通用之證。【金文大字典上】

室 [seal glyph]

甲一六一 甲四九一 祖丁室 甲六二四 中室 鐵五〇·一 血室 鐵二六六·二 南室 前一·三六·三 前二·三六·六 前四·二七·八 司室 前四·三二·三 前六·一七·三 戩二六·二 續二·六·三 南室 粹一二五一 大室 京津一六一三 佚四一三 乙四六九九 東室 【甲骨文編】

甲161 491 2123 2813 3542 乙95 4699 珠33 573 佚413 續2·19·3

佚843 920 續2·1·1 2·6·3 京1·26·2 徵8·22 録379 六中248 六清102

續存344 外347 新4345 4615 ㄥ761 762 763 764 765 【續甲骨文編】

室 戍嗣鼎 天亡簋 過伯簋 呂鼎 縣妃簋 万尊 免卣 趩簋 弔妣簋 休盤 君夫簋 師奎父鼎 善鼎 諫簋 豆閉簋 芇伯簋 師虎簋 揚簋 趞曹鼎

師咢父鼎 鬲攸比鼎 頌鼎 頌簋 頌壺 曼龏父盨二 師嫠簋 無叀鼎 仲馭父簋

𢼄簋 伯𠷎卣 此簋 仲殷父簋 𢦚簋 㚤氏壺

曾姬無卹壺 鑄客豆 从𣪘 𥦗弔簋 盦忎鼎 盦忎盤 【金文編】

陶文編 7·53 2·4 令鬫樂乍太室埙 【古陶文字徵】

〔六八〕 〔三六〕 〔三六〕 〔七二〕 〔七〕 〔三六〕 〔一九〕 〔二二〕 〔一九〕

〔三七〕 〔一九〕 〔三七〕 【先秦貨幣文編】

布空大 豫孟 仝上 豫宜 仝上 豫伊 布空大 歷博 仝上 典七三九 仝上 典七四〇 布空大 典七四一 仝上 典七四二 仝上 典七四三 布空大 亞二·一〇六 【古幣文編】

六七：五 二十四例 内室類尚敢或内室者 六七：一 四例 六七：四八 七例 六七：五二 六七：六 五例 【侯馬盟書字表】

233 255 257 【包山楚簡文字編】

室 日甲五三 八十五例 法二八 六十五例 日乙三一 二例 日乙一七六 日乙四三 【睡虎地秦簡文字編】

不可㠯籔—(丙8:1—7) 殘 可㠯笞……(丙9:1—6) 【長沙子彈庫帛書文字編】

0003 此與鑄客豆室字合 4561 4563 0228 0213 【古璽文編】

織室令印 黄室私官右丞 居室丞印 右工室印 室孫勳 【漢印文字徵】

少室石闕領 詛楚文 寘者冥室櫝棺之中 禪國山碑 石室 【石刻篆文編】

古老子 季札墓銘 【古文四聲韻】

◉許　慎　實也。从宀。从至。至所止也。式質切。【説文解字卷七】

◉劉心源　⿱宀臸。舊釋作穽。此字宀下从臸。説文。臸。到也。从二至。人質切。案臸音義與至同。即至之緐文。加宀為⿱宀臸。是室字也。此為姓氏。千家姓云。隴西族。漢功臣表有室中。同藝文志有室中。周箸書十篇。此室叔受氏叀在冓也。【古文審卷六】

◉方濬益　宀部室實也。从宀。从至。至。所止也。為會意字。此古文象廟中中央太室之形。【綴遺齋彝器款識考釋卷三】

◉孫詒讓　字舊釋為宦。亦殊不類。疑當為室字。後卯敢家室字作攈古三之三。與此相類。可以互證。【古籀餘論卷二】

◉王　襄　古室字。【簠室殷契類編正編第七】

◉高田忠周　段氏注。古者前堂後室。釋名曰。室實也。人物實滿其中也。引伸之則凡所居。皆曰室。釋宮曰。宮謂之室。室謂之宮是也。室屋者人所至而止也。説从至之意。室兼形聲。屋主會意。又朱氏駿聲云。秦漢以來。惟王者所居偁宮焉。又宗廟亦偁宮室。公羊文十三傳。魯公偁世室。羣公偁宮。詩采蘋。宗室牖下。按銘云室宗。正與詩所云相合也。【古籀篇七十一】

◉郭沫若 𡨦當是室之緐文，同出之器言「鈙作𩰪匋盧鼎」。則義當與作近。殆叚為設也。【楚王酓忎鼎 兩周金文辭大系考釋】

◉商承祚 𡨦乃室之緐文。說文。室實也。廣雅釋詁四。室實也。人物充滿其中也。即此意。謂鎔化其兵銅實之以鑄器。故曰實鑄。【楚王酓忎鼎 十二家吉金圖録】

◉馬叙倫 宋保曰。鍇本及韻會舉要引作從宀至聲。室從至聲。猶窒從至聲矣。鄧廷楨曰。室實疊韻。倫按易繫辭。上古穴居而野處。後世聖人易之以宮室。而穴室聲同脂類。室當為穴之轉注字。然論語。由也升堂矣。未入於室也。詩七月。入此室處。玄應一切經音義六。户外為堂。户内為室。左桓十八年傳。男有室。女有家。則室是在内之名與家同矣。家從豭得聲。豭室雙聲。則室為家之轉注字。何以詩緜傳謂室内曰家乎。高田忠周謂屋室一字。八篇屋之古文作□。倫謂此即今所謂幄也。幄者。今所謂蒙古包者是。由穴處而進入游牧時代。就所在張幕為幄。猶似穴形。以此言之。室為穴之轉注字。鍇本作至聲是。至音照紐三等。轉審紐三等為室也。至所止也校語。字見急就篇。頌鼎作□。伯㲋卣作□□。仲殷父𣪕作□。【說文解字六書疏證卷十四】

◉陳夢家 爾雅釋宫「室有東西廂曰廟」，是室為廟中之一部份，處於兩夾之中間。又謂商代「藏主與祭祀並以宗室為名。」【殷墟卜辭綜述】

◉周法高 商承祚說室實相通。是也。室實古韻同隸至部。聲紐同屬正齒(舌面)音。故得相通。但此處之實乃助詞或副詞。經傳中其例甚多。如

東鄰殺牛。不如西鄰之禴祭。實受其福。(易既濟)

實靖夷我邦。(詩大雅召旻)

后稷之孫。實維大王。居岐之陽。實始翦商。(詩魯頌閟宫)

二人曰。我太史也。實掌其祭。(左傳閔公二年)

任。宿。須句。顓臾。風姓也。實司大皥與有濟之祀。(左傳僖公二十一年)

澤門之皙。實興我役。邑中之黔。實慰我心。(左傳襄公十七年)

實字加在動詞前面。和本銘用法相似。【金文零釋】

◉張 頟 「室」有的書作「□」或「□」或「□」「□」，與《仲殷父簋》銘文「室」字作「□」相近。「以事其室」即指祭祀其宗廟世室

宣

而言。【侯馬東周遺址發現晉國朱書文字　文物一九六六年第二期】

◉李孝定　栔文與金文小篆並同。卜辭偁「中室」「南室」「血室」。亦猶後世「曆磨室」「宣室」「請室」。蓋宮中房屋之名也。金文作　頌鼎。　師奎父鼎。　伯睘卣。　無叀鼎。　縣妃簋。　曾姬無卹壺。【甲骨文字集釋第七】

◉嚴一萍　　室酓忎盤作　，鑄客豆作　。此室字甚明白，拜納氏摹本作　，使人不識矣。【楚繒書新考　中國文字第二十六册】

◉李孝定　金銘室字多用本義，楚王酓忎兩器銘之窒，即室字，與實通，其說則周法高為長。【金文詁林讀後記卷七】

◉戴家祥　宋時出土之己酉戌命彝「用　□宗彝」，王俅嘯堂集古録上第二十八葉、薛尚功歷代鐘鼎彝器款識法帖卷二第三十八葉釋　為室。父丁鼎「宰儂　父子」，方濬益綴遺齋彝器考釋卷三第十四葉、孫詒讓古籀餘論卷一第三葉釋　為室。按說文七篇宀部「室，實也。从宀从至。至，所止也。」室至古音同部，為會意兼形聲字。吳其昌據召夫鼎等之　字，辛癸鼎等之　字分析，　或　即象居屋之形，　或作　，即古四合院之平剖面形。亞本象形，加旁作　，則加一屋記號，則為形聲字。據馬叙倫作册令尊及作册令彝銘考釋轉引。按吳說近似。亞或　為獨體象形字，加形符宀則為象形兼形聲字，其後變為室者，則為會意兼形聲字。明乎此，則知大鼎又名租丁鼎。令毁又名丁公毁。矢彝　父丁毁宰儂鼎諸　字均應釋室。「室父丁」者，宗室父丁也。「敢辰皇王室」者猶左傳襄公十四年「王室之不壞，緊伯舅是賴」。宣公十八年「欲去三桓以張公室」。

　字从止从　，即室之加旁字。說文「室，實也。从宀从至，至所止也。」至，止聲母都在照三，為雙聲注音字。其在卣銘「兮公室盂鬯」，字假為實。讀如儀禮鄉射「卒洗升，實爵」、禮記禮運「實其簠簋籩豆鉶羹」之實。實滿也。【金文大字典上】

後一・二四・七　方名　弜宣方奠　　戩四九・九　　掇一・四五九　宮室名　丁巳卜于南宣占【甲骨文編】

續6・20・12　　掇459　　新4269【續甲骨文編】

宣　虢季子白盤　王各周廟宣廟　　曾子仲宣鼎【金文編】

秦1388　咸商里宣【古陶文字徵】

58 135反 191 【包山楚簡文字編】

宣曲喪吏 宿宣之印 趙宣 【漢印文字徵】

泰山刻石 訓經宣達 天璽紀功碑 上天宣命 石碣鑾車 㢮□宣搏 詛楚文 宣夌競從 石經桓公 葬衛宣公

【石刻篆文編】

宣 宣 宣出王氏 【汗簡】

義雲章 碧落文 王庶子碑 崔希裕纂古 【古文四聲韻】

◉許　慎　天子宣室也。从宀。亘聲。須緣切。【説文解字卷七】

◉薛尚功　宣榭蓋宣王之廟也。榭射堂之制也。其文作。古射字。執弓矢以射之象。因名其室曰射。音謝。後從木。其堂無室以便射事。故凡無室者謂之榭。爾雅云。宣王之廟制如榭。故謂之宣榭。春秋記成周宣榭火以宗廟之重。而書之如桓僖宮之比。二傳云。藏禮樂之器非也。又有𢦏敦云。王格于太室。亦廟也。古者爵有德而禄有功必賜於太廟。示不敢專也。【歷代鐘鼎彝器款識法帖卷十四】

◉趙烈文　□搏𢧵車𩜾衍。亶。潘云見詛楚文。今作宣。吴東發云。原本作。橆誤作亶。宣通諠。詩。赫兮諠兮。韓詩作宣。宣搏。讙呼搏之。周官大司馬。及所弊鼓皆駴車徒皆譟烈。按吴禪國山刻石。河伯子胥玉□宣言宣作亶。其書多籀文。與此正同。【石鼓文纂釋】

◉王　襄　古宣字。从宀从，即亘字。殷契洹作，亘亦从作，篆文之即之緐文。【簠室殷契類纂正編第七】

◉羅振玉　卜辭中洹與𧼡从。故知此為宣矣。【增訂殷虚書契考釋卷中】

◉郭沫若　宣廟舊解為宣王之榭。錢儀吉孫詒讓已辨其非。孫氏籀膏述林卷七有此盤拓本跋文。云錢氏謂宣榭自取美名。不必如公羊解詁宣王宮之説。以證宣王時不嫌有宣榭。余謂説文釋宣字義云。天子宣室也。淮南王書云。武王破紂殺之宣室。褚少孫補太史公書亦云武王圍紂象廊。自殺宣室。是以宣名宮室固其本義。周之有宣廟猶殷之有宣室耳。漢亦有宣室。三輔黄圖亦援淮南書為説。公羊傳云宣謝者何。古無榭字。故耤謝為之。宣宮之謝也。何言乎成周宣謝災。樂器藏焉爾。公羊所謂宣宮者亦謂宮名。猶云酆宮祇宮昭宮。非先王廟堂。故樂器得藏之。此銘宣廟與周廟連文。則宣廟當亦在廟中。但非正廟耳。而何劭公乃云。宣宮周宣王之廟也。至此不毀者有中興之功。不知周自后稷廟及文武世室外。無不毀之廟。宣王雖中興。擬之文武功德已不侔。廟安得獨不毀乎。今案孫援淮南褚補史記以證。宣為美名。甚是。公羊解為宣宮之謝者。其意實有如何休所云。乃擬為宣王之廟之謝。然鄭毁云正月初吉王在周邵宮。丁亥王各于宣射。則宣廟在邵宮。知公羊實凥説也。然有公羊説存。研金文者于習見之康宮邵宮等又説為康王之廟。昭王之廟矣。【虢盤 兩周金文辭大系考釋】

◉馬叙倫 鄧廷楨曰。造字在周秦以前而宣室作於漢。豈有造字時豫縣一字以待後世名其宮室之理乎。王筠曰。説殊偏枯。詩書有宣字。漢乃有宣室。以從宀姑以為説耳。竊意似從亘得義。非徒亘聲也。朱駿聲曰。當訓大室也。與寬略同。倫按天子宣室必非本義。亦非本訓。倫謂宣音心紐。與室音審紐。同為次清摩擦音。是宣或為室之轉注字。然經記唯淮南本經訓。武王破紂牧野。殺之於宣室。注。宣室。殷宮名。一曰獄也。史記賈誼傳。孝文帝方受釐。坐宣室。與室義有關聯。而淮南之宣室。呂氏春秋過理作璇室。注謂以璇玉飾其室也。則是瑄之省文。亦無關於室之本義矣。其他諸書皆用宣示宣明之義。高田忠周謂宣旬一字。左文十八年傳。宣慈惠和。宣借為恂。即其證也。倫謂小爾雅廣言。宣。示也。周官小司寇。乃宣布於四方。周書謚法。聖善周聞曰宣。皆徇字之義。乃借宣為徇也。宣從亘得聲。亘音匣紐。徇音邪紐。同為次濁摩擦音也。金文虢季子白盤宣字作□。晉姜鼎作□。甲文有□字。以洹趄二字從亘之字作□。證知□亦宣字。是明有從亘之宣也。倫謂此亘之後起字。為垣之異文。猶寏為垣之轉注字。而宮為口之後起字。亦增宀矣。字見急就篇。石鼓作□。辟彝作□。秦詛楚文作□。【説文解字六書疏證卷十四】

◉于省吾 㽙客鼎有□字。舊不識。金文編入於坿彔。按即宣字。其从宀作∧者。乃晚周之變體。㽙客鼎。客字作□。郗公鈺鐘。穷字作□。是均从宀作∧之證。其所从之□即回字。今隸作亘。鄘毁。宣字作□。封仲毁。趄从亘作□。洹秦毁。洹从亘作□。均其例也。【釋宣 雙劍誃古文雜釋】

◉郭沫若 「吉玉宣璧」當是兩事，即吉玉與宣璧。齊洹子孟姜壺銘文有云：「于南宮子用璧二備，玉二嗣」，璧與玉正相對為文。玉之種類頗多，唯其中必含圭璋之類。爾雅：「以玉者謂之珪，珪大尺二寸謂之玠璋，大八寸謂之琡。」封禪書所載「秦并天下令祠官所常奉天地名山大川鬼神」之序，其用牲每伴以珪幣，如「湫淵祠朝那，亦春秋泮涸禱賽，如東方名山川，而牲牛犢牢具珪幣各異」，是秦人禱神例用「珪」，璧猶其餘事也。【詛楚文 郭沫若全集卷九】

◉楊樹達　戰後寧滬新獲甲骨集叁拾玖片云：「丁巳，卜，于南宣名？」樹達按：明義士殷虛卜辭貳叁玖片云：「貞告執于南室，三宰。」此辭卜行𢼄祭于南宣，彼辭卜以三宰行告祭于南室，宣室字並从宀，疑南宣與南室為一事而異名也。淮南子本經篇云：「武王破紂牧野，殺之于宣室」，注云：「宣室，殷宮名。一曰：宣室，獄也。」文記殷事，以宣室連文為一名，然則或稱南宣，或稱南室，為一事明矣。【南宣　卜辭瑣記】

◉高鴻縉　徐灝曰。宣字从□。□風回轉。所以宣陰陽也。

此宣揚之宣之本字。从雲气在天下。舒卷自如之象。□雲气之形。一。天之通象。金文作□者。象雲气之卷而舒也。作□者。象雲气之卷而自如也。其上著一者天也。上下並著一者。天與地也。甲文初形其上或著天之通象。或省為指事字。動詞。後人用宣字以代之。久之而亘字只見於偏旁之中。其實宣暢。宣揚。宣達皆亘字之意。宣字从宀。（音棉。房屋也。楷書作宀。俗稱寶蓋頭。）亘聲。乃通光透气之室也。說文宣。天子宣室也。此許氏就漢制言之。徐鍇曰。按漢書音義未央前正室也。又有宣室殿。按通光透气之室。不獨天子可有也。宣而通光透气。故取宣揚宣達之亘為聲。通光透气之宣。故引申而有明也。通也諸義。自宣代亘。而亘字廢。而宣之本義亦廢。【中國字例三篇】

◉李孝定　栔文同。辭云「弜宣方。」後・上・二四・七。似為地方國之名。金文作□虢季子白盤。□曾子仲宣鼎。□鄦簋。□晉姜鼎。从重□。【甲骨文字集釋第七】

◉黃錫全　□宣　鄭珍認為「左旁㝷系爰字之變」，⿰㝷頁是顯字別體。按爰字古作□（京津4894）、□（甲3915）、□（虢季子白盤）、□（秦銅量）、□（侯盟）、□（鄂君啟節）、□（璽彙3769）等形，與此形□旁不同。甲骨文的□、□等字，郭沫若先生認為「金文曼龏父盨作□若□，从此□聲」（《卜辭通纂》154頁）。朱德熙先生認為「⿰㝷頁字所从的□正是甲骨文的□（古研8・16）。其說甚是。典籍中的⿰扌㝷字从㝷，音宣。《禮記・王制》「贏股肱」，鄭玄注：「謂擐衣出其臂脛。」釋文云擐，「舊音患，今讀宜音宣。依字作⿰扌㝷。《字林》云：『⿰扌㝷，⿰扌㝷臂也。』先全反。」⿰㝷頁从頁，㝷聲，㝷音宣，故《碧落文》借作「宣」。《廣韻・仙韻》須緣切下有⿰㝷頁字，注「頭圓也」。又有⿴囗㝷字，注「面圓也」。《集韻・僊韻》下有⿰㝷頁⿰㝷面⿴囗㝷三字，注「圓面也。或作⿰㝷頁⿴囗㝷」。《說文》「顥，面不正也」，與「⿰㝷頁」義有別。今存碑文作□，與此形稍異。【汗簡注釋卷三】

◉朱德熙等　此圖銘文中「宣」「垣」二字皆从「□」，似乎「□」既代表「㠯」，又代表「亘」。果真如此，則□既是「官」字，又是「宣」字，□既是「桓」字，又是「棺」字的簡寫。不過「官」和「宣」、「棺」和「桓」當時都是常用字，不應完全寫成一樣，不加區別。方壺銘和鼎銘「趄」字所从的「亘」作□，很可能當時「宣」「桓」所从的「亘」也是這樣寫的。至於「垣」字寫成从□，可能是因為没有

「埴」字跟它對立，不會發生混淆的緣故。一説㠯是「亘」字而非「自」字，因為「亘」、「官」古音相近，故銘文借「宣」為「官」，借「桓」為「棺」。【平山中山王墓銅器銘文的初步研究　朱德熙古文字論集】

◉戴家祥　金文宣或作人名，如曾子仲宣鼎等或作堂室名，如虢季子白盤「王各周廟宣廟」，薛尚功謂「宣廟蓋宣王之廟也」。孫詒讓已辨其非，此僅指以宣命名的廟。【金文大字典上】

甲五〇六　地名　甲一二二五　甲一六五一　乙五四〇二反　前二・三・五　前二・二〇・五　前二・二九・七　前四・一九・八　後一・一三・一二　粹九七五　粹九七六　粹九七七　鄴初下・三三・一　師友一・一六八　掇一・四六〇　存一九七一【甲骨文編】

甲506　1225　1651　珠677　917　續2・15・2　3・15・2　3・15・3　掇460　京2・6・1　鄴33・1　續存1969　外73　摭續134　粹973　975　976　977　983　1011　1016　1017　1022　1030　1067　1456　新4421【續甲骨文編】

向　向卣　向簋　向䝬簋　弔向父簋　弔向簋　多友鼎【金文編】

3・48　陳向　3・826　向S　秦1437　獨字【古陶文字徵】

〔三六〕　〔三六〕　〔三七〕　〔一三〕　〔三七〕【先秦貨幣文編】

布空大　典六四九【古幣文編】

3059【古璽文編】

向鳳私印　向成之印　向多　王向私印【漢印文字徵】

少室石闕 廟佐向猛趙始【石刻篆文編】

◉許　慎　向北出牖也。从宀。从口。詩曰。塞向墐户。徐鍇曰。牖所以通人气。故从口。許諒切。【説文解字卷七】

◉徐同柏　説文。向。北出牖也。从宀。从口。詩曰。塞向墐户。是文从匋。匋。陶本字。右之上作耳形。陶復陶穴之象。當是向字。【從古堂款識學卷十五】

◉羅振玉　口象北出牖。或从日。乃由口而譌。口日形近。古文往往不别。古人作書不如後世之嚴矣。【增訂殷虚書契考釋卷中】

◉林義光　口象牖形。宀象屋在其上。古作向禹敦。【文源卷二】

◉高鴻縉　字倚宀畫北出牖形。口為物形。非口字。由物形口生意。故為北出牖。參周代宫室制度。此牖乃南面屋之北窗也。後人通叚向以代。乃有向背之向之意。【中國字例二篇】

◉高田忠周　此為正篆。改口為日者為變形也。説文。向北出牖也。从宀从口。口亦借為象形耳。朱駿聲云。口與倉同意。古宫室。北墉無户牖。民間或有之。命之曰向。詩七月塞向墐户。毛傳。北出牖也。韓傳。北向窗也。散文則凡牖亦得曰向。禮記明堂位。刮楹達鄉。注謂夾户窗也。以鄉為之。轉義為向背之向。字亦作嚮。【古籀篇七十一】

◉馬叙倫　吴穎芳曰。囧省為口。變作日。牖孔之象。鈕樹玉曰。韻會作從口從宀。按從口當是象形。段玉裁曰。口當作口。向下云。從口。中有户牖。是皆從口象形也。王筠曰。口或口之譌。直是通孔而已。當云象形。倫按玄應一切經音義引三倉。北出牖也。則此訓非許文。疑吕忱本三倉訓詁加也。或出郭璞解詁郭用吕説。甲文向字有向。亦有向。然此自從口。口即囧之異文。變而為日。甲文明字亦有作者。可證也。此與窗一字。皆囧之後起者。以口變譌作日。乃增宀耳。如今篆當作從宀口聲。囱音穿紐。轉注作悤。從心得聲。而此音曉紐。心曉同為次清摩擦音。亦可證也。字見急就篇。叔向敢作向。向盦作向。【説文解字六書疏證卷十四】

◉楊樹達　段玉裁曰：「从○，象形。」樹達按：宀，交覆深屋也，為本形。○，象牖，為特形。【文字形義學】

◉李孝定　古室宅多南北向。宀象正視之形。口象牖形。羅説是也。段氏注改篆作向。古文口日不分久矣。必从口从日。而其字各殊。如成作。成作。則其别始顯。始嚴其區别。不則通作無别也。字在卜辭為地名。金文作向弔向簋。向弔向父簋。向向向卣。向向簋。【甲骨文字集釋第七】

◉戴家祥　玉篇一三八「許亮切，窻也。又舒尚切，地名。」説文六篇穴部「窗，通孔也。」七篇片部「牖，穿壁以木為交窗也。」是向與

宧　官　窔

窗牖，名異而實同也。同聲通假，字亦作鄉，儀禮士虞禮記「祝從，啓牖鄉如初」，鄭玄注：「鄉，牖一名也。」禮記明堂位「刮楹達鄉」，鄭注：「鄉，牖屬。」聲符加旁亦或作嚮。周書顧命「牖間南嚮」，「西序東嚮」，「東序西嚮」，「西夾南嚮」。大戴禮記盛德篇謂明堂之制，一室而有四户八牖，每室皆有二牖夾户，知鄉嚮皆向之叚借字也。【金文大字典上】

◉許　慎　宧養也。室之東北隅。食所居。从宀。㔾聲。與之切。【説文解字卷七】

◉馬叙倫　宧養爾雅釋詁文。爾雅又本易叙卦。彼釋頤字也。宧當亦室之東北隅為本義。然倫謂宧為室之轉注字。宧音喻紐四等。室音審紐。同為次清摩擦音也。唐寫本切韻殘卷七之宧。室東北隅。按説文無穴。作此宧。養也。食所居。則養也以下皆校語或字林文。或此字出字林也。甲文作㔾。【説文解字六書疏證卷十四】

◉許　慎　官户樞聲也。室之東南隅。从宀。皀聲。烏皎切。【説文解字卷七】

◉馬叙倫　鈕樹玉曰。廣韻引隅下亦有也字。倫按官與穴部之窅一字。彼下曰。冥也。乃日部皀字義。官本義為室之東南隅。爾雅釋宮作窔。户樞聲者。門部。闔。門聲也。闔官音同影紐。或闔字義邪。此非本訓。然倫謂官從皀得聲。皀從逃得聲。逃音定紐。古讀喻紐四等歸定。然則官宧蓋轉注字。室之東北隅曰宧。東南隅曰官。西南隅曰窔。乃後世分別之。【説文解字六書疏證卷十四】

奥奮【漢印文字徵】

竝籀韻【古文四聲韻】

◉許　慎　窔宛也。室之西南隅。从宀。𢍃聲。臣鉉等曰。𢍃非聲。未詳。烏到切。【説文解字卷七】

◉林義光　窔奥　幽韻烏壽切。説文云。窔宛也。室之西南隅。从宀。𢍃聲。按𢍃非聲。奥。深也。从宷審从𠬞。𠬞探索之象。【文源卷十】

◉馬叙倫　沈濤曰。爾雅釋宮釋文引。奥。室也。蓋古本如此。一切經音義六引。奥。究也。乃傳寫之譌。丁福保曰。慧琳音義七及卅一引究也。室之西南隅也。考玄應引同。詩常棣傳曰。究。深也。小徐曰。宛。深也。宛係究之筆誤。據此知今本之謬。倫按王煦謂奧宛以聲相訓。倫謂宛奧實轉注字。以官之轉注字。音皆影紐也。本義自為室名。徒此室之西南隅句蓋呂忱加之。釋文引作室也者。蓋亦忱加。以宛訓屈艸自覆也。而此訓宛也。故增此亦明其義。又申之曰。室之西南隅。音義引作究也。自為譌文。檢上下文可知。徐鍇曰宛深也者。宛奧轉注字。廣雅釋詁。奧。藏也。周語。野無奧草。注。奧。深也。書序。雅誥奧義。釋文。奧。深也。則宛亦得訓深。蓋古亦奧為室西南隅之名。凡隅皆深處。故引申有深義耳。亦或鍇本宛也作究也。今作宛也者。校者改之。寏從叒得聲。叒讀若卷。卷音見紐。以同清破裂音轉影為烏到切耳。苗夔以為當取卷曲深意。從宀叒會意。非也。【說文解字六書疏證卷十四】

宛

一〇五：三　詛咒類衆人宛死　【侯馬盟書字表】

宛　日乙一九四　日乙一九五　【睡虎地秦簡文字編】

宛丞之印　宛幼卿印　宛敬之印　宛根之印　【漢印文字徵】

宛　【汗簡】

碧落文　【古文四聲韻】

◉許　慎　屈草自覆也。从宀。夗聲。於阮切。宛或从心。【說文解字卷七】

◉馬叙倫　鈕樹玉曰。廣韻類篇引草作艸。王筠曰。此及重文小徐本在寡下。玉篇同。大徐蓋因奧宛也而迻此。朱駿聲曰。此與苑之説解相承互訛。苑從艸故訓屈艸。從夗故訓自覆。徐灝曰。宛從宀。蓋謂宫室窈然深曲。屈艸自覆。未詳其恉。倫按宛奧音同影紐。奧從叒得聲。叒夗聲同元類。轉注字也。屈艸自覆附會苑字之形為説。明非本義本訓。

朱駿聲曰。疑當為冤之重文。即今所用惋惜字。倫按從宀。怨聲。然周禮考工記注引鄭司農云。惌讀為宛。彼北林之宛。則從心宛聲。唯朱以為冤之重文。則未是。冤固非惋惜義也。【說文解字六書疏證卷十四】

◉許　慎 　屋宇也。从宀。辰聲。植鄰切。【説文解字卷七】

◉馬叙倫　鈕樹玉曰。繫傳脱聲字。韻會引有。丁福保曰。慧琳音義八十四八十八引。從宀。辰聲。與大徐同。小徐奪聲字。倫按與宸一字。為宇之轉注字。宇音喻紐三等。宸音禪紐。同為次濁摩擦音也。亦㖊之異文。説解本作宇也。屋宇涉下文宇字説解而譌羨。【説文解字六書疏證卷十四】

宇　𤔲盤　穆王井帥宇誨　𢦏簋　宇慕遠猷 　説文籀文宇从禹　五祀衛鼎　迺舍寓于氒邑　𤼈鐘　武王則令周公舍寓于五十頌處 　从囗　𤔲盤　舍國周卑處【金文編】

宇　法一八六　二例 　日乙二五三　三十三例 　日甲二二背　二例【睡虎地秦簡文字編】

周宇私印【漢印文字徵】

天璽紀功碑　九江費宇行視【石刻篆文編】

雲臺碑 　説文 　崔希裕纂古 　陰符經【古文四聲韻】

◉許　慎 　屋邊也。从宀。于聲。易曰。上棟下宇。王榘切。籀文宇。从禹。【説文解字卷七】

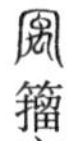

◉高田忠周　从宀盂聲。此當宇字緐文。銘意蓋叚借為于。于大也。宇静猶言大審也。或謂與吁通用。亦歎辭也。東京賦曰。吁漢帝之德。與書云。王曰吁來云云。皆同意耳。【古籀篇七十一】

◉馬叙倫　鈕樹玉曰。韻會無也字。沈濤曰。一切經音義七及廿五引作屋邊檐也。倫按屋邊即屋之東西兩序。於字之形可得也。詩豳風。八月在宇。陸德明謂屋四垂為宇。左昭四年傳。失其守宇。注。于國則四垂為宇。唯高誘淮南注以宇為屋檐。檢儀禮士喪禮。竹杠長三尺置於宇西。注。宇。梠也。梠楣櫋檐皆轉注字。則借宇為梠耳。聲同魚類也。然則此脱本訓。屋邊檐也者。吕忱列異訓。文選東京賦注和登孫權故城詩注引倉頡。四方上下曰宇。又注引倉頡。邊也。

段玉裁曰。禹聲。倫按禹于雙聲。兼疊韻。故宇轉注為寓。從禹二字校者加之。慧琳一切經音義廿四引倉頡。寓。邊也。蓋倉頡本作宇。傳寫一本或以字林字易之也。𢼸鼎之。或從宀敢聲。或從攴寓聲。【説文解字六書疏證卷

十四】

◉唐　蘭　⿴囗禹即㝢，《説文》宇字籀文作㝢。舍宇是給住處。【略論西周微史家族窖藏銅器群的重要意義　文物一九七八年第三期】

◉裘錫圭　宇誨　「誨」、「謀」二字古通(《金文編》110頁)。《詩·大雅·抑》「訏謨定命」，毛傳：「訏，大。謨，謀。」「宇誨」當讀為「訏謀」，與「訏謨」同意。【史牆盤銘解釋　文物一九七八年第三期】

◉于豪亮　武王則令周公舍⿴囗禹。舍讀為予。《墨子·耕柱》：「見人之作餅，則還然竊之，曰：舍余食。」孫詒讓《間詁》云：「古賜予字或作舍。」其説甚是。在三體石經中賜予之予字的古文就作舍。⿴囗禹即㝢，也就是宇字。玄應《一切經音義》七：「宇古文㝢，籀文作庽。同」。《國語·周語二》：「昔我先王之有天下也，規方千里以為甸服，以供上帝山川百神之祀，以備百姓兆民之用，以待不庭不虞之患。其餘以均分侯伯子男，使各有寧宇。」此「各有寧宇」之宇，就是銘文「舍⿴囗禹于周」之⿴囗禹，指周王朝分封給貴族們的領地。【牆盤銘文考釋　古文字研究第七輯】

◉戴家祥　史牆盤　武王則令周公舍⿴囗禹于周卑處　衛鼎「迺舍㝢於厥邑」，「㝢」从宀。玉篇三四七「庽今作宇，序，籀文。」一切經音義七「宇」古文作「㝢」，籀文作「庽」。「㝢」之作「⿴囗禹」，亦猶「弦」之作「」，「家」之作「」並見毛公鼎。「舍㝢」猶言「賜舍」，儀禮覲禮「天子賜舍」，鄭玄注「猶致館也」。上海師範大學學報一九七九年第二期牆盤銘文通釋。唐韻亏讀「羽俱切」喻母侯部，禹宇俱讀王矩切，喻母魚部，侯魚韻近，故㝢宇同字。【金文大字典上】

寷

寷　弔旅魚父鐘　【金文編】

◉許　慎　寷大屋也。从宀。豐聲。易曰。寷其屋。敷戎切。【説文解字卷七】

◉馬叙倫　朱駿聲曰。此字亦後出。易諸家本皆作豐其屋。是。據許則此字出孟氏章句。承培元曰。大屋當是屋大之誤。倫按寷廁宇寏之閒。使非失次。則大屋或屋大均非其本義。字疑出字林也。本書自叙言易孟氏古文者。吕忱所增。許治古文易。未必孟氏又獨異。作此寷字。且本書引經。本非許氏原有。而所引每與傳本及釋文所引異者。昔人皆信為許引定是古本。唯嚴章福謂校者依篆改。則此亦或然也。【説文解字六書疏證卷十四】

寏 師寏父盤 師寏父簋 史寏簋 牆盤【金文編】

◉許　慎　周垣也。从宀。奐聲。胡官切。院寏或从𨸏。又爰眷切。【説文解字卷七】

◉吴大澂　古寏字。通院。史寏敦。【説文古籀補卷七】

◉高田忠周　説文。周垣也。从宀。奐聲。或作院从𨸏。此實借院為寏也。廣雅。院垣也。墨子大取其類在院下之鼠。皆用院字。左傳。繕完葺牆。以完為之。作完與作院。均皆聲通也。【古籀篇七十一】

◉馬叙倫　翟云升曰。韻會引無周字。倫按周垣也當作周也垣也。周亦垣也。寏為垣之轉注字。寏音匣紐。垣音喻紐三等。皆次濁摩擦音也。此字或出字林。

院　吴穎芳曰。説中闕誤。應云或從𨸏完聲。又爰眷切四字字林增也。院本訓周圍牆垣。與寏同。徐元杜曰。寏或從𨸏謂左從奐。右從𨸏。因文誤。遂失隩字。不與𨸏部院重也。段玉裁曰。當從宀阮聲。與𨸏部從𨸏完聲之字別。鈕樹玉曰。徐鉉疑𨸏部重出。或寏下為後人增。俱未可定。然必非阮聲。倫按寏即牆也。引申有堅義。𨸏部院下曰。堅也。而字次隝下隂上。隝訓小障也。一曰。庳城也。則院之為堅。其為垣牆引申無疑。唯字自從𨸏完聲。莊子天地。循於道之謂備。不以物挫志之謂完。備為葡之借字。葡是城垣。已見葡下。完葡對文。是完為院省。倫謂本部完字即院字。今訓全也。乃引申之義。完為引申之義所專。完或借為全。乃造院字。故吕忱以為寏之重文。校者又增於𨸏部耳。然則莊子之完是用本字。寏完聲同元類轉注字。又爰眷切者。當在寏下。重文例不出音。况有又字也。【説文解字六書疏證卷十四】

◉于省吾　唐蘭同志謂：「从𠬜，未詳。此讀為狩。」裘錫圭同志謂：「寏、貫音近，唯寏南行的寏也應讀為貫。」徐中舒同志謂：「寏，説文以為院字，此當借為患，寏院患古寒韻字，故得相通。」李學勤同志謂：「寏讀為狩。」按各家之説都不可據。裘同志釋寏可從，但讀為貫，也誤。

寏字，拓本照片作，故唐、李二同志均誤釋為狩。我在陝西省周原文管所陳列室見到牆盤原器，特單拓一個寏字，作形，較照片為清楚。《説文》：「寏，周垣也，从宀奐聲。院，或从𨸏完聲。」按寏與奐古通用，金文从宀與否每無別。例如：親也作寴，殷也作[宀殷]，龍也作寵，是其證。《説文》奐字作，並謂：「奐，取奐也，一曰大也。从廾夐省聲。」按許氏以為「从廾夐省聲」，殊誤。自來《説文》學家也均不得其解。奐字，周代金文師寏父簋的「寏」字从奐作，史寏簋的「寏」字从奐作，均應从𠬜聲。《説文》：「𠬜，引也，从反廾。攀(攀)，𠬜或从手樊(按从「大」為隸變)聲(普班切)。」按早期金文小臣氏樊尹鼎的「樊」字作𣏟，从林𣱱聲。𣏟為樊之初文，較晚則變作樊。《金文編》謂𣏟字為「省爻」，失之。總之，奐字本从𣱱聲。奐之从𣱱聲，猶𣏟之从𣱱聲，其例正同。

《説文》謂奐字「一曰大也」。《説文》無焕字，焕為奐的後起字。《漢書·韋玄成傳》的「惟懿惟奐」，顔注謂「奐，盛也。」《禮記·檀弓》的「美哉奐焉」，鄭注謂「奐言衆多」。又《詩·溱洧》的「溱與洧方涣涣兮」，毛傳謂「涣涣，盛也」。按以其就水言之，故涣字从水。總之，奐之訓大、訓盛、訓衆多，意義相涵。

《初學記》卷七引《古本竹書紀年》：「周昭王十六年，伐楚荆，涉漢，遇大兕。」又：「周昭王十九年，天大曀，雉兔皆震，喪六師于漢。」銘文的「邵王廣𢿢楚荆（荆）」，陳世輝同志讀「𢿢」為「懲」，又引《詩》「荆舒是懲」為證，其説甚是。至于銘文的「隹奐南行」，是形容邵王統帥六師以南征，其士卒衆多。規模盛壯，是可想而知的。但銘文意在隱惡揚善，故止炫耀其出征的盛況，而諱言其「没于水中而崩」（見《史記·周本紀》正義）。【牆盤銘文十二解　古文字研究第五輯】

◉趙　誠　寏字已發表的拓本作[字形]，的確近似𡨄字。今年四月在西安參加中國考古學會成立大會，與于省吾、張政烺、胡厚宣、張頷等先生赴周原遺址工地特别細看了原器，發現此字有兩短筆未曾剔出，其實是近於寏字。徐中舒、裘錫圭兩同志之釋可從。「廣懲楚荆，隹寏南行」，也就是南征楚荆，擴展了疆域。和康王的分治億疆是同一個問題的兩個方面，性質一致。【牆盤銘文補釋　古文字研究第五輯】

◉戴家祥　史寏毁[字形]字，吴大澂曰古寏字，通阮，說文古籀補七篇第六葉。牆盤銘文「隹[字形]南行」，戴家祥讀寏為完。寏、阮、完不但同部而且同母。「隹寏南行」，猶云完成南征也。唐蘭讀狩，形聲失據。初學記卷七引古本竹書紀年：「昭王十六年伐楚荆，涉遇大兕。」又十九年：「天大曀，雉兔皆震，喪六師于漢。」吕氏春秋音初篇：「周昭王親將征荆，辛余靡長且多力，為王右。還返涉漢，梁敗。王及蔡公抎于漢中，辛余靡北濟，又返，振蔡公。」史記周本紀：「昭王之時，王道微缺。昭王南巡狩不返，卒于江上。其卒，不赴告，諱之也。」張守節正義引帝王世紀云：「昭王德衰，南征，濟于漢，船人惡之，以膠船進王，王御船至中流，膠液船解，王及蔡公俱没于水中而崩。其右辛游靡長臂且多力，游振得王。周人諱之。」左傳僖公四年齊桓公伐楚，管仲責楚子：「昭王南征而不復，寡人是問。」昭王確實死于南征，南進戰略亦至此而終，所謂「為寏南行」蓋文飾之辭，諱言其敗也。牆盤銘文通釋。【金文大字典上】

宏 从从弓與弦為一字說文宏屋深響也弦屋響也 其義同又紘或从弘作紭其形通 毛公厝鼎 宏我邦我家 毛公厝鼎又云朱䝿宏䩙通鞃即詩韓奕之鞹鞃 从㘝 番生簋 九年衛鼎 彔伯簋 師兌簋 師克盨 吳方彝 【金文編】

河間私長朱宏 董宏私印 【漢印文字徵】

◉許　慎 屋深響也。从宀。厷聲。户萌切。【說文解字卷七】

◉吳大澂 許氏說。宏。屋深響也。弦。屋響。毛公鼎即詩鞹鞃淺幭之鞃。或作靲。亦作鞑。此从宀作宖。【說文古籀補卷七】

◉劉心源 即弯。即弖。毛詩作鞃。說文。鞃車軾也。从革。弖聲。詩曰。鞹鞃淺幭。讀若穹。案㠯革固軾中謂之鞹鞃。裲从柬。从即㬪。說文。㬪衣至地也。从衣。斲聲。竹角切。直音云裲。測角切。短衣也。此銘蓋合裲㬪二字為之。無論長短。其義則衣也。說文。襡短衣也。即裲。又云。韣弓衣也。禮明堂位。載弧韣注。弧旌旂所㠯張幅也。其衣曰韣。廣雅釋器。韣弓藏也。內則。斂簟而襡之注。襡韜也。是襡韜通用。裲蓋弧韣字矣。阮釋吳彝為旂。非。【奇觚室吉金文述卷二】

◉高田忠周 按此劉心源說未是。此作。即宀變。家字宔字所从宀亦有作者。與此相同可證。又為圅字省文。並宏即弦異文。詳見宀部。而宏弦並與弘鞃同聲通用也。【古籀篇二十八】

◉高田忠周 鼎文家客兩字。宀形皆作。亦與下字同例也。又省弘為弖。亦與鞃省作靲同例。此篆為弦字明矣。但弦鞃同聲通用。弦宏疑本同字也。今本說文宏弦連出。下曰。屋響也。从宀弘聲。又下曰。屋深響也。从宀厷聲。加一深字。而音義固無異。許書紘紭為同字。宏弦亦當與此同例。舊本必當附弦於宏下云。或从弘聲。如此而許氏全書之體例整然矣。今本必係後人寫誤若改竄耳。【古籀篇七十一】

◉郭沫若 弖即鞃之古字。大雅韓奕鞹鞃淺幭。毛傳云。鞃，式中也。【彔伯𢦚毀 兩周金文辭大系考釋】

◉張之綱 徐同柏釋宏。攈古釋弖。愙齋釋弦。云與宏通。說文宏屋深響也。弦屋響也。二字音義均同。孫詒讓釋宖云。說文無此字。宀部有弦字。吳大澂謂此與彼同而讀為宏。其說近是。其義與宏亦相近。後又叚為鞃字。然此鼎上文自有三弘字。則此與彼義蓋微異。吳式芬釋為弖。从。未塙。綱案。金文宀作。于鼎中家字形可證。他器亦恆見。

徐同柏釋鞠云。詩梁山傳鞠軾中也。攈古釋㝁。窓齋釋弦。孫詒讓云字已見上。舊釋㝁。未塙。徐讀為鞠。是。詩鞹鞠淺幭。傳云鞹革也。鞠軾中也。說文革部鞠車軾中靶也。讀若穹。此穹字或即穹之異文。【毛公鼎斠釋】

◉馬叙倫　段玉裁曰。響字衍。韻會集韻類篇引俱無。深當作宎。倫按本以聲訓。或訓屋皃。屋深響也疑本作弘也。以聲訓。吕忱或校者加屋深也響也。響也者。弘字義。字見急就篇。毛公鼎[glyph]字。以其家字作[glyph]例之。則吳大澂釋宏似可從。然番生敢[glyph]字實弘之轉注字。從弓。從亟之初文作[glyph]者得聲。[glyph]固亦可作[glyph]。則[glyph]與[glyph]一字而非即宏也。【說文解字六書疏證卷十四】

◉楊樹達　吳式芬攈古録金文叁之貳卷五一葉釋[glyph]為鞃，吳大澂謂是鞃字之省文，近日孫詒讓古籀餘論叁卷卅三葉上，柯昌濟韡華閣集古録跋尾丙篇卅三葉，郭沫若兩周金文辭大系考釋上冊六二葉，亦皆釋為鞃。今按說文三篇上革部鞃訓車軾中把。[glyph]字形殊不類，鞃字之釋殆非也。考亟皇父匜亟字作[glyph]，亟皇父毁作[glyph]，並象藏矢之器之形。以彼例此，則[glyph]實象藏弓器之形，疑其為韔字也。詩秦風小戎篇曰：「虎韔鏤膺，交韔二弓」，毛傳云：「韔，弓室也。」說文五篇下韋部云：「韔，弓衣也。从韋長聲。」[glyph]字正象弓室藏弓之形，其為韔字明矣。

器銘又云：「王若曰：彔白𢦏！繇！自乃且祖考有爵勳于周邦，右闢四方，惠[glyph]天命。」此[glyph]字吳式芬、孫詒讓、吳闓生文録叁卷八葉、郭沫若皆釋弘。吳大澂、劉體智小校捌卷七五葉皆釋宏，余謂諸家之釋非也。按上文云賁韔，用韔本字本義也，此用韔字，蓋假為當合之當。【彔白𢦏毁三跋　積微居金文説】

◉徐在國　此外，簡一四一中的「[glyph]」字，在簡文中多次出現，原書隸定混亂。湯餘惠先生釋為「⿱宏心」，是正確的。

古璽文有如下一字：

[glyph]《璽彙》二一三·二一五四

《璽彙》缺釋，《璽文》作為不識字放在附録中（見該書四四九頁）。

今按：此字應分析為從宀從厷從心，隸作「⿱宏心」。與上述簡文應是同一字。所不同的是厷字中的指事符號「○」加在了「[glyph]」的中間，這與甲骨文中的[glyph]《乙》六八四三字極為相近。

「⿱宏心」字，在簡文和璽文中均用作人名，可見是當時習見的人名用字。但此字不見於後世字書。在古文字中，常常把「心」旁作為贅加的義符。如上舉簡文中的「訓」字是一例，另外，侯馬盟書「穗」字作[glyph]，又作[glyph]《侯馬》三一八頁）；璽文中「鄖」字作[glyph]（《璽文》一四七·一四二○），又作[glyph]（同上一九七六）。均為贅加「心」旁的例子。如上所述，⿱宏心字可以釋為「宏」。【包山楚簡文

字考釋四則　于省吾教授百年誕辰紀念文集】

弦 [glyph]

◉許　慎　[glyph]屋響也。从宀。弘聲。户萌切。【説文解字卷七】

◉吴大澂　弦我邦我家[glyph]當即弦。與宏通。説文。宏。屋深響也。弦。屋響也。二字音義均同。【毛公鼎釋文】

◉王國維　弖古弦字。弦之作弖。猶家之作圂矣。此鼎家湛于艱。家作[glyph]。【毛公鼎銘考釋　王國維遺書第六册】

◉王國維　[glyph]疑即弦字？【觀堂書札　中國歷史文獻研究集刊第一集】

◉林義光　古作[glyph]番生敦。作[glyph]毛公鼎。从弖省。弓聲。本義當為含宏之宏。變作[glyph]弘弗生甗。作[glyph]录伯載敦。【文源卷十二】

◉馬叙倫　沙木曰。宏弦一字。王筠曰。段玉裁曰。或説厷弘本一字。裕。谷中響也。弘。弓聲也。泓下深大也。參互求之。蓋宏訓屋深響。弦其重文。筠案此説最是。倫按疑弦之重文。或校者校異本。因誤為二字。【説文解字六書疏證卷十四】

◉于豪亮　弦魯邵王，廣敞楚荆(荆)，隹寏南行。

弦讀為弘大之弘。魯讀為嘏，金文中之「屯魯」，即《詩·賓之初筵》「錫爾純嘏」、《卷阿》「純嘏爾常矣」、《周書·寶典》「樂獲純嘏」之純嘏，故弦魯即弘嘏。邵王即昭王，今文均如此作。「廣敞楚荆(荆)」，陳世輝同志讀敞為懲，可從。「隹寏南行」，寏讀為奐，《漢書·韋玄成傳》注：「奐，盛也。」【牆盤銘文考釋　古文字研究第七輯】

◉戴家祥　周書康誥「宏于天若德」，荀子富國篇宏作弘，爾雅釋詁「宏，大也」。易坤「含宏光大」，崔注「含育萬物為宏」。牆盤「弦魯邵王」，弦之取義即此。【金文大字典上】

寫 [glyph]

◉許　慎　[glyph]屋皃。从宀。為聲。韋委切。【説文解字卷七】

◉孫詒讓　楊沂孫釋為。又或釋為家。説文古籀補。于文皆不類。竊疑當為寫字。【古籀餘論卷二】

◉丁佛言　[glyph]楚公鐘舊釋家。或受。又為。案鐘文曰楚公[glyph]。是人名字。从[glyph]。从[glyph]。从[glyph]。疑寫字。移易其部位。説文寫。許曰屋也。又是姓。春秋隱十一年公館於寫氏。【説文古籀補補附録】

◉馬叙倫　徐灝曰。閒寫蓋疊韻字。唐韻韋委切。聲之轉也。門部。闖。闢門也。音同義近。此云屋宇。亦謂宇屋開張之皃耳。倫按宏寫蓋轉注字。宏音匣紐。寫音喻紐三等。皆次清摩擦音也。門部有閅寫。音同而義異。【説文解字六書疏證卷

十四】

㝩

[金文] 康 克鼎 [金文] 㝬簋 余亡㝩晝夜 【金文編】

◉許 慎 㝩屋㝩宧也。从宀。康聲。苦岡切。【説文解字卷七】

◉高田忠周 朱氏駿聲云。按猶安宅也。求安莫重于居處。故康安寍字从宀。㝩宧。疊韻連語。經傳皆借康為之。字亦作槺。見長門賦。字亦誤作𥨐。【古籀篇七十一】

◉馬叙倫 方言十三。㝩。空也。杭縣謂萊菔根中不實者曰㝩蘿蔔。亦謂其空也。㝩為空之雙聲轉注字。然説解蓋本作㝩宧也。㝩宧聲同陽類轉注字。本書轉注字説解大例然也。屋字或涉上文而衍。【説文解字六書疏證卷十四】

◉張亞初 謂屋閑，空貌。《方言》「㝩」訓「空」。閑、空引申之，則為閑逸。「亡㝩」就是不要閑逸。又，「㝩」字也可能是「康」字之或體字與假借字。古文字形體不定，「福」作「𡪠」，「親」作「寴」，从宀不从宀為繁簡字。新出的秦公鎛「其康寶」，晉公盦卻作「永㝩寶」，説明「康」「㝩」二字音同字通。「亡㝩晝夜」就是晝夜不敢貪圖安逸。《詩周頌昊天》：「成王不敢康夙夜」，箋云「不敢自安逸早夜」。此銘之「㝩」文獻作「康」。但是，不管是「亡㝩」，或「亡康」，意思都是不敢康逸。【周厲王所作祭器㝬簋考——兼論與之相關的幾個問題 古文字研究第五輯】

㝗

◉許 慎 㝗㝩也。从宀。良聲。音良。又力康切。【説文解字卷七】

宬

◉許 慎 宬屋所容受也。从宀。成聲。氏征切。【説文解字卷七】

◉馬叙倫 翟云升曰。類篇引無受字。倫按此落成成功之成本字。蓋本訓成也或盛也。今所存者校語。或字出字林。【説文解字六書疏證卷十四】

◉陝西周原考古隊 周原岐山文管所

六、10.

三、10.

三、11.

(15) H11:278(圖六'10)

宬(成)弔(叔)

(16) H11:37(圖三'10)

☐用

宬弔(叔)

(17) H11:116+175(圖三'11)

宬弔(叔)族

宬，疑即成。成叔名武，封于成(郕)。據《史記·管蔡世家》，武王同母弟十人，皆太姒所生。成叔武，其老七也。《正義》引《括地志》云：「成，在濮州雷澤縣東南九十一里，漢郕陽縣。古郕伯，姬姓之國，其後遷于成之陽」。【岐山鳳雛村兩次發現周初甲骨文　考古與文物一九八二年第三期】

◉陳全方　「宬」即郕也。《説文》：「宬，屋所容受也。从宀，成聲。氏徵切」。又「郕，魯孟氏邑。从邑，成聲。氏徵切」。郕叔为文王之子，武王弟。郕國名。周武王封其弟叔武於此，在今山東宁陽縣北。《春秋》隱公五年「師入郕」，杜預注「郕，國也，東平剛父縣西南有郕鄉」。後漢置成縣於此。又《春秋》桓公六年「夏四月，公會紀侯于成」，杜預注：「成，魯地，在泰山鉅平縣東南。」《春秋》桓公十一年「公會宋公于夫鐘」，杜注：「夫鐘，郕地。」同時《左傳》桓公六年也説：「夏，會于成。紀來諮謀齊難也。」同書僖二十四年：「富辰諫曰，昔周公弔二叔之不咸，故封建親戚以蕃屏周，管蔡郕霍魯衛毛聃郜雍曹滕畢原豐郇，文之昭也。」杜注：「十六國皆文王子也。」關于郕叔，史書記載不一，一説是周文王子成伯之後，一説文王子郕叔季後。由此卜辭可佐證郕

叔季之説。本卜辭擬定為武王、成王時期。【陝西岐山鳳雛村西周甲骨文概論 古文字研究論文集】

寍

京津五三五五 不从心疑寧字印脱 甲二七二二 卜辭用寧為寍重見寧下 【甲骨文編】

寧之重文 【續甲骨文編】

寍 𪔂盤 毛公𢉩鼎 國差𦉜 蔡侯𤕌鐘 𨥪壺 不能寍處 【金文編】

〔二六〕【先秦貨幣文編】

九二：四〇 宗盟類參盟人名 【侯馬盟書字表】

72 【包山楚簡文字編】

石碣遜水 天子 永寍 【石刻篆文編】

寍出裴光遠集綴 寍 寍 【汗簡】

◉許 慎 寍安也。从宀。心在皿上。人之飲食器。所以安人。奴丁切。【説文解字卷七】

◉孫詒讓 金文伯疑父敢云：「白疑父作寶敢。」字从女从甯，瑑文明晰，而字書未見，此當是女子字寍，故注女字於旁，以為幖識，未必古實有是字也。金文从女字甚多，其不見於説文者，可以此例推之，不悉箸也。【名原卷下】

◉林義光 寍 青𣪘心在皿上。安定之象。在宀下。與安宜从宀同意。古作毛公鼎同。【文源卷八】

◉高田忠周 經傳借寧為之。俗又作寜。今寧專行。寧寍並廢矣。【古籀篇七十一】

◉强運開 説文。寍安也。从宀。心在皿上。皿人之食飲器。所以安人也。與丂部之寧訓願詈者異。【石鼓釋文】

◉馬叙倫 鈕樹玉曰。韻會引同繫傳。廣韻引亦同。謝彥華曰。從宀。心在皿上。費解。或有舛誤。當作從宀。皿在宀中。性省聲。禮記月令。寍性為韻。人之飲食二句或後人所注。倫按寍從宀⿰忄⿱囧皿省聲。⿰忄⿱囧皿從⿱囧皿得聲。⿱囧皿字弘卣作。從皿。囧聲。囧即明之初文。明音微紐。故寍音奴丁切入泥紐。皆鼻音次濁音也。荀子不苟。達即甯而容。韓詩外傳四甯作文。金器文有寍王或作王。即忞字。文音亦微紐。可證也。今説解有譌。皿人之飲食二句校語。寍為宬之聲同耕類轉注字。又疑從心寍聲。寧字見金甲文。舊釋甯母鼎。毛公鼎作。石鼓作。【説文解字六書疏證卷十四】

◉楊樹達　前編四卷十八葉之四云：「今月鬼甹？」羅振玉云：説文解字：「甹，定息也。从血，甹省聲。」此从皿，不从血。卜辭寍訓安，與許君訓甹為定息誼同，是甹與寍字誼同，當為一字。考釋中七二下。【甹　卜辭求義】

◉李孝定　許君以願詞訓寧。而以安訓寍。卜辭用寧之義為安。二者當為一字。願詞之義乃叚借也。寧字重文。【甲骨文字集釋第七】

◉朱芳圃　寍即寧之省形。經傳皆作寧，例不勝舉。許説迂謬，未可據也。【殷周文字釋叢卷上】

◉周名煇　毛公鼎銘云。女母毋敢妄荒寍。石鼓云天子永寍。説文第七篇下宀部云。寍安也。从宀心。在皿上。人之飲食器。所以安人。以形律義。是毛公鼎銘石鼓文兩字。當定入宀部。不當定入丂部。而丂部云。寧願詞也。从丂。寍聲。是丁氏于虛詞實義。亦有不辨。且懵不知説文宀部有訓安之寍字乎。此當考正者一事也。【新定説文古籀考卷中】

◉劉彬徽等　寍，簡文作。《蔡侯𩔓鐘》寍字作，簡文與之形近。【包山楚簡】

定

前六・二四・六　佚九九二　珠五〇三　【甲骨文編】

定　伯定盉　衛盉　五祀衛鼎　蔡侯𩔓鐘　秦王鐘　中山王譻鼎　中山王譻壺　【金文編】

3・1189　獨字　3・502　王卒左敀甗昜櫨里定　3・503　同上　季木　1・14　【古陶文字徵】

〔三七〕【先秦貨幣文編】

布空大　典六八四　按蔡侯鐘銘文作　古鉨正字有作者　【古幣文編】

一：五　九十七例　宗盟類定宮平時之命　七七：一　十五例　一：六五　八例　八八：四　二例　一五六：二二　一五六：二　八十五例　九二：三一　九例　二〇〇：三四　四例　二〇〇：二六　一：二九　一九八：一二　六例　一九四：八　三例　一七九：八　一六：一五　二例　【侯馬盟書字表】

㝎 寔

165【包山楚簡文字編】

定 法九六 十五例 法二一二 三例 封一三【睡虎地秦簡文字編】

定置 定胡軍司馬 定曼之印 趙定私印 定過 王安定印 史定印信【漢印文字徵】

竝汗簡【古文四聲韻】

◉許 慎 㝎安也。从宀。从正。徒徑切。【說文解字卷七】

◉王 襄 古定字,从穴。【簠室殷契類編卷七】

◉高田忠周 爾雅釋詁。定。止也。詩六月。以定王國。此字之本義也。以正道統宇內。即得安定也。【古籀篇七十二】

◉唐 蘭 甲骨文的字。前人誤釋做「㝁」過,我考為从宀正聲。即「定」字。【古文字學導論】

◉馬叙倫 鈕樹玉曰。韻會正下有聲字。倫按鍇本作正聲。是也。國語齊語。正卒伍。漢書刑法志作定卒伍。是其證。定為寍之轉注字。聲同耕類。又定音定紐。宬音禪紐。古讀歸定。是宬定亦轉注字也。詩六月。以定王國。與易乾萬國咸寍同。禮記曲禮。昏定而晨省。與詩葛覃之歸寍父母同。皆可證也。宬為落成之成本字。故義為安也。字見急就篇。古鉩作。

【說文解字六書疏證卷十四】

◉彭静中 此字見于《三代吉金文存》十九·四十一。羅振玉隸作,容庚先生从之,并云:「《説文》所無。」容庚《金文編》第527頁。今謂此乃定字是也。羅振玉以下,誤摹字形作,但字上部應作,不直作,應隸作宀。字中之◯與▬不别,故可隸作正。合而觀之,此乃定字也。【金文新釋(九則) 四川大學學報一九八三年第一期】

◉戴家祥 詩采薇「我戍未定」。詩節南山「亂靡有定」。鄭箋均釋定為「止也」。止為定之原意可信。金文用作人名,如裘衛鼎即段等;或作安定之意用,如劍珌蔡侯鐘等。【金文大字典上】

劉寔 陳寔【漢印文字徵】

開母廟石闕 寔勤斯民 詛楚文 是繆力同心寔是一字是字重文【石刻篆文編】

雲臺碑【古文四聲韻】

◉許　慎　寔止也。从宀。是聲。常隻切。【説文解字卷七】

◉馬叙倫　吴穎芳曰。寔無止義。未詳。恐是字之譌。應作職常切。沈濤曰。一切經音義廿三引作止亦實也。倫按吴説可從。寔亦宬之雙聲轉注字。寔音禪紐。古讀歸定。正是一字。則寔為定之異文。亦實也校語。【説文解字六書疏證卷十四】

◉商承祚　漢開母廟石闕「寔勤斯民」，秦詛楚文「是繆力同心」。寔與是同義。《爾雅·釋詁》「寔，是也。」《詩·小星》「寔命不同」，傳：「寔，是也。」《書·秦誓》「是能容之」，《大學》引作寔。又寔與實通，《釋詁》「寔，實也」，《禮·坊記》「寔受其福」注同。《儀禮·覲禮》「伯父實來」注，「今文作寔」。《詩·小星》「寔命不同」，《韓詩》作實。《韓奕》「實墉實壑，實畝實籍」注，「實，當作寔。」漢劉熊碑「寔我列父」，景君銘「寔渘寔剛」，與此闕皆用為實。又通是。《詩·燕燕》「實勞我心」，釋文：「實，是也。」本亦作寔。」《頍弁》「實維伊何」，箋：「實猶是也。」《戰國策·西周策》「是攻用兵」，《淮南子·修務》「則貴是而同今古」，注：「是，實也。」詛楚文之是即用作實。是實、寔、是三字古通。【《石刻篆文編》字説　中山大學學報一九八〇年第一期】

甲·二八八　乙·四二五一反　乙六四三二　乙七五四七　人名子安　拾一〇·一六　拾一〇·一七　後一·九·一三　存四一五　鄴三下·四四·八　地名王其迍于安亡戈　京津二一三四　佚八四七　【甲骨文編】

乙496　1920　4930　6432　6690　6911　7766　9099　佚847　續5·6·1　徵11·92　京4·1·3　鄴三44·8　誠271　摭68　續存415　新4581　續存449　【續甲骨文編】

安　曩尊　曩卣　戜方鼎　師𠭰鼎　公貿鼎　安父簋　哀成弔鼎　薛子仲安匿　國差𦉜　坪安君鼎　从厂　格伯簋　陳猷釜　【金文編】

5·78　咸新安盼　秦368　咸陽高櫟陽重臨晉☐安邑☐　秦1550　秦詔版殘存「黔首大安立號為皇帝」九字　秦1204　安邑☐　秦1060　安米　秦1056　安出　5·301　安未　秦380　獨字　秦385　同上　5·132　咸安處捍　5·11　咸亭陽安☐器　5·13　咸亭陽安吉器　5·439　獨字　5·389　秦詔版殘存「天☐諸侯黔首大安」七字　5·398　秦詔版「廿

六年皇帝盡并兼天下諸侯……」共四十字　3·66　繇衢杏匋里安　3·438　東酷里安　3·550　豆里安　3·455　匋里人安

3·551　豆里安　3·639　丘齊匋里安　3·703　平都□□左安□男鉢　8·1　安陸市亭　【古陶文字徵】

〔三七〕〔二〇〕〔三五〕〔二二〕〔一四〕〔五五〕〔三五〕〔二〕〔三九〕

〔二三〕〔一二〕〔五〇〕〔七九〕〔一九〕〔五〇〕〔一三〕〔四〕〔二〕〔一九〕

〔七三〕〔六八〕〔一九〕〔三六〕〔三〕〔二〇〕〔三六〕〔二〇〕〔二〇〕

〔三七〕〔一二〕〔一九〕〔一二〕〔一三〕〔二〇〕〔二〇〕〔一九〕〔四二〕〔五

〇〕〔二〇〕〔一三〕〔二三〕〔一二〕〔一九〕〔二五〕〔二三〕〔三九〕

〔一九〕〔三四〕〔四〇〕〔一九〕〔二三〕〔二二〕〔三三〕〔三二〕〔一三〕〔三

六〕〔二二〕〔三三〕〔三六〕〔一九〕〔四二〕〔二五〕〔二三〕〔二〇〕〔三二〕

〔三九〕〔二五〕〔四七〕〔一九〕〔六八〕〔二〕〔一九〕〔二〕〔四二〕

〔五五〕〔一六〕〔四七〕〔二三〕〔六八〕〔二二〕〔二〇〕〔三八〕〔六八〕〔二

〇〕〔四〕〔三六〕〔六八〕〔二〇〕〔三四〕〔二〕〔七〕〔一九〕〔一三〕

〔九〕〔六八〕〔四〕〔一七〕〔一七〕〔四七〕〔二三〕〔二〕〔二〇〕〔二〇〕

〔六二〕〔三六〕〔二〕〔一九〕〔一九〕〔六八〕〔七八〕〔三六〕〔七六〕

〔七七〕〔三九〕〔五〇〕〔三七〕〔二三〕〔二〇〕〔一九〕〔三二〕〔二〕〔二五〕

〔一〕 〔三六〕 〔一九〕 〔一〕 〔三六〕 〔一八〕 〔七八〕 〔七八〕 〔三九〕

〔四〕 〔一〕 〔五〇〕 〔五〇〕 〔一〕 〔四二〕 〔一三〕 〔三六〕 〔三六〕 〔三七〕

〔一九〕 〔一九〕 〔六八〕 〔六八〕 【先秦貨幣文編】

布方 安邑一釿 鄂天 布方 安邑二釿 晉芮 仝上 布方 安邑二釿背 晉芮 布方 安邑一釿 晉芮 仝上 布方 安邑一釿 晉芮 布空小 武安 豫洛 布空小 武安 豫洛 布空小 武安 豫洛 布尖 武安 晉盂 布尖 武安 晉朔 布尖 武安 晉高 仝上 仝上 布尖 武安 晉高 布方 安陽 晉盂 布方 安陽 晉朔 布方 安陽 晉朔 布方 安陽 晉高 布方 ⿰土長安 晉高 布方 安陽 晉朔 仝上 仝上 布方 安陽 晉交 布方 安陽 京朝 仝上 布方 安陽 晉襄 布方 安陽 晉左 仝上 布方 安陽 晉左 仝上 仝上 布方 安陽 晉左 仝上 布方 安陽 晉高 布方 安陽 晉高 仝上 仝上 布方 安陽 京朝 布方 安陽 晉左 布方 安陽 晉交 布方 安陽 晉交 刀大 安昜之夻化 魯海 仝上 刀大 安昜之夻化 魯海 刀大 安昜之夻化 魯掖 仝上 刀大 齊夻化背十安 魯濟 布空小 安臧 豫洛 布空小 安周 豫洛 布空小 安周 豫洛 布空小 安臧 豫洛 仝上 布空小 安臧 豫洛 仝上 仝上 布空小 安臧 豫伊 仝上 仝上 布空小 安臧 豫新 布方 安昜 遼凌 仝上 布方 安昜 晉左 頟按古文安字有作、、、者皆見古鉩文，漢印中之安字作。形皆相若 布空大 武安 典六九三 仝上 典六九二 仝上 典六九四 布空大 典六九五 布空小 安

典六二六 圜 安臧 展肆壹 布方 安邑一釿背 典一〇五 布方 安邑二釿背 典一〇八 布尖 武安 典四
〇四 布圓 安陽 展貳貳 布方 安陽反書 典一一八 布方 安陽背安陽 典一一九 布空小 安周 歷博
刀大 安昜之夻化 典一〇三四 仝上 典一〇三七 刀大 安昜之夻化 典一〇三九 仝上 典一〇四〇 仝
上 典一〇四一 刀大 安昜之夻化 典一〇四二 仝上 典一〇四三 仝上 典一〇四四 刀大 安昜之夻化 典一
〇四七 仝上 典一〇四八 仝上 典一〇五〇 刀大 安昜之夻化 典一〇五五 仝上 典一〇五六 仝上
典一〇五七 刀大 安昜之夻化 典一〇五八 刀大 齊夻化背 典九二二 仝上 典九二三 刀大 節墨之夻化背安
邦 典九八四 仝上 典九八五 布方 安昜 典一六六 刀大 安昜之夻化 展貳玖 刀大 節墨之夻化背安邦 亞
六・一七 布方 安昜 典一六七 布空小 安臧 亞二・一二〇 仝上 【古幣文編】

一九八：一二 二例 宗盟類參盟人名 二〇〇：三二 【侯馬盟書字表】

62 96 117 【包山楚簡文字編】

安 秦五七 為六 二例 法一六八 四例 編二〇 六例 編三五 二例 【睡虎地秦簡文字編】

0178 0289 格伯𣪕、陳猷釜安字從厂，與璽文同。 0237 2673 1944 2200 4362 3900
1348 1226 0012 2967 5098 0005 2760 2927 4353 4571 4354
4348 5099 4355 4357 【古璽文編】

安陵令印 東安平丞 張安居印 杜安 王安定 邸安 司馬安 龐安 臧安

杉安 [seal] 留安丘印 [seal] 頓安居 【漢印文字徵】

[seal] 袁安碑 袁安召公 [seal] 王君神道闕 [seal] 漢惠安西表 [seal] 延光殘碑 [seal] 石碣田車 田車孔安 [seal] [seal] 詔權 黔首大安 [seal] [seal] 石經堯典 欽明文思安安 [seal] 東安漢里禺石 [seal] 謝君神道闕陽識 【石刻篆文編】

[seal] 【汗簡】

[seal] 古孝經 [seal] [seal] 裴光遠集綴 [seal] 雲臺碑 [seal] 籀韻 【古文四聲韻】

◉許 慎 [seal] 静也。从女。在宀下。烏寒切。【説文解字卷七】

◉阮 元 安字从广。古宀广通作也。【積古齋鐘鼎彝器款識卷七】

◉馬 昂

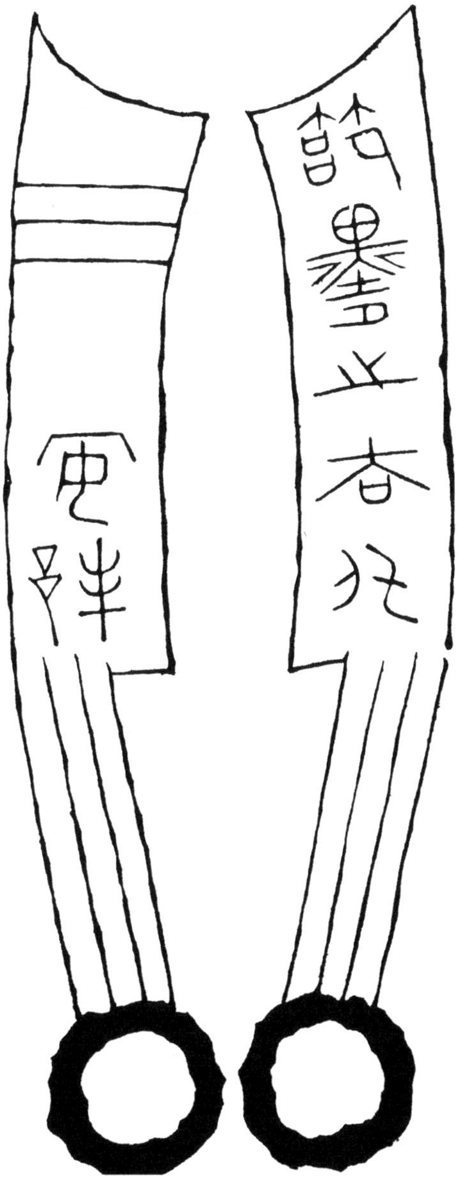

又背文二字曰安邦。

安字較後庡易之庡不同。【貨布文字考卷一】

◉孫詒讓　安猶㝴也。詩葛覃。歸寍父母。毛傳云。寍安也。𠃌伯𦉢王姜之母甍故使睘安㝴之。葛覃孔疏云。諸侯夫人及王后父母既沒。則使卿寍於兄弟。襄十二季左傳曰。楚司馬子庚聘于秦。為夫人寍禮也。【古籀拾遺卷下】

◉王　襄　□□□□　古安字。許説静也。从女在宀下。安父彝作□，安陽幣作□，从宀从□或□，與此相似。（類纂正編第七第三十五葉上）【簠室殷契類纂卷七】

◉林義光　古作□安父尊彝。作□公貿彝。从女在宀下。有籍之。與保从□同意。或省作□睘尊彝癸。作□格伯敦。【文源卷六】

◉高田忠周　古文宀广通用殆為恆例。又广厂往往通用。安亦或應作庡厎。然如此等諸篆元匽字之省也。許氏鐘。匽字作□。周鐘作□。知匽字亦省作医。或云作□者即安字省文。而作□加乚形者。為匽異文。自有微別。蓋然歟。但匽安固當通用。銘意用為地名。亦或與郾通用。若夫安陽刀作□。此為叚借也。【古籀篇七十一】

◉强運開　□安父卣作□。叔氏鼎作□。旁均多一小豎。與鼓文同。【石鼓釋文】

◉馬叙倫　鈕樹玉曰。韻會作止也。從女在宀中。止當不誤。玉篇訓安定也。定止義同。段玉裁曰。静當作竫。謝彥華曰。從女在宀中會意。甚迂。倫按静也非本義本訓。爾雅釋詁。安。定也。又止也。則安與定寔同義。今語㑃人寒暄曰請安。即㝴義也。由宬為屋已成就可以容受人物。故引申有止義静義。從宀。女聲。女聲而音入影紐者。有委𡪹與此同例。此猶監東音在見紐。而從監東得聲之闌濫等音在來紐。蓋有複輔音之關係。女為奴之初文。音在泥紐。則安㝴為轉注字。㝴之轉注為安。猶寐之轉注為𡪹矣。本訓定也。静也者。校者或吕忱據蒼頡加之。見一切經音義十四引。字又見急就篇。【説文解字六書疏證卷十四】

◉楊樹達　安當讀如按行之按。史記衛霍傳云。按榆溪絶塞。集解引如淳云。按行也。【格伯段跋　積微居金文説】

◉楊樹達　安今言問安，寧與安同義，故經傳皆言寧。詩周南葛覃云：「歸寧父母。」毛傳云：「寧，安也，父母在則有時歸寧耳。」孔疏云：「此謂諸侯夫人及王后之法。春秋莊二十七年，杞伯姬來。左傳曰：凡諸侯之女，歸寧曰來，是父母在得歸寧也。父母既没，則使卿寧於兄弟。襄十二年左傳曰：楚司馬子庚聘于秦，為夫人寧，私也。是父母没不得歸寧也。泉水有義不得往，載馳許人不嘉，皆為此也。」樹達案：彝銘記王姜令作册睘安夷伯，據古禮言之，知王姜之父母既没，故使睘往寧，與左傳襄公十二年楚司馬子庚為夫人秦嬴寧秦為一例，然則夷伯當為王姜兄弟或兄子之類，孫仲容謂為王姜之母黨，拾遺下卷貳葉。是也。

【罠卣跋　積微居金文説】

◉張秉權　□在本版似是地名，但在另一些卜辭中，則有子□之名，例如：

辛卯卜，㝐貞：邗子□于⊠？（佚一二二）

貞：乎子□酒于㞢妣鼎㞢龍？（乙編一九七一）

勿乎子□？（乙編二二四六）

隹嫠祟子□？

不隹嫠祟子□？（乙編一三七九；丙編待刊）

所以這個字和其它的名詞一樣。是人名，亦是地名。卜辭又有子宔即子寍（參圖版壹柒壹、一八二考釋），不知與子□及子□是否為一人。【殷虚文字丙編考釋】

◉饒宗頤　寍為安之繁體，益止旁，爾雅釋詁安與妥俱訓止。寍義殆如詩楚茨「以妥以侑」之妥，謂尸處神坐，拜以安之。詩鳧鷖：「公尸來燕來寧。」燕與安通。又「侒」「宴」並訓安（見説文）。俱借字。契文安作寍，如㝐之作宔，其例正同。【殷代貞卜人物通考】

◉戴君仁　□　甲骨文編卷七，安作□拾一〇·一六，□拾一〇一七，□後上九·一三，其作□若□者同説文，作□者同秦權量銘文。甲骨文續編安字甚多，袪其重複，約為□乙九〇九九，□乙一九二〇，□乙四九三〇，□乙六六九〇，□續五·六·一，□續存四四九等形。金文編卷七録安字亦多：其作□平安君鼎，同説文；安父鼎作□，國差𦉜作□，罠卣作□，同秦權量銘文；陳猷釜作□，則从厂小異；貿鼎作□，則女下之筆小異；石鼓文田車石作□，同秦權量銘文。余謂安字女旁之筆，蓋象席形，□形不必定為女字，當是象人屈膝而坐之形。象席之筆，當以平畫為正，作直筆則後來演變。甲骨文有三筆者，有兩筆者，陳在堂中者，不止一席也。甲骨文之□，當是象全席正面之形，而省去宀。貿鼎女下之筆作人，似是□字之省。（□，見甲骨文，當是席之初文。）秦權量銘文安字女旁之筆作～，則曲筆以取姿，迷失象席形之意。【跋秦權量銘　中國文字第十四册】

◉周法高　白川静謂吉金文録卷四頁九云。「安猶寧也。盂爵。王令盂寧鄧伯。與此同。」韡華庚上頁五云。「猶左傳。王使王孫滿勞楚子者。然是尸伯來賓于周。而命罠職此慰勞之禮也。」而不從楊氏之説。金文通釋。二二。作册罠卣。白鶴美術館誌第五輯二四三至二四四頁。案楊説謬誤。參0034王1146尸。【金文詁林卷七】

◉李孝定　安字或「□」，「女」下着一斜畫，無義，林義光氏謂「从女在宀下，有藉之」，女在宀下執事，以會安意，復安所用藉之

乎？保字作㑍，乃㑍之省變，與「安」字不類。【金文詁林讀後記卷七】

◉朱歧祥 安安 字與安、安形同，从人、卩、女通用。隸作安，卜辭用為安寧、無恙意。

《人881》貞：安行。

《續5·6·1》癸酉卜，爭貞：王腹不安，亡征。

又用為武丁時人名，「子安」。

《乙2090》己未卜，亘貞，子安亡壱。

復在晚期卜辭中，用作巡狩地名。

《摭68》壬戌卜貞：王其田安，亡𢦏。

《京4581》丁酉卜，翌日戊王其戋于安，亡𢦏。【殷墟甲骨文字通釋稿】

◉周鳳五 女字不止一見，如：7簡云：

齊客陳豫賀王之歲，八月乙酉之日，王廷於藍郢之遊宮，女命大莫囂屈昜為命邦人納其䎞典，藏王之墨以納其臣之䎞典。

此字《包山楚簡》隸定為「女」，考釋云：

女，簡文作女，地名。曾侯乙墓竹簡「安車」之安作安，與簡文同。其它簡文中多次出現郊，疑是郊字。郊，讀如安，地名，在今雲夢縣境。（參閱譚其驤：《雲夢與雲夢澤》，《長水集》，人民出版社，一九八七年）

譚其驤所著二書我未見，無從知其考證是否可信。但《包山楚簡》既以女字為「女」，又以从女从邑之字隸定為「郊」，讀如安，一字而隸定不同，似為小疵。再則既以女為地名，與郊字關係究竟如何？是否同字異構？原因何在？抑或二字除同从女外別無瓜葛？書中並無交代。最後且最重要者為既以女為地名，則簡文「女命」必讀為「女令」，即「女地之令」，亦即以命為官名「令長」之令，此為釋女為地名之先決條件。然而，綜觀包山二號楚墓竹簡之用語與書寫習慣，發號施令之令與令長之令判然有別，前者作命，後者从攴作敆，簡文發號施令、官名令尹皆作命，如：103簡「子司馬以王命蕺陵公」，115簡「命尹子士」。至於縣令則作敆，如：鄎敆（189簡）、迅敆（194簡）等，區別井然，其例甚多。是女命不得釋為女地之令明矣。且屈昜既任位高權重之大莫囂，似不得以「女令」之地方縣令一類官銜冠於其上。總之，女字隸定作女，釋為地名，檢視簡文，無一可通。

按，女字从安省，簡文「安」之形構如下：

安（安陸，見62簡）

比較□與□，知後者省偏旁（宀）即成□字，□為□之省形無疑。

□从安省，讀音仍同於安，但在簡文中則讀為「焉」，焉、安同屬影紐元部，用為連詞，二字互通，《汗簡》焉字作□，《注》：「出華嶽碑」。《古文四聲韻》（卷二）焉字亦收□（古孝經）、□（華嶽碑）、□（雲臺碑）三形，皆逕以安為焉。

上引7簡通讀如下：

齊客陳豫賀王之歲，八月乙酉之日，王廷於藍郢之遊宮，焉命大莫囂屈昜為命邦人納其𡰪典，藏王之墨以納其臣之𡰪典。

簡文載：「齊人陳豫來賀楚王之年八月乙酉，楚王在藍郢之別宮主持國政，於是命令大莫敖屈昜執行『納其𡰪典』的工作」云云。𡰪典即没典，即隱匿名籍。詳《包山楚簡》頁四〇，考釋16。□為安之省，讀為焉，用為連詞，可以文從字順。通讀相關各簡，亦莫不皆然。【包山楚簡文字初考　王叔岷先生八十壽辰論文集】

◉戴家祥　易彖上傳「安貞之吉」，疏云「安謂安静」。左氏文十一年傳「自安于夫鐘」，鄭注「安，處也」。安之本義當為静處，或静居，字屬會意。金文用作形容詞，如師訇鼎、𢦏方鼎等；或用作人名，如安父彝安伯曩壺等；或用作動詞，如貿鼎、罾卣等，含有安撫之意。

古文宀广通用，如宕作宕；又广厂通用，如廣作廣。故□从厂從女，當即安字。【金文大字典上】

◉何琳儀　安采

《三代》20·35·3—4箸録兩件傳世銅矛，銘文：「安△右」。其中「△」原篆作□11489　□11490舊不識，故多稱「安右矛」。11489與11490相互比較，似前者更為準確。

據11489可釋「采」。《説文》「采，辨别也。象獸指爪分别之形。讀若辨。」

矛銘「安采」可讀「安平」。「安」字結構呈典型齊系文字風格，這與「安平」地望正相吻合。「安平」為齊國名將田單的封地。《戰國策·齊策》「安平君，小人也。」吴師道注「徐廣云，北海東安平。《正義》云，在青州臨淄縣東，古紀國之酅邑。《索隱》云，單初起安平，故以為號。」《括地志》「安平城在青州臨淄縣東十九里。」在今山東臨淄東北。【古兵地名雜識　考古與文物一九九六年第六期】

宓

◉[glyph]4·105 匋攻宓【古陶文字徵】

◉許　慎　宓安也。从宀。必聲。美畢切。【說文解字卷七】

◉馬叙倫　丁福保曰。慧琳音義五十五引。安靜也。即安也靜也。今奪。倫按宓音微紐。微泥同為邊音。是安寍與宓亦轉注字。静也校語。或字林文。宓伯鼎作[glyph]。從弋。必從弋得聲。弋為弋茂文。【說文解字六書疏證卷十四】

◉裘錫圭　[glyph]拾14·11　[glyph]佚660　[glyph]續6·26·1

葉玉森釋上揭第一字為「宗」,《甲骨文編》把上揭諸字當作未識字收在附録裏(七八一、七八四頁)。其實這些字都應該釋作「宓」。

西周時代的事于曾鼎有从「宀」从二「[glyph]」的[glyph]字。古文字偏旁單復往往不别。⊘上引「[glyph]」字,林義光釋為「宓」,似可信。伯[glyph]父鼎有[glyph]字,疑即「[glyph]」之壞字。事於曾鼎「[glyph]」字所从的兩個「[glyph]」,左邊的一個寫得很像「弋」字。這説明「弋」和「[glyph]」雖然不是一個字,但的確很容易相混,《説文》把它們當作一個字不是没有原因的。六國格言印有「[glyph]正」印,第一字似當釋「必」,所从的[glyph]也很像「弋」字。

西周時代的趞簋有从「山」从「[glyph]」的[glyph]字,舊多釋作「密」,應該是正確的。甲骨文裏也有一個从「[glyph]」的字:

甲午卜:取射甾乎(呼)[glyph]。　安明2674

其下部所从之字不識,如即「山」之異體,此字便可釋作「密」。【釋柲　古文字研究第三輯】

◉陝西周原考古隊　周原岐山文管所

4.

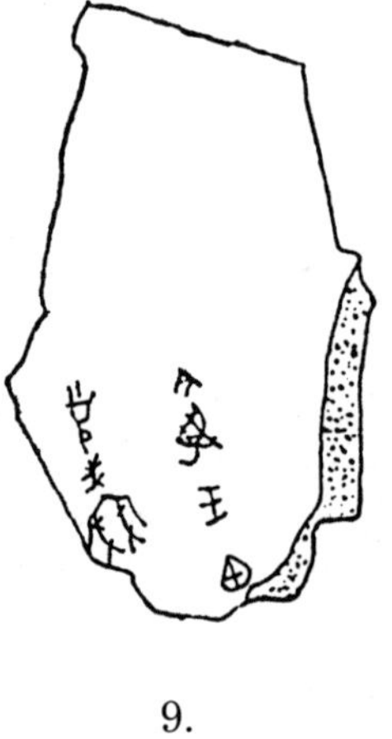

9.

(7) H11:31(圖三'4)

丙(于)宓(宓)

(8) H11:136(圖三'9)

今秋王由(惟)

克生(往)宓(宓)

西周金文《陽鼎銘》有宓伯，丁佛言《說文古籀補補》釋宓為宓。《集韻》：「宓，或作密。」上二辭之宓，蓋指文王所伐之密須也。《史記·周本紀》載：文王「伐密須」，集解引應劭曰：「密須氏，姞姓之國」，瓚曰：「安定陰密縣是」，正義引《括地志》云：「陰密故城在涇州鶉觚縣西，其東接縣城，即古密國。」《周本紀》又載：「共王游於涇上，密康公从……共王滅密」，集解引韋昭曰：「康公，密國之君，姬姓也。」此可知共王所滅之密，乃是姞姓之密，滅於周初，周王室於其故地復封以姬稱之密。周原甲骨，據學者們研究，下限不晚於康王，則本辭所稱之王，決非共王可知。【岐山鳳雛村兩次發現周初甲骨文　考古與文物一九八二年第三期】

◉許　慎　窫靜也。从宀。契聲。於計切。【說文解字卷七】

◉馬叙倫　段玉裁曰。靜當作竫。倫按窫宓聲皆脂類。窫安音皆影紐。轉注字也。玉篇引倉頡。窫。安也。此亦當然。靜也蓋字林文。【說文解字六書疏證卷十四】

宴　宴簋　與匽通　郘公華鐘　以宴士庶　郘王子旃鐘　以宴以喜　鄂侯鼎　王休宴乃射【金文編】

宴竝出義雲章【汗簡】

【古文四聲韻】

◉許　慎　宴安也。从宀。妟聲。於甸切。【說文解字卷七】

◉鮑　鼎　郘公䡖鐘　按當釋宴。貞松堂集古遺文即釋為宴。本書宴敦字可證。釋文誤釋為安。【窓齋集古録校勘記】

◉高田忠周　此為宴饗正字。晏亦訓安也。宴字形聲而會意也。字林作宴。从晏聲為變文。經傳或借燕為宴而後字亦作醼。作讌。易需。君子以飲食宴樂。鄭注。宴享宴也。此本字本義也。【古籀篇七十二】

◉郭沫若　宴字吳大澂釋宴。以文辭按之,近是。蓋是宴之變體,以要為聲,取雙聲也。【洹子孟姜壺　兩周金文辭大系考釋】

◉馬叙倫　謝彦華曰。宴安一字。倫按十三篇。晏。從女。晏省聲。日部。晏。從日。安聲。是宴安一字異文。書堯典。文思安安。考靈曜作宴宴。女部晏下引詩以晏父母。朱珔謂即周南歸寧父母之異文。其賓晏借為宴。宴寧猶安寧矣。宴敦作宴宴。郘公華鐘作宴。古鉨作宴。從穴。【説文解字六書疏證卷十四】

◉李孝定　鄂侯鼎宴字作「宴」,从宀,應是作字者筆誤,非謂古文「宀」、「宀」可通作也。【金文詁林讀後記卷七】

宋 宋

宋 宋出義雲切韻【汗簡】

◉許　慎　宋無人聲。从宀。尗聲。前歷切。詠宋或从言。【説文解字卷七】

◉馬叙倫　沈濤曰。一切經音義十一引宋寞。蓋古本有一曰宋寞四字。倫按口部。啾。嘆也。歺部。募。死宋嘆也。然則無人聲。是啾字義。朱駿聲謂宋字本訓廖也。静虚之意。易豐曰。闃無其人。方言十。宋。安静也。江湘九疑之郊謂之宋。倫謂此字出字林。字林多本埤蒼。玄應一切經音義引埤蒼。寂。無人也。玄應引蓋校語。

詠　朱駿聲曰。此啾之或體。倫按當入言部。【説文解字六書疏證卷十四】

察 察

金泥下　命匋正灶察乍頌填【古陶文字徵】

察　雜三七　四例　察　秦一二三　察　為五【睡虎地秦簡文字編】

古孝經【古文四聲韻】

◉許　慎　察覆也。从宀祭。臣鉉等曰。祭祀必天質明。明。察也。故从祭。初八切。【説文解字卷七】

◉馬叙倫　鈕樹玉曰。韻會作覆審也。從宀。祭聲。鄭知同曰。察之本義非審察。乃屋宇下覆之名。故字從宀訓覆。大戴禮少閒篇兩言桀紂作宫室。高臺汙池土察。土察者。土覆屋。猶詩言陶復。即地窟也。此察之本義。爾雅釋詁覆察并訓審。

其實說文目部睩訓察也。乃審察正字。倫按鄭說是也。與俞先生謂察即今佛刹字同意。禮記鄉飲酒義。愁以時察守義者也。注。察或為殺。是其證。鍇本作覆審也。乃覆也審也二訓。覆覆一字。即詩陶復本字也。祭福一字。福復同為雙脣音。復亦從畐得聲。然則察覆為轉注字矣。審也者。蓋字林文。字見急就篇。【說文解字六書疏證卷十四】

◉郭沫若　弭叔又稱師察或弭伯師察,可知察其名,叔其字,師其官,伯其爵,弭其封邑。稱弭伯師察者猶召虎稱召伯虎(見召伯虎𣪘)。器出於藍田,可知弭邑即在藍田一帶。察字作⿱宀𢃄,金文以𢃄為蔡,故知⿱宀𢃄當是察。【弭叔簋及訇簋考釋　文物一九六〇年第二期】

寴

寴　不从宀　克鐘　親字重見　史懋壺　寴命史懋　𠮷侯鼎　多友鼎　農卣　从新　中山王嚳壺　賢人⿱宀新

【金文編】

親　親　【汗簡】

◉許　慎　寴至也。从宀。親聲。初僅切。【說文解字卷七】

◉劉心源　寴。說文云。至也。然史懋壺寴命史懋。繹山刻石寴輒遠方。會稽刻石寴輒天下。皆親字義。廣韻目為親之古文。是已。【奇觚室吉金文述卷二】

◉丁佛言　馭方鼎。許氏說。寴至也。案字與親同。此从木。亲之省也。【說文古籀補補卷七】

◉高田忠周　徐籀莊說。寴秦篆以為親字。此當釋為親。按讀為寑。文義可通。然經傳無徵。不如依秦刻石親巡作寴輒之例也。說文寴至也。从宀親聲。廣韻。寴屋空皃。又親訓至也。从見亲聲。廣雅釋詁。親近也。呂覽貴信注。親比也。又禮記文王世子。世子親齋元而養。注猶自也。依許氏解。親寴殆為同字。蓋寴為親屬正字。親屬者。在一家內以相親近。故字从宀。親為親愛正字。故字从見。銘意以為自親字。【古籀篇七十一】

◉馬叙倫　至也以聲訓。亦或親之引申義。寴為察之雙聲轉注字。史懋壺作寴。【說文解字六書疏證卷十四】

◉戴家祥　張政烺曰：⿱宀新从宀新聲。寴之異體。說文「寴,至也。」秦泰山刻石「寴軹」,史記秦始皇本紀作親巡。古文字研究第一輯二二零葉中山王嚳壺及鼎銘考釋。⿱宀新在此讀作親。【金文大字典上】

完 完

[glyph] 5·5 咸亭完里丹器 [glyph] 5·133 咸完里☒ [glyph] 秦1416 咸完里☒ 【古陶文字徵】

[glyph] 完 法六 十七例 通院 宇相直者不為― 法一八六 通丸 以犬矢為― 日甲二七背 [glyph] 日乙八一 [glyph] 雜一五 三例 [glyph] 秦一五六 【睡虎地秦簡文字編】

[glyph] 第八封完 【漢印文字徵】

[glyph] 完 [glyph] 完竝出王存乂切韻 【汗簡】

[glyph] [glyph] 竝王存乂切韻 【古文四聲韻】

◉許　慎 [glyph]全也。从宀。元聲。古文以為寬字。胡官切。【説文解字卷七】

◉馬叙倫 全也非本義本訓。左襄卅一年傳。繕完葺牆。以完對牆。即完為院之初文之證。孟子萬章。父母使舜完廩。完廩即垣亘也。古文以為寬字者。完寬聲同元類。因得通假。倫疑寬訓屋大非本義。乃引申義也。寬為完之轉注字。完亦垣之同次濁摩擦音聲同元類轉注字。字見急就篇。古文六字校語。【説文解字六書疏證卷十四】

◉黄錫全 [glyph]完並王存乂切韻 夏韻桓韻完字下録[glyph]、[glyph]、[glyph]三形，注「竝王存乂切韻」。今本《説文》全字古文作[glyph]，乃由前[glyph]部王庶子碑[glyph]形寫誤。此形蓋从土从关(參見《中國語言學報》1·190)，假埢為完。由此可見，今本《説文》全字古文本當作[glyph]，譌作[glyph]、[glyph]。戰國封泥「信完」之完作[glyph]，形與此全同，吴振武釋讀為「印完」(中國文物報1989·8·5·3版)。【汗簡注釋卷六】

富 富

[glyph] 富 富奠劍 [glyph] 上官登 [glyph] 中山王譽鼎 毋富而喬 【金文編】

[glyph] 秦486 □氏居貲公士富 [glyph] 季木 37·2 [glyph] 關中上1·70宮貴 【古陶文字徵】

[glyph] 〔五〇〕 [glyph] 〔四〕 [glyph] 〔一九〕 [glyph] 〔三六〕 [glyph] 〔七一〕 【先秦貨幣文編】

[glyph] 布空大 典八〇三 【古幣文編】

八五：二五　宗盟類參盟人名　一九五：四　【侯馬盟書字表】

富　日甲一二〇　二例　日乙一九〇　二十九例　為四五　日乙二四三　日乙二四九　【睡虎地秦簡文字編】

0006　與富奠劍富字同　1435　1434　1438　5100　4419　5102　4422　4414　1436　4424　【古璽文編】

有秩獄史富納　王富之印　貴富　長生大富　常富　長富　至富　周常富　毛富之印

【漢印文字徵】

富　【汗簡】

並汗簡　【古文四聲韻】

◉許　慎　富備也。一曰。厚也。从宀。畐聲。方副切。　【說文解字卷七】

◉高田忠周　易家人。富家大吉。此字之本義也。又書洪範。二曰富。疏家豐財貨也亦然。又畐下曰。滿也。从高省。象高厚之形。讀若伏。葢畐即畐古富字。从高。高元从宀。形可證。冋以象臺下可由入之形。與倉舍字作舍同意也。然則畐上作為高省。其下作田諸形以象所滿之物。字元當作也。移田于下者。以便結冓耳。即是畐為富本字無疑也。滿也即備也厚也。皆一義之轉也。其後祐福从示。然福亦畐滿之謂也。禮記祭統。福者備也。備者百順之名也。此福亦畐字轉義可知矣。釋名。福富也。禮記郊特牲。富者福也。注福者備也。此亦可證福是富即畐字也。但富字既从宀。又从宀作富者。猶㐭字古文作既从宀。而或又从广作廩。广宀同意也。凡古今文字變遷。多此類矣。【古籀篇七十二】

◉馬叙倫　鈕樹玉曰。韻會引一曰四字在畐聲下。王筠曰。一曰厚也校者之詞。小徐本無此句。徐灝曰。富古音讀如備。倫按書呂刑。惟訖於富。王引之謂威富對文。富借為福。言終于作福也。倫謂古富有之義。為富之引申。富為𤰈之轉注字。猶葡𥹥矣。此訓備者。字當作葡。爾雅釋詁。服宜貫公。釋文。服。本或作𦨈。禮記喪大記。君弔則復殯服。注。復或為

服。易繫詞。服牛椉馬。本書引作犕牛。此富葡聲通之證。畐葡皆脣音也。字見急就篇。古鉩作□□□。【說文解字六書疏證卷十四】

◉王　輝　秦俑一號坑T20G10所出右服馬刻文□(《秦代陶文》拓片469號),原釋「上部从合,下部从田,與《石經》答字的寫法相同,為答字的古字。」疑此字當釋富。《古璽匯編》4410—4424吉語璽「富昌」、「富生」、「富貴」,富字作□,《侯馬盟書》人名富字作□,《秦漢金文編》富平侯家捐作□,信陽楚簡富字作□(高明《古文字類編》390頁,下日當為田之訛誤)。《說文》無答字,其產生當較晚。【秦器銘文叢考　考古與文物一九八九年第五期】

◉王　輝　西安市文物中心藏一銅甑,器直口,深腹下收,平底,高圈足,底有平行透孔。腹兩側有鋪首含環,上腹有兩道凸棱弦紋,圈足上有凸棱一道。口徑26、高11.7釐米。腹外有銘文兩處,其中一條比另一條多4字。這件銅甑,已由王長啟先生著文刊布(銘見本刊本期第6頁圖二6、7)。兩處銘文比較特殊,王文未加說明,今據一孔之見,試為解釋如次:

第1條「□大〓」下有4字,其字筆畫細淺,與上幾字似非一時所刻。

「大〓」為「大夫」二字合文,無需多說。「□」為二字合文,其中的「日」旁為二字共用,即所謂借筆字,分之則為「□」二字。

「□」字亦見信陽楚簡1—09:「天下為之,女可□,曰……」。此字徐中舒師《漢語古文字字形表》287頁(四川辭書出版社1981年版)、高明先生《古文字類編》390頁(中華書局1980年版)均隸定作「富」;劉雨先生為《信陽楚墓》(文物出版社1986年版)所作附録「信陽楚簡釋文與考釋」則隸作「答」(125頁)。這兩種意見,殆以前者為是。

富字以宀,畐聲。畐下之田,古文字或訛省作日,如《秦漢魏晉篆隸字形表》503頁(四川辭書出版社1985年版)收漢尚方鏡六「長保二親樂富昌」之「富」字作「□」。又同書74頁收「審」字有「□」(睡虎地秦簡二五·五〇)、「□」(馬王堆帛書《老子》乙本卷前古佚書三八上),而西狹頌「掾仇審」、「審」字作「□」,下从田。當然此銘「富」下「日」之所以少一豎畫,除了訛省之外,還因為它與「□」共用「日」旁,若寫作「田」容易引起誤會。【「富春大夫」甑跋　考古與文物一九九四年第四期】

◉戴家祥　金文畐象器形,福富所从同。从宀象屋下,从畐象家中財物豐滿。論語學而「富而無驕」,皇疏「積蓄財曰富」。尚書洪範「二曰富」,孔疏「二曰富,家豐財貨也」。此皆富之本義。許慎所謂「備也」乃引伸義也。字屬形聲兼會意。金文有用作形容詞富貴之富,如中山王譽鼎:有用作人名,如十年上軍矛等。【金文大字典上】

實　䜌簋　實朕多䶂　散盤　國差𦉜【金文編】

實　效五八　十四例　日乙二六　二十一例【睡虎地秦簡文字編】

禪國山碑　周易實箸【石刻篆文編】

實【汗簡】

古老子　裴光遠集綴　崔希裕纂古【古文四聲韻】

◉許　慎　富也。从宀。从貫。貫。貨貝也。神質切。【説文解字卷七】

◉林義光　古作散氏器。从貝在宀下。从毌省。轉注，毌古周字，見周字條。或作侯氏𦉜。毌即田之變。亦毌字。【文源卷六】

◉高田忠周　左文十八年傳。聚斂實積。楚語。令尹問蓄聚積實。轉義。小爾雅廣詁。實。滿也。又塞也。廣雅釋詁。實。誠也。銘意即是也。⊘古無貫字。唯作變為小篆加以貝俗甚。然此篆从宀从貝。許解合之。又从毌。疑𡩧字古文作者。即宁字。宁古文貯。此富實字。當从此會意。與𠧪自別。【古籀篇七十一】

◉郭沫若　㮚即《汗簡》所録字，乃果實之實之象形文。【散氏盤　兩周金文辭大系考釋】

◉馬叙倫　李賡芸曰。錢大昕謂實從貫聲。古毌音讀如滿。轉為神質切。易蒙彖傳與順巽韻。泰彖傳與願亂韻。此為貫聲之塙證。倫謂錢説是也。貫音如滿。滿富皆脣音。故富轉注為實。鍇本貫下蓋捝聲字。校者因加貫為貨物。或校者不明貫聲之故而妄删妄增也。字見急就篇。國差𦉜作。散盤作。【説文解字六書疏證卷十四】

◉郭沫若　《散氏盤》有字乃人名。舊釋為㮚。今案字形不類。《説文》：「茉𠧪也，从木、人象形，毌聲。」此字並無人之痕跡。《汗簡》卷上之一第一有字釋實，注「出裴光遠《集綴》」，當即此字之稍稍譌變者，蓋乃果實之實之本字，象木之枝頭有二碩果也。後人誤以為从毌，故變作，於目上益以眉形耳。《散氏盤》另有實字，下文「有爽實」作，又《國差𦉜》「用實旨酒」作。案乃殷實之實，从宀田貝，言家之有土地財貨者也。《説文》「實富也，从宀貫，貫為貨物」，字形雖稍變，意尚未失。後人假實為㮚，而㮚字廢矣。【釋㮚　金文叢考】

宋　容

◉高鴻縉　實字本意為殷實。取家中有貝密藏會意。田密藏之形。周字从之。本銘田字略譌作田。國佐𦉜實字作實。其所从之田。亦周密本字。小篆遂譌作實。説文。實富也。从宀。从貫。貫。貨貝也。神質切。釋字義是。釋構造則因形變而説歧。段氏曰。引伸之為艸木之實。廣雅釋詁。實誠也。又其引伸之意。【散盤集釋】

◉戴家祥　寶字从宀，从貝，从玉，亞聲。亞，古文室。字當釋實。説文「實，从宀，从貫，貫，貨貝也」。古者貨貝而寶龜，至周而有泉。商書盤庚中「具乃貝玉」，貝與玉在商周社會具有貨幣職能，可作為財富貯藏手段。寶字从貝从玉，義亦同貫。亞，蓋聲符也。敷殷省玉作實，亦猶虢季子殷「永寶」作永寳，禽鼎「寶彝」作寚彝。實从貝玉，故禮記哀公問「好實無厭」。鄭玄云「實，富也」。左傳文公十八年「聚斂積實」。杜預注「實，財也」。辛伯□鼎「室絲五十寽」，猶儀禮既夕禮「實角觶四，木柶一、素勺二」。盂卣「兮公室盂鬯，束貝十朋」，猶禮記禮運「實其簠簋籩豆鉶羹」。國語晉語「令司正實爵與史蘇」。實，滿也。是。室之為室，寶之為實，聲義豁然，釋名釋宮室：「室，實也。人物滿其中也。」牆盤銘文「實受牆爾𪉖福」，實字在動詞受字之前為助動詞。易既濟：「東鄰殺牛，不如西鄰之禴祭，實受其福。」左傳昭公三年「豈惟寡君，舉羣臣實受其貺」，又昭公七年「去衛地如昔也，于是有災，魯實受之」，語法正同。郭沫若殷周青銅器銘文研究第四十三葉楊樹達積微居金文説第九十三葉吴闓生吉金文録卷二第十五葉馬叙倫國學季刊四卷下期第十九葉釋家，唐蘭國學季刊四卷一期第二十七葉。釋庸，于省吾雙劍誃吉金文選下三第十葉。釋予，于形于聲，一無是處，此皆智者千慮之一失。【金文大字典上】

◉許　慎　宋藏也。从宀。杀聲。杀。古文保。周書曰。陳宋赤刀。博裒切。【説文解字卷七】

◉馬叙倫　鈕樹玉曰。繫傳書譌作易。陳瑑曰。周書曰。陳宋赤刀。今作寶。説文。寶。珍也。珍藏義相因。則宋寶可通。倫按杀古文保校語也。鍇本作保省聲。故徑删之。宋即今作堡者之本字。此㙒之同清破裂音又聲同幽類轉注字。藏也引申義。非本訓。或字出字林也。【説文解字六書疏證卷十四】

容　説文古文容从公　十一年㡴鼎　容一斛　土勻錍　土勻容四斗錍　【金文編】

5·369　隱成吕氏缶容十斗　5·370　同上　5·372　西園王氏缶容十斗　5·371　北園吕氏缶容十斗　5·376

楊氏缶容十斗 5·230 左廐容八斗 9·5 容痞 說文古文容从公作 【古陶文字徵】

容 封二〇 四例 通鎔 一來諧之 封二〇 【睡虎地秦簡文字編】

1069 1446 1447 3060 【古璽文編】

客乓國丞 王從容印 任容君印 張從容印 呂嫖容印 【漢印文字徵】

容 容 上同 容出華岳頌 【汗簡】

古孝經 竝道德經 雲臺碑 竝崔希裕纂古 華嶽碑 王存乂切韻

竝崔希裕纂古 【古文四聲韻】

◉許　慎　盛也。从宀谷。臣鉉等曰。屋與谷皆所以盛受也。余封切。古文容。从公。【說文解字卷七】

◉馬叙倫　桂馥曰。盛當作宬。段玉裁曰。鍇本作谷聲。是也。谷古音讀如欲。以雙聲諧聲也。倫按古文作公。從宀。公聲。言部訟之古文作䜰。木部松之古文作㮤。雖皆與此相反。然皆可證從公之異文作谷者得聲。非從山谷字也。公從口得聲。口為宮之初文。亦垣之初文。音在喻紐三等。古讀歸定。容音喻紐四等。古讀亦歸於定也。容為用之轉注字。音同喻四聲同東類也。爾雅釋言。容謂之防。注。防如今牀頭小曲屏風。荀子正論。居則設張容。注。謂羽衛也。周禮。射人。三獲三容。鄭衆注。容。乏也。待獲者所蔽也。爾雅之容。郭注以為如今牀頭小曲屏風。殆是清代官署大門前之蔽行人者。杭縣謂之照牆。南北大姓之門前亦類有之。儀禮大射儀頌罄東面。注。古文頌為庸。莊子胠篋之容成氏。六韜大明作庸成氏。庸為用之轉注字。是其證矣。以用為垣蔽。故居處之羽衛曰容。待獲者所蔽亦謂之容。字見急就篇。古鉩作。

龔橙曰。字見李登集古文。李杲曰。古鉩作。與此近。鄭大洲曰。公音見紐。容音喻紐。聲不相通。但公容古音皆在陽類邕攝。斯以疊韻為聲。倫按見容字下矣。毛扆本篆作。上文諸古籀皆從冂。下文寶宜寑宄之古籀亦然。金文邛君婦壺寶字作。散盤宰字作。守婦觶守字作。皆從冂。則此篆亦當如毛本作。今本或校者依鍇本改。宀冂形近。古書者不盡通文字之原流意義。故每率意作之。抑宀音微紐。冂音明紐。古音同屬明紐。蓋語原固同。則亦得

通矣。【説文解字六書疏證卷十四】

宂

宂 效二三 二例　效二　效五二　秦一四 三例　秦一〇九 五例【睡虎地秦簡文字編】

宂從僕射【漢印文字徵】

◉許　慎　椒也。从宀。人在屋下。無田事。周書曰。宮中之宂食。而隴切。【説文解字卷七】

◉馬叙倫　鈕樹玉曰。繫傳韻會篆作。韻會作無田事也。周書曰宮中之宂食人也。段玉裁曰。書當作禮。周禮稾人。掌供外内朝宂食者之食。許偁涉校人宮中之稍食而誤。倫按宀下人不能會宂散之義。周禮稾人鄭玄曰。宂食者。謂留治文書。如今尚書之屬諸上直者。然則正謂有事者也。安得曰從人在宀下無田事也乎。蓋校者承漢書食貨志其不能出布者宂作縣官衣食之而為説。然志意不能出布者宂作縣官衣食之。蓋以貧民不能自衣食。則勞服於公而得衣食。其非宂之本意甚明。宂音日紐。字當從宀人聲。聲入東類者。猶兇亦從人得聲而入東類也。容宂聲同東類。豈其轉注字。不然。則本義亡矣。字蓋出字林。【説文解字六書疏證卷十四】

◉湯餘惠　(24)古人私名璽有(2028)字，舊不識，按此字上為宀旁，字下人旁加「·」為飾筆，《遯庵》著録一則陶文云：「蒦圆匋里人岳」，人字作；古璽仙(信)字从人作者習見，均可證此字當是《説文》所謂「从人在宀下」的宂字古文。【略論戰國文字形體研究中的幾個問題　古文字研究第十五輯】

◉劉樂賢　《秦代陶文》拓片671號「右」，末字袁釋為宂。按此即《説文》从宀从人之宂字，今手寫體書作冗。睡虎地秦簡宂字多見，皆寫作(見《秦漢魏晉篆隸字形表》504頁)。【秦漢文字釋叢　考古與文物一九九一年第六期】

䆴

◉許　慎　䆴䆴。不見也。一曰。䆴䆴。不見省人。从宀。𣇈聲。武延切。【説文解字卷七】

◉馬叙倫　吴穎芳曰。玉篇引此無見字。王筠曰。説𣇈曰宀宀。則䆴者𣇈之絫增字也。一曰之文。吾大都不信。周雲青曰。五音集韻引䆴䆴不見也。一曰。視遠之皃。倫按𣇈是邊垂之邊本字。䆴為櫋之異文。枅之轉注字。䆴䆴不見也者。今杭縣言遠不見者曰邊邊兒上看不見。此𣇈字義。一曰云云鍇本在𣇈聲下。此校語。王筠據鍇本省作看。五音集韻引一曰視遠之皃亦校語。字蓋出字林。【説文解字六書疏證卷十四】

甲三三三〇 婦寶 甲三七四一 前六・三一・三 後二・一八・三 粹一四八九 存下・六三

師友二・二四 或省貝 【甲骨文編】

甲3330 3741 【續甲骨文編】

寶 伯□卣 呂仲爵 卬小子鼎 集僭簋 仲鼎 我鼎 員父尊 伯魚簋 𠂤鼎

德方鼎 □卣 貉子卣 曆盤 霸姑鼎 咢季奞父簋 輩卣 䠲鼎 史梅簋 傳

尊 □鼎 豚鼎 乃孫作且己鼎 作父丁尊 𠫑方彝 㘣卣 旂鼎 □黃簋 能匋尊

小臣謎簋 伯芀簋 首䊽壺 𠟭弔盨 伯盂 伯卣 呂鼎 旂父鼎 弔宼簋 史

獸鼎 是要簋 五十七字 衛簋 刅壺 □作父丁卣 □卣 康侯鼎 公史簋 復尊

雯人守鬲 麥盉 保卣 服尊 拼□冀簋 彔簋 頍卣 衛父卣 作父丁盤 伯

睘卣 作父乙簋 賁尊 □簋 同卣 舟簋 弔宿簋 作寶簋 伯中父簋 小

乙父乙簋 □鼎 牆盤 豐卣 瘨鐘 三年瘨壺 瘨箭 曼龏父盨

大師虘簋 虘鐘 伯闢簋 師嫠簋 師望壺 刺鼎 㝬鐘 鄭大師甗 曐肇家鬲

伯頵父鼎 兮仲簋 伯賓父簋 弔賓父盨 弔向父簋 仲師父鼎 伯䡅父

鼎 伯公父匡 善夫克鼎 克鼎 仲義父鼎 史頌匜 頌鼎 頌

壺 虢季子白盤 㝨弔多父盤 牧師父簋 虢弔匿 毛公厝鼎 伯寬父盨 陳侯作嘉姬簋 陳

侯簋 魯司徒仲齊簋 魯伯愈父鬲 魯伯匜 魯邍父簋 鑄公匜 國差𦉜 厚氏圃

杞伯簋 杞伯壺 杞伯鼎 邾友父鬲 伯梡虘簋 鄀嫛簋 弗奴父鼎

隓子鬲 倗𨕏 無男鼎 窺蠱卣 害鼎 刺嚴鼎 田農鼎 寑敄簋 子阱簋

楚公豦鐘 己侯簋 堇臨鼎 伯矩鼎 矩尊 㝉甗 伯魚鼎 司土司簋 板家

卣 應公鼎 見尊 盂鼎 啻簋 姞氏簋 彔伯簋 弔姞𨕏 師趛鼎 友父簋

同簋 本鼎 郱討鼎 史宜父鼎 鄭虢仲簋 番仲𡚬匜 鄭伯筍父鬲 伯吉父簋 師窦

父簋 毛弔盤 伯匕鼎 不嬰簋 鄧孟壺 取慮匜 鑰鎛 喬君鉦 鄀公鼎

鑄弔匜 曾伯文簋 陳侯壺 趞弔吉父𨕏 伯吉父鼎 𢾊召妊簋 柞鐘

白喜父簋 仲𢒉𨕏 白者君匜 大師子大孟姜匜 㞋簋 庚姬鬲 訇伯簋 孫弔師

父壺 考弔𤔲父匜 湯弔盤 作寶尊彝卣 袓伯匜 袓伯章盤 鄱伯禽匜 遽伯簋

御尊 羊卣 𣂔尊 尹尊 效父簋 陖伯鼎 陖伯簋 陖伯尊 小子省卣 禽

簋 嬴氏鼎 敔簋 己侯鐘 叨孳簋 弔狀簋 芇侯簋 从鼎 㬎作北子簋 轉盤

周窑匜 楚季苟盤 虢季氏簋 亘鼎 𠂤車父壺 郑子宿車盆 郑季宿車盤 郑季宿

車匜 郑子宿車鼎 伯晨鼎 延𨕏 宰峀簋 弔父丁簋 格伯作晉姬簋 貯子己父匜

郳子行盆 曾仲斿父壺 封孫宅盤 欒書缶 王人甗 番君匜 般仲束盤 姞㽙母鼎

周窓鼎 仲盤 𦉜鼎 番君鬲 白者君鼎 白者君盤 白者君匜 量侯簋 冑匝 買簋 𤔲盤 假匋為寶 㪤父盉 㪤父作兹女寶盉 齊縈姬盤 永寶用亯 邾弔鐘 永賓用亯 郜伯祀鼎 永寶二字合文 召樂父匜 寶用二字合文 弔單鼎 作寶尊彝卣 寶尊二字合文 【金文編】

考古 1983:5 【古陶文字徵】

〔四〕〔三七〕〔三六〕〔二〇〕〔三六〕【先秦貨幣文編】

布尖 平宮 晉原 按金文宝字姑㚸母鼎作㝎、仲盤作㝎、杞伯壺作㝎、寶字另見，宮通于寶亦通于匋。 布尖 平宮 晉高 仝上 晉原 仝上 布尖 平宮 晉高 仝上 仝上 布尖 平宮 晉高 仝上 晉盂 仝上 晉朔 布尖 平宮 晉朔 布方小 平宮 晉原 布尖 宮平 京朝 布尖 平宮 晉原 布方 平宮 冀靈 布空大 典六七九 仝上 典六八一 仝上 典八三一 布方 宮平 典七八 布方 平宮 典七九 仝上 典七七 布尖 平宮 典三七三 仝上 典三七四 仝上 典三七五 布尖 平宮 典三七六 仝上 典三七七 仝上 典三七八 布空大 典二·九三 布尖 宮平 亞三·三九 仝上 平宮 亞三·四〇 布尖 平宮 亞三·四〇 仝上 亞三·四〇 仝上 布尖 平宮 亞三·四〇 仝上 仝上 亞三·四一 布尖 平宮 亞三·四一 布方 平宮 亞三·四一 布方小 典三三四 布空大 典六七九 按用作匋字者另見宮字條 布空大 典六八一 仝上 典八三一 【古幣文編】

221 【包山楚簡文字編】

季寶 王寶之印 彊郎寶印 師寶 【漢印文字徵】

少室石闕 開母廟石闕 長西河圜陽馮寶 禪國山碑 大寶神璧 魏寶字殘石 【石刻篆文編】

 珤竝見尚書 寶華岳碑 寶 寶竝出碧落文 寶 【汗簡】

碧落文 古尚書 同上 古老子 華嶽碑 珤唐韻 石經 宲竝崔希裕纂古 【古文四聲韻】

◉許　慎　寶珍也。从宀。从王。从貝。缶聲。博皓切。古文寶。省貝。【說文解字卷七】

◉薛尚功　作寶

右鼎銘曰。作寶。班固詩云。洛修貢子川效珍。吐金景子敵浮雲。寶鼎見子色紛紜。焕其炳號被龍文。又鑄鼎象物以知神姦。使民入山林川澤不逢魑魅罔兩。是古人之所寶也。【歷代鐘鼎彝器款識法帖卷二】

◉阮　元　寶作。古文省。歙程易疇瑤田云。齊刀之字。豐潤文廟中鼎字。皆古寶字省文也。琥字作虎形。旁加玉形。甚奇古。或曰此即寶字。說文古文保字作𤓽。从子。寶古通保。故此作子坐形。兩手奉玉。寶之義也。其說亦可通。【積古齋鐘鼎彝器款識卷一】

◉吳榮光　周寶父鼎字不見於說文。从大从玉。當是古文寶字之省。【筠清館金文卷四】

◉劉心源　寶字省貝。說文寶古文作即此。特偏旁上下迻耳。【奇觚室吉金文述卷三】

◉劉心源　寶从。當是二字之合變者。楚公鐘永。本書弟三器如此。前二器寶字皆从缶从貝。𣪘卣永。阮釋福。皆此字。【奇觚室吉金文述卷八】

◉劉心源　宜當寶省。【奇觚室吉金文述卷十七】

◉羅振玉　貝與玉在宀內。寶之誼已明。古金文及篆文增缶。此媘。【增訂殷虛書契考釋卷中】

◉商承祚　金文多从貝作。與篆文同。又宰甫𣪘作。格伯作晉姬𣪘作。則與此同。甲骨文从宀从玉从貝。省缶作。金文𡣍氏鼎作。杞伯壺窓鼎从宀从缶。省玉省貝作。皆變體也。【說文中之古文考】

◉馬叙倫　鈕樹玉曰。韻會引作從宀玉貝缶聲。朱駿聲曰。廣韻古文作珤。從王。缶聲。倫按玉篇引聲類。珤。古文寶字。宰甫敢作。格伯作晉姬敦作。禽敢作。番君敢作。周窀匜作。或從珤。或從賠。或從瑶。可證本有珍寶字。蓋從玉缶聲。故番君敢從玕。缶從午得聲也。或從瑶。從玉。畐聲。為珤之轉注字。或作賠者。居山者以玉為寶。居水者以貝為寶。故易玉以貝耳。此字蓋從宀珤聲。或從宀賠聲。誤合窑㝛二字者也。蓋富之音同封紐轉注字。㺯也者。珤字義。或字從貝窑聲。故周寏鼎止作。杞伯簋作。仲盤作。當入貝部。頌鼎作。集咎敦作。公伐郐鼎作。杞伯敢作。邾討鼎作。本鼎作。虢季氏敢作。羊卣作。卬君壺作。嬴氏鼎作。甲文有。羅振玉謂從者即朋字。寶六寶四貨寶字作。亦從朋也。

商承祚曰。宰甫毁作。格伯作晉姬毁作。與此同。【説文解字六書疏證卷十四】

◉馬叙倫　古匋有。陳壽祺釋國。謂丰即戈。倫謂此寶之異文。金文寶字往往作窑。嬴氏鼎作。其所從之丰。即玉字。從宀之字。金亦有從囗者。毛公鼎家字其例證也。【説文解字六書疏證卷十二】

◉馬叙倫　寶字。説文訓珍也。從宀。從王。從貝。缶聲。然玉篇引聲類。珤古文寶字。宰甫敦作。禽敦作。説文寶之古文作。或止從玉。或止從貝。可見本有珍寶字。或從玉宲聲。或從貝宲聲。由古居高原者以玉為貨。居河流者則以貝為貨。故或作窑或作㝛也。宲蓋窑之異文。周寏鼎作。仲盤作。止借宲字。嬴氏鼎作。則省缶。然作寶者字蓟後起矣。字當入玉部。或貝部。故訓珍也。珍為珠之轉注字。説文誤入宀部。【讀金器刻詞卷上】

◉商承祚　簡文所載禱式是多様化的，如㽅禱、罷禱、宜禱、胸禱、寶禱，以及冊告，楚人善禱，信不虚也。五禱中以㽅禱最多，次為寶禱。寶字中从玨，《説文》："二玉相合為一玨"，視其寶貴。寶的意義明顯。史籍以其字為賽，《急就篇》卷四："謁禓賽禱鬼神寵。"顔師古注："賽，報福也。"王應麟補注："碑本賽作塞。"鈕樹玉校正本作："行觴塞禱鬼神寵。"《史記·封禪書》："冬塞禱祠"。索隱："與賽同。賽，今報福神也。"《漢書·郊祀志上》："冬塞禱祠。"顔師古曰："塞，謂報其所祈也。"《韓非子·外儲説右下》："秦昭王有病，百姓里買牛而家為王禱。"又"秦襄王病，百姓為之禱，病愈，殺牛塞禱。"今據此簡文，凡書所謂賽禱及塞禱，皆寶字傳寫之誤。卲固因多病，祝禱頻仍，及禱而愈，視為可寶，故曰寶禱。此詞簡文習見，可證往者所寫所記所説之未當也。【江陵望山一號楚墓竹簡疾病雜事札記考釋　戰國楚竹簡匯編】

◉李孝定　契文从宀从貝从玉。或从玨。羅釋寶可从。篆从缶未必為玨之譌。缶所以貯貝玉者。亦猶璞之从甾也。卜辭稱"婦寶"人名。金文寶字多見。均从宀从玉从貝从缶。【甲骨文字集釋第七】

◉李孝定　寶字金文或省玉存貝，或省貝存玉，玉貝均為財貨，其意同，故或省或否，此古文省變之常例，非居高原者作窑，居水域者作𤭛也。缶聲本不誤，从宀亦意符，本無宲字，不當云宲聲，馬叙倫氏説並可商。【金文詁林讀後記卷七】

◉黄錫全　古匋文有字。金祥恒《匋文編》列入附録。此字左从即缶，如能匋尊匋字作，蔡侯缶字作。从缶从貝即⿰缶貝，但究竟定為甚麼字，還需要加以證明。

金文中寶字形體很多，大致可以分為下列幾種：

a（史頌匜）　（能匋尊）　b（量矦毁）　c（虢季氏毁）　d（欒書缶）

e（周窀匜）　f（宰毁）　g（仲盤）　h（齊縈姬盤）

由上列形體可以看出，c形與匋文近似，但没有見到寶字省上部宀。檢《汗簡》玉部録古尚書寶字省宀作，與日本收藏的古寫本隸古定《尚書》九條本、巖崎本、小島影本寶作珤同。由此，方可證明寶字古有省宀作者。匋文⿰缶貝應是c形省宀，可釋為寶字。

古璽有這樣一方印（《彙編》〇五六九）

《彙編》列入姓名私璽類，雖無釋，从以「□□」表示的情況推測，《彙編》認為是兩個字。

按此字右下即貝省，如番匊生壺賸作，居毁賍作，買毁買作，古璽賹作（《彙編》一〇六八），仲義父鼎寶作等。左下从與周窀匜寶字从，欒書缶从類同。上从玨與江陵望山楚簡類同，與甲骨文（前6·31·3）（粹1489）類似。結合寶字可以省宀的情況分析，這個字應該釋為寶。【利用「汗簡」考釋古文字　古文字研究第十五輯】

◉戴家祥　楊樹達曰：羅振玉云「匋即寶字，易宀為勹，省貝為缶耳。」余按羅説殊誤。説文五篇下缶部云：「匋，作瓦器也。从缶，包省聲」。古者昆吾作缶。按史篇讀與缶同，大徐音徒力切。今以字形核之，匋讀徒刀切者，非古音也。何者，匋字實從勹聲，勹包音同，許云从包省聲誤。而讀與缶同，勹缶皆脣音字，非舌音字也。言部：⿰言匋或作包。余近日考得䡩黔鎛之䡩叔，即經傳之鮑叔。此皆匋包同音之證也。匋字讀與缶同，而寶字實從缶聲。故銘文假匋為寶耳。羅氏不能於聲音求二字之通，乃强就字形為説，踈謬甚矣。積微居金文説卷四第一一一葉筍白大父盨跋。按楊氏考匋古音讀脣音如寶，可取。而對羅氏的批評却是不公允的。其實楊説正是從字音方面證明了匋即寶字，補充了羅説的不足。二者應統一起來，金文匋為寶之別構，也就成為不易之説。金文匋字用法同寶。

殷虚卜辭有字殷墟書契前編卷六第三十一葉及字殷墟書編後編卷下第十八葉，皆从宀、从玉、从貝，而闕其聲。金文寶从宀、从玉、从貝，缶聲。古者貨貝而寶龜，至周而有泉，商書盤庚中「茲予有亂政同位，具乃貝玉」，貝與玉在商代具有貨幣職能，可以作為財富貯藏手段。漢書欒平王襄傳「成後世善寶之」。顔師古集注寶「謂愛守也」。偏旁更换字亦作宗，从宀呆聲，呆古文保。周書顧命「陳寶赤刀」，説文引「作陳宗赤刀」，廣雅釋詁四「宗，藏也」。同聲通假，字亦作「保」，大雅崧高「南土是保」，鄭箋「保，守也」。

□疑寶之別構，从厂从玉从缶。从厂與从宀同意，都為處所。玉、缶均寶字主要構成部分。金文寶也有省貝作窑者，如弔父丁簋、宰甶簋均是。與此結構相近。畲父盉寶字作匋，為此篆省玉。晉姬簋「格伯乍晉姬珣寶簋」，從辭例看，□亦當為寶字。

字从□从〇从貝。按：从□為□之變形，偏旁通作宀。从〇為玉之異體，詳見釋璧。故就字形看當是寶字。甲骨文寶作□，金文作□，皆省缶聲是其證也。從辭例看□「笑簠」與「寶鼎」、「寶尊」、「寶鎛」等完全相同。【金文大字典上】

◉許　慎　□羣居也。从宀。君聲。渠云切。【説文解字卷七】

◉馬叙倫　説文疑曰。羣居必別作宭。用意拙且俗。倫按錢大昕以為即論語羣居終日之羣。似非也。羣居也當作羣也居也。羣也以聲訓。居也其義也。書君奭南宫括。釋文引司馬本作南君括。廣雅釋詁。宫。君也。宭蓋宫之轉注字。古音同在見紐也。宭宭一字。字或出字林。【説文解字六書疏證卷十四】

◉戴家祥　□字楊樹達釋安，讀按，積微居金文説二一七頁。郭沫若兩周金文辭大系考釋一六六頁從之。劉節釋守，古史考存一一三頁。李孝定金文詁林附録一九二零頁從之。諦審拓本既不从「女」，亦不从「寸」，實从反書「尹」。番君鬲君作□，是其證。唐韻尹讀「余準切」喻母文部，君讀「舉雲切」見母文部，聲異韻同，經傳每有借尹為「君」者。左氏春秋經隱公三年「四月辛卯，君氏卒。」公羊穀梁均作「尹氏卒」。荀子大略篇「堯學於君疇」，楊倞注「人表作尹壽」，新序雜事篇作「君壽」。左傳昭公二十年「棠君尚謂其弟員曰：爾適吴，我將歸死」，陸德明經典釋文「君，本作尹」。由是而知□為宭之聲符更旁字也。説文七篇「宭，羣居也。从宀，君聲」。唐韻「渠雲切」音羣，廣韻上平二十文「舉雲切」，集韻「拘雲切」，字皆讀君。白虎通三綱六紀「君，羣也，羣下之所歸心也」。春秋繁露滅國篇「君者不失其羣者也」。是君也，羣也，一語之轉耳。作宭者猶言君之所居也，在六書為會意兼諧聲字。壺銘□上一字當釋「經」，集韻下平十五青經、經、巠同字。大雅靈臺「經之營之」，毛傳「經，度也」。「經宭茲漾陲」，猶大雅皇矣稱文王「度其鮮虞，居岐之陽」也。漾水名，陲，邊也。【金文大字典上】

宦

宦 仲宦父鼎 【金文編】

文物 1964:7 【古陶文字徵】

宦 日乙一四一 二例  秦一八一 【睡虎地秦簡文字編】

宦者丞印  齊宦者丞 宦調私印 宦遂 【漢印文字徵】

◉許 慎 宦仕也。从宀。从臣。胡慣切。【説文解字卷七】

◉馬叙倫 鈕樹玉曰。韻會作從宀臣。倫按官之本義非仕也。字從宀從臣。臣為俘獲被縛者。以之執事。所謂男為人臣也。國語越語。與范蠡入宦於吴。注。宦為臣隸也。倫謂宦為金器文中之挩化。宦從宀即從亞。亞為家之初文也。從臣即之。為首戴甶而有尾之形。明奴隸之執事者也。此從臣者。臣女實一字。女為奴之初文也。臣音禪紐。禪匣同為次濁摩擦音。是宦聲亦得於臣。仕也者。八篇。仕。學也。然亦非仕之本義。倫謂仕為士大夫之士本字。亦宦之轉注字。仕音牀紐二等。宦得聲於臣。臣音禪紐。古讀竝歸於定也。會意。字見急就篇。仲宦父鼎作。【説文解字六書疏證卷十四】

◉魯實先 卜辭一見字。其辭曰「王固曰出希八日庚戌出各云自東母昃亦出出自北飲于河」。菁・四。研栔者於字迄無正詁。以愚考之。乃宦之異構。宦本从宀而作者。證之卜辭。是猶家之作。證之金文。是猶宏之作毛公鼎。宄之作。象上有覆蓋。邊有垂宇。下有踐籍之形。母當為女之異構。宦貫於古音同為安攝。故相通假。魏風碩鼠。「三歲貫女。」隸釋卷十四載漢石經貫作宦。是即貫宦相通之證。所謂「八日庚戌出各云自東宦女」者。出為有之假字。各乃假之本字。从夂者。示行至之義。从口者。示至有所言也。云即雲之古文。宦如國策魏策「白虹貫日」之貫。其義乃謂八日庚戌有來至之雲氣自東方連貫至子女宿也。夫女為北方之宿。呂氏春秋有始篇云。「北方曰玄天。其星婺女」。則所謂「自東宦女」者。易言之即自東方貫于北方也。説者乃釋宦女為窅母。而未知其義蘊。或釋宦女為囮母。而謂殆是地名。或釋為面。而謂乃鼻之象形。是皆謬釋字形。未通辭義。且人非鋭頂。故訓鬼頭之。特鋭其頂。以示別於人。則面不當从以象鋭頂之形。鼻為直垂。故訓鼻之自乃象直垂之貌。則鼻不當作以見横陳之狀。是知釋為面。形體益遠矣。宦於它辭作乙・二一六八・古籀宀一互通故宦亦從一或。作者。其辭曰「己卯卜王□咸戈先余曰雀人伐从」後・下・一五・五乃方名。據此。是宦於卜辭有二義。惟宦方於經傳無考。蓋以世易名遷。或以假為佗字。是未可塙言也。高田忠周釋為旬。見古籀篇卷四十七第三三葉。則未知古字異構之例矣。【殷契新詮之四】

◉李孝定　宀古文或作。魯氏釋此為宦。讀為貫是也。至亦釋宦。則似有未安。字當从余永梁氏之説釋面。古文中多以目為頭部之代表。从則象面之匔廓也。【甲骨文字集釋第七】

宰

乙八六八八　牛距骨刻辭　宰丰　佚四二六　佚五一八背　鄴三下・三九・八　掇一・一三二　粹一一九

六　或从广地名　在宰　【甲骨文編】

乙8688　佚426　粹1196　甲332　1122　2123　3164　乙749　2572　7377

佚249　769　續3・2・3　3・4・1　4・16・11　5・9・1　掇298　307　徵4・96

9・4　9・11　11・55　11・97　六束2　74　誠376　續存614　粹1074　1106

1160　1519　新1255　1356　【續甲骨文編】

宰　宰椃角　宰甫簋　宰德鼎　師湯父鼎　大師虘簋　師嫠簋　望簋　寰盤　師遽方彝

吳方彝　頌簋　頌壺　頌鼎　散盤　趞鼎　魯宰駟父鬲　孫弔師父壺　邾大宰臣

齡鎛　大宰官名魏三字石經僖公王使宰周公來聘古文作从肉　魯邍父簋　歸父盤　【金文編】

157反　【包山楚簡文字編】

5497　與散盤宰字同。【古璽文編】

冡陰宰之印　成紀閒田宰　太宰侵印　必宰　宰忠之印　宰免青　宰忠　宰意　【漢印文

字徵】

石經僖公　天王使宰周以來聘　膳宰治肉故古文又从肉作腪說文謂為㓙字或作非其朔　【石刻篆文編】

宰　宰　【汗簡】

古老子　同上　王存乂切韻　崔希裕纂古　【古文四聲韻】

●許　慎　辠人在屋下執事者。从宀。从辛。辛。辠也。作亥切。　【說文解字卷七】

●吳式芬　許印林說。阮書載此銘云。據舊搨本摹入。宰摹作。釋為家云。家者卿大夫也。或曰家其氏也。今詳此搨篆作。與薛書聘鐘伯姬鼎。阮書寰盤吳彝頌敦。吳書望敦諸宰字合。定為宰字。　【攈古録金文卷二之一】

●方濬益　筠清館録此器釋太宰為太僕。按春秋時列國多有太宰官。⊘而太僕之官罕聞。即以齊論。國語。桓公自莒反於齊。使鮑叔為宰。韋昭注。宰太宰也。則釋宰為確。　【綴遺齋彝器款識考釋卷七】

●高田忠周　周禮大僕注。侍御于尊者之名。蓋侍于尊者。必於宮廷。从宀。亦宮廷之意。又後漢光武紀注。僕射秦官也。大僕僕射亦官名。故字亦加宀乎。要會意之恉可識耳。或云。宰亦作。此銘即大宰也。非。辛丵不同。此丵亦叢省文者也。　【古籀篇五十八】

●郭沫若　卜辭別有一字(按字)與臣字用例多相同者，字未可識。羅氏收入於「待問編」中，今臚舉其辭例之明白者如下：「癸酉卜㱿(按即爭字)貞乎呼多伐方」(前・七・三五・一)「貞乎伐方」(前六・三十・五)「貞乎□貞勿乎伐」(新九七)此與「貞乎多臣」之例同，知此字必與臣字同義。「貞乎追，及。」(鐵一一六・四)此與「逐鹿，獲」同例。知此項人物可逋逃，卜呼追而及。「癸丑卜㱿貞五百□㱿貞五百。」(前七・九・二)此準卜牲之例，疑是用此項人物為牲而卜其數。「貞勿乎㚔。」(前六・六・六)此與「貞牛五十」(戩二五・一)同例，且繫於㚔字，顯係用為人牲。綜合此項辭例，可知此項人物本罪隸俘虜之類，祭祀時可用為人牲，征伐時可作兵士，而時有逋逃之事，余疑此即「宰」之初字也。說文云「宰，罪人在屋下執事者，从宀从辛，辛，罪也」，此字正象一人在屋下執事之形，其必為罪人，則由辭意可以證之。从辛作之宰字例當後起，蓋由絕端之圖形文字已化為會意字也。彝銘之較古當是殷文者，如宰梡角字作，宰甫毁字作，均从宀从辛，則字之遷變似已在殷代矣。　【釋臣宰　甲骨文字研究】

◉吴其昌　宰字宰父乙觶作□。宰德□壺作□。宰峀𣪘作□。以二三推一始知一亦為宰字。以一釋二三始知宰之義乃為屋下有辛類兵器。惟辛為兵刃之器。故宰之義為宰殺。為宰割。漢書宣帝本紀。「本始四年。損膳省宰。」師古曰。「宰為屠殺也。」又引漢儀注云。「太宰令屠者七十二人。宰二百人。」又「陳平為宰。分肉甚均。」師古曰。「宰。主切割肉也。」蓋宰本示於屋下操辛以屠殺切割牛羊牲牷者。故引伸之又為宰夬職主烹炰也。【金文名象疏證兵器篇】

◉郭沫若　第一二二一片□乃刀俎之象形文，金文父癸卣有□□徽，即此字之圖繪。疑是宰之異文，在此讀為則。【殷契粹編考釋】

◉馬叙倫　戴侗曰。辛亦聲也。顧炎武曰。辠人在屋下執事者穿鑿。鈕樹玉曰。此注疑經後人改。與上下文義不類。何治運曰。古書無以宰為辠人者。當訓宰夫在屋下調味者。從宀。從辛。辛。味也。嚴可均曰。辛亦聲。莊有可曰。許說非本義。人在屋下則安居矣。辠人執事豈必在屋下乎。莊述祖曰。從宀與宦同意。從辪。當訓治也。經典無訓辠人者。王紹蘭曰。宰之本義為膳宰在廚下執鼎俎之事者。楊雄傳。胥靡為宰。翟云升曰。從辠省亦聲。徐灝曰。戴侗謂辛聲是也。宰古音在之部。讀若子。從宰之字如滓莘皆阻史切。梓即里切。與梓同。吴其昌曰。甲文有□。宰從辛。辛類兵器。故宰之義為宰殺。宰本示於屋下操辛以屠殺切割牛羊牲牷者。故引申為宰夫主亯炰也。倫按吴說無據。辛之本義為犯辠。宰從辛猶宦從臣。莊謂辠人執事豈必在屋下者。蓋未明乃從家也。古代大夫乃有家。有家得賜臣。此金器文多言賜臣幾人。猶清代之給奴矣。魯三家皆有宰。列國之卿亦然。孔子於魯為大夫。然非魯之母族。故無臣。而子路使門人為臣。皆可證也。倫謂宰亦□之脱化者也。實官之異文。亦無僕為一字。金文宰字。原父敢作□。吴榮光釋僕。歸父盤。□歸父。孫詒讓釋□為僕。其實與齊鎛之□皆宰字也。公伐郘鼎□字。即本書僕之古文作䑑者也。甲文之□。史僕壺之□。召伯虎敢之□。字從□者即□字。從□者即□字。從□者即□字。又毛公鼎之□宗周鐘之□皆僕之異文。其□實□之變。而酉即□也。伯害盉之□。甲文之□。亦即僕字。亦皆從酉從箕。以相參證。其為一字而脱化為數文。或同。或異。或簡。或繁。或變□為辛。要為辠人。然則僕宰之本義。實為辠人執事者也。所執之事則亯調洒埽也。然辠人在屋下執事者非本訓。辛辠也校語。字見急就篇。頌鼎作□。吴尊作□。郝太宰簠作□。【説文解字六書疏證卷十四】

◉李孝定　戴侗謂宰乃从辛聲。徐灝段注箋从之。他家則並从許訓。以辠釋辛。未審孰是。字在卜辭為姓氏之稱。或為地名。古多以地為氏者。二者實有密切之關係。辭云「壬午王田于麥菉獲商戠冢王錫宰丰寑小𩰫祝在五月隹王六祀肜日」佚・四二六。「其□𣥌在宰」粹・一一九六。「王曰則大乙□于白菉□宰丰」乙・八六八八。㒳宰丰者均第五期卜辭。疑即金文之「宰峀」也。

郭氏舊釋[glyph]為宰。甲研釋臣宰。說非。字當釋寇。詳三卷寇下。今又釋此為宰。當已悟前說之非矣。朱芳圃文字編仍從郭氏前說。收[glyph]為宰。金祥恆續文編七卷十九葉上宰下並收[glyph][glyph]二形。均有可商。【甲骨文字集釋第七】

◉丁　驌　宰，後世官名。有認宰為地名者，或又將「封」字隸為邦字，均不合此辭之義。宰封為一人之稱，或名封稱其官號，或即是名「宰封」，皆無不可，惟殷世尚未見有官名稱「宰」者。【骨栶刻辭釋　中國文字新二期】

◉李孝定　宰字或作㝣，仍是同字，古人作書，於偏旁筆畫，每不甚經意，辛、䇂獨立成文則有別，用為偏則相混耳。金文僕字數見，作[glyph]、[glyph]、僕諸形，與此迥異。【金文詁林讀後記卷七】

◉斯維至　宰之官已見於卜辭。殷契佚存五一八片云。壬午王田于麥菉(麓)隻(獲)商(賞)戠冢。王易(錫)宰丰寢小䋎祝。在五月。隹王六祀肜日。此乃帝乙帝辛時之獸骨刻辭。銅器中有宰峀𣪘。其銘文與字跡均與此相近。或即殷周間之器。是宰之官實昉自殷制也。案其職以蔡𣪘所見為最高。其銘云。昔先王既命汝作宰。𤔲王家。命汝眔舀𤔲足對各。死𤔲王家外內。無敢有不聞。𤔲百工。出納姜氏命。厥有見即命。厥非先告蔡。毋敢汏有入告。此言宰乃傳達宮中內外之命者也。惟其厥非先告蔡。毋敢汏有入告。故雖微而實重要。郭沫若云本銘有二宰。宰舀在王左右。當是大宰。蔡出納姜氏命。蓋內宰也。考釋一零三頁。今案銘文於蔡言𤔲王家。而於舀則言死𤔲王家外內。是職務上確有內外之別。但於職名仍統稱為宰。凡銅器中著大宰者均列國之器也。又此銘所謂百工。實指宮御臣妾而言。伊𣪘云。官𤔲康宮王臣妾百工其次百工於臣妾下可證。疑冢宰總攝百官云云。即由前人誤讀此類銘文之百工所致(詳見百工條)。曩讀周禮覺其言冢宰之權能極尊。而細按所屬。則凡庖人宮人世婦女御等殆皆王之小臣。可謂頭大尾小。殊不相稱。已疑其故。今由金文證之。乃知周禮冢宰之職確有後人所竄改者矣。

於此可以訂正舊說之誤者一事。左隱十一年傳云羽父請殺桓公。將以求大宰。正義云天子六卿。天官為大宰。諸侯則并六為三而兼職焉。昭四年傳季孫為司徒。叔孫為司馬。孟孫為司空。則魯之三卿無大宰。⊘以後更無大宰。知魯竟不立之。今據魯有大宰原父𣪘。則不得謂魯竟不立之。是正義之說不足信也。【兩周金文所見職官考　中國文化研究彙刊第七卷】

◉戴家祥　金文宰字十有八九作[glyph]。最後一筆向左或向右彎曲。查甲骨文宰字，也作曲筆。而甲骨金文辛字，從未作曲筆。疑宰不从辛。[glyph]或為古文字[glyph]龍之首。有待再考。【金文大字典上】

守

守 从又 觚文　守婦觶　守婦簋　册守父乙觚　守册父己爵　守宫卣　守宫鳥尊　雯人守鬲　大鼎　守簋 【金文編】

1·75 守□□ 【古陶文字徵】

一：六 一百三十例 宗盟類不守二宫　一：六九 二十三例　一：二 十五例　一：三〇 三例　三：一

一：五五 四十三例　一：一〇 四例　九二：一八 六例　一：六五　九二：二　一：八 二例

一五六：一一　一五六：一七　二〇〇：一六　一：四〇　一：九二 【侯馬盟書字表】

守 法九五 五例　秦五五 十一例 【睡虎地秦簡文字編】

2589　3307　5522　0341　5298 【古璽文編】

東郡守丞　時守之印　守踦之印　檜守　暴守　守讐　求周守 【漢印文字徵】

開母廟石闕 守一不歇　袁安碑 捧楚郡大守　範式碑領　樊敏碑領　開母廟石闕 時大守□□朱寵　景君銘領 【石刻篆文編】

守　守竝見華岳碑 【汗簡】

古孝經　古老子　王存乂切韻　華嶽碑　同上 【古文四聲韻】

◉許　慎　守官也。从宀。从寸。寺府之事者。从寸。寸。法度也。書九切。【説文解字卷七】

◉徐同柏　主而不失謂之守。春秌傳云。守不假器。【從古堂款識學卷一】

◉方濬益　古人作器。貴能世守。左昭公七年傳。謝息曰。人有言曰雖有挈缾之智守不假器禮也。此銘只一字。曰守。與他

器銘之言子子孫孫永寶用亯者義並同。【綴遺齋彝器款識考釋卷十六】

◉林義光 古作□守敦。从□持丨在宀下。□持丨與尹同意。握事也。【文源卷六】

◉馬叙倫 桂馥曰。通典引守官作寺官。鈕樹玉曰。韻會作從宀官府也從寸法度也。王筠曰。兩體不甚貫。故以寺府之事及法度也分説之。朱駿聲曰。肘省聲。龔橙曰。□見器名。誤説從宀從寸。倫按寸為肘之初文。從宀。寸聲。守官也者。守為隸書複舉字也。上從寸二字蓋傳寫誤羨。寺府之事者及寸法度也皆校語。寺府之事者句尚有挩譌也。守婦觶作□。父乙觶作□。從□或□。又□一字。皆手之異文。手聲也。此官之轉注字。守音審紐三等。宧從臣得聲。臣音禪紐。同為舌面前摩擦音也。官也當作宧也。字見急就篇。大鼎作□。守敢作□。【説文解字六書疏證卷十四】

◉黄錫全 甲骨文有字作□，《甲骨文編》與□字列在一起隸作宭。並云：「從宀從□，《説文》所無。」李孝定《甲骨文字集釋》也將上揭二字列在一起隸作寘。云：「從宀，從𠂤、從又(或從□)，《説文》所無。」

□與□有别，前者從宀從𡰥，後者從宀從□。島邦男《殷墟卜辭綜類》將寘字單列是可取的。金文綰字作□(𤸫鐘)、□(蔡姞毁)，與□字構形類同。

《汗簡》録王存乂《切韻》守字作□，《古文四聲韻》録《古孝經》也作□，形體與甲骨文□相合。甲骨文依傳抄古文應釋為守，傳抄古文有甲骨文此形為據，説明其字形來源甚古，結構可信。甲骨文中還未見可以肯定的□(守)字，□當是「守」字古文。《説文》守訓「守官」，似有根據。

《甲》3730「寘□」，即「守囿」，當讀為「狩囿」。《詩·大雅》：「王在靈囿。」疏：「囿者，築牆為界域而禽獸在其中也。」「寘囿」應即「狩獵於囿」。「守囿」一詞，又見於《周禮·秋官·掌戮》「刖者使守囿」。【甲骨文字釋叢 考古與文物一九九二年第六期】

◉戴家祥 守从寸未必是法度。説文三篇「寸，十分也。人手卻一寸動𢔶謂之寸口。」从又為手，从一為指示。寸原意當指寸口。周禮注云「脈之大侯，要在陽明寸口。」難經一難曰：「寸口者，脈之大會，手太陰之脈動也。」守從寸，借用寸口在人體之要于國家治理。守，為政事要害之所。金文守有从寸，也有从又。通常均作人名，官名。【金文大字典上】

寵 𡨦

𡨦 寵 沕其鐘 用天子寵 [glyph] 曾伯從寵鼎 【金文編】

[glyph] 135 【包山楚簡文字編】

寵 寵 日甲二二背 三例 寵 日甲一四四 二例 寵 日乙二三八 【睡虎地秦簡文字編】

[glyph] 3058 【古璽文編】

[glyph] 尊寵里附城 [glyph] 榮寵印信 【漢印文字徵】

[glyph] 泰山刻石 寴軵遠 史記作親 [glyph] 開母廟石闕 時大守□□朱寵 [glyph] 天璽紀功碑 吳寵 【石刻篆文編】

[glyph] 寵 【汗簡】

[glyph] 古孝經 [glyph] 義雲章 【古文四聲韻】

◉許 慎 𡨦尊居也。从宀。龍聲。丑壟切。【説文解字卷七】

◉劉心源 寵舊釋作章。據敔文作[glyph]。即汗簡古文龍字。此用為寵。詩何天之龍為龍為光。皆寵字。頌鼎云入覲[glyph]。与此合。【古文審卷一】

◉陳邦福 [glyph] 簠徵・雜事・六六从女龍聲,本作嬺,疑寵之本字。【殷契瑣言】

◉郭沫若 第一五四四片寵殆龍之繁文,以亡為聲。金文龏字或作[glyph](按即前龍字條下所引王孫鐘銘文),所从龍字以兄為聲,與此同。寵當假為隴。「堅田寵」者治場隴也。【殷契粹編考釋】

◉馬叙倫 段玉裁曰。居當作凥。俞樾曰。广部。龐。高屋也。寵龐實一字。與宅或作厇同。許以尊居説寵。尊崇一聲之轉。左傳伯崇。穀梁作伯尊。是其例也。是故尊居者。崇居也。猶言高屋也。經傳光寵之義。由崇高而引申之。丁福保曰。慧琳音義卅六引。位也。田濳曰。列中庭之左右謂之位。聖人之大寶曰位。詩所謂荷天之寵也。慧琳所引位也。碻為古本。倫按慧琳引者校語耳。俞先生説是。尊居也當作尊也居也。尊也以聲訓。居也蓋字林文。或尊居也字林文。本訓亡矣。倫疑寵宂或轉注字。龍音來紐。古讀歸泥。宂音日紐。古亦歸泥也。字見急就篇。【説文解字六書疏證卷十四】

宥

◉戴家祥　第一字當釋「寵」，眉壽鐘「□年無疆，寵事朕，辟皇王。」文例正同。國語楚語：「寵神其祖，以取威于民。」章昭注：「寵，尊也。」説文寵从宀从龍。考金文从宀之字，間或寫作人形，邾公釛鐘「用樂嘉賓」，賓作[古文字形]，沇兒鐘「以樂嘉賓」，賓作[古文字形]，是其例也。大鼎「王呼膳夫騣召大，以氒友入捍」，入作[古文字形]。毛公鼎「今余黼先王命」，今作[古文字形]，則又似从宀。是宀入易混，又一證也。説文「龍，从童省聲，从肉。」沕其鐘「用天子寵」，寵作[古文字形]，曾伯从寵鼎寵作[古文字形]，仲龏父甗龏作[古文字形]。龍字上象其首，下象其身，乃象形，非形聲。唐蘭釋[古文字形]為龕，讀如欽，訓「敬也」，徐中舒、裘錫圭、李學勤謂即今龕字，訓「堪也」。均不明从人即从宀之變。「寵事厥闢」，謂尊事其君，猶左傳昭公元年：「國之大臣，榮其寵禄，任其大節，有菑禍興而無改焉。」【金文大字典上】

[古文字形]宥　諫簋　[古文字形]司王宥　【金文編】

[古文字形]李宥　【漢印文字徵】

[古文字形]開母廟石闕　相宥我君　【石刻篆文編】

[古文字形]南嶽碑　【古文四聲韻】

◉許　慎　[古文字形]寬也。从宀。有聲。于救切。【説文解字卷七】

◉劉心源　宥或釋宕。案此从[古文字形]。非从石。據説文亯重文作亯。醢籒文作[古文字形]。儀禮有司徹右几注。古文右作侑。古刻記冊命之事皆云某右某。右即佑。而冘敢云。井叔[古文字形]冘即命知。古文右有通用。是宕即宥也。【奇觚室吉金文述卷三】

◉馬叙倫　倫按宥疑為寬之轉注字。故訓寬也。寬從萈得聲。萈音匣紐。宥音喻紐三等。同為次濁摩擦音也。至於經傳宥赦字當作休。書呂刑。雖休勿休。某傳。休。宥之也。朱琦謂休借為宥。其實凡宥赦字借為休也。宥其辠即止其罰也。或曰。宥囿一字。諫敢作[古文字形]。【説文解字六書疏證卷十四】

鐵一六・三　古宜俎同字重見俎下【甲骨文編】

乙3094　9028【續甲骨文編】

宜　說文古文作金文象置肉于且上之形疑與俎為一字儀禮鄉飲酒禮賓辭以俎注俎者肴之貴者詩女曰雞鳴與子宜之傳宜肴也又爾雅釋言李注宜飲酒之肴也俎宜同訓肴也可證古璽宜民和衆作漢封泥宜春左園作尚存俎形之意與許氏說異　般甗　王宜人方　義與俎同或作俎　戍甬鼎　𥁊作父辛卣　天亡簋　王饗大宜　卲卣三　史宜父鼎　矢簋　令簋　貉子卣　秦公簋　秦子戈　宜戈　宜口之　乘戈　宜陽右　倉簋　讀為義　中山王譽鼎　以征不宜之邦　中山王譽壺　不用豊宜　盗壺　大臂不宜【金文編】

秦1230　宜陽肆　宜秦公簋作與此同　秦1232　宜陽肆　說文宜篆作與此近似　5・51　咸鄗里宜　說文宜古文作與此近似　5・186　宜陽工□　6・194　獨字　3・1318　獨字【古陶文字徵】

刀弧背　冀滄　古鉨作、宜有千万或作。宜有千万，宜有百万有作、者　布方　宜易　典一六四　布方　陽宜　典一六五　布空大　亞二・一〇九【古幣文編】

二〇〇：三〇　宗盟類參盟人名【侯馬盟書字表】

2　5　133　223【包山楚簡文字編】

宜　秦一八五　三例　日甲三二　四例　日甲一三背　二例【睡虎地秦簡文字編】

4805　4280　4273　4265　4274　4793   4794  4798   4809　4539　4281

4278 4740 4263 4806 4807 4272 4536 4801 4810 4813 4802

4803 4878 4812 4270 【古璽文編】

宜禁春丞 宜津陽印 宜春左園 宜陽丞印 史宜成印 卜宜 宜士祭尊 秦宜 笵宜

馬 【漢印文字徵】

泰山刻石 者產得宜 禪國山碑 夫大德宜報 【石刻篆文編】

宜竝字畧 宜 【汗簡】

字畧 說文 【古文四聲韻】

◉許　慎　所安也。从宀之下。一之上。多省聲。魚羈切。古文宜。亦古文宜。【說文解字卷七】

◉劉心源　大宜即䆙無不宜之謂。或曰大讀太。為廟形。即廟字。此云王饗太廟也。文義叚協。【奇觚室吉金文述卷四】

◉林義光　宜與多不同音。象物形。古文从二。一地也。物在屋之下地之上。得所安也。【文源卷六】

◉高田忠周　蓋有誤傳。此元唯當从宀。古文宀亦自作耳。又攷冣古文字。蓋冣古字義。當不如許氏所云。詩嘉樂。宐君宐王。釋文作且。且蓋字之謂也。爾雅釋天。乃立冢土。或醜攸行。起大事動大衆。必先有事乎社。而後出。謂之宐。注。有事祭也。周官。所謂宐乎社。義疏。戎大也。醜衆也。冢土大社。天子之社。謂之大社。祭法曰。王為羣姓立社。曰大社是也。孫炎曰。大事兵也。有事祭也。知兵為大事者。左成十三年傳。國之大事。在祀與戎。是也。春秋書有事于大廟。又有事于武宮。皆謂祭事。故知祭為有事也。謂之宐者。孫炎曰。宐求見使祐。愚謂宐祭必於且廟。此字之本義也。又字從多聲而不省。後人涉俎字。而改多或作二肉。此為後出異文。宐者所以安大事也。轉為凡宐事之名。又按。且字元作。冣古象形。後涉廟字之形。作。即為宀系字。然宐字。元當收于部。而後出古文。即為宀系。亦當收于宀部。姑从之。然則即省文。古文之冣後出者。小篆从此耳。【古籀篇七十二】

◉郭沫若　字金文習見，卜辭亦多有，舊釋宜。羅振玉釋俎，余曩以為房俎之房。今案仍以釋宜為是。說文宜古文作。秦泰山刻石者(諸)產得图，古鉩图民和衆，漢封泥图春左園，均是宜字。宜有肴義：詩「女曰雞鳴」傳。爾雅・釋言。令毁、已酉方彝之「隮图」是也。有妥適義：本銘之「大图」、貉子卣之「咸图」是也。有祭社以祈戰勝之義：爾雅・釋天・及周禮。般甗「王图夷方無敄侮」是也。它如图子鼎之图則是國名。【大豐毁 兩周金文辭大系考釋】

◉郭沫若 第十八片图字舊釋為俎，案秦泰山刻石「者諸產得图」，古鉥「图民和衆」，漢封泥「图春左園」，説文「[古文]古文宜」，均是宜字。宜有肴義，當由用牲之法來。【殷契粹編考釋】

◉商承祚 宜與俎為一字。而宜乃俎之孳乳。詩雞鳴。「與子宜之」。傳。「宜。肴也。」儀禮鄉飲酒禮。「賓辭以俎」。注「俎者。肴之貴者。」宜俎皆訓肴。是宜即俎。其證一。金文般甗。「王宜人」作[古文]。古鉥「宜陽津印」作[古文]。「宜民和衆」作[古文]。漢封泥「宜春左園」作[古文]。俎形而讀宜。是俎即宜。其證二。方言五。「俎。几也。」説文且部。「俎。禮俎也。從半肉在且上。」漢書項籍傳。「乃為高俎。」注。「所以薦肉。」今篆作俎。是肉在几旁而非几上。甲骨文從半肉則作[古文][古文]。從肉則作[古文][古文]。操刀以割肉則作[古文]。金文秦公毁作[古文]。皆象肉在俎上之形。是篆作俎者。乃因別于宜而迻寫之也。俎既有別。遂又析宜字之筆畫而為[古文]。篆又省從一肉而為[古文]。形乃越去越遠。其嬗變之迹遂幾不可尋矣。説文以為從多省聲。依後形立説。非也。大豐毁。「王鄉大祖。」祖作[古文]。則借字也。鉢文作[古文][古文][古文]。省去末筆。【説文中之古文考】

◉馬叙倫 容庚曰。卜辭俎字作[古文][古文][古文]。金文作[古文][古文]。皆象置肉於俎上之形。意古俎宜為一字。詩女曰雞鳴。與子宜之。傳。宜。肴也。爾雅釋言李注。宜飲酒之肴也。可為宜俎一字之證。王國維曰。俎宜聲絶遠。不能合為一字。倫按説解非許原文。唐寫本切韻殘卷五支引作從宀下一多省聲。宜多聲遠。詩嘉禄。宜君宜王。釋文。宜。本作且。墨子篇亦以且為宜。且俎一字。古書以宜為菹。菹亦從且得聲。然則宜蓋從宀且聲。俎為廚之初文。廚音澄紐。鮇甫人匜之[古文]。劉心源釋姪。齊姬盤之[古文]。高田忠周釋姪。集韻。嫿同姪。而嫿從女疊聲。疊實從晶宜聲。金文之[古文][古文]。則從女疊聲。疊從晶且聲也。嫿同姪者。蓋姪之轉注字。姪從至得聲。至音照紐。俎音亦照紐也。姪音定紐。而古讀澄亦歸定。然則古讀宜如廚。轉音如俎。古讀照歸端。多音端紐。故有多省聲之説耳。今音魚羈切入疑紐。蓋由定轉泥而入疑。泥疑同為邊音也。又多為閏月之閏本字。閏音日紐。古讀歸泥。或由此轉疑邪。宜蓋安之轉注字。安從女得聲。女音古亦在泥也。所安也當作安也得其所也。得其所也見文選補亡詩注引倉頡。蓋吕忱加之。今有捝譌。字見急就篇。古鉩作[古文]。

[古文] 李杲曰。[古文]字疑後人析[古文]而竝列之。倫按蓋茂文耳。

[古文] 李杲曰。宜。千金鉩作[古文]。與此近。倫按王筠據鍇本作[古文]。【説文解字六書疏證卷十四】

●唐桂馨　許訓多省聲。是以[字形]為夕字也。[字形]乃人字。人居於宀之下一之上。安也。古文[字形]。兩人同居而安。尤相宜。故詩美宜室宜家。華氏小己録解[字形]為兩肉字。謂宜為藏冰凍肉之室。其説不可從。【説文識小録　古學叢刊第四期】

●黄茂琳　宜疆的「宜」，銘文作「[字形]」，郝表釋為「向」字，我們以為是「宜」字，傳世有二「[字形]」鼎，據朱德熙同志來信見告，後一字是孝子兩字的合文，「[字形]」疑是「宜」字簡體。案《陶齋》5·5著録一宜陽鼎，宜字作「[字形]」，與「[字形]」、「[字形]」皆近，上引山西長治分水嶺14號墓出土戈銘「宜□之乘戟」，正是韓國兵器，正證韓確有宜姓。「宜」之得姓當與宜陽有關，宜陽原為周地，後入於韓，故周、韓都有「宜」姓（宜孝子鼎是東周國鼎）。【新鄭出土戰國兵器中的一些問題　考古一九六六年第六期】

●孫稚雛　[字形]字以釋宜為是。金文中另有俎字，三年瘐壺易瘐「彘俎」、「□俎」，俎作[字形]（《文物》一九七八年第三期十一頁圖一六）是為俎几之俎。《莊子·達生》：「祝宗人元端以臨牢筴。説彘曰，汝奚惡死，吾將……加汝肩尻乎彫俎之上。」可見俎是切肉之器，而宜則象陳肉於俎上之形。大宜當為一種祭儀。又陳氏所説之奠（䧞），乃尊（障）之誤。【天亡簋銘文彙釋　古文字研究第三輯】

●徐中舒　從[字形]且從[字形]肉，象肉在俎上之形。所從之[字形]或一或二或三，數目不等。且為俎之本字，本為以斷木所作之薦，其側面透視作[字形]、[字形]形，上陳肉則作[字形]、[字形]、[字形]、[字形]、[字形]等形。故且、宜、俎實出同源。【甲骨文字典卷七】

●嚴一萍　卜辭有一條記事辭曰：「[字形]于[字形]」（宜于義京）。⊘第一個釋宜的是容庚，他在金文編宜字條説：

[字形]宜，説文古文作[字形]，金文象置肉于且上之形。疑與俎為一字。儀禮鄉飲酒禮「賓辭以俎」，注：「俎者，肴之貴者。」詩女曰鷄鳴「與子宜之」，傳：「宜，肴也。」又爾雅釋言李注：「宜，飲酒之肴也。」俎宜同訓肴可證。又廣雅釋器：「俎，几也」。一切經音義引字書「俎，肉几也」。置肉于几有安之義，故引申而為訓安之宜。古璽「宜民和衆」作[字形]。漢封泥「宜春左園」作[字形]，尚存俎形之意，與許氏説異。金文編七卷二九頁下。

這祇是説明宜與俎是一字，同訓肴，引伸為安。對于「宜于義京」的解釋並不適當。進一步考釋這[字形]字的是陳夢家，他在殷虚卜辭綜述第八章方國地理第八篇「泉及京名」中説：

卜辭之宜作[字形]，亦即俎字，金文編以為俎宜一字是對的，宜字在卜辭中，有兩種用法：(1)祭名。「貞我一月𨠰二月宜」前一·十·二。「其宜于妣辛一牛。」後上十九·十五。(2)用牲。「尞于河十牛宜十牛」。後上四·四。「甲辰宜大牢尞小宰」。甲編四六。都是動詞。後世祭社曰宜，王制：「天子將出，類乎上帝，宜乎社，造乎禰。」周禮大祝：「大師宜于社，造于祖，設軍社類上帝。」「大會同造于廟，宜于社。」爾雅釋天：「起大事，動大衆，必先有事乎社而後出，謂之宜。」卜辭之宜有可注意的四事：(1)常常「宜于某京」，(2)宜之祭常用羌。(3)乙六八七九：「王左三羌于宜，不左若。」宜似是宗廟。(4)除宜于某京的記事辭外，其它卜辭中以宜為祭名或用牲之法的，先公多于先王先妣。綜述二六六至二六七葉。

說宜是(1)祭名，(2)用牲之法，是對的，對於乙編六八七九版的宜字認為「似是宗廟」就錯了。這一條卜辭與「宜于義京」的關係非常密切，這一點留待後文再說。宜確是祭名，但「宜于義京」的宜卻是一種特定的祭祀。

「宜于義京」之宜，正是國家有起發軍旅之大事，而祭告于大社也，義京是大社之名。說文：「京，人所為絶高丘。」爾雅釋丘：「絶高為之京」，注：「人力所作」。就是人力所作的高丘，義京應當就是殷商的大社了。宜于義京的祭品，常是「羌三人卯十牛」。

宜祭分左中右三組，每組都用「三人」「十牛」。在起發軍旅出征時要宜祭，在凱旋歸來時也要宜祭。一共要用十八人，六十頭牛，如果每一次只用左，或中，或右，那也要用六個人與二十頭牛，典禮是相當隆重的。

宜祭是在露天舉行的，所以要卜是否易日，如：

己丑卜㱿貞：翌庚寅其宜，不其易日？ 簠典一〇

這正是上舉卜辭十二條的「庚寅宜于義京」的前一天。【宜于義京解　中國文字新十二期】

寫

寫 法五五　法五六　秦一八六【睡虎地秦簡文字編】

董寫之印【漢印文字徵】

開母廟石闕　疏河寫玄　石碣　而師　□□其寫【石刻篆文編】

寫【汗簡】

王存乂切韻【古文四聲韻】

◉許　慎　寫置物也。从宀。舄聲。悉也切。【說文解字卷七】

◉强運開　寫潘云。讀如卸。方言。發稅舍車也。張德容云。按方言郭注。今通言發寫。說文。寫置物也。卸舍車解馬也。

讀如汝南人寫書之寫。曲禮。器之溉者不寫其餘。皆寫與卸義同。當是古籀本止有寫字。小篆乃別製卸。為舍車解馬字。運開按。張説是也。【石鼓釋文】

◉馬叙倫 倫按廣雅釋詁。寫。盡也。又寫。除也。古書無訓置物者。徐灝謂蓋從他處傳置於此室也。桂馥據左昭四年傳。牛弗進則置虛命徹。注。寫器令空。曲禮。御食於君。君賜餘。器之溉者不寫。其餘皆寫。注。寫者。傳已器中。以説置物之義。傳皆不剴切。且如桂説。字不得從宀也。本書卸下曰。舍車解馬也。讀若汝南人寫書之寫。徐灝謂舍車解馬即置物義。卸與御實一字。方言。發。舍車也。發稅聲同脂類。稅當作挩。本書。挩。解挩也。實失之轉注字。古讀挩當如稅。音在審紐。寫音心紐。同為次清摩擦音。則舍車解馬蓋為挩字之引申義。而此訓置物也者。當作置物者也。寫為庫之聲同魚類轉注字。字或出字林。石鼓作[古文]。【説文解字六書疏證卷十四】

[篆文] 宵

[古文][古文] 宵 宵簋【金文編】

[古文]51 [古文]86【包山楚簡文字編】

[古文] 宵 封七三 [古文] 封八五【睡虎地秦簡文字編】

[古文] 又—又朝(乙8—4)【長沙子彈庫帛書文字編】

[古文] 宵【汗簡】

[古文] 古尚書 [古文] 籀韻【古文四聲韻】

◉許慎 [篆文]夜也。从宀。宀下冥也。肖聲。相邀切。【説文解字卷七】

◉林義光 古作[古文]宵彝。从月在宀下。小聲。説文云。[篆文]骨肉相似也。从肉。小聲。按即宵字之省文。【文源卷六】

◉高田忠周 肖字从肉。而此篆殆似从月者。要古文不冣古者。亦自有誤。月肉往往混用。文考鼎𢦏字作[古文]可證。然則此亦為宵字無疑矣。【古籀篇七十二】

◉馬叙倫 宵敢作[古文]。從月。倫謂從月。宊省聲。此夜之轉注字。宵音心紐。夜音喻紐四等。同為次清摩擦音也。當入月

宿

部。宀下冥也校語。字或出字林。【說文解字六書疏證卷十四】

◉黄錫全 宵 《尚書·堯典》「宵中星虛」之宵，薛本作哨。《玉篇》哨，古文宵字。宵𣪘宵作、，本从月，《說文》誤為从肉。此假哨為宵，如同典籍假宵為繡、綃，馬王堆漢墓帛書《老子》甲本、乙本、《經法》、《戰國縱橫家書》假宵為肖，雲夢秦簡假削為宵。古當有以哨為宵之例。《楚辭·疾世》「闐哨窕兮靡睹」，王逸曰：「哨窕，幽冥也。一作闐䏣霄。」洪興祖曰：「哨，與宵同。」《經籍纂詁》引作「哨霄」。郭見本宵作哨，以隸作古。【汗簡注釋卷三】

甲三三一八 粹九七〇 粹一一九九 京津四三六四 京津四三六六 寧滬一·三八四 寧滬一·四七八 珠六七五 【甲骨文編】

珠675 粹970 1199 甲921 3530 乙1170 2525 3989 7193 摭15 佚538 續存785 摭續243 新4897 4945 【續甲骨文編】

宿 宿父尊 郯子宿車盆 郯子宿車鼎 从宀蒐聲 郯子宿車盤 郯子宿車匜 通夙說文宿从宀㐁聲㐁古文夙 㝛弔簋 用宿夜享孝 【金文編】

3·942 獨字 【古陶文字徵】

宿 雜三四 二例 秦一九六 【睡虎地秦簡文字編】

宿軻之印 宿宣之印 宿哉 宿長青 【漢印文字徵】

◉許 慎 止也。从宀。㐁聲。㐁。古文夙。息逐切。【說文解字卷七】

◉劉心源 宿。國名。風姓。見左傳。說文。宿从㐁聲。夙古文作。㐁古文作。豐姞𣪘夙夜作。古文通用。此从宀囱。又从夕。乃合夙字為之。下體蝕文存。當是反人字。【奇觚室吉金文述卷八】

◉羅振玉　說文解字。宿。止也。从宀。佰聲。佰。古文夙。又殀注。古文作□□。案古金文及卜辭殀字皆从夕从丮。疑□□為古文宿字。非夙也。卜辭从人在□旁。或人在□上。皆示止意。古之自外入者至席而止也。豐姑敢作□。與此同。但卜辭媘宀耳。姑改隸宿下以俟考。【增訂殷虛書契考釋卷中】

◉林義光　佰為古文夙。不可考。宿古作□窒叔敢。象人在屋下。旁有茵。見因字條。宿象也。或作□叔宿尊彝乙。□亦因之變。或作□宿姤鬲。从人茵在宀下。从夕。轉注。月即夕也。見夕字條。【文源卷六】

◉葉玉森　宿作□、□，从人从茵，表就宿意。造字之例竝同（按契文作□、□、□之偏旁）。上象木近女首，下象木在女旁。古以木為枕，女子鷄鳴而起，時方枕卧，東方未明。故卜辭用如昧爽之昧，妹固昧之初文。契文休作□，从人从木，示象枕，表休息意。【說契】

◉高田忠周　詩有客宿宿。傳一宿曰宿。周禮遺人。三十里有宿。注若今亭有室矣。此字所以从宀也。凡宿處者。早夙出行。疑形聲包會意。夙古文作□□。□舌皃从谷省。象形。㢸字从之。而鐘鼎古文㢸作□。即此篆之□同。唯疑夙字从□。聲義並相隔絶。竊疑宿字元从宀从人从□。□即㐁省。㐁古文席字。从此會意也。又席宿古音轉通。或用兼字聲也。然則夙古文作佰。或借宿省為之。經傳亦有借宿為夙者。論語。子路無宿諾。周書寤戒維宿。注宿古文夙可證。【古籀篇七十二】

◉商承祚　□□□□　从人在席旁或在席上。有即席而止宿之意。殆宿字也。金文作□（窒叔毀）。增宀。說文宿「止也。从宀。佰聲。佰古文殀」。又殀「早敬也。从丮夕。持事雖夕不休。早敬者也。□□古文」。證之甲骨文。殀之古文乃寫誤。且為宿之本字而借為殀。今許書宿下不出古文佰佰。知此字至漢時已不明所自矣。古宿殀通用。周書「寤儆戒維宿」。注「宿。古文殀」。左氏傳。季武子名宿。國語作殀。禮記檀弓作季孫殀可證。叔宿毀作□。亦將席形寫譌。【甲骨文字研究下編】

◉馬叙倫　此佰之後起字。佰古文夙校語。止也亦非本訓。字見急就篇。宿窒叔敢作□。【說文解字六書疏證卷十四】

◉魯實先　□即宿之本字，於此辭外・四五四，為方名。【卜辭姓氏通釋之二　幼獅學報二卷一期】

◉李孝定　契文作□。若□。羅氏釋宿甚是。佰即宿之古文。从宀與否無别。契文亦有从宀者可證也。惟羅氏謂□亦宿字。則似有未安。□象人卧席上之形。□則象人坐席上之形。混言之固皆得偁止。析言之則坐卧有别也。且二字卜辭用法亦有别。辭云。「弜宿」粹・九七〇。「丁卯王其尋宆僊其宿。弜宿其每晦吉」粹・一一九九。「王□宿亡𢦔」甲・九二・一。「甲午卜争貞王宿𠂤師字屈翼鵬甲釋四四九葉誤合宿𠂤為一字謂不可識不□當是踉字震也説見二卷亡□巛字屈氏甲釋謂不亡或為一字三月」甲編・三五三〇。凡此均為止宿之意。其作[字形]者。辭云。「貞且辛[字形]貞且辛不□[字形]」乙・一一七〇。「[字形]于父乙」乙・二五二五。「☑[字形]不☑」乙・三九八九。「[字形]隹有𡆥」乙・七一九三。「☑貞☑徃□殘餘『ㄓ』字疑是步字于[字形]」佚・五五八。除後一辭似為地名外。餘辭[字形]字當為祭名。與宿字義別。[字形]之本義當為坐。惟不知究當於今之何字耳。金文作[字形]弔宿簋。[字形]宿父尊。[字形]𡨦弔簋。【甲骨文字集釋第七】

◉饒宗頤

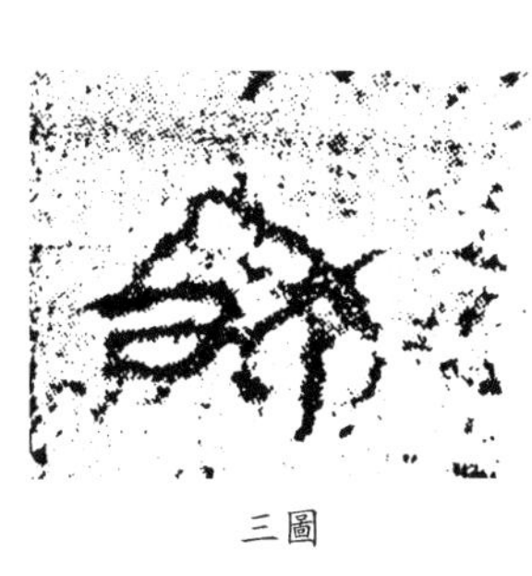
三圖

宿字原作[字形]。Barnard摹本作从禾从口，不確。此應从宀从日，一邊似从人，或釋宿是也。於此乃指秋季。秋何以名曰宿？頗疑讀為「縮」，假作揫，即以為秋字。【楚繒書十二月名覈論　大陸雜志三十卷一期】

◉嚴一萍　[字形]重文。毛公鼎弼作[字形]。番生敦作[字形]。者㲻鐘作[字形]。説文弼之古文作[字形][字形]。燉煌本未改字尚書作弻。繒書之[字形]殆即古籀而稍變，為篆文所承。商氏解此「亡章弼弼」句，為：「章為障蔽之障，弼是乖戾；意志障蔽，則行動乖戾。」案訓弼為乖戾者，見漢書五行志注。繒書弼弼叠用，恐非此義。王觀堂先生釋弻，謂「宿弻二字同也」。疑繒書此字或即宿字，讀為肅，乃肅敬之義。【楚繒書新考　中國文字第二十六册】

◉王慎行　甲骨文[字形](甲921)、[字形](摭15)字習見，羅振玉釋為「宿」。

甲骨文有[字形]字(乙7193)，從女從丙。孫海波隸定為「㛯」，以《説文》所無的不識字附於女部之後，並謂「疑㑂之異文」。今案孫釋本不誤，但不知古文字義近偏旁人、女、卩通用之例，故以疑辭為言，未敢確釋。

[字形]、[字形]兩形的宿字，在卜辭中均用為「止宿」之意。辭曰：「弜宿」(粹970)、「丁卯，王其尋宰僡其宿，弜宿其每(晦)，吉」(粹

□ 寑

1199)，「甲午卜爭貞，王宿𠂤，不踬(震)，亡災。三月」(甲3530)，均其用例。而「宿」之異文□、□，在卜辭中則多用為祭名：〈1〉貞祖辛□，貞祖辛不□于父乙(乙1170)。〈2〉貞祖辛□于父乙(乙2525)。〈3〉……□不……(乙3989)。〈4〉□隹有巷(乙7193)。〈5〉王固曰：不□若茲卜其往於甲酌咸……惟甲追(合集975反)。茲以辭例驗之，此乃□、□一字之佳證，是知□為「㑆」之異構，「宿」之初文，當無疑義。【從人形古文字零釋 殷都學刊一九九一年第一期】

□ 甲五五 从帚與說文籀文相近 □ 乙二三三二 □ 前一·三〇·五 宅新寑 □ 前四·一五·五 □ 後二·三·一三 □ 戩二五·一三 作王寑 □ 燕五九五 宅東寑 □ 佚四二六 □ 佚五一八背 □ 佚九二一 水寑 □ 京津四六一四 于東寑于西寑 □ 後二·二九·四 或从广人名子𡨥亡𡆥 【甲骨文編】

□ 甲55 □ 乙232 □ 珠107 □ 佚426 □ 446 □ 915 □ 921 □ 續3·31·1 □ 3·34·5 □ 6·17·1 □ 徵10·69 □ 録303 □ 續存810 □ 811 □ 新2772 □ 4614 【續甲骨文編】

□ 寑 說文籀文作□ 寑爵 □ 易从人為从女 召伯簋二 余獻寑氏以壺 □ 从帚 小臣系卣 □ 乙未鼎 □ 寑敄簋 □ 師遽方彝 □ 寑孟盤 □ 鄧鬲 【金文編】

□ 籀寑 □ 上同竝见說文 【汗簡】

□ 說文 □ 同上 □ 崔希裕纂古 【古文四聲韻】

◉許慎 □臥也。从宀。𠬛聲。七荏切。□籀文寑省。【說文解字卷七】

◉劉心源 □ 說文。寑臥也。从宀。寑聲。寑从人又持帚。若埽之進。又。手也。此从水皿帚。即埽義。从示。古文示字。㠯此知□从示从𠬛。乃古文禐字也。此用為寢俟。【古文審卷一】

●羅振玉 說文解字㝲。籀文作。於帚下增又。師遽方尊商方卣均作。與卜辭同。【增訂殷虛書契考釋卷中】

●王國維 殷虛卜辭及師遽方尊皆作帚。省又。【史籀篇疏證】

●葉玉森 說文卧也。从宀侵聲。籀文作。釋名寢權假卧之名也。森按契文多借帚為歸。竝契文寢。从宀、从帚。當為歸屋之誼。古人日入而息。歸屋以寢。訖可小休。即寢之初誼。許書所出籀文。从宀从㝭。已譌變矣。【說契】

●高田忠周 劉氏古文審引云。帚字說文無。但有籀文寑作。漢隸字源四十七寑。引說文古文作帚。汗簡宀部。下注云見說文。知今二徐本寑下奪去古文。按劉說為是。說文。臥也。从宀侵聲。葢謂偃卧之處也。轉義為寑廟之寑也。經傳多借寢為寑。寢說文作。訓病卧也。从㝱省㝲省。寑亦聲。二字音同義異如此。愚謂依周禮隸僕所云。寑字从帚从侵。均皆會意耳。【古籀篇七十二】

●余永梁 書契後編下二十九葉 王先生曰。「此从又持帚在厂下。古宀厂通用。疑此亦寑字。」案宀厂通用。如陳猷釜安字作。召伯虎敦宕字作。叔氏鐘廣字作。皆是。【殷虛文字續考 國學論叢一卷四期】

●唐　蘭 籀文㝲字當是從㝭聲。甲骨金文俱作帚，則從帚聲，帚古讀如侵也。葉玉森乃謂「從宀從帚，當為歸屋之誼」，而謂籀文從㝭為已譌變，說契。真野言也。【釋帚婦㝭歸[illegible]帰歸帚㝲帚[illegible] 殷虛文字記】

●馬叙倫 沈濤曰。汗簡。。寑。上同。竝見說文。則許書尚有重文帚字。帚亦從宀不從冖。倫按從宀侵聲。不見卧義。或卧義之字當為寢。而㝲義當為卧室。故國語晉語。今㝱黃熊入於寑門。然釋名釋宮室。寑。寢也。所寢息也。廣雅釋詁四。寑。臧也。周禮隸僕。掌五寑之埽除糞灑之事。注。五廟之寑也。前曰廟。後曰寑。則以寑為卧室。倫謂寑本是卧室之名。因名卧為寑耳。五經文字引字林。寑。卧也。以寢為病。然則㝲字出字林邪。餘詳㝱下寢下。

鄭珍曰。當補古文。其篆作。見汗簡及漢隸字原引。按木部梫重文作棯。從此。王廷鼎曰。寖下曰。㝭籀文侵字。埽下曰。從土。㝭聲。許明以㝭為侵之籀文矣。則諸篆文之從㝭者皆從籀文也。王國維曰。卜辭及師遽方尊皆作帚。卜辭亦作。宀厂古通。倫按㝲當從宀㝭聲。故㝲聲入侵類。幽侵對轉也。帚則從宀帚聲。省字校者加之。師遽方尊作。蠢卣作。甲文作。【說文解字六書疏證卷十四】

●陳夢家 帚即寢的省文，有王寢、新寢、東寢、西寢、大寢等的分別。西北周出土銅盂有「帚小室」的銘文，則小室當是附屬於寢

的。卜辭凡説寢的都與祭祀無關，當是王居住之所。【殷虛卜辭綜述】

◉丁　山　帚當寢字初文。帚為婦省。婦人所居之室。禮經謂之燕寢。卜辭有帚小帚。帚都該作大寢或路寢解。小帚當是武丁食息之所。【「小臣」兹附論叓與小叓爻爻敢　甲骨文所見氏族及其制度】

◉李孝定　契文从宀从帚。當是叓省聲。亦有从宀从叓不省者。新・二七七二。可證也。唐説甚是。凡説帚為歸為婦會意者。皆非也。卜辭用叓之義。為時王燕居之所。乃名詞。猶今言寢室也。辭云「作王寢」。前・四・一五・五。「宅東寢寢」。燕・五九五。「宅新寢」。前・一・三十・五。「于西寢于東帚」。京津・四六一四。是也。至後・下・二九・四・一文作[glyph]。王氏疑亦帚寝字。似有可商。辭云「己未卜𢀛子屢亡疒」。乃人名。與它辭寝字有別。唐蘭云「右屢字舊釋寝。按宀厂二形不近。疑屢乃掃之異文。」按唐疑掃之異文亦無據。金文作[glyph]𤔔卣。[glyph]師遽尊。[glyph]乙未鼎。[glyph]寝爵。均與栔文同。【甲骨文字集釋第七】

◉李孝定　帚字从「帚」會意，似覺較遠，當云「㑴」省聲。「寑」字説文从㝱省訓病臥，蓋許君望文之説，其字但當作「寑」，从宀从爿，㑴聲，爿為牀之古文，亦猶「宿」之从宀从㐁也。从㝱省乃篆譌，寑㝱相因，从㝱省亦未見有病義也。【金文詁林讀後記卷七】

◉戴家祥　説文：「寑，卧也。从宀侵聲。」劉氏古文審引云：「帚字説文無，但有籀文寢作[glyph]。漢隸字源四十七寢引説文古文作帚；汗簡宀部帚下注云：見説文，知今二徐本寢下奪去古文。」寝為帚字異體从宀，本義為偃卧之處，轉義為寝廟之寝，金文與經傳多借寝為寢。召伯虎𣪕之「寑氏」，孫詒讓釋婦，謂蓋内官世婦之屬。見古籀餘論卷三。按孫詒讓釋形非是，寑當即寝字異體，金文从人从女無别；釋義為内官世婦之屬，可从。【金文大字典上】

宾 [seal]

[glyph] 宾　高景成曰古卩人兀元四字俱通象室下來人賓客之義説文从丏聲非　孳乳為賓　乃孫作且己鼎　[glyph] 匸宾鼎　[glyph] 邙卣二　宾貝五朋

[glyph] 虘鐘　用樂好賓　[glyph] 𠭯鐘　好賓𠭯眔蔡姬　[glyph] 邾公釛鐘　用樂我嘉賓【金文編】

◉許　慎　[glyph]冥合也。从宀。丏聲。讀若周書若藥不眄眩。莫甸切。【説文解字卷七】

◉林義光　古作[glyph]虘鐘。以為賓字。宾當為賓客本字。从宀與客同意。丏聲。或作[glyph]𠭯編鐘。平聲。賓臻韻平青韻雙聲旁轉。【文源卷十二】

◉高田忠周　賓从取聲。故宾賓通用也。【古籀篇七十二】

◉商承祚　𡧍賓古今字。契文王𡧍某之詞習見。㳄餗報賓者。是説乃孫作鼎用脂美的鼎實餗肴以報祭賓禮他的祖己。因為乃孫鼎的銘文得通其讀。可知匸𡧍作父癸彝者。是説為報祭賓敬他的父癸而作鼎彝。這證明了匸𡧍鼎的匸𡧍並非作器的人名。本書第三二三號𡧍女觚。只𡧍女二字。女母古同字。這是説賓敬他的母親而作觚。商器文簡。可以推考而知之。【商周金文録遺序言】

◉馬叙倫　鈕樹玉曰。繫傳作讀若書曰藥不瞑眩。與今説命合。説命後出古文也。孟子滕文公引書曰。若藥不瞑眩。趙注。書逸篇也。江聲曰。此古眠字。嚴可均曰。一切經音義引眄作瞑。林義光曰。𡧍當為賓客本字。從宀。與客同意。丏聲。倫按冥合也者。當作冥也合也。冥也以聲訓。合也乃瞑字義。校者加之。虘鐘。濼我好□。邾公釛鐘。用樂我嘉□。□□皆賓客字。是不從丏也。蓋本從宀從卬。為卬之異文。亦賓客之賓本字。迎為卬之後起字。音在疑紐。𡧍音明紐。同為邊音也。是𡧍之音即由迎轉。篆本作□。從宀。從人。從卪。會賓至主人伏地迎之入室意。金文則省變為二人。故作□。更省則作□矣。或曰。金文從元或兀得聲。元音亦在疑紐也。倫謂若然。則不見冥合之義。亦不見賓客之義。倫謂𡧍客實一字。本是動詞而借為名詞耳。讀若眄眩者。劉秀生曰。小徐本作瞑眩。今商書説命及國語孟子引書周禮醫師鄭注及孟子亦竝作瞑眩。丏聲在明紐。瞑從冥聲亦在明紐。則讀若瞑亦可通。心部愐從心弭聲。讀若沔。周禮春官小宗伯。以秬鬯渳。注。杜子春讀渳為泯。史記司馬相如傳。視眩瞑而無見。漢書作眩泯。丏聲如弭。弭聲如泯。泯聲如瞑。是其證。此字蓋出字林。餘詳客下。【説文解字六書疏證卷十四】

◉馬叙倫　□舊釋亞此。倫謂此説文之𡧍字。乃賓客之賓本字。賓則頒賜之頒本字也。𡧍本作□。從宀從人從卪。會賓客至。主人𡧍地而迎之。止於宀中也。甲文多作□□□□□□諸形。今文賓字所從之𡧍。史頌敦作□。王孫鐘作□。虘鐘則徑作□。皆與甲文同。唯□□二字最為具體。蓋從□表一人自外入室。□則宀內人伏而迎之也。今日本舊俗猶如此。甲文又有□字□字從女。即儐字。女為奴之初文。儐在主客之間。猶今以侍者介客入也。𡧍客實一字。甲文作□□。從□者。□為履之初文。非口舌之口也。從履與從止同意。古者客至。脱履於户外。特篆形似□□均在内耳。此與□同形。器作此文。疑作儐者所造也。【讀金器刻詞卷上】

寬

寬

寬　為一二　寬為三【睡虎地秦簡文字編】

寬聶寬　寬兒寬之印　寬翟寬　寬公孫寬印　寬射寬之印　寬杜寬　寬樊寬　寬寬宫之印　寬趙寬　寬

韓寬　寬牟寬　寬李寬　寬王寬　寬臣寬　寬公孫寬　寬高寬鉊印　寬陳寬私印　寬陳寬之印　寬周寬

寬西郭寬印　寬張寬【漢印文字徵】

寬品式石經咎繇謨　寬而栗　汗簡引石經作寬　寬禪國山碑　寬罪宥刑【石刻篆文編】

寬寬見石經　寬寬竝出王存乂切韻別本音莫【汗簡】

寬王存乂切韻　寬石經【古文四聲韻】

◉許　慎　寬屋寬大也。从宀。萈聲。苦官切。【説文解字卷七】

◉郭沫若　寬兒鼎寬字與齊侯盤寬字，余均釋寬。蓋字从宀萛聲，與小篆之从宀萈聲，字例相同也。萛乃萈之緐文。與萈聲同在元部。寬可从萛聲，亦可从萈聲也。漢隸正多从萛作，如石經論語作寬，劉寬碑作寬，是也。楊震碑復作寬，萛亦萛之異，如芬之或作芬矣。衡方碑與張納功德叙作寬，从穴見聲；蔣君碑作寬，似从寧省見聲。見即萈所从得聲，今彝銘有寬字，則漢隸諸體未可一概以俗字目之矣。【釋寬　金文餘釋】

◉馬叙倫　鈕樹玉曰。韻會引作屋大也。倫按屋寬大也當作寬屋大也。寬為隸書複舉字。傳寫譌乙耳。屋大也。蓋字林文。許當以聲訓。上文完下曰。古文以為寬字。完寬轉注字也。寬從萈得聲。萈。山羊細角者。讀若凡。爾雅釋獸作羱。曰。如羊。蓋從羊。原聲。釋畜釋文引字林。羱。野羊大角者也。後漢書馬融傳注。完羝。野羊也。字書作羦。音户官反。列子天瑞。老韭之為莞也。釋文。莞。一作萈。萈當為萈。萈音叵紐。完音亦叵紐。國語魯語。文公欲弛孟文子之宅。使謂之曰。吾欲利子以外之寬者。寬者。謂院子大者也。是於音義皆可證其為轉注字也。字見急就篇。顔師古本作髖。【説文解字六書疏證卷十四】

𡨦

◉許　慎　𡨦寤也。从宀。吾聲。五故切。【説文解字卷七】

◉丁佛言　𡨦史彝从古文五。象陰陽交午也。許氏説。𡨦。寤也。【説文古籀補補卷七】

◉陳邦懷　𡧊後編卷上弟十三葉此字從宀從午。卜辭午作8可證。疑是𡨦之古文。説文解字宀部。𡨦。寤也。從宀。吾聲。攷吾午古音同在五部。故知𡧊為𡨦之古文。又㝱部。寤。寐覺而有言曰寤。從㝱省。吾聲。一曰晝見而夜夢也。是𡨦寤二字異文而同誼。𡧊從午與許君一曰晝見説合。此條新補當附考釋𡨦字條後。【殷虛書契考釋小箋】

◉馬叙倫　徐灝曰。𡨦與寤寑與寢皆一字。倫按宜為寤之重文。甲文有𡧊字。陳邦懷以為𡨦之古文。從宀。8聲。8即午字。蓋與此為轉注字。猶夷羊五或作夷陽午也。玉篇引倉頡。楚人謂竈。曰寤。本書無寤。蓋𡨦寤之譌。史彝作𡨦。【説文解字六書疏證卷十四】

◉戴家祥　𡧊字从宀午聲，亦見卜辭殷墟書契卷二廿三葉一片，卅一葉四片，卷四二葉七片，殷墟書契後編上十四葉八片，及小屯甲編1183號。以聲類求之，當即説文七編之𡨦字。午、吾聲同。爾雅釋言「迕，寤也」。釋文孫炎本作午。釋名釋姿容：「寤，忤也。能與物相接忤也。」又釋長幼：「啎，忤也。始生時人意不喜，忤忤然也。」漢書司馬相如傳讚「或有抵梧」，顔師古注引如淳曰：「梧讀曰迕，相觸迕也。」一切經音義七引聲類云：「迕逆不遇也，又通作悟。」是午吾聲同義同之證。𡨦之本義為覺，寤字从㝱省，許氏訓「寐覺而有信」。國風關睢「寤寐求之」，毛傳「寤，覺也」。説文「𡨦，寤也」。廣雅釋詁四「𡨦，覺也」。聲義並與寤同，蓋𡨦字从宀，吾聲，寤字从㝱省吾聲，聲符不變，形義符號變換而已。金文用作人名。【金文大字典上】

寁

◉許　慎　寁居之速也。从宀。疌聲。子感切。【説文解字卷七】

◉馬叙倫　桂馥曰。寁音子感切。亦入聲轉紐也。段玉裁曰。晁説之曰。易朋盇簪。京本蜀才本作撍。陰宏道案張楫字估庚作撍。埤蒼云。撍。疾也。王元叔謂即詩不寁故也之寁字。玉裁案庚即寁。蓋古今字。王筠曰。夫居之安乃是物情。居之速豈物情哉。疑與疌一字。許訓居之速者以從宀故也。徐灝曰。居之速未得其義。此以雙聲為聲。倫按居之速也者。本是居也速也二訓。速也者。疌字義。校者加之。或吕忱列異訓。傳寫也譌為之耳。寁蓋寑之同舌尖前破裂摩擦音轉注字。字蓋出字林。故訓居也。【説文解字六書疏證卷十四】

寡 𡨦

寡 从頁不从頒 毛公𢉩鼎 迺敄鰥寡 父辛卣 寡子卣 林氏壺 多寡不訏 不从宀 中山王譻鼎 寡人聞之 中山王譻壺 寡人非之 中山王譻鼎 寡人許之 寡人二字合文 【金文編】

寡 日乙九九 八例 日乙二五五 四例 【睡虎地秦簡文字編】

延光殘碑 寡居廿年 【石刻篆文編】

寡 【汗簡】

孝經並古 古老子 並同上 顔黄門説 石經 【古文四聲韻】

●許　慎 𡨦少也。从宀。从頒。頒。分賦也。故為少。古瓦切。【説文解字卷七】

●方濬益 寡與毛公鼎益卣鰥寡字正同。禮部按周孟伯釋為曼亦誤。按黟縣俞理初正燮癸巳類稿有云。康誥周公告康叔稱武王為寡兄。寡者嫡也。少有也。見詩傳箋。此言嫡兄聖德。寡有之兄。如康王之誥云。「我高祖寡命。」詩思齊頌文王妻太姒嗣徽音云「刑于寡妻」。寡命寡妻寡兄。皆頌美。非如寡人謙稱也。濬益按。此以寡子稱嫡子義正同。蓋支子不祭。今因辜丕叔。故必訊於嫡子之家。受命作器而後行事也。【綴遺齋彝器考釋卷十二】

●林義光 古作父辛尊彝。作寡子器。作毛公鼎。本義為鰥寡之寡。象人在屋下。顛沛見於顔面之形。【文源卷六】

●高田忠周 段氏云。宀分者。合於上而分於下也。此篆乃省分。例又見𦣻下。要𦣻首同字。例見頁部諸字。【古籀篇七十二】

●孫詒讓 「日」，四十四之三兩見。此即「寡」字。〔三六〕《説文》：「寡，从頁、从分」。頁百形略同，故亦从。金文父辛卣作，寡子卣作，並與此同。〔三七〕【契文舉例卷下】

●强運開 歸夆敢我亦弗𢀛邦。疑寡之異文也。【説文古籀三補附録】

●馬叙倫 段玉裁曰。當從韻會引作從宀頒頒分也從分故為少也。翟云升曰。繫傳無賦字。是。從宀頒三字亦衍。朱駿聲曰。從古文貧。從夏省聲。林義光曰。金文父辛彝作。寡子器作。毛公鼎作。本義為鰥寡之寡。倫按易説卦。巽為寡

㝐 客

髮。謂頒髮也。寡從頁穷聲。為頒之異體。頒從分得聲。分音非紐。古讀歸封。故寡音入見紐。封見同為清破裂音也。當入頁部。少也者。貧字義。貧亦從分得聲也。此非本訓。金文從穷省聲。鍇本作宀頒。蓋奪聲字。頒分賦也以下校語。字見急就篇。【説文解字六書疏證卷十四】

◉楊樹達　寡　説文七篇下宀部云：「寡，少也。从宀，从頒，頒，分也。宀分，故為少也。」按宀謂宫室，貝分為貧，宀分為穷，又為寡，義同則字之組織同也。【字義同緣於語源同例證　積微居小學金石論叢】

◉李孝定　寡字金文作寘，而篆作寡，其下變為从頁从分，亦猶釁壽之釁，或作釁，篆譌為釁，實不从「分」也。篆體既譌，許君乃據以為説，不得不讀頒為班，是取假借字為會意之義符，六書中無此例也。頒字本訓為大頭，以其从分，故亦得有分義，而寡字實不从分，是許説為非古矣。朱駿聲氏説為从貧，夏省聲，雖較舊説為長，亦為無據。惟徐灝云「此字唯訓少可知，餘則不能詳也」，最為平實。宂字从宀下人，許君説以「人在屋下無田事」，寘从宀下頁，頁亦人也，宂訓㪅，寘訓少，二字或相近。【金文詁林讀後記卷七】

乙1192　2054　2641　2964　3108　4080　5424　6732　7476　7547　8462　佚163　453　掇272　天82　徵12·1·1　京2·22·1　4·7·1　摭續334　粹1282　新2083【續甲骨文編】

客　師遽簋　利鼎　曾伯陭壺　干氏弔子盤　申鼎　姑□句鑃　鑄客鼎　鑄　客鼎　郘王鼎　客鑄盥鼎　大廣鎬　秦客　从人　仲義父鼎　陳喜壺【金文編】

162　206【包山楚簡文字編】

客　法九〇　六例　秦三五　四例【睡虎地秦簡文字編】

0160　0162　0161　0422【古璽文編】

□客中君印 □張客之印 □畜客 □翟客 □趙勝客 □公孫出客 □朱衞客印 【漢印文字徵】

□□竝古老子 【古文四聲韻】

◉許　慎　□寄也。从宀。各聲。苦格切。【説文解字卷七】

◉劉心源　客从宫。與从宀同意。古文之緐也。或釋愙非。井侯尊王□蒡京。客亦从宫也。駱子卣王格于□。又一卣作□。此客从□亦然。【奇觚室吉金文述卷二】

◉劉心源　□阮吴皆釋宅。案从□當是客。亦即格。師遽敢王客新宫是也。或曰宿从㐁。㐁為古文夙。此从□乃□夙省。是宿字矣。【奇觚室吉金文述卷十七】

◉羅振玉　□□説文解字客从各。各即格之古文。古金文多與許書同。此从□。即各。旁增人者。象客至而有迓之者。客自外來。故各从□。象足跡由外而内。从口者。自名也。或省口。【增訂殷虚書契考釋卷中】

◉林義光　古作□中義父鼎。从人在屋下。各聲。亦省作□師遽敦。【文源卷六】

◉高田忠周　元釋作祭。妄亦甚哉。此客字無疑。唯从人為緐異。劉氏古文審云。从宀从𢓜。即𢓜之緐文。右旁久即彳。方言。𢓜至也。即格之本字。古器言𢓜不言格。説文無𢓜。蓋偶遺耳。其論𢓜字為是。而謂此篆。直為𢓜字。非是。銘意借客為𢓜也。一説。□明是咎字。咎各音近。此客或體。从咎聲也。亦通備參云。

客之言愙也。賓客有禮。不可不謹愙也。愙客或當轉注。朱駿聲云。按字與[亻亘]為對文。[亻亘]今作住。經傳皆以主為之。禮記曲禮。主人敬客。則先拜客。按客小於賓。周禮大行人。掌大賓之禮及大客之儀。司儀諸侯諸伯諸子諸男之相為賓也。又諸公之臣相為國客。若散文。則賓客亦通。禮記祭義。濟濟者客也。釋文賓客也。此説亦是。【古籀篇七十二】

◉葉玉森　□□　孫詒讓氏釋上一字為定。栔文舉例上廿九。羅振玉氏釋客。增訂書契考釋中廿一。森按。羅氏釋客較塙。卜辭之客似俘虜之優待者之名稱。曰「乎客」。如乎臣乎寇例。□疑□𠬝之變體。曰「乎客𠬝令」即令客服吾命也。曰客俘則客為俘虜。尤為顯證。後下第三十七葉之五亦有「貞俘客」文。同卷第三十一葉「□□□叩」貞□舁□。舁即韋違之别構。含離畔意。□即□。或女性之俘。故从女。曰「𠬝違客」即制服離畔之客也。羅氏因□从女謂古别有㝉字。如賓之與嬪。予桉从人从女當為一字。猶[亻亘]之與姮。仔之與好。蔑之與𡢻。【殷虚書契前編集釋卷四】

◉葉玉森　□羅振玉氏釋賓。增訂書契考釋中二十一。森按。羅氏釋賓殆疑□省。商氏類編乃分録□□二文于賓第六第八客第

七第十三兩字下。殊不可解。予疑□乃□客省。□又其省。仍當釋客。【殷虚書契前編集釋卷八】

◉郭沫若　客字刻本作□，乃□字之殘，古文客字多如是作。【簷大史申鼎　兩周金文辭大系考釋】

◉明義士　□　説文解字七下二六九宀部五五字「□寄也，从宀，各聲」。按□从□，象屋室形。从□人，象人踞坐形，从□乃表示室内踞坐之人，為自外而至者，即客也。【柏根氏舊藏甲骨文字考釋】

◉郭沫若　第六六四片□，乃□省，即客之古字，此讀為格，至也。【殷契粹編考釋】

◉馬叙倫　葉玉森曰。卜辭賓字譌變孔多。其初文當為□。象足迹在室外。主人跪而迎賓。與客字構造法同。變而作□。跪形已失。復省作□□。室外之足跡亦失。再變作□□□□□。省作□□□□□□□等形。乃莫明其誼矣。羅振玉曰。卜辭作□□□。象客至而有訝之者。客自外來。故從□。從口者自名也。倫按師遽敦作□。郐王鼎作□。中義父鼎作□。□字與甲文□字同。周禮大行人。掌大賓之禮及大客之儀。司儀。諸侯諸伯諸子諸男之相為賓也。又諸公之臣相為國客。象胥。詔相國客之禮儀。是賓客有別。然以甲文作□者觀之。從宀。從□。從□。為迎訝之訝本字。從□會人自外來意。從□者。□為匍匐之匐初文。從人而伏地。會主人向客伏地而迎之意。從宀則迎之入室也。然則與㝐無以異。古書之虞賓即三恪之陳。恪為客之借字耳。亦可證㝐客初非有殊矣。其字或作□者。從口乃履之初文。非從口舌之口也。履者足衣。從履猶從止。所以表外來者也。客至挩履於户外。今日本舊俗猶然。可證也。特篆形必就方整。故似□日竝在宀中耳。今作客者。即□之譌。本當作□也。非從各得聲也。甲文或作□者。則并□□而一之。或□以表主客而□為相者。□即毛公鼎□字所從之□。儐也。㝐之本音在疑紐。客音今在溪紐。同為舌根音相轉耳。今客音得於各。各為來往之來本字。古讀來音在泥紐。泥疑明同為邊音。而㝐音今在明紐。亦可證其為一字而音隨時地以變也。寄也非本義本訓。字見急就篇。【説文解字六書疏證卷十四】

◉石志廉

圖八“郢粟客鉢”

此璽曾經合肥龔心釗收藏，現歸上海博物館，傳為安徽壽縣出土。⊘陰文「郢粟客鉥」四字，是過去從未發現過的楚國官印。

戰國璽中稱客的為數極少，所見僅有客戒之鉥、羊府謁(瘍)客、右□客鉥及群□客鉥等寥寥數印。戰國楚銅器中有鑄客豆、鑄客盤等。客戒疑系械客。羊府謁(瘍)客是治羊病的獸醫。鑄客是有關冶煉的技術指導。群□客鉥見《尊古齋古鉥集林第二集》，前人無釋文。按□即廩字，應釋為群廩客鉥。⊘群廩乃倉廩集中的地方，或為王家之倉廩。群廩客鉥，乃司廩有關的技術管理人員所用之官印。其性質和內容與郢粟客鉥甚有近似之處。

郢粟客是專司種植小米的農業技術指導。解放前有些地區農民不會種瓜，每當種瓜季節，要從河南山東等地請來瓜客為其種瓜。郢粟客鉥即楚國從外地請來為其種植小米官吏所用的官印。從這些文例來看，凡戰國璽中之稱為客者，大都是楚國的官印。【戰國古璽考釋十種　中國歷史博物館館刊一九八〇年第二期】

◉陝西周原考古隊　周原岐山文管所

3

(5) H31:5 (圖四，3)

□鬼城

第一字筆劃殘缺，疑是宊字。《殷契粹編》664：「今日丁酉，王其宊麓偁。」郭沫若說：「宊，乃客之古文，此處讀為格，至也。」鬼城，當即九侯城(鬼、九雙聲，故軌、究均從九得聲)。【岐山鳳雛村兩次發現周初甲骨文　考古與文物一九八二年第三期】

寄

寄 法二一　十四例　日甲二　日乙四二　三例　【睡虎地秦簡文字編】

叔寄　□寄之印　臣寄　尹寄　【漢印文字徵】

天台經幢　【古文四聲韻】

𡨦 寄

◉許　慎　𡨦託也。从宀。奇聲。居義切。【説文解字卷七】

◉馬叙倫　託也當為宅也。宅從乇得聲。乇音知紐。寄音見紐。見知同為清破裂音也。是寄宅為轉注字。寄從奇得聲。奇音羣紐。乇乑一字。乑音禪紐。古讀歸定。定羣又同為濁破裂音。亦可證也【説文解字六書疏證卷十四】

寓　寓鼎　寓卣　晉人簋　【金文編】

寓　日甲六〇　【睡虎地秦簡文字編】

3236　【古璽文編】

杜寓　【漢印文字徵】

石碣吴人　□□𢦏寓逢　【石刻篆文編】

寓　【汗簡】

義雲章　汗簡　【古文四聲韻】

◉許　慎　寓寄也。从宀。禺聲。牛具切。庽寓或从广。【説文解字卷七】

◉高田忠周　周語。國無寄寓。孟子。無寓人于我室。此為本義。【古籀篇七十二】

◉强運開　薛尚功趙古則釋作寏。誤。説文。寓寄也。从宀。禺聲。或从广作庽。按。寓鼎作。與鼓文微異。此曰寓逢中圝。蓋叚借為遇字。【石鼓釋文】

◉馬叙倫　寓音疑紐。見疑皆舌根音。故寄得轉注為寓。寓鼎作。子寓鼎作。石鼓文作。【説文解字六書疏證卷十四】

◉裘錫圭　大克鼎有一段周王賞賜膳夫克田地和人的命辭：

……昜(錫)女(汝)田于埜，昜女田于渒，昜女井家𤔲田于㽙，㠯(以)氒(厥)臣妾，昜女田于康，昜女田于匽，昜女田于隫原，

易女田于寒山，易女史、小臣、霝龠、敲鐘，易女井[古文字]匔人𩰫，易女井人奔于量。（《三代》4·40—41）

研究上古史的人討論到西周時代的社會性質或土地制度的時候，幾乎都要引用這段銘文。這段銘文裏第一個「井」字之後的那個字，研究古文字的人一般都釋作「家」，研究上古史的人當然也都跟着這樣釋讀。

我們先來討論被誤釋為「家」的那個字。大克鼎有「諫辥王家」之語，家字作[古文字]，「宀」下偏旁的寫法跟這個字顯然不同。《金文編》「家」字條把這個字摹作[古文字]，所摹「宀」下偏旁中段似有將泐痕當作筆劃之處，但是跟同銘的「王家」之家仍有明顯的區別。而且在《金文編》所收録的全部家字裏，所有其他的字的寫法都跟這個字不相類（看《金文編》405頁）。可見這個字決不會是「家」字。我們認為這個字應該釋為「寓」（宇）。《説文·宀部》：「宇，屋邊也。从宀，于聲。《易》曰上棟下宇。寓，籀文宇从禹。」七十年代發現的五祀衛鼎有「寓」字，寫作[古文字]（《文物》1976年第5期38頁圖一五）。癲鐘也有這個字，寫作[古文字]（《文物》1978年第3期12頁圖一八）。克鼎「寓」字跟它們的主要區別，只不過是把「禹」旁的中劃拉得略為長了一些。

五祀衛鼎的「寓」字也是用在跟田地有關的場合的，可以幫助我們理解克鼎「井寓匔田」的意義。這件銅器是裘衛由于從邦君厲那裏取得了一塊田地而鑄造的，銘文記勘定田界的一段文字如下：

井白（伯）……迺（乃）令參有司……帥履裘衛厲田四田，迺舍寓（宇）于氒（厥）邑。氒逆彊（疆）眔厲田，氒東彊眔散田，氒南彊眔散田眔政父田，厥西彊氒厲田。……

「舍宇」之語也見于史牆盤，「宇」字作「[囗+禹]」。盤銘記西周初年史牆先人歸周時所受待遇説：

武王則令周公舍[囗+禹]于周，卑（俾）處甬。（《文物》1978年第3期14頁圖二一）

史牆後人癲所作的鐘銘也提到上引盤銘所屬之事，「宇」字作「寓」：

武王則令周公舍寓，㠯（以）五十頌處。（同上12頁圖一八）

「宇」字古可訓「居」（《詩·大雅·桑柔》「念我土宇」和《大雅·緜》「聿來胥宇」的《毛傳》都訓「宇」為「居」）。「舍宇」就是給予居所的意思（見《金文詁林補》「宇」字條，第四册2385—2387頁。）邦君厲在給裘衛田地的同時，為什麽還必須在他的邑裏給裘衛一方以居所呢？看一下銘文所述的這塊田地的位置就可以明白。這塊田地的北界和西界都緊接仍屬于厲的田地，東界和南界緊接散和政父的田地，跟裘衛原有的田地則是不相接的，按照當時田地分布的情況推測，大概相距還很遠。裘衛要派人去耕種這塊田地，就需要在厲的邑内為他們取得居所。

大克鼎所記的周王賞賜給克的田共有七處，「田」字上加定語的只有位于㽙地的「井宇匔田」一例，記明同時賞給附屬于田

窶

地的臣妾的也只有這一例。可見這塊田地的情況是相當特殊的。鼎銘下文還有「錫汝井䢅匊人[illegible]」一語，把它跟「錫汝井宇匊田于甿」一語放在一起來考慮，可以看出井和匊都是族氏，井人跟匊人之間存在着某種關係。「井宇匊田」的「宇」顯然是用作動詞的，「井宇匊田」意即井人所居之匊田。從上引五祀衛鼎銘文所反映的情況來看，這應該是井族派人居于匊族之地加以耕種的原屬匊族的田地。張政烺先生在《卜辭裒田及其相關諸問題》一文裏指出，在商代存在着統治者派人到其它方國去開荒種田的「寄田」現象（《考古學報》1973年第1期107—108頁）。看來周代各族中間存在着多少有些類似的現象。

明白了「井宇匊田」的性質，為什麼在周王賜給克的田地裏唯獨這一塊有附屬于田地的臣妾的道理也就可以明白了。這些臣妾應該就是井族原先派去耕種這塊田地的奴隸，現在隨着田地換了主人。五祀衛鼎的器主裘衛要派人去居住在厲的邑内耕種厲移交給他的田地的人，也應該是臣妾一類人。【古文字釋讀三則　徐中舒先生九十壽辰紀念文集】

◉許　慎　無禮居也。从宀。婁聲。其榘切。【說文解字卷七】

◉馬叙倫　丁福保曰。慧琳音義十四引貧無財以備禮曰窶。蒼頡篇。無財備禮曰窶。是慧琳所引為古本。二徐本脱漏多矣。倫按玄應一切經音義引倉頡有貧窶。三蒼解詁。無財曰貧。無財備禮曰窶。然則慧琳所引乃校者據三蒼解詁加之。亦有捝也。然此非本義。蓋本作居也。窶為廔之異文。或寓之聲同矦類轉注字。藝文類聚三十五後漢書桓榮傳注引字林。窶。貧空也。似由論語回也屢空之義附會。彼文屢空謂數空。屢窶皆無空義。唯樓為櫺櫳之轉注字。櫺為窗孔有空義。然詩北門。終窶且貧。明窶與貧異。故毛傳曰。窶者。無禮也。貧者。困於財。無禮為窶者。詩正月箋。此言小人富而窶陋。荀子堯問。彼其好自用也。是以窶小也。續漢書。弊車羸馬。號為窶陋。唐書。馬周家窶狹。然則窶貧謂陋貧。陋如或曰陋之陋。言其狹小。引申以為不能備禮。以貧故陋。故又引申以為無財備禮曰窶。又引申而窶乃如爾雅竟訓為貧矣。窶或為室陋之義。字亦見急就篇。皇象本作窶。居也亦非本訓。【說文解字六書疏證卷十四】

◉馬叙倫　舊釋為孫。非也。倫疑為造或賣窶數者之圖語。漢書東方朔傳。盆下為窶數。顏師古曰。窶數。戴器也。以盆盛物戴於頭者。則以窶數薦之。今賣白團餅人所用者是也。疑此上象編艸為窶數形也。【讀金器刻詞卷上】

◉湯餘惠　洹子孟姜壺銘文的（另例不从宀），應即窶字古文。《説文》宀部：「窶，無禮居也，从宀，婁聲。」舊釋壺銘「窶」為「夏」、為「廟」、為「寏」、為「宴」、為「寷」，均不可據，至于壺銘此句「堇窶舞用從爾大樂」究指何意，仍可研究。【略論戰國文字形體研究中的幾個問題　古文字研究第十五輯】

㝌

◉戴家祥　齊侯壺銘「其人民都邑堇□無用從爾大樂」，阮元釋「□無」為夏舞，筠清館金文卷第二十八頁。徐同柏釋「堇□」為覲廟，從古堂款識學卷十第二十三頁。吳大澂讀「堇□」為堇宴，說文古籀補七篇第六頁。孫籀公讀其全文為「其人民都邑堇謹□宴無舞用從縱爾大樂」，古籀餘論卷三第四十五頁。今以筠清館金文白□舊釋伯要。段之□字審之，□當釋寠。說文七篇「寠，無禮居也，从穴婁聲」。唐韻「其矩切」郡母魚部。

齊侯兩壺作於陳桓子死後，其子為其母孟姜喪終易服時所作之祭器。儀禮喪服傳：「野人曰：父母何筭焉，都邑之士則知尊禰矣，大夫及學士則知尊祖矣。」賈公彦謂：「國外為野人，野人稍遠政化，都邑之士為近政化。」邶風北門「終寠且貧」，毛傳「寠者，無禮也，貧者困於財。」一切經音義一引倉頡篇云：「無財曰貧，無財備禮曰寠。貧而無禮，先見於室屋。原憲甕牖桑樞，陳平席門，負郭，人莫不知其貧也。壺銘以堇寠與人民都邑并提，亦猶喪服鄭注以野人粗略與都邑之士並提，知堇寠即野人之家也。禮記喪服四制云：「祥易服吉祭之日，鼓素琴，告民有終也，以節制者也。」壺銘「大樂」二字，其義指此而已，意謂齊侯請準天子，田氏子喪終易服，作樂可也。人民都邑及其貧寠小户，無須從汝大樂，詞顯然。阮、徐、吴三家不知喪服有終之義，孫氏雖然知之，而沿用愙齋之誤釋，不惜割裂句讀，隨心破字，不能得其確詁，又何足怪！【金文大字典上】

◉許　慎　㝌貧病也。从宀。久聲。詩曰。煢煢在㝌。居又切。【說文解字卷七】

◉馬叙倫　王紹蘭曰。貧病也當作貧也病也。王念孫曰。大雅召旻。維昔之富不如時。維今之疚不如茲。釋文。疚。字或作㝌。㝌與富對文。是㝌為貧也。倫按王筠亦以為貧也痛也兩義。廣雅釋詁。㝌。貧也。爾雅釋詁。疚。病也。是病也為疚字義。然㝌訓貧也不見經記。六篇貧之重文作穷。從宀。分聲。分音非紐。古讀歸封。封見皆清破裂音。㝌音見紐。似㝌為穷之轉注字。然古文經記以穷為貧。而穷從宀分聲。何以得見貧義。㝌亦然也。㝌寠古音同在見紐。豈轉注字乎。廣韻引字書。㝌。貧病也。疑此字出字林。【說文解字六書疏證卷十四】

寒

□寒　秦九〇　二例　□日甲五〇背　□為三一　【睡虎地秦簡文字編】

□寒壽王　□寒丞之印　□寒邑私印　□寒永之印　□寒順私印　□寒之奴印　□寒利　□寒廣　□寒椄印

害

寒咸之印　寒敞　【漢印文字徵】

寒出義雲章　【汗簡】

道德經　義雲章　王存乂切韻　【古文四聲韻】

◉許　慎　凍也。从人在宀下。以茻薦覆之。下有仌。胡安切。【說文解字卷七】

◉林義光　古作克鼎彝。从人。下象其足。與从致从同意。=象冰形。【文源卷六】

◉丁佛言　大克鼎。許氏説从人在宀下。从茻薦覆之。下有仌。此人下加足。=為仌之簡文。㲋鼎或省仌。【説文古籀補補卷七】

◉高田忠周　説文。凍也。从人在宀下。以茻薦覆之。下有仌。會意也。此篆从。即省。實亦夂字也。寒从夂不見意。此即形近通用耳。【古籀篇七十二】

◉馬叙倫　桂馥曰。茻當為艸。王筠曰。集韻作艸。苗夔曰。宀亦聲。龔橙曰。從仌。䆐聲。䆐見器銘。倫按䆐字見䆐姒鼎。其文作。從茻。完省聲。或即完字異文。穽為莞之異文。或其義亡矣。慧琳一切經音義一引蒼頡。寒。凍也。字亦見急就篇。當入仌部。大克鼎作。【説文解字六書疏證卷十四】

害　師害簋　害弔簋　假借為匄　伯家父簋　用錫害眉壽黄耇　㠱伯盨　害眉壽無疆　又通曷　書泰誓　予曷敢有越厥志　敦煌本曷作害　毛公厝鼎　邦將害吉　師克盨　干害王身　㝬弔多父盤　受害福　孫詒讓讀害為介　大簋　大賓訊章馬兩　从丮　于省吾謂訊章猶言介璋　【金文編】

害　秦一六一　七例　法一　十一例　法三　【睡虎地秦簡文字編】

暴不害印　隨毋害印　桓毋害　徐不害印　【漢印文字徵】

石碣避水　害通曷曷字重文　【石刻篆文編】

害古孝經　害害竝古老子【古文四聲韻】

◉許　慎　害傷也。从宀。从口。宀口言从家起也。丰聲。胡蓋切。【説文解字卷七】

◉張燕昌　□□害害。鄭云今省作害。施云説文害字。害。害〇吾。邱氏曰。按繹山碑害字相同。鄭作周。今不取。【石鼓文釋存】

◉劉心源　害立之害。人名。博古釋作周。㠯為晉悼公名。非也。弟三器作害。此銘下文又有二害字。篆形。決非周矣。案墨子非攻下篇云。此為周生之本。讀書雜志云。周當為害。隸書害字或作害。與周相佀而誤。注引逸周書度邑解問害不寢。管子幼官信利害而無私。韓非外儲説左害主上之瀍。今本害字竝誤作周。今攷繹山刻石熘害滅除金薤琳琅。亦誤為周。金石遺文録糾之是也。【古文審卷七】

◉林義光　説文云。害傷也。从宀口。言從家起也。丰聲。按害即㞢之變。見兢字條。从宀㞢聲。㞢微韻害泰韻雙聲旁轉。古作害師害敦。作害毛公鼎。【文源卷十一】

◉高田忠周　説文。害。傷也。从宀从口。宀口。言从家起也。丰聲。葢此解必有誤。今徵金文。無一从丰者。至秦刻石尚然矣。近日吾友河井氏仙郎云。按石鼓文作害。繹山碑作害。至鐘鼎文。害敦作害害。害叔敦作害害。與石鼓繹山同。説文。从宀口丰聲。非。葢此字从冖从古从羊省。會意。羊説文撥也。从干入一為干。入二為羊。言稍甚也。羊訓犯也。字从一與入。羊从入與二。其義甚於干也。冂訓覆也。古訓故也。段氏云。故者凡事之所以然。而所以然皆備於古。故曰古故也。逸周書天為古地為久。即冒犯古之謂害也。省羊為丰。雖不多見。兮白盤。南字作南。可以為證。又鐘鼎文有獻字。未詳為何字異文。然其从害字明矣。亦或作䣛作鈇。如王孫鐘作𨷈。當證害字从羊也。又云。漢印有田乃始印。兩面刻者。一曰田乃始印。一曰羊乃始印。程氏瑤田曰。羊之為田無疑也。而文若是何也。此象井田中三夫共一遂也。遂必入於溝。故出三夫外。云云。按。漢印兩面刻者。一面刻姓名。則一面刻臣名或姓字。是為正制。兩面共刻姓名者。未多見也。因謂羊即羊字。南字从之。漢濟南矦印南作南。篆體全同。羊音甚。與臣音近。葢借羊為之耳。程説不免牽强也。此攷甚詳。古幣文有作害者。正从羊。但字元从宀無疑。作冂者。偶涉冖字耳。下亦恐非古今之古。此缶字也。故或作古作古。其閒少作古又多作口者。省變耳。又有作古作古作古者。古字豈得如此乎。愚謂缶字作古。石鼓文獻字作獻。䖍即虜。虜亦甗字。瓦缶同意通用。又缶字作缶作缶作缶作缶。皆為恆見。此所从缶。為寶叚借。缶寶通用。金文恆見。人入宀中。犯羊寶貨。此傷害之尤甚者也。會意之指顯矣。但或有从杀从羊者。似古文字有二形者。存疑云。

【古籀篇七十二】

◉張之綱　徐同柏讀為曷。窸齋云害曷古通。孟子時日害喪。書湯誓害作曷。詩葛覃害澣害否。傳害何也。【毛公鼎斠釋】

◉强運開　[古文字]段注云。人部曰傷創也。刀部曰創傷也。詩書多假害為曷。故周南毛傳曰害何也。俗本改為曷何也。非是。運開按。此害字亦為曷之藉字。又按毛公鼎作[古文字]。害叔敢作[古文字][古文字]。叔家父敢作[古文字]。師害敢作[古文字]。均與鼓文同。可以為證。【石鼓釋文】

◉于省吾　⿱艹害割井邢厌般服

⿱艹害即害之繁文，害割古通：書大誥「天降割于我家」，釋文「馬本作害」；秦策「必割地以交於王矣」，注「割猶分也。」世本謂邢為周公弟四子；左僖二十四年傳「凡蔣邢茅胙祭，周公之胤也。」説文「邢周公子所封，地近河内懷。」服謂侯服之服，書康誥「侯甸男邦采衛」；酒誥「越在外服，侯甸男衛邦伯」；毛公鼎「在乃服齠。」既稱邢侯，是已封於邢也。已封而猶曰「割邢侯服」，益封之也。下言錫臣三品，臣謂人民也。當時地曠未墾，故益封之必須錫以人民也。【井侯毁考繹　考古學社社刊第四期】

◉馬叙倫　鈕樹玉曰。韻會引作從宀從口。言從家起也。徐灝曰。疑害自為一字。而害用為聲。兢疑從二害。林義光曰。害即由之變。從宀。由聲。由害雙聲旁紐。丁福保曰。慧琳音義四十三引作傷也。從宀。從口。言從家中起也。丰聲。希麟音義九引作傷也。從宀。宀。家也。口。言也。丰聲。倫按據慧琳希麟引則説解有捝文。亦有校語羼入。金文叔家父敢作[古文字]。毛公鼎作[古文字]。害叔敢作[古文字][古文字]。師害敢作[古文字]。皆不從丰。高田忠周亦謂金文害字無一從丰者。倫疑傷字之引申義。害蓋舍之異文。舍為象形字。見舍字下矣。害字依金文作[古文字]。圖畫之當為[古文字]。亦象形也。余從舍得聲。甲文有[古文字]字。從[古文字]。[古文字]聲。即今之途字也。其[古文字]即舍省。[古文字]形正與[古文字]同。尤可證也。或謂散盤別有舍字作[古文字]。是舍害不同字也。倫謂此猶大夫亦不同形矣。宗周鐘有[古文字]其萬年。金文有[古文字][古文字][古文字][古文字][古文字][古文字][古文字]諸形。孫詒讓釋[古文字]為⿰害夫。[古文字]為⿰木害。⿰害夫⿰木害一字。郭沫若釋[古文字]。謂當從害得聲。唐蘭謂鐘之[古文字]為周厲王名。厲王名胡。而季宮父簠以⿷匚猒為⿷匚古。倫謂如唐説則從舍夫聲。故得通胡。猶⿷匚猒之於⿷匚古矣。且旅虎簠。鑄其寶[古文字]。以[古文字]為⿷匚古。蓋從舍吾聲。或從害五聲。亦其證也。秦二世名胡亥。而漢書高惠高后功臣侯表有貰齊侯傅胡害。疑二世名亦當作胡害。胡害猶毋害不害也。胡害亦以雙聲連偁。亥害則以疊韻通用。亦足為旁證者也。然則⿰害夫[古文字]皆害之轉注字。害舍一字。夫舍同為次清摩擦音。聲又同魚類也。奢虎簠。鑄其寶[古文字]。下從土。益明舍字之口乃屋基也。[古文字]叔簠[古文字]字即[古文字]。字從會。猶從舍也。又可證害之不從宀口丰聲矣。或曰。從口。宯聲。宯即諸婦卣之□字。本書無此字耳。害為咳之轉注字。猶胡害之作胡亥矣。字見急就篇。慧琳一切經音義七引倉頡。害。賊也。【説文解字六書疏證卷十四】

◉馬叙倫 □ 亞形中召夫。孫詒讓疑□為害。倫謂孫説是也。嘯堂集古録有商召夫鼎作□□與此同。此夫字壞耳。説文憲字從害得聲。而説文無害字。今本説文固多後增文字。亦有遺失之文。然倫考定説文本於漢之倉頡篇及楊雄所作訓纂篇。訓纂順續倉頡。二篇皆教學童之書。説文亦為教學童而作。本二篇而變其體例。二篇所無之字。説文不為之增。故雖經傳常字説文每不録也。其無害字蓋亦由此。害者今謂目無明曰瞎之本字。瞎從害得聲。此從目。害省聲。害為舍之異文。舍本象形作□。上象屋宇。下象基也。害字叔家父敦作□。毛公鼎作□。害叔敢毁作□□。師害毁作□。以圖畫象之。當作□。知與舍一字。瞎從害得聲。而音入曉紐。舍音審紐。審曉同為次清摩擦音。又從其音可證者也。今害音入匣紐。曉匣同為舌根摩擦音。音又轉耳。散盤湝湛泣出。實一字異體。亦可證也。【讀金器刻詞卷上】

◉于省吾 大毁大賓□瓿章。郭沫若云。瓿字當从害聲。與胡瑕等音當相近。瓿章疑是大璋。大系攷釋八八。按瓿章即介璋。詩七月以介眉壽。金文介通作匄。或作割害。無叀鼎用割𧗊耆。𠫑叔多父盤。受害福。害福即介福。謂大福也。是介匄割害字通之證。爾雅釋詁。介大也。詩崧高錫爾介圭。箋。圭長尺二寸謂之介。是璋之言介璋。猶圭之言介圭也。【釋瓿章 雙劍誃古文雜釋】

◉楊樹達 受害福。孫詒讓讀害為介。餘論中拾叁下。是也。介。大也。説文作乔。害字本从丰聲。丰與介古音同。故此文假害為介。易晉六二云。受茲介福于其王母。與銘文文義正同。其確證也。【叔多父盤跋 積微居金文説】

◉高鴻縉 害為桷之初字。原作□。从□。象屋宇上榱桷之形。非文字。古聲。名詞。後以同音叚以代禍。秦人乃造桷字。椽方曰桷者。則知桷圜曰椽也。故椽桷同物。易漸六四。鴻漸于木。或得其桷。無咎。桷周初必作□。秦漢人鈔經易□為□耳。【中國字例五篇】

◉于省吾 原文説：「毛公鼎、師訇毁均有干吾王身語，干吾者敔敔也，捍御也。此作干害，二蓋一器均同，疑是字誤。又害本蓋之初文，有掩護義，則干害猶謂捍護，意亦可通。」按此盨二蓋一器既非一範，不應同誤，而害也不應謂為蓋之初文。我以為害乃介之借字。金文和古籍害與割往往通用。書大誥稱「天降割于我家」，釋文謂割字「馬本作害」；釋名、釋天稱「害割也」。曩伯盨稱「害眉壽無疆」，無叀鼎稱「用割眉壽萬年」，害與割均應讀為匄，訓作「祈求」。詩七月稱「以介眉壽」，楚茨稱「以介景福」，介也是匄之借字。是害、割、匄、介字通之證，古韻並屬祭部。爾雅釋詁謂「介右也」；詩生民稱「攸介攸止」，鄭箋謂「介左右也」；

周禮、大行人稱「介九人」，鄭注訓介為輔。介訓右、訓左右、訓輔均系輔佐之義。然則此器之「干害王身」應讀作「干介王身」，是說「捍衛輔佐王身」。班簋稱「以乃族从父征，𢓊城衛父身」。因此可見，金文言「衛」、言「干吾」、言「干害」，雖然字有異同，詞有單復，而語義相仿。【《師克盨銘考釋》書後　文物一九六二年第十一期】

◉于省吾　金文的「害屖」也作「㝬屖」，㝬字本从害聲而又加「夫」以為音符。金文中的簠字習見，有的加「夫聲」作匬，有的加「五聲」作[glyph]或[glyph]。又金文簠字多作匿，从匚古聲，有的作笑，从竹夫聲（《說文》古文簠作医，从匚夫聲）。總之，古文簠字既以害與夫、五、古四字互為音符，則害字本从余聲，又得到了有力的佐證。

《說文》：「舒，伸也，从舍从予，予亦聲。」按「予」乃「余」的後起字。《書·多士》「予其曰」的「予」字，魏三體石經古文作舍。金文余與舍、舍本同用（詳《管子新證·四稱》）。《說文》謂「余从八，舍省聲」，殊誤。其實，舒字从舍，即古余字，後來又加予為音符。《說文》釋「余」為「語之舒」，《史記·律書》謂「舍者舒氣也」。這是以余與舍或舒為音訓。《爾雅·釋天》的「四月為余」，《釋文》謂「余，孫作舒」。依據上述，則金文的「㝬屖」或「害屖」，即典籍的「舒遲」，是可以肯定的。

《廣雅·釋詁》訓舒為遲，「舒遲」乃雙聲謰語。《爾雅·釋詁》的「余，身也」，孫注謂「余，舒遲之身也」。《禮記·玉藻》的「君子之容舒遲」，孔疏謂「舒遲，閑雅也」。銘文的「害屖文考乙公」，「害屖」應讀作「舒遲」。這是史牆頌揚其文考乙公安適舒閑之意。【牆盤銘文十二解　古文字研究第五輯】

◉李孝定　害字舊說讀匄、讀曷、讀介，於義為長。[glyph]文右从[glyph]，與丮之作[glyph]者為近，以象意聲化字例之，當从害得聲，仍當從于省吾氏說讀介為優，甄璋即介璋，言大璋也。害字許君訓傷，依篆形解為从宀口，丰聲，謂从宀口，言从家起也。其說固失之鑿，高田氏引河野仙郎氏之言，謂害从宀从古从羊省會意，訓宀為覆已非義，蓋「宀」象屋，「冖」始訓覆；然以屋訓覆，猶自可通，以夫訓古，又謂其中从羊省，字形割裂，說義支離，亦不可从。頗疑「害」為「合」之異體，訓傷亦假借義，然「合、害」聲近韻遠，似非一字，嘗以此質之友人周法高氏，據告害、蓋聲韻並同，蓋、合則韻部相同。然則謂害、合二字聲韻並有關連，亦非無故，謹貢所疑，用俟達者。【金文詁林讀後記卷七】

◉裘錫圭　甲骨文裏有一個寫作[glyph]等形的字（以下隸定為「蚩」），用法跟「希」（祟）、「囚」（憂）等字相類，例如：

父庚弗蚩王。

父庚蚩王。　乙綴一七七

鼎（貞）：南庚不蚩。

鼎：南庚蚩。　前一・一三・八

鼎：疒(疾)齒，隹(唯)父乙蚩。　乙四六〇〇

隹且(祖)辛蚩王目。　乙六七二九

鼎：不隹帝蚩我年。

鼎：隹帝蚩我年。二月。　乙七四五六

丙午卜：隹岳蚩雨。　屯南二四三八(金二〇一同文)

甲寅卜穷鼎：王隹㞢(有)蚩。六月。　甲二〇三二

壬戌卜亘鼎：出疒齒，隹㞢蚩。　續五・五・四

鼎：王亡(無)蚩。　乙二三七八

丙午卜行鼎：翼(翌)丁未祭于中丁，亡蚩。　後上二・一〇

我們認為「蚩」字與「它」無關，應該是傷害之「害」的本字。要證明這一點必須從「舝」字談起。

大徐本說文舛部：

[illegible]，車軸耑鍵也。兩穿相背。从舛，萬省聲。

在四部叢刊影印的説文解字繫傳的影宋鈔本裏，這個字的篆文寫作[illegible](馮桂芬翻刻的宋本説文解字均譜同)，可以隸定為「蠆」。説文玉、辵、蚰三部都有从「舝」聲的字。在上引影宋鈔本繫傳裏，「璿」、「蠤」二字所从的「舝」也都寫作「蠆」(馮刻均譜同)。

雲夢睡虎地一一號秦墓所出竹簡有「蠆」字：

稷辰　正月二月：子，秀。丑、戌，正陽。寅、酉，危陽。卯，敫。辰、申，蠆。巳、未，陰。午，徹。亥，結。(雲夢睡虎地秦墓圖版一一八・七五五。「蠆」字還見于七五六至七六〇及七六九等簡)

字亦作「憂」：

正月二月：子，采。丑、戌，〔正〕陽(「正」字據九四三等簡推補)。寅、酉，危陽。卯，敫。〔辰〕(此字原簡漏寫，據九四三等簡推補)，申，憂。巳、未，陰。午，徹。丑(「亥」字之誤)，結。(同上書圖版一四七・九四二。「憂」字還見于九四三至九四七及九五四等簡)

所謂「秀(或作「采」，即「裦」字聲旁)、正陽、危陽、敫、蠆、陰、徹、結」，是早期建除家所用的術語。雲夢簡七三〇至七四二號還記有如下一套早期建除術語(同上書圖版一一六至一一七。簡上尚有其他文字，已略去。「絶紀日」三字據九一八號簡補)：

濡　羸　建　陷　彼(破)平寧
結日　陽日　交日　害日　陰日　達日
坐　蓋　成　甬
外陽日　外害日　外陰日〔絶紀日〕　夬光日　秀日

見于前引二簡的「敫，萬(憂)、陰、徹」，顯然相當于這一套簡的「交、害、陰、達」(「交」「敫」音近。「徹」、「達」音義皆近)。這説明秦簡「萬」(憂)字應讀為「害」。

「舝」(□)、「轄」二字古通。説文以「車軸耑鍵」為「舝」字本義(此義實非「舝」字本義，讀後文自明)，古書則多用「轄」或「鎋」字。毛詩有車舝篇，左傳昭公二十五年引詩作「車轄」。「轄」从「害」聲。从「舝」聲的「遾」字，説文也讀作「害」。由此看來，「萬」(憂)跟「舝」(□)應該是一字的異體。江陵天星觀一號楚墓所出竹簡有从「車」从「萬」的□字，可見「萬」是較古的寫法。「憂」當是「萬」的變體，「□」似是揉合這兩種寫法而成的，「舝」是最後的訛體。楚簡「轕」字疑即「轄」字異體。上引秦簡上的「外害日」，同出另一簡作「外遣日」。「遣」跟説文的「遾」可能是一個字。

馬王堆三號墓出土的西漢前期帛書本周易，把損卦「曷之用二簋」的「曷」、大有卦「無交害」的「害」都寫作「□」。這也是「萬」的變體。「曷」、「害」二字古音極近。説文「遾」「讀若害」，而「瑋」則「讀若曷」，就是一個例證。

甲骨文「蚩」字應該就是「萬」的初文，容庚先生指出：「甲骨文□，金文作□，後漸變為□，為□。」「□」演變為「萬」，跟「□」演變為「萬」同例。甲骨文的□、□後來演變為「禽」字所从的「禸」，情況也是類似的。甲骨文有□字，聞一多釋「齲」。其説可信。這個字所从的「□」後來也演變為「禹」，跟「□」字的演變如出一轍。「齲」字由从「虫」變為从「禹」，大概還跟「齲」、「禹」二字讀音相近有關(説文「𤘍」字从「牙」「禹」聲，或體作「齲」)。「萬」音「害」，「害」與「禹」古音也相近。「害」為匣母字，「禹」為于母(喻母三等)字。于母古歸匣母。「禹」屬魚部，「害」屬祭部，韻似相隔。但是從古文字資料看，「害」的古音跟魚部實有密切的關係。所以「萬」字由从「虫」變為从「禹」，可能也有兼取「禹」字以為音符的用意。

説文以「傷」為「害」字本義。周法高指出「害」字本象下器上蓋之形，跟「會」、「蓋」等字音義皆近。其説可信。説文顯然是把「害」字的假借義誤認為本義了。「蚩」(萬)字有「害」音，其字形象人的足趾為蟲虺之類所咬嚙，也與傷害之義相合，應該就是傷害之「害」的本字。後世習慣于假借字「害」表示傷害之義，「萬」字就被廢棄了。

卜辭「蚩」字有動詞、名詞兩種用法，意義跟「□」(祟)字最相近，讀為「害」顯然十分合適。羅振玉指出「無它」是古代成語，但是用「它」為動詞之例從未見于古籍。僅僅從這一點看,把「䖝」讀作「害」也要比釋作「它」合理。

小屯南地甲骨著録下引對貞卜辭:

丙寅鼎(貞):　岳[illegible]雨。

弗[illegible]雨。　屯南六四四

第二辭以「虫」為「䖝」。前一·一六·六有下引殘辭:

□□卜王〔貞〕:□辛酉□□小乙□□亡[illegible]

也以「虫」為「䖝」。這類「虫」字疑是刻漏「止」形的「䖝」字,但是也有可能並非誤刻,而是以音近借用為「䖝」的。「虫」與「虺」同音,是曉母微部字。曉、匣二母,微、祭二部,關係都很密切。可知「虫」、「䖝」(害)二字古音相近。上古時代,蛇虺之類為害極烈。「䖝」(害)大概就是由「虫」孳生的一個詞。所以卜辭有時以「虫」為「䖝」並不奇怪。【釋䖝　古文字學論集初編】

◉許進雄　割所含的部分害,一向沒有很好的解釋。大致有:

(1) 以為形聲字。(説文以為從丰聲。林義光以為從㞢聲,《金文詁林》頁4696引。于省吾以為從余聲,《金文詁林補》頁2473引)

(2) 以為會意字,人入宀中,犯半寶貨,傷害之尤甚者。(高田忠周,《金文詁林》頁4699引)

(3) 由為以竹或葛做成之籠覆蓋為害字的本義,以由覆蓋胄或冠或頭之意。(加藤常賢,《金文詁林補》頁2089引)

(4) 象形。桷的初字,上象屋宇上榱桷之形。(高鴻縉,《金文詁林》頁4704引)

此字形體表現一整體的意思,不容分割部分為聲旁,故才有不同諧聲的意見。至于侵寇之義,分裂的字形只見於説文而不見于典籍,强為犯寇之義的解説,也難於接受。以竹籠蓋冠胄,不但不合事理,也和害的一般使用意義不同。至于屋上榱桷之形,則不能解釋為何有傷害的意思。因此都不能令人勉强接受。如果從鑄範的角度來看,似乎還可以找出一些關係。在鐵的鑄範未使用前,澆鑄後的鑄型一定要被破壞才能把裏頭的鑄器剔出,故割字就以刀剔剥套合的模與範取意。那麽,害就是被刀剔割的模型了,因此取以表達傷害的意義。它好像要較其他的説法合理些。害字與金字的主要分别是三角的部分多一横劃,可能那就是表現切割後的形像。金文害字的一形作[illegible],中線中斷,也許也不是無意義的,乃是表現外範已被剥開,與模分離的現象。【談與金有關的字　中國文字新十六期】

索

索 吳大澂釋 索諆爵 【金文編】

索 效二五 七例 通索 及丨入其賈錢 秦一八 秦二九 【睡虎地秦簡文字編】

◉許 慎 入家搜也。从宀。索聲。所責切。【說文解字卷七】

◉高田忠周 說文。入家搜也。从宀索聲。又下曰。艸有莖葉。可作繩索。从米糸。而依此篆。索字古文。元从糸。从。兩手以作繩之意也。又經傳多借索為索。周禮方相氏。以索室毆疫。注。廋也。考工栗氏。時文思索。釋文求也之類是也。【古籀篇七十二】

◉强運開 索諆角。說文索。入家搜。按索索古通。經典多叚索為之。【說文古籀三補卷七】

◉馬叙倫 鈕樹玉曰。玉篇引同。繫傳作入家搜索之皃。非。丁福保曰。希麟續一切經音義五引亦同此。倫按索蓋宵之轉注字。索音審紐二等。宵音心紐。同為次清摩擦音也。從宵省。索聲。入家搜也者。蓋本似搜也。以聲訓。校者加此文。今言搜索者。借索為搜。然實搏字義。詳搏字義。當立宵為部首而屬之。或曰。索為舍之轉注字。索音審二。舍音審三。古讀皆歸於透。字蓋出字林。索諆角作。蓋從宀㩴聲。㩴為搜索本字。從。糸聲。【說文解字六書疏證卷十四】

窾

◉許 慎 窮也。从宀。簐聲。簐與鞫同。居六切。窾或从穴。【說文解字卷七】

◉馬叙倫 吳穎芳曰。窾。窮之轉語。倫按窾窮轉注字。見羣古為一紐也。簐與鞫同校語。字或出字林。【說文解字六書疏證卷十四】

宄

後下3·13 【續甲骨文編】

宄 从宮 刺𣪕鼎 閼卣 解子鼎 師朢鼎 幾父壺 師臾鐘 麥盉 義伯簋 伯椃簋 師酉簋 弔角父簋 說文古文作 兮甲盤 从廾曶鼎 【金文編】

宄古尚書 【汗簡】

㚇 𡧍 竝說文 【古文四聲韻】

◉許　慎　宄姦也。外為盜。内為宄。从宀。九聲。讀若軌。居洧切。㚇古文宄。𡧍亦古文宄。【說文解字卷七】

◉阮　元　宄說文載古文作㚇。此即㚇之異文。【積古齋鐘鼎彝器款識卷四】

◉阮　元　王進士云。宂字从冂。从口。从九。口者國邑也。九鬼古通用。商時有鬼侯國。侃叔云。宂。古宄字。古宄軌通。从口者。古文以口為規。故以為聲義。宂。古亦作弃。曶鼎云弃伯。弃。法也。與此宄姬同義。仲䱷公敦云。皇考辟伯王母辟姬義亦同。辟軌並訓法也。【積古齋鐘鼎彝器款識卷六】

◉方濬益　宊　說文。宄姦也。外為盜。内為宄。从宀。九聲。讀若軌。古文㚇。从又九聲。又古文恴。从宀。从心。九聲。此文作宊。虞書寇賊姦宄。牧誓以姦宄于商邑。史記皆以軌為之。釋名。宄佹也。佹易常正也。漢書元后傳。詭正非常。又通作詭。【綴遺齋彝器款識考釋卷七】

◉劉心源　弃　說文宄。古文作□。此叓繁耳。【奇觚室吉金文述卷二】

◉孫詒讓　宊當讀為廄。說文宀部。宄古文作㚇。此从宀从㚇文更繁縟。而广部廄古文作𠆸。从九聲。類同。得相通借。【古籀餘論卷三】

◉林義光　古作□師𩛥鼎。从宮。或作□師酉敦。从宮省。亦作□兮田盤。作□曶鼎。【文源卷十一】

◉高田忠周　古宄宮音通。而借宄為宮。又或借宮為宄。遂合兩字為此異文。即宮而亦宄字。宄而亦宮字也。猶縮緩通用。合以為纋形也。金文多此例矣。【古籀篇七十二】

◉商承祚　金文兮甲盤作□。曶鼎作□。闕卣作□。師𩛥鼎作□。師酉毁作□。義伯毁作□。宊从又宄聲。㚇从又九聲。一也。从心。乃廾之寫譌。【說文中之古文考】

◉馬叙倫　古書以姦宄連文者。音同見紐連語也。此說解姦也者。或許以雙聲為訓。或本訓挩失。所存字林文也。金文師𩛥鼎作□。義伯敢作□。兮甲盤作□。曶鼎作□。此重文作㚇。又作□。□為□之譌。皆與金文合。從宮與從宀同。□□□一字。此蓋寇之轉注字。同為舌根破裂音也。倫又疑宄為竅之音同見紐轉注字。今說解或非本訓。外為盜内為宄者。借宄為寇。且左文七年傳。兵作於内為亂。於外為寇。是在外為寇。非為盜也。盜賊之本字為佻。詳佻字下。國語魯語。竊寶者為宄。借宄為佻。古聲皆幽類也。玄應一切經音義引三倉解詁。在内曰姦。在外曰宄。又曰。亂在内曰宄。此經師依經為說。非造字本義。校者加之。又如師𩛥義伯兩器之文。則宄從宮九聲。為宮之音同見紐轉注字。此其省耳。

□ 王筠曰。汪本朱筠本繫傳皆無此篆及傳。李杲曰。兮甲盤作□。此省宀。當有所承。倫按莊述祖謂從又九聲。倫謂此厹之異文。古文經傳借為宄耳。餘詳內下。

□ 莊述祖曰。從心。宄省聲。宄古文仇。商承祚曰。舀鼎作□。此從心乃□之譌。【說文解字六書疏證卷十四】

◉馬叙倫 窨字師墨鼎作□。義白敢作□。說文宄從宀九聲。古文作□。然則從宮殳聲。□為肘厹之異文。皆九之後起字。九則肘之初文也。寛為宮之轉注字。宮九音同見紐也。亦窮之轉注字。窮音羣紐。古讀歸見。說文爾雅皆曰。究。窮也。【讀金器刻詞卷上】

◉于省吾 契文寇字作□。舊不識。當即宄之初文。說文。宄。姦也。外為盜。內為宄。从宀九聲。讀若軌。古文作殳宖。按金文宄作窨寛宴宄宎弆。□字从宀。可證說文內為宄之義。从□。□形左从□。象蟲虺形之曲其尾。右从殳。以殳擊□。象敺蟲虺於室外。而姦宄之義尤顯。以六書之誼求之。寇从宀从九殳。九亦聲。是會意兼形聲也。前六・十六・一。庚辰卜。大貞。來丁亥。寇帚尘枂。戉羌卌。卯十牛。後下三・十三。丁亥。其寇帚宰。帚今作寖。寇字應讀為宮。寇帚即宮寖。寇宮雙聲。並見母三等字。金文宄字作寛。上从宮。或作究。上从宮省。麥盉。麥䵼于麥窨。假窨為宮。伯梡毁。伯梡作皁究室寶毁。究室即宮室。假究為宮。晚期契文有公宮血宮。早期每假寇為宮。亦猶金文有宮字而又假究窨為宮也。要之。寇字本義。為敺蟲虺於室外。故引伸為外姦內宄之宄。金文作宴宎弆者。易殳為又廾。猶與初義相近。自小篆作宄。但以為形聲字。而本義湮矣。【釋寇 雙劍誃殷契駢枝三編】

◉楊樹達 宎者,說文七篇下宀部云:「宄,姦也,外為盜,內為宄,从宀,九聲。讀若軌。」或作殳,云「古文宄。」按書微子篇云:「草竊姦宄。」康誥篇云:「寇攘姦宄。」許君既以姦訓宄,又以盜與宄對言,知宄字有攘竊之義。銘文宎貯,義適符合。準義課形,金文字形作从宀从又从九者,義為完備。蓋以手取屋下之物,故从又从宀,說文作宄,則失手取之形,或體作殳,又奪屋下之義,蓋誤分一字為二字矣。【兮甲盤跋 積微居金文說】

◉饒宗頤 庚辰卜,大貞:來丁亥,寇帚。尘枂,歲。羌卅,卯十牛。七月。(前編六・一六・一)

按寇即宄字。說文:宄,姦也。讀若軌,宖并古文宄。契文作「寇」,兮甲盤作「宎」。宄與軌通。左傳:「納民于軌物。」軌訓法,故宄得反訓為治,猶亂之為治也。此辭宄帚,猶言治寖。他辭云:「丁亥,其寇帚,宰。十二月。」(後編下三・一三)文義略同。「尘枂」謂尘于禰廟也。【殷代貞卜人物通考】

◉譚戒甫 按殳下从又。與叜下从収同。至于□下的□。疑是□的訛寫。以形似故。【西周舀器銘文綜合研究 中華文

𡨦

史論叢第三輯】

◉于省吾　甲骨文寇字作𢼄，舊釋宄是也，但于宄字之構形與義訓，仍不得其解。説文：「宄，姦也，外為盜，内為宄。从宀九聲，讀若軌。」按許氏只就後世省化字為説，並非造字本義。宄字初文何以作寇，需要予以詮釋。寇从宀（即古宅字，詳釋宀宅）从𠬛，𠬛从殳九，九與鬼聲近通用。禮記明堂位之「鬼侯」，史記殷本紀作「九侯」。此與軌从九聲之音讀相同。甲骨文「兜方」之兜作𢀛，周器梁伯戈「魃方緣（蠻）」之魃作𢼄，乃兜之孳乳字。魃字象以攴擊兜，从攴从殳古同用。此與甲骨文寇字从𠬛，象以殳擊九之即擊兜，適相符洽。周禮：「方相氏掌蒙熊皮，黄金四目，玄衣朱裳，執戈揚盾，帥百隸而時難，以索室毆疫。」禮記月令引論語「鄉人難」，鄭注：「十二月，命方相氏索室中，驅疫鬼。」令本論語鄉黨難作儺。或以説文魖與禓為儺，但此皆後起字。甲骨文稱：「庚辰卜，大貞，來丁亥，寇𡨦（寢）㞢𣏟，𢦏羌卅，卯十牛。十月。」（前六・一六・一）又：「丁亥，其寇𡨦，宰。十二月。」（後下三・一三）以上兩寇字均作動詞用。寇寢而用人牲或物牲，是搜索宅内，以驅疫鬼之祭，可以與周人儺為索室驅鬼相印證。甲骨文言寇，周人言儺，名異而實同。以六書為例，則寇為从宀从殳九，九亦聲。乃會意兼形聲。十年前，孫作雲教授曾以「釋寇」為「打鬼」一文見示，頗具卓識。但于九之通鬼並無佐證，而于金文兜之作𢼄亦未引用，難以令人置信。本文所論可以證成孫説。【釋寇　甲骨文字釋林】

◉徐中舒　從宀從𢀛殳從𢀛九，從殳蓋表於室内袪除禍祟之形，九當為聲符。引申為外姦内宄之宄。《説文》古文從又從九，與甲骨文形近，蓋從又從殳古每可通。【甲骨文字典卷七】

◉許　慎　𡨦塞也。从宀。𣪠聲。讀若虞書曰𡨦三苗之𡨦。麤最切。【説文解字卷七】

◉馬叙倫　嚴章福曰。今書作竄。然左昭元年釋文昭元年定四年疏皆引書作竄。孟子。殺三苗。又借殺為竄。王筠曰。今書作竄。衛色所改。劉秀生曰。此以經傳成語正讀。故不避同字。倫按塞也者。未詳。字蓋出字林。【説文解字六書疏證卷十四】

⿱宀口

甲六五三　寧滬一・三九六　拾五・一三　前一・三〇・七　後一・一五・三　【甲骨文編】

甲653　【續甲骨文編】

宕 宕 㦸方鼎 宕 㦸簋 宕 不嬰簋 宕 从广 召伯簋二 宕 不嬰簋二 【金文編】

宕 宕陰丞印 【漢印文字徵】

◉許 慎 宕過也。一曰。洞屋。从宀。碭省聲。汝南項有宕鄉。徒浪切。 【說文解字卷七】

◉王國維 □ 此宕字，《不嬰敦》「宕伐獫允」之宕，亦作宕，不从石。

□□二字疑即宕字，□□二字疑即厂厂字，□疑即石字，以殸字所从之聲，卜辭作□，此即《說文》厂部之𠩺字，所謂岸上見者，實即石上有飾，與陳樂立而上見之豈同，以知□即厂，□即石也。又□□二字亦疑即宗祏之祏，石省聲。 【觀堂書札 中國歷史文獻研究集刊第一集】

◉林義光 說文云。宕過也。一曰洞屋。从宀。碭省聲。按石為碭省。不顯。洞屋。石洞如屋者。从石宀。洞屋前後通。故引伸為過。古作宕不𡢁敦。 【文源卷十】

◉丁佛言 宕不嬰敢女以我車宕伐玁狁于高地。許氏説宕過也。或曰宕與蕩通。穀粱傳文十一年長翟弟兄三人佚宕中國。 【說文古籀補補卷七】

◉陳邦懷 □後編卷上第十五葉 此字從宀從石。卜辭辰字作□。所從之□即許君説篆文辰字所謂從厂聲之厂。可證卜辭宕字所從之□即篆文厂。乃宕字也。 【殷墟書契考釋小箋】

◉馬叙倫 朱駿聲曰。字從宀。洞屋當為本訓。張文虎曰。一曰是本義。從宀石會意。徐灝曰。宕蓋石室空洞之義。故從宀從石。許云碭省聲。疑非。林義光曰。石洞如屋者。洞屋前後通。故引申為過。倫按洞訓疾流。宕正今言山洞之洞本字。洞宕雙聲。古言宕。今言洞也。然實即洞也。則宕為竇之音同定紐轉注字。急就篇。乘風縣鐘華洞樂。皇象本洞作隤。是其例證也。召伯虎敢作宕。從广與從宀同。碭省聲不誤。過蓋通之譌。通也以聲訓。若非譌字。則為像字義。一曰屋洞者。蓋本作通也屋也洞也校者注以釋音者也。屋也者。校者以字從宀而加之。後校者記異本耳。汝南六字亦校語。或曰。此廊之古字。 【說文解字六書疏證卷十四】

◉屈萬里 卜辭「叀客田，亡戈？」甲編六五三。□，隸定之當作客。地名。亦字書所無。 【殷墟文字甲編考釋】

◉李孝定 栔文作上出諸形。陳氏釋宕是也。屈氏據古文四聲韻所引石經及古春秋路字作□。遂釋此為路。其説似有未安。□之與路。於字形字音殊不相涉。路之古文似無作宕之可能。且古文四聲韻一書晚出。所引未必可據。屈氏又以此字从

宋

𠙵不从口。故謂不當釋宕。按石字古祇作𠂆。象石壁峭削之形。从口乃後增。無義。古文衍變多此例。固非从口耳之口。𠙵亦非以口象石形。且古文从𠙵从口每無別。此以从此為填充符號之字為尤然。如从口从𠙵而其字有別者。則二者不得通作。如咸咸是也。㝉實即小篆之㝉也。字在卜辭為地名。惟前一・三十・七辭云「☐仔于母辛家宕彭。」言宕彭。其義不明。疑為𠬝之字誤。金文作㝉不嬰簋。㝉召伯虎簋。亦从𠙵不从口。【甲骨文字集釋第七】

◉戴家祥　説文七篇「宕，一曰洞屋。」九篇「廣，殿之大屋也。」宕廣字義相近。宕廣皆屬陽韻，是兩字古音又相同，故金文宕廣通用。不嬰𣪘「宕伐」又作「廣伐」，廣伐義即大伐。召伯虎𣪘的庍字通作廣，作廣的動詞用法，即今擴大的本字。𣪘銘「余老止公僕䧹土田，多諫弋，白氏從誥，𢓊許。公庍其參，女鼎庍其貳，公庍其貳女鼎庍其一。」所謂「僕䧹土田」，孫詒讓認為就是詩魯頌閟宮的「土田附庸」，左傳定公四年的「土田陪敦」。它在詩經和左傳裏都是賞賜物，𣪘銘當亦不在例外，故有下文「止公擴大土田參汝則擴大土田貳，止公擴大土田貳，汝則擴大土田一」之説，郭沫若釋庍為「放蕩」，不可从。

按庍字説文所無。金文从广从宀每無別，如廣又作寬，廟又作𢉀，应又作𡧑等，此皆為庍即宕之證。【金文大字典上】

京都一二四九　京都三〇一四　京都三一二三　京都三一七一　甲二〇七　方國名　令允从宋家　前二・一三・四　續六・二四・五　獲夫于宋　京津二〇九四　佚一〇六　明一〇一七【甲骨文編】

佚106　續6・24・5　凡20・1【續甲骨文編】

宋　北子宋盤　衛宋罍尊　永盂　國名子姓公爵成王誅武庚更封微子于宋以奉商祀後至王偃齊楚魏共滅之　趞亥鼎　宋䏌公之孫趞亥　不昜戈　宋公差之所造不昜戈　宋公䜌戈　元公子景公名欒　宋公𢔶戈　昭公名得景公子【金文編】

3・803　宋导　3・1306　獨字　9・8　鄰宋【古陶文字徵】

〔二二〕　〔六八〕　〔六六〕　〔三六〕　〔二二〕【先秦貨幣文編】

布空大　豫孟　布圓(三孔)宋子　晉朔　布空大　典六六四　仝上　典六六五　仝上　亞二・九二　布空

大　典二・九二　【古幣文編】

九二：一三　宗盟類參盟人名　【侯馬盟書字表】

18　49　175　【包山楚簡文字編】

宋　日甲三六背　【睡虎地秦簡文字編】

1433　1404　1410　1431　1416　1419　1414　1427　1397　1402　1424

1398　1406　1430　1425　1421　【古璽文編】

宋忠私印　宋殷　臣宋子林　【漢印文字徵】

石經僖公宋公　祀三公山碑　工宋高　【石刻篆文編】

南嶽碑　【古文四聲韻】

◉許　慎　居也。从宀。从木。讀若送。臣鉉等曰。木者。所以成室以居人也。蘇統切。【説文解字卷七】

◉林義光　木者牀几之屬。人所依以尻也。古作趩亥鼎。【文源卷八】

◉高田忠周　説文。居也。从宀从木。讀若送。會意也。孟子云。五畝之宅。樹之以桑。五十者。可以衣帛矣。从宀木之意。可知矣。【古籀篇七十二】

◉陳　槃　〔宋〕或稱商。古銅器有戴公戈。銘云。王商戴公歸之告口。元文王啇。阮氏釋作王商。今案商。姑口句鑃作啇。卜辭或省作〔前二・二〕、〔同上〕。形體並近似。周距末銘云。愕作距末。用釐商國。阮釋據哀公九年又二十四年左傳杜解暨樂記鄭注。以商為宋。同上篇

案宋之稱商。舊籍習見。⊘王國維曰。古之宋國實名商丘。王氏又謂宋商聲近。亦是也。孫志祖曰。古木字有桑音。列子湯問篇。越之東有輒木之國。注音木字為又康反。山海

經東山經。南望幼海。東望榑木。注扶桑二音。是也。字書木字。失載桑音。人多如字讀之。誤矣。讀書脞録七木有桑音條。楊寬亦謂。宋。古從木聲。而木古有桑音。引大荒東經之扶木。即海外東經之扶桑。淮南時則篇之榑木。注。榑木。榑桑。中國上古史導論。刊古史辨冊七上、葉一〇二。案三氏之説。可互證也。【春秋大事年表列國爵姓及存滅表撰異二冊】

◉王獻唐　宋字本訓神主，用為宗廟，訓居乃同音假借。卜辭有（前二・五・二），亦作（同上六・二九・六），作（同上六・二九・四），从人从宋，疑即其字，人或作男作女，皆一事。【古文字中所見之火燭】

◉馬叙倫　鈕樹玉曰。韻會引作從宀木。嚴可均曰。小徐木聲。均謂讀若森去聲。詩擊鼓仲宋忡協音。中音箴也。廣韻感部有栣粖涁。勘部有㑿。是宋在侵類無疑。段玉裁曰。居當作凥。宋保曰。宋從木聲。猶容從谷聲也。家大人曰。東省聲。況祥麟曰。松省聲。陳立曰。此如宕從碭省聲家從豭省聲之例。當從松省聲。松之或體作㮤。去谷為宋。今説解有奪耳。王修植曰。鍇本作木聲是也。木轉去聲則為冒。説文。木。冒也。轉平聲則近農。春秋繁露。木者。農也。農於木為雙聲。宋於農為疊韻也。謝彥華曰。疑為㮤之或體。從木。容聲。劉秀生曰。宋説是。木聲在屋部。送從㚇聲在東部。屋東對轉。故宋從木聲得讀若送。釋名釋州國。宋。送也。宋送以聲訓。是其證。倫按木聲矦類。東矦對轉。故宋聲入東類是宋説可成也。松音邪紐。宋音心紐。同為舌尖前摩擦音。是況説亦可成也。讀若送者。校者以從宀木或從宀木聲於宋音遠。故注之也。居也未詳。錢坫王紹蘭皆有説而未安。金器有且己爵。或即宋字邪。又有爵。則字同困。以毛公鼎家字證之。是宋字。金文蓋以表梓人之家。則今音如送。㙞讀如木聲矣。字見急就篇。趞亥鼎作。北子宋盤作。

【説文解字六書疏證卷十四】

◉李孝定　説文。「宋居也。从宀从木。讀若送。」段注云。「此義未見經傳。」説者多謂「从木。木社也。宀屋也。勝國之社。則屋之示與天地絶屋者居也。此制之義。攷宋字。周武以前與之。特為此而起。亦無他訓可求。釋名『宋送也。地接淮泗而東南傾。以封殷後。若云滓濊所在送使隨流東入海也。』與許説相發明。」王紹蘭段注訂補説。从之者甚多。若謂周興始有宋字。今卜辭已有之。且亦為國名。佚一〇六稱「宋伯」可證。則屋社之説為不可據。按困。許訓故廬。而其義實為門橛。説見六卷困下。宋字與困之結構相近。其義或亦相同。訓居。其引申義也。【甲骨文字集釋第七】

◉徐中舒　從宀從木，象以木為梁柱而成地上居宅之形。【甲骨文字典卷七】

𡫸

佚六二四 京津二四九〇 或从止 燕七六四 【甲骨文編】

◉許　慎　𡫸屋傾下也。从宀。執聲。都念切。【説文解字卷七】

◉馬叙倫　執音照紐。故𡫸從執得聲音都念切。入端紐。古讀照歸端也。九篇。庢。屋從上傾下也。與此雙聲轉注字。玄應一切經音義引倉頡凹作𡫸。𡫸。下也。然則此當作屋傾也。下也。二義。圖卣有字。與子父乙爵字同。沈樹鏞釋圖卣字為㕓。非是。∩即广之反文。從广與宀同。即𡫸字。倫疑屋傾也為庢字義。此與圉一字。【説文解字六書疏證卷十四】

◉李孝定　契文正从宀。从執。許書𡫸从執聲。訓屋傾下。音義疑皆後起。其本義當為會意。疑與圉為同字。象拘罪人於屋下也。增止者當為繁文。【甲骨文字集釋第七】

宗

甲五二　一弜一宗上甲至二宗　甲五七一　秦宗　甲七七一　祖乙宗　甲七七九　宗美宗　乙七六六　拾一一·二　拾一四·一一　前一·四五·五　前四·一六·二　丁宗　前四·三八·四　文武宗　前五·八·五　前八·一五·一　後一·五·五　後一·七·一一　後一·一八·五　後二·二七·一　亞宗　後二·二四·一五　小宗　林二·三·一一　林二·二五·四　佚一一五　佚四一九四　祖丁宗　佚八六一　文武宗　佚九二七　粹四　夒即宗　粹一六　右宗　粹二四七　中宗　明藏五二三　自上甲在大宗　明藏五五五　中宗祖乙　鄴三下三五·一四　河三七二　勿于新宗酌　掇一·三九〇　祖甲舊宗　零八九　㞢宗　京津一六〇九　作宗　京津二九七八　即宗　寧滬一·一八六　燕二六七　前四·二一·七　北宗　前四·一八·一　西宗　【甲骨文編】

甲8　549　571　717　771　779　794　896　1040　1203　1227

1264　1275　1295　1296　1318　1481　2184　2401　2670　2771　乙766

珠8　76　77　84　645　732　ㄙ64　佚115　續1·10·4　佚131　133

217　268　275　419　535　563　832　861　927　955　984　987

續1·12·6　徵3·47　續1·14·6　續1·22·2　凡3·2　續1·23·7　1·24·7　1·24·9

1·25·8　續1·27·1　徵3·132　續1·38·3　徵2·3·9　續2·9·9　2·19·4　4·44·3　6·2·4

6·23·5　徵3·38　3·131　3·133　3·134　3·135　4·14　4·15　掇211

225　412　録372　400　457　鄴三40·2　龜ㄙ54　續存335　1759　1787

1795　1802　2295　外66　摭續34　49　64　223　粹4　12　258

322　440　455　473　458　491　668　新785　801　1074　1095　1170

1609　2189　4121　4339　【續甲骨文編】

宗　乃孫作且己鼎　臣辰卣　保卣　萁鼎　令簋　盂鼎　獻侯鼎　豚卣　沈子

它簋　過伯簋　静卣　鼂簋　仲追父簋　善鼎　豆閉簋　芇伯簋　速[illegible]尊　師𩛥鼎

虘鐘　善夫克鼎　克鼎　㝬簋　㝬鐘　史頌簋　仲𢐗父簋　仲殷父簋　鄀𡢁盤

秦公簋　厲羌鐘　曾章作曾侯乙鎛　曾姬無卹壺　中山王嚳兆域圖　作宗寶彝卣　季良父匜

陳逆簋　文考日己觥　文考日己方彝　中山王嚳鼎　中山王嚳壺　盗壺　【金文編】

3·827 甘季宗之姞丘　5·384 瓦書「四年周天子使卿大夫……」共一百十八字　5·384 同上　【古陶文字徵】

〔一九〕〔六二〕〔六二〕〔六二〕〔一九〕〔六二〕【先秦貨幣文編】

布空大　歷博　布空大　典七三〇　仝上　典七〇四　布空大　典七三一　布空大　亞二·一〇六　布空大　亞二·一〇六　【古幣文編】

一九五：七　一百二十例　宗盟類以事其宗　參盟人名宗內　不宗二宮(第一：五九　一：二四等八例)　一〇六：四　四例　一：五　四例　一九五：一　八五：一　三例　一六：一二　二例　二〇〇：三　八十一例　一：一〇　十例　三：三　九例　二〇〇：一　一六：三二　一：三六　一：四四　九例　八五：七　二例　一：四九　六例　二〇〇：二　三例　一七九：四　六七：二八　三例　六七：一　五例　六七：二　十六例　一：九〇　【侯馬盟書字表】

85　【包山楚簡文字編】

宗　為二五　【睡虎地秦簡文字編】

1439　1440　1443　1441　0092　【古璽文編】

董宗之印　李宗　【漢印文字徵】

石經無逸　自殷王仲宗　【石刻篆文編】

宗　【汗簡】

宗古孝經　宗道德經　宗豫讓文【古文四聲韻】

◉許　慎　宗尊祖廟也。从宀。从示。作冬切。【説文解字卷七】

◉徐同柏　宗書分器序鄭注尊也。【從古堂款識學卷十三】

◉林義光　从示在宀下。示神事也。古作宗召伯虎敦同。【文源卷八】

◉高田忠周　虞書。汝作秩宗。周禮肆師。凡師甸用牲于社宗。注。遷主也。杜注。謂宗廟。詩思齊。惠于宗公。傳。宗公。宗神也。按遷主也。宗神也。故从示。器銘祖字極古。唯作且。即陵墓形。而宗字从宀。故為宗廟。二字之別。自顯然矣。【古籀篇七十二】

◉高田忠周　吴榮光云。禢字別無左證。非是。據古璽文嵩字作□。此亦禢字明矣。唯字書。示部無禢。此古字逸文。然愚竊謂。嵩即崇字。从示崇聲。亦當宗字異文。初有宗。後有崇。而宗亦更作𥜿。猶亯字後有稟而亯字亦更作廩之類乎。庸敬宗祀。文義亦順。【古籀篇九】

◉郭沫若　蓋示之初意本即生殖神之偶象也。……故宗即祀此神象之地。【釋祖妣　甲骨文字研究】

◉商承祚　□□□□　金文與篆文同。丅丅十象神桿。廟中所祀奉者也。或省酒。誼已明白。【甲骨文字研究下編】

◉葉玉森　□此似非泉。或宗之倒文。他辭云「□□卜戔貞□弇□」徵文雜事第七十九版。□與□疑同字。殆為國名。一作□如又辭云「貞□□□」拾遺第十四葉之十一。【殷墟書契前編集釋卷六】

◉郭沫若　第四〇二片

辛未　己巳　戊辰

貞𢀛　貞大　貞，大示

□卯　示世　廿

卜辭有「大示」與「小示」，又有「大宗」與「小宗」。有辭云「丁亥卜在大宗，又彳伐。㞢十小宰，自上甲。己丑卜在小宗，又彳歲，自大乙。」(見拓片)大宗自上甲，小宗自大乙，則是以先公之祠為大宗，先王之祠為小宗矣。大示與小示，蓋亦如是。

【殷契粹編考釋】

◉吴其昌　「宗」者，周禮肆師「凡師甸用牲于社宗。」杜子春云：「宗，謂宗廟。」是其本義。殷虚文字中之「宗」，亦已作宗廟解。故其文有云：「其征于宗。」(佚五三五)「再□(礿)即于宗，吉。」(前五·二一·五)「丁亥卜，在宗，又𠂇𢦔。」(前八·一五·一)「在于宗，酒，卅小牢，九月。」(後一・二〇・八)之數「宗」字必須以「宗廟」解之也。且契文「宗」字，从宀从示，「宀」象屋宇，「示」為祭事，屋下設祭，是必宗廟然矣。云「武且乙宗」者，乃武祖乙之廟。每一先王設一專廟，周制特盛，「成宮」「康寢」「穆廟」「𡩅室」之詞，觸器滿目，「九廟」「七廟」，禮家譁訟，而不知殷時此制已萌。如云「在中丁宗，在三月」(續一・一二・六)，是仲丁之專廟也。「在且丁宗」(續一・二二・二)，是祖丁之專廟也。本片(指前一・一〇・三)等八片，是武乙之專廟也。「文武丁宗，祊」(後二・五・六)及「在三且丁宗」(佚四一九)，是文丁之專廟也。「囗井方于唐宗」(後一・一八・五)，是湯之專廟也。可以證廟數之制實始自殷矣。「宗」亦間作「宔宗」，如云「其又(侑)人小乙宔宗」(續一・二三・七)是也。亦間作「𡨦宗」。如云「……且丁，𠇷(魯)𡨦宗」(佚一三三)是也。「新宗」殆似後世之新廟矣(望𣪘「在康宮新宮」)。「宗祊」者，謂于宗廟之內舉行祊祭也。故有「爯祊，即于宗」之語，「爯」即洛誥「肇稱」之「稱」，此即最初之自注矣。「宗□(祊)」亦間有傎倒而作「□(祊)宗」者，其在卜辭，如云「乙酉卜㱿貞□宗亡不若」(續四・三五・五)「貞咸林□宗」(續四・四四・三)是也。其在金文，如云「用[illegible]□宗彝」(乙酉彝薛氏二・三八)是也，若其義，則更無別異耳。【殷虛書契解詁】

◉馬叙倫　段玉裁曰。宗尊雙聲。當云。尊也。祖廟也。今挩一也字。桂馥曰。一切經音義九引字林。宗。尊也。此當云尊也祖廟也。郭沫若曰。卜辭作宗宗。即祀生殖器神象之地。倫按尊也以聲訓。祖廟也吕忱所加耳。玄應引字林者。題為字林之本。實字林附於説文者也。宗從宀。當是廟義。虞書。汝作秩宗。孔傳。主郊廟之官。詩鳧鷖。既燕于宗。鄭箋。社宗。社宗謂社廟也。金文叔氏鐘。用亯于宗。即用亯于廟也。廟從朝得聲。朝音照紐三等。宗蓋從示得聲。示音牀紐三等。同為舌面前音。宗廟轉注字也。知是示聲者。玄應引字林。宗亦主也。風俗通山澤。宗者。長也。主音亦在照三。長音澄紐。皆以同舌面前音為訓也。疑古宗音蓋昨冬切。在從紐。故轉入精紐耳。古之廟非專以祀神鬼。宗不必從示會意也。祖廟為宗。義為後起矣。猶祖之初文為且。即帳之象形文。帳音知紐。亦舌面前音。亦與宗廟為轉注。而實宗廟之初文。今祖字增示旁者。後起字。亦或祖是祭名。且是本字。餘見祖下。字見急就篇。盂鼎作宗。善克夫鼎作宗。季良父簠作宗。甲文作宗宗宗。【説文解字六書疏證卷十四】

◉陳夢家　宗與示的分別，即神主(或廟主)與神主所在之宗廟、宗室的分別。神主所在之宗廟宗室與王所居之寢室，二者也自有區別。然卜辭中所見有關建築的名稱，多屬於廟室。合而論之，可分為以下三類：

一、先王先妣的宗廟：宗，升，家，室，亞，宊，且，家，户，門；

二、集合的宗廟：宗，大宗，小宗，中宗，亞宗，新宗，舊宗，㞢宗，又宗，西宗，北宗，丁宗；

三、宗室及其他：東室，中室，南室，血室，大室，小室，㬎室，司室，室，南宣，公宮，皿宮，从宮，[illegible]，門，户，[illegible]。【殷墟卜辭綜述】

◉饒宗頤　「甲申卜，即貞：其又于兄壬，于母辛宗。」（後編上七・一一）按母辛有廟，故曰「母辛宗。」曲禮云：「天子建天官，先六大，曰大宰、大宗、大史、大祝、大士、大卜，典司六典。」鄭注：「謂此殷時制也。」周則大宰屬天官，大宗曰宗伯，屬春官，如曲禮言，知殷時「大卜」地位甚高，與大宗及大史並列，周時大卜地位則低矣。【殷代貞卜人物通考】

◉屈萬里　宗廟也。又云：蓋卜辭中所見之宗「除河、岳、夒等外，皆謂直系先王之廟矣。」【殷虛文字甲編考釋】

◉李孝定　說文。「宗。尊祖廟也。从宀从示。」卜辭恆言祖丁宗。武乙宗。其義正與許訓同。言祖丁武乙之廟也。陳夢家云「大宗小宗都是宗廟。大宗的廟主自大甲起。小宗的廟主自大乙起。」（綜述四七三葉）是也。言大宗小宗猶大示小示之別。示象神主。宀象宗廟。宗即藏主之地。郭說非是。【甲骨文字集釋第七】

◉白玉峥　甲申卜，即貞：其又于兄壬？母辛宗？　後上七・十一

又傳世之卜辭，凡祭祀母、妣，而稱「宗」者，獨為武丁之配；亦即只二期時之「母辛」，或「妣辛」，始贅以「宗」字。此外，皆不與也。即父輩之祭，亦不與也。此亦可說明，「母辛」或「妣辛」，在祖甲心目中之權威也。

[illegible]□卜，貞：钔于母辛宗？酒。　鐵一五七・四

[illegible]：當為[illegible]字之譌。除于本版外，他如：後上七・十一，後下二四・三，皆與此同；續二・九・九，則更譌變作[illegible]；然最奇譎者，莫若鐵一三九・一之作[illegible]。凡此，皆當釋為宗。【契文舉例校讀　中國文字第三十四册】

◉晁福林　殷墟卜辭裏的「宗」絕大多數與殷先王有密切關係。其中，除了少數可以直接理解為殷先王集合稱謂以外，多數的「宗」指祭祀先王的場所，猶如後世之宗廟。過去，研究者多籠統地分析殷代「宗」的特點，却對「宗」的演變注意不夠。其實，弄清楚殷代各個時期「宗」的不同發展情況，對于其規律性的研究和其它相關問題的探討是至關重要、不可忽視的。

武丁時期的卜辭關于「宗」的記載不多。這個時期一般不為某位先王單獨立宗廟，僅開國之君——大乙屬于例外。一期卜辭有「唐宗」（合集一三三九）之載。「唐」為大乙的衆多名稱之一。春秋時齊器叔夷鐘有「成唐」之稱，卜辭裏，「唐」又屢次排列在上甲與大丁之間，所以，專家們斷定唐即成湯，亦即大乙，是有根據的。一期卜辭裏有兩例「庚宗」（合集三三三、三三四），因甲骨文唐字从庚，故疑「庚宗」為「唐宗」之異稱。一期卜辭裏有「于宗」（合集一三五四九）舉行祭祀的記載，此「宗」可能是合祭先王的宗

廟。武丁時期多在「祊」合祭先王。祊是商王室的公共祭祀場所。這個場所的宗廟建築稱為「祊宗」，絕大多數見于一期卜辭（合集一三五三四——一三五四四），只偶見于二、三期卜辭（合集二六七六四、屯南七三九）。

祖庚祖甲時期繼承了武丁時期的做法，亦有「于宗」（合集二四九五四）祭祀的記載。「宗」在這個時期主要是公共祭祀場所，先王單獨的宗廟仍然少見，僅武丁及兩位先妣有宗廟，稱為「父丁宗」（合集二三二六五）、「妣庚宗」（合集二三三七二）、「母辛宗」（合集二三五二〇）。這個時期卜辭裏的「新宗」（合集二四九五〇）和其它名目的「宗」（合集二六〇一〇）似不應以某先王的單獨宗廟視之。祖甲時期開始有了周祭制度，商王及王室貴族用翌、祭等五種祀典對先祖「輪番和周而復始地進行祭祀」。周祭是否在宗廟進行，尚無確切材料可以肯定或否定。

廩辛康丁時期，關于在宗廟祭祀的卜辭增多。商王先祖的單獨的宗廟雖然有「祖丁宗」（合集三〇三〇〇）、「父己宗」（合集三〇三〇二）的記載，分別指武丁和孝己的宗廟，但大多數先王仍然没有單獨的宗廟，許多卜辭還是稱「既宗」或「于宗」，宗仍然是公共祭祀場所。值得注意的是，這個時期開始出現了大宗、中宗、小宗的區別。這種區別可能是從合祭轉變為分組祭祀的反映。這個時期的卜辭裏所出現的「亞宗」（合集三〇二九五）、「舊宗」（合集三〇三二八）、「又（右）宗」（合集三〇三二一）、「新（？）宗」（合集三〇三二三）等，可能是專祭某一些先王的宗廟名稱，有些宗廟名稱裏宗字之前的修飾詞可能是宗廟情況的説明。由于材料的局限，現在對于當時的宗廟制度還説不大清楚。

武乙文丁時期，雖然仍有一些合祭先王的卜辭，但作為時代特點的是大量涌現了單獨致祭于某一位先王的宗廟，如「大乙宗」（合集三二三六〇）、「大甲宗」（屯南二七〇七）、「大庚宗」（屯南三七六三）、「大戊宗」（屯南三七六三）、「中丁宗」（合集三八二二三）、「祖乙宗」（合集三四〇五〇）、「祖辛宗」（合集三八二二四）、「祖丁宗」（合集三四〇五三）、「康祖丁宗」（合集三八二二九）、「文武丁宗」（合集三六一五七）等。這個時期，在祭祀方面應當是從祖庚祖甲時期處于初級階段的周祭向帝乙帝辛時期完備的周祭過渡的時期，也可以説是五期周祭的準備階段。這個時期既然為各個先王建置了單獨的宗廟。那麼，就勢必要定期致祭于這些宗廟。周祭很可能與定期致祭的完備發展有直接關係。

帝乙帝辛時期，一般的作為公共祭祀場所的「宗」很少在卜辭裏出現，僅偶有「西宗」（合集三六四八二）、「北宗」（合集三八二三一）的記載，蓋為殷都以外的宗廟。這種情況並不意味着先王宗廟的消失，而是例行的關于某先王的周祭一定要在某先王的宗廟舉行，從而無須載于卜辭的緣故。與武丁時期普遍出現「祊宗」的情況相反，這個時期普遍出現了關于「宗祊」的記載。「祊宗」是公共祭祀場所的宗廟，而「宗祊」則是某先王的宗廟所附屬的祭祀場所。五期卜辭裏關于「宗祊」的記載為數不少，但只限于武乙、文丁兩位先王，稱為「武乙宗祊」（合集三六〇八二）、「文武丁宗祊」（合集三六一五四）。由此可見，這個時期對于父、祖兩代先王是格外重視的。

分析殷代「宗」的演變情況，可以看到其發展趨勢是由合祭所有先王的公共祭祀場所，漸次變為合祭某一位先王的場所，最後變為某一位先王的單獨祭祀場所。殷代祭祀先祖的神廟殿堂是由大而小，由集中到分散而演變的。殷墟建築基地的發掘情況和卜辭關于「宗」的演變趨勢的記載相一致。殷墟已發掘出的五十多座基址，許多分布在祭祀坑附近，應當是宗廟遺址。其中屬于殷代早期的乙類基址範圍最大，如乙八基址，南北長約八五米，東西寬約一四·五米，可以想見當初其規模是頗為壯觀的。屬于殷代中期的甲類基址則比乙類為小，而屬于殷代晚期的丙類基址則面積最小，如丙十五基址的面積就只有四·三平方米，殷墟建築基址的這些情況可以與卜辭關于「宗」的記載相互印證。

過去以為卜辭裏的「大宗」、「小宗」是宗廟建築，「中宗」是先王稱謂。現在看來，並非絶對如此。應當説，大宗、中宗、小宗既是宗廟建築，又是先王稱謂。它們之間的區分標準應當和大示、中示、小示一樣，以時代先後劃分，而不在于所謂的「直系」與「旁系」的區別。一般説來，大示者入大宗；中示者入中宗；小示者入小宗。卜辭「大示」所包括的大乙至大戊等冠以「大」字的商王。應當是同時又被稱為大宗（即太宗）的，如史記殷本紀即稱大甲為「太宗」。卜辭「中示」諸王可被稱為中宗，如古本紀年謂祖乙為「中宗」，屯南二二八一片亦謂祖丁、祖甲為中宗。小示諸王應當是可以被稱為小宗的。小宗的「小」當與「小示」之小相同，也含有晚、近之義。後世曾將父廟稱為彌廟。彌通尼，近也。彌廟即近廟。卜辭「小宗」與彌廟頗有相似之處。就殷代先王稱謂看，我們可以按時代先後及其它標準進行不同群類的區分。然而，就殷代宗廟建築情況看，大宗、中宗、小宗之間並無嚴格區分。在卜辭裏，無論是在大宗，或是在小宗，均有祭祀自上甲以後諸先王的記載（合集三四〇四四、三四〇四七等）。需要特別指出的是，關于大宗、中宗、小宗的卜辭記載為數很少，現僅見二十餘條，並且集中于三、四期卜辭。這些都説明以大、中、小來區分的「宗」的類別並不為殷人所注目，這種區分也只是在稟辛至文丁時期存在，而不是貫穿于殷王朝始終的。如果對「宗」的區別過分肯定，那是不符合實際的。【關于殷墟卜辭中的「示」和「宗」的探討　社會科學戰線一九七九年第三期】

◉斯維至　齊洹子孟姜壺云。齊侯女乙器奪女字䨓聿喪其殹。齊侯命大子乘傳句宗伯。聽命于天子。案此為田桓子孟姜之器。孟姜蓋桓子之妻。齊侯之女也。殹。从郭讀為舅。爾雅釋親。婦稱夫之父曰舅。是舅即田桓子父田文子。蓋文子新喪。齊侯意欲其子繼承父職。故令其請命於天子也。句。郭引于省吾説云史記劉敬叔孫通傳臚句傳索隱引蘇林下傳語告上為句。則宗伯僅司傳命而已。但其銘接云齊侯拜嘉命。于上天子用璧玉備一嗣。乙器無一嗣二字。于大無嗣折（誓）。于大嗣命用璧兩壺八鼎。于南宮子用璧二備玉二嗣。鼓鐘一肆。乙器無一肆二字。余謂此亦宗伯之職。上天子。上帝也。大無無假巫。大嗣命。大司命也。南宮子當即星辰之名。此與周禮宗伯云以禋祀昊天上帝。以實柴祀日月星辰。以槱燎祀司中司命飌師雨師甚合。郭沫若氏作周官質疑於宗伯。僅寥寥數語。未能徵其職掌。不免疏矣。然余亦有疑焉。蓋此器為春秋中葉所作。而宗伯之名始於此器一見。上天子司命南宮子亦古未稱道者也。以今考之。西周之時。大史大祝實為崇職。周禮以之屬於宗伯。則顛倒矣。但以其言宗伯職掌仍多合者。則此書要非盡出虛構。或即撰作於春秋末年戰國之初乎。【兩周金文所見職官考　中國文化研究彙刊第七卷】

◉徐中舒　從宀從亍示，象祖廟中有神主之形。亍即神主。【甲骨文字典卷七】

◉戴家祥　說文「宗，尊主廟也。从宀从示。」卜辭作⿱宀示或作⿱宀丅。示或作丅。示為神主，字本象形，从宀者，象神主藏諸屋內之義。周人嫡庶之制，本為天子諸侯繼統法而設，復以此制通之大夫以下，則不為君統而為宗統，於是宗法生焉。周初宗法，雖不可考，其見於七十子後學所述者，則喪服小記曰：「別子為祖，繼別為宗，繼禰為小宗，有五世則遷之宗，其繼高祖者也。是故祖遷於上，宗易於下，尊祖則敬宗，敬宗所以尊祖禰也。」大傳曰：「別子為祖，繼別為宗，繼禰者為小宗，有百世不遷之宗，有五世則遷之宗，百世不遷者，別子之後也。宗其繼別子者，所自出者，百世不遷者也。宗其繼高祖者，五世則遷者也。尊祖故敬宗，敬宗，尊祖之義也。」是故有繼別之大宗，有繼高祖之小宗，有繼曾祖之宗，有繼祖之宗，有繼禰之宗，是為五宗。其所宗者，皆嫡也。宗之者，皆庶也。此制為大夫以下設，而不上及天子諸侯。靜安先生殷周制度論。

大雅公劉之詩曰：「君之，宗之。」毛傳「為之君為之宗也」，是天子諸侯雖無大宗之名而有其實也。諸侯與諸侯間亦各相宗，故虞公曰晉吾宗也。左傳僖公五年。滕文公曰吾宗國魯先君。孟子滕文公上。如是，一國中無數小宗以上屬於大宗，無數大宗以上屬諸侯，諸侯迭相宗而同宗天子，故亦宗周。板之詩曰：「宗子維城。」鄭箋「王者之嫡子謂之宗子。」公羊傳莊公二十四年「大夫宗婦覿用幣。宗婦者何。大夫之妻也。」姑姊妹之女曰外宗，有司主禮之官曰宗人，祭器曰宗器或曰宗彝，此乃上古父系原始社會，發展而為家長制的階級社會，一切政教措施由繼承而變化，由變化而變質，必然使原始的祖先崇拜，產生出一系列的教旨與教義，宗廟宗法之所以立，蓋所以合族也。【金文大字典上】

宔

202 207 【包山楚簡文字編】

◉許 慎 宔宗廟宔祏。从宀。主聲。之庾切。【說文解字卷七】

◉馬叙倫 蓋本訓祏也。校者加宗廟主祏。然字疑非古。經傳直借主為祏。則固無此字也。況祏非屋宇。何以字乃從宀。或曰。宔為宗之轉注字。宔音照紐三等。宗從示得聲。示音牀紐三等。同為舌面前摩擦音也。倫謂匚部匰訓宗廟盛主器。說解亦以宗廟連文。而廣韻引匰出字林。蓋宔亦字林中字。由借主為祏後俗造字也。餘見祏下。【說文解字六書疏證卷十四】

◉商承祚 ，三體石經作，《汗簡》、《古文四聲韻》引華嶽文皆作，中山王䜋鼎作。温縣盟書作、侯馬盟書作、，隸為宔。《說文》：「宔，宗廟宔祏。」段注：「經典作主」，引《左傳》：「使祝史徙主祏於周廟。」又《公羊傳》、《穀梁傳》、《左傳》文公二年皆載「作僖公主」事。《禮記·坊記》：「祭祀之有尸也，宗廟之有主也，示民以事也。」此即宗廟宔室之宔。【江陵望山一號楚墓竹簡疾病雜事札記考釋 戰國楚竹簡匯編】

◉劉彬徽等 宔，簡文作，《汗簡》主字作，與簡文相近。借作主，此謂負責斷獄之人。【包山楚簡】

◉湖北省文物考古研究所 北京大學中文系 「地」下一字从「宀」从「主」，用為「主」字。三體石經古文「主」作，《古文四聲韻》引《古老子》作，《華嶽碑》作，並與簡文「宔」字相近。「宔」字又見於侯馬盟書、温縣盟書、中山王銅器及馬王堆漢帛書，均用為「主」字（參看黃盛璋《關於侯馬盟書的主要問題》，《中原文物》一九八一年二期）。「地主」即掌土地之神祇。《國語·越語下》：「皇天后土，四鄉地主正之。」【一號墓竹簡考釋 望山楚簡】

宙

乙七六三 【甲骨文編】

乙763 2358 2434 3233 4345 5393 6320 6702 7795 新2714 【續甲骨文編】

◉許 慎 宙舟輿所極覆也。从宀。由聲。直又切。【說文解字卷七】

◉馬叙倫 沈濤曰。漢書相如傳注引舟輿之所極覆也。是古本有之字。史記相如傳正義引無覆字。莊子齊物論釋文引。舟輿所及覆曰宙。庚桑楚釋文引。舟輿所極覆為宙。王筠曰。舟輿所極為句。釋詁正義引。宙。舟輿所極也。莊子音義引舟輿所極覆曰宙。似後人增覆字。翟云升曰。六書故引三蒼。上下四方曰宇。往古來今曰宙。説文同。當補。徐灝曰。此當以極字為句。極。至也。許謂舟車所至無不覆幬也。史記司馬相如傳正義引許慎曰。宙。舟輿所極也。是其證。後漢書馮衍傳注引倉頡篇。舟車所屆曰宙。屆猶至也。亦其證。然宇宙字從宀。其本義自謂宮室。淮南覽冥訓。燕雀以為鳳皇不能與爭於宇宙之間。高注。宇。屋檐也。宙。棟梁也。段玉裁謂宙之本義為棟。是也。陳衍曰。桂馥讀舟輿所極為句。覆也為句。是也。宙覆疊韻為訓也。倫按尸子。四方上下曰宇。往古來今曰宙。倫謂宇宙者。今言空間時間也。本無其字。故以宇宙字為之。然宇猶可以為引申得訓空間。宙從宀由聲。無往古來今之義可得。欲依聲託事。壽字猶可也。高注訓宙為棟。尋宙從由得聲。由甾一字。甾音照紐。古讀歸端。故棟或轉注為宙。棟屬於屋。故字從宀矣。許本作覆也。以聲訓。舟輿所極覆也者。蓋本尚有極也一訓及舟輿所屆曰宙一句。極也者。棟字義。明宙即棟也。傳寫捝譌如今文。【説文解字六書疏證卷十四】

◉饒宗頤　癸丑卜(爭)貞：自今至於丁巳，我𢦏□。王固曰：丁巳，我毋其𢦏，于來甲子𢦏。旬㞢一日癸亥，車弗𢦏。之夕□，甲子允𢦏。癸丑卜，爭貞：自今至于丁巳，我弗其𢦏□。壬子卜，爭貞自今日我𢦏□。貞：自五日，我弗其𢦏□。（屯乙二三五八、二四三四、四三四五、七七九五，同書六七〇二重。按前二片綴合亦見殷綴一九〇及四四四。）

按□字从宀从由，依急就漢簡及唐寫本玉篇，□為由字，古从宀與冖無別，金文古匋「守」或作□，故知□即宙字。宙為國名，疑即邮。説文謂在左馮翊高陵。玉篇高陵縣有邮亭，在今陝西西安高陵縣。【殷代貞卜人物通考】

寘

□詛楚文　寘者冥室櫝棺之中　【石刻篆文編】

◉徐　鉉　□置也。从宀。真聲。支義切。【説文解字卷七新附】

◉孫詒讓　説文無寘字，惟有「窴」字，穴部云：「窴，塞也。从穴，真聲。」與土部填音義同。段若膺謂易詩之寘字，並即窴之異文。然詩魏風伐檀毛傳云：「寘，置也。」與窴音義並遠，似非一字也。

金文楚曾侯鐘云：「楚王能章作曾侯乙宗彝，□之于卣陽。」□塙是「寘」字，諦案其文，上塙从宀，不从穴，下从□者，□即古文西字。金文多借西為酒，如沇兒鐘作□，齊侯甗作□，與此略同，是即从奠字也。攷説文丌部「奠，置祭也。从酋，酋，酒也。丌，其下也。」金文鄭同媿鼎奠作□，亦省酉為西，與此正同。依許説奠有置義，真字从之，於字例亦合，疑古文正如是作矣。古音奠在庚耕清青部，真在真臻先部，置在之咍部，三部字音多相通轉。

説文匕部「真，僊人變形而登天也。从匕目乚，八所乘載也。」古文作□。其義既不甚古，形則上半似直而非直，下半似丌而非丌，於六書一無所合，古文亦無所見，恐非古文正字也。

説文諧真聲之字凡廿，金文龜甲文咸未見，惟心部慎字云：「古文作□」，不知从何形。鼄公䥪鐘云：「昚為之聽，元器其舊哉！」昚作□與許書略同。又説文火部「賁，柴祭天也。从火，昚，昚古文慎字，祭天所以慎也。」金文戲彝賁字作□，其偏旁昚作□。毛公鼎有寮字作□，説文作寮在穴部，金文从宀與俗書同。其偏旁昚又作□，與鼄鐘復不同，亦不知孰為正字也。

説文网部「置，赦也。从网直。」金文未見甲文有□字即此，上从□即网，下从□即「直」而省「乚」也。依説文「直」从十目乚，而古文作□从木，與木部植字似同。不从乚。凡小篆从直之字，金文如「悳」「德」字皆从□从□甲文亦从□，疑皆从省，詳前古籀撰異。「聽」字齊侯壺作□、□，則从□，其偏旁皆不从十目乚。若然，真之从□非乚非丌，古文是否如是作，固未可知矣。【名原卷下】

□ 寰

□汗簡【古文四聲韻】

◉徐　鉉　□王者封畿内縣也。从宀。睘聲。户關切。【説文解字卷七新附】

◉劉心源　師寰。人名。寰即寰。王制。天子之縣内諸侯。穀梁作寰内。釋文㠯寰為古縣字。廣韻同。説文無寰。新坿在宀部。説又詳縣。妃彝戴氏篆正作□。此从宀袁。與袁盤袁鼎同。或謂非寰字。不知睘从袁聲。古文从袁省罒。猶今人从睘省屮也。【古文審卷六】

◉高田忠周　宋儒釋此篆為寰字。清儒亦承襲之。似是。唯不説袁睘通用之理。為粗扁矣。夫睘字从目袁聲。故金文環字有作瞏者。直从袁聲。寰亦當作寰耳。然寰寰並説文所無。不知偁古字逸文。但愚意竊謂寰是圜字異文。説文新附。寰王者封畿内縣也。从宀睘聲。鄭珍云。王制言天子之縣内之國。天子之縣内諸侯。注云縣内。夏時。天子所居州界名也。即穀梁隱元年傳所言寰内諸侯。知縣是古寰字。夏時。謂邦畿千里之地為縣。此本義也。厥後。王畿内都邑。亦名為縣。説文云。周制。天子地方千里。分為百縣是也。春秋時。諸侯之地亦偁之。故左傳趙簡子云。上大夫受縣。此皆後義。緣古王畿名縣。後世不封諸侯。兼并天下。遂統九州之地。謂之宇縣。見謝元暉和伏武昌登孫權故城詩。義尤後出。漢時字乃別作寰。亦謂之寰宇。六朝以來習用之。早知縣為寰本字者矣。又鄭知同補云。穀梁疏云。王都在中。諸侯四面繞之。故曰寰內。此依環字解之。不知古作縣不作環也。云云。鄭氏父子說。詳則詳矣。然今依此篆。不得謂三代無寰字。且仍金文家字或作□。客字亦作□。又作□。又漢嵩嶽少室石闕篆文。圜字作圜。皆宀□通用而混譌耳。然則寰是圜異文。天子所居州界。即圜內也。而圜縣為通用字。不敢自肊定。存疑云。【古籀篇二十三】

◉高田忠周 此袁作奠白奠姬之祭器也。袁為人名。其从宀从袁。甚顯然者。說文無之。逸脫也。今存于此。或云環字金文有作環者。此袁當寰字省文。似是。唯寰字亦說文所無。徐鉉新附字。天子封畿內縣謂之寰。為从宀瞏聲者。鈕樹玉云。穀梁隱元年傳。寰內諸侯。范甯云。寰古縣字。按鄭注禮記王制云。縣內。夏時。天子所居周界也。殷曰畿。周亦曰畿。據此知寰非古字。廣雅無寰。廣韻云。改寰為縣。始於楚莊謬也。然依此篆。三代有寰字無疑矣。若果袁是寰字。寰當圜字異文。【古籀篇七十二】

◉徐鉉 寀同地為寀。从宀。采聲。倉宰切。【說文解字卷七新附】

甲五七三 地名 甲七六七 甲一七二二 前二・三九・五 前二・四三・七 前六・一三・二 前六・二三・五 戩一〇・三 戩一一・九 後一・三〇・八 京津三八二〇 京津四四二八 京津四五六九 京津四五七〇 菁一〇・二 宫名天邑商公宫 粹九六六 粹九九〇 粹一〇一五 鄴三下・四〇・一二 寧滬一・三八一 明藏七四九 王入 从宫 存二三六六 佚二九五 佚九五一 前四・一五・二 血宫 前四・一五・三 京津一四四〇 从宫 燕三八八 【甲骨文編】

甲445 506 573 767 1391 1721 2119 珠117 416 467 669

670　677　佚56　68　183　295　434　903　951　987　續3·15·6

3·15·8　3·16·1　3·16·2　3·16·3　3·16·4　3·24·1　5·13·6　徵10·52

10·70　10·73　京2·20·4　續存1984　2366　外62　書1·10·C　天78　摭64

70　粹802　966　969　976　981　982　990　1013　1015　1016

1018　1021　1024　1027　新3820　4428　4568　4569　5284　5285　甲3073

3447　3915　乙5321　5386　5808　零2　佚432　532　734　掇67　録608

粹375　502　【續甲骨文編】

宮　召尊　矢方彝　弔䨵鼎　舍父鼎　庚嬴卣　雍伯鼎　晉鼎　十三年瘨壺　善鼎

季無鼎　君夫簋　休盤　柳鼎　南宮柳　南宮乎鐘　伯晨鼎　大鼎　克鐘　頌鼎

頌壺　散盤　拍敦蓋　曾侯乙鐘　鄂君啟舟節　右戹君壺　右宮矛

中山王譽兆域圖　【金文編】

4·34　左宮敢　4·35　右宮郵　4·40　右宮司馬　4·43　右宮毒　4·45　左宮巨隼　4·48　左宮方

4·53　左宮瘧　5·222　宮甲　5·227　北宮　5·221　宮得　5·223　宮戊　5·226　右宮

5·203　宮欬　5·201　宮穳　5·207　宮彊　5·205　宮畬　5·204　宮☐　5·189　麗山飤宮

5·190　同上　5·220　宮章　秦901　宮水　5·210　宮烓　秦1471　獨字　秦224　獨字　【古陶文字徵】

一五六：一　四百零八例　宗盟類定宮平畤之命　不守二宮者　一九五：一　五十一例　九二：一一　十六例　【侯馬盟書字表】

7　202　【包山楚簡文字編】

宮　法一八七　二十二例　日甲五七背　【睡虎地秦簡文字編】

3236　4004　0093　3998　【古璽文編】

雒陽宮丞　尚宮南浴　北宮晏印　賈宮　【漢印文字徵】

石碣田車　宮車其寫　【石刻篆文編】

宮　宮出華岳碑義雲切韻亦如此　【汗簡】

義雲章　華嶽碑　汗簡　【古文四聲韻】

◉許　慎　宮室也。从宀。躳省聲。凡宮之屬皆从宮。居戎切。【說文解字卷七】

◉羅振玉　从吕从□。象有數室之狀。从□象此室達於彼室之狀。皆象形也。說文解字謂从躳省聲。誤以象形為形聲矣。謂躳从宮省則可耳。【增訂殷虛書契考釋卷中】

◉王　襄　爾雅釋宮云：「宮謂之室，室謂之宮。」郭云：「明同，實而兩名。」段注云：「統言之為宮，析言之為室。」按室亦謂之內，鼂錯所謂一堂二內也。契文之宮作□、□，从⌒从吕，或□、⌒，許訓「交覆深屋也」，段注：「古者屋，四柱，東西與南北皆交覆也。有堂有室，是為深屋。」意⌒象上交覆下柱之形，自平面觀之，祇見二柱，吕象室，□象連室，明所覆非一室，故曰深屋。金文之宮均作□，亦象交覆深屋，有二室形，許説从宀躳省聲，段注云：「攷説宮謂从宀吕，會意，亦無不合，宀統其外，吕居其中，吕者，脊骨，居人身之中者也。」【古文流變肊説】

◉王　襄　□□疑宮字。【簠室殷契類纂存疑卷七】

◉林義光　古作[古文字]舍父鼎。疑从呂省聲。𡩋古作[古文字]鄭𡩋邍父鼎。呂亦省作[古文字]。【文源卷十一】

◉高田忠周　爾雅釋宮。宮謂之室。室謂之宮。釋文。古者貴賤同偁宮。秦漢以來。惟王者所居偁宮焉。易繫辭傳。上古穴居而野處。後世聖人易之以宮室。朱駿聲云。按考工記匠人室中度以几。堂上度以筵。宮中度以尋。對文則匔垣之內。統名曰宮。正中曰堂。堂之後曰室。散文則宮室亦同。【古籀篇七十二】

◉郭沫若　[古文字]字屢見。宮字从此作[古文字]。雝亦从此作[古文字]。若[古文字]。蓋从宮省聲。字象連室之形。聲當與宮雝相近。蓋即古房字。字在此當是人或國族名。國語周語「昭王娶於房曰房后。」或即此[古文字]。【卜辭通纂】

◉强運開　[古文字]説文。宮。室也。从宀。躳省聲。段注云。按説宮謂从宀呂會意。亦無不合。宀繞其外。呂居其中也。呂者脊骨也。居人身之中者也。金文宮多作[古文字]。與鼓文異。不从呂。【石鼓釋文】

◉吳其昌　絜文雍已合文作[古文字]。若[古文字]。然則此□已合文之□字果為何字乎。曰此邑字古文作[古文字]者。所从之□亦即宮字。卜辭作[古文字]作[古文字]者。所从之呂或[古文字]之單文亦即說文邕字籀文作[古文字]者。所从之呂之單文亦即古辟雍字。甲骨文作[古文字]者之原始初文也。【殷墟書契解詁二續】

◉唐　蘭　曶鼎第三段裡有東宮，他不像一般的職官名稱。《詩經·碩人》說：「東宮之妹。」毛萇傳：「東宮齊太子也。」《禮記·內則》說：「由命士以上父子皆異宮。」《儀禮·喪服》傳：「子不私其父則不成為子。故有東宮，有西宮，有南宮，有北宮，異居而同財。」清胡培翬《燕寢考》說：「太子是長子，故處于東宮。」《逸周書·本典》解：「維四月既生霸王在東宮。告周公。」這個王是成王。袁子正論引尸子曰：「昔武王崩，成王少，周公踐東宮，祀明堂，假為天子。」(詩經靈台正義)可見東宮是可以代天子的。那末曶鼎第三段的東宮就是共王。銘文追溯過去，那時穆王未死，共王還是太子，所以稱東宮。西清古鑒還有肇貯簋說：「隹巢來㚤。王令東宮追以六師之年。」也應該是穆王晚年。效卣說，王雚于嘗公東宮內饗于王。不知應該怎樣斷句。郭以東宮為曶鼎的東宮，涉子效為曶鼎的效父，不確。

[宂/呂]就是宮字，麥[宂/呂]是麥的宗廟。[宂/呂]从宂，宂和究本應是一字。《廣雅·釋室》：「究，窟也。」或借用宂字。《淮南子·原道》：「禽獸有宂，人民有室。」又《脩務》「野彘有宂莦槎櫛窟虛連比以像宮室。」注：「宂，獸蓐也。」其實人的宮室，是窟發展出來的。《禮記·禮運》：「昔者先王未有宮室，冬則居營窟，夏則居橧巢。」鄭注：「寒則累土，暑者聚薪柴，居其上。」在洞窟裡累土，稱為營。《說文》：「營，帀居也。」就是累土作圓形來作居住地點，所以《說文》就說營是從宮省從熒省聲。而[宂/呂]字或從呂，或只從○，就是壅土的形狀(灉或潍就是雝字)，也像壅土的形狀。從營窟到宮室，在文字方面的反映，就是從宂或究發展為宮室的宮，

宄究兩字的音跟宮字的音是很近的，所以窨應該就讀宮，而是宮的繁體。【西周銅器斷代中的康宮問題　考古學報一九五五年第二十九册】

◉陳獨秀　甲文宮字作𠆤或宮，皆以吕或宮象數室斜對或相連之狀，金文宮字大鼎作宮，皆非心吕字之形；説文謂躳省聲，非也。【小學識字教本】

◉馬叙倫　孔廣居曰。宮疑從二口。象宮室之形。吴夌雲曰。宮是室外四周之牆。非室也。爾雅。大山宮小山。注。宮謂圍繞之。禮記喪大記。君為廬。宮之。是也。論語。譬諸宮牆。宮亦圍也。聘禮。未入竟。壹肆為壝。壇畫階。帷其北。無宮。注。無宮。不壝土畫外垣也。因思畫宮而受帀。是畫外垣也。營。帀居也。亦有環繞之義。故又有環音。林義光曰。疑從邕省聲。饔。鄭饔邍父鼎作𩞁。倫按吴説是也。泛言則宮室同義。故爾雅釋宮曰。宮謂之室。室謂之宮。專言則室之圍蔽。如吴所證是也。金文頌鼎作宮。克鐘作宮。𨾚伯鼎作宮。庚贏卣作宮。永宮鬲作宮。散盤作宮。甲文作宮𠆤。無一從吕作者。本書邕之古文作𡿪。辟雍即辟宮。宰辟父敢。王在辟宮。是其證。從宀。吕或宮吕皆象室之垣蔽。甲文有但作吕𠮤𠮤者。從二口。或前後之。或左右之。或相倚之。以明室垣之非一也。蓋初文止作吕或宮。後加宀以明之。吕為口之茂文。猶口亦作回矣。石鼓。宮車其寫。宮為營之初文。史記五帝紀。以師兵為營衛。營衛即宮衛。石鼓之宮車。蓋亦謂車之有蔽者。篆當作宮。以後起字例。當為從宀吕聲。字見急就篇。【説文解字六書疏證卷十四】

◉馬叙倫　宮為吕之後起字。吕則口之異文。吕字説文未録。而見於邕之古文作𡿪者。古之辟雍即辟宮。宰辟父敢。王在辟宮。其證也。甲文作吕宮。金文則舊釋公孫吕戈之吕。倫以為即其字。非説文之吕字也。後乃增宀。蓋以口為垣之初文。垣必有所入處也。垣音匣紐。故轉注為營。營從熒得聲。熒音亦匣紐。音轉見紐為宮。見匣同為舌根音也。周書王會解。其守營牆者。營牆猶圍牆。漢書揚雄傳禁籞所營。注。營。圍守也。史記五帝紀。以師兵為營衛。營衛亦謂圍守也。石鼓文。宮車其寫。宮車謂有圍蔽之車。此皆可證宮本口之異文。引申以為所居之偁。

𡧍寶𡧍彝　窨字師𡨄鼎作宮。義白敢作宮。説文宄從宀九聲。古文作𠕊。然則從宮𠕊聲。𠕊為肘厷之異文。皆九之後起字。九則肘之初文也。𡨝為宮之轉注字。宮九音同見紐也。亦窮之轉注字。窮音群紐。古讀歸見。説文爾雅皆曰。究。窮也。倫謂𡨝蓋即書之有窮。白爵偁也。【讀金器刻詞卷下】

◉于省吾　佚·七三四「宮受年」。宮為地名。後·下·四一·三「乎宮」、林二·二·十三「宮于萬」、零拾·二「弜弗其氐宮衆奠」，□□□為同字，均應讀為饔。郭沫若釋□為房，通攷七。失之。雝字契文作□□□。金文作□□□。宮字契文作□□□。金文作□絡子宮尊。□，均从□得聲，其所从之□或合或分一也。說文以宮為从宀躳省聲，誤矣。雝字小篆作雝，隸變作雍。以契文雍已合文作□及雝宮从□聲證之，知金文□字塙為雍之初文。契文作方形金文作圜形者。以契刻易於為方也。要之金文言赤□市言□市，□為雍之初文，赤雍市即赤緼市，雍市即緼市。赤猶朱也，雍謂黃也，赤黃市即詩斯干箋所偁「芾者天子純朱諸侯黃朱」之黃朱也。【釋雍　雙劍誃古文雜釋】

◉楊樹達　甲文宮字作□，作□。宀象屋架，□吕象房室，此純象形字也。此字第一步發展為金文師望鼎及刺鼎之寬，門狘卣之窅，於初文象形字外加聲旁九字也。師酉毁作究，字从宮省也。又為羌鼎之亭，於初文象形字外加聲旁丂字也。宮字乃以九字丂字為聲旁者，古音宮在冬部，九丂二字在幽部，冬幽二部為陰陽對轉，此猶上述舀字之變形聲字，以穴為聲，舀在幽部，穴在冬部，其比正同也。寬窅究亭於宮字加聲旁九、丂，此與貌字加聲旁豹字，□字加聲旁又字者同，與瓝笠搯妣佫鏞加形旁者異也。第二步發展為中義父鼎之窖，此字以屋架之宀為形，以九、丂同音或音近之咎為其聲，為純形聲字，而□吕象房室之形者不可得見矣。窖不从九作宂者，篆文姦宂字从宀从九，疑古文亦有此形，避之也。【積微居金文餘說自序】

◉楊樹達　劉體智釋□為客。羅振玉貞松堂集古遺文叁卷九葉上載此鼎凡三器，亦釋此字為客，與劉體智同。⊘余按客字从宀从各，而劉氏書所載此鼎凡六器，羅氏書所載凡三器，其字皆从宀从咎，則二家釋客者並非也。余謂字當釋宮，新窖即新宮也。欲明此說，當於宮字變遷發展之過程求之。甲文宮字作□，或作□，从宀从□，或从吕，象室屋相連或分布之形。說文謂宮从躳省聲，非是。躳字从吕，此古文宮字之形不从吕也。彝銘有寬字，見於師望鼎，文云：「不顯皇考寬公。」愙齋伍册七葉。⊘又刺鼎亦有寬字，文云：「刺覲作寶尊，其用△鬻寬媯。」貞松堂補遺上卷十葉上。字或作寬，門狘卣有其字，文云：「乍窅白寶障彝。」攈古貳之壹卷十二葉上。字又或从宮省作究。師酉毁云：「用作朕文考己伯究姬尊毁。」愙齋玖册十二葉。綜合師望鼎之寬公。刺鼎之寬媯。門狘卣之窅白。師酉毁之究姬觀之，知古人多以此為名號也。然域者鼎云：「用作文考宮白寶障彝。」愙齋伍册十五葉上。伯陵鼎云：「伯陵作文考宮叔寶鬻彝。」貞松續上卷廿四葉上。二銘之宮白宮叔字皆作宮，以此例彼，知師望鼎之寬公，刺鼎之寬媯，門狘卣之究白，師酉毁之究姬，寬究皆即宮字明矣。然則字何以从九也。曰：此加聲旁也。古音宮在冬部，九在幽部，宮字以九為聲者，幽冬二部同入陰陽對轉，音可相通也。⊘且宮字加聲旁不獨九字也。羌鼎云：「羌對揚君命于彝，用乍文考□叔鬻彝。」□字阮元釋為序。積古肆卷十三葉上。吳式芬攈古録金文卷貳之叁卌四葉下從之，非也。此為宮加聲旁丂之字，仍宮字也。丂與九同幽部字，聲亦相近，銘稱宮叔，猶師望鼎之寬公，域者鼎之宮伯，門狡卣之窨伯，而與伯陵鼎之宮叔恰同者也。以上所言，知寬窨二文皆宮加聲旁九者也，究則从宮省加聲旁九者也，寥則宮加聲旁丂者也，要之皆宮字。此一證也。于思泊吉金文選據頌齋拓本載白梡段銘云：「白梡乍氒究室寶段。」下貳卷十四葉上。以究字與室字連文，此究為宮字之證二也。麥彝云：「在八月乙亥，辟井侯光阦厥事麥，咅于麥窨，易金。」麥盉云：「井侯光厥事麥，咅于麥窨，侯易麥金。」咅字近人皆誤釋，余據説文咅讀若過，讀為過，過於麥宮，義至順適，此窨為宮字之證三也。

知寬窨寥之為宮字，然後此銘之窨字乃可説。余日前跋□白段不云乎，象形之字，往往初演變為加聲旁字，繼又演變為形聲。及其為形聲，則其初形之象形已不可見。如裘甲文作□，繼加聲旁作□，最後作□，則从衣又聲，裘之象形不可見矣。宮字初作宮，象形字也。加九或丂作寬窨究或寥，象形加旁字也。咎與九丂同在幽部，从咎猶从九或丂也，至此而宮之象形作□或吕者已不可見，與裘之作衮者為例正同。特衮从又聲，與加旁作又者同，而此宮之形聲字从咎，與加旁作九或丂者音同而形不同，為小異耳。【中義父鼎跋　積微居金文説】

◉李孝定　絜文作上出諸形，除作□□形者各家皆釋宮並無異説外，餘作□□或吕形者各家説者紛紜。今以字形及卜辭辭例考之。諸形並當釋宮，他説皆有可商。作□者，□象正視之形，□若吕則象俯視之形。羅氏之説是也。其省宀而僅作□若吕形者，亦是宮字，蓋字之本義訓室作□若吕於義已顯也。卜辭宮字除稱「公宮」「皿宮」「从宮」為時王居住之所外，自餘諸宮字皆為地名，其作□若吕者，諸家多分釋為二字。今舉其辭例於下：(一)地名。「壬子卜取□」甲編二〇・七・三。「乙亥卜至□女」、「己亥卜不至□」乙・五三二一。「戊午卜□受年」佚・七三四。「貞吕不其受年」乙・一九八〇。「于吕王□為□字之漫漶不明者。田亡戋」粹・九八四。它辭言「田□亡戋」者數數見當為一地但省「宀」耳。同為地名，而一作□一作吕，正猶宮字或作□或作□，所从雖不同，然固一字也。(二)動字。「又□於口受祐」佚・四三三。「□于萬」甲・二・二・十三。「吕于口」乙・八一〇九。言宮于某地名者將于某地營建宮室卜吉凶也。字作□亦作吕。(三)辭意不明者二例。「□□示□」甲編・三四四七。「吕示」乙・八九五六。辭意確不明而辭例全同。同字亦一作□一作吕也。以上就□吕二字辭例可以證其必為一字。又絜文金文雝字並从此為聲，所从亦□吕通作，更可為二字同形之塙證。諸家於此二形所釋不一，而皆有桿格難通者。釋環釋吕釋房釋蛤釋予釋田釋營，於古文雝字从此為聲無以為解。至吕字許訓脊骨篆作□，象脊椎兩節之間有相屬者，而吕兩節不屬。是釋吕於字形亦無徵也。至營字从宮熒省聲為形聲字，而□吕則為純象形字，其音讀當於□□□□諸字求之。並無可以讀營之旁證。知非營字也。于氏从吴氏説釋雍。於字音雖若可通，然於字義字形及古文辭例殊多桿格。雍字許訓雍䲿，明是从隹宮聲，如謂[字形]吕為雍之本字，則不知將於六書居於何等，即以辟雍為雍之本義，則字形作[字形]作吕果何所取象乎。于氏於卜辭[字形]吕諸字悉讀為饔，雖亦勉可通讀。然卜辭自有饔字作[字形]見前五卷也。實則此乃宮字，古文雝字乃从此為聲，金文[字形]市字當讀為雍為緼。于氏之説是也。金文作宮須鼎。宮頌壺。宮𩊚侯鼎。宮庚𡣍卣。宮休盤。宮舍父鼎。宮散盤。宮雍伯鼎。宮拍鼎蓋。又前・六・二三・五辭宮字作[字形]，从二口，固是誤書，亦足見古人於偏旁从[字形]从口之字每多任意為之也。【甲骨文字集釋第七】

◉朱芳圃　羅説非也。字从宀，吕聲。吕即口之繁文，甲文或作[字形]，或作[字形]，皆異形也。

楊君以甲文宮為純象形字，誤與羅同。謂金文宮加九字。作聲旁，可云卓識。宮从吕聲，又加九為聲符者，蓋宮為宮室之宮，因假作他義，故另增聲符以資識別也。【殷周文字釋叢卷中】

◉李孝定　宮字古為象形，後或加「九」為聲符，其字作「𥨫」，楊氏説此是也。蓋宮之為字，必从[字形]、吕，象房室相連，其初本不从「[字形]」，是宮字以从[字形]為主，从「宀」為後加，「宀」者所以別類屬也。字或作宄，或作𥨫，或从吕或从吕省，不能並「口」而悉省之也，非然者，則「宄」、「宮」同字矣，客之非宮，正與宄之非宮同理。舊説釋客，客亦人也，故得从人，舊説較長。

宮之古字但作吕、[字形]，後始增「宀」為之，馬叙倫氏之説是也。【金文詁林讀後記卷七】

◉李學勤　「工師」二字原為合文。工師名原銘作「[字形]」，此字舊釋為「公」，最近我們根據洛陽金村器銘體例，改釋為「宮」李學勤：《東周與秦代文明》第二章，待刊。【湖南戰國兵器銘文選釋　古文字研究第十二輯】

◉徐中舒　從[字形]宀從吕吕，吕或作[字形]，或譌作[字形]。[字形]象房屋透視輪廓，吕象屋頂斜面所開之通氣窗孔。據半坡圓形房屋遺址復原，其房屋乃在圓形基礎上建立圍牆，牆之上部覆以圓錐形屋頂，又於圍牆中部開門，門與屋頂斜面之通氣窗孔呈吕形。此種形制房屋，屋頂似穹窿，牆壁又似環形圍繞，故名為宮。【甲骨文字典卷七】

◉戴家祥　𡨦，疑宮之別體。金文宮字有作𥨫、𡨦者，此易宀為勹，如寶字有作匋者。麥盉「𩰫于麥𡨦宮」，釋宮于義亦順。【金文大字典上】

營　營

營　不从宮　五祀衛鼎　于邵大室東逆營二川　禜字重見【金文編】

營　日甲五三　四例　營　日甲一【睡虎地秦簡文字編】

營 營軍司馬丞 營 營軍司馬 營 營平侯印 【漢印文字徵】

營 營 營亦作忱 營 營華岳碑 【汗簡】

營 古老子 營 義雲章 營 裴光遠集綴 營 華嶽碑 營 雲臺碑 【古文四聲韻】

◉許慎 營市居也。从宮。熒省聲。余傾切。【說文解字卷七】

◉馬昂

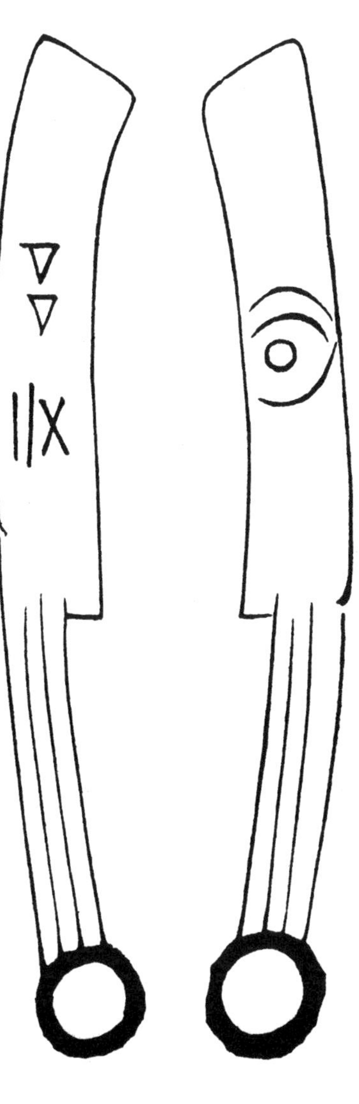

背文上一字作▽▽。為古文營字。校摭古遺文作○○同。說文訓營市居也。今北方市集通衢之所有名營者。如黃營之類 蓋自古稱也。其下作乂乂亦必數目之識。【貨布文字考卷二】

◉馬叙倫 鈕樹玉曰。玉篇注同。段玉裁曰。類篇韻會引市作匝。葉鈔宋本作帀。則市乃帀之譌。王紹蘭曰。營從熒省聲。熒從冂。市亦從冂。可證市居為營之本義。李注文選東京賦引作營市。是也。翟云升曰。文選西京賦注引惑也。別義。見淮南原道精神注。龔橙曰。○○呂竝見李登集古文識營。倫按市居也當作市也居也。皆非本訓。營當訓官也。從呂。𤇾聲。𤇾即金文𤇾字之變。𤇾為金文𤈦之省譌。𤈦即本書之爇。亦為本書燎之初文。營為㙩之初文。周書王會解。其守營牆者。王應麟曰。營牆。壝宮之牆也。漢書楊雄傳禁籞所營。注。營。圍守也。本書縈下曰。設緜蕝為營。以禳風雨雪霜水旱疾疫於日月星辰山川也。此與禮記祭法王宮祭日者同。足明營所以從呂。而宮之為垣蔽義益明。本書。㙩。周垣也。㙩為寮之異文。亦可證矣。營音喻紐四等。古讀歸定。寮音來紐。古讀歸泥。定泥同為舌尖前音。通轉之跡最䋣。男之從田得聲。即其一證。然則音變形殊而義遂異耳。選注引惑也者。營字義。校者加之。玄應一切經音義引倉頡。營。衛也。亦部從也。【說文解字六書疏證卷十四】

呂

乙一九八〇 地名呂不其受年 乙二六六〇 乙三三四四反 乙八七〇九 乙八八四六 乙八八五四
乙八九七八 乙八九五六 京津一〇二九 存下三八〇 河六一二 林一・五・八 陳一六〇 【甲骨文編】

甲404 1647 1874 乙1980 2660 3389 8709 8854 8956 録612
新1028 1029 4309 粹984 【續甲骨文編】

呂 貉子卣 王各于呂 班簋 王令呂伯曰 呂鼎 靜簋 國名 呂王鬲 呂王壺 呂仲爵
曾侯乙鐘 呂鐘又呂音均為律名 邾公牼鐘 玄鏐鏞呂 吉日壬午劍 玄鏐鏄呂 从金 邵鐘 玄鏐鏞鋁 鄦兒鐘 吉
金鏄鋁 國名經典作呂 郘鐘 从邑 郘大弔斧 【金文編】

5·369 隱成呂氏缶容十斗 5·370 同上 6·100 呂□ 6·90 呂鵑 6·96 呂穆 【古陶文字徵】

〔一九〕 〔一九〕 〔六七〕 〔一九〕 〔一九〕 【先秦貨幣文編】

呂 為一九 通旅 逆— 【睡虎地秦簡文字編】

1640 1641 1637 1636 1638 1642 或从邑，與郘鐘郘字同。 1643 【古璽文編】

呂襄私印 呂弘之印 呂氏之印 呂如 呂襄 膂鄉 【漢印文字徵】

四时嘉至磬 【石刻篆文編】

呂 【汗簡】

汗簡 古孝經 雲臺碑 【古文四聲韻】

◉許　慎　吕膂骨也。象形。昔太嶽為禹心呂之臣。故封呂矦。凡呂之屬皆从呂。力舉切。篆文呂。从肉。从旅。【說文解字卷七】

◉林義光　古作吕劉伯鋁鋁字偏旁。作吕貉子尊彝癸。【文源卷一】

◉孫海波　甲骨金文作吕，中皆不相連。【甲骨金文研究】

◉商承祚　下出篆文。則呂乃古文。脊骨顆顆相承而有聯系。呂字正象之。膂後起。則形聲字也。膂。實膂力之專字。眾軍曰旅。凡臂用力。則筋肉齊并。故从旅肉會意而兼聲。書泰誓。「旅力既愆。」詩北山。「旅力方剛。」省肉意同。此以膂為篆文。則叚字也。詩皇矣。「以遏徂旅。」孟子引作「徂莒。」亦同聲叚借。不能謂膂與呂同也。【說文中之古文考】

◉馬叙倫　鈕樹玉曰。韻會作膂肉也。徐灝曰。呂象形字。鍇本作脊肉。非。廣韻引字林亦云。呂。脊骨也。商承祚曰。下出篆文。則此古文。倫按脊肉也者。寅字義。呂象脊骨形。許當以聲訓。脊骨也字林文。昔太嶽以下十三字亦非許語。玄應一切經音義十九及廿二引作太岳為禹臣。委如心呂。因封呂矦也。此類辭氣皆模後人為之。字見急就篇顏師古本。金文邾公牼鐘。玄鏐鏞吕。邵鐘作𨱑。從金。吕聲。蓋脊骨本不相連。故亦作吕也。

王筠曰。旅聲也。後漢書光武紀。至是野穀旅生。章懷注曰。今字書旅作穭。音呂。穭亦作稆。許皆不收。旅之古文與魯同字。稆則從呂。是呂旅同聲。倫按膂為呂之音同來紐轉注字。然俗字故從肉也。從肉四字校者加之。字見急就篇。顏師古本作尻髖脊膂要皆呂。疑急就本作尻髖脊呂要背僂。傳寫作膂。蓋以字林字易之也。顏本膂字亦本作呂。傳寫作膂。校者據別本作呂者注之。傳寫誤在背下。轉挩僂字。篆文者。蓋出石經。【說文解字六書疏證卷十四】

◉吴其昌　重丁則為呂。丁即釘。為金屬。故凡碎金霝塊之作丁形而集聚至兩枚以上者。謂之呂。此至碻不易之事實。請列六證以明之。

金文金字。皆象斧旁有金粒之形。蓋金屬礦石原塊。必須以斧椎而碎之始能融冶。故初民以一斧形旁附碎粒之狀。以示金屬。而為原始會意之金字。故最初之金字。甚至亦間有但繪一斧形。並斧旁碎粒亦無者。如禽彝作□。遇甗作□。周金卷三頁一百八及貞松卷四頁二十一是也。而大部則斧形旁皆附碎粒如□同卣□舍父鼎貞松卷三頁十七□段金歸毁貞松卷五頁八□彔毁是也。而最著者則為逌白毁其孚金之金作□。

其旁附之粒狀。明為吕字之填實書。明為雙丁之重疊形。即舉例之第一字。故吕之本誼。為兩釘狀之金粒也。斯一證也。此外如楕伯彝金作□。其兩金粒之狀皆作□。此亦象丁狀丁字之斜置形也。

吕之本誼。為兩以上多數釘狀之金粒。以故吕可以賞錫臣工。于是效父彝之銘詞始可得而解。效父彝云。休孝王錫效父□三。此□字昔人終不得其意。攈古録及奇觚室吉金文述釋為貝。金文固無如此之貝字。郭沫若知其不通。猥欲新説易之云。□案乃二貝形。字當是朋。是真五十步與百步之例也。且金文明有二貝形之字。其字作□。明見于南宮□鼎嘯堂集古録等文云庸行。亦即奄行。象大小貝相掩之形。為奄弇之本字。如此。則又何説。郭説見兩周金文大系上篇頁八十。以今解之。休王賜效父吕即□三者。即休王以金塊三賜效父。故效父以此金用作寶隮彝也。不較怡然理順乎。斯二證也。

惟金粒。故可以鑄尊彝鐘鼎。吕。金粒也。故玄鏐鏞吕所以鑄鐘。故鼄公牼鐘曰。鼄公牼罴擇厥吉金。玄鏐膚吕自作龢鐘。此明證也。膚吕通作鏞吕。邵鐘銘曰。……作為余鐘。玄鏐鏞鋁。大鐘八□肆。又其證也。鏞鋁通作鑇鋁。叔弓鐘曰。日罴吉金鈇鐈鑇鋁用鈘作鑄其寶鎛。嘯堂册二頁七十八可證。鑇鋁又通作鎛鋁。余義鐘曰。得吉金鎛鋁台以鑄龢鐘。可證。鎛鋁又通作鋪吕。吉日壬午劍曰。吉日壬午作為元用玄鏐鋪吕。可證。又弡仲簠云。弡仲作寶匡簠罴之金□鎛□鏷鏞。此□□二字。宋人摹寫甚譌。王先生已不釋。嚴可均于下一字為鋁。仝上古文。按嚴釋碻不可易。上一字之為鎛字。亦顯然明白。鎛鋁正與余義鐘合。宋人釋鈇鈗全無根據。正惟吕之義為金粒。故不特用以鑄鐘且亦以鑄簠。亦以鑄劍也。疑古之吕地。因產銅鑛而得名。斯三證也。

吕為金粒。故初民欲計其量之多寡。其所用以為數量標準之單位為勻。亦作匌。即春秋時之鈞也。北平圖書館藏非余鼎。其銘著録于貞松堂集古遺文補遺卷一頁十一云。錫金一勻。其字作□。□者即九吕之合文也。守毁金十鈞。鈞字作□。□者即九金之合文也。古者以九進為諸等之級數。詳見汪中述學説三九。今我人計里。尚用九進。三吴人以一九二九計里。國家官道，亦以九十里為一驛。計時亦間用九進。如九九消寒數。據汪中之説。則古初殆無往而不九進。故九吕為□。九金為匌。固其宜也。其後合勻匌二字而為鈞。知鈞之量為九吕矣。知九吕又即為九金矣。知吕之義為金屬之塊粒矣。斯四證也。

更以字形觀之。則吕字為兩丁字重疊而成。昭著顯白。無可詬辯。丁字〇●並有。故吕字亦〇〇●●並有。且上所舉吕字之例。與丁字第一、二、三、三種字體皆符。如第十字之吕作〇〇。正即為上第一類第五字之丁作●者之重疊。此至為明白。他皆相類。斯五證也。

上例五證。義皆顯明易了。今更以古術語中委曲推其較晦之證。國語周語韋昭注曰。吕。六吕。林鐘。中吕。夾鐘。大吕。應鐘。南吕也。按六吕為古代習用之名詞。然吾儕始終不悉其命名之由來。以今觀之。則六吕命名之由。殆與九成同耳。恐最初之義。謂於六種不同之樂器上每器打撞一下。於是而發生六種不同音階。謂之六吕。是則吕之義與丁正同。斯六證也。

說文吕。脊骨也。象形。又云。膂。篆文吕。從肉。旅聲。此為後起之義。說文于吕字之中加有一系。始象脊椎之形耳。然金文于吕字及從吕之宫字。雝字。⊘絕無于其中加一系者。又王筠釋例云。玉篇吕字及從吕者。皆省其系。可知六朝時尚有學者知吕字當作〇〇。不作吕也。作〇〇而不作吕。則不得象脊骨之形矣。【金文名象疏證　武漢大學文哲季刊六卷一期】

◉高鴻縉　吕為脊椎骨。象形。膂則其後出之形聲字。从肉。旅聲。故典籍用字。吕與旅通。攷工記函人為甲。權其上旅。與其下旅。鄭衆注。上旅謂要以上。下旅謂要以下也。又甲金文字中無連筆。小篆始有之。【中國字例二篇】

◉黄然偉　「吕」，在説文中有兩個意義：「脊骨也，象形；昔太嶽為禹心吕之臣，故封吕矦。」前者是它的本義，而後者為假借義。

吕的本義是脊椎骨，為人體中的重要部份，後來它被假借為國名、地名和姓氏了。

在許多的甲骨片子中，有吕字的殘片大約有十多片，其中半數以上是沒有一句完整的辭句，有些只有一個吕字和一兩個其他的字連在一起(如乙8909、乙8956、甲1874、新1028　1029、録612等)：在這些斷片中，我們很難看出吕字在甲骨卜辭上所表示的是甚麽意義，但在另一部份，上面刻有較多的文字，有成句的句子。如乙1980、乙2660與2658合拼的兩片，便很清楚的刻着「吕不受年」和「貞：吕不其受年」的句子，這是殷人對神祇祈求季的卜辭。

卜辭中有許多關於他們求雨、求年、及祭祀的記載。其中許多「某受年」的刻辭，如(1)「□寅卜，萬受年」(前3·30·5)。(2)「甲辰卜，商受年」(前3·30·6)。(3)「□□，殉受年」(前6·16·3)。(4)「癸卯卜，争貞：今歲商受年」(燕493)。(5)「甴弗其受黍年」(乙4683)。

殉、萬、商及甴都是當時的地方名。吕也是一個地方名是無疑的。此外粹984一片卜辭也可作為一個佐證：「工其田殉，湄日亡𢦏，于吕迺田，亡𢦏。」

上述卜辭的吕是地名，然則它的位置是在甚麼地方？要是卜辭所載的吕即是太嶽受封的地方，那末，今之河南省西南部的南陽縣，在三千多年以前，已屬殷的勢力范圍之内了。【説吕 中國文字第一期】

躳

226【包山楚簡文字編】

2683 5192 5194 2681 5195【古璽文編】

倘躬德以俟賢世興顯令名存【漢印文字徵】

泰山刻石 皇帝躳聽【石刻篆文編】

躳出王存乂切韻【汗簡】

王存乂切韻【古文四聲韻】

◉許 慎 身也。从身。从吕。居戎切。躳或从弓。【説文解字卷七】

◉林義光 象人形。前象腹。後象脊膂。【文源卷四】

◉馬叙倫 宋保曰。躳從宮得聲。以從吕故列吕部。今云從身從吕。是左右皆形。無以下筆。緣校者因附於吕部。故改從吕也。葉玉森曰。從吕。吕即宮字所從之偏傍。非從吕也。倫按從身。吕聲。吕為宮之初文也。國語楚語。余左執鬼中。右執殤宮。王念孫讀宮為躳。此重文作躬。本書营從艸宮聲。重文作芎。均可證也。躳為身之轉注字。論語。吾黨有直躬者。釋文。躬。鄭作身。書牧誓。其於爾躬有戮。史記周本紀躬作身。身㐆一字。㐆音影紐。宮音見紐。皆清破裂音也。又為軀之轉注字。同為舌根破裂音也。篆當作。古鉩作。亦可證也。當入身部。字或出字林。

徐鍇曰。弓聲。倫按弓音亦見紐也。故躳轉注為躬。唐寫本切韻殘卷一東躬下曰。按説文作此躳也。則陸據本無躬字。鍇本作俗或從弓身。俗字為江式所增。亦或此字出後人增也。【説文解字六書疏證卷十四】

布空大 歷博【古幣文編】

穴 封七四 七例 法一五二 四例【睡虎地秦簡文字編】

穴【汗簡】

雲臺碑【古文四聲韻】

◉許 慎 土室也。从宀。八聲。凡穴之屬皆从穴。胡決切。【説文解字卷七】

◉林義光 穴八不同音。古作。录伯成敦案字偏旁。象穴形。【文源卷一】

◉馬叙倫 沈濤曰。詩緜正義引作土屋。朱駿聲曰。象嵌空之形。非八字。倫按宀穴一字。篆當作。象形。説解本作室也。土室也者。蓋字林文。穴即室之初文也。窨下⿱穴复下同。【説文解字六書疏證卷十四】

◉許 慎 北方謂地空。因以為土穴。為⿱穴皿户。从穴。皿聲。讀若猛。武永切。【説文解字卷七】

◉馬叙倫 此宀之雙聲轉注字。益明宀穴之為一字矣。説解北方上有挩文。北方以下十三字校語。或此字出字林。【説文解字六書疏證卷十四】

◉許 慎 地室也。从穴。音聲。於禁切。【説文解字卷七】

◉馬叙倫 朱駿聲曰。今蘓俗謂之地窨子。詩七月。三之日納于凌陰。借陰為之。倫按徐鍇謂舊京謂地窨藏酒為窨。今北平藏冰者曰冰窨。下文。窖。地藏也。窨音見紐。窨音影紐。皆清破裂音。是轉注字。窨與穴為同根音。是由穴轉窨復為窨也。此及⿱穴复下作地室也。上文穴下作土室也。當必有一譌。窨陰似同語原。【説文解字六書疏證卷十四】

尾生窯 臣窯 公可窯 鄉窯【漢印文字徵】

◉許 慎 燒瓦竈也。从穴。羔聲。余招切。【説文解字卷七】

𥨍 𥨍

◉馬叙倫　鈕樹玉曰。韻會引作燒瓦窯也。桂馥曰。燒瓦竈也者。字林三倉解詁同。廣雅。匋。窯也。通俗文。陶竈曰窯。王筠曰。朱筠本作從羔聲。小徐作燒瓦窯竈也。竊意當云燒瓦匋竈也。匋即窯之異文。丁福保曰。慧琳音義六引皆同大徐。唯一引同小徐。倫按鍇本窯字乃隸書複舉字而誤乙者也。詩緜正義引作陶瓦器竈也。蓋本作匋也燒瓦器竈也。傳寫匋字從時寫加自旁。又捝燒字。匋也蓋本訓。燒瓦竈也乃吕忱據三蒼加。玄應一切經音義十一引蒼頡作窰。十五引字林亦作窰。竝訓燒瓦竈也。廣韻集韻竝以窰為窯之重文。然則此下當有重文作窰。而倉頡本作窯。傳寫者以字林字易之。或謂燒瓦竈乃匋字義。窯為𥨍之同次清摩擦音轉注字。故次窨下𥨍上。倫謂初止謂穴為窯。既有宮室。而燒瓦器竈似窯。固亦以窯名耳。窯窨古聲同幽類轉注字。【説文解字六書疏證卷十四】

◉許　慎　𥨍地室也。从穴。復聲。詩曰。陶𥨍陶穴。芳福切。【説文解字卷七】

◉馬叙倫　朱文藻曰。引詩繫傳在臣鍇説中。倫按詩緜。陶復陶穴。未有家室。毛傳。陶其土而覆之。陶其壤而穴之。箋曰。復者復于土上。鑿地曰穴。皆如陶然。復即𥨍之省。𥨍音敷紐。宀⿱穴皿音皆微紐。同為脣齒音。蓋轉注字。𥨍覆同字。此字蓋出字林。【説文解字六書疏證卷十四】

◉白玉峥　吕：籀廎先生未釋，惟於本段隸作田，蓋為誤認者也。葉玉森氏釋宮，云：「象列屋參差銜接之形。」集釋二・四五。或釋房，曰：「宮字、雝字，有从此作者；宮，或作宮；雝作雝。宮、雝同在東部，疑字乃从此得聲。字象連屋之形，而音與東相近，則必古之房字矣。」甲研釋吕。孫海波氏疑為環字。文編附録二六。屈萬里先生曰：「吕，蓋邦族之名，當是孟子『上者為營窟』之營字。連環之窟穴也。」甲考三九七頁。峥按：釋宮、釋房、釋營，均是；惟均未為的也。竊疑似宜釋𥨍。説文解字：「𥨍，地室也；从穴復聲。詩曰：『陶𥨍陶穴』。」字又作㙏，説文未收。玉篇：「㙏，亦作𥨍。」彦堂先生曰：「小屯遺址中多大圓坑，底平，有出入之口，有土階；在當時坑上必有圍牆，構木為頂，覆以茅茨，現存者僅坑口而已。卜辭中的宮字，就象屋頂下有圓坑之形。詩經大雅所稱『陶復陶穴』、『復穴』即指此類地下室而言。圓坑，本是一般社會的居室，小屯附近的殷代遺址中均有。復穴的形式，有渾圓的，有橢圓的，略呈方形或長方形的；壁上的麥稭泥，坑底的席紋等，可以推知，這種大圓坑，必為居住的所在。大圓坑中又有圓井或方井，則是專供儲存物品用的。」見甲骨學六十年三〇頁。可知吕字，蓋象此類地室斷面之形者；上為住居之處，下則乃其屯積物品者。且也，類此之建築，今之西北黄土高原，人們的住居，仍可尋知其遺跡；即今之洛陽以北一帶，亦可尋得其遺跡。甲骨文字中有复字，釋复，其上从之亞，蓋亦吕字之形近者；下从夂，示往來於此，因之復有重義。是𥨍乃

地下之重屋也。【契文舉例校讀　中國文字第四十三册】

竈　从宀孫詒讓曰讀當為窖左傳昭十一年杜注云窖副倅也　邵鐘　其竈四堵　秦公簋　竈囿四方秦公鎛作㡯及四方詩皇矣作奄有四方

【金文編】

3·781　右竈　金泥下　命匋正灶察乍頌填　説文所無五音集韻灶俗竈字　【古陶文字徵】

竈　日甲七二背　古灶字　日乙四〇　法一九二　二例　【睡虎地秦簡文字編】

5496　【古璽文編】

程竈　【漢印文字徵】

石碣吴人　勿竈勿代　【石刻篆文編】

籀韻　【古文四聲韻】

◉許　慎　竈炊竈也。从穴。鼀省聲。則到切。竈竈或不省。【説文解字卷七】

◉吴大澂　从宀从黽。古黽字。説文黽。籀文作䵶。古字从此。竈疑即竈字。説文竈。炊竈也。或作竈。竈亦通造。周禮春官太祝掌六祈二曰造注。造故書作竈。杜子春讀為造次之造。【愙齋集古録下册】

◉劉心源　竈近人皆釋奄。案攷古圖薛氏款識窖磬有字。其文不可讀而皆釋奄。然正是竈。宋人不諳篆法而往往耳食。釋奄者不過曰弇古文作耳。篆形未合。文義奚適。吾見潘師别一邵鐘作。較為明㬎。攷説文黽籀文作。即竈字所从者。竈重文作竈。今人知有竈不知有竈。更不知竈為竈矣。古文宀穴通用。丣敲家室用室字可證。周禮大祝二曰造汁。故書造作竈。杜子春讀竈為造次之造。書亦或為造。是竈即造字矣。周禮膳夫卒食吕樂徹于造。司農注。造謂食之故所居處也。已食徹置故處。是置食之處為造。即竈屋也。此云其竈四堵。謂徹食用樂處也。【奇觚室吉金文述卷九】

◉鮑　鼎　字釋文闕釋。考釋釋為竈字。古籀補入附録。【愙齋集古録校勘記】

◉孫詒讓　竈竈同。説文穴部竈。炊竈也。从穴鼀省聲。重文竈。或不省。此作竈。又从穴省也。其讀當為簉。周禮大祝六祈二曰造注云。故書造作竈。杜子春讀竈為造次之造。是竈造聲近字通。左傳昭十一年杜注云。簉副倅也。【籀廎述林卷七】

◉高田忠周　舊釋皆作奄。蓋依詩皇矣篇有奄有四方之句也。然此篆斷非奄字。今細審。从穴明晳。下作[古文字形]。與邾太宰簠竈字作[古文字形]所从黽形及郘鐘竈字作[古文字形]所从黽形相似。然則此篆為竈字無疑者。説文。[古文字形]炊穴也。从穴鼀省聲。或不省作[古文字形]。而銘意必非炊穴義。此竈。疑造字之叚借。朱氏駿聲。竈叚借為造。周禮太祝。故書二曰竈。釋名。竈造也。創造飲食也。銘云。造有下國者。創造保有之意。與石鼓文亦借竈為造。大意相同矣。【古籀篇七十二】

◉强運開　[古文字形]説文炊竈也。从穴。鼀省聲。或不省作竈。郘鐘其竈四堵作[古文字形]。孫詒讓云。當讀為簉。左傳昭十一年杜注云。簉副倅也。蓋竈簉為同音叚借。猶言其副四堵也。又秦公敢[古文字形]囿四方。王國維云。當是造有四方。容庚云。詩奄有四方之奄殆此字之譌。蓋形相近也。運開按。周禮大祝。掌六祈以同鬼神示。一曰類。二曰造。又大師。宜于社。造于祖。大會同。造于廟。宜于社。過大山川則用事焉。故書造作竈。杜子春讀竈為造次之造。造祭於祖也。造為祭名。竈造亦同音叚借字。鼓言⿰食丮西⿰食丮北勿竈勿伐。正言過大山川則用事而行竈祭。若勿竈祭則勿伐取禽獸。下文進獻用特歸格埶祖二語。今雖殘缺。祇存獻用二字。埶字又有大祝字及會受其庸句。固皆言祭祀祈福事也。是釋竈為造祭。按之上下文義俱可通也。【石鼓釋文】

◉顧廷龍　[古文字形]竈。按與秦公敢[古文字形]似。疑亦竈字。周右竈。【古陶文孴録卷七】

◉馬叙倫　嚴可均曰。史記褚補武紀索隱引説文云。周禮以竈祠祝融。沈濤曰。此見五經異義。乃古周禮説。鈕樹玉曰。鍇及韻會鼀黽也象竈之形。蓋襍鍇語。倫按竈窯古聲同幽類轉注字。炊竈也非本義。亦非本訓。索隱引者校語。秦公敢作[古文字形]。石鼓作[古文字形]。郘鐘作[古文字形]。【説文解字六書疏證卷十四】

◉馬叙倫　其竈四堵者。疑竈借為鼜。聲同幽類。詩小雅伐鼓鼓鐘伐鼜。荀子正論伐皋而食。此為亯器。故鐘鼓並言。考工記。韗人為皋陶。鄭注。此鼓兩面。以六鼓差之。則亦如鐘之編列矣。故曰四堵也。劉心源據周禮。膳夫。卒食。以樂徹于造。司農注造謂食之故所居處也。釋竈為徹食用樂處。非是。【讀金器刻識郘鐘　國學季刊五卷一期】

◉許　慎　窐甑空也。从穴。圭聲。烏瓜切。【說文解字卷七】

◉馬叙倫　徐鍇曰。甑下孔也。錢坫曰。即玉篇之甗字。徐灝曰。鍇本但云空也。鍇因楚辭有甑窐之語而釋之曰甑下空也。鉉因加甑字耳。窐為凡窐下之偁。字又作窪。別作窊。翟云升曰。繫傳及韻會引竝無甑字。然當依廣韻作甑下孔也。倫按字從穴。不得為甑下孔。窐自訓空。但是空而下者。呂氏春秋任地。子能以窐為突乎。注。容容汙下也。是其證。今俗作凹。或曰。此閨之異文。故訓空也。說亦可從。字蓋出字林【說文解字六書疏證卷十四】

罙　罙　芇伯簋　我亦弗罙享邦【金文編】

罙　湥竝出王存乂切韻【汗簡】

◉許　慎　罙深也。一曰。竈突。从穴。从火。从求省。式鍼切。【說文解字卷七】

◉王　襄　罙古罙字。【簠室殷契類編正編第七】

◉林義光　求。曲也。見求字條。从求省。轉注。火由竈突曲上也。【文源卷六】

◉馬叙倫　孔廣居曰。一曰竈突當以持火穴中為意。求省之說可疑。戚學標曰。求省當作又省。又。手也。即収推林內火。與爨同意。一曰竈突及史記曲突徙薪之突皆當作突。探字從之得聲。王筠曰。馬本繫傳作竈突。竈突之說廣韻感部先出之。而後引說文深也。似竈突不出說文。而玉篇秪云竈突。又無深也一義。廣韻侵部止云突也。竝無竈字。將無說文本作突也。初不指謂竈突。或有增竈字者。或有誤為深者。後人掇拾之而加一曰邪。張文虎曰。深也疑探之誤。探禫聲近。故云讀若三年導服之導。求聲極遠。形亦太疏。疑本從又。又。手也。突者。竈門進火處。非高出屋上之突。今許書突篆下無竈突義。一曰竈突當屬於彼。朱駿聲曰。突本訓當為竈突。以形近誤突為突。倫按以音求之。即今紹興縣謂竈內然柴處曰竈突者是也。紹興謂此音正如導。竈突為納火處。史記之曲突。戚謂當為曲突。是也。竈突須為∩形。若直而為冂。則火勢外流。失其功用。且易延燒。故有曲突徙薪之說。廣雅釋宮。寤謂之竈。其脣謂之陘。其窗謂之埃。埃下謂之口。段玉裁謂埃下謂之突。倫謂段以意定突字。非也。其窗謂之埃。埃即突之異文。突為火門。門窗同意。故囱得增穴為窗。而窺闌為一字也。突字突甗作罙。甲文作罙。從宀。术聲。术音牀紐三等。與審紐三等同為舌面前音。故突音入審三。傳寫譌為罙耳。深也以聲訓。讀若三年導服者。字當作禫。十三篇禫讀如深。是其例證。一曰竈突者。突當為突。突音審紐。古

穿 竂

讀歸透。定透同為舌尖前破裂音。突從朮得聲。古讀牀入定。突音定紐也。此校者記異本。或字林訓。突為堪之聲同侵類轉注字。【説文解字六書疏證卷十四】

穿 法八〇 三例 日乙五七 二例 日乙一九六 日乙一九一 日甲三八 二例【睡虎地秦簡文字編】

0381【古璽文編】

張穿 崔穿 李穿【漢印文字徵】

◉許　慎 穿通也。从牙在穴中。昌緣切。【説文解字卷七】

◉馬叙倫 苗夔曰。牙當為身。身亦聲。漢隸身牙耳三字無別。詩行露。何以穿我屋。釋文。穿。本作穿。音川。可證。龔橙曰。穿即竄。倫按苗説可從也。身音審紐三等。穿音穿紐三等。同為舌面前音。古讀竝歸於透。今金器文猶未見穿字。古鉩作。從者。與邾公華鐘身字作者相似。亦可證也。通也非本義。亦非本訓。穿是名詞。疑為突之同舌面前音轉注字。古借為叀字。故今以為動詞。【説文解字六書疏證卷十四】

前四·三一·五 説文云竂穿也从穴寮聲左傳穀梁傳國語注並云同官曰寮从宀不从穴與卜辭同　韋㠯竂即衛師竂 前五·三九·八 續三·二八·七 粹一二一二 地名在㠯竂卜 河一八二 河六九四 珠五三七 京津三三一六 佚三九五 河七七一【甲骨文編】

甲2476 珠537 佚395 粹1212 續3·16·4 續3·28·7 徵4·54 録182 694 771【續甲骨文編】

竂 从宀與經典同 夨方彝 卿事竂 夨尊 令簋 用廄竂人 番生簋 毛公厝鼎 省呂 遫

盂 各𠬝司寮女寮奚 【金文編】

𠂆一既𠁥既(乙3—16) 【長沙子彈庫帛書文字編】

王庶子碑 義雲章 【古文四聲韻】

◉許 慎 寮穿也。从穴。尞聲。論語有公伯寮。洛蕭切。 【説文解字卷七】

◉吳大澂 寮官也。同官曰寮。許氏説寮。穿也。毛公鼎。 【説文古籀補卷七】

◉羅振玉 爾雅釋詁。「寮。官也」。釋文。「字又作僚」。左氏傳文七年穀梁傳莊十六年國語魯語注並云。「同官曰寮」。儀禮士冠禮注。「同官為僚」。是寮古通僚。説文有僚無寮。於僚訓「好貌。」而卜辭及毛公鼎番生敢皆有寮字。今人每以文字不見許書者為俗書。是不然矣。卜辭又省宀作尞。漢祝睦碑「尞屬欽熙」。魏元丕碑「酬咨羣尞」。是漢魏間尚叚尞為寮也。見增考中二十葉。 【增訂殷墟書契考釋卷中】

◉高田忠周 寮 説文寮穿也。从穴尞聲。而此篆明从宀。與許書不合。又古書官寮字絶無作寮者。或本寮與寮別字。許氏偶脱一文乎。周禮司烜氏。共墳燭庭燎。注樹于門外曰大燭。于門内曰庭燎。宀下之燎。其意蓋官人執事。夜以繼日之處也。人曰僚。僚人所居之處曰寮。然或寮从穴。為穴居之意。穴宀同意。穿寮為轉義也。 【古籀篇七十二】

◉馬叙倫 穿也之義無見於經記。蒼頡篇。寮。小窗也。亦無塙證。金文毛公鼎作寮。番生敢作寮。周明公敢作寮。柴尞字甲文作。倫謂此從宮聲。史記仲尼弟子列傳。公伯寮。字子周。周為堵之轉注字。是其名字相應。亦可證宮之為垣蔽矣。爾雅釋詁。寮。官也。或官為宮之譌字。周禮小宰。掌建邦之宮刑。注。宮當為官。穀梁桓十四年傳。内之三宮。釋文。宮本或作官。此宮官形音交譌之證。則寮為周之聲同幽類轉注字。蒼頡蓋借為櫜。穿也者。穿字涉上文穿下隸書複舉字而譌。論語六字校語。 【説文解字六書疏證卷十四】

◉李孝定 今本論語作「寮」。説文無寮字。而於寮下引論語以證字。是許君所見本作「寮」也。段氏注云。「倉頡篇曰『寮小空也』。西京賦曰『交綺豁以疏寮』。薛曰『疏刻穿之也』。善曰『倉頡篇云寮小窗』。魏都賦『皦日籠光於綺寮』。按大雅『及爾同寮』。左傳曰『同官為寮』。毛傳曰『寮。官也』。箋云『與女同官俱為卿士』。蓋同官者同居一域。如俗云同學一處為同窗也。亦假僚字為之。」今通作寮。僚栔文正从宀尞聲。當與寮為同字。古人有穴居者。詩云「陶復陶穴」是也。然則从穴从宀其事類正同。字之本義當為人所居屋。今台灣猶多以寮名屋者。蓋古義之僅存者。訓穿訓空。其引申義也。同官為同寮者。同官則其治事之所必同也。雷浚説文外編云。「説文無寮字。左傳『同官為寮』。此寮字他處多作僚。案説文『僚好皃』。此陳風『佼人僚兮』之僚字。凡百僚同僚僚友皆假借字。此殆亙古無正字者。」雷氏此説恐未必然。其正字固當作寮若寮。寮為寮之或體。許君有寮無寮。殆偶失收耳。卜辭云。「制令其唯大史寮令。」前五三九・八。此百僚同僚之義也。「丁未卜行貞王賓叡亡尤在自師寮卜　丁未卜行貞王賓歲亡尤在自寮」。佚・三九五。自寮地名。蓋即寮舍之義也。又云。「韋自寮弜改亡㝵王其乎㝵示京自又用若。」前四・三一・六。「☐卜在䒷泉定按二字合文地名。餗貞韋自寮郕□王其令㝵不□克古王令☐。」簠徵、人名、五四。辭義不詳。言「韋自寮」未知與上辭「自寮」同義否。金文作毛公鼎「卿事寮」「大史寮」與卜辭同。矢簋。矢作丁公簋。同上。齊侯鎛。从宮賓聲。从宮與从宀从穴同意【甲骨文字集釋第七】

◉徐中舒　從宀從寮，象於大型宮室中燃火之形，表示多人飲食起居於其中。後世之同火、同寮(僚)蓋源於此。初本謂同居一室之人也。【甲骨文字典卷七】

◉戴家祥　説文七篇穴部「寮，穿也」。玉篇一二八穴部「寮，官寮也，與僚同」，又一五六宀部「寮，穿也」，解同許書。而許氏宀部則缺寮字，後世治小學者，每疑今本説文誤脱之。考古字从宀與从穴區別不嚴，叔宿毁宿作宿，邵鐘竈作竈，集韻下平十一唐康㝩同字，十三耕宏宖同字，十九矦寠窶同字，金文作矢方彝。亦作毛公鼎。變从穴為从宮，易繫辭下曰：「上古穴居而野處，後世聖人易之以宮室。」禮記禮運曰「昔者先王未有宮室，冬則居營窟。」宮室為人類穴居生活之進化發展，其詞義亦相承也。番生毁作，則又从寮省火。【金文大字典上】

⿱穴夬

◉許　慎　穿也。从穴。決省聲。於決切。【説文解字卷七】

◉馬叙倫　鍇本作夬聲。是也。⿱穴夬穴聲同脂類。蓋轉注字。亦疑為闕之轉注字也。闕音溪紐。⿱穴夬從夬得聲。夬音見紐。見溪同為舌根破裂音。漢書司馬相如傳注引應劭曰。缺。闕也。國語周語。單若有闕。注。闕。缺也。互以聲訓。是其例證。或曰。穿從身得聲。身㐆一字。㐆音影紐。與⿱穴夬雙聲。穿⿱穴夬亦脂真對轉聲也。蓋轉注字。【説文解字六書疏證卷十四】

⿱穴抉

◉許　慎　深抉也。从穴。从抉。於決切。【説文解字卷七】

◉馬叙倫　徐灝曰。⿱穴夬⿱穴抉一字。倫按鍇本作抉聲。是也。蓋⿱穴夬之重文。傳寫譌為二字。後人妄加説解也。又疑⿱穴夬下穿也者本作抉也。以聲訓。又有深也一訓。傳寫於⿱穴夬下譌作穿也。而本訓轉譌入重文下也。【説文解字六書疏證卷十四】

竇 法一九七 二例 封七六 【睡虎地秦簡文字編】

竇武印 竇奴 竇應 竇昱印信 竇雲私印 竇昌 竇青 尹竇之印 竇汎私印 竇福印 竇弘印 【漢印文字徵】

◉許 慎 竇空也。从穴。𧶠省聲。徒奏切。【説文解字卷七】

◉馬叙倫 鈕樹玉曰。韻會作賣聲。王筠曰。賣蓋𧶠之譌。倫按𧶠聲也。左襄卅年傳。伯有自墓門之瀆入。借瀆為竇。家語。守者曰。彼有缺。曰。君子不竇。是竇亦地空也。字見急就篇。【説文解字六書疏證卷十四】

◉于豪亮 《甲編》1374A：

竇此丈五尺，直三百九十。……

它韋沓一兩，直八百五十。

竇从𧶠聲，古从𧶠得聲之字可與从俞得聲之字相通假，如《左傳・襄公十年》「篳門閨竇之人」，《説文・竹部》篳字下引作「篳門圭窬」，《玉篇・竹部》及《文選・謝朓拜中軍記室辭隨王牋》注並引作窬。《論語・陽貨》：「其猶穿窬之盜也與？」窬亦以讀為竇為長。故此簡之竇此應即緰貲。《説文・糸部》：「緰，緰貲，布也。」字又作緰紫，《急就章》「服瑣緰紫與繒連」，顔注：「緰紫，緆布之尤精者也。」緆布是細麻布，則竇此即質地很精細的麻布。【居延漢簡叢釋 文史第十二輯】

◉裘錫圭 竇此是一種細布。《急就篇》「服瑣緰紫與繒連」，顔注：「緰紫，緆布之尤精者也。」「緰紫」這個詞的寫法不很固定。《急就篇》皇象本作「俞此」。《説文・糸部》作「緰貲」(「緰，緰貲，布也。」)。《潛夫論・浮侈》作「緰此」(「飾襪必緰此」)。「緰」和「竇」都是定母侯部字，「竇此」沒有問題是「緰此」的另一種寫法。研究漢簡詞匯，《急就篇》是極重要的參考書。沈元《「急就篇」研究》曾指出漢簡的「桱程」、「尚韋」都見于《急就篇》(《歷史研究》1962年3期77頁)。此外，如222・11(《居》3534)「毋尊布一匹」的「毋尊」，也是見于《急就篇》的。【漢簡零拾 文史第十二輯】

◉李學勤 《法律答問》有關于「竇署」一條：

可(何)謂「竇署」？「竇署」即去殹(也)，且非是？是，其論可(何)殹(也)？即去署殹(也)。

這是以常語「去署」解説刑法的「竇署」。按「署」的意思是崗位，「去署」即擅離崗位。《説文》云「竇，空也」，所以「竇署」也指擅去崗位，與「去署」同義。《墨子・號令》載：

勇敢為前行，伍坐，令各知其左右前後。擅離署，戮。

這是説命勇敢的吏卒作為前行，依伍而坐，各人都有固定位置。有擅離崗位者，即加刑戮。《號令》所説「離署」就是簡文中的「竇署」、「去署」。「去署」一詞流傳到漢代，習見于居延漢簡，「離署」則罕為治墨學者所解。兩相對勘，就容易明白了。【秦簡與《墨子》城守各篇　李學勤集】

⿱穴矞

◉許　慎　空皃。从穴。矞聲。呼決切。【説文解字卷七】

◉馬叙倫　鍇本作穴皃。當作穴也。此穴之聲同脂類轉注字。亦突之轉注字。⿱穴矞音曉紐。古讀歸影。亦聲同脂類。【説文解字六書疏證卷十四】

◉戴家祥　⿱宀聿字从宀从聿。説文及其他字書均未見，以聲義求之，或即⿱穴矞之别體，形聲更旁字也。古文偏旁从宀从穴，每有互換。説文「𡫸，窮也。从宀，𥨐聲」。或體作竆更旁从穴。論語陽貨「惡取而窒者」，鄭玄云：魯讀窒為室。金文卯殷「取我家室用器」，室作窒。叔宿殷，宿作𡨦，是其證。聿矞聲同。小雅楚茨「神保聿歸」，孔穎達正義云：「聿矞字異義同。」宋書樂志引作「神保遹歸」。大雅文王有聲「遹追來孝」，鄭箋讀遹為述。禮記禮器引作「聿追來孝」。爾雅釋言：「律遹，聿也。」孫炎注：「遹，古述字，讀聿。」集韻六術驈騂同字。是⿱宀聿⿱穴矞同字，可斷言也。説文「⿱穴矞，空貌」，玉篇一一五四音「呼穴切，或作坹」。【金文大字典上】

窠

◉許　慎　空也。穴中曰窠。樹上曰巢。从穴。果聲。苦禾切。【説文解字卷七】

◉馬叙倫　鈕樹玉曰。韻會引同繫傳。但在穴上無一曰二字。翟云升曰。御覽引作鳥在木上曰巢。在穴曰窠。丁福保曰。慧琳音義卅六引作空也。在穴曰窠。樹上曰巢。從穴。果聲。倫按穴中八字校者依巢下説解加也。鍇本一曰鳥巢也亦校語。廣雅釋宮。窠。巢也。玄應一切經音義十三。字書。窠。巢也。謂巢窟也。倫謂此字出字林。窠蓋空之雙聲轉注字。空窾亦雙聲轉注字。而窾巢則聲同宵類。則窠巢之語原蓋同矣。【説文解字六書疏證卷十四】

說文　部昭卿字指　竝王存乂切韻【古文四聲韻】

◉許　慎　窻通孔也。从穴。悤聲。楚江切。【説文解字卷七】

◉馬叙倫　段玉裁曰。此篆蓋淺人所增。十篇囱下曰。在牆曰牖在屋曰囱。囱或從穴作窗。是古祇有囱字。窗已為或體。廣韻四江窻下曰。説文作窗。通孔也。則篆體不當有心字矣。許但作空。不作孔。此作通孔。則非許本文。沈濤曰。五經文字。窻。窗。注云。上説文。下經典相承。則不得謂古本無窗字。鈕樹玉曰。廣韻當是説文作窻。其作窗者乃譌捝。嚴可均曰。當入囱部為重文。倫按字蓋出字林。古鉩作□。【説文解字六書疏證卷十四】

◉楊樹達　窻从悤聲，悤仍从囱得聲。此與朿莿同例，許分囱窻為二，誤矣。【文字形義學】

古老子【古文四聲韻】

◉許　慎　窊污衺下也。从穴。瓜聲。烏瓜切。【説文解字卷七】

◉馬叙倫　鈕樹玉曰。韻會引作汙下也。桂馥曰。六書正譌引作汙衺下地。本書。窪。窊也。洿。窳下也。窳當作窊。王筠曰。以汙衺説窊。與以須從説葑疾黎説薺同。汙窊雙聲。衺窊疊韻。皆今之切脚也。史記滑稽傳作汙邪。裴駰集解曰。下地也。窊與水部窪同。倫按窐窊雙聲轉注字。爾雅釋詁釋文引字林。窳。汙也。一切經音義引字林。窊。同。瓜反。蓋窊窳同字。汙衺下地蓋校語。【説文解字六書疏證卷十四】

◉許　慎　竅空也。从穴。敫聲。牽料切。【説文解字卷七】

◉馬叙倫　翟云升曰。莊子應帝王釋文引作孔也。倫按孔字傳寫改之。玄應一切經音義引倉頡。竅。小空也。【説文解字六書疏證卷十四】

◉戴家祥　□从穴丩聲。丩敫聲同。三篇言部「訆，大呼。从言，丩聲。春秋傳曰：或訆于宋太廟。」今本左傳襄公三十年訆作叫，更旁从口。字亦作嘂，㗊部：「嘂，高聲也。一曰，大呼也。春秋公羊傳曰：『魯昭公嘂然而哭。』」今本公羊昭公廿五年作「噭然而哭」。二篇口部：「噭，吼也。从口，敫聲。一曰噭，呼也。」古字偏旁口欠每無嚴格劃分，故噭亦可作歞，八篇欠部歞讀如叫呼之叫。是穵之為竅，二而一，一而二者也。亦可隸定為窌，文選西京賦「望窌窱以徑廷」，李善注：「窌窱，深遠也。」七篇穴部：「竅，空也。」深遠空曠，無非空間概念。吳大澂釋穸，説文古籀補卷七第八葉。丁山釋究，中央研究院歷史語言研究所集刊一本一分。册數名古誼。皆曲説不可據。【金文大字典中】

空

空 十一年鼎【金文編】

5·232 右司空☐ 5·233 右司空☐ 5·236 左司空【古陶文字徵】

空 雜四〇 十二例 秦一一六 四例 雜一三 四例 日乙二一 三例 秦一五二【睡虎地秦簡文字編】

3983 3978【古璽文編】

軍司空丞 東光采空丞 左司空 空桐安國【漢印文字徵】

袁安碑 捧司空 禪國山碑 大司空朝【石刻篆文編】

空 上同【汗簡】

王存乂切韻 同上 雲臺碑 王存乂切韻【古文四聲韻】

◉許慎 空竅也。从穴。工聲。苦紅切。【説文解字卷七】

◉高田忠周 説文。空竅也。从穴工聲。經傳以孔為之。字亦作窾。款空一聲之轉。廣雅釋詁三。窾空也。又説文新附。腔内空也。字亦作腔。【古籀篇七十二】

◉孫海波 空穿也。从穴从工，工亦聲、所以穿穴也，有空之誼。引申之司水土之官曰司空。【甲骨金文研究】

◉馬叙倫 字見急就篇。甲文有[glyph]。蓋即空字。餘見窠下。【説文解字六書疏證卷十四】

窒

◉許　慎　窒空也。从穴。坙聲。詩曰。瓶之窒矣。去徑切。【說文解字卷七】

◉馬叙倫　沈濤曰。一切經音義九引作器中空也。丁福保曰。慧琳音義四十六及五十七及一百引皆引作器中空也。倫按空窒窽皆雙聲轉注字。窒陘同語原。此杭縣謂地陷為穴者曰窒字。玄應慧琳所引是罄字義。猶磬之重文作硜也。此及引詩皆校者加之。字或出字林。【說文解字六書疏證卷十四】

穵

◉許　慎　穵空大也。从穴。乙聲。烏黠切。【說文解字卷七】

◉馬叙倫　段玉裁曰。今俗謂盜賊穴牆曰穵。倫按鍇本無大字是。此窊之雙聲轉注字。亦突之雙聲兼疊韻轉注字。大也者。後人加之。蓋引申義。猶空本亦名詞。而詩白駒。在彼空谷。毛傳。空。大也。【說文解字六書疏證卷十四】

窳

◉許　慎　窳汙窬也。从穴。瓜聲。朔方有窳渾縣。以主切。【說文解字卷七】

◉馬叙倫　嚴可均曰。詩召旻釋文及疏爾雅釋訓疏皆引。窳。嬾也。疑此脱文。或宀部舊有窳字。王筠曰。汙窬小切窳音也。倫按瓜瓜一字。則窊窳亦一字也。當為窊之重文。爾雅釋詁釋文引字林。汙也。則汙窬也當作汙也窬也。汙也以聲訓。窳窬音同喻紐四等轉注字。爾雅釋詁。愉。勞也。郭注。愉。今字或作窳。其例證也。詩釋文釋訓疏所引嬾也者。蓋字林文。即嬾字義。嬾音來紐。窳從瓜得聲。瓜音亦來紐。故古或借窳為嬾。釋詁以勞訓愉。亦嬾字義。朔方六字校者或呂忱加之。漢書地理志有。後漢書郡國志無。蓋倉頡故文也。字見急就篇皇象本。顔師古本作封。古讀封如邦。與上文揚字為韻。窳字疑譌。或古讀此音如郎。故得韻也。【說文解字六書疏證卷十四】

窞

窞 日乙二三　七例　日乙一七　日乙三〇　六例【睡虎地秦簡文字編】

◉許　慎　窞坎中小坎也。从穴。从臽。臽亦聲。易曰。入于坎窞。一曰。旁入也。徒感切。【說文解字卷七】

◉馬叙倫　沈濤曰。易坎卦釋文引作坎中更有坎。又引字林云。坎中小坎。一曰旁入。文選長笛賦引同今本。嚴可均曰。從穴。臽聲。倫按坎中小坎也蓋本作坎中更有小坎也。此呂忱或校者本虞翻說加之。非本義也。窞為坎之轉注字。亦凶之轉注字。坎窞聲同侵類。窞凶則同為舌根摩擦音也。凶為凵之異文。凵為坎之初文也。陸見別行字林或一本字林附會說文而題為說文者。作坎中小坎。故兼引之。桂馥鈕樹玉李賡芸竝謂陸誤以說文為字林。非也。一曰五字校語。或此字出字林。【說文解字六書疏證卷十四】

◉裘錫圭 其次討論从「宀」的「窅」字：

鄀（郱） 魏石

肖 娑羅

㝵 東華

這個字應該釋作「窞」。《說文・穴部》：「窞，坎中小坎也。从穴，从臽，臽亦聲。」「宀」、「穴」兩個偏旁很早就已經相混。所以古印「窞」字从「宀」是毫不奇怪的。小篆「窞」字从「臽」聲，印文則从「𠇖」聲。這跟上面所說的「焰」字的情況正可以互證。【戰國璽印文字考釋三篇 古文字研究第十輯】

窌

竝籀韻【古文四聲韻】

◉許慎 窌窖也。从穴。卯聲。匹皃切。【說文解字卷七】

◉馬叙倫 史記衛將軍傳索隱曰。字林大下卯與穴下卯竝音匹孝反。窌窖疊韻轉注字。字或出字林。【說文解字六書疏證卷十四】

窖

汗簡【古文四聲韻】

◉許慎 窖地藏也。从穴。告聲。古孝切。【說文解字卷七】

◉馬叙倫 沈濤曰。一切經音義二十引。窖。地藏也。又云。穿地為室藏五穀者也。又當為注之譌。乃庾注語以釋地藏之義。倫按玄應一切經音義引倉頡解詁。窖。地藏也。解詁郭璞箸。郭多用字林義。然則此字林文。許蓋以聲訓。窖與空竅同為舌根破裂音。窖竅又聲同幽類。轉注字也。窖竅與窒又同舌根破裂音。聲則幽侵從窞得聲。臽音匣紐。亦舌根音。而告敫與臽聲為幽侵對轉。亦轉注字也。【說文解字六書疏證卷十四】

◉許　慎　窬穿木户也。从穴。俞聲。一曰。空中也。羊朱切。【説文解字卷七】

◉馬叙倫　沈濤曰。一切經音義九引。窬。門旁穿木户也。禮記儒行。篳門圭竇。注。門旁窬也。釋文引三蒼解詁。圭窬。門旁小窬也。是窬為門旁穿木之户。儒行釋文引同今本。乃節引耳。翟云升曰。空中也見淮南氾論注。王筠曰。木户二字可疑。儒行篳門圭窬。注。門旁窬也。穿牆為之。如圭矣。此漢儒説。不言木户。亦不言户也。竹部篳下引春秋傳。篳門圭窬。儒行正義。左傳作竇。杜注。竇。小户也。穿壁為户。狀如圭形。此晉人説。言户矣。猶不言木也。依儒行左傳所説。皆寒士。無門旁為户之理。户亦非穿木所為也。今北人牆上空缺如龕以庋物者即窬也。説解當曰。門旁穿壁為户也。丁福保曰。慧琳音義引門旁穿木户也。倫按竇音定紐。窬音喻紐四等。古讀喻四歸定。轉注字也。匚部匬匵亦轉注字。是其例證。王所謂北人門旁牆上空缺如龕以庋物者。此正匬字義。匬窬語原一也。此説解當作門旁穿如户也。然非許文。一曰空中也者。王筠謂似當移上文穿木二字於此空中之上是也。此俞字義。舟部俞下曰。空中木為舟也。然則匬窬以俞為聲者。語原然也。或如翟説。則本訓空也。校者以淮南注加之。【説文解字六書疏證卷十四】

窵 从隹　蔡侯𨰻鐘　窵=為政　【金文編】

◉許　慎　窵窵窅。深也。从穴。鳥聲。多嘯切。【説文解字卷七】

◉馬叙倫　鈕樹玉曰。玉篇注同。鍇本無深字。蓋脱。倫按窵窅雙聲連語。然疑窵字乃隸書複舉者也。窅也以聲訓。深也呂忱或校者舉異訓。字蓋出字林。窵竇古皆舌尖前破裂音。又聲同幽類。蓋轉注字也。【説文解字六書疏證卷十四】

◉林潔明　窵　字从穴从隹。當即窵字。説文。「窵。窵窅。突也。从穴鳥聲。」郭沫若釋寉。説文。「高至也。从隹上欲出冂。」字明从穴。郭説殆非。【金文詁林卷九】

◉于省吾　郭沫若同志謂：「寉，殆即寉字。」並引説文訓寉為「高至」。按説文鶴从寉聲。唐慕容知禮墓誌鶴字从寉作寉。但唐誌寉字當係後出別構。容庚同志金文編釋寉作窵。以古文字从隹从鳥往，無別驗之，則容釋可據。説文：「窵窵窅深也。从穴鳥聲。」窵訓深，于「為政」之義不相符。「窵窵」應讀為「懋懋」，窵懋叠韻。爾雅釋訓：「懋懋，勉也。」古籍訓勉之字，習見繁出，皆義隨音轉，本無定字。「懋懋為政」猶言「黽勉為政」。書皋陶謨「政事懋哉」，偽傳訓懋為勉可以互證。【蔡侯鐘　古文字研究第一輯】

窺

王存乂切韻　【古文四聲韻】

◉許　慎　窺小視也。从穴。規聲。去隓切。【說文解字卷七】

◉馬叙倫　沈濤曰。一切經音義七引。窺闚。小視也。闚字乃轉寫誤衍。徐灝曰。窺闚音義同。倫按小視也者。玄應一切經音義六引字林同。廣雅。窺。視也。文選西都賦注引方言。窺。視也。然從穴。不得有視義。八篇規下曰。有法度也。從夫從見。然從見無法度義。倫謂有法度也者。畫字義。聲同支類。故古借規為畫。規從見夫聲。為窺視之窺本字。詳規字下。論語。窺見室家之好。此視也義。借窺為之。小視也者字林文。或此字呂忱據聲類加之。易豐釋文引李登云。窺。小視。玄應引有闚字者。玉篇。闚。窺也。則闚下蓋捝也字。字林固多異訓也。本書無闚。蓋即窬字。猶窺亦作闚耳。窺得聲於夫。夫音非紐。窬音喻紐四等。同為次清摩擦音。蓋轉注字。窺亦窒之聲同支類轉注字。或為闚之轉注字。【說文解字六書疏證卷十四】

◉何琳儀　1979年11期《文物》所載周厲王銅器伯寛父盨，寛為人名，簡報謂其「實屬少見」，但未識何字。嗣後一些學者撰文稱引該器也僅存原篆而闕釋。伯寛父盨在銅器斷代和月象研究中已引起學者廣泛的注意，因此應對器主有正確的稱謂。

寛，原篆作(甲盨)、(乙盨)，其形體在古文字中實屬首見，但在漢以後的文字資料中卻可以找到，如：

寛　衡方碑

寛　《古文四聲韻》引崔希裕《纂古》

《古文四聲韻》引王存乂《切韻》

衡方碑「▢隆寛慄」，寛舊釋寬。翟云升《隸篇》7·21。《纂古》釋寛為覔，(《韻經》亦釋覔，蓋源于《纂古》。)《切韻》釋寛為窺。本銘寛應據《切韻》釋為窺。

本銘寛既不是寬，也不是覔，而是窺之初文，這可從其形體分析中得到證明。古人穴居，寛从穴从見，乃象一人向穴內窺視，是典型之會意字。《說文》：「窺，小視也，从穴規聲。」所謂「小視」猶今言「窺視」。《論語·子張》「窺見家室之好」，釋文作闚。《易·豐》「闚其户」，《淮南子·泰族訓》、《論衡·儒增》均引作窺。按，从穴與从門義本相因，若據《字林》「闚，傾頭門內視也」的解釋，寛恰是一「傾頭穴內視也」的生動寫照。睍也是窺的異體。《廣雅·釋詁》一：「睍，視也。」《埤倉》：「睍，眇視皃。」至于《古文四聲韻》引《古老子》闚或作，即頍字。《說文》：「頍，小頭頍頍也。从頁枝聲。」張耒碑「頍槼未合」，頍正讀規。故闚以其為聲符而與闚通用。

總之，西周金文寛是竀字的初文，从穴从見會意。竀、闚、睍、闞均寛之後起形聲字。《説文》以形聲字竀為正體，反不收會意字寛，可謂本末倒置。幸賴《古文四聲韻》保存了寛與竀的唯一線索，然則伯寛父盨應「正名」為伯竀父盨。【釋寛　考古與文物叢刊第二號古文字論集（一）】

竀

◉許　慎　竀正視也。从穴中正見也。正亦聲。敕貞切。【説文解字卷七】

◉馬叙倫　鈕樹玉曰。韻會見下無也字。桂馥曰。正聲。倫按廣雅釋詁一。竀。視也。此訓正視也從穴中正見正亦聲。皆經校者改竄。或此字出字林。吕忱不明所從。妄為之説。當作視也。從見。窐聲。窐為定之異文。定從正得聲。正音照紐三等。故竀音入徹紐。慧琳一切經音義八十三引字林。竀。窺也。錢坫謂此偵察字。當入見部。【説文解字六書疏證卷十四】

窡

◉許　慎　窡穴中見也。从穴。叕聲。丁滑切。【説文解字卷七】

◉馬叙倫　桂馥曰。見當為皃。下文窋字當即或體。廣韻。窡。穴中出皃。王筠曰。鍇引魯靈光賦。緑房紫的。窡吒垂珠。今本文選窡作窋。則桂説是也。倫按禮記檀弓。啜菽飲水。荀子富國作嚽菽飲水。嚽字本書所無。然是從口贅聲。贅則從貝敖聲。敖從出得聲。是亦可證窡窋一義。叕音知紐。出音穿紐三等。同為舌面前音。是轉注字也。穴中見非本義。亦非本訓。或字出字林也。餘詳窋下。【説文解字六書疏證卷十四】

窋

窋　日甲二五背　通屈　彼—卧箕【睡虎地秦簡文字編】

樊窋　王窋己【漢印文字徵】

◉許　慎　窋物在穴中皃。从穴中出。丁滑切。【説文解字卷七】

◉馬叙倫　鈕樹玉曰。玉篇知律切。顧廣圻曰。五音韻譜同。繫傳作從穴出聲。臣鍇曰。穴出會意也。鉉以此添中字删聲字。倫按窋為窟之異文。史記專諸傳。公子光伏甲士於窟室。吴越春秋作窋室。朱琦謂本部無窟。窟即窋之或體。今與窡並音丁滑切。蓋釋文竅字之音誤寫也。又與堀一字。當訓地竅也。詳堪字堀字下。物在穴中皃非本義訓。或字出字林。【說文解字六書疏證卷十四】

窴

窴安馬丞印 【漢印文字徵】

◉許　慎　窴塞也。从穴。真聲。待秊切。【說文解字卷七】

◉馬叙倫　段玉裁曰。塞當作寘。窒下同。錢坫曰。此填塞字。倫按窴寘脂真對轉轉注字。與填一字。詩東山箋。古者聲窴填塵同也。然釋文引字書。窴。塞也。不引本書。慧琳一切經音義十九引倉頡。窴。塞也。【說文解字六書疏證卷十四】

窒

〔三六〕 〔三六〕【先秦貨幣文編】

布空大　典八〇五　布空大　典八〇六　布空大　亞二·一〇六　布空大　亞二·一〇七　【古幣文編】

窒　日甲三一背　【睡虎地秦簡文字編】

3937　4090　說文所無，玉篇：窒，塞也。【古璽文編】

窒中光　窒孫齕　窒孫千万　窒中遂　【漢印文字徵】

◉許　慎　窒塞也。从穴。至聲。陟栗切。【說文解字卷七】

◉劉心源　窒用為室。【奇觚室吉金文述卷四】

◉馬叙倫　以字形言。或即室之異文。以音言。為窴之脂真對轉轉注字。亦寘之疊韻轉注字。古鉨作。【說文解字六書疏證卷十四】

◉戴家祥　說文七篇「窒，塞也。从穴至聲。」按金文表義偏旁每每宀穴通作。釋名釋宮室「室，實也。」廣雅釋詁「實，塞也。」唐韻實讀「神質切」審母至部，室讀「式質切」，不但同部而且同母；窒讀「陟栗切」，禪母至部。是實室窒三字韻同聲近。故論語陽貨篇「惡取而窒者」，鄭玄云：「魯讀窒為室。」漢書功臣表「室中」，集注引徐廣曰「一作窒中」。廣韻姓解有室中，漢印有窒中，室

中，姓也。卯𣪕「取我家𡧍用器」，周南桃夭「宜其家室」，禮記問喪「家室之計」，知家𡧍即家室。【金文大字典中】

突

[古文字] 拾五・七 [古文字] 佚七七五【甲骨文編】

[古文字] 拾5・6【續甲骨文編】

[古文字] 5・134 咸重成突【古陶文字徵】

[古文字] 突 雜一六 二例 [古文字] 日甲七二背 二例 [古文字] 為一八【睡虎地秦簡文字編】

[古文字] 前鋒突騎司馬 [古文字] 王𪃟突【漢印文字徵】

[古文字] [古文字] 竝籀韻 [古文字] 崔希裕纂古【古文四聲韻】

◉許 慎 [古文字] 犬从穴中暫出也。从犬在穴中。一曰。滑也。徒骨切。【說文解字卷七】

◉郭沫若 第九六〇片 宊字从宀从犬，疑是突字之異，在此乃地名。【殷契粹編考釋】

◉馬叙倫 鈕樹玉曰。韻會上从字作從。鍇本有匪突也三字。衍。玉篇韻會竝無。翟云升曰。集韻類篇竝引出上無暫字。繫傳匪突也三字當屬上突字。繫傳以或有以㝑為突者。故特別之。非許書原文也。丁福保慧琳音義十六引犬從穴中忽出。倫按詩離釋文引字林云。暫出。然則犬從穴中乃涉從犬在穴中而譌演。以犬從穴中忽出為突。與竄從穴中正見皆似馬頭人為長人持十為斗一類。非造字之義。或說解有譌也。犬部猝訓犬從艸中暴出逐人。豈非即突然之義耶。或謂從穴㹞省聲。㹞音竝紐。突音定紐。皆濁破裂音也。或從狄省聲。音同定紐。其義亡矣。或為竄之轉注字。皆舌尖前破裂音也。或為突之譌字。今人言突突。是其例證也。然倫疑從犬窟省聲。即書蠻夷猾夏之猾轉注字。本書無猾。而經記多有。左傳鄭武公名滑突。滑突疊韻。而史記鄭世家作掘突。掘突亦疊韻也。則突得從窋得聲而為猾之轉注字之例證。蠻夷猾夏者。猾猶今言衝突矣。書鄭注。猾夏。侵亂中國也。廣雅釋詁。猾。擾也。當為突字本義。一曰滑也者。以聲訓。本書無猾。故以滑訓。此蓋本訓。今作一曰滑也者。校者據未挩本補之耳。當入犬部。玄應一切經音義引倉頡有踢突。又引三倉解詁。凸作突。不平也。【說文解字六書疏證卷十四】

竄

竄 【汗簡】

孫彊集 【古文四聲韻】

◉許 慎 竄墜也。从鼠在穴中。七亂切。【説文解字卷七】

◉馬叙倫 田吳炤曰。鍇本作匿也。玉篇廣韻同。墜字譌。丁福保曰。慧琳音義十九引作隱也。廿引作匿也。蓋本有二訓。大徐本作墜也。墜為隱之譌。二徐本各奪一訓。倫按本部字説解多譌。突從犬以為從犬在穴中。此從鼠以為從鼠在穴中。皆望文生解。必非原文。嚴可均以為穴亦聲。倫謂從穴鼠聲。鼠音審紐三等。而竄音清紐。蓋由審三轉穿紐三等而入清紐。穿三與清同為次清破裂摩擦音也。或鼠本音如穿也。朱駿聲謂竄古音如毳。毳音清紐。然本書前目毳下音充芮切。則音在穿三矣。本書𥨋讀若書𥨋三苗之𥨋。今書𥨋作竄。而𥨋從𣪊得聲。𣪊從祟得聲。祟音心紐。心審同為次清摩擦音。亦可證也。竄為穿之轉注字。亦竁之轉注字。竁音穿三也。隱也匿也均非本義。國語周語。不窋自竄於戎狄。晉語。可以竄惡。注。竄。隱也。左定四年傳。天誘其衷。致罰於楚。而君又竄之。注。竄。匿也。隱匿之義同。二訓蓋校者加之。左昭廿六年釋文引字林。逃也。七外反。疑皆遜或遺字之義。以同為舌尖前音通假。字或出字林。【説文解字六書疏證卷十四】

窣

◉許 慎 窣从穴中卒出。从穴。卒聲。蘇骨切。【説文解字卷七】

◉馬叙倫 嚴可均曰。上从字當依小徐作從。翟云升曰。類篇引作穴中卒也。脱出字。倫按既曰從穴卒聲。不得訓為從穴中卒出。可知説解中挩訓義之詞。校者謬依字形增此五字也。或本作猝也。以聲訓。吕忱或校者增此文。或字出字林也。窣音心紐。蓋竄之同舌尖前音轉注字。【説文解字六書疏證卷十四】

窘

◉許 慎 窘迫也。从穴。君聲。渠隕切。【説文解字卷七】

◉馬叙倫 鈕樹玉曰。繫傳作追也。譌。倫按窘宭蓋一字。漢書賈誼傳。愚士繫俗。僒若囚拘。蓋迫也之訓為寠字義。寠為室狹窄。故曰僒若囚拘。言若處囚中。不得周旋也。迫也非本義本訓。詩十月釋文引字林。巨畏反。疑此字出字林。餘見宭下。【説文解字六書疏證卷十四】

◉許　慎　窕深肆極也。从穴。兆聲。讀若挑。徒了切。【說文解字卷七】

◉馬叙倫　深肆極也當作深也肆也極也。肆極一義。此二訓蓋校者本爾雅釋言加之。然深也亦疑非本訓。或字出字林也。窕為穾之聲同宵類轉注字。深也引申義。【說文解字六書疏證卷十四】

◉許　慎　穹窮也。从穴。弓聲。去弓切。【說文解字卷七】

◉馬叙倫　鈕樹玉曰。玉篇引作穹窮也。倫按穹窮轉注字。與船躬营芎同例。玉篇引芎字。隸書複舉者也。【說文解字六書疏證卷十四】

究【汗簡】

古尚書　同上【古文四聲韻】

◉許　慎　究窮也。从穴。九聲。居又切。【說文解字卷七】

◉丁　山　究。九聲也。而鼎文則或从ㄐ。作（究鼎。舊以為不可識。愚按九象糾繚。ㄐ象交互。音義俱同。故知穷即究字。）从九聲者字或从ㄐ。从ㄐ聲者字或从九。是九ㄐ今雖殊體。古亦無別也。【數名古誼　歷史語言研究所集刊一本一分】

◉邵笠農　說文𥷚窮理罪人也。从㚔。从人。从言。竹聲。居六切。按又省作鞫。變作鞫。因窮理之義。凡訓窮用鞫。爾雅。鞫究窮也。按此鞫當即竆字。从穴與究窮同意。兼窮盡與水窮處二義。說文。竆，窮也。竆或从穴。竆謂詩芮鞫之即乃竆之叚借。箋。水之内曰澳。水之外曰鞫。正義引孫炎曰。内曲裏也。外曲表也。然則鞫在水外。即水窮處也。轉變為阮。即竆之俗字。廣韻曲岸水外曰阮。坑上同轉去聲為究。究既訓窮。又深也推尋也。謀也。詩是究是圖。爰究爰度是也。又竟也。前漢書鼂錯傳。盛德不及究於天下。師古注竟也。尋謀深究。皆窮之引伸也。字形从穴从九。穴取其深。九取其屈曲究盡。故以窮括諸義。然制字之始。自以深通屈曲取意。其初義原為水曲表之鞫。水經注。鬱水自九悳浦逕越裳究。九悳究。南陵究。究即鞫也。去入音轉耳。廣俗虛造滘字。傳寫又貤謬為滘。曰大通滘。船出滘入滘。大約从水窖聲。電俗謂海港盡處曰海尾究。謂塘隈盡處曰塘究。我鄉土語可證古義。固無煩嚮壁造字也。蓋凡人於事物必有言以宣之。前哲於語言必造字以表之。語無新造。則文固舊有。世豈有無字之語言。但不務深思。妄憑臆造。遂多怪字耳。又近世官文書言訊

究究治則又為竆之叚借也。【一圓闍字說 文風學報創刊號】

◉馬叙倫 朱駿聲曰。廣雅釋室。究。窟也。當以此為本訓。倫按究宄蓋一字。究竆轉注。究音見紐。竆見羣紐。古讀羣為見也。字見急就篇。【說文解字六書疏證卷十四】

竆 竆

210 213 213 217 227 230 234 【包山楚簡文字編】

窮 為二 二例　為四七 三例 【睡虎地秦簡文字編】

泰山刻石 化及無竆 【石刻篆文編】

道德經 【古文四聲韻】

◉許 慎 竆極也。从穴。躳聲。渠弓切。【說文解字卷七】

◉馬叙倫 倫按極也非本義。亦非本訓。竆或為宮之異文。或究字當如廣雅訓窟。竆為其轉注字。亦空之同舌根破裂音轉注字。極也者。借竆為棟。竆音羣紐。古讀歸見。棟音端紐。端見同為清破裂音。猶極之為棟轉注字矣。或曰。竆為棟之轉注字。從穴者。猶宙之從宀矣。故訓極也。或曰。極也者。借竆為彊。雙聲也。篆當作竆。急就篇。弓窮厚樸桂括樓。顏師古本弓窮作芎藭。本書艸部作营藭。而营之重文作芎。然則急就本作弓竆。傳寫以通用字易為芎藭。其作窮者亦傳寫所改。本書躳之重文作躬。而竆無異體。【說文解字六書疏證卷十四】

◉銀雀山漢墓竹簡整理小組 聖人守此而【□□□】何穿之有……之游之展槫而求之 宋本作「聖人守此而萬物化，何窮之有，終而復始，優之游之」。簡本「穿」當是「窮」之簡體。宋本自「聖人守此而萬物化」至「優之游之」，其間僅「何窮之有，終而復始」八字，簡本則有二十字左右之空位，二者出入較大。簡本「何穿之有」四字在一片殘簡上，此殘簡之位置不易確定。目前將此片殘簡排在六九二號簡下段，乃假定簡本「聖人守此而」與「何窮之有」之間所缺文字同於宋本，二本文字出入在「何窮之有」與「優之游之」二句之間。實際情況可能與此不同。【銀雀山漢墓竹簡(壹)】

窅 窅

◉許慎 窅冥也。从穴。𥄕聲。烏皎切。【説文解字卷七】

◉馬叙倫 嚴章福曰。釋宮釋文引。窔深皃。依説文大例疑此當作窅窔深皃。窔下當曰窅窔也。倫按冥也者。𥄕字義。窅窅一字。窅從𥄕得聲。而𥄕從逃之初文省聲。則窅為窔之異文。字或出字林。【説文解字六書疏證卷十四】

窔 窔

窔 245【包山楚簡文字編】

◉許慎 窔窅窔。深也。从穴。交聲。烏叫切。【説文解字卷七】

◉馬叙倫 沈濤曰。爾雅釋宮釋文。窔。説文云。深皃。或作窅。又作窔。同。是所見本在宀部。訓為深皃。今宀部無窔字。而有窅字。則釋文云本作窅者。當作本作窅。疑古本窔為窅之重文。倫按釋宮。東南隅謂之窔。釋名。東南隅曰窔。上林賦。巖窔洞房。亦以窔為宮室之名。非形容詞也。是窔為窅之雙聲亦疊韻轉注字。深也者。引申義。窔為室隅。今謂屋角。則隅窔之語原即角也。文選答賓賦注引字林。一弔反。字或出字林。【説文解字六書疏證卷十四】

◉劉彬徽等 (484)窔,《説文》:「窅窔,深也。」此謂疾病變重。【包山楚簡】

邃 邃

◉許慎 邃深遠也。从穴。遂聲。雖遂切。【説文解字卷七】

◉劉心源 邃為楚公名。本書弟二鐘作邃。弟三鐘作邃。近人釋家。案家不得从𠂆。此於寫字為近。或云古刻墜字㠯豸為之。篆作邃彔伯戎敦。與此下體合。古刻辵有作辵者。叔弓鎛。此从𠂆𠤎即辵省。則此為邃也。【奇觚室吉金文述卷九】

邃 邃出孫强集字【汗簡】

◉馬叙倫 沈濤曰。華嚴經音義廿二引。邃。深也。廣雅釋詁亦云。深也。玉篇引同今本。短後人據今本改。倫按十一篇。㥣。深也。小爾雅廣詁。邃。深也。是邃止訓深也。廣韻有深也遠也二義。則此本作深也遠也二訓。深遠皆引申義。倫謂此蓋隧道之隧本字。隧或為隊之異文也。字或出字林。【説文解字六書疏證卷十四】

◉黄錫全 邃邃出孫强集字 《説文》邃字正篆作邃,遂字古文作遂,此遂形譌似迹字籀文迹,與辵部「遂」字譌同,參見前。从宀與从穴不別。隋梁邕墓誌邃作邃,隋爾朱端墓誌作邃,魏元凝妻陸順華墓誌作邃,並从宀。【汗簡注釋卷三】

窈　窱　竁

窈

霍窈【漢印文字徵】

古老子【古文四聲韻】

◉許　慎　深遠也。从穴。幼聲。烏皎切。【說文解字卷七】

◉馬叙倫　鈕樹玉曰。廣韻。深也遠也。沈濤曰。文選魏都賦注引。窈窕。深遠也。窕乃窱之借。下文。窱。杳窱也。杳又窈之誤。倫按廣雅釋詁。窈。深也。釋訓。窈窈。深也。是窈亦止訓深也。深下當有也字。如此類者。唐人習明字科者删之也。然非本訓。亦非本義。窈窕古聲同幽類轉注字。字或出字林。【說文解字六書疏證卷十四】

窱

◉許　慎　杳窱也。从穴。條聲。徒弔切。【說文解字卷七】

◉馬叙倫　倫按廣雅釋詁。窱。深也。釋訓。窱窱。深也。窈窱疊韻轉注字。杳窱也者。杳為校者注以釋音者也。窱則隸書複舉字之譌乙者也。說解當作窈也。字或出字林。【說文解字六書疏證卷十四】

竁

◉許　慎　穿地也。从穴。毳聲。一曰小鼠。周禮曰。大喪甫竁。充芮切。【說文解字卷七】

◉劉心源　周宅匜(窀)當是竁省。【奇觚室吉金文述卷八】

◉高田忠周　說文有竁無窀。窀必當竁省文。說文。穿地也。从穴毳聲。小爾雅廣名。壙謂之竁。周禮量人。掌喪祭奠竁之俎實。又說文一曰小鼠。葢本義之轉用。毳省為毛作窀。亦猶雥省作焦集。此謂古文省略。小篆多仿之矣。【古籀篇七十二】

◉馬叙倫　鈕樹玉曰。繫傳及玉篇注下有聲字。倫按周禮小宗伯。卜葬。兆甫竁。注。鄭大夫讀竁為穿。竁為穿之雙聲轉注字。穿地也當作穿也。也譌為地。校者據異本注也字。傳寫譌入正文。一曰小鼠者。當依鍇本有聲字。竁音穿紐。竄音清紐。同為次清破裂摩擦音。竄從鼠得聲。鼠之名象其自呼。故得借竁為鼠聲字。此校語。字或出字林。【說文解字六書疏證卷十四】

窆 [篆文]

[金文] 窆 不从穴說文窆葬下棺也 中山王礐兆域圖 王命賙為兆窆 【金文編】

◉許 慎 [篆文]葬下棺也。从穴。乏聲。周禮曰。及窆執斧。方驗切。【說文解字卷七】

◉馬叙倫 倫按窆為堋之音同非紐轉注字。葬下棺也蓋字林文。儀禮既夕禮乃窆。注。下棺也。廣雅釋詁。窆。下也。此字或出字林。倫又疑下棺為堋字義。窆娶一字。餘詳穸下。【說文解字六書疏證卷十四】

窀 [篆文]

◉許 慎 [篆文]葬之厚夕。从穴。屯聲。春秋傳曰。窀穸从先君於地下。陟輪切。【說文解字卷七】

◉吳大澂 [篆文]窀字。說文所無。周窀匜或釋窀。【說文古籀補第七】

◉馬叙倫 鈕樹玉曰。韻會引作窀穸葬之厚夕也。以先作從先。於作之。類篇引作葬之厚也。嚴可均曰。小徐作從先君于地下。倫按本作窀穸也。呂忱或校者以杜豫左襄十三年傳注。窀穸。厚也。穸。夜也。合而釋之。或今文尚有捝譌。字蓋出字林。窀為竅之轉注字。亦窋之異文。餘詳穸下。【說文解字六書疏證卷十四】

穸 [篆文]

◉許 慎 [篆文]窀穸也。从穴。夕聲。詞亦切。【說文解字卷七】

◉吳大澂 [篆文] [穴丂]字。說文所無。[穴丂]鼎或釋穸。【說文古籀補第七】

◉高田忠周 吳氏古籀補引云。[穴丂]字說文所無。或釋穸。此說為是。周彝夜夕字作[illegible]。正與此合。可證也。說文。[篆文]窀穸也。从穴夕聲。窀穸猶厚夕也。厚夕猶長夜也。【古籀篇七十二】

◉馬叙倫 鈕樹玉曰。韻會作窀穸夜也。沈濤曰。文選謝惠連祭古冢文。注引。穸。葬下棺也。葬下棺也乃窆字訓。上文窀下曰。葬之厚夕。雖與左傳杜注訓窀為厚訓穸為夕相合。然葬之厚夜語頗不詞。疑古本作窀穸葬下棺也。穸。窀穸也。倫按左襄十三年傳。唯是春秋窀穸之事。所以從先君於禰廟者。杜預訓窀為厚訓穸為夜。疑杜本韋昭國語注。而必迂曲說為長夜始可通。且穸從夕得聲。必不兼義。韋說難信。後漢書趙咨傳。伎巧費於窀穸。若以厚夜說之。不成詞矣。劉陶傳。死者悲於窀穸。生者戚於朝野。以窀穸與朝野對舉。亦明決非厚夜之義。檢窀音知紐。穸音邪紐。窀從屯得聲。屯才一字。才音從紐。從邪同為舌尖前音。是窀穸為連緜詞。古讀知紐歸端。窆音非紐。古讀歸封。故易繫詞。不封不樹。虞注。封。古窆字。儀禮士喪禮。乃窆。今文窆為封。封端皆清破裂音。是窀乃窆之轉注字。是窆娶為一字。窆亦覆之轉注字。覆即

詩陶復字。蓋古之葬者為穴以內棺。猶人之居室矣。鍇本夜字乃窆字之譌。鉉本挩窆字。窆穸蓋出字林。【說文解字六書疏證卷十四】

窜 𥥚

◉許　慎　𥥚入衇刺穴謂之窜。从穴。甲聲。烏狎切。【說文解字卷七】

◉馬叙倫　本部諸文無用穴之假借義者。此訓入衇刺穴。是以穴為人體中之空處。非本義也。且以衇刺穴謂之窜。是窜為動詞。尤不得以穴為主義之部。廣韻作人神脈刺穴。王筠以為均難解。倫謂窜窆蓋轉注字。窜得聲於十。十音禪紐。窆得聲於乏。乏音奉紐。同為次濁摩擦音。又侵談近轉聲也。亦穴之同舌根音轉注字。窜從甲得聲。甲音見紐。穴音匣紐也。俗借以為入衇刺穴之名。字蓋出字林。【說文解字六書疏證卷十四】